国家出版基金项目
NATIONAL PUBLICATION FOUNDATION

# 中国道教
## 神仙谱系史

李远国　李黎鹤／编著

第三卷

四川大学出版社　成都时代出版社

图书在版编目（CIP）数据

中国道教神仙谱系史．第三卷 / 李远国，李黎鹤编著．— 成都：四川大学出版社：成都时代出版社，2022.10（2025.2重印）
ISBN 978-7-5690-3919-1

Ⅰ．①中… Ⅱ．①李… ②李… Ⅲ．①道教－神－谱系 Ⅳ．① B958

中国版本图书馆CIP数据核字（2020）第205443号

书　　名：中国道教神仙谱系史（第三卷）
　　　　　Zhongguo Daojiao Shenxian Puxishi（Di-san Juan）
编　　著：李远国　李黎鹤

---

出 版 人：侯宏虹　达　海
总 策 划：张宏辉　庞惊涛
选题策划：段悟吾　王　军
责任编辑：徐　凯　段悟吾
责任校对：喻　震
装帧设计：阿　林
责任印制：王　炜

---

出版发行：四川大学出版社有限责任公司
　　　　　地址：成都市一环路南一段24号（610065）
　　　　　电话：（028）85408311（发行部）、85400276（总编室）
　　　　　电子邮箱：scupress@vip.163.com
　　　　　网址：https://press.scu.edu.cn
　　　　　成都时代出版社有限公司
　　　　　地址：四川省成都市锦江区红星路二段159号（610021）
　　　　　电话：（028）86763285（市场营销部）、86742352（编辑部）
　　　　　电子邮箱：cdsdcbs@VIP.163.com

印前制作：成都跨克创意文化传播有限公司
印刷装订：四川盛图彩色印刷有限公司

---

成品尺寸：185mm×260mm
印　　张：49.25
字　　数：1439千字

---

版　　次：2022年10月 第1版
印　　次：2025年2月 第3次印刷
定　　价：375.00元

本社图书如有印装质量问题，请联系发行部调换

版权所有 ◆ 侵权必究

扫码获取数字资源

四川大学出版社
微信公众号

# 序一

我一直赞同的一个观点是：道教的最高信仰是"道"，核心信仰是"神仙"。有神仙信仰的宗教就是道教。所以我很关注李远国同志的"神仙谱系"研究，他的研究的突出特点，是在大量收集资料的基础上再作分析和论断。一些具体的资料该如何看？如何作出判断？有可能见仁见智，难以有一致的认识。但资料的收集和整理，本身就是功不可没的，很有意义。

李远国同志自学出身，勤奋有才，特别是在道教文化方面，称得上是见多识广。我每次和他一起参加道教文化研讨活动，有关道教的仪式、法物等，多半是听他介绍、讲解。我想，他在道教方面的知识和成就，应该与他曾拜师道教学者王家祐先生有关。对王先生我虽然了解不多，但根据几次交往，我认为王先生既是一位高道，同时也是一位有见识的道教文化研究学者。我们1993年在武当山初次见面（当时还有闵智亭、李养正、钟肇鹏等年长于我的诸位先生），就一见如故，相谈甚欢，他戏称我为"熊道长"，并以书相赠。李远国知道一些我与王先生的交往情况，所以我们在一起开会时也就常常心灵相通了。记得一次在山东开会，我发言讲黄老道，会后他简单说了一句："还有王母道。"所以我后来又写了有关王母道的文章。在道教问题研究中，我们有些看法是相同相近的，例如：战国时期的道教派别有方仙道、黄老道、王母道等，神仙信仰是道教的核心信仰之类。有些问题我还在继续思考，例如道教究竟起于何时？也会参考他的论述。至于如何解释一些考古文物

资料，我没有深入地学习和研究，不该置评。但发现资料和提出问题都是难能可贵的，可以给人启发、思考。相信本书的出版对道教研究应该有很大的参考价值。

熊铁基

2020年6月20日

## 序二

　　远国兄的大作《中国道教神仙谱系史》就要出版了，这是非常令人高兴的事。

　　还在多年前，远国兄曾于一次博士生论文答辩会的间隙言及他正在撰写《中国道教神仙谱系史》。当时，听到这个消息，我很振奋，却一点也不惊讶。之所以振奋，是因为远国兄不断有新成果问世，令人鼓舞；之所以不惊讶，是因为我深知远国兄数十年耕耘于道教神仙文化沃土，已经有了相当丰厚的积累。他不仅对道教经典文献如数家珍，而且掌握了数以万计的道教神仙水陆画、道教法器，非常熟悉道教宫观组织的科仪法事。故而，这样的选题由远国兄提出来并且付诸实施，绝非一时冲动，而是道教文化原动力激荡的必然结果。时代选择了《中国道教神仙谱系史》作为文化研究的重大课题，而《中国道教神仙谱系史》则选择了远国兄作为不二撰著者。

　　我说不惊讶，但有惊喜。2019年5月12日下午15时25分，我的电子邮件信箱突然发出"蟋蟀叫声"，这是我为新邮件到来而设置的特别提醒，因为关联了手机，所以马上得到信息。当时，我正在草拟一个讲座的提纲，进入了聚精会神的状态，对外界的轻微动静几乎没有什么感觉。谁知那天的"蟋蟀叫声"特别响亮，仿佛入梦时被突然唤醒，我本能地放下手头的工作，立刻瞪大眼睛，打开邮件。霎时，"堂主"昵称赫然入目。开头我还以为是哪个"神坛"当家发来的介绍资料，但下载了附件，才知道是"西蜀三

元堂"的主人远国兄的"千里传情信物"——《中国道教神仙谱系史》的书稿。

谓之"千里传情",绝非夸张。因为我那时恰好回到了老家——厦门同安故里。倘若驾车而行,上成安渝高速、渝湘高速,得经过19个红绿灯,全程2005.6千米,顺利的话要花23小时14分钟才能到达;如果上宜恩高速、汉宜高速,得经过23个红绿灯,全程2075.7千米,大约需要24小时4分钟到达。由此可见,"千里"还是少说了。精确一点,应该是"千里"的几倍吧。这样的路程,要是在李白、杜甫生活的唐代,即使骑上快马,日夜兼程,也得几个月时间。可是,在信息化的当今,却能一瞬间把寄托着深深道情的文稿发送到我的"童蒙斋",一堂一斋,由于学缘关系得以"秒联",你说惊不惊喜?

其实,更为惊喜的还在后头。看了目录,发现我的名字紧随比我大21岁的前辈学者熊铁基老先生之后,无上光荣地列为作序者之一。这阵势,仿佛在一个大会主席台上恭置了两张空椅,此所谓虚位以待也!如此这般,让我既感到荣幸,也觉得有些许压力。邮件的正文虽然没有一个字,但无字胜有字,一切尽在不言中。既然自己的名字都列在序言作者的名单上了,不消说是摊上了一份难度不小的作业了,非抓紧完成不可。于是,自从接到邮件之后,我一有空就打开远国兄的大作,细细拜读。本来想一口气读完就写,无奈文稿篇幅特大(远国兄是用QQ邮箱的超大附件功能发来的),光是第一卷就有573169字,后来又陆续发来几次,四卷足足有300多万字,所以只能分阶段阅览。我给自己定了一个"完成作业"的跨年度计划:2019年秋季,拜读第一卷;2019年冬季,拜读第二卷;2020年春季,拜读第三卷;2020年夏季,拜读第四卷。这四卷书稿,像四座山峰(文笔峰),一峰高过一峰。要知道,登山不像履平地。这里没有高速公路,也没有机坪可以起降直升机。羊肠小道,曲折回转,路面瘦硬,时有高低不一的石块凸起,想骑快马奔跑,那是完全不可能的,想找一头毛驴学张果老那样倒骑代步,也难以如愿,只能徒步而行。好在我早有登山经验,在出发时带上水和些许干粮;再根据不同的季节准备不同的衣物。秋季登山,晨风传送着夏日的余热,穿多出大汗,穿少要着凉;冬日登山,寒气逼人,一出门就得把自己包裹得严实一些;春季登山,寒气未尽,时有凉风穿透腋窝,此所谓春寒料峭;夏候登山,短袖裤衩打扮,比较轻松,但气候变化多端,常有雷阵雨,故而携带雨伞出门是必须的。

经过了一番心理准备,我就开始攀登远国兄《中国道教神仙谱系史》中所耸立的四座文笔峰了。果然不出所料,一起步就感受到了夏季热浪余波迎面冲来:新石器时代的仰韶文化、大溪文化、屈家岭文化、马家窑文化、大汶口文化、良渚文化、红山文化、河姆渡文化等,像众多奇形怪状的顽石,高低错落,彼此之间缝隙很小,要穿过这些顽石,常常要像鹞子翻身那样紧缩翅膀,所以走几个时辰就汗流浃背了。还有原始图腾、阴阳太极、天地神祇,以及方仙道、黄老道、王母道、太平道、正一道、全真道等神仙道派概念,正如深山中的老树,被青藤交缠,有的在山坡,有的在山凹,有的在峡谷的出水口,有的在一线天的顶端,各有姿态,盘根错节。要身临其境,明其究竟,的确不易。

庚子之年肇始,新冠肺炎疫情的大雾弥漫九州大地,笼罩了寰球,也遮挡了我攀登《中国道教神仙谱系史》"连绵山峰"的视线,顿时有一种"山穷水尽疑无路"的感觉。然而,友情暖人心坎,道情就是力量,疫情天灾吓不倒有志的攀登者!随着望江楼公园新笋拔节、府南河小白鹭振羽学飞时刻的到来,终于是"柳暗花明又一村"!

我看完了《中国道教神仙谱系史》的书稿,仿佛登上了最后一座山峰的尖顶,顿时视野开阔,但见全书线索,犹似贯通于四峰峡谷间的奇经八脉,而上清派、灵宝派、神霄派、清微派、金丹派等又像布列于山凹间的洞穴,不时透射出神仙谱系之虹光。作者使用的历史学、宗教学、考古学、人类学、图像学、社会学、文化学等多学科研究方法,犹如庖丁解牛之神刀,顺骨节而起落,合溪韵而曼舞。神来之笔,造就了一个巨大的文化蜂巢,层层叠叠,构筑紧密。甜甜的蜜汁从神仙文化蜂巢的边际溢出,颇为诱人;更有众多的引证,像布满云端的人参果,随风摇曳,频频点头,暗示着补脾益气的文化养生大效。拨开山顶的云层，但见神仙文化考古一丘凸起，若太公点兵之案桌，摆放于前；放眼眺望，万峦来朝，如兵马列阵。目力所及，惊喜接踵而至。我整理衣袖，揩去额头的汗水，心中不禁来了灵感，于是提笔写下《望仙门》短词一首：

> 蜀天才子远国君，
> 探昆仑。
> 平生发奋笔耕勤，
> 会冬春。
> 法器通仙印，
> 罡行合北辰。
> 考稽今古写真文，
> 谱长温，
> 歌啸伴鹍鹍。

写就此词，仿佛从梦里醒来，回到了现实世界。看看左侧书架上，发现了远国兄往昔送给我的几本旧作：《神霄雷法：道教神霄派沿革与思想》《道教灵宝派沿革史》《中国道教气功养生大全》……我已记不清书架上这些大作出版的先后次序，但稍有磨损的封面却提醒我：都颇有年岁了。在它们身上既嵌印着作者学术探索的足迹，也接续着文化传承的渊源。而今，《中国道教神仙谱系史》即将问世，我的书架早已腾出一个位置，欢迎这部巨著的到来！

是为序。

詹石窗
谨识于四川大学老子研究院
岁次庚子闰四月二十六
2020年6月17日

# 目录

## 第二十二章　隋唐道教神仙谱系

第一节　三清信仰历史考辨 …………………………………… 003
第二节　三清诸神的造像绘画 …………………………………… 041

## 第二十三章　唐宋时期的北帝派

第一节　北帝派历史传承 …………………………………… 112
第二节　北帝派神仙谱系 …………………………………… 129

## 第二十四章　两宋道教神仙谱系

第一节　宋代皇室与天师谱系 …………………………………… 162
第二节　三清、六御神仙谱系 …………………………………… 172

## 第二十五章　两宋上清派神仙谱系

第一节　两宋上清派历史传承 …………………………………… 206
第二节　两宋上清派神仙谱系 …………………………………… 215

## 第二十六章　两宋神霄派神仙谱系

第一节　两宋神霄派历史传承 …………………………………… 234
第二节　两宋神霄派神仙谱系 …………………………………… 263

## 第二十七章 两宋南宗神仙谱系

第一节 两宋南宗历史传承……………………………………330
第二节 两宋南宗神仙谱系……………………………………369

## 第二十八章 地祇派神仙谱系

第一节 地祇派历史传承……………………………………392
第二节 地祇派神仙谱系……………………………………399

## 第二十九章 太乙派神仙谱系

第一节 太乙派历史传承……………………………………418
第二节 太乙派神仙谱系……………………………………425

## 第三十章 天心派神仙谱系

第一节 天心派历史传承……………………………………442
第二节 天心派神仙谱系……………………………………453

## 第三十一章 东华派神仙谱系

第一节 东华派历史传承……………………………………476
第二节 东华派神仙谱系……………………………………499

## 第三十二章 清微派神仙谱系

第一节 清微派历史传承……………………………………552
第二节 清微派神仙谱系……………………………………568

## 第三十三章 净明道神仙谱系

第一节 净明道历史传承……………………………………600
第二节 净明道神仙谱系……………………………………614

## 第三十四章　宋代道教造像中的神仙

第一节　重庆大足宋代道教造像……………………………………629
第二节　重庆大足南山道教造像……………………………………641
第三节　重庆大足圣府洞道教造像…………………………………654

## 第三十五章　金元时期的道教

第一节　金元天师世家谱系…………………………………………670
第二节　金元时期的太一教…………………………………………688

## 第三十六章　全真道神仙谱系

第一节　全真道历史传承……………………………………………710
第二节　全真道神仙谱系……………………………………………735

主要参考文献……………………………………………………………765
后　记……………………………………………………………………771

# 第二十二章

# 隋唐道教神仙谱系

　　经过魏晋南北朝的分化聚合之后，到了隋唐，道教呈现出一派兴盛的气象。隋朝的统一打破了地域分割，为道教融合创造了条件。开皇三年（583），文帝迁都于龙首原，号大兴城，于都下畿内造观三十六所，名玄坛，度道士两千人。之后，文帝还亲自到楼观台宗圣观沐芳礼谒，下令重修楼观宫宇，度道士百二十人。"开皇间已诏两京及诸州各置玄元皇帝庙"，在全国范围内修复或建置老子庙，经常征召有名望的道士到京城讲论玄理，并在京城安善坊设立玄都观，延聘楼观道"田谷十老"之一的王延为观主，成为全国道教中心，影响颇深。此外，文帝还建造了一批道观，如开皇二年（582）在益州建至真观；开皇七年（587），为道士孙昂、吕师分别修建清都观、清虚观，为秦王俊建会圣观等，为道教的发展奠定了良好的基础。

　　唐承隋规，继续推进道教融合，道教进一步繁荣。各个道派逐渐在教理教义和宗教仪式上互相渗透，彼此吸收，以至道派的传承关系变得不甚分明。原有的天师道进一步在全国范围内传播，灵宝派、上清派则传入北方，而重玄宗、楼观派、内丹派亦兴于世。就天师道、灵宝派、上清派而言，自隋唐以来多已融合，人们往往难以分辨，只是依其道法科仪，大致推其派别。

　　道教的影响还远播海外。唐高祖李渊曾派使臣到高丽送天尊像，派道士到高丽宣讲《老子》。道教还传入真腊（今柬埔寨境内），当地人"尤信道士"。道教经书亦流传至日本，王维在《送秘书晁监还日本国并序》中有"金简玉字，传道经于绝域之人"之句。唐太宗令道士成玄英等与玄奘合作，将《道德经》译为梵文；王玄策奉敕出使印度，宣传道教自然无为的思想。这些都表现出盛唐时期道教的兴盛。概言之，由于李唐王朝的重视与扶持，在崇道尊祖的风气下，道教得到了极大的发展。唐朝近三百年的历史就是道教从发展到鼎盛的辉煌时期。

# 第一节　三清信仰历史考辨

三清是道教神仙世界中三位地位最高的神灵。《道德经》指出，道是天地万物的本源，道生一，一生二，二生三，三生万物。张君房《云笈七签》卷三《道教三洞宗元》说，道教肇始，本是一个虚无，后来发生感应，产生了妙一，妙一分为三元，三元变生三气，三气又变生三才，于是万物具备。三元即第一混洞太无元，第二赤混太无元，第三冥寂玄通元。从混洞太无元化生天宝君，即元始天尊；从赤混太无元化生灵宝君，即灵宝天尊；从冥寂玄通元化生神宝君，即道德天尊。

## 一、从三清境到三清尊神

三清信仰始于南北朝时期，之前的"三清"是指圣境，尚未有人格化的神灵。《道教本始部》曰："原夫道家由肇，起自无先。垂迹应感，生乎妙一。从乎妙一，分为三元。又从三元，变成三气。又从三气，变生三才。三才既滋，万物斯备。其三元者，第一混洞太无元，第二赤混太无元，第三冥寂玄通元。从混洞太无元化生天宝君，从赤混太无元化生灵宝君，从冥寂玄通元化生神宝君。大洞之迹别，出为化主，治在三清境。其三清境者，玉清、上清、太清是也，亦名三天。其三天者，清微天、禹余天、大赤天是也。天宝君治在玉清境，即清微天也，其气始青。灵宝君治在上清境，即禹余天也，其气元黄。神宝君治在太清境，即大赤天也，其气玄白。""其三气者，玄、元、始三气也。始气青在清微天，元气黄在禹余天，玄气白在大赤天，故云玄、元、始三气也。又从玄、元、始变生阴、阳、和，又从阴、阳、和变生天、地、人。故《道德经》云：道生一，一生二，二生三，三生万物。"①

天宝君住玉清境，灵宝君住上清境，神宝君住太清境。《道门大论》："此为三清妙境，乃三洞之根源，三宝之所立也。今明玉以无杂就体，而名玉清也。上以上登逐用，而名上清也。泰以通泰体事，故为太清也。又修道之人，初登仙域，智用通泰，渐升上境，

---

① 君房.云笈七签：卷3[M]//道藏：第22册.北京：文物出版社，上海：上海书店出版社，天津：天津古籍出版社，1988：13.本书所引《云笈七签》内容均出自《道藏》第22册，下文不再一一注明。

终契真淳。故以三境三名，示其阶位之始也。通名三清者，言三清净土，无诸染秽。其中宫主，万绪千端，结气凝云，因机化现，不可穷也。"

从上述引文可见，三清即玉清、上清、太清三清境，亦即"三清天"，自是指清微天、禹余天、大赤天，属于道教三十六重天的第五重天。根据张君房《云笈七签》卷21，道教的三十六天由下而上共分成六重天，依次是：第一重欲界六天，第二重色界十八天，第三重无色界四天（以上三重又称作三界二十八天），第四重四种民天，第五重三清天，最上一重是大罗天。大罗天最高，在玉清境玄都玉京之上，传说是道教最高尊神元始天尊居住的地方。三清天和大罗天合称"圣境四天"。故"三清"者，即"三清境，玉清、上清、太清是也，亦名三天。三天者，清微天、禹余天、大赤天是也"。众说皆同，无所异议。

然"一气"所指为何？文曰："生乎妙一。从乎妙一，分为三元。又从三元，变成三气。又从三气，变生三才。三才既滋，万物斯备。"所谓"一"，应是指"妙一"。那么"妙一"又是什么，是"一气"？对此问题，杜光庭《道德真经广圣义》说，道生一，一为气，因其变化玄妙，故名"妙一"。大道运用，惟一为先，故云生一。万物抱道而生，必资三气，即玄气、元气、始气也。"始气白，凝为清微天，号玉清境，天宝君所掌，元始天尊统九圣居之。元气黄，凝为禹余天，号上清境，灵宝君所掌，大道君统九真居之。玄气青，凝为大清境，号大赤天，太上老君统九仙居之。以此三气，每气复各生三气，下为九天，通三境为十二天。又以十二天各分二天，凡三十六天也。又以其精凝为三才，即始气为天，玄气为地，元气为人。始气积阳，玄气积阴，元气积阴阳之华，而总为人伦，散为万物。冲气者，是元和冲寂之气也，万物得之以生，失之以死。"世间所说的老子一气化三清的过程，就是道生一，一生二，二生三，三生万物的过程。"一者，冲气也。言道动出冲和妙气，于生物之理未足，又生阳气。阳气不能独生，又生阴气。积冲气之一，故云一生二。积阳气之二，故云二生三。阴阳合孕，冲气调和，然后万物阜成，故云三生万物。"①

后来道教各派根据发展的需要，扩大了神灵体系，在创立最高神三清时，同样运用了"道"的原则。《云笈七签》之《太真科》曰："混沌之前，道气未显，于恍莽之中，有无形象天尊，谓无象可察也。后经一劫，乃有无名天尊，谓有质可睹，不可名也。又经一劫，乃生元始天尊，谓有名有质，为万物之初始也。极道之宗元，挺生乎自然，寿无亿之数，不始不终，永存绵绵，消则为气，息则为人，不无不有，非色非空，居上境为万天之元，居中境为万化之根，居下境为万帝之尊，无名可宗，强名曰道。"把造物者的角色由"道"转由"三清"承担，以为只有道教最高神才能最完美地体现道的神性，才是道的化

---

① 道藏：第14册[M]．北京：文物出版社，上海：上海书店出版社，天津：天津古籍出版社，1988：479.

身。最高神之下的众神仙分别按其位次的高低拥有相应的道性。

南北朝《上清太上开天龙蹻经》卷一曰："三境三界，通碍见殊，高圣下凡，悟有深浅，洞通无碍，名为三洞，三洞通方，感报不等。言上圣传道者，至道玉帝于龙汉劫时，应为天宝大洞圣君，上生玉清十二圣天，当传圣道，而与郁单天帝九天丈人、禅善天帝九天真皇、须延天帝元始天王，各教三天九品圣道。赤明劫时，应为洞玄灵宝真君，次生上清十二真天，传于真道，而与寂然天帝元始先生、不骄乐天帝高上元皇、应声天帝虚皇玉帝，各教三天九品真道。上皇劫时，应为神宝洞神仙君，次生太清十二仙天，传于仙道，而与梵辅天帝万始先生、清明天帝紫虚帝君、无爱天帝太真五皇，各教三天九品仙道，此是上圣而传其道也。言中真传德者，太易时传授太帝君，太始时传授天帝君灵阳子，太初时传授太微帝君，太极时传授太微天帝君，太素时传授金阙后圣太平李真君、上相素童君、上相青童君、九玄帝君，此是中真而传其德也。"① 这是对"三清"人格化的表述，作为最高尊神的三清开始传经授道。

三清天尊是名天宝大洞圣君、洞玄灵宝真君、神宝洞神仙君，他们无形无名，从本降迹，渐显三身。"从起三身，而演三洞，三境三界，凡圣显差，九天九人，感象通贯。三宝渐顿，三乘接生，皆起法身，身光相好。三身相好，境界垂形，应感天人，同滋向象，皆从相好，而植其神，上禀玄精，始成妙用。"天宝大洞圣君法体，"玄彻幽微，真一妙智，清净无碍，上显法体三十六门，应演三洞三十六相，上下相合，七十二相"。洞玄灵宝真君，"应体显象，三境三界，上下圆明，降气生神，而成灵识，无量功德，福备人天，应感业缘，随功证宅，上显三境三十六天，下应三界三十六帝，上下通应，七十二相"。神宝洞神仙君化体，"开化人神，皆含三洞，九气生育，仿天象地，合为识灵，内显化身三十六相，外示生人三十六相，内外相合，七十二相。三十六部，是无相源，从理寄言，令铨其理，应生境界，福备十方。归根返本，以立阶品，证果进位，超升大罗，体解大道，入真实际，圆满清净，泽被黎民，善开方便，示有为法，通生妙用，而起识神，万化应缘，一相空靖也"。

三清天中有玄、元、始三气，玄气化生天宝君，元气化生灵宝君，始气化生神宝君。"以三合五，化为八景神，各生八方，而为二十四帝者。""帝各三元，元各五神，合为三百六十神。六六品族，合气生神，上为三清六十四梵气，二六相合，三十有二，降生三界三十二天，普通一天三十二帝。""玄、元、始气，合生九气，故为九帝。""三清九天，各生八方，而为七十二宫。三元各有二十四帝，上为二十四真，中为二十四神，下为二十四生。三元八景，品族生神，合中九宫，八十有一，通生诸天八十一分，普生诸地

---

① 道藏：第33册[M]. 北京：文物出版社，上海：上海书店出版社，天津：天津古籍出版社，1988：731.

八十一域，内生人身八十一关节也。"①三洞通化，应为天尊三公天。九天通化，应为天尊九卿天。仙真圣位各证九品，故有二十七大夫。九天初构，上下重叠，及其分应，则列八方，故有八十一元士天。通前三公、九卿、二十七大夫、八十一元士，各生气象，故为天尊百二十郡天。又于百二十郡等天，内为五曹，外为五官，各生十神，合为天尊千二百县官天。又于千二百县中，各有三元，元各五乡，故为天尊万八千乡天。又于万八千乡天，各禀五气，以为五天亭，故为天尊三万六千亭天。又于三万六千亭中，亭各五侯，合为天尊十八万侯。这就说明三清天中，除天宝君、灵宝君、神宝君之外，尚有陪侍神灵十八万位，这正是三清天尊的神仙谱系。

《上清太上开天龙蹻经》卷二曰："仙真圣位，三洞玄尊，三宝立位，三号亦别。故于龙汉初时，元始开图，应为玉清天宝圣君，号为大洞无形天尊，而说大洞十二部经，而教玉清十二圣天。次于赤明劫时，应为上清灵宝真君，号为洞玄无名天尊，而说洞玄十二部经，而教上清十二真天。次于上皇劫时，应为泰清神宝仙君，号曰洞神元始天尊，而说洞神十二部经，而教泰清十二仙天。三十六部经生于诸天，天人禀受，故名三界。三乘渐顿，接引通方，开度有贤，应身降受，历代教化，天尊通神，三洞宝经，随方显用。"②

唐代道士编撰《道门经法相承次序》卷上："原夫道家由肇，起自无先，垂迹应感，生乎妙一。从乎妙一，分为三元，又从三元，变成三气，又从三气，变生三才，三才既立，万物斯备。其三元者，第一混洞太无元，第二赤混太无元，第三冥寂玄通元。从混洞太无元化生天宝君，从赤混大无元化生灵宝君，从冥寂玄通元化生神宝君。大洞迹别，出为化主，治在三清境。其三清境者，玉清、上清、太清是也，亦名三天。其三天者，清微天、禹余天、大赤天是也。天宝君治在玉清境，即清微天也，其气青始。灵宝君治在上清境，即禹余天也，其气白元。神宝君治在太清境，即大赤天也，其气黄玄。故《九天生神章经》云：此三号年殊号异，本同一也，此三君各为教主，即是三洞之尊神也。其三洞者，谓洞真、洞玄、洞神是也。天宝君说十二部经，为洞真教主。灵宝君说十二部经，为洞玄教主。神宝君说十二部经，为洞神教主。三洞合成三十六部尊经。""故《老经》云：'道生一，一生二，二生三，三生万物。'自玄都玉京已下，合有三十六天，二十八天是三界内，八天是三界外。其三界者：欲界、色界、无色界。从下六天为欲界，次十八天为色界，次四天为无色界，三界合二十八天。其三界胜境，身相端严。从欲界天已上，人寿命长远，皆以黄金为地，白玉为阶，珠玉珍宝，自然而有，虽复雅乐，并不免生死。其次三界上四天，名为种人天，亦名圣弟子天，亦名四梵天，此人断生死，三灾之所不能及。其次即至三境，境别左右中三宫，宫别有仙王、仙公、仙卿、仙伯、仙大夫，别有一

---

① 道藏：第33册[M]. 北京：文物出版社，上海：上海书店出版社，天津：天津古籍出版社，1988：731-732.
② 道藏：第33册[M]. 北京：文物出版社，上海：上海书店出版社，天津：天津古籍出版社，1988：734.

太上，一老君天师。太清境有九仙，上清境有九真，玉清境有九圣，三九二十七位也。其九仙者：第一上仙，二高仙，三大仙，四玄仙，五天仙，六真仙，七神仙，八灵仙，九至仙。真圣二境，其号次第，亦以上、高、大、玄、天、真、神、灵、至为次，但真云仙真、元真，真圣云仙圣、无天圣。最上一天名曰大罗天，在玄都玉京山上。紫微金阙，七宝骞树，骐驎师子，化生其中，三世天尊，治在其内。欲界二十八天，其次四天，次三境，最上大罗，合三十六天，总是天尊所统。故经云：'三界之上，渺渺大罗。上无色根，云层峨峨。唯有元始，浩劫之家。'三代天尊者，过去元始天尊，现在太上玉皇天尊，未来金阙玉晨天尊。然太上即是元始天尊弟子。从上皇半劫已来，元始天尊禅位。三代天尊，亦有十号：第一自然，二元极，三大道，四至真，五太上，六道君，七高皇，八天尊，九玉帝，十陛下。""一者欲界，有六天，即从《度人经》太黄皇曾天，数满六天。是欲界人，寿命万岁，人在世生不犯身业杀盗之罪，来生即登此天，此天之中无六欲染着，故生此天。二者色界，有十八天，即以次取之，其中人寿亿万岁。若人一生之中，不犯心业贪嗔之罪，得生此天。三者无色界，四天，其中人寿命亿劫岁。若人一生之中，不恶口、两舌、妄言、绮语，当来过往，得居此天。其中善男子善女人，功行满足，堪上四天者，王母迎之，登上四天。其三界无上常融天、太释腾胜天、龙变梵度天、太极贾奕天，此四天名四种人天，即三界之上，灾所不及。四人天上有三清：第一太清，第二上清，第三玉清。三清之上，即是大罗天，元始天尊居其中，施化行教。太清境，大赤天，神宝君说十二部经，其经号曰洞神部，其中一人为仙主。第二上清境，是禹余天，灵宝君为教主，说十二部经，其经号曰洞玄部，其中一人为真主。第三玉清境，清微天，天宝君说十二部经，其经号曰洞真部，其中一人为圣主，所谓仙、真、圣也。大赤天为元气，其色白；禹余天为玄气，其色黄；清微天为始气，其色苍。即行道登坛之时，无上三天玄、元、始三气是也。"①

隋刘进喜造、唐李仲卿续成《太玄真一本际妙经》记载，元始天尊时在协晨灵观崚嶒之台，与太上道君及十二亿万高真上圣具宣秘要，开阐妙门。"是时天尊即放五色微妙光明，遍照十方一切国土，光中演出种种类音，各随风俗，闻者皆解。宣说诸法悉是无常，苦恼秽恶，无自在者，须臾变灭，犹如梦幻。汝等咸应生厌离想，虽复神仙寿亿万劫，终必死坏，三清众圣念念无常，是故世间无可保者。元始天尊为汝等故，权应见身，教导汝等，并得开度。""我亦如是，运御一切，为大法王，欲巡至妙升玄之域，以正观心导三清众，悉以正真秘密宝藏委付道君，拯恤贫穷无善财者，班锡功效精进之人。复欲普令诸真大圣，共弘正道，随机所称，各开利益。"故元始天尊以圆足具福慧，释除众生疑惑之心，弘道利物。"三清之人，见生灭相，觉无常苦，智明了故，体无相故。以智慧故，能

---

① 道藏：第24册[M]．北京：文物出版社，上海：上海书店出版社，天津：天津古籍出版社，1988：782-784．

知能觉，忘不着故，不以为苦，而是任放，恬愉安乐，解未圆故，随念生灭。二者，一切世法，皆无有我，不自在故，非真实故，相因待故。"①可见隋唐时期的道教讲重玄心法，倡导大乘道教。

三清信仰是道教神仙信仰系统的主体。道教"一气化三清"的神仙信仰之说自有其思想渊源，非朱熹所认为的"其所谓三清，盖仿释氏三身而为之尔"②的外来说。此点早有学人辨明，无须赘言。日本福永光司教授曾详细考辨，认为道教中最高神"元始天尊"称号的成立应在公元6世纪。三清信仰的确定当在晚唐："从唐代末期五代十国时期，各地道教寺院中，已经在祭祀三清，即元始天尊、太上道君、太上老君三神，而且已有将此三神置铸神像安置的状况。"③

三圣相承，演讲大道。虽分三洞教主，实则同气相化。《太上洞玄灵宝业报因缘经》卷十曰："元始以一气化生三炁，分为三天。一曰始炁，为清微天，号玉清境，天宝君所化，出《洞真经》十二部，以教天中九圣。二曰元炁，为禹余天，号上清境，灵宝君所化，出《洞玄经》十二部，以教天中九真。三曰玄炁，为大赤天，号太清境，神宝君所化，出《洞神经》十二部，以教天中九仙。三十六部，亦曰三乘，一曰大乘，二曰中乘，三曰小乘。结飞玄元炁，自然成章，玉字金书，龙文凤篆，大方一丈，八角垂芒，教化诸天，流通世界。始终五劫，常转法轮，或实或权，有广有略，因机取悟，随世修行。虽天地运终而三洞不减，开度群品，导引天人，三界十方，俱受利益。"④

三清尊神　明代　纸本设色　中国国家图书馆藏

---

① 道藏：第24册[M]. 北京：文物出版社，上海：上海书店出版社，天津：天津古籍出版社，1988：653-655.
② 黎靖德.朱子语类：卷125[M]//文渊阁四库全书：第702册.台北：台湾商务印书馆，1983：538.
③ 福永光司.昊天上帝、天皇大帝和元始天尊[A]//道家文化研究.上海：上海古籍出版社，1994.
④ 道藏：第6册[M]. 北京：文物出版社，上海：上海书店出版社，天津：天津古籍出版社，1988：127.

所谓"一气化三清"之说，表明"气"是构成道教最高神的基本要素。同样，最高神之下的众神仙也由"气"构成，如玉帝即三清祖气所化。五老上帝者，"五气之根宗，五行之本始也"。这表明玉皇大帝、五老君的"气"也是直接源自根宗。用"道"与"气"构造神灵时，遵循了"化"的原则，即变化的思想。这是道教的一大特色。无变化即难以设想人能经过修炼变成长生不死的神仙，由人变仙者被称为"羽化登仙"，即化的作用。

三清之下的众神亦由道或气所化生。据《洞玄灵宝自然九天生神章经》所说，三清圣祖以玄、元、始三气合生九气，"九炁列正，日月星宿，阴阳五行，人民品物，并受生成。天地万化，自非三元所育，九炁所导，莫能生也。三炁为天地之尊，九炁为万物之根，故三合成德，天地之极也。人之受生于胞胎之中，三元育养，九炁结形，故九月神布气满能声，声尚神具……所以能爱其形，保其神，贵其炁，固其根，终不死坏，而得神仙，骨肉同飞，上登三清，是与三气合德，九气齐并也"①。这就是人、神相通的内在根据，是人得以超越生死、成仙的思想基础。

《唐武宗皇帝九天生神保命斋词》的道教神灵排列，首为元始天尊、太上大道玉晨君、太上老君，其后为玉清大有天宝君、上清妙玄灵宝君、太清太极神宝君三宝尊神。《老君圣纪》称："此即玉清境元始天尊，位在三十五天之上也。""此即上清境太上大道君，位在三十四天之上也。"王悬河《三洞珠囊》曰："太清境太极宫即太上老君，位在三十三天之上也。"②南宋金允中在探讨与总结以上三清、三宝、三洞之间的关系后认为："三尊之号在经中只称元始天尊、太上道君、太上老君；其别号则曰天宝君、灵宝君、神宝君；以三境之名而称之则曰玉清、上清、太清；以三洞之书而名之则曰洞真、洞玄、洞神。"③

三清之名亦见于唐代道教斋神名单。唐杨钜《翰林学士院旧规·道门青词例》云："谨稽首上启：虚无自然元始天尊、太上道君、太上老君、三清圣众。"④杜光庭删定的《道门科范大全集》卷一请神名单首列"斗极祖师洞真大道元始天尊，斗极宗师洞玄大道太上道君，斗极真师洞神大道太上老君"，卷四首列"虚无自然元始天尊，无极大道太上大道君，大圣祖高上大道金阙玄元天皇大帝太上老君"⑤。可见三清尊神的地位在唐代已确立。

---

① 道藏：第5册[M]. 北京：文物出版社，上海：上海书店出版社，天津：天津古籍出版社，1988：843.
② 道藏：第25册[M]. 北京：文物出版社，上海：上海书店出版社，天津：天津古籍出版社，1988：340.
③ 道藏：第31册[M]. 北京：文物出版社，上海：上海书店出版社，天津：天津古籍出版社，1988：478.
④ 俞樾. 茶香室丛钞：卷14引[M]//笔记小说大观：第34册. 杭州：江苏广陵古籍刻印社，1984：82.
⑤ 道藏：第31册[M]. 北京：文物出版社，上海：上海书店出版社，天津：天津古籍出版社，1988：759-766.

从南北朝至隋唐，道教各派经过相互融合，终于确定了最高尊神三清至圣的地位，即玉清境元始天尊、上清境灵宝天尊、太清境道德天尊（太上老君），道教神系亦步入新的格局。他们或以师徒的关系出现，或以大道的显化降迹，构建了三位一体的三清尊神。这是道教神系发展史上的又一座里程碑，因为诸真万神遍布的宇宙之中，有了统领群仙众真的至高大神。道教内的诸宗诸派，无论其派内的神灵来自何处，其构成与面貌如何复杂，都必须服从三清尊神，敬奉三清尊神。从此，道教的信仰集中于对三清尊神的崇拜，道门弟子皆谓三清玄裔，这对于道教的发展与壮大起了不可估量的作用。

## 二、元始天尊信仰考辨

元始天尊信仰始于汉魏时期，其尊号首见于汉晋古灵宝经。《太上灵宝五符序》《元始五老赤书玉篇真文天书经》《太上洞真智慧上品大诫》《灵宝无量度人上品妙经》等皆明言元始天尊开劫度人，为道教的最高尊神。

每当新的天地形成，元始天尊就下降人间，向世间之人传授秘道，称为"开劫度人"。所度者都是天仙上品，包括太上老君、天真皇人、五方天帝等神仙。天地新开都有年号，称为延康、赤明、龙汉、开皇等。《元始天尊说升天得道真经》载："元始天尊在大罗天上、玉京之中，为诸天仙众说此升天得道真经。"① 于是元始天尊住在三十六天的最上一重"大罗天"，所住的仙府叫作"玄都玉京"。玉京之中黄金铺地，台阶由玉石砌成，宫中有七宝、珍玉，中央和两旁的仙殿中住有仙王、仙公、仙卿、仙伯、仙大夫等，这种气派俨然人间的帝王。据道经记载，元始天尊的名号多达十种，并显种种化身，以开劫度人。如《龙蹻经》曰："元始有十号，一曰自然，二曰无极，三曰大道，四曰至真，五曰太上，六曰老君，七曰高皇，八曰天尊，九曰玉帝，十曰陛下。"②

隋代道教非常尊崇元始天尊，把他奉为最高尊神，谓为万帝之尊。这种信仰特征在《隋书·经籍志》里有集中的叙述："道经者，云有元始天尊，生于太元之先，禀自然之气，冲虚凝远，莫知其极。所以说天地沦坏，劫数终尽，略与佛经同。以为天尊之体，常存不灭。每至天地初开，或在玉京之上，或在穷桑之野，授以秘道，谓之开劫度人。然其开劫非一度矣，故有延康、赤明、龙汉、开皇，是其年号。其间相去经四十一亿万载。"③

---

① 道藏：第1册[M]. 北京：文物出版社，上海：上海书店出版社，天津：天津古籍出版社，1988：801.
② 道藏：第2册[M]. 北京：文物出版社，上海：上海书店出版社，天津：天津古籍出版社，1988：208.
③ 二十五史：第3册[M]. 杭州：浙江古籍出版社，1998：1047.

这位元始天尊既是最高阶位的尊神，又是万物始源、宇宙主宰，体现了道教神学的时空观。

所谓"开劫度人"，是指元始天尊每逢天地初开，应劫出化。《云笈七签》载：过去有劫，名曰龙汉世纪，有圣人曰梵气天尊，出世以灵宝教化，度人无量，其法光显大千之界。龙汉世纪一运，经九万九千九百九十九劫，气运终极，天沦地崩，四海冥合，乾坤破坏，无复光明。经一亿劫，天地乃开，名赤明世纪，有大圣出世，号曰元始天尊，以灵宝教化，其法兴显。赤明世纪经二劫，天地又坏，无复光明。其更五劫，天地乃开，元始天尊下降，授道君灵宝大乘之法，赐道君太上之号。道君即为广宣经箓，传乎万世。"自天真以下，至于诸仙，展转节级，以次相授。诸仙得之，始授世人。然以天尊经历年载，始一开劫，受法之人，得而宝秘，亦有年限，方始传授。上品则年久，下品则年近。故今授道者，经四十九年，始得授人。推其大旨，盖亦归于仁爱清静，积而修习，渐致长生，自然神化，或白日登仙，与道合体。"①

"元始"一词原是道家描述世界本源的用语，指开始、起始、始祖。南朝梁萧统《文选序》："式观元始，眇觌玄风，冬穴夏巢之时，茹毛饮血之世，世质民淳，斯文未作。逮乎伏羲氏之王天下也，始画八卦，造书契，以代结绳之政，由是文籍生焉。"②《隋书·律历志》："四象既陈，八卦成列，此乃造文之元始，创历之厥初者欤？"③《上方钧天演范真经》："无神非真，而名其鬼。真辅无神，抱阳曰仙。真为元一之晶，善俌于神也。神为无始之宗，藉晶而全也。"④宋李嘉谋《元始说先天道德经注解》卷1："元始于太妙，寂兮寥兮，绳绳兮，湛然不可名。""元始以妙为体。故元乃妙之合，神乃妙之散，真乃妙之一，道乃妙之变，下至于分阴分阳，降浊升清，布列精魂，万物以成，皆由妙出始出，于妙极其变化。"这里描述的"元始"完全等同于"道"，所以"元始之妙，居于有无之间。恍者，明也，有也。惚者，灭也，无也。至妙之极，其大不见其曦，既出而有，又寂而无，故曰恍兮惚。极其小不见其昧，既居其无，又出而有，故曰惚兮恍。恍惚混蒙，出入于有无之间，与上下皆同于妙，故曰妙恍妙惚，非象非物"⑤。

"元始"意味着"原始"之意，是对万物初始的一种形而上的说明，是宇宙生成时的过程，后来被神格化，逐渐演变成道教的最高尊神，居于三清之首。《灵宝开天经》曰："天地未分，混沌之中，无光无象，无祖无宗，唯有于道，湛寂自然，杳冥恍惚，真精独存。分气下降，应生一元，自此变化，三气复存。元始者，道之应化，一之凝精，至真不

---

① 二十五史：第3册[M].杭州：浙江古籍出版社，1998：1047.
② 严可均.全上古三代秦汉三国六朝文[M].石家庄：河北教育出版社，1997：215.
③ 二十五史：第3册[M].杭州：浙江古籍出版社，1998：1004.
④ 道藏：第24册[M].北京：文物出版社，上海：上海书店出版社，天津：天津古籍出版社，1988：912.
⑤ 道藏：第1册[M].北京：文物出版社，上海：上海书店出版社，天津：天津古籍出版社，1988：428-429.

杂，内外清纯，因气感生。转变自然，因机赴会，玉质金容，为众物本，故称元始焉。"①东海青元真人说："元者，玄也，玄一不二，玄之又玄，为众妙门。始者，初也，元始禀玄一之道，于元始之初，先天先地，为众妙之宗，出生之始，故曰元始。天者，一气之最上；尊者，万法之极深。当其氤氲未朕之时，湛然独立，天地凭之而处尊大者，故号元始天尊。"②

被视为三洞教主的神灵，乃是无形无质，在天地之先、不涉肉身的"道气"。元始天尊、太上大道君、太上老君，皆一气所化。原本是无，未可执着为有。且不止三洞尊神是气化而成，所有神灵皆然。陶弘景《真灵位业图》云"廿四官君将吏，千二百官君将吏"，皆气化结成。③陶弘景《登真隐诀》亦说，所谓天兵天将，"官将及吏兵人数者，是道家三气，应事所感化也，非天地生人也。此因气结变，托象成形，随感而应，无定质也"④。气化生神，神无定质，因气结变，托象成形，将气化之理讲得更为清楚。

天尊则是道教对天界尊神的尊称。《太玄真一本际经》说："元宗无上，而独能为万物之始，故名元始。运道一切为极尊，而常处三清，出诸天上，故称天尊。"⑤孟安排《道教义枢》序曰："夫道者，至虚至寂，甚真甚妙，而虚无不通，寂无不应。于是有元始天尊，应气成象，自寂而动，从真起应，出乎混沌之际，窈冥之中，含养元和，化贷阴阳也。"《升玄经》云："吾以立气，周流八极，或号元始，或号老君，或号太上，或为世师，随人所好，为作法身。"《灵宝经》云："天尊分形百万，处处同时，是男是女，并见天

元始天尊　明代　绢本设色
北京白云观藏

---

① 道藏：第24册[M]. 北京：文物出版社，上海：上海书店出版社，天津：天津古籍出版社，1988：724.
② 道藏：第2册[M]. 北京：文物出版社，上海：上海书店出版社，天津：天津古籍出版社，1988：252.
③ 道藏：第3册[M]. 北京：文物出版社，上海：上海书店出版社，天津：天津古籍出版社，1988：276.
④ 道藏：第6册[M]. 北京：文物出版社，上海：上海书店出版社，天津：天津古籍出版社，1988：624.
⑤ 徐坚. 初学记[M]. 北京：中华书局，2004：547.

尊，俱如一地。"①

据此可知天尊、元始天尊的尊号多见于汉魏道经。所谓"元始天尊"，是指他生于太元之先，禀自然之气，为宇宙万物的创造者。唐人薛幽栖说："元者，初也。始者，首也。言元始天尊建万化之初，为众道之首，居玉清上元之境，统大罗玄都之域，植天地之根，生万物之母。"②宋人李思聪《洞渊集》亦载："元始天尊者，即天地之精极，道之祖气也。本生乎自然，消即为气，息即为神，不始不终，永存绵绵。居上境为万天之元，居中境为万化之根，居下境为万帝之尊，无名可宗，故曰天尊，始世人天矣。不可以理测，不可以言筌，生万化而不宰，化万类而不言，至尊至极，乃曰天尊，居玉清境清微天宫焉。"③

唐代孟安排概括曰："老君《道经》云：'窈冥中有精，恍惚中有象。'又云：'有物混成，先天地生，寂兮寥兮，独立不改，周行不殆，可以为天下母，盖明元始天尊于混沌之间，应气成象，故有物混成也。'《灵宝无量度人经》云：'渺渺亿劫，混沌之中，上无复色，下无复渊，金刚乘天，无形无影，赤明开图，运度自然，元始安镇，敷落五篇。'故知元始天尊以金刚妙质，乘运天气，布化陶钧，致分度自然，仪象女图。"④

元始天尊又称"虚皇道君"，这是因为他乃"道"的化身。《上清元始高上玉皇九天谱录》曰："虚皇道君，以三灵迅虚，玄统运晨，道化皇基，籍真自然，灵绪幽微，九帝推迁，高皇寥邈，元正监乾，翳翳玄古，时不我存。"⑤《洞真太上太霄琅书》卷一曰："云务子不修他道，受虚皇道君《太霄琅书琼文帝章》，于九霄之上，歌咏妙篇，游娱适肆，感畅神真，致三元下教，位登太真王。以传太华真人、三天长生君、太和真人、东华老子、南极总司禁君、西台中侯、北帝中真、九灵王子、太灵真妃、赤精玉童、玄谷先生、南岳赤松、中山王乔、紫阳真人、西城王君、中皇先生、赵伯玄、山仲宗等十八人，并修此道，面发金容，项负圆光，乘空登霄，游宴紫庭，变化万方，适意翱翔，啸命立到，征召万灵，摄制群魔，决断死生，驾霄乘烟，出入帝庭，皆由琼文，以致上真。王君今封一通于西城山中，宿有金名帝简，绿字紫清，合真之人，当得此文。得者宝秘，勿

---

① 道藏：第24册[M]．北京：文物出版社，上海：上海书店出版社，天津：天津古籍出版社，1988：803-805．
② 道藏：第2册[M]．北京：文物出版社，上海：上海书店出版社，天津：天津古籍出版社，1988：189．
③ 道藏：第23册[M]．北京：文物出版社，上海：上海书店出版社，天津：天津古籍出版社，1988：835-836．
④ 道藏：第24册[M]．北京：文物出版社，上海：上海书店出版社，天津：天津古籍出版社，1988：803．
⑤ 道藏：第34册[M]．北京：文物出版社，上海：上海书店出版社，天津：天津古籍出版社，1988：132．

妄轻传，泄露灵篇，九祖被考，充责鬼官，长闭地狱，万劫不原。"①《灵宝经疏》云："虚皇太上者，天尊之师也。虚者，有而无质；皇者，光也，煌也。亦以虚寂明其体，光煌表其德也。一曰虚无，一曰虚帝，一曰皇一，又号帝一也。虚无者，虚泊无形也。帝者，谛也，言精应审谛也。一者，本元，亦谓尊高无二也。明天尊以虚寂为师，智慧无碍，光明洞照也。此皆号异而体同也。天尊弟子即太上道君也。天尊周化十方，既将过去，又锡道君太上之号，为接化之主。前后二君皆称太上，为一切之师宗也。"②张君房《云笈七签》卷三曰："老君至开冥贤劫之时，托生榑桑太常玉帝天宫，以法授榑桑太帝，号曰无极太上大道君，亦号曰最上至真正一真人，亦号曰无上虚皇元始天尊。在元阳之上，则无极上上清微天中高上虚皇道君也。于是放身清凉，神光明朗，照大幽之中。尔时盘古真人，因立功德，见召于天中。盘古乃稽首元始虚皇道君，请受《灵宝内经》三百七十五卷。"③这里完全借用《道德经》词语来描述元始天尊，是把元始天尊视为与道一体的存在。

《天师请问经》云："正一真人问道君曰：'不审元始天尊未得道时，宗祖所因，本根元起，其事云何？伏愿显示，令众见明。'道君答曰：'夫道，无也。无祖无宗，无根无本，一相无相，以此为元。既称元始，何复有宗本者耶？虽复运导一切，道为最尊，常在三清，出诸天上。以是义故，故号天尊，或号玉帝，或号高皇，随顺一切也。'"《灵宝开天经》云："元始者，道之应化，一之凝精，因气感生，转变自然。此既不由胎诞，因经姓系。夫有天地，方有人焉；有人焉，方有氏族。天尊生于混沌之始，何宗祖之有乎？其后改号示变，应迹垂灵，托胎洪氏之胞，降形李母之腋，盖有由矣。然五身既分，三代斯别，随机应物，拯溺安危，汲引群迷，财成庶族，慈悲覆焘，难以胜言。所谓真身者，至道之体也。应身者，元始天尊、太上道君也。法身者，真精布气，化生万物也。化身者，堀然独化，天宝君等也。报身者，由积勤累德，广建福田，乐静信等也。然元始天尊、太上道君、高上老子，应号虽异，本源不殊。更托师资，以度群品，或命尹喜入天竺以化胡人，或与鬼谷之昆仑，以行圣教。慈济之道，无远不通。"④也就是说，元始天尊应迹垂灵，托胎洪氏，降形李母，于是太上老君得以显化，尹喜以化胡人，鬼谷之昆仑，以行圣教。

据道经所载，元始天尊的名号多达十种，并显种种化身，以开劫度人。《太上洞玄灵

---

① 道藏：第33册[M]. 北京：文物出版社，上海：上海书店出版社，天津：天津古籍出版社，1988：646.
② 道藏：第24册[M]. 北京：文物出版社，上海：上海书店出版社，天津：天津古籍出版社，1988：724.
③ 道藏：第22册[M]. 北京：文物出版社，上海：上海书店出版社，天津：天津古籍出版社，1988：16.
④ 道藏：第24册[M]. 北京：文物出版社，上海：上海书店出版社，天津：天津古籍出版社，1988：721.

宝十号功行因缘妙经》曰："我本师大圣元始天尊，虚无自然，妙道化身，从不可名言，尘沙劫来，济度一切众生，入无上道。具七十二相，八十一好，十号圆满，或相千光相，或现无边相，或现大身相，或现小身相；或变身入黍米之中，或开毛孔纳无边世界；或掌三千大千世界，或雨甘露，洒热恼众生；或作帝王，制伏暴乱；或为贤佐，匡乎有道；或有圣君，爰降为师。有如是功德，神通妙相，莫能穷叹，而有十号赞扬总名。是故十号者：无上道、元始、太极、高皇、光明、玉帝、正法王、大慈父、仙真师、天尊。"并进一步解释说："所言无上道者，乃是元始天尊道果成时，于诸众法，无祖无宗，无根无系，而一相俄立，乃万法依凭，为万法王，为万相之祖，为一气始，虚无不测，溟涬何知，居于万众之先，故名无上道。所言元始者，居至道源，作窈冥本，故曰元始。太极者，从无数劫来，判朴之际，报身乃现，于是始青天中，而现化身，故名太极。高皇之号者，尊居无顶天中，逍遥大罗之上，名无上之上，超有象之先，是故号曰高皇。所云光明者，是谓法性真体，莹若瑠璃，易功德光，照昏暗处，销众生障，破烦恼山，故号光明也。玉帝者，位居玉阙之中，尊极万天之帝，凝然真性，妙相具足，巍巍荡荡，出众真之中，同星拱月，故称玉帝。所言正法王者，演说正法，破邪异宗，开无为道，灭一切苦，明无边法门印，可三天经箓，降伏魔邪，除诸小见，令入大乘之道。如大医王法药治苦，若春雷震，发动萌芽，滋长含生，如洒甘露，沃润众根性，故号正法王。大慈父者，从无量无边劫，不可测微尘沙劫出现大圣身，济度众生，脱生死罗，入正真道，或于恶趣，拯救罪苦众生，过于赤子，是名大慈父。所言仙真师者，道君告普济言：'我与汝及无边无量劫来，天尊大圣，诸真大仙，升无上道果。一切天尊、诸真圣众、天王天帝、玉帝大帝、三华帝、五帝大魔、名山洞府、虚空水陆，一切含生已得果、今得果、及未得果者，皆是我本师元始天尊，现虚无法身、自然报身、元始化身，以真谛法种引导……化诱至真之法，皆以开悟，而从劫已来，救苦无倦，故号仙真师。'""天尊者，常处三清之上，超众圣道界，显世地卑，独居天为尊，故号天尊。"①

与元始天尊同时，魏晋道书又捧出了一位"太上道君"，置于诸尊之上。晋末，有王灵期增修上清经书，便把"太上道君"纳入上清神系。陶弘景《真灵位业图》中第二级中位便是"上清高圣太上玉晨玄皇大道君"，为万道之主，其级位亦高于第四级中位之"太清太上老君"。

太上道君为万神之亚尊，又称玉宸大道君、上清大帝、灵宝天尊。据道经记载，元始天尊宣讲的道法许多都是由道君整理传世的。薛幽栖说："道君，元始天尊之弟子，太微天帝君之师也。居上清上元玉晨宫，即上清之境，太清尊崇之位也。"成玄英说："按《本行经》云：道君是西那玉国人，盖紫晨之流芳，皇上之胄裔，能尊承灵宝，元始封为

---

① 道藏：第6册[M]．北京：文物出版社，上海：上海书店出版社，天津：天津古籍出版社，1988：130-132.

郁悦那林昌玉台天帝，位登高圣，治玄都玉京。《大洞经》云：上清高圣大道君者，一号玉晨君，治蕊珠玉阙七瑛紫房，受事虚皇，虚皇即元始天尊也。"①李思聪《洞渊集》亦曰："玉晨道君者，乃大道之化身也。言其有，不可以随迎；谓其无，复存乎恍惚。所以不有而有，不无而无，视之无象，听之无声，于妙有妙无之间，大道存焉。道君即审道之本，洞道之元，为道之气，即师事元始天尊，称受道弟子焉，犹是老君禀而师之矣。居上清真境禹余天中，降金科宝箓三洞仙经，付经师郁罗翘真人，传教于万国焉。"②

如同元始天尊一样，太上大道君亦神通广大，变化无穷，应劫乘运，随缘开度。《太上洞玄灵宝业报因缘经》卷十记载："道君告普济曰：'吾自造化天地，至于上皇，经无数劫、不可称量。世出教法，应化立身，亦复无数。天上天下，无极无穷，轮转变形，随缘开度。'"其名号多达几十种，如太上天尊、转轮化主、慈悲法王、无上法师、天中之尊、八极真君、九天圣主、三千化主、五亿天君、天罗教主、三界导师、玄中法师、玉宸化主、金阙天尊、洞真法主、洞玄教主、万法大师、最胜医王、法界圣尊、玉清道主、太清仙王、三涂化主、九幽大师等。其身份或作天王，或作帝君，或作道士，或作儒生。"或在天中为太乙天尊，或在星中为天皇大帝，或作北极大帝，或作七星童子，或作五帝真人，或在星中为星光真人，或在云中即为云师，或在风中为风伯，或作雷公，或为雨师，或为千岁老翁，或为万岁少童，或为龙王，或为鬼王，千变万化，不可胜数。或凡或圣，或男或女，或大或小，或长或短，或身上生水火，或形为草木。种种应变，教化众生，演出经教，开度天人，随劫轮转，恒存湛然。"③

宋人贾善翔《犹龙传》说："故老君师太上玉晨大道君焉，大道君即元始天尊之弟子也。天尊生亿劫之前，为道气之祖，所以道君为天尊之弟子、老君之师。二圣既立，即老君嗣焉。而曰老者，何也？老者，处长之称；君者，君宗之号。以老君天上天下，历化无穷，先亿劫而生，后亿劫而长，天天宗奉，帝帝师承，故赐以太上老君之号。三圣相承，千古垂范。"④李思聪亦曰："混元老君者，乃元气之祖宗，天地之根本也。历劫行化，代代为师。或在九天，或游四海，不可无师教，不可无主立，乃师事玉晨道君，称受道弟子焉。或降太微勾陈六星中，即号曰天皇大帝曜魄宝。至周降生，孔子尝曰：'老聃者，吾之师也。'而问礼焉，仰之如犹龙。自开辟以来，五十余度降见，西度流沙，下化中国，为三教宗师，作百王轨范，千古行道，神变无方，居太清仙境太赤天中焉。"

---

① 道藏：第2册[M]. 北京：文物出版社，上海：上海书店出版社，天津：天津古籍出版社，1988：189.
② 道藏：第23册[M]. 北京：文物出版社，上海：上海书店出版社，天津：天津古籍出版社，1988：836.
③ 道藏：第6册[M]. 北京：文物出版社，上海：上海书店出版社，天津：天津古籍出版社，1988：128.
④ 道藏：第18册[M]. 北京：文物出版社，上海：上海书店出版社，天津：天津古籍出版社，1988：5.

## 三、太上老君信仰考辨

从道教教主变为人间的帝皇,老君完成了一次华丽的转身。这一转变推动了唐代朝野上下崇拜老君、信仰道教的热潮。人们十分关心老君的事迹,于是出现了大量神异记述,以满足民众信仰的需要。

《玄妙内篇经》云:"玄妙玉女者,玄、元、始气混沌相因,化成二气,八十一万亿岁后,化生玄妙玉女。自玄妙玉女生后,三气变化,五色玄黄,大如弹丸,入玄妙口中,乃即吞之。八十一岁,乃从玄妙玉女左腋而生,生而白首,故号为老子。老子者,老君也。受太上重任,成天立地,帝帝出为国师。"《道君列纪》云:"后圣以共和七年三月德合日,始育于北国天刚灵镜山下李氏之家。年五岁,仍好道乐真,言愿成章。年二十,有金姿玉颜,遂弃家离亲,起迹风尘,浮游名山。悟三气而合变,冥神枢以齐真。抗其志也虚玄,执其诚也极微。栖心于霄景之外,抱素隐乎缝掖之中。内德圆充,外累远判。屏仙罗于地陆,寻上真乎紫馆。"《高上老子内传》云:"老君从李母左腋而生。初李母昼寝,梦太阳流光入口,因而吞之,遂觉有娠,七十二年于李树下生。老君指树曰:'此为我姓也。'至幽王时,老君从十二玉女、二十四仙人,并与鬼谷等,俱乘白鹿,出西关,北之昆仑矣。"《老子经》云:"号老子者,道之应形也。形见名出,名遂生焉。而才德周备,兼该济度,功业无双,诲诱无倦,总曰无上老子玄中大法师。"《玄中记》《濑乡记》并云:"老子为十二帝师,或云为十三圣师。伏牺时出为师,号郁华子;神农时出为师,号大成子;祝融时出为师,号广成子;苍颉时出为师,号黑精子;帝喾时出为师,号赤精子;黄帝时出为师,号力牧子,又称大成子;帝尧时出为师,号务成子;帝舜时出为师,号尹寿子;夏禹时出为师,号季胥子;汤时出为师,号锡寿子;文王时出为师,号燮邑子,为守藏史;武王时出为师,号育成子;成王时出为师,号经成子;康王时出为师,号郭叔子;昭王时遂退官,西化胡;孔子时出以为师,号曰老子。"《楼观本记》云:"尹喜遇老君,老君拜喜为无上真人,号曰文始先生,方远观四海八纮之外。又上升九天,谒太上玉晨大道君焉。道君令下化西域,条支、安息、昆吾、大秦、罽宾、天竺,周流八十一国,作浮屠之术,以化胡人。"[①] 正是在众多老君传记、道经史籍记载的基础上,出现了老君历世变化、为天人师的神学谱系,亦为后世的《老君八十一化历世应化图说》所本。

作为神灵的老子,他的降生当然也不同于凡人。葛玄《老子道德经序诀》说:"周时复托神李母,剖左腋而生,生即皓然,号曰老子。老子之号,因玄而生,在天地之先,无

---

① 道藏:第24册[M]. 北京:文物出版社,上海:上海书店出版社,天津:天津古籍出版社,1988:725-726.

衰老之期，故曰老子。"①贾善翔《犹龙传》序说："其母昼寝，梦太阳化流珠入口，因吞而有娠，凡八十一年，极太阳九九之数。母氏因逍遥于李下，由左腋而生。既生，皓首而能言，指李曰：'此吾姓也。'"②《三天内解经》卷上说："幽冥之中，生乎空洞；空洞之中，生乎太无；太无变化玄气、元气、始气，三气混沌，相因而化，生玄妙玉女；玉女生后，混气凝结，化生老子。从玄妙玉女左腋而生，生而白首，故号为老子。老子者，老君也。"③这些都说明老子的神异，他的母亲感流星而有孕，在腹中怀了81年，生下来就会说话，并且是个须发皓白的老翁，所以称为老子。

历史上说老子是个寿者，但其具体的形象却恍兮惚兮、捉摸不定，只是说他耳大寿者像。随后老君的形象慢慢具体化。葛洪谓其"身长九尺，黄色，鸟喙，隆鼻，秀眉长五寸，耳长七寸，额有三理上下彻，足有八卦，以神龟为床，金楼玉堂，白银为阶，五色云为衣，重叠之冠，锋铤之剑……"④极尽夸张之能事，凸显了老君既威严又神异的形象。《魏书·释老志》曰："道家之原，出于老子。其自言也，先天地生，以资万类。上处玉京，为神王之宗，下在紫微，为飞仙之主。千变万化，有德不德，随感应物，厥迹无常。授轩辕于峨嵋，教帝喾于牧德，大禹闻长生之诀，尹喜受道德之旨。至于丹书紫字，升玄飞步之经；玉石金光，妙有灵洞之说。如此之文，不可胜纪。其为教也，咸蠲去邪累，澡雪心神，积行树功，累德增善，乃至白日升天，长生世上。所以秦皇、汉武，甘心不息。灵帝置华盖于濯龙，设坛场而为礼。及张陵受道于鹄鸣，因传天官章本千有二百，弟子相授，其事大行。斋祠跪拜，各成法道。有三元九府，百二十官，一切诸神，咸所统摄。又称劫数，颇类佛经。其延康、龙汉、赤明、开皇之属，皆其名也。及其劫终，称天地俱坏。其书多有禁秘，非其徒也，不得辄观。至于化金销玉，行符敕水，奇方妙

太上老君　清代　绢本设色
北京白云观藏

---

① 张继禹.中华道藏：第9册[M].北京：华夏出版社，2004：407.
② 道藏：第18册[M].北京：文物出版社，上海：上海书店出版社，天津：天津古籍出版社，1988：1.
③ 道藏：第28册[M].北京：文物出版社，上海：上海书店出版社，天津：天津古籍出版社，1988：413.
④ 王明.抱朴子内篇校释[M].北京：中华书局，1980：249.

术,万等千条,上云羽化飞天,次称消灾灭祸。故好异者往往而尊事之。"[1]这是对老子逐渐演变为老君,成为道教尊神的总结。总之,老子经道教徒长时间、多方面的塑造增饰,至唐代遂成为先天地而生、无世不存的宇宙开创神——老君。

宇宙开创神老君是怎样创造宇宙、天地、人类以及万物的呢?《老子想尔注》首次谈到了这一创世主题,以神化老子形象为中心展开,而后历经漫长的演绎和润色,终于使老子形象由哲人演变为圣人,继而由圣人升华为神人,乃至成为道教诸派的最高神祇。道教中人有意识地将原本作为哲学范畴的"道"改造成有人格意志的至上神,并视之为老子化身,如此一来就使抽象的"道"与具体的"老君"合而为一了。

南北朝道经《太上洞玄灵宝天关经》宣称老君即是大道,天地形成的具体过程就是老君运三气、化万物的过程。该书描述了老君数次分天地,又屡次历劫沦陷的情形,衬托出老君主宰一切的无上权威。关于宇宙产生的具体过程,《太上洞玄灵宝天关经》是这样描绘的:"大道妙用也,有太易,未见气也。太初,气之始也。太始,形之始也。太素,质之始也。且气、形、质三具而未相离散,曰混沌,是万物未分判也。轻清为天,重浊为地。故《造天地章》云:老君者,乃天地之根本,万物莫不由之而生成也。"[2]《天关经》描绘了天地未创生之前的混沌状态。这个混沌的统一体可称为"大道"。而这个所谓的"大道"实际就是气混沌未分时的状态,老君就处于这个混沌的气体之中,或者说,老君其实就是气的混沌存在物。这样看来,被作为神学宗主而顶礼膜拜的老君,在被剥掉神秘外衣之后,其本质也不过是气团的化身而已。从这一点来看,我们可以认识到道教神创论的物质性特征。

在随后的论述中,《天关经》描绘了老君化生万物的具体过程:玄、元、始三气而生天地焉,叫作"无名之君"。他演自然之道,以化天地。后经大劫一交,天地崩沦。又积气御运,重立乾坤,叫作"无上玄老"。开导兆人,经大劫之周,天地复坏,又造化二仪,叫作"太上老君"。秉持仙箓,以度十方。至一劫运终,天地复沦。又托生玄妙,叫作"高上老君"。而混成天地,分别元气,清者为天,浊者为地,太阳之精为日,太阴之精为月,复分日、月之精为星辰,天地之气交然,人类及禽兽草木、蝡飞蠕动,森然皆生。于是置立三皇五帝,胤胄百姓,更相产物。在经过多次的劫数沦陷之后,老君终于完成了开天地、造人物的丰功伟绩,同时也奠定了其至尊无上的神祇地位,"是知太上老君乃为元气之父母,为天地之本根,为阴阳之祖首,为万神之帝君,为先王之柄蒂,为万物之魄魂"[3]。

---

[1] 二十五史:第3册[M].杭州:浙江古籍出版社,1998:419.
[2] 道藏:第19册[M].北京:文物出版社,上海:上海书店出版社,天津:天津古籍出版社,1988:925.
[3] 道藏:第19册[M].北京:文物出版社,上海:上海书店出版社,天津:天津古籍出版社,1988:926.

"太易"之说始见于《列子》。《列子》说:"太易,未见气也。"道家哲学中代表从"无极"过渡到天地诞生的第一个阶段,只有无垠虚无的宇宙状态。《太上老君太素经》称太极就是太易。"太易者,大晓易,无有先之者,谓皓皓白气也。乃有太初,初者,气之始也。有太始,太始者,形之始也。有太素,太素者,质之始也。故谓易。易变为一,一变为三,三变为五,五变为七,七变为九。九者,究也。极后变为一。一者,谓天也。故轻清者即上为天,重浊者即下为地,中和气者为人。故天地合精,万物化生。"①《乾元子三始论》:"天地者,起于太易。太易者,不可见也,从地而生,故曰阳在下也。质形未辨,玄黄杂居,故曰龙德而隐者也。谓气从下而生,故动于地之下,则应天之上,乃从无而生其有。且天地之精,受乎天者,发作动用而归于乾,天气上腾,为云为气;受乎地者,发作动用而归于坤,地气下降,为雾为露。守之者则大业。盛矣昌矣!太初者,气之始也,从坎而生,故易变而为一。一者,阳之始也,天地之元气也。历九州而终于乾。乾者,健也。始于坎,而成一微,故曰初九爻生。润物济众,气用无穷,终而复始,故谓之长生也哉。太始者,形之始也,名之曰器。一变而为七。七者,南方火位也。阴阳交泰,万物长养矣。左化为离,以象其日;右化为坎,以象其月。日为天而左旋,月为地而右转,二气其济,交成太素,而成二微,故曰九二爻生。至之太极,太极至二仪,而生八卦,八卦曰法象。法象莫大乎天地,天地著明莫大乎日月,日月运行,久而通变,通变之道,其可得而究哉。太素者,质之始气也。形质具,名曰大象,而未相离,故曰混沌,涵不散也。万物莫不因此三始而煦育焉。而成三微,故曰九三爻生也。乾既具质,坤之生焉。而法六五,则阴气生。故谓之日月如合璧。存而勿忘机乎。故春秋节令有度,悔恡不生,是以外圆而青气周乎。"②

显然,老君这一神祇形象的塑造经历了一个演变的过程,其创世神话亦逐步丰满。六朝道经《太上老君开天经》将未有天地之前称为"太清",那个时候"虚无之里,寂寞无表,无天无地,无阴无阳,无日无月,无晶无光……无形无象,自然空玄,穷之难极,无量无边,无高无下,无等无偏,无左无右,高下自然"。这个"太清"时代就是混沌世界,如同一个巨型的鸡蛋一般,唯"老君犹处空玄寂寥之外,玄虚之中,视之不见,听之不闻,若言有,不见其形,若言无,万物从之而生"③。这就是说,太上老君是与"道"同时产生的,太上老君就是"道"的化身。《太上洞玄灵宝天关经》亦说:"老君者,乃天地之根本,万物莫不由之而生成也。故立乎不疾之途,游于无待之场,御空洞以升降,乘阴阳以陶埏,抱无名之大朴,乃善贷而成焉。故于九万九千九百九十九亿万气之初,复列

---

① 《太上老君太素经》,简称《太素经》。撰人不详,约出于汉末魏晋之际。《抱朴子内篇》已著录此经。
② 道藏:第4册[M]. 北京:文物出版社,上海:上海书店出版社,天津:天津古籍出版社,1988:912-913.
③ 道藏:第34册[M]. 北京:文物出版社,上海:上海书店出版社,天津:天津古籍出版社,1988:618.

玄元始，而生天地焉。"①

老君降生之后，八表之外，渐渐始分，下成微妙世界，而有洪元时代、混元时代、百成时代。百成之后，而有太初时代。太初之时，始分别天地，置立形象，安正四方。《太上老君开太经》载："虽有日月，未有人民，渐始初生。上取天精，下取地精，中间和合，以成一神，名曰人也。天地既空，三分始有，生生之类，无形之象，各受一气而生。或有朴气而生者，山石是也；动气而生者，飞走是也；精气而生者，人是也。万物之中，人最为贵。"②对照神话传说中的盘古氏，这时的老君就相当于开天辟地的盘古氏。

太初之后，又有太始时代、太素时代、混沌时代。"混沌之时，始有山川。老君下为师，教示混沌，以治天下七十二劫。混沌流行，成其山川，五岳四渎，高下尊卑，乃其始起也。混沌已来，始有识名。"混沌之后，又有九宫、元皇、太上皇、地皇、人皇、尊卢、句娄、赫胥、太连等时代。

太连之后，伏羲诞生，由此开始了中国历史上三皇五帝的时代。此时老君下降为师，号无化子，一名郁华子，"教示伏羲，推旧法，演阴阳，正八方，定八卦，作《元阳经》以教。伏羲以前，未有姓字，直有其名。尔时人民朴直，未有五谷，伏羲乃教以张罗网，捕禽兽而食之。皆衣毛茹血，腥臊臭秽，男女无别，不相嫉妒，冬则穴处，夏则巢居"。伏羲没后，又有女娲、神农、燧人、祝融，"得五谷与人民播植"，钻木出火，"变生为熟，以除腥臊"。以后，又有高原、高阳、高辛、黄帝、少昊、颛顼、帝喾、帝尧、帝舜、夏禹、殷汤等。商周以后，中国的历史就有了较为准确的记载。

从上述引文对于宇宙万物、社会文化形成过程之描述，可以看到老君创世说已经进入了相对完善成熟的时期。在这一时期，早期的有关老君创世造人的诸种说教，经过哲理化的加工和改造之后已融为一体。故此，像《开天经》《天关经》这样具有代表性、典型性意义的神学作品的出现，也就是情理之中的事。

敦煌道经《老子变化经》是一部弥足珍贵的老君传记。一卷，撰人不详，《正统道藏》未收。王卡先生从敦煌遗经中发现《老子变化经》S.2295号残抄本，考证写于隋大业八年（612），并进一步推论"疑系东汉末道士所造"。依之而论，这是一部被学术界忽略的东汉道经，其重要性比肩《老子想尔注》《老子中经》，尤其是在道教神学的构建上有着极其重要的开拓意义。

依《老子变化经》所言，老子先天地生，后托形李母，在母胎中七十二年而诞生于楚国，诞生时出现了种种异象；后来乘白鹿离开楚国，向北去往昆仑。本经文把老子置于天地构成之前，宇宙万物都以他为根本和主宰。经中说："其生无蚤（早），独立而无沦；

---

① 道藏：第19册[M]. 北京：文物出版社，上海：上海书店出版社，天津：天津古籍出版社，1988：926.
② 太上老君开天经[M]//道藏：第34册. 北京：文物出版社，上海：上海书店出版社，天津：天津古籍出版社，1988：618-619.

行乎古昔,在天地之前。乍匿还归,存亡则为先。成则为人,怳(恍)忽天浊,化变其神。""此皆自然之至精,道之根霸,为〔万〕乘之父母,为天地之本根,为生梯端,为神明之帝君,为阴阳之祖首,为万物之魂魄,条畅灵无,造化应因,挨帝八极,载地悬天,游骋日月,回走星辰,呵投六甲,〔总〕此乾坤,纪易四时,推移寒温。""老子能明能冥,能亡能存,能大能小,能屈能伸,能高能下,能纵能横,能反能覆,无所不施,无所不能,在火不燋,在水不寒,逢恶不疾,触祸不患,厌之〔无〕苲,伤之无槃,长生不死,须灭身形。偶而不双,只而不倚,附面不离,莫于其无为也。莫能不随世,此老子之行也。"① 这表明老子已具有与"道"同等重要的地位,是宇宙的创造者。

其后的老子又以一个道教教主的口气向信徒布教,其宗教地位的崇高已毋庸置疑。老子曰:"吾敖以清,吾事以明,吾政以成。吾变易身形,托死更生,周流四海,时出黄庭,经历渡口,践履三皇,戴冒三台,被服无形,愚者不知,死复更生。僳至为身,僮儿为群,外为亡仆,内自为真。自屋俱潨,自有精神,昼夜念我,吾不忽云,昧梦想吾,我自见信。吾发动官汉,令自易身,愚者踊跃,智者受训。天地事绝,吾自移运。当世之时,简滓良民,不须自去,端质守身,吾自知之,翁养文鳞。欲知吾处,读《五千文》,〔诵〕过万遍,首自知身,急来诣我,吾与精神。"告诫人们要诵读《道德经》,修道积德,绝酒修己,恬泊静宁,无为无欲,这样就可以解厄度劫,变化自然,学生成仙。"民人有忧,疾病欲至,饿者纵横,吾转运衡托汉事,吾民闻之自有志,凡鄙自冻无姓字,因汉自职,万民见□,端直实心,乃知吾事。"

经文宣称,老子共有九个姓名,他随世沉浮,退则养精,进则为帝王师。伏羲时号曰"温爽子",神农时号曰"春成子",祝融时号曰"广成子",颛顼时号曰"赤精子",帝喾时号曰"真子",黄帝时号曰"天老",帝尧时号曰"茂成子",帝舜时号曰"廓叔

秉教法　清代　采自《老君历世应化图说》
成都青羊宫二仙庵版刻

---

① 张继禹.中华道藏:第8册[M].北京:华夏出版社,2004:181.

子",夏禹时号曰"李耳",殷汤时号曰"锡宫",周文王时号曰"柱下史",武王时号曰"卫成子",成王时号曰"成子如故",秦时号曰"蹇叔子",汉时号曰"王方平",汉永寿元年号曰"仆人"。① 可见从东汉开始,老子的神话就已非常系统,并以编年史的形式呈现,这就为后世老子八十一化的创教神话提供了一个范本。世界宗教史告诉我们,任何一个宗教的创立与发展都离不开创教神话的敷衍,一部宗教史犹如一部创教神话史。

《老子变化经》中老子的绝对地位是一种老子乃"道之体"的观念,这里明确将老子与道体直接等同。开元年间编成的十卷本《老子化胡经》的《序》中也说浑元未始,老君唯先,"长(于太初,冥昧之前。无)师无祖,诞生自然"②。这些都清楚地把老子或太上老君排在"道"和元气之前。可以看作以老子为"道之先",是老子神化观念发展到极致的标志。从以大道为本源,到以老子为"道之体",再到以老子为"道之先",这是理解《老子变化经》中老子独尊和绝对之先地位的一个重要背景。这一系列的转变可能发生在南北朝末至唐初之间。

至宋朝,缘于统治的需要,宋皇室竭力推崇老君、神化老子,太上老君信仰随之达到高潮。老君创世神的地位不仅得到了强化,而且通过对盘古、天尊神学理论的改造和吸收,其他神祇也被纳入道教的神创论体系。对这一时期的老君创世信仰进行较完整的收集和整理的经书当属谢守灏编辑的《混元圣纪》。

谢守灏《混元圣纪》以编年体的形式简要记述了天地开辟以来老君的事迹本末,从三皇、五帝、夏商周三代开始,中历秦汉魏晋南北朝,下至隋唐五代,至北宋政和二年(1112)止。详细搜罗了老君在各个劫运的不同历史时期的种种神迹,包括天地开辟、造作人物、行道教化等,堪称一部翔实的老君神迹传记。当然,这部传记是以神学说教的形式写就的,并非历史事实。其开篇即说:"太上老君者,大道之主宰,万教之宗元。出乎太无之先,起乎无极之源。经历天地,不可称载,终乎无终,穷乎无穷者也。其随方设教,历劫为师,隐显有无,罔得而测。然垂世立教,应现之迹,昭昭然若日月,其可无记述乎?"③ 这样一来,老君就理所当然地成为至高无上的万神之尊主。

谢守灏《混元圣纪》综合了各种信仰传说,其中包括"盘古开天地"神话。如讲述老君在人皇时期的活动时说:"《三五历纪》云:'天地混沌如鸡子,盘古生其中。天地开辟,盘古在其中。后乃有三皇,此三才之始也。'……我太上老君博施济众,与人皇为师。三百六十之川,初分血脉;一万五千之策,乍配偶奇。……始称通玄天师,再号金阙帝君,三名盘古先生。"也就是说,人类的始祖盘古只不过是老君的一个分身而已,开天辟地的丰功伟绩不过是老君在特定阶段的一大成果。太上老君在创世的过程中,明阴阳,

---

① 张继禹. 中华道藏:第8册[M]. 北京:华夏出版社,2004:182.
② 张继禹. 中华道藏:第8册[M]. 北京:华夏出版社,2004:186.
③ 谢守灏. 混元圣纪:卷1[M]//道藏:第17册. 北京:文物出版社,上海:上海书店出版社,天津:天津古籍出版社,1988:780.

定乾坤，配刚柔，制寒暑，这一系列活动标志着人类告别洪荒，远离蒙昧，开始知是非，懂礼仪，人类社会迈向文明。这些都是老君不断教化的结果。宋代贾善翔《犹龙传》载："且老氏本亦人灵，盖得道之大者也。所以能通神达见，而为道主，故万灵所奉，三界所归。"①

《混元圣纪》言老君应化不一，号亦无量，或三十六号，或七十二名，先后化身为九天上皇、洞真帝君、高上玉皇、长生大帝、九玄帝君、九气丈人、金阙帝君、玄天大帝、静老天尊、九玄帝君、太千法王、九灵老子、左玄真人、高上大法王、玄一真定光、金阙后圣君、九老仙都君、九炁丈人、太上丈人、太平上景君、无为父、万物母、大仙尊、天人父、无为上人、大慈仁者、真元教主、无上玄老、太上老君、高上老子、天皇大帝、玄中大法师、有古大先生、金阙帝君、太上高皇等尊号，并传真文赤书、三洞真经、三皇内文、二十四灵图、灵书紫文等道经于世。《混元圣纪》载："在少皞时复降于崆峒山，号随应子，说《庄敬经》，教以顺时行令。在颛顼时降于衡山，号赤精子，说《微言经》，教以忠顺之道。在帝喾时降于江滨，号录图子，说《黄庭经》，教以清和之道。又命九天真王、三天真皇，执九光之节、景云之符，下牧德台，授帝喾以九天真灵、三天宝符。上以奉天，使二仪无遗；下以营人，使年命无坠。帝乃祭天于北河之坛，藏符钟山之峰，后升天为玄宫真人。老君是时传道与赤松子、被衣子、王倪、啮诀。""在帝尧时降于姑射山，号务成子，说《玄德经》，教以谦逊之道。在帝舜时降于河阳，号尹寿子，说《道德经》，教以无为之道。又传道与彭祖。""在夏禹时降于商山，号真行子，教以勤俭之道，授《九畴书》。又命宛委山之神玄夷使者，授以玉书《灵宝五符》治水真文，及罡步劾召鬼神之法。"通过这些神奇怪异的传说，把老子塑造成道教的创立者、超越时空的神圣者，这是道教发展内在活力的一种表征。任何一种宗教的核心都活跃着神秘的基因，没有这种东西，宗教就不成其为宗教。

老子既然是"道"的化身，所以从古至今，历代都降生人间，应化不一，称号无量。贾善翔《犹龙传》序说老子为帝师者，"在伏羲时号郁华子，神农时号大成子，祝融时号广寿子，黄帝时号广成子，颛帝时号赤精子，帝喾时号禄图子，帝尧时号务成子，帝舜时号君臣子，夏禹时号真行子，商王时号锡则子，皆以经术授帝，俾行化于世"②。谢守灏编《太上老君年谱要略》称，老君在周文王时为守藏史，武王时迁为柱下史，成王时号经成子。康王时号郭叔子，仍柱下之职。昭王时去官归亳，西过函谷关，度关令尹喜。复分光降生于蜀国李太官家，会尹喜于青羊之肆。穆王四年，复还中国，东游扶桑，会集众仙。夷王元年乙丑，老君与玄古三师，降于蜀绵竹三学山，授李真多之道。厉王二十一年庚

---

① 道藏：第18册[M]. 北京：文物出版社，上海：上海书店出版社，天津：天津古籍出版社，1988：1.
② 道藏：第9册[M]. 北京：文物出版社，上海：上海书店出版社，天津：天津古籍出版社，1988：185.

子，老君降于楼观，授道士宋伦以中景之道、通真之经并灵飞六甲素奏丹符。宣王四十三年丙辰，老君降于渭川，告王以岁星北迁，言周将衰。幽王二年辛酉，地动，泾、渭、洛皆震，老君曰："周将衰矣，不及十年之数。"后果为犬戎所灭。平王二十三年癸卯十二月，老君复出关，开化诸国，遂至西流、麟等洲，考校众仙。事讫，复还中国。敬王十七年戊戌，孔子与敬叔，皆至老君问礼。威烈王二年丁未，老君过秦，秦献公授绾，致礼问以历数。显王八年庚申，老君东游赤城、蒙山，过扶桑，校集众仙。赧王九年乙卯，秦昭王立，老君与尹喜诸仙，西游女几、鸡头、天柱，复出散关，遂升昆仑，还紫微上宫。昭王闻之，乃于老君所经由处，为置城邑，以表圣迹，故立老停驿、尹喜城。"老君应感无方，变化莫测，或升或降，莫能究悉。今考传记并长历，推计自殷武丁庚辰至周赧王乙卯，凡出入隐显绵历九百九十六年，在殷一百七十四年，在周八百二十二年，正与史传及诸经典相合。魏明帝赞云：'为周柱史，经九百年。'大学博士吴杨昊亦云：'老君变通，灵应难测，既生商日，又仕周时，计其始终，乃历千岁。'"①

　　襄王之时，老君教化天人，乃授孔丘仁义等法。这就是孔子问道于老子，史籍有载。《吕氏春秋·当染篇》说："孔子学于老聃。"②《庄子》屡载孔、老问答的话。《孔子世家》《老子传》中都载有孔子问礼于老子之事，看来司马迁对此是深信不疑的。至于是否符合史实，似乎人们并不关心，因为就宗教领域而言，信仰是真诚的切实的存在。

　　老子化胡是中国宗教史上的一桩著名公案。这桩公案始于西晋，终于元朝，历经千年的争辩，至今仍有余说。西晋惠帝时，天师道祭酒王浮在与僧人帛远争论的过程中，为抬高道教，贬抑佛教，根据东汉以来的种种老子化胡传说，造《老子化胡经》，谓老子西出函谷关，经西域至天竺，化身为佛，教化胡人，因此产生了佛教。南北朝时期，道教徒均据此与佛教互争短长。南朝宋泰始三年（467）道士顾欢作《夷夏论》，认为佛教是夷狄之教，此说影响极大，上至朝臣奏疏，下至世俗论著，皆有论争。

　　根据佛教文献的记载，历史上发生过多次佛道关于《老子化胡经》的真伪之争，其中北魏孝明帝正光元年（520）、唐高宗显庆五年（660）、元宪宗八年（1258）的辩论颇具代表性，道教在这三次辩论中均告败北。正光元年，魏孝明帝召释、老二宗上殿，侍中刘腾宣敕，命诸法师与道士对论。清道馆道士姜斌同融觉寺沙门昙无最对阵，争论老子与释迦牟尼的出生谁先谁后。道士姜斌引《老子开天经》，认为老子生于东周周定王三年（前604），而沙门昙无最引《周书异记》《汉法本内传》，认为佛陀生于西周周昭王二十四年（前1029），二者相较，佛陀比老子早生400多年。最后姜斌被崇信佛法的孝明帝发配马邑。客观而论，无论是道教的《老子开天经》，还是佛教的《周书异记》《汉法本内传》，都是双方杜撰的，不合事实。

---

①　道藏：第17册[M]. 北京：文物出版社，上海：上海书店出版社，天津：天津古籍出版社，1988：885-886.
②　诸子集成：第8册[M]. 长沙：岳麓书社，1996：22.

唐初，因太史令傅奕反佛和佛道的排位之争，朝廷多次举行佛道辩论，气氛紧张。唐高宗显庆五年（660）八月十八日，敕召僧人静泰、道士李荣入洛宫辩论。高宗问："老子化胡为佛，此事如何？"静泰回答说，道教经典除了《老子》《庄子》外，其余经典如《灵宝》《上清》《三皇》等经，都是后人所造，至于王浮伪造《老子化胡经》，佛教方面早就考证出来，无须多辩。针对李荣引《老子序》"老子化胡为佛""西适流沙"之说，静泰引《化胡经》"我师释迦文，善入于泥洹"等文，指出《老子化胡经》前后矛盾，逻辑混乱，并据《西京杂记》"老子葬于槐里"，否认老子有西出化胡的可能。李荣反驳说，佛经除《四十二章经》外，其余都是佛教徒的伪作。在这场辩论中，李荣明显处于下风。①武则天天册万岁二年（696），福光寺沙门慧澄请依前朝毁《老子化胡经》，敕秋官侍郎刘如睿等八学士议决，但皆言汉、隋诸书有化胡之说，不当除削，禁毁未成。唐神龙元年（705），诏僧道集内殿定《老子化胡经》真伪，沙门明法抗争，九月下诏禁毁，违者科罪。

元朝初年，全真教势力日益强大，大肆刻印王浮《老子化胡经》，并新造《老子八十一化图》，遭致佛教徒的强烈不满。元宪宗蒙哥为了平息佛教徒的愤怒，曾两次召集佛道辩论。宪宗八年（1258）七月，蒙哥命忽必烈亲王召请各地僧、道两宗，僧人300多人，道士200多人，佛道两方各出17名代表，佛教方面以少林寺福裕长老为"头众"，道教方面以全真道的"权教"张志敬为"头众"。双方围绕道教的《老子八十一化图》《老子化胡经》及其他"谤佛"道书进行辩论。包括儒者在内的所谓"九流名士"来到上都和林的皇宫聚会，参加集会的担当"证义"的丞相、大臣及儒者共200余人。辩论由忽必烈主持，掌管佛教事务的那摩国师、八思巴国师、西蕃国师等人一并到场。这是有史以来场面最大、时间最久的一次佛道辩论。禅宗僧人祥迈在元世祖至元二十八年（1291）奉敕全程记录此事，名为《辨伪录》。在辩论中，佛教方面准备充分，紧紧抓住《化胡经》是否为老子所说、何为佛、老子有无到天竺化胡成佛以及道士能否持咒做到入火不烧、白日上升、摄人返魂、固精久视等问题让道士答辩，忽必烈、八思巴国师也亲自向道士提出质难。道士或"无答"，或"不曾闻得"，或"不敢持论"，也不敢试验"入火不烧"等道术，最后表示认输。②世祖至元十八年（1281），诏令除《道德经》外，其他道书尽行烧毁，《老子化胡经》首在焚毁之列。佛道老子化胡之争告一段落。

老子化胡故事虽属虚构，但在此之前，《后汉书》《魏略》已记老子化胡事，似乎事出有因。最早将此事与佛教扯上关系的是东汉时期的大臣襄楷，他在延熹九年（166）给汉桓帝的一封上疏中提到："又闻宫中立黄老、浮屠之祠。此道清虚，贵尚无为，好生恶杀，省欲去奢。今陛下嗜欲不去，杀伐过理，既乖其道，岂获其祚哉！或言老子入夷狄为

---

① 道宣.集古今佛道论衡[M]//小野玄妙.大正藏：第52册.台北：新文丰出版公司，1975：391.
② 祥迈.辨伪录[M]//小野玄妙.大正藏：第52册.台北：新文丰出版公司，1975：52.

浮屠。浮屠不三宿桑下，不欲久生恩爱，精之至也。天神遗以好女，浮屠曰：'此但革囊盛血。'遂不眄之。其守一如此，乃能成道。今陛下淫女艳妇，极天下之丽，甘肥饮美，殚天下之味，奈何欲如黄老乎？"① 襄楷的奏疏中引了《四十二章经》《老子》《太平经》等经文，希望皇帝真正做到清虚无为、省欲去奢的要求。这个上疏表明东汉后期的宫中已经将黄老、浮屠并祠，但佛教（浮屠）只是作为"守一"之法，乃黄老道术的附庸而已。但是文中提到的"或言老子入夷狄为浮屠"，明显已经改变了《史记》老子本传的提法，将老子出关而不知所终变成了老子出关后在外国创立佛教，当上了佛教的教主。

曹魏鱼豢所著的《魏略·西戎传》明确提出了老子在天竺"教胡为浮屠"的说法："罽宾国、大夏国、高附国、天竺国，皆并属大月氏。临儿国，《浮屠经》云：其国王生浮屠。浮屠，太子也，父曰屑头邪，母云莫邪。浮屠身服色黄，发青如青丝，乳青毛，蛉赤如铜。始莫邪梦白象而孕，及生，从母左胁出，生而有结，堕地能行七步。此国在天竺城中。天竺又有神人，名沙律。昔汉哀帝元寿元年，博士弟子景卢受大月氏王使伊存口受《浮屠经》曰，复立者其人也。《浮屠》所载临蒲塞、桑门、伯闻、疏问、白疏间、比丘、晨门，皆弟子号也。《浮屠》所载与中国《老子经》相出入，盖以为老子西出关，过西域之天竺，教胡。浮屠属弟子别号，合有二十九，不能详载，故略之如此。"② 这个记载表明，至少在三国时期，"老子化胡说"已经在中原地区流行，化胡的地点即天竺。文中还提到了所谓的《老子经》，并说《老子经》与临儿国的《浮屠经》可相对照，说明老子化胡说最早出于道教。它可能要表达的主旨有两点：其一，佛道同源，殊途同归，并无根本差异，可以兼奉并祠，这可以从东汉桓帝时期襄楷的上疏看出；其二，老子西出化胡，则老子为佛教的创始人，且为释迦牟尼的老师，与中国传统的"用夏变夷"论相符合。

东晋以后，由于佛教迅速发展壮大，影响了道教的地位，引发了某些道教徒的嫉恨。根据史料，道教最先用老子化胡说来贬低佛教的是西晋道士王浮，标志就是《老子化胡经》的出台。此说最早出于梁代僧祐的《出三藏记集》卷十五《法祖传》："后少时有一人，姓李名通，死而更苏，云：'见祖法师在阎罗王处，为王讲《首楞严经》。'""讲竟应往忉利天。又见祭酒王浮，一云道士基公，次被锁械，求祖忏悔。昔祖平素之日，与浮每争邪正，浮屡屈，既意不自忍，乃作《老子化胡经》，以谤佛法，殃有所归，故死方思悔。"③ 这个记载与慧皎《高僧传·帛远传》几乎雷同。从此，王浮造《化胡经》"以谤佛法"便成定论。

《老子化胡经》的基本内容是老子携尹喜西出函谷关，入天竺化为佛陀，创立佛教，故佛教不过是老子之教的变种而已。道教方面的用意非常明显，不过是借此说明老子高于佛陀，道教优于佛教。王浮的《老子化胡经》只有一卷，现已不存，其内容只能从佛道双

---

① 二十五史：第1册[M]. 杭州：浙江古籍出版社，1998：738.
② 二十五史：第1册[M]. 杭州：浙江古籍出版社，1998：1122.
③ 小野玄妙. 大正藏：第50册[M]. 台北：新文丰出版公司，1975：327.

方的争论文献和其他道经中找到蛛丝马迹。但该经以后陆续扩增为十卷，《通志·艺文略》《郡斋读书志》《文献通考》等均录为十卷。今《大正藏》第五十四册所收的《老子化胡经》二卷（卷一及卷十）系法国学者伯希和（P. Pelliot）于敦煌所发现。研究表明，《大正藏》所收录者完全不同于王浮的《老子化胡经》。因为王浮所作仅有一卷，敦煌本则有十卷；敦煌本第一卷题为"老子西升化胡经序说第一"，王浮本则无此说；王浮本又名《明威化胡经》，敦煌本则无"明威"二字；另外，敦煌本老子不仅为"三教混齐"之主，也为摩尼教之主。从王浮的一卷本到后来的十卷本，《老子化胡经》自王浮最先撰出，经过了数百年的不断完善才最后定型。虽然敦煌本的化胡经还不能断定为最后的定本，但可以想见，它的结构和内容是非常完整的，因为它将道教和佛教双方甚至儒家、摩尼教的历史和教理、教义都融入其中，最后确定老子为三教教主，"总摄一切法门"。

《老子化胡经》的这种变化与佛道二教的争论显然有直接的关系。由于佛教方面不断反驳，道教方面只有在细节上不断修正，才能够自圆其说。道教方面力证此书之真，并以此为基础，相继造作了许多与老子化胡说相关的道书，这些道书包括《老子道德经序诀》《太极左仙公请问经》《仙公请问众神难经》《太上洞玄灵宝真一劝解法轮妙经》《太上洞玄灵宝智慧本愿大戒上品经》《老子西升经》《玄妙内篇》《三天内解经》《老子开天经》《造立天地记》《造立天地经》《文始内传》《关令内传》《出塞记》等。它们的出现构成了《老子化胡经》从粗陋走向完善的中间环节。

《三天内解经》对此有详细的描述："老子者，老君也，变化成气，天地人物，故轮转而化生，炼其形气。老君布散玄、元、始气，清浊不分，混沌状如鸡子，中黄，因而分散，玄气清淳，上升为天；始气浓浊，凝下为地；元气轻微，通流为水，日月星辰，于此列布。老君因冲和气，化为九国，置九人，三男六女。至伏羲、女娲时，各作姓名，因出三道以教天民，中国阳气纯正，使奉无为大道；外胡国八十一域，阴气强盛，使奉佛道。""老子帝帝出为国师，伏羲时号为郁华子，祝融时号为广寿子"，"汤殷时号为锡则子，变化无常。或姓李名弘字九阳，或名聃字伯阳，或名中字伯光，或名重字子文，或名宅字伯长，或名元字伯始，或名显字元生，或名德字伯文；或一日九变，或二十四变，千变万化，随世沉浮，不可胜载。至殷武丁时，又反胎于李母，在胎中诵经八十一年，剖左胁而生，生而白首。""反胎于李母者，自以空虚身。化作李母之形，还以自胞，实非有李母也。"① 老子因为从"虚无"之道而生，可以隐显变化，生天生地，至于出为国师，教化民众，更不在话下。道教的这个"道本"说比佛教的"轮回"说和"化身"说似乎更为圆融，按照这样的说法，老子可以在任何需要的时候现身于世，也可以在任何不需要的时候退出人间。

---

① 道藏：第28册[M]. 北京：文物出版社，上海：上海书店出版社，天津：天津古籍出版社，1988：413-414.

关于老子如何化胡，其中每一个具体细节在相关道经中都能找到若干线索，但各经文之间却存在相互矛盾的地方。《太上道君造立天地初记》载："老子以周幽王德衰，欲西度关，与尹喜期三年后于长安市青羊肝中相见。老子乃生皇后腹中。至期，喜见有卖青羊肝者，因访，见老子从母怀中起，头鬓皓首，身长丈六，戴天冠，捉金杖。将尹喜化胡，隐首阳山，紫云覆之。胡王疑妖，镬煮而不热。老君大瞋，考杀胡王。七子及国人，一分并死。胡王方伏，令国人受化，髡头不妻，受二百五十戒。作吾形，香火礼拜。老子遂变形，左目为日，右目为月，头为昆山，发为星宿，骨为龙，肉为兽，肠为蛇，腹为海，指为五岳，毛为草木，心为华盖，乃至两肾合为真要父母。"《广说品》的情节则有所改变："始，老国王闻天尊说法，与妻子俱得须陀洹果。清和国王闻之，与群臣造天尊所，皆白日升天。王为梵天之首，号玄中法师，其妻闻法同飞，为妙梵天王。后生罽宾，号愤陀力王，杀害无道。玄中法师须化度之，化生李氏之胎，八十二年剖左腋，生而白首。经三月，乘白鹿与尹喜西游，隐檀特三年。愤陀力王猎，见便烧沈，老子不死，王伏，便剃发改衣，姓释名法号沙门，成果为释迦牟尼佛。至汉世，法流东秦。"①对照上述两部道经，情节虽然改变，但思路并无不同。这种化胡说实际上是老子变形的故事，其基本情节当取材于上古时代的神话，思路是老子以神力慑伏胡王，使其受戒。这种化胡说显然是较早的道经才有，因为它没有考虑到佛教的历史和教义。

《三天内解经》则有较大的突破："至周幽王时，老子知周祚当衰，被发佯狂，辞周而去。至关，乘青牛车，与尹喜相遇，授喜上下中经一卷，五千文二卷，合三卷。尹喜受此书，其道得成道眼，见西国胡人强梁难化，因与喜共西入罽宾国，神变弥加大人，化服胡王，为作佛经六千四万言，王举国皆共奉事。此国去汉国四万里。罽宾国土并顺从大法。老子又西入天竺国，去罽宾国又四万里。国王妃名清妙，昼寝，老子遂令尹喜乘白象化为黄雀，飞入清妙口中，状如流星。后年四月八日剖右胁而生，堕地行七步，举右手指天而吟：'天上天下，唯我为尊。三界皆苦，何可乐焉？'生便精苦，即为佛身。佛道于此而更兴焉。"②此处最大的不同是以道教在前，佛教在后，加入老子或尹喜乘白象或日精之类入王妃清妙口中，最后生出太子而成佛道的情节，这样更能满足当时某些道教徒的虚荣心理。该经还引入了佛教《本起经》中的相关历史，如太子四月八日生，堕地行七步，即能右手指天而吟，这样的处理应该比前者更有"可信度"。比较敦煌本《老子化胡经》的相关内容，《三天内解经》这样的化胡处理应该是比较成熟的。

王浮造《老子化胡经》在西晋惠帝年间（290—306），到了南朝宋泰始三年（467），顾欢作《夷夏论》贬低佛教，佛道二教互争短长，展开了所谓"夷夏之争"。这期间相隔约150年。顾欢在《夷夏论》中利用老子化胡说以贬低佛教，而佛教徒在反驳中也提到了

---

① 小野玄妙.大正藏：第52册[M].台北：新文丰出版公司，1975：144-145.
② 道藏：第28册[M].北京：文物出版社，上海：上海书店出版社，天津：天津古籍出版社，1988：414.

佛陀化老子的经典，说明佛教方面在《老子化胡经》出现后也制造了类似的伪经以回敬道教。由于《老子化胡经》将佛教的创立归于老子或尹喜，因而激起了佛教徒的强烈不满，他们曾有针对性地提出三圣东行说和宝应声菩萨、宝吉祥菩萨化为伏羲、女娲说来抗衡道教的老子化胡说。

三圣东行说见于东晋帛尸梨密多罗所译的《大灌顶经》卷六《冢墓因缘四方神咒经》："阎浮界内有震旦国，我遣三圣在中化导，人民慈哀礼义具足，上下相率，无逆忤者。"① 该经没有说明"三圣"到底何指。刘宋僧愍在《戎华论折顾道士〈夷夏论〉》中说："是以如来使普贤威行西路，三贤并导东都。故《经》云：'大士迦叶者，老子其人也。故以诡教五千，翼匠周世，化缘既尽，回归天竺。'"这里首次出现了大士迦叶是老子的说法。慧通在《驳顾道士〈夷夏论〉》中则提到了其中的二圣："摩诃迦叶，彼称老子；光净童子，彼名仲尼。将知老氏非佛其亦明矣。"到了北周道安《二教论》则明确地提出三圣之说，他引用的经文是《清静法行经》："佛遣三弟子震旦教化，儒童菩萨，彼称孔丘，光净菩萨，彼称颜渊，摩诃迦叶，彼称老子。"该经所提到的三圣即儒童菩萨孔丘、光净菩萨颜渊、摩诃迦叶老子，明确了佛教的"三圣东行说"，以证明儒道二教皆源于佛教。

三圣东行说的三个人物的称谓在佛教的传说里不是完全一致的。除了孔子、颜渊、老子之说外，还有老子、周公、孔子一说。如梁武帝在《舍事李老道法诏》中说："老子、周公、孔子等，虽是如来弟子，而化迹既邪，止是世间之善，不能革凡成圣。"② 同道教的老子化胡说一样，佛教的这些矛盾的说法也是佛道斗争的反映。宝应声菩萨、宝吉祥菩萨化为伏羲、女娲说同三圣东行说一样，也是对道教老子化胡说的一种回应。

道安《二教论》中的《服法非老》章云："八相感成，双林现灭，斯其大也。权入六道，晦迹尘光，斯其小也。小则或画卦以御时，或播殖以利世，或修征以定乱，或行礼以诫物，或谈无而傲荣，或说有而重爵，何为老生独非一迹？故《须弥四域经》曰：'宝应声菩萨名曰伏羲，宝吉祥菩萨名曰女娲。'但今之道士始自张陵，乃是鬼道，不关老子。"③《二教论》承认老子是圣人，可以感应变化，但不承认道士或道教与老子有关系。

传为南齐竟陵王萧子良所出的《须弥四域经》之所以要把中国传说中的上古神人伏羲和女娲也说成是菩萨的应化之身，其源头还是在道教的老子化胡说。前文提到的《三天内解经》中就提出老子生于虚无之先，为道中之尊，是为道德丈人。按照该经之说，老子不仅开天辟地，而且创造了人类的一切，包括伏羲、女娲，为老子造作名姓之始，佛教方面对此不能不有所反应。唐代陈子良对《辩正论》卷五的注释可以说明："依《须弥像图山经》及《十二游经》并云：'成劫已过，入住劫来，经七小劫也。光音天等下食地肥，诸

---

① 小野玄妙. 大正藏：第21册[M]. 台北：新文丰出版公司，1975：512.
② 小野玄妙. 大正藏：第52册[M]. 台北：新文丰出版公司，1975：112.
③ 小野玄妙. 大正藏：第52册[M]. 台北：新文丰出版公司，1975：140.

天项后自背光明，远近相照。因食地肥，欲心渐发，遂失光明，人民呼嗟。尔时，西方阿弥陀佛告宝应声、宝吉祥等二大菩萨："汝可往彼与造日月，开其眼目，造作法度。"宝应声者示为伏羲，宝吉祥者化为女娲。后现命尽，还归西方。'"①

到三国时，不仅出现了老子到西方教化胡人的说法，甚至有了老子是佛的老师的说法。《魏略·西戎传》对"老子入夷狄为浮屠"的说法有进一步的解说，认为浮屠就是老子教化的弟子。《后汉书·窦章传赞》章怀太子注说："茄，胡乐也，老子作之。"②《魏略》述老子化胡之说，杜挚《笳赋》说老子入西戎作笳乐③，可见三国时老子教化胡人的故事甚为流行。至西晋初年，老子化胡说仍很流行，并且出现了一本《老子化胡经》。记载王浮《化胡经》以及他和僧人法祖关于佛道二教正邪之争的材料，在此一时期有东晋末竺道祖撰的《晋世杂录》、刘宋时刘义庆的《幽明录》、梁裴子野的《众僧传》等。西晋中叶后，佛教势力渐盛，不再容忍道教关于"老子化胡"的说法，因而与之争辩。

《南齐书·顾欢传》云："夫辩是与非，宜据圣典。寻二教之源，故两标经句。道经云：'老子入关之天竺维卫国，国王夫人名曰净妙，老子因其昼寝，乘日精入净妙口中，后年四月八日夜半时，剖左腋而生，坠地即行七步，于是佛道兴焉。'此出《玄妙内篇》。佛经云：'释迦成佛，有尘劫之数。'出《法华无量寿》。或'为国师道士，儒林之宗。'出《瑞应本起》。"④《西升经》卷上说："老子西升，开道竺乾，号古先生，善入无为，不终不始，永存绵绵。"⑤这里所说的"古先生"，自然是指老子，并说他去天竺教化其地。"老君曰：'喜，吾重告尔，古先生者，吾之身也。今将返神，还乎无名，绝身灭有，绵绵常存。吾今逝矣，亦返一原。'忽焉不见。斯须，馆舍光炎，五色玄黄。喜出中庭，叩头曰：'愿神人复一见，授以一要，得以守元。'即仰睹，悬身坐空中，去地数十丈，其状金人，存亡恍惚，老少无常。"⑥这是说老子悬身空中，状如金人，即变化为佛。这其实是用道教自身的方式去融摄已经存在于中土的佛教。

老子化胡真伪的历史公案究竟如何处理？或许，早在秦汉之际，《老子》已在西域流播，因此才有此类讹传。佛教传入中国之初，自附于黄帝、老子，以图与中国传统信仰相结合再得以传播。社会上出现了"老子入夷狄为浮屠"、化胡成佛之说，以宣传佛道同源论或老子转生论。汤用彤先生在《太平经与化胡说》一文中指出：佛教最初为道术之附庸，读襄楷所上之书，益得明证。佛教在襄楷心目中，黄老、浮屠同属一道，亦已甚明，

---

① 小野玄妙.大正藏：第52册[M].台北：新文丰出版公司，1975：521.
② 二十五史：第1册[M].杭州：浙江古籍出版社，1998：709.
③ 马端临.文献通考[M].北京：中华书局，1986：1225.
④ 二十五史：第2册[M].杭州：浙江古籍出版社，1998：676.
⑤ 《西升经》，作者不详，其著作年代亦不可定，东晋葛洪《神仙传》中提到此经，故推测该经约成书于魏晋之间。
⑥ 道藏：第11册[M].北京：文物出版社，上海：上海书店出版社，天津：天津古籍出版社，1988：512-513.

则浮屠为道教之一部分，确然无疑也。黄老之道盛于汉初，其旨在清净无为，乃君人南面之术。《汉志》著录《泰阶六符经》，谓："天下之三阶平，则阴阳和，风雨时，社稷神祇咸获其宜，天下大安，是为太平。则是黄帝之道，已有太平之义。吾疑此因有化胡之说为之解释，以为中外学术本出一源，殊途同归，实无根本之差异，而可兼奉并祠也。"①

从历史的角度来看，老子化胡说的最早提出似乎并非为了贬斥佛教，因为它实际上包含了这样一层意思，即佛道同根，本质上无异。老子化为浮屠，浮屠出于老子，那么，佛道殊途同归，本出于一源，印度的佛教与华夏的老子道教实际上也就被纳入了同一个文化系统，成为华夏文化中的一个流派，佛教当然也就不在华夏文化之外。

关于这一点，从当时把浮屠与黄老并祠，把佛教的涅槃与老子的无为相比附，

降圣迹　清代　采自《老君历世应化图说》
成都青羊宫二仙庵版刻

以及人们把佛教作为黄老方术之一种而加以接受等都可以得到证明。这种说法对初传中土的佛教来说显然是有利的。牟子《理惑论》中有"佛与老子，无为志也"，表明汉末三国时佛教也是努力引老子为同道，积极向老子靠拢的。也许正因为此，所以佛教在最初的一段时间里对"老子化胡说"是予以默认的，史籍中未见有任何对此持异议的记载。由此，有日本学者甚至认为"老子变成释迦和老子教化释迦，也许都是为使中国社会接受佛教才提出的权宜之说，或者说，最初是佛教方面提出来的"②。

依据老子化胡说，道教编造了许多神话，以增强老子的神圣地位。《老子化胡经》曰："太上老君以殷王汤甲之岁建午之月，从常道境，驾三气云，乘于日精，垂芒九耀，入于玉女玄妙口中，寄胎为人，庚辰之岁二月十五日诞生于亳。九龙吐水，灌洗其形，化为九井。尔时老君须发皓白，登即能行，步生莲花，乃至于九。左手指天，右手指地，而告人曰：'天上天下，唯我独尊。我当开扬无上道法，普度一切动植众生，周遍十方，及

---

① 汤用彤. 汉魏两晋南北朝佛教史[M]. 北京：中华书局，1983：41-42.
② 田茂雄. 简明中国佛教史[M]. 上海：上海译文出版社，1986：39.

幽牢地狱，应度未度，咸悉度之。隐显人间，为国师范，位登太极，无上神仙。'时有自然天衣桂体，神香满室，阳景重辉。九日之中身长九尺，众咸惊议，以为圣人。生有老容，故号为老子。天神空里赞十号名，所言十者，太上老君、圆神智、无上尊、帝王师、大丈夫、大仙尊、天人父、无为上人、大悲仁者、元始天尊。"[1]"道有千二百形影，万二千精光，七十二相，八十一好。朝入地户，暮过天门，九龙负水，洗沐身形。九色班错，金光照天。身长九丈，巨相无边。面广一丈二尺，上下齐平。顶有华发，颜有光明。额有九千，目有九精，鼻有双柱，耳有三门，足蹑二五，手捉十文。项有圆光，睹彻万天，发言雷电，万种音声。在地为有古先生，在天为无名之君，周行八极，变化一身，穷神尽圣，唯道为尊。无极世界，五亿诸天，论说经诫，开度愚圣，莫不从吾教化，以我为先。""历年三八，穆王之时，我还中夏，使入东海，至于蓬莱、方丈等洲，到于扶桑，暂过太帝之所，校集仙品称位高下。又经八王二百余载，幽深演之时，岁次辛酉，三川震荡，王者将亡，数遭百六，非人可制。我更西度，教化诸国。次入西海，至于聚窟、流麟等洲，总召十方神仙大士，及初得道地下主者，并未授任游散仙人、至孝至忠适经历度者，如是等辈人八万余人，校量功德行业轻重，授其职位，五等仙官，廿七品仙真上圣，岳渎三天，咸悉补拟。"

此后老君"凝神混迹，教化天人，兼说治身中外法。百有余载，王道将衰，杀戮贤良，枉害无数，忠臣切谏，反被诛夷。天降洪灾，曾无觉悟。如是数载，为周所灭。周康王之时，老君晦迹藏名，为柱下史。其岁癸丑，便即西迈，过函谷关，授尹喜《道德》五千章句，并说《妙真》《西升》等经，令无断绝"。

老子出函谷关，西入流沙，教化西域诸国。《老子化胡经》曰："尔时老君告诸国王：汝等心毒，好行煞害，唯食血肉，断众生命。我今为汝说《夜叉经》，令汝断肉，专食麦麨，勿为屠煞。不能断者，以自死肉。胡人狠戾，不识亲疏，唯好贪淫，一无恩义，须发拳鞠，疏洗至难，性既膻腥，体多垢秽，使其修道，烦恼行人。是故普令剔除须发，随汝本俗而衣毡裘。教汝小道，令渐修学，兼持禁戒，稍习慈悲，每月十五日，常须忏悔。又以神力为化佛形，腾空而来，高丈六身，体作金色，面恒东向，示不忘本。以我东来，故显斯状，令其见者发慈善心。汝等国王所有朝拜，一像吾面东向政事。如是不久过葱岭，山中有深池，毒龙居止。五百商旅宿于池滨，为龙所害，竟不遗一。我遗其国渴叛陀王，传祝与之，就池行法。龙王恐怖，乃变为人，谢过向王，请移别住，不复于此更损人民，令后往来绝其伤害。次即南出，至于乌场。遍历五天，入摩竭国。我衣素服，手执空壶，置精舍中，立浮屠教，号清净佛，令彼刹〔帝〕利、婆罗门等而奉事之，以求无上正真之道。……如是又经六十余载，桓王之时，岁次甲子一阴之月，我令尹喜乘彼月精，降中天竺国，入乎白净夫人口中，托荫而生，号为悉达。舍太子位，入山修身，成无上

---

[1] 张继禹.中华道藏：第8册[M].北京：华夏出版社，2004：187.

道，号为佛陀。始建悉昙十二文字，展转离合三方余言，广说经诫，求无上法，又破九十六种邪道。历年七十，示入涅槃。襄王之时，其岁乙酉，我还中国。教化天人，乃授孔丘仁义等法。尔后王诞六十年间，分国从都，王者无德，我即上登昆仑，飞升紫微，布气三界，含养一切。

《老子化胡经》曰：老君"便即西度，经历流沙，至于阗国毗摩城所。尔时老君举如来节，招诸从人。倏忽之间，有赤松子、中黄丈人、元始天王、太一元君、六丁玉女、八卦神君，及龙虎君、功曹使者、金乘童子、惠光童子、天官地官、水官空官、日官月官、山官海官、阴官阳官、木官火官、金官土官，五岳四渎诸神等君，天丁力士、游罗将军、飞天神王、仙人玉女十万余众，乘云驾龙，浮空而至。于是老君处于玉帐，坐七宝座，爇百和香，散众名花，奏天钧乐，诸天众圣，周匝围绕。复以神力召诸胡王，

舍于阗　清代　采自《老君历世应化图说》
成都青羊宫二仙庵版刻

无问远近，人士咸集。于阗国王，乃至朱俱半王、渴叛陀王、护蜜多王、大月氏王、骨咄陀王、俱蜜王、解苏国王、拔汗那王、久越得犍王、怛怛国王、乌拉喝王、失范延王、护时健王、多勒建王、罽宾国王、诃达罗支王、波斯国王、疏勒国王、碎叶国王、龟兹国王、拂林国王、大食国王、殖腻国王、数漫国王、怛没国王、俱药国王、嵯骨国王、昙陵国王、高昌国王、焉耆国王、卷月国王、石国王、瑟匿国王、康国王、史国王、米国王、似没盘国王、曹国王、何国主、大小安国王、穆国王、乌那葛国王、寻勿国王、火寻国王、西女国王、大秦国王、舍卫国王、波罗奈国王、帝那忽国王、伽摩路王、乾陀罗王、乌长国王、迦叶弥罗国王、迦罗王、不路罗王、泥婆罗国王、热吒国王、师子国王、拘尸那揭罗王、毗舍离王、劫毗陀王、室罗伐王、瞻波罗国王、三摩咀吒王、乌荼国王、苏剌吒国王、信度国王、乌剌尸王、扈利国王、狗头国王、色伽栗王、漫吐曼王、泥拔国王、越底延王、奢弥国王、小人国王、轩渠国王、陀罗伊罗王、狼揭罗王、五天竺国王。如是等八十余国王，及其妃后，并其眷属，周匝围绕，皆来听法。可见老君不仅化胡设教，并且教化西域八十余国的众多民族，从而使道教得以传播边疆四夷。

古代中国的边疆四夷，即东夷、南蛮、北狄和西戎，是对中国边区各族之泛称。从夏

商周三代开始，中原地区的华夏族便与周围四方的各族人民交往频繁，并拥有共同的信仰与文化基础。因此道教始创之际，即大量吸收氐羌胡越各民族入道，老君也就化为五方老君，以教化四夷民众。《老君十六变词》中讲：老君一变之时，生在南方；二变之时，生在西岳在汉川；三变之时，变形易体在北方；四变之时，生在东方；五变之时，生在中都在洛川；六变之时，生在乾地西北角；七变之时，生在北方在海嵎；八变之时，生在东北在艮地；九变之时，下入黄泉正地柱，开辟天地施地户，四气非阳立冥所；十变之时，生在东南出风门，画出天道安山川，置立五岳集灵仙；十一变之时，生在南方阎浮地，造作天地作有为，化生万物由婴儿；十二变之时，生在西南在黄昏；十三变之时，变形易体在罽宾，从天而下，号作弥勒金刚身；十四变之时，变形易像在金卫；十五变之时，西向教化到罽宾；十六变之时，生在蒲林号有遮。忽然变化白净舍，出家求道号释迦。① 四方四隅，老君皆一一降生，化度万民。

道经中讲老君有众多化身，故四方有氐老君、羌老君、夷老君、越老君，主治管理各个民族。《太上三洞传授道德经紫虚箓拜表仪》记载："东方九夷苍老君，南方八蛮越老君，中央三秦仓老君，西方六戎氐老君，北方五狄羌老君，率领诸灵官、仙官神仙、兵马亿万众，至心归命太上道德天尊。"考其渊源，道教与古老的氐羌文化有着至深至密的关系。王家祐先生指出："盖羌族之宗教，亦即中国西部夏民族最古之宗教也。当部落时代，政教杂糅，宗教领袖即政治领袖，宗教祭师即部落酋长。故每一部落皆有其鬼主，而较大部落之鬼主则称大鬼主或都鬼主，皆从氏族社会之长老演变而来。在祖国黄河析支河曲附近的昆仑神山所发源的黄帝轩辕氏文化，经过崇禹（夏部落）的扩播，形成了西南民族的原始文化。其中氐羌系的宗教文化经西汉以来的《太平经》传播，形成了天师道。张陵、范长生在氐羌的巫术基础上创立了道教初型的五斗米道。"② 蒙文通先生说："五斗米道原行于西南少数民族，符箓之事始于张道陵，符箓固非中国汉字也，故余疑其为西南民族之宗教而非汉族之宗教。"③

《老子化胡经》载，后经四百五十余年，"（老子）乘自然光明道气，从真寂境飞入西那玉界苏邻国中，降诞王室，示为太子，舍家入道，号末摩尼。转大法轮，说经诫律定慧等法，乃至三际及二宗门；教化天人，令知本际，上至明界，下及幽涂，所有众生，皆由此度。摩尼之后，年垂五九，金气将兴，我法当盛，西方圣象衣彩，自然来入中洲，是效也。当此之时，黄白气合，三教混齐，同归于我。仁祠精舍，接栋连甍，饭演后圣大明尊法。中州道士广说因缘，为世舟航，大弘法事，动植含气普皆救度，是总忽摄一切法门"。

《老子化胡经》中所说的"摩尼"指摩尼教，又称牟尼教、明教，为公元3世纪中叶波

---
① 张继禹.中华道藏：第8册[M].北京：华夏出版社，2004：204-206.
② 王家祐.道教论稿[M].成都：巴蜀书社，1987：257.
③ 蒙文通.蒙文通文集[M].成都：巴蜀书社，1987：316.

斯人摩尼所创立。这是一种将佛教、基督教与伊朗阿胡拉·马兹达克教混合而成的宗教体系。其教义认为，在世界本源时，存在着两种互相对立的世界，即光明与黑暗。初际时，光明与黑暗对峙，互不侵犯。中际时，黑暗侵入光明，二者发生大战，世界因此破灭。后际时，恢复到初际，但黑暗已被永远囚禁。摩尼教认为，物质世界出现前，黑暗物质与光明精神互斗，物质世界出现后，则是黑暗入侵光明。唐高宗和武则天时期，摩尼教逐渐在安西都护府传播。武后延载元年（694），波斯人拂多诞将摩尼教传入中国；唐朝大历三年（768）于长安建有大云光明寺。摩尼教在中国的传播受到佛教、道教影响。

隋唐时期推崇老君，神化老子，太上老君信仰随之达到高潮。天宝元年（742），唐玄宗下诏将班固《古今人表》上的老子由中上圣人升至上上圣人。先后封太上老君为"大圣祖太上老君""圣祖大道玄元皇帝""大圣祖高上金阙玄元天皇大帝"。诏令全国所有玄元皇帝宫都用金铜铸老君圣像，并用白石塑玄宗像，侍立于老君之侧。这样，老君作为唐代皇室远祖的地位更加巩固，和唐朝皇帝的关系也更加密切了。

唐代画圣吴道子就曾作《列圣朝元图》《老子化胡图》《太上玄元皇帝像》等作品，虽然其画作无真迹传世，但他特有的"吴带当风"之画技却影响了后世道教神真图像，乃至整个中国古代的绘画艺术。如苏州玄妙观珍藏的宋代老子碑刻画像拓片，画像即吴道子所绘，由宋代张允迪摹刻，画像上方的文字为唐玄宗所题御赞，由唐代大书法家颜真卿书就，堪称书、画、刻三绝，是我国甚为罕见的老子造像精品。

宋米芾《画史》中赞誉老子像端正，有圣人气象，他说："蔡驸子骏家收老子度关，山水、林石、车从、关令尹喜皆奇古。老子乃作端正塑像，戴翠色莲华冠，手持碧玉如意。此盖唐为之祖，故不敢画其真容。汉画老子于蜀郡石室，有圣人气象，想去古近，当是也。"①

老子碑　宋代张允迪　拓片
苏州玄妙观藏

---

① 米芾.画史[M]//文渊阁四库全书：第813册.台北：台湾商务印书馆，1983：7.

晚唐杜光庭曾经从神学的角度阐述太上老君名号的象征意义。其《道德真经广圣义》载："太者，大也；上者，高也。太者，大也，无大于太上者。高也，无高于上。乃修因证果，极位之称也。世人修行，自凡而得道，自道而得仙，自仙而得真，自真而得圣，圣之极位，升为太上。太上者，六通万德，无不毕备，绍法王位，统临万圣，即得居此尊。名亦如代间皇帝，代代绍位，皆得称之。自元始天尊之后，即有太上大道君，太上老君、太上丈人、太上高皇帝，皆极此位。而太上丈人、高皇帝虽兼有尊极之名，而不行教。其传祚行教，为万天之主，唯道君、老君耳。玄者，深也，妙也，亦云道也，天也。至道高妙，不可言诠。约妙与深，以玄为证，言深妙玄远，以明道体。故谓之玄元者，初也，始也，祖也。《尔雅》云：'肇道根源，万物宗祖。处世出世之法，皆为之本始。故谓之元皇者，大也，谓大道也，道大曰皇。'《尚书序》曰：'三皇之书谓之《三坟》，言大道也。帝者，天也，其德配天，次于道也。德大曰帝，道德兼称，故云皇帝。'又云：'法道法天，谓为皇帝。'""老君千名万号，不可备穷。以当时天下所称，谓之老子。亦乃道尊德贵，不可斥名，天上人间咸称曰老子，是则以老子之内号也。我大唐高宗天皇大帝，乃老子三十三代圣孙，大唐之第三帝太宗文皇帝之第三子也。承平嗣极，握纪垂衣，耀仙李之灵葩，展升平之盛礼。回銮苦县，谒圣真源。表大孝于奉先，赞玄元于圣号。"①并列举老君事迹，解释老君信仰发展的历史进程，可谓是对秦汉以来道教老君信仰的全面概括。

杜光庭《道德真经广圣义》将老君信仰发展的历史分为三十个阶段，并分析了名号之由起。

第一，老君为宇宙的创造者。他生于无始，起于无因，为万道之先，元气之祖。由于无光无象，无音无声，无色无绪，幽幽冥冥，其中有精，其精甚真，弥纶无外，故称大道。大道之身，即为老君。他为万化之父母，自然之极尊。

第二，老君为体自然者。大道元气，造化自然，勉强为之容，即老君也。虚无为体，自然为性，莫能使之然，莫能使之不然。不知其所以然，不知其所以不然，故曰自然而然。葛玄《序诀》云："老子体自然而然，生乎太无之先，起乎无因，经历天地终始，不可称载是也。"

第三，见真身者，"见"即显现。老君乃无生之至精，兆形之至灵。昔于空洞之中，结气凝真，强为之容，体大无边，相好众备，自然之尊。上无所攀，下无所蹑，处虚空之中，如日月之光也。

第四，应法号者。老君挺生空洞，变化自然，智慧无穷，圣德周备。形既莫测，号亦无边。在天为万天之主，在圣为万圣之君，在仙为万仙之总，在真为万真之先，在星为天

---

① 道藏：第14册[M]. 北京：文物出版社，上海：上海书店出版社，天津：天津古籍出版社，1988：324.

皇大帝，在教为太上老君。或垂千二百号，或显百八十名，或号无为父，或号万物母，与大道而输化，为天地而立根。浩浩荡荡，不可名也。约而言之，凡有十号，即降生之后，空中十方圣人赞十号是也。

第五，启师资者，是讲老君师法道君、天尊。老君将显明大教，布化万方，乃曰道不可无师尊，教不可无宗主，乃师事太上玉晨大道君。大道君即元始天尊弟子，他生于亿劫之前，为道气之祖也。天尊为五亿天之主，亿万圣之君，亦生亿劫之前，为道气之根本。所以道君为老君之师，天尊为道君之师。二圣既立，乃曰老者，处长之称；君者，君宗之号。以老君天上天下，历化无穷，先亿劫而化生，后亿劫而长存，天天宗奉，帝帝师承，故赐以太上老君之号。三圣相师，乃垂教尊卑之本。

第六，历劫运者。老君生于万物之首，起于无始之前，经历劫运，甚为久远。劫者，天地成坏之名，阴阳穷尽之数。阳尽则生阴，故为大水。阴尽即生阳，故为大火。阳极于九，故云阳九。阴极于六，故云百六。小则三千三百年，次则九千九百年，大则九九大数八十一万年，为劫终。老君长生行化，经此劫运不知其数矣。

第七，造天地者。老君乃天地之根本，万物莫不由之而生成。他分布清浊，开辟乾坤，悬三光，育群品，天地得之以分判，日月因之以运行，四时得之以代谢，五行得之以相生。运玄、元、始三气而为天，上为三清三境。即始气为玉清境，元气为上清境，玄气为太清境是也。又以三清之气，各生三气三境，合生九气。通此九天为三十六天，则四民三界。初下六天为欲界，次十八天为色界，次四天为无色界，此二十八天名为三界。此上又四天，名为四种人天。一常融天，二玉隆天，三梵度天，四贾奕天。此四天超出三界，不生不灭，无年寿之数，无沦坏之期，大劫之交灾所不及。又上三天为三清境。一曰大赤天，二曰禹余天，三曰清微天。最上曰大罗天，包罗诸天，极高无上。玄都玉京镇于其巅，三尊所处，万圣朝轩，为极道之域，成化之根也。既分诸天，即以三十六天滓阴之气，下为三十六地。每天立一天帝，每地立一地皇，七十二君同禀命于老君矣。其诸天境域，皆三十六天之气所生也。地中有三十六洞天，亦与上天相应。日月分精，玄照其间，则天文地理、六甲五行、阴阳变化，皆老君运玄妙之机，生之成之，行之化之矣。故曰道者，万物之宗元，天得以清，地得以宁，物得以生，神得以灵，海岳得之以安镇，王侯得之以太平，道士得之以神仙，枯朽得之以发荣也。

第十一，传灵宝者。中三皇时，老君以赤明元年号有古先生，降《灵宝真经》，以《洞玄经》十二部中乘之法，开化一切，救度兆人。

第十二，出洞神者。下三皇时，人心朴散。老君以开皇元年号金阙帝君，出《洞神经》十二部小乘之法，开度万品。

第十三，垂文象者。伏羲之时，人已浇漓，未有法度。老君号郁华子，下说《元阳经》，教伏羲画八卦，以通神明之德，以类万物之情，仰则观象于天，俯则取法于地，制嫁娶，叙人伦焉。

第十四,示好生者。神农之时,人食禽兽,茹毛饮血。老君号大成子,下说《太上元精经》,教以化生之道,播百谷以代烹杀,和百药以救百病,五谷既登,兽禽免害止杀,所以长善除恶,所以全生,不食血肉,人无疾苦,五谷养性,人无宿业。其利人也大矣。《老君历世应化图说》载,老君与神农为师,号大成子,说《元精经》,教以生化之道。播百谷以代烹杀,合百药以救百病。尝桑得禾,尝柳得稻,尝榆得黍,尝槐得豆,尝桃得小麦,尝杏得大麦,尝荆得麻。既登五谷,以合民命。止杀禽兽,群分类聚。长善遏恶,以全其生。不食血肉,故无业累。示好生之道,由兹始矣。

第十五,教陶铸者。祝融之时,人食生冷,未知火食。老君号广寿子,下说《按摩通精经》,教陶铸为器,以变生冷,人保其寿焉。

第十六,制法度者。自下三皇以后,伏羲以前,未有典礼,鸟兽同群。老君以道开化,渐渐生心,辨形食味,参以五行,广施经法,劝化兆人矣。

第十七,作形器者。自伏羲之后,老君示以世法。制礼乐以叙尊卑,造衣章以明贵贱;作宫室以代巢穴,为舟车以济不通;置棺椁以代衣薪,造弧矢以威不顺;立刑狱以戒凶暴,造书契以代结绳。服牛乘马,引重致远;日中为市,交易而退;耒耜杵臼之利,重门击柝之规,并老君教于时君,以化于物。《老君历世应化图说》载,老君在祝融时,下降衡山,号广寿子,以《人皇内经》《灵宝五千文》授于祝融。融观斯经,则知金玉七宝之所在。范土为金,冶石为铁。乃造刀斧钻凿等,以利益众生,使不损手爪之用。祝融氏以道治天下,六千余岁上升。

第十八,崆峒演道者。黄帝时,老君号广成子,居崆峒山。黄帝诣而师之,为说《道戒经》,教以理身之道。广成子曰:"汝所问者,物之质也。奚足以及至道?"黄帝退,捐天下,斋心除形,闲居三月,复往邀之。广成子南首而卧,黄帝顺下风膝行而进,再拜稽首曰:"吾闻子达于至道,敢问治身,奈何而可以长久?"广成子蹶然而起,曰:"善哉问乎!来,吾语汝:夫至道之精,杳杳冥冥;至道之极,昏昏默默。无视无听,抱神以静,形将自正,神将必清。勿劳汝形,勿摇而精,少思寡欲,乃可长生。目无所见,耳无所闻,心无所知,神将守形,形乃长存。谨汝内、闭汝外,多知为败。我为汝遂于大明之上矣,彼至阳之原也;为汝入于杳冥之门矣,彼至阴之原也。天地有官,阴阳有藏。谨守汝身,物将自壮。我守其一,以处其和。故修身千二百岁,吾形未尝衰也。"黄帝闻之,乃叹曰:"吾于广成子之谓天也!"因授以《自然经》《道戒经》等,黄帝修之,白日升天。因此,崆峒山被道教尊为"道教第一山"。

第十九,衡岳授经者。颛顼时,老君下为师,号赤精子,居衡山。授帝《微言经》,教以忠顺之道。

第二十,江滨应化者。帝喾时,老君下为师,号录图子,居江滨,授帝《黄庭经》,教以清和之道。

第二十一,姑射宣真者。唐尧时,老君下为师,号务成子,居姑射山。授帝《政事离

合经》，教以廉谨之道。

第二十二，传道德者。帝舜时，老君下为师，号尹寿子，居河阳。授舜《道德经》，说孝悌之道。此上下二经，出于兹焉。

第二十三，教理水者。夏禹时，老君下为师，号真行子，居商山。授禹《戒德经》，说勤俭之道。又授灵宝五符，檄召神鬼，浚九江，通河海，决百川矣。

第二十四，述长生者。殷汤时，老君下为师，号锡则子，居潀山。授《长生经》，说恭爱之道。

第二十五，寄胎慧者。老君愍时凋弊，欲反神降生，托孕于玄妙玉女，处胎寄慧，与俗不同，八十一年，当殷王武丁九年庚辰之岁降生。

第二十六，显降生。老君降生，迥异凡品。虽依圣母之孕，乃剖左腋而生。降生之时，九龙吐水，以浴圣姿，龙出之地，因成九井。老君身长九尺，七十二相，八十一好，美眉方口，双柱三漏，日角月渊，具大圣之相。

居空洞　清代　采自《老君历世应化图说》
成都青羊宫二仙庵版刻

第二十七，彰圣号者。老君生而白首，圣母为之立号，以示世人。欲谓为老，又是初生，欲谓为子，又乃白首，两字兼称，因立老子之号。世人先幼而后老，老君先老而后幼，欲明摄迹还本。老者，考校众圣为名；子者，以孳生万物为义，所以老君为万物父母，众圣祖宗，故有考校孳生之名，以为老子之号。

第二十八，明胄胤。《老子本记》及诸家史册，皆云生于李树之下，指树以为姓，斯理为当矣。在代凡有九名。一名耳，字伯阳。二名雅，字伯宗。三名忠，字伯光。四名石，字孟公。五名重，字子文。六名定，字符阳。七名元，字伯始。八名显，字符生。九名德，字伯文。或云三十六号，或云七十二名，或云姓字眇眇，从劫至劫，非可悉记。

第二十九，兴帝业者。老君道包万有，泽被诸天，贻厥孙谋，光膺大宝。是以三十一代孙高祖神尧皇帝光宅天下，奄启我唐矣。所以天演流瑞，源出于上清，琼海澄澜，润涵于万寓。德明皇帝佐尧翊舜，兴圣皇帝握纪乘时。

第三十,册鸿名者。乃向下明。乾封元年,册尊号也。①

## 第二节 三清诸神的造像绘画

隋代统一全国,长安成为国都,释放出强大的文化辐射力。据文献所载,老君的图像早在隋代已有流传。开皇三年(583)时,高祖杨坚幸道场,见到"老子化胡"壁画,并亲自召集沙门、道士就"老子化胡"一事进行辩论。②释道宣《集古今佛道论衡》卷二陈子良注:"楼观、宗圣观,有尹先生庙,老君之墓……故隋尚书令楚国公杨素,行经楼观,见壁画尹喜化胡之像。"③由上可知,崇信"老子化胡"说的宫观里确实画有这类图像,并留下了一批道教造像。

唐室皇家敬老子为祖先,自谓太上玄裔,奉道教为国教,并把老君推崇为"玄元皇帝"。李渊称帝后,认为道教资助兴唐有功,遂于武德二年(619)五月敕令楼观鼎新,修营老君殿、天尊堂及尹尊人庙,以歧平定主观事。三年(620)春,又亲诣老君于祠庭,召见歧平定及法师吕道济、监斋赵道隆。之后大建道观,塑造老君圣像,供奉祭祀。

唐代统治者宣称自己为"神仙苗裔",既可借神权提高皇朝地位,又可借此宣称李氏取代隋朝为"奉天承运"。武德八年(625),李渊正式颁布《先老后释诏》:"老教孔教,此土先宗,释教后兴,宜崇客礼,令老先、孔次、末后释。"④明确规定道教在佛教之上,制定了有唐一代奉道教为皇家宗教的崇道政策。李世民为使"尊祖之风,贻诸万叶",遂于贞观十一年(637)再次下诏,规定道士、女冠在僧尼之上,宣称:"大道之兴,肇于遂古,源出无名之始,事高有外之形,迈两仪而运行,包万物而亭育,故能经邦致治,返朴还淳。至如佛法之兴,基于西域,逮及后汉,方被中华。神变之理多方,报应之缘匪一。洎乎近世,崇信滋深。……遂使殊俗之典,郁为众妙之先;诸华之教,翻居一乘之后。流遁忘返,于兹累代。朕夙夜寅畏,缅惟至道,思革前弊,纳诸轨物。况朕之本系,出于柱史。今鼎祚克昌,既凭上德之庆;天下大定,亦赖无为之功。宜有改张,阐兹

---

① 道藏:第14册[M]. 北京:文物出版社,上海:上海书店出版社,天津:天津古籍出版社,1988:316-324.
② 小野玄妙. 大正藏:第50册[M]. 台北:新文丰出版公司,1975:432.
③ 小野玄妙. 大正藏:第52册[M]. 台北:新文丰出版公司,1975:522.
④ 周绍良. 全唐文新编[M]. 长春:吉林文史出版社,1999:24.

玄化。自今已后，斋供行立，至于称谓，其道士女冠可在僧尼之前。庶敦本之学，畅于九有；尊祖之风，贻诸万叶。"①

高宗李治为维护唐王朝的统治也采取了一些崇道措施。乾封元年（666）二月，他亲到亳州拜谒老君庙，追号老君为"太上玄元皇帝"，圣母为"先天太后"，立祠堂；其庙置令、丞各一员，改阳谷县为真源县，县内宗姓特免除徭役一年。其《上玄元皇帝尊号诏》曰："大道混成，先二仪而立极；至人虚己，妙万物以为言。粤若老君，朕之本系。爰自伏牺之始，暨乎姬周之末。灵应无象，变化多方。游元气以上升，感日精以下降。或从容宇宙，吐纳风云；或师友帝王，丹青妙化。譬阴阳而不测，与日月而俱悬。交丧在辰，晦迹柱下；大宏雅训，垂范将来。虽心齐于太虚，而理归于真宰。若夫绝圣弃智，安神寡欲，寂寥杳冥之际，希夷视听之表，淡尔无为，悠然自得。酌之不竭，用之不盈，执大象以还淳，涤元览而遣累，邈乾坤而长久，跨陶钧而亭育。至矣哉！固无得而名也。况乎大圣所资，克昌宝祚；上德所履，允属休期。朕嗣膺灵命，抚临亿兆，总三光之明，而夙宵寅畏；居四大之重，而寝兴祗惕。尽孝敬于宗祧，罄怀柔于幽显，行清静之化，承太平之业，登介邱而展采，坐明堂而受记。飞烟结庆，重轮降祥，鹤应九歌，山呼万岁。越振古而会休徵，冠帝先而为称首。大礼云毕，回舆上京，肃驾赖乡，躬奠椒醑。仰瑞柏而延伫，挹神泉而永叹，如在之思既深，敬始之情弥切。宜昭元本之奥，以彰元圣之功。可追上尊号为太上玄元皇帝，圣母为先天太后。祠堂庙宇，并令修创。置令、丞各一员，以供荐飨。仍改谷阳县为真源县。"②并于兖州界置紫云、仙鹤、万岁观，天下诸州皆置观一所。直到临死前，还于永淳二年（683）十二月四日下诏："朕之绵系，兆自玄元。常欲远叶先规，光宣道化，变率土于寿域，济含生于福林。可大赦天下。"改永淳二年为宏道元年，仍令天下诸州置道士观，"上州三所，中州二所，下州一所，每观度道士七人"③。

## 一、隋唐时期的神仙造像

隋唐时期道教造像的大量出现是隋唐皇室大力推动的结果。随着道教宫观的大量建造，亦兴起了道教造像的热潮。隋开皇二年（582）正月，文帝令于益州创建至真观一所，以供天尊、老君。后杨广与杨秀昏乱，社会动荡，人民流离，无暇崇信道教。唐朝承受天命，下令各州郡设立一座道观，蜀地便重新整修道观。杜光庭《录异记》云："成都至真观道士黎元兴，龙朔中于学射山，创造观宇。夜梦神人引升高山大殿之中，谒见黄老君，

---

① 周绍良.全唐文新编[M].长春：吉林文史出版社，1999：60.
② 周绍良.全唐文新编[M].长春：吉林文史出版社，1999：162.
③ 宋敏求.唐大诏令集[M]//文渊阁四库全书：第426册.台北：台湾商务印书馆，1983：23.

身长数丈，髭须皎白，戴凤冠，着云霞衣，侍卫十余人。顾谓元兴曰：'吾近有材木，可构此观，无烦忧也。'如此数日，有人于万岁池中乘舟取鱼，忽见水色清澈，池底大木极多，以告元兴。元兴令人取之，得乌杨木千余段，至有长百尺者用以起观，作黄老君殿，依梦像塑之，又制三尊殿，下及讲堂、斋坛、房廊、门宇，皆足用焉。"①时至真观存有天尊、真人石像，大小万余躯；铜钟一口，重七十斤。如此众多的天尊、真人石像，是为黎元兴亲眼所见，他十分感慨地说："观中先有天尊、真人石像，大小万余躯，年代寖深，仪范凋缺。沉沉宝座，积万古之埃尘；邈邈琼颜，被千龄之苔藓。"②

　　鉴于武氏、韦氏均依靠佛教势力篡夺李家王朝的事实，唐玄宗自即位之日起，便大力推进开国以来的崇道政策，以提高道教地位，促进道教的发展。玄宗尽量神化玄元皇帝，掀起崇拜老子的热潮。首先，他本人多次到玄元皇帝庙谒拜，并不断提高老子封号，先后追尊为"大圣祖玄元皇帝""圣祖大道玄元皇帝""大圣祖高上大道金阙玄元天皇大帝"，并令天下诸州普遍建立玄元皇帝庙。开元十年（722），唐玄宗下诏令两京及诸州各置玄元皇帝庙一所，每年依道法斋醮。开元十九年（731）五月，令五岳各置老君庙。开元二十九年（741）正月，又诏令两京及诸州各置玄元皇帝庙一所，并令图写"玄元皇帝真容"，分送诸道。《命两京诸路各置玄元皇帝庙诏》曰："三皇之时，兆庶淳朴，盖由其上，以道化人。自兹厥后，为政各异。我烈祖玄元皇帝，禀大圣之德，蕴至道之精，著五千文，用矫时弊，可以理国家，超夫象系之表，出彼明言之外。朕有处分，令家习此书，庶乎人用向方，政成不宰。虑兹下士，未达微言，是以重有发明，俾之开悟。期弱丧而知复，宏善贷于无穷。两京及诸州，各置玄元皇帝庙一所，每年依道法斋醮。兼置崇元学，生徒于当州县学生数内均融量置，令习《道德经》及《庄子》《文子》《列子》，待习业成，每年准明经举送至省。置助教一人，委所由州长官，于诸色人内精加访择补授，仍稍加优奖。"《答宰臣贺玄元皇帝玉像手诏》曰："梦之正者，是谓通神，于惟圣容，果以诚应。岂朕德所及，而大道是兴，再省神灵，言犹在耳。将贻福业，代纪弥多。初告以行官，乃置于内殿，兼之大庆，允属朕躬。稽之《道经》，以慈为宝，当慈育万姓，永答神明。卿等宗臣，宜同朕意，显扬嘉应，安敢让焉。"③

　　在玄宗的多次诏令下，全国各地都兴建了玄元庙，其建筑富丽堂皇，并制作了玄元皇帝画像，分布天下。天宝三载（744）三月，诏令两京及天下诸州于开元观以金铜铸玄元等身天尊各一躯。太清宫成，又命于太白山采白玉为玄元圣容，又以白玉做玄宗圣容侍立于玄元之右。《为玄元皇帝设像诏》曰："不离于精，不离于真，以天为宗，以道为门，兆于变化，谓之圣人。吾祖也太上玄元皇帝，尝从事于斯矣。惟穹昊厥初，则配神明，飨天地，育万物，惟皇受命，则师列辟，熙以大一。利泽施于四海，不言所利；德教加乎万

---

① 杜光庭.录异记[M]//说库：上册.杭州：浙江古籍出版社，1986.
② 陈垣，陈智超.道家金石略[M].北京：文物出版社，1988：63.
③ 周绍良.全唐文新编[M].长春：吉林文史出版社，1999：383.

姓，不称其德。将晦迹也，安乎守藏柱下；将行道也，适乎流沙罽宾。所谓神无方而道无体，冲用可见矣。流长者慎其源，蒂固者深其根。猗欤那欤，克开厥后，翳我列祖，光启大中。岂玄元私乎有唐，惟玄元迈乎种德，岂玄元式受唐命，惟玄元存乎其人。是以累圣缉熙，重光缵茂。大化渐被乎八表，淳德殷流乎万国，则与天地有与立焉。惟小子多于前功，夙夜敬止，上承祖宗之余庆，下膺侯王之乐推，惕然深居，凛若驭朽。以为道德者百家之首，清净者万化之源，务本者立极之要，无为者太和之门。恭承垂裕之业，敢忘燕翼之训。故详延博达，讲讽精微，求所以理国理身，思至乎上行下效，亦云久矣。夫使天下万姓，饮淳德，食太和，靡然回心而向道，岂予寡薄，独能致此。盖凡百在位，所以咸熙。"① 天宝八载（749）又于太清、太微宫圣祖前更立孔子及"四真人"像以列左右，并以高祖、太宗、高宗、中宗、睿宗五帝之像作为玄元的陪祀，从而树立了老君无与伦比的崇高地位。

由于李唐政权的大力崇仰，以及"太上玄元皇帝"名号的封赐，全国各地普遍修建了玄元庙，奉祀老子像。1941年，茫子在《岱岳观题刻潘尊师碣》的跋中说："唐代石刻中，道教之材料极多。盖唐姓李氏，因而崇尚道教，始与佛教并盛。溯道教造像最早者，有萧宝寅僭年号之玉皇像。此外，六朝道像之材料尚不多见。迨至唐有《岱岳观题刻》中之造像记多段，始自高宗显庆。自是道像之造像铭，与佛像之造像铭，并见于金石著录中矣。而道像雕刻之盛，可由此窥知。两汉神仙思想，常表现于汉镜铭及其图像中，如'上泰山，见神人''上有仙人不知老'等铭记，及神兽镜中之飞仙西王母、东王公等图像，然此尚是神仙之图像。迨六朝佛教极盛，造像随兴，六朝之神兽镜，因有变为'佛兽镜'者。此时道教兴起未久，尚不能与外来之佛教思想对抗，因而镜鉴中之神仙图像，反为佛像取而代之。至唐代道教已逐渐形成，因效取佛教造像之法，亦造道像。此间消息，可自《旧唐书·隐逸传·司马承祯传》见之。传云：'今五岳神祠，皆山林之神，非正真之神也。五岳皆有洞府，各有上清真人，降任其职，山川风雨，阴阳气序，是所理焉。冠冕章服，佐从神仙，皆有名数。请别立斋祠之所。'玄宗从其言，因各置真君祠一所，其形象制度，皆令承祯按道经创意为之。是知前此之神像，乃世俗所立者，而尚非规定之宗教偶像也。至唐玄宗时极力崇奉道教，始制定形象，渊源当始自岱岳观所见高宗显庆年间之造像也。至其据道经创意制定之象，恐模仿佛教之点颇多。"② 80多年前北朝道教造像实物所见尚少，茫子之说自然难免有不确之处，但他的许多观点是值得肯定的。如认为道教造像史应以唐玄宗时为一大限，正是因为司马承祯依据道经的义理与精神设计出各种道教神真形象，道教造像才进入带有官方性质而形制相对固定的"规定之宗教偶像"阶段。

---

① 周绍良. 全唐文新编[M]. 长春：吉林文史出版社，1999：381.
② 茫子. 读碑小识[M]//林荣华. 石刻史料新编. 台北：新文丰出版公司，1986：481.

在唐代前、中期的道教宫观中,只有元始天尊殿或老君殿,而无三清殿。唐代后期,三清殿、三清观之名始见于记载。南唐徐铉《筠州清江县重修三清观记》载,该观原为纪念吴猛、许逊二真君而建,始为草堂道院,"年世弥远,增修益崇。开成中,始诏赐号三清之观。自时厥后,又逾十纪……建三清之殿,造虚皇之台,设待宾之区,敞饭贤之室"①。所谓"虚皇",也就是元始天尊。南唐刘崇远《新开宴石山记》记载宴石山道观中置有"黑金铸玉皇、道君、老君、天地水三官,并塑左空右玄真人、玉童玉女、左右龙虎君、玄中大法师"②的像。杜光庭在《天坛王屋山圣迹》中也提到,唐明皇开元十二年(724)敕修阳台观,内塑五老仙像。"昔唐建三清殿及清虚殿,其洞内有因兵火,居民避乱,秽气所触。"③可见隋唐时期已有许多道教造像,但留存甚少。

三尊像石　隋代
美国波士顿美术馆藏

隋开皇九年(589)造三尊像石。上部略损毁,正面雕刻三尊像。中像似为老君或元始天尊。老君头戴莲花冠,面容方圆,眉目平直,蓄连鬓胡须,身着道袍,腹前有三脚夹轼,双手平置在轼上,作跌坐状。两侧侍者执笏呈立姿,其头部造型与主尊大体相似。在宝座下部,左右两侧各有一蹲狮侍从。

孔钺造老子像,高13.6厘米,宽5厘米。上半部为舟形龛,下半部为四足几形方座。老子头戴道冠,面容清瘦,眉目细长,身后有圆形莲瓣的头光,蓄长须,身着窄袖道袍,身躯瘦长,左手下垂扶几,右手上执麈尾,盘坐于四足方座上。该像是目前发现的最早的铜铸老子像,隋开皇十一年(591)铸。

忤进荣造老君像。隋开皇三年(583)造,高90厘米,左右宽47厘米,前后宽28厘米。老君盘坐于石座上,头戴道冠,有短须髯,身着圆交领道袍,胸前系丝带,外罩氅衣,垂覆至石座。老

孔钺造老子像　隋代铜铸
山东博兴县博物馆藏

---

① 陈垣,陈智超.道家金石略[M].北京:文物出版社,1988:208.
② 刘崇远.新开宴石山记[M]//全唐文:第9册.北京:中华书局,1982:9029.
③ 杜光庭.天坛王屋山圣迹[M]//全唐文:第10册.北京:中华书局,1982:9733.

忤进荣造老君像　隋代
陕西三原博物馆藏

君左手持串珠，右手执麈尾，造型丰满，面容温和，衣纹简练，与南北朝时的造像有很大区别，是目前发现最早的老君圆雕造像。这种精美的道像具有典范意义，也展现了隋代文化的新面貌。北朝末年开始，道教造像的形制向长安周边地区传播，隋代继续向更大范围延伸，北方的山西、山东、河南，南方的四川等地都有道教造像出现。

刘子达造像碑。碑为长方形，下半截残佚，长70厘米，宽43.6厘米，厚22厘米，隋开皇十九年（599）造。碑阳上半开龛，龛中造像为三尊：正中主尊为老君，头戴道冠，面蓄胡须，手持羽扇，结跏趺坐；两侧为手持笏板的侍者。龛楣饰以忍冬纹，两侧帷幕下垂，帷幕外两侧各刻一头戴笼冠的跪拜供养人像。龛上刻帷幕垂帐，龛下刻宝瓶双狮。双狮外侧分别刻两位供养人。下半碑面不全，现存一层半供养人像。

刘子达造像碑的碑阴磨损非常严重，龛中雕像为一老君二侍者。老君双手拱于胸前。碑面线刻部分仅可辨最下一层供养人像。左侧上半开一拱形尖顶龛，龛中雕一头戴平冠、双手平插于双袖之中的造像。尖顶龛楣内饰以忍冬纹，两侧下垂帐幔。龛上刻以帷幕；龛下刻一香炉及双狮。下半部刻发愿文。右侧龛碑面布局与左侧基本相同，不同之处为龛中老君手持羽扇。下无题记。此碑是隋代道教造像的典型，四面开龛，供养老君，此时老君造像形式已经成熟固定，但在发愿文中仍然佛道不分，沿袭佛教发愿文的格式。

刘子达造像碑（局部）　隋代　陕西耀县博物馆藏

刘子达造像碑（局部）　隋代　陕西耀县博物馆藏

王双姿造老君像碑　隋代
美国华盛顿弗利尔美术馆藏

苏遵造老君像碑　隋代　石质
美国波士顿美术馆藏

王双姿造老君像碑，隋开皇七年（587）造，石质高浮雕。碑的上半部为舟形龛，顶部有残损。龛中老君盘坐莲花座上，头戴道冠，头后有圆形莲瓣的头光，蓄三绺须，身着道袍，胸前系丝带，双手残损，造型圆润，面容慈祥。两侧各立一执笏的侍者。

苏遵造老君像碑，隋开皇三年（583）造，石质高浮雕。碑的上半部为圆拱形龛，刻一老君和两侍者。老君头戴道冠，头后有圆形莲瓣的头光，蓄短须，身着道袍，右手扶几，左手持笏，面容圆润，呈慈悲状，盘坐莲花座上。两侧侍者执笏。下有石狮一对，依附莲座。

元始天尊像，武周长安三年（703）造，正面雕刻三尊道像，中像元始天尊呈跏趺坐姿，头发向上梳拢，戴莲花冠，面相方正，眉眼平直，颏下有连鬓胡须，内着交领衫，外着双领下垂式褐衫，胸腹前有三脚扶轼，左手扶轼，右手已毁，宝座为束腰须弥座，座下刻一博山炉。左右二侍者均头戴束发莲花冠，面相丰满，身着褐衫，下身着裙，着履，双手胸前合十，立于莲花座。基座正面为供养人发愿文。

元始天尊像　武周
美国纽约大都会博物馆弗利尔美术馆藏

老君造像碑，唐开元十四年（726）造，石质高浮雕。上半部为尖拱形龛，刻一天尊和两侍者。天尊头戴莲花冠，蓄短须，身着道袍，左手扶几，右手置于胸前，面容圆润，端庄慈悲，盘坐须弥座上。左右各有一名侍者，左侧为男像，右侧为女像，均双手执笏。三尊造像背后皆有舟形背光。下半部为长

第二十二章｜隋唐道教神仙谱系　047

方形底座，正面刻有发愿文。

唐代宫观中多塑有老君、天尊像，并绘壁画以饰之。康骈《剧谈录》记载："东都北邙山有玄元观，南有老君庙，台殿高敞，下瞰伊洛。神仙泥塑之像，皆开元中杨惠之所制，奇巧精严，见者增敬。壁有吴道元画五圣真容及《老子化胡经》事，丹青绝妙，古今无比。敬爱寺复有雉尾病龙，莫知画者谁氏，绘事奇巧，皆入神之迹。政平坊安国观，明皇朝玉真公主所建，门楼高九十尺，而柱端无栱枓，殿南有精思院，琢玉为天尊、老君之像，叶法善、罗公远、张果先生并图之于壁。院南池沼，引御渠水注之，垒石像蓬莱、方丈、瀛洲三山，女冠多上阳退宫嫔御。"①

应显变化的各种老君本质上属于道，本无常形，消则为炁，息则为人，形象亦因角色的不同而有所差异。他"于太虚之中凝为真容，体大无边，相好备足，上无所攀，下无所蹑。或在云华之上，身如金色，万真侍卫，百灵宗奉。或坐莲花之内，建七曜玲珑之冠，披九色离罗之帔，项负圆光，照曜天地。或处宝堂金殿，珠玉帷帐，万帝朝礼，神兵卫轩。或金容玉姿，黄裳绣帔。或素服玄冠，乘朱鬃白马。或下治十天，封掌兆民，居太微、勾陈、紫房中，为天皇大帝"②。有时他又乘舆，"驾五色神龙，建流霄黄天丹节，荫九光鹤盖，前导十二卫官，神丁执麾，后有九万飞仙骖控飚轮，师子启途，凤凰

老君造像碑 唐代
美国芝加哥菲尔德博物馆藏

元始天尊像 唐代
日本大和文化馆藏

元始天尊造像碑 唐代
上海博物馆藏

---

① 车吉心.中华野史[M].济南：泰山出版社，2000：746.
② 道藏：第17册[M].北京：文物出版社，上海：上海书店出版社，天津：天津古籍出版社，1988：795.

翼轩，策空东游，真人与四天王从焉"[1]。

唐天宝年间骊山老君像，国家一级文物，汉白玉圆雕，高1.93米。原为华清宫朝元阁老君殿内遗物，1963年移入西安碑林博物馆。老君盘坐于须弥座上，面相丰满，有长髯垂胸，身着交领道袍，腰束帛带，外罩大袖氅衣，衣裾覆座，头冠及双手已残缺。该像雕造手法简洁，人物丰满端庄。

道书中有许多老君显灵护佑唐室的记载。武周文明元年（684），武则天废中宗为庐陵王，欲王诸武。二月十八日，豫章人邬元崇以诏诣阙，至虢州阌乡县龙台乡皇天原，忽有六仙人乘赤龙从西北彩云中来，他们着杂色衣，二人执珠幢，四人执霓旌锦伞。须臾间，异香芬馥。一道士谓元崇曰："我是太上老君，汝帝之元祖。"老君令传言天后，说我国家历数绵远，不得辄立异姓。见后

骊山老君像　唐代
西安碑林博物馆藏

有六仙人，并乘龙佩剑，花冠大帻，杂彩之衣，光明灿灿，手执别物，皆不能识，分侍左右。后有云车一乘，杂彩庄严，上有大宝盖，花旛垂下，五色云炁围绕。又有乘龙执节持幢侍从无数，从人皆长大，亦有音乐导从。时往来人及阌乡百姓官吏五百余人同见，莫不遥礼。

肃宗至德二年（757）三月十八日，通化郡人为国祈福于云龙岩，建大斋会，"忽有祥云异香氤氲不散，移时渐开，有神光照天，乃见老君立于山前，自地接天。其山虽高，不及其肘。左手垂下，右手执五明扇，仪相炳然。众悉瞻礼，良久乃隐。遂具奏闻，诏图其本"。

乾元二年（759）己亥，肃宗皇帝梦二青童导从至一宫阙，"见老君，冠九凤冠，衣云霞衣，须发皆黑，凭玉几，执拂，真人、童子、玉女、力士，侍卫极众"。后宣访诸像，乃于光天观圣祖院见黑发老君之像，一如梦中所见。帝大悦，乃出御容画像，令侍立于像后，仍颁天下普令供养。

宝历二年（826）正月，敬宗帝朝献太清宫。诏兵部侍郎韦处厚撰碑，起居郎柳公权书之，置于太清宫实井之侧。"立碑之际，忽有劲风，飒然而起，旋飙不已。众仰视之，乃见老君紫衣金冠，蹑金履立于白莲之上，右手执五明扇，左手垂下，空中见光明如金色。公权与镌碑人瞻睹良久，因以物画地，记其形像。及画毕，老君忽以扇指空中，流光四散，乃腾空而去。众皆注目，须臾渐远，没于云中。遂以事奏闻，诏编事迹入碑。"

---

[1] 道藏：第17册[M]. 北京：文物出版社，上海：上海书店出版社，天津：天津古籍出版社，1988：818.

老君像（左图）原出于山西。老君盘坐于须弥座上，形象端庄丰颐，蓄短髯，身着交领道袍，腰束帛带，外罩氅衣，衣裾覆座，头冠及双手已失。衣纹线条简洁流畅，人物丰满端庄，国家一级文物。

老君像（右图）。老君盘坐于须弥座上，面容丰满端庄，头戴莲花冠，身着交领道袍，腰束帛带，下垂于前，外罩氅衣，衣裾覆座，左手扶几（已残），右手执麈尾。

常阳天尊像，原在山西运城安邑，唐开元七年（719）造，圆雕，坐高2.2米，下宽1.35米。常阳天尊头戴莲花冠，脸形长圆，眉目细长，形象丰颐，神态和穆。右手持麈尾、扇，左手扶几，身着双领下垂宽袖道袍，露出内衣绅带，呈跌坐姿，座上有铺帛垂下。座的四面

老君像　唐代　　　　老君像　唐代
上海博物馆藏　　　德国科隆东亚艺术馆藏

刻有铭文及供养人姓名。其形象优美，雕刻技法娴熟。这种天尊式的造像模式已经非常成熟，后世道教在刻、绘坐式尊神像时，除各个时期的衣冠不同外，均采用此造型。这尊老君石刻造像最突出的标志是神像颏下山羊式的须髯，和其右手所执麈尾、五明扇，这类图像也成为识别老君造像的符号特征。

杜君秀造像碑。原在山西芮城县。唐景云二年（711）造，高83厘米。碑首呈半圆形，线刻两飞天乐伎，周匝刻有牡丹纹饰。碑身上半部开一圆拱形龛，内刻一天尊和两侍者。天尊头戴莲花冠，身着道袍，双手笼袖于腹前，结跏盘坐。两侍者前各有一蹲狮。龛两侧各开一小龛，各刻一力士。碑身中间开三龛，中间一龛雕香炉，左右两龛各雕一供养人，相向跪拜。供养人发髻高耸，面相丰满，神态虔诚，手捧供品。旁题"三洞道士杜君秀供养"和"亡尊师王师政"。碑座为长方形，刻有供养人姓名。该碑品相极好，保存完整，雕刻艺术精湛，时代风格明显，为研究道教的重要实物资料。

隋唐时期，统治阶级利用道教来巩固

常阳天尊像　唐代　　　杜君秀造像碑　唐代
山西太原艺术博物馆藏　　山西博物馆藏

道教造像龛　隋代　绵阳西山玉女泉　李远国摄

其统治，大肆宣扬道教，使之得到极大的发展。成都市龙泉山北周强独乐造像碑和青城山天师洞隋大业造张天师石像是四川道教造像的早期作品。今四川地区有20余处隋唐道教摩崖造像，颇为珍贵。如绵阳西山玉女泉摩崖造像始造于隋代大业年间，在初唐达到高潮，多数龛像造于唐高宗时期。

西山观古名仙云观，始建于明代，明人金深有诗咏之。相传为蜀中八仙中的尔朱仙修炼处。中华人民共和国成立后仅存石柱八仙殿，今已复修前殿，维修了八仙殿，两边建庑殿。八仙殿中祭祀蜀中八仙容成公、李耳、董仲舒、张道陵、严君平、李八百、范长生、尔朱仙。蜀中八仙之说早见于五代。景焕《野人闲话》云："西蜀道士张素卿，神仙人也。曾于青城山丈人观，绘画五岳四渎真形并十二溪女数堵。""因生日，或有收得素卿所画八仙真形八幅以献孟昶。……赐物甚

老君造像龛　初唐
绵阳西山玉女泉　李远国摄

天尊、老君龛　初唐
绵阳西山玉女泉　李远国摄

厚。……顾谓八仙，不让三绝。"原条后小注"八仙者：李己、容成、董仲舒、张道陵、严君平、李八白、长寿、葛永瓄"。[①] 此蜀中八仙初见于宋人注，又或始见于后蜀。谯秀《蜀记》载："蜀之八仙，首容成公，云即鬼容区，隐于鸿蒙，今青城山也。次李耳，生

---

① 李昉. 太平广记[M]. 北京：中华书局，1981：421.

天尊造像龛　初唐　绵阳西山玉女泉
李远国摄

天尊、老君造像龛　初唐　绵阳西山玉女泉
李远国摄

于蜀，今之青羊宫。三曰董仲舒，亦青城山隐士，非《三策》之仲舒也。四曰张道陵，今大邑鹤鸣观。五曰严君平，卜肆在成都。六曰李八百，龙门洞，在新都。七曰范长生，在青城山。八曰尔朱先生，在雅州。……好事者绘为图。"[1] 尔朱先生，元赵道一编《历世真仙体道通鉴》卷四五言之颇详，略云：尔朱洞字通微，少遇异人授还元抱一之道，因自号归元子。唐懿宗朝至蓬州，修道于石室，后卖药于川陕间。唐大顺中，王建入成都市，畏尔朱法力，不敢屠民。又于果州（今南充市）度张洪。常卖丹药，一粒售十二万钱，太守买之则加十倍。太守怒，沉之江中。流至涪陵，为渔人所网而无恙。因与二渔人服丹仙去。其后又再见于世。成都胡二郎、仙井道士皆见之。[2]《蜀中名胜记》卷二八引志云："隋尔朱真人修炼于透明岩，成道。唐懿僖间，抵蓬州，客安汉，馆张氏家十二年。州守以为惑众，沉于江。二渔子得之，释其缚。三人白日升天。"[3]

绵阳西山仙云观不远处有玉女泉，泉水清冽甘甜，终年不断，传为尔朱仙炼丹时汲水之处。观下有盘石，传为扬雄读书台、洗墨池。清代建有子云亭，亭下有扬雄像和扬雄传碑。山岩上有隋大业六年（610）、十年（614），唐武德二年（619）的道教摩崖造像，有宋代石雕的扬子云真像。

西山仙云观原有造像50余龛，现仅存25龛。造像题记自大业六年（610），经唐贞观二十一年（648）、永徽元年（650）、麟德二年（665）、开元十七年（729）、大中十一年（857），至咸通十二年（871），长达近3个世纪，绵延不绝。其中24龛雕凿在玉女泉的壁面上，1龛存于子云亭的下面。即便如此，玉女泉造像也是目前最为集中的初唐时期道教造像。玉女泉道教摩崖造像延续了隋代造像传统，最早的道像造于武德二年（619），

---

[1] 文渊阁四库全书：第1270册[M]. 台北：台湾商务印书馆，1983：398.
[2] 道藏：第5册[M]. 北京：文物出版社，上海：上海书店出版社，天津：天津古籍出版社，1988：361-362.
[3] 曹学佺, 刘知渐. 蜀中名胜记[M]. 重庆：重庆出版社，1984：421.

这是唐王朝刚刚建立的第二年。其他初唐造像题记有"贞观八年""乾封三年""咸亨元年""上元二年"。大像近100厘米，小像仅26厘米。

该龛系单口龛，正面呈梯形，高62厘米，上宽258厘米，下宽167厘米。龛中造像分主像和供养人两部分。主像为天尊、老君，位于左者应为天尊，右者应为老君，因其保留了持扇的特征。二像并坐于方台，其中右像右手持扇，左手扶三足凭几，蓄大胡须，左像则没有凭几和扇。均趺坐在束腰矩形宝座上，宝座两边各刻一蹲狮。主像两侧各立一位真人，外侧为供养人像，左五排、右四排，排列在两主像的左右壁上，为浅浮雕，左边现存43尊，右边现存42尊。大部分形象头戴幞头，身着圆领袍服，手持笏板，面向主像站立，每像面前边刻有名字，大都清晰可辨，如"张元□""申公""田公"等。在两主像的右壁上，存一通"天尊老君一铺"的题记，全文为："三洞真一道士孙灵讽当州紫□宫梵献兼神仙云观/一坛各愿合平安永为供养/声犹为响一心愿结一社用答恩灵泉/敬造天尊老君一铺以岁次辛卯三月十一日/修黄箓斋两中三夜表庆毕/专主社务兼书人景好古/三洞真一道士孙灵国讽洞玄道士张大仙"。可见造像是用于祈福禳灾的，是黄箓斋道场的核心设置。从铭文中可知，该造像龛开凿于咸通十二年（871），由道士孙灵讽牵头，组织当地民众信士约百人，结为邑社，共同出资建造。

据李淞介绍，绵阳西山观道士黄发暾造天尊像当为四川第一天尊。他说："绵阳郊区的西山观有著名的道教摩崖造像玉女泉，位于汉代扬雄读书台西侧，泉水不断从岩石中流出积为深池，水池边沿山石开凿有数十龛道像，据说原有50余龛，现仅余25龛。绝大多数属初唐，其最早者为隋代大业六年（610），该龛造像已剥离石壁，移入四川绵阳市博物馆。龛内有坐像一尊。发愿文拓片高23厘米，宽16厘米。为'大业六年太岁庚午/十二月二八日三洞/道士黄发暾奉为存/亡二世敬造天尊/像一龛供养'。题记左侧有一碑形，半圆形碑额，早期拓片上似乎可看出有坐像。碑身未刻字，下有莲瓣纹碑座。联系到重庆潼南大佛寺摩崖隋代天尊像（见下例），像旁也刻有这样的碑形，可知在四川不为孤例。"①

在四川彭州，有道民谯贾造道像，隋开皇十一年（591）造。1994年出土于四川彭州龙兴塔地宫。同时出土的共有数10件石刻雕像，其中6件有纪年，自南朝梁中大通五年至唐开元二十五年（533—737），现藏于彭州市佛教协会。初时被认作佛像，后来被看出有一尊应是道教造像，即开皇十一年造像石。残高45厘米，宽32厘米，厚3～13厘米（上薄下厚）。造像5尊，主尊插手，坐于莲花座。左右二侍者，立于莲花座，后有侍从护卫二人。台座下有二兽。背面有发愿文，隶书："开皇十一年岁次辛亥朔五月一日，道民谯贾敦奉为亡母杨七女，或造三身□□像一区。普为七世父母及六道四生，普同斯福。亡兄谯愿德、亡姐夫杨僧振、亡妇弟女、亡姐夫杨老胡、亡姐女暨广妹午娘、兄谯奴夫妻、杨定广夫妻、亡姐夫罗缘、姐谯阿闰。"像主自称"道民"，这是一般道教徒的习惯，主尊"插

---

① 李淞.四川隋唐道教石刻造像[J].雕塑，2009（6）.

手"的姿势不是佛像特色,而为道像常见。此像与数十尊佛像一起埋于佛塔中,当与唐武宗会昌年间灭佛有关。龙兴寺是一个历史久远的蜀中名寺,据唐彭州刺史陈会撰《彭州九陇县再建龙兴寺碑》载:"厥初寺号大空,天授二年为大云,我唐开元中诏号龙兴,会昌五年废为闲地,僧俄斥像示灭,钟声绝耳,楼台为薪。"武宗很快病故,宣宗继位,恢复崇信佛教,龙兴寺得以重建。同碑说:"未经岁……使率土郡府各复其寺,寺之数郡数龙兴居一……啸良工,度贞木……况创浮图,建宝刹。"由此可知,会昌五年(845)龙兴寺被毁,大中元年(847)复建。可推测寺中曾供奉有道像,灭佛时一并砸毁,847年营建时又一起埋入塔体。造型颇似山东出土的隋代开皇十一年(591)孔钺造老子铜像。[①]

四川安岳玄妙观位于安岳县城西北20千米黄桷乡玄妙村集圣山山腰,原有一座七重大殿的道观,现已不存。全部造像集中在一块巨石四周,巨石高约6米,周长约43米,分为五面,布满

道教造像　唐代　安岳县玄妙观　李远国摄

大小窟龛79个,窟龛内外造像1293尊。此处现存唐碑四通,其中两通已风化。6号龛有天宝七年(748)《启大唐御立集圣山玄妙观胜境碑》,碑文云:"至开元十八年……首天龛,次王宫龛……"道像造于730年前后。南面72号龛的《般若波罗蜜多心经碑》题记为"开元十八年五月二十五日邑人玄(应)书",69号龛题记为"大中十四年润桂月十四日",可见造像前后历经了130余年,绝大部分造像凿于盛唐时期。

天宝七年(748)安岳县博士张庭训撰《启大唐御立集圣山玄妙观胜景碑》,记载了该地造像开窟的过程。碑文云,有弟子左识相后从军还,再豢侍养奉父母惠慈之功,父子于开元十八年(730)起"住此营造"。除老君造像外,还有"张、李、罗、王"四天尊,有"救苦天尊乘九龙",有"真像廿区",有"小龛卅二龛区",有"上下

老君造像　唐代　安岳县玄妙观　李远国摄

---

① 李淞.四川隋唐道教石刻造像[J].雕塑,2009(6).

飞天、神王"。这通唐碑非常珍贵，是研究道教史迹与老君信仰的重要文献。内言："道是盘古，本□□□主。虚空降升，太极立神，顾护十方。荡荡乎其威之远也，游遍诸丘，华气冥蒙混乎。号诸生之师，众圣之王。□□化无穷，张、李、罗、王，名天之尊也。经历天地，终始不可称载。无上道而轮，化生天地而生佛。沛炁化生，三千□□□。法门并举，不可思议。神明之雄，三光朗照。大道于万物，资荫八方，诸普弘慈。然老子者，初为盘古。后化以□□□长老之期，号其名也，于无数劫，其寂寂冥冥眇邈久矣。""元始化生三教圣人，而生正一法王。从此以来，古今相续。大唐开元天宝圣文神武皇帝，该由是道气，而精诚崇一真，得天符数，应□□□声至道，合真迁宁，永固国康。"[①]这些记载都为了解唐代老君信仰提供了一手资料。

四天尊造像　唐代　安岳县玄妙观　李远国摄

第11号龛是玄妙观最大的一龛，始凿于唐开元十八年（730）。龛窟呈双叠室型，方口，高3.6米，宽3.4米，深1米。龛内正壁雕凿主像老君，趺坐于三层仰莲瓣莲台上，其下是一层覆莲瓣的莲台，再下是八棱座基。老君面部丰满圆润，两眼平视，头戴莲花冠，结胡须，身着高宽领道袍，胸前有一张三足凭几，左手放几上，右手执宝扇，头后有莲瓣形背光。其左右侍立金童、玉女，均头戴莲花冠，身着交领宽袖道袍。左像双手执笏，右像双手合十，赤足立于莲台之上。龛窟的左右壁上各刻一女真人，其身躯高于金童、玉女。龛窟左右壁与正壁上部对称刻护法神，合为十二时神。老君脚下外沿刻有蹲狮和12尊小造像，其项均有背光。龛外刻一真人像，身着交领大衫，外罩半臂袍，手捧玉章，站立于莲台上。左边立一束发神将，深目阔嘴，身着甲胄，右手举剑，护腿至膝盖，脚穿长统靴。龛窟下部站立十二神将，穿戴近似十二时神。

第14号龛，龛内中央四位天尊，即张、李、罗、王等天尊。天尊中一人持扇，一人捧如意，其余二人施无畏印，皆头戴莲花冠，身体修长，立于莲台，其头后皆有头光。龛内左右两侧各有二真人陪侍，龛外左右两侧各有二位护法神像，或持剑，或持戟，或戴有狮头帽。龛上沿有坐像13尊，下沿有坐像12尊。

第62号龛，始凿于唐开元十八年（730）。龛内主像为太乙救苦天尊，面部已完全毁

---

① 胡文和.中国道教石刻艺术史：下册[M].北京：高等教育出版社，2004：64.

坏，天尊脚踏之莲台下刻有九龙，左为金刚力士，右为护法神将，手持长弓，足踏二地鬼。这是现存最早的一尊救苦天尊造像，非常珍贵。

南面造像以佛道混合为主，释迦牟尼或与老君共坐一龛，或与天尊共坐一龛，上方有天龙八部，其中可见手捧日月的阿修罗。龛外立有菩萨或力士。西南面有佛道混合龛和单独的佛像龛，许多龛是老君与佛并坐，后列有诸真人与诸菩萨侍立，佛道合作无碍。第73号龛是观世音与大势至两菩萨并立。自开元十八年至大中十四年，可知该地造像至少延续了130年的时间。开始时以道教为主，后来佛道并存。

《启大唐御立集圣山正教龛碑铭》是研究唐代道教的重要史料，王家祐先生指出：

救苦天尊造像龛　唐代
安岳县玄妙观　李远国摄

1. "道是盘古，本□□□主""老子者，初为盘古"。此示唐代所崇"李老君"或与古"三苗"及今之苗族、瑶族有渊源。老庄本南方道术，由庄老变为"黄老"是秦汉间新说。

2. "上道而轮，化生天地而生佛""元始化生三教圣人而生佛""道是三教祖也"。武则天《僧道并重敕》云："老君化胡，典诰攸著。佛本因道而生。"说明她初期优礼道士，并未违反李唐宗传信仰。

3. 碑文述：老子著《五千义上下经》，讲道德之原旨。汉文皇时有"清泰国王"礼拜无上道，化生结庵于黄河之滨，常诵道典，白日升空。汉明帝永平元年（58），佛现于中土。

4. "正一法王，古今相续""张、李、罗、王名天之尊也"，可见在唐代尚未脱离"正一"渊源。

5. "或众圣潜灵，或紫云羽盖""磐崖金容，吐相光于水镜；莲吞紫气，寓神龙于南天""黄龙初瞑，白马高临"等都反映了"仙佛宗合"的特色。

6. "国公左弘"之子"弟子左识相"皈依。"朝纲国公李玄清"与"当缘法师李玄则"，他们都是中唐贵族。

7. "大唐开元天宝圣文神武皇帝（李隆基信道）""频以皇帝恩命"，都是皇帝参预。此时正是杨贵妃（744）入宫得宠。杨钊自四川入宫，杨太真的三个姊妹皆封国夫人。

太真幼居青城山下导江县，临邛道士为她招魂。这些史事都与道教有关。①

重庆潼南县位于涪江下游，原属四川，县城西北三里的定明山下大佛寺有坐佛，高18.43米，跏趺坐，外覆阁，是四川八大佛像之一。始凿于唐代咸通年间（860—874），但未完工，至宋靖康丙午（1126）重新开工，绍兴二十一年（1151）竣工。

大佛西面约500米处的千佛崖，有隋、唐、宋造像121龛，其中第6、7、12号龛为道教造像，但由于自然和人为因素，毁坏比较严重。大佛东约200米处的河边有一高约20米的石壁，其上有三龛隋代造像。龛形一样，都是圆拱顶，外刻有尖拱边，但大小不一，由左至右错落排列。

左龛最大，为佛龛。造像7尊，主尊结跏趺坐于束腰方台，面残，左右二菩萨立于莲台，中间有二弟子，为浅浮雕。座下为香炉双狮，两边备一力士，各持金刚杵。龛下并凿二碑形，螭首，线刻正面龟趺。无碑文。碑面各有一圆轮，轮中各有线刻坐佛一尊，仰覆莲花座。应为隋以后刻。碑外左侧有题记"开皇十一年作"，下剥落。

中龛为道像，造像3尊，中间天尊像坐大莲花座，着对领衣，内束带，头上戴冠似折巾，在两侧形成Z字形折叠后下垂至肩，形似观音菩萨花冠上垂下的宝缯。座下有兽似正面龙形，又有蹲狮二。左右各一侍者，着宽袍大袖，双髻，立于莲花座。三像都有圆形头光。龛下有线刻图像，中间有一坐像，坐莲花座，有背光。两边为线刻供养人，上下两层，共有20余人，穿窄袖紧身长袍，双手合于胸前。龛左侧有题记两行："大业六年二月什日作天尊象／弟子杨佛赞□□记。"由此可知这是由杨佛造的天尊龛。

右龛位于中龛的右下方，造像3尊。主尊面残，束发，着对领衣，内有束带。左手握衣角，右手施无畏印，结跏趺坐于束腰叠涩方座。座旁二蹲狮。主尊左

天尊造像龛　隋代　重庆潼南大佛寺　李远国摄

右各立一侍者，冠特大，似圆帽状，两边垂有宽带，胸前有大X形披帛，立于莲花座。从胁侍衣着看，应为佛龛。这三龛龛形一致，时间应该相距不远，有两处隋代题记，可见凿于

---

① 王家祐，丁祖春.四川道教摩崖石刻造像[J].四川文物，1986.

隋代。开皇十一年作佛龛在前，大业六年造天尊像在后，第三龛可能最后，但似乎没有完成。

盛唐道教造像龛窟还有位于仁寿县的牛角寨坛神岩，佛教造像和道教造像分别位于相距约1千米的两处地方。佛教造像十分兴盛，其中有一个高达12米的佛胸像，与乐山大佛颇有几分相似。这里的地形是丘陵，临近地区分布有十几个较大的石包，一些石包上开凿有大小不等的龛像，其中道教造像所在的地方称作"坛神岩"。① 据胡文和统计，牛角寨共有101个龛窟，佛道造像1519尊。其中95龛系佛教造像，计有1395尊，6龛系道教造像，计有124尊。第40龛正坐三清像，后立五真人。左壁有坐神及二童侍二真。第36龛并列二十七真仙。第44龛并列三十五真仙。第49龛造（中）老子、（左）孔子、（右）释迦，是唐造三教龛。

第53窟为天宝八年（749）造。依据题名，可知像名"三宝"。道教典籍中的"三宝"即天宝君、灵宝君、神宝君。这是保存至今的"三宝"造像，显示了唐代道教主神系统，是相当完整的道教窟，主尊为三尊坐像，从右至左，第一像左手执蒲扇，当为神宝君太上老君；中像右手握"黍珠"，左手平举于前，手掌已毁，当为天宝君元始天尊；第三像右手抚膝，左手平举于前，手掌已毁，当为灵宝君太上大道君。其中，中像和右像有胡须，左像没有胡须。窟正壁及左右侧壁的中下层雕刻有道教的胁侍、护法神、真人等，造型丰满端庄，台阶壁上还刻有浅浮雕供养人。

三宝造像　唐代　仁寿牛角寨坛神岩　胡文和摄

第53窟右壁上存一通造像碑，基本完好，碑名《南竺观记》，天宝八年（749）三洞道士杨行进等人撰刻，记道教三十六部经藏目，是记录唐代道教经籍撰集与分类的重要资料。碑文曰："洞真十二部，洞玄十二部，洞神十二部。一天之下，三洞宝经合有三十六万七千卷，二十四万四千卷在四方，十二万三千卷在中国。上清一百卷，灵宝四十卷，三皇十四卷，太清三十六卷，太平一百七十卷，太玄二百七十卷，正乙二百卷，符图七十卷，升玄、本际、神咒、圣纪、化胡、真诰、南华、登真、秘要等，一千余卷，合二千一百三十卷。〔见而〕在世，三〔坟〕六〔典〕，八索九丘，五经六籍，并出其中。□□余二十八万七〔千〕卷，在诸天之上，山洞之中，未行于世。夫三洞经符，道之罡

---

① 李淞.四川隋唐道教石刻造像[J].雕塑，2009（6）.

纪，虚之玄宗，上真之经首，了达则上圣可登，晓悟□高真。斯涉七部，玄教兼该，行之一乘，至道于斯毕矣。大唐天宝八载太岁己丑四月乙未朔十五日戊申。三洞道士杨行进，三洞女道士杨正真，三洞女道士杨正观，□正法，视元寄宪进第彦高等，共造三宝像一龛，为国为家，存亡□□□供养。"①

64号窟均为道教造像，以正面为主，正壁前后造像两排共25尊，前排都是右手下垂，左手平举至胸前。两侧壁共10尊像。造像尺寸略等于人的真实大小，大体可以分为三类：有长须的主要是天尊类，或手持蒲扇，或手持如意，或持笏板；没有长须的男像一般戴有芙蓉冠，着长袍，或拱双手，或持香炉，显出低一等的身份；第三类是女性形态的真人像，相貌文秀，衣饰似菩萨，胸前有璎珞类装饰，头戴花冠。这两个窟都没有见到纪年题记，从风格看也应是盛唐之作。这种佛道造像并立的布局不多见，佛像和道像的造型相互靠近，显示出佛道融合，增进共识的观念。②

道教造像　唐代　仁寿牛角寨坛神岩　胡文和摄

69号窟为佛道融合窟，窟中有造像5尊。正壁上雕刻3尊主像，正中为元始天尊，方额大耳，颔下有山羊式的短须。其左为老君，脸形与天尊相似，面颊上有长髯。两像均身着对襟道袍，在胸前结带，外罩半臂，头戴束发冠。元始天尊的右边为释迦牟尼佛，方额，大耳垂肩，头上结螺髻，顶有高肉髻，身着袒右肩式袈装。3尊主像均呈站姿，两肩下垂，微曲，肘及手掌残损不全。左右壁外各雕刻1尊道、佛立侍。③

佛道融合　唐代　仁寿牛角寨坛神岩　胡文和摄

---

① 胡文和.中国道教石刻艺术史[M].北京：高等教育出版社，2004：169-170.
② 李凇.四川隋唐道教石刻造像[J].雕塑，2009（6）.
③ 胡文和.中国道教石刻艺术史[M].北京：高等教育出版社，2004：209.

鹤鸣山唐代摩崖造像，位于剑阁老县城东面二里山顶，其地本称东山，明代又称卧龙山，或称鹤鸣山。曹学佺《蜀中名胜记》卷二十六载："志云：东南一里，东山，又名鹤鸣山。上有磨岩，颜书元结《中兴颂》，蒋侑重阳亭在焉。"① 《四川通志》载："鹤鸣山在州东二里，特竦千仞，环绕州治。后人磨崖，刻唐元结《中兴颂》于上。一名东山，又谓之南山。"② 该地原建有九龙祠，供祀龙神。有重阳亭，唐代诗人李商隐撰有《剑州重阳亭铭》，时为唐大中八年（854）九月一日，刻有李商隐铭文的石碑现存于该地，就在亭旁编号第5号龛内。

现存6处造像，第1号龛上方有明代隆庆元年（1567）刻额"一郡奇观"，龛内主像不存，唯留桃形头光，左右胁侍的二真人亦不存，仅留头光，后人移李商隐《剑州重阳亭铭》碑，将内龛几乎完全封住。龛外左右壁为十二武将（左右各六），主尊和胁侍真人之间还有8位护法武将，龛外左右各有一位持笏板的真人。下方两尊走狮，龙门石窟亦有类似的造型。十二武将极有特色，均身着铠甲，有的手持宝剑，有的手持金刚杵，有的手握风袋，有的卷发红毛，脚下踩着一对地鬼：一男一女，其女为裸像，双乳下

十二时神　唐代　剑阁鹤鸣山　李远国摄

垂，呲牙咧嘴；男鬼獠牙外出，肌肉强劲，头戴尖顶帽，这种帽子自汉代以来就是胡人的特征。

十二时神亦称"十二辰神"，相传为掌管时辰的神。南朝时道教已将十二辰神纳入神系，作为值日功曹，谓之十二值日。《云笈七签》所载《济众经》云："譬如野外无人之乡，十二时神何曾有地？墙垣既至，屋宇斯成，四方之神以效灵变。故其屋宇诸神尽在。"《太上六壬明鉴符阴经》卷四载："今欲游行为某事，欲大臣拔天文，请玉女画地布局，出天门，入地户，闭金关，乘玉女、青龙、白虎、朱雀、勾陈、玄武、六合、六甲、六神、十二时神，乘而行到某所，在右巡处隐处，随卧随起，辟除盗贼，鬼神消亡。君子见我，喜乐倍常。小人逢我，惧跃惶惶。男女见我，供侍酒浆。百恶鬼贼，当我者亡。"邓有功《上清骨髓灵文鬼律》序："以三十六表三十六将，余十二时神，常置左右，摄归一身，故曰行事仪。"

---

① 曹学佺，刘知渐.蜀中名胜记[M].重庆：重庆出版社，1984：384.
② 常明，杨芳灿等.四川通志[M].成都：巴蜀书社，1984：791.

长生保命天尊　唐代　剑阁鹤鸣山
李远国摄

第2号龛为方形，正壁刻有天尊一身，立像高达2.12米，头戴芙蓉冠，无胡须。后有双层圆形头光，外层圆光中又有小圆形。身着对领道袍，左手高举，掌心朝外，右手下垂握一宝珠。龛左侧壁有长篇造像题记一则，名《长生保命天尊像赞并序》，作者是当时的地方长官"剑州刺史赐紫金甲袋郑□"，尾署唐大中十一年丁丑岁（857）。由此可知这龛造像是唐代大中十一年由郑□监造的长生保命天尊。绵阳市开元寺亦有大中八年（854）《长生保命天尊像赞并序》，当与此像有关。长生保命天尊为唐人信仰的尊神，其时画家多绘其像以供奉。《北斗本命延寿灯仪》："伏愿太极颁祥，南宫度命，保寿年之遐远，资福祉之无穷。稽首归依，虔诚赞咏：长生保命天尊。臣众等志心皈命，某本命星君，诸灵官。"《高上神霄玉清真王紫书大法》卷一："祖师高上神霄玉清真王长生保命天尊，主之晴雨。宗师青华大帝君定福天尊，主之断瘟断邪、役召万灵。真师九天益算司命好生可韩君丈人真君保福天尊，所辖度魂摄魄。"明朱权《天皇至道太清玉册》："祈寿宫观殿内，正面堂塑长生大帝，左长生保命天尊，右延寿益算天尊为主，两边用南北二斗，左南斗益算，右北斗延生，南斗六尊，当用寿星，凑七尊以对北斗。""正月初十日，长生保命天尊下降。"《宣和画谱》卷七载金陵句容人周文矩，事后唐主李煜，为翰林待诏，善画，今御府所藏有所画《长生保命天尊像》一帧。

3号龛内有1尊天尊立像，高达1.92米，头戴芙蓉冠，无胡须，左手张开举至肩，右手下垂，握有一物。桃形头光，中间又有5个小圆形，似象征金、木、水、火、土五行。

4号龛也比较完整，以1尊立像为主，立像姿态与前述天尊相同，但左手握有宝珠，脚下有莲花座。龛左下角有供养人像二身，一男一女。第5龛与第2龛大致相同：方形龛，中间主像和二真人不存，后有8位护法武士，外有十二神将，只是脚下的地鬼没有最后完工。龛外左右各刻一碑形。龛的造像风格和尺寸都与2号龛相同，应出自相同的粉本，可代表初唐至晚唐风格。

唐代龙鹄山石窟位于距四川丹棱县城约10千米的唐河乡龙鹄山山腰，山下有一石室，或为唐代道人修炼处。龙鹄山，当地人称为中观山，唐代又名龙鹤山。杜光庭《道教灵验

记》卷七记载："眉州丹棱县龙鹄山，古有观宇，老君像存焉，邑人祈田蚕雨泽，无不立应。时有獠贼侵逼县邑，众皆危惧，因望山焚香，以求祐护，即见老君山所有云气连绕县郭，双鹤飞翔，巨龙腾跃，当县城之上。夷人见之，惊惧而退。乃大葺观舍，累年修崇斋醮，祷祈迨无虚月。"①明曹学佺《蜀中广记》云："县北十五里'龙鹄山'三大字，宋孝宗书也。有《松柏山碑记》云：'山有三宫九观，乃成无为、杨正见、李炼师成道处。'唐天宝年建，杜光庭《题龙鹄山诗》：'抽得闲身伴瘦筇，乱敲青碧唤蛟龙。道人扫径收松子，缺月初悬天柱峰。'李焘诗曰：'已作清时鸟倦飞，杜鹃何事更催归。似嫌住处犹城郭，不解携家隐翠微。'其子壁诗云：'萧条白日闭岩扃，留作游人万古情。犹有山中旧时鹿，举头如听读书声。'"②"唐成无为者，开元间丹棱女道士也。自幼慕道出家，誓死不嫁。卜居龙鹄山下，调形炼骨，却粒茹芝，年逾知命，升仙而去。栖隐之处，有龙洞遗迹，羽士赵仙舟奏进其衣履。见《松柏山碑记》。"③刘言史《赠成炼师四首》："花冠蕊帔色婵娟，一曲清箫凌紫烟。不知今日重来意，更住人间几百年。黄昏骑得下天龙，巡遍茅山数十峰。采芝却到蓬莱上，花里犹残碧玉钟。等闲何处得灵方，丹脸云鬟日月长。大罗过却三千岁，更向人间魅阮郎。曾随阿母汉宫斋，凤驾龙軿列玉阶。当时白燕无寻处，今日云鬟见玉钗。"④可见成无为名声显著，为时人所赞誉。

曹学佺所说的《松柏山碑记》至今尚存于原地，即编号24龛内的《龙鹄山成炼师植松柏碑》，窟内左右壁刻有站立的天尊像百余尊，仿千佛状。正壁为隶书碑文，高1.78米，为

天尊　唐代　剑阁鹤鸣山
李远国摄

---

① 道藏：第10册[M].北京：文物出版社，上海：上海书店出版社，天津：天津古籍出版社，1988：824.
② 曹学佺.蜀中广记[M]//文渊阁四库全书：第591册.台北：台湾商务印书馆，1983：172.
③ 曹学佺.蜀中广记[M]//文渊阁四库全书：第592册.台北：台湾商务印书馆，1983：229.
④ 全唐诗：卷468[M]//文渊阁四库全书：第1427册.台北：台湾商务印书馆，1983：680-681.

唐天宝九载（750）作，师学撰文、杨玲书写。碑文说："粤若龙鹤山观隐人，女道士成无为，通义郡丹棱县人也。尔其调形炼骨，却粒茹芝，桃夭之年，已翱翔乎凤篆。葛覃（葛覃）之日，备涉猎于龙章。三洞十部之尊经，包吞胸臆，赤书玉文之秘诀，靡不兼赅。用能志迈恭，誓死不嫁，情敦和道，幼而出家。睹龙台之变身，透波心而不怖。闻圭音之感凤，想云路高骞。寻仙未果之间，乃建置祠宇，剃草开室，因高筑宫，亦犹汉武之望仙祈年也。尊容湛其金色，灵卫纫其四绕。流水周于舍下，翠柏满于山颠。接果艺竹，弥岗蔽野，凡万有余株。每竭日而不倦，常持斋念诵，忏洗罪痕，咒动南箕，符回北斗。玉书纪字，金简题名。兼披阅秘囊，以祈度代。观其形迹，察其所由，斯可谓真人不疑矣。仙师年逾知命，而有少容，状如廿许童子，盖还丹却老之力也。无营无欲，恒以功德为先，不滥不贪，持以长生为务。至于级引四辈，救济群生，爰泊官寮，望祀山岳，虽黄冠男子，莫能胜也。尝恐化度之后，贪暴之徒，堕其祠堂，剪其树木，是用书情翰墨，誓彼凶嚚。倘有此流，原明神殛，千端不利，举事多凶。仆以謏才，薄娴书记，辞不获命，草其状云：龙鹤山兮秀崇丘，岗隐轸兮城郭周。小有洞兮念真游，观曲水兮绕舍流。谒圣容兮仙是求，何年代兮逢若士，何日夕兮见浮丘。愿吾师兮道心固，俾松柏兮千岁留。"①这通碑文既是对成无为修真积德的赞颂，也是对其生平的记载。在这一片造像窟龛之中特造一窟

老君　唐代　丹棱龙鹄山　胡文和摄

为其树碑，可知这位德高望重的女道士与这些造像之间的紧密联系。

第5号龛共有7尊造像，主像为老君，着束腰道袍，头戴莲花冠，坐于莲花座。主尊左右分别立有真人、女真，共有6尊。

沿山路向上约200多级，总共有近50龛窟，大多残破，头手被砸毁，仅极少数还保留有头部。由下至上顺山路排列，尺寸大都在高、宽、深各约1米，没有大龛。下面略小，主要是坐像。编号1至6龛大致相同，都是一铺七尊，主像为老君或天尊，坐于高大的方形座，座前刻有二立像，或为供养人。主尊着束腰道袍，头戴莲花冠，左右分别立有真人、女真和力士，仿若佛教之弟子、菩萨，力士半裸，握拳高举，与佛教之力士完全相同。再往山上走，则主尊的座式变为圆形莲花座，有的窟门口有站立的武士，如佛教之天王。有七立像龛、三立像龛，若立佛状，应是天尊并列。又有双立像龛、双坐像窟，应是天尊与老君共龛，一般有

---

① 胡文和.中国道教石刻艺术史[M].北京：高等教育出版社，2004：34-45.

长须，有三足凭几的可能是老君，没有胡须的可能是天尊。

第22号龛是此地造像最为完备的一窟。右壁有发愿文百余字，隐约可见有"造元始□□"字句，当为元始天尊。元始天尊跌坐于束腰马蹄形莲台上，项后有莲瓣形头光，头戴莲花冠，身上内着交领短衫，外着宽袖长袍，复罩以半臂衫，在胸前以带系住，双手重叠置于腹前的足踝上施定印。天尊的两边各立一侍从、一女真。左右两侧壁上刻有八大护法，或绾发髻，或戴黄冠，手中各执法器。龛门口各刻一力士。惜神像的头部全部被毁，让人惋惜痛心。

蒲江飞仙阁是一处具有两千多年历史的摩崖造像古迹，属全国重点文物保

元始天尊　唐代　丹棱龙鹄山　胡文和摄

护单位，位于蒲江县蒲江河和临溪河岸岩壁上。武则天永昌六年（689）造92龛777尊摩崖造像。现有历代石窟摩崖造像87龛，其中唐代68龛，五代1龛，宋代7龛，明代1龛，清代10龛。有佛、菩萨、天王、力士、金刚、夜叉、飞天等550多躯造像。有多龛道教造像。第44号龛有天尊像10躯并列，题刻云："天尊一铺，天宝九载五月……临邛郡白鹤观道士贾光宗造。"第74龛真人像侧亦有题刻，云："长乐祖尊像一龛。惟大唐开元廿八年岁次庚辰十二月……"

蒲江是汉代正一道活动的地区，曾是二十四治主簿山治所在地。张君房《云笈七签》云："主簿山治，在邛州蒲江县界。蜀郡人王兴于此学道得仙。一名秋长山，南有石室玉堂，松柏生其前。治应井宿，彻人发之治王八十年。"明曹学佺《蜀中广记》："《方舆胜览》云：'浴丹池，在蒲江县之崇真观，世传轩辕修炼于此。'《鹤山集》云：'嘉泰中常有群鹤西来，翔舞于紫极殿之前槛，自后间岁一至。'《志》云：'紫极观在蒲江治内。'""《纪胜》云：'南十五里莫佛镇，相传汉文帝时有莫将军，征西南夷归，而学佛于此。其佛台前石羊虎尚在，居民往往于其处得金银。'杜光庭《莫公台诗》：'奇绝巍台峙浊流，古来人号小瀛洲。路通霄汉云迷晚，洞隐鱼龙月浸秋。举首摘星河有浪，自天图画笔无钩。将军悟却希夷诀，赢得清名万古留。'""本志云：'长秋山有卧牛井，昔女冠杨正见修炼于此，得石卧牛于下，砌井而泉涌出，今井碑尚存。'《寰宇记》又谓之小可慕山，言登此山景慕仙风，非小可也。"因此，后人建阁奉祀莫将军，自唐至明代先后称莫公堂、莫佛院、信相院、观音阁，清代又称飞仙阁。飞仙阁的道教造像表示了信

众们为长生、常乐而祈求改变命运的追求和愿望。

据日本学者神塚淑子调查,隋代道教造像现存47例,其中属于老君系的有11例,属于天尊系的有13例,后者多于前者。在天尊系的13例中,天尊像有9例,元始天尊像与无上天尊像各2例。唐代的情况则不同,在现存唐代道教造像95例中,属于老君系的仅有7例,属于天尊系的有59例之多。同时,天尊系像种类繁多,五花八门,鲜明地体现了唐代道教像多样化的特色。在天尊系59造像例中,除了37例天尊像、12例元始天尊的,尚有东方玉宝皇上天尊像2例,大道天尊像、玄真万福天尊、常阳天尊、太乙天尊像、救苦天尊像、长生保命天尊像、东北方度仙上圣天尊像各1例。

通过对铭刻于上述现存道教造像上的神格名称的考察,神塚淑子总结出三点:第一,道教像里天尊像、元始天尊像的名称开始出现于6世纪,但六朝时期天尊像、元始天尊像为数尚少,老君系的像要多得多;第二,天尊系像的数量随着时间的推移渐次增加,及至隋代,在数量上开始与老君系像比肩,或者说已稍多于后者;第三,进入唐代,天尊系像在数量上压倒性地超过了老君系,可以说完全确立了优势地位。①

四川现存22处隋唐道教石窟造像,题材十分丰富。其中隋代道教造像5例,皆为天尊像。唐代道教像17例,其中天尊像5例(四天尊像、十天尊像、长乐天尊像、救苦天尊像、长生司命保生天尊像各1例),老君像2例,元始天尊、老君像1例,天尊、女真像1例,十二时神1例,三清像2例。②值得注意的是两处三清的造像皆为盛唐作品,证明了三清信仰最终确定的时代。

需要指出的是,作为个体的老君造像却大量存在,仅杜光庭所载即多达十处。如亳州真源县(今安徽涡阳)太清宫,乃圣祖老君降生之地。"历殷周至唐,而九井三桧,宛然常在。"高祖"武德中,枯桧再生"。玄宗"天宝年再置宫宇,其古迹,自汉宣、汉桓增修营茸,魏太武、隋文帝别授规模,边韶、薛道衡为碑以纪其事。唐高祖、太宗、高宗、中宗、睿宗、明皇六圣御容,列侍于老君左右",这尊老君造像就是唐明皇命人塑造的。《云笈七签》载:"两宫二观,古桧千余树,屋宇七百余间,有兵士五百人,镇卫宫所。咸通中,庞勋据徐州,十道征师招讨,长围将合。庞勋恐力不支久,遂领徒三千余人径来,欲夺宫所,据为营垒。是日,避难士庶千余家咸在宫内,见黑气自九井中出,良久,昏暗一川,老君空中应现。庞勋徒党迷失道路,自相踩践,蕲水桥断,尽溺死水中。逡巡开霁,贼党无子遗矣。"

延及五代仍在大建道观,并出现了三清的专祠。《新五代史·闽世家第八》:"昶亦好巫,拜道士谭紫霄为正一先生,又拜陈守元为天师,而妖人林兴以巫见幸,事无大小,兴辄以宝皇语命之而后行。守元教昶起三清台三层,以黄金数千斤,铸宝皇及元始天

---

① 李淞.道教美术新论[M].济南:山东美术出版社,2008:68-69.
② 胡文和.中国道教石刻艺术史[M].北京:高等教育出版社,2004:318.

尊、太上老君像，日焚龙脑、薰陆诸香数斤，作乐于台下，昼夜声不辍，云如此可求大还丹。"①徐铉《筠州清江县重修三清观记》载清江县三清观"瞰长江之滨，形胜高奇，坛宇严净"。"开成中，始诏赐号三清之观。自时厥后，又逾十纪。运逢治乱，道有污隆。中兴已还，百度咸复。官得其守，人尽其能。道士吴宗元，允迪元风，克堪道任。以为朝礼之域，飙歘所临，不饰不美，众将安仰。于是月考岁计，庀工饬材，补废扶倾，无所不至。建三清之殿，造虚皇之台，设待宾之区，敞饫贤之室。""时甲戌开宝七年十二月十二日记。"②

《云笈七签》载：果州开元观，接郡城，颇为爽垲，以形胜之美，选立观额。虽州使旋具结奏，而制置之，内犹阙大殿。州司差工匠及道流，将溯嘉陵江，于利州上游采买材木。临行，道流工匠同梦有人云："朱凤潭中有木，可以足用。"如此者三。因聚议曰："梦兆如斯，必有大商货木，沿江而至，可踌躇三五日以伺之，或免远适，颇以为便。"一匠曰："吾于朱凤山下江中寻之，莫有商筏已到来否？"即往山下寻求，潭水澄澈，忽见潭底有木。因使善沉者钩求，得梓木千段。构成三尊殿，钟楼经阁，三门廊宇，咸得周足。又市砖甓坛，内有黄赤色者，疑其火力未足，弃而不用，信宿皆化为金，起观之费，过于丰资。殿宇既成，将塑尊像，又于白鹅山观掘地，得铁数万斤。铸三尊铁像，仅高二丈，今谓之圣像。远近祈祷，立有征验。起观道流何氏家，世代丰足，今为胄族焉。至今负贩之徒、锥刀求利者，每以三日五日，必诣圣像前，焚香祈佑。或阙而不精信者，即贸易无利，货鬻不售焉。

北都潜丘台有古观焉，像设精严，楼台宏丽，地形显敞，迥出于都城之中。制创多年，久无崇葺，风号雨渍，日以倾摧。相国崔公彦昭，常梦野步寻幽，至古台之下，翘首仰望，其上有紫气氤氲，祥光四照，无登跻之路。良久，复聆天乐笳箫之音，寻访之意弥切，但四隅陡绝，咫尺万里。忽前有金桥如梯，层级宽博，遂攀梯而上。中路三四级，板阙栏摧，跻登不得，即见巨手金色，引指而接之。公握指未定，已登台上矣。徘徊四顾，唯古殿欲摧，荒坛芜没，叹嗟数四。复到天尊之前，认金桥乃座前之桥耳，金手乃天尊之手耳。不复闻天乐之声，亦绝紫气之像，因言曰：岂天尊有所付嘱耶？何变化如此也？天尊忽言曰：子即居此地，无忘摧残也。俄而惊觉。旬日，授北都留守，到镇期月，恍恍然似有所失，似有所疑。因命驾纵游，用摅其志。闻潜丘台不远，造而观焉。唯古殿摧残，深草堙翳。乃瞻拜天尊，见仪像侍卫，宛若曾所游睹。徐视座前，金桥在焉，栏折板断矣。复睨金臂及指，皆醒然顿寤，即前之所梦也。施俸金，募工役，革故之弊，鼎新其宇，惟殿屋之且久，随其古制，增修而已。其余垣墙廊宇，坛庭门房，图缋丹雘，赭垩金翠，靡不毕备焉。缔构之功，香花之献，郁为一时之盛也。

---

① 二十五史：第4册[M]．杭州：浙江古籍出版社，1998：1107.
② 董诰等．全唐文：第9册[M]．北京：中华书局，1982：9227-9928.

相国刘公瞻南迁交趾,道过江陵。既登扁舟,将欲解缆,回首道左,见像设甚严,而朽殿倾圮。问其名,即真符玉芝观也。入门升阶,拜手潜祝。是夕,舟中梦青童前导,登大山之上,松径连延,崖巇奇秀,芳芝幽草,好鸟灵花,灿然在目。行一里许,见元始天尊,坐宝花座上,瞻仰粹容,乃玉芝殿中天尊也。拜祝曰:"某得罪圣朝,窜逐且远,非敢怨望,但祈生还尔。"天尊曰:"尔之青简,列于方诸矣,何忧于世难乎?再居相位,而后得道。自此斋一旬,戒三日,则蛮陬瘴海魑魅之乡,无所惮矣。辰未巳午,与子为期也。自是刘公南征,至湖岭间,所在藩方,劳问相继。旋得金帛,寓信于荆帅,特创天尊殿,斋厅廊宇,选精介焚修之士以居之。于是再征,入掌钧轴,泊厌俗弃世,果符梦中之言,岁辰亦无爽矣。"

李相国蔚,拥旄汴州,兼太清宫使。每翘心玄关,思真念道。一夕,梦野步郊外,丛箔间见奇光五色,中有天尊像,顶光半缺,手握玉芝,状如白莲花,而圆茎条细,芝有八秀,历历详记,注于心目。翌日,因送宾出郊,顾见有道像暴露,问其所,即玉芝观也。相国异之,回镳而礼谒。莎荠盈庭,萧蒿蔽路,披榛而后进。所睹尊像,与梦同焉。虽不握玉芝,而名与梦叶,遂广加崇饰焉。巨殿森沉,飞甍烜赫,斋宫讲肆,月牗霜坛,前阚通街,雄临郛郭,为藩方之壮观焉。

汉州什邡县铁像天尊,高丈二三,俗谓之乌金像。元在金堂峡中崖壁之下,大水石摧,像仍露现。或浮于水上,出五六尺,其侧即昌利化也。道众焚香,备幡花迎引,寻却沉隐不见。稍晴,又泛泛而出昌利,三迎之,皆不可致。明年夏,大水泛滥,乃溯流至什邡县兴道观。后水脉甚小,不知其所来之由。邑人迎引上岸,初只百人引拽,已及平地,欲置于大殿之中,数百人挽之,竟不能动,因立讲堂以盖之。至今频经乱离,虽堂宇尽焚,此像不损。

四川金堂云顶山铁像天尊,高三四尺,亦是则天朝濛阳匠人廖元立所铸。其山本是仙居观,有两处洞门,及卢照邻碑。……廖元立初铸天尊之时,有紫云如城,其上吐五色,以捧于日,众共瞻礼。忽有灵鹤数只,引一大鸟,翼广丈余,通身赤色,其形如凤。众鹤绕炉盘旋,嘹唳相应,大鸟飞势迅疾,径入炉中。众方惊异,即有火焰,高三五十丈,其声如雷,逦迤属天,迸散流溢,直遍山上。众人奔骇,但闻异香之气,弥日方歇。既铸成,天尊仪相奇妙,四方祷请,立蒙福祐。

金州洵阳县望仙观天尊古迹,所造极多灵应。县境之人,有论讼难理之事,公私攘窃之徒,但焚香披陈,即有响答。有隐情诬蔽者,即夜有神人,诣门唤之,遽令对会。被唤者见宫阙官署,在大殿之后,别有楼阁十余间,两廊下列曹吏鞫勘,一如人间官府矣。故有匿情狡蠹、朋党奸慝者,亦见送于狱中。送狱者于此即死,对会者但具情状,即复放还。由是境内畏威,各洗心改过,而为善矣。其邑中失走猫犬、巨细论讼,陈状于殿壁之上,动盈百幅矣。至今常然。

大中年间合州庆林观,多年摧朽,殿宇不修,穿漏尤甚,雨滴太上尊容。刺史杨师

谟,梦太上示现,而左目有泪痕,乃巡谒诸观,朝礼功德。至庆林,方验尊像左目前漏滴之痕,宛若垂泪。因划薙荒芜,恢张制度,创两殿二楼,重门邃宇,壮丽华盛,冠绝一时。既毕,复梦太上谓之曰:"子以崇葺之功,上简玄府,当流化十郡矣。"其后师谟累典符竹,日深渥恩,凡一十一郡,享寿九十焉。

台州刺史姚鹄,因游天台山天台观,命于讲堂后凿崖伐木,创老君殿焉。……鹄塑老君像,而山中土石相浑,求访极难。梦青童告之曰:"殿东丈余所,有土如垩,可以用之。"求而果得,塑太上之容,侍卫凡八九身,土无余矣。既成,天仪粲然,晬容伊穆。月玄日角,若载诞于涡川;双柱三门,疑表灵于相野。洎洁斋以赞之,则景气融空,奇光炜烁,似间笙磬丝竹之音,咸以为休瑞。昔桐柏初构天尊之堂,有云五色,浮霭其上,三井有异云气,入堂复出者三。书于国史,以纪符应。清河崔尚,碑文详焉。此圣祖殿亦自有记。

益州唐隆县大通观,晋义熙元年乙巳置,周末摧残,仅存基址。武德中,邑人吕细,因过其地,遇一道士,乘青驴自天而下,于观基之内,盘回指画,良久升天。吕细与范仲良同受其教,即日共出金帛,特造观宇。有紫微阁,高八十余尺,尤为宏壮。太尉南康王韦皋再加修饰。其侧有市城观,在县西南八里,有石像天尊一十三,身高一丈三尺。每至斋月吉辰,钟或自鸣,夜有神灯,昼有仙人来往,远近共知焉。

成都玉局化有玉像老君,天宝中,观前江内,往往夜中有光,从水而出,高七八尺,上赤下白,其末如烟。众人瞻之,以为有宝器之物,捞摝求访,又无所见。明皇幸蜀,梦有圣祖真容,在江水之内。果有人见神光,于光处得玉像老君以进。高余一尺,天姿莹洁。其相圆明,殆非人工所制。驾回,留镇太清宫,其光见处,号为圣容坝,亦是玉女坝、金砂泉古迹连接矣。

成都玉局化洞门石室,昔老君降现之时,玉座局脚从地而涌,老君升座传道,既去之后,座隐地中,陷而成穴,遂为深洞,与青城第五洞天相连。天师以为玉局上应鬼宿,不宜开穴通气,将不利分野,乃刻石以闭之。因为石室,高六七尺,广一步,中镂玄元之像焉。节度使长史章仇兼琼,开元中遍修观宇,崇显灵迹,欲开洞门,使人究其深浅。发石室之际,晴景雷震,大风拔木,因不敢犯。

中书舍人高元裕,责授阆州刺史。是岁大旱,元裕祷祈,山川祠庙,无不周诣。忽于玉台观前,瞻望山东丛林之上,见有异气。披榛径往,果有嵌窦悬泉,在峭岩之曲,乔木之下,有石壁奇文,自然老君之状。前有玉童,褒袖捧炉,双髻高竦;后有神王之形,恭若听命。元裕焚香叩祈,以崇葺为请雨。还未及州,甘雨大霈,连绵两夕,远近告足。乃翦薙芜翳,创为斋宫,立碑以纪其事。于悬泉之下,堰为方塘,引水注为流杯小池,植花木松竹,遽成胜赏。光启年,大驾还京,光庭奏置玄元观,宠诏褒允。至今郡中水旱,祈祝灵验益彰矣。

成都杨闹儿,父母崇道,常奉事老君,精勤不怠。闹儿在军伍中,于金堂把截,为敌人擒，房往南山寨中，不被伤杀。昼夜常念老君，愿再见父母。忽梦老君赐云一朵，令童子引之，送于平地。童子曰："可以归矣。"及觉，已出山寨，因得还家。到家之日，父母为其作百日斋矣。

上都昭成观，明皇为昭成太后所立，在颁政里南通坊内，北临安福门街，与金仙观相对。观有百尺老君像，在层阁之中，坐折三十尺。像设图缋，皆吴道子、王仙乔、杨退之亲迹。命天下道门使萧遘字玄俗为使以董之。阁上觚棱，高八尺，两廊檐溜，去地三十余尺。京师法宇最为宏丽，唯玄都观殿可以亚焉。

涪州乐温县三元观，梁宋间所置，独占一峰，傍临江岸，前有龙潭，基址阔七八十亩，犹有石像、铁碑、石狮子，工用精巧，不同于常。观有元始天尊像，篆额八分，书刻于铁碑之上。碑广三尺，长六七尺，乃中书侍郎庾子山文也。

老君黑髭，山水岠，黄金九凤冠，凭机而坐，帐幄严备，不知所置年月，亦不知所制之由。代宗皇帝，常梦为二青童所召，混元圣祖命皇帝从游四海之外。梦中随二童至老君所，帝着绛纱衣、平天冠，执圭立于老君之后，游十洲三岛，六合四方，海岳山川，无不备到。历历记之，队从仪卫，一无遗忘。既觉，命画工图之，宣示京师，求访其像。于光天观所验部仗人物，与所梦同焉。敕塑御容，乘五色云，立从老君之后。选高德道士七人，焚修住持，内库及度支别给服用斋厨，刻石以纪其瑞焉。

成都至真观，敕观址在学射山（在今成都市北郊凤凰山），为隋唐时期西蜀一大道场。据唐初诗人卢照邻《益州至真观主黎君碑》载，至真观始建于隋开皇二年（582），寻因战乱荒废。"此观地当枢要，任切会昌。南邻覆锦之城，西逼吞珠之界，使星连注，皇华结辙。既而绿地榛芜，朱宫板荡。非夫位膺金策，名载琼轩，为紫帝之群宾，列黄庭之上格，孰能居此？栋梁平圃，丹腾长楼，大开流电之庭，广制明霞之宇。观主三洞法师，姓黎讳某，广汉雒人也。金天命秩，即有天地之官；火正分司，实掌羲和之任。夏殷之际，代为伯相，或食邑于鲁，或书社于卫，故鲁之黎城，卫之黎阳，即其地也。魏晋之交，或立功于吴，剖符于蜀。在吴者，其后封于寿春，黎将故城有黎氏之墓，石文石阙之字在焉。在蜀，符坚时奉为蜀郡太守，北齐时练山为益州刺史，故子孙因家于蜀。法师，练山之六代孙也。祖宗、父泉，并为州郡都主簿平正之职。任文公之好智，固让朝恩；秦子整之多才，终从郡辟。礼仪体制，乡校取式于公曹；狱讼章程，府主责成于平正。时无留事，复闻坐啸之谈；野有让耕，重听行歌之乐。玄珠结庆，剖江汉之圆流；紫胞贻祉，动岷精之垂曜。豫章七岁，非复常材；朝阳五色，岂云凡鸟？初登小学，笑孔墨之神劳；一见玄书，以彭聃为己任。玉笈云囊之术，龙缄凤蕴之图，莫不吞楚梦于胸中，指鲁城于掌上。临长水而饮犊，不就尧征；卧巨泽而牧羊，徒劳汉使。冥丘耸驾，左肘符观化之辰；谆壑停装，横目传栖真之地。""观中先有天尊真人石像，大小万余区，年代寝深，仪范凋缺。沉沉宝座，积万古之埃尘；邈邈琼颜，被千龄之苔藓。法师睹斯而流涕曰：'不图先圣尊容，零落至此！'乃重胝即路，无胈永哀。栉沐几于四时，栖遑周于百舍。

誓将崇辑事毕，然后寝食为期。乡曲争持钱帛，竞施珍宝，费余巨万，役不崇朝，还开紫翠之容，更表圆明之色。"①可见其时其地的道教石像大小多达万余躯。

明曹学佺《蜀中广记》曰："《录异记》云：'成都至真观道士黎元兴，龙朔中于学射山，创造观宇。夜梦神人引升高山大殿之中，谒见黄老君，身长数丈，髭须皎白，戴凤冠，着云霞衣，侍卫十余人。顾谓元兴曰：吾近有材木，可构此观，无烦忧也。如此数日，有人于万岁池中乘舟取鱼，忽见水色清澈，池底大木极多，以告元兴。元兴令人取之，得乌杨木千余段，至有长百尺者，用以起观，作黄老君殿，依梦像塑之，又制三尊殿，下及讲堂、斋坛、房廊、门宇，皆足用焉。'按至真观，后周所立。观侧小蛮桥下掘得古碑，云：'始青之下月与日，两半同升合为一，大如弹丸甘如蜜，出彼玉堂入金石，子若得之慎勿失。'此度世古玄歌也。隋辛德源记略云：'前临逸陌，却负长瀛，蕙楼接登景之房，琼台带荡真之室矣。'今此观尚存。"②

黑髭老君，在西京左街务本坊光天观东圣祖院。夹纻所作，功用精能，相好周圆，常作所不可及。日月角隆起，身长丈五六余。左右侍立玉童玉女十二人，真人八身，金刚力士、神王各四身。两壁画金甲神王各八人，天乐一部。老君黑髭，山水皴，黄金九凤冠，凭机而坐，帐幄严备，不知所置年月，亦不知所制之由。这尊"夹纻"老君出自唐代，亦是文献中所见的最早的夹纻道像。

此类材料制作的夹纻道像颇多，亦见于唐代。杜光庭《道教灵验记》载："青城山丈人观真君像，冠盖天之冠，着朱光之袍，佩三亭之印，以主五岳，威制万神。开元中，明皇感梦，乃夹纻制像，送于山中。自天国祠宇，移观于今所。盖取春秋祭山，去县稍近，以天国太深故也。数十年，金冠之色，宛如新制。"颁政坊内居人姓李，入昭成观，于天师真前，瞻视良久，拜礼数四，"乃命夹纻塑人刘处士塑天师真，改茸堂宇，旦夕供养，人所祈祷，福祥立应。其所塑夹纻真，于夹纻内，画罗隔布肉色，缝绎彩为五脏肠胃。喉咙十二结十二环，与舌本相应。脏内填五色香，各依五脏两数。当心置水银镜，一一精至，与常塑不同。其塑中土形，移在天长观，金彩严饰，亦皆灵验"。咸通中，水部员外柳韬白"上京得老君夹纻像，高三四尺，圣相奇妙。乃重装修，作盝顶宝帐，以白金、香鸭、香龟数事，送于玉霄，亦便留箓坛内。供养斋毕，李貂命宾为钟铭，具以岁日，刻于钟上，并老君像，皆送山中"。

《神仙感遇传》载：唐开元中，玄宗皇帝寐梦二十七仙人，云："我等二十八宿也，一人寓直在天不下，我等寄罗底间三年矣，与陛下镇护国界，不令戎虏侵边，众仙每易形混迹游处耳。"玄宗既寤，敕天下山川郡县有罗底字处访之，竟不能得。后诏访宁州罗川县，于石室中得石像二十七真以进，"乃于内殿设位，晨夕焚香，躬自瞻谒，命夹纻工作

---

① 陈垣，陈智超，曾庆瑛.道家金石略[M].北京：文物出版社，1988：62-63.
② 曹学佺.蜀中广记[M]//文渊阁四库全书：第591册.台北：台湾商务印书馆，1983：36.

二十七像，送于本洞，于其处置通圣观，改县为真宁以旌之，赐宝香及炉，炉今犹在。"①

王仁裕《玉堂闲话》曰："唐末，江南有道士历归真者，不知何许人也。曾游洪州信果观，见三官殿内功德塑像，是玄宗时夹纻，制作甚妙。多被雀鸽粪秽其上。归真遂于殿壁画一鹞，笔迹奇绝，自此雀鸽无复栖止此殿。"②

夹纻又称夹纾、挟纻，是一种古老的手工技艺。作为漆塑像的方法，先用泥塑成胎，后用漆把麻布贴在泥胎外面；待漆干后，反复多次涂抹；最后把泥胎取空，因此又称"脱胎像"。用这种方法制作的塑像不但柔和逼真，而且质地很轻，因此又称"行像"。这种塑像方法相传最早是由东晋雕塑家戴逵发明的。梁简文帝曾作《为人造丈八夹纻金荡像》文，可见夹纻漆像自六朝即已流传。

夹纻之兴，与六朝以来佛教造像有着密切的关系。相传印度有"行像"传统，"行像"就是于宗教庆典时迎请佛像，必须把佛像请到寺院以外，类似现在的绕境。中土寺院规模愈来愈大，制作的佛像也变得愈发高大，石材或木材取得不易，因此，夹纻之法的广泛应用是顺理成章之事，夹纻漆像由是盛极一时。张鷟《朝野佥载》卷五曰："周证圣元年，薛师名怀义，造功德堂一千尺，于明堂北。其中大像，高九百尺，鼻如千斛船，小指中容数十人并坐，夹纻以漆之。"③《两京记》曰："凝观寺有僧法庆，造丈六挟纻，像未成暴死。时宝昌寺僧大智，同日亦卒。三日并苏，云见官曹，殿上有人似王者，仪仗甚众。见法庆在前，有一像忽来，谓殿上人曰：'庆造我未成，何乃令死？'便检文簿，云：庆食尽，命未尽。上人曰：可给荷叶以终寿。言讫，忽然皆失所在，大智便苏。众异之，乃往凝观寺问庆，说皆符验。庆不复能食，每日朝进荷叶六枝，斋时八枝。如此终身。同流请乞，以成其像。"④

## 二、隋唐时期的神仙绘画

神仙绘画属于道释画，以道教与鬼神为主要内容。魏晋南北朝以来，宗教画极盛，名家辈出，如东晋顾恺之、戴逵《维摩诘像》，南朝宋陆探微、谢灵运《菩萨像》，南朝梁张僧繇《二神》《三帝释》，隋代展子虔《菩萨像》、杨契丹《佛涅盘变》，唐代尉迟乙僧《千钵文殊》、吴道子《金刚变相》、张素卿《天官像》，五代杜敬安《无量寿佛》、丘文播《二十四化神仙》，北宋孙知微《惠远送陆道士图》、武宗元《太乙像》、李公麟

---

① 李昉. 太平广记：第1册[M]. 北京：中华书局，1981：189.
② 李昉. 太平广记：第5册[M]. 北京：中华书局，1981：1635.
③ 李昉. 太平广记：第6册[M]. 北京：中华书局，1981：2293.
④ 李昉. 太平广记：第8册[M]. 北京：中华书局，1981：3015-3016.

《维摩天女》、武宗元《朝元仙仗图》等。

道释画的形式大概可以分为两种：一是画在绢或者纸上，通称为卷轴画；二是画在寺庙、道观的墙壁上，称为壁画。在宫观之中，已有三清壁画，为吴道子所绘。南宋邓椿《画继》卷六："成宗道，长安人，工画人物，兼善刻石。凡长安壁传吴笔，皆临摹上石。其迹细如丝发，而不失精神体段。有所集吴生三清像与左右侍卫，宛如吴作。"①

卷轴的形式本为经书所用。《太上洞玄灵宝大纲钞》曰："自汉已前，写用绢素，汉顺已后，方用纸写成卷轴耳。"②章学诚《文史通义》卷三："唐、宋以来，卷轴之书，又变而为纸册，则成书之易，较之古人，盖不啻倍蓰已也。"③入唐之后，画界亦多采用卷轴的形式。唐朱景玄《唐朝名画录》记载，唐代高道张志和常渔钓于洞庭湖。颜真卿知其高节，以渔歌五首赠之。张乃为卷轴，随句赋象，人物、舟船、鸟兽、烟波、风月，曲尽其妙。④宋郭若虚《图画见闻志》记载，胡翼工画佛道人物，至于车马楼台，无施而不妙，有《秦楼》《吴宫》《盘车》《洗马》《回纹》《丰稔》等卷轴传世。⑤卷轴的道释画，仅《宣和画谱》中就记载有1179轴之多。因其体量较小，便于收藏保存，故存世者甚多。

隋唐时期已有大批道教绘画出现。以道教故事为题材的道画，自晋代画家顾恺之始，历久不衰，名家辈出。顾恺之（348—409），字长康，晋陵无锡（今江苏省无锡市）人。博学多才，擅诗赋、书法，尤善绘画，精于人像、佛像、禽兽、山水等，时人称为三绝：画绝、文绝和痴绝。顾恺之作画意在传神，其"迁想妙得""以形写神"等论点，为中国传统绘画的发展奠定了基础。顾恺之画迹甚多，有《司马宣王像》《谢安像》《刘牢之像》《王安期像》《阮修像》《阮咸像》《晋帝相列像》《司马宣王并魏二太子像》《桂阳王美人图》《荡舟图》《虎豹杂鸷鸟图》《凫雁水鸟图》《庐山会图》《水府图》《行三龙图》《夏禹治水图》《刘仙像》《三天女像》《女史箴图》《洛神赋图》《列女仁智图》等。

顾恺之著有《画云台山记》，叙述了画张道陵修道成仙的内容和构思："山有面，则背向有影。可令庆云西而吐于东方。清天中，凡天及水色，尽用空青，竟素上下以映日。西去山，别详其远近，发迹东基，转上未半，作紫石如坚云者五六枚。夹冈乘其间而上，使势婉蟺如龙，因抱峰直顿而上，下作积冈，使望之蓬蓬然凝而上。次复一峰，是石，东邻向者峙峭，峰西连西向之丹崖，下据绝涧。画丹崖临涧上，当使赫巘隆崇，画险绝之势。天师坐其上，合所坐石及荫。宜涧中桃傍生石间，画天师瘦形而神气远，据涧指桃，回面谓弟子。弟子中有二人，临下，到身，大怖，流汗失色。作王良，穆然坐，答问。而

---

① 邓椿.画继[M]//文渊阁四库全书：第813册.台北：台湾商务印书馆，1983：533.
② 道藏：第6册[M].北京：文物出版社，上海：上海书店出版社，天津：天津古籍出版社，1988：376.
③ 王云五.丛书集成初编[M].北京：中华书局，1983：83.
④ 文渊阁四库全书：第812册[M].台北：台湾商务印书馆，1983：373.
⑤ 王云五.丛书集成初编[M].北京：中华书局，1983：67.

阆苑女仙图（局部） 阮郜 五代
绢本设色 北京故宫博物院藏

超升神爽精诣，俯眄桃树。又别作王赵，趋一人，隐西壁倾岩，余见衣裾。一人全见室中，使轻妙泠然。凡画人，坐时可七分，衣服彩色殊鲜微，此正盖山高而人远耳。中段东面，丹砂绝崿，及荫，当使嶙峨高骊，孤松植其上。对天师所壁以成涧。涧可甚相近，相近者，欲令双壁之内，凄怆澄清，神明之居，必有与立焉。可于次峰头作一紫石亭立，以象左阙之夹，高骊绝崿，西通云台以表路。路左阙峰，似岩为根，根下空绝，并诸石重势，岩相承以合，临东涧。其西，石泉又见，乃因绝际作通冈，伏流潜降。小复东出，下涧为石濑，沦没于渊。所以一西一东而下者，欲使自然为图。云台西北二面，可一图，冈绕之，上为双碣石，象左右阙。石上作狐游，生凤当婆娑体仪，羽秀而详，轩尾翼以眺绝涧。后一段，赤岈，当使释弁如裂电。对云台西凤所临壁以成涧，涧下有清流。其侧壁外面作一白虎，匍石饮水，后为降势而绝。凡三段山，画之虽长，当使画甚促，不尔不称。鸟兽中，时有用之者，可定其仪而用之。下为涧，物景皆倒，作清气，带山下，三分倨一以上，使耿然成二重。"①画面上丹崖险峻高大，颜色红紫，显示其为神仙之境。张天师脸型瘦削，飘然若仙，于丹崖上七试弟子，其弟子王长穆然坐答，赵升神爽气怡。另二弟子则魄散神飞，汗流失色。

唐代画家阎立本（约601—673），雍州万年（今陕西临潼区）人，出身于贵族家庭，北周武帝宇文邕的外孙。多巧思，工篆隶书，对绘画、建筑都很擅长，隋文帝和隋炀帝均爱其才艺。唐太宗贞观时任主爵郎中、刑部侍郎。曾为唐太宗画《秦府十八学士》《凌烟阁功臣二十四人图》，为时人所称誉。他善画道释、人物、山水、鞍马，尤以道释人物画著称，曾在长安慈恩寺两廊画壁。北宋御府所藏阎立本画四十二幅为："三清像一，元始像一，行化太上像一，传法太上像一，岩居太上像一，四子太上像一，太上西升经一，拱极图一，玉晨道君像一，延寿天尊像一，木纹天尊像一，北帝像一，十二真君像一，维摩像二，孔雀明王像一，观音感应像一，五星像二，太白像一，房宿像一，十二神符一，宣圣像一，步辇图一，王右军真一，窦建德图一，写李思摩真一，凌烟阁功臣图一，魏徵进谏图一，飞钱验符图，取性图二，西域图二，职贡图二，异国斗宝图一，职贡狮子图

---

① 张彦远.历代名画记[M]//文渊阁四库全书：第812册.台北：台湾商务印书馆，1983：322-323.

一，扫象图一，紫微北极大帝像一，混元上德皇帝像一。"①

唐代画家吴道子（约680—759），又名道玄，阳翟（今河南禹州）人。少孤贫，初为民间画工，年轻时即有画名。后流落洛阳，从事壁画创作。开元年间以善画被召入宫廷，历任供奉、内教博士、宁王友。擅佛道、神鬼、人物、山水、鸟兽、草木、楼阁等，尤精于佛道人物。曾于长安、洛阳两地寺观中绘制壁画300余堵，奇踪怪状，无有雷同，其中尤以《地狱变相》闻名于世。《宣和画谱》卷二载："吴道玄，字道子，阳翟人也。旧名道子，少孤贫，客游洛阳，学书于张颠、贺知章，不成，因工画。未冠，深造妙处，若悟之于性，非积习所能致。初为兖州瑕丘尉，明皇闻之，召入供奉，更今名，复以道子为字，由此名振天下。大率师法张僧繇，或者谓为后身焉。至其变态纵横，与造物相上下，则僧繇疑不能及也。且画有六法，世称顾恺之能备。恺之画邻女，以棘刺其心而使之呻吟。道子画驴于僧房，一夕而闻有踏藉破迸之声。僧繇画龙点睛，则闻雷电破壁飞去；道子画龙则鳞甲飞动，每天雨则烟雾生。

吴道子　明代
采自明王世贞《列仙全传》

且顾冠于前，张绝于后，而道子乃兼有之，则自视为如何也。开元中，将军裴旻居母丧，请道子画鬼神于天宫寺，资母冥福。道子使旻屏去缞服，用军装缠结，驰马舞剑，激昂顿挫，雄杰奇伟，观者数千百人，无不骇慄。而道子解衣磅礴，因用其气以壮画思，落笔风生，为天下壮观。故庖丁解牛，轮扁斫轮，皆以技进乎道；而张颠观公孙大娘舞剑器，则草书入神；道子之于画，亦若是而已。况能屈骁将，如此气概，而岂常者哉！然每一挥毫，必须酣饮，此与为文章何异？正以气为主耳。至于画圆光最在后，转臂运墨，一笔而成。观者喧呼，惊动坊邑，此不几于神耶？且贵耳贱目者，人之常情，在当时犹取重若是，况于传远乎？议者谓有唐之盛，文至于韩愈，诗至于杜甫，书至于颜真卿，画至于吴道玄，天下之能事毕矣。世所共传而知者，惟《地狱变相》，观其命意，得阴骘阳授，阳作阴报之理。故画或以金胄杂于桎梏，固不可以体与迹论，当以情考而理推也。其它种种妙笔，杂见于小说传记，此得以略，姑纪其大概胜绝者云。"② 吴道子创作有五帝、五官、星宿像等，其中画于河南鹿邑太清宫的太上玄元皇帝像，史载系绢本，即绘画单幅绢上，

---

① 宣和画谱[M]//文渊阁四库全书：第813册.台北：台湾商务印书馆，1983：73-74.
② 文渊阁四库全书：第813册[M].台北：台湾商务印书馆，1983：75-77.

不施裱褙，供奉时悬挂于壁间架上，后刻石于苏州玄妙观，才得以传世。北宋御府所藏九十三幅：天尊像一，木纹天尊像一，列圣朝元图一，佛会图一，炽盛光佛像一，阿弥陀佛像一，三方如来像一，毗卢遮那佛像一，维摩像二，孔雀明王像四，宝檀华菩萨像一，观音菩萨像二，思维菩萨像一，宝印菩萨像一，慈氏菩萨像一，大悲菩萨像三，等觉菩萨像一，如意菩萨像一，二菩萨像一，菩萨像一，地藏像一，帝释像二，太阳帝君像一，辰星像一，太白像一，荧惑像一，罗睺像二，计都像一，五星像五，五星图一，二十八宿像一，托塔天王图一，护法天王像二，行道天王像一，云盖天王像一，毗沙门天王像一，请塔天王像一，天王像五，神王像二，大护法神十四，善神像九六甲神像一，天龙神将像一，摩那龙王像一，和修吉龙王像一，温钵罗龙王像一，跋难陀龙王像一，德义伽龙王像一，檀相手印图二，双林图一，南方宝生如来像一，北方妙声如来像一。其中《列圣朝元图》，即为众真朝拜三清图，为北宋武宗元所画《朝元仙仗图》所本。可见三清信仰业已形成，并出现了"三清众圣"等群体。

对于吴道子的精湛画艺，黄伯思评述道："吴生画此地狱变成之后，都人咸观，皆惧罪修善，两市屠沽，鱼肉不售。"[①]

《道子墨宝》现藏于美国克里夫兰艺术博物馆，为纸本水墨白描，现存50页，纵34.2厘米，横38.4米不等，被分裱为多开册页，1910年流出。2004年，由John L. Severance基金会等捐赠给美国克里夫兰艺术博物馆。1940年，德国一家出版公司将《道子墨宝》影印成册，以珂罗版印刷行世。1963年，人民美术出版社出版了画册《道子墨宝》，1990年再版。人民美术出版社1990年再版的《道子墨宝》将画册的内容分为三部分：道教神、地狱变相及搜山图。其中众神形象丰富生动。具体而言，第1页至26页画的是天庭各路神仙及其所属诸神的神像，构成长长的朝谒队伍；第27页至40页描绘的是地府阴司审判、惩罚亡魂中的罪犯的情景，即《地狱变相图》；第41页至50页画的是二郎神搜山的故事。图中描绘了神兵神将们耀武扬威搜索山林中的各

二郎神搜山图（局部） 吴道子传 唐代
采自《道子墨宝》

种鬼怪，这些鬼怪或是原形，或化为女子，他们都在神将的追逐下仓惶逃命，或藏匿在山洞之中。

由《道子墨宝》的名称可见，古代收藏家曾将其作为吴道子的作品来看待。但从今天的画史观来看，不足为信，研究过这些作品的专家们也均持质疑观点，如画中的不少神祇

---

① 黄伯思.东观余论[M]//文渊阁四库全书：第850册.台北：台湾商务印书馆，1983：374.

是宋代才出现的，因此这些作品可能是南宋时期的，是追仿吴道子画风的作品。

梁令瓒，生卒年不详，蜀人，唐代天文仪器制造家、画家。曾设计制造黄道游仪和水运浑象仪。玄宗开元时任集贤院待诏、率府兵曹参军。开元九年（721）李隆基命僧一行改造《大衍历》，而无黄道游仪测候，令瓒精天文、数学，因创制游仪木样。后又与一行共同创造"浑天铜仪"。工篆书，擅画人物，有《五星二十八宿神形图卷》传世。北宋王溥《唐会要》记载，开元九年（721），太史频奏日蚀。不效。诏改新历。沙门一行奏曰："今欲创历立元，须知黄道进退，请更令太史测候。"时率府兵曹参军梁令瓒，待制于丽正书院。因造游仪木样，甚为精密。一行乃上言曰："黄道游仪，古有其术，而无其器，以黄道随天运动，难用常仪格之。故昔人潜思，皆不能得。今梁令瓒创造此图，日道月交，莫不自然契合。既于推步尤要，望就书院，更以铜为之，庶得考验星度，无有差舛。"[①] 可见梁令瓒不仅是一位著名的画家，亦是精通天文历法的科学家，其《五星二十八宿真形图》正是科学与艺术的结晶。

张丑《清河书画舫》云："张僧繇《五星二十八宿真形图》，状貌奇诡，笔墨精微，尤是设色浓古，位置尔雅，品在阎立本、吴道子上。此卷画固奇绝，而篆文星法更妙，故松雪翁跋语极称许之。旧为赵兰坡所藏，今在韩宗伯存良家，故予得一见。右图原系上下二卷，今五星幸全，其二十八宿止存起角讫危十二位，后有本身空绢，识以'宣和'大玺。丑按：篆文星法，梁令瓒上也。续按：《图绘宝鉴》以此卷为令瓒画，且云瓒蜀人，梁其姓，以善画人物，知名唐

二郎神搜山图（局部） 吴道子传 唐代
采自《道子墨宝》

地府冥王图 吴道子传 唐代
采自《道子墨宝》

---

① 王溥.唐会要[M]//文渊阁四库全书：第606册.台北：台湾商务印书馆，1983：558.

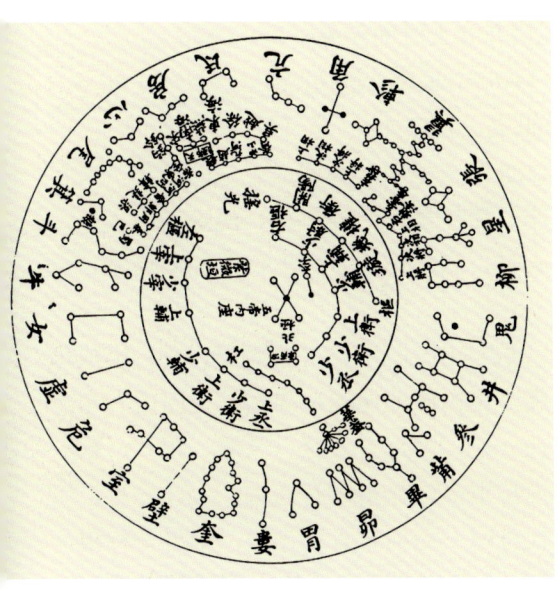

二十八星宿　采自明章潢《图书编》

开元时。按李伯时云：令瓒画甚似吴生。张僧繇，吴人，仕终吴兴太守。尝画金陵安乐寺四白龙，不点睛，每云点睛即飞去，人以为妄诞，固请点之，须臾雷电破壁，两龙乘云腾去上天，二龙未点睛者见在。星宿图是张僧繇真迹，故松雪翁极推许之。董太史评为吴道子笔，非也。吴笔放逸，不似此图之沉着。"[1]此图经宋内府收藏，卷中钤有"宣和殿宝"和双龙玺。夏文彦《图绘宝鉴》《平生壮观》《大观录》《墨缘汇观》著录。清中期为安岐所藏，清末归完颜景贤，后流入日本，现藏于日本大阪市立美术馆。

此图原分为上下两卷，前画五星，后画二十八宿。五星即金、木、水、火、土星。今仅存上卷的五星和十二宿。卷首题"奉义郎陇州别驾集贤院待制仍太史梁令瓒上"，其后逐段篆书题写星宿名称和形象，从卷首开始依次为岁星、荧惑、镇星、太白、辰星、角星、亢星、氐星、房星、心星、尾星、箕星、斗星、牛星、女星、虚星和危星星神。各星神形象不一，有文人、妇人、羊首人身、牛首人身、人首瓮身、虎首人身，形貌奇异。图中人物用游丝描画，细劲秀逸，匀洁流畅，设色古雅精微，图中的牛、马等动物亦生动传神，画风谨严。图中太白星神、箕星神脸部修长，尚存南朝人物画的遗风。可能据时代更早的张僧繇底本传摹。

中国古代天文学家把天空中可见的星分成二十八组，分东、南、西、北四方各七宿，名二十八宿。东方苍龙七宿是角、亢、氐、房、心、尾、箕，北方玄武七宿是斗、牛、女、虚、危、室、壁，西方白虎七宿是奎、娄、胃、昴、毕、觜、参，南方朱雀七宿是井、鬼、柳、星、张、翼、轸。明章潢《图书编》曰："天以一气周流，无端倪也。谓天无体，以二十八宿为体，信然矣。列宿果有所谓度，所谓道哉。日月五星之行，与列宿相值，由北至南而纵分之，故曰度；由东至西而横计之，故曰道。度也，道也，皆强名耳。是故二十八宿者，天之经星也。如角、亢、氐、房、心、尾、箕，东方七宿也。北则斗、牛、女、虚、危、室、壁，西则奎、娄、胃、昴、毕、觜、参，南则井、鬼、柳、星、张、翼、轸。"[2]

东方苍龙七宿，角、亢、氐、房、心、尾、箕，包括46个星座，300余颗星，组成的形象好似一条苍龙。不少学者认为，《易经》乾坤"潜龙勿用""见龙在田""或跃在

---

[1] 张丑.清河书画舫[M]//文渊阁四库全书：第817册.台北：台湾商务印书馆，1983：68-69.
[2] 章潢.图书编[M]//文渊阁四库全书：第969册.台北：台湾商务印书馆，1983：74-75.

渊""飞龙在天""亢龙有悔",描述的正是苍龙七宿在春天时的天象。

北方玄武七宿,斗、牛、女、虚、危、室、壁,共65个星座,800余颗星,组成了蛇与龟的形象,故称为玄武。斗宿为玄武之首,由6颗星组成,状亦如斗,一般称其为南斗,它与北斗一起掌管生死大权。女宿四星,形状亦像箕。虚宿主星即尧典四星之一的虚星,又名天节,有不祥之意。危宿内有坟墓星座、虚梁星座、盖屋星座,亦不祥,反映了古人在深秋临冬之际的内心不安。室宿又名玄宫、清庙、玄冥,它的出现告诉人们要加固屋室,以过严冬。壁宿与室宿相类,含有加固院墙之意。

西方白虎七宿,奎、娄、胃、昴、毕、觜、参,共有54个星座,700余颗星,它们组成了白虎图案。奎宿由16颗不太亮的星组成,状如鞋底,是白虎的尾巴。娄宿三星附近有左更、右更、天仓、天大将军等星座。胃宿三星紧靠在一起,附近有天廪、天船、积尸、积水等星座。昴宿即著名的昴星团,有关它的神话传说特别多,昴宿内有卷舌、天谗之星,似乎是祸从口出的意思。毕宿八星,状如叉爪,古代将网小而柄长者称为毕,毕星又称雨师,又名屏翳、号屏、玄冥。觜宿三星几乎完全靠在一起。参宿七星的中间三星排成一排,两侧各有两颗星,七颗星均很亮,在天空中非常显眼,它与大火星正好相对,我们今天称意见不同为"意见参商",以及兄弟不和为"参商不相见",皆源于此。

南方朱雀七宿,井、鬼、柳、星、张、翼、轸,计有42个星座,500余颗星,它的形象是一只展翅飞翔的朱雀。井宿八星如井,西方称为双子星,附近有北河、南河(即小犬星座)、积水、水府等星座。鬼宿四星,据说一管积聚马匹,二管积聚兵士,三管积聚布帛,四管积聚金玉。附近还有天狗、天社、外厨等星座。柳宿八星,状如垂柳,是朱雀的口。星宿七星是朱雀的颈,附近是轩辕十七星。张宿六星为朱雀的嗉子,附近有天庙十四星。翼宿二十二星,是朱雀的翅膀和尾巴。轸宿四星又名天车,四星居中,旁有左辖、右辖两星,车之象也。

角星作女性花神状,头戴骷髅,手持莲花,着红色花袍,盘腿坐于花丛中。清张照等编《秘殿珠林》记:"角星神,聪睿勇知,受快乐,通律历,名摆芳,一名先率。"①明章潢《图书编》曰:"角二星,十二度,为主造化万物,布君之威信,谓之天关,其门天门也,其内天庭也。故黄道经其中,七曜之所行也。其星明,则太平。芒动,则国不宁。日食右角,国不宁。月食左角,天下道断。金火犯,有战敌。金守之,大将持政。左角近天田,为理主刑。其南为太阳道,五星犯之为旱。右将为将,主兵,其北为太阴道,五星犯之为水。盖天三门,犹房之四表也。左右间二星曰平道,为天子八达之衢。明正则吉,动摇则法驾有虞。天田,主天子畿内封疆。金守之,主兵。火守之,主旱。水守之,主潦。平道西一星曰进贤,在太微宫东,明则贤者在位,暗则在野。又曰主卿相,举逸才。周鼎

---

① 张照.秘殿珠林[M]//文渊阁四库全书:第823册.台北:台湾商务印书馆,1983:678.本书所引《秘殿珠林》均出自同一版本,不再一一注明。

角星 梁令瓒 唐代 绢本设色
日本大阪市立美术馆藏

三星在摄提西，国之神器不见，或移徙，则运祚不宁。天门二黑星，在平星北角之南，主天之门，为朝聘待客之所，明则四方归化，不见兵革起，邪佞生。平星二星在库楼北，平天下之法狱，廷尉之象也。库楼十星，其六大星为库，南四星为楼，在角南，一曰天库，兵车之府也。傍十五星，三三而聚者，柱也。中央四小星，衡也，主陈兵。其占曰：库中心不见兵，四合无星，则下臣谋上，明而动摇，则兵出四方。尽不见，则国无君。库楼东北二星曰阳门，主守隘塞也。南门二星在库楼南，天之外门也，主守兵，明则外方入贡，暗则四境叛。客星守之，主兵至。"① 北宋李思聪《洞渊集》称："角宿天门星君，上应太焕极瑶天，照临郑国分野，掌海外伽密国、夜市国、迦陵国，并九小国，下管人间将军，兵甲雨泽，延生农田，耕稼之司。"② 金允中编《上清灵宝大法》卷三十："盖斗宿在二十八宿，则为斗宿，又为之南斗。道典有南斗六司星君，即此是也，正在东北之间。"③

亢星，为商人打扮，手拿一杆秤，落拓天地间，满脸黝黑，略略有须，眼神呆滞，却闪神采。清张照等编《秘殿珠林》记："亢星神，性淳质清平，通于战阵，名贤战。"④ 明章潢《图书编》曰："亢四星，九度，日月之中道，主天一内朝，天下之礼法也。又曰：摄提天下奏事，听讼理狱录功者也。亦为疏庙，主疾疫。其星明大，四海归王，辅臣纳忠，人无疾疫。移动，多病。不见，天下鼎沸，而旱涝作矣。大角一星，在摄提间，天王座也。又为天子梁栋，金守之则兵起。日食，主凶。亢南七黑星曰折威，主斩杀。金火守之，兵戈犯边，将有弃市者。摄提六星，直斗之南，主建时节，司机祥，摄提为盾，以夹拥帝座也，主九卿。明大，三公恣横。客星入之，圣人受制。一曰大臣之象。颉颃二星，在折威东南，主考囚，察诚伪也。阳门在库楼东北，主边塞险阻之地。客星出阳门，兵戈犯边。"⑤ 李思聪《洞渊集》曰："亢宿天庭星君，上应玄明恭庆天，照临郑国分野，掌海

---

① 章潢.图书编[M]//文渊阁四库全书：第969册.台北：台湾商务印书馆，1983：75-76.本书所引《图书编》均出自同一版本，不再一一注明.
② 道藏：第23册[M].北京：文物出版社，上海：上海书店出版社，天津：天津古籍出版社，1988：850.本书所引《洞渊集》均出自同一版本，不再一一注明.
③ 道藏：第31册[M].北京：文物出版社，上海：上海书店出版社，天津：天津古籍出版社，1988：543.
④ 张照.秘殿珠林[M]//文渊阁四库全书：第823册.台北：台湾商务印书馆，1983：678.
⑤ 章潢.图书编[M]//文渊阁四库全书：第969册.台北：台湾商务印书馆，1983：77.

外西天竺国、干拖国、罗谢飓国，并九小国，下管人间瘟灾、大风、扬石、百药、国师、三公、五老、百官禄秩之司。"①《玄天上帝启圣录》卷四："据司天台朝奉郎夏询等札子，伏观黄气现于正南，属吴国分野，其气一名天门黄道，二名土央，三名计都，现于磨蝎宫。天门黄道，主次年国有内忧，应在阴宫一人。以土央为坟墓之象，计都是九天祸宿，非时汛宫出现，主一方军民，至冬后疾患，人死四分。犹得此星于磨蝎宫，躔犯亢宿，又是解灾福德之曜，伏望朝廷早赐谦禳。时臣僚参详，事属未来，合预防之。谨就玉津园，建内道场一月，应名山大川，并遣降御香，投放龙简，建道场法醮，各七昼夜。仍颁行德音，减除罪囚。又于大内熙圣殿，别致黄箓道场四十九昼夜，每日圣驾躬幸，祷祝计都星君，及东方亢宿，并家堂真武福神，保求休证道场。日限将毕，忽日正午时，骤起风阵，泛涌黄沙，笼罩目前，空中一金甲神人，现于庭际，称：'臣是监西天门葛将军，与北方真武，同管阳间，奏注善恶。近见南方天门黄道开现，乃是计都星君，当游九天。七百二十年一大周宫，到此遇本运，为中方土央相冲，作黄气三日，躔亢宿，磨蝎方退，主阳间内忧，从属猪阴人，国长而起，不半年间，荆湖、江浙、福建、广南、淮汉路，人死四分，坟墓遍道，可应其气。灾虽

亢星　梁令瓒　唐代　绢本设色
日本大阪市立美术馆藏

未到，奈帝德感验，建醮投龙等事，犹未全禳，惟德音一行，减放囚狱，承此种种功勋，感动诸天，蒙真武凭此朝奏北极，北极朝奏玉皇，特蒙敕命，天皇亲往校察，计都星君已为官家禳解，定下二十九岁，命属猪阴人一名，新年正月初旬当死，宜往正南方二十七里外，冲黄道日立坟墓，当为内忧，救南国诸州四分军民死亡，为陛下折应计都之限，至时，切不得发哀，为此人命限已满，元注寿数。今受真武嘱付，特来代报官家知悉。'却返天门。至次年正月初三日，贵妃张氏弃世。贵妃年二十九岁，正月十九日亥时生，命宫属猪。候黄道利日，于正南二十七里立坟墓。自后更无灾忧，缘此应验，并赖真武降灵，保助天下。"②

---

① 道藏：第23册[M]. 北京：文物出版社，上海：上海书店出版社，天津：天津古籍出版社，1988：850.
② 道藏：第19册[M]. 北京：文物出版社，上海：上海书店出版社，天津：天津古籍出版社，1988：602-603.

氐星，形象略显肥胖，圆脸长耳，斜眉利眼，右手执握三尺长剑，端坐于鳌上。鳌为龙头，巨龟身，四爪如龙爪。清张照等编《秘殿珠林》记："氐星神，庙有九万里，通于数纪之会，名枌评，姓为翟卫。"①明章潢撰《图书编》曰："氐十六度下二星，为五星日月中道，为天子之路寝。明则大臣后妃奉君不失节。如不见或移动，则臣将谋内，祸乱生矣。日月食，主火乱。木犯之，立后妃。火犯之，臣僭上。金犯，拜将。水犯，百官忧。客星犯，婚礼不整。彗孛犯，暴兵起。月晕，人不安。

氐星　梁令瓒　唐代　绢本设色
日本大阪市立美术馆藏

一曰氐为后妃之府，休解之房，前二星适也，后二星妾也。将有徭役之事，氐先动。星明大，则民无劳。天乳在氐北，主甘露。明则润泽，甘露降。招摇一星在梗河北，次北斗柄端，主边兵。芒角变也摇动，则甲兵大起。梗河二星在大角北，天子以备不虞。其色变动，有兵丧。帝席三星在大角西北，宴乐献寿之所。其星不见，大臣失位。亢池六黑星，为沈舟楫，主迎送。移徙，则凶。骑官二十七星，在氐南，天子骑士之象。星众则安。不见兵起。车骑三黑星在氐南，骑官之上都，车马之将也。金火犯为殃。动摇，车骑行。天辐两黄星在房西，主鸾驾。客星来守之，则辇毂有忧也。骑阵将军一星，在骑官东南，主骑将也。动摇则骑将出。"②李思聪《洞渊集》曰："氐宿天府星君，上应观明端静天，照临郑国分野，掌海外迦业国、弥罗国、新头国、毗摩国，并九小国，下管人间后妃宫府，山林草木，雨水淫泆之司。"③

房星，为赤足青年形象，头上有双钳，身上有鳞，身后垂蝎尾，手持长矛，身配弓箭。清张照等编《秘殿珠林》记："房星神，性毒雄，多淫多子，妖讹咒咀，淫祀两形，与丈夫

房星　梁令瓒　唐代
绢本设色　日本大阪市立美术馆藏

---

① 张照.秘殿珠林[M]//文渊阁四库全书：第823册.台北：台湾商务印书馆，1983：678.
② 章潢.图书编[M]//文渊阁四库全书：第969册.台北：台湾商务印书馆，1983：78.
③ 道藏：第23册[M].北京：文物出版社，上海：上海书店出版社，天津：天津古籍出版社，1988：850.

第二十二章｜隋唐道教神仙谱系

妇人更为雄雌。庙一十万余里，庙敬邪广。名含孙，姓为管纪践。"①明章潢《图书编》曰："房六度，为明堂，天子布政之宫也，亦四辅也。下第四星，上将也。次星，次相也。上星，上相也。南二星，君位。北二星，夫人位。又四表中间，为天衢之大道，亦谓之天阙，黄道之所经也。南门曰阳环，亦曰阳道，其南曰大阳；北间曰阴间，亦曰阴道，其北曰大阴。七曜由乎天衢，则天下和平。由阳道，则主旱丧。由阴，主水兵。房星亦曰天驷，为天马，主车驾。南星曰左骖，次左服，次右服，次右骖，亦曰天厩，又主开闭，为畜藏之所由也。房星明，则主王者明。骖星大，则起兵。星离，则夭流。日月食，则主昏乱，权臣横，彗孛犯之，兵起。下二星为阴，五星犯之为水。上二星为阳，五星犯之为旱。房北二小星曰钩铃房，之铃键，天之管籥，主闭藏。键，天心也。王者孝则钩铃明，近房则天下同心，远则天下不和，王者绝后。房钩铃间有星及疏折，则地动河清。东咸西咸，各四星，在房心北，日月五星之道也。为房之户，所以防淫佚。明则吉，暗则凶。日月五星犯守之，有阴谋。大火守之，兵起罚。三星在东咸正西，南北而列，主受金赎罪。正而列，则法令太平。曲而斜，则刑罚不中。日一星在房中道前，太阳之精，主明德。金火犯守之有忧。从官二星，在积卒西见北。"②北宋李思聪《洞渊集》曰："房宿天驷星君，上应虚明堂曜天，照临宋国分野，掌海外豁寻国、勃律国、黑衣国，并九小国，下管人间后妃，藏内宝器金玉管钥，惊风骇雨，负重擎骆之司。"③

心星，为一青年形象，方脸玉面，弯眉狭眼，大耳。面色温善，右手握长枪，左胯带红柄剑，右跨弓囊，豹皮靴。清张照等编《秘殿珠林》记："心星神，性多毒，多淫多子，妖讹咒咀，淫祀两形，与丈夫妇人更为雄雌。庙十万里，庙敬邪广。名招贵，姓房馆。"④明章潢《图书编》曰："心六度，一名天火，天王位也。中心星曰明堂，为大辰，天子之位也。前星为太子，不明则太子不得位。后星为庶子，明则庶子继。心上四尺为日月五星之中道，中心明则化成道昌，直则地动移徙，不见国亡。"又曰："心变黑色，夫人有忧，直则王失势，动则国有忧，离则民流，金火犯，血光不止；土木

心星　梁令瓒　唐代　绢本设色
日本大阪市立美术馆藏

---

① 张照. 秘殿珠林[M]//文渊阁四库全书：第823册. 台北：台湾商务印书馆，1983：679.
② 章潢. 图书编[M]//文渊阁四库全书：第969册. 台北：台湾商务印书馆，1983：79.
③ 道藏：第23册[M]. 北京：文物出版社，上海：上海书店出版社，天津：天津古籍出版社，1988：850.
④ 张照. 秘殿珠林[M]//文渊阁四库全书：第823册. 台北：台湾商务印书馆，1983：679.

尾星　梁令瓒　唐代　绢本设色
日本大阪市立美术馆藏

犯，吉；月晕兵起，火来守之，国无主。客星及孛犯，天下兵荒。积卒十二星，在房星西南，五营军士也。微而小则吉，明大动摇，兵火起一星，亡兵出，二星亡兵半出，三星亡兵尽出。他星守之，兵火起，近臣诛。"①北宋李思聪《洞渊集》曰："心宿天王星君，上应竺落皇崖天，照临宋国分野，掌海外大食国、独足国，并九小国，下管人间帝王明堂雨泽，工役仗艺，百巧之司。"②

尾星为一40余岁的男子，小胡子、短颌须，文士装扮，左手执长弓、单羽箭，右手捏一画笔，站于荒原之上，平眉宽鼻。清张照等编《秘殿珠林》记："尾星神，能劾众神，而不受众神劾。名闾当，姓为张咒。"③明章潢《图书编》曰："尾十九度，后妃之府，后宫之场也。北之一丈，为天之中道。上第一星，后也。第二星，夫人也。次则嫔妾。第三星傍一星，名曰神宫，解衣之内室。尾亦为九子星，色欲均明，大小相仍，则后妃妒忌，后宫有序，多子孙。星防细暗，后有忧疾。疏远，则后失势。动，则君臣不和，天下乱。就聚，则大水水犯之。及月晕，则后妃死。火犯，宫中内乱。土犯，吉。水犯，宫中有事。客星犯，大臣谏。日月食，主饥。一曰金火守之，后宫兵起。五星在尾南汉中，主定吉凶。明则君臣和，不明则为乖戾。亡则赤地千里。火守之，兵起在外。土守之，兵罢。天江四星，在尾之北，主太阴，不欲明。明而动，水暴出。参差，则马贵。其星不见，则河津关道不通。火守之，有立，主客入河津绝。傅说一星，在尾后河中，主后宫女巫祝祀，神灵祈祷一孕，故曰主后宫之内祭祀，以求子孙。"④北宋李思聪《洞渊集》曰："尾宿天鹦星君，上应耀明宗飘天，照临燕国分野，掌海外罽宾国、计罗国、多鸟国，并九小国，下管人间祥云瑞雾，女人不和之司。"

箕星为窄额头，长方脸男子形象，骑高头大马，肩挂长弓，右手握羽箭，左手拉缰绳。清张照等编《秘殿珠林》记："风星神，吼如母大虫。不受人制，独用能害物，通于兵。名士常，姓为谈，或为吐。"明章潢《图书编》曰："箕十一度，亦谓之天津，后宫妃后之位。上六尺，为天之中道。箕，一曰天鸡，主八风。凡日月五星在箕东壁翼轸者，

---

① 章潢.图书编[M]//文渊阁四库全书：第969册.台北：台湾商务印书馆，1983：80-81.
② 道藏：第23册[M].北京：文物出版社，上海：上海书店出版社，天津：天津古籍出版社，1988：850.
③ 张照.秘殿珠林[M]//文渊阁四库全书：第823册.台北：台湾商务印书馆，1983：679.
④ 章潢.图书编[M]//文渊阁四库全书：第969册.台北：台湾商务印书馆，1983：81-82.

风起。又主口舌，主客蛮夷诸国。故蛮夷将动，先表箕星大明。直则五谷熟，君无逸间。疏暗则无君世乱，五谷贵，蛮夷不服，内外有差。就聚细防，天下忧动，则蛮夷有使来。离徙，则人流。若移入河，国灾相食。月晕，金火犯之，兵起。流星犯，大臣叛。月宿其野，风起。杵三星，在箕南，主杵舂之用也。纵为丰，横为饥。移徙，人失业；不见，人相食。客星入杵臼，天下有急变。糠一星在箕口前，杵舂西北，明则为丰，暗则为饥。不见，人相食。"北宋李思聪《洞渊集》曰："箕宿天律星君，上应玄明恭华天，照临燕国分野，掌海外糠国、解苏国，并九小国，下管人间斜风细雨，奸邪谄佞，蛮夷狐格肤狄，津梁水族之司。"

箕星　梁令瓒　唐代　绢本设色
日本大阪市立美术馆藏

斗星为一壮汉，上身赤裸，下身披豹纹裙，赤足，左手持一物（不详），右手握绳索。清张照等编《秘殿珠林》记："斗星神，能起伏阴阳。其庙无定准里数，名状，缺一字，姓拒堵。"明章潢《图书编》曰："南斗六星，曰天庙，曰天位，一曰天阙，一曰天机，一曰天府，一曰天库，一曰天洞。玄之首，丞相天宰之位，木星也，主天子寿命之期，主酌量政事，禀受爵禄。日月五星贯之，为中道。其南首二星曰魁，为天库，又为天梁，主兵革。二星为天相，主爵禄。比尾二星曰杓，为天府，主寿命。将有天子之事，占之于斗。其魁第一星主吴，第二星主会稽，第三星主丹阳，第四星主豫章，第五星主庐江，杓尾第六星主九江。斗北大星，亦曰天关，天子之正旗也，土宫也。六星欲其均明盛，君臣同心，天下安宁，爵禄不僭，风雨顺时，主寿康，五谷蕃昌。暗小，则君臣失位，天下不安。芒角动摇，则君臣失势，天下愁悲。大小不齐，则上下乖违。移徙，则贤臣逐，天下病。变色失常，则阴阳不调，宰相忧之。日月五星逆入斗，天下流荡。孛犯之，兵起。星小暗，则废宰相及死。鳖十四星，在南斗。南鳖为水虫归，太阴有星守之，曰永防，主有水。火守之，旱。建六星在斗背，亦曰天旗，临于黄道，天之都关也。建斗之间，七曜之道，建为谋事，为天鼓，为天马。南二星，天库也。中央二星，市也，铁销也。上二星，旗附也。见动摇，则人劳。月晕之蛟龙见，牛马疫。月食五星犯守，大臣相谮，臣谋主，亦为关梁不通，有大水。天弁九星在建星北，入河市宫之长也，主列肆阛阓，若市籍之事，以知市珍也。星明则吉。彗星守之，籴贵兵起。天鸡二星，在狗国北，主候时也。金火守之，兵大起。天龠八星在斗杓西，主锁龠关闭。明吉，暗凶。狗国四星在建东北，主鲜毕、乌桓、沃旦。明则边寇作。金火犯守，外夷有变。太白逆守，其国乱。客星守之，有大盗。其王且来。天渊十黑星，在鳖东南，一曰天海，主溉灌。火守之，大旱。水守之，大水。一曰主海中鱼鳖。狗二黑星，在斗魁前，主吠主御奸回也。不居常处，为火灾。农丈人一星，在南斗西南，老农，主稼穑也。"北宋李思聪《洞渊集》卷八曰："斗宿天府星君，上应太极蒙翳天，照临吴国分野，掌海外吐火罗国、穿鼻国、西皇母国，并九小国，下管人间进士登科爵禄，微风钿雨，斛斗升合，秤尺之司。"《太上洞神五星诸宿日月混常经》曰："斗、牛二星之精，常以壬子日为老母，好颜色，衣青黑色衣，能言语，妙祗对，持好衣裳卖，好游善人之家及好事家，所得则乃敬重之。若衣之入朝，即天子好爱，官职不求自得。女人衣之，即生贵子，聪明多艺，地下金银，不求自得之。"

牛星，为羊头人身，冲天角，双手抚握三尺牧羊鞭，宽袍长袖，袖口大开，神色阴沉。清张照等编《秘殿珠林》记："牛星神，善医多病。受占候阴阳谙邪，妄说祸福，能以谄辞扇动人。名略绪炽，姓蠲徐。"明章潢《图书编》曰："牛六星，曰牵牛，一曰天鼓，

斗星　梁令瓒　唐代
绢本设色　日本大阪市立美术馆藏

水星也。亦曰天关，为关梁，主牺牲之事。阳气始于牵牛，日月五星常贯之，为中道。夫大星，七政之始，七曜之行起于此。其上二星，一曰即路，一曰聚火，主道路。次二星，主梁关。次一星，主南夷。其十大星，三斗星明大，则王道昌，关梁通。不明，则五谷不成，牛多灾。其小星太明，则牛贵。小而明，则牛贱。色怒，则马贵，移动，牛多灾殃，星亡，则牛尽死，小星芒，则小牛尽死。牛星始见色黄，则大豆贱，赤则大豆虫伤，色白则大豆贵。星近汉，则天下牛疫死。星直则谷价平，曲则米贵。失常变动，则五谷不成。"北宋李

牛星　梁令瓒　唐代
绢本设色　日本大阪市立美术馆藏

思聪《洞渊集》卷八曰:"牛宿天机星君,上应虚无越衡天,照临吴国分野,掌海外、北番、黑山三大部落国,并九小国,下管人间云雾霜雪,牛羊六畜牺牲,足虫百兽,南越百蛮之司。"

女星为羊头人身,弯角,身高七尺,临风而立,宽松袍窄袖口,卷云靴,双手隐在袖筒里,眼神温善。清张照等编《秘殿珠林》记:"女星神,淫乱贪谗,善医多病。受占候阴阳诏邪,妄说祸福,能以诏辞扇动人,庙广五万六千里。名为色舒。"明章潢《图书编》曰:"女四星,曰须女,亦曰婺女,天之少府也。一曰天女,一曰天少府,一曰临害。女,水星,主布帛,为珠宝库藏。下九尺,为日月五星中道。须女者,贱妾之称,妇职之卑者也,故又主嫁娶。其星明,则天下丰,女功就,府库充。暗小,则女主失职,府库空虚,国用不足。移徙,则后妃废,天下妇女多以产死。郗萌曰:'女星不明,则法令易,《诗》《书》绝。'甘氏曰:'女星动,则天下有嫁娶事。'须女,又主麻,其色白,则麻熟。色黄,不熟,青,则麻以虫伤也。"北宋李思聪《洞渊集》曰:"女宿天女星君,上应上明七曜摩夷天,照临吴国分野,掌海外坚发国、女国、狗国,并九小国,下管人间裁缝衣物,嫁娶娉偶,阴凝大风之司。"

女星  梁令瓒  唐代  绢本设色
日本大阪市立美术馆藏

虚星,为一壮汉,短须髯,全身赤裸,似坐于一圆瓮中。清张照等编《秘殿珠林》卷十八记:"虚星神,明历术。名阎阳,姓明辟疆。"明章潢《图书编》曰:"虚二星,曰玄枵,一曰颛顼,一曰北陆,一曰天节,一曰临官,一曰乡守,一曰中宫,水星也。虚为庙堂,为天子冢宰之宫,主死丧哭泣,坟墓祭祀,主天子谅阴之事,主北方人,主黄钟律管。其下九尺,为日月五星中道。又主风雷,将有死丧哭泣,葬祭之事,则占于虚。其星明静,则天下安。不明,则天下旱。动摇,则有死丧哭泣。欹斜,则上下乖。亡,则享祀失礼。日月食,则兵起。流星犯,则贼乱宗庙。五星犯,有灾。虚北二星曰司命,主举过刑罚,灭,不祥。又北二星曰司禄,主爵禄,增年延德,故在六宗之祀。司危二星,司禄之北,主骄佚。司非二星,司危之北,主惩过。凡此四星,皆黑星。明大为灾,居常则平。南二星曰哭,主号哭也。哭东二星曰泣,主死。明则国多哭泣。金火守之亦然。泣南十三星,曰天叠城,形如贯索形,主北边丁零、匈奴败。曰四星,在虚危南,知凶哭。他星守之,饥兵起。秦代东三星南北列,曰离瑜。离,主衣;瑜,主饬。皆妇人服星也。微则后宫俭,明大则妇人奢。"北宋李思聪《洞渊集》曰:"虚宿天府星君,上应元明文举天。照临齐国分野,掌海外拂林国、无影国、木枝国,并九小国,下管人间宫室庙堂盖屋，祭祀考妣，五虚六耗，悲泣之司。"

危星，为虎脸人身，头顶骷髅，手握长剑，身着盔甲，立于山石之上。血口大张，牙尖而长，凶猛异常。清张照等编《秘殿珠林》卷十八记："危星神，好哭泣，刚愎嫉恶，好乱好杀。庙广五万六千里，名推长，姓吕贾生。"明章潢《图书编》曰："荧惑守危，岁饥人疫，死无葬者。东南皆有兵起，大臣为逆，国易政，大旱，米贵十倍。黄占曰：民为变。"一曰："其国为政者危。海中占云：春旱致多水，又主架屋受藏风雨，坟墓祠祀。女动则天下大动土功。张衡云：虚危星，为死丧哭泣事，亦为邑居庙堂祠祀事。冢宰之官动，则哭泣死丧。火守，则天子将兵。金守，饥馑兵起。虚危动，则有灾。"宋李思聪《洞渊集》曰："危宿天钱星君，上应玄胎平育天。照临齐国分野，掌海外土番国、同国、东天竺国，并九小国，下管人间丘陵坟墓悲泣，旋风砂石，危厄险难之司。"

室星，为一中年妇人，坐于小舟之上。清张照等编《秘殿珠林》云："室星神，蝎天之子，属蛇头天，祭用血肉。"明章潢《图书编》曰："室二星，曰营室。一曰定星，一曰玄宫，一曰清庙，一曰玄防，一曰天宫，一曰天库，一曰休官，天子之宫，军粮之府，木星也。主宗庙，主三军廪食，及土工事。其下九尺，为日月五星中道。其北六星，两两而居，曰离宫，后妃入御之位，为宫掖者。或曰营室二星，上一星为天子宫，下一星为太庙，故置羽林以卫之。将以土工事，占为营室星主。明则国昌，不明则鬼神不享祠祀，国多疾疫，动则有土工事。芒角，则有兵疫。星亡，则辅国臣死。离宫不见，则主有灾。又不明，则国多疾疫。芒动，则有土工兵出野，又主其兵先起者败。离宫六星，两两居之，分布室壁之间，天子之别宫也，亦隐藏休息之所。金火守之，则兵起。室南六星曰雷电，主兴雷动蛰。明则震雷作。垒壁十二星，在羽林北，横列营室之南，羽林之垣垒也。星众而明，则安宁。稀而动，则兵革起。不见，天下乱。五星入天军，皆为兵起。金火守之，尤甚。羽林四十五星，三三而聚散，在营室之南，天军也，主车骑，又主翼王也。星众而明，则安宁。稀而动，则兵革起。不

虚星　梁令瓒　唐代　绢本设色
日本大阪市立美术馆藏

危星　梁令瓒　唐代　绢本设色
日本大阪市立美术馆藏

见，天下乱。金火水入，守兵起。斧钺三星，亦曰斧钻，在八魁西北，主诛夷。不明，则斧钻不用。移动，则兵起。有星入之，皆为大臣诛。北落师门一星，在羽林西南，天之着

落也,亦曰天军。"北宋李思聪《洞渊集》曰:"室宿天廪星君,上应清明何童天,照临卫国分野,掌海外金山十姓、九姓、三大部落国,并九小国,下管人间宫室,金户玉堂,文章围籍,军料府库,阴翳凝滞之司。"

壁星,为一中年妇人,左手持杖,右手持剑,站立土坡之上。清张照等编《秘殿珠林》云:"壁星神,祭用肉,属林天婆娄那之子,姓陀难阇。"明章潢《图书编》曰:"壁二星,曰东壁。一曰天卫,一曰天池,一曰天梁,图书之府,土星也。主文章,亦主土工兴室,共为天之四辅。其南九尺,为日月五星中道。星明正,则道术行,国多水。若大小不同,或失色,则天子轻道术,贱文士。动摇,则土功兴,离徙就聚,则天下有田宅事。星暗,则王失,小人进,用及亲党,回邪专权任事。日月食,损贤臣。五星孛犯,兵起。土工西南五星曰霹雳,主兴雷奋击。明而动,则正人用事。不明,凶。霹雳南四星曰云雨。明则多雨。水火守之,大旱。天厩十星,在东壁北,盖天马之厩,今之驿亭也。不见,天下道断。铁锁五星。在天仓西门。刘具也。主斩刍饲牛马,明则牛马肥,暗则牛马饥,并丧也。"北宋李思聪《洞渊集》曰:"壁(璧)宿天市星君,上应太明玉完天,照临卫国分野,掌海外龟兹国、于阗国、疏勒国,并九小国,下管人间文章,图书秘府,阴寒雨泽霹雳,五谷百果之司。"

奎星,为一狗头人身,右手持剑,赤足站立。清张照等编《秘殿珠林》卷十八云:"奎星神,属富河天,祭以酪,姓阿虱叱排尼。"明章潢《图书编》曰:"奎有十六星,一曰对豕,一曰天豕,一曰天库,一曰天边,金星也。奎为天之武库。其下九尺,为日月五星中道,西南大星为之。天豕为大将,又为文命。石氏曰:'奎主库、兵禁不时,顾置将军以顾之。'奎又主沟渎,故将陂池江河之事,皆占于奎。大星欲其明,明则天下安。芒角动摇,国必用兵。或曰有赦。《隋志》云:'若帝淫佚,政不平,则奎有角,角动则有兵,不出年中,或有沟渎之事。'又曰:'奎中星明,水大出。日月食,五星犯,皆有凶。'奎南七星,曰外

室星　谷文晁　江户时代　纸本设色
日本枥木县立博物馆藏

壁星　谷文晁　江户时代　纸本设色
日本枥木县立博物馆藏

奎星　谷文晁　江户时代
纸本设色　日本栃木县立博物馆藏

屏，以蔽天溷也。"北宋李思聪《洞渊集》曰："奎宿天将星君，上应太极平育贾奕天，昭临鲁国分野，掌海外单于国、地亢国、火胡国，并九小国，下管人间武库，兵甲戈矛，沟渎池亭，风雨雷电之司。"

娄星，为一中年男子，头顶羊头，身披长袍，右手挂一规尺，立于地上。清张照编《秘殿珠林》卷十八云："娄星神，形如马头，祭以大麦饭并肉，属乾闼婆天，姓阿舍婆。"明章潢《图书编》曰："娄三星，曰天狱，一曰密官，一曰国市，一曰天庙库，土星也。主牺牲宗庙，五祀苑牧，故置天仓以养之。娄，聚也。又兴兵发将。有聚众杀兵之事，占之于娄。其下九尺，为日月五星中道。星经曰：娄，天福禄车也，万物之所藏收也。娄星明，则郊祀得礼，天子有福，多子孙，天下臣子忠孝。暗小失色，则反是。动摇，则有聚敛。暗，则有主执命者。就聚，则国不安。又曰：娄星明，则六乐和。不明，则反是。娄主音乐，动则欢娱，音乐大盛。若其星直，则国必有执主之命者。若金火守之，则宫苑之内兵起。日月食，宫内乱。"北宋李思聪《洞渊集》曰："娄宿天狱星君，上应龙变梵度天，照临鲁国分野，掌海外三山国、仙官国，并九小国，下管人间宫观寺院，禁苑内庭，供给牺牲，郊祀斋醮之司。"

胃星，为一种年男子，头戴兽皮，身披兽皮，左手握一短斧，右手持一长枪，赤腿赤足，站立地面。清张照等编《秘殿珠林》云："胃星神，形如鼎，性纵恶自在，如首罗，能护四方，皆得安稳，属阎摩罗天，祭用粳米胡麻及野枣，姓跋伽毗。"明章潢《图书编》曰："胃三星，曰大然，曰天中府，曰天仓库，一曰密宫，金星也。胃者，五谷之府，天下之厨藏，主仓廪入，藏积万物。又主讨捕诛杀，菹醢之事。其南九尺，为日月五星中途。胃星明，则仓库盈丰。暗小，则天下米贵，仓库空，上下失位。星亡，则大兵起。移徙，则仓粟耗散。就聚，则米贵民。流动，则有转输之事。芒角其旁星众，则粟聚。小则粟散。又云，动有运事，暗则凶

娄星　谷文晁　江户时代
纸本设色　日本栃木县立博物馆藏

第二十二章│隋唐道教神仙谱系　089

荒。若五星犯，日月食，孛后有灾。天廪四星，在昴南，一曰天廥。张衡云：主积蓄黍稷，以供享祀春秋，所谓御廪也。天囷十三星，在胃南，仓廪之属，主给御粮也。明而黄，则岁防。变常色，则不吉。金火守之，即灾起。大陵八星，在胃北，主陵墓。明而大，或中星多，则天下多死防，或兵起。天船九星，在大陵北，河居中，一曰舟星，主渡，亦主水旱。不在河中，津河不通，水泛溢。中四星欲其均明，则天下安。否则兵若丧。移徙亦然。客彗出入，为大水，有兵。大陵一星，曰积尸。明则人死如山。"北宋李思聪《洞渊集》卷八曰："胃宿天仓星君，上应太释玉隆天，照临赵国分野，掌海外高丽国、扶馀国、南竺国，并九小国，下管人间仓库，积聚金银，珍宝疋帛，雷公五谷之司。"

昴星，牛首人身，身披长袍，右手持一荷花，站立地面。清张照等编《秘殿珠林》云："昴星神，好作善事，性速疾，大威德妹之子，形如剃刀，一日一夜，历四天下，祭用酪，姓鞞耶尼。"明章潢《图书编》曰："昴七星，曰旄头，一曰天吞，一曰天狱，一曰天厨，一曰天路，水星也。昴为天耳目，又为白衣聚，胡星也。主兵丧口舌，奏对主狱事。其下九尺，为五星中道。二星为天街，阴阳之所。昴大星，欲其明，明则讼狱平，国无佞臣，天下安。不明，刑罚滥，佞臣得志，天下凶。其六星不欲明，明则天下受诛罚，边兵多死。星动，则大臣下于狱，天子信谗，杀害忠良，亦为白衣聚。防明而数动，则边兵大起。其大星动若跳跃，而他皆不动，则兵欲侵边，期一年不出，一星不见，为兵丧。星明与大星等，则天下大水。七星皆明而黄，则兵大起。所以昴为兵之象也。天之河一星，在昴东，皆黑星，并主女人失福。又曰天河，主察山林妖变。天阴五星，毕柄西，主从天子弋猎之臣，预阴谋也。不明，则禁言漏泄。天苑十六星，在昴毕南，如环状，天子之苑囿，养禽兽之所在也，主马牛羊。明则马牛羊盈，稀则死。蒭槀六星，在苑西，以供马牛之食也。一曰天积，天子之藏府也。星盛则岁丰稔，稀则货财散。"北宋李

胃星　谷文晁　江户时代
纸本设色　日本枥木县立博物馆藏

昴星　谷文晁　江户时代
纸本设色　日本枥木县立博物馆藏

思聪《洞渊集》曰:"昴宿天目星君,上应太虚无上常融天,照临赵国分野,掌海外舍卫国、麾陆国、北天竺国,并九小国,下管人间,天地晴明,去衰除祸,狱典曹吏,刑罚囚系,考决之司。"

毕星,为一武士,右手握剑,放置肩上,身跨神牛,奔腾而行。清张照等编《秘殿珠林》云:"毕星神,属水天,形如立叉,祭用鹿,姓颇罗堕。"明章潢《图书编》曰:"毕八星附耳,一曰毕车,主边兵弋猎田游之事。一曰天耳,一曰天口,一曰虎口,一曰天独,一曰天都,主尉制四方。一曰天空,水星。又曰天狱,主司鬼方之动静,察奸谋,以备外患,故直冲地之阳,以为边方之候,故附耳以察不详。又主街巷,主阴雨,天之雨师也。其北上七尺,为日月五星中道。毕主山河以南中国地,中国于四海内,则在东南,为阳昴之间,为天街,阴阳雨间之所分也。毕为阳国,昴为阴国。毕左股大星曰天高,为边将,主扫妖凶,通外域。星光大,则天下和,有远夷来贡。失常改色,则边境乱,国不宁。耀芒,则外国叛。动摇,则边将有急。一星不见,则为防为兵。离徙,则天下狱大乱。就聚,则令法酷。不明,则天下谋乱。明而动,则多雨。附耳摇动,则有国令。角动,则逸邪行,兵大动。明盛,则边兵交战,中国失势。移徙,则有乱臣在主侧。附耳入毕口,则天下有大变,边地尤甚。五车五星,三柱九星,共十四星,在毕东北。五车主天子五兵。"北宋李思聪《洞渊集》曰:"毕宿天耳星君,上应太素秀乐禁上天,照临赵国分野,掌海外震旦国、雪山国、龙中天主国,并九小国,下管人间,天地开泰,朱轮宝盖,边兵守境,封疆安静之司。"

觜星,清张照等编《秘殿珠林》云:"觜星神,属月天,即是月子,祭用果,姓毗梨伽尼。"明章潢《图书编》曰:"觜宿三星,曰觜觿,白虎之守也。为三军之玄,行军之藏府,金星也。主操旅,收敛万物。色赤,则为刀铖斩刈之事。一曰天货,主货。其北上三尺,为日月五星中道。内主梁,外主巴汉。此星明,则天下大安,五谷丰,军有储。移则君臣失位。五星犯,灾生。孛客星犯,灾兵起。坐旗九星,在司怪西北,主

毕星　谷文晁　江户时代  
纸本设色　日本枥木县立博物馆藏

觜星　谷文晁　江户时代  
纸本设色　日本枥木县立博物馆藏

别君臣，尊卑之位。明则国有礼，暗则反是。"北宋李思聪《洞渊集》曰："觜宿天屏星君，上应太文翰宠妙成天，照临晋国分野，掌海外婆罗门国、奈毗耶国、摘棘国，并九小国，下管人间收敛万物，风雷雨泽，山川房庙，鬼魅妖怪之司。"

参星，为一朝官，头戴冠，身着朝衣，衣冠楚楚，右手握笔，肃立地面。清张照等编《秘殿珠林》云："参星神，属日天，性大恶，多瞋恚形，如妇女，祭用醍醐，姓婆私失绨。"明章潢《图书编》曰："参七星，伐三星，曰参伐。十星为虎身，伐为尾，觜为首，共为白虎，主西方。一曰大辰，一曰天市，一曰钟龙，金星也。亦曰铁钺，主斩刈刑罚。又为天狱，主杀伐，又为天尉，主边城、九泽及鲜卑等国。七星为七将军，其中三星横列为冲，主车骑。前二大星，曰左右股，为左右肩，为左右前将军。后二大星，一曰左右足，右足为偏将军，左足为后将军。中三星为三将军也。七星觜，举边兵。其左肩觜三尺，为日月五星中道。七星皆明，天下兵精。暗小，则将弱。芒角大挥，张赤挥旁豹，则三军骇动，天子躬甲，一日将出征。摇动则边候有急。无光，则国欲改军。参差不常，则君任不忠，臣有外谋。大而动，则大将执权，天下易政。就聚，则大将诛。细则天下兵不精。移徙则大将逐。所以各星，皆不欲其动也。"北宋李思聪《洞渊集》曰："参宿天水星君，上应渊通元洞天，照临晋国分野，掌海外毗汉国、覆照国、雕题国，并九小国，下管人间将军权衡，境域杀罚，冤仇劫夺忿悦之司。"

参星　谷文晁　江户时代
纸本设色　日本枥木县立博物馆藏

井星，为一中年男子，披发，衣披长袍，右手执杖，站立地面。清张照等编《秘殿珠林》云："井星神，祭用粳米，以华和蜜，形如脚迹，属日天，姓婆私失绨。"明章潢《图书编》曰："东井星，一曰天府，一曰东陵，一曰天井，一曰天关，一曰天门，一曰天渠，一曰天亭，一曰天候，一曰天齐，一曰天池，水星也。主水泉。亦为天之南门，日月五星贯之为中道。又主酒食，女主之象，主诸帝，灭三公之位，为天之亭堆。主水，衡法令之所，取平也。三光行不由其中道，为下无道，虽轻之不得留之。王者心正，则井星正。明则法度正，号令明。大盛则多风雨，有大水。暗中不正，则国弱兵乱。动摇变色，则诸侯帝。移徙，则国乱君忧，决水为灾。钺一星，附井口第一星，主边兵起，主司淫奢而斩之，不欲其明大。大而明，则铁钺用事，兵起。摇动芒角，则大臣多死于法者。星芒，则天下大水。又曰井为天子府。暗芒角，日月食，五星犯逆，大臣谋乱，兵起。中有六星，不欲大明，明则即火灾。南北两河各三星，分夹东井，一曰天高，天之阙门，主关梁。南河曰南戍，一曰南宫，一曰阳门，一曰权星，主火。北河曰北戍，一曰北宫，一曰阴门，一曰衡星，主水。两戍之间，三光之常，戍道也。河戍摇动，中国兵起。"北宋李思聪《洞渊集》曰："井宿天井星君，上应无极昊誓天，照临秦国分野，掌海外真蜡国、林邑国、身形国，并九小国，下管人间天色昏暗，池塘陂井，桥梁大水，江湖鱼龙介族之司。"

鬼星，为一中年妇人，双手捧一莲花，坐于溪流之中。清张照等编《秘殿珠林》云："鬼星神，属岁星，天岁星之子，形如诸佛，胸前满相，性温和，乐修善法，姓炮波那毗。"明章潢《图书编》："鬼宿四星，曰舆鬼，一曰天目，主视明察奸伪。朱雀头眼。一曰天铁锁，主诛杀。一曰天庙，主祀事。一曰天松，一曰天匮，一曰天圹，主疾病死丧，土星也。其中为日月五星中道。东北星主积谷，东南星主积兵，西南星主积布帛，西北星主积金玉。有变则占其所主。其中央色白如粉洁者，谓之积尸气，一曰天尸，主死丧祠祀。一曰铁锁，主刑罚，主诛斩。鬼星不欲其明，明则鬼害人多病。甘氏云：'积尸摇动失色，则疾病鬼哭人荒。'轩辕西四星，曰爟，亦曰烽爟，主烽火备警急。占以不明，安静；明大，甚则边警急。摇动芒角，亦然。又曰明吉暗凶。天狗七星，在鬼西南，狼之北，横河中，以守贼也。移徙，则兵起。金火犯之，人相食。外厨六星，在柳南，天子之外厨也。占与天厨同。弧南六星，为天社，在老人东南，以柳直明且吉。"北宋李思聪《洞渊集》曰："鬼宿天匮星君，上应上揲阮乐天，照临秦国分野，掌海外交趾国、文身国、随罗国，并九小国，下管人间积主，金玉疋帛，丧祸咒诅，毒药司察奸恶之司。"

柳星，为一中年妇人，身跨一龙，飞腾云端。清张照等编《秘殿珠林》卷十八云："柳星神，属于蛇天，形如妇女，祭用乳糜，姓蛇。"明章潢《图书编》："柳八星为朱鸟喙，一曰天相，一曰注，亦作咮，一曰天将军，一曰天厨，主御膳酒食，仓库和鼎，以享宗庙。主匠主草，木星也。一曰土星。其北六尺，为日月五星中道。其星欲明，明则大臣镇重，人丰酒食，王者安厨膳。其不明，则王失

井星　谷文晁　江户时代
纸本设色　日本栃木县立博物馆藏

鬼星　谷文晁　江户时代
纸本设色　日本栃木县立博物馆藏

政，宫中不安。星直，则天下谋伐其主。就聚，则兵斗国门。又云，主木功酒旗，在轩辕右角之南宫，酒之旗也。主享宴饮食。五星守酒旗，天下大酺，有酒食物财之事，赐爵及宗室。"北宋李思聪《洞渊集》曰："柳宿天厨星君，上应无思江由天，照临周国分野，掌海外昆明国、蛮尾国、甘露国，并九小国，下管人间庖厨食味，天色昏黄，雷雨兵戈，草贼之司。"

星星，为一中年妇人，头戴花，身披长袍，形象端庄，站立地面。清张照等编《秘殿珠林》云："星星神，属火天，形如河岸，用粳米乌麻作粥祭之，姓宾伽耶尼。"明章潢《图书编》曰："星，七星，曰天都，一曰负宫，一曰天逆宴，为赤帝府，于午，主衣裳黼黻文绣，是为朱鸟之镇。《周礼》：'鸟旟七旒，以象鹑火。'谓七星也。一曰天御，一曰汪候，一曰津桥，后妃嫔御之位。亦为贤士，又为绛亭，主急兵主盗贼，水星也。一曰火星。其星北上十尺，为日月五星中道。七星明大，则王道行，人主昌。暗小，则贤良不用，天下空，贤士遁。动摇，则兵起。不明，则执政不平，天子疾病。离徙，则天下易政，室家离散。芒动，则后妃贤人忧。若金水来守之，女主恶也。"北宋李思聪《洞渊集》曰："星宿天库星君，上应太皇翁重浮容天，照临周国分野，掌海外东天竺国、泥婆国、狗头国，并九小国，下管人间裁缝衣装文绣，晴明刀剑，血光之司。"

张星，为一虎首人身，右手执剑，坐于山石之上。清张照等编《秘殿珠林》云："张星神，属福德天，形如脚迹，祭用毗罗婆果，姓瞿昙弥。"明章潢《图书编》曰："张六星，为天府，一曰天昌，实为朱鸟之象，火星也。主天庙明堂，御史之位，金玉珠宝，宗庙所用之物，天子内官之服，远方入贡之库。主天厨饮食赏赉之事。又主长养万物。其北十三尺，为日月五星中道。张宿明大，则人主治，民物阜蕃，五礼修，厨养具。暗小则礼失，天子多疾病，少子孙。移徙，则天下有逆民。就聚，则兵起。失色，则宗庙不安，明堂礼废。动摇，则有赐与之令。若金火守之，亦为兵象。日

柳星　谷文晁　江户时代
纸本设色　日本枥木县立博物馆藏

星星　谷文晁　江户时代
纸本设色　日本枥木县立博物馆藏

张星　谷文晁　江户时代
纸本设色　日本枥木县立博物馆藏

翼星　谷文晁　江户时代
纸本设色　日本枥木县立博物馆藏

食，则礼亏。月昏，则其地旱，谷盐贵。月食，大涝，鱼行人道。火孛犯，兵起。土水犯，国不宁。张南十四星，曰天庙，天子祖庙也。客星守之，祠官有忧。其占与虚梁同。长垣四星，在少防南，主界域及外国。火守之，边兵入中国。太白入之，九卿谋反。少防四星，在太防西南北，列士大夫之位，亦名处士，亦天子副主。或曰博士官，一曰主卫掖门南。第一星为处士，第二星为议士，第三星为博士，第四星为大夫。明大而黄，则贤士举用。五星犯守之，处士女忧，宰相易。"北宋李思聪《洞渊集》卷八曰："张宿天秤星君，上应始皇孝芒天，照临周国分野，掌海外弘誓国、诃陵国、婆利国，并九小国，下管人间宗庙，珍宝衣服，赐宴宾客，寒热时沴不和，大寒热，父子不睦，兄弟不和之司。"

翼星，为一中年男子，右手执剑，站立方坛之上，足下满是火焰。清张照等编《秘殿珠林》云："翼星神，属林天，形如脚迹，祭用煮熟青黑豆，姓㤭陈如。"明章潢《图书编》曰："翼二十有二星，曰化宫，一曰天都市，一曰天除，一曰天旗，土星也。是为朱雀之翼，为天之乐府，主和五音，调六律五乐八佾，以御天宫，实为南宫之羽仪，文物声名之所。丰茂，主三公化道，文籍及蛮夷远客，负海之宾，排优狄鞮戏娱之事。其北上十有三尺，为日月五星中道。其星光明有叙，则君明臣贤，礼乐兴，天下平，四夷服。星暗，大小失次，则帝主失礼，王道衰微。动摇，则有蛮夷之使来。就聚，则天下相伐。徙移，则三公废。离徙，则民流。失色，则日月五星乱行。星亡，则化道不行，文籍坏灭。明大芒动，则王者用兵，征伐四方。若使五星孛流客犯，大凶。又东瓯五星，在翼之南，蛮夷是也。张衡云：主东越，宰南越、三夷。金守之，其地有兵。芒角移动，兵内叛。"北宋李思聪《洞渊集》曰："翼宿天都星君，上应显定极风天，照临楚国分野，掌海外棱伽国、婆踤国、没罗国，并九小国，下管人间乐府，调五音六律，水府鱼龙，飞走群毛，万类之司。"

轸星，为一中年朝官，头戴冠，身披朝衣。清张照等编《秘殿珠林》云："轸星神，蝎仙之子，形如人手，祭用莠稗饭，属沙毗梨帝天，姓迦遮延。"明章潢《图书编》曰："轸四星，曰天车，主车骑任载，盗贼战伐之事。亦为丧车，辒之象，主死丧。四星为天

府,冢宰之官,主察殃咎,知凶灾,水星也。主风。其右星北上十三尺,为日月五星中道。轸东一小星,曰左辖。西一小星,曰右辖。左辖主同姓诸侯,右辖主异姓诸侯。轸星明大,则法驾备,车马用。移徙,则天子忧。就聚,则兵起。动摇,则车骑动。辖星欲其近轸,去轸近则上下和睦,远则君臣相疑,七寸以上为近,一尺以上为远。轸欲小而明,不欲大而明。小而明则国祚安,大明南与四星等,则兵大起。微暗,则诸侯有忧。星芒,则天下倾。左右辖不见,国有大忧。长沙二星,在轸之中,主寿命也。长沙明,则人寿长,子孙盛。军门二黄星在西,天子六军之门,主营猴豹尾威旗。占以移其处,为道不通。土司空四黄星,在军门南,主土功。"北宋李思聪《洞渊集》曰:"轸宿天阶星君,上应太安皇崖天,照临楚国分野,掌海外南天竺国、耽身国、师子国,并九小国,下管人间天地明朗,哭泣离别,官府口舌,凶恶危难之司。"

唐宋时期出现了一大批绘画大师,他们精于道佛绘画,并留下了许多杰作,称为"道释画"。所谓"道释画",是指绘画的题材为道教佛教的神仙佛祖,包括儒家的至圣先师,实则为三教人物神祇。道释画为人物画的一种。魏晋南北朝以来,道释画极盛,名家辈出,所作以壁画为多。东晋顾恺之的《画云台山记》是现存最早探讨神仙人物画像的理论著作,对中国人物画的影响相当大。宋代郭若虚的《图画见闻志》探讨了仙女画与一般仕女画在绘画技法上的不同。明代周履靖《天形道貌画人物论》特别区分了道画和释画的不同。清代蒋骥的《读画纪闻》《神女论》则对历代道教人物画理论作了总结性的叙述。

轸星　谷文晁　江户时代
纸本设色　日本栃木县立博物馆藏

道教绘画艺术反映道教主题,宣传道教教义。从现有著录的绘画来看,最早反映道教题材的应推三国时杨修画的《严君平卖卜图》。杨修所画为严氏为人占卜时的情景。此后又有《青溪赤龙图》《搜神记图》《洛神赋图》等描绘神仙的图画。这些画结构合理、笔法古朴,人物气定神闲,体现了独特的意境。隋唐以后,绘画中涉及道教的题材更为广泛,许多名人轶事纷纷入画。据记载,洛阳玄元皇帝庙有吴道子画的《五圣千官图》,另有太清宫、龙兴观、咸宜观壁画。现存河北省曲阳县北岳庙安天王圣帝庙的《天宫图》据传为吴道子所画。

宋代是道教壁画发展的鼎盛时期。道教壁画因宋王朝几次大规模的兴建宫观而得到发展的机会。据记载，宋真宗景德年间（1004—1007）为营造玉清昭应宫，征天下画家3000多人，以著名画家武宗元、王拙为左右班之首领。现存美国纽约的武宗元传世之作《朝元仙仗图》即为当时壁画之粉本。元代道教壁画在中国美术史上占有重要地位，艺术上继承了唐宋遗风，作者则多为民间画工。现存元代道教壁画较多，主要有山西省洪洞县水神庙明应殿壁画、山西高平县圣姑庙壁画、山西稷山县青龙寺壁画、河北省毗卢寺壁画、山西芮城永乐宫壁画。其中以山西芮城永乐宫壁画最为著名。

大量的卷轴画也纷纷问世，并广泛流传，产生了极大的社会影响。如光禄大夫、殿内将军董展尤长于画，作《道经变相》，为世所称赏。

骠骑尉张孝师善画。尝死而复生，故画地狱相为尤工，是皆冥游所见，非与想象得之者比也。御府所藏一：《传法太上像》。

范长寿学张僧繇画，能知风俗好尚，作田家景候人物，皆极其情。至于山川形势，屈曲向背，分布远近，各有条理。而其间室庐放牧之所在，牛羊鸡犬，吃草饮水，动作态度，生意具焉。御府所藏二：《醉道图》一，《醉真图》一。

何长寿，与范长寿同师法，故所画多相类。然一源而异派，论者次之。至于并驾齐驱，得名则均也。初何与范俱作《醉道图》传于世，好事者以僧繇名之，盖必有能辨之者云。御府所藏二：《辰星像》一，《五岳真官像》一。

工部尚书阎立德，与弟阎立本，家学俱造其妙。御府所藏其道释画有：《采芝太上像》一，《七曜像》二，《游行天王图》二。右相阎立本，与兄立德以善画齐名，尤工于形似。尝奉诏写太宗真容，后有善画者传于元都观，以镇九五冈之气。又写秦府十八学士，凌烟阁功臣等，悉皆辉映前古，时人咸称其妙。御府所藏四十有二：《三清像》一，《元始像》一，《行化太上像》一，《传法太上像》一，《岩居太上像》一，《四子太上像》一，《太上西升经》一，《拱极图》一，《玉晨道君像》一，《延寿天尊像》一，《木纹天尊像》一，《北帝像》一，《十二真君像》一，《维摩像》二，《孔雀明王像》一，《观音感应像》一，《五星像》二，《太白像》一，《房宿像》一，《十二神符》一，《宣圣像》一，《步辇图》一，《王右军真》一，《窦建德图》一，《写李思摩真》一，《凌烟阁功臣图》一，《魏徵进谏图》一，《飞钱验符图》一，《取性图》二，《西域图》二，《职贡图》二，《异国斗宝图》一，《职贡狮子图》一，《扫象图》一，《紫微北极大帝像》一，《混元上德皇帝像》一。

尉迟乙僧，吐火罗国胡人。贞观初，其国以善画荐中都，授宿卫官，封郡公。时人以其父跋质那为大尉迟，乙僧为小尉迟，盖父子皆擅丹青之妙。乙僧尝于慈惠寺塔前画《千手眼降魔像》，时号奇踪。然衣冠物像，略无中都仪形。其用笔妙处，遂与阎立本为之上下也。御府所藏八：《弥勒佛像》一，《佛铺图》一，《佛从像》一，《外国佛从图》一，《唐大悲像》一，《明王像》二，《外国人物图》一。

翟琰，早师吴道玄，每道玄画落墨已即去，多命琰布色。盖人物精神，只在约略秾淡间，而道玄辄许可。琰布色落墨，与道玄真赝故未易辨也。御府所藏四：《天尊圣像》一，《太上像》一，《孔雀明王像》一，《天王图》一。

杨庭光，与吴道玄同时，善写释氏像与经变相，旁工杂画山水等，皆极其妙，时谓颇有吴生体，但行笔差细，以此不同。要之，行笔细，则所以劣于吴生也。御府所藏十有四：《药师佛像》一，《五秘密如来像》一，《观音像》二，《如意轮菩萨像》一，《思定菩萨像》一，《思惟菩萨像》一，《仁王菩萨像》一，《长寿菩萨像》一，《菩萨像》一，《五星像》一，《星官像》一，《明星携行图》一，《写武后真》一。

卢楞伽，长安人，学画于吴道玄，但才力有所未及。尤喜作经变相，入蜀名益著，虽一时名流，莫不敛衽。乾元初，尝于大圣慈寺画《行道僧》，颜真卿为之题名，时号二绝。又尝画庄严寺三门，窃自比道玄总持壁。一日道玄忽见之，惊叹

伏羲女娲图　唐代　绢本设色
新疆维吾尔族自治区博物院藏

曰："此子笔力常时不及我，今乃相类。是子也，精爽尽于此矣。"居一月，楞伽果卒。御府所藏一百五十：《献芝真人像》一，《成道释迦佛像》一，《释迦佛像》四，《大悲菩萨像》一，《观音菩萨像》一，《文殊菩萨像》一，《普贤菩萨像》一，《七俱胝菩萨像》一，《罗汉像》四十八，《十六尊者像》十六，《罗汉像》十六，《小十六罗汉像》三，《智嵩笠渡僧像》一，《渡水僧图》二，《高僧像》二，《高僧图》二，《孔雀明王像》一，《十六大阿罗汉像》四十八。

赵德齐父温，以画称于世，德齐遂能世其家，奇踪逸笔，雅为时辈推许。光化中，诏许王建于成都置生祠；命德齐画西平王仪仗，车辂旌旗，森卫严整，形容备尽，及朝真殿上画后妃嫔御，皆极精妙。昭宗喜之，迁翰林待诏。御府所藏一：《过海天王像》一。

范琼，不知何许人也，寓居成都，与陈皓、彭坚同时，俱以善画人物、道释、鬼神得名。三人同手，于诸寺图画佛像甚多。咸通中，于圣兴寺大殿画《东北方天王》并《大悲像》，名动一时。有《乌瑟摩像》，设色未半而罢，笔踪超绝，后之名手，莫能补完。御府所藏九：《天地水三官像》三，《南斗星君像》一，《维摩像》一，《文殊菩萨像》

一，《降塔天王像》一，《写飞廉神像》一，《高僧图》一。

常粲，长安人。咸通中，路岩侍中牧蜀日，粲入蜀，雅为岩宾礼甚厚。粲善画道释人物，尤得时名。喜为上古衣冠，不堕近习。衣冠益古，则韵益胜。当时有《伏牺画卦》《神农播种》《陈元达锁谏》等图，皆传世之妙也。曲眉丰脸，燕歌赵舞，耳目所近玩者，犹不见之，而粲于笔下独取播种、锁谏等事。御府所藏十：《伏羲画卦像图》一，《神农播种像》一，《佛因地图》一，《陈元达锁谏图》一，《写懿宗射兔图》一，《星官像》一，《十才子图》二，《验丹图》一，《故实人物图》。

孙位，会稽人。僖宗幸蜀，位自京入蜀，称会稽山人。举止疏野，襟韵旷达，喜饮酒，罕见其醉，乐与幽人为物外交。光启中，画应天寺东壁，位因润州高座寺张僧繇《战胜天王》本笔之。画成，矛戟森严，鼓吹夏击，若有声在缥缈间。至于鹰犬驰突，云龙出没，千状万态，势若飞动，非笔精墨妙，情高格逸，其能与于此耶？其后改名遇，卒不知所在。御府所藏二十有六：《说法太上像》一，《天地水三官像》三，《维摩图》一，《三教图》一，《星官图》一，《会仙图》一，《神仙故实图》四，《高士图》一，《四皓弈棋图》一，《王波利图》一，《写马融像》一，《写毕卓图》一，《高逸图》一，《取性图》二，《草堂图》三，《围棋图》一，《扫象图》一，《番部博易图》一。

张南本，不知何许人。画佛像鬼神甚工，尤喜画火。火无常体，世俗罕有能工之者，独南本得之。尝于成都金华寺大殿画《八明王》，时有一僧，游礼至寺，整衣升殿，壁间见所画火，势焰逼人，惊怛几仆。时孙位以画水得名，世之论画水火之妙者，独推二子。盖水几于道，而火应于神，非笔端深造理窟，未易于形容也。又尝为宝历寺图佛事，曲尽其妙。后为人模写，窃换而去，多散落荆湖间。御府所藏三：《写观音图》一，《文殊部从图》一，《勘书图》一。

辛澄，不知何许人。多游蜀中，工画西方像。大抵释氏貌像多作慈悲相，跌坐即结跏，垂臂则袒肉；目不高视，首不轩举，淡然如枯木死灰，便同设教，故自为一家。所以海州观音，泗州僧伽，画工之精者，擅名一方。尝于蜀中大圣寺，画僧伽及诸变相，士女倾城邑往观焉，后至者无地以容。蜀人传之为佳话。御府所藏二十有四：《佛像》一，《佛铺图》一，《宝生佛像》一，《甘露如来像》一，《大悲菩萨像》二，《观音像》二，《白衣观音像》一，《如意轮菩萨像》一，《慈氏菩萨像》一，《仁王菩萨像》一，《宝印菩萨像》二，《宝檀花菩萨像》一，《文殊菩萨像》一，《思维菩萨像》一，《思念菩萨像》一，《乐音菩萨像》一，《不空钓菩萨像》一，《侍香菩萨像》一，《献花菩萨像》一，《莲花菩萨像》一，《香花菩萨像》一。

姚思元，林泉人。画道释一时知名。作《紫微二十四化》，皆所以警悟世俗，非止于游戏丹青，而自娱悦者。画佛亦多取因地为之图，所传于世者故自罕见之。今御府所藏三：《佛会图》一，《孔雀佛铺图》一，《紫微二十四化图》一。

工商，不知何许人也。工画道释士女，尤精外国人物。与胡翼同时，并为都尉赵岩所

厚。岩笔法高妙，方时谓一经品目，即便为名流。商所以致岩之厚者，岂虚名哉！商有《职贡》《游春》《士女》等图及佛像传于世。今御府所藏十有一：《老子度关图》一，《职贡图》二，《贡奉图》五，《蒴林风俗图》一，《蒴林士女图》一，《蒴林妇女图》一。

支仲元，凤翔人。画人物极有工，随其所宜，见于动作态度。多画道家与神仙像，意其亦物外人也。御府所藏二十有一：《太上传法图》一，《大上诫尹喜图》一，《太上度关图》一，《三教像》一，《五星图》一，《三仙图》一，《七贤图》二，《商山四皓》，《四皓围棋图》一，《围棋图》一，《会棋图》一，《松下弈棋图》二，《勘书图》一，《尧民击壤图》二，《林石棋会图》二，《棋会图》二。

左礼，不知何许人也。工写道释像，与张南本同时，故笔法近相类。盖道释虽非鬼神之状为难知，若近习而易工者，然气貌亦自殊体。道家则仙风道骨，要非世俗抗尘之状。释氏则慈悲枯槁，与世淡泊，无贪生奔竞之态。礼专以道释为工，其亦技进乎妙者。有二十四化图、十六罗汉、三官、十真人等像传于世。今御府所藏三：《天官图》一，《地官图》一，《水官图》一。

朱繇，唐末长安人。工画道释，妙得吴道玄笔法。雒中广爱寺、河中府金真观，皆有朱繇所画壁。工道释，未有不以道玄为法者，然升堂入室世罕其人，独繇不唯妙造其极，而时出新意，千变万态，动人耳目。武宗元尝在雒见其所画壁云："文殊队中旧有善财童子，予酷爱其笔法，玩之月余不忍去。今遂失其童子所在，信其画亦神矣。"弟子赵裔，亦知名一时。御府所藏八十有二：《元始天尊像》一，《天地水三官像》三，《金星像》一，《木星像》二，《水星像》二，《火星像》三，《土星像》一，《天蓬像》二，《南北斗星真像》一，《释迦佛像》四，《无量寿佛像》二，《药师佛像》二，《问疾维摩图》二，《五方如来像》一，《佛像》二，《兜率佛铺图》一，《文殊菩萨像》四，《降灵文殊像》一，《普贤菩萨像》三，《降灵普贤像》一，《维摩像》二，《观世音菩萨像》三，《行道菩萨像》五，《大悲像》二，《香花菩萨像》一，《宝檀菩萨像》一，《菩萨像》二，《帝释图》一，《金刚手菩萨像》一，《西方图》一，《揭帝神像》四，《护法神像》六，《善神像》七，《天王像》二，《北门天王像》二，《捧塔天王像》一，《高僧像》一，《地狱变相》一。

李升，唐末成都人也。初得李思训笔法而清丽过之。一日，得张璪山水一轴，凝玩久之，辄舍去。后乃心师造化，脱略旧习，命意布景，视前辈风斯在下。犹韩干视厩中万马，曰："真吾师也。"故能度越曹霸辈数等。升之于画，盖得之矣。蜀人亦呼为小李将军，盖当时李昭道乃思训子也，思训号大李将军，昭道号小李将军。今升与昭道声闻并驰，故以名云。升笔意幽闲，人有得其画者，往往误称王右丞者焉。御府所藏五十有二：《采芝太上像》一，《太上度关图》一，《六甲神像》六，《葛洪移居图》一，《仙山图》一，《仙山故实图》一，《天王像》一，《行道天王像》二，《渡海天王像》一，

《吴王避暑图》一，《滕王阁宴会图》一，《滕王阁图》五，《姑苏集会图》一，《避暑宫图》五，《江上避暑图》一，《故实人物图》二，《江山清乐图》一，《出峡图》一，《远山图》一，《山水图》一，《象耳山大悲真相》一，《十六罗汉像》十六。

华阴人杜子瑰，精意道释，因画圆光，自谓得意，非丹青家所及。每诧于流辈曰："我作圆光时，心游海上，遐想日出扶桑，沧沧凉凉，其状若此。故脱略笔墨，使妍淡无迹，宜他人所不能到也。"论者以为信然。子瑰研吮丹粉，尤得其术，故彩绘特异。御府所藏十有五：《毗卢遮那佛像》一，《释迦文佛像》一，《弥勒佛像》一，《大悲佛铺图》一，《大悲像》二，《大力明王像》二，《五如来像》一，《观音像》一，《白衣观音像》一，《文殊菩萨像》一，《如意轮菩萨像》一，《宝印菩萨像》一，《宝檀像》一。

杜龂龟，其先秦人，避地居蜀，事王衍，为翰林待诏。博学强识，无不兼能，至丹青之习，妙出意外，画佛相人物尤工。始师常粲，后舍旧学，自成一家。故笔法凌轹辈流，粲亦莫得接武。成都僧舍所画壁，名盖一时。御府所藏十有三：《天地水三官像》三，《佛因地图》一，《释迦佛像》二，《孔雀明王像》一，《慈氏菩萨像》一，《普贤菩萨像》一，《净名居士图》一，《托塔天王像》一，《善神像》二。

曹仲元，建康丰城人。江南李氏时，为翰林待诏。画道释鬼神，初学吴道玄不成，弃其法，别作细密，以自名家，尤工傅彩，遂有一种风格。当时江左言道释者，称仲元为第一，不为过焉。御府所藏四十有一：《九曜像》一，《三官像》三，《佛会图》三，《地藏图》一，《释迦佛像》二，《无量寿佛像》一，《弥勒佛像》二，《五十三佛像》一，《五方如来像》一，《观音像》十二，《白衣观音像》三，《慈氏菩萨像》一，《文殊菩萨像》二，《摩利支天菩萨像》二，《如意轮菩萨像》一，《玩莲菩萨像》一，《孔雀明王像》一，《大悲像》二，《普贤像》一。

嘉禾人陆晃，善人物，多画道释、星辰、神仙等，而又喜为数称者，如三仙、四畅、五老、六逸、七贤与山阴会仙、五王避暑之类是也。或言晃尤工田家人物，落笔便成，殊不构思，古人所不到。御府所藏五十：《玉皇大帝像》一，《太上像》一，《天官像》一，《星官像》一，《散圣图》一，《列曜图》二，《道释像》一，《孔圣像》一，《四畅图》四，《五老图》一，《六逸图》一，《明王宴乐图》一，《按乐图》一，《烹茶图》一，《绣线图》一，《开元避暑图》三，《五王避暑图》三，《火龙烹茶图》一，《山阴会仙图》四，《神仙事迹图》一，《故实人物图》一，《春江渔乐图》二，《田戏人物图》一，《水仙图》一，《勘书图》一，《古木图》，《三仙围棋图》一，《葛仙翁飞钱出井图》二，《长生保命真君像》一，《九天定命真君像》一，《天曹益算真君像》一，《天曹掌禄真君像》一，《天曹解厄真君像》一，《九天司命真君像》一，《九天度厄真君像》一，《天曹赐福真君像》一，《天曹掌算真君像》一。

孙梦卿，字辅之，东平人。工画道释，学吴生而未能少变。其后传移吴本，大得妙

处。至数丈人物本施宽阔者，缩移狭隘，则不过数寸，悉不失其形似，如以鉴取物，见大小远近耳。览者神之，号称孙脱壁，又云孙吴生，以此可见其精绝。但施于卷轴者殊少，盖塔庙岁久，不能皆存。御府所藏三：《太上像》一，《葛仙翁像》一，《松石问禅图》一。

孙知微，字太古，眉阳人。世本田家，天机颖悟，善画，初非学而能。清净寡欲，飘飘然真神仙中人。不茹妇人所馈食，有密以验之者，皆不可逃所知。喜画道释，用笔放逸，不蹈袭前人笔墨畦畛。尝于成都寿宁院壁图《九曜》，落墨已，乃令童仁益辈设色。侍从中有持水晶瓶者，因增以莲花。知微既见，谓瓶所以镇天下之水，吾得之道经，今增以花，失之远矣。故知知微之妙，岂俗画所能到也。蜀人尤加礼之，得画则珍藏十袭。知微多客寓寺观，精黄老、瞿昙之学，故画道释益工，而蜀中寺观尤多笔迹焉。御府所藏三十有七：《天蓬像》二，《天地水三官像》六，《九曜像》三，《填星像》一，《亢星像》一，《火星像》一，《十一曜像》一，《岁星像》一，《五星像》一，《星官像》二，《伏牺像》一，《长寿仙像》一，《葛仙翁像》一，《写孙先生像》一，《维摩像》一，《文殊降灵图》一，《智公真》一，《过海天王图》一，《行道天王图》一，《游行天王图》一，《罗汉像》一，《衲衣僧》一，《扫象图》一，《战沙虎图》一，《虎斗牛图》一，《牛虎图》一，《写李八百妹产黄庭经像》一，《写彭祖女礼北斗像》一。

句龙爽，蜀人。敦厚慎重，不妄语言。好丹青，喜为古衣冠，多作质野不媚之状。观之如鼎彝，间见三代以前篆画也，便觉近习为凡陋，而使人有还淳反朴之意。好画故事人物，世多传其本。御府所藏一：《紫府仙山图》。

陆文通，江南人。画山水、道释、楼台，得名于时。山水学董元、巨然，作《群峰雪霁图》，览之使人有登高作赋之思。画道释尤工。作《会仙图》，皆出乎风尘物表，飘飘然有凌云之意。是其笔端不凡者。御府所藏十有四：《神仙图》四，《仙山故实图》四，《会仙图》二，《群峰雪霁图》四。

王齐翰，金陵人，事江南李煜，为翰林待诏。画道释人物多思致，好作山林、丘壑、隐岩、幽卜，无一点朝市风尘气。开宝末，李煜衔璧请命。步卒李贵者，入佛寺中得齐翰画罗汉十六轴，为商贾刘元嗣高价售之，载入京师，质于僧寺。后元嗣偿其所贷，愿赎以归，而僧以过期拒之。元嗣讼于官府，时太宗尹京，督索其画，一见大加赏叹，遂留画，厚赐而释之。太宗即位后，名"应运罗汉"。御府所藏一百十有九：《传法太上图》一，《三教重屏图》一，《太阳像》一，《太阴像》一，《金星像》一，《水星像》一，《火星像》一，《土星像》一，《罗像》一，《计都像》一，《北斗星君像》一，《元辰像》一，《长生朝元图》一，《写南斗星像》六，《会仙图》三，《仙山图》一，《佛像》一，《因地佛图》一，《佛会图》一，《释迦佛像》二，《药师佛像》一，《大悲像》二，《观音菩萨像》一，《势至菩萨像》一，《自在观音像》一，《宝陀罗观音像》一，《岩居观音图》一，《慈氏菩萨像》一，《白衣观音像》一，《须菩提像》二，《十六罗汉像》十六，《十六罗汉像》十，《色山罗汉图》二，《罗汉像》二，《玩莲罗汉像》二，《岩居罗汉像》一，《宾头卢像》一，《玩泉罗汉像》一，《高僧图》一，《智公像》一，《花岩高僧像》一，《岩居僧》一，《高士图》二，《药王像》二，《高贤图》二，《逸士图》一，《重屏图》一，《古贤图》五，《围棋图》一，《琴会图》一，《琴钓图》二，《垂纶图》一，《水阁图》一，《高闲图》一，《静钓图》一，《龙女图》一，《海岸图》二，《秀峰图》一，《陆羽煎茶图》一，《陵阳子明图》一，《支许闲旷图》一，《林壑五贤图》一，《林亭高会图》一，《海岸琪木图》一，《江山隐居图》一，《金碧潭图》一，《设色山水图》一，《林汀遥岑图》一，《林泉十六罗汉图》四，《楚襄王梦神女图》一。

颜德谦，建康人。善画人物，多喜写道像，此外杂工动植。论者谓王维不能过，虽疑其与之太甚，然在江南时，后唐李氏亦云："前有恺之，后有德谦。"虽不及王、顾，亦居常品之上矣。御府所藏二十有一：《太上像》一，《太上度关图》一，《太上图》一，《太上采芝像》一，《四子太上像》一，《采芝图》一，《仙迹图》二，《十二溪女图》三，《洞庭灵姻图》二，《渡水牧牛图》二，《牧牛图》二，《乳牛图》一，《竹穿鱼图》一，《野鹊图》一，《蝉蝶图》一。

侯翌，字子冲，安定人。善画。端拱、雍熙之际，声名藉甚。学吴道元作道释，落墨清骏，行笔劲峻，峭拔而秀，绚丽而雅，亦画家之绝艺也。始年十三，师郭巡官，越四年，所学过郭远甚，徙寓秦川。往往秦川僧舍画壁，尚有存者。御府所藏十有六：《行化太上像》一，《天蓬像》一，《九曜像》一，《释迦像》一，《维摩文殊像》一，《地藏菩萨像》一，《长寿王菩萨像》一，《问病维摩图》一，《智公传真像》一，《献花菩萨像》一，《净名居士像》一，《天王像》一，《鬼子母像》一，《汉殿论功图》一，《避暑士女图》一，《赋诗士女图》一。

武洞清，长沙人。工画人物，最长于天神、道释等像。布置落墨，广狭大小，横斜曲直，莫不合度，而坐作进退，向背俯仰，皆有思致。尤得人物名分尊严之体，获誉于一时，至有市人以刊石着洞清姓名而求售者。然其它画则未闻，传于世者亦少，独十一曜具在。御府所藏二十有一：《太阳像》二，《太阴像》二，《金星像》二，《木星像》一，《水星像》二，《火星像》一，《土星像》二，《罗睺像》一，《计都像》一，《水仙像》一，《智积菩萨像》一，《侍香金童像》一，《散花玉女像》一，《药王像》一，《诗女对吟图》二。

杨棐，京师人。客游江浙，后居淮楚。善画释典，学吴生，能作大像。尝于泗滨普照佛刹为二神，率逾三丈，质干伟然，凛凛可畏。又作钟馗，亦工。按钟馗近时画者虽多，考其初，或云："明皇病疟，梦钟馗舞于前，以遣疟疠。其后传写形似于世，世始有钟馗。然临时更革，态度大同而小异，唯丹青家缘饰之如何耳。"又说："尝得六朝古碣于墟墓间，上有钟馗字，似非始于开元也。"御府所藏二：《立像观音》一，《钟

馗氏图》一。

韩虬，陕人。与李祝同学吴道玄，后声誉并驰，人以韩李称。尤长于道释，尝在陕郊龙兴寺作画壁，其骨相非世间形色，盖深得于道玄者。御府所藏十有三：《写太阴像》一，《水星像》一，《星官像》一，《观音像》一，《慈氏菩萨像》一，《行道菩萨像》二，《献花菩萨像》二，《献香菩萨像》二，《天王图》一，《东华司命晋阳真人像》一。

武宗元，字总之，河南白波人。家世业儒，而宗元特喜丹青之学，尤长于道释，笔法备曹吴之妙。父道与故相王随，为布衣之旧。随见宗元奇之，因妻外甥女，以随荫补太庙斋郎。尝于西京上清宫，画三十六天帝。其间赤明和阳天帝，潜写太宗御容，以宋火德王，故以赤明配焉。真宗祀汾阴还，道由洛阳，幸上清宫，忽见御容，惊曰："此真先帝也。"遽命焚香再拜，叹其精妙，伫立久之。张士逊有诗云："曾此焚香动圣容。"盖谓是也。祥符初营玉清昭应宫，召募天下名流，图殿庑壁，众逾三千，幸有中其选者才百许人。时宗元为之冠，故名誉益重，辈流莫不敛衽。御府所藏十有五：《天尊像》一，《天帝释像》一，《朝元仙仗图》一，《北帝像》一，《真武像》一，《火星像》一，《土星像》一，《天王图》一，《观音菩萨像》一，《渡海天王像》一，《李得一冲雪过鲁陵冈图》四。

道士徐知常，字子中，建阳人。能诗，善属文，凡道儒典教，与夫制作，无不该晓。脱略时辈，萧然老成，有士君子之风。方阐道教，首预选抡，校雠琅函玉笈之书，无不精确。居闲则鼓琴瀹茗以自娱，真方外之士。画神仙事迹，明其本末，位置有序，仙风道骨，飘飘凌云，盖善命意者也。旧尝有痼疾，遇异人得修炼之术，却药谢医，以至引年，白发红颜，真有所得。今为冲虚大夫、蕊珠殿侍晨。御府所藏一：《写神仙事迹》一。

道士李得柔，字胜之，本河东晋人，后徙居西洛。得柔祖宗固尝守汉州日，有道士尹可元者，犯法当死，因缓之以免。可元颇妙丹青，临羽化日，自念云："愿生李族为男子，以报厚德。"是夕得柔母梦一黄冠来扣门，既寤，果生子，今得柔是也。得柔幼喜读书，工诗文。至于丹青之技，不学而能，益验其夙世之余习焉。写貌甚

南极大帝　朝元仙仗图（局部）　武宗元　北宋　手卷
绢本白描　美王季迁藏

工,落笔有生意。写神仙故实,嵩岳寺唐吴道玄画壁内四真人像,其眉目风矩,见之使人遂欲仙去。设色非画工比,所施朱铅多以土石为之,故世俗之所不能知也。方国家阐道之初,雠校琼文蕊笈,得柔首被其选。议论品藻,莫不中理。后为紫虚大夫、凝神殿校籍。御府所藏二十有六:《大茅仙君像》一,《二茅仙君像》一,《三茅仙君像》一,《钟离权真人像》一,《南华真人像》一,《韦善俊真人像》一,《吕岩仙君像》一,《苏仙君像》一,《栾仙君像》一,《陶仙君像》一,《封仙君像》一,《寇仙君像》一,《张仙君像》一,《谭仙君像》一,《孙思邈真人像》一,《王子乔真人像》一,《朱桃椎真人像》一,《浮丘公像》一,《刘根真人像》一,《天师像》一,《太上浩劫图》一,《冲虚至德真人像》一,《写吴道玄真人像》四。

卫协以画名于时,作道释人物,冠绝当代。尝画七佛图,不点目睛,人或疑而有请。协谓:"不尔。即恐其腾空而去。"世以协为画圣。御府所藏三:《卞庄子刺虎图》一,《高士图》二。

周昉,字景元,长安人。传家阀阅,以世胄出处贵游间,寓意丹青,颇驰誉当代。生平图绘甚多,而散逸为不少。御府所藏七十有二:《天地水三官像》六,《五星真形图》一,《五星图》一,《五曜图》一,《四方天王像》四,《降塔天王图》三,《托塔天王像》四,《星官像》一,《天王像》二,《授塔天王图》一,《六丁六甲神像》四,《九子母图》三,《写金德像》一,《北极大帝圣像》一,《行化老君像》一,《明皇骑从图》一,《杨妃出浴图》一,《三杨图》一,《织锦回文图》一,《豫游图》一,《五陵游侠图》一,《蛮夷职贡图》二,《烹茶图》一,《宫女图》二,《宫骑图》一,《游春士女图》一,《烹茶士女图》一,《凭栏士女图》一,《横笛士女图》一,《舞鹤士女图》一,《纨扇士女图》一,《避暑士女图》一,《览照士女图》一,《施行士女图》一,《吹箫士女图》一,《游戏士女图》一,《围棋绣女图》一,《天竺女人图》一,《蒱林图》二,《写武后真》一,《按舞图》三,《药栏石林图》一,《妃子教鹦鹉图》一,《宝塔出云天王像》一,《北方毗沙门天王像》一,《明皇斗鸡射鸟图》一,《白鹦鹉践双陆图》一,《北齐高欢帝幸晋阳宫图》一。

丘文播,广汉人也。又名潜,与弟文晓俱以画得名。初工道释人物,兼作山水。其后多画牛,龁草饮水,卧与奔逸,乳犊放牧,皆曲尽其状。尝为《衔果鼠》,一时称为奇绝,今已散逸,莫知所在。御府所藏二十有五:《文会图》四,《丰稔图》一,《六逸图》四,《七才子图》二,《维摩化身图》一,《维摩示疾图》一,《松下逍遥图》一,《田家移居图》一,《渡水僧图》一,《骊山老母像》一,《三笑图》一,《牧牛图》三,《逸牛图》一,《乳牛图》二,《水牛图》一。

丘文晓,广汉人,文播弟。工道释,一时与文播齐名。山水亦工,要皆高世之习。道家之仙风,释氏之慈相,山川之神秀,其非有得于心,则未有能到其妙也。今成都广汉间,文晓笔迹尤多。亦喜画牧牛,盖释氏以观性,此所以见画于文晓焉。御府所藏四:

《渡水罗汉像》一，《故实人物图》一，《牧牛图》二。

阮郜，不知何许人，入仕为太庙斋郎。善画，工写人物，特于士女得意。凡纤秾淑婉之态，萃于毫端，率到阃域。作《女仙图》，有瑶池阆苑之趣，而霓旌羽盖，飘飘凌云，

听琴图　赵佶　北宋
绢本设色　北京故宫博物院藏

果老仙踪　宋代　绢本设色
台北故宫博物院藏

萼绿双成，可以想象。衰乱之际，尤不可得，但传于世者甚少。今御府所藏四：《女仙图》一，《游春士女图》三。

周文矩，金陵句容人也。事李煜，为翰林待诏。善画，工道释、人物、车服、楼观、山林、泉石，不堕吴曹之习，而成一家之学。御府所藏七十有七：《天蓬像》一，《北斗像》一，《许仙岩遇仙图》三，《会仙图》一，《佛因地图》一，《神仙事迹图》二，《文殊菩萨像》一，《卢舍那佛像》一，《观音像》一，《金光明菩萨像》一，《写李煜真》三，《明皇取性图》二，《明皇会棋图》一，《五王避暑图》四，《写谢女真》一，《法眼禅师像》一，《阿房宫图》二，《写李季兰真》一，《斫脍图》二，《火龙烹茶图》四，《四畅图》一，《问禅图》一，《春山图》一，《重屏图》一，《听说图》一，《鲁秋胡故实图》一，《钟馗氏小妹图》五，《高闲图》一，《文会图》一，《钟馗图》二，《金步摇士女图》一，《煎茶图》一，《谢女写真图》二，《玉步摇士女图》二，《诗意绣女图》一，《写真士女图》一，《按乐士女图》三，《合药士女图》四，《理鬓士女图》三，《按乐宫女图》一，《按舞图》一，《玉妃游仙图》一，《宫女图》一，《游行士女图》一，《琉璃堂人物图》一，《慈氏菩萨像》二，《长生保命天尊像》一，《兜率宫内慈氏像》一。

石恪，字子专，成都人。喜滑稽，尚谈辩，工画道释人物。初师张南本，技进益纵逸，不守绳墨，气韵思致过南本远甚。然好画古僻人物，诡形殊状，格虽高古，意务新奇，故不能不近乎谲怪。孟蜀平，至阙下，被旨画相国寺壁，授以画院之职，不就，力请还蜀，诏许之。御府所藏二十有一：《太上像》一，《镇星像》一，《罗汉像》一，《四皓围棋

飞仙图　赵伯驹　宋代
绢本设色　台北故宫博物院藏

第二十二章｜隋唐道教神仙谱系

图》一,《山林七贤图》三,《游行天王像》一,《女孝经像》八,《青城游侠图》二,《社飨图》二,《钟馗氏图》一。

郝澄,字长源,金陵句容人。得人伦风鉴之术,故于画尤长传写。盖传写必于形似,而画者往往乏神气。澄于形外独得精神气骨之妙,故落笔过人。澄力学逮二十年而笔墨乃工,声誉益进。作道释、人马,世多传其本,清劲善设色。御府所藏一十有四:《写北极像》一,《神仙事迹》一,《出猎图》三,《人马图》二,《渲马图》六,《牧放散马图》一。

李公麟,字伯时,舒城人。始画,学顾陆与僧繇、道玄及前世名手佳本,至礧磈胸臆者甚富,乃集众所善以为己有,更自立意专为一家,若不蹈袭前人,而实阴法其要。故创意处如吴生,潇洒处如王维。谓《华严会》人物可以对《地狱变相》,《龙眠山庄》可以对《辋川图》是也。御府所藏一百有七:《写大梵天像》二,《揭帝神像》一,《不动尊变相》一,《护法神像》五,《观音像》三,《瑞像佛》一,《华严经相》六,《金刚经相》一,《维摩居士像》一,《无量寿佛像》一,《禅会图》一,《释迦佛像》一,《菩萨像》一,《写摩耶夫人像》一,《缁衣图》一,《亲近菩萨像》二,《写王维看云图》一,《写十国图》二,《写羲之书扇图》一,《写卢鸿草堂图》一,《写王维归嵩图》一,《蔡琰还汉图》一,《写王维像》一,《写职贡图》二,《山庄图》一,《书裙图》一,《归去来兮图》二,《阳关图》一,《四皓围棋图》一,《织锦回文图》一,《女孝经相》二,《醉僧图》一,《玉津访石图》一,《孝经相》一,《写三石图》一,《玻璃鉴图》一,《写生折枝花》二,《杏花白鹇图》一,《天育骠骑图》一,《写唐九马图》一,《昭君出塞图》一,《姑射图》一,《五王醉归图》一,《豢龙氏图》一,《写玉蝴蝶图》一,《御风真人图》一,《游骑图》一,《小笔游戏图》一,《弄骄人马图》一,《习马图》一,《二马图》一,《马性图》一,《写韩干马图》二,《调习人马图》一,《北岸赠行马图》一,《写东丹王马图》一,《天马图》一,《人马图》二,《呈马图》一,《番骑图》一,《九歌图》一,《祖师传法授衣图》一,《弥陀观音势至像》一,《写摩奴舍夫人像》一,《五星二十八宿像》一,《写十大弟子像》十,《摹吴道玄护法神像》二,《摹唐李昭道海岸图》一,《摹吴道玄四法神像》四,《摹唐李昭道摘瓜图》一,《王安石定林萧散图》一,《丹霞访庞居士图》一,《写徐熙四面牡丹图》一,《摹北塞赞华蕃骑图》一。①

道士张素卿,简州(今四川简阳市)人。出身卑微,少孤而贫困,却对绘画很执着。他在节度使谯国夏侯孜宅做差役时,有机会见识了许多隋唐名画,经过刻苦学习,绘画技术有了长足发展。"艺成之后,落拓无羁束,遂衣道士服,唯画道门尊像,豪贵之家少得其画者。"张素卿入道修真,以卖卜卖药、书符导引救济百姓。时前蜀王建修青城山丈人

---

① 宣和画谱[M]//文渊阁四库全书:第813册.台北:台湾商务印书馆,1983:72-111.

崆峒问道图　杨世昌　金代　绢本设色
北京故宫博物院藏

采药图　无款　辽代　纸本设色
山西雁北地区文物工作站藏

观,"请素卿于丈人真君殿上,画五岳四渎、十二溪女、山林溪沼树木诸神,及岳渎曹吏,诡怪之质,生于笔端,上殿观者,无不恐惧"。

张素卿又于龙兴观、简州开元观绘制壁画,《益州名画录》载其"下笔如神,自始及终,更无改正。今龙兴观甚有画壁,年深皆尽颓损,余张百子堂板龛、内门两畔龙虎两躯,素卿笔,见存"。"又于简州开元观,画容成子、董仲舒、严君平、李阿、马自然、葛玄、长寿仙、黄初平、葛永瓃、窦子明、左慈、苏耽十二仙君像。"广政十七年(954)十一月十一日,值蜀主孟昶诞生之辰,"安公进素卿所画《十二仙真形》十二帧,蜀主耽玩叹赏者久。因命翰林学士礼部侍郎欧阳炯次第赞之,令翰林待诏黄居宝八分书题之。凡有醮奏,于玉局开悬供养"①,并叹誉说:"非神仙之人,无以写神仙之质也。每观其画,叹笔迹之纵逸;览其赞,赏文词之高古;视其书,爱点画之宏壮。"他又得张素卿所绘《八仙图》,并说《八仙图》一点也不比应天寺的"三绝"壁画逊色。②所谓"八仙"即"蜀中八仙",指李阿、容成、董仲舒、张道陵、严君平、李八百、长寿仙、葛永瓃。

北宋宣和时期张素卿的图作尚存许多。仅御府所藏就有十四幅:"《天官像》一,《三官像》一,《九曜像》一,《寿星像》一,《容成真人像》一,《董仲舒真人像》一,《严君平真人像》一,《李阿真人像》一,《马自然真人像》一,《葛元真人像》一,《长寿仙真人像》一,《黄初平真人像》一,《窦子明真人像》一,《左慈真人像》。"③此外尚有《老子过流沙图》《五星图》《老人星图》《二十四化真

---

① 黄休复.益州名画录[M]//车吉心.中华野史:第3册.济南:泰山出版社,2000:127.
② 李昉.太平广记[M].北京:中华书局,1981:1640.
③ 宣和画谱[M]//文渊阁四库全书:第813册.台北:台湾商务印书馆,1983:81.

人像》《太无先生像》等传世。其弟子有陈若愚、李寿仪，皆为道门画师。

陈若愚，左蜀人。因崇拜张素卿画作，遂衣道士服，师事素卿，受其笔法，得丹青之妙。永平年间，废兴圣观为军营，"其观有五金铸天尊形、明皇御容一躯，移在大圣慈寺御容院供养，余道门尊像殿堂，皆就龙兴观起立，今精思院北帝殿是也。"①陈若愚于成都精思观四壁画青龙、白虎、朱雀、玄武四君像，"声誉益著。画东华帝君像尤工。盖东华帝君应位乎震，自乾再索而得震，震帝出以应物之地"②。

与此同时，其余众神谱系也在不断地修定中。如杜光庭《道门科范大全集》卷一至卷三，在三清之后所列神灵为：玉皇、紫微大天帝、北斗九星君、三官、五帝、九府四司诸君、六十甲子本命星君、玄中大法师、三天大法师等；卷四至卷六则列：高上玉皇、三十六天帝、东华、南极、西灵、北真大帝，玄中大法师、三天大法师、日月九曜、南辰北斗、三官、五帝、本命星君、东岳司命、名山洞府得道神仙、三界应感一切真灵等。其余各卷大体类此，以三清圣祖为主尊，其下拥有众多神真，从而形成了一套相当庞大的道教神系。

---

① 黄休复.益州名画录[M]//车吉心.中华野史：第3册.济南：泰山出版社，2000：133.
② 宣和画谱[M]//文渊阁四库全书：第813册.台北：台湾商务印书馆，1983：81.

# 第二十三章

# 唐宋时期的北帝派

北帝派是唐宋时期最有影响的一个道教流派，由唐玄宗时的道士邓紫阳创立。他以江西抚州南城县的麻姑山为活动中心，子孙世代传承《天蓬经》和北帝剑法，其弟子称上清北帝太玄弟子。北帝派兼上清之道和正一法脉，讲究静思服气、劾鬼、符水疗病等，既习《道德经》《黄庭经》《西升经》等，又习法术以交通神灵，除害利人，驱邪救灾，所以又叫"明威上清之道"。

# 第一节　北帝派历史传承

北帝派创于盛唐之时，因得到了唐玄宗的扶持而初具规模。邓紫阳之后，北帝派发展很快，至邓延康时，由于他道术绝高，与王公大臣交往至密，驱邪救灾，多有灵验，且在京都龙兴观为人讲授《道德经》《黄庭经》等，信徒众多，达到鼎盛，至唐末五代仍绵延不绝，信徒众多，在道门中具有举足轻重的地位。北宋时期，北帝派与其他道派混归一流，形成鄞岳派，打开了一个崭新的局面。第三十代天师张继先精通北帝派道法，并开创了其中的北帝地祇宗。

## 一、邓紫阳与北帝派

北帝派为中唐道士邓紫阳开创。据史籍记载，邓紫阳名思瓘，亦名思璞。唐李邕《唐东京福唐观邓天师碣》谓邓氏乃江西临川人，为南阳之望族。数代宗祖，"皆秉哲衣德，参寥洞元，代有人矣。且源派分流，达于江海之内。父子传气，合于天地之初。尊师幼入庐山，中移恒岳，吸沆瀣，漱清泠，精魄冥于太虚，耳目静于穿谷，身枯木，心死灰，固不如也。开元二十三年，皇上下明诏求方士闻，本郡别行李行伟以尊师应辟焉。帝请问所习,雅重其言。常斋太一宫,集元元教,虑失诸野,思得其人,临遣尊师,俾巡江南六十郡,冥搜元览,欲以张皇大道,开觉下人。明年春二月甲子,复命称旨意,敕度为道士,名曰紫阳。仍赐紫罗法衣一副,绢一百匹,配东京福唐观,兼本郡龙兴观以宠之。议者以尊师心奉于道,身事于君,名师于乡,德扬于国,莫之比也"。其后多次应诏入宫,访以道妙,并奉诏于诸名山建醮祷福,"诣中岳、王屋、函谷、宗圣及诸名山,修功德。其所至也,神兵降于坛上,庆云集于山下,元鹤徘徊于霄汉,丹芝郁馥于原野"。开元二十七年(739)仙逝于西京太元观。清其遗产,"箧藏手诏三十纸,壁挂道经五千言,前后所赐法衣七副而金紫者,杂彩九百二十八段,钱二十六万七千,尊师尽以幡像香油之供费,其余无几,或赒老病贫窭焉。帝闻之流涕,赐绢二百匹,充其殁养之□,用锡尊师孝也。度弟思明麻姑山道士,用成尊师仁也。御书仙灵观额,立麻姑山庙,用昭尊师愿也。二十八年二月二十日,殡于旧居麻姑山顶"。①

东汉和帝永元八年(96)置临汝县,即现在的临川区。237年,建临川郡,郡治设在临汝县。隋文帝开元九年(589)灭陈,实现全国统一,废郡扩州,平陈总管杨武通奉命安抚临川郡一带,将临川郡改为抚州。纵观历史,古临川治属相当于现在抚州市的绝大部分,并囊括了庐陵、豫章、瓯闽部分。东连吴越,西接潇湘,南控闽粤,北襟江湖,横跨吴、越、楚三地,为古代通往闽粤沿海地区的要冲。据清顾祖禹《读史方舆纪要》卷86考辨,崇仁县本临汝县地,三国吴为新建县地,属临川郡。晋、宋、齐因之。梁为巴山县地,属巴山郡。隋郡县俱废,改置崇仁县于此,属抚州。唐、宋因之。境内有罗山,跨抚、洪、吉三州境,以晋道士罗文通学仙于此而名。绝顶有石仙寺,下有池,冬夏不竭,一名池山。半山有田数百亩,泉涓涓注其间。唐天宝六载,罗山改曰崇仁山。巴山,汉栾巴尝为豫章守,山因以名。梁复因山以名县。唐天宝六载,改曰临川山。宋邑令孙懋又改曰相山,亦避巴讳也。②

巴山为北帝派的祖庭。宋黄震《相山防灵四仙祠记》:"咸淳七年辛未,余方救荒抚州,适岁又旱,吏以旧所祷者告,则皆淫祀也。余曰:有是哉。改而祷于社稷,若境内名山大川之神,雨幸辄应,然犹未洽,惟郡之西南山,余望之云日日兴,雨气常暗一方。佥谓此相山四仙之灵也,旱剧则迎之至。余用其言,雨均千里。明年旱,又明年旱,祷而雨亦如之。每念一履岩巘之上,为吾民谢神休,未能也。一日,住山道士罗端英谒余,为《四仙祠记》。余惟四仙之灵昭昭也,余在抚三年,实身被其灵应,何幸托名以寄谢。""相山在抚州,其高二十有六,其周三百有八十里,秀矗半天,巍绝四望,于墇内为最钜镇,真神明之所居,真造化之所寓。今所谓四仙者,即造化之神之凭欤?我先皇帝理宗诏封四仙真人,有曰:尔虽超世绝俗,而未尝无爱人利物之心。嘻!其有见于山川之

---

① 陈垣,陈智超.道家金石略[M].北京:文物出版社,1988:125.
② 顾祖禹.读史方舆纪要[M].北京:中华书局,2018:3996.

神之合者矣。四仙：梅仙福，栾仙巴，皆汉人；邓仙思瑾，叶仙法善，皆唐人。其始封以绍定四年之九月，其加封以端平元年之二月，凡皆见于前人之述备矣。惟四仙，窃意非有外于山川之神灵异，窃意非有外于造化之迹，此则余所愿言，使抚之人士，继自今常一其心之所向者也。初祠在山半，祷辄风雷。守祠者恐，而迁之山绝顶，晨香夕灯，登陟亦良苦。"①元虞集《相山重修保安观记》曰："宋时即山巅并祠此四君者，而使道士守之，梅栾山下祀祭不废，乞灵之人以四君为归矣。""开庆己未，用漕臣守臣言，祷祈之应，封四君为真人。端平甲午，加封真君，皆有褒称。"咸淳辛未，守臣黄震，至郡连旱，"遣吏迎四君之象，果得雨，岁乃熟"。"至元庚辰四月旱，种不入土，祷于山麓栾君之祠，其应滂沛甚异。七月又旱，合群祀而祷之，急迎四君之像皆至县治，又得雨。郡吏以旱之迎祷四君者，雨亦应。而送神还山，目其荒凉，以惧以愧，究诸其故，则主祠者无固志之弊也。邑中景云观道士黄处和，事玄教大宗师吴公（全节）于京师，吴公命处和归主华盖之山，而正一三十九代张天师已令王应真主华盖，得度弟子以居。既有成绩，乃移处和理相山，苦四至者争利而弗恤也。保童君乃为文书，言诸主道教者，请以处和自度弟子嗣守而葺之。未数月，张天师、吴大宗师还书，悉如巴图之请相山。先有上清法师孙庆衍受玺书领相山，而留侍上方，不能至。黄处和遂次庆衍为相山"，各出财以施，刊木徒工，"遂以至正辛巳九月，克修四仙之祠，道众之舍，门庑庖库，以次而举。监邑通敏有才器，治事有方略，久而民益信服之。是以作兹山也，不烦劳而迨其成焉"。②说明两宋之际已将梅福、栾巴、邓紫阳、叶法善奉为四仙，并有祠宇祭祀，先后有正一派高道主持观事，盛极一时。

临川地区的道教历史悠久，道派甚多，宫观庙宇遍布各地，社会影响极大，并形成了以相山、麻姑山、华盖山、军山为祖庭的北帝派、洞渊派、天心派、神霄派。道士章元枢编《华盖山事实》记载："华盖山峙于临川、庐陵二境之间，其在图则属抚州崇仁。山之高三十有五里，周回四百余里，中有紫玄之洞，即浮丘公与王郭二真修炼升举之所，《华夷图》所载宝盖山是也。""自晋以来，灵响浸著，州县祈祷，无不获应。有颜鲁公碑、沈仙翁实录，该载甚详。"③清顾祖禹《读史方舆纪要》载："华盖山，县南百二十里。形如华盖，又号江南绝顶，岩洞殊胜。《志》云：山有布水谷，元吴澄尝隐于此。"④

传为黄帝时期的仙真。元赵道一《历世真仙体道通鉴》载："李浮丘伯，世号浮丘公，居嵩山修道，白日飞升。尝作《原道歌》云：'虎伏龙亦藏，龙藏先伏虎。但毕河车功，不用堤防拒。诸子学飞仙，狂迷不得住。左右得君臣，四物相念护。乾坤法象成，自

---

① 黄震.黄氏日抄[M]//文渊阁四库全书：第708册.台北：台湾商务印书馆，1983：949-950.
② 虞集.道园学古录[M]//文渊阁四库全书：第1207册.台北：台湾商务印书馆，1983：660.
③ 沈庭端，黄弥坚.华盖山浮丘王郭三真君事实[M]//道藏：第18册.北京：文物出版社，上海：上海书店出版社，天津：天津古籍出版社，1988：55.
④ 顾祖禹.读史方舆纪要[M].北京：中华书局，2018：3996.

有真人顾。'又以《相鹤经》授王子晋,崔文子学道于子晋,得其文,藏嵩山石室。淮南公采药得之,遂传于世。《相鹤经》云:'鹤者,阳鸟也,而游于阴。因金气、乘火精以自养。金数九,火数七,故七年小变,十六年大变,百六十年变止,千六百年形体尚洁,故其色白,声闻于天。故头赤,食于水;故喙长,轩于前;故后指短,柄于陆;故足高而尾凋,翔于云;故毛丰而肉疏,大喉以吐;故修颈以纳新,故天寿不可量。所以体无青黄二色者,木土之气内养,故不表于外,是以行必依洲渚,止必集林木,盖羽族之宗长,仙人之骐骥也。'"① 《华盖山浮丘王郭三真君事实》张宇初序:"仙道自古尚矣,而世之纪录,或不得其详焉。间因其微而病其著,一斥之以眇茫怪诞者有之。又孰知其灵踪异迹昭赫彰著,信有不可揜焉耳,其可均谓之诬哉?抚之崇仁华盖山,又曰宝盖山,浮丘、王、郭三真之祠也。浮丘者,与容成子、黄帝游,周末授灵王太子晋,汉授《诗》于申公,与楚元王友,度王褒以仙,即古浮丘公也……按紫清白真人云:公生于商,仕于周,隐于汉,化于晋,至隋开皇间,尚留巴陵华盖山也,宋元累旌以封谥。若山之曰华林山、衡州小庐山、潭州浮丘山、江陵之宝盖山,歙县宣州、太平州、金华俱有黄山,皆三仙遗迹也。当是时名卿巨夫,若颜鲁公、李宗鄂、李冲元、吴文正、虞文靖辈之记审矣。而广录所载凡旱涝、疾疢,祷祠禜袷之应,在在有之,故所奉祠宇,亦不下百余,是岂非至神无方而能然乎?"②

与汉晋神仙之说不同,华盖山三仙济世度人,功德显著。"死而有灵之谓神,长生不死之谓仙,道不同也。神往往能御灾患,芘生民;仙,志在修炼飞升而已,鲜有推德以及人者。惟华盖三仙则不然,祷雨雨应,祷疾疾瘳,求嗣而得嗣,求药而得药,四方之人,蒙福者众,此所以群然倾心而起敬也欤?……禀造化而生者,人也;妙造化而运者,神也;峙然为造化之重镇者,山也。山以神而灵,人以神而安,神居其山,人崇其神,而能敬其山,此理势之然也。抚州华山,三峰耸云,为江右绝岭,乃浮丘、王、郭三真君飞升得道之所。国有旱涝则祷之,民有疾疫则求之,危可转而安,祸可转而福,叩心一萌,其应如响。终岁朝谒不绝,于秋尤甚。"③

浮丘公事迹多见于传记诸书。颜真卿撰并书《唐抚州崇仁县桥仙观王郭二真君碑铭》:"粤以江南之地,佳丽垂名,山岳之间,宛有仙洞。予祗膺圣泽,廉察临川。一日,按地图,得属邑崇仁县华盖山有王、郭二真君坛存焉,欣睹异事,未原其始。他日公余,因令军将往山下访求碑铭,果得一石记,乃隋开皇五年焚修道士李子真于坏碑上再录出其文,则知王、郭二真者,仙不显名,王则方平之再从,郭乃王之族弟也。始于金华

---

① 道藏:第5册[M]. 北京:文物出版社,上海:上海书店出版社,天津:天津古籍出版社,1988:126.
② 道藏:第18册[M]. 北京:文物出版社,上海:上海书店出版社,天津:天津古籍出版社,1988:44.
③ 道藏:第18册[M]. 北京:文物出版社,上海:上海书店出版社,天津:天津古籍出版社,1988:45.

山修道，以图轻举，寻游洞府，自玉笥将之麻姑洞，中道经一山，问故老曰：'此为何山？'对曰：'巴陵华盖山也。'二真君相与言曰：'此山福地，名亦异焉。'因求卜止，再炼神丹。山下父老诣而再拜曰：'敢问真人之名字？'曰：'吾等修志于虚无，不欲述焉。'后有一道士来谒：'敢问真人之师？'曰：'吾师浮丘先生，先生则上界大仙也，顷于金华山遇焉。'二真君能走石飞符，兴云致雨，或有人苦疾暴亡，往而告之，即飞符以救之。岁将大旱，即致霖雨以济之。至晋元康三年二月一日，彩云连昼，仙乐喧风，二真君乃骖鸾驾鹤，冉冉上升。今上升之坛及浮丘先生之坛存焉。其后立观焚修，境邑将军，若诣坛祷之，则云雨立应。美乎！故事昭然，仙踪俨若，虽遗史籍，安泯声华？鸾鹤对飞，共作壶中之客；林峦叠秀，别含象外之春。因与府官议崇观宇，永列焚修。寻差军将以公用钱诣山换殿宇门廊，不日而回，云工毕矣。子德惭好道，任忝分符。原始要终，罕测冲天之日；擒文染翰，用贻千古之芳。"①

华盖山地域广阔，仙迹宫观甚多。雷洞，在第一峰之阴，嵌空悬绝，四山瞻望，无路可通。天将雨雾，则雷洞之间云升一缕，有若飞烟，须臾蓊冥，弥漫八表，风雨立至，雷电交驰，神化倏焉，莫测其妙。谨按《太玄仙品明科经》略云："浮丘、王、郭三真君，主隶掌吴楚分野，人民生死罪福，五谷丰歉，水旱等籍，故有仙官三十六员，雷神诸司，千将万兵，各领其职也。昔有塑工李某者，自山上而下，至中途，忽见黑云奔涌，中隐隐如雷渐近，霹雳一声，云气中见雷神，遍身皆青，握斧驾车，如是者三。""今麻溪溪上有雷公岭，亦二真驱雷之地。"

"浮丘坛，乃浮丘燕处之所，今丹井犹存。王乔坛，乃王子晋朝师浮丘之坛。着衣坛，乃二真着衣见师之处。五岳坛，乃五岳圣帝佥议人间罪福之所。王郭坛，乃王、郭二真遥望阁皂之地。""上升坛，属建昌麻姑山丹霞洞，仙王峰石殿后。古老相传，乃浮丘公弟子清虚真人王褒上升之地。"

隐仙岩，在第一峰之阳绝峤，人踪罕到。或攀援陟之者，毛发皆耸。及至，则洞室空濛，层崖晃朗。世言昔有仙人隐居其中，而岁久莫得传焉。"金鸡岩，乃浮丘养仙鸡之所。羽毛为金色，每岁大稔，则金鸡必现，否则隐之。""龟凤岩，属崇仁……其岩广阔开朗，中安华盖三仙之像，兼有石门。丐福之士，四序纷然，凡所祈叩，响答昭彰。礼石岩，石峰圆耸，势欲倾倒，如高檐下覆，有若朝天礼斗之像。横径三十余丈，中可容人。正向朝瞰，最高有华盖仙亭，向北处亦有窝泉，清澈不涸。""华仙岩，属宜黄县。岩悬拱似桥，又名桥仙岩，下有观曰元宝，盖王、郭二真经游寻师之地。""仙人岩，在建昌南城县五十里，有王、郭二真祠，乃经行之地，亦有隐仙蜕骨于岩者。""伏虎岩，属建昌。王、郭二真跨虎过此，迨今名存。乡人创庵崇奉仙祠，又名虎岩山。"

---

① 道藏：第18册[M]. 北京：文物出版社，上海：上海书店出版社，天津：天津古籍出版社，1988：48.

"浮丘丹井，在山西玉庭观仙殿前，冬不涸，夏不溢，盖仙真之遗泽在焉。玉庭观，旧为玉庭馆，浮丘公调琴之所也，王、郭二真君相继于此修炼冲升。仙桥山横陈乎其前，仙女峰屹立于左，真神仙宅也。至今丹井宛然，时有光瑞。宋末观宇颓圮，奉香火者视为传舍。至咸淳乙丑，……礼请葛溪冲虚观道士吴好生远来，起废于内，给水济人，求之者无不应效。张公著号天牖兄弟等，又念灵迹不可湮晦，遂出力鼎创法堂一所，及劝率众信重新修建仙殿门廊，自此香火复兴。"

有三十福地：天节山玄元观、婺州金华山、笔架山永兴观、玉笥山华盖亭、抚州天庆观、灵谷山隐真观、阁皂山王郭坛、同造山丹霞观、罗山望仙观、广昌中华山、建昌军麻姑洞、仙王峰祥符观、南丰县会郭桥、南丰县军山、仙岩山元宝观、金石台仙隐观、峨峰山龙泉观、仙游山昭清观、景云玉清观、永崇善修观、义兴无为观、石步绕仙观、看经九真观、北塔凌云观、缪坊招华观、逸人居招真观、芝草山玉田观、响石宝台观、玉亭上仙观、云桥崇仙观。

此外著名的道观还有吉阳徊仙观、太和迎仙观、驻舄佑仙观、洞口王仙观、值夏太霄观、大篙渡永兴观、浮云观、云元观、延寿观、洞云观、祈真观、灵兴观、洞仙观、邓林观、白鹤观、清溪观、宝真观、游仙观、吾章观、建兴观、函口观、龙停观、延昌观、唐兴观、云台观、上崇观、龙塘观、飞茅观、太虚观、巴山观、翁诚观、兴乐观、上云观、上方观、宝台观、倡仙观、保安观、招华观、凌霄观、聂坊观、章仙观、灵泉观、白鹤观、长兴观、洞林观、盖仙祠、集仙观、临溪观、崇兴观、新兴观、席湖观、妙音观、灵仙观、灵昌观、东林观、招仙观、仙游观、南华观、横源观、延禧观、无为观、何仙观、逍遥观、崇仙观、紫极观、太极观、游仙观、庆龙观、洪都观、嵩山观、华盖院等。

道教的名山几十座广布临川地区。有大浮山，实华盖显应之地，士庶有疾苦，则亲叩其上。灵兴山，各有仙洞所奉之真，特尊华盖。大冈山，共四处，上有王郭祠，远迩依赖，祈祷昭著。新华山，共四处，上有庵室殿宇，亦有三仙之祠。朝华山，上有华盖三仙之祠，虫旱祈雨旸，如祷一方如愿。宝盖山，山上殿宇像貌尊严，亦华盖香火。盘龙山，上有王郭仙坛。南岭山，上有华盖祠。天宝山，上有华盖祠，宋朝开宝年间创建，下有仙岩。金石山，祠奉华仙。鸡笼山，上有华盖仙祠。寨帽山，本是华盖仙坛，淳熙庚子陈监税重兴，迄今隆盛。灵宝山，今有三处：因野豕伤稼，乃立华盖坛宇，道士焚修，祈丐响应；其二则属邑，地名怀仁，亦华盖道场，祈禳多应。通灵山，本华盖仙祠。朝真山，上有华盖仙祠。南华山，上有华盖仙祠。南岩山，上有华盖仙祠。油榨山，上有华盖仙祠。悬钟山，上有华盖仙祠。门楼山，上有华盖仙祠。厚杵山，华盖仙祠。石磜山，系华盖道场。仙石山，系华盖道场。东华山，系华盖道场。一吾山，俗号第一峰，本浮丘之坛，久废今兴。二吾山，俗号第二峰，本冲应真君之峰，虽无祠殿，其下有庙依焉。三吾山，俗号第三峰，盖诚应真君之峰，环殿修竹清阴可喜，远近祈禳，无不获应。朝元山，系华盖道场。圣宝山，系华盖道场。中华山，本有四处，系华盖道场。雷公山，上有掌仙之祠。

雷公山，观名龙泉，皆是王、郭起雷救旱之所。太灵山，上有三应殿宇，三仙灵应，一境尊崇。仙华山，本华盖道场，士庶丐福，春秋颇盛，真灵之感，昭应无遗。郭诚山，俗传乃郭仙显应之所，上有仙祠。发水山，俗传华盖寓此发水救旱，因以得名，至今有祠，绵绵不绝。仙住山，因岁旱迎华盖三仙驻于此山，以祈甘泽。仙到之后，大雨霶霈，焦枯并起，不复送仙，因留住此山，故名。栎山，有华盖祠，每旱月，云兴即雨，乡民以此为信。禅盂山，有华盖祠，系农家祷雨之所。姚岭峰，上有华盖仙亭。檀峰山，亦华盖道场。遇仙亭，有长寻高峰，岁旱，村民欲立仙坛迎华盖仙祷雨，平其地，得一石，瀹而视之，有眉目如人像，光彩灿烂，因名浮丘金仙。好事宠而祀之，疾病、雨旸、虫螟，祈之无不立应。有利其金窃去者，僵仆其侧，或合门狂病。邻人梦羽衣持剑至其家，令首谢之即安。远近敬畏，又以银制王、郭二像侍其侧。乌冈仙亭，系华盖道场吴台观。聚仙山，起于淳熙壬寅（1182），上元前期进龙庙，神附魂报云：华盖群仙取元日来铜冈，给水救民疾苦，至日有雷雨，即是其时。及期，果如前说，寻于其地建祠立像，以聚仙名之，朝拜纷集。彭山，系华盖祈禳感应之所，修葺严肃。招仙山，系华盖感应道场。卢岭山，系华盖道场。金华山，系华盖浮丘道场。厚灵山，系华盖道场。万岁峰，亦华盖山道场。岩岭山，亦华盖道场。浮游山，乃浮丘经过之地，显灵不减曩日。大明山，系华盖道场。佛岭山，乃王、郭二仙显灵之地。崇峰山，乃华盖道场，香火日兴，远近加敬。梅州岭，亦华盖道场。华盖堂，乃王郭道场，旧额名南华山，因江西宪陶公游其地，易以今名，亲书额牌。刺桑重山，上有浮丘仙坛，盖当日王、郭寻师之地，近立观曰招仙，香火甚盛。石笋山，有院在其下，盖三仙道场。覆龙山，系华盖道场。西华山，系华盖道场。寨华山，有观曰栖灵，系华盖道场。感应山，系华盖显灵之地，傍有器械庙。重华山，亦华盖道场。灵应山，实华盖三仙之别殿。每大旱，祷之必应，邑人以灵应名之。甑盖山，亦三仙行宫，远迩祈祷，无不感应。兴国山，上有华盖祠宇。中华山，仙殿虽废，灵迹犹存。内产瑞炉，乡民祈祷，无不感应。傍有鸡笼山，昔悟真谭五雷，名一明，俗名渭，字济卿，祈祷于上，风雷大应。再兴山，西华山，见有仙坛，俱系三仙香火，虫蝗雨旱，官民朝仰。芙蓉山，顶上有仙岩，岩之下乃浮丘、王、郭、葛、吉诸仙道场。灵峰山，系华盖道场。佛容山，南北二庵皆奉华盖香火。雾应山，亦华仙坛所。标旗山，系华盖道场。应祈山，系华盖道场。云台山，系华盖道场，香火茂著。蝉峰山，系华盖道场焚修。鹊仙山，盖王、郭二仙道成以后侍师浮丘，跨黄鹄驻舄于此。自后楼观落成，熏修益盛。建殿，锄获丹鼎铜炉，今立观曰广福。升华山，上有华盖殿宇，下乃苏山龙潭。龙门山，王、郭经游之地。青铜山，系三仙道场，祈祷有应。圣华山，系华盖道场，顶有合抱古木。浮丘山，有观曰凌虚，州府迎仙祈祷之地，盖浮丘炼养之所。锦绣谷，有浮丘市，市前有山谓之小庐山，其下有炼丹坛，傍有清修观，后乃浮丘修真之所。洞严山，观曰宋陵，有王郭洞、三仙岩，其岩横阔十余丈，高约三十余丈，岩内有洞，乃王、郭炼丹之地，役使鬼神建石轮，一藏石鼓、石钟、石铙钹、石盐面。王仙师坛，上有三跪膝痕，盖当日王真君朝天之地。中华山，乃三真香火福地。其山峻峭拔，上有殿宇、楼阁、寮舍，士庶朝仰纷然，及春秋尤盛。天灯无夕不见，至于圆光亦时出现。灵响极著，祈祷无不感通。或旱涝虫蝗，民有疾疫，州县必祈禳于此山，随祷随应。芳华山，亦三仙香火。山上有石洞，中有雷神，主司雨泽，士庶祈福，感应如响。南华山，其山三峰高耸，二坛对峙，皆三仙香火。朝山设醮，灵感非一，夜亦现天灯焉。佑华山，因乡人请香火建祠于其山，遂为巫者数辈据其坛所，一夕雷电交作，击巫死于山下，旋即雨霁。天庆观道士甘务敏在此山创殿立观，请额曰延真，香火日盛一日。万华山昭福观，乃华盖三仙福地，朝仰辐辏，殿阁道藏伟如也，皆彭伯药所立。咒山，系范晓山开山鼎建，正殿法堂，两廊门庑，开云堂，接待过往高士，蒙教所赐，名修真道院为额。

麻姑山位于江西南城县境内，传为汉代仙人王方平、麻姑修道之地。道教称之为第二十八洞天，谓之"丹霞小有洞天"。据唐颜真卿《麻姑山仙坛记》曰："顶有古坛，相传云麻姑于此得道……源口有神，祈雨辄应。开元中，道士邓紫阳于此习道，蒙召入大同殿修功德。"①

唐宋时期已建有三清殿、麻姑殿、仙都观、真君殿，北宋李觏撰《麻姑山重修三清殿记》《重修麻姑殿记》《麻姑山仙都观御书阁后记》《真君殿记》②详尽地记载了其盛况。北宋李思聪《洞渊集》卷二："麻姑山，洞周回一百五十里，名丹霞之天，即南极王方平真人会麻姑于蔡经宅上升处，在建昌军南城县。"③清顾祖禹《读史方舆纪要》载："麻姑山，府西南十里。高百丈，周百五十里。《胜览》云：山高九里五十步，周回四百一十四里，峰峦涧谷，幽胜不一。其得名者曰万寿仙、羊葛仙、秦人、逍遥等峰。东瞰郡城，西跨宜邑，稍北带麻源三谷，诚神仙窟宅也。《道书》三十六洞天之一。《志》云：麻姑西七里有丹霞山，《道书》以为第十福地，亦曰丹霞洞。其旁为出云山。从姑山，在府东南五里，以山次于麻姑而名。缘石磴而上数百级，有双石对峙如门，名铁关。又数十级乃至山顶，有伏虎洞，亦曰玉洞。又有岩，曰秋泽岩。"④

相传麻姑为西汉时期的仙人，修道有成，于麻姑山成真。元赵道一《历世真仙体道通鉴后集》卷三载："麻姑，乃王方平之妹，修道得仙，年可十八许，于顶中作髻，余发散垂至腰。其衣有文章，光彩耀日，世所无有也。按道书云：老君历观无极世界，三灾九厄，十苦八难，示以禳除之法。中有遣北方黑骑、天官兵马、仓老麻姑、五亿万骑等语。则知麻姑浩劫之高真，乘运应世，有自来矣。昔方平降蔡经家，遣使邀麻姑同宴，各进行厨，皆金盘玉杯。肴膳多是诸花，而香气达于内外，擘麟脯如行柏炙，进天酒如饮琼浆。

---

① 陈垣，陈智超.道家金石略[M].北京：文物出版社，1988：155.
② 李觏.旴江集[M]//文渊阁四库全书：第1095册.台北：台湾商务印书馆，1983：201-203.
③ 道藏：第23册[M].北京：文物出版社，上海：上海书店出版社，天津：天津古籍出版社，1988：840.
④ 顾祖禹.读史方舆纪要[M].北京：中华书局，2018：3978.

麻姑曰：'接侍以来，见东海三为桑田。向到蓬莱，水乃浅于往日，会将减半也，将复扬尘也。'麻姑手爪颇似鸟爪，蔡经心言，背痒时得此爪以爬背，当佳也。方平已知经心中所言，即使神吏鞭之，曰：'麻姑神人也，汝可萌妄想哉！'宣州有麻姑仙坛，建昌军有麻姑山，灵迹非止一处。宋徽宗政和间，宠褒麻姑为真寂冲应元君。宁宗嘉泰间，改封虚寂冲应真人。"①

根据以上文献所述，可见临川地区道教信仰极其兴盛，邓紫阳正是生活在这一地区，因此他能够得到道教诸派道法而创北帝一派。《三洞群仙录》之《天蓬阮序》载："邓紫阳入麻姑山，日夜诵天蓬神咒，感金甲神人与语曰：'吾是北方六天使者，缘子念诵灵文，帝君已署子之功矣。遂今降黑箓神符真形，上有神仙之术，中有役使鬼神，下有救疗疾病，子宜秘之，后当为王者师。'次日，果于石室中得其真形符箓，行持有验。"②元赵道一《历世真仙体道通鉴》亦曰："道士邓紫阳，建昌南城县人。初隐麻姑坛之西北。后因省亲，路获神剑，佩之。性颇刚毅，自负济世之材。每憩溪壑之间，诵天蓬咒不辍，遂感北帝遣神人授以剑法。远访南岳朱陵，谒青玉、光天二坛，礼邓真人，梦有所感。唐明皇开元中，蒙召入大同殿，建醮胡藩，封为天师。修功德二十七年，忽见虎驾龙车，二人执节于庭中。顾谓其友竹务猷曰：'此迎我也，可为吾奏愿欲归葬本山，仍谓立庙于坛侧。'明皇从之，后尸解。"③宋陈田夫《南岳总胜集》卷下："邓紫阳，抚州南城人。初居麻姑山。后因省亲，山下逢大蟒拦路，步罡而逐之。蟒化为剑，遂得剑佩之。性愈刚毅，常负济世之才。每憩于溪壑之间，诵天蓬咒不辍。北帝遣神人授剑法。远访南岳朱陵，谒青玉、光天二坛，礼邓真人，梦有所感。有刘有宗师之，求传禁咒。而谓之曰：'石廪倒洞，夕阳迷津，山魅群居。昔吾祖驱之，已经三百余年。今以生气不正，此类承之袭人。汝后建坛辟除，兼内养浩然，方冀仙阶矣。'后明皇诏紫阳，因内殿建醮破胡番，封为天师。后尸解，有宗依法建坛院于石廪下，逐郡凶奔他山。"④《全唐诗》卷三《赐道士邓紫阳》为唐玄宗李隆基所作，诗中给予邓紫阳高度赞美："太乙三门诀，元君六甲符。下传金版术，上刻玉清书。有美探真士，囊中得秘书。自知三醮后，翊我灭残胡。"⑤

邓紫阳道法精深，并以北帝道法、神授剑术名闻当时。世传他"尝用下元术，使神卒朱兵讨西戎之犯境，若雷霆变化，犬戎大败，时称为神人"。故在唐时，南岳已建北帝

---

① 道藏：第5册[M]. 北京：文物出版社，上海：上海书店出版社，天津：天津古籍出版社，1988：465.
② 道藏：第32册[M]. 北京：文物出版社，上海：上海书店出版社，天津：天津古籍出版社，1988：259.
③ 道藏：第5册[M]. 北京：文物出版社，上海：上海书店出版社，天津：天津古籍出版社，1988：284.
④ 李勇先. 宋元地理史料汇编[M]. 成都：四川大学出版社，2007：889.
⑤ 全唐诗[M]//文渊阁四库全书：第1423册. 台北：台湾商务印书馆，1983：129.

院，专祭北帝诸神。《南岳小录》说："北帝院，在岳观东北，去观三里。"①宋陈田夫撰《南岳总胜集》卷中说："北帝院，在铨德观后半里，修竹长松，前后茂密。梁天监末，女冠徐炼师居之，修行而得道。贞观末，张惠明再修，遇南岳右英夫人传道，行抱一三五混合之法，而后尸解。又有李思慕居之得道。本朝太平兴国中赐额。"②此北帝院当是北帝派最早的专祠。

邓紫阳之后，承其法脉的为其侄子邓德成，其弟子著名者有谭仙岩、史玄洞、左通玄、邹郁华等。唐颜真卿《麻姑山仙坛记》曰："紫阳侄男曰德诚，继修香火。弟子谭仙岩，法箓尊严，而史玄洞、左通玄、邹郁华，皆清虚服道。"唐郑畋亦说，邓德成从小便随紫阳学道，出入内禁，"玄宗奇其颖悟，曰：'斯子必为教主。'因以巾简授之，使居华封观。其交神通灵，除害利人之事，备于先生所撰《家纪》"。

德成之子邓延康又承其家法，唐德宗贞元初年（785）即随其父"于会稽，受三洞秘箓。寻复麻姑山，葆神茹气，澹然与天倪元合。三景五牙、二星八道之秘，云章龙篆、斋元醮会之法，神悟灵契，悉臻宗极。屡为廉使郡守请敬师受，排邪救旱，显应非一"。敬宗宝历（825—827）中，旧相公制置记夫人有疾，忽梦神人云："何不求仙师？"公遽命使祷请，既至而疾果愈。夫人稽首奉箓，俱为门人。复以明威上清之道，授邹平公文于广陵，凉公逢吉于夷门，自是藩服大臣，争次迓劳。太和八年秋，又召至阙下，嘉其道德，籍隶太清宫……开成初，鸿胪少卿屈突谦妻李氏魅狐得孕，厥害滨死，先生以神箓针砭，即服而诞，得朝野宦民拥载，纷投其门下。得朝野宦民拥载，纷投其门下。大中十三年（859），逝世于兴唐观，享年八十六。其子有三，"长曰道牙，弃舒州太湖丞，授三洞经箓；次曰道石，试协律郎，假职闽越；次曰道苗，袭经符，奉斋戒，以法教之系，驻于龙兴"。③又将邓氏北帝派嗣传于后世。

至唐末五代时期，仍有紫阳后人邓启霞传演北帝大法。其时邓氏已迁至丹阳金坛，故求道于茅山。咸通元年（860）诣茅山太平观，拜柏道泉为师，六年后披度为道士。十二年诣龙虎山十九代天师，参授都功正一法箓。乾符三年（876）诣本观三洞法师何元通，进授中盟上清法箓。天祐四年（907），吴太祖杨行密特加礼异。邓启霞所启进言，罔有不从，并封其为本山道副，九年（912）升为山门威仪，再赐紫服。华阳洞天的太平观即太宗为先生所立。时战乱祸殃，茅山亦多损毁，邓启霞竭力缵修，灵境光复，内以宏道，外以成人。"太和四年岁在壬辰，解化于山门。君所传经箓，昭显于时。"入室弟子有太平观都监陈修一、陈守一，茅山都监主教门事大德邓栖一、监观倪宏一等，"并随其性习，间参

---

① 道藏：第6册[M]. 北京：文物出版社，上海：上海书店出版社，天津：天津古籍出版社，1988：864.
② 道藏：第11册[M]. 北京：文物出版社，上海：上海书店出版社，天津：天津古籍出版社，1988：115.
③ 郑畋. 唐故上都龙兴观三洞经箓赐紫法师邓先生墓志铭[M]//全唐文：第8册. 北京：中华书局，1982：7981-7982.

道要。"① 邓启霞将上清、正一道法及北帝大法融合为一,为习道者所普遍接受。

概而言之,从邓紫阳肇开北帝一派,历经德成、延康、道牙、道苗、启霞数代,再加众多弟子谭仙岩、史玄洞、左通玄、邹郁华、何元通、王栖霞、黄洞元、瞿童、陈修一、陈守一、邓栖一等人的推衍,并得到历代唐皇如玄宗、德宗、宪宗、武宗、宣宗、懿宗等的大力支持,北帝大法很快在江西、江苏、浙江、河南、陕西、四川等地区传播,各地还修建了一批北帝四圣专祠。

需要说明的是,邓紫阳的北帝派与叶法善的道派皆系汉晋正一派的衍化。故北宋元妙宗将邓、叶的著述合编于《太上助国救民总真秘要》中,如"天蓬箴邪真法""天蓬救治法""天蓬三十六将符口诀"等,皆为邓紫阳所传。内曰:"大唐时麻姑山中有一人,姓邓名紫阳,焚修道典,于此山中,修酆都之术。在此山洞之中五载矣。"遂得北天六丁使者降赐上帝黑篆神符"天蓬三十六符""诸学道之士,若遇此圣文真法,直须仰重志,依此遂字存想,真气书之,即通灵圣,大有神验,密用修之,勿得轻慢"。② 所收《上清隐书骨髓灵文》三卷则为叶氏所传。

## 二、叶法善与北帝派

叶法善,字道元,一字太素,括州括苍县(今浙江丽水市)人。祖宗四代皆为道士。据《唐鸿胪卿越国公灵虚见素真人传》载,叶法善(616—720),字道元,一字太素。本南阳人,自鼻祖时迁家松阳。生即灵异,好古学文。十二学礼乐,研究《周易》,耽味老庄,河洛图纬,悉皆详览,志愿修道,栖迟林泉。先后隐遁于卯山、白马山、括苍山、天台山、四明山、金华山、天柱山、天目山、勾曲山、衡山、霍山、赤城山、罗浮山等处,凡名山胜地,自江汉之南,无不经历。曾师事豫章万法师,求炼丹辟谷、导引胎息之法。又入西蜀,于青城赵元阳受遁甲步玄之术。嵩高韦善俊,传八史云蹻之道。因其精洁修持,渐显灵应,遂感三神人授以道要秘法,授以神剑、法印、灵符、罡诀及内外丹道。从此道法大显,降灭妖凶,非所不验。"潜行阴德,济度死生。及会稽理病,屡曾起死。复于杨州,以剑开长史夫人之腹,取病以示人,夫人当时病差如故。凡开肠易胃,破腹剪形,一无损坏,亦无痛楚,抉目洗睛,出安纸上,除去膜翳,复纳于中,全不惊动,目明如故。人强与钱,则乞诸贫病。其有狂邪淫祀为灾害者,行履所及,并皆诛戮,名闻远

---

① 徐锴.茅山道门威仪邓先生碑[M]//全唐文:第8册.北京:中华书局,1982:7981-7982.
② 道藏:第32册[M].北京:文物出版社,上海:上海书店出版社,天津:天津古籍出版社,1988:74.

近,并皆知之。"①

高宗时应诏,多留内庭,问以道法,穷尽源奥,诛狐除祟,屡显灵异。"帝及皇后诸王公主朝士以下,亲受道法,百官子弟、京城及诸州道士,从真人受经法者,前后计数千余人。王公布施,塞道盈衢,随其所得,舍入观宇,修饰尊像,及救困穷。每日炊米十余硕,以供贫病,来者悉无选择。真人常怀直谏匡保社稷之心。高宗欲登封告成,驾幸中岳,忽疫疾流行,扈从者多病死。奉敕命令治,真人一诵咒诀,疫疠消殄,垂死者并皆得更生。"其祈晴祷雨,运雷呼风,驱龙摄魅,事迹灵显。

武则天时征至中都,令其于诸名山投奠龙璧。中宗复位,武三思尚秉国权,法善以频察妖祥,保护中宗、相王及玄宗。追后平定韦后,立相王睿宗,玄宗承祚继统,法善应召入京,佐祐圣主,凡吉凶动静,必预奏闻,宠信有加。开元八年(720)五月,真人已年一百零七岁,于西京景龙观中羽化,"京城之人咸见院中有青烟直上,与天相接,终日不灭","葬后一年,棺椁自开,但见衣冠剑舄,始知真人不死,实轻举耳。帝缅想仙风,眷慕不已,于观立碑,宠以宸翰,及命太子题额"。②有弟子百余人,惟尹愔、卢齐物、司马仲容为入室。这些记述透露出叶法善道法高明,在当时名声甚高,并曾参与唐代统治阶层的内部斗争,深得李唐皇室宠信。

叶法善卒,玄宗下诏悼念:"故道士鸿胪卿员外置越国公叶法善,天真精密,妙理幽畅,包括秘要,发挥灵符,固以冥默难原,希夷罕测。而情栖蓬阆,迹混朝伍,保黄冠而不拔,加紫绶以非荣,卓尔孤秀,泠然独往,胜气绝俗,贞风无尘,金骨外耸,珠光内映,斯乃体应中仙,名升上德。朕尝听政之暇,屡询至道,公以理国之法,数奏昌言,谋参隐讽,事宜宏益。叹徽音之未泯,悲悬解之俄留。"唐玄宗《御制真人碑》亦曰:"宴息于罗浮、括苍,往来于蓬莱、方丈,灵图秘诀,仙符真度,宝箓生券,冥感空传。临目而万八千神,咽胎而千二百息。或潜泳水府,或飞步火房;或剖腹濯肠,勿药自复;或刳睛抉膜,投符有嘉;或聚合毒药,服之自若;或征召鬼物,使之立至。呵叱群鬼,奔走众神,若陪隶也。故海内称焉,千转万变。先朝宠焉,一昼三接。朕在藩邸,屡闻道要。"③可见朝廷对叶法善的评价甚高。

据众多史籍道经所载,叶法善的道法来自韦善俊、赵元阳、天台茅君三人。唐玄宗《御制真人碑》记载,叶法善七岁涉江,而游迨三年,人以为溺。及还,问其故,则曰:"三青童引之,憩于华堂峻宇。咽灵药,吸云浆,太上镇之,是以留也。"十五中毒死,又见昔青童,曰:"天台茅君飞印,印其腹。"始殊闷绝,良久豁如。师以灵应感通,殊

---

① 道藏:第18册[M].北京:文物出版社,上海:上海书店出版社,天津:天津古籍出版社,1988:79.
② 道藏:第18册[M].北京:文物出版社,上海:上海书店出版社,天津:天津古籍出版社,1988:79-84.
③ 道藏:第18册[M].北京:文物出版社,上海:上海书店出版社,天津:天津古籍出版社,1988:89.

由若此，遂乃杖策，游诸名山，远访茅君而遇，岳骨上起，目瞳正方，冰雪绰约，嫣然微笑，曰：'尔来乎？汝名已登仙格，身逢魔试，故相救而免，当以辅人弼教为意。'"①此说又见于《唐鸿胪卿越国公灵虚见素真人传》，那么这位"天台茅君"是谁？是否为茅山宗的高道？

考茅山宗的历史，确有三位"茅君"，他们是大茅君盈、中茅君固、小茅君衷。宋张大淳编《三茅真君加封事典》卷上曰："窃以茅氏之宗，仙源甚远。大茅君盈，次固，次衷，兄弟三人，岩栖谷隐，精练道真，累功积行。得道之后，领括群仙，受事太极，司命岳府，考校乎吴越之境，留治乎赤城之山。其德纪于紫书，其功茂于玉册，鹤帐龙池，屡显神异，天灯丹光，至今隐见。水旱雨雪，随祷辄应，祸福吉凶，其验如响，狼燧以之而息警，鱼梦以之而考祥。"②显然，茅山宗的开创者三茅真君不会是拯救叶法善的"天台茅君"。

关于青城赵元阳，经检索《道藏》及《四库全书》，找到三条史料，一条为唐玄宗《御制真人碑》，一条为《全唐文》，一条为元赵道一《历世真仙体道通鉴》卷三九，后两条文取自《唐鸿胪卿越国公灵虚见素真人传》中的唐玄宗《御制真人碑》，故仅一条。因此也无法证明青城赵元阳的道派传承。

不过唐代青城山的法脉属天师正一派，而非上清茅山宗，此点可以确定。再者，赵元阳所传的"遁甲、步玄之术"亦非茅山宗的传承。葛洪《抱朴子内篇·登涉》曰："《玉钤经》云：欲入名山，不可不知遁甲之秘术，而不为人委曲说其事。而《灵宝经》云：入山当以保日及义日，若专日者大吉，以制日、伐日必死，又不一一道之也。余少入山之志，由此乃行学遁甲书，乃有六十余卷，事不可卒精，故钞集其要，以为《囊中立成》，然不中以笔传。今论其较略，想好事者欲入山行，当访索知之者，亦终不乏于世也。《遁甲中经》曰，欲求道，以天内日天内时，劾鬼魅，施符书；以天禽日天禽时入名山，欲令百邪虎狼毒虫盗贼，不近人者。出天藏，入地户。凡六癸为天藏，六己为地户也。又曰，避乱世，绝迹于名山，令无忧患者，以上元丁卯日，名曰阴德之时，一名天心，可以隐沦，所谓白日陆沈，日月无光，人鬼不能见也。"③《秘藏通玄变化六阴洞微遁甲真经》卷上曰："夫欲传授之士，须当澡沐洁身，郑重先炷名香，仰视北辰，虔心祝香，仰启昊天玉皇上帝、太上九天玄女元君、圣师玄天上帝。臣乃太上弟子，昨受《太上玉女六阴洞微经法》，皈身佩奉，依法行持。伏愿天垂福佑，地赐休祥，大道速成，愿心早毕。臣拜授此经已后，永为行持，无轻语诳妄，无易泄非人，无横用邪为，无往求杂慕。臣从得此

---

① 道藏：第18册[M]. 北京：文物出版社，上海：上海书店出版社，天津：天津古籍出版社，1988：88-89.
② 道藏：第3册[M]. 北京：文物出版社，上海：上海书店出版社，天津：天津古籍出版社，1988：334.
③ 王明. 抱朴子内篇校释[M]. 北京：中华书局，1980：275-276.

法，愿求长生。次利百姓，济民助国，退浊入清，荡妖杀邪。惟希三天大鉴，万象咸知，赐臣通灵，使臣遂愿。"[1] 这是正一派的传承。《灵宝六丁秘法》曰："此道法门度世奇诀，古者名将，皆受此诀。是以逆知胜负，预晓吉凶，明是非，圣贤皆有神助。若非英雄达士，宿有道缘，莫过斯文，枉淹岁月。"[2] 这是灵宝派的传承。

叶法善的第三位老师韦善俊，史籍有传，生平事迹明白清晰。《仙传拾遗》曰："韦善俊者，京兆杜陵人也。访道周游，遍寻名岳。遇神仙，授三皇檄召之文，得神化之道。或静栖林野，或醉卧道途。常携一犬，号之曰乌龙。所至之处，必分己食以饲之。犬复病疥，毛尽秃落，无不嫌恶之。其兄为僧，久居嵩寺，最为长老。善俊将欲升天，忽谓人曰：'我有少债未偿耳。'遂入山见兄。众僧以师长之弟，多年忽归，弥加敬奉。每升堂斋食，即牵犬于其侧，分食与之。众既恶之，白于长老。长老怒，召而责之，笞击十数，遣出寺。善俊礼谢曰：'某宿债已还，此去不复来矣。'更乞一浴，然后乃去。许之。及浴移时，牵犬而去。犬已长六七尺，行至殿前，犬化为龙，长数十丈，善俊乘龙升天。"[3] 元赵道一《历世真仙体道通鉴》卷三六载："韦善俊年十三岁，长斋诵《道德》《度人》《西升》《升玄》等经，人有所惠，悉为赈救之用。及壮，诣嵩阳观事黄元赜参佩道法，又从临汝洞元观道士韩元最，复授秘要。天后嗣圣中，寓籍升仙观。一日复见神人，厉声曰：'子何人？辄来此，请速去，不尔伤子。'善俊曰：'神人试我耶，何相逼太甚？'神人遂逊谢而去。长寿中，忽谓弟子曰：'吾学道已九十九年，今则百矣。太上召我，当往。'遂乘龙去。"[4] 可见韦善俊确为盛唐时期的高道，但与茅山宗并无关系。

叶法善曾遍游名山洞府，又得神人传授上清法，贯通三洞真经。据《唐鸿胪卿越国公灵虚见素真人传》载："叶法善与父，俱遁乎卯山，樵苏自给。寻形选胜，占星候气。今卯山有石坎存焉。常寻幽访隐，得灵墟福地，其有欧冶铸剑溪，欧溪有神女化冢，石门岭，仙人曳履岭，其山势并括苍仙都洞天。连延天台四明。近金华长山赤松洞，黄初平叱石羊之处，相去不远。中有白马山瀑布水。青溪万仞，古号仙居，林泉葱蒨，于是真人隐焉。岁方十三，从括苍山入天台、四明、金华、会稽、涉江浙。北入天柱、天目、姑苏、洞庭、勾曲、衡山、霍山。南游剑水，登赤城，至罗浮等处，凡名山胜地，自江汉之南，无不经历。寻诣豫章万法师，求炼丹、辟谷、导引、胎息之法。后入蒙山访求隐术，于是山路遇一羽士，以仙书一卷，神剑一口相报。又合炼神丹，置坛起灶，经涉数年，思存灵应。

---

[1] 道藏：第18册[M]. 北京：文物出版社，上海：上海书店出版社，天津：天津古籍出版社，1988：585.
[2] 道藏：第10册[M]. 北京：文物出版社，上海：上海书店出版社，天津：天津古籍出版社，1988：748.
[3] 李昉. 太平广记[M]. 北京：中华书局，1981：295-296.
[4] 道藏：第5册[M]. 北京：文物出版社，上海：上海书店出版社，天津：天津古籍出版社，1988：305.

"十月上甲夜半，焚香愿念，忽闻空中鸣钟击磬、管弦箫瑟之音。起而视之，俄顷见骑从满室，内有三神人，各长八尺余，容貌异常，衣云锦之衣，戴通天冠。神人曰：'汝但复坐勿恐，太上遣吾喻汝，汝合得道。盖昔是太极紫微左宫仙翁领校簿，书录诸仙，及天下得道之士名字，增年减算，一月三奏。缘汝失谨，曾于休暇之日，游乎八荒。因兹降下人世，更修功累德，行满之日，当复汝仙位。今汝行三五盟威正一之法，诛斩魑魅妖魔，救护旱品，惠施贫乏，代天行理。但以阴德为先，不须别有贡告。吾有秘法欲相传授，须清斋三日，无使世人知。受吾口诀，不得文字相付，恐传非人。轻泄帝旨，罪延七祖，不得上升。'即以符、剑、封、印授之。又一神人曰：'卿今退真，下生人世。宜广建功德。更受五岳符图，天皇大字，及三一真经，黄庭紫书，八景素书，步躔呈纪，秘密微妙。但是三洞上清、上法、上真，须精进修习，晨夕无替。及长存五千文，统理人道，明察天地。勿致轻泄，道当自成。'又一神人曰：'至道微妙，非此能言，要当守一，屏去骄淫。每以鸣钟击鼓，调理三关，导引吐纳，服内外丹。常抱存日月，开闭门户，朝修太上，则当朱光潜照，无英白元，自来守护。黄老奏书，功成行满，必当升举。汝受此言，修行不倦，后期欲至，即于许氏旌阳君宅北山峰，重复相见。'"

"由是潜行阴德，济度死生。及会稽理病，屡曾起死。高宗欲登封告成，驾幸中岳。忽疫疾流行，扈从者多病死。奉敕令治，真人一诵咒诀，疫疠消珍，垂死者并皆得苏，特旨授殿中监。真人虽出入彤闱，佐时辅国，而韬时匿迹，和光同尘，心存仙道，志慕腾举，辞欲还山，帝乃许焉。归至茅山，姑苏、洞庭、天目、天台、括苍等处往来，于茅山修真炼丹，朝谒无亏。"①

从这些记载中，我们可以看出叶法善得到了正一、灵宝、上清三派道法。其中"三五盟威正一之法"系正一法，"五岳符图、天皇大字"系灵宝法，"三一真经、黄庭紫书、八景素书"系上清法。

北宋道士元妙宗《太上助国救民总真秘要》中所收《上清隐书骨髓灵文》三卷为叶法善所传。内曰："《骨髓灵文》，唐叶法善天师所传，出自汉正一天师之遗法也。功验神奇，莫可拟测。旧以九符常用传授，其余隐秘，莫不闻见。臣昔于九符之外，复得十符，谨续本文之次，别成中卷，稍阐元纲，以广妙用也。其余条律，自如旧本，载之于后云耳。"②依据此说，可知叶法善的道法自有传承，即"汉正一天师之遗法"，而非承自茅山宗。《修真十书·武夷集》曰："唐天师叶法善《雷书》中，有赤鹋紫鹅之符，投于东南水瓮中，诵木郎咒，可致风雨。"③《道法会元》卷二五四《东岳温太保考召秘法》灵文

---

① 道藏：第18册[M]. 北京：文物出版社，上海：上海书店出版社，天津：天津古籍出版社，1988：79-82.
② 《太上助国救民总真秘要》十卷，元妙宗编辑于政和六年（1116）。
③ 道藏：第4册[M]. 北京：文物出版社，上海：上海书店出版社，天津：天津古籍出版社，1988：804.

序曰:"温帅乃东岳统兵天下都巡检掌急取人案典主,威猛异象,凡有告求,无不副心。唐时因蜀叶法善天师所请,收管瘟疫之鬼,救病父,蜀民不经月皆获痊愈,后复现身曰:'愿辅佐天下法官行持,捉祟治病,今有符文秘法,望为阐扬。'叶天师乃将此法流传后学,呼吸之顷,响应昭然。"①《道枢·九仙篇》称叶法善为光辩天师,收其一大段文句,谈修生内炼之道。尤其重要的是,今存于《道藏》的《真龙虎九仙经》,原题罗、叶二真人注,正是唐代罗公远、叶法善所注。将叶真人注文与《道枢·九仙篇》光辩天师叶法善所言比较,明显看出后者取自前者,可证叶法善确为《真龙虎九仙经》的注者。通过对《真龙虎九仙经》注的分析可以了解叶法善的内炼思想。此书托名天真皇人与黄帝论道,而言内丹修炼,很有特色。主张多用观想存思之法,其运炼精气不用任、督二脉,或沿"中脉"直达百会、阴跷,或上下丹田、泥丸;又言开顶出神,夺胎移舍,夺位分身之要术。与一般内丹功法显然不同,似类同于唐代佛教密宗之法。谓依炼丹功力之深浅,可成就九等仙,即天侠、仙侠、灵侠、风侠、水侠、火侠、气侠、鬼侠、剑侠,亦与其他丹经不同。

卿希泰先生说,洞渊派起源于晋末居马迹山的道士王纂。杜光庭指出,马迹山在舒州,王先生修洞渊法处。《历世真仙体道通鉴》卷二八《王纂传》载:"西晋末,中原乱离,饥馑疠疫交作,民多毙无救。纂悯之,遂于静室,飞章告天而泣涕不已。"于是感动"神人"授以《神化》《神咒》二经。王纂"按经品斋科行世江表,自是疫疠不复作矣"。到唐高宗、武则天时,有道士韦善俊"诵《道德》《度人》《西升》《升玄》等经,人有所惠,悉为赈救之用"。他"谐嵩阳观事黄元赜,参佩道法。又从临汝洞元观道士韩元最,复授秘要"。其后叶法善继之。叶法善遇青城赵元阳授遁甲,嵩阳韦善俊授八史,由是自能厌劾鬼佐。又遇"神人"授"正一三五之法"。叶法善经睿宗、玄宗朝,"有弟子百余人,惟暨齐物、尹愔为入室矣"。继有刘玄和,号混成子,九江人,有拔俗出尘之志,"入匡庐之龙兴观即今白鹤观也,礼住持三洞法师何子玉为师,继有异遇,一栖五老峰石室五十二年",勤苦修炼,"自殖松桧,凿丹井汲水以疗人之疾,多获痊愈"。唐德宗贞元十年(796)卒,年八十六。门弟子范仙舟得其道。上述黄元赜、韩元最、韦善俊、赵元阳、叶法善、暨齐物、尹愔、何子玉、刘玄和、范仙舟等均属洞渊派,《道藏》中有冠"洞渊"字之经,即属此派经籍。②

属于洞渊派的高道尚有鄞去奢等。鄞去奢为衢州龙丘人,居于九峰山下。少入道,精思忘倦。年三十余,迁居处州松阳县安和观。《唐鸿胪卿越国公灵虚见素真人传》载:"真人昔藏剑、丹于卯山巨石下,后有鄞去奢修行于此,得之,遂仙而去。今山产仙茆

---

① 道藏:第30册[M].北京:文物出版社,上海:上海书店出版社,天津:天津古籍出版社,1988:559.
② 卿希泰.中国道教史[M].成都:四川人民出版社,1992:411-413.

及异名丹，灶下土化成耳。"① 沈汾《续仙传》卷上亦载此事，但误将"卯山"说成"茅山"，将"叶法善"藏剑丹说成是张天师所为。郦去奢即得叶法善秘藏之神剑丹药，"剑乃张天师七星剑，丹以石匣藏一瓶盛之，倾药得斗余，如麻子，红色光明。去奢自服，及施人有疾者，皆愈"。遂勤修无怠，辟谷不食多年，尤擅役雷运风之道。"每见雷雨在山半，龙行雨及雷公电母，鬼神甚众。或到此山相见，甚有礼焉。"②

唐宋时期确有洞渊一派，因其共同崇拜北极紫微大帝，又与北帝派同一渊源，直承正一法脉。唐孙夷中编《三洞修道仪》说："洞渊道士，此道称三昧法师，冠通玄冠，青文帔三十一条，丹裳，黄裙，玄履，执简，坐黄文坛，佩洞渊五部印，带洞光剑，所行洞渊三昧法。其法，上辟飞天之魔，中治五气，下绝万妖，亦多救世也。""北帝太玄道士，此道称上清北帝太玄弟子，冠星纪冠，玄羽服，白裳，黄裙，玄履，坐召灵坛，执简，佩酆都印，带斩鬼剑，授《北帝箓》二卷，《伏魔经》三卷，《天蓬经》十卷，《北帝禁咒经》三卷，《飞玄羽章经》十卷，《北帝降灵召魂经》三卷，《北帝雷公法》一卷，《酆都要箓》三卷，《传鬼策》三卷，《北帝三部符》一卷，《北帝朝仪》一卷，治六天鬼神、辟邪禳祸之事也。"③

叶法善天师所作《上清隐书骨髓灵文》内收火铃骁将飞捷符、太乙奔星收邪符、撼山符、大锁龙符、上清飞暴捉神符、上清大力缚龙符、五狱符、土狱符、木狱符、火狱符、水狱符、金狱符、建五狱法、召山精野怪符、追风法、驱雨法、拜章法、伏章法、鬼律玉格仪式等，皆取自正一法文，而与上清经箓无涉。

因此，明代四十三代天师张宇初撰《岘泉集》，其中讲述道教符箓派历史时，将叶法善归入正一派法脉。他说："是降经箓以训之，符法以阐之，以是法立焉。而其传尤著者，汉天师、茅真君、许旌阳、葛仙翁、丘真君也。曰三洞四辅，清微、灵宝、神霄、酆岳者，洞辅之品，经箓是也。清微始于元始，而宗主真元阐之，次而南岳魏君、陵郡祖君，祖宏四派之绪，倡其宗者，朱洞元、李少微、南毕道、黄雷渊、李虚极，而张、许、叶、熊而下，振益衍矣。灵宝始于玉宸，本之《度人经》法，而玄一三真人阐之，次而太极徐君、朱阳郑君、简寂陆君，倡其宗者，田紫极、宁洞微、杜达真、项德谦、王清简、金允中、高紫元、杜光庭、寇谦之、镏冲靖，而赵、林、白、陈而下，派亦衍矣，是有东华、南昌之异焉。神霄则雷霆诸派，始于玉清真王，而火师汪真君阐之，次而侍宸王君、虚静真君、西河萨君、伏魔李君、枢相许君，倡其宗者，林灵素、徐神翁、刘混康、雷默庵、万五雷、方贫乐、邓铁崖，而上官、徐、谭、杨、陈、唐、莫而下，派亦衍矣。酆岳

---

① 道藏：第18册[M]. 北京：文物出版社，上海：上海书店出版社，天津：天津古籍出版社，1988：84.
② 道藏：第5册[M]. 北京：文物出版社，上海：上海书店出版社，天津：天津古籍出版社，1988：82.
③ 道藏：第32册[M]. 北京：文物出版社，上海：上海书店出版社，天津：天津古籍出版社，1988：168.

则朱熙明、郑知微、卢养浩、叶法善，倡其宗者，左、郑、潘、李，而派益衍矣。"① 故张宇初称叶法善一支为北帝酆岳派，并将其与灵宝、神霄、清微三宗并列，称为道门四辅。

## 第二节 北帝派神仙谱系

北帝派崇拜北帝，传授"北帝箓"，以擅长治制酆都六天鬼神、辟邪禳祸之事称著。唐宋时期的北帝已非南朝道士信仰的酆都北帝，而具备了一个复杂多元的神格，原本只是酆都主宰及伏魔大神的北帝已与紫微信仰结合，成为北极紫微大帝的一个化身或部属。

### 一、北帝与紫微大帝

《道法会元》之《北阴酆都太玄制魔黑律灵书》曰："昔北极紫微玉虚帝君，居紫微垣中，为万象宗师，众星所拱，为万法金仙之帝主，上朝金阙，下领酆都。起于龙汉元年，有北阴酆都六洞鬼兵，神灵魔王，游行人世，杀害生灵，莫能制御。玉帝召北帝，统率神将吏兵，演大魔黑律，行酆都九泉号令符，纠察三界鬼神印，降伏魔群，驱荡妖氛，救护黎庶。功成行满，升入北极中天，自然总极紫微大帝之位。故七真曰：祖师北极大帝为万法之主也。北帝制伏群魔，行九泉号令符，纠察鬼神印，及制黑律，命御史魏伯贤掌之，领酆都官将，北帝即紫微大帝之分化也。故上清天条玉真天坛玉格，女青鬼律，天蓬律，九天大法等文，刑律严重，莫如酆都黑律也。按经云：北帝勤修，经历精勤，香灯礼拜，念诵供养三清上帝，精诚不退，魔障消灭，功勤德满，升入帝位。出入有华盖相随，星光照耀，七宝璀璨，上彻诸天，下照万国。每月二十七日，下降尘寰，察人世罪福，孝逆善恶。"②

在上清派早期的信仰中，主掌酆都山的北阴大帝乃地狱之主宰，亦是众鬼神的宗主，

---

① 道藏：第33册[M]. 北京：文物出版社，上海：上海书店出版社，天津：天津古籍出版社，1988：187.
② 道法会元：卷265[M]//道藏：第30册.北京：文物出版社，上海：上海书店出版社，天津：天津古籍出版社，1988：624-625.

因着这样的身份,降妖伏魔便成为其最重要的职能。然而,这位北帝的神格仅限于此,与北极紫微大帝并没有关系。此后,随着道教各派教义的相互影响及融合,紫微大帝的地位越来越高,于是北帝信仰与紫微信仰结合,北阴酆都大帝成为紫微大帝的化身。这个历史过程完成于唐代,并成为邓紫阳创立北帝派的象征。

杜光庭《广成集》中收有《众修北帝御醮词》《马尚书北帝醮词》《晋公北帝醮词》《川主太师北帝醮词》,说明唐代已有专门祭祀北帝的斋醮仪式。其曰:"伏以斗御中天,旁周八极。招摇所指,邪正事分。今以节及正元,时当考校,群物被惟新之泽,万方承煦妪之功。念此封隅,尚缠兵甲,生灵涂炭,垄亩榛芜。当发生播植之功,旷黎庶耕桑之业。以兹忧痛,倍切扣祈。伏惟北极宫中,七元籍内,辍众庶凋伤之目,改一方沦丧之灾。克睹和平,永销锋镝。""斗极居尊,统临八表。指挥万象,总御众灵。枸建所加,灾凶自息。今以封疆之内,兵革尚兴。人未息肩,时方震惧。既劳备御,必废耕桑。念彼榛芜,益深忧叹。敢凭醮酌,

酆都大帝　采自《太上北极伏魔神咒杀鬼录》

重罄祈诚。伏惟太宰扬威,七元振令。使雷车电骑,扫荡四方,毕雨箕风,稣舒品物。克清境域,大庇生灵。""垂象表灵,位尊北极。统临万有,照烛群生。八十一变之威容,三十六兵之神武。肃清造化,临察幽明。殄恶诛邪,安人护国。"[①]显然,这位北帝已升格为持掌雷霆、总御众灵的紫微大帝。

《灵宝无量度人上品妙经》卷三七言:"吾下化为玉宸大混,居紫玉宝阙华盖之下,紫微垣中,号北极大帝……左右十二元士,雷公霹雳居其傍,三十六将卫其后,五帅四德导其前。赤明开图之初,为上清神公,开皇之后,为北阴大帝。平定功成,位居中天紫极之庭。十方世界,望之不动,谓之辰枢者是也……此北极大帝,总制三界星宿鬼神,万神千灵,莫不叩头请命,五岳四渎山川之神,皆再拜伏候,乞请水旱风雨。北极是吾第五化身,位居皇极正统,玉帝为祖,立太空之元,在九宫则号中黄太一。"[②]这就明白指出,北极紫微大帝乃元始天尊的化身,上清神公及北阴大帝则是北极大帝的化身。由是北极大帝

---

① 道藏:第11册[M].北京:文物出版社,上海:上海书店出版社,天津:天津古籍出版社,1988:263-264.
② 道藏:第1册[M].北京:文物出版社,上海:上海书店出版社,天津:天津古籍出版社,1988:245.

紫微大帝、酆都大帝　清代
纸本设色　李黎鹤藏

也同时身兼酆都地狱的主宰。"总制三界星宿鬼神"之说乃延续汉晋以来对北极或北辰的认识。至此，地狱的主宰与天庭星神的融合圆满完成，其后对北帝的信仰均以之为据。时至明清，这种信仰仍相当流行，人们把天官大帝、紫微大帝、酆都大帝视为一体多神而加以祭祀。

天蓬、天猷、翊圣、真武四大元帅合称北极四圣。北宋道书《太上九天延祥涤厄四圣妙经》说："北方自有天蓬、天猷、翊圣、真武，统领天兵，驱遣将吏，如有急难，可以注念，自降神威，随念而至，灵光赫赫，杀气巍巍，魔鬼潜形，精邪伏匿，一切灾殃，尽皆消灭。""四圣元帅，永镇玉帝殿下，统摄三界妖邪，每岁常乃降于人间，察人善功，赐人昌吉，保持帝祚，覆荫群迷，断绝恶根，增延禄寿。"①《道法会元》卷一六九曰："夫四圣元帅者，妙德贯于三界，威灵建乎八纮，为斗罡之大帅，实北帝之雄神，部辖四天丁，考召诸魔鬼。"

北极天蓬大元帅，位居四圣之首，《云笈七签》谓其乃为"北帝上将，制服一切鬼神"。《道法会元》卷一七二曰："北斗九宸，应化分精，而为九神也。九神者，天蓬、天任、天衡、天辅、天英、天内、天柱、天心、天禽也。"《太上助国救民总真秘要》卷三曰："天蓬本形是北斗第九星也，即金眉老君化身，伏魔救护众生，无问男女，悉可奉之。常以月五及二十五日，是天蓬大圣下日。此日即以清水一碗，剑一口，香一炉，案一张，如法焚香，白胶亦得，煎柏汤饼面，百花五果，随意供养。""天蓬金头大圣，四面，八手，身长五十丈，著金甲，手执剑、戟、帝钟、神印，兵三十万骑，雷师电师，仙童玉女，羽仗赫然，各持金剑，从空降临。"②这是在降魔驱邪活动中法师存想的天蓬元帅。

《道法会元》卷二一七曰："天蓬元帅二头六臂，赤发，绯衣，赤甲，跣足；左一手

---

① 道藏：第1册[M]. 北京：文物出版社，上海：上海书店出版社，天津：天津古籍出版社，1988：808—811.
② 道藏：第32册[M]. 北京：文物出版社，上海：上海书店出版社，天津：天津古籍出版社，1988：70.

结天蓬印,右一手撼帝钟;又左一手执斧钺,右一手结印擎七星;左一手提索,右一手仗剑。领兵吏三十六万骑,雷公电母,风伯雨师,仙童玉女,羽衣赫赫,各持金剑,乘北方太玄煞气、黑气,气中有五色气,从空降坛。"此外,天蓬尚有善容之像:"元帅灵姿高秀,赤羽绯衣,云锦丹裳,摄统方维,执玉戟持印,四面八臂。"这是一种秀美儒雅的形象。

《道法会元》卷一七一曰:"天蓬大元帅为嗣教外台卿,别有神局,是阴治之有司,号北极驱邪院,如世之殿帅兵府是也。其中皆是阴治,主者乃地界法官,是其任也。以举仙官为任,使拯治阴魔,禁御万杀,承阳宣化,保宁山川,生育万汇,皆荷道化。"《太上北极伏魔神咒杀鬼录》亦述天蓬英武仪貌:"三头六臂,执钺斧、弓箭、剑、铎、戟、索六物,身长五十丈,黑衣玄冠金甲,领神兵三十六万众。"

天蓬元帅亦为雷部首帅,并出现了多种威猛忿怒的变相。《道法会元》卷一五六曰:"祖师九天尚父五方都总管北极左垣上将都统大元帅天蓬真君,姓卞名庄。三头六手,执斧、索、弓箭、剑、戟六物,黑衣玄冠,领兵三十万众,即北斗破军星化身也,又为金眉老君后身。生于周时,孔子称卞庄子,即其神与。元帅威猛,制伏妖魔。凡行雷法,无天蓬不可以役雷神。独行雷法,无天蓬不可以显验。元帅侧有从童,或骑夔龙,部领一气都统大将军,直月五将军,飞鹰走犬二使者,无义神王,威剑神王,战伐神王,聋兵哑将,黑杀洞渊,三十万兵,三十六大天将,无鞅天仙兵吏,并在煌煌紫云火焰之中。"或显四头八臂,亦大忿怒像:"身长千丈口齿方,四头八臂显神光。手持金尺摇帝钟,铜牙铁爪灭凶狂。手执霹雳宰镬汤,雷震电发走天光。草木焦枯尽摧伤,崩山竭石断桥梁。倾河倒海翻天地,收擒百鬼救豪强。捉来寸斩灭灾殃,吾使神剑谁敢当。"俨然雷部的第一威神。

天蓬元帅信仰起源甚早,南朝已相当流行。陶弘景《真诰》卷十中载有"天蓬咒":"天蓬天蓬,九元煞童。五丁都司,高刁北公。七政八灵,太上浩凶。长颅巨兽,手把帝钟。素枭三晨,严驾夔龙。威剑神王,斩邪灭踪。紫气乘天,丹霞赫冲。吞魔食鬼,横身饮风。苍舌绿齿,四目老翁。天丁力士,威南御凶。天驺激戾,威北衔锋。三十万兵,卫我九重。辟尸千里,去却不祥。敢有小鬼,欲来见状。攫天大斧,斩鬼五形。炎帝裂血,

天蓬 玄武 清代
绢本设色 北京白云观藏

北斗燃骨。四明破骸，天猷灭类。神刀一下，万鬼自溃。"并谓此咒属北帝煞鬼大法，内隐酆都六宫鬼神名讳，"鬼有三被此咒者，眼睛盲烂而即死矣，此上神咒，皆斩鬼之司名，北帝秘其道。若世人得此法恒能行之，便不死之道也。男女大小皆可行之，此所谓北帝之神咒，煞鬼之良法，鬼三被此法，皆自死矣。常亦畏闻此言矣，因病行此，立愈"。与咒相配，尚有制神灭鬼灵符。"盛以重紫之囊，卫符有三天直使者二人，凶鬼万邪有干佩符者，即死。"

这首流传千古的天蓬神咒，内"皆斩鬼之司名"，道教谓世人若得此法并恒行之，便可辟煞鬼魔，得不死之道。陶弘景曰："盖咒中有酆都宫诸位神名，如许某领威南之兵千人，即咒之御凶者也。炎帝即火帝，四明即诸公，北斗即鬼官矣，北帝秘其道。北帝应见鬼杀人，而值此咒，便不可复得，故秘其法。若世人常能行之，便不死之道也。"据宋人所言："天蓬神咒出自《北帝玄变真经》，古今修学上道，无不先当授行。盖驱伏魔试之上法，不死致仙之径路。兼元帅真君门下有董大仙者，专于此道以成高仙，驱用直月五将，奏拜鹰犬灵章，助翼威神，斩馘小丑。及紫阳邓天师有倒持之法，七字密语，玉尺神印，流传尘世，功验难穷，无所不治。"

所谓"倒持之法"，是唐代邓紫阳所创，即将咒语由尾句开始倒持诵念，"万鬼自溃，神刀一下，天猷灭类，四明破骸，北斗燃骨，炎帝裂血，斩鬼五形，攫天大斧……九元煞童，天蓬天蓬"。如欲炼持，须平旦入室朝修，"以净水一钟，安神尺于水钟之上，俱置天蓬元帅真形前。次安九天宝印，在水钟下。然后二手结元帅印，存见五脏分明，六甲六丁侍卫。次存九晨自北方玄虚中来罩兆顶，紫炁出于泥丸，后户盖于泥丸，中有天蓬大元帅，长九尺，存之分明。良久，先叩齿九通，念净天地神咒。又叩齿五通，念净天蓬安神咒。咽津五过，毕，再叩左齿，撞天钟。后叩右齿，鸣天磬。次叩中间二齿，击天鼓。各七通。然后微祝之，务以数多立限。若至万遍，功德满足，邪鬼魔精，凶恶妖怪，闻名即去。万病千殃，传言即愈。能令枯木生花，竭水涌泉，破五鬼疫疠，降六天故气，半天五酉，山魈妖狐，随咒绝其影响矣。用印封锁鬼洞，伐戮蛟螭，通达章词，无截遏之侮，吞佩贴镇，有起死之功。功成行满，乘尺佩印，成仙"。

各种各样的天蓬符、天蓬咒、天蓬印、天蓬尺及天蓬大法盛行于唐宋之际，影响甚大。尤其是在制邪治崇、运雷役神之中，《道法会元》载："无天蓬不可以役雷神。独行雷法，无天蓬不可以显验"。"天蓬一法，专以制邪为宗。而其治邪之要，又以火狱为主。"而天蓬的地位与神格亦大大提高，成为北极紫微大帝的四圣护法之首。

天蓬大法继承了对天蓬咒的推崇和对北帝的尊奉等。《太上元始天尊说北帝伏魔神咒妙经》卷一解释说："此咒者名北帝神咒，皆是摧斩啖食六天鬼神也。下元生人，若老若少，若男若女，贫贱困卑，当行坐止息，诵此神咒，所求无不克者，诸魔鬼退散，即生神气。专志坚固，无诸滞碍，所求合道。"从而构成了一个以天蓬元帅为祖师的神系，行持伏魔大法。

天蓬元帅的麾下有一大批猛将,重要的有天罡大圣:"身长百丈,素罗衣,披发,左手捻诀叉腰,右手执剑,跣足丁立,面紫色,三目,中目光明照耀天地,顶中出气两条,一青一白,青白中复出青赤气,如丝弥布天地。"《道法会元》卷九三《雷霆三要一气火雷使者法》曰:"天罡大圣主雷真君马自奴,披红发,红面三目,着月下白道服,右手仗火剑,左手执火印,跣足踏火车。"

《道法会元》卷二一一《天罡生煞大法》称其主法祖师即北极天罡大圣万真节度紫庭真人威光上帝。《启请咒》曰:"仰启天罡大圣者,上司天令显威神。化现巍峨万丈身,九目三头分六臂。青面金冠持宝剑,赭袍烈焰耀乾坤。常指雷城十二门,赫奕独操生煞柄。黑白红光前贯斗,时时亲见破军星。六龙驾火烧鬼神,斩灭虹霓绝妖气。志心皈命朝至尊,惟愿分辉降尘世。"武夷先生赞:"三头九目,金冠赤发绛衣,炬赫凌空。剑尖火迸,脚踏火轮红。白黑红光贯斗,六臂执斧拈弓。司天令循环不息,生煞在其中。侧身丁步立,密持梵咒,背北迎东。见光芒直射烁我心胸。密意引归天目,双雷局锁入黄宫。行持处,飞腾变化,顷刻致雷风。"

北极四圣的第二位是天猷元帅。《太上九天延祥涤厄四圣妙经》说他位居"妙有天中通明殿右,领天罡之次帅,列下土之诸侯","上佐北帝,下临九州,肩生四臂,项长三头,身披金甲,手执戈矛,云随步发,海逐身流,红光杳杳,紫气悠悠,雄风霭霭,猛雾飕飕,真气宛转,星斗回周,千神自朝,五岳巡游,金童鼓吹,玉女歌讴,名列金阙,位镇酆幽,苍禽狮子,巨海蛟虬,三十万兵,从我周游,逢妖即斩,遇鬼皆收,人遭尤善,祟遇无休,降临福气,涤荡无忧"。[①]

《道法会元》卷一七四谓其主治元景丹天府,领玄都蛟龙金龙驿吏万千,执印施符,救助万民,"气浊者以印上之,灵散者以符助之,亦可镇山川大泽魔鬼群集之所"。《太上三洞神咒》卷五亦曰:"紫微之敕,运动灵文,降行天地,帝君天蓬,紫微大帅,万神祖宗,

天猷元帅　李黎鹤仿
《道子墨宝》

---

① 道藏:第1册[M].北京:文物出版社,上海:上海书店出版社,天津:天津古籍出版社,1988:808.

天猷副帅，游行太空。"①

宋吴自牧《梦粱录》卷八曰："四圣延祥观，在孤山，旧名四圣堂。道经云：四圣者，紫微北极大帝之四将，号曰天蓬、天猷、翊圣、真武大元帅真君。元是显仁韦太后绘像，奉事甚谨，朝夕不忘香火。高庙为康邸，出使将行，见四金甲神人，执弓剑以卫。绍兴间，慈宁殿出财建观侍奉，遂于孤山古刹，徙之为观。次年，内庭迎四圣圣像，奉安此观。观额诏复东都延祥旧名，殿扁曰北极四圣之殿，殿门扁曰会真之门，三清殿扁曰金阙寥阳，法堂扁曰通真元命，阁扁曰清宁，皆理庙奎墨。藏殿扁曰琼章宝藏，孝庙亲墨。有堂扁曰瀛屿，元是凉堂扁，建西宫，以堂为黄庭殿，别创新堂，以此扁奉之。观有瑞真道馆，即延祥观门也。"②

谢显道编《海琼白真人语录》载："正月一日为天腊，此日五帝会九炁于东方青天，是天蓬都元神开元应太皇府之日也。五月五日为地腊，此日五帝会三炁于南方丹天，是欻火律令大神入神霄玉清府之日也。七月七日为道德腊，此日五帝会七炁于西方素天，是天猷副元帅开元照灵虚府之日也。十月一日为民岁腊，五帝会五炁于北方玄天，是翊圣大元帅开元景丹天府也。十二月遇腊日为王侯腊，此日五帝会万炁于上方玄都玉京，是玄武大元帅开元和迁校府之日也。以上五日，乃五帝钻会之日，五神开府之初，是为五腊矣！"③

《玄天上帝启圣录》卷一："是时，玄帝与上元天官、中元地官、下元水官，天蓬元帅、天猷元帅、翊圣真君，以上元日，并受帝号。于七宝琼台之上，昊天至尊亲行典仪，与凡世帝王拜大将，开国承家之仪颇同。上赐帝琼旌宝节，九龙玉辇。其冠，则通天十二旒。其服玄衮，上施日月山龙，物象皆与世间天子者同。圭以玄玉。履以红乌。于今群真，朝礼昊天至尊，则四圣为都班之首。"④张岱著《西湖梦寻》载："南渡高宗为康王时，常使金，夜行，见四巨人执殳前驱。登位后，问方士，乃言紫薇垣有四大将，曰：天蓬、天猷、翊圣、真武。帝思报之，遂废竹阁，改延祥观，以祀四巨人。"⑤明张丑《清河书画舫》："今道家有真武、天蓬、天猷、黑杀四圣，皆天之将军也。"⑥

四圣的第三位是翊圣元帅，亦名翊圣保德真君。《道法会元》卷一七五谓翊圣元帅主治元照灵虚府，有元照灵虚府印、丁甲合同印及六丁六甲符、三天五斗符传世。宋潜说友《咸淳临安志》："四圣延祥观，在孤山，旧名四圣堂。四圣者，道经云紫微北极大帝之四将，曰天蓬、天猷、翊圣、真武。先是显仁皇太后绘像，事甚谨。高宗皇帝以康邸北

---

① 道藏：第2册[M]. 北京：文物出版社，上海：上海书店出版社，天津：天津古籍出版社，1988：81.
② 车吉心. 中华野史[M]. 济南：泰山出版社，2000：3061.
③ 道藏：第33册[M]. 北京：文物出版社，上海：上海书店出版社，天津：天津古籍出版社，1988：123
④ 道藏：第19册[M]. 北京：文物出版社，上海：上海书店出版社，天津：天津古籍出版社，1988：577
⑤ 续修四库全书：第729册[M]. 上海：上海古籍出版社，2002：144
⑥ 张丑. 清河书画舫：卷8上[M]//文渊阁四库全书：第817册. 台北：台湾商务印书馆，1983：313.

使,将行有见四金甲人,执弓剑以卫者。绍兴十四年,慈宁殿斥费即今地建观,凡古佛刹如宝胜、报恩、智果、广化之在此山者,皆它徙。十五年,内出神像奉安,斫以沉香。二十年诏复东都延祥旧名,殿曰北极,四圣之殿门曰会真之门,又三清殿曰金阙寥阳,法堂曰通真,皇帝元命阁曰清宁,皆理宗皇帝御书,藏殿曰琼章宝藏,孝宗皇帝御书。庆元四年,起居郎张贵谟为观记。《灵应启圣记》所记太宗建北极四圣观于京城,则左右领二元帅,若翊圣、真武二真君是也。记中摭四圣护国福民事甚详,如艺祖建报恩护圣阁、太宗立家堂元真殿、真宗以明化为宁安宫、仁宗于内庭为神报祠,皆以四圣之威灵应验如此。伏自靖康之变,岁在丁未,显仁太后北狩,佩平日所绘四圣像以行。至绍兴十有一年南归,因与韦渊语及北方,尝梦见所谓四圣者,复止见二人,问之,云二送圣君还南朝,二留卫圣母。曹勋被徽宗密旨,持二太后书达南京,乞太后密语

翊圣元帅　李黎鹤仿　《道子墨宝》

一二以为信。大王奉使时,我与夫人相送小僮,见大王后有人带甲执戈者,四众无所睹,我独悟事四圣甚谨,此必神祐,可以言之。既归遂于禁中,造沉香像,同所绘像,奉安于慈宁宫。越二年,委韦渊就西湖择地,建四圣殿,两庑三门成,即降赐慈宁,所奉圣像于殿。至戊辰显仁以慈宁宫屋三间两庑,立醮堂于殿北。庚午复在京延祥观,命道录彭德淳主观事,置道士二十一人,拨望湖堂广化等寺归观,别建寺以安僧徒。又以智果观音院充本观,道院建殿,以奉三清四帝。至绍熙五年甲寅,光宗增创钟楼,及本观所造轮藏,为屋几三百楹,徒众日增,合食不翅千指,朝廷积赐缗钱以千计,田亩以万计,观址周围七百余丈。考之图经,即孤山也。"[①] 毕沅《关中胜迹图志》:"宋太平兴国观,《通志》在盩厔县东三十里终南镇。《玉海》:有神降于盩厔民张守真家,守真为道士,即所居创北帝宫。太宗嗣位,真君降言,有忠孝加福爱民治国之语。诏于终南山下筑宫,凡二年宫

---

① 潜说友.咸淳临安志:卷13[M]//文渊阁四库全书:第490册.台北:台湾商务印书馆,1983:163.

成，宫中有通明殿，题曰上清太平宫真君。预言祀神之夕，上望拜。太平兴国六年十一月壬戌，封神为翊圣将军。大中祥符七年加号翊圣保德真君。凡真君所降语，帝命王钦若为三卷。"①

翊圣元帅亦名黑煞元帅。《太上九天延祥涤厄四妙经》说，北极翊圣黑煞大元帅，"天庭位列，总三洞五雷之号令，掌八天九地之权衡，悯造化之枢机，僚真仙之将吏，无邪不断，何鬼敢当。摄大力之妖魔，逐流星之芒怪，光华日月，威震乾坤"。其《黑杀咒》曰："走符摄篆，绝断鬼门。行神布气，摄除五瘟。左右吏兵，三五将军。雷公霹雳，电激风奔，刀剑如雨，队仗如云。手把帝钟，头戴昆仑。行绕天下，搜提鬼神。九州社令，血食之兵，不许拒逆。"②《法海遗珠》卷三二《北帝四圣伏魔秘法》："凡行持书符，又须入靖。次存变，凝神定息，念咒，上香启圣。香焚宝篆，烟散碧空。结为宝台，装严法界。运香关启北帝伏魔都主帅天蓬大元帅真君，都副帅天猷大元帅真君，佐帅黑煞翊圣元帅真君，辅帅玄武佑圣真君，五星五斗真君，二十八宿星君，十二宫分星君，崔卢邓窦四大天丁，风雷水火四部神王，五岳府君，四海龙王，九江水帝，澶水铁面江将军，飞龙飞虎骑吏，诸司帅将，酆都官众，百亿神兵，无鞅圣众，仗此真香，普伸供养。述意伏望圣慈勿忘本愿，降赴坛场，阐扬道化，下救生民，大彰报应。"③《上清天枢院回车毕道正法》卷上收有上清黑杀神符，并曰："若黑杀真君闻龙唇触符，即亲下伏之，若渡江海，用纸书佩之，不受水厄，大辟水怪，亦能镇宅，除灾驱怪。"④

这位翊圣元帅因得北宋皇室的推崇，早在宋初即成为护佑宋室的大神。据王钦若《翊圣保德传》记载，建隆初年（960）太宗命于终南山中筑上清太平宫，每逢三元、诸圣诞节，致醮祀神。于是翊圣真君经常降临，为人祛疹驱怪，灵验不可胜记。故官吏民众不远千里，"或驰诚遥祷，或斋洁朝拜，以祈真受，时有所闻。大抵多随其性习，加以训助。人臣依于忠，人子依于孝，清淳者示之格言，贪酷者警以要道，词甚平易，颇叶音韵"。如降言曰："尽力事君，以为忠臣。浊财勿顾，邪事莫闻。整雪刑狱，救疗人民。动合王道，终为吉人。积愆为咎，必有沉沦。众生本无形之性，配有形之躯，旷劫以来，不能自悟，自有无极世界不夜之乡，混合太虚，杳冥同理。"⑤凡此类降言，内容广泛，有讲修心观空，有论炼气养生，有劝善君臣民众，充分显示了道教度人济世的一贯作风，故甚得朝野上下的信仰与祭礼。

---

① 毕沅.关中胜迹图志：卷7[M]//文渊阁四库全书：第588册.台北：台湾商务印书馆，1983：593.
② 道藏：第1册[M].北京：文物出版社，上海：上海书店出版社，天津：天津古籍出版社，1988：810.
③ 道藏：第26册[M].北京：文物出版社，上海：上海书店出版社，天津：天津古籍出版社，1988：897.
④ 道藏：第10册[M].北京：文物出版社，上海：上海书店出版社，天津：天津古籍出版社，1988：478.
⑤ 道藏：第32册[M].北京：文物出版社，上海：上海书店出版社，天津：天津古籍出版社，1988：656-657.

北宋时期,翊圣信仰盛行于世,并建造了许多供奉翊圣的专祠。宋张端义《贵耳集》载:"韦太后自北归,有四圣一图,奉之甚严。委中官张去为建四圣观,秦相偶见之,问所以然,退以堂帖呼张去为。张窘甚,泣告太后。思陵因朝退,语及建四圣观本末。秦相奏云:'先朝政以崇建宫观,致有靖康之变。内庭有所营造,岂容不令外臣知之?中贵自专,非宗社之福。'即日罢役,改为都亭驿。后三年,思陵谕秦相,以孤山为四圣观,殿宇至今简陋。""均州武当山,真武上升之地,其灵应如响。均州未变之前,敌至,圣降笔曰:'北方黑煞来,吾当避之。'继而真武在大松顶现身三日,民皆见之。次年有范用吉之变。敌犯武当,宫殿皆为一空,有一百单五岁道人,首杀之,则知神示人有去意矣。"①

民间信仰将黑煞归入凶神,其形象格外凶恶。明罗懋登《三宝太监西洋记》第五五回载:"玉皇大帝接了信香,即时聚神鼓响,会集大小天神,左辅右弼,左天蓬,右黑煞,左班三十六天罡,右班七十二地煞,还有二十八宿,九曜星君,还有马、赵、温、关、邓、辛、张、陶、庞、刘、苟、毕,还有风雷电雨,森罗万象,还有诸天诸圣,清净弥摩,一齐都到。"②清裘曰修《桃花女阴阳斗传》中讲述周公画符召请黑煞降临:"用新笔写上——是朱砂在黄纸上面书道灵符,左手提剑,右手焚符,念咒罢,用天罡剑往上一指,只听得起了一阵怪风,风响过,从空落下一朵烟云来,托着一员天将,好不利害也。头戴金盔生煞气,面如黑染竖浓眉,眼似鳌山灯盏,胡须一部硬如针,竹节钢鞭手内擎,上天敕旨封大帅,黑煞二字鬼神惊。"③

黑煞真形符 采自《道法会元》

北极四圣的最后一位即真武元帅。《太上九天延祥涤厄四圣妙经》谓他乃"虚危分宿,壬癸孕灵,化身自金阙之尊,居位极玉虚之奥。玄妙极至,奚止于辅正除邪;正一所生,岂但于消魔护国。保劫终而制劫始,护群品而掌群仙,勇果全才,威神备德"。《真武咒》曰:"乾元有将,顶戴三台,披发圆象,真武威灵,助吾大道,龟蛇合影,身如山岳,四气朗清,金光赫赫,努目光明,牙如剑树,手执七星,天魔外道,鬼魅妖精,见吾

---

① 张端义.贵耳集[M]//文渊阁四库全书:第865册.台北:台湾商务印书馆,1983:413、461.
② 罗懋登.三宝太监西洋记[M]//古本小说集成.上海:上海古籍出版社,1995:1488.
③ 清道光二十八年,丹桂堂刻本。

为血,化为紫尘,魁罡正气,是吾本身,天符通现,大保乾坤。"①随着民间对真武崇拜的日益普及与高涨,真武元帅后来又升格为玄武大帝、玄天上帝,成为与紫微大帝同格的大神。

真武元帅又称佑圣真君,据说农历三月三日为他的诞辰。宋吴自牧《梦粱录》曰:"此日正遇北极佑圣真君圣诞之日,佑圣观侍奉香火,其观系属御前去处,内侍提举观中事务,当日降赐御香,修崇醮箓,午时朝贺,排列威仪,奏天乐于墀下,羽流整肃,谨朝谒于陛前,吟咏洞章陈礼。士庶烧香,纷集殿庭。诸宫道宇,俱设醮事,上祈国泰,下保民安。诸军寨及殿司衙奉侍香火者,皆安排社会,结缚台阁,迎列于道,观睹者纷纷。贵家士庶,亦设醮祈恩。贫者酌水献花。杭城事圣之虔,他郡所无也。"②"佑圣观,在端礼坊西,元孝庙旧邸,绍兴间以普安外第设立,光庙乾道年间,又开甲观之祥。淳熙岁,诏改为道宫,以奉真武。绍定重建观门,曰佑圣之观,殿曰佑圣之殿,藏殿扁曰琼章宝藏,御制《真武赞》及宸翰《黄庭经》,皆刻之石以赐。后殿奉元命,西奉孝庙神御,即明远楼旧址也。"③

后来的真武元帅又被尊为"玄天上帝",并传各种道法于世。《道法会元》卷一三〇《北真水部飞火击雷大法》载:主法教主为北极佑圣真君玄天上帝,将班为雷霆水部都大判官张渤,即祠山大帝也。都部押发使者邓禹,水部擒龙大神壬真一,水部搜龙大神吴昌,水部驱龙大神李颐,水部鞭龙大神王禹臣。已上并青面鬼状,铁甲胄,执剑戟。兴风激浪使者姜雄,鼓风波涛使者屈平,蒸云蒸雾使者赵太平,搏云作水使者乐毅,散云生风使者盖胜之,能雨能晴使者樊世仁,飞霜凝冰使者白起,剪水结雪使者辛元礼,收阳降雨使者孙胜,飞火击雷使者丁炳,掣电迅雷使者吕宜,报事通达使者龙武周。已上并青鬼面,毡笠,皂靴皂袍,执铁槌。④

记载紫微大帝及北极四圣神迹和道法的著作颇多,如《北帝说豁落七元经》《太上紫微中天七元真经》《北帝七元紫庭延生秘诀》《北帝紫微神咒妙经》《上清北极天心正法》《太上助国救民总真秘要》《玄天大圣真武本传神咒妙经》《北方真武妙经》《玄天上帝启圣录》《大明玄天上帝瑞应图录》等。《太上三洞神咒》卷五《紫微敕遣咒》曰:"紫微有敕,命魔摄凶,翻天撼地,震动虚空。琼魁元帅,天威天蓬,威灵气焰,万神祖宗。明元副帅,天猷天雄,自号赫奕,诸天齐功。翊圣大神,天灵太冲,内讳招摇,斩邪灭踪。真武大圣,天武天童,内名玄武,严摄北酆。北极四圣,显灵威雄,下游尘世,上

---

① 道藏:第1册[M].北京:文物出版社,上海:上海书店出版社,天津:天津古籍出版社,1988:810.
② 车吉心.中华野史[M].济南:泰山出版社,2000:3045.
③ 车吉心.中华野史[M].济南:泰山出版社,2000:3061.
④ 道藏:第29册[M].北京:文物出版社,上海:上海书店出版社,天津:天津古籍出版社,1988:639.

登玉隆。"① 由此可见北帝、四圣的信仰盛行于唐宋时期，并拥有众多的信徒。

在道教神系中，酆都大帝为酆都鬼城的主宰，他北帝的化身。第一任酆都大帝由上古炎帝担任，第二任酆都大帝为第二代天师张衡。其下属有三官、六宫及四大元帅等眷属鬼神，从而形成了一个相当庞杂的鬼神谱系。这一谱系由魏晋道教上清派肇基，再经唐宋北帝派完善。《真灵位业图》谓酆都北阴大帝为炎帝，专门负责管理阴曹地府。左、右两旁各有五十余位鬼神，如周文王、周武王、齐桓公、晋文公、楚庄王、秦始皇、汉高祖、刘备、孙策、魏武帝、曹洪、曹仁、晋宣帝、马融、徐庶、庞德、王嘉、何晏、殷浩、陶侃、王逸少、邓攸等，大都是历史上的帝王将相、武将文人。凡生生之类，死后均入地府，其魂无不隶属酆都大帝管辖，以生前所犯之罪孽处治鬼魂。这些是道教关于地狱及其主宰神较早的说法，为酆都大帝的滥觞。上述经书所载说明南北朝时道教已形成酆都大帝主管地府的信仰。地府中众多的鬼官多为历史人物、修道鬼仙或尸解之人。

酆都山真形图　采自《太上元始天尊说北帝伏魔神咒妙经》

北宋欧阳雯《太上元始天尊说北帝伏魔神咒妙经》卷一曰：北方有酆都罗山，山耸十万六千里，周回五万里。山下入水深一万里，水际山脚下有大洞阴景天国，主者名曰太阴水帝北阴天君。其宫名太阴宫，左右助理有东斗生气君，西斗生形君，南斗司禁君，北斗司命君，中斗总录君。下吏九令主者，五岳府君，二十四治阴官，二十四治阳官，河海掾吏，丘陵溪涧主者，下吏无缺之众。六天异鬼恶神，以为侍卫。左右列三十六狱，周回各五十里。狱中草树，皆禀自然恶毒之气，所生为刀剑锋铓，多饶众毒、猛兽、炎火，烟黑风飘，日夜不停。冥昏毒气，血光熏炅。火车灰河，铁棒铜锤，拷打楚痛，呻吟振天，皆是罪鬼死魂之所处。其太阴天洞外，左右有三小宫，各五十里，各有主者居焉。第一宫名天官宫，第二宫名地官宫，第三宫名水官宫，皆是生死追呼之要司。其山中有六洞宫，亦阴府之六曹。每宫直主者役士，各一大魔王，每一魔王下小吏三十六万人，皆异状凶怪鬼神，或鱼龙之形，以为侍卫。名为六天魔王宫，其鬼乘生人迷乱，下降人间，啖食女人怀胎血孕精气，令非梦恶想。或为猫犬之形，令女人惊怪，痿黄色颔，血精断绝，狂病衰患伤，食生人子息。或一岁至十岁，枉遭夭折。愚迷不能益算延生，请命遭逢魔鬼，枉折天年。又与生人九玄七祖拘年，考问生人姓名，延累共行，诸恶病瘨瘴，焦瘦涕唾，脓血恶疮，疥癞癫狂，盲聋闭塞。或为风水作难，游魂恶梦，枷锁鞭挞，禁系非常，行种种疾

---

① 道藏：第2册[M]．北京：文物出版社，上海：上海书店出版社，天津：天津古籍出版社，1988：83．

病，不可具载。妄将生人行年本命、三魂七魄，上送六宫，落生名，上死籍。病困床枕，积岁经年。改易形骸，以求血食。或为女巫摇铃鼓吹之怪，据于大木古树。或为三皇五帝古先帝王形像，垂旒带佩。或为六天魔女，盛服艳妆。或为九州前代猛将凶臣，持戟把剑。或为诸天大将军，驭骑日月星辰光气，游行人间。或为生人七代坟墓祖考仪貌。或为野兽，乘骑飞鸟，驾驭蛇鼠，五色光明，妖童艳女。或托异木怪石为主。或为古穴泉源。百形千变，杀害生人。苦遭逼逐，或求异法禁卫，镇压追捉。诸邪不禁，力不加敌。及有大威力，移山拔树，兴云动雨，不可禁制。①

北帝派道士等级森严，共分三阶九品。《道法会元》载："初阶法官初受法职，充太上三五斩邪初真秘箓弟子，酆都总录院右判官，都辖六天宫鬼神公事。法官次受某箓弟子，酆都总录院左判官，参议北阴六天鬼神公事。法官三转某箓，太玄录事，都大判官，通判北阴酆都总箓院鬼神公事。中阶升入佑圣府，法官受中阶，许受北极玄天秘箓弟子，天一真庆宫典者，佑圣府执法大判官，主管北阴酆都鬼神公事。法官升中阶，次受某箓真士，元和迁较府执法真官，提举酆都六天魔灵刑狱公事。法官升中阶上品，可受北极玄天五炁法师，灵应辅教真卿，同知酆都总录院鬼神刑狱公事。上阶法官受上阶初品，可特充北帝黑箓五炁辅教真卿，紫微执法司令，提举酆都六洞刑狱公事。法官受上阶次品，可特充北极伏魔执法大师，玄都辅教真卿，紫微执法副使提点，酆都九狱鬼神公事。法官受上阶极品，可特充北帝伏魔察访大师，玄都上德真卿，紫微执法纠察大使，总管酆都魔灵鬼神，节制六洞兵马事。法官并要法职相宜，与箓同体，方可以制伏鬼神。"

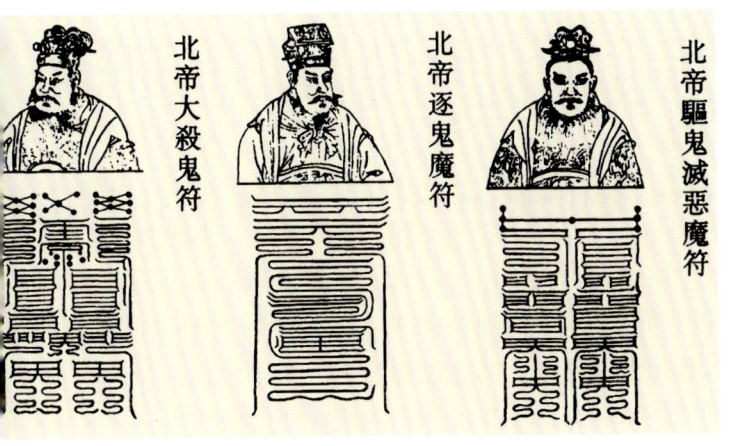

北帝符　采自《太上北极伏魔神咒杀鬼录》

咒为道教驱鬼役神之秘语，随着北帝派的兴盛，唐宋时期出现了大批以天蓬为主神的咒语。如天蓬安神咒、大火铃咒、天蓬咸魔咒、天蓬心印咒、天蓬祖炁咒、天蓬真形杀鬼咒、天蓬秘咒、天蓬灭魔咒、天蓬大咒、天蓬启请咒、天蓬敕咒、天蓬神尺咒、天蓬化形咒、天蓬净口咒、天蓬保生咒、敕天蓬将咒、加句天蓬咒、天蓬启请咒、召六宫魔王咒、召四目老翁咒、斗煞咒、功曹咒、混元布炁咒、考鬼咒等，它们被广泛地运用于各种法

---

① 道藏：第34册[M]. 北京：文物出版社，上海：上海书店出版社，天津：天津古籍出版社，1988：393.

事。而天蓬神咒常常颠倒或回环读之，即一咒变为数咒。如天蓬神咒由末句向首句倒读，即成天蓬諴魔咒；隔句倒读，即成斩妖吞孽咒；从末一字往回读，则成元帅横天乱地咒。

与咒相配，亦出现了许多天蓬符。如《太上助国救民总真秘要》卷三所收"黑篆神符"三十六道，是配合天蓬神咒使用的，每道符各有神将，分别用于"破庙禁鬼""去除邪魔疾病颠狂""制伏疟鬼五痫之病""止五瘟瘴疠及赤眼头痛等""疗诸邪气鬼胎""遍身邪气疼痛头昏""疗百虫毒所伤""辟除心腹胀满""除骨节疼痛""疗积年肿疮""辟除蝗虫鼠耗"等。①《上清天蓬伏魔大法》亦有三十六道天蓬神符，能役使三十六天将，"取太玄煞炁吹入符中，能除一切妖魔，无往不可"。此外尚有天蓬真形符、天蓬黑煞符、天蓬煞鬼符、元帅化形符、元帅大火铃符、天蓬治病符、天蓬熏邪符、召护尺神王符、天蓬禁疟符、追魂返形符、天蓬真形符、天蓬真形符、天蓬真形符、天蓬真形符、七元幡符、天童经二十四符、四值功曹符等，种类多达数百种。

法尺、帝钟、神印则为北帝派道士所倚重的三大法器。玉尺亦称神尺、天蓬法尺，长一尺二寸，以应一年十二月；阔八分，取象八节；厚四分，法则四时；上刻有星斗，以正玑衡之政；下刻有敕字，以受神事之任。《道书援神契》："法尺，古者祓除不祥用桃枝。后羿死于桃棒，故后世逐鬼用之。今天蓬尺是其类也。"《上清天蓬伏魔大法》曰："造尺之法，用福地桃木或雷震枣木为之。择甲子日造，准淮尺，长一尺二寸，厚八分，阔一寸二分。正面三台、七星，罡星指下，书：'元帅有令，赐尺度人，随心所指，山岳摧倾。急急如律令。'背上刊七星隐讳、三台、北斗星，下书：'元帅有令，赐尺度人，受持不怠，与尺同升。急急如律令。'左侧太乙力士，右侧二十四神。雕造毕，写天蓬咒，用水调朱填篆，以绛纱囊盛，早晚诵咒烧香，存召掌尺将吏。凡有无知下鬼，恼乱生人，持安面前，结五岳印，丁立，其邪鬼见皆灭形。凡人能思空洞，游神淡漠，受持不怠，德业自充，不须符水行遣，咒诀祈祷也。但尺之指，指山山裂，指海海竭，久久护持，神功无不利矣。此尺驱瘟伏邪，天蓬门下，常有千兵万将，备卫神尺也。"道法中有护尺神王，通天冠、绛衣，手结伏魔印。

《道书援神契》："帝钟，古之祀神舞者。执铙帝钟，铙之小者耳。"《天皇至道太清玉册》上卷："黄帝会于神灵昆仑之峰，天帝授以帝钟，道家所谓'手把帝钟，掷火万里，流铃八冲'是也。天丁之所执者，又谓之火铃。代宗时令胡僧不空设盂兰会，取道家帝钟以代磬，后改其首为铃用之。"道教宣称元帅帝钟，昔皓首仙翁付五岳大神，能驱山镇海，移动宅舍，治岩石之精。以五月五日及九月九日，用铜铸，四面篆文，铸讫，撼振九通。帝钟咒："山川百灵，闻我须惊。浩劫大道，照天之精。日月永固，百魅石神。山岳随我，江河拱迎。急急如律令。"道法中有手把帝钟力士，姓伊名伽，即五岳四渎河海

---

① 道藏：第32册[M]. 北京：文物出版社，上海：上海书店出版社，天津：天津古籍出版社，1988：71-74.

北极驱邪院印　明代　铜质　李黎鹤藏

大神。领兵万众，能禁坛护法，及令利市和合，佩符人皆敬仰。

明代北极驱邪院印，又名"都天统摄三界鬼神之印"，直柄橛钮，5.5cm×5.5cm×5cm。印文为宋代九叠篆，并加入北斗七星图案，气韵生动，构图巧妙。此印被诸派所重，运用广泛，传世实物颇多。因传授、流派之别，印文有殊，多达十余种。《道法会元》卷一五六说，其印为北宋道士董大仙得之于蜀中西明山。宋邓有功编《上清骨髓灵文鬼律》卷下曰："诸造驱邪院印，方一寸八分，以金玉为二，篆以天文，召六丁六甲使者，结界守护。置讫，以红朱傅印面上，先闻上界，次同所授官花押字样关东岳照会讫，方得使用。臣洞天普受真人指示，得天篆驱邪院并都天大法主星印，二面誊本讫，埋于故地。遂以印式契对，今世间所用，大尺一寸八分，即小尺二寸一分，黍尺二寸四分，皆同也。其分寸上天法式数度所表，使鬼神不测于毫发之内，故标于此，为法定制。""管辖天兵百千亿万垓，印篆一毫一纹，容隐三十六万垓兵将，随吾印转，邪魔闻之胆碎，病者见之安宁。上帝赐之，力士捧擎，从吾所行。印中兵将百千亿万垓，来往如风，无形无迹，变化不穷，隐吾印中，召之则至。或见大身，遍满虚空。头戴昆仑，肩担日月，手把帝钟，足踏夔龙。或见小身，入微尘中，于丝发内。视大威通，护持正法，千变万化。救度有情，不自伐功。"

法印是道教最重要的一种法器，象征着道教所信仰的三界神灵及其神司的威权。北帝派所传即有北极驱邪院印、天蓬印、北帝火铃印、天蓬煞鬼印、仙都巡摄印、天丁印、九天宝印、北帝第一杀鬼神印、北帝酆都召鬼神印、北极监杀鬼神印、天帝神印、酆都帝君印、太微帝君印、北极大将军印、北岳使者印、力士神王印、太玄天帝印、天罡印、北极天蓬印等，其用途各异，皆为施行天蓬大法的重器。所谓"北极驱邪院"，即天蓬元帅所主理的神司。《道法会元》卷一七一曰："天蓬大元帅为嗣教外台卿，别有神局，是阴治之有司，号北极驱邪院，如世之殿帅，兵府是也。其中皆是阴治主者，乃地界法官是其任也。以举仙官为任，使拯治阴魔，禁御万杀，承阳宣化，保宁山川，生育万汇，皆荷道化。"

北帝火铃印　采自《太上元始天尊说北帝伏魔神咒妙经》

天蓬煞鬼印，《道法会元》卷一五六曰："一曰太玄神篆，又曰天蓬煞鬼印，又曰监兵印；二曰驱邪印；三曰仙都巡摄印；四曰火铃印；五曰大丁印；六曰九天宝印。各方二寸五

分,取神木,以甲子日造,庚申日祭,常以丹砂篆,盛以绛纱。唯煞鬼、驱邪、火铃三印,可令治病。凡用之,步至患人之前,左手持印,右手握元帅诀,喝声某甲某病某鬼,急速消散,诛灭除形,急急如律令。左手掐都监诀,右手执印,存七星在头上,闭气,叩齿,按印,放患人心上,屏气,运匝二十五息,诵天蓬咒,愿求度厄,上请收魂破邪大威力士,随印消病。叩齿二通,用罡气举印印之。盖印乃紫晨云篆,更能均心临物,则举死录功,皆可上升矣。"

同卷又曰:"制造法印用雷击枣木,拣甲子日,夏用丙午日,一日造成,不可经宿。取罡炁吹于诀上,指邪人心头,以印印之。祝曰:'太上火铃,炎帝之精。掷火诛杀,万鬼千精。颠邪沉灭,气爽神清。瘟瘴狂热,急冷如冰。上清印诀,并不容情。印诀所指,万病安宁。急急如律令。'取罡气吹印及患身,其狂立止。驱邪院印,札上用。天蓬印,关上用。天丁印,申状上用。总摄印,牒文用。火铃印,追悼用。"道法中有持印的火铃帝君,戴九旒冠,容貌紫赤色,绛衣,跨火龙,乘火云。火铃将军,金甲兜鍪,掷流金火铃。

《太上元始天尊说北帝伏魔神咒妙经》卷五曰:"此神咒神印,北玄所秘,上圣所宗。告诸将来真子,精心受持。立我形像,供养礼拜,精勤不替。每年龙行三日,马住五日,雉飞七日,戌建九日,甲子庚申之日,醮祭虔仰,专想不二。每旦斋心,持念神咒满万遍。当可功成,所施即应。告诸来世真子,若居世俗,焚修香火,即微声持念,勿令高词,恐惊神祇,忌生死秽气。凡持经,即须解禁。此酆都神印,乃长生不死之道。故置之于下元生界一十二图,以镇十二年月日灾气,伏灭十二时之难。有修之于国,天下和平,诸方宾伏,蛮夷胡越,八表归仁。若国土有灾,杀戮不息,君臣忧苦,皆须建七元之坛,急造印,挂于国维十二辰位,分野之中,晨夕焚香供养。北真将降,神印灵仙,化为大神。或作猛将,扶助国家,当为消灭三灾刑戮之难,戈甲不行,国土安康,君臣共泰,万民清吉,神印之力。"①

北帝第一煞鬼神印
采自《太上元始天尊说北帝伏魔神咒妙经》

北帝酆都召鬼神印
采自《太上元始天尊说北帝伏魔神咒妙经》

---

① 道藏:第34册[M].北京:文物出版社,上海:上海书店出版社,天津:天津古籍出版社,1988:417.

北帝派以酆都为祖庭，其道士云游四海，传播酆都大法。如成都玉局治中专设北帝院，《道教灵验记》载："云是天曹库，收贮玉局化所奏钱。"[1]蜀州唐兴县大通观"有紫微阁，是开元中道士蔡守冲以敕赐匹帛所造"。襄州"旧有北帝堂，岁久芜毁"，后楚王赵匡凝镇襄州，得北帝灵验而重加修饰。这样一来，修习北帝道法成为当时道门的一种风气。如孙元会遇道士教诵天蓬咒，尔后坚持不懈，后临难之时，"忽然照见空中，天蓬大将军与部众等，护卫己身，于兹脱难"。成都双流县道士王道珂"行坐常诵天蓬咒"，为民辟邪诛妖，屡见灵异，是知"天蓬将军是北帝上将，制伏一切鬼神"。泗州人曹载之于僖宗时遇苏门道士刘大观，授以天蓬神咒，勤而持诵，获正心脱祸之果。有仙官告之曰："太帝是北斗之中紫微上宫玄卿太帝君也，上理斗极，下统酆都，阴境帝君乃太帝之所部，天蓬上将即太帝之元帅也。"成都人范希越"得北帝修奉之术，雕天蓬印以行之，祭醮严洁，逾于常法"。这些都是北帝大法盛行于唐代的证明。重庆大足今存20余龛宋代道教石刻造像，多为来自酆都的道士所建。舒成岩紫微大帝窟紫微大帝傍壁上有题记："紫微殿使日直元君司□□□院事王□□无极上相判酆都使掌岩道士王□□。"[2]这里所说的"紫微殿使""无极上相判酆都使"，皆为北帝派道士阶位。

## 二、北帝派神仙谱系

北帝派所传道法多以驱邪劾鬼为主，并拥有自己的神班系统。两宋时期，随着道教雷法的盛行，众多高道皆习北帝、天蓬大法，并将其法与雷法结合，从而推出许多新的道法。如"上清天蓬伏魔大法""混天飞捉四圣伏魔大法""上清童初五元素府玉册正法""紫庭追伐补断大法""北阴酆都太玄制魔黑律收摄邪巫法""北阴酆都太玄制魔黑律灵书法"。这些名目各殊的雷法道术兴盛于世。此处略述几法，以见其貌。

上清天蓬伏魔大法，为北帝派最重要的法术，拥有庞大的军伍。太上洞神大尊曰："昔上清紫微宫北极尊帝都天大元帅天蓬真君，降传秘密之法，务拯群生，蠲除疾苦。垂微妙之诀，以付修真之士，我上清童大仙，于蜀城西明山修行上道，忽独遇元帅，授文字三册，上则诀目符窍，中则罡斗咒诀，下则役使鬼神行持之法。真人得之，下居府城，功行二十余年，终于西明山，持尺乘白鹤白日仙去。秘法藏于山间，后人相传焉。嗣行此法者，系上清北极天蓬门下正法驱邪院破邪真人。必洁斋秉持公正，方合圣心。依法奉行，鬼神凛凛。始勤终怠，则祸反及身，切宜慎之。"

---

[1] 杜光庭.道教灵验记[M]//道藏：第10册.北京：文物出版社，上海：上海书店出版社，天津：天津古籍出版社，1988：852.本书所引《道教灵验记》均出自同一版本，不再一一出注。
[2] 刘长久.大足石刻研究[M].成都：四川社会科学出版社，1985：331.

天蓬伏魔大法拥有一套完整的神仙谱系。主法祖师北极五灵老君，姓遐，名明，玄冠羽服，焕然如望日轮中有玉帝髣髴，左右侍从玉女。

祖师九天尚父五方都总管北极左垣上将都统大元帅天蓬真君，姓卞，名庄。三头六手，执斧索、弓箭、剑戟六物，黑衣玄冠，领兵三十万众，即北斗破军星化身也，又为金眉老君后身。生于周时，孔子称卞庄子，即其神与。元帅威猛，制伏妖魔。凡行雷法，无天蓬不可以役雷神，独行雷法，无天蓬不可以显验。元帅侧有从童，或骑夔龙，部领一炁都统大将军，直月五将军，飞鹰走犬二使者，无义神王，威剑神王，战伐神王，聋兵哑将，黑杀洞渊三十万兵，三十六员大天将，无鞅天仙兵吏，并在煌煌紫云火焰之中。

宗师大罗班长玉华教主九炁集神董大仙，上清冠，紫衣，凭几坐云椅，左掐元帅诀，右持神尺，乘白鹤，掌三天玉历玉玺。

天罡大圣，身长百丈，素罗衣，披发，左手掐诀，叉腰；右手持剑，赤足丁字步立，面紫色，三目，中目光明，照耀天地，顶中出炁两条，一青一白，青白中复出青赤炁如丝，弥布天地。

将班：统兵主帅混元一炁都统大将王元帅，名煜。顶通天冠，皂帻，金甲，皂衣，手执弓、箭、戟。

统兵四目老翁雷霆杀伐大将陶元帅，老人相，四目，执挂杖。左有黄判官，紫公服，金花，恶相，仗剑。右有雷使者，黄衣黄巾，绿吊敦靴，腰佩玉带。法官按四时，望王方，取气役使。遇上元夜，用豆饼、欢喜团、枣汤、茅香、金钱、甲马三分祭之。

天蓬元帅麾下，尚拥有重兵，又有三十六将、十二支直符、统兵助法二将、火铃帝君、火铃将军、护尺神王、直月五将军、宝耀将军等，他们皆护拥天蓬，拱卫前后左右。

天蓬大将，姓骆名芮，即北斗第一贪狼星。四面八臂，执斧钺、弓箭、剑戟、印铎，领兵万众。神光赫奕，震惊天地。虽百万凶魔，威光一照，俱化为尘。右符诀在昴星下，大指甲下。存神怒目，想北斗洞明，外辅尊星，青色真炁一线，下注笔，入符中。又存四天元帅，领兵云集，随于左右，诛神破庙，伐恶追鬼，驱邪治病。吞服亦吉。

九元杀童大将，姓缪名骥，即北斗第八星，乃是清微天禹余天大赤天天杀大神。青衣大袖，弁冠，执戟，领兵万众。御制风颠，百怪恶鬼。右符诀在毕宿下，四指中节。存北斗第九星，乃清微禹余大赤天煞神王，自斗中而下，降炁入符，能治风颠，百怪恶鬼。

五丁都司大将，姓阆名汉，即六天神王六丁大神。三天侍从，三十六司，各有六万兵，黄巾紫衣。大神左手托山，右手叉腰，领兵千百万众，时游人间，收擒虎狼、五瘟之鬼。右符诀在心宿下，四指甲下。存北斗第五星，降注光芒紫炁，入笔书之。每星先书神字，以墨涂之，取北炁入。治疟，除五痫之疾。

高刁北翁神将，姓起名渊，即三洞天中三元神王，北都三杀大神。玄布缠头，皂衣大袖，左执金钟，右执玉锤，领兵万众，制御五瘟、疫疠之鬼。右符诀在轸星下，二指甲下。存三煞大神王，从北斗第六星，降白炁注笔，随炁书之，三煞神王，金甲，仗剑，执斧，宝杵，朱衣，卷云冠。

七政八灵大将，姓盖名阍，即斗中之真人星。及八史吏七十四万，在帅左右。飞仙衣，芙蓉冠，仗剑，领兵万众，卫护世人，见贵人吉。右符诀女宿下，四指三节。存北斗破军星，中黄炁入符，面君谒贵，吞佩吉。

太上皓凶神将，姓阇名守，即唐葛周三将军，三五都火将军。领兵三十万，前后行神布炁，驱逐邪魅，收摄山精阵亡之鬼，入军战胜。右符诀在虚宿下，二指中节。存唐将军青衣持戟，葛将军朱衣仗剑，周将军黑衣执钺，并金甲兜鍪，从北斗第六星，降炁三道入符，能祛妖魅山魈。

长颅巨兽大将，姓皮名燧，即四天门王、四海龙王。有四万天兵将吏，人面鸟觜，头有一角，虎手执钟，龙足，领兵万众，收摄山精邪魅，制伏蚖蛇毒虫之鬼。右符诀在角宿下，五指甲右。存四海龙王，并龙，随其方色，从北斗第四星，降赤炁灌符，治山魈鬼魅，毒虫咬伤，书符贴于病处。

手把帝钟力士，姓伊名伽，即五岳四渎河海大神。领兵万众，能禁坛护法，及令利市，和合佩符，人皆敬仰。右符诀在女宿下，中指下节。存五岳主者五人，冠冕五色，乘云从北斗第二星，降黄炁入符，能招财利市，和合交易。贴佩皆吉。

素枭三神大将，姓乐名乐，即三天大魔王八景大神。有二千人，素骑各万人，常在空中，听人间善恶，如堂殿善神。此神领兵摇钟，夜分引青衣童子，手执花枝，遍匝人间，赏善罚恶，断除虚耗迍邅之鬼。右符诀在虚星下，左手心中。存三天大魔，八景大神，乘云从贪狼星，降赤炁入符，治虚耗鬼神，镇宅捉邪。

严驾夔龙大神，姓翟名迷，即天罡大圣。九州社令，名山大川，游逻天神，常侍卫帝君，部领百十凶煞大神，察民间善恶，一切鬼魅，生熟妖精，如见形即能斩之。右符诀在轸星下。存天罡大圣，严驾夔龙将军，领将吏从北斗第七星而降，以真炁灌注符中，能治一切鬼怪妖精。

威剑神王大将，姓卢名殚，即风伯雨师，八风大神，五岳四渎神王，四海龙王。雷公神部，八政雷兵，八千人，迎云游天，请雨存役之。青衣大袖，弁冠，口吐青炁，左执剑，右执牌，领兵制御客亡野死、依草附木、百怪之鬼。右符诀在鬼星下，中指下节。存威剑神王，从北斗第二星，降青炁入符，能驱客亡野死、倚草附木、百怪之鬼。

斩邪灭踪大将，姓金名亢，即河魁大神，常卫帝君左右。右符诀角星下，五指甲下。存河魁大神，降真炁自北斗中降入符，逐魔治妖。

紫炁乘天大将，姓曲名祐，即北斗都神王，天魔大神王。领兵千百万人，诛灭除伐一切妖魔、恶毒之鬼。右符诀在室星下，五指下节。存都录神王，从北斗文曲星，降下白炁光芒，流入符中，治恶炁邪鬼。

丹霞赫冲大将，姓姚名贯，即女青诏书玄天大神王。百亿万人，灵宝章诏传达，考召行用，领兵救民疾疫，驱斩水虫蛟蜃，怪彪恶鬼。右符诀在亢星下，五指下节。存女青诏

书玄都大神，及破军星，从斗中下降紫炁光芒，灌注入符，治疫疠，祛除水怪蛟蜃，恶鬼凶邪。

吞魔食鬼大将，姓支名方，即二十四司使者杀鬼神王，二十四炁鬼王。领兵救民疫厉，官司口舌，缚贼禁狼，伏尸狐狸之精，一切邪妖，收而斩之。右符诀在尾星下，四指上节。存黑煞大圣，自北斗第七星中，降紫黑炁入符，黑煞咒成符，取炁以黑涂之，出诀。禁颠邪，除五墓，断山魈伏尸，追狐狸精怪，兼辟瘟疫，一切疾病。

横身饮风大将，姓幽名隐，即二十四大天神。领兵收擒，破灭坛庙，树木之精。右符诀在昴星下，大指甲下。存神为九天司命，相三十二天，横身饮风大将军，从北斗第四星，降下白炁，流注入于符中，取北炁，破伐树木之精。

苍舌绿齿大将，姓回名谅，即日月大将。能明暗象纬之炁，领兵千人，移山塞海，除辟官事，口舌凶神。右符诀在牛星下，二指下节。存日月二官，真炁下降，又存北斗第二星，紫炁光芒，下注于笔，随炁书成。可以移山塞海，辟伏口舌官灾，佩带皆吉。

四目老翁大将，姓陈名汝，即日月中大神。领兵收擒，恶炁肿疫之鬼。右符诀在胃星下，中指一节。存四目老翁，领百万天兵，从北斗武曲星中，降下赤炁三条注符中，治症痃癖肿，毒炁之疾。

天丁力士大将，姓韩名邮，即三清三洞天官。吏兵各一十万人，常随左右，诵咒立至。右符诀在鬼星下，中指下节。存天丁力士，从北斗中降下，注黑炁入符，斩除魔鬼。

威南御凶大将，姓郭名茂，即上清天中威南大神。领兵收擒恶炁疾疫之鬼，救助世人。右符诀在斗星下，大指二节。存上清威南御凶大神，从北斗武曲星中，降黄炁入符，可伏千魔万鬼。

天驷激戾大将，姓示名他，即上清大神。领兵收擒邪精神鬼，祛除恶毒，求护世人。右符诀在镇星下，中指上节。存天驷激戾大神，作怒从北斗第三星中，降紫炁入符，追摄五岳大神，妖邪魈鬼。

威北衔大将，姓任名悦，即上清天中大将北斗元神。领兵收擒邪妖恶毒之鬼。右符诀在辰星下，中指中节。存威北衔风二大神，从北斗左辅星中，降下火车三昧真炁，入笔书符，治一切邪魔小鬼诸疾。

三十万兵大将，姓合名閤，即六天行吏大神，六丁八吏大神。各八万五千人，诵经咒，传法箓，存之以却不祥，及领兵制伏万邪，凶魔之鬼。右符诀在斗星下，大指下节。存自身元神君，化作元帅，统领三十万兵，混合侍卫左右。次存文曲星赤炁入符，可伏万神万魔，不正鬼魅。

卫我九重神将，姓解名陶，即六丁八史之神。断灭一切凶鬼，卫助世人，见王侯大吉。右符诀在金德星下，五指下节。存北斗第七星，降黄炁注笔，想金城铁壁，围绕四方，中有帝君，伏剑斩灭邪鬼，追伐恶魔，书符烧之。

辟尸千里大将，姓宋名斡，能断灭凶恶丧亡，伏尸之鬼。右符诀在翼星下，中指甲下。存大玄煞鬼诸大神王，各逞威狞，从北而来。存北斗降光芒之炁，注入符中。可吞佩镇贴，辟邪破庙，打瘟，除伏尸，夜行不怖。

驱却不祥大将，姓程名球，能镇六神，安宅舍。右符诀在张星下，中指上节。存祛却不祥大将，领天兵降下。又存北斗第六星，降黄炁灌注入符，督勒司命六神，禁伏邪鬼。

敢有小鬼大将，姓邢名珏，即五帝兵马，能救人百虫所伤，收肿毒恶疮邪炁。右符诀在火德星君下，中指甲下。存五帝带兵马百千万骑，又存日光注笔，随炁书符。可追传尸九虫，及治百虫所伤，并痛疽恶疾。

欲来见状大将，姓房名和，即三洞天宫神吏。领兵治人心腹虚胀，鬼炁刺痛。右符诀在柳星下，二指甲下。存三洞仙官，领兵下降，北斗左辅星，降中黄炁光芒，注笔书符。可治心腹等疾。

镬天大斧大将，姓伽名须，即五帝兵马，能断凶恶之鬼。右符诀在轸星下，二指甲下。存天蓬元帅，持金斧，斩破邪精。又存北斗第二星，降赤黑炁，入笔书符。治白虎为害，令人手足骨节疼痛等疾。

斩鬼五形大将，姓过名存，即北斗虎贲将吏。能断山精妖怪，抛石撒沙之鬼。右符诀在岁星下，二指中节。存虎贲猛吏，领兵下降。又想日月二炁入符。除百怪兽精山魈，抛砖掷瓦之鬼，用此镇之。

炎帝烈血大将，姓淮名滑，即四明功曹大使，南斗杀鬼使者，及游巡三千六百人，随帅左右听令，察人善恶，宜行好事，不得秽语，领兵能灭水火蜂虿，恶疾疮毒之鬼。右符诀在奎星下，二指上节。存四明天帝，乘火车自南而下。又存太阳火炁，与自己丹田中真炁，相接入符。可治恶毒蜂虿，邪颠之疾。

北斗然骨大将，姓震名威，即北斗使者，领兵断灭人间咒诅，毒药凶灾之鬼。右符诀在娄星下，五指二节。存北斗然骨大将，部领兵吏，注炁入符。能烧除鬼骸尸骨。

四明破骸大将，姓席名回，即四明功曹使者，能断恶虫鼠耗之鬼。右符诀在觜星下，大指中节。存四明四大将军降下，存北斗第二星，白炁入符。除痓虫鼠耗，追灭一切邪鬼。

天猷灭类大将，姓永名远。神光赫奕，震动天地，能收虚空飞走，百禽鸟兽之精。右符诀在星宿之下，中指中节。存天猷元帅，领诸大仙兵，下降左右。又想北斗第五星，降青炁入符。能追邪鬼作怪之禽。

神刀一下大将，姓崔名鼎，即北斗大圣，流金火铃黑煞之神。领兵百万，杀灭邪鬼，及断灭神坛庙宇，凶恶妖精之鬼。右符诀在亢星下，五指上节。存诸将史，降在左右。又存北斗第七星天罡尊神下，有流金火铃大将军，降赤炁入符。可追岳渎邪魔，神坛等神。

万鬼自溃大将，姓戴名湛，即真武大圣化炁。断除千万精邪恶鬼，尽化为尘。右符诀在斗星下，大指下节。存身为天蓬元帅，从北斗天罡星降下真炁，照耀三界，邪魔尽消，营窟溃散。或存三十六员大将，各整威仪，又取太玄煞炁，吹入符中。能除一切妖魔，无

往不可。

九元煞童九人：上元天煞灵童，上元地煞灵童，上元岁煞灵童，中元灾煞灵童，中元劫煞灵童，中元时煞灵童，下元捉煞灵童，下元妙煞灵童，下元略煞灵童。五丁都司五人：东方乙丁天奇司，西方辛丁天养司，南方丁丁天口司，北方癸丁天合司，中央己丁天食司。七政七人：东方司木少阳之精，南方司火阳明之精，西方司金太白之精，北方司水太阴之精，中央司土大戊之精，太阳司日化生之精，太阴司月成魄之精。八灵八人：天灵公，地灵母，南灵府，北灵府，西灵泽，东灵雷，巽灵虚，艮灵实。素枭三神三人，横身饮风一人，吞魔食鬼一人，四目老翁一人，天丁力士一人，以上诸神，并金甲兜鍪，神威赫奕，翊卫北帝，游行太空。

以上36将，乃《天蓬咒》所化身，因此法力高超，可以驱邪镇鬼，治毒除妖，以下尚配有兵将，以助其功。

统兵助法二将，各长十丈，金甲兜鍪，一持枪，一持刀。

火铃帝君，九旒冠，容貌紫赤色，绛衣，跨火龙，乘火云。

火铃将军，金甲兜鍪，掷流金火铃。

护尺神王，通天冠，绛衣，手结伏魔印。

收精捕魅食鬼安人一炁都统大将军，通天冠，黑帻皂衣，金甲，执弓矢。

直月五将军：钟师将军，直正月、四月，金甲兜鍪，皂衣青缘，持枪。宝耀将军，直二月、五月，银甲兜鍪，绛衣青缘，持刀。资窦将军，直三月、八月、七月、十一月，铁甲兜鍪，黄衣皂缘，持骨朵。伯拒将军，直九月、十二月，金甲兜鍪，素衣皂缘，持枪。兵侯将军，直六月、十月，金甲兜鍪，素衣皂缘，秉刀。右五将军，乃元应府所立。

资宝将军陈叔真，直二月、八月。虎头将军魏元，直正月、七月。灭魔将军景猛，直四月、十月。蓬头将军曾文，直三月、九月。勍额将军游申，直五月、六月、十一月、十二月。右五将，乃天蓬祖法，并金甲黄衣，持枪、剑、戟、骨朵之属，并戴帽。

前元应府所立五将军之名，与天蓬法不同，轮直月分亦不同。科在五府，则钟师、宝耀等号。若天蓬法，则资宝、虎头等号。符亦有二等，有用十干于中者，书钟师、宝耀名号，无散形，无姓名。有用金、木、水、火、土于中者，用资宝、虎头等名，有散形，有姓名。二符并见于后。按杨希真法师编春夏秋冬四季四员，四季之末，各十八日一员，总七十二日，以五行分为五将，于符文相合，庶几不背于理也。

无义神王，朱帻绯衣，执钺。

飞鹰大将凌天英，金甲兜鍪，上建鹰，青衣，左手擎金鹰，右手仗剑，面赤，薄胡须，大眼，方口，部兵千员。

走犬大将费箴英，兜鍪，白衣白帻，黑面大眼，左手持戈戟，右手牵犬，金形若龙，部兵千员。

十二支直符：子日直符，鼠头冠，黑衣，持枪。丑日直符，牛头冠，黄衣，持枪。寅日直符，虎头冠，青衣，执矛。卯日直符，兔头冠，青衣，执矛。辰日直符，龙头冠，黄衣，执矛。巳日直符，蛇头冠，赤衣，执戟，有拂。午日直符，马头冠，赤衣，持戟。未日直符，羊头冠，黄衣持戟。申日直符，猴头冠，白衣，执枪。酉日直符，鸡头冠，白衣，执枪。戌日直符，狗头冠，黄衣，执枪。亥日直符，猪头冠，黑衣，执枪。六甲神将，青帻，头盔，金甲，仗剑。六丁神将：赤帻，头盔，金甲，仗剑。

以上所载诸神构成了一个以天蓬元帅为首领的庞大鬼神体系，以执行紫微大帝的命令。

此外，北帝派还传有《紫庭追伐补断大法》。

主法：北极法主天蓬都元帅苍天上帝。

主帅：紫庭追风神王天皇主法四目老翁陈元帅，帅名齐，白须老人，四目，卷云冠，青羽衣，大袖，黄裙，朱履，执天蓬尺，主治邪炁鬼胎、血肿疼痛、炁疾等事。

紫庭追雷神王天皇主法高刁北翁唐元帅，帅名中，肥面，大眼，有须，青包巾，大袖束起向上，禄袍，黄裙，抱肚，禄靴，执剑，主扬真风，令王侯昌盛。

紫庭追火神王天皇主法素枭三神薛元帅，帅名天瑞，鹰头，黄包巾，白服大袖，绣靴，执剑，主恶魔恼乱，宛横侵凌等事。

紫庭追水神王天皇主法长颅巨兽宋元帅，帅名天辅，大面，金睛，黄包巾，苍服大袖，褐裙，绣靴，执木棒，金束两头，主飞尸、虎狼、蜂蝎毒螯之类，虫蛇咬伤、疼痛脓血等疾。

副将：万天神王搜虫将军，姓伊祈，名彦明。北帝都总符使大圣大罗使者，姓贾，名守清。紫庭熏毫金轮救法符使，姓赵，名公明。曜道枝正会条将军，梁高骞爽。紫庭追虫下瘵凝神化炁轰天素练白蛇大元帅，姓马，名充。北极伏魔院都统符使，伍毛、公尾、行文、史近、立羊、光渊。玄曹玉文功曹。炎帝烈血符使，姓周名升。四目老翁元帅陈齐，白发老人，四目，卷云冠，青羽衣，大袖，黄裙，朱履，执天蓬尺。素枭三神元帅薛天瑞，鹰头，黄包巾，白服，大袖，绣靴，执剑。高刁北翁元帅唐中，肥面，大眼，有须，青包巾，大袖束起向上，绿袍，黄裙，抱肚，绿靴，执剑。长卢巨誉元帅宋天辅，大面，金睛，黄包巾，苍服，大袖，褐裙，绣靴，执木棒。

右符一样四道，圈内各入四帅姓名。掐大煞文，取太玄煞炁布入符，再加念天蓬咒书成。或分开，于投状四角粘，或粘于关牒前，委将拘制虫怪。

高刁北翁大将高伯真，长颅巨兽大将周仲达，魔食鬼大将熊世胜，四目老翁大将李国真，威剑神王大将郑光立，横身饮风大将张昔，素枭三神大将周震，天驷激戾大将刘益。凡行治病，先用各主将符，与患人吞服，后方用洗手符及熏符。

大法内容丰富，步罡掐诀，有符有咒，配合药物，为人驱邪治病，颇有特色。法师登坛召合，即当清静道坛，普周三界。谨召三界四直，功曹符使，当日听令雷神，疾速上诣北极伏魔院，召请紫庭上将陈、唐、薛、宋四大元帅，副将伊祈、贾、赵、马、周、伍、

四帅本身符
采自《道法会元》

## 四帅本身符

八将符命　采自《道法会元》

公、行、史、立、光诸大神将，疾速到坛，有事差委。"吾为天帝所使，巡游十极，纠察三界，摄除九天故炁。四直赴坛，受吾口敕。吾今在此，立召天地神祇，江河海渎，城隍社令，三界神祇，并听驱役。敢有不顺，准玄都律治罪。急急如玉皇上帝律令。次念：天灵地灵，三五交并。神罡一起，万鬼潜形。伏吾斗下，碎如微尘。谨召履斗将军李丘，飞斗将军蒋元明，掷斗将军郭元通，建罡将军熊尚修，起罡将军赵守炎，发罡将军田斩妖，速至吾坛。吾今禹步，交乾履斗。愿降真炁，入吾身中。威光照破，邪魔灭形。急急准北极大帝律令。右咒毕，存想六大将军威猛，身披金甲，穿皂袍，红抹额，各手执剑，立于左右两畔听令。"

右符用黑纸朱书，左手紫微印，右手斗诀，取北炁吹入，面北，诵咒一遍："咄叱黑黑振灵。上帝敕行，不得久停。速入吾坛，听吾指挥。敢有拒逆，上奏帝庭。唵吽吽唵叱咄咤玉帝敕摄。"咒毕，再念缄魔咒敕之。治大祟，则用启白北帝元帅，叩齿步罡行用。小事，不可轻易妄用，慎之。

天猷真君煞，翊圣真君煞，真武真君煞，天关煞，地轴煞。天不容，地不受，

三十六将缄魔符
采自《道法会元》

黑煞大将符
采自《道法会元》

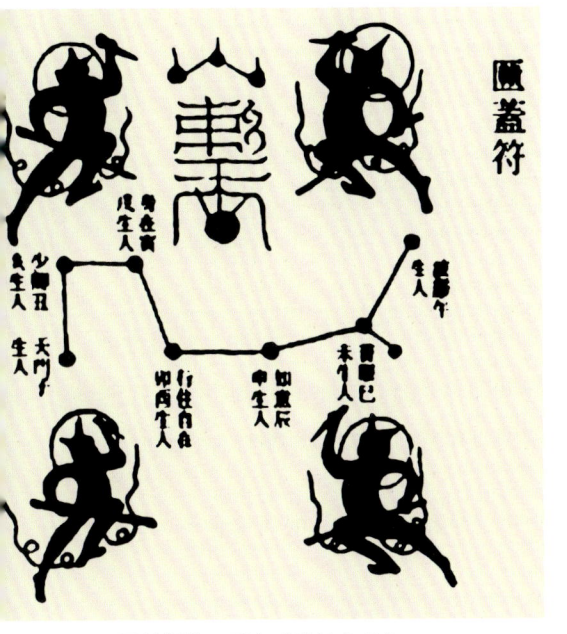

厴盖绢符　采自《道法会元》

煞却某人身中一切邪精妖魅，奸凶恶鬼。急急如天蓬元帅真君律令。敕咒："玄武使者，大逞威灵。救民疾苦，断绝邪精。搜捉凶妖，碎灭其踪。驱除下祟，灭边其形。收魂复体，七魄安宁。护身治病，永保长生。急急如北帝天蓬元帅律令敕。"

厴盖绢符法：凡书符，用黄绢一尺二寸，上篆三台，下篆北斗七元官，分于病人本命所属星下，写年命庚甲姓名，绢符并入瓶中。修建清醮一座，或三十六分，不拘大小，点北斗星灯，献钱马，安奉将兵，专一守卫厴盖，选华盖方入之。凡立厴盖，必宜至诚。如是苟简忽略，决无效验。候限满及病安，则除之。右绢符盛于瓶中，并系厴人随年命钱，以大瓶入厴，下小瓶。选逐月华盖方上，掘地深一尺二寸埋之。华盖方即生生之炁，取开日炁象也。正月在子，顺行一月一位是也。若立厴盖及生天台，默念延生灯咒，然后变神，步七星罡，用天丁诀，从贪狼起步至破军，乃下禁步罡，念七星杀鬼咒。咒诵毕，下绢符投入于瓶中。

凡民有请祷保病，欲行厴盖法，将信人年命寄于斗宫，具奏天帝斗宫，及申牒合属，拜泰山，请降指挥本处城隍，差神将同本人家司命土地里社等神，专一巡护厴盖人口，一年之内无灾无患，或保疾病应时痊瘥。行遣了毕，用铁柱一条，长一尺二寸，如闰月则一尺三寸，象大拇指阔，取十二月炁，上刻七节，取北斗星七王宫。存金阶玉室宝殿。用一小瓶盛符，随年禄米，本命钱，一同黄绢符，并入在瓶中，铁柱插在中心。外以一桶，用青纸总糊盖之。桶右以铁板一片，长七寸，阔三寸，篆三光符，安镇桶外。

酆都大法由北帝法演变而来，宋代之后十分流行。卢埜说，他初行法时，便见酆都法行满天下。"埜尝闻天曹重任，无如酆都冥涂不赦之狱。其官曹乃上古帝王、忠臣义士，其将兵乃操恶凶狂之鬼，赏功罚罪，灭恶诛凶。"因此酆都大法分为多种，这里介绍酆都考召大法。

帅班：西台御史检法行刑提点通访大使戴远，将军形状，金甲，皂袍，执枪，兜鍪，绿靴。

酆都使者九丑大魔王韩仪，青袍，金甲，金冠，红发，执剑。

酆都兵头大将军，受左禁神吒司杀君焦仲卿，字仲昌，三头六臂，皂衣，金甲，黄巾，手执器仗。

酆都兵头大将军，受右禁神吒司杀君曾元善，字元道，两目四臂，皂衣，金甲，黄

巾，手执器仗。

酆都雷音大神马宗，字世昌，三头六臂，蹙金罗帽，执金枪，皂衣金甲，绿靴。

酆都不动尊神宋友卿，字元通，蹙金罗帽，手执金戟，皂袍铁甲，皂靴。

酆都朗灵馘魔大神关羽，字子云，赤面，长髯，皂巾，手执大刀，绿靴。

酆都追捉大将乌轮，皂衣，黄巾，执剑。

酆都追捉大将屠叉，皂衣，黄巾，执剑。

酆都内坛八将：

酆都捉鬼将韦锡，黄巾，鬼面，皂袍，银甲，金带，赤发，麻鞋，执剑，手架金雕，红毛金睛爪觜，即飞鹰吏。

酆都枷鬼将刘锄，黄巾，青面，皂帔，赤发，银甲，金带。左手执金索，右手执剑，八踏鞋。有金睛猛兽，如狮子口吐猛火，即走犬吏。

酆都枷鬼将王镗，黄巾，青面，皂袍，青发，银甲，青麻鞋。右手执八角金锤，时或执枷。

酆都拷鬼将孟锷，黄巾，青鬼，面赤，发白，笠紫，麻鞋，白袍，银甲，手执铁棒。

酆都大将车资，赤发，青面，黄巾，皂衣，银甲，手提大梁，压鬼。

酆都大将夏坌，赤发，青鬼面，黄巾，皂衣，铁甲。

酆都大将劣惟直，黄巾，青面，鬼形，皂衣，金甲，执杖。

酆都大将桑通怪，牛头形，执戟，绯袍，虎皮搭膊，威猛可畏，手执麻绳。

酆都外坛八将：张元廉、陈元清、李元德、范元章、杜元贞、刘元夫、王昌元、贾道元，各执铁棒，黄巾，皂麻鞋。

酆都直坛四将：马胜、马存中、陈元伯、郭仲友，各执剑，红巾，皂袍，绿靴。

酆都一行典吏：太玄夜光玉女查胜真，提魂太子王靖，五方远捉大将曾宏、焦烈，斩头沥血大将曾霄，撼鬼大将赵德辉，战鬼大将姚端，擒鬼大将卢处，各执器械，黄巾，铁甲。

酆都四大力士：太乙力士张元真，三天力士胡文仲，斩妖力士孙仲武，斩鬼力士唐伯成，并黄巾，执斧。

酆都二使者：黑天大神荀公达，皂衣金甲，跣足，伏剑，玉带，散发。黑雾大神刘光仲，皂袍，金甲，跣足，仗剑，玉带，散发。

酆都四大天医官吏：陈彦，沈大，王真，徐彦。掌药童子三十六人。并上清冠履，服色一同。

酆都功曹使者王安、卢见，红抹额，黄衣，手执骨朵，如直符状。

酆都天符上将许迈、陶惠、王坚，并皂衣，执杖子一把。

酆都太守邓艾。

酆都九狱直狱神将：风雷狱主王元真，火翳狱主郑炎，金刚狱主姚全，溟泠狱主时通，铜柱狱主周胜，镬汤狱主刁霄，火车狱主孔升，屠割狱主武言，普掠狱主王文通，并红袍，包巾，皂衣，各执铁棒。

酆都六道冥官：天道冥官曹青，鬼道冥官田延，地道冥官崔从，神道冥官济别，饿鬼道冥官陈德，畜生道冥官高仁，并幞头，红抹额，皂袍，绿靴。

诸司案吏判官牛头狱卒一行掾吏：追魂案判官王福，监生案判官班简，考掠案判官訾和，罪业案判官贾元，断刑案判官赵胜，主罪案判官张琪，受生案判官杨通，受牒案判官符朴，刀山案判官祝顺，剑树案判官李恭，注死案判官薛忠，执对案判官永真，注生案判官卢忠策，注禄案判官成珣，注病案判官黄寿，注等案判官周毕，注善案判官采伸，欠杀案判官程德，劫监案判官刘宝，放生案判官董杰，五道案判官郭愿。

此处，尚有酆都十将：

桑将军捉附报应符
采自《道法会元》

第一大将潘严申，头戴铁帽，手执铁棒。

第二大将刘谌，头戴铁帽，手执铁棒。

第三大将罗深，头戴铁帽，手执棘槌。

第四大将耿渊，头戴铁帽，手执铁槌。

第五大将周宣道，头戴铁帽，皂衣，执剑。

第六大将魏朗，头戴铁帽，皂衣，皂靴，掩心铁甲，执棒。

第七大将薛光，头戴铁帽，皂衣，铁甲，执戟。

第八大将冯宾，头戴铁帽，皂衣，皂靴，执戟。

第九大将柯昂，头戴铁帽，皂袍，铁甲，铁斧，执戟。

第十大将史助，头戴铁冠，铁甲，执铁棒。

酆都考召大法以驱邪煞鬼、治病除祟为主，用符咒印诀，济世度民，影响颇广。

咒曰："北帝上命，威制九天。下彻酆都，令行炁传。谨奉北帝敕，急召大将关羽。捧此敕令，神飞鬼灭。若亲若疏，一一追摄。不得顺情，分明响应。"存大将皂衣执刀，自东北方云雾而来。"谨请酆都大威德大忿怒，统天御地，杀鬼馘魔大将关羽。急降灵，急降圣，灭邪鬼，馘魔精。急准上帝敕，风火速奔程。阴雷电光发，轰天霹雳声。逢神神灭迹，遇鬼鬼亡形。急急如令。"

北帝派有着极其严格的法律，谓之"酆都黑律"，诸法官必须遵循执行。《老子犹龙经》云："紫微北极玉虚大帝，上统诸星，中御万法，下治酆都，乃诸天星宿之主也。北极驱邪院是其正掌也。玄中教主大法师，玉京化主四辅医王，九天掌律官平章事，修上清律，以传元素元辉府三天扶教辅玄大法天师都天大法主泰玄上相正一静应真君知北极驱邪院事三天门下日直元君张天师，后传于九天定命注生破邪日直元君杜光庭，其律始于此。

后四圣行新律,天枢行上清律,同驱邪院律。神霄玉格,可称慈仁律;酆都黑律,可称严重律。夫律皆不可犯,行正法者当谨畏守持,先正己而后可以责伏鬼神。勿令累及九玄,斯可进秩仙班。"

《北帝黑书律》曰:诸法官欲检黑律条示鬼神,先当望北极,炷香启奏紫微北极台斗,四圣,三官,酆都大帝,三天法师,宣白投词及鬼神情犯,礼拜北帝,然后公检行刑。违者去寿三年,死入大铁围山。再犯加一等,死入酆都刀山地狱。

诸鬼神犯罪重,上清律及玉格不能尽其罪,然后检黑律。如鬼神犯罪轻,法官便行怒检黑律罪者,去寿一年,仍将鬼神不尽其罪,法官受之。

诸法官受任酆都,掌天曹重任,其权不轻,宜朝夕香灯,奉事北帝。历劫勤苦香灯,奉三清礼号,诵北帝主帅咒(天蓬咒)。始终不怠,自然名书功籍,渐可身登太极。始勤终怠轻慢者,名书过籍,去禄去寿,死入酆都铜柱地狱。

诸法官奏名天府,名籍仙阶,不得诵念佛书魔教及宣虚伪不祥之文。礼释敬僧,祀神祷鬼,扇惑良民,令国中四民失业,迷惑邪风,犯者天帝牒下,所司去职落名,死入酆都,堕为猖鬼,永失人身。

诸法官奉命北帝,受职太玄,与真武佑圣真君,随班朝帝,其权甚重。常有魔王敬畏,鬼吏参随。凡出入则城隍社令,并皆迎送,不得妄言人鬼喜怒,阴阳神吏必察法官喜怒颜色,不令而行。如违,则魔王不畏,鬼吏不遵,临事不神,必为恶鬼所侮。

法官佩正令出入,不得令僧尼妇女鸡犬猫畜所见。一有所犯,令失其灵,法官受罚。如出入下令,即于袖中将出叩之,即便入袖悬之臂上,使人鬼不知阴行也。

诸法官不得参禅念佛,流入邪教。必失其真,忘真必死,死入地狱。再生人世,破形伤体,断足失明,行丐念佛,永失中国福德男子之身。

诸法官不得交合娼妓及举念非真。每于二十七日帝降之辰,不可游房,三尸上奏,必短其寿,大宜忌之。

诸法官不得向北遗便。当斗便者,必遭恶患之报。

诸法官常当存神保真,安思静念,一心专念紫微,常存心地。如是则四圣卫形,九皇保命。

诸法官,每月初五日、二十五日乃北帝主帅天蓬下降之日,宜保真静念,如法朝诵天蓬秘咒,当获玄感。

诸法官常于玄帝下降日及斗降日,当祝令持印,召神令将。

九丑大魔摄魂附体符
采自《道法会元》

诸法官交游恶人，亲近小辈，与无德人论法者，北帝灵官书恶斩魂。

诸法官当尊敬度师，如敬父母，生当恭敬，死后当奉灵于本院师前，诵经超度。违者三尸奏恶，名书行籍。

诸法官有功于世，身未登真，北帝先诏其度师诣阙，取问功过。须得度师保奏善状，则得超度。必先度师证品仙阶，然后嗣师上超真境。昔天师收六洞大魔时，不合杀伐过甚，北帝书恶。时玄中教主保善奏帝，乃得超三天大法师位。

北帝派规定，其役使鬼神，亦须遵循正令法格：

法官非治敕封大魔，不得轻召左右禁司，犯者流三千里。

法官敬掌行酆都正令大权，部辖群魔，当朝夕不住，口诵北帝主帅咒。

法官领酆都大权正令，部辖群魔，当朝夕一心朝礼，望北想天蓬真像长万丈，礼拜诵咒，请炁炼身。

法官欲召御史，须当望北口奏北帝及天蓬大圣，宣读事意，然后召之。

法官凡有大祟，无法可治者，然后召御史。须当净坛行水，不得令僧尼师巫妇女犯坛，犯者必死。

法官非利害事及鬼神领兵争战，不得召酆都全台官吏神兵。

法官欲召全台官将，并系御史魏伯贤主领，酆都全台三十六将，及外院八将及吏，系邓光远主领。

法官不得轻召六洞主宫大魔王，杀伐过重，必去其功。

法官所立酆都法坛，或建狱坛，必须当坛安奉天蓬真像，镇伏酆都威猛魔众。

法官欲召六洞主宫大魔王，亲征战鬼，当请天蓬大元帅为监军，不然鬼兵出九幽，必害生命，法官罪当死。

法官欲召六宫魔王战鬼，大行作用，须当普召天下名山大川主者，城隍社令，只奉收捉，传献送迎，不得惊动，各安其职。若法官轻犯，法亦当死，堕入幽冥。

法官召六宫大魔，战伐魔鬼毕，须奏谢三清玉帝真王伐杀鬼神之罪。不然，灵官灭功。

法官召六宫大魔，领兵战鬼，须当去令袋，开天狱，大叩六声，则六宫魔王尽至。法官轻动者死。此乃北帝亲征正法，罪禁极重。

凡召六宫大魔，想天蓬元帅，部领鬼兵无数，魔卒塞满天地，双手捧令，怒目变形，大叩之。

北帝派法官，在投使鬼神、招将用将之际，亦有条格。魏伯贤条格曰：

法官非降伏大魔及驾空冲景之神，则不得用差御史。

法官用将，当以至诚。临事谨重，赏信罚明。

法官非摄典祀及名山大川庙神，不得用焦、曾二大使。

法官非捉飞天走地聚形散炁领众神鬼，不得用景阳宫苟、毕、孙、田四神。

法官非捉飞天入水入火变化之神，魍通下鬼，不得用马、宋二灵官。

法官非追摄远奔闪逃之鬼，不得用艾济、黑达、应子扬三符使。

法官非追摄能穿地脉之神，不得用九丑大圣韩仪。

法官凡追摄鬼神，解送传递迷附等事，皆可用飞天八将附体，考勘皆可。

法官非追斩鬼神，不得用曾霄。

法官凡行远捉催追及收擒游空有翅之鬼，并可用马存中、曾宏、焦烈三将军。

法官非颤附擒鬼追魂入体报应通传，不得用赵德祥、马胆二大将。

法官非当强恶有力变化之神，不得用张元真、胡文仲、孙仲武、唐伯成四力士。

法官非考捉潜山藏水之妖，飞空走地之鬼，不得用铜蛇石盈、铁犬刘升、金雕鲍仲三使者。

法官非考治罪邪禁勘鬼神建狱等，不得用九狱主王元贞等。

法官非当凶恶制伏雄魔摄捉英猛之鬼，不得用朗灵将。

法官当随事用将，若使失节错乱，则临事不神，失正道威神。

法官应召将吏，传送文字，听令传旨，并用王安、卢见二功曹。

法官不得苦劳身体，醉酒昏乱，喜怒失常，饮酒过度，精神错乱，运用失灵。

法官凡战邪魔鬼祟，用将发兵，当守忐定神，如临白刃。

法官每月二十七日，值北极紫微大帝下降；初五日、二十五日主将天蓬下降；如斗降玄帝降日；庚申甲子；三七之辰，不得房欲，杀害物命，醉酒昏乱，忿怒恶言等项，地官书恶，名籍罪簿。

法官每月七日，乃酆都冥官按定世人罪福善恶，书录黑簿，列名奏上天府。此日必宜焚修香火，上朝北帝，谢过持戒，超度宗祖。若不警惧修崇谢过者，书名黑籍，去禄去寿，死入拔舌地狱，永失人身。

法官凡遇三元八节，及五腊三会之辰，值北帝冥官，引出历劫穷魂，责问罪由。州县乡村坟墓，所在往前年代去处，罪殃深重，未得赦原，而子孙未修荐拔者，即殃及子孙，灾难自此而生。宜行炼度，诵咏灵书，普度沉滞，上登南宫，功及十万，名登功籍。当得北帝冥官注善，大魔保举，见世名超海外，身证仙阶，九祖登真，身跻仙境。有力士为法官消阴炼阳，身无沉灭。

法官凡授法与人，必注名于籍，时过弟子法坛，察详功过，依功奏达。度师去世，弟子当启奏诵咏灵书，超度先师，祈送名元和迁校府，考功原过，进秩仙班。

法官凡入寺刹，不得登殿稽首，低头叩齿，及入穴窟幽墓之中。犯者，大魔书恶。

法官受职北帝，掌九泉号令，并许称北帝酆都纠察司。出入书判，要如阳间仪格，使鬼神知其明察严重，不败轻犯。凡书判鬼神断案，并依公当理。如是，冥官详案，材力明能，得冥官保举，升超仙职。

法官佩北帝令，不得轻易入庙宇中。如经过，不许言笑失节，威仪失度。当庙神祇，依理迎送，犯者去寿。

法官行持，公正终始，如一半纪之间，精勤如故，则主坛及合司将吏保名天阙，随品升迁。

法官应得王民礼信财帛金银，除养道外，分毕，许赡家衣食，余收买香灯奉圣，余外施惠人鬼。如是则地官书名，即得真君之位。

法官受命北帝，掌行重任，度师交将，谢恩之日，立旗悬令，封印于坛，随意立二字坛治。北帝集治天将，驻札坛院，称治。

法官受北帝重任，不可过施作用，惊动天府，杀伤鬼神。过犯重者，罚三功，奏九德。法官如能济阴拔阳，施功布德，恩及千人，福昌后裔。

凡此种种戒律条规，要求法官必须使行，否则必遭刑罚，严重者堕入幽冥，酆都受考，永失人身。

# 第二十四章

# 两宋道教神仙谱系

继唐以后,宋代是道教发展的又一高峰时期,也是道教发展的重大转折时期。经过五代十国的短暂动乱和分裂,北宋王朝建立后,国家重新归于统一。北宋历代帝王承袭唐朝道、儒、释兼容和对道教崇奉扶植的政策,其中真宗、徽宗尤以崇道著称。

宋代道教在北宋和南宋之间有一条十分明显的分界线。概而言之,北宋的道教基本上是沿袭隋唐道教的传统,以推重道法为主体。南宋以后,由于金、元兴起,社会和政治环境发生了巨大变化,道教有所衰落,以炼养为主的南宗和全真道等新道派相继产生,使道教的发展呈现丰富多彩的面貌。

# 第一节　宋代皇室与天师谱系

宋王朝的建立是军事政变的结果,宋太祖赵匡胤受后周禅让而得国。历史上的后周,世宗是反佛的,其在位期间废佛寺三万余所,毁镇州大悲像铸钱。周世宗亲自秉钺在大悲像的胸膺上凿洞,不到四年他自己的胸膺上便生疽溃烂穿洞而死。宋太祖和宋太宗目击此事,于是对因果深信不疑,所以立国之初是维护佛教的,即位后"屡建佛寺,岁度八千僧"[1]。但因为宋皇帝姓赵,而道教中的玉皇大帝叫赵玄朗,崇皇室自认为是玉皇大帝在人间的后代,所以有宋一代道教都是受到尊崇的。

## 一、尊崇道教的宋代皇室

经历了五代时的宫宇摧颓,到北宋,随着统治者对道教的尊崇,宫观的建立开始兴

---

[1] 念常.佛祖历代通载:卷18[M]//大正藏:第49册.台北:新文丰出版公司,1975:656.

盛。从宋太祖建立建隆观始，此后历代皆有兴建。宋太宗登位后，志奉释老，崇饰宫庙，首先建上清太平宫，以崇奉玉皇、紫微、七元、九曜、天蓬、翊圣真君等神灵。王钦若《翊圣保德传》卷上载：上清太平宫共有十二座堂殿，修建于终南山下终南镇，乃上帝宫阙。三年宫成，中正之位列四大殿，前则玉皇通明殿，次紫微殿，次七元殿，次翊圣真君殿。东侧有天蓬、九曜、东斗、天地水三官四殿，西侧有真武、十二元辰、西斗、天曹四殿，又有灵官堂、龙堂、南斗阁，并列星宿诸神之像，竖钟、经二楼，斋道堂室，靡不完备。① 此后又陆续建有太一宫、洞真宫等。

到真宗时，宫观的建设越来越多。大中祥符元年（1008），诏东京建玉清昭应宫。其后又大兴天庆观的建造，以供奉玉皇、天皇、北极、后土、圣祖帝、圣后等六御。《宋会要辑稿》记载真宗诏"天下州、府、军、监、关、县，县有全无宫观处，择空闲官地，以官钱及工匠建道观，以天庆观为额。若百姓有愿舍地及就官地备材修者，亦听"②。大中祥符年间合计路、州、府、军、监、县总数为1584，可推测大中祥符年间一次建观就达1000余座。正因有此基础，天禧年间才能一次度道士7000多人。此后，真宗及以后的仁宗、英宗、神宗、哲宗也陆续兴建宫观。

徽宗时，随着道教势力的壮大，大量的宫观得以建立。史载政和七年（1117）二月十三日，诏"神霄玉清万寿宫，如小州、军、监无道观，以僧寺改建"③。可见宫观的数量有所增加。除了由朝廷下令所建宫观外，还有一些官僚士民舍宅为观，可以想见徽宗时的宫观数量一定超过了神宗时期。

道教的高速发展得益于北宋皇室的宗教政策。北宋皇室从太祖、太宗开始便大力扶持道教。太宗利用道士张守真制造"黑杀"降世的神话，目的是利用它来神化宋王朝，巩固自己的地位。据王钦若《翊圣保德传》载，宋初有大神降于盩厔县民张守真家，自称是"高天大圣玉帝辅臣"，奉玉帝之命降显于世，以辅佐大宋皇朝，要张守真虔心崇奉于它。于是张守真"乃礼古楼观先生梁筌为师，度为道士。遂于所居之侧择隙地，出家财构北帝宫，内立殿以事神，旦暮崇奉，颇极精至"④。张守真精勤修持，以能通神降妖而名噪一时。宋太宗即位，立召张守真，委以重任，于琼林苑为周天大醮，做延祚保生坛。

真宗即位，亦重视道教的教化作用，他祭祀天神地祇，表现出极大的宗教热情。大中祥符四年（1011），次华阴县，幸云台观，观希夷先生陈抟画像，除其观田租。庚午，谒顺圣金天王庙，群臣陪位，庙垣内外，列黄麾仗，遣官分奠庙内诸神。又幸巨灵真君观，

---

① 道藏：第32册[M]. 北京：文物出版社，上海：上海书店出版社，天津：天津古籍出版社，1988：652.
② 刘琳，等. 宋会要辑稿：第2册[M]. 上海：上海古籍出版社，2014：572.
③ 刘琳，等. 宋会要辑稿：第2册[M]. 上海：上海古籍出版社，2014：564.
④ 道藏：第32册[M]. 北京：文物出版社，上海：上海书店出版社，天津：天津古籍出版社，1988：650.

并除其田租。① 乙未，诏加上东岳曰天齐仁圣帝，南岳曰司天昭圣帝，西岳曰金天顺圣帝，北岳曰安天玄圣帝，中岳曰中天崇圣帝，命翰林学士李宗谔、龙图阁直学士陈彭年，与礼官详定仪注。甲寅，判太常礼院孙奭言，准礼，冬至祀圜丘，有司摄事，以天神六百九十位从祀。今惟有五方上帝及五人帝、五人神十七位，天皇大帝以下并不设位，且太昊、句芒惟孟夏雩祀，季秋大享，及之今乃祀于冬，至恐未叶。宜诏两制及崇文院详定。翰林学士晁迥等言，按《开宝通礼》，圜丘有司摄事，祀昊天，配帝，日月五星，中宫外宫众星，总六百八十七位。雩祀大飨，昊天配帝，五天、五帝、五官总十七位。方丘祭皇地祇，配帝，神州岳镇海渎七十一位。

真宗重视道教的传承，沿袭唐朝先例，册封真人，供奉天师。大中祥符三年（1010）十月丙午，河中府民巨沼诣陈尧叟，言五世祖诚在德宗时，夜梦人谓曰："中条山苍陵谷有《灵宝真文》，以金札之。明当往取俟天书赤篆出，可用参会。"如其言入谷三四里，夜睹黄光下有块石，碎之，得黄金一斤卷帛书，取藏于家，诚手笔为识。后二百余年，屡经大兵饥，家独无苦。其帛长三丈，广九寸，通判曹谷验之，云篆文非常体，词类道经。丁巳，群臣诣阁门，表贺得《灵宝真文》。大中祥符七年（1014）正月巳酉，具法驾赴宫，遣官分献本宫之元中法师、三师、真武、张天师，本殿之文子通元真人、列子冲虚至德真人、庚桑子洞灵真人、庄子南华真人、唐明皇文宗，并如从祀例。又遣宰相等荐献真源观三清灵宝天尊，先天观元始天尊、元母经师，广灵宫先天太皇，洞霄宫先天太后。又诣先天观洞霄广灵宫行香，复至太清宫真源观周览，还奉元宫，奉元宫曰明道宫，赐道士女官紫服师名，披度者八十人。真宗大中祥符八年（1015）丙辰（闰六月），王钦若准诏阅《道藏》赵氏神仙事迹，凡得四十人，诏画于景灵宫之廊庑。真宗大中祥符九年（1016）五月甲辰，诏以来年正月一日诣玉清昭应宫，与天下臣庶，恭上玉皇天帝圣号宝册。

真宗又诏诸路设罗天大醮，为国家民众祈福。天禧元年（1017）春正月辛丑，奉天书升太初殿，行荐献之礼，奉上册宝衮服，又诣二圣殿，奉上绛纱袍，奉币进酒。诸路分设罗天大醮，先建道场前七日致斋，禁屠宰刑罚，止凶秽，坊市三日不得饮酒食肉。军校牙将、道释耆寿悉集寺观，军营民舍就门庭，设香烛望拜，官吏服非齐斩。四月乙亥，出圣祖神化金宝牌，分给京城寺观及天下名山，牌长三寸许，广寸余，面文曰："玉清昭应宫成，天尊万寿金宝。"背文曰："永镇福地"。其周郭皆隐起蛇龙、华葩之状，封以绛囊漆匣，上亲题署之。

大中祥符元年（1008）正月，真宗曰："去年十一月二十七日，夜将半，朕方就寝，忽一室明朗，惊视之，俄见神人星冠绛袍，告朕曰：'宜于正殿建黄箓道场一月，当降天

---

① 李焘.续资治通鉴长编：卷75[M]//文渊阁四库全书：第315册.台北：台湾商务印书馆，1983：211.

书《大中祥符》三篇，勿泄天机！'朕悚然起对，忽已不见，遽命笔志之。自十二月朔，即蔬食斋戒，于朝元殿建道场，结彩坛九级，又雕木为舆，饰以金宝，恭伫神贶，虽越月，未敢罢去。适睹皇城司奏，左承天门屋之南角，有黄帛曳于鸱吻之上，朕潜令中使往视，回奏云：'其帛长二丈许，缄一物如书卷，缠以青缕三周，封处隐隐有字。'朕细思之，盖神人所谓天降之书也。"上即步至承天门，焚香望拜，命内侍周怀政、皇甫继明升屋对捧以降，王旦跪进，上再拜受，置书舆上，复与旦等步导，却伞盖，彻警跸，至道场，授知枢密院陈尧叟启封。帛上有文曰："赵受命，兴于宋。付于恒，居其器。守于正，世七百，九九定。"既去帛启缄，命尧叟读之，其书黄字三幅，辞类《尚书·洪范》老子《道德经》。始言上能以至孝至道绍世，次谕以清净简俭，终述世祚延永之意。读讫，藏于金匮。这就是天降天书的来由。

四月辛卯朔，天书又降于大内功德阁。六月，王钦若奏，于醴泉亭北见黄素书，遂建道场。奏至，帝命王旦为导卫使，具仪仗，奉迎天书，安于含芳园正殿。九月癸亥，奉天书于朝元殿。甲子，扶持使等奉天书升玉辂，赴太庙南城门内幄殿。诏以正月三日天书降日为天庆节。至于天书的内容，无非是宋受命于天、世祚延永一套。帛文曰："赵受命，兴于宋，付于恒。居其器，守于正。世七百，九九定。""辞类《尚书洪范》、老子《道德经》，始言上能以至孝至道绍世，次谕以清净简俭，终述世祚延永之意。"这完全是以神道设教的做法，却引得一阵又一阵的朝拜热潮。

天书屡降，圣祖终于现身。大中祥符五年（1012），真宗称赵氏始祖下降于延恩殿，十月戊午，九天司命上卿保生天尊降于延恩殿。先是八日，上梦景德中所睹神人，传玉皇之命，云："先令汝祖赵某，授汝天书，将见汝，如唐朝恭奉玄元皇帝。"翌日夜复梦神人传天尊言："吾坐西，当斜设六位。"即于延恩殿设道场。是日五鼓一筹，先闻异香，少顷黄光自东南至，掩蔽灯烛，俄见灵仙仪卫，所执器物皆有光明。天尊至，冠服如元始天尊。又六人皆秉圭，四人仙衣，二人通天冠，绛纱袍。上再拜阶下。俄有黄雾起，须臾雾散，天尊与六人皆就坐，侍从在东阶。上升西阶再拜，又欲拜六人，天尊令揖不拜，命设榻，召上坐，饮碧玉汤，甘白如乳。天尊曰："吾人皇，九人中一人也。是赵之始祖，再降，乃轩辕黄帝。凡世所知少典之子，非也，母感电梦天人，生于寿丘。后唐时七月一日下降，总治下方，生赵氏之族，今已百年，皇帝善为抚育苍生，无怠前志。"即离坐，乘云而去。闰十月己巳，上天尊号曰"圣祖上灵高道九天司命保生天尊大帝"。有司请以玉清昭应宫玉皇后殿，为圣祖正殿，东位司命殿，为治事之所。乙亥，诏上圣祖母懿号曰"元天大圣后"。十一月丙申，上于朝元殿恭谢玉皇，奉天书行事，致斋三日。禁屠宰，备三献，荐玉帛面牲。配坐，以圣祖位在东，褥用黄，玉以四圭有邸，币色苍。太祖、太宗位在西，陈宫架。百官朝服，率如祀礼。

九天司命保生天尊大帝，是北宋皇室新塑造的祖先神，称为"圣祖"。下诏："圣祖名上曰玄，下曰朗，不得斥犯。以七月一日为先天节，十月二十四日为降圣节，并休假五

日；两京诸州，前七日建道场设醮，假内禁屠、辍刑，听士民宴乐，京城张灯一夕。"改延恩殿为真游殿，重加修饰。又诏："天下州、府、军、监，天庆观并增置圣祖殿。"这就使得圣祖—赵氏始祖—轩辕皇帝—九天司命保生天尊的谱系确定下来。于是一个新的道教神灵、赵氏始祖便这样有名有姓地产生了。

为了避赵玄朗之讳，大中祥符六年（1013）八月，又将老子的太上玄元皇帝称号改封为"太上老君混元上德皇帝"。七年（1014）九月，尊上玉皇大帝圣号曰"太上开天执符御历含真体道玉皇大天帝"，从此道教与赵宋王室紧密地联系在一起。

宋张端义《贵耳集》："本朝四帝，亦有吉符。真宗即来和天尊，出杨砺之梦，载诸国史。祥符崇尚道教，建立宫观，专尚祥瑞。王钦若献芝草八千一百三十九本，丁谓献芝草三万七千余本，独孙奭不然其事。真宗久无嗣，用士拜章帝所，有赤脚大仙辞之久，玉帝云：'当遣几个好人去相辅赞。'仁宗在禁中未尝尚鞋，惟坐殿方尚鞋袜，下殿即去之。徽宗即江南李王，神宗幸秘书省，阅《江南李王图》，见其人物俨雅，再三叹讶。继时徽宗生，所以文彩风流，过李王百倍。及北狩女真，用江南李王见艺祖时典故。高宗，韦后生。徽宗梦钱王再三乞还两浙，梦觉与郑后言：'朕夜来被钱王取两浙，甚急。'郑后奏云：'昨夜韦后诞高宗。'及建炎渡江，今都钱塘百有余年，岂非应乞两浙之梦乎。"①

九天司命保生天尊大帝
采自张商英《三才定位图》

宋徽宗赵佶对道教的崇信更甚，他仿效真宗的做法，亦导演了多次天神下降的闹剧。其在位20余年，崇道活动大致可分两个阶段：第一个阶段为崇宁、大观年间（1107—1110），表现出好道的倾向；第二个阶段自政和至宣和年间（1111—1125），全面崇道，在全国范围内大力扶植和推行道教，并一度废除佛教。

宋徽宗最早重用的是方士魏汉津、泰州道士徐神翁，曾赐号魏汉津为"虚和冲显宝应先生"、徐神翁为"虚静冲和先生"。其后，徽宗最为宠信的道士是茅山宗第二十五代宗师刘混康。刘混康曾受到哲宗的召见，为皇后治疾。刘大彬《茅山志》曰："元祐元年，哲宗后孟氏误吞针喉中，医莫能出，有司以高道闻，召见。师进服符，呕出针，刺符上。宫中神其事，赐号洞元通妙法师，住持上清储祥宫。绍圣四年，敕江宁府即所居潜神庵为元符观。别敕江宁府句容县三茅山经箓宗坛，与信州龙虎山、临江军阁皂山，三山鼎峙，

---

① 张端义.贵耳集：卷中[M]//文渊阁四库全书：第865册.台北：台湾商务印书馆，1983：432.

辅化皇图。"上清派、灵宝派、正一派自此形成了三山符箓鼎立天下的局面。至徽宗即位，立召刘混康赴阙，加号元符万宁宫，赐九老仙都君玉印、景震玉榴具剑、御制诗颂书画，赐予不能悉记。"师累表灾变，上虽加叹，而不能用其言。屡召至阙"，问以道妙。崇宁五年（1106），加号"葆真观妙冲和先生"。大观二年（1108）四月，同徐神翁、张继先天师一时复会上清储祥宫，各赐道院以居之，未几羽化，五月，特赐太中大夫，悲悼甚切。

时权臣蔡京奉敕撰《茅山华阳先生解化之碑》，称刘混康至京，"病不能朝，劳问之使，不绝于途"。徽宗亲绘三茅真君像，洁斋书《大洞真经》，并赐之。"有司以先生解化闻，上震悼，命中贵人赐金营丧。特赠太中夫夫，使使护其柩以还葬，有日诏臣下作为墓碑，以诏无穷。"刘混康高足笪净之也说："先师被遇圣朝，恩荣终始，如藏真建观，前所未有。"刘大彬《茅山志》所收《徽宗赐刘宗师敕书并诗》载"崇宁凡四十一通，大观凡三十一通"。从崇宁元年七月六日到大观二年四月近6年的时间，先后发信72通，平均每月1通，可谓书信不断，关系非常。

徽宗后期最宠信和重用的道士是林灵素。林灵素本名林灵噩，浙江温州人，幼年为僧，因苦其师笞骂，遂改做道士。其人性颇机敏，好说大言，他是由左道录徐知常推荐给徽宗的。徽宗问其知晓何种道术，他自称上知天上，中识人间，下知地府等事。政和三年（1113）十一月，徽宗宣称他看见玉津园东有天神降临，并亲自作《天真降临示现记》颁示天下。政和七年（1117）二月，徽宗宣称"青华帝君"夜降宣和殿，授他"帝诰、天书、云篆"等事。林灵素利用这一事件，自称曾梦游神霄府，宣称天有九霄，神霄最高，设神霄府，"神霄玉清王者，上帝之长子，主南方，是长生大帝君，陛下是也，即下降于世，其弟号青华帝君者，主东方，摄领之。己乃府仙卿曰褚慧，亦下降佐帝君之治"[1]。又称蔡京、童贯等皆是神霄府的仙伯、仙吏，就连徽宗的宠妃刘氏亦是神霄府的"九华玉真安妃"，皆下降以佐徽宗治理天下。徽宗独喜其说，御书为之改名"灵素"，赐名"通真达灵先生"，并赐金牌，非时宣召入内。令删定道史、经箓、灵坛等事，且以师事之。特建通真宫居之，兴上清宝箓宫，密连禁省。又命天下皆建神霄万寿宫，于京师开神霄箓坛，传箓散符。自此，徽宗自觉已达人神合一的境界，成为神权与君权合一的皇帝，乃授意道箓院册封他为"教主道君皇帝"，从而把道教变成了国教。徽宗又命林灵素修正一黄箓青醮科仪，编排三界圣位，校正丹经子书。林灵素所做的"编排三界圣位"的工作，对道教神仙谱系的完善起了重要作用。

---

[1] 宋史·林灵素传[M]//二十五史：第6册.杭州：浙江古籍出版社，1998：1338.

## 二、宋代道教与天师谱系

从北宋到南宋，传统的天师道、灵宝派、上清派依然活跃，并以三山符箓著称于世。三山道法传承有序，均有明晰的宗谱。就天师道而言，前后传承十三代，这里略而述之，以见其貌。

第二十四代天师张正随，字宝神，仲归长子，生卒年不详。为人质直淳朴，不与俗人交，遇诸途，则趋而避之。岁以传度法信、救施贫乏，虽家贫而不顾。年八十七岁而终，追封真静先生。宋大中祥符八年（1015）召至，吏部尚书王钦若为奏，请立授箓院，并奉敕改真仙观为上清观。宋真宗皇帝制曰："朕嗣守宗祧，钦崇天道，荷乾坤之瑞应，阐河洛之珍符，思与至人，共参妙道。尔祖得灵诠于金阙，垂法统于后昆。汝为嫡孙，绍承异学，兹启先天之秘，以诱后觉之民。惟帝鉴观，跻世仁寿，肆颁徽号，益衍玄猷，赐号真静先生。"元至正十三年（1353），赠清虚广教妙济真君。

第二十五代天师张乾曜，字元光，宝神之长子，生卒年不详。好道，守掌真人之教法。《会要》云：大中祥符八年（1015），召信州道士张乾曜，于京师上清宫置坛，传箓度人。宋仁宗闻其有道，天圣八年（1030）五月召赴阙，赐澄素先生之号。上问以飞升之事，沉吟久之，对曰："此非可以辅政教也。"上嘉之。又问几子，对以长子传道，次业儒。遂以次子见素为将作监主簿。见素虽仕，而志尤慕道，以卫尉寺丞休官，隐居鄱阳东湖。端静寡言，笃志内修。年八十五而化，瘗剑仁福乡樟埠曹家源。宋仁宗皇帝制曰："朕嗣服历年，潜心至道。若稽黄帝之为君也，所以养人民，官阴阳，而成无为之治者，则有广成子，在崆峒之上，不惮膝行，顺下风而问焉，为民故也。尔不远千里，至辇下一言悟朕，得养生治民之要，可无徽称，以示旌异，尚弘神化，用副招延，罔俾广成，专美前古，赐号澄素先生。"元至正十三年，赠崇玄普济湛寂真君。

第二十六代天师张嗣宗，字荣祖，澄素先生之长子，生卒年不详。袭真人之教，传度秘箓。得吐纳之法，年七十容貌如童孩，年八十一岁而卒，封虚白先生。《会要》云：至和三年（1056）八月，赐号冲静先生。生而左手有印文，及袭教，神异具著。至和二年（1055），宋仁宗召赴阙，祈祷有应，奉敕迁上清观于山之阳。年七十八，貌若童颜。赐号虚白先生，八十一而化，瘗剑醮口寨。宋仁宗皇帝制曰："柴望秩宗，乃祷祠之肇启。行宫藏事，非巫史之可侪。苟诚意之旁通，亦治世之所赖。汉天师二十六代孙张嗣宗，绍承家学，绰有祖风，比露剡以笺天，旋弥灾而为福。非道心精一，至诚感神，能若是耶？虚空生白，吉祥止止，惟尔有焉。赐号虚白先生。"元至正十三年（1353），赠崇真普化妙悟真君。

第二十七代天师张象中，字拱辰，虚白先生长子。七岁赐紫，承袭。一云年十三。颖慧非常，博通经史，尤有道术。宋仁宗召见，赐坐，咨问道法甚妙，特赐紫衣，亲洒宸翰，以镇福庭，复赐束帛金器。自后朝廷宠贵，荐至师承，袭真人之教，终身不怠。后归征君山梧竹塘，结以庐居，得道冲举，有七星墩、白鹤坞存焉。元至正十三年，赠崇真通惠紫玄真君。

第二十八代天师张敦复，字延之，拱辰长子，生卒年不详。少儒服，有声场屋，后以嫡子承正一二十八世，丕阐祖风，四方宗之。年五十三而卒，追封葆光先生。学识天成，声如洪钟，士林仰之。宋熙宁间，神宗召赴阙，命醮于内殿，赐号葆光先生。年五十三而化，瘗剑邓家坞。宋神宗皇帝制曰："朕荷后皇眷顾之休，藉祖宗盈成之业，海宇宁谧，民物阜康，思弘清净之风，共乐无为之治。汉天师二十八代孙张敦复，世传祖印，早悟真诠，惜遽返于丹丘，遂莫前于宣室，宜申简册，以贲烟霞，赐号葆光先生。"元至正十三年，赠太极无为演道真君。

第二十九代天师张景瑞，字子仁，敦复之从子，生卒年不详。好道，承袭真人之教。年三十一岁，一云五十二岁卒，追封葆真先生。性恬澹，绝嗜欲，不与物竞，笃志玄学。大观二年（1108），赠葆真先生。年五十二岁而化。宋徽宗皇帝制曰："朕惟御灾捍患，祀典所先，崇德报功，圣人所尚。乃者虚靖先生张继先，靖盐池之妖氛，藏金庭之醮奏，如响斯答，厥功甚懋。推其本原，盖有家学，而汝名号之称，朕甚慊焉，特赠葆真先生。"元至正十三年，赠太极清虚慈妙真君。

第三十代天师张继先（1092—1127），字遵正，二十六代之后。九岁承袭真人之教。宋徽宗崇宁以来，凡四召至阙，赐号虚靖先生，视秩中散大夫。初，神宗以真人印文"阳平治都功印"凡六字，用昆玉刻之，藏于三清储祥宫法从库，将以畀有道者。至是，以赐继先。已而进封真人为正一静应显佑真君，仍诏有司就国之东建下院以居之，赐额曰崇道。又赐缗钱，修龙虎山上清宫，拨步口庄五万以饭其众，改赐上清正一宫额，追封其祖及父先生号，度其祖母陈氏、冯氏，妹葆真皆为道士，建真观以居之。复用澄素先生例，官其兄绍先假将仕郎，恩赉甚厚。先生志在冲淡，引辞以归。尝作静通庵于上清宫后，为心斋坐忘之所，又因祖师云锦山龙虎丹灶而修炼焉。瑞彩祥光，照耀山谷，有降祥堂、濯鼎池，遗迹犹存。后著《心说》及《大道歌》，以贻于世。丁未（1127），年三十六岁，钦宗诏赴阙，至泗州解化。崇宁二年（1103），禳解州盐池水溢之害，得徽宗嘉奖，赐号虚靖先生，赐金铸老君及汉天师像。御书靖通庵额赐之，并建灵宝、云锦、真懿三观，改祖师祠为演法观，奉玉册，上祖师号，封为真君。四方学者，率数千百人。大观丁亥（1107），上遣使，命醮于山中。大观二年（1108），还山。政和二年（1112），遣使复召，以疾辞。俾弟子王道坚奉谢，以修德弥灾为告。敕改上清观为宫，授道坚为太素大夫，凝神殿校籍，命预禳国难。丙午（1126），金人寇汴，上与太上皇思天师预奏之言，遣使极召。至泗州天庆观，书诗而化。时靖康丙午十一月二十三日，京师亦以是日陷。族父张宪适至，率士民葬于龟山之下。

第三十一代天师张时修（1079—1140），字朝英，虚白先生之后。素习儒术，累举不第，乃恬然静退，志慕修炼。以虚靖不娶无嗣，众推承袭。年六十一岁，于龙虎故居解化。又据赵道一《历世真仙体道通鉴》所载，张时修，敦直子。虚靖不娶，无子。弟渊宗为道士，拟令嗣教，光辉清化。虚靖游泗州时，以印剑经箓付之朝英，以是众推之以嗣教。辞曰："继先，吾从子也，吾何后之？"众曰："法统所在。"遂嗣教。乃恬然静退，志慕修炼，年六十一岁而化。元至正十三年，赠正一弘化明悟真君。

第三十二代天师张守真（？—1176），字遵一，朝英长子。母吴氏，尝梦界以仙果，曰："汝食之，生子当主阳平治都功印。"生而纯素守静，长而寡欲。宋绍兴十年庚申（1140），承袭世教。每岁三元传度，四方辐奏，除邪戡毒，道化盛行。二十九年（1159）二月七日，高宗赐号正应先生。孝宗乾道六年（1170）十月十三日，高宗召命。十一月十三日，诏赴德寿宫，馆于养鱼庄。越三日引见，赐坐，咨访道法，甚款。十九日，孝宗召见，赐坐，赐金锡斋，退就馆舍，锡赉频蕃。十二月十九日，高宗命醮月台，所祷有异应。越明年，复召见。以上清三洞诸品宝箓，流传寖久，乃锡金，委道录院锓木成书，就延祥观传度，且命以其版归，及赐象简景震剑并手书《阴符经》以畀之。先生既归林下，翛然自得，不以世俗介意。每云："尝收兄虚靖先生书，有川蜀之约，吾将往游焉。"于淳熙三年（1176）十月三十日，无疾羽解。又据张正常《汉天师世家》所载，宋绍兴十年（1140），袭教。乾道六年（1170），毗陵有妖凭树，诏治之。既行，一夕，雷拔其树。召赴阙，赐号正应先生。高宗召见，咨问道法。孝宗时，江涛冲决，命醮内廷，有异应，上赐以象简、宝剑，《清静》《阴符》二经，赐号正应先生。淳熙三年（1176）十月三十日，谓弟子曰："顷得吾兄虚靖书，有青城之约，今当往矣。"言毕而化，藏蜕于演法观近西。元孝宗皇帝制曰："敕汉天师三十二代嗣孙守真，尔传之祖业，载世数十，而犹未泯，亦异也。已锡之嘉名，厥有故事，特授正应先生，复赠崇虚光妙正应真君。"

第三十三代天师张景渊（？—1179），字德莹，初名伯璟，正应先生长子。仪冠轩伟，丰玉枕，美须髯，人皆谓有正一之风。宋孝宗乾道中，侍正应先生赴召，高宗赐坐赐斋，御笔更名景渊。又见南内，宣演道法，甚嘉纳焉。越月，高宗命正应大醮月台，正应以景渊隶其事，每获殊应，上加锡赉并赐象简以归。遂掌三元之教符箓，受者尤盛。初，皇子魏王镇明州，以玉坛召师，相得尤厚。一日遣人荐来邀迓，忽谓其徒曰："人间之宠虽至，然吾自有仙期，不可爽矣。"遂隐几而化。又据张正常《汉天师世家》所载，皇子魏王镇明州，有疾，为坛以请。至，乃咒水饮之而愈，礼送特厚。一日，复遣人致聘，使及门，忽召弟子曰："吾仙期不可爽。"遂隐几而化，瘗剑于上清莒家源。元至正十三年（1353），赠崇真太素冲道真君。

第三十四代天师张庆先（？—1209），字绍祖，德莹嫡子。庆先未生时，德莹尝鞠幼弟嗣先为子，既而摄祖教。庆先降世，天姿闲雅，赋性简默，盖如列子之居郑圃，时人无知者。久而声名方馨，神异焕发，道俗宗向，不谋同辞，曰："真正一先生之裔也。"遂鸣于有司，以宋宁宗嘉泰元年辛酉（1201）五月，袭三十四代之位。三元传箓，奉香火者云至。师常以真纯自守，俭素居家，慈仁接物。见贫乏寒栖之士，尤加恻隐，而赒济之。无他嗜好，惟喜饮，而不为酒困。至嘉定二年（1209）下元开坛，越七日，有绛袍幅巾之士，神风伟岸，类有道者。众莫诘其所从来，师一见之，开樽下榻，如平生欢。既别，犹附耳语，移时乃去。师自是焚香绝粒，不交人事。家人意其蝉蜕有日，请遗法诀，闷而不言。至是月二十九日晨兴，盥栉如平时，翛然宴坐而逝。又据张正常《汉天师世家》所载，张庆先以嘉泰辛酉（1201）袭教，性慈俭周贫，因至是经箓之传益广。饮酒数斗不醉。尝游山之张公洞，有井极深，戏以木叶投之。俄而波涛汹涌，有一老人，从井中出，拜而有请，戒之毋旱涝而去。嘉定二年（1209）十月二十二，有道人来谒，礼敬甚恭。既去，语弟子曰："彼与吾有深约。"越七日，晨兴宴坐而化。元至正十三年，赠崇虚真妙光化真君。

第三十五代天师张可大（1218—1262），字子贤，正应先生第二子，伯璃之孙，仁静先生天麟之次子。初，景渊羽化时，伯璃尝摄三十四代事。至庆先羽化，嫡子成大幼，天麟复摄行三十五代教法，尝被宋宁宗召，赐号仁静先生。未几，成大早化，遂以可大为庆先后。理宗绍定三年（1230），仁静仙去，可大年方十三，正承三十五代之教。丰神秀异，性识不凡。四方参受法箓者，动数万计，道化盛行。端平三年，奉圣旨赐钱，重刊先朝元赐箓板。嘉熙二年（1238），加封正一静应显佑真君。助法、鸣山、玉泉、龙井之神，咸加封焉。三年（1239）四月，奉圣旨召赴行都，退潮祷雨，禳蝗保边，咸有感格。七月，召见，赐坐赐斋，赐号观妙先生。褒嘉甚至，锡赉便蕃，仍赐钱重兴先朝元赐真懿观，俾为母子同居之地，锡以土田，免其租赋。御书观额及"真风之殿""紫微之阁"以赐，又赐扇一握，亲洒宸翰曰："神与道而为一，天与人而相连，苟精守以专密，必驾景而凌烟。"先生又为助法、鸣山、玉泉、龙井之神请于朝，咸加封爵。自是简眷愈隆，时有宣赐，降香建醮无虚岁，每祷辄应。至宝祐二年（1254），复奉圣旨，召赴行在，住持龙翔宫。以亲老故辞，准敕，提举三山符箓，兼御前诸宫观教门公事，主领龙翔宫事。自是既得请，有逍遥物外之志。景定三年（1262），乃以教法授次子宗演，具表奏闻。至四月初十日羽解，上与东宫各有赐赗。至瘗剑，宣赐尤厚。丞相江万里为撰碑铭。又据张正常《汉天师世家》所载，时鄱阳水溢，坏民庐室，袁提刑甫请治之，以符投江，雷震殛死大白蛇，水遂复故。端平年间，累召赴阙，赐镪经费。嘉熙三年（1239），钱塘潮溢，水及艮山门，民庐尽湮，诏治之。投铁符潭中，潮遂退。又大旱蝗，命醮于太乙宫，雨作蝗殪。七月召见，赐号观妙先生，敕提举三山符箓，兼御前诸宫观教门公事，主领龙翔宫，重建真懿观，赐田若干顷，免租税。御书真风殿、紫微阁、真懿观额。上册加封祖师，关、石二帅，龙井等神。元世祖遣使讯之，乃授以灵诠，且言其后验。景定四年（1263）四月，以印剑付次子宗演，具表辞谢而化。丞相江万里为铭，瘗剑于瑞庆观。

第二十六代天师张宗演（1244—1291），字世传，号简齐。性渊静，少颖敏，年十九

袭教。宋咸淳间，信州上饶旱灾，守臣唐震请祈雨，应验如期。元世祖平宋，遣使优谕，召至，敕廷臣郊迎，待以客礼。入见，顾问者再。六月醮于内庭。明年，又醮长春宫，赐号演道灵应冲和真人，给二品银印，命主江南道教事，得自给牒，度人为道士，路设道录司，州设道正司，县设威仪司，皆属焉。诏谕江南复宫观赋役，即京师创崇真万寿宫，敕弟子张留孙主之。后复两召至阙，礼遇有加。一日有道人来谒，告以玉兔之约。时至元辛卯（1291）十一月十一日，有献白兔者，语弟子曰："吾昔以明日生，今以明日去矣。"遂书颂而化，瘗剑于蟹田源，后赠演道灵应冲和玄静真君。元世祖皇帝制曰："三十六代天师张宗演，卿心传法统，体粹真风，广黄庭、大洞之科，持正一、盟威之箓，爰清爰净，以信以诚。三尺青蛇，役鬼神于冥漠；一杯明水，净夭孽于迩遐。既弘开济之功，宜畀褒崇之号，特赠演道灵应冲和真人。"

## 第二节　三清、六御神仙谱系

三清、六御的神仙谱系正式形成于宋代。"六御"指玉皇大天帝、紫微天皇大帝、紫微北极大帝、后土皇地祇、圣祖天尊大帝、元天大圣后；或昊天至尊金阙玉皇上帝、紫微中天北极大帝、紫微上宫天皇大帝、东极救苦青玄上帝、神霄真王长生大帝、承天效法后土皇地祇；或玉皇上帝、紫微中天北极大帝、紫微上宫天皇大帝、东极青华大帝、神霄真王长生大帝、东极青玄上帝。① 由于教派或时代的差异，其构成是有区别的。

### 一、三清、六御考辨

所谓"御"，是指诸天上帝所居之"御筵"。南宋宁全真授、林灵素编《灵宝领教济度金书》曰："上御筵上层中列：玉清圣境虚无自然元始天尊妙无上帝，上清真境虚皇玉晨灵宝天尊妙有上帝，太清仙境万变混沌道德天尊至真上帝。上层第二列：太上开天执符

---

① 宁全真，林灵素.灵宝领教济度金书[M]//道藏：第7册.北京：文物出版社，上海：上海书店出版社，天津：天津古籍出版社，1988：63.本书所引《灵宝领教济度金书》均出自此版本，不再一一出注。

御历含真体道昊天至尊金阙玉皇上帝，紫微中天北极大帝，紫微上宫天皇大帝，东极救苦青玄上帝，神霄真王长生大帝，承天效法后土皇地祇。以上并奏请，三清称道慈，诸帝称天慈，后土称宸慈。"

同为宋代出现的神谱中，为何会出现六御的差异？显然是时间与空间的差异造成的。就历史原因而言，不同的时代信奉不同的神灵，并新造一些神祇。如唐代信奉老子，并形成了三清、五帝的神系格局。就空间因素而言，方仙道流行于齐鲁滨海地区，正一道源于巴蜀汉中地区，太平道流传于青、徐、幽、冀、荆、扬、兖、豫八州，地区的差异造成了所信奉神灵的差异，以后出现的上清派、灵宝派、楼观派等在奉神上的差异与地域也有很大关系。同时道教斋醮科仪所请神灵历来重视迎合世俗心理，供奉当地民间信奉的一切神灵。如吕元素《道门定制》载："三状内皆有蜀中君臣神祇，其或他郡国各有山川群望，随所奉事增减。"① 可见，时间、空间因素对神仙谱系的构成均有一定影响。

唐代皇室钦定的道教神系中，老子或三清之下的主神是五帝。如洛阳玄元皇帝庙内有吴道子绘制的《五圣千官图》，图中的五圣是东华天帝、南极天帝、西灵天帝、北真天帝、扶桑大帝。五圣之中除扶桑大帝之外，皆为唐代出现的新神，他们位居天界，分治四方，故又称四极天帝。

四极天帝又称四极真人。《洞真太上太霄琅书》卷3《四极科序》云："夫有金名，得受四极，依科条奉，四界司迎，当绝阴阳，勿与俗交。生死之秽，触忤真灵，啖食五荤，炁冲胃府，损精丧神，裸身三光，轻慢玉晨，自收其咎，祸灭兆身。不得妄与常学，谈说经文，评论玄古，意通至真，宣传非所，泄露道源，妄示世人，殃及七祖。"② 《洞真上清青要紫书金根众经》载："上清金阙宫，在三元宫之北，相去五万里，高上所处之东，去玄羽野西垄山九千里，处玉清之西，与天关连台。外有四门，门有两阙，一阙金，一阙玉，皆夹门左右。门有羽衣守士各三百人，师子巨兽各三百首，内有清精玉芝流霞之泉。东门名玉景金融门，门有二玉晨王，执九节之麾，各镇一半，高上玉清虚皇太真之宾，出入之所经。南门名洞宝琼云门，主真人飞仙游宴八极，周行五岳，出入之所经。西门名玄京玉宝门，主学仙受署真人，进叙录簿所由经也。北门名朔阴极云门，主真人犯非退降偏皇之任，学素简所经由也。凡有四门，门有两阙，金阙在左，玉阙在右，并高九千丈。金阙以金为柱，紫云为盖，刻金题阙众真飞仙之号。玉阙以青玉为柱，绿云为盖，刻玉题阙上皇太真之号。八阙悉如是。阙下则有青龙白虎，处在左右，天兽巨虬备卫玉阙，玉童玉女各三百人，散香其间。阙上有九层金台，虚上玉晨领仙君所住。门内周回七千里，金阙宫处在中央，中有金辉紫殿琼房玉室，后圣金阙帝君所住。紫云荫其上，绿霞绕房，日月

---

① 道藏：第31册[M]. 北京：文物出版社，上海：上海书店出版社，天津：天津古籍出版社，1988：749.
② 道藏：第33册[M]. 北京：文物出版社，上海：上海书店出版社，天津：天津古籍出版社，1988：655.

夹照，神烛自明，金真玉女，散香虚庭，流光八玄，风鼓玄旌，回舞旄盖，玉树激音，琳枝自籁，百响互生，此金阙之上馆，众真之所经。其有四极真人，主领学仙传箓，进叙退降，及始学仪则，皆由四极真人也。"①
《太上说中斗大魁保命妙经》曰："惟彼穹苍，位处中央，端居静密，开列混茫。四极辅翼，大赫丕光，七政璇玑，两曜伏襄。统摄万象，提振纪纲。严校诸天，无极神乡。三官九署，十二河源，二十八宿，三十二天，普得拥护，降福无殃，蠲除罪簿，落灭恶根。东斗主算，西斗记名，北斗落死，南斗上生，中斗大魁，巍然至尊，天人受度，旷劫长存，三涂五苦，八难三迍，承兹正教，升入金门。"②《太上洞玄灵宝无量度人上品经法》曰："四者，四极之宫。东华、南极、西灵、北真也。四极真人主生死命籍。象者，象轮之车，真人常乘象辇游行三界，校人生死罪录，开度学道之人。"③

至北宋真宗朝，由王钦若主持整理编制道教神仙谱系，尊玉皇大天帝、紫微天皇大帝、紫微北极大帝、后土皇地祇、圣祖天尊大帝、元天大圣后为"六御"，从而改变了唐代道教三清、五帝的神系格局。大中祥符二年（1008），真宗曾命王钦若总领修校道经，大中祥符三年（1009）又命王钦若再次校理道经，与张君房一起，修成《大宋天宫宝藏》。至天禧三年（1019）春，写录七藏以进。由于王钦若负责修校道藏，真宗、王钦若等奉祀的神灵自然进入道教的醮仪，变成主神，得以在各地道教宫观设像，成为道教造像与编制神谱的标准。

二帝一后　清代　纸本设色
李黎鹤藏

哲宗时任道官左街都监同签书教门公事的贾善翔著有《犹龙传》《高道传》《南华真经直音》《太上出家传度仪》等。他在介绍出家传度仪时讲：引弟子于道席前，礼三拜，上香，度师祝香。以今焚香，"供养三清上圣，十极高真，玉皇大天帝，紫微天皇大帝，紫微北极大帝，后土皇地祇，圣祖天尊大帝，元天大圣后，三十二天帝君，十神太一

---

① 道藏：第33册[M]. 北京：文物出版社，上海：上海书店出版社，天津：天津古籍出版社，1988：435.
② 道藏：第11册[M]. 北京：文物出版社，上海：上海书店出版社，天津：天津古籍出版社，1988：355.
③ 道藏：第2册[M]. 北京：文物出版社，上海：上海书店出版社，天津：天津古籍出版社，1988：508.

真君，十一曜星官，天地水三官，南北二斗星官，四方二十八宿星官，四圣真君，三元真君，玄中大法师，经籍度三师，正一真人，五岳圣帝，储副佐命大洞仙官，三十六洞天仙官，七十二福地、三十六靖庐、二十四化仙官等，四渎源王，四海九江水帝龙王，地府酆都北帝，出家弟子本命星官，宫观里域真官，天曹地府、一切威灵"。① 这里所请的玉皇大天帝、紫微天皇大帝、紫微北极大帝、后土皇地祇、圣祖天尊大帝、元天大圣后，正是真宗钦定的六御。

六御之首为玉皇大帝。"玉皇"之称首见于《太上灵宝五符序》卷上，言灵宝五符其文繁盛，天书难了，真人之言，既不可解，太上之心，众人莫测。"阎间珍贵其天文，而不解其辞，乃遣使者赍此书，封以黄金之检，印以玉皇之玺，书旨以问鲁大夫孔丘。"② 可证魏晋时已有玉皇之说，并有玉皇宝玺传世。

早期上清派经典东晋《上清河图内玄经》所载《九皇宝箓三》宣称北斗九皇皆为玉皇，阳明星为玉皇九晨君，阴精星为玉皇北上晨君，真人星为玉皇主仙华晨君，玄冥星为玉皇玄上飞盖晨君，丹元星为玉皇金魁七晨君，北极星为玉皇北晨飞华君，天关星为玉皇总灵九元北盖晨君，辅星为玉皇帝尊九晨君，弼星为玉皇帝真元晨君。《上清河图宝箓》："辅星，天尊玉帝之星，日常阳也。主飞仙，上总九天，下领九地，五岳四渎神仙之官。围九百九十里，有紫气玉楼，游行三命真人，号帝尊九晨君，姓精常，讳空上开正延，飞精玉冠，九色凤衣，执火铃。"③ 可见其时玉皇是众多星灵天神的通称，尚未成为专属神名。

梁陶弘景《真灵位业图》，在所列神谱第一中位"玉清元始天尊"之下列"玉皇道君"，位居右位第十一；又列"高上玉帝"，位居右位第十九，他们"皆得策命学道，是令群真"。南朝陈马枢《道学传》第七云："陆修静……初至九江，九江王问道佛缘失同异，先生答：'在佛为留秦，在道为玉皇，斯亦殊途一致耳！'"④

留秦，亦名拘留秦，或拘留孙、鸠楼孙、迦罗鸠餐陀、羯罗迦寸地等，乃佛教过去七佛之一。后秦佛陀耶舍、竺佛念译《佛说长阿含经》载世尊于尸利沙树下成道，曾有一会之说法，度化弟子四万人，重要者有萨尼、毗楼等。该佛与毗婆尸佛、尸弃佛、毗舍婆佛、拘那含佛、迦叶佛、释迦牟尼佛共称过去七佛，同受造像供养。"拘楼孙佛坐尸利沙树下，成最正觉。"⑤ 唐道世《法苑珠林》卷8曰："初千佛者，华光佛为首，下至毗舍浮

---

① 道藏：第32册[M]. 北京：文物出版社，上海：上海书店出版社，天津：天津古籍出版社，1988：161.
② 道藏：第6册[M]. 北京：文物出版社，上海：上海书店出版社，天津：天津古籍出版社，1988：317.
③ 道藏：第34册[M]. 北京：文物出版社，上海：上海书店出版社，天津：天津古籍出版社，1988：246.
④ 道藏：第25册[M]. 北京：文物出版社，上海：上海书店出版社，天津：天津古籍出版社，1988：305.
⑤ 大正藏：第1册[M]. 台北：新文丰出版公司，1975：1-2.

佛,于庄严劫得成为佛,过去千佛是世。此中千佛者,拘留孙佛为至,下至招搂至如来,于贤劫中次第成佛。后千佛者,日光如来为首,下至须弥相佛,于星宿劫中当得成佛。"①

陆修静将玉皇与拘留秦相提并论,即是说玉皇为道教的过去天尊。这似乎说明道教受佛教思想的影响,衍化出三世说。这里将道教的"玉皇"与佛教的"留秦"类比,表明玉皇在道教神系中的地位是相当高的。《太上太真科》曰:"虚皇金阙玉帝,最贵最尊,无生无死,湛然常住。"唐史崇编《一切道经音义妙门由起》称玉皇天尊是元始天尊之别号,或三世之一。其《明天尊第二》引《天师请问经》云:"道为最尊,常在三清,出诸天上,以是义故,故号天尊。或号玉帝,或号高皇,随顺一切也。"②《灵宝斋仪》云:"过去高上玉皇天尊,未来太极天尊,见(现)在元始天尊。"《宝玄经》称天尊有十号,"一号自然,二号无极……九号玉皇,十号陛下"。张君房《云笈七签》亦有类似说法,其《道教本始部》云:"三代天尊者,过去元始天尊,见(现)在太上玉皇天尊,未来金阙玉晨天尊。"以上说法皆出于南北朝至唐代。

玉皇大帝亦称昊天玉皇大帝,或简称玉皇,是中国民间信仰中的最高天神,是中国封建皇权在神真世界的象征。中国自商周以来已有最高天神——上帝这个观念。在先秦文献中,或称天、皇天,或称帝、上帝、皇天上帝、昊天上帝,指的都是这个最高天神。随着社会分工愈来愈细,社会组织、社会意识日趋复杂,神鬼世界也逐渐等级森严,分工明细,上帝的形象和功用也趋向社会化、人格化。西汉有五方天帝及太一,东汉有五感上帝,皆具上帝的职能。东汉末又以北极星为天皇大帝,总领天地五帝群神。但自新莽迄于唐,国家祭天大典皆以祀皇天上帝为主。

玉皇崇拜影响深远,关于其起源的说法亦多杂乱。南朝齐梁殷芸撰《殷芸小说》记载:"周兴死,天帝召兴升殿。兴私问左右曰:'是古张天帝耶?'答曰:'古天帝已仙

二帝一后　清代　纸本设色
李黎鹤藏

---

① 大正藏:第53册[M].台北:新文丰出版公司,1975:332.
② 道藏:第24册[M].北京:文物出版社,上海:上海书店出版社,天津:天津古籍出版社,1988:724.

去，此是曹明帝耳。'"① 唐段成式《酉阳杂俎》卷14《诺皋记上》："天翁姓张，名坚，字刺渴，渔阳人。少不羁，无所拘忌。常张罗，得一白雀，爱而养之。梦天刘翁责怒，每欲杀之，白雀辄以报坚，坚设诸方待之，终莫能害。天翁遂下观之，坚盛设宾主，乃窃骑天翁车，乘白龙，振策登天。天翁乘余龙追之，不及。坚既到玄宫，易百官，杜塞北门，封白雀为上卿侯，改白雀之胤不产于下土。刘翁失治，徘徊五岳作灾。坚患之，以刘翁为太山太守，主生死之籍。"② 这些宣称天帝为张姓的传说显然出自民间，说明上帝的人格化在民间信仰中的表现尤为显著，逐渐脱离了周秦时代官方祀典中上帝的抽象概念，变为具有人类情感的生动具体的"天公"。可以看出，当时人们不但认为上帝也具有人的性格和弱点，甚至也可以由人来取代，上帝宝座也是轮流坐的。所以顾颉刚先生在《浪口村随笔》中说"张玉皇"与东汉张天师有关。这样一来，官方祀典中的上帝、民间信仰中的天翁和道教诸神中的玉皇便合而为一了。

玉皇　宋代　泥塑彩绘
山西晋城玉皇殿

到了唐代，朝野上下对玉皇的信仰日益普遍。如武则天有《唐享昊天乐》十二首，唐中宗有《祀昊天乐章》十首，唐玄宗有《祀圜丘乐章》十一首。据《旧唐书·肃宗本纪》载，肃宗朝有楚州刺史崔侁进献定国宝玉十三件，表曰："楚州寺尼真如者，恍惚上升见天帝，帝授以十三宝。曰：中国有灾，宜以第二宝镇之。"③ 唐代众多诗人亦多有吟咏玉皇之句。如李白诗曰："天公见玉女，大笑亿千场。"韦应物诗曰："逍遥仙子家，日夕朝玉皇。"刘复诗曰："天上见玉皇，寿与天地休。"韩愈诗曰："玉皇颔首许归去，乘龙驾鹤来青冥。""夜领张彻投卢仝，乘云共至玉皇家。"柳宗元诗曰："忽如朝玉皇，天冕垂前旒。"元稹诗曰："万里洞中朝玉帝，九光霞外宿天坛。"李咸用诗曰："三清宫殿浮晴烟，玉皇据案方凝然。"白居易《梦仙》诗云："人有梦仙者，梦身升上清。仰谒玉皇帝，稽首前致诚。帝言汝仙才，努力勿自轻。却后十五年，期汝不死庭。再拜受斯言，既寤喜且惊。"④ 在诗人的笔下，玉皇大帝是神仙世界的最高神，得道成仙者都须向他朝拜，群仙犹如人间皇帝之公卿，皆列班随侍其左右。所以张政烺先生说，唐人心目中的玉皇已与后代玉皇无殊，其宫殿、仪

---

① 黄伯禄.集学诠真[M].上海慈母堂，清光绪本。
② 段成式.酉阳杂俎[M].北京：中华书局，1981：128.
③ 二十五史：第4册[M].杭州：浙江古籍出版社，1998：22.
④ 陈梦雷，等.古今图书集成[M].成都：巴蜀书社，1985：59908.

仗、权势、作用俨然人世皇帝,且诸家所述玉皇之服饰、侍御一若皆有定式,盖当时已宫观祠祀、造像写图者众矣。

两宋崇道,对玉帝的尊崇尤甚。真宗时将玉皇正式列为国家的奉礼对象,于大中祥符五年(1012)十一月丙申亲祀玉皇于朝元殿。七年(1014)正月,分命辅臣荐献诸殿,改奉元宫曰明道宫,奉安玉皇大帝像。九月,尊上玉皇大帝圣号曰太上开天执符御历含真体道玉皇大天帝,以来年正月一日躬申荐告。其后历年累有册封,上玉皇大天帝宝册、衮服。延至徽宗,政和六年(1116)九月朔,复奉玉册、玉宝,徽宗亲诣玉清和阳宫。"上太上开天执符御历含真体道昊天玉皇上帝徽号宝册。丙申,赦天下,命洞天福地修建宫观,塑造圣像。十一月丁酉,朝献景灵宫。戊戌,飨太庙。己亥,祀昊天上帝于圜丘,赦天下。"① 至此,国家、民间、道教三方面的信仰正式合流,从而使天下对玉皇的崇拜达到了最高潮。

据《高上玉皇本行集经》卷上载,昔有国名号光严妙乐,其国王净德、王后宝月光无嗣,后广陈供养,六时行道,遍祷真圣,已经半载,不退初心。忽夜宝月光皇后梦太上道君抱一婴儿与之,觉而有孕,怀胎一年,于丙午岁正月九日午时诞于王宫。当尔之后,王忽告崩,太子治政,俯念浮生,嗣位有道。"遂舍其国,于普明香严山中修道,功成超度过是劫,已历八百劫身。常舍其国为群生,故割爱学道于此。后经八百劫,行药治病,拯救众生,令其长乐。此劫尽已,又历八百劫。广行方便,启诸《道藏》,演说灵章,恢宣正教,敷扬神功,助国救人,自幽及显。过此已后,再历八百劫,亡身殒命,行忍辱故,舍己血肉。如是修行三千二百劫,始证金仙,是曰清净自然觉王如来,教诸菩萨,顿悟大乘正宗,渐入虚无。如是修行,又经亿劫,始证玉帝。"②

道教为顺应社会的需要,将玉皇的神格与地位大大提高了,并编造了一批有关玉皇神迹的道书,如《玉皇本行集经》《玉皇心印妙经》《玉皇胎息经》《玉皇满愿宝忏》《玉皇宥罪锡福宝忏》《玉皇十七慈光灯仪》《玉皇九天谱录》《玉皇六辰飞纲司命大录》等。王钦若编《翊圣保德真君传》卷中曰:"上帝在无上三天,为诸天之尊,万象群仙,无不臣者。常升金殿,殿之光明,照于帝身,身之光明,照于金殿。光明通彻,无所不照,故为通明殿。诸天帝君,万灵侍卫,仙众梵佛,悉来朝谒。仰视其殿,惟见大光明中,上帝俨然,仙班既退,光明遍散诸天焉。"③

《玉帝圣号同异考》曰:"玉帝圣号,崇自浩劫前,中古复尊上,重称赞耳。世主好道,感玄恩,各就所见闻所皈重,事与时会,功以世显,随其彰着,人人共睹听者。

---

① 宋史·徽宗本纪[M]//二十五史:第5册.杭州:浙江古籍出版社,1998:58.
② 道藏:第1册[M].北京:文物出版社,上海:上海书店出版社,天津:天津古籍出版社,1988:697.
③ 道藏:第32册[M].北京:文物出版社,上海:上海书店出版社,天津:天津古籍出版社,1988:653.

敬上诸神之号，以定称谓。玉帝有四：一太微玉帝，汉武帝上太微垣星主号也。二梵天玉帝，汉宣帝上天市垣帝主号也。三焰华少微玉帝，汉哀帝上先天定位号也。四紫微玉帝，汉光帝上后天乾号也。皆非此玉帝。此玉帝号昊天金阙无上至尊自然妙有弥罗至真玉皇上帝，又曰玄穹高上玉皇大帝，是帝宰诸天，永不毁沦。"①《梓潼化书》载南宋绍熙六年（1195）正月初一，三清至尊在玉清圣境大会九天十极诸真，"玉皇上帝总领三界群真，诸天列曜，地水众圣，上朝三清。尔时元始天尊登命金阙，侍中九天司马储福定命真君开璧玉宝笈，流露丹匣，出万天素威功过玉历，考校诸天诸地，水界阳曹，升真得道，以来功过大小"②。从此玉皇大帝在道教神系中的崇高地位及神格得到固定，成为仅次于三清至圣的大神。

经过这些道书的阐扬，玉皇上帝的地位一下子提高到四御之首，并从道教神学理论上予以调整与确认。宁全真《上清灵宝大法》重编道教神谱，于"玄穹主宰"中首列元始天尊、灵宝天尊、道德天尊，次列昊天上帝、救苦天尊、北极大帝、天皇大帝四御。并解释说："昊天上帝，诸天之帝，仙真之王，圣尊之主，掌万天升降之权，司群品生成之机，三洞四辅禁经之标格，大梵至妙无为之神威，乃三界万神三洞仙真之上帝君也。自三气之天胤，三宝之皇胄，高出乾坤之表，生万物而不宰也。三才肇立，气清高澄，积阳成天，万汇之源，岂应无主。故以形象言之，谓之天；以主宰言之，谓之帝。故曰玉真天帝玄穹至圣玉皇大帝。"③

宋代以来形成了以玉皇大帝为首的昊天三界之尊的道教神真体系。《太上洞神天公消魔护国经》卷下曰："天地万物既备，元始大道，退居无为。遂命玉皇，统御三界，覆育苍生，公平无私也。命地母为地后，敕天官，司天曹，敕地官，司地府，敕水官，司水府。"④《皇经集注》曰："元始为三教之首，玉帝为万法之宗。"⑤这样一来，元始三清便功德圆满，退隐无为。玉皇顺序上位，统御三界，成为主宰万神众灵的最高神灵。

这一神系结构为以后的道教所沿用，至今不变。玉皇为三界众神之王，他总管三界十方，代天行化，造化万物，济度群生，无量度人；主宰四生六道的一切阴阳祸福；为天界之至尊，万天帝王。据《月令广记》所言，正月初一，是天神地祇上朝三清、玉帝的节日。初九是玉皇大帝的圣诞日。《蠡海集》亦曰："玉帝生于正月初九日者，阳数始于

---

① 道藏：第34册[M]．北京：文物出版社，上海：上海书店出版社，天津：天津古籍出版社，1988：631-632.
② 陈梦雷，等．古今图书集成：第49册[M]．成都：巴蜀书社，1985：59913.
③ 道藏：第34册[M]．北京：文物出版社，上海：上海书店出版社，天津：天津古籍出版社，1988：632.
④ 道藏：第11册[M]．北京：文物出版社，上海：上海书店出版社，天津：天津古籍出版社，1988：425-426.
⑤ 道藏：第34册[M]．北京：文物出版社，上海：上海书店出版社，天津：天津古籍出版社，1988：631-632.

一，而极于九，原始要终也。"① 是时道观内均要举行隆重的庆贺科仪，俗称"玉皇会"。传说天上地界各路神仙都要到会祝贺，玉皇在其诞辰日的下午返回弥罗天宫。

　　道教的如此安排曾遭到儒家学者的非议。朱熹说："道家之徒欲仿其（佛教）所为，遂尊老子为三清：元始天尊，太上道君，太上老君。而昊天上帝反坐其下，悖戾僭逆，莫此为甚！"② 面对儒家的批评，道士们曾作过许多解释。《玉帝万法教主圣祖玄师出处世系考》云："大道玄师，统三教，包万法，居天中之天，为圣中之圣，无始无终，本莫穷其自，在万象之先。但道妙分真，现生光严妙乐国中，乃往昔劫中化显也。世人观天道阳明，阳主施，其机常张，尊帝曰张大帝。迷徒不达此理，妄以今北直隶真定府行唐张氏族，为玉帝之后。岂知行唐张族，乃张果之支裔，张仙之后也。奚可混作一论哉？此姓氏世族之考耳。若论世系，玉帝为大道之首分，浩劫之古祖，焉有死生姓名耶？若玉帝圣后圣子、眷属，皆化光严太子时宫眷。帝复登升，宫眷悉证道耳。要之，帝后宫眷非实女身，皆天至真。为度群生，显化女身，经已言之。即佛成道，妻子证圣也。目玉帝为道祖，累劫众生万类，皆天地之生意，道脉之支分。孰非玉帝之眷属统系？若大罗宫眷证道后，皆天真圣身。如文殊掌无垢世界，龙女成道而化男身，义同。今之僧道世人，不观此理，妄以为玉帝有宫眷，有轮回，为二乘果。岂知诸天可尽，三清境大罗天无尽；诸天帝轮回，玉帝不轮回。盖玉帝乃道身，道无穷，玉帝岂有穷乎？信乎，玉帝最上一乘诸佛之师，万天之王，宫眷皆道化之妙意矣。玄系之略若此。学者勿妄论，请详是考。""世界之天，所见皆同。儒家言一天地，一上帝。道教言三十亿万大法界，界有三十六天，天各有帝，俱属高上玉帝统摄。释教言三千大千世界，界有三十二天，界各一玉帝。三教之论若殊。然言一天者，天外言太虚，称其不可穷。言三十亿万，自是之外，亦言不可思议。言三千大千者，自此之外，亦言无尽量。故儒言顺帝之则。又曰：圣希天，天体无穷，至元会运世，此理亦在。是以上帝为不变迁也。道言高上虚无，真帝不毁；佛言真如自在，永不退转。是俱言玉帝无毁沦也。故言一天者，非遗大也，举总名而言之，与玄、释不二矣。言三十亿万，三千大千，非谬说也。析分数而言，与儒者相同矣。至于释言各一玉帝，一界各一极也；道言共此玉帝，众界同一无极也。曰太虚，曰不思议，曰无尽量，皆知道不变，玉帝常在耳。苟以世界分而谓玉帝殊，岂以无极之理有二乎？或以元会迁而上帝毁，岂无极之理有坏乎？知道不坏，则玉帝常在信矣，毋持魔说以谤圣。""清微，天之最上玄微处，即道家所谓种民天，儒家所谓冲漠之表，苍苍不毁，释教所谓不退转之地。今禅之杂文内，误言玉帝在须弥山顶，乃日月天四王天，或有毁坏，惟弥勒内院为不退处。又言弥罗垣，又言弥来园，此三个异名，是道经无上元君分出，即弥罗玄真境玉帝所居清微天也。其日月四王天，盖太微玉帝之居，非此大天尊高上玉帝也。故道经言：玄

---

① 陈梦雷，等.古今图书集成[M].成都：巴蜀书社，1985：59910.
② 朱熹.朱子语类[M].北京：中华书局，1986：3005.

谷山顶有帝君,上礼玉皇大天尊。玄谷山,即禅家须弥山。日月天主,管理此天之神,即今帝都京兆尹也。是以释经言如来说法,帝释张盖,即此时状元及第。金殿传胪,礼部举觞,京兆尹张盖,以示朝廷旌贤之意。邪流遂以张盖之帝释为高上玉皇,是以张盖京兆尹为皇帝也,其谬甚矣。""玉帝,在道教即三清之化。道家先三清者,先虚无而后妙有,所谓无极、太极,非有尊卑之殊。在释教即燃灯古佛,显化释迦佛身。禅家先佛而后玉帝,即外国尊其主而后中国皇帝之义也。若考道之尊处,《金轮经》云:玉斗玄尊命驾,神游上极,前行五星为使者,后以释梵作威仪。释梵,仙佛菩萨也。帝信三清与佛者,显身度众生,使皈道也。世流妄分乘位,不考源流,以玉帝为次尊,是世人有大于帝王者矣。甚至以三清、佛尊比太上皇,又悖玉帝先后显化之意。而以异姓异号拟父子,其罪尤甚。噫,世不能无玉帝,犹生必有宗祖、父母也。谤上帝而别立门户,是舍宗祖、父母而自尊也。"①

北宋张商英撰《三才定位图》中昊天玉皇上帝端坐通明殿上,上下左右陪祭的是东、南、西、北三十二天天帝,由此可见玉皇上帝已为三十二天之主尊。《翊圣保德真君传》曰:"上帝在无上三天,为诸天之尊,万象群仙无不臣者。常升金殿,殿之光明,照于帝身,身之光明,照于金殿,光明通彻,无所不照,故为通明殿。诸天帝君,万灵侍卫,仙众梵佛,悉来朝谒,仰视其殿,惟见大光明中,上帝俨然,仙班既退,光明遍彻诸天焉。"

玉皇上帝权衡三界,统御万灵,其下属神祇甚多,构成了一个庞大的谱系。北宋李廌《德隅斋画品》收有蜀石恪所作《玉皇朝会图》,曰:"天仙、灵官、金童、玉女、三官、太一、七元、四圣、经星纬宿、风雨雷电诸神、岳渎君长、地上地下主者,皆集于帝所。玉皇大天帝南面端冕而坐,众真仰首,承望清光,见之者神思超然,如在乎通明殿中也。"②

每年的腊月廿五,玉皇要降圣下界,亲自巡视各方情况。依据众生道俗的善恶良莠来赏善罚恶。旧时道观和民间在此日都要烧香念经,迎送玉皇大帝。正月初九为玉皇圣诞,俗称"玉皇会",传言天上地下的各路神仙在这一天都要隆重庆贺,玉皇在其诞辰日的下午返回天宫。是时道教宫观均要举行隆重的庆贺科仪,行"斋天"大礼,以祈福延寿。

紫微天皇大帝又称勾陈天皇大帝,居六御之第二位。相传他协助玉皇执掌南北二极和天地人三才之神,统御众星,并主持人间兵革之事。民间对天皇大帝的信仰相当古老,纬书《春秋合诚图》云:"天皇大帝,北辰星也,含元秉阳,舒精吐光,居紫宫中,制御四方,冠有五采……紫微,大帝室,太一之精也。"《春秋佐助期》云:"紫宫天皇,耀魄宝之所理也。"《春秋文曜钩》云:"中宫大帝,其精北极星,含元出气,流精生一

---

① 道藏:第34册[M]. 北京:文物出版社,上海:上海书店出版社,天津:天津古籍出版社,1988:631-632.
② 文渊阁四库全书:第812册[M]. 台北:台湾商务印书馆,1983:941.

也……中宫大帝，其北极星下，一明者，为大一之先，含元气，以斗布常。"①甘氏曰："天皇大帝一星，在钩陈口中。"《黄帝占》曰："天皇大帝，名耀魄宝，主天女象，下出命符。"《河图洛书》曰："以授天子，立五礼。"《春秋纬》曰："大帝紫宫，不言不动摇，以斗运度推精，使五帝修名号。"《元命苞》曰："帝位明达，羽翮秀良，则光大，色度和同，天下太平，国号中央。"《甘氏赞》曰："天皇大帝，秉万神图。"②

从以上引语可见天皇大帝的地位甚高。诚如日本学者福永光司所说，在汉代的纬书当中，天皇大帝＝北辰星（北极星）＝太一（神）＝中宫大帝。

天皇大帝的信仰产生甚早，西周王室已祭祀天皇，具体记载见于《尚书》《周礼》。《太清玉司左院秘要上法》："勾陈六星中，一星最明者，号曰天皇大帝曜魄宝君。其玉司者，谓太清玉帝之司也。有左右院者，盖受法男女官之别局也。治在太清太极宫，以主世间疾病、水火、天灾、人事、鬼神、三元，五岳四渎，八海九州，无不关预者。"金允中《上清灵宝大法》载："天皇大帝，乃北极帝座之左，有星四座，其形联缀微曲如钩，是名勾陈。其下一大星，正居其中，是为天皇大帝也。其总万星，位同北极，却为枢纽，而天皇亦随天而转。上应始炁三炁之下，万天之上，三界之中，莫尊于此三帝矣。""无上大罗天，玄都玉京，玉清境，上清境，太清境，九天大帝，九天上帝，三炁丈人，三宝君，三天门下天枢院，泰玄都省，种民四天，无色界四天，色界十八天，欲界六天。系三十二天大福世界八梵天，五老上帝宫，东极青宫，东华上相宫，南极长生大帝，西灵龟阙，四极真王，北极紫微垣，天帝垣，太微垣，丹灵上宫，韩司火府，上清童初府，北魁玄范府，三界魔王宫，五帝魔王宫，太阳宫，太阴宫，北斗七元宫，上元天官宫，清灵左宫，元皇中宫，洞白右宫，上元九府三十六曹三宫。"《太上灵宝朝天谢罪大忏》称："玉清圣境虚无自然元始天尊，上清真境太上道君灵宝天尊，太清仙境太上老君道德天尊，太上昊天至尊金阙玉皇上帝，南极星主紫微上官天皇大帝，中天星主紫微中官北极大帝，承天效法

天皇大帝　清代　纸本设色
北京白云观藏

---

① 安居香山，中村璋八.纬书集成[M].石家庄：河北人民出版社，1994：662、767、819.
② 瞿昙悉达.开元占经[M]//文渊阁四库全书：第807册.台北：台湾商务印书馆，1983：679.

厚德光大后土皇地祇，南极长生大帝统天元圣天尊，东极青华大帝太乙救苦天尊。"即为三清六御。

两汉以后，昊天上帝及天皇大帝在国家郊天礼仪当中仍拥有崇高的地位，以至马融、郑玄两位大儒便将昊天上帝及天皇大帝完全等同。马融在注《尚书·尧典》中的"上帝"时云："上帝，太一神，在紫微宫，天之最尊者。"郑玄在注《周礼》时则说："昊天上帝，冬至于圜丘所祀天皇大帝。"① 都表示昊天上帝与天皇大帝同一。《晋书·天文志》曰："钩陈口中一星，曰天皇大帝。其神曰耀魄宝。主御群灵，执万神图。"

汉哀帝元寿二年（前1）有题名天皇大帝的《茅君九锡玉册文》传世，赞誉上清派祖师茅盈"虚挺远朗，幽眈妙玄，爰自童蒙，散发北山。静心林泽，积思求神，登峻履谷，艰寻师门。掷形绝尊，投躯万津，丹诚率往，肆其天然。遂造明匠，乃受灵篇，鬔发祝跪，残首截身，带索自乐，不耻饥寒。所适唯道，所保以真，情昭上帝，感激太玄。今敬授盈位为太元真人，领东岳上卿司命神君。君平心格正，秉操金石，丹心矫众，栖神高映。今故报以玉钺绿旄，八威之策，使征伐邪源，折冲万神……今屈宰上卿，总括东岳，又加司命之主，以领录图籍，给玉童玉女各四十人，以出入太微，受事太极也。治宫赤城玉洞之府，盈其蒞之，动静以闻。"②

据《隋书·王劭传》记载，大隋开国，其史官王劭即言大隋天命就是承自天皇大帝。他先征引《河图帝通纪》曰："形瑞出，变矩衡。赤应随，叶灵皇。"《河图皇参持》曰："皇辟出，承元讫。道无为，治率。被遂矩，戏作术。开皇色，握神日。投辅提，象不绝。立皇后，翼不格。道终始，德优劣。帝任政，河曲出。叶辅嬉，烂可述。"继而论述说："凡此《河图》所言，亦是大隋符命。'形瑞出，变矩衡'者，矩，法也，衡，北斗星名，所谓璇玑玉衡者也。大隋受命，形兆之瑞始出，天象则为之变动。北斗主天之法度，故曰矩衡。《易》纬'伏戏矩衡神'，郑玄注亦以为法玉衡之神。与此《河图》矩衡义同。'赤应隋'者，言赤帝降精，感应而生隋也。故隋以火德为赤帝天子。'叶灵皇'者，叶，合也，言大隋德合上灵天皇大帝也。又年号开皇，与《灵宝经》之开皇年相合，故曰'叶灵皇'。'皇辟出'者，皇，大也，辟，君也。大君出盖谓至尊受命出为天子也。'承元讫'者，言承周天元终讫之运也。'道无为，治率'者，治下脱一字，言大道无为，治定天下率从。'被遂矩，戏作术'者，矩，法也。昔遂皇握机矩，伏戏作八卦之术，言大隋被服三皇之法术也。'遂皇机矩'，语见《易》纬。'开皇色'者，言开皇年易服色也。'握神日'者，握持群神，明照如日也。又开皇以来日渐长，亦其义。'投辅提'者，言投授政事于辅佐，使之提挈也。'象不绝'者，法象不废绝也。'立皇后，翼不格'者，格，至也，言本立太子以为皇家后嗣，而其辅翼之人不能至于善也。'道终

---

① 阮元.十三经注疏：上册[M].北京：中华书局，1980：126、757.
② 严可均.全上古三代秦汉三国六朝文[M].石家庄：河北教育出版社，1997：847.

始,德优劣'者,言前东宫道终而德劣,今皇太子道始而德优也。'帝任政,河曲出'者,言皇帝亲任政事,而邵州河滨得石图也。'叶辅嬉,烂可述'者,叶,合也,嬉,兴也,言群臣合心辅佐,以兴政治,烂然可纪述。所以于《皇参持》《帝通纪》二篇陈大隋符命者,明皇道帝德,尽在隋也。"[①]此说深得文帝赏识,文帝以王劭为至诚,宠锡日隆。

时有人于黄凤泉浴,得二白石,颇有文理,遂附致其文以为字,复言有诸物象,而上奏曰:"其大玉有日月星辰,八卦五岳,及二麟双凤,青龙朱雀,驺虞玄武,各当其方位。又有五行、十日、十二辰之名,凡二十七字,又有'天门地户人门鬼门闭'九字。又有却非及二鸟,其鸟皆人面,则《抱朴子》所谓'千秋万岁'也。其小玉亦有五岳、却非、虬犀之象。二玉俱有仙人玉女乘云控鹤之象。别有异状诸神,不可尽识,盖是风伯、雨师、山精、海若之类。又有天皇大帝,皇帝及四帝坐,钩陈、北斗、三公、天将军、土司空、老人、天仓、南河、北河、五星、二十八宿,凡四十五宫。诸字本无行伍,然往往偶对。于大玉则有皇帝姓名,并临南面,与日字正鼎足。复有老人星,盖明南面象日而长寿也。皇后二字在西,上有月形,盖明象月也。于次玉则皇帝名与九千字次比,两杨字与万年字次比,隋与吉字正并,盖明长久吉庆也。"劭复回互其字,作诗二百八十篇奏之。上以为诚,赐帛千匹。王劭于是采民间歌谣,引图书谶纬,依约符命,捃摭佛经,撰为《皇隋灵感志》,合三十卷,奏之。上令宣示天下。劭集诸州朝集使,洗手焚香,闭目而读之,曲折其声,有如歌咏。经涉旬朔,遍而后罢。上益喜,赏赐优洽。可见隋代当为天皇大帝信仰最兴盛之际。

宋代皇室亦祭祀天皇大帝,并将天皇大帝的神位列在首龛。《宋史·吉礼二》载,景德三年(1006),卤簿使王钦若言:"汉以五帝为天神之佐,今在第一龛;天皇大帝在第二龛,与六甲、岳渎之类接席;帝座,天市之尊,今与二十八宿、积薪、腾蛇、杵臼之类同在第三龛。卑主尊臣,甚未便也。若以北极、帝坐本非天帝,盖是天帝所居,则北极在第二,帝坐在第三,亦高下未等。又太微之次少左右执法,子星之次少孙星,望令司天监参验。""旧史《天文志》并云:北极,北辰最尊者。又勾陈口中一星曰天皇大帝,郑玄注《周礼》谓:'礼天者,冬至祭天皇于北极也。'后魏孝文禋六宗,亦升天皇、五帝上。"礼仪使赵安仁言:"按《开宝通礼》,元气广大则称昊天,据远视之苍然,则称苍天。人之所尊,莫过于帝,托之于天,故称上帝。天皇大帝即北辰耀魄宝也,自是星中之尊。又《郊祀录》:'坛第二等祀天皇大帝、北斗、天一、太一、紫微、五帝坐,差在行位前,余内官诸位及五星、十二辰、河汉,都四十九坐齐列,俱在十二陛之间。'唐建中间,司天冬官正郭献之奏:'天皇、北极、天一、太一,准《天宝敕》并合升第一等。'贞元二年亲郊,以太常议,诏复从《开元礼》,仍为定制。"于是真宗下诏,"天皇、北

---

① 二十五史:第3册[M].杭州:浙江古籍出版社,1998:1131.

极特升第一龛,又设孙星于子星位次,帝坐如故"。

政和三年(1113),议礼局上《五礼新仪》:皇帝祀昊天上帝,太史设神位版,昊天上帝位于坛上北方南向,席以稿秸;太祖位于坛上东方西向,席以蒲越;天皇大帝、五帝、大明、夜明、北极九位于第一龛;北斗、太一、帝坐、五帝内坐、五星、十二辰、河汉等内官神位五十有四于第二龛;二十八宿等中官神位百五十有九于第三龛;外官神位一百有六于内壝之内;众星三百有六十于内壝之外。第一龛席以稿秸,余以莞席,皆内向配位。可证天皇大帝神格甚高,几乎与玉皇大帝并肩同位。

宋金尤中《上清灵宝大法》卷4《玄穹主宰品》:"元始天尊,万化之源,道之玄炁。不可拟议,然散而为炁,聚而成形,其中有神,强名天尊,居玉清圣境。灵宝天尊,道之元炁,以教言之,元始为洞真,则至此为洞玄,居上清真境。道德天尊,道之始炁,以教言之,自元始至此为洞神,居太清仙境。昊天上帝,自三炁化生,高出乾坤之表,生万物而不载也,三才肇立,炁清高澄,积阳成天,万汇之源,岂应无主。故以形象言之谓之天,以主宰言之谓之帝,出治于玄炁之下,而尊于三界之上,是为天主。北极大帝,则紫微垣中帝座是也。按《天文志》云:南极入地三十六度,北极出地三十六度。天形倚侧,盖半出地上,半还地中。万星万炁,悉皆左旋,惟南北极为之枢纽而不动,故天得以运转也。世人望之在北,而曰北极,其实正居天中,为万星之宗主,三界之亚君,次于昊天,上应元炁,是为北极紫微大帝也。台山灵宝法中,却云紫微北极大帝,乃三界万神万煞之帝,欺罔凡世,亵渎上玄,深可惊畏,学者所当深戒。天皇大帝,乃北极帝座之左,有星四座,其形联缀微曲如钩,是名勾陈。其下一大星,正居其中,是为天皇大帝也。其总万星,位同北极,却为枢纽,而天皇亦随天而转。上应始炁,三炁之下,万天之上,三界之中,莫尊于此三帝矣。"即把昊天上帝、紫微大帝、天皇大帝推为至尊三帝,其神格仅在三清之下。

紫微北极大帝,居六御之第三位。传为协助玉皇执掌天经地纬、日月星辰、四时气候之神。道教的紫微信仰源自先秦时代的"北辰"崇拜。这一个居于天球北极中心点,为众星所环绕,但自身又似乎恒久不动的北辰,早在孔子所处的春秋时代,即被模拟为具

紫微大帝 元代 绢本设色
日本灵云寺藏

第二十四章 两宋道教神仙谱系

有帝王般地位的角色，并在古代观象授时、制定历法的国家大事当中，扮演天体中之不动圆心的枢纽角色。及至战国楚地，北辰又与太一信仰合流，一跃成为楚人所崇拜的至上神灵。到了汉武帝时期，北极帝星终于登上国家祭坛的顶端，成为统御一切星辰及万灵的最高神祇——太一神。武帝之后，太一神的地位虽然又渐渐被商周以降的昊天上帝或天皇大帝取代，但周人所崇奉的是昊天上帝，亦因此掺杂着北极帝星的特质及内涵，一直到隋唐以后，两者才真正分途。

北宋李廌《德隅斋画品》收有《紫微朝会图》，曰："朱梁时将军张图所作，帝被衮执圭，五星七曜，七元四圣，左右执侍；十二宫神，二十八舍星，各居其次。乘云来下，其容色皆端敬，其服章皆严谨。道家谓玉皇大帝为众仙天子，紫微大天帝为众星天子。观此图者，知君臣之义，虽九天之上，亦未尝废也。图作衣文，不师吴衣当风、曹衣出水之例。用浓墨粗笔，如草书颤掣飞动，势极豪放。至于作面与手，及诸服饰仪物，则用细笔，轻色详缓，端慎无一欹仄，亦一家之妙用。"①

六朝时期，源起于汉末天师道的三官信仰得到进一步的阐扬，本来即被视为天象万星宗主的紫微大帝成为众天官之首领，常年驻居在玄都元阳紫微宫中，担负着考校天上众真及黎民百姓生命录籍的重大责任，于是，赐福天官亦成为紫微大帝。同样在六朝时期，道教上清派开始兴起酆都北阴大帝信仰，这一位主掌人类死后世界的阴司大神亦兼具降伏妖邪鬼魅的神能。这样一来北帝信仰在南北朝中后期逐渐与北极紫微大帝信仰合流，最后在唐朝形成一个同时兼掌雷霆、伏魔及阴曹地府的综合性大神。由是，紫微大帝的神格内涵更加趋向多元及复杂，且至此亦大致底定，未再有太大的变化。②

紫微大帝的崇拜源于先民对天庭星宿的敬畏。《晋书·天文志》曰："北极五星，钩陈六星，皆在紫宫中。北极，北辰最尊者也，其纽星，天之枢也。天运无穷，三光迭耀，而极星不移，故曰居其所，而众星共之。""一曰紫微，大帝之座也，天子之常居也，主命主度也。"③此北极星或名天极，或名天一，或名北辰。《史记·天官书》记述："中宫，天极星，其一明者，太一常居也。紫宫前列斗口三星，若见若不，曰阴德，或曰天一。"张氏《正义》引《星经》注曰："天一，一星，疆阊阖外，天帝之神，主战斗，知人吉凶。"《索隐》又引《尔雅》及汉代谶纬家言："《春秋元命苞》云：宫之为言宣也，宫气立精为神垣。又《立耀钩》曰：'中宫大帝，其精北极星，含元出气，流精生一也。'《尔雅》云：'北极，谓之北辰。'又《春秋合诚图》云：'北辰，其星五，在紫微中。'杨泉《物理论》云：'北极，天之中，阳气之北极也。极南为太阳，极北为太阴。日月五星，行太阴则无光，行太阳则能照，故为昏明寒暑之限极也。'又《春秋合诚

---

① 文渊阁四库全书：第812册[M]. 台北：台湾商务印书馆，1983：941.
② 萧登福. 北帝源起及其神格的衍变[M]//道教神仙信仰研究. 台北：中华道统出版社，2000.
③ 二十五史：第2册[M]. 杭州：浙江古籍出版社，1998：17.

图》云：'紫微大帝，实太一之精也。'"①

由天极、天一而北辰、北极，由星精、天神而演变为北极紫微大帝，这是一个渐进的过程。到魏晋时期，儒生们又按人间帝王管理天下事务的制度，为紫微大帝在天庭紫微垣中构想了一个以他为首的星宿王朝。有四辅，"抱北极四星曰四辅，所以辅佐北极，而出度授政也"。有三公，"枸南三星，及魁第一星、西三，皆曰三公，主宣德化、调七政、和阴阳之官也"。有丞相，"辅星傅乎开阳，所以佐斗成功，丞相之象也"。有尚书，"门内东南维五星曰尚书，主纳言，夙夜咨谋"。有大理，"宫门左星内二星曰大理，主平刑断狱也"。有廷尉、御吏，"南蕃中二星间曰端门，东曰左执法，廷尉之象也；西曰右执法，御吏大夫之象也。执法，所以举刺凶奸者也"。此外，尚有九卿、十二府、内厨、天厨、柱下史、左右使等星官，可谓"列宿受符，诸神考节"，"以夹拥帝座也"。②

如此完备的一个天庭星神的体系，道教在扩展其神团时便巧妙地将其吸收，纳入道教神系。道教认为星辰为日、月所生，又谓万物之精上为列星，列星主宰着万民亿物的命运，故对星辰之神格外敬崇。在道教构建的万神殿中，星辰之神的地位颇尊，且数量极大，最高位者便是紫微大帝。《云笈七签》之《玄门宝海经》曰："阳精为日，阴精为月，分日月之精为星辰……北辰星者，众神之本也。凡星各有主掌，皆系于北辰。北辰者，北极不动之星也，其神正坐玄丹宫，名太一君也。"他"上总九天，中统五岳，下领学者"。《灵宝无量度人上品妙经》谓其为元始天尊的化身，"居紫玉宝阙华盖之下紫微垣中，号北极大帝，龙衣玄服，垂缘大弁，左右十二元士，雷公霹雳居其傍，三十六将卫其后，五帅四德导其前。赤明开图之初为上清神公，开皇之后为北阴大帝，平定功成，位居中天紫极之庭，十方世界望之不动，谓之辰枢者是也"。

随着道教神霄派的肇起与兴盛，北极紫微大帝的地位越来越高，被誉为"统临三界，掌握五雷"的赫赫大神，受到道教各派的广泛崇拜。宁全真《上清灵宝大法》载："北极大帝，则紫微垣中有帝座是也。""为万星之宗主，三界之亚君，次于昊天，上应元气，是为北极紫微宫。有云紫微大帝，乃诸天大神，三界万神，万杀之帝。"并仿效儒家礼制，为紫微大帝配备了四府、六部等神司机构，其中天蓬、天猷、翊圣、真武分主四府，合称北极四圣。

这样一来，北极紫微大帝便成为主宰雷霆、统治万星的显赫大神。《无上九霄玉清大梵紫微玄都雷霆玉经》曰："北极紫微大帝，统临三界，掌握五雷。"不仅如此，紫微大帝还兼治酆都冥府。《太上太玄女青三元品诫拔罪妙经》卷上曰："紫微帝君，考较大千世界之内，十方国土之中，上至诸天神仙升降之籍，星宿临照国土分野兴亡之簿，中至国主、贤臣、诸王太子、一切众生考限之期，下至鱼龙变化飞走万类改易身形、升沉年月，

---

① 二十五史：第1册[M]. 杭州：浙江古籍出版社，1998：104.
② 二十五史：第2册[M]. 杭州：浙江古籍出版社，1998：17.

至于三涂之内，九府之中，罪对之名，年劫之限。其内合得生为人者，则当削名长夜之府，列字左宫之中；其内合为诸色邪魔鬼神之者，则当刻限右宫，书名黑簿，俟其数满，又复改形，随其业力高下不同，受报各异。"北宋邓有功《上清骨髓灵文鬼律》序亦说："鬼律者，天曹割判入驱邪院，北帝主而行之。玉格并行法仪式者，玉帝特赐驱邪院以掌判也。其要皆所以批断鬼神罪犯，辅正驱邪，与民为福，为国御灾焉。"于是北帝与玉帝并肩分庭，共同治理天庭、人间、地狱。

后土皇地祇亦称"地母"，居六御之第四位，传为掌阴阳、生育万物之美与大地山河之秀的女神，是由原始宗教中的土地神崇拜演变而来的。"后土"之称始于商周。《左传·昭公二十九年》载："故有五行之官，是谓五官，木正曰句芒，火正曰祝融，金正曰蓐收，水正曰玄冥，土正曰后土。颛顼氏有子曰黎，为祝融。共工氏有子曰句龙，为后土。后土为社。"杜预注："使主后土，以揆百事。"《礼记·祭法》："共工氏之霸九州也，其子曰后土，能平九州，故祀以为社。"《礼记·月令》："中央土，其帝黄帝，其神后土。"郑注："此黄精之君，土官之神也。"《史记·五帝本纪》云："舜举八恺，使主后土，以揆百事，莫不时序。"依据西周的礼制，以夏日礼祭后土于泽中之方丘；凡大封建国，则先祭告后土。《周礼注疏》载："云则先告后土者，封是土地之事，故先以礼告后土神，然后封之也。"① 从这些记载来看，后土是享有很高权威的统治者，国家有什么大事，得先报告给后土，请后土管理。

祭祀后土始于商周。据《尚书》载，武王伐纣时，亦先祭告于皇天、后土，控诉纣王的罪行，祈求胜利。《尚书·周书》曰："予小子其承厥志，底商之罪，告于皇天、后土。所过名山大川，曰：'惟有道曾孙周王发，将有大正于商。今商王受无道，暴殄天物，害虐烝民，为天下逋逃主，萃渊薮。'予小子既获仁人，敢祇承上帝，以遏乱略。华夏蛮貊，罔不率俾。恭天成命，肆予东征，绥厥士女。惟其士女，篚厥玄黄，昭我周王。"周制以夏至日在泽中方丘祭祀地祇神，王大封建国则先告祀后土。西汉文帝时，由国家统一祭祀地祇，"冬至祀太一，夏至祀地祇"。汉武帝时，因为在濒临黄河的地方发现了一个宝鼎，汾阴方士公孙滂洋上书说发现宝鼎的地方是远古祭地祇的"泽中之方丘"，因其形如人脽，故曰脽上。武帝深信其言，并举行了声势浩大的迎鼎仪式，将发现宝鼎之处改名为宝鼎，次年改国号为元鼎。随后在汾阴脽上建后土祠，亲自到此举行了一场大规模的祭地仪式。之后定制，三年一祭后土于汾阴。

平帝元始五年（1），尊称地祇为"皇地后祇"。大司马王莽奏言："今称天神曰皇天上帝，泰一兆曰泰畤，而称地祇曰后土，与中央黄灵同。"东汉建武中元元年（56），放弃对汾阴后土的祭祀，将后土祭祀迁于京城北郊。唐开元十一年（723），恢复祭后土于汾阴的制度。"先是脽上有后土祠，尝为妇人塑像。则天时移河西梁山神塑像，就祠中配

---

① 阮元.十三经注疏[M].北京：中华书局，1980：757.

焉。至是有司送梁山神像，于祠外之别房内，出锦绣衣服以上。后土之神，乃更装饰焉。又于祠堂院外设坛，如皇地祇之制。"唐制以夏至日祭祀皇地祇于方丘坛上，以冬至后祭祀神州地祇于北郊。宋真宗潘皇后在嵩山建殿，供奉后土玄天大圣后像。宋徽宗政和七年（1117）上地祇徽号"承天效法厚德光大后土皇地祇"，令其享受同玉皇大帝一样的仪礼规格。①

后土神原为女性。丁山先生指出："后土是自初民社会所祭的地母神演来，因为能生五谷，五谷是由野生培植为人工生产，是由妇女创造的。在女性中心社会时代，即称地母为后土。"②在原始宗教信仰的地母崇拜中，最早的地母是妇女的形象。但进入父氏社会之后，男性的社会地位极大提高，于是地母亦改变角色，从女神变为男神。因此西周以来的社神很少有女性，大多数情况下是将男性的祖先或者对农业发展有功的人物奉祀为土地神。

后土圣母　明代　泥塑彩绘
山西汾阳后土庙

吕元素《道门定制》注："后土，即朝廷祀皇地祇于方止是也。王者所尊。"③《三教源流搜神大全》载："天地未分，混而为一；二仪初判，阴阳定位。故清气腾而为阳天，浊气降而为阴地。为阳天者，五太相传，五天定位，上施日月，参差玄象。为阴地者，五黄相乘，五气凝结，负载江海山林屋宇。故曰天阳地阴，天公地母也。"④

后土圣母庙，位于山西汾阳市栗家庄乡田村。因庙内供奉后土圣母，故名。始建于唐，现存大殿三楹，殿内东、西、北三壁满绘壁画，东、西壁画高3.7米，北面壁画高2.5米，三壁壁画总面积达59.49平方米。东壁是《迎驾图》，表现后土娘娘出宫巡视，人们迎奉仪仗的热闹场面。西壁为《巡幸图》，表现后土娘娘巡视后回宫的场面。画面壮阔，人物众多，亭台楼阁，曲桥廊庑，浑然一体，富丽堂皇，尽显圣母宫殿的气魄。北壁题《燕乐图》，表现后土娘娘后宫生活的丰富多彩。三壁画面互相连接又各自独立，壁画工笔重彩，沥粉贴金，场面壮阔，人物众多，为明代道教壁画之珍品。⑤

---

① 陈梦雷，等.古今图书集成：第49册[M].成都：巴蜀书社，1985：59916-59917.
② 丁山.中国古代宗教与神话考[M].上海：上海文艺出版社，1988：147.
③ 道藏：第31册[M].北京：文物出版社，上海：上海书店出版社，天津：天津古籍出版社，1988：669.
④ 藏外道书：第31册[M].成都：巴蜀书社，1994：744.
⑤ 王宜峨.道像庄严：壁画水陆画版画的神仙世界[M].北京：五洲传播出版社，2016：114.

迎驾图（部分） 明代 壁画　　　　　　巡幸图（部分） 明代 壁画
山西汾阳后土庙　　　　　　　　　　　　山西汾阳后土庙

据宋徐天麟撰《西汉会要》记载，孝武帝亲幸河东祠后土5次：元封四年（前107）三月，元封六年（前105）三月，太初元年（前104）十二月，太初二年（前103）三月，天汉元年（前100）三月。孝宣帝祠后土2次：神爵元年（前61）三月，五凤三年（前55）三月。孝元帝祠后土3次：初元四年（前48）三月，永光五年（前39）三月，建昭二年（前37）三月。孝成帝祠后土5次：建始二年（前31）三月祀后土于长安北郊一次，幸河东祠后土4次[永始四年（前13）三月，元延二年（前11）三月，四年（前9）三月，绥和二年（前7）三月]。顾祖禹《读史方舆纪要》曰："汾阴城，县北九里，战国时魏邑也。《史记》：周显王四十年，秦伐魏，取汾阴。汉置汾阴县。高帝六年，封周勃为汾阴侯。《图经》：城北去汾水三里，西北隅有丘曰脽丘，上有后土祠。文帝十六年，以辛垣平言周鼎将出汾阴，乃治庙汾阴，南临河，欲祠出周鼎。武帝元朔六年，获宝鼎于汾阴，因改元曰元鼎。四年，始立后土祠于脽丘。宣帝神爵元年，幸汾阴万岁宫。建武初，邓禹自汾阴渡河入夏阳，是也。晋大兴初，刘曜讨靳准于平阳，使其将刘雅屯汾阴，隋迁县于今治。唐开元十年，改曰宝鼎。《唐史》云：十一年，祭后土于汾阴。二十年，行幸北都，还至汾阴祠后土。皆因故名也。宋大中祥符三年，祠汾阴，有荣光溢河之瑞，因改宝鼎县曰荣河。《括地志》云：故汾阴城俗名殷汤城，以城北四十二里有汤陵云。"①

以上所列天帝合称"四御"，如加上圣祖天尊大帝、元天大圣后则为"六御"。其后又有一些新的说法。吕元素以玉皇上帝、紫微天皇大帝、紫微北极大帝、后土皇地祇为四御②；宁全真以昊天上帝、救苦天尊、北极大帝、天皇大帝为四御；或昊天至尊金阙玉皇上帝、紫微中天北极大帝、紫微上宫天皇大帝、东极救苦青玄上帝、神霄真王长生大帝、承天效法后土皇地祇为六御，或玉皇上帝、紫微中天北极大帝、紫微上宫天皇大帝、东极青华大帝、神霄真王长生大帝、东极青玄上帝为六御。③

## 二、《三才定位图》中的神仙谱系

今《道藏》中所收木刻本《三才定位图》乃北宋张商英所撰，是现存最早的道教神谱图。其中绘有虚皇元尊、虚皇元老、天真九皇、虚皇元帝、虚皇元君、天宝君、灵宝君、神宝君、九天司命保生天尊大帝、昊天玉皇上帝、三十二天帝等，共221位神真，并一一标明其名讳及居之天界。

张商英（1043—1121），字天觉，号无尽居士，蜀州新津（今属四川成都）人。英宗治平二年（1065）进士，调通川县主簿，知南川县。神宗熙宁时，受王安石推举入朝做官。大观年间担任尚书右仆射，不久因事被降调至边远地区，其间曾到五台山礼拜文殊菩萨像，有所感应，于是塑文殊像供奉在山寺，并撰写发愿文。遇到大旱灾而入山祈雨，三次都很灵验，因此闻名于朝中。又还僧寺田三百顷，表达崇佛的赤诚。徽宗崇宁初年（1102），商英弹劾蔡京，说他虽贵为辅相，却只知处处迎合君王。大观四年（1110），商英代蔡京为相，大事改革弊端，劝徽宗节俭，勿大兴土木，令徽宗不悦。宣和四年（1122）逝世，世寿79，谥号"文忠"。

张商英自幼学习儒学，早年又沾染道风，着道士服。中年开始向佛，禅学修养较高，最终得以列入黄龙派兜率从悦禅师法嗣。他曾撰写《护法论》，破除欧阳修排佛的言论，驳斥韩愈、程伊川等人对佛教的观点，并比较释、道、儒三教短长，认为儒教所治为皮肤的疾病，道教所治为血脉的疾病，而佛教则能直指根本，疗治骨髓的疾病。他主张三教融合，推动了宋代三教融合的发展。他整理了儒、释、道三家的一些文献，于道教极有根

---

① 顾祖禹.读史方舆纪要：第4册[M].北京：中华书局，2018：1897.
② 道藏：第31册[M].北京：文物出版社，上海：上海书店出版社，天津：天津古籍出版社，1988：668.
③ 道藏：第7册[M].北京：文物出版社，上海：上海书店出版社，天津：天津古籍出版社，1988：63.

底，曾撰《三才定位图》一卷，《大象星经》一卷，《乾象星经》两卷，《大象列星图》三卷，《无尽居士注素书》一卷，《金箓斋投简仪》一卷，《金箓科仪》三卷。

《三才定位图》在继承传统的基础上整合出一种新宇宙论，在三清天之上加上虚皇天，将万物本原归诸虚皇天中的天真九皇之气，并将当时新出现的最高神昊天玉皇上帝作为玉京天主尊。该图可以说是张商英参悟数十年、融合三教思想建构的一套天地神学新秩序。

在《三才定位图》中，张商英讲述了绘制此图的宗旨及神学依据。他指出天地的结构是多重互叠的，从玉京天之上，依次为玉清天、上清天、泰清天及虚皇天。"泰清天又谓之大赤天，《列子》亦曰：仰不见日月，俯不见海河，盖此天也。上

乾坤图　明代　手卷　绢本设色
北京白云观藏

清天又曰禹余天，玉清天又曰清微天。盖九皇降气，肇有阴阳，神通变化，我受乐于此天也。虚皇天者，此天真九皇所以降气于上风下泽，而造世界也。气有阴阳，则人有男女，《洞经》谓之玉童玉女。此臣所以列三清所居，玉清为清微天，上清为禹余天，泰清为大赤天也。"①

玉京天、三清天皆为元气所化。元气始生于太虚之中也。在无极无穷之内，居无形无象之初，故曰太一。上曰风，下曰水，风行泽上，无所不至，上下交乎，有诚信之德，其在《易》卦，故曰《中孚》。张商英曰："含莲谓六元之气，感天真九皇之神，而降分混沌之象，一炁始化，列朴而成风水之轮，二炁停泽，玉京之上。"于是化生诸天。在玉京天周围分布有三十二天。"东南西北，各有八天，三十二天，三十二帝也。玉京之上，有三清之天者，乃玉清圣境、上清真境、太清仙境之天。三清之天，上有虚皇十天，其间乃虚皇元老、虚皇元君、虚皇元帝、虚皇元尊与天真九皇真人而居其中。天真皇人降天真九炁，分六元，为混沌之象也。少阳应乾，其象曰金，降天真九皇金真之一炁而生水中，状如戏蕊，变其象，上赤下黑，左青右白，其中央黄，运之中而藏是炁也。少阴应巽，其象

---

① 道藏：第3册[M]. 北京：文物出版社，上海：上海书店出版社，天津：天津古籍出版社，1988：122.

曰木，降天真九皇木真之二炁而生风中，状如戏蕊，变其象，上黑下赤，左白右青，其中央黄，运之中而藏是炁也。太阳应坎，其象曰水，德反火，降天真九皇水德火真之三炁，而生水中，状如抱卵。太阴应离，其象曰火，德反水，降天真九皇火德水真之四炁，而生风中，状如抱卵。阳明应震，其象曰木，降天真九皇木真之五炁，而生水中，状如含莲。厥阴应兑，其象曰金，降天真九皇金真之六炁，而生风中，状如含莲。三阳会艮，其象曰土，降天真九皇土真之七炁，感土而生。上廓散易为天，故清阳为天，余炁散化，成日月星辰也。三阴会坤，其象曰土，降天真九皇土真之八炁，感土而下开，散易为地，故浊阴为地，余炁融结，为山川金石，始出自然之正道也。"① 由此可知，天地皆为元气化生，五行八卦包容其中，是构成天地的基本原素。

道教的天地三界、洞天灵域皆系元气所化。《三洞奉道科戒》云："三清上境及十洲、五岳、诸名山，或洞天，并太空中，皆有圣人理处，或结气为楼阁堂殿，或聚云成台榭宫房，或处星辰日月之间，或居烟云霞霄之内，或自然化出，或神力造成，或累劫营修，或一时建立。其或蓬莱、方丈、员峤、瀛洲、平圃、阆风、昆仑、玄圃，或玉楼十二，金阙三千，万号千名，不可得数。皆天尊太上化迹，圣真仙品都理，备列诸经，不复详载。"②

《易》之八卦亦祖乎天真九皇之气。"纯阳为乾而居西北，纯阴为坤而居西南。乾阳下降而夺坤中之阴，故坎中实而为月也。坤阴上升而夺乾中之阳，故离中虚而为日也。月也者，受日之气而行于十二辰者也，晦则为坤体，望则为乾体，三日至七日出于庚而为震，八日至十二日出于丁而为兑，十三至十七日出于甲而为乾，十八至二十二日出于辛而为巽，二十三至二十七日出于戊而为艮，二十八至初二日没于乙而为坤。是故五日为一候，三候为一气，而分至启闭，于是乎不差秒忽。其在《易》之六十四象，离为火为电，坎为水为云，而不曰日月，盖日月者，变乾、坤、震、兑、艮、巽以成岁月日时者也，入于象则滞于变矣。"这是纳甲消息之象，为天地运化之时节。看来张商英通晓先天易学、道教丹道理论，精通天文星象，指出："三皇、五帝、仲尼以此穷理，以此尽性，而至于命。若夫不以神会而以智知，岂非所谓过此以往，未之或知者哉？"并把易理运用于道教神学的建构。

张商英精通斋醮科仪，熟悉道教的神灵谱系，他曾经主持金箓斋投简仪，"上启三清上圣、十极高真、五方五帝君、天地水三官、洞天真宰、四渎海岳、水府龙神、一切圣境，得道仙灵。臣禀质凡微，托躬尘秽，宿荷余福，栖身法门。宝诀灵书，获闻上范约当，宣扬道化，保辅邦家。凡有祷祈，敢不闻达。今皇帝以集福禳灾，散坛罢醮。专遣某

---

① 道藏：第3册[M]. 北京：文物出版社，上海：上海书店出版社，天津：天津古籍出版社，1988：123.
② 道藏：第24册[M]. 北京：文物出版社，上海：上海书店出版社，天津：天津古籍出版社，1988：727.

官诣某州洞府灵山，投奠龙璧玉简。恭依睿旨，重启醮筵。祈众圣之降临，察诚心而领纳。蒙如所请，仰荷灵恩。臣与某官等，诚惶诚恐，稽首顿首，再拜奉请。"又主持金箓科仪，为皇室迎祥集福，"开启金箓道场几昼夜。罢散日，设普天大醮一座，三千六百分位。告盟天地，记算延厘。斋事周圆，恭陈大醮。谨依旧式，诣洞天投送金龙玉简，愿神愿仙，飞行上清，五岳真人，至圣至真。鉴此丹恳，乞为誊奏。上闻九天，谨诣灵山，金龙驿传。"①

张商英是应徽宗诏令而整理斋醮科仪、绘制神谱的。徽宗诏令曰："卿文章政事之外，深究道妙，博穷秘典。蕊笈琅函，靡不通贯。矧金箓科教，信为余事。向委一二道士，将道场仪矩，稽考藏典校正，近成书帙来上，尝付道官定夺。今据签出，异同甚多。并降付卿，可机政余暇看详，指定可否，如有讨论未备，文义乖讹，并未尽事件，并行贴改，删润进入。"张商英应曰："若昔帝王，匪天何宪，匪道何尊？黄帝曰：'观天之道，执天之行，尽矣。'孔子曰：'唯天为大，唯尧则之。'帝舜曰：'敕天之命，惟时惟几。'傅说曰：'惟天聪明，惟圣时宪。'《周诗》曰：'文王陟降，在帝左右。'然则寂寥淡泊，必有以质其诚；恍惚希夷，必有以将其意。斋醮之兴，其在兹乎？是以自然妙经，演说科范，因事制法，析为九条。陆修靖行之于前，杜光庭集之于后。神宗讲兴废典，杨杰编纂而成书。陛下善继先猷，愚臣讨论而润色。且夫周公咸秩无文，宣王靡神不举。凡以为民而救灾者，无所不至也。而况苍苍在上，昭昭垂象。六虚周流而变动，百姓日用而不知。为天下国家者，其可忽哉！"他考辨旧仪，分别圣位，删削名号，补完教意，列尊帝十三位。"虚皇太上三尊，道之真元也。三清上帝，道之妙有也。昊天玉皇上帝、三十二天帝，统御世界，而成变化者也。天皇大帝、紫微帝君，在天成象之帝也。虚皇地后，三元九宸，所自生也。"②

《三才定位图》正是依据这一神谱而绘制。除虚皇太上、三清上帝、昊天玉皇上帝、三十二天帝、天皇大帝、紫微帝君之外，尚有唐将军、葛将军、周将军、天蓬大元帅、天猷大元帅、翊圣保德真君、佑圣真武灵应真君、东方天王、南方天王、西方天王、北方天王及紫微垣星君等，涉及的神灵多达221位。

《三才定位图》原分为六幅图像，但因今《道藏》影印排版的原因，被分为十一幅零碎的图像画面，今天需要拼接，力求恢复原貌。

第一幅图描述的是虚皇天虚皇五老。虚皇天是道教预设的最高天境，亦称大罗天。张商英在三清天之上增加了更高一级别的"虚皇十天"，并由五位天神统治。这种神学构建应该是按照道教所描述的在天地人生成之前，混沌之中所经历的龙汉、延康、赤明、开

---

① 道藏：第9册[M]. 北京：文物出版社，上海：上海书店出版社，天津：天津古籍出版社，1988：131-133.
② 道藏：第9册[M]. 北京：文物出版社，上海：上海书店出版社，天津：天津古籍出版社，1988：133-134.

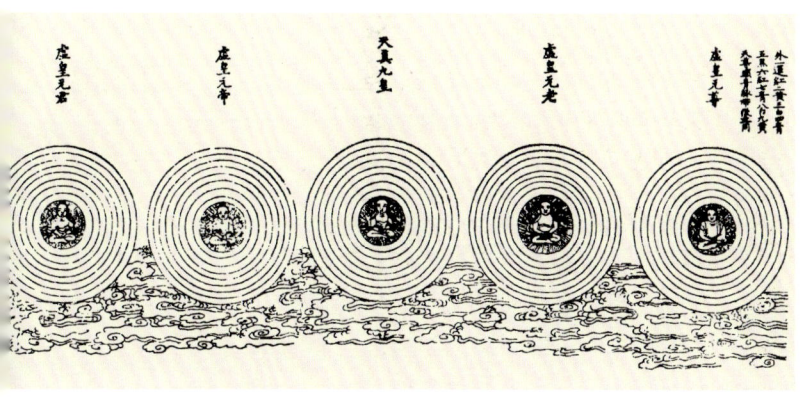

虚皇五老　采自《三才定位图》

皇、上皇这"五劫"而设计的，道经曰："祖劫者，龙汉劫、延康劫、赤明劫、开皇劫、上皇劫也。大罗天者，虚无居之，包含天地，不可穷极。经云：上无复祖，惟道为身，于五劫之间，化生天地。"《黄帝内书》云："太一者，元一之气，始生于太虚之上。有玉京山，四方各有八天，三十二帝。玉京之上，有玉清、上清、太清。三清之上，有虚皇十天，元老、元君、元尊、天真、九皇居之。天皇真人降天真九气，分六元，而为混沌之象云云。"

虚皇天的统治者是虚皇五老，即天真九皇、虚皇玄老、虚皇玄帝、虚皇玄尊、虚皇玄君。画面中5个童子盘腿坐于象征宇宙的浑圆之中，他们都是貌如婴儿的存在，5个圆形之外是云状图纹。需要说明的是天真九皇是一个神，不是9个。

张商英曰："夫言玉京山三十二帝者，即佛之所谓须弥山顶忉利天也。虚皇天者，即佛所谓大梵天也。三清天者，即佛所谓空居天也。大梵天为世界主，不知上有光音诸天。而言我能有所生，有所生则气有所降，此天真九皇所以降气而造世界也。气有阴阳，则人有男女。如道家三清，侍以金童玉女。此欲界空居，为三清天也。"[①]可见元始天尊托天上之炁，凝结成文，以教化万民，一炁化三清，成为清微玉清天天宝君、禹余上清天灵宝君和大赤太清天神宝君。

清微玉清天中诸圣。玉清天为清微玉清天帝天宝君的所居之天。图中天宝君头戴莲花冠，结跏趺坐，坐五色瑠璃宝座，五色焕明，弥冠十天。金身背后有头光、背光、焰火。左侧上方题字曰："天尊碧冠，红服青缘，绿帔紫缘，余并间金，取宜装。"说明此图本为彩绘。《太上一乘海空智藏经》卷10《普记品》曰："尔时，天尊于宝城中显现神力，化作玄台，微妙第一。台中尔时复有七宝，庄饰殊特，悬缯幢盖，周遍台中。尔时，天尊于其台中发大光明，遍照十方无极世界，十方诸国悉皆朗然。当尔之时，诸天大圣、飞天神王、丹灵始老、太上天君、扶桑玉晨上皇帝君、诸天真人、左右二真、真人童子、地仙道士、三界魔王、万海龙王、善男善女、若人非人，俱来座所，闻大哀尊演说一乘海空智藏。如我等辈，心大欢喜，各各赍持百和之香，不焚自薰，诸天妓乐，同时俱作，行道赞

---

① 张商英.述息诤论[M]//志磐.佛祖统纪：卷43.上海：上海古籍出版社，1994：269.

玉清天诸圣　采自《三才定位图》

叹，奉献珍宝，价直无量。"[1]

天尊宝座左右两侧分列二元君、二真人、二侍童。众真神灵分8组，分立两旁，皆在团云之上，头有圆形光环，似朝拜天尊状，并在上题有神灵名讳，分别是：紫道虚皇上君、翼日虚皇太上道君、昌阳始虚高皇元君、七静道生高上虚皇君、太明虚皇洞清君、始玄虚皇大霄君、七观玄生虚皇金灵君、八观高玄虚皇停景君、紫晖太上玉皇明上大道君、上虚紫映九霄真王、紫虚高上玄皇道君、洞虚三元太明上皇道君、太素高虚上极紫皇道君、虚明紫兰中元高上婷皇道君、东明高上虚皇道君、西华高上虚皇道君、南朱高上虚皇道君、北真高上虚皇道君、中元上合虚皇道君、五灵七明混生高上道君、三元无上真老虚皇元晨君、三元四极真上虚皇元灵君、三元晨中黄景虚皇元台君、三元紫映晖神虚生真元胎君、高上虚皇君、上皇玉虚君、皇上玉帝君、皇清洞真君、高上太素君、紫虚皇上太帝、皇上万始先生、上皇先生紫晨君、紫虚皇老上帝君、青灵阳安元君、真虚太真洞景君、无英中真上老君，共35位神灵。各有侍童护卫共16位。全图共计58位神灵。

上清天诸圣。上清天为禹余上清天灵宝君所居之天。图中天宝君结跏趺坐，坐五色瑠璃宝座，五色焕明，弥冠十天。金身背后有头光、背光、焰火。左侧上方题字曰："天尊碧冠，浅红服绿缘，紫帔青缘，余并间金，取宜装。"天尊宝座之前，一真人即前长跪，侧旁题名"中央总灵高皇黄帝"，稽首作礼，长跪赞言。左右两侧分列二元君、二真人、二侍童。众真神灵分五组，皆在团云之上，头有圆形光环，似朝拜天尊状，分立两旁，并在上题有神灵名讳，分别是：上清宝精三素君、东方上始少阳青帝、九皇上真司命君、南方通阳纳阴赤帝、金阙后圣太平李真天帝上景君、太虚后圣元景彭室真君、太虚上霄飞晨中央黄老道君、太元东霞搏桑丹林大帝上道君、紫清太素高虚洞曜三元道君、太虚上霄飞

---

[1] 道藏：第1册[M]. 北京：文物出版社，上海：上海书店出版社，天津：天津古籍出版社，1988：689.

上清天诸圣　采自《三才定位图》

晨中央黄老道君、紫晨太微天帝道君、紫虚玉皇先生紫晨君、四斗中真七晨散华君、太明灵辉中真无上君、刊峨眉山中洞宫玉户太素君，共15位神灵。各有侍童护卫，共16位。全图共计39位神灵。

圣祖上灵高道九天司命保生天尊大帝，道教谓之九天司命真君，排位在玉帝之右侧。图中保生天尊大帝结跏趺坐，坐玉几宝座，背后有头光、背光、焰火。玉几左右两侧有两侍女，右侧云端有两组神灵，分别是西方少阴西金白帝、北方通阴太阳黑帝、紫虚三元紫精君、真寂九元上虚皇君。神灵旁侧有侍童，共4人。据注释，这位大神为"圣祖上灵高道九天司命保生天尊大帝"，道书中又称"九天司命真君"，其位号仅次于玉皇大帝，被宋室奉为赵氏之始祖大神。

九天司命保生大帝已经获得了与三清尊神几乎平起平坐的地位，可见北宋政权对于造作祥瑞和导演"天书""圣祖"事件不遗余力，这种行为从客观上掀起了崇道的高潮。宁全真授、王契真纂《上清灵宝大法》曰："圣祖保生天尊大帝，按古典云：九天司命真君，于大宋真宗大中祥符元年十月二十五日，降于延恩殿，时有六真人侍立左右，自称是赵氏之始祖。当时王钦若为宰相，遂下诏上尊号，曰高道上灵九天司命、圣祖保生天尊大帝。又尊司命之配为圣祖母，上尊号曰元天大圣后。自此列天

保生天尊　采自《三才定位图》

第二十四章｜两宋道教神仙谱系　197

帝之班,为上九位。"

大赤泰清天诸圣,共计42位神灵。"泰清天者,神宝君之所治也。天人身有光明。《大洞经》曰:身生水火,放光万劫,项负圆耀,浮游九晨。"神宝君结跏趺坐,金身背后有头光、背光、焰火。左侧上方题字曰:"天尊碧冠,黄服青缘,绿帔黄缘,余并间金,取宜装。"天尊宝座之前,一真人即前长跪,侧旁题名"晨中黄景元君",稽首作

泰清天诸圣　采自《三才定位图》

礼,长跪赞言。左右两侧分列二元君、二真人、二侍童。众真神灵分八组,皆在团云之上,头有圆形光环,似朝拜天尊状,分立两旁,并在上题有神灵名讳,分别是:真阳元老真一道君、太极大道元景君、泰清大道君、皇上四老道中君、皇初紫灵元君、太初九素金华景元君、元虚黄房真晨君、青精上真内景君、天皇上真玉华三元君、真洲二士九真伯上帝司禁君、太极主四真人元君、晨中黄景元君、上清八皇老君、洞清小有玉真万华先生主图玉君、太一上元禁君、太阳九炁玉贤元君、太真都九炁丈人主仙君、太元龟山九灵真仙母青金丹皇君,共18位神灵。各有侍童护卫,共16位。

玉皇三十二天帝。描绘以玉帝所居通明殿为中心,三十二天帝神殿拱卫的神系景象。东方八天、南方八天、西方八天、北方八天等仙宫,呈椭圆形环绕玉京天玉京山,玉京山上有通明殿,为玉皇上帝所居,玉皇拱手端坐殿中,三十二天帝从四方而来,朝拜玉皇。"玉京,天帝所居之殿。《翊圣传》谓之通明殿,以帝之身光,与殿光相照。"

在这个神系中,昊天玉皇上帝统领三界神灵:"进章童子,东方八天、南方八天、西方八天、北方八天;唐将军、葛将军、周将军,通真使者引进,张真人受章,章子奏书;天蓬大元帅、天猷大元帅、翊圣保德真君、佑圣真武灵应真君;东方天王、南方天王、西方

玉皇三十二天帝　采自《三才定位图》

天王、北方天王；紫微垣的天皇大帝、紫微帝君、北斗七星君、太阳帝君、太阴帝君、木德星君、火德星君、金德星君、水德星君、土德星君、罗睺星君、计都星君、紫气星君、月孛星君；东方七宿星君、南方七宿星君、西方七宿星君、北方七宿星君；酆都六宫的纣绝阴天宫、泰煞谅事宗天宫、明晨耐犯武城天宫、恬照罪黑天宫、宗灵七非天宫、敢司连宛屡天宫。"从神灵数量和文武神将的配置上可以看出玉皇大帝的重要性，他是主管天庭和冥府的最高尊神。

玉皇上帝端坐通明殿上，上下左右陪祭的是东、南、西、北三十二天天帝，于此可见玉皇上帝已为三十二天之主尊。《翊圣保德真君传》卷中曰："上帝在无上三天，为诸天之尊，万象群仙无不臣者。常升金殿，殿之光明，照于帝身，身之光明，照于金殿，光明通彻，无所不照，故为通明殿。诸天帝君，万灵侍卫，仙众梵佛，悉来朝谒，仰视其殿，惟见大光明中，上帝俨然，仙班既退，光明遍彻诸天焉。"《高上玉皇本行集经》卷上亦曰：帝身即道身，是无量功德之身，清静自然之身，神明坚固不坏真空无上法身。"昔虽下生人间，多劫行化，示大神通，而身清净，未尝不在金阙，分身变化，应现随方，利济群生，超升道岸，普垂教法，开悟后人，依按奉行，登真成道，以斯功德之所庄严，是故光明常充诸天，神智妙达，莫可度量，是身光明，皆是妙号。"

经过这些道书的阐扬，玉皇上帝的地位提高到四御之首，并从道教神学理论上加以调整与确认。宁全真重编道教神谱，于"玄穹主宰"中首列元始天尊、灵宝天尊、道德天尊，次列昊天上帝、救苦天尊、北极大帝、天皇大帝四御，并解释说："昊天上帝，诸天之帝，仙真之王，圣尊之主，掌万天升降之权，司群品生成之机，三洞四辅，禁经之标格，大梵至妙无为之神威，乃三界万神三洞仙真之上帝君也。自三气之天胤，三宝之皇胄，高出乾坤之表，生万物而不宰也。三才肇立，气清高澄，积阳成天，万汇之源，岂应无主。故以形象言之，谓之天；以主宰言之，谓之帝。故曰玉真天帝玄穹至圣玉皇大帝。"①

由此，宋代以来道教神真体系形成了以玉皇大帝为首的昊天三界之尊，"四御"或"六御"体系，称为"元始为三教之首，玉帝为万法之宗。"《太上洞神天公消魔护国经》卷下曰："天公者，天道公平无私也。天父地母，玉皇大天帝也。天地万物既备，元始大道退居无为，遂命玉皇统御三界，覆育苍生，公平无私也。命地母为地后，敕天官司天曹，敕地官司地府，敕水官司水府。又列四渎五岳，名山大川，洞府福地，各敕仙官而主领。又遣司命司录，日游月行，年月日时四直使者，虚空监察，当境主司土地山神，分司列职，巡绕天下，纠察是非，故人间天了，法象天地，乃于中原建邦设都，外布九州百郡，四夷八蛮。设春夏秋冬四时之官，三公九卿，文武百僚，分司列职，统御天下。夫天

---

① 道藏：第30册[M]. 北京：文物出版社，上海：上海书店出版社，天津：天津古籍出版社，1988：730.

子者，非世间之人也，禀真元精一之炁，历代降生，在仙为上仙，在宿为上宿，皆受大道玉皇之命，承运而下降，承运而上升，皆天之历数也。是故北辰在上而众星拱之，天上有帝座星、后妃星、太子星、庶子星、三台星、内座四辅星、诸侯星、君基星、臣基星、民基星、文星武星，下有万物，上应万星。天地实大道之子，万物实大道之孙，大道为天地之始，二仪为万物之根，阴阳升降，天地气通，然后播种百谷，普济苍生，大道乾坤，功深莫测，潜养万物，不德不仁，万物知归，其功不宰，故斋直以报大道天地之恩。赞曰：天父地母，后土玉皇。天地既立，三清退藏。玉皇承命，统御万方。天地水府，三官主张。岳渎洞府，众仙之房。司命司录，日游月行。年月日时，四直神王。巡游天下，纠察不祥。人间天子，建国立邦。仰观俯察，乃构明堂。法天象地，背阴向阳。九州万国，四夷遐荒。三台四辅，文武百僚。分司列职，以收万方。无为无事，凝冕垂裳。上仙上宿，下为帝王。承天历数，上下无常。北辰在上，三台在旁。后妃太子，诸侯百王。天子穆穆，诸侯煌煌。下育群品，上奉天苍。功格天地，降福降祥。云行雨施，普润无疆。百谷有收，万物无伤。大济众生，千仓万箱。大道天地，玄功无量。故设天斋，以贺平康。"①这一神系结构为以后的道教沿用，至今不变。

《三才定位图》形象地反映了北宋徽宗所认定的道教神仙谱系，其中将虚皇天虚皇五老列为卷首，认为元气是神灵化生的本源，十分契合"道化神"的神学思想。将皇室的祖先神"保生天尊大帝"列入道教神仙谱系则是对君权神授传统的生动演绎。

## 三、三天大醮神仙谱系

据王钦若所编《翊圣保德传》卷上记载：北宋初道教醮坛分为九种，上三坛为国家设之。其上曰顺天兴国坛，供神位三千六百，为普天大醮。其中曰延祚保生坛，凡神位二千四百，为周天大醮。其下曰祈谷福时坛，凡神位一千二百，为罗天大醮。中三坛则为臣寮设之。其上曰黄箓延寿坛，凡神位六百四十。其中曰黄箓臻庆坛，凡神位四百九十。其下曰黄箓去邪坛，凡神位三百六十。下三坛则为士庶设之。其上曰续命坛，凡神位二百四十。其中曰集福坛，凡神位一百二十。其下曰却灾坛，凡神位八十一。"此九坛之外，别有应物坛，或六十四位，或四十九位，或二十四位，法物所须，各以差降。士民之类，可量力而为之。如臣庶上为帝王祈祐，当作祈谷福时坛，凡一千二百位。或为父母师尊禳灾祈福，当为醮设坛，随宜增益也。"

---

① 道藏：第11册[M]. 北京：文物出版社，上海：上海书店出版社，天津：天津古籍出版社，1988：425.

黄箓去邪坛，供奉神位三百六十。《庐山太平兴国宫采访真君事实》载："谨以节届仲春秋，遣某官于江州庐山太平兴国宫，开启春秋祭九天采访应元保运妙化助顺真君灵宝道场，三日两夜满散，设醮三百六十分位，以用和天安地，保国宁邦，俯为天下生灵禳灾祈福。""维嘉熙元年，岁次丁酉，十月己卯朔，十五日癸巳，嗣天子臣某，伏为保延国祚，恭祈嗣续，敬资香信，祗建冲科，命道士二十一员于江州太平兴国宫启建灵宝道场一昼二夜，满散设醮三百六十分位，告盟天地，诞集嘉祥。谨依旧式，诣九天采访应元保运真君殿下。投送金龙玉简，欲冀至圣至真鉴此丹悃。"

北宋张商英删定《金箓斋投简仪》载："开启金箓道场几昼夜。罢散日，设普天大醮一座，三千六百分位。告盟天地，记算延厘。斋事周圆，恭陈大醮。"宋元之际，朝廷经常举办普天大醮。谢守灏《太上老君年谱要略》："哲宗绍圣五年戊寅，亳州刺史喻陆奏太清宫屡降瑞应，遂遣内侍苏珪就宫建普天大醮三千六百分，仍诏本路转运司，凡宫宇弊坏者，随即缮完。"《庐山太平兴国宫采访真君事实》载："皇太后妾韦氏，谨资十方镇彩、本命文缯，诣江州太平兴国宫九天采访应元保运真君殿，普集道士一坛，于八月七日宿建太上顺天兴国宝坛，修奉元上太罗玄都玉京紫微上宫三元玉箓道场，三昼夜满散，修设普天大醮三千六百分，延奉高真，用祝圣寿无疆，皇图永固，万民乐业，五谷丰登。次冀妾齿坚目明，身强体健；皇后吴氏宫闱集庆，枝叶繁昌。"

入元，朝廷经常举行周天大醮，以祈福禳灾。《元史·世祖纪》记载：中统三年（1262），长春宫设金箓周天大醮。至元元年（1264）三月，设周天大醮于长春宫。五年（1268）九月，敕长春宫修设金箓周天大醮七昼夜。十一年（1274）春正月，长春宫设周天金箓醮七昼夜。十四年（1277）春正月，命嗣汉天师张宗演修周天大醮于长春宫。十五年（1278）十二月，敕长春宫修金箓大醮七昼夜。十六年（1279）五月，命宗师张留孙即行宫作醮事，奏赤章于天，凡五昼夜。十月，命五祖真人李居寿作醮事，奏赤章，凡五昼夜。十二月，敕自明年正月朔日建醮于长春宫，凡七日，岁以为例。十八年（1281）三月，命天师张宗演即宫中奏赤章于天，七昼夜。六月，命天师张宗演等即寿宁宫奏赤章于天，凡五昼夜。八月，设醮于上都寿宁宫。二十五年（1288）十二月，命天师张宗演设醮三日。二十八年（1291）春正月，命玄教宗师张留孙置醮，祠星三日。之后，元室亦多次举办普天大醮。至治三年（1323）十二月命道士吴全节修醮事。至顺二年（1331）三月，召亳州太清宫道士马道逸、汴梁朝天宫道士李若讷、河南嵩山道士李亦然，各率其徒赴阙修普天大醮。后至元三年（1337）六月，设醮长春宫。

全真道士亦精通醮仪，他们应元室诏令，主持二天大醮。丘处机弟子孟志源曾应丞相胡公之请，主持平阳黄箓罗大大醮。元王处一《云光集》卷1《泰和癸亥诏赴亳州作普天大醮赠众》诗曰："圣帝传符出洞天，金门演教庆无边。大兴妙供因缘普，永保洪基海岳

坚。欣乐太平齐庆贺，尊崇道德悉周全。太清宫下同参事，应是皇恩第四宣。"①赵道一《历世真仙体道通鉴续编》记载：三年癸亥，上命王处一主持亳州太清宫，两主普天醮事，具戒度为道士者千余人。李道谦《甘水仙源录》载："甲辰春正月，朝命令公（尹志平）于长春宫，作普天大醮三千六百分位，及选行业精严之士，普赐戒箓。逮戊申春二月既望，醮始告成，凡七昼夜，祥应不可殚纪。"李道谦《终南山祖庭仙真内传》卷下记载：丙午年（1246）蒙古定宗皇帝即位，诏李志常师以戊申（1248）上元日就长春宫，设普天大醮，仍降玺书，凡名山大川诸大宫观，及玄门有道之士，委师就给师德名号。辛亥（1251）宪宗皇帝嗣登宝位，欲遵祀典，遍祭岳渎。秋八月遣中使诏师至阙下，上端拱御榻，亲缄信香，冥心注祷于祀，所赐师金符宝诰，及内府白金五千两，以充其费。师奉旨驿车南下，遍诣岳渎，以行祀事。癸丑（1253）冬十月天子在藩邸开府上都，命师修金箓大斋，作大宗师，普度随路道士女冠，给授戒牒。甲寅（1254）春正月上遣使就宫，会集诸路高道作普天醮，敕师济度海内亡魂，赐黄金五百两、白金五千两，凡龙璧环钮镇信之物、焚献香灯，并从官给，自启事至满散。

为了规范罗天大醮、金箓斋，王钦若又奉圣旨详校罗天醮分科仪，吕元素《道门定制》载："修整列罗天圣位九卷，并修到罗天科仪，集成一卷，标于卷首。但惭凡目，窃觇真阶，奉天徒仰于紫清，测汉莫穷于仙统，上遵宸旨，稍备朝修。其罗天科仪品位共十卷，谨同上进。伏乞宣付崇文院三馆都监刘崇超，缮写十五本，装褫送臣处，用道藏印缝讫，降下会真、太宁、上清、太清、太平宫等处，庶令崇奉，永荐福祥。谨具奏闻。"②孙虚白曰："三箓斋升降次第，及圣真位号，乃大中祥符年，诏推忠协谋同德佐理功臣丞相王钦若重修定，颁下在京宫观，并天下名山福地收掌，以备朝廷修奉，或大臣为国，亦许修设，庶人不许奉修。又近降皇帝本命，及天宁节，逐年七次。藩方节镇修建金箓道场，罢散设醮三百六十分位止。圣位具载新降科仪，永为定式。"③自神宗朝设普天大醮，以供奉三千六百位神灵，其后遂为定式，历代皇室皆遵奉行。

在各种醮法之中，最为著名的有普天大醮、周天大醮、罗天大醮，合称三天大醮。宋代以来，三天大醮逐渐独立，成为规模宏大、内容丰富的大型斋醮活动，尤其是罗天大醮，一跃成为斋醮之首。据《罗天大醮设醮仪》，罗天大醮召请的有"三境至尊、十方上圣、玉京金阙天帝天真、十方师尊圣众、三界官属、一切威灵"等。打醮行仪的目的是祈佑国泰民安，谢罪谢恩，祈寿延生，拔幽荐祖等。

罗天大醮供奉天真圣众一千二百分位，周天大醮供奉天真圣众二千四百分位，普天大

---

① 道藏：第25册[M]. 北京：文物出版社，上海：上海书店出版社，天津：天津古籍出版社，1988：651.
② 道藏：第31册[M]. 北京：文物出版社，上海：上海书店出版社，天津：天津古籍出版社，1988：678.
③ 道藏：第4册[M]. 北京：文物出版社，上海：上海书店出版社，天津：天津古籍出版社，1988：678.

醮供奉供奉天真圣众三千六百分位，三天大醮中总计供奉的神灵多达七千二百位，这是一个非常庞大完整的道教神真谱系。由于各种斋醮的目的、意义的差异，其所供奉的神仙谱系亦有不同。这里重点介绍罗天大醮、周天大醮的神仙谱系，以见宋代神仙谱系的基本面貌。

罗天大醮兴于两宋时期，有关的神仙名谓详见吕元素《道门定制》："下元黄箓斋，臣庶通修，普资家国，罢散设罗天大醮一千二百分位。"据此，我们知晓罗天大醮供奉了一千二百神的名号，其起首便为三清、四御：洞真大道金阙自然高真大圣元始天尊、洞玄大道玉宸元皇道君大圣灵宝天尊、洞神大道金阙玄元老君大圣降生天尊、开天执符御历含真体道昊天玉皇上帝、上宫紫微天皇大帝、中天紫微北极大帝、承天效法厚德光太后土皇地祇。其下则分为一百状，列陈天庭、地界、冥府诸神。这是一套非常完整的系统性的神仙谱系。

如此众多的神灵仙真，在举行祈禳法会时，皆要如悉设位，礼请降临。仪礼不周，斋戒不净，则诸神不应。《祈禳黄箓斋五日节目》曰：保身命，护家宅，资经营，宜修祈禳黄箓斋。预于三日前，具奏玉清大帝，上清大帝，太清大帝，昊天上帝，紫微大帝，天皇大帝，青玄上帝，长生大帝，九天上帝，五老上帝，三十二天上帝，后土皇地祇，玄师，三天门下省，泰玄枢机三省。申太阳，太阴，五星真君，南斗真君，北斗真君，二十八宿真君，三官大帝，四圣真君，九天诸司真君，天曹诸司真君，校量功德院，北极驱邪院，上清天枢院，玄一三真人，太极左仙公，冲应真人，灵宝经、籍、度三师，监斋大法师，本派度师，本派祖师，三茅真君，五岳圣帝，酆都大帝，扶桑大帝，牒灵宝仙曹，本靖官将，九州岛社令司，州县城隍司，里域真官，监坛某神，札本家土地司命，遍告斋意。

建斋初日，清旦立真师幕，宣疏，请圣奉安。次立将吏幕，宣榜。次立监临幕，宣榜。以行大禁坛仪。次立六幕，并请降宣表。午后行呼阴召阳仪，开启斋坛，召本司诸部官将翊卫。入夜，请光分灯。次宿启告斋，行卷帘仪，上表入坛，安镇补职，说戒宣禁，行宿启仪。

第二日，清旦升坛行道，告行辟水辟火符。次升坛诵经。临午，升坛行道，告行保寿命保官禄符。次又升坛诵经。落景，升坛行道，告行利夫妻利子孙符。入夜，关南斗灯、北斗灯、十一曜灯，设紫府醮，禳度行年星运。

第三日，清旦升坛行道，告行进人口进财宝符。次升坛诵经。临午，升坛行道，告行保田保蚕符。次又升坛诵经。落景，升坛行道，告行利六畜除万病符。入夜，修设玄都大献玉山净供，普召六道四生诸类幽魂，飨食受炼，往生仙界。

第四日，清旦升坛行道，告行遣口舌遣官讼符。次升坛诵经。临午，升坛行道，告行辟盗贼辟瘟疫符。次又升坛诵经。落景，升坛行道，告行解冤家解咒诅符。入夜，设土府醮，献住宅土地司命神煞，保护宅舍，导迎和气，辟斥不祥。

第五日，清旦发请醮表状。次散坛，上斋词，上言功朱表，告行三简，还戒纳并上表彻幕。午后，诵醮中合献诸经。入夜，开启醮坛，请圣设谢恩醮，进献醮中青词表状经文、车辇财马。次送真师。次发回监临。次法师遣至诚子弟，同法师亲信道士，往投山水简，设醮如仪。若欲就坛中进拜，诸品朱章，自随意添入无拘，却于正申状内添三元真君状。①

---

① 宁全真，林灵素.灵宝领教济度金书：卷2[M]//道藏：第7册.北京：文物出版社，上海：上海书店出版社，天津：天津古籍出版社，1988：39.

# 第二十五章

## 两宋上清派神仙谱系

上清派创始于东晋中叶，尊东晋魏华存夫人为始祖。它的出现与天师道有一定的渊源。其开创者杨羲、许谧、许翙、许迈等皆为天师道信使，魏华存亦曾任天师道祭酒。因此也可说上清派是从天师道分化而来的。

该派自杨、许等人创立之后，经过王灵期的传播逐渐发展起来。至南北朝时，陆修静亦传上清经法，"总括三洞，为世宗师"；陶弘景隐居茅山，整理上清典籍，著作甚夥，贡献尤巨，还建立了等级分明的神仙谱系，使茅山成为上清派的中心。从他之后，上清派历代宗师多居茅山，故该派亦称茅山宗。上清派形成于东晋，鼎盛于隋唐，长兴于宋元，影响几乎纵贯整个道教史。

## 第一节　两宋上清派历史传承

随着隋朝的建立，国家统一，南方和北方道教的交流更加深入。上清派在隋代获得了长足发展，其势力逐渐向北方渗透。上清派势力的扩张与当时茅山宗领袖人物王远知的活动有很大的关系。王远知极强的政治活动能力以及在时代风云变幻中对皇权的依附，使得上清派先后为隋唐的统治者所推崇。王远知的弟子潘师正也是上清派在北方传教的重要人物。正是在王远知、潘师正等人的努力下，上清派的影响得以遍布全国。上清派之所以能成为唐代道教的主流，以内在因素而言，主要是由于它能兼收并蓄，吸收三教之长，并融汇三洞经法，不持门户之见，采取开放的态度，且有一个独立而严密的传承体系，人才辈出。以外在因素而言，上清派的宗师大都具有较强的政治活动能力，经过他们的努力，上清派在陈、隋、唐三个朝代的更迭中不仅未遭受打击，而且获得了每朝统治者的扶持，具有相对稳定的发展条件，这也是它发展兴盛的重要原因。

# 一、茅山宗坛的传法谱系

历史上的上清派，因宗坛位于茅山，故亦称"茅山宗"。唐时上清派成为道教的主流。这一阶段的上清派在教理上受到重玄思想的影响，并吸收了灵宝斋法，显示了茅山宗在各道派之间教理教义的互融中做出的贡献。王远知、潘师正、司马承祯、吴筠、李含光、杜光庭等为这个阶段名震四方的道士，也得到了皇权的极大优宠。唐时茅山宗已经遍布全国，并建立了嵩山、王屋、茅山、天台、京畿、蜀中等几个大的传教点。当时有"茅山为天下道学之宗"之誉，是茅山宗历史上最辉煌的时期。

不同的传法谱系是道教各派相互区别的标志之一。道教各派在发展过程中都逐渐规定了本派未来传法世系的谱字，通常是把这些表示不同世系的字逐渐排列起来，成为一段韵语。新道士取法名时从中取一个指定的字，作为三字姓名正中间的字，也就是辈分标志。茅山宗传法谱系以刘混康为第一辈，原有48字，据茅山《真人法脉》碑记载，为："混靖希景，守汝玄志。宗道大天，得惟自尊。克崇祖德，光绍真应。师宝友嗣，永仁世昌。公存以敬，有子必承。能思继本，端拱一成。"后又续48字，见《续真人法脉》碑："元复其始，精清纯如。载启先觉，钦敬淡文。灏演精信，神涵湛持。性定龙顺，念受明特。懋嘉丙锡，福广春禔。云章缉叶，绪悉瑶芝。"

宋徽宗以前，嗣法宗师的传授一般以杨羲、许穆、许翙所传上清经箓为凭。自刘混康获得朝廷赏赐的九老仙都君玉印和玉剑后，嗣法宗师的传法信物增添了印剑。现存九老仙都君玉印、玉圭、哈砚、玉符四宝，藏于茅山道院，为"镇山四宝"。

该派的传承非常清楚，从魏华存至元代刘大彬，共有四十五代宗师。宋哲宗绍兴四年（1097）敕龙虎山、茅山、阁皂山为"经箓三山"，三大符箓派逐渐打破门户之间，互相交流习法。岳珂《桯史》说："今茅山、龙虎、阁皂，实有三坛，符箓遍天下，受之者各著称谓。"[1]

北宋时，上清派在三山符箓派中势力最大，仍为当时的主流道派，拥有为统治者授法箓、遥礼等许多特权。此间，上清派历经八代宗师的传承：第二十代宗师成延昭，第二十一代宗师蒋元吉，第二十二代宗师万保冲，第二十三代宗师朱自英，第二十四代宗师毛奉柔，第二十五代宗师刘混康，第二十六代宗师笪净之，第二十七代宗师徐希和。

南宋时期，上清派历经十三代宗师传承，分别为：第二十八代宗师蒋景彻，第二十九代宗师李景合，第三十代宗师李景成，第三十一代宗师徐守经，第三十二代宗师秦汝达，第三十三代宗师邢汝嘉，第三十四代宗师薛汝积，第三十五代宗师任元阜，第三十六代宗师鲍志真，第三十七代宗师汤志道，第三十八代宗师蒋宗瑛，第三十九代宗师景元范，第

---

[1] 笔记小说大观：第8册[M].扬州：江苏广陵古籍刻印社，1983：328.

四十代宗师刘宗昶，第四十一代宗师王志心。这一阶段的上清派高道不多，教理和教义的发展主要表现为对内丹思想和雷法理论的吸收。入元后，上清派有五代宗师的传承：第四十二代宗师翟志颖，第四十三代宗师许道杞，第四十四代宗师王道孟，第四十五代宗师刘大彬。

宋代上清派的传承始于成延昭。成延昭为上清派第二十代宗师，字怀玉，号紫阳冲虚先生，润州金坛人。气禀纯素，不染世尘。初诣紫阳观王栖霞，伏节为弟子。宋开宝八年（975），刑部郎中知升州杨克让请成延昭为茅山威仪兼升州道正。未几，辞还紫阳旧居，门人受学甚众。淳化元年（990）四月十四日，无疾从容仙化，年七十九。

第二十一代宗师洞虚先生蒋元吉，字吉甫，号碧虚子，常州义兴人。祖麟，父器之，货药不二价，为乡里醇儒。先生丰标绝尘，厌事生产作业，读书尤长于诗，常白日致鹤，飘飘有霄举之气，从冲虚先生应诏，居京师久之，同还紫阳，极论上清之学，曰："三洞玉书，非子不足付度。"师曰："度文不度诀，吾无望于师焉。"冲虚曰："度人不度文，吾所望者，子耳。"师既受度，人曰："蒋氏世德之报哉。"奉扬大教，屡有祯祥。咸平元年（998）三月，以经箓授弟子万保冲，十五日仙去。

第二十二代宗师冲素先生万保冲，字用玄，常州武进人。幼失怙恃，兄教抚之。及长，议析业。师曰："吾无兄，无有今日，先人分业，非所愿得，寄迹黄冠足矣。"遂诣腾仙观出家，后来礼洞虚坛下。咸平元年（998），始传上道，专善采服日霞之法。景德间，奉诏请祷，大应，玺书赐号，退隐黑虎谷中。至九十二解蜕，颜貌如童。

第二十三代宗师宋国师观妙先生朱自英，字隐芝，句曲朱阳里人，生于太平兴国元年（976）。八九岁从牧儿郭千村，能吹笛致鹤。父母以为不祥，弃之。乃从朱元吉着道士服，时年十二，端拱之初也。继与明真张炼师居积金山顶，试辟谷术。人稍趋之，遂思远游。至襄阳，遇异人陈铁脚挟往青城山，复过濑乡，校雠太清宫古藏经。遇水星童子武抱一，游河中府，行止神变。景德元年（1004）嗣教，年二十九。四年（1007），真宗遣使祈胤。明年，宋仁宗生。奉旨住持玉清昭应宫，山中敕建乾元、天圣两观，赐号国师。后传大洞毕法予明肃太后，复赐号观妙先生。之后还山，得武抱一蜀中所寄书，意警责姓名显耀，暴露天机，先生对之，泣数行下。天圣七年（1029）十一月坐化，手执祥符所赐玉如意，流汗浃体，额有凝珠，尸解之上法者，世寿五十又三。

第二十四代宗师通真明元先生毛奉柔，建康句容人。尝侍父入茅山天市坛，遇黑虎，父终无所见，先生迫视之，虎拜其前。观妙宗师闻而异之，谓其父曰："华阳之道，在君之子矣。"遂留山中，师事观妙。谨朴忠厚，有长者风，结庐积金山，慕隐居道靖之地居焉，苦志在于轻举。嘉祐八年（1063）十二月大雪中，庵前木库骤花，先生心异之。少顷，有道士刘混康者自常州泰和观来，先生感其诚恳，且嘉瑞应，一时授以经法。未几，解化。

第二十五代宗师葆真观妙冲和先生，太中大夫刘混康，字混康，一字志通，晋陵人，景祐二年（1035）十二月二日生。十三岁，从泰和观汤含象。嘉祐五年（1060），试经为道士，一夕梦神人告曰："汝欲学仙，当择名山。"尝患世无良师，每静夜登坛，散发焚香，以天为宗。已而闻华阳毛宗师有道，往依焉。庵居积金山，常有五色云雾结为楼殿，人异之。一日，有三羽士造其庐，指庵之东隅，谓师曰："汝即此居，抱神守中，德惠及人，当无愧前人也。"又顾师眉问曰："此无作之地，道之所尚，不可有疵。"手为扪之，明日，瘢灭。元祐元年（1086），哲宗后孟氏误吞针喉中，医莫能出，有司以高道闻，召见，师进服符，呕出针，刺符上。宫中神其事，赐号洞元通妙法师，住持上清储祥宫。绍圣四年（1097），敕江宁府，即所居潜神庵为元符观，别敕江宁府句容县三茅山经箓宗坛与信州龙虎山、临江军阁皂山。三山鼎峙，辅化皇图。徽宗加号元符万宁宫，赐九老仙都君玉印、景震玉楣具剑、御制诗颂书画，赐予不能悉记。师累表灾变，上虽加叹，而不能用其言，屡召至阙。大观二年（1108），赴召出山，群鹿遮道，师以意喻之，一鹿触车而毙，瘗之道左。先是，所畜鹤闻召飞去，师曰："鹤去鹿毙，吾无还期。"四月至京，馆于储祥宫新作元符之别观，夜梦天帝召诘。朝驾幸储祥，就见，因进上所诵《大洞经》。十七日临午，倏然解蜕，年七十二。

鲍慎辞撰《茅山元符观颂碑》称："茅山上清三景法师刘混康，以道业闻于东南，乃遣中谒者致礼意，欲必起之。混康不得辞，既朝，遂住持上清储祥宫。恩数频频，为国广成。已而求还故山，许之，赐所居为元符观。"徽宗即位后，更为信重，数召至京，并赞曰："尔冲和养气，得其妙道，学术精深，博通奥旨。救危难以积善，观德业以养高。小大之事，常所访问，尽规极虑，颇勤忠恪。济人利物，功莫大焉。"来往书信不绝。崇宁二年（1103），刘混康告归，琢玉印赐之，并赐号"葆真观妙先生"，徽宗又为亲书《度人经》《清静经》《六甲神符经》，所赠之物不可胜计。五年（1106）七月，加号为"葆真观妙冲和先生"。刘混康卒后，徽宗特赠太中大夫，谥"静一"，敕遣使护柩还山，葬叠玉峰，诏建藏真观于葬所。其徒笪净之袭其教。

第二十六代宗师凝神殿侍宸守静凝和法师冲隐先生笪净之，字清远，金陵人。父得一，好道术，乡里号达翁。余杭有杜道士，自匿其名，尝从翁游。熙宁元年（1068），师将诞，父梦杜投其家，心异之。师幼与群儿戏，辄画地为道家像。父携之来山，刘先生见而奇之："是子他日人天师也。"师喜跃，誓不复归，父亦欣然从之。元祐间，与俱入朝，先生被旨住持上清储祥宫，以师归，主元符宫事。崇宁四年（1105），赐法师号，兼领崇禧观，凡上恩兴建土木，与夫山门之请乞，师备劳焉。撰集科仪，营救贫乏，尤所致意。政和二年（1113）七月三日，召门弟子曰：吾今四十有六岁，昔先生尝授记，以为讨叨朝廷厚恩，寿当不逾于此。遂索笔书遗表，盥沐更衣，泊然而逝。表闻，天子嗟悼，诏赠冲隐先生，爵及父母，葬藏真观之山。入室弟子俞希隐、徐希和。希和得旨，嗣传印剑，希隐入青城山，今蜀人有闻洞法上道，俞公之行化也。

第二十七代宗师太中大夫凝神殿侍宸养素观妙先生徐希和，字仲和，金陵溧水人。

祖父乐施与，笪君尤为徐君所敬慕，命师以侍巾舄。尝从入朝，上嘉其道才清素，敕就陛前承恩为道士，冲隐解化，奉御笔嗣宗坛。政和四年（1114），召请阙，及秋还山，赐丹台郎，转太素大夫凝神殿校籍。宣和三年（1121），复被召内廷，建别馆处之。四年（1122），授前职，请归故山，敕有司礼送。五年（1123）三月十八日，降御封香入山，有白鹤天灯之应。每坐大静接降仙真，侍者窥之，唯闻其语。师预知世故，常若隐忧。靖康之初，闭靖不食。一日集徒众曰："吾仙期已迫，不得见圣人治世也。"以建炎元年（1127）七月二十五日若坐忘长往矣。

第二十八代宗师元观先生，蒋景彻，字通老，金陵句容人。眉目秀异，面有斗文。十一岁侍冲隐公，及闻三洞俞先生入蜀，往见于峨眉山。俞嘉其意，益其所学。临别谓师曰："三十五代，我当如阜及山，嗣掌大法。"建炎寇起，毁元符宫，师独保经箓、印剑。左街道录傅希烈闻于朝，高宗赐金重建宫，师复行化至京师。前一夕，和王杨公存中、夫人赵同梦天尊降其第。明日，师谒王门，王大敬信。今宫山门，王所建者。尝叹曰："吾以土木事亏损仙业，不得白日升虋。"师有白玉天尊像，甚秘，比至解化，像亦亡去。绍兴十六年（1146）四月二十九日坐化。

第二十九代宗师崇德先生李景合，字灵运，句容人。幼师元观，该练经法。南渡之后，坛席典仪缺落，赖师润色之。一日，游雷平山，得古剑一，以献元观。元观曰："此陶公墓中物也，神物不可泄，合归之故地。"果得隐居墓，卓剑墓上。须臾雷电大风晦冥，明日往视，其剑无有，墓上复得二青李。元观闻之曰："剑去李出，予当避席。"即奉师登坛，是日，虎啸鹿鸣，鸾鹤交至。师好施药，投一钱井中，积钱盈井，人呼曰"药钱井"，所活人可知矣。绍兴二十年（1150）九月十五日，不疾而逝，葬归真山中。

第三十代宗师靖真先生，李景暎，字灵晖，崇德宗师弟。早丧父，事母至孝，年四十不娶，母卒，从兄着黄冠。崇德曰："吾昔得二李陶公墓下，子来验矣。"因作二李亭于白李溪。师至性澹泊，深宝慈俭，一入大静，弥月不出。高宗累召，辞疾不起，即山中赐号靖真先生。绍兴二十五年（1155）夏旱，留守诣师请雨，大应。守闻之朝，使一再至，师辞疾愈力。明年，为秦夫人王氏拜章，知秦桧系酆都事。隆兴二年（1164）正月一日，谓侍者曰："吾将观化矣。"遂闲静危坐不食，至六日午时化。

第三十一代宗师保宁冲妙先生徐守经，金陵溧水人。母梦流星降其室而生，十岁不能言，有道人言自茅山来，服其丹，遂能言。母乃令入山师事靖真。守一抱道，不求人知。隆兴二年（1164），嗣主坛墠，朝廷累召，守靖真之教，确然不起。每有禬禳，遣使即山修事，辄获嘉应。及得江阴秦先生，手印剑付之，退藏于密。庆元元年（1195）三月九日，辞众而逝。

第三十二代宗师明教先生秦汝达，字通远，江阴人。家贫苦学，常拾废纸遗笔学书，强记过人。访道东南名山，保宁宗师辟馆西洞，以书致之。先生来，与语通夕，明日以印剑奉先生登坛，众望见先生眉宇若神，皆服保宁公择贤之密、知人之明。绍熙二年

（1191），朝廷遣使封香营金箓斋，有白鹤彩云之异，赐先生号。庆元元年（1195）十月九日，句容簿沈来谒，比别，至山桥，闻钟声，人曰："秦宗师仙去。"沈大骇，还望先生，趺坐凝然，体犹温泽，因叹曰："相逢茶已罢，一笑便升仙。"入室弟子邢汝嘉时在京，为太一宫高士左街道录，是日还山，奉敕嗣教。

第三十三代宗师真应先生邢汝嘉，字子嘉，建康溧水人。七岁能缀文，善谈名理，身长七尺，手垂过膝。孝宗召为御前高士。师早年寡发，不胜冠，特赐巾裹上殿，并御制诗曰："朕亲命制华阳巾，赐与茅山得道人。戴此不妨朝玉陛，免教五岳受埃尘。"庆元元年（1195）十月三日，得秦宗师书曰："吾近得真诰，将有回车之期。宗教甚重，子可速请敕，归领印剑。"期以九日至山。奏闻，上深异之，敕送还山，为嗣宗师。重建藏室，获施与金帛数万计。谓门人曰："吾非好此，明年将岁大饥矣。"嘉定二年（1209）三月二十二日，不疾而化。是岁，秋歉甚，众赖以安，有余济困顿者，活人无算，其存心如此。

第三十四代宗师冲玄明一先生薛汝积，字德夫，常州晋陵人。性简俭，学《周易》《老庄》，与真应先生意甚相得，真应以高士主祠尚方，音问不相涉二十余年，后卒为师友，传其道统。嘉定六年（1213）地腊日，宁宗皇后杨氏用明肃太后故事，命左街鉴义上官德钦赍香币受大洞毕法，遥礼先生为度师，修罗天醮。甘露降，灵芝生，白鹤彩云，嘉瑞非一。七年（1214）十二月十八日解真。先生初名克昭，字明夫，及传华阳之学，更前名，着其世德之由起。

第三十五代宗师通灵至道先生任元阜，字山甫，溧水人。幼负奇质，察理幽深，神貌超然，绰有仙气。薛宗师梦童子揭其坐席曰："俞先生来，子慎避席。"俞即元观蒋公，峨眉山见之，有三十五代如阜之语，盖蜀中仙去数十年，薛公尝闻斯语。及师入山，薛公曰："华阳再来客也。"即授以玉书，学者骈踵而至。嘉定十六年（1223），淫雨，宁宗召至阙，修大醮。师敕水至坤隅，向艮户蹴罡，若有禁敕。上亦先梦其地有妖异，人所不知也。因赐号通灵。明年，复召祷雨，加至道，赐象简冠帔，皇后赐之纨扇，亲书特赐妙相真人于上。其他赐予悉散贫者，上益加敬。嘉熙三年（1239）三月十八日，建斋罢，白众曰："吾将佐司命君，理忠孝之任，宜珍重焉。"倏然而逝，寿六十四。

第三十六代宗师明微先生鲍志真，字淳夫，溧水人。家业儒而贫，父道中得遗金，有远吏泣至，问所遗，即归之。夕梦羽人谓父曰："汝有阴德，生子当仙。"父母以岁疫，命入山受道，是年疫，惟鲍氏一门免焉。赵葵开阃东方，请师醮拔滁城战殁之士，羽童鸾鹤见于云中，葵深敬异之。复于义家，获南岳景震剑。淳祐二年（1243），上表解职，居陪真馆，日诵《太丘隐书》。十一年（1251）四月十七日，静一先生解真。烧香作礼，召大众曰："我当从祖师去矣。"是夕蜕去。

第三十七代宗师灵宝先生汤志道，镇江丹阳人。读书负奇气，鬅鬙跣足，坐大茅山顶三十年，誓不出山。赵善湘帅金陵，访山中高道，一见奇之，使礼明微宗师，始闻大道之

要。淳祐三年（1243），传印剑。五年（1245）秋，大旱，召赴阙祷雨。师曰："雨不须祷。"上曰："亢旱奈何？"师曰："臣闻民者，天之赤子。陛下忧民若此，雨当旋至。臣行不足格天，臣心有足知天。"是夕果雨。上大悦，民举手曰汤仙雨。召住太一宫，力辞还山，赐赉特厚。十一年（1251）四月，上表退席。宝祐六年（1258）正月三日，说偈有云："笑入寥天一。"乃一笑辞世。

第三十八代宗师冲妙先生蒋宗瑛，字大玉，毗陵人。幼习举子业，长游四方，居越之金庭山二年。尝于石壁间得《登真隐诀》一书，私甚异之，遂挟书来华阳，从汤先生游。一昔梦天门开，见"游玉海仙人"五字。明日传度登坛，因以为号。朝廷行郊祀礼，久雨，召诣阙祷，乃大霁。理宗赐御书上清宗坛、圣德仁祐之殿、景福万年之殿，凡三榜，赐钱十万缗，缮修宫宇。还山，累表乞谢事，不允。开庆改元，托疾游庐山，遇鄂渚之乱，乃过天目山，往来永嘉山水间，注《大洞玉经》十六卷。上闻其高尚不可回，法主之任不可缺，遂敕高士景元范代之。大元至元十八年（1281），世祖皇帝降特诏便安就道，不得辞。比至燕都，六月二十七日无疾化，弟子奉冠履归葬藏真之山。

第三十九代宗师架岩先生景元范，字仲模，句曲人。幼依任宗师，为侍者。修髯广颡，如古列仙，生平不知酒肉味。嘉熙间，从任公诣都，出住建康天庆观。开庆改元，召为龙翔宫高士，历左右街鉴义。未几，敕充上清宗师。理宗后谢氏如先朝故事，尊以师礼，受大洞毕法，其词略曰："为天下母，敬持坤顺之符；尊道中师，庸受颐真之箓。"时师以元阳观为外靖居焉。景定壬戌（1262）十二月二十五日化。

第四十代宗师元静先生刘宗昶，溧水人。师事玉海蒋公，公弟子数十辈，师年独幼，卑顺自牧，冥心道域。宝祐间，从蒋公造朝，复从游庐山，宿紫极宫。夜闻呼茅山道士曰："天王校录洞中，刘子可归矣。"师心怪之。明日，别蒋公去，至金陵。父卒，终丧乃还句曲。一夕芝生满山，悒悒不乐，人问之，终不言。明年，北兵破四川，朝廷累征不起，深晦其道，以终天年。

第四十一代宗师一空真妙先生王志心，金坛人。弃家学道，师元符知宫汤元载。唯上清宗坛主其法者，世以甲乙次，盖自静一先生始。时开庆宦者董宋臣私于婺之道士朱知常，挈印剑于赤松宫。师诣阙上言，暴其恶。诏如旧次，敕取印剑还山，众推登坛，挥手谢之。寒暑一衲而已。每凝坐而起，两袖常拂火光。咸淳癸酉（1273）九月二日，说偈解去，大众追礼，为复正宗师，以补系代之失。

第四十二代宗师观妙先生翟志颖，字同叔，丹阳人。年十三，入华阳洞之西便门，遇道士坐石上，指石壁题名谓师曰："汝姓名在宗师之列。"因顾石壁，失其人。及长，果嗣法主之任。清容慈俭，唯道是从，始自永嘉迎玉海度师还山。北兵乙亥（1275）岁下江南，明年（1276）丙子化去。时至元十三年六月二十四日也。

第四十三代宗师凝和宣静真应法师许道杞，字祖禹，句容人，上清仙侯之裔也，宋端平三年（1236）十二月二十七日生。幼事蒋度，师性行方矢，不轻然诺。国初，兵革之余,岁旱饥疫,淮邦惟甚。时省治在维扬,省臣避堂请师至祷,雨足而疾已,遂给驿敦送于朝。世祖以臂疾,召见大都香殿,令试以法,愈。复命祈雪止风,皆奇验。赐宝冠法服降玺书,大护其教。佩印南还,三茅山悉统隶之。至元二十八年(1291)二月三日,微示疾握固,促召王道孟,授之经法,谢别而逝,寿五十六。

第四十四代宗师养素通真明教真人王道孟,字牧斋,句容人。方面丰颐,容止庄厉。年十四,师事元符道士沈宗绍,不饰伪而行益高,不求誉而名愈出。未四十,人以先辈属焉。比嗣教朝京师,蒙恩数,一如许先生。大德戊戌(1298)岁饥,两至维扬驱蝗请雨,大验。特赐号称真人,行业见翰林直学士元明善所撰《华阳道院碑文》。至大辛亥(1311),请老而传,乃命入室弟子刘大彬袭其教,年七十有三,蜕于华阳。

第四十五代宗师洞观行妙玄应真人刘大彬,号玉虚子,吴郡钱唐人。皇庆改元赐号。延祐四年(1317),得九老仙都君玉印,有司闻于朝,仁宗皇特旨还赐宗坛,以传道统。①

## 二、上清符箓与上清雷法

上清雷法以江苏茅山为祖庭,茅山自古以来便是道教发展的重镇。茅山上清法术经过历代上清派道教思想家的理论化、精致化改造,与中国传统哲学思想结合,又在唐宋内丹学兴起的形势下,融摄了集炼、养、学于一体的丹道学说精华,并在宋元诸派雷法的影响下兼收并蓄,最终形成了具有自身特色的茅山上清雷法体系,从而成为道教学术系统内体用兼备的大法。

众所周知,存思术是道教前期诸道派中通行的修道方术,而尤其又以道教上清派最为擅长。正是以"存思"为核心,并结合茅山宗道教大师们的精妙理论,上清道派建立了较为完备的修道体系。然而,在唐宋时期内丹学崛起并逐渐席卷全国的形势下,面对综合百家炼养法的丹道术,旧有的上清存思之术也就不得不面临着一场巨大的生存考验。是单纯固守自己的传统,还是顺应形势对新的道术进行吸纳接受?上清道派在宋元时期以一种开放的心胸吸收、引入了内丹性命之学,从而完善了茅山宗自己的修道体系。在它的道法系统中,吸收雷法,并形成了自己的雷法体系——茅山上清雷法。而以上清雷法为核心的整个茅山法术系统才是宋元以后茅山道教文化中最主要的内容。

曾召南先生曾就明清时期"茅山三宫"所属道派问题撰文指出:"元符万宁宫和九霄万福宫所传的是尊祖刘混康的静一派,是茅山宗之嫡传。崇禧万寿宫所传的是清微派,乃

---

① 道藏:第5册[M].北京:文物出版社,上海:上海书店出版社,天津:天津古籍出版社,1988:606-610.

宋元时期分衍出来的新符箓派,与老符箓派茅山宗同属一脉。"①从这一观点出发再结合道教史实,我们可以清楚地看到,所谓后来的"茅山宗之嫡传",其实从茅山宗第二十五代宗师刘混康开始,就以雷法为主要的修真弘道方法。所以,茅山宗在刘混康之后多行雷法也就不难理解。至于崇禧万寿宫所传的清微派,其本来就是宋元雷法两大派系之一,雷法自然为其专长。

据刘大彬《茅山志》载上清派在南宋共立十五代宗师,其中不乏以道行雷法见重于当世者。如第二十九代宗师李景合施符钱于井中,有疾者饮井水而愈。第三十代宗师李景英能拜章飞神,上通天庭,下达鄷都,请雨大应。第三十一代宗师徐守经抱一守道,不求人知,"每有禋禳,遣使即山修事,辄获嘉应"。第三十五代宗师任元阜应宁宗之诏,入阙主修大醮,祈晴大雨,步罡禁敕,立见应验。第四十三代宗师许道杞精召雷役霆之术,"祈雪止风,皆奇验"。

另有上清大洞玄都三景法师萧应叟,著《元始无量度人上品妙经内义》5卷,以内丹解释符箓、雷法,认为人得金丹之宝,便可飘然自在,长春不老,"布真气而能化土石,土石为宝。布真气而起枯骨,枯骨成人。布真气而能救万病,万病自愈。布真气而能辟妖邪,妖邪自灭。布真气而能动风雷,风雷自震。布真气而能扶万物,万物自畅。布真气而能拔幽魂,幽魂自拔,此即无量度人矣。"②

此身为天地炉灶,中宫为鼎,身外乃太虚。乾宫髓海,坤宫精房,神室丹鼎,名曰三宫。乾坤者,天地之纲纪也。阴阳运乎其中。天地为大冶,阴阳为化机,一炁为药物。凡炼丹凭乾坤、牝牡之炁,运养周星而为鼎器;金母居中,以妙化发生之炁,递互感激,名曰修炼。阳精日炽,真神化生,谓之圣胎。阴剥阳纯,谓之婴儿。所谓太一含真、契合虚无、复归无极者也。神室之所、运养之机,轻泄有愆,誓盟授受。为其师者,明指以告,毋误志士,堕迷津耳。

第一环八卦者,地也。八卦成象,互用也。第二环二十八宿者,天也。明用周天行度大数,起天元也。第三环三十圆缺者,一月火数,应六十卦,互用也。第四环一百白点、黑点者,阴符阳火刻漏,应天符动静也。第五环十二卦者,爻象进退,龙虎起伏也。第六环十二辰者,火候升降,攒天符也。第七环者显周天之大数,

体象阴阳升降图
采自《元始无量度人上品妙经内义表》

---

① 曾召南.明清茅山宗寻踪[J].宗教学研究,1997(4).
② 道藏:第2册[M].北京:文物出版社,上海:上海书店出版社,天津:天津古籍出版社,1988:332.

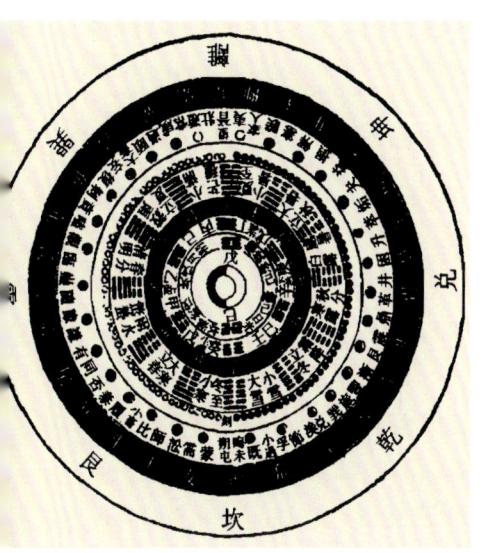

大还心镜火候图
采自《元始无量度人上品妙经内义表》

感合四时五行,应内象也。第八环者,列阴阳五行万象入鼎中,辅助金火龙虎,离女坎男,阴阳夫妻,交媾生成真砂真汞,而为神丹也。右真一子彭晓所撰《大还心镜火候之图》,取以明大梵隐语之用。[①]

萧应叟采用内丹之学解释符咒之术,主张内炼成丹,外施雷法,颇有创新。此外,卢至柔、孙元政、邓安道、金元范、董思靖、杨志隐、张雨、欧阳雯等上清派道士亦通晓雷法符箓,并形成了颇具特色的"上清五雷大法"。南宋上清派道书《上清天枢院回车毕道正法》正是上清派雷法的代表作品。内收法印六枚,有三枚即治都总摄印、都天大雷火符、都天大法主印,直接取自神霄派,其余道符中亦有许多授引神霄符箓,如朱明符、雷公符、火铃神符、黑杀神符、天罡神符,均为传统上清派所无。[②]

雷法作为新兴的综合性道法,它的两大支柱便是内丹与符箓。兴起于两宋的内丹学已经被雷法吸收。所谓"静则交媾龙虎,动则叱咤雷霆"[③],正是一种内丹外用的形象说法。茅山上清派吸收了雷法、内丹学,而且还与其自身的传统道术不相违背,能够比较好地将它们重新融合在一起。

## 第二节　两宋上清派神仙谱系

北宋上清派亦修雷法,从而与神霄派多有交接。在交往互融的过程中,众多的祖师神仙亦互相参合,得到各个道派的奉祀。因此我们在上清派的神仙谱系中可以看到正一派、灵宝派、神霄派、净明派、清微派的祖师,从汉晋至元代,显示了宋元上清派融合诸宗的特征。

---

① 道藏：第2册[M]. 北京：文物出版社,上海：上海书店出版社,天津：天津古籍出版社,1988：333-334.
② 李远国. 神霄雷法——道教神霄派沿革与思想[M]. 成都：四川人民出版社,2003：329.
③ 道藏：第28册[M]. 北京：文物出版社,上海：上海书店出版社,天津：天津古籍出版社,1988：674.

# 一、上清符法的神灵

上清法箓在唐宋道教法箓中地位最高，据说这些法箓威力极大。例如属于玉清部第一阶品的"太上帝君金虎符箓"，又名"太微天帝君金虎玉精真符"，据说是由太微天帝君传授给金阙帝君，由小有王君抄出流传世间，内容涉及天魔隐讳，万神内名，主要是六天大鬼、北帝魔王、北酆鬼相，只要呼唤他们的隐名，或佩带这件符箓，就可以差遣天仙神人，呵叱群灵，使百邪不得危害生灵。

《上清洞真天宝大洞三景宝箓》卷上曰："维某号某年太岁某月日子，某州郡县乡里，男女生姓名，年若干岁，某月日时生，今赍仪信，诣三洞法师某君门下，请受《太上帝君金虎符箓》，受佩已后，依科奉修，不得轻泄，秽污真文。一旦违犯，自受考责，万劫不复。修持如法，生死俱仙，一如盟科律令。太微天帝君金虎玉精真符，乃太元上景自然金章之内音也。以役命金仙，封山召灵，威振六天，諴落万魔，太上恒以四灵六甲七十万人，卫符于太微琼宫。佩此符者，威制天地，呵叱群灵，控驾景龙，位司高仙。琼音既振，则玉华侍侧，金真卫兵，千袄丧胆，万鬼灭形，九魔并首，六天摧倾，道妙极真，神衷五灵，左啸玄童，右摄金晨。大哉宝文，太帝威真，岂徒辟毒禳试灭袄而已，乃求仙妙品，得真之标题矣。侍书玉女二十七人，营卫有经者之身，奉符尊科，上升三清宫。若违慢者，及传非人，身入风火，永劫不原。符朱书白素，佩之头上。又以雌黄碧带，于腰之中右面也。一如太上盟科律令。"①

《上清洞真天宝大洞三景宝箓》卷上曰："此太极之玉篇，高上之真诀，神虎真符，九天太真所宝章。智慧可以逐秽，消魔可以束邪，真符可以制魔灭袄。夫有玉简紫名，得修上法者，不为众袄所乘，万魔所试也。可谓万害不能干，神虎之灵威，真经之妙用也。今以相付，可传后学应为真人者。当依太真之科，七百年内听行三传。不得示非人，轻露真文，身被风刀之考矣。夫好乐道真，勤心注玄，无吝财物，轻财贵法，道无不存。如此之士，始可与言。内爱财宝，外心浮好，道亦已照，闭之玉笈，加以金阙，升度之后，藏之名山矣。"

《上清洞真天宝大洞三景宝箓》卷上曰："凡受太上玉精神虎大符之诀，练盟受之都毕，弟子叉手画一道以与，受经之后足一百日，师乃清斋三日，以弟子所画之文，并盟誓祝说，皆令其画封以铁检，沉于东海深水之时，乃仰天而祝曰：'太上真符，玉精神虎，受者刻名仙簿，消减刑考，必令成真，散除忧苦。勿得宣漏，万龄一瞬，谨盟水官，速誓后土。'祝毕径还，慎勿反顾，此名为毕盟。三官上官上名仙箓之始。世若受之后不为此

---

① 道藏：第34册[M]．北京：文物出版社，上海：上海书店出版社，天津：天津古籍出版社，1988：101.

者，则终身不得佩带神虎文，不得刻名上清也。三年之后，身亦将亡，长考水官。"

上清派自有一套传度制度，并依功授职。《道法会元》载："凡救数百人为一功，一次祈雨有一功。已上功，及方一转，初授雷法弟子，本师保明兑上清录事五雷院右判官。功及，转左判官。次转右大判官，同正法主格日值元君。再转左大判官，功及转斗中都水使者，一作掌水使者。再转都水使者，一作都水右判官，一作都水左判官。功及，转上清司命玉府右卿，同火部尚书。再转上清司命玉府左卿，同火部尚书。再转玉府上卿五雷副使，判雷霆都司鬼神公事。再转玉府上卿五雷使，领雷霆都司鬼神公事，同九天金阙御使。应左右判官之御，许称同管干雷霆都司鬼神公事。玉府卿，许称知雷霆都司鬼神公事。"此外传有一批上清符，用于除邪辟疫、护身镇宅等。

上清朱明神符曰："夫上清朱明神符者，是北斗七元圣君之真炁自然而成形也，系上清天枢院使行，可以破庙、除邪、入瘟、辟疫。常佩护身，万恶不侵，鬼神见之，如大火山。常服令人聪明，不生恶疾，毒药不害，不惧刀刃。及治诸般恶疾，能止疼痛。及治颠邪、小儿夜啼、惊风、妇人安胎、催生、下死胎，及鬼气、鬼胎，去三尸，剪鬼交，皆换汤液服之，无不应验。右篆此符，用左手掐午上为诀，念咒书之。"

聚形　散形　上清朱明神符

上清朱明神符
采自《上清天枢院回车毕道正法》

上清九狱神符曰："夫上清九狱神符者，治人间精邪为害，恶毒兴袄。开门闭户，井泉涌沸，屋宅锅釜虚响，虫鼠作怪，诸般变现形影，使人颠狂，令人久病，困痾床枕，服药无效。宅舍之下，腥膻之鬼，秽触之精，无由断绝。即令具状，经本院投押。用铁版生砂，依法书篆，镇所居之地埋之。凡置酆都狱，用黄绢一尺二寸，阔七寸，书之，黏于狱内。如水怪作孽，投于水中。铁版大者长二尺四寸，阔一尺二寸；小者长一尺二寸，阔七寸，书之。凡书此符，须六戊日可篆，余日不可篆。及篆符时，脚分丁字，无令人见。用左手大指掐中指中节为诀，诵咒书之。"

上清雷公符曰："夫上清雷公神符者，治瘟邪疫炁，山岚瘴炁，五般蛊炁，传尸劳瘵，山精鬼魅，猖狂客死，伏尸古怪，投河自缢，兵亡、药死、产亡，林木游神作犯宅土，及他人承事之神被遣不夫，坟墓兴灾者。并仰具状，经本院投押，付所属之神后，方可用铁版上书。此符五道，于五方埋之。其鬼神只见雷火烧宅，皆无入处，或是他人家自梦被火所烧。瘟疫之家得此符，患人皆见大火，心如发狂时，即凉汗立安。若是古庙兴袄，林木成器，为民患者，亦书此符一道，埋于庙中林木之下，其庙自坏，其林自枯，不然有天火烧之。如水中有怪，书此符一道，投于水中，其怪自灭，其鬼自驱，有龙自起。铁版须得水日打，火日书。铁版长一尺四寸，阔八寸。入净室内书时，丁罡三步，左手掐火日宫，辰为诀，诵咒书之。"

上清火铃神符曰："夫上清火铃神符者，治妇人无子、怀孕不安，有孕不过三五月间自然落下，或养子不成，不过一二岁而死，多方作福而无应验。能治如此之事，非寻常也。或因门户风水，或是坟冢所招，或是宅有伏尸，或是井灶不利，或因作犯，或是星神，或夫妻二命相刑，或祖宗有过，或前世不钦子孙，或自高曾辜负父母，或室户不明。大凡若要子息寿命坚牢，切须戒忌，朔望弦晦，四时八节，甲子庚申，大风大雨，大寒大暑，大饱大饥大醉，星月之下，井灶神祇之前，雷电震响，天有祥云，日月交蚀，切慎行房。如能依此，方子息受胎安稳，相貌十全，福寿延远；若不依此，假使长子长寿，必须丑恶贫薄，及令短寿。凡有此事，并仰具状，经本院投押，依式书此神符，夫妻佩带，不过月日之间，便有吉梦受胎，必生贵子。长下亦须令佩此符，永无疾患，具福长寿，百鬼不侵，万邪不害。若用铁板或木板，不拘大小，书篆焚香供养，大辟瘟疫，治火灾。并用朱书，左手大指掐寅上为诀，诵咒书之。若人佩带供养，天使灵官祐之。"

上清丁甲神符曰："夫上清丁甲神符者，治人间作犯太岁，土符神杀。又他人家造作，飞土临宅。及葬犯山神，风水不顺，多生灾咎。妇人阴小生疮，频被汤火伤害。久病

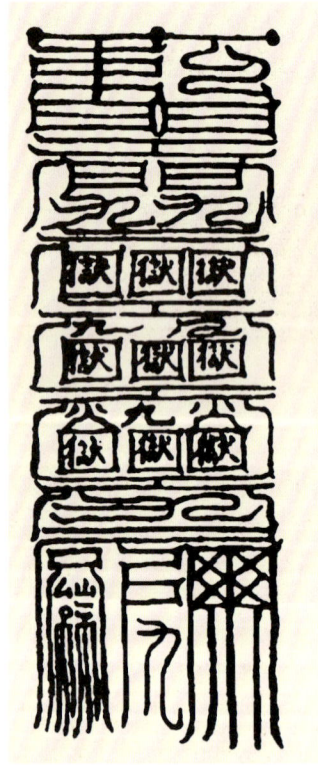 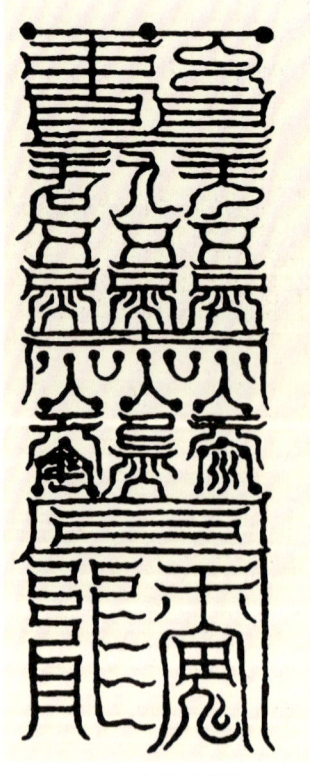 

上清九狱神符　　　　　　上清雷公符　　　　　　上清火铃神符
采自《上清天枢院回车毕道正法》　采自《上清天枢院回车毕道正法》　采自《上清天枢院回车毕道正法》

床枕，有药不效。或命属凶星，运限相并，令人蒙昧，作事迟延，夜多乱梦，人口不安。及雌雄杀，丧车句连。及命属他人咒咀，常多疾病，心神不宁，家中常令人颠狂。宅有伏尸怪物、自伤刑害之鬼，夜出现形，打灯放火，惊吓妇女小儿，财物虚耗。并仰具状，经本院投押，书此灵符。或供养，或佩带，可立应验。若有造作，亦书此符二十四道，于宅上周匝贴之。不须歇宅，自有吉神卫护，凶星恶杀不敢为害。书此神符，并用生砂，用左手大指掐午上为诀，诵咒书之，用无不验也。"

上清北斗七元符曰："夫上清北斗七元圣君符者，治人间宿造恶业。祖宗之祟，传成瘵疾，递互相感，无药可治，遂干枯四肢形状。如命未终，先传宗裔，如此之状，求无尽歇。于是上帝哀愍，降此灵符。令各书篆烧灰。用柳木克人子七个，用无灰酒煎调下，日服三道，不经十日其虫自死，其形渐生。有此状者，并仰具状，经本院投押，录本人情状，闻奏上帝。及牒岳渎，谢过解释，然后可篆此符，给付患人依式吞服。及篆此符二十一道，于屋下四周安贴，并篆佩带，立有吉梦，亦感上真降真炁护身。此符常带，保命护身，不招横祸，镇宅大吉。此符并用生砂书篆，用左手大指掐子上为诀，诵咒书之。"

上清三台神符曰："夫上清三台符者，大宁吉庆之宿，汇盖万事。凡人命值星宿，运限不通，恶曜缠照，频招官事，宅发瘟黄，长子多生疾患，及妇人难产，有三世冤家债主负命欠财，无由解脱。并仰具状，经本院投押，用黄绫书此真符，戴于头上，即时凶星不照，冤鬼不侵。此符为天中匿盖，至真之宝。用左手大指掐辰上为诀，诵咒书之。"

上清黑杀神符曰："夫上清黑杀神符者，治水怪、江河龙蜃作孽，兴风作浪，陷没舟航，曲求祭祀，损害人命之事。并仰具状，经本院投押，用铁板一片，长一尺二寸，阔七寸，朱书此符，下镇兴袄之地，其龙蜃即时移居。若黑杀真君闻龙蜃触符，即亲下伏之。若渡江海，用纸书佩之，

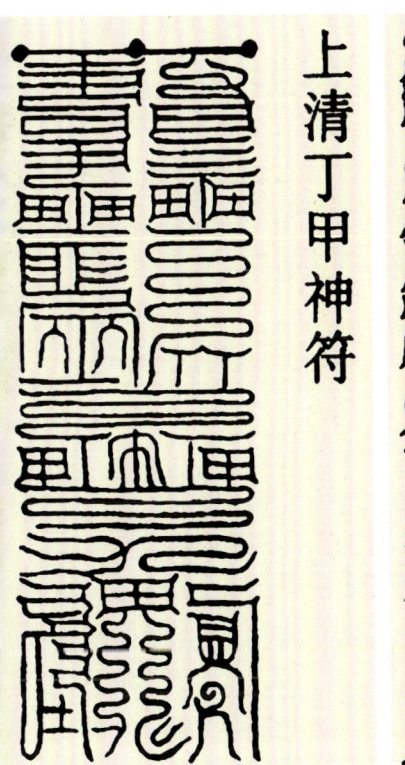

上清丁甲符
采自《上清天枢院回车毕道正法》

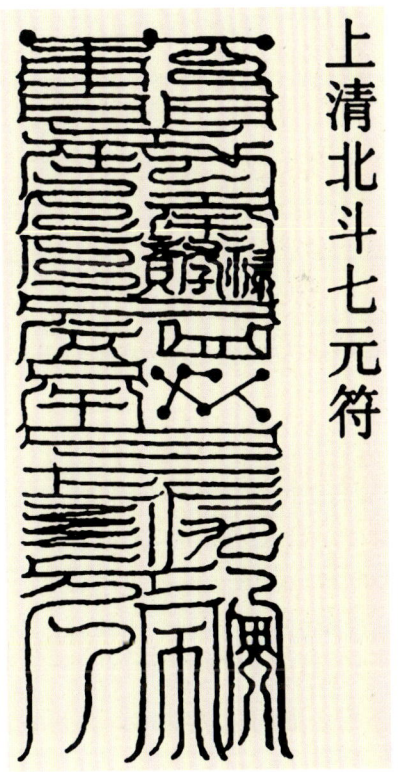

上清北斗七元符
采自《上清天枢院回车毕道正法》

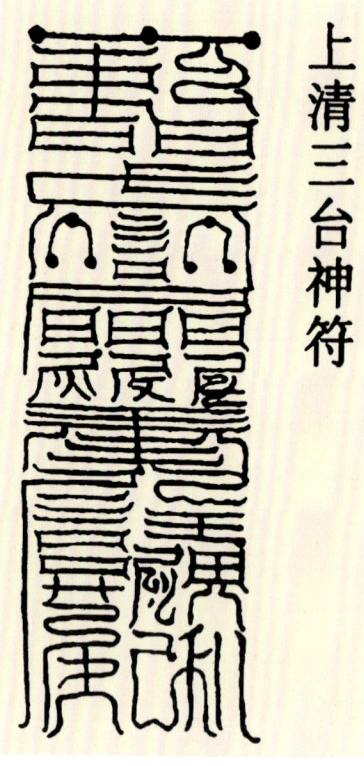  

上清三台神符
采自《上清天枢院回车毕道正法》

上清黑杀神符
采自《上清天枢院回车毕道正法》

上清五岳真形符
采自《上清天枢院回车毕道正法》

不受水厄,大辟水怪。亦能镇宅,除灾验怪。用左手大指掐亥上诀,诵咒书之,并用生砂。"

上清五岳真形符曰:"夫上清五岳真形符者,入山能伏狼虎,入水能伏龙蜃。佩之吉祥,不遭患难。及虫蚁损害屋宇、飞鸟入屋作怪、虫蛇出现,并仰具状,经本院投押,用梓木板,长二尺四寸,阔一尺二寸,朱书此符,钉于宅上,其怪自坏,虫蚁自去,永不为害也。若佩之,保身护命,辟诸危难。修行之士,切须佩之,免有魔障。此符用左手大指掐巳上为诀,诵咒书之。"

上清天罡神符曰:"夫上清天罡神符者,治人间精邪、恶毒蛊气、鬼胎鬼祟传行人道,损害人命。及诸为祅,一切邪神,在人宅舍非理执占不去。及牛瘟,六畜瘟灾。并仰具状,经本院投押,皆用朱书此符安镇,立获吉祥。及书佩带,延寿辟恶,除三尸,去九虫,不受瘟祸,剪鬼交,并治小儿夜啼惊叫。颠邪、山岚瘴气、五般痁疾、诸般疾苦,皆能辟伏。用左手大指掐子上为诀,诵咒书之。"①

《上清天枢院回车毕道正法》卷上收有六枚法印,亦可说明该派与南朝上清派的关

---

① 道藏:第10册[M]. 北京:文物出版社,上海:上海书店出版社,天津:天津古籍出版社,1988:475-479.

系。"雷部有六符宝印,始自元始上帝付授,次及五岳五君丈人。其印皆玉为之,或号玉枢。自后黄帝、雷公、风后等嗣法佩印,随身登天……昔茅君佩受,位至东岳上卿司命。升天后遗印文在世。次曰玉晨洞灵之印,又名斗魁印。昔茅君曾佩之。得遇此宝印,可以照斩蛟蜃妖龙,召雷致雨,刻应依时,无不验也。应祈晴、降雪、传度、行遣,并用此印印之。或发奏申文状,及关符牒,即时上达。凡佩此印,经到州县,城隍祠典悉来奉迎。"① 这就明白指出这批雷印出自上清派,之后才传入神霄派。

上清九老仙都印曰:"夫上清九老仙都印者,佩之入山,狼虎精怪自伏;遇过江河,风雨顺济。可管天下洞府仙官。若佩其印,兵不能害,虎不能伤,水不能溺,临大危难,必有善生。常人佩之,寿命延长,伏诸邪鬼,百恶不侵。及治小儿夜啼、惊风,及大人诸般疾患,并烧灰,用乳香汤调下,

上清天罡神符
采自《上清天枢院回车毕道正法》

上清九老仙都印
采自《上清天枢院回车毕道正法》

立效。催生下死胎,此印佩之安胎。妇人无子,佩之有孕。及解咒咀冤枉,令人聪明,用之皆应。"

治都总摄之印曰:"夫治都总摄之印者,为之兵印。有此印者,能管天下三界鬼神、仙官、分野、城隍、社庙、吏兵,皆得差使,不论高下。此印佩之如上天帝命,凶恶鬼神皆伏。若行法,职官不得此印者,难用鬼兵。印行兵将行,印住兵将住,动印如动兵。若用此印,兵将不行,不论高下,并皆处斩,自有鬼神直之云斩了,便可具状奏闻上帝。故兵随印转,将逐令行,违命之罪,皆须重焉。"

都天大雷火印者曰:"治天下山川、林木、庙宇、神坛、龙蜃,并皆起之,印动雷动。此印不可与他印相

治都总摄之印
采自《上清天枢院回车毕道正法》

---

① 道藏:第29册[M]. 北京:文物出版社,上海:上海书店出版社,天津:天津古籍出版社,1988:138.

杂使用，只是求甘雨，于有龙处用铁版一面，用纸封上押字，用此印印之，令人送于水中，龙神立起。如水有怪，林木为妖，古庙兴灾，皆行文于内押字，用此印印之，其水内有怪自死，庙宇自坏，林木自枯，或被天火雷电所烧。"

提举城隍司印曰："夫提举城隍司印者，受提举城隍之职，代天行化。凡受此职者，须得此印，无此印不行天下。城隍神所行去处，阴官自报，皆有鬼神迎接佐送。亦差助法兵吏所直，经过山林庙宇，或渡江河海。次日夜常有本属兵吏侍右。凡牒城隍，只用此印，即时报应。或城隍兵不至，为之不从，便可具状闻奏上帝，依法移居并位。"

上清天枢院印曰："夫上清天枢院印者，为上清三天门下进奏之司。凡于人世为民行法，申奏天曹，关牒中界、下界鬼神之事，皆须此印。除天界上帝，可具状奏闻。中界五岳名山大川，下至酆都之神，不论高下，并用关牒。及佩之除邪，服之治病。有此印随行，天下鬼神皆伏，所行之处，鬼神侍右。"

都天大法主印曰："夫都天大法主印者，管天下邪精、六洞魔王。凡有精邪作孽，龙蜃兴祆，与民为患，所行符箓，皆须此印。及人有冤枉咒咀，宿世冤灵负命欠财，一切疾苦，佩此印，冤灵不能近，恶业不能侵。及除夜梦，和合万事。常服除宿疾，令人延寿，不患蛊毒，不生九虫。及下死胎，催生，并皆烧灰吞服。印阔一寸八分，长一寸九分，印文分六字，作二行叠篆。"①

都天大雷火印
采自《上清天枢院回车毕道正法》

提举城隍司印
采自《上清天枢院回车毕道正法》

上清天枢院印铜印　元代
李黎鹤藏

都天大法主印
采自《上清天枢院回车毕道正法》

---

① 道藏：第10册[M].北京：文物出版社，上海：上海书店出版社，天津：天津古籍出版社，1988：473-474.

上清派还传有布气法、咒水法、取劳虫法、移肿毒法、治瘟法、治鬼邪法、治心邪血邪法、治颠邪行持法、断鬼神秘法等，指出："下元生人，行诸不善。发骄慢心，恣纵淫杀。常生轻谤，行不孝道。悭贪不足，而生妄心。既有妄心，即惊其神。烦恼妄想，忧苦身心。是以邪魅乘虚而来，以投其隙。精邪下鬼，百怪千妖。侵克形魂，叫笑不常。喜怒不定，精神恍惚。或歌或舞，或悲或啼。饮食太过，不识尊卑，千条万纪。或因家墓不安，祭祀不谨。居处凶地，伐树成灾。不可不知也。"如："心病属火，乃面赤，叫笑声高，多嗔少喜。肝病属木，乃面青，饮酒太过，悲忧不止。肺病属金，乃面白，持刃行凶，常言斗杀。脾病属土，色黄，饮食太过，而常称不绝。肾病属水，忧悲不常，多拆衣服，低头咬齿状，若怕羞是也。此乃五脏受邪之证，先须行持，以符服之。然后随其本脏，用药攻之，无不效矣。"①

针对精神异常、鬼邪之病，经中亦有辨证之法："睁目咬牙凶横，自刑之鬼也。歌舞叫笑，山魈之鬼也。呼神唤鬼，咬器物者，客亡之鬼也。或嗔或喜，社庙之鬼也。咬牙叫唤，声如忍痛，落水之鬼也。恐惧生人，精物之鬼也。怕日羞明，血死产难之鬼也。多好游走，树木之鬼也。自刑觅死，冤债之鬼也。多好眠睡，狱死之鬼也。至于持诵看经，而轻慢经典；叹气呻吟，心气有忧，多言虚诈，失志歌舞，嗔喜不定，亦邪鬼之候矣。凡验鬼祟，即依此式，无有不实。若欲知其有病无病，即验其眼目；上视或青或白，鲜净者，无患如常者，并虚诈也。凡欲治颠邪，即先令投状。次关住处灵祇，牒本属城隍，差借吏兵去防护。然后入斗存身，行持具威仪，前去看验。依科行法，不得任性。见患人须和柔训化，勿伤神气，乃使不生狂恶，故全其理也。"

在行持秘法治颠邪凶恶之鬼时，切须斋心沐浴，正身端立，掐诀叉腰，默咒召神，心神、脾神、肺神、肝神、肾神，各具威仪，与吾吉庆，赐吾大道，令吾身形，化为"上清玄都三十六洞大伏魔法师，顶远游冠，身披绛绡服，执圭朱履，身坐玉局"。存神召灵恭请南极天府星君、南极天相星君、南极天梁星君、南极天同星君、南极天枢星君、南极天机星君、南极万寿星君、南极三明夫人、南极火铃将军、天府星君、天相星君、天机星君、天同星君、天枢星君、天梁星君、司命土地、干系神祇并本属城隍，差来兵将，前来看验某人疾患。传令东方青帝青童君，执钟击鼓，速缚兴袄之鬼，入金罗之狱，重罪无情，急成公案；南方赤帝赤童君，手执雷电，速缚兴袄之鬼，入无了之狱，重罪无情，急成公案；西方白帝白童君，手执钺斧，速缚兴袄之鬼，入陷海之狱，受罪无情，急成公案；北方黑帝黑童君，手执帝钟，速缚兴袄之鬼，入无牵之狱，受罪无情，急成公案；中央黄帝黄童君，手执金槌，速缚兴袄之鬼，入长停之狱，受罪无情，急成公案。②

---

① 道藏：第10册[M]. 北京：文物出版社，上海：上海书店出版社，天津：天津古籍出版社，1988：482.

② 道藏：第10册[M]. 北京：文物出版社，上海：上海书店出版社，天津：天津古籍出版社，1988：482-483.

## 二、上清雷法神仙谱系

上清雷法的神仙谱系形成于元代，因此纳入了许多宋元以来的道教神灵，从而呈现出诸派神灵融合的形态。

《道法会元》中有《上清神烈飞捷五雷大法》，即为上清派传法。该法奉清微宗主真元妙化天帝、太初天君紫宸太华天帝为宗师，历代祖师有三天大法师正一静应显佑真君张道陵，九天金阙上保清真紫虚至道元君魏华存，太极左宫仙公冲应孚佑真君葛玄，九州都仙太史神功妙济真君许逊，宗师金阙昭凝妙道保仙元君祖舒，清微太霞侍真琼室洞清元君郭玉隆，福和耀真元君傅煴，龙光道明元君姚庄，紫英玉惠元君高奭，洞阳上宰真人华英，青城山通慧真人朱洞元，云山保一真人李少微，眉山混隐真人南毕道，丹山雷渊真人黄舜申，西山真息真人熊道辉，泰智冲和真人彭汝砺，洞渊尘外真人曾贵宽，浚仪原阳真人赵宜真。

赵宜真（？—1382），元末明初道士，主要活动于元末。江西安福人，号原阳子。少通经史，在赴考途中因病折返，遂断仕途之念，出家为道，几乎得到了道教当时各大派别的传承。张宇初《赵元阳传》曰："赵原阳，名宜真，吉之安福人也。其先家浚仪，宋燕王德昭十三世孙某仕元为安福令，因家焉。原阳幼颖敏，知读书，即善习诵，博通经史百家言。长习进士业，未几试于京，以病不果赴。久不愈，夜梦神人曰：'汝吾道人，何望世贵？'父遂命从道，已而笃嗜恬淡，学益进。初师郡之有道者曰曾尘外，嗣诸法要，间有缺文，必考述尽详。复师吉之泰宇观张天全，别号铁玄；张师龙虎山金野庵，得金液内外丹诀。后复师南昌李玄一，玄一荐之师蒲衣冯先生，冯亦师野庵云。尝游白鹤山永兴观，乃西晋匡仙故迹，遂居焉。间以所授致雷雨、度精爽，皆有异感，闻者越千里走从之。会壬辰兵兴，挟弟子西游吴蜀。暨还，游武当，谒龙虎，访汉天师遗迹。时天师冲虚公深嘉礼之，欲留不可，宫之学者多师焉。还至赣之雩都紫阳观，因居焉。凡道门旨奥，皆缀辑成书。或为诗歌以自警，犹以医济人，且绝交处，寡言笑，闻者愿礼不获。其高行伟操，为时所推慕，从游者益众。岁壬戌正月朔，谢众曰：'吾将逝矣，自今日始钥静关，慎无有干。'迨五月三日夏至启关，祝弟子善自立，漱浴更衣趺坐。适县导诏至，乐鸣，即书偈掷笔而化，雷电骤作，白昼晦冥。明日，官庶瞻敬者群至。门人哀，德渊辈请以棺殓，肢体若生；既毕，汗出周浃。越三日，瘗观后之凤冈。久之，草净，鸟不巢。其徒则曹希鸣、刘若渊，犹入室焉。有诗词若干篇，已行世，凡奥密言论则见诸法要云。"[①] 赵宜真撰有《原阳子法语》《灵宝归空决》，刊有《仙传外科集验方》。因此其雷法与神

---

① 道藏：第33册[M]. 北京：文物出版社，上海：上海书店出版社，天津：天津古籍出版社，1988：232.

系融汇各派的特征是十分明显的。

主法：紫皇玄天元圣仁威上帝天乙天君李嘉，王冠皂服，仗剑，骑白马。

帅班：雷霆飞捷报应使者旸谷神君张亚，歆火相，乘龙。上清神烈阳雷神君苟留吉，红须发，金冠，青面，赤衣，手执斧槌。上清神化阴雷神君毕宗远，披黑发，赤面皂袍，手执金简铁札。上清神烈捷疾符使庄旻，枣红面，三目，戴功曹幞头，黄抹额，绯衣，手执鹰翎刀。

该法派称梵炁雷祖即雷声普化天尊，清炁雷祖即太一天帝，景炁雷祖即真王大帝，天雷轰元雷君即紫微大帝，地雷镇玄雷君即酆都大帝，水雷环运雷君即水府扶桑大帝，山雷统神雷君即东岳大帝，其下拥有一个庞大的神班。这里将冥府、水府、山岳的主神都升格为雷部尊神，酆都大帝为地雷镇玄雷君，水府扶桑大帝为水雷环运雷君，东岳大帝为山雷统神雷君，说明雷部的权柄与神威已经渗入所有的领域，成为统御三界的最高机构，并分理各个神司，主执道法，驱使鬼神，降伏妖魔，护佑民众。

该派宣称凡祈雨禳灾，皆须上表雷帝斗府师真，诚惶诚恐，稽首顿首，百拜雷霆玉皇大天尊玄穹高上帝、南极勾陈上宫天皇大帝、中天星主北极紫微大帝、神霄玉清真王长生大帝、上清紫微碧玉宫太一大天帝、六波天主帝君、玉虚师相紫皇玄天上帝、上元天官大帝、中元地官大帝、下元水官大帝、王府判府真君、玉府左右侍中、玉府左右仆射、天雷上相真君、玉枢使相真君、斗枢上相真君、上清司命玉府右卿、五雷院使真君、雷霆都司元命真君、水府博桑大帝、东岳天齐大生仁圣帝、雷霆都总管钦火律令大神炎帝天君、雷霆大都督铁笔注律大神青帝天君、雷霆飞捷催督大使行令大神旸谷神君、九斗阳芒流金火铃大将浮光刘天君、三山木郎大神皓华荀天君、上清神烈阳雷神君苟留吉、阴雷神君毕宗远、地司猛吏殷郊、地祇阴雷主者温琼、酆都朗灵元帅关羽、天神龙水社诸部雷神、四溟四丁大神、当季行雨龙雷主者、紫堂局中天星地煞、近境各处溪源潭洞行雨龙神、所属城隍社令、祀典英烈神祇，一合下降。《道法会元》载："特为检照本境人民应犯重罪深愆，咸希原赦。蠲消旱劫，调顺阴阳。旨差雷霆行令使者张亚，神烈阳雷神君苟留吉，阴雷神君毕宗远，地司猛吏殷郊，阴雷主者温琼，义勇武安元帅关羽等，一合下降，部领天神龙水社诸部雷神，三山木郎大神，四溟四丁大神，当季行雨龙雷主者，紫堂煞局天星地煞，近境各处山源溪谷潭湫行雨龙神，所属城隍、祀典、里域社令，诸庙英烈神祇，疾速驱龙卷水，闪电兴云，流布天河，灌通斗极，诛锄旱魃，翦灭妖霓。将带风云电雷雨，前来本境布降霖雨，苏救禾苗，协成大有之年，以慰下民之望。庶使宗风茂振，道化兴行。"

《上清玉府五雷大法玉枢灵文》《上清玉枢五雷真文》为上清派传法。但此法为火师汪真君、王文卿所传，又与神霄派关系密切。讲述雷霆都司、玉枢院、蓬莱司、玉枢院、五雷院的职能主司，曰："雷霆都司，乃北帝专司之所列官分职，佐玉机之政。凡世间水潦旱魃，悉请玉枢院禀听施行。至于雷霆斧铁，庆赏刑罚，有条不紊，悉有司存。天心有

雷，但不专耳。且蓬莱司乃都水使者所统将吏，专司水职，分云布炁，兼江海河渎泉源之事。凡世间亢阳，必申玉枢院请奏，乞降濡泽，以救生民。火师曰：前四司，独五雷院专权也。虽皆受制，每司各有猛将吏兵，统摄四院，威灵浩博，岂同他部之兵。学真奉法之士，皆请兵于此。"显然该派深受神霄派影响，亦倡雷法于世。

其述雷霆神位：

六波天主帝君，玉府上卿五雷使，玉枢院真君，蓬莱都水使者，中央黄帝雷君，东方青帝雷君，南方赤帝雷君，西方白帝雷君，北方黑帝雷君，雷伯青帝雷君。

上清赤知大法君，上清玉府元命左文君，玉枢院副元君，雨师元君，风火元君，风伯元君，雨师仙君丈人，电光元圣君，火伯风霆君，龙雷君，雷令青君，卷水龙君，东灵上相元君，斗中真人，天雷真宰，神雷真宰，龙雷仙宰，水雷仙宰，雷令主者，天雷上相，五雷院副使。

掌火书金经大仙，霹雳大仙，火铃大仙，仓牙大仙，主雷大神，欻火大神，负光吏，振威大神，典雷大神，引领大神，六目电光神，众目大神，执部领兵大神，掌霹雳火光银牙耀目威神。

上清玉府玄天大法师，瑞光仙师，斗中枢相，雷令大师，玉真耀灵仙师，雷师皓访，五雷皓翁，禁师赵侯，法令伐恶法师，上清司命玉府右卿南宫上卿，四明公宾元君，雷公火云元帅，洞阳幽灵之神，火光流精之神，虚皇太华之神，金精青思仙娘，天雷风领之神。

斗中都水左使者，斗中六通使者，左大判官，右大判官，左判官，右判官，伏雷博士，掌善簿判官。三五铁面火车将军，太岁大将军，三五邵阳主帅将军，流金火铃大将军。霹雳典籍功曹，霹雳覆勘功曹，霹雳记书过功曹，掌恶簿功曹，制雷挥钺上命使者，火铃威天公吏。日光阳光太极吏，掌苗稼五谷上吏，玉光金精上吏，吹海揭波驰役押阵灵华猛吏，斩妖伐木开山火铃神吏，追雷击雷神吏，神诀风云上吏，飞云走电大神吏，掌雷车黑炁神吏，吞魔啖妖六甲神吏，擒龙捉孽撼山大吏，掌火辂金车上吏，丹元掌罪刑部正直吏，部辖灵魔掌律文华上吏，勘会妖魔校正善恶主吏，察善恶孝逆忠和都吏。

经中所说的"掌苗稼五谷上吏"，即为民间信仰的五谷神。五谷，古代有多种不同说法，最主要的有两

五谷神　明代　纸本设色
首都博物馆藏

种：一种指稻、黍、稷、麦、菽；另一种指麻、黍、稷、麦、菽，《周易》曰："日月丽于天，百谷草木丽于土。"《周书》曰："凡禾，麦居东方，黍居南方，稻居中央，粟居西方，菽居北方。"《周官》曰："太宰以九职任万民，一曰三农，生九谷。凡王之膳食用六谷，以五味、五谷、五药养其病。"《范子·计然》曰："五谷者，万民之命，国之重宝。东方多麦稻，西方多麻，北方多菽，中央多禾。五土之宜，各有高下。高而阳者多豆，平而阴者多五谷。"①道教有五谷之神，主掌五谷丰登，衣食充盈。

此外，《上清王府五雷大法》中还有雷部众多神灵。掌水界分野灾沙上吏，掌山林圹野溪谷主吏，雷城主吏，雷威猛吏，执节都吏，风雷神吏，掌书判官，雷车对官，五雷直符吏，黑面神荼大神，雷车左领将军，雷车右领将军，主籍吏，掌雷鼓主帅都神部吏，掌刚风天汉吏，起雨兴云吏，威剑威灵吏，掌火铃使者，掌四季风雨令，掌霹雳火令，负天担石太微令，掌天书文籍令吏，掌居吏福元将军，掌霹雳火光令，掌鬼政龙书吏，西台雷雨吏，龙圈池水吏，追风布云虎吏，掌兵器甲卒吏，掌雷风雪雹电光吏。

龙队监催使者，霹雳搜龙使者，律令使者，传令使者，苍牙使者，五雷使者，南宫火铃使者，雷阵左车使者，雷阵右车使者，散云呖黑使者，缚魂监送使者，典录考禁使者，霹雳催风使者，霹雳送魂使者，霹雳火车腥烟使者，霹雳送火禁火使者，霹雳火车黑火使者，霹雳倒捉催拉使者，霹雳四望使者，霹雳察听使者，霹雳回车使者，掣电奔云使者，掌兵甲横身飞云使者，驱云雷电雹使者，斤斧使者，云中使者，移山翻海铁甲使者，动风鼓震天威赤文使者，掌风雹金铃火铃使者，掌疫疠使者。

江河使者，三十六雷鼓力士，降雹力士，摧邪力士。左持幢仙人，右持幢仙人，紫光童子，掌录童子，捧剑童子，掷光童子，执幡童子，三五邵阳将军，邵阳雷公，火车将军，起罡童子，发罡将军，六龙将军。

黄帝雷公将军，青帝雷公将军，赤帝雷公将军，白帝雷公将军，黑帝雷公将军，天雷晃光将军，水雷电光将军，邀放扑杀将军，掷火将军，霹雳号黑将军，霹雳戮伐将军，玉枢斗下左神将，玉枢斗下右神将，北帝殿下左神将，北帝殿下右神将，蓬莱司左神将，蓬莱司右神将。②其中已不见南朝上清派神系中的神仙，显为宋元时期上清派神系新的组合。

法中包括众多符箓咒语、罡诀法印，用于祈晴禳灾，驱邪治病，镇土安宅，护卫庶民。

五雷总摄符，右符书雷字毕，添五圈云：雷一，雷二，雷三，雷四，雷五，掐巽文。能治瘟疫瘴气，伤寒沙淩，一切邪病。

上清五雷指天雷、神雷、龙雷、水雷、社令雷。火师曰："凡雷有五，曰天雷，曰神雷，曰龙雷，曰水雷，曰社令雷。又名妖雷，不奉帝命，故曰妖也。所主不同，所部亦

---

① 徐坚等.初学记[M].北京：中华书局，1980：675.
② 道藏：第29册[M].北京：文物出版社，上海：上海书店出版社，天津：天津古籍出版社，1988：136-138.

别。学道之士,奉法弟子,得其所归,亦可申牒祈请。若或不知其方,徒用其心也。"

天雷者,百官千将,上辅玉帝,下御阴阳,威德极重。换劫之时,上帝敕此雷令,降下人间,翻天覆地,鼓震乾坤,安日立月,尊极不能尽言。若国土连年亢旱,天下饥荒,当具国王投词奏闻天廷,并及诸司,乞降此雷,拯济天下,方可施用,坛法如式,不可妄意。

神雷者,亦有百官千将,居三界之中,随时屯驻,代天行化。一年四时之中,发号施令,均布雨泽。若下方不忠不孝,不仁不义,前生今世阴毒害物,冤结满盈,三官上奏,书名恶簿,上帝即敕神雷伐之。今或狂风大雨之时,震动霹雳,诛戮人物者,是也。欲动此神雷,须申上三司,及飞奏九清,方可用之。

五雷总摄符
采自《道法会元》

龙雷者,上帝所赐。龙宫有万将千兵,以佐龙君威德,保护仙经。凡龙宫海藏,仙经万卷,异宝无涯,亦乃天帝所赐,此雷保之。主救一方旱潦。欲动此雷,飞申诸司,奏闻上帝,下牒龙雷主者,速行拯救,无不应耳。其风顺而和,其雨细而广是也。

水雷者,乃下元水官所部也。上帝赐令诛斩水妖,赏功伐过,为神之列。亦主救济一邦灾旱。官将并同龙宫。若行遣之,必须申诸司及牒水部,然后奏闻,克期而应。

社令雷者,乃一郡一邑之中,有忠义报国之士,孝勇猛烈之人,报君落阵,居家愤死,英灵之性,聚为此雷。能捉蜃龙,非时作狂风猛雨,拔树断木,务求血食,亦能祸福一方。百妙祭之及时,则风雨顺如。失祭告,则作暴雨狂风,疾雷猛电,连作大水,害人苗稼,伤人性命。今世人一州一土,或有神庙,祈求感应,因而封祀者,乃此类也。昔赵鸾凤运斧而图者,正此等耳。学真奉道之士,得此口诀,能遣动此雷,以救百里之旱,一邑之灾。凡驱社令雷,须牒城隍,并恶猛祠典,令城隍督此雷,然后立坛祭起。但可救旱作水,不可妄议。

欻火大神符,敕咒:三司将吏,今日直符。随吾驱使,捧领天符。收捕鬼贼,退病消虞。敢有逆命,雷斧速诛。上帝敕命,急急驱除。咒毕,挑雷局入符。烧钱马、札子,差神将功曹同符命祛治,立见报应。此符乃大神真形,能立致晴雨,诛伐妖邪,斩精除祟,吞啖疫鬼,神功难述。雷部之中,此符为首用之。昔吴许真君师弟子,皆得此妙。

凡上清道士皆须修持雷法,采服雷气。《道法会元》载:"受法之士,救民疾苦,断绝妖精,驱邪治病,须得雷公请炁之法,方可行用。此法自传度以后,取惊蛰前后,忽闻雷声,便备香案,向其方,两手握雷局,瞑目,密咒曰:'吾受五雷典法,雷霆威声。纳则治身保命,吐则缚鬼诛邪。神炁万丈,灌我胃华。太上律令,猛吏银牙。急急如律

欻火大神符
采自《道法会元》

令。'咒尽，待闪电雷声作，望此方直视，吸其炁咽之二十五次。隐隐明明，光降即疾吞炁，有验也。"

此外，上清派还传有以下几种雷法：

上清飞捷五雷祈祷大法。

师派：祖师清微宗主真元妙化上帝，祖师太初天君，祖师高元宸照法王清真紫虚元君。

将班：九天飞捷符使旸谷神君张珏，天丁冠，恶鬼相，青色，金甲朱衣红履，执斧。五方蛮雷大神。

上清西灵宏元大法。

帅班：西灵扶天广圣崇妙洞和真君赵公明，通天冠，赤黑面，耸眉，三角目，美须，金甲，朱衣，朱履，仗剑。或交脚幞头，红抹额，金甲，玄衣，执鞭，着靴，黑虎从之。

神烈周运冲灵副元帅吕鹰，虎冠，面紫棠色，耸眉，五牙须，银甲，着靴，执刀，佩弓矢。

捷令飞玄神烈大符使朱昌朝，火冠，面微黑，赤发，威貌，银甲，皂衣，黑履，执雁翎刀。总统精烈神炎大将千人。

佐将：

东方甲乙驰烈上将惠祈，青面，赤发，青衣。

南方丙丁驰烈上将宋安，赤面，黄发，朱衣。

西方庚辛驰烈上将石武，白面，黑发，白衣。

北方壬癸驰烈上将元彬，黑面，青发，皂衣。

中宫戊己驰烈上将龚洪，金容，白发，黄衣。

神烈昭冲上将八大神，需访，朱劝，徐纪，周光，石武，苏处，安期，羊忠，并玉冠，威貌，金甲，玄衣，朱履，执节。

西灵协顺雷火兴震符使龙循，冲天幞头，红抹额，青面，三目，红发，金甲，绿靴，执雁翎刀。

西禁左垣忠威大神王亮，黑面，大将军状，手执斧。

西禁右垣震明大神高仲，绿面，大将军状，手执剑。

上清巽宫兴雷秘法。主要用于芟邪治病，催生下死胎，役使万灵。

神位：

雷霆猛吏都督元帅玉府真君辛忠义，雷公上相阳令天君江赫冲，电母紫英阴元元君秀文英，风伯飞扬烈令天君方道彰，雨师甘露清神天君陈华夫，东方九炁威化雷王马郁太，南方三炁炎谅雷王郭元京，西方七炁皓华雷王田元宗，北方五炁博严雷王邓拱辰，中央一炁广运雷王方仲高，雷霆飞捷疾应符使张元伯。已上并如常法服色。

上清信元巽宫通运五雷法。

帅位：

掌风云雷电雪雹雨雾谏正判官都督元帅玉府真君辛汉臣，合元耀，牛耳幞头，青面，金甲，金发须，电目，银牙，绿袍，着皂靴，左执簿，右执火笔。

雷公轰震大神江赫冲，猪头冠，青面，朱发须，金甲，朱衣，着靴，双手斧，背雷车。

电母耀光元君秀文英，凤冠，青发，玉女状，朱衣，金带，朱履，仗剑，遍身流火光。

风伯飞扬真君方道彰，冲天冠，白面，美貌，金甲，青衣，朱履，掷风车。

雨师溥润真君陈华夫，冲天冠，赤面，大目，美须，绿衣，朱履，掷水车。

东方九炁雷王马郁休，南方三炁雷王郭元皇，西方七炁雷王田元宗，北方五炁雷王邓拱辰，中央一炁雷王方仲高，飞捷符使张元伯。

上清摄山五雷法。

帅班：

玄都霹雳摄山火雷大将军都元帅刘彦昌，大将军状，乘巨虬。

将班：

东方摄山摧林大神朱龙延，南方摄山破焰大神康春，西方摄山磕石大神师亮，北方摄山倒海大神李大渊，中央摄山黄炁大神向方，已上并绿衣，金甲，天冠，执刀。

摄山威令擒虎上将丘元，王惠，李坚，宋弼，黄端，虞源，吕云，杨复，鲁顺，秦耀，金清。摄山冲妙通令五雷符使阮和卿，交脚幞头，赤面，金甲，紫衣，着靴，仗剑。

上清五元冲卫雷法。

帅班：

五元冲卫主令降元雷霆大帅瞿匡，大将军状，乘赤龙。

东方九炁镇元上将江初究，青衣执斧。

南方三炁灵元上将吟恭伸，红衣执火车。

西方七炁太元上将阆均，白衣掷风车。

北方五炁明元上将宁拱阳，玄衣掷水轮。

中宫一炁正元上将唐巨卿，黄衣仗剑。

已上并天冠，青面，金甲，朱履。

五元飞神五雷明威符使谢衡，冲天幞头，黄抹额，面紫棠色，三目，金甲，碧衣，着靴，执雁翎刀，统五雷收瘟雷神一万众。

上清飞元太乙移降五雷法。

帅班：

上清真御飞元太乙八景大将军元帅龙绍，青面，将军状，着履，执斧。

将班：

东青太乙雷神王儒，南丹太乙雷神干信，西皓太乙雷神沈洸，北玄太乙雷神鲁仅，中黄太乙雷神吴阜，并披发，青面，金甲，绛袍，跣足，执钴锤，背雷车。各统雷神，立致雷雨。

太乙飞元符使午逮，交脚幞头，青面，金甲，绿袍，着靴，仗剑。专号召雷霆，作太乙耳目之神。

上清玄都升真火铃雷法，为上清派所传。

帅班：九斗阳芒流金火铃大元帅刘明，统雷神六十四员。

上清琼华摄龙五雷法。

骊龙雷神：一炁威龙上将王盛，二炁威龙上将丘勋，三炁威龙上将苏煜中，四炁威龙上将口口，五炁威龙上将张康伯，六炁威龙上将赵殷，七炁威龙上将高延，八炁威龙上将区亦文，九炁威龙上将干拱，各领骊龙大神部从，统诸龙神。或失应命，上将追之立至。

上清洞明协神五应大法。这是一种为百姓祈福禳灾、安土镇宅的法术。

主法：

正一老祖天师真君。

高元宸照法王紫虚元君。

清微元上侍宸保仙元君。

司命神位：

东方司命君张吴许，南方司命君汲计，西方司命君祖谌，北方司命君阎许，中央司命君王诃，天司命君钟甲，地司命君何孚，长司命君傅泛，短司命君徐冲，左司命君严已，右司命君午信，已上司命并王者服。

司命夫人：娘婆圣，娘婆陆，娘婆洪，娘婆照，娘婆胜。

四直使者：年直使者徐茂，月直使者汪仲，右二使者王者状，公服；日直使者田遣，时直使者宁君，右二使者直符状。

侍从童子加士二人：进火童子蒋群，进水力士鲁奇，幞头，王者状，公服，统三十六员灶司大将军。

天井中雷神位：天喜通和鉴元大神吕英卿，福貌，王者冠服。

玉女六人：龙方，苏允，蒋仲，舒仪，侯济，元朗，并玉女服节。

穹庭神位：神华运真大神曾会。

檐屋雷前神位：灵光保元大神宋纪元，披发，人相，白衣皂履，执弓矢。

架厕主神位：圊楼左德大神孔坚，白面，朱衣，判官状。

圊楼右德大神刘张，赤面绿衣，判官状。

圊楼左司土大神龙仲，幞头，公服，王者状，执简。夫人林朴，青服，女人状。

师曰："灶神主人家大小寿命，田宅，福禄，财宝，六畜，奴仆，灾火盗贼百事。天

井神主人家衣服，仓库开闭，口舌诸事。零庭神主人家富贵，通达鬼神，吉凶，飞潜虫蛰，畜产诸事。檐雷神主人家公私吉凶等事。厕神主人寿命，疾病，祸福，财帛，负欠长短等事。五神共主摄人物进退，田宅坟墓，山林财宝，吉凶祸福，靡所不隶焉。"①

上清西禁大法。主要用于治疗各种动物疾病，有治马病符、治六畜病符、治牛黄符。

帅班：

扶天广圣崇妙洞清冲和真君玉元大将赵公明，又曰五方云路招真大将神霄总管西禁直君。交脚幞头，红抹额，面赤，目圆，美须，铁甲，皂袍，金带，着靴，执铁鞭，黑虎从之。

将班：

东方甲乙驰烈上将惠祈，青面，赤发，青衣。
南方丙丁驰烈上将宋安，赤面，黄发，朱衣。
西方庚辛驰烈上将石武，白面，黑发，白衣。
北方壬癸驰烈上将元彬，黑面，青发，皂衣。
中宫戊己驰烈上将龚洪，金容，白发，黄衣。

上清神烈五雷法，为上清派所传。主要用于治驱恶祟，催晴催雨，祈雨祈晴。

帅班：

雷霆大赫天神左伐恶使者苟留吉，坐骑獬豸，金冠，赤发，青面，金甲，朱衣，金锤钻，统兵二万众。

雷霆黑露大神右伐恶使者毕宗远，坐骑狻猊，玉冠，微黑面，略有须，全身金甲，皂衣，执斧。

---

① 道藏：第28册[M]. 北京：文物出版社，上海：上海书店出版社，天津：天津古籍出版社，1988：712-714.

# 第二十六章

# 两宋神霄派神仙谱系

学术界一般认为神霄派产生于北宋末。如任继愈先生指出，神霄派创始人为北宋末江西南丰道士王文卿，他自称得唐道士火师汪君之传，显系依托。"神霄派称其符法出于元始天王诸子之一——高上神霄玉清真王，亦号南极长生大帝、扶桑日宫大帝，为万雷总司。神霄雷法由于迎合了徽宗以道教神化自己的需要，很快便风行海内。"① 这类判断基本上是可信的。

## 第一节　两宋神霄派历史传承

神霄派是两宋道教的一个派别。北宋末年由天师道演化而来，代表人物为王文卿、林灵素。神霄派主要修习五雷符，谓行此法可役鬼神，致雷雨，除害免灾。其理论基础是天人合一、天人感应与内外合一说。谓天与我同体，人之精神与天时、阴阳五行一脉相通，此感必彼应；而其基础又在于行法者平时的内修，行法者内修功行深厚，风云雷雨可随召而至。"神霄"之名来源于《灵宝无量度人上品妙经》。该经根据古代天有"九霄""九重"之说，指认其中最高一重为"神霄"，并作了如下描绘："高上神霄，去地百万。神霄之境，碧空为徒。不知碧空，是土所居。况此真土，无为无形。不有不无，万化之门。积云成霄，刚气所持。履之如绵，万钧可支。玉台千劫，宏楼八披。梵气所乘，虽高不巍。内有真土，神力固维。太一元精，世不能知。"② 可见神霄是道教神仙所居的仙境，神霄道士以此名其派，盖取其高远尊贵之义。该派从北宋开宗之后，历元明清，时至当代道脉犹存。

---

① 任继愈. 中国道教史[M]. 上海：上海人民出版社，1990：560.
② 道藏：第1册[M]. 北京：文物出版社，上海：上海书店出版社，天津：天津古籍出版社，1988：89.

# 一、王文卿与神霄派

王文卿是神霄派的核心人物，他在理论与组织上对神霄派的形成与发展做出了相当重要的贡献。其弟子广布大江南北，历宋元至明清，是神霄派及道教诸宗一致肯定的神霄祖师。据元赵道一《历世真仙体道通鉴》载，王文卿世本江右建昌南丰（今属江西）人。生于宋哲宗元祐八年（1093）二月十七日亥时。生而神异，长而聪敏，尝为诗，有"红尘富贵无心恋，紫府真仙有志攀"之句。而性慕清虚，志惟养素，不贪名利，远于尘劳，每乐逸游灵境胜地，幅巾筇杖，旷游环宇。宣和初（1119），王文卿渡扬子江，遇一异人，授以"飞章谒帝之法，及啸命风雷之书。每克辰飞章，默朝上帝，召雷祈雨，叱咤风云。久雨祈晴，则天即朗霁；深冬祈雪，则六花飘空。或人家妖祟为害，即遣神将驱治，俱获安迹"①。

王文卿是南丰县人。南丰县位于江西省东南部抚州市。军山位于江西省南丰县三溪乡、市山镇、紫宵镇和宜黄县神岗乡境内，据史料记载，军山的寺、观、祠、庙、庵、堂、坛、殿自唐宋时期开始兴建，明清时期达致鼎盛。

临川南丰地区道观颇多，说明其地道教信仰风行。道教传入南丰当在汉晋时期。世传东晋时，许逊、吴猛由江乡咒水治病，炼丹于县城，后世存有丹井，得名仙君观。谢旻等编《江西通志》曰："清修观，在南丰县北门，世传晋许、吴二真君炼丹于此，因名仙君观。唐大中改福寿，宋治平元年赐名清修，元符三年五月有群鹤自紫霄观来，因以此为祝寿之所，元大德三年兴复，明正德嘉靖间两毁，隆庆间构葺小殿。"②这当是南丰的第一座道观。

南唐升元元年（937），汉张道陵十八世孙张洞宣由龙虎山来南丰石仙岩修炼。该处石岩耸拔，岩洞深邃，殿宇依崖而建。北宋治平年间曾改称冲寂观，不久又易名石仙观。石仙观遍布古迹，曾于此地挖出印纹陶片和石器，后又发现灰坑，经1982年文物普查，认定该地曾是商周文化遗址。自宋代以来，有不少高道真人到此修炼。相传北宋太宗时，高道冷真人寄迹于石仙观。真宗咸平四年（1001），岩前一棵大樟树忽然炸开，真人即坐化其中。英宗治平时樟木复合，县令剖木而观视，真人相貌如生，县人则以金泥真身，随后建冷真人祠于石仙观左畔以祀之。

石仙观自南唐张洞宣创观以后，随着两宋道教的鼎盛，其名声日益壮大，吸引了许多名贤显宦到此游览。单从《南丰县志》的记载来看，到石仙观游览题诗撰文的就有10

---

① 道藏：第5册[M]. 北京：文物出版社，上海：上海书店出版社，天津：天津古籍出版社，1988：412.
② 谢旻等. 江西通志：卷112[M]//文渊阁四库全书：第516册. 台北：台湾商务印书馆，1983：695.

多位，如曾布、曾肇、游少游、陈宗礼、李万实、曾思孔、侯炯、李顼、张汉彦、李嘉谋、朱行中等。石仙观于元代被毁，明初由李姓修复，塑三清仙圣像于岩内，并置田以供香火，至清代复毁。1999年，当地人邱求仔等20余人重新建造了岩内大殿，分别有大雄宝殿、三仙殿、观音堂，供奉佛道仙真。

紫霄观在南丰县四十四都，唐名妙仙观，宋治平中赐今额，上有壶公仙迹。位于今南丰县城西南方的洽村和波罗乡交界处。那里山崖陡壁，溪流迭翠，风景幽雅，宋人张自明赞誉为"江南一胜"。据《南丰县志》记载，汉代费长房的师父悬壶先生在此得道。元吴澄《紫霄观记》谓："紫霄观，在南丰之西南八十里，岩洞之胜，世之稀有，而远于通都要途。故搜奇探幽之士，鲜或至者，惟遁身绝俗之人，保神炼气，栖息其间，而亦昧昧鲜有闻也。其入山之逵，石岩削立，中凿石磴百余级，至梯云洞，洞之上右一逵入华阳洞。正路逶迤而升，又石磴七十余级，而后至观，门立正殿，以礼天神。屋三分之二居岩下，其前宇飘雨所及，乃覆以瓦。正殿之左为屋，以礼玄武神；右为屋，以处道流。其前为法堂，又前为藏室，藏室与观门相直。正殿之后石窦中，有蜕骨色如金，长八尺许。又上小岩，中有仙床。又上一岩，形如瓮盎，名曰经洞。观之左有挂冠石、赤松岩，及蛟湖金坑之属。观之右有丹井，四时不竭。由丹井入中岩，有张丹霞读书山房。中岩而上至山顶，为上岩，有浮丘祠。祠下有小岩，曰妙仙洞。踞高望远，军峰卓然，诸山耸秀，旴水如带，萦纡横陈军峰之下。水流小涧绕观之前，如线通于山石之间，五七里内，凡九曲，出双莲桥，合于大溪。观之后方峰如屏，观之前一山名香炉峰，前后左右，小岩洞不可胜数。观肇自唐开元，名妙仙观。五代时颓废，宋大中祥符道士王士良重兴之，治平初改今名额。淳熙间道士吴源清，知书能诗，锡号善远大师，赐紫，一新殿堂。"① 元代延祐四年（1317），道士张惟善及善士王子茂、陈哲谌等再次修葺一新。② 自宋代以来有陈宗礼、王响、史文彬、陈立、罗伦、罗汝芳、赵伯里等名流游览紫霄观，并作诗文以咏颂。入清后，时毁时复。新中国成立后，多有善男信女上山进香，到20世纪90年代末，又有洽村信士修复，而且吸引了南城、广昌及其他乡村的信众来此进香和游览。

东岳庙位于南丰县城东郊桥背乡石子山村，历史悠久，几经兴衰，距今已有上千年历史。据元刘埙《南丰州重修东岳行宫记》言，其祠始创于北宋嘉祐中，由县令刘令先主持，营度广袤，规制宏深。治平、宣和年间扩建，继以绍兴修缮，逐渐完美。时王文卿应诏归里，曾参拜东岳庙，题于祠曰：景物繁丽，颇类深宫。至元时仙墨犹存。淳祐元年（1241）又经过修葺，咸淳四年（1268）行宫被洪水冲毁。元至元十七年（1280）又修而未完成。大德十年（1306）知州正奴、聂从政等捐俸以倡重建，吏民回应，由知州绰儿哈足监督，历时三年，行宫落成。修复殿宇一百五十余间，新造者五十五间，旧像增饰者

---

① 谢旻等.江西通志：卷112[M]//文渊阁四库全书：第516册.台北：台湾商务印书馆，1983：695.
② 刘埙.水云村稿：卷3[M]//文渊阁四库全书：第1195册.台北：台湾商务印书馆，1983：494-495.

五十一尊，新塑像二百尊，包括东岳大帝、帝后、十殿冥王等众多神灵。殿宇修建宏伟，楼阁流光溢彩。"丹垩辉华，甃砌整洁""壮丽甲东南"，四方观者多赞誉之。人们虔诚地供奉东岳大帝，希望掌握生死大权的东岳大帝能够除恶扬善，驱邪扶正，保佑一方平安，盼望安居乐业。所谓"丰虽偏州，落万山间，而天幸际乐岁，官无苛征，民无转徙，乃得以崇幽灵之宫，显升平之象，非时也乎。耋稚士女，瓣香拜庭，裴回笑语，第以资游观之娱，而谁知时和岁丰，民安神乐，皆上之福泽涵濡以致此也"①。

栖真观在南丰县三十四都，南唐升元元年（937）建，原名游真观，宋治平中赐今额。丹阳观，即清虚观，在南丰县伏虎岩下，俗传甘真人炼丹处。灵都宫，旧在南丰县中和坊，唐武德中仙鹤翔集，九天女降，更名真元观。南唐魏元吉结茅于此，宋改名灵都。建炎、绍定、咸淳，凡三毁。元大德四年（1300），升观为宫。明洪武二十五年（1392），归并清修等十三观为丛林，嘉靖二年（1523）建便民仓于其右，四十二年（1563）迁宫于西寓中巷。②

位于县城西北四十里处的军峰山又名军山，有"赣东屋脊"之称。山上有三仙祠、王母池，下有水，名军港。其西址有山茶洞、桃花源。山之西有屏障山，景致幽绝。宋蔡柟诗："远岫回环碧四围，一峰清绝万峰低。"这里保留了道教的石观、铁观、半观、老观、炼丹观、九龙观、仙云观、军溪观等多处遗址，是名符其实的道教圣山。

相传晋时浮邱伯、王方平、郭族三位道人会居军峰道就成仙，被尊为三仙，受到普遍供祀。"浮邱，不知年代，或曰黄帝时与容成子游，或曰《汉书》浮邱伯，楚元王、申公所从受《诗》者也。晋时由金华山之华盖山，吐气成桥，度王、郭二仙，故今崇仁华盖并祠之。"③王方平、郭族原是亲兄弟，一从父姓，一从知县姓。他俩徙居南城之华盖山，专心修炼数十秋，拜浮邱公为师。自此师徒三人转徙南丰军峰山，炼丹于军峰山中的炼丹观，修行于军峰之巅，朝夕穿梭往来。年深日久，心坚石穿，终于丹成道就而飞升。

据记载，为迎接军山老殿的三仙神像下山游村祷雨落脚安放，清代雍正年间，在南丰县城郊区建有四座行宫，其中一座位于南丰县城西瑶浦村，称为"瑶浦三仙行宫"。此行宫始建于雍正八年（1730），1988年，民众筹资将行宫大修，重铸三仙铜像，设灵官、华官、雷公、雷母，恢复原有神像7尊。并增塑五谷大仙、慈航道人二神像。新置神轿神椅等迎神之物。为扩大道场配套建筑，1998年又增建三清殿，塑有元始、灵宝、道德三天尊，玉帝、王母、张天师三神像，以及金木水火土五帝君，天地水三官大帝，财神、灵官和十二天尊等像共28尊。

时至今日，南丰现仍在开放的寺观中，90%以上的堂内塑有三仙神像，可见南丰地区的

---

① 刘壎.水云村稿：卷3[M]//文渊阁四库全书：第1195册.台北：台湾商务印书馆，1983：358-359.
② 谢旻等.江西通志：卷112[M]//文渊阁四库全书：第516册.台北：台湾商务印书馆，1983：695.
③ 谢旻等.江西通志：卷104[M]//文渊阁四库全书：第517册.台北：台湾商务印书馆，1983：447.

三仙崇拜非常盛行。正如元人吴澄所说："祠浮邱王郭三仙，远迩祷祈，奔趋如市，竟岁弥月，无休息时。抚、吉两郡之境，山之秀特者，必设分祠……水旱疾疫，有求辄应。"①

有关三仙的传说充满神异色彩，并鲜活地展现于民俗活动之中。道教信仰与民间祀神活动融为一体，这就是南丰唯一的道教活动"妆迎"。所谓"妆迎"就是扮彩神伴仙驾，供信众膜拜，祈求风调雨顺，国泰民安。民国三十六年（1947）是最后一次"妆迎"，该次"妆迎"共有27脚，一个彩架为一脚。彩架以木制，长6尺宽4尺，以木板钉成上、中、下三层。上层为活座，以1～2岁婴儿坐固其上，3～5岁孩童坐中桩，6～10岁幼童坐底层，分别扮演剧中人物。剧目如天女散花、白蛇传、八仙过海、五女拜寿等。"妆迎"时间6天，第一至四天周游瑶浦福、寿、安、康四甲及邻近各村，每天一甲，游毕返宫。第五、六两天游县城四街五关。晚上歇驻武庙，而后返宫，送驾返山。"妆迎"队伍以大旗神铳京锣开道，凉伞、彩旗、乐器随后，灵官、华官、雷公、雷母紧跟，三仙神轿压阵中间。最后迎队按剧名排次前进。祖师神轿和各脚迎之间均配有彩旗，乐队、鞭炮伴随而行，上路人数达2000余众。所到之处，街头巷尾、乡村邻里、男女老少蜂拥而出，沿途膜拜祈祷者，此起彼伏。神铳京锣、鼓声乐器、欢声、鞭炮声，惊天动地，铺盖城乡，热火朝天。2007年10月当地又恢复了这一传统道教活动，隆重举行了以"妆迎"为主体内容的"江西（南丰）道教文化艺术节"，以军峰三仙为渊源，集民间文化、民俗文化、道教文化于一体，这一大型的群众性庙会活动云集了省内外数十万观众，产生了强烈反响。

王文卿，南丰王访嵊村人。据虞集《灵惠冲虚通妙真君王侍宸记》："宣和间有南丰人王文卿，字予道，号冲和子。生有异质，尝为诗告其父，有方外之志。父没，辞母远游，渡扬子江。既济，行野泽中，雨暝迷路，见若有灯火者，就之，有老妪为逆旅者，得文书数卷，篝火读之，雨霁火绝，天且明，乃在大树下，无逆旅也。其书盖致雷电役鬼神之说云。以是济人甚众，名闻江湖间。当是时徽宗崇尚道教，尝梦得神人，以形求之，得侍宸焉。赐见大称旨，拜太素大夫凝神殿校籍。其官，道君别置道教官也，大夫校籍位已尊矣，赐其父承事郎，封其母曰宜人。京城有狐为妖，人为立狐王庙、瑶津池。又有妖，盖黑鲤也。奉诏劾之，狐鲤皆雷击死。将有事于明堂，而雨不止，君祷之立霁。有诏奖谕，拜金门羽客，自校籍升侍宸，赐号冲虚通妙先生。淮南北以无雪告，上忧麦，以告侍宸，遂大雪麦熟，赐金帛，不受。盗起山东，徒党号巨万，郡县不能制，声势张甚。召见便殿，上以为言，对曰：'当以神力助讨。'他日献捷者言：'天大雷雹，贼乃溃。'而道君遂归功于侍宸矣。而侍宸实预知天数，数数以修政炼兵为请。不暇听其说。乞身归田里，求去不得，一日拂袖，径还南丰。未几宋南渡。绍兴二十三年八月二十三日，为酒食，召乡里饮别，书颂，翛然而逝。既殓，举棺而葬之，甚轻，盖尸解云。神龟冈其墓也。其灵异之事，相传不绝。侍宸殁而能福其乡之民，蒲君去他官不忘其旧，民尝受侍宸

---

① 吴澄.吴文正集：卷48[M]//文渊阁四库全书：第1197册.台北：台湾商务印书馆，1983：494.

之赐，其仁惠皆可录。"①妙灵观，在南丰县神龟冈王侍宸文卿墓侧，唐开元中建，久废，宋末里人邹岩建侍宸祠，移旧额以表之。②故乡人奉之为神，并建祠庙以供奉。

从此以后，侍宸祠便成为乡人祭祀祈福之地。元人程巨夫《冲虚通妙先生王君祠堂记》载王文卿能呼风唤雨，逝世后邦人事之如生。"岁己丑旱，祈而雨。辛卯旱，又祈而雨。"③虞集《灵惠冲虚通妙真君王侍宸记》记载，元延祐七年（1320）和至治元年（1321），连续两年州境大旱，祷诸山川诸神都无感应。州人言有侍宸祠妙灵观，其神甚为灵异。时任丰州同知的蒲汝霖亲往祷求，既得灵水于缶，登舟以还，红光赫然，云气随之，"及州门，雨垂降；至公署，而大作。是岁稔。明年又旱，吏民以汝霖前祷之应也，诿汝霖仍往，其应如去岁，岁又稔。于是岁州之父老来告曰：'侍宸之恩不可不报。生有道术著于时，殁又惠泽及其民，宜白朝廷，有以表异之'"④。正是由于灵应如妙，祈祷必验，南丰民众非常崇拜王文卿，王文卿成了安镇一方、福泽生民的神灵。

今王访嵊村所居皆为王文卿家族后人，并有《三槐王氏族谱》3卷。该族谱虽印于民国七年（1918），但内收序文则依次为清道光五年、乾隆四十五年、康熙五十二年、万历十四年，说明族谱始撰于明代，后经历代修补而得以流传于世。族谱卷首收有王文卿及其父母的画像，并附有《侍宸公行实》，这为研究王文卿提供了珍贵的史料。

依王文卿自述，那位于扬子江授之以雷法道功的"异人"便是唐代高真汪子华。他说："予未得雷文之前，已遇汪君于扬子江，授予飞神谒帝之道。后游清真洞天得此文。经三载之久，又遇汪君于军山店中。后过禅寺，语余所修飞神谒帝之道何如？余答汪君曰：'三年前弟子到清真洞天，偶昏暮不知其所。荒落草舍之中，孤火独案之上，得嘘呵风雨之文。遂于身中，取简呈上。'汪君曰：'子真宿仙也。昔老姥乃电母也。子既得其文，予当语汝于此。'方蒙指授，授毕，乃召使者当空分付，此余遇汪君出化。"⑤王文卿弟子胡道元云："若侍宸自南丰辞亲，而至扬子也，所遇而得书者，火师也。火师者，盖上古神人，而世传为汪氏子华者，盖其化现尔。其嘱侍宸之言，有曰：'吾身一天地，天地一阴阳，握其机者在我而已。子当以是应玄征佐明主，吾待子于神霄之上矣。'"⑥显然，王文卿自谓得汪真君亲传，当为依托，不足为信。但其传授必有所本，似与朱执中有关，因为最早得到汪真君雷书并为之作注的就是朱执中，而后传与王文卿。王文卿所说遇汪真君亲传之谈，亦与朱执中梦中所得之言异曲同工。

---

① 虞集.道园学古录：卷25[M]//文渊阁四库全书：第1207册.台北：台湾商务印书馆，1983：367-368.
② 谢旻等.江西通志：卷112[M]//文渊阁四库全书：第516册.台北：台湾商务印书馆，1983：695.
③ 程巨夫.雪楼集：卷11[M]//文渊阁四库全书：第1202册.台北：台湾商务印书馆，1983：131.
④ 虞集.道园学古录：卷25[M]//文渊阁四库全书：第1207册.台北：台湾商务印书馆，1983：367-368.
⑤ 道藏：第32册[M].北京：文物出版社，上海：上海书店出版社，天津：天津古籍出版社，1988：390.
⑥ 虞集.道园学古录：卷25[M]//文渊阁四库全书：第1207册.台北：台湾商务印书馆，1983：369.

从历史角度看，神霄派的产生当在北宋。有王文卿、林灵素等以精通雷法、宏扬神霄派宗旨而闻名。据王文卿自述，其神霄要道、雷霆之书得于汪真君，故该派奉汪真君为阐教之祖师。但因为汪、王两人所处年代相距甚远，故学界对此观点持否定态度。但仅凭此便下结论，认为汪真君本系一个莫须有的人物，则过于草率。因为在宋元道经中收有许多汪真君的著述，且有传记留世。这里详加分析，以判断汪真君存在与否，以及他与神霄派的关系。

元人赵道一《历世真仙体道通鉴续编》卷5收有汪真君传。曰："真君姓汪，名子华，字时美。唐玄宗二年甲寅生于蔡州汝阳县。年四十而三举不第，叹曰：'年逾不惑，不登仕版，何面目见朋友乎！吾将学黄老之学，而臣于帝乡矣。'遂与颜真卿同师白云先生张约，再师赤城先生司马承祯。遇安禄山之乱，弃家云游，经南岳祝融峰下修道，九年不下山。真卿为卢杞所陷，使淮西，为李希烈缢死。师再遇紫虚元君亲幸南岳，授以至道。再修二十八年，丹成道备，贞元五年庚午正月七日，奉诏白日升天。"①

以上这段记述并非无稽之谈，另有北宋高道朱执中的自述为证。朱执中为北宋时道教的上清三景法师，名惟一，爵里不详。《道法会元》中载有他的自述："余幼膺簪裳，妙传星学，游于江湖间，就参道法。至于名山灵洞，尤喜游览。一日到青城山，念念欲一至思真洞一观而无暇时，因凌晨作意一往，至日中犹未及半，困倦卧于树阴中，梦一道士身披红服，与樵对谈，因言及道法之奥，梦中历历备述以百中经，书之纸尽，又以槲叶书之。道士临别曰：'吾乃火师也，有雷书藏于朱陵西洞，已三百年矣。上天将发其旨奥，汝可经游至彼，千万一往，受此灵文，幸毋忽也。汝前生是雷判，所以今生吾亲授汝秘诀，珍重珍重。'余遂梦觉，而日已西矣。但见炎炎烈火，发于树中。遂下山至庵，视之梦中所书之文灿然，槲叶亦在。于是将纸誊录梦中所书者，恐灵文易于变化也。遂下山出蜀，至南岳游观焉。因思西河之语，忽一日到一石洞，见石案上有黄卷书三卷，中已半开，而二卷牢不可开。余再拜，具述情恳，检而视之，则此雷书也。既得此一卷书。即出洞，誊录讫，再拜送归洞天。偶因暇日凝坐之时，则开乾闭巽，留坤塞艮，据天罡，持斗柄，谒轩辕，过扶桑，入广寒，之鹑尾，举黄童，泛海槎，登昆仑，佩唐符，撼天雷，神哉伟欤！故将所得之秘，注解《真君奥旨》，开悟后学，与有志于斯文者共之。凡妙道秘诀、古仙上圣口口相传，不立文字，吾今于是书而录之。"

这段珍贵的自述详介了他得到汪真君雷书的经过，并将汪真君的一些著述公布于世，这对了解汪真君的生平及与神霄派的关系极为重要。还要指出的是，朱执中的自述完成于北宋徽宗崇宁三年（1104），这比王文卿得雷书的时间即徽宗宣和初（1119）早15年，有力地说明早在王文卿之前已有雷书在社会上流传。也许，王文卿的真正师父就是朱执中，故

---

① 道藏：第5册[M]. 北京：文物出版社，上海：上海书店出版社，天津：天津古籍出版社，1988：446.

朱氏所编所注的雷法典籍均由王文卿下传，王文卿自谓遇汪真君于扬子江边而得雷书秘法之说，亦与朱执中梦中感悟之谈如出一辙。

朱执中所得并加以整理的汪真君雷书主要有《火师汪真君雷霆奥旨》《混合秘诀》《玉枢灵文》《斩勘五雷大法》等。他说："惟一今以《火师奥旨》《混合秘诀》《玉枢》《斩勘》玄文留传于人，内则超出三界，外则救济万灵，祈祷雨阳，消弭灾祸，制蛟蜃，救危笃，斩妖精，致风雨于目前，运雷霆于掌上，解九玄七祖之罪，消千生万劫之愆，得之者固守，遇之者夙缘。若能禀戒行持，则三界鬼神拱手听命于斯。"这些著述或被王文卿所得，或被陈楠、白玉蟾所得，均收录于《道藏》之中。

在这些著作中，《火师汪真君雷霆奥旨》尤为重要。该书为朱执中注，王文卿传。前有白玉蟾序，讲述了此书的来历："余以夙幸，得奉冲科，遍参诸方，未尽其要。迂道过罗浮，访道于祖师翠虚真人，袖中出示此篇：'可将云房急写，明日送来，念汝一生希道之心诚，慕道之志切。'余遂写毕，归此于祖师之前，勤而玩诵。乃至汪真君以七十二句，显述于其前；朱先生以万言，发明于其后。凝神默想，超悟玄微，正所谓蕉花春风之机，梧桐秋雨之妙，碧潭夜月，青山暮云，微妙深玄，粲然明白。惟二宗师以方便心流传后学，以慈悯心救度群品，使后学之士得而玩之，自有悟入，如云开月皎，尘净鉴明，包诸幻而归真，总万法而归一。"

《雷霆奥旨》正文为七言长诗，共七十二句，讲述汪真君求道修真、炼丹运雷的生平事迹。从行文及内容看，似非本人所作，而为后人追述。但朱执中的注文可靠无疑，可借此进一步了解汪真君的生平及其成真得道的过程。

《雷霆奥旨》开首即曰："昔日弃儒学庄老，坐断祝融九春草。忽朝一日遇元君，授我清虚无上道。修持再历四七春，六贼三尸如电扫。身轻体健绿毛生，至此绝无饥渴恼。贞元五年月建寅，玉皇有敕赐飞升。瑶池沐浴锡宴罢，位证火师居雷霆。"这是关于汪真君生平的概括。

对此，朱执中注解曰："真君姓汪，讳子华，字时美。于唐玄宗开元二年甲寅岁，降生于蔡州汝阳县。七岁能诵诗书，九岁通诸经大义，十三岁知天文地理之学，无不贯通，自谓取功名如拾芥。迨至年登四十，累入选场，三举不第。遂叹曰：'年逾强仕，不登仕版，何面目见知识朋友乎！'于是弃儒笔砚，学老庄之道，

颜真卿
采自《三教搜神大全》

求长生之术，不求仕进于世间，而纯念希仙于帝乡矣。遂与颜真卿同师白云先生张约，再师赤城司马先生承祯，受清静之道。"

考注中所说的人物均为中唐时人，如颜真卿为当时忠烈之臣，但生前喜好清静，出入玄门，曾师事高道陶八八，得刀圭神丹之秘，又与张志和、陆鸿渐、徐士衡、李成矩等互为道友。

元赵道一《历世真仙体道通鉴》曰："鲁公颜真卿，字清臣，师古五世孙。博学工辞章，事亲孝。唐玄宗开元举进士，又擢制科，再迁监察御史，其德业详载《唐书》。建中四年德宗命真卿问罪李希烈，内外知公不还，亲族饯于长乐坡，公醉跳踯前槛，曰：'吾早遇道士云陶八八，授刀圭碧霞丹，至今不衰。'又曰：'七十有厄即吉，他日待我于罗浮山，得非今日之厄乎！'公至大梁，希烈命缢杀之，瘗于城南。希烈败，家人启柩，见状貌如生，遍身金色，爪甲出手背，须发长数尺，归葬偃师北山。后有商人至罗浮山，有二道士树下围棋。一曰：'何人至此？'对曰：'小客洛阳人。'道士笑曰：'幸寄一书达吾家。'遣童子取纸笔作书，至北山颜家。子孙得书，大惊曰：'先太师亲翰也。'发冢开棺已空矣。径往罗浮求之，竟无踪迹。"故世人谓其已为地仙。类似的记载亦见于宋碑《鲁公仙迹记》，可证在唐宋人的心目中颜真卿不仅是一位忠烈之臣，亦为道门高真。

颜真卿生前撰有不少有关道教的碑文，如《桥仙观碑记》《抚州临川县井山华姑仙坛碑铭》《麻姑仙坛记》等。从碑记中可知，与颜真卿交往的道士多为精通符咒雷法的高真。颜真卿自谓"幸承余烈"[1]，自当晓其秘法真传。故朱执中说颜真卿与汪子华同为道友，研修丹道雷法。汪真君得道飞升之后，"亦接引颜真卿居雷部"[2]。白玉蟾亦曰："颜真卿今为北极驱邪院左判官。"[3] 由此可证，有关汪真君、颜真卿修道求真的记载应是可信的。

据朱执中记述，汪真君在南岳祝融峰结庵，潜心修道已历9年，于宝应元年（762）七月，感中元紫虚元君授以道要，时年49。《道法会元》载："真君得此道要，再修持二十八年，丹成道备，阴阳升降，水火既济，三尸六贼，俱屏迹远遁，身体皆生绿毛，而四大轻建，服元气而腹不饥，咽真液而口不渴也，真君年七十有七，丹成道备，于贞元五年己巳岁正月七日，奉玉帝诏，赐真君飞升于祝融峰下。世人但见祥云瑞雾，弥满山谷，可远望而不可亲，南岳诸山异香芬馥，七日不散，人皆见此异香真景，不可诬。真君上升也，瑶池沐浴既罢，蒙上帝赐以位，号雷霆火师之称。"这段注文不仅追溯了汪真君修道成真的事迹，亦指出了他之所以被奉为"雷霆火师"的原因。

---

① 陈垣，陈智超.道家金石略[M].北京：文物出版社，1988：297.
② 陈垣，陈智超.道家金石略[M].北京：文物出版社，1988：155.
③ 道藏：第5册[M].北京：文物出版社，上海：上海书店出版社，天津：天津古籍出版社，1988：284.

道教中人将汪真君视为神霄派的祖师，还有一个重要原因，那就是他提出了一套雷法理论，其《雷霆奥旨》即为代表，详尽披露了道教雷法的奥秘，内容涉及气法、丹功、咒术、变神、召将、符法、罡诀、指诀、运雷等，皆为雷法修持与施用的至要。此外，他还指出了道教雷法的社会功能及道德价值，这正是雷法区别于丹道的主要原因。《火师遗训》云："凡求仙慕道之士，不炼内丹，形还败坏。不积功行，难达玄境。不济疾苦，道果难成。不敕华池，神不清悦。欲求仙道，功行为先，必资治病祛邪，祈晴祷雨，济人利物，广积阴功，精勤香火，正直无私，何虑不获超升。"①这就明白指出内丹的修炼是立身的基础，功行的积累是成真的根本，必须关心民间疾苦，济人利物，广积功德，才能得道成仙。这里即指明了内丹修持的重要性，又揭示了道教度人济世的大乘精神，从而为神霄派的创立确定了宏道济世的宗旨。

总结以上所言，笔者认为应该承认唐代确有汪子华这位雷法大师，他与颜真卿同为道友，而得雷法之秘旨。与他同时代的叶法善、邓紫阳、胡惠超、丰去奢、叶千韶等，皆以精通道教雷法而闻名。可以说，这批活跃于唐代朝野的道教大师为道教雷法的形成奠定了深厚的基础。北宋道士朱执中、王文卿、林灵素、陈楠、白玉蟾等一致认为神霄派乃唐代真人汪火师创立，尽管其师承渊源难以确认，但其道脉直承唐代玄门，这是可以认同的。

此外，唐代尚有许多派系不明但精通雷法者。如夔州云安翟法言，字乾祐，少喜《老子》之说，志尚清修，不食五辛。至天宝十四载（755），年已四十一，忽遇二真人，授以宝笈灵文、三科秘术。"一曰三将军秘术，二曰紫虚秘术，三曰太上一盟威秘法，并赐神圆一百二十，使正月朔旦取一饵之，寿当如其数。"自是召龙役神，风雨雷霆应时立致，名闻于世，荆南节度使王玘亲受道箓。应代宗诏入对称旨，赐号"通灵大师"。其后归乡，尤务拯人疾苦，炼黄白，遇穷者施之。后羽化于云安故里。

翟法言有弟子舒虚寂，字得真。开州人。独喜林泉，好黄老之术。"天师尝溯江游仙都观洞中，得《镇元策灵书》"，后以传舒虚寂，并告之曰："此书昔西灵金母授汉武帝，武帝传李少君，而后太极左仙公得之，葛稚川又得之于罗浮山，先师于洞庭君山复得之于葛仙公。因戒曰：镇元之道，乘大魁，履北极，视瑶光，蹑丹元，倚灵田，蹈阊阳，运元纲，握天枢，执持六气，指挥万灵，外可以召神，内可以延生，虚寂如所戒而修之，无不神验。"其再传弟子向道荣，"为人朴略，事虚寂，授《镇元策灵书》，而名闻于蜀"。向道荣又传任可居以《镇元策灵书》，并诫曰："十八年后，方可示人灾福之验，勿窥荣利，毋妄传授。此道得之者神仙，泄之者夭柱。昔宋冲元传翟乾祐，乾祐传虚寂，虚寂传于予，予今传汝，五世矣。"他们皆精于运雷役神之术。

---

① 道藏：第29册[M]. 北京：文物出版社，上海：上海书店出版社，天津：天津古籍出版社，1988：274.

又有果州西充人程太虚，刻志修道，得雷法妙旨，一夕大风拔木，雷电而雨，砌下坎陷中，水如沸涌，因以杖搅之，得碧玉印两钮。每岁农人乞符箓祈年，以印印之，则授者愈丰阜。凡有得，以惠施之外，皆以构祠设像，无所私己。有女道士谢自然，授法箓印讫，则密收之，一日失所在。唐德宗贞元十年（794），自然白日升天。宪宗元和四年（809），太虚解化。

泉州谭紫霄，一云子雷。幼为道士，遇异人授以魁罡斗极、观灯飞符之术，行之灵验，"能醮星象，事黑杀，禹步指诀，禁诅鬼魅，为人烧奏祷祈灾祥，颇知寿夭"。又得高道陈守元传张道陵符箓，"尽能通之，遂自言得道陵天心正法，窍鬼魅治产病多效。闽王、孟昶尊重之，号金门羽客正一先生。闽亡，遁居庐山栖隐洞，学者百余人。后主闻其名，召见赐官，皆辞不受，俄而疾卒，年百余岁，今言天心正法者，皆祖于紫霄"①。

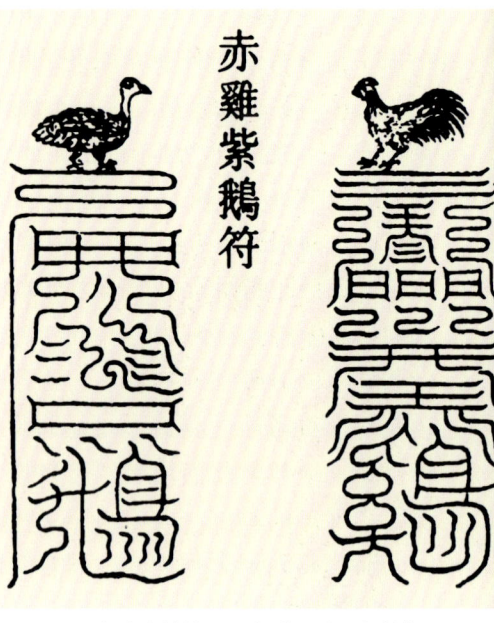

赤鸡紫鹅符　采自《雷法议玄篇》

玉雷浩师大神
采自《雷法议玄篇》

火光流晶大神
采自《雷法议玄篇》

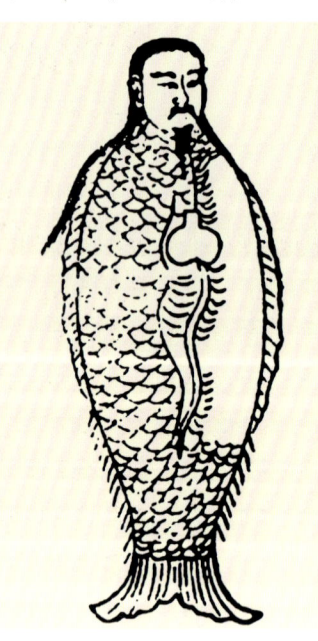

巨乘太华大神
采自《雷法议玄篇》

---

① 道藏：第5册[M]．北京：文物出版社，上海：上海书店出版社，天津：天津古籍出版社，1988：338-348．

洞阳幽灵大神
采自《雷法议玄篇》

以上所述众多高真大德，他们的传承虽然有所不同，或袭天师正一之法脉，或承上清、灵宝之衣钵，或开北帝派之道门，或肇净明派、天心派之玄基，但皆精通符咒雷法，以济世度人为己任。他们的传世法术和著作许多被神霄派吸收运用，其所推重的神真，不少亦被奉为神霄派的祖师。如叶法善著有《雷书》《上清隐书骨髓灵文》，其内容多为神霄派采纳。

邓紫阳所创北帝大法所奉神真如紫微大帝、北极四圣皆为神霄神系中的神尊，其度亡解厄、炼度之法被神霄派吸收，演变成为"神霄金火天丁大法"。谭紫霄的天心正法中的许多法诀，如"存变遗治诀""变神诀""北极驱邪院印""都天大法主印""五雷灵符""北帝符""火铃符"等，均被收入神霄派典籍，成为神霄雷法的重要组成部分。

神霄派的许多雷法亦为宋元时期的北帝派、净明派、天心派、清微派、东华派所吸收，因为在宋元时期雷法已成为整个道教最为推重的大法，而神霄派尤其擅长雷法。正是在这种历史背景及思想文化的基础上，才产生了被宋元道教奉为万法之尊的雷法，而与道教雷法关系最深、弘扬最力的神霄派也才得以形成。

此外，王文卿亦曾得到唐代天师叶法善所著雷书。《冲虚通妙侍宸王先生家语》载："昔游名山二百余所，一到金陵清真洞，乃唐叶天师修真之地。抵暮，四无人烟可依，远望山中，忽有灯光，以此投奔灯光，到草舍间，寂然无人。予心大惊，于灯下桌上有一文字，启而视之，名曰嘘呵风雨之文，予意其必雷宅也。心方安，取笔墨以木叶录之。录将毕，忽闻鸡鸣之声，须臾一老姥出来，予问其姓氏。老姥曰：'予无姓氏。此乃雷霆所居之地，不可久留。'予问：'鸡鸣者何以有？'此姥曰：'乃地中金鸡鸣。'予觉而出，不数步，回望不见草屋。不久一里许，已到洞天。予得雷书，自清真洞天始。"①这段颇为神异的记述虽然难以常理推敲，但透露出王文卿所得《雷书》与叶法善有关。

王文卿自得雷书秘典、飞章谒帝之法后，道法精深，屡显灵异。但隐声不誉，诗酒落魄，出入江湖，俗流不得晓。先是林灵素向徽宗奏称："先生乃三天都史掌文吏下生人

---

① 道藏：第32册[M]. 北京：文物出版社，上海：上海书店出版社，天津：天津古籍出版社，1988：390.

世，以赞清静之化。"① 于是诏求，凡十八次，不知所在。皇叔廉访使巡历至高邮军得病，医无效，遇之，求符水得愈，初隐姓名，至恳求问之，方知是王文卿。回朝奏其事，遂遣使召至京。据赵与时《林灵素传》说，他于政和末因林灵素推荐，治京师大旱而来京。洪迈《夷坚志》亦说其以道术显于政和、宣和间。《临川盱江志》亦曰，他名闻江湖，宣和间得徽宗召见。看来他显名较晚，并且因林灵素的推荐而得入宫。

宣和四年（1122）七月，王文卿应诏赴阙。既至，奏对玄化无为大道。徽宗大喜，赐馆于九阳总真宫，奉使络绎繁至，颂赐金鞍御马、龙茶玉酿、珍玩奇果、金钱币帛，并皆表还不受。又令驱治宫中之祟，筑雷坛三层，内安铁瓮，至夜月明，仗剑登坛，飞符叱咤，风雷大作，天地晦冥，"道官皆见将吏驱缚数鬼，绯衣，并入坛心，先生以符纸盖瓮口，作法埋之，地皆震动。凌晨入奏，已禁狐怪，此去无害"。徽宗叹服，即于禁狐雷坛所在，造建殿堂道院，围绕其坛，赐额"司命府"，敕先生往来提举。后又为扬州祈雨，大显灵迹，徽宗大喜，赞誉其"神哉"。

王文卿　采自《三教搜神大全》

宣和七年（1125）七月，徽宗下诰文，"敕冲虚妙道先生王文卿，可特授太素大夫、凝神殿校籍，视朝请大夫、右文修撰，参联从橐。未几，又敕凝神殿待宸，后加同管辖九阳总真宫、提举司命府事。父肇始赠承事郎，母江氏赠太宜人"。王文卿上表乞还山林，修真体道，徽宗不允。又敕五日一次，佩金方符入大内诸宫阁，咒水涤秽，除邪治病，讲明道德。复遣中使黄瑶命其就广德宫，行持南昌受炼司大法，拔度亡魂。又发"生天宝箓"，遣超度生。至十一月，以祈晴有功，即命赐诰，依前太素大夫、凝神殿侍宸，"再除两府侍宸、冲虚通妙先生，视太中大夫，特进徽猷阁侍制，主管教门公事"。其父母亲戚亦皆再赐尊号，以示宠信。至此徽宗对王文卿的褒奖已达极盛，命其"主管教门公事"，成为当时统领道教的领袖人物。

但由于社会动乱与金兵入侵，王文卿再次上表乞归，以保其身。表曰："乞求仁智之帅，预防西北妖气。"御批："玉府仙卿，岂宜言归，所奏不允。"继而金军进犯，宋师败绩，徽宗又命王文卿诣九阳总真宫，降香上表，以求上天神谕。"先生入内，上宣问：

---

① 道藏：第5册[M]. 北京：文物出版社，上海：上海书店出版社，天津：天津古籍出版社，1988：412.

'所上朱章，报应如何？'先生洒涕奏曰：'陛下奏章中，愿出有道之君，临莅天下，杀臣一身，以谢奏闻报应。'奉旨云："革则无悔。"上又问先生：'其理如何？'先生密奏，上深然之。十二月二十三日，禅位东宫，先生入贺。"[①]在这里，王文卿审时度势，假借天意，劝告徽宗退位，以待"有道之君"来挽救败局，应该承认是一种明智之举。其后，王文卿于钦宗靖康元年（1126）四月，上表乞还乡侍母，"词旨恳切，上听其奏"，方免靖康之难，得保其身。

南宋初期，王文卿隐居于故乡南丰，著书立说，讲道授徒，仍以弘扬神霄道法为己任。高宗绍兴十三年（1143），诏书来召，推辞不赴，绍兴二十三年（1153）八月，先生辞县宰，别交游，于二十三日早起，作颂题棺木曰："我身是假，松板非真，牢笼俗眼，跳出红尘。"颂毕，"隐化于县之清都观许旌阳炼丹之堂，其时雷震一声，师遂化去，弟子熊山人、平敬宗、袁庭植等，奉葬于乌龟岗"[②]。年寿60。

综观王文卿一生，其学养甚深，道法精妙。他虽得徽宗宠信，但不结交权贵、干预朝政，且能洞察时事，知进知退。《搜神记》评论说："长而游四方，履历几遍宇宙。尝遇异人授以道法，能召风雷。宋徽宗号为金门羽客、凝神殿侍宸，宠冠当时，赐赉一无所受。"[③]

据其弟子胡道元所言，王文卿退而修诸其乡军峰之阳，所坐磐石犹在。《灵惠冲虚通妙真君王侍宸记》"及事道君皇帝，位至侍宸道官之尊，贵与文官侍从等。其后又迁冲虚大夫，赐金方符，使叩以入禁卫，加赠其父曰承议郎，母曰令人。宫中人多病者，上以问侍宸。侍宸曰：'此有物怪尔，当劾之。'坐未退，天忽晦冥，雷电交作。顷之霁，一白龟甚大，震死矣，病者皆起。扬州守臣以旱告，祷雨不应。道君以问侍宸。对曰：'下民多罪，上帝震怒，水不可得。'道君强之。侍宸曰：'无已，惟黄河水可借三尺耳。'数日，扬州使至奏，得雨，皆泥潦。计其时，乃奏对之日也。侍宸既以国亡妖孽为奏，不见听而还。上思之，画其像而亲为之赞。既居乡，乡里无水旱疫疠妖怪之事，千百里间虽乱离而帖然。高宗定都江南，将二十余年，闻侍宸犹在，命守臣物色之。世人多传之，殁既久，侍宸之从孙以贫，从商人入蜀，亲见侍宸于道中，弗识也。执手江浒，多所传授。曰：'明日渡江，某观中可相寻也。'明日至其观，悄然无人，一高堂中有画像，则侍宸之祠也，始知其所遇传授者，乃其大父也。又明日，又遇之，以幅纸与之，曰：'此孙至家上官甥，以吾书尽授之。'妙济归告上官，上官弗信，出其书视之，上官识其手迹，号恸仆地，尽以教之。际遇宁宗朝，法亦大显，赐号妙济先生，名嗣文。盖妙济初年不甚识

---

① 道藏：第5册[M].北京：文物出版社，上海：上海书店出版社，天津：天津古籍出版社，1988：413.
② 道藏：第5册[M].北京：文物出版社，上海：上海书店出版社，天津：天津古籍出版社，1988：414.
③ 道藏：第36册[M].北京：文物出版社，上海：上海书店出版社，天津：天津古籍出版社，1988：266.

字，嗣文亦侍宸江浙所命也。又有萨守坚者，亦酷好道，见侍宸于青城山，而尽得神秘，游东南，祷祈劾治，其神怪有过于侍宸者。游江西，入闽，过神龟冈，乃知侍宸为数十年前人云。昔侍宸在汴京居宫观，见为黄冠者，多谄事权贵，以自恶之，故多不得其说。其在乡既老，而得其传者，则新城高子羽，授之临江徐次举，以次至金溪聂天锡，其后得其传而最显者，曰临川谭悟真云，人不敢称其名，但谓之谭五雷。内附后谭君犹在，浮沉人间，隐显莫测。庐陵有罗虚舟者，故宋时名士涧谷先生之诸孙也。得五雷之传，甚有符契。然谭君诵侍宸之戒，曰每传不过一二人，若广泄之则速死。是以罗之弟子虽多，而自以为得之者，惟萧主簿雨轩，其后则有周司令立礼，两人而已。周与予有姻联，然终日言之，未尝及此。萧君清文雅学，中罹忧患，然甚通至理，泊然无所累其心。予敬爱之，而亦未尝言及之也。周之说惟授之其子，游其门者或得或不得，予不知也。萧君儒者，择人至谨，而人亦不知其有此道。独传之道，元胡君一人而已。神异之事，已见于前。其客于予者，顶分三髻，一剑自随，练衣短裙，危坐终日，风雪极寒之夜，灯火不继，而温煦满室，目神炯然，神观洞彻，纵横自在，物外无拘，而刚介不可犯也。此亦真修仙者乎。有侍宸手书诗一首，盖谭罗相传之符契也。"①

谭悟真生当南宋末，据传入元后尚"浮沉人间，隐显莫测"，并传法于庐陵罗虚舟，再传萧雨轩、周立礼，周传其子，萧传胡道玄，人称"神霄野客"，得侍宸之真传，年二十余，道行关陕荆襄江汉淮海闽浙之间，"当己巳庚午之旱，旬日之中，郡县争致之，所历或一日，或二日，嘻笑怒骂，雷雨随至。官吏畏而民爱之。环四五千里之间，所至无不应者。至于妖怪之作，劾治如法，人以为神。遇异人于武当大顶天柱峰，得修仙之道，遍游名山洞府，而归江东西之间，从蓬头金公游，甚相契许，他人莫之测也。于是收敛神异之迹，将求名地以归隐"②。

此外得其传授者还有熊山人、平敬宗、袁庭植。

《搜神记》载："袁胜，字千里，南丰人，王侍宸甥生氏子也。有斩勘雷法髣髴舅氏。端平间寓戴颠家，一日谓戴颠曰：'吾逝矣，可焚我。'言毕而卒。戴焚之及尸，烟焰中有旗，现金字曰：'雷云第二判官袁

袁千里　采自《三教搜神大全》

---

① 虞集.道园学古录[M]//文渊阁四库全书：第1207册.台北：台湾商务印书馆，1983：369-370.
② 虞集.道园学古录[M]//文渊阁四库全书：第1207册.台北：台湾商务印书馆，1983：369.

千里也。'"① 此外,洪迈《夷坚丙志》记王文卿弟子郑道士行五雷法,"往来筠、抚诸州,为人请雨治祟,召乎雷霆,其响如雷"②。可见南渡后王文卿虽未再出入朝廷,但在民间仍以传播神霄雷法、培养后学为己任,其传人不绝如缕,终于延续、壮大了道教神霄一脉。

尤其需要指出的是,王文卿勤于著述,所撰雷书多达数十种,并大多仍存于世。如《冲虚通妙侍宸王先生家语》《王侍宸祈祷八段锦》两书为王文卿与弟子袁庭植讨论雷法至秘的记录,前书系统论述了神霄雷法的40个重大问题,后书全面概括了雷法修持的八个阶段、丹功玄机及运雷祈雨秘诀,为研修神霄雷法之必读书。此外尚有《玄珠歌》《上清五府五雷大法玉枢灵文》《高上神霄玉枢斩勘五雷大法》《雷说》《先天雷晶隐书》《侍宸诗诀》《上清雷霆火车五雷大法》《中皇总制飞星活曜天罡大法》《火师汪真君雷霆奥旨》等雷法要典,或为王文卿自著编辑,或为王文卿弟子整理传世,皆为神霄派的重要文献。

以上各种作为奠定了王文卿神霄派创始人的地位。正如明代天师张宇初《道门十规》所说:"道法传绪,清微始于元始天尊,神霄始于玉清真王。自历代传绪以来,清微自魏、祖二师而下,则有朱、李、南、黄诸师,传衍犹盛,凡符章经道斋法雷法之文,率多黄师所衍。神霄自汪、王二师而下,则有张、李、白、萨、潘、杨、唐、莫诸师,恢弘犹至,凡天雷酆狱之文,各相师授,或一将而数派不同,或一派而符咒亦异。"③这里所说的神霄二师便是汪子华和王文卿。

## 二、林灵素与神霄派

林灵素,本名林灵蘁,浙江温州人,幼年为僧,因苦其师笞骂,遂改做道士。其人性颇机敏,好说大言,是由左道录徐知常推荐于徽宗。徽宗问其知晓何种道术,他自称"上知天上,中识人间,下知地府等事"④。林灵素利用徽宗自称曾梦游神霄府之事,宣称天有九霄,神霄最高,设神霄府,"神霄玉清王者,上帝之长子,主南方,号长生大帝君,陛下是也,即下降于世,其弟号青华帝君者,主东方,摄领之。己乃府仙卿曰褚慧,亦下降

---

① 道藏:第36册[M].北京:文物出版社,上海:上海书店出版社,天津:天津古籍出版社,1988:266.
② 洪迈.夷坚志[M].北京:中华书局,1981:487.
③ 道藏:第32册[M].北京:文物出版社,上海:上海书店出版社,天津:天津古籍出版社,1988:149.
④ 道藏:第5册[M].北京:文物出版社,上海:上海书店出版社,天津:天津古籍出版社,1988:408.

佐帝君之治"①。又称蔡京、童贯等皆是神霄府的仙伯、仙吏，就连徽宗的宠妃刘氏亦是神霄府的"九华玉真安妃"，皆下降佐徽宗治理天下。徽宗独喜其说，御书为其改名"灵素"，赐名"通真达灵元妙先生"，并赐金牌，非时宣召入内。令删定道史、经箓、灵坛等事，且以师事之。特建通真宫以居之，又建上清宝箓宫，命天下皆建神霄万寿宫，于京师开神霄箓坛，传箓散符。自此，徽宗自觉已达神人合一的境界，成为神权与君权合一的皇帝。

重和元年（1118）五月，宋徽宗赐林灵素为金门羽客、通真达灵元妙先生、视中大夫。九月，特授本品真官，免视法。十一月，赐冲和殿待宸。至此，林灵素权势熏天，遂与蔡京等权臣发生冲突，并多次触犯太子，引起朝野上下愤怨。宣和元年（1119）都城暴水，徽宗遣他施法厌胜。他率徒步虚城上，装神弄鬼，毫无效应，于是役夫纷纷举杖击之，他迅速逃跑才免遭伤害。后因触犯皇权、得罪权贵而被斥归故里。之后卒于故里永嘉，时间未详。

应该说明的是，徽宗作为皇帝，在政治上是昏庸的，但对道籍的整理与道教的发展却有一定的功绩。由于徽宗重视道法，当时编造的道书以道法为多，尤以雷法为主。如林灵素编造《神霄雷书》20卷，其他如《高上神霄玉清真王紫书大法》《高上神霄玉清秘录》等均为当时所作。《度人经》本1卷，徽宗时亦以神霄琼室秘藏的名义增造60卷。据《高上神霄宗师受经式》称："《高上神霄灵宝度人经》六十一卷，并出于神霄东极华堂琼室之中，乃历劫禁秘永传经也。得遇此道，保己则登升三境，为人则却灭百疴，功德协著，克度神霄，后当获补宰制治化之官矣。"另外还有《高上神霄真王说五方天中好生不杀颂》《神霄东极华堂妙济经科》《高上神霄真王长生大帝降生记》《上清玉书真符照验诸记》《冬祀天真降临示现品记》等，"右神霄内府所存三洞四辅，有自古以传者，或多见于世；有历劫未传禁秘宝经，一千二百卷，分为六等，一十二品，列为上中下三卷，藏于东西华堂。自太平启运，壬辰（政和二年）、庚子（宣和二年）之后，渐当降显"②。这表明在政和、宣和年间，以神霄府秘藏名义编造的神霄派道书可能多达上千卷。而徽宗所宠信的道士中，如徐神翁、刘混康、林灵素、张继先、王文卿等，皆为开创倡导神霄道法的重要人物，这样一来，神霄派的问世并盛行当属社会的需要与历史的必然。

在道教发展史上，林灵素是一个有争议的人物。由于他在徽宗朝所处的地位与实际作用，引起了众多官宦、儒生、佛教徒、民众乃至许多道教徒的反感。他利用徽宗的昏庸迷信，勾结蔡京、童贯之辈奸臣，排斥异己，尽情享乐，使政治更趋腐化。他依其特殊地位干预政治，妄议迁都，妖惑圣听，改除释教，毁谤大臣，引起道教及其信徒的不满和儒生朝臣的反对，导致政局动荡，社会不安。时至明代，张宇初天师还对林灵素之流给予了严

---

① 宋史·方技列传·林灵素传[M]//二十五史：第6册. 杭州：浙江古籍出版社，1998：1338.
② 道藏：第32册[M]. 北京：文物出版社，上海：上海书店出版社，天津：天津古籍出版社，1988：638.

林灵素
采自明王世贞《列仙全传》

厉的批判。他说："至若赵归真、林灵素之徒，偶为世主之所崇尚敬礼，即为富贵所骄，有失君臣之分，过设夸诞之辞，不以慈俭自守，亦取议当时后世矣，是切为后戒。"① 当然，北宋灭亡的很大原因在于宋徽宗的腐败无能。但这一切严重的后果都与林灵素的所作所为有关，因此，史书上对林灵素的抨击是非常尖锐的，也是符合实际的。

不过，需要探讨的是林灵素在道教发展史上的作用与影响，尤其是在神霄派形成过程中他究竟扮演了什么角色。林灵素为温州永嘉人，家世寒微。生日不详。七岁读书，粗能作诗。据说苏东坡曾见之，惊异其聪明，并问其志，答曰："生封侯，死立庙，未为贵也。封侯虚名，庙食不离下鬼。愿作神仙，予之志也。"年将三十时已博通儒道经典，志慕清虚，语论孤高，迥脱尘俗。林灵素游西洛，遇一道人姓赵，交游数载，忽一日卒死，林灵素为其沐浴安葬，得所遗书三册，细字如珠，间有天篆，人莫能识，上题曰《神霄天坛玉书》，内言神仙变化法诀，兴云致雨符咒，驱遣下鬼，役使万灵。"先生自受其玉书，豁然神悟，察见鬼神，诵咒书符，策役雷电，追摄邪魔，与人禁治疾苦，立见功验，驱瘟伐庙，无施不灵。"次年，林灵素至岳阳酒肆，复见复活的赵道人。道人曰："予乃汉天师弟子赵升也。向者所授五雷玉书，谨而行之，不可轻泄。即日为神霄教主雷霆大判官，东华帝君有难，力当救之。"②

政和六年（1116）十月，徽宗驾幸太乙东宫，见道录司徐知常所进林灵素所作《神霄谣》，其文皆神仙妙语，喜甚，乃令徐知常引林灵素入见，从此委以重任，并依林灵素所言，命天下皆建神霄万寿宫，开神霄坛。京城神霄宫建成后，徽宗率蔡京和群臣庆贺。早斋罢，徽宗引百官游观，忽吟得上联："宣德五门来万国。"蔡京等沉思无以答，徽宗问林灵素："师能对否？"林应声而答："神霄一府总诸天。"徽宗大喜，遂令林灵素修正一黄箓青醮科仪，编排三界圣位，校正丹经子书。"每月初七日升座，泊亲王内贵、文武百官皆集，听讲三洞道经。或御驾亲临，亦于座下。自此东京人方知奉道也。"

随着徽宗对林灵素的宠信越来越深，他的权势日益嚣张，从而导致与权臣蔡京等人的

---

① 道藏：第32册[M]. 北京：文物出版社，上海：上海书店出版社，天津：天津古籍出版社，1988：149.
② 道藏：第5册[M]. 北京：文物出版社，上海：上海书店出版社，天津：天津古籍出版社，1988：407.

对立。一次徽宗邀林灵素、张继先同游禁中一阁下，见一"元祐奸党"之碑，林灵素、张继先皆免首致敬，林因请纸笔题诗云："苏黄不作文章客，童蔡反为社稷臣。三十年来无定论，不知奸党是何人？"显然，这是明目张胆地为元祐党人喊冤叫屈，矛头直指蔡京。无怪乎次日徽宗以诗示太师蔡京，"京惶恐无地，乞出"。

但蔡京与林灵素的争斗并未停止，反而更加激烈。据传林灵素有一秘室，"两面窗，前门后壁，乃入靖之处，中有二椅，外常封锁，不许一切人入，虽驾到亦不引入其室，蔡京疑，遣八厢密探之，有黄罗帐上销金龙床及朱红椅棹。奏上：'林公有僭，愿陛下亲往，臣当从驾示，敢有不实，臣当万死。'帝即幸通真宫，先生迎驾起居，帝与京径入其室，启封关锁，但见粉壁明窗，椅棹二只，他无一物。蔡京惊惶战惧，叩头请罪。"显然，这又是两人之间的一场较量，结果是蔡京又打败仗。

宣和元年（1119）五月，大水犯冲都城，林灵素厌胜告败，水势不退。后太子登城，赐御书，设四拜，水退四丈。是夜，水退尽，京城之民皆仰太子圣德。此时的形势对林灵素愈加不利，遂生告退之心，上奏曰："臣初奉天命而来，为陛下去阴魔，断妖异，兴神霄，建宝箓，崇大道，赞忠贤，今蔡京鬼之首，任之以重权；童贯国之贼，付之以兵卫，国事不修，奢华太甚。慧星所临，陛下不能积行以禳之；太乙离宫，陛下不能迁都以避之。人心则天之舍，皇天虽高，人心易感也，故修人事，可应天心。若言大数不可逃。岂知有过期之历。臣今拟暂别龙颜，无复再瞻天表。切忌丙午、丁未，甲兵长驱，血腥万里，天眷两宫，不能保守。陛下岂不见袁天纲《推背图诗》云：'两朝天子笑欣欣，引领群臣渡孟津。扶手自然难进退，欲去不去愁杀人。'臣灵素疾苦在身，乞骸骨归乡。"不久，因太子与朝臣上言奏请，徽宗下诏准其归山。

林灵素在京时，其心腹有"东西皇城使张如晦者，旧在通真宫，出则同行，坐则同席，宗师法教，独张一人得其妙也。即还乡，则同居永嘉"。故临终之际，林灵素传道脉于张如晦："吾法门以付惟汝，尚有六印九符并六丁妙用神机，尽付与汝，世代只传一人，无致轻泄。并七宝素珠一串，如主上来取，即使分付。汝将来当为朝廷全节大忠，今则别去，他时神霄再会。"言讫，索纸笔书颂云："四十五岁劳生，浮名满世峥嵘。只记神霄旧路，中秋月上三更。"书讫，上香一炷，时正三更，月朗风清，忽有霹雳一声，先生坐化而去。至于死于何年，官修史书未详述。徽宗得知林灵素死讯，惊叹呜咽，御制祭文，敕封九十五字尊号。由此可见林灵素是一位生前显荣、死后著名的道士。

从以上记载可知，林灵素是一个颇具悲剧性的人物。他自幼学道，精通雷法符咒之术，后得徽宗宠信，利用徽宗信道的心理，排斥异己，干预政治，助长了朝廷的腐败与政治的黑暗。但他毕竟只是一个道士，所起的作用是有限的，也无法与代表大官僚利益的皇权及蔡京、童贯等奸臣对抗，故最后终遭贬遣，死于故乡。但在道教的发展方面，他确实起到了一定的积极作用。

第一，通过林灵素在京城十余年的活动，道教的发展达到了极盛，朝野上下掀起了讲道诵经的潮流，众多高道频繁出入宫禁，大量道经被收集、整理，这些对于道教信仰的传播与道教文化的普及是有益的。

第二，由于林灵素的大力宣传，道教神霄雷法得到了徽宗的首肯，神霄雷书及有关道经被征集入藏，全国各地皆建神霄万寿宫，从而使神霄一派眩目天下，世人皆晓。

第三，由林灵素编著的神霄道经客观地反映了北宋时期道教雷法盛行的情况，并指出道教雷法渊源甚古、神霄道法与张陵天师派的继承关系，这些都是研究道教历史、道教流派的演变以及道教法术的可贵文献。

基于以上原因，神霄派亦奉林灵素为该派宗师之一，并将所传道法纳入神霄门庭。如现存《道法会元》中的《神霄金火天丁大法》《金火天丁神霄三气火铃歌》《金火于丁凤气紫书》《金火天丁玉神解关云篆》《金火天丁摄召仪》《金火天丁阳芒炼度仪》《金火天丁召孤仪》等均为林灵素所传。神霄派弟子刘玉说："神霄有赤明之馆，火铃之宫，中有一神，即天丁也。其神威烈，与飚火相并，故宗师秘其道。火师传与玉真教主林侍宸，林传与张如晦。后传陈道一，下付薛洞真、卢养浩，次以神霄派脉付徐必大，徐亦不得其文。卢君化于剑江，将解而枕中出其书，以付刘玉。法传卢君，而派继徐君。"林灵素—张如晦—陈道一—薛洞真、卢养浩—徐必大—刘玉，神霄一脉已传至南宋理宗、度宗年间。此系称林灵素为"玉真教主"，门人自称"玉真弟子"，故可谓之神霄派玉真门。

## 三、张继先与神霄派

继王文卿之后的神霄派宗师为第三十代天师张继先。前引张宇初所言神霄派宗师中的"张"，即指张继先，他是北宋时期最具才华而显名于世的天师。

从神霄派的历史渊源而言，它来自张陵天师道一脉。其重符咒雷法的传统，济世度人、镇妖降魔、祈晴祷雨的法术，确实直承祖天师张陵创教的原旨，但又依循时代的变迁与社会的发展吸收了许多新的思想、道法，从而在北宋形成一个新的道派。其间，天师系的高真做出了相当大的贡献。

在历代天师中，有关祖天师张陵降魔驱鬼、分治幽明、度人救物的故事甚多，各种神异传说表达了张陵创立道教的宗旨，那就是"冲天之士，当功及生灵，佐国立家，兴利除害，然后轻举，臣事三境，则无悔焉。苟利一身，功不及民，非大道弘济之旨"，"今且修行清静之化，辅赞大道，抚育元元尔"。当然，要达到这个理想，修道者就必须精通丹道法术，运用符咒雷法，为民治病解厄。因此史传谓张陵得《三皇内文》《黄帝九鼎太清丹经》《正一盟威秘箓》《符箓丹灶秘诀》等，遂能摄伏精邪，诛绝邪伪，"擅长风雨，役使鬼神，驱驰星斗，震荡山川"，显种种灵异。

祖天师的这种以法宏道的传统代代相承，并为世人赞颂。如唐玄宗赞云："邈矣真仙，孤高峻节。气贯穹冥，玄元示诀。落落神仪，亭亭皓月。诛邪斩精，魅驱鬼彻。汉代盟威，流传不绝。"唐肃宗赞云："德自清虚，圣教之实。或隐或见，是朴是质。静处琼堂，焚香玉室。道心不二，是为正一。"宋徽宗亦云："惟道无方，待人而成。若昔至真，以道兴世。功被万物，则为神明主；务称其休，夫何敢不崇。恭惟汉天师正一真人三天扶教辅元大法师，体妙阐幽，有大利于天下。刘氏之季，厥绩甚茂。遂挟光景，上超人群，秘箓真图，孚系于后，殚除妖孽，摈御不祥，阴骘有民，既久弥著。"①

继张陵之后，历代天师中不乏精通道法、广度天人的杰出人物。如第六代天师张椒，"得真人治鬼之法，以真人所授诸阶秘箓，传度世人"。第八代天师张迥，严奉经箓，"终身不怠，治病驱邪，无不安愈"。第十四代天师张慈正，博学群书，最精于《易》，"传度诸阶秘箓，四方归之，所积法信，备荒岁以助贫乏之士"。第十八代天师张士元，博习群书，"以符法传人治病，能种桃李顷刻而实"。第十九代天师张修"以符法传人治病，应时而验，所得法信，皆施贫士"。第二十三代天师张季文，"以诸阶秘箓传度弟子之能修行者，用符水治病立愈"。第二十四代天师张正随，"以传度法信救施贫乏，虽家贫而不顾"。第二十七代天师张象中，颖慧非常，博通经史，尤有道术，宋仁宗召见，赐坐咨问道法甚妙，特赐紫衣。至张继先，更为道教历史上的一位重要人物。

张继先，字遵正，或云"字嘉闻，又字道正。号翛然子"。父处仁，字德玄，仕守为宣德郎、临江知县。继先为处仁第二子，五岁时尚不开口言说，一日闻鸡鸣，忽然笑言，赋诗曰："灵鸡有五德，冠距不离身。五更张大口，唤醒梦中人。"翌日宴坐碧莲花上，人皆称异为真仙。九岁承袭真人之教。为人渊默寡言，清癯白皙。徽宗崇宁年间，凡四次奉召至京，以治盐池妖及建醮内庭，屡受褒赐。

崇宁二年（1103），解州奏盐池水溢，徽宗以问道士徐神翁，对曰："蛟孽为害，宜宣张天师。"令有司聘之。崇宁三年（1104），张继先应召赴阙。"召见，问曰：'卿居龙虎山，曾见龙虎否？'对曰：'居山虎则常见，今日方睹龙颜。'上悦。令作符进。上览笑曰：'灵从何来？'对曰：'神之所寓，灵自从之。'上问：'能书否？'对曰：'臣尝书《道德经》。'遂取进。上问：'修丹之术若何？'对曰：'此野人事也，非人主所宜嗜。陛下清静无为，同乎尧舜，足矣。'上悦，侍入寝殿，宫人竞以扇求书经语，书之皆密契其意。中举一握，稽首书曰：保镇国祚，与天长存，乃上之所御也。赐宴而出。十二月望日召见，上曰：'澥池水溢，民罹其害，故召卿治之。'命下即书铁符，令弟子祝永佑同中官投澥池岸圮处，逾顷雷电昼晦，有蛟孽磔死水裔。上问：'卿何治蛟孽，用何将？还可见否？'曰：'臣所役者关羽，当召至。即握剑召于殿左，羽随见。'

---

① 道藏：第5册[M]. 北京：文物出版社，上海：上海书店出版社，天津：天津古籍出版社，1988：201-207.

上惊，掷崇宁钱与之，曰：'以封汝！'世因祀为崇宁真君。"时张继先年方十三，辞而不受。

崇宁四年（1105）五月又应召入对。徽宗赐座，问道法之同异。对曰："道本无为而无不为，体即道也，用即法也，体用一源，本无同异。若一者不立，二者强名，何同异之有。"上曰："然。若有同异，便与言为三矣。"因进天心、荡凶诸雷法。上亲祀之。七月，建坛传授经箓，演法讲说道妙，参礼者云集，皆领悟而去。上御天祥殿，从容问道及时政。对曰："元祐诸臣皆负天下重望，乞圣度从容。"悚然曰："朕何所不容？"对曰："陛下弘建皇极，无偏无党，以天下苍生为念，幸甚。"力乞还山，上奖谕许之，赐金帛皆不受。这是张继先利用入对机会劝说徽宗改革弊政，以求挽救腐朽衰败的北宋王朝。

崇宁五年（1106），复召建醮内庭，"因密奏赤马红羊之兆，请修德"。徽宗下诏，赐号"虚靖先生"，视秩中散大夫，并赐昆玉所刻"阳平治都功印"及金铸老君、汉天师像。不久又赐缗钱，大修龙虎山。"命江东漕臣即山中度地迁建，赐田以食其众，复立庵于山之北，为天师修炼之所，御书靖通庵，额赐之，有亭曰'翛然'，并建灵宝、云锦、真懿三观，改祖师祠为演法观，奉玉册，上祖师号，封为真君。"同年十二月，乞归还山。

大观元年（1107）端阳又应召入宫，徽宗言："宫中若有妖祟，请卿祛之。"对曰："闻邪不干正，妖不胜德，陛下修德，妖必自息。""上复命以瓮数十，贮水京畿，取符投水中，以饮有疾者，凡饮者皆愈。"是岁大旱，上命祷雨有应，又赐太虚大夫，辞而不受。大观二年（1108）还山，徽宗赐以金帛，力辞曰："臣一野褐尔，得以无用。"这是张继先最后一次上朝入对，从此便隐居山林，出入洞天福地。

政和二年（1112）遣使复召，以疾辞而不应。靖康元年（1126），"金人寇汴，上与太上皇思天师预奏之言，遣使极召，至泗州天庆观，索笔作颂曰：'一面青铜镜，数重苍玉山。恍然夜釭发，移迹洞天间。宝殿香云合，无人万象闲。西山下红日，烟雨落潸潸。'书终而化，时靖康丙午十一月二十三日，京师亦以是日陷。族父武功大夫张宪适至，率士民葬于龟山之下"，享年36。

然而，16年后，即绍兴辛酉（1141），"西河萨守坚游青城，遇于峡口，授以符法及《水调歌头》一阕，授书一缄，履一只，令达嗣天师。抵山，嗣天师，发书异之，令人启泗州室，惟一履存，方知其尸解。后亦有遇于武夷、罗浮者"①。对此异闻，《玄品录》曰："后萨道人守坚，复遇先生青城山。"②赵道一《历世真仙体道通鉴》亦说："是年

---

① 道藏：第34册[M]. 北京：文物出版社，上海：上海书店出版社，天津：天津古籍出版社，1988：826-828.

② 道藏：第18册[M]. 北京：文物出版社，上海：上海书店出版社，天津：天津古籍出版社，1988：139.

大盗入境，先生预告众而去，至今道侣往还，多见在罗浮、西蜀，隐显不定。"① 据此所言，似张继先在应召途中深晓时局严峻，谁也无回天之力，于是借"胎息"假死，以保全其身，其后深隐山林，修道于西蜀、闽粤之间，传道授徒，著书立说。

据史传所载，张继先著有《大道歌》以进上，另有《心说》传世。今《道藏》中尚收有明张宇初所编诗文集《三十代天师虚靖真君语录》7卷。又《道法会元》所收《虚静召役庙貌神祇法》《虚靖天师破妄章》《太一禁秘通天撞星大法》《太一火犀雷府朱将军考附大法》《地祇温元帅大法》《东平张元帅专司考召法》《地祇馘魔关元帅秘法》《酆都朗灵关元帅秘法》等，皆为张继先天师所传，故其被奉为主法祖师。其嗣法弟子萨守坚、朱梅靖、卢养浩、陈希微等均为神霄派重要人物，活跃于南宋时期。

入元，第三十六代天师张宗演承其遗风，得《帝令宝珠五雷祈祷大法》，"行诸天之号令，总三界之雷霆，以先天一气而运用，以后天八卦而成符，名曰宝珠"②，并得元世祖召见，待以尊宠，赐号演道灵应冲和真人，给二品银印，命主江南道教事。其御制曰："三十六代天师张宗演，卿心传法统，体粹真风，广《黄庭》《大洞》之科，持正一盟威之箓，爱清爱净，以信以诚。三尺青蛇，役鬼神于冥漠；一杯明水，净天孽于迩遐。既弘开济之功，宜畀褒崇之号。"③

## 四、南宋的神霄派

南宋时期，神霄道法的传播主要分为萨守坚、白玉蟾两系，除此以外，尚有一些支派与高道亦为宏扬神霄大法而努力，这里介绍一些支派的情况。

南宋神霄派的重要人物第一当属萨守坚。关于他在神霄派中的地位，明张宇初天师在《道门十规》中说："自汪、王二师而下，则有张、李、白、萨、潘、杨、唐、莫诸师，恢宏犹至。"④ 这里所说的汪、王二师即为汪真君、王文卿，其下的张、李、白、萨等，即为张继先、李清叔、白玉蟾、萨守坚。据赵道一《历世真仙体道通鉴续编》之《搜神记》所载，大致可以了解他学道传法的经历。

---

① 道藏：第5册[M]. 北京：文物出版社，上海：上海书店出版社，天津：天津古籍出版社，1988：212.
② 道藏：第29册[M]. 北京：文物出版社，上海：上海书店出版社，天津：天津古籍出版社，1988：497.
③ 道藏：第34册[M]. 北京：文物出版社，上海：上海书店出版社，天津：天津古籍出版社，1988：830.
④ 道藏：第32册[M]. 北京：文物出版社，上海：上海书店出版社，天津：天津古籍出版社，1988：149.

萨守坚
采自明王世贞《列仙全传》

首先是他的籍贯。赵道一《历世真仙体道通鉴续编》曰："萨真人名守坚，南华人。一云西河人。自称汾阳萨客。"①北京白云观藏《诸真宗派总簿》载："萨真人名守坚，号紫云。系四川云宁府云宁县人。"对此李丰楙教授认为："对照《道法会元》卷241至243《王元帅秘法》主法中的祖师名讳，也都称为汾阳救苦萨真人、汾阳散吏及西河上宰。这是他本籍所在的汾阳，在山西孝义县北，唐代改名西河，为汾州府治，所以后人根据郡望将萨守坚所行的道法支派称为西河派。不过萨守坚之所以自称为汾阳萨客，则是缘于萨氏的血缘乃是出自西域或信奉回教的氏族，入居中原之后而自明其为客的身份。既是入籍地，故后来又移籍四川，两种《萨守坚传》都一致地叙述他是由蜀而出三峡的，所以说是四川人也是符合其生平行迹。"②

萨守坚年少时即有济人利物之心。原学医，因误用药致人丧命，乃深深悔疚而弃医学道。时北宋徽宗之际，闻第三十代天师张继先及林灵素、王文卿二侍宸道法高深，欲求学法，遂出西蜀。至陕西，行囊已尽，坐石愁闷。忽见三位道人来临，萨守坚遂告以欲去信州参访虚靖天师之事。道人告之天师已羽化矣，萨守坚怅恨不已。"一道人云：'今天师道法亦高，吾与之有旧，当为作字，可往访之。吾有一法相授，日间可以自给。'遂授以咒枣之术。曰：'咒一枣可取七文，一日但咒十枣，得七十文，则有一日之资矣。'一道人云：'吾亦有一法相授。'与之棕扇一柄。曰：'有病者则捐之，即愈。'一道人云：'吾亦有一法相授。'乃雷法也。萨拜而受之，用之皆验。一日凡咒百余枣，止取七十文为日用，余者复以济贫。及到信州，见天师投信，举家恸哭，乃三十代天师亲笔也。信中言吾与林侍宸、王侍宸遇萨某，各以一法授之矣，可授以未尽之文。萨由是道法大显。"③这一传说暗示了传道法于萨守坚的就是张继先、林灵素、王文卿，无非是表明萨守坚的雷法承三家之传，且与张继先天师有着密切的关系。

萨守坚得王文卿一系所传雷法，由是道法大显，并以持戒坚定、收服王灵官的故事而

---

① 道藏：第5册[M].北京：文物出版社，上海：上海书店出版社，天津：天津古籍出版社，1988：436.
② 李丰楙.萨守坚、王灵官的雷法与济幽[M].未刊稿.
③ 道藏：第5册[M].北京：文物出版社，上海：上海书店出版社，天津：天津古籍出版社，1988：436.

为后人称道。一次尝寓某处城隍庙数日，见其庙神淫妖作祟，遂施运道法，"迅雷一声，火焚其庙"。关于此事，《搜神记》说："继至湘阴县浮梁，见人用童男童女祀本处庙神。真人曰：'此等淫神，好焚其庙。'言讫，雷火飞空，庙立焚矣。"于是庙神怀恨在心，暗中追随十二年，欲其失戒而施行报复，但终不能得，诚心归降，成为萨守坚雷法中所驱役的一员猛将。其曰：萨守坚至龙兴府江边濯足，见水中有神影，方面黄巾金甲，左手拽袖，右手执鞭。"真人曰：'尔何神也？'答曰：'吾乃湘阴庙神王善。被真人焚吾庙后，今相随一十二载，只候有过则复前仇。今真人功行已高，职隶天枢，望保奏以为部将。'真人曰：'汝凶恶之神，坐吾法中，必损吾法。'庙神即立誓，不敢背盟。真人遂奏帝授职。"①

从萨守坚收服王善并保举他为道教之护法，可见持戒修行于雷法中的重要性。白玉蟾《道法九要》即强调了这点，并高度赞誉了萨守坚的高尚道行。《道法会元》载："夫行持者，行之以道法，持之以禁戒。明其二字端的，方可以行持。先学守戒持斋，神明自然辅佐。萨真人云：'道法于身不等闲，思量戒行彻心寒。千年铁树开花易，一入丰都出世难。'岂不闻真人烧狞神庙，其神暗随左右，经一十二载，真人未尝有纤毫犯戒，其神皈降为辅将。真人若一犯戒，其神报仇必矣。今人岂可不持戒？更当布德施仁，济贫救苦。"

从以上记载可知，王灵官本为为害一方的"邪神"，他享用"童男童女祀"，所以遭萨真人毁庙。焚庙驱邪正是神霄雷法的主要精神。《三教源流搜神大全》谓王灵官原名"恶"，其性刚暴质直，后皈依萨君，"玉帝敕封豁落王元帅，锡金印如斗，内篆'赤心忠良'四字，管天下都社令。凡有方士奏入者，雷厉风行，察有大过者，立槌之。官民不敢少干以私。帅多在天门用事，不谙人民隐伏，兼以性烈，一承天命，即拘其冤，令人骨悚，世人勿犯之可也"②。

萨守坚与王灵官信仰虽始于南宋，但达于鼎盛是在明代初叶。对此李丰楙教授指出："近年丁煌教授曾对这一段道教史有详细的考述。其中所引据的明人之言'萨真人之法，因王灵官而行；王灵官之法，因周思得而显'，当是明代的实况，关键人物周思得（1359—1451）为浙江钱塘人。在吴山（今杭州）遇宗阳宫提点丘月庵，得受灵宝五雷法。永乐初，帝命张宇初陪祀天坛，又召试周思得，彼以五雷法，揣测休咎辄验，其后即以灵官法显于京师。永乐十八年诏建天将庙于宫城之西，思得兼领焚修……天将庙即以王灵官为首，兼奉其它的天将。当时帝北征，思得扈从，每战必行法役灵官而获胜。仁宗朝，建玉虚、昭应二殿，又鼎建九天雷殿，命其领焚修如故。宣宗宣德中，敕建玉皇宝阁，改庙额为大德观，特命住持，仍领焚修；并封萨真人为荣恩真君，王灵官为隆恩真

---

① 道藏：第36册[M]. 北京：文物出版社，上海：上海书店出版社，天津：天津古籍出版社，1988：267.
② 藏外道书：第31册[M]. 成都：巴蜀书社，1994：781.

君,建荣恩殿、隆恩殿崇奉之。宪宗成化初,改观为宫,加显灵二字,依时致祭。世宗嘉靖中,复建昊极通明殿;东辅萨君殿曰昭德,西弼王帅殿曰保真。类此萨、王同时而显,实由周思得的大力宣扬,乃能由一地方性祠祀扩张为全国性信仰,凡宫观均以王灵官为护法。"①

今《道法会元》收有题为"萨守坚述"的《雷说》《续风雨雷电说》《内天罡诀法》三篇文章,当为其门下弟子整理。从这些著述中可知其理论与法诀确实与王文卿一脉相承。

萨守坚自述曰:"余习性清淡,希志神仙。丹经子书,传广万卷,再一披阅,目眩神昏,深欲得人印证。而后诚感天地,悯其勤劳,得遇真师,成就大事,嘘枯振槁,受赐良多,刻骨铭心,报恩罔极。初真师命之曰:'夫道在人身,其大无内,其小无外,谓之无,则恍惚而有象;谓之有,则渺漠以难穷。自非至人,孰能捉摸。子学道勤苦,骨相合仙,今有秘文相传。虽曰违科,即得其人,受授由我。子当长跪,重作誓言,我以心传,子当谛听。夫人也,地水火风,假合四大,为万物灵,死为臭腐,何所恃焉?但恃精、气、神三者为根本。夫人固其精,养其气,保其神,使之三宫往来,升降不息,则家家蓬莱,处处神仙矣。夫何以淫泆而败元精,以忿躁而耗元气,以秽浊而昏元神,使关窍窒而不通,炉鼎渗而不固,宅舍坏而不修,欲望长生,奉行道法,胡可得也?体而用之,则致雷霆于倏忽,呼风雨于须臾,人天所师,何施不可?故曰:行先天大道之法,遣自己元神之将,谓之法也。'"此段所言"真师之论",与王文卿所说"以道为体,以法为用""中理五气,混合百神,以我元命之神,召彼虚无之神;以我本身之气,合彼虚无之气,加之步罡诀目,秘咒灵符,斡动化机,若合符契,运雷霆于掌上,包天地于身中"的理论如出一辙。

萨守坚又谓自得诀之后,殷勤苦志,所以发白返黑,齿落更生,"年几三余,视听不衰,筋骨愈固,其诸效验,一如师言"。又得师授,"故以诸阶大法,罄竭相传",并告诫曰:"子当利物济人,积功累行,庶得诸天拥护,魔王保迎,易于成就。"由此可见,萨守坚已尽获神霄大法诸阶秘诀。他说:"守坚庸琐下士,遭遇明师,得其设施以正,故驱雷役电,祷雨祈晴,治祟降魔,禳蝗荡疠,炼度幽魂,普施符水,累行累验,如谷应声。今兹付受,敢不尽其所传。夫人之一身,二气五行之精而已。圣贤设为法以卫民,证诸于己。大抵法本诸道,道源诸心,心能以吾之精神,融合一气之精神,以吾之造化,适量五行之造化,则道法妙矣。愚当会此理于太极未奠之先,而证此理于三才既判之后,鼓之以雷霆,润之以风雨,此道何常一日不流通于天地间也,而法或未之闻焉,圣人者作法始肇矣。如今之禹步,皆可考也,而法或未之详焉。既有汉天师阐扬此法,复有宗师扶持此法,而法始大备焉。"这里所说的"宗师",应是指王文卿。

---

① 李丰楙.萨守坚、王灵官的雷法与济幽[M].未刊稿.

需要指出的是，由于宋徽宗的推重，神霄雷法一时大盛天下，并出现真伪难辨、正邪互渗的混乱局面。对此萨守坚指出："今人多假此以求售，侵坏正法，眩惑世人，奸巧其心，邪秽其行，即此可知其不足行法矣，又其甚者，大可伤叹。夫雷之声，何所别耶。今之学者，分姓立名，各开户牖，有所谓之某雷，有法为之某法，纷纷不根，皆饰欺之论也。"《先天雷晶隐书·雷法说》亦曰："祖师侍宸遇火师汪真君，授以雷霆秘旨，冲举之后，流传至今。夫何五六十年之间，异派同名者杂出，以至好事者不得其门而入。盖法假形器，而灵者我也，神也，造化与我身一也，运即俱运，动即俱动，故曰天地同流，神人一体。今人徒纷纷于纸上符咒罡诀之间，全不达何也元神之理，自古至今，未尝不明以语人。奈何弃本逐末者，认假为真用。今日则曰某咒谬，某符误，明日则曰某罡缺、某诀差。孰不知无极生太极，太极分阴阳，阴阳分五行，五行成万物，源源一理，敛之不盈一握，散之则弥六合。若能把握枢机，斡旋造化，则擒纵在我矣。"

萨守坚力主正道，主张诚心正意，以神合神，千变万化。他说："先师有云：要知大道通玄处，不在三千六百门。后之学者，徒执己见，空泥尘言，适所以贻斫轮者之诮矣。""学者无求之他，但求之吾身可也。夫五行根于二气，二气分而为五行，人能聚五行之气，运五行之气为五雷，则雷法乃先天之道，雷法乃在我之神，以气合气，以神合神，岂不如响斯答耶！""会此之道，参此之理，则二气不在二气，而在吾身。五行不在五行，亦在吾身。吹而为风，运而为雷，嘘而为云，呵而为雨，千变万化，千态万状，种种皆心内物质之。圣人之论有曰：精气为物，敛之不盈一握，道之体也。游魂为变，散而可弥六合，道之用也。有道则有体，有法则有用也，皆本诸一而已。若泛举其烦，则千百言而不足。善撮其要，则一二语而有余。夫苟贪条目愈多，而本真愈失，虽皓首穷经，无所益也。叹夫世变日下，人心日奸，立论者既无所讲，徒尔乎他。传法者复无所稽验明矣，受其诳亦无轻乎！风非可捕风，影非可搏影矣。黄石公《素书》一编，张留侯用之时，为帝王师，简耶繁耶？愚之所言，今亦倦于喋喋矣。然得师传者如是，故不得不详以告也。"

在神霄派诸阶雷法中，有一些道法即奉萨守坚为主法祖师，其护法神将王善为主帅，如《雷霆三五火车灵宫王元帅秘法》《豁落灵官秘法》《南极火雷灵官王元帅秘传》。这些法中称萨守坚为"祖师西河上宰汾阳救苦萨真人""祖师神霄通灵西河上宰萨真人""祖师汾阳散吏救苦真人"，称王善为"雷霆都天豁落三五火车纠罚灵官铁面雷公王元帅""都天豁落猛吏赤心忠良制鬼缚神火雷霹雳灵官王元帅""南极火雷赤心忠良猛吏王元帅"。后世有所谓"萨祖派""西河派""天山派"，皆尊萨守坚为祖师，于此可见萨守坚在神霄派的影响颇深，占有相当重要的历史地位。

王灵官乃整个道教所尊奉的护法神，他镇守在几乎所有的道教宫观。《太上元阳上帝元始天尊说火车王灵官真经》："此神是南斗，离星火之首，爕火万里，掷千重火车，豁落飞走乾坤，功莫大焉。玉帝敕召，鞭龙行雨，奉命布泽，縶龙抽筋，缠缚身腰，以

王灵官　清代　纸本设色
李黎鹤藏

此勇猛赐湘潭立庙镇方，境域供祭。如在唐朝，萨公忽游庙祠，乃以雷火焚祠。其神奏帝敕，赐金鞭，随公察过，一十二年，真人道贯先天，法显龙兴西河，功满位立，登天神于水中，部领副将出现河中，投礼师真，改恶从善，随侍护教，对师盟天发誓，立愿忠心，滴血分明，愿随护侍，誓当辅助帝君，护国安邦，奏封为先天御前雷霆猛吏三五火车纠罚铁面无私豁落雷公，职任先天，剪除凶恶，专治不忠不孝，违背君亲师友诸事。"① 赵翼《陔余丛考》："道观内多塑王灵官像，如佛寺之塑伽蓝，作镇山门也。孙国敉《燕都游览志》谓：永乐间有周思得者，以王元帅法显京师。元帅者世称灵官，天将二十六居第一位。文皇祷辄应，乃命祀于宫城西。宣德初拓之，额曰大德显灵宫。按《帝京景物略》及《列朝诗集》，文皇获灵官藤像于东海，朝夕礼之如宾客，所征必载。及金川河，舁不可动，就思得问之，曰：上帝界至此也。果有榆川之役。夫曰获藤像于东海，则古来已有是像，非至永乐中始创也。而倪岳《青溪漫稿》述道家之言：宋徽宗时，有西蜀人萨守坚，尝从林灵素传法，而王灵官则玉枢火府天将，又从守坚受符法者。永乐中敕建天将庙，宣德中改火德观，封萨为崇恩真君，王为隆恩真君，岁时遣官致祭。然则王元帅者，特有宋方士之流，林灵素已无他术，况又从而辗转受法者？乃其威灵至今不泯，世俗尊奉益盛，何也？弘治中，周洪谟议及嘉靖中倪文毅请正祀典疏皆云：道家之崇恩真君萨守坚，尝从林灵素传道，而隆恩真君则火府天将王灵官，又从萨真君授法。永乐中有杭州道士周思德，以灵官之法显于京师，乃建天将庙及祖师殿。宣德中改庙为火德观，崇奉二真君。成化中改观曰宫，加显灵二字，递年四季换袍服，三年一小焚化，十年一大焚化，再易以新制，珠玉锦绣，所费不赀。每岁万寿节、正旦、冬至及二真君示现之日，皆遣官致祭，其崇奉可谓至矣。"②

神霄派忠孝门是以李清叔为祖师的支派。该派主传《正一忠孝家书白捉五雷大

---

① 道藏：第34册[M]. 北京：文物出版社，上海：上海书店出版社，天津：天津古籍出版社，1988：737.
② 续修四库全书：第1152册[M]. 上海：上海古籍出版社，2002：40-41.

法》，据该派弟子修真子高仓所言，此忠孝大法昔老君授祖天师于四川鹤鸣山，其后子孙皆异人亲授，自非后世专门各派所言。南宗时又由李清叔传授赵履，赵履传高仓，该法又重显于世。

李清叔名渐，字清叔。生平籍贯无考。自称"玉帝御前伏魔上相李真君"，亦即张宇初所列举的神霄派宗师中的"伏魔李君"。李真君巡游天下，至湘乡州中，忽遇赵贯夫，"因缘际合，乃召苟、毕二帅出现于前，遂以衫袖写咒四句，并缺角印文，授与松隐赵先生，临行付嘱曰：以忠孝为念。而又赐学真童子。后松隐授与空山高先生，空山授与南涧岳先生，南涧授与庐山清虚成先生，成先生授与冯先生，冯先生授与周先生，周先生授与张洞渊先生，洞渊授与某人，俱亦亲传"。据此，该派的传承如下：李清叔—赵贯夫、学真童子—高仓—岳先生—成先生—冯先生—周先生—张先生，先后达七代之多。这些人的生平现均无考，唯赵贯夫有传。

赵氏弟子高仓《传派始由实录》详细记载了其师得道于李清叔的经过：赵履，字贯夫，自号松隐。温州平阳人。生于丙寅二月初三。"父名珏，迪功郎、湖南潭州知甘泉酒官。公侍采宦游，岁在庚辰，其父客丧于任。公为人赋性刚直，姿禀不凡，肃敬有落魄不羁，名缰利锁不屑就，乃脱然弃俗，游于湘乡县郭之南，寓上真道院修真焉。一日忽有羽衣至，庞眉皓首，不知其几岁，亦不知其何人也。"相处甚洽，欲授其秘法，"告之曰：'吾非凡人，乃玉帝御前伏魔上相李真君者，即我也，职在雷部掌籍。'于是袖中出笔砚各一，四顾荒野，无楮可书，遂云：'肯出尔袖，记我所传否？'公欣然：'敢不唯命是听。'遂拆白绢衣袖与之。写讫，口传之秘，一一指示。公跪受，礼谢而别。将行一里，高呼于山之麓，且令公还：'吾有一印，藏之青城山丈人观石匣中，适令雷将取到付汝。此法名忠孝白捉五雷大法。本朝惟徽庙佩受。禁藏之秘，非下世所可传也。今气运当出，以汝夙有仙骨，故亲授之。切宜虔恪自重珍惜。如薄德殄行，不忠不孝之徒，慎勿轻泄。凡祈祷追摄，除邪戬妖，但以篆书祖印合同，符命到来，即与施行。'"赵贯夫得法甚验，法印一下，二帅立见。乃挑包云游，开化赵、缪、周、高四人。公十月羽化于门人周监簿宅。高仓亦为弟子之一，每历州郡，必扬先师所传开化，万一缘分契合，其嘘呵之妙，如响斯答。

八卦洞神派是以张元真为宗师的一系，该系奉第三十代天师张继先为祖师，宗师为青城山紫虚妙道真君张元真、金阙左辅真君刘致清。张继先《洞神后序》曰：八卦自然之法，包含万象，运使八卦大神，通幽玄之理，达造化之机，探鬼神不测之妙，幽微显奥，有脱死超生之要道，祛邪守正，自然变化之妙门，运动自然，故有目前报应。历代神仙修炼金丹，祛遣内外之魔障。至于脱质升仙，摄邪饭正，禹步超神，安危定乱，亦无出于斯文也。吾家大法，上可以动天地，下可以撼山河，明可以伏龙虎，晦可以伏鬼神，大可以助国家，小可以驱灾患。此灵验难量，亘古亘今。《八卦洞神玄妙序》指出："此八卦内景之法，古今所未易闻也。有西蜀张公真人授受之，故其证验之效，只在片晌，续其法派，刘君致清所行者，加进修持，则应验无虚妄矣。"① 宣称洞神二元帅，一为天皇，一为紫微。南上天皇妙有真应体道，变形水火历劫治世大神校籍赏善罚恶妙道广济真君；上应紫微右相三十三天，开化主历劫变体治世大神掌管都水司天罡大将军妙道显济真君。主帅即是天皇星，副帅即是紫微星。《道义八景真玄经》云："斗有二星，天皇紫微，总理北斗，下司万化，即主副二帅也。中央与八卦定，乃定九宫，又为九星，分阴分阳，乃有南斗六星，即天医六将也。"

金火天丁派是以陈道一为代表的一系，主传《神霄金火天丁大法》。陈道一生平不详，自称"上清大洞法师神霄上相保真济物琼瑶金阙真人"。他说：金火天丁者，总万法归一身，运一心应万法，为一符一印，至为要道。其神可以修身，可以炼魂，可以自附，可以勘精，可以瓶捉，可以卫生，可以断怪，可以除瘟，可以致雨，可以祈晴，可以断泉脉，可以破庙庭，神镜有照恶之妙，宝印能度形飞升，保胎安孕，解结催生。先保一身，后安家宅，然后治鬼神，逐邪怪，莫非炼心而运化也。该派承袭林灵素所传道法，以林灵素所著《金火天丁神霄三气火铃歌》为经典，其传承如下：林灵素—张如晦—陈道一—薛洞真、卢养浩—徐必大—刘玉—黄公瑾，及至南宋末期。因其教内中人皆称"玉真弟子"，故可称此派为神霄派玉真门。

九州派是以万鼎新为祖师的一系，主传《九州社令蛮雷大法》《九州社令阳雷大法》。此派的第一祖师为许逊，第二祖师为万鼎新，即张宇初所列举的神霄派宗师中的"万五雷"。其后依次递传：万鼎新—王宗白—青阳鼎—梁天津—萧道淳—刘德清—王一玄—王明渭，一共八代。他们的生平事迹虽不可考，但所述道法纯属神霄一派，当为神霄中人。

此外还有太无先生汪集灵，传《雷霆六乙天喜使者祈祷大法》《先天六一天喜使者大法》，师承火师汪真人、王文卿，亦为神霄派重要人物。

# 第二节 两宋神霄派神仙谱系

道教尊奉雷神，将风伯雨师、雷公电母作为主宰晴雨的神灵，北宋兴起的神霄、清微、天心诸派，以施行雷法为事，声称总管雷霆之主神为"九天应元雷声普化天尊"，雨

---

① 道法会元：卷195[M]//道藏：第30册. 北京：文物出版社，上海：上海书店出版社，天津：天津古籍出版社，1988：234.

师、雷公为其下属神。神霄派奉三清为最高尊神。在三清圣祖之下，则为紫微大帝、玉皇大帝、后土皇地祇。以三清、三帝为上圣，其下辅以九宸大帝、诸天雷神、雷部诸帅，从而构成了一个完整的神霄派神系。

## 一、三清九宸神霄神系

依据众多道经所言，神霄派在创立之始即以三清、三帝为教主，神霄玉清真王为其本尊，下有神霄八帝，与玉清真王合称"神霄九宸"。这是神霄派所信仰的主要尊神，亦被该派尊为历代祖师。

三清上圣为雷霆之本，三帝至圣为雷霆之祖。由浮黎元始天尊玄化三清至真，其下尚有三帝，即紫微大帝、玉皇上帝、后土皇地祇。《无上九霄玉清大梵紫微玄都雷霆玉经》曰："三清上圣，所以雷霆之祖也。十极至尊，所以雷霆之本也。昊天玉皇上帝，所以以号令雷霆也。后土皇地祇，所以节制雷霆也。"① 这里所说的"十极至尊"就是紫微大帝。在神霄派所奉诸神之中，玉皇是号令雷霆的至尊，后土皇地祇则是节制雷霆的大神。

紫微大帝、玉皇大帝、后土皇地祇皆为雷神。《道法会元》卷5《清微符章经道》谓天雷轰元雷君祥，即紫微大帝，主天部雷。地雷镇玄雷君郭，即酆都大帝，主应地雷。水雷环运雷君密，即水府搏桑大帝，主水雷龙部。

道教神系中，后土是与玉皇相对应的总司大地山川的大神，所谓"天父地母，后土玉皇，天地既立，三清退藏，玉皇承命，统御万方，天地水府，三官主张"。《道法会元》谓其"居承天效法宫，一名蕊珠宫，又名雌一宫"，并主管后土三省，即皇妃都府、皇妃上府、皇妃中府。

在三清圣祖、紫微大帝、玉皇上帝、后土皇地祇之下则为神霄九宸大帝。神霄九宸大帝共有九位。九宸之中又以神霄玉清真王为主尊。《无上九霄玉清大梵紫微玄都雷霆玉经》记述说："吾为高上神霄玉清真王长生大帝，其次则有东极青华大帝，九天应元雷声普化天尊，九天雷祖大帝，上清紫微碧玉宫太乙大天帝，六天洞渊大帝，六波天主帝君，可韩司丈人真君，九天采访真君，是为神霄九宸。"

明朱权《天皇至道太清玉册》曰："九宸，曰长生大帝、青华大帝、普化天尊、雷祖大帝、太乙天帝、洞渊大帝、六波帝君、可韩真君、采访真君，即元始九气化生也，故号

---

① 道藏：第1册[M]. 北京：文物出版社，上海：上海书店出版社，天津：天津古籍出版社，1988：752.

神霄九宸大帝　清代
纸本设色　北京白云观藏

九宸上帝。代天以司造化，主宰万物。"[1]

以上所言神霄九宸亦称"神霄九师"。《高上神霄紫书大法》曰："当初神霄降世，三师聚议于碧霄天，如今三师各有神霄法，惟三师便是神霄总雷。其中又有雷祖大帝劫，是昊天玉皇上帝主之，祖师高上神霄玉清真王长生保命天尊主之。晴雨，宗师青华大帝君定福天尊主之。断瘟断邪，役使万灵，真师九天益算司命好生可韩君丈人真君保福天尊所辖。度魂摄魄外，六师自有正法，各随所治。灵师应元定籍真君注命天尊，掌雷敕令牌号，动雷合奏之。玄师保命化生真君保命天尊，掌五岳江湖淮海潭洞神龙。圣师节度总监真君万安天尊，掌摄魂度亡炼度，擒邪伏祟。宝师元华保生真君储祥天尊，掌九霄法律，管三十六种横死夭亡。天师掌法主籍真君禾稼天尊，掌神霄三十六天梵气真符，专修炼法官，成道有雷函。神师掌令降命真君吉集天尊，掌天下妖魔、山谷五魅五酉、不正之神圣。师遇斋醮，当称保生度化天尊。"

《道法会元》卷3《清微帝师宫分品》曰："高上神霄玉清真王长生大帝统天元圣天尊，居高上神霄玉清府，一名凝神焕照宫，又名神霄玉府。东极青华大帝，亦名东极青玄上帝寻声救苦天尊，居东极青华宫，又名东极妙严天宫。九天应元雷声普化天尊，居雷霆上宫，又名九天应元府。九天雷祖大帝，居九天雷霆中宫，又名雷霆洞渊宫。上清紫微碧玉宫太一大天帝，居紫微碧玉宫。六天洞渊大帝，居洞渊中宫。六波天主帝君，居六波天宫。可韩司丈人真君，即青城丈人朱陵度命天尊，居青城可韩宫，又名隶元上府。九天采访使应元保运妙化真君。居九天保运宫，又名紫玄景曜府。总号雷霆九宸高真。居神霄九宸天宫。"显然，这九位大神多系神霄派新造，为神霄派雷法之本尊，总号"雷霆九宸高真"。九宸之中，又以神霄玉清真王为主尊，名列首位。

依道经所言，玉清真王为元始天尊的九弟。太上老君曾告诉五雷君等曰："卿等当知，昔在劫初，玉清神母元君，是浮黎元始天尊之后，长子为玉清元始天尊，其第九子位为高上神霄玉清真王长生大帝，专制九霄三十六天、三十六天尊，为大帝统领，元象主

---

[1] 道藏：第36册[M]. 北京：文物出版社，上海：上海书店出版社，天津：天津古籍出版社，1988：404.

握阴阳，以故雷霆之政，咸隶焉。"玉清真王自述其生平时亦说："朕为浮黎元始天尊之子，玉清神母元君之男，玉清元始天尊之弟，太上老君之叔。儿妇日月，眷属星辰，奴婢风霆，车马云雾。出无入有，隐圣显凡。策空驾晨，乘空蹑梵，三官飚举，五帝景从。朕胡为尊，敢不自效，是故效心三界，戮力五行。"①

扶桑大帝本系上清派的重要神灵，他与上清太上大道君、紫清太素三元道君、白玉龟台九凤太真西王母、中央黄老君、金阙圣君、东海青童君等并称上清七圣。东晋道经《上清七圣玄纪经》曰："右七圣传，都有之者为真人，众灵诣其房寝，游行玉清。"②东晋道经《上清大洞真经》称"扶桑大帝九老仙皇君"，陶弘景《真灵位业图》列第二神阶左位"太微东霞扶桑丹林大帝上道君"。五代天台山道士王松年《仙苑编珠》卷上载："自元始天王、太元圣母还上宫之后，经一劫，乃生天皇氏，治世三万六千年，受书为扶桑大帝，居东极扶桑宫，为东王公。"③

由于扶桑大帝住于碧海中，与道教三官之水官相联系，又称"三品五炁解厄水官扶桑大帝"。宁全真授、王契真纂《上清灵宝大法》称"东霞搏桑丹林大帝"，可指挥"下三河四海，九江四渎，五湖七泽，溪谷川源，桥梁堰闸，龙宫水国，应干责役，冥狱去处，照应神吏，备去姓名，根刷亡过某等，其间恐因业报，责役水途，并该赦恩，拔出羁囚，其地水沉没罪魂之众，例与释放"。白玉蟾《静余玄问》云："泉曲之府，北都罗酆，如是则地水皆属下界，明矣。甚至以酆都大帝为地界之主，扶桑大帝为水界之主。若论玉皇大天尊，正为天界之主。后土皇地祇，正为地界之主，斯当也。如酆都大帝、扶桑大帝，特一司之主宰耳。"

明代《搜神记》对有关东华帝君的各种传闻加以搜集整理，可谓东华帝君最完备的传记："东华帝君绝习在道气，凝寂湛体，无为将欲，殷迪玄功，生化万物。先以东华至真之气，化而生木公，于碧海之上，苍灵之墟，以主阳和之气，理于东方，亦号王公焉。与金母皆挺质太元，毓神玄奥，于东方溟涬之中，分大道醇精之气而成形，与王母共理二气，而育养天地，陶钧万物。凡天上天下三界十方男子之登仙得道者，悉所掌焉。居方诸之上。按《尘外记》，方诸山在东海之内，其诸司命三十五所，以隶天上人间罪福。帝君为大司命总统之，山有东华台，帝君常以丁卯日，登台四望。学道之人凡仙有九品，一曰九天真王，二曰三天真皇，三曰太上真人，四曰飞天真人，五曰灵仙，六曰真人，七曰灵人，八曰飞仙，九曰仙人。凡此品次升天之时，先拜木公，后谒金母，受事既讫，方得升九天，入三清，拜太上，而观元始。故汉初有四五小儿，戏于路中，一儿诗曰：'着青

---

① 紫微玄都雷霆玉经[M]//道藏：第1册.北京：文物出版社，上海：上海书店出版社，天津：天津古籍出版社，1988：750-751.
② 道藏：第33册[M].北京：文物出版社，上海：上海书店出版社，天津：天津古籍出版社，1988：791.
③ 道藏：第6册[M].北京：文物出版社，上海：上海书店出版社，天津：天津古籍出版社，1988：21.

裙，上天门，揖金母，拜木公。'时人皆莫知之，唯子房往拜焉。曰：此东王公之玉童也。昔元始告十方天人曰：'吾自造言，混沌化生，二仪役御，阴阳始封。'皇上元君与东华扶桑大帝等，校量水火，定平劫数。中皇元年，太上于玉清琼房金阙上宫，授帝宝经花图玉诀，使传后学玉名合真之人。故《玄纲》云'东华不秘于真诀'是也。紫府者，帝君校功行之所。夫海内有三岛，而十洲列其中。上岛三洲，谓蓬莱、方丈、瀛洲也。中岛三洲，谓芙蓉、阆苑、瑶池也。下岛三洲，谓赤城、玄关、桃源也。三岛九州，鼎峙混一之中。又有洲曰紫府，踞三岛之间，乃帝君之别理，迁转灵官职位，较量群仙功行，自地仙而至神仙，神仙而至天仙，天仙而转真圣，入虚无洞天，凡三迁也，皆帝君主之。释之名也，东华者，以帝君东华至真之气化而生也。分治东极，居东华之上也。紫府者，职居紫府，统三十五司命，迁转虚官、较品真仙也。阳者主东方，少阳九气、生化汇也。帝君者位东方，诸天之尊，君牧众圣为生物之王。《易》曰：帝出乎震，是也。故曰东华紫府少阳帝君……考之仙经，或号东王公，或号青童君，或号方诸君，或号青提君，名号虽殊，即一东华也。"①

神霄九宸大帝　清代
纸本设色　北京白云观藏

神霄派则谓扶桑大帝为南极长生大帝的化身。《高上神霄紫书大法》序曰："昔太空未成，元气未生，元始天王为昊莽溟滓大梵之祖，凝神结胎，名曰混沌。混沌既拆，乃有天地中外之气，方名混虚。元始天王运化开图，金容赫日，玉相如天，陶育妙精，分辟乾坤。乃自玉京上山下游，遇万气祖母太玄玉极元景自然九天上玄玉清神母，行上清大洞雌雄三一混化之道，生子八人。长曰南极长生大帝，亦号九龙扶桑日宫大帝，亦号高上神霄玉清真王，一身三名，其圣一也。"②

这位一身三名的玉清真王主治神霄玉府，掌运化雷霆生杀之柄。《九天应元雷声普化天尊玉枢宝经集注》卷上曰："雷者，阴阳二气结而成雷。即有雷霆，遂分部隶九天，雷祖因之，以剖析为五，属神霄真王用之，以宰御三界。真王所居神霄玉府，在碧霄梵气之中，去雷城二千三百里。雷城高八十一丈，左有玉枢五雷使

---

① 道藏：第36册[M]. 北京：文物出版社，上海：上海书店出版社，天津：天津古籍出版社，1988：255.
② 道藏：第28册[M]. 北京：文物出版社，上海：上海书店出版社，天津：天津古籍出版社，1988：557.

院，右有玉府五雷使院，天有四方四隅，分为九霄，惟此一霄居于梵气之中，在心曰神，故曰神霄，乃真王按治之所，天尊临莅之都，卿师使相，列职分司，主天之灾福，持物之权衡，掌物掌人，司生司杀，检押启闭，管钥生成，上自天皇，下至地帝，非雷霆无以行其令，大而生死，小而枯荣，非雷霆无以主其政，雷霆政令其所隶焉。"①

玉清真王凝神金阙，思念世间一切众生三灾八难，一切众苦，又见九幽泉郑，一切罪魂受报，生死往来如旋车轮，即谐元始上帝，恳请九霄宝箓，愿以其神通，悯救三界一切众生。"元始上帝即敕太皇万福真君，以高上神霄玉清真王长生护命秘法传付下世。"一部三卷，"皆梵气成文，九天太玄云霞之书。上隐万天之禁，中隐神仙万年之法，下明治人治鬼保国宁家之道。"②《诸师真诰》载神霄号："志心归命礼，高上神霄府，凝神焕照宫。会元始祖炁以分真；应妙道虚无而开化。位乎九霄之上，统理诸天；总乎十极之中，宰制万化。宣金符而垂光济苦，施惠泽而覆育兆民。恩溥乾元，仁敷浩劫。大悲大愿、大圣大慈、玉清真王、南极长生大帝、统天元圣天尊。"③于是，这位原本并不显赫的神灵，在宋代神霄派盛极一时的历史背景下，成为名震天下的道教大神。

依道书所言，元始天王的其余几位儿子皆有封号官品职任。次子封保生大君，任东华帝君职；三子封掌命大君，任蓬莱灵海君；四子封护命大君，任蓬莱公元大帝君；五子封明皇大君，任东井大帝君；六子封非卿大君，任清都大帝君；七子封南极大君，任清灵大帝君；八子封北台大君，任中皇大帝君。所谓"九霄总梵，八帝治天"。他们禀天王、玉皇之旨，分治九霄天境及三十六天狱。其九霄天境皆为元始大梵之气化生，包括神霄玉清虚皇天、丹霄南极玉文天、碧霄太虚真极天、玉霄玉灵素华天、太霄太灵真元天、琅霄素灵皓元天、紫霄九灵上极天、景霄妙灵宝华天、青霄玉华无极天。此九霄九天，皆混洞赤文之所开化，明焕妙梵，清英紫丹，上灵之秀而成天篆真文矣。故赤文化混洞，混洞化弥罗，总天元九气之道，下复九因，至八梵真王宫，亦此文之化也。

从《混元赤文九光之气化生九天之图》中可知，神霄天位置中央，其余八天分布八方，为元始八帝所治领域。如东华帝君"任青霄好音元真宝耀天帝"，公元大帝君"任景霄至妙变空天王"，东井大帝君"任玉霄天王"。总之，九霄天境中的元始八帝变化无穷，尊号亦多。故《高上神霄紫书大法》曰："大梵混合，元父玄母，雌雄九变，混合九阳一气，凝霞为魂，合风为魄，为之帝一婴儿，生成九帝，七九之道，千端万化，诸天高上之玉帝，皆八王之异号，故明九阳天真者。"

元始八王之中共有两位列职九宸之帝。即除玉清真王居其首位，尚有青华大帝居其次

---

① 道藏：第2册[M]. 北京：文物出版社，上海：上海书店出版社，天津：天津古籍出版社，1988：569.
② 道藏：第28册[M]. 北京：文物出版社，上海：上海书店出版社，天津：天津古籍出版社，1988：558.
③ 道藏：第5册[M]. 北京：文物出版社，上海：上海书店出版社，天津：天津古籍出版社，1988：759.

位。《道法会元》曰："东华青华大帝，亦名东极青玄上帝寻声救苦天尊。居东极青华宫，又名东极妙严天宫。"他就是道教神系中出入地狱，解厄赐福的大神太一救苦天尊。《诸师真诰》载救苦圣号："志心归命礼，青华长乐界，东极妙严宫。七宝芳骞林，九色莲花座。万真环拱内，百亿瑞光中。上清灵宝尊，应化玄元始。浩劫垂慈济，大千甘露门。妙道真身，紫金瑞相。随机赴感，誓愿无边。大圣大慈，大悲大愿，十方化号，普度众生，亿亿劫中，度人无量，寻声赴感，太一救苦天尊，青玄上帝。"

九宸之中尚有几位，如雷声普化天尊、九天雷祖大帝、太一大天帝、六天洞渊大帝、九天采访使君，他们各有神司，分理所治。九天雷祖大帝，居九天雷霆中宫。《太上灵宝朝天谢罪大忏》称他为"九天雷祖大帝除灾济物天尊"，《太极都雷隐书》称他为"中方中极雷祖大帝"，曰："九天雷祖大帝，令雷神速行。天圆地方，邪精灭亡。"《太乙真雷霹雳大法》主法为太乙雷祖大帝，"讳机，帝冠，九章玄服，执玉圭，面赤枣色，恶相。诸天帝阙，三界所发之雷，并听轰天之令，至尊至严，不可犯也。宫在九霄丹皓琼霄之上，自夹门星路径上赤道。路上历种民天，若见三天金阙第一重牌，则不必入此门，从左手过。入良久，见一金牌书：正元轰天金阙之门，则入此门。行至右手，有轰天章奏房通奏"。《雷霆欻火张使者秘法》述其形象："法师存身在罡内立，想身变为雷祖大帝，天冠赤面，如天尊状，存众雷神，在左右拱立。"《诸师真诰》载雷祖圣号："志心归命礼，高上玉霄府，雷霆洞渊宫。三境分真，九天演化，光会大罗之表，神通浩渺之天。拯水旱于下方，祛虫蝗于历劫。发弘誓愿，利济众生。大圣大慈，大悲大愿，九天雷祖大帝，除灾济物天尊。"

《玉音乾元丹天雷法》中则将雷祖与斗母合二为一，称为"九天雷祖大帝斗母紫光金尊圣德天后圆明道姥天尊"，三头六臂，两手持弓箭，两手持降魔铃杵，遍身雷电，下有金色乌猪，七个御辇。其下属有众多神将：玉梵尊天喽啰王，西番人相，红发，金箍，垂缨络，红面，三目，红浑身，左手擎火车，右手执降魔杵，脚青爪，大风带，汗衫，威猛若金刚状；妙梵尊天伽喽王，西番人相，青发，金箍，垂缨络，白面，三目，左手擎水车，车有波涌出，右手执金钟，青脚三爪；飙火阳神邓天君，红发，青面，三目，尖觜，肉翅，青浑身，三爪，风带，汗衫，左手雷钻，右手雷锤；都督阴神辛天君，红发，青面，皂帽，绿衣，风带，左手执铁簿，右手火笔，如判官状；飞捷罡神张使者，红发，顶金天丁冠，枣红色面，三目，金睛，尖觜，风带，汗衫，肉翼，皂袍，青脚，三爪，手执敕召雷神皂旗。

太一大天帝，居洞渊中宫。《太上灵宝朝天谢罪大忏》称他为"紫微碧玉宫太一大天帝保制劫运天尊"。《清微符章经道》谓清炁雷祖天君殷，即太一大天帝，主太一雷。《诸师真诰》载太一圣号："志心归命礼，高上琅霄府，紫微碧玉宫。光焕郁萧，真凝太极。发妙炁于金阙，恒大化于混茫。回淳风于浇漓之余，保制劫运；恢利泽于寰宇之表，陶育黔黎。大圣大慈，大悲大愿，上清紫微碧玉宫，太一大天帝，保制劫运天尊。"

六波天主帝君，居六波天宫。《太上灵宝朝天谢罪大忏》称他为"六波天主帝君溥施法润天尊"。《诸师真诰》载六波圣号："志心归命礼，紫霄上境，六波天宫。妙相光明，现慈颜于天一；宸居寥廓，施福惠于人寰。捍浩渺之洪灾，济炎威之回禄。陶镕万汇，综理一元。大圣大慈，大悲大愿，六波天主帝君，普施法润天尊。"

可韩司丈人真人，即青城丈人朱陵度命天尊，居青城可韩宫。《太上灵宝朝天谢罪大忏》称他为"九天可韩司丈人朱陵度命天尊"。《诸师真诰》载可韩圣号："志心归命礼，高上丹霄，隶元上府。朱宫绛阙，毓神光于浩劫之家；宝木骞林，现瑞相于太清之境。运大化慈悲之造，降真精橐钥之机。削死上生，广天地一元之德；陶魂铸魄，回幽灵万类之生。焕发阳明，普疏阴境。大悲大愿，大圣大慈，九天青城可韩丈人，朱陵度命天尊。"

六天洞渊大帝，《太上灵宝朝天谢罪大忏》称他为"六天洞渊大帝伏魔上上太一天尊"。《诸师真诰》载洞渊圣号："志心归命礼，高上太霄境，六天洞渊宫。瑞相端严，现光明于碧落之境；真身广博，敷妙泽于种民之天。遏五府之魔灵，荡万方之瘴疠。跻民生于仁寿，抚治化于希夷。大悲大愿，大圣大慈，六天洞渊大帝，伏魔上上太一天尊。"

九天采访使应元保运妙化真君，居九天保运宫，又名紫玄景耀宫。《太上灵宝朝天谢罪大忏》称他为"九天采访使应元保运妙化天尊"。东蜀蓬莱山卫琪注《玉清无极总真文昌大洞仙经》曰："南昌发琼华，乃南极长生朱陵上帝南昌受炼真人所治，见有上帝所赐注生真君八角玉印。所谓南斗注生，不言文昌，而言南昌，盖丹天世界文明之地，梵炁所化，是为南昌上宫。今南岳衡山朱陵洞天，上应奎轸，始因奎壁垂芒，帝命主持斯文。壁位居亥，专主图书；奎位居戌，专主文章。盖奎宿有文彩，壁宿能藏书。昔嬴火之后，于屋壁得古文，故壁之于文，与有功焉，是以文昌宫有东壁图书府。"《诸师真诰》载采访圣号："志心归命礼，紫玄景曜府，九天保运宫。至道分光，总十方之梵炁；真常显妙，回浩劫之浇风。采录诸天，纪善功而消恶籍；恩融万化，标禄字而上生名。大圣大慈，大悲大愿，九天采访朱陵上帝，应元保运妙化天尊。"

九天采访使应元保运妙化真君，又称九天真王、九天使者、朱陵上帝。九天使者信仰始于中唐，盛于北宋。据《太上三天正法经》云：九天真王与元始天王俱生始炁之先。九天真王、元始天王禀自然之炁，故称九天之号。九天司命者，万物受生之真宰也。九天丈人者，众真景德之宗师也。九天使者，监御万灵之贵神，巡察三界，赏善罚恶之总司也。《九天凤炁元丘太真书》云：太上丈人下授五岳君，却祸除殃，其中曰九天真王者，伏千神，使众灵。

《南唐降现真图记》称：使者真君有五号，一曰九天真王，二曰朱陵上帝，三曰火炼真人，四曰南上真君，五曰九天采访使者。"上帝锡之七瑛平华九德偃月金晨玉冠，九光红霄飞云金罗之帔，曳红霄碧衬海岳之裳，单衣羽襦，朱霞霄裘，红玉霄裙，六华铢衣，蹑元朱光之履，飞红单舄，执太元碧琳之圭，琼华翠簪，佩九天采访南上真君使者金册、

朱陵上帝 清代 纸本设色
李黎鹤藏

九元之剑、五帝伏魔之印、九天真王之印、采访灵威摄邪之印，授北极天帝、五灵尊神、吏兵天丁之印，五百灵官，五帝三官，三河四海，五岳四渎，九江五湖，十二河源溪女，吏兵之印，白鹤师子拥御，青龙白虎护卫，六丁六甲侍列左右，九天仙女、十二溪真，陈奏乐部，扶桑大帝、旸谷神王、太极真人以为副从。上三皇时下降为九龙使者，中三皇时为九都使者，下三皇时为元都使者，黄帝时为真元使者，帝尧时为太清使者，帝舜时为九疑使者，大禹时为元夷苍水使者，助禹治水成功。周穆王时为天灵使者，唐元宗皇帝时为九天采访使者。九天在三十二天之上，统九亿万诸天地人物，应中国九宫九州、九星分野，太一之数，以定灾福。""太上老君高居九天，下临真化，故命九天真王受朱陵上帝为使者，威德备三清之法，尊崇亚天帝之位。采访之权，灵通应感，著于闻见，皆可考焉。则知真王乃天中贵神，所以分真宅灵，下镇洞天福地，利泽邦家，体虚皇以阐慈，代昊天而示化。累朝崇奉，缙绅信礼，士庶钦仰，灵既昭彰，岂区区淫祀之比哉。"

皇室对真君的祭祀始于中唐，开元十九年（731）二月十五日，玄宗夜寝灵符殿，梦神人仙仗甚盛，语帝曰："吾是九天使者，被受混元正真玉帝、太上老君敕命，采访九天九地，三界十方，万国九州，八极内外，观察巡游，较定天人禄寿，生灵罪福，建立采访总司。九天司命真君开治舒州潜山，九天丈人真君开治蜀郡青城山，吾今开治江州庐山。可于三山兴置斋祠，后五百年福及生灵。"言讫而觉。明日，玄宗宣谕群臣，乃设案焚香，至诚祷呼。"须臾，云鹤仙仗森布含元殿前，第见使者乘青龙之车，灵姿妙粹，瑞相端妍。帝为虔拜，使者以左手约之。时见五百灵官，九江水帝，十二溪真，上清二十四位真人，仪仗罗列。"百官瞻望，乃诏吴道子肖貌，敕内供奉张奉国及法师张平公等赉像诣江州，命刺史独孤正、县令魏昌建祠于庐山之阴。

五代杜光庭《录异记》亦载唐开元十九年明皇帝梦神人朱衣金冠，乘车而下曰："我九天采访使者，当馆我于庐山西北隅。"明日又降于庭，命吴道子写之。遣内供奉持使者真图，建立祠庙于庐山之阴，明皇帝亲书缪篆殿额以赐之，其文曰"九天使者之殿"。"建庙之初，祥异甚夥，事见李妣庙碑、潘观《祥验记》、张景述《续浔阳记》、陈舜

《俞庐山记》。故世谓使者之号，庐山之祠，皆权舆于有唐，发祥于明帝也。"①

南宋建炎元年（1127）冬，匪贼张遇聚数万众，自淮渡江，攻陷池州。十二月初十日，犯江州。时太守陈彦文躬擐甲胄，率众登城，誓以死守。贼兵攻陷凡三日，大势危迫。州人号呼请命，望山而拜。"忽见旌幢现于云表，圆光被野中，有真相如乘狮子，又类龙马拥列骑从在云气中，合城共睹。须臾大雪，贼不能露处，杀获甚众。有骑兵千余至宫中，随处举火，虽竹屋纸帏亦不能然。睥睨殿门，若有所睹，仓惶逃遁。贼退，太守及州民建醮谢恩相继月余。至今，江城士庶每年四月上七结会建醮，盖本诸此。"陈彦文谢恩醮词："玉虚朱帝炳灵，久镇于名山；金阙真王降祉，肇基于福地。事闻前古，礼重本朝。近以淮寇猖狂，凶徒暴横。水陆并进，欲窃据于江城；矢石交攻，将尽屠于生齿。望琳宫而请命，罄丹悃以祈哀。威现旌幢，气成龙马。祥云四合，知神骑之护持；大雪连朝，觉寇锋之潜挫。恭惟道力，敢怠斋心。式展冲科，庶酬洪造。霓旌羽盖，愿暂降于丛霄；风马云车，伫来临于洞府。冀终大赐，永保群生。每年四月上七，江城士庶建醮意旨。伏为建炎年间，贼徒来犯九江，一城生灵将遭屠戮，彼时荷蒙九天采访真君云端垂佑，一郡生灵皆得更生。自后合郡士庶恭诣福地，建醮谢恩。迨于嘉定兵犯鄂城，祸连数郡之郊，势迫九江之境。民悬忧于近死，望泣真官；时举荷于生全，顿消妖视。计恩瑜昔，思报何穷。谨结会，修设谢恩清醮一百二十分位。伏愿干戈永息，合境安宁。次冀各家，俱膺百福。"

南宋开禧二年（1206）十二月，四川宣抚副使兴州都统制吴曦叛。夔门帅臣蒋介有客赵潭者，善降诸神。"是夕介命潭请祷，卜其去就祸福，所执箕笔，迅动异常，忽大书云：'吴曦世受国恩，敢谋僭叛，将降四蜀于左衽。九天采访使者奏其事，上帝震怒，敕灭其族，事不出三月，秘之。'介惧泄神语召祸，缄封甚密。三月初十日至忠州，逢露布，曦果以二月二十九日就诛。介聚十数客拆缄，共赌惊叹。万去兴州二千余里，神之降先，曦死盖五日。"

北宋初期，皇室即屡赐封号，修建扩展宫观，以奉祀真君。景定元年（1260）九月陆殿撰《再奏乞颁降封册事》曰："本州太平兴国宫九天采访应元保运妙化真君，考之图志，自唐开元见梦著灵，有五百年后福及生灵之证。参之碑刻，一号朱陵上帝，采访九天九地，主九宫九州星野，阳九百六之数。按之祀典，本朝自太宗赐今观额，神宗降诏进号应元保运真君，徽宗奉上玉册，易观为宫，高孝两朝皆尝遣官致祷边事。皇帝临御以来，加封妙化二字，颁降三清阁御书，降香设醮，朱表青词。所以钦奉者，至隆质之灵验。建炎张遇犯城，有现云灭贼之应。开禧吴曦叛蜀，有降笔诛凶之报。今年虏哨入本州瑞昌县境，若有所制，讫不能前。阴护一方，全活甚众。至如甘雨时雪，消疫济荒，保边禳兵，

---

① 道藏：第32册[M]. 北京：文物出版社，上海：上海书店出版社，天津：天津古籍出版社，1988：662-687.

护国救民,其所以孚佑者甚盛。"

从宋初朝廷即开始大修宫观,殿宇建筑宏大辉煌,神像设制规范,并藏有天宫宝藏。九天采访应元保运真君殿匾为神宗皇帝御书,后罹兵火,乃王棺恭书。殿内塑采访真君圣像居中,左右侍立金童、玉女、灵官各二,六丁六甲各六。殿内两壁画上清太微二十四位真人,殿外两壁,左壁画十二溪真,右壁画九江水帝、三江大王。皆仿吴道子之本,相貌奇古,精神耸动。殿前左防观,右护法,阁下驿龙金虎大将。殿之左翼,三官大帝;殿右翼,四圣真君。殿主廊左有《道藏》,榜曰"琼章宝室",贮经五百二十八函,计五千二百八十七卷,外九十九函,奉敕禁隐,不曾颁降。右有天师堂,榜曰"正一之殿"。绍兴二十八年(1158)十月,内恭奉高宗皇帝特旨,于采访殿后创建大殿,专一崇奉皇帝御容本命,赐名申福殿。殿之右,漳泉慈济真君殿;殿之左,三山涧灵泽龙王殿。嘉泰四年(1204)敕封。绍定五年(1232)创三清宝阁,中塑九皇御座。左楼,九天丈人真君像;右协楼,唐玄宗皇帝像。嘉熙四年(1240)十二月内,理宗皇帝赐御书"三清阁"三大字。修廊左右各二十五间,左画采访真君自三皇五帝以至于今降现异号,右画采访真君自兴置以来赏善罚恶、习仙祈嗣灵验事迹。转廊左右各五间,画五百灵官像,天冠绛服,如朝谒仪,相貌各异,皆以次列,系仿唐待诏院画。

太平兴国三年(978)四月九日,准敕江州九天采访使者可每年二月十五日、八月十五日各致一祭。当年七月初十,江州申奏斋仪礼物,开建道场三日满散,设醮三百六十分。三年郊祀礼毕,遣中使赍御名青词朱表,建道场五日,设醮谢恩。大中祥符元年(1008)六月二十九日敕,赐香三百斤,于诸殿堂及两廊焚烧供养。大中祥符二年(1009)十月十六日,免庐山太平兴国观夏秋二税,充本观常住。天禧元年(1017)九月,奉敕修玉清昭应宫成,特赐圣祖天尊大帝神化金宝牌一所。元丰四年(1081)正月,进号九天采访应元保运真君。宣和六年(1124)七月二十七日,御笔改观为宫,曰太平兴国之宫。皇太后韦氏,谨赍十方镇彩、本命文缯,诣太平兴国宫九天采访应元保运真君殿,普集道士一坛,于八月七日宿建太上顺天兴国宝坛,修奉上元太罗玄都玉京紫微上宫三元玉箓道场,三昼夜满散,修设普天大醮三千六百分,延奉高真,用祝圣寿无疆,皇图永固,万民乐业,五谷丰登。可见宋朝十分崇拜保运妙化真君,屡加赐封,并于此宫举办普天大醮,为民为国祈福。正如史大资所言:"本州太平兴国宫崇奉九天采访应元保运妙化真君香火,考诸图志,实唐开元间明皇感梦真灵,欲就庐山建祠,后五百年福及生灵,于是敕江州建九天使者庙。本朝列圣尤极钦崇,太宗改赐观额,神宗进号应元保运真君,徽宗奉上玉册,易观为宫,高孝两朝皆常遣官致祷,保边禳兵。皇上践祚以来,赐奎画,降御香,尊奉尤谨。"

民间亦流行保运真君信仰,笔记野史多有记载。《真仙感遇记》有一则故事,讲唐代长安县令杨泰明尝佐郭子仪幕府,性恬静,不求仕进。每劝子仪曰:"军政虽曰尚严,人命至重,不可轻杀。"子仪掌兵二十余年,驭下宽厚,不妄诛戮,军士爱之如父兄,皆

泰明阴赞之力。永泰元年（765），杨泰明弃官来庐山峰顶结庵，燃柏香祷于九天使者真王，求长生之道，积一十四年。时当秋夕，天宇清霁，忽于朝礼之地，见神人金冠绛袍，白珠络缝，旁有一人执玉斧，一人捧玉函。神人曰："我乃九天使者，采访人间善恶。以汝积世有功于民，秉心清苦，精持道行，诚达九天，玉清太素三元君命我授汝《九天太真道经》。"泰明再拜伏地，叩首称谢。徐启玉函，授以宝书。开经观之，乃《高上大洞真经》三十九章。杨泰明从此依经行持，屏迹人世，凡三十六年，至宪宗元和八年（813）正月一日午时，祥云来迎，泰明乘云升举。

《神药总录》曰：唐隐士李云卿，阴功济物，精持戒行，遂留心医道。智识颖悟，凡用药不犯生命，止使金石草木，自以古仙制方传于后人。来居庐山，数州求医者盈门，不受财帛之赠，绝欲断荤。一日，因随采药人至深山中，忽睹一人圆冠紫袍，揖曰："我此山之神也。九天使者真王传命，以汝救物有功，使我授汝太清九华神丹。自此当屏迹人间，精意修持。"卿乃就圣治峰土穴为室，专修其道。后唐同光二年（924）八月一日白日升仙。

《搢绅传信录》有王琳放生葬死故事一则，讲京兆人王琳，唐大顺二年（891）任邢州尧山尉，时方兵兴，死于血刃者甚众。王琳遂舍家赀具棺椁，数年之间，所葬不可数计。金陵同事高应成卒于官，母老食众，贫不能归。琳竭力资助，遣子刚印津送还乡。金陵濒江，琳每过市，必鬻鱼鳖而放之。一日，渔者举网得鱼，赤鳞金目，长丈余。琳曰："此异物也。"买送江中，风涛随起。夜梦一武士，衣冠甚伟，语琳曰："公放生葬死多矣。九天使者已录善功，当享长年之福。"琳觉而异之，日奉香火。年百有余岁而终。二子六孙亦皆耆耄，京师谓之长寿王家。

《搢绅传信录》载信事使者双目再明故事一则，讲黄州人何集虚，天禧二年（1018）主河南府偃师簿，因目瞖解官。有庐山道士告云："本观九天使者，至诚祈祷，当有灵感。"集虚遣男仲和诣山致醮，画像以归。绝欲食素，焚香祈祷，日取供水洗目。将二年余，忽一目见物如隔纱縠，遂望山醮谢以答神休。复经数月，双目俱明。集虚缘此感悟，持戒奉道益加精专。享年九十有七而终。

《江湖录》有张信立绘像奉事免风涛之厄故事一则，讲河阳人张信立，天圣二年（1024）授南雄州司理。过庐山太平观醮，因绘九天使者像奉事。任满还京，舟至小孤，风涛大作，几至覆溺，举家恸哭。燃香祷告中，大风穿窗，掣去绘像。须臾风息雨霁，绘像挂于桅竿。同舟之众仰叹不已。

《明戒录》有胡元弼梦戒杀生而得子故事一则，讲胡元弼景祐元年（1035）任江州酒官，父母俱年七十有七，而自己多病，累得子不育，乞养异姓，亦复夭折。举家斋素，醮于祠下。是夜宿道院中，梦一绣衣小童告曰："汝平昔广杀物命，以恣口腹，所以绝嗣。若能戒杀，当有善报。"元弼梦觉愧汗，再致醮以拜神诲，戒杀以赎前过。晚年得子，后颇成家。

九天应元雷声普化天尊，其职司神威最重，超越了其余八帝。《九天应元雷声普化天尊玉枢宝经》谓其主治玉霄府，"所统三十六天内院，中司东西华台玄官妙阁，四府六院及诸有司，各分曹局，所以总司五雷，天临三界者也"①。普化天尊又号九天贞明大圣，道书谓其乃玉清真王的化身。

白玉蟾解释说：九天乃统三十六天之总司，正出雷门，所以掌三十六雷之令，受诸司府院之印，卿师使相，列职分司。"主天之灾福，持物之权衡，掌物掌人，司生司杀，检押启闭，管龠生成，上自天皇，下自地帝，非雷霆无以行其令；大而生死，小而荣枯，非雷霆无以主其政。雷霆政令，其所隶焉。""天尊以历劫应化，随时示号，本元始祖劫一气分真，乃玉清真王九霄主宰，一月四辰，监观万天，浮游三界九洲万国，赏善录愆，是为普化，至大至贵也。"②《诸师真诰》载普化天尊圣号："志心归命礼，九天应元府，无上玉清王。化形而满十方，谈道而跌九凤。三十六天之上，阅宝笈，考琼书；千五百劫之先，位正真，权大化。手举金光如意，宣说玉枢宝经。不顺化作微尘，发号疾如风火。以清净心，而弘大愿；以智慧力，而伏诸魔。总司五雷，运心三界。群生父，万灵师，大圣大慈、至皇至道、九天应元雷声普化天尊。"③

九天应元雷声普化天尊面容慈善，胡须飘逸，头戴紫金冠，左手掌心托剑，右手平举于胸侧，手指拈一净杯，盘脚端坐朱凤身上，朱凤九头，一大凤头居中，八个小凤头围绕两侧，颇为奇特。《九天应元雷声普化天尊玉枢宝经集注》卷上曰："天尊所坐九凤丹霞之扆，手举金光明之如意。"所谓"九凤"，即九头朱凤。卷下又曰："九天普化君，化形十方界。披发骑麒麟，赤脚蹑层冰。手把九天气，啸风鞭雷霆。能以智慧力，摄伏诸魔精。济度长夜魂，利益于众生。"五雷使者王天君释："天尊所统三十六天之尊，化十方之广，游诸天时披绀发而骑麒麟，破九泉时赤其脚而蹑层冰，手把九天气者即金光明之如意，啸风鞭雷霆乃天尊之号令也，斩鬼除妖、济物利人，此乃天尊利益于众生也。"姚复庄注："是天尊既以明威者，欲化天下之仁，而以披发骑麒麟者示之。""九气为万物之根。九气者，一曰郁单天帝真胞命元元一黄演之气，二曰禅善天帝真胞命元洞冥紫户之气，三曰梵监天帝真魂命元长灵明仙之气，四曰兜术天帝真魄命元碣尸冥演由之气，五曰不骄乐天帝真藏府命元五仙中灵之气，六曰化应声天帝真灵府命元高真冲融之气，七曰梵辅天帝真神府命元高仙洞笈之气，八曰清明天帝真华府命元真灵化凝之气，九曰无爱天帝真岳府命元自然玄照之气。"④

---

① 道藏：第2册[M].北京：文物出版社，上海：上海书店出版社，天津：天津古籍出版社，1988：569.
② 道藏：第2册[M].北京：文物出版社，上海：上海书店出版社，天津：天津古籍出版社，1988：569.
③ 道藏：第5册[M].北京：文物出版社，上海：上海书店出版社，天津：天津古籍出版社，1988：759.
④ 藏外道书：第4册[M].成都：巴蜀书社，1994：803.

九天雷声普化天尊主掌雷霆三十六雷之令，"主天之灾福，持物之权衡，掌物掌人，司生司杀，检押启闭，管龠生成，上自天皇，下自地帝，非雷霆无以行其令；大而生死，小而荣枯，非雷霆无以主其政。雷霆政令，其所隶焉"。神司之下设有府院，卿师使相，列职分司，犹如一套组织严密的政府机构。

《无上九霄玉清大梵紫微玄都雷霆玉经》中详尽地记载了神霄派的主神以及神司神灵，主神有元始天尊、玉宸大道君、无上老君、高上神霄玉清真王长生大帝、东极青华大帝、九天应元雷声普化天尊、九天雷祖大帝、上清紫微碧玉宫太乙大天帝、六天洞渊大帝、六波天主帝君、可韩司丈人真君、九天采访真君、昊天玉皇上帝、后土皇地祇。

神司有三省六部："复有玉枢院，五雷院，氐阳院，仙都火雷院，及雷霆都司，太乙雷霆司，北帝雷霆司，蓬莱都水司，及诸曹院子司亿万兵骑，各分将校。上有雷霆泰省、玄省、都省，三省六部，八寺四司，诸司馆阁，各有官僚，东西华台，咸隶其所。"

神司有九司："玉府判府真君，玉府左右侍中，左右仆射，天雷上相，玉枢使相，斗枢上相，上清司命，玉府右卿，五雷院使君，雷霆都司，元命真君，此皆雷霆之枢要，故谓之九司。"有日宫月府："日宫太阳帝君，雷霆赖以威。月府太阴皇君，雷霆赖以神。北斗九皇真君，雷霆赖以枢辖。"

神司有五院："吾此九霄玉清之天，内摄朱陵火府，南昌上宫受炼司，南昌下宫受度司，上清黄箓之院，太清黄箓普光之馆。元始有命，佐官三员，以司符命，隶吾本天。命大罗无极神公，判上清黄箓院事，号为郁罗翘真人一也。复命玉清元始法师，充上清黄箓院使，号为真定光真人二也。次命玉堂大教主，充上清黄箓院副使，号为光妙音真人三也。用是三佐，以领本天济生度死之事。"

九天应元雷声普化天尊　清代
纸本设色　四川原道博物馆藏

神司有四府：九霄玉清府、东极青玄府、九天应元府、洞渊玉府。九霄玉清府，主管旱涝虫灾。"九霄玉清府，有东灵上相、瑞光仙师、六华玉震使者、散花玉女、主雪将军、回风结云使者，所以掌雪雹事，分隶月府太阴皇君。大帝曰：国土亢旱，人民焦熬，鱼鸟惊烦，草木脆萎，妖魅为殃，烈焰焚空，火伞四张，赤地千里，皆当上启东井箕星使者，天门东壁使者，金关毕宿使者，三山太乙木郎大神，四溟四丁大神，即使驱龙卷水，兴云致雨。""四府者，九霄玉清府、东极青玄府、九天应元府、洞渊玉府。六院者，太一内院、玉枢院、五雷院、斗枢院、氏阳院、仙都火雷院。诸有司者，天部霆司、蓬莱都水司、太一雷霆司、北帝雷霆司、北斗征伐司、北斗防卫司、玉府雷霆九司，及诸曹院子司。"《道法会元》载："谨请九霄玉清府东灵上相瑞光仙师，六华玉霙使者，散花玉女，主雪将军，回风结云使者，屑云雕雪合干神员，疾速遵奉章命，会同本差诸司帅将，雷君，法箓骑吏，一合下降，限三日之间，即使斡旋造化，燮理阴阳，结冻凝冰，屑云雕雪。务要云同一色，转温盎以布凝严；天散六花，豁凶荒而成祥瑞。俾民安于乐土，庶岁协于丰年。消殄虫蝗，肃清疵疠。广显清微之化，用符祈祷之诚。幸勿有违，事干济众。一如玄科律令。"

东极青玄府，太乙救苦天尊主掌。宁全真授、王契真纂《上清灵宝大法》载："疫疠属东极青玄府、太清玉司院、长生保命府、太一元生府，翌天四司院主之。玉文金符出玉司部中，乃玉帝之司主之，主纬中仍皆须中篇万过上品度人十回。可以愈凶灾于四表，除妖孽于八方也。积此玄功，非福一身，庆及九祖。又曰：三清长吏，太一之神，统兵郡邦，专主兵贼水火。又天一之神有九炁奇将，分司九野，名曰贵祇，亦主兵戈旱滞，雷风阴疫，所至之分，乱臣贼子，兵革生焉。东华有圣，元始化身，可以主之。三十二天玉字真文，可以镇之。十德可以禳之，九礼可以谢之，能致太平。"《灵宝无量度人上经大法》载："谨请东极宫中长乐舍内大慈仁者，寻声赴感太乙救苦天尊。乞降真炁，助臣目力。"

九天应元府，雷声普化天尊主掌。《道法会元》载："九天应元雷声普化天尊，居雷霆上宫，又名九天应元府。"明吴承恩《西游记》记载，孙悟空径往九天应元府，见那雷门使者、纠录典者、廉访典者都来迎着，施礼道："大圣何来？"行者道："有事要见天尊。"三使者即为传奏，天尊随下九凤丹霞之扆，整衣出迎。相见礼毕，行者道："有一事特来奉求。"天尊道："何事？"行者道："我因保唐僧，至凤仙郡，见那干旱之甚，已许他求雨，特来告借贵部官将到彼声雷。"天尊道："我知那郡侯冒犯上天，立有三事，不知可该下雨哩。"行者笑道："我昨日已见玉帝请旨。玉帝着天师引我去披香殿看那三事，乃是米山、面山、金锁，只要三事倒断，方该下雨。我愁难得倒断，天师教我劝化郡侯等众作善，以为人有善念，天必从之，庶几可以回天心，解灾难也。今已善念顿生，善声盈耳。适间直符使者已将改行从善的文牒奏上玉帝去了，老孙因特造尊府，告借雷部官将相助相助。"天尊道："既如此，差邓辛、张陶帅领闪电娘子，即随大圣下降凤仙郡声雷。"那四将同大圣，不多时至于凤仙境界，即于半空中作起法来。只听得唿噜噜的雷声，又见那淅沥沥的闪电，真个是：电掣紫金蛇，雷轰群蛰哄。荧煌飞火光，霹雳崩山洞。列缺满天明，震惊连地纵。红销一闪发萌芽，万里江山都撼动。那凤仙郡，城里城外，大小官员，军民人等，整三年不曾听见雷电，今日见有雷声霍闪，一齐跪下，头顶着

香炉，有的手拈着柳枝。孙大圣指挥雷将，掣电轰雷于凤仙郡，人人归善。①

洞渊玉府，扶桑大帝主掌。《太上洞渊说请雨龙王经》记载，道君昔于三天之上，以观世界。伏见诸天诸地，疫气流行，人多疾病。国土炎旱，五谷不熟。两两三三，莫知何计。"尔时天尊乘五色云，来临国土。大作神通，变见光明。与诸天龙王，仙童玉女，七千二百余人，宣扬正法，普救众生。大注洪流，应时甘润。汝等莫生不信，殃沉九祖，幽魂苦爽，名系鬼官之中。百劫千生，终无出日。若能勤心，受持读诵，功德深远，人民无灾，各各延寿长年，无有中伤。"东方青帝龙王，南方赤帝龙王，西方白帝龙王，北方黑帝龙王，中央黄帝龙王，日月龙王，星宿龙王，天官龙王，龙宫龙王，天门龙主，阎罗龙王，地狱龙王，天德龙王，地德龙王，天人龙王，飞人龙王，莲花龙王，花林龙王，五岳龙王，山川龙王，杀鬼龙王，伽罗合鬼龙王，小吉龙王，金光龙王，金色龙王，阳炁龙王，阴炁龙王，医药龙王，狮子龙王，镇国龙王，镇宅龙王，钱财龙王，井灶龙王，金银龙王，珍宝龙王，库藏龙王，富贵龙王，五冈龙王，五谷龙王，金头龙王，衣食龙王，官职龙王，官禄龙王，江海龙王，云海龙王，淮海龙王，山海龙王，渊海龙王，国土龙王，州县龙王，城市龙王，灵坛龙王，风伯龙王，震动龙王，雷雨龙王，大雨龙王，散水龙王，天雨龙王，皆听其经。"三日三夜，烧香诵念，普召天龙，时旱即雨。虽有雷电，终无损害。其龙来降，随意所愿。所求福德长生，男女官职，人民疾病，住宅凶危，一切冤家及诸官事，无有不吉。如有魔王及诸邪鬼，若闻此经，不去者头破作七分，令绝根本。吾所说此经，所厌者伏，所禳者却。如有国土城市乡村，频遭天火烧焚者，但家家先书四海龙王名字，安着住宅四角，然后焚香受持，水龙来护。东方东海龙王，南方南海龙王，西方西海龙王，北方北海龙王，各各浮空而来，神通变现。须臾之间，吐水万石。火精见之，入地千尺。复有大水龙王，主镇中央，随方守镇，扫除不祥。"

《紫微玄都雷霆玉经》曰："北极紫微大帝统御三界，掌握五雷，天蓬君、天猷君、翊圣君、玄武君分司领治，天罡神、河魁神，是为召雷檄霆之司，九天流金火铃大将军、天丁力士、六丁玉女、六甲将军，是为节度雷霆之使。九天啸命风雷使者、雷令使者、火令大仙火伯、风令火令风伯、四目皓翁、苍牙霹雳大仙，是为摄辖雷霆之神。火伯风霆君、风火元明君、雷光元圣君、雨师丈人仙君，是为雷霆风雨之主，中有三五邵阳雷公火车铁面之神，中有负风猛吏银牙耀目飚火律令大神，狼牙猛吏大判官，五雷飞捷使者，五方雷公将军，八方云雷大将，五方蛮雷使者，三界蛮雷使者，九社蛮雷使者，实司其令，用赞其权。"② 这段记述十分重要，它几乎包括了神霄雷部的主要神真。

按神霄派雷典所载，神霄雷法以五雷法为核心，包括十雷、三十六雷诸法。对此，白玉蟾指出：天境有三十六天，每一天境皆有一雷。雷者乃阴阳二气相结而成。"既有

---

① 吴承恩.西游记[M].北京：人民出版社，1980：1111.
② 道藏：第1册[M].北京：文物出版社，上海：上海书店出版社，天津：天津古籍出版社，1988：756.

雷霆，遂分部隶，九天雷祖因之以剖析为五，神霄真王用之以宰御三界。"并详细介绍了诸雷的名称："五雷者，天雷、地雷、水雷、龙雷、社令雷。又有十雷，一曰玉枢雷，二曰神霄雷，三曰大洞雷，四曰仙都雷，五曰北极雷，六曰太乙雷，七曰紫府雷，八曰玉晨雷，九曰太霄雷，十曰太极雷。又有三十六雷，一曰玉枢雷，二曰玉府雷，三曰玉柱雷，四曰上清大洞雷，五曰火轮雷，六曰灌斗雷，七曰风火雷，八曰飞捷雷，九曰北极雷，十曰紫微璇枢雷，十一曰神霄雷，十二曰仙都雷，十三曰太乙轰天雷，十四曰紫府雷，十五曰铁甲雷，十六曰邵阳雷，十七曰飚火雷，十八曰社令蛮雷，十九曰地祇鸣雷，二十曰三界雷，二十一曰斩圹雷，二十二曰大威雷，二十三曰六波雷，二十四曰青草雷，二十五曰八卦雷，二十六曰混元鹰犬雷，二十七曰啸命风雷，二十八曰火云雷，二十九曰禹步大统摄雷，三十曰太极雷，三十一曰剑火雷，三十二曰内鉴雷，三十三曰外鉴雷，三十四曰神府天枢雷，三十五曰大梵斗枢雷，三十六曰玉晨雷，有三十六神，曩尝陈之于太上之前。"①

白玉蟾认为，阴阳二炁，结而成雷，既有雷霆，遂分部隶。九天雷祖因之以剖析五属，神霄真王用之以宰御三界。《修真十书》载："雷霆者，所以彰天威，所以发道用。天威无所彰，则幽明异致，孰为之祸福也？道用无所发，则阴阳二气，孰为之生杀也？阴阳二气而发道用，所可以彰天威，以幽明异致，而彰天威，则可以发道用。是故嘏不晦赏也，眚不匿罚也。若夫毗祠列社，皆祭祀也；灵坛古迹，皆鬼神也。其间必有孽也。富室贱隶，皆享受也；端人诡士，皆流辈也。其间必有善恶也。鬼神有罪，则流辈何以诉之？流辈有衅，则鬼神何以鸣之？於戏，皇天所以建雷城，设雷狱，立雷官，分雷治，布雷化，示雷刑，役雷神，统雷兵，施雷威，运雷器，是皆斡赏罚之柄，宰生杀之权。以之于阴界，可以封山破洞，斩妖域毒。以之于阳道，可以除凶诛逆，伐奸戮虐。宜乎发道用也，彰天威也，此阴阳二气得其施设也，幽明异致得其影响也。天地之内，万物峙立，未有不禀阴阳而生生者也。所以有形有想者为人，无形有想者为鬼，人处于阳，鬼处于阴，以是而出入四生，循环六道，苟非天有雷霆，则何以示刑宪，而订顽砭愚者乎？"②

以上所说诸雷皆隶统于五雷都司，所主不同，所部亦别，故奉道弟子当知其治府，方能申牒祈请，运雷施法。所谓五雷既明，当知雷府所部。既明所部，有请立应，且五雷使乃雷城之专司，统摄五雷，关申司分，凡风雨不时，亢阳为虐，兵戈妄动，饥馑荐臻，皆由请命帝真，无不由玉枢而大布分野，兼领三司将吏，判治三界鬼神功过，以康黎庶。基于调化阴阳、审判善恶的需要，五雷都司这套神真机构亦相应而生。

《太上说朝天谢雷真经》假托太上道君演说，论述朝天谢雷之法。认为世人遭遇雷

---

① 道藏：第2册[M]. 北京：文物出版社，上海：上海书店出版社，天津：天津古籍出版社，1988：569.
② 道藏：第4册[M]. 北京：文物出版社，上海：上海书店出版社，天津：天津古籍出版社，1988：809.

击，是因触犯天条，天条共有三十六条，分别为三十六位雷公司察。天雷部属十二雷公，包括神霄雷公、五方雷公、行雨雷公、行风雷公、行云雷公、布泽雷公、行雪雷公、行冰雷公、飞砂雷公、食祟雷公、吞鬼雷公、伏魔雷公；地雷部属十二雷公，即纠善雷公、罚恶雷公、社令雷公、发稻雷公、四序雷公、却灾雷公、收毒雷公、救病雷公、扶危雷公、太升雷公、巡天雷公、察地雷公；人雷部属十二雷公，即收瘟雷公、摄毒雷公、除害雷公、却祸雷公、封山雷公、破庙雷公、打鬼雷公、伏虎雷公、破瘴雷公、灭尸雷公、荡怪雷公、管魄雷公。凡人"不忠君主，不孝父母，不敬三宝，抛掷五谷，诃风骂雨，裸露三光，扬恶掩善，不遵正道，心昧天地，信巫魇祝，灭人福果，毁坏经教，犯此天条，则天雷检察"。"秽污水浆，将溷江河，毁骂尊长，疑真不信，轻师忘本，晒露亵衣，淫人妻女，惟恶是增，对圣毁愿，怨恨宗亲，不赈贫困，对天妄语，此十二条属地雷所管。""糜烂五谷，大秤小斗，荒年起价，米中添水，欺曲昧人，秽语两舌，寸尺长短，克剥害人，欺善惧恶，久债不还，谋人女妾，酒肉杀生，此十二条人雷主之。"人不犯天条，天即降吉祥；若犯天条，必遭雷击，坠入地狱。凡触犯天条之人，应佩诵经文，礼拜星斗，祈求雷公赦免罪过。又谓遭雷击而死者，可用"符箓"，解脱罪恶，免入地狱。"北酆有一百二十狱，其狱各有狱主狱吏，毒虎毒蛇毒犬，刀刃峰山，狱吏以杖逐其罪人，登山履刃，毒蛇缠身，罪人身体皆参刀刃，血流满身，毒兽食饮其血，万死万生，无有昼夜。"①

五雷都司位于玉清真王府碧霄上梵气中的雷城中，乃雷声普化天尊按治之所。其中卿师使相，列职分司，主发生万物，推迁四时，长降阴阳，录善罚恶。如天雷者，有百官千将，"上辅玉帝，下御阴阳，威德极重。换劫之时，上帝敕此雷，令降人间，翻天覆地，鼓震乾坤，安日立月，尊极不能尽言。若国土连年亢旱，天下饥荒，当具国王投词，奏闻天廷，并及诸司，乞降此雷，拯济天下"②。

五雷都司之下各拥有一大批神兵天将，如四渎大神、五方雷将、五方龙王、总摄枢机七将、十二功曹等。《道法会元》曰：

东方雷公朱靖、鸠头、青丝、发垂耳，黑体褐青锦花袍，绯裤，青裙，叉手，悬铁方杖。

西方雷公刘汉祥，黄牛相，黑袍掩心甲，皂汗绔，绯裤，左手持砧，右手执斧，跣足。或人相，黑发，白面，交脚帽，金甲，飞带，白靴。

南方雷公朱德茂，赤马相，红袍，虎皮掩心，汗绔，绯裤，左手雷斧，右手金锤，赤脚。或执瓢，出雷火，穿皂靴。

---

① 道藏：第1册[M]. 北京：文物出版社，上海：上海书店出版社，天津：天津古籍出版社，1988：762.

② 道藏：第29册[M]. 北京：文物出版社，上海：上海书店出版社，天津：天津古籍出版社，1988：139.

北方雷公张永公，白赤狗相，白发，垂耳，有须，青袍，绯袴，叉手，悬双斧，跣足。

中央雷公杨元升，如神农相，豹皮掩心，鸦皮汗袴，黄袍，叉手当心，披发，赤脚。或执鞭，花裙，皂靴。

雷公大神孟胜，猪貌，青黑色，顶牛耳帽，皂衣，紫袍，白袴，捧雷簿，皂靴，似判官状。

电母大神黄法彰，颜如四五旬妇人，面无皱，紫包巾，耳环，青道服，两手袖中出电光，似冯夷相。

风伯大神马雀，紫黑色查皱鬼面，眼大，口开，鼻阔两孔，戴两层冠，青抹额，内黄衣，外紫袍，风袋，右手五指，开袋口，青抱肚，黄看带，白袴，褐靴。

雨师大神陈元度，美貌慈颜，端严，戴冠，披紫服，方符珂佩前结，项上有拥带，左擎青碧壶，右手持杨枝，类紫气星状。

移云掩日四丁大神，丁文广、丁文义、丁文通、丁文莹，鳖头鳖甲，人身，手足肉甲，进出金光，仗剑，乘云，各骑黄龙，立四方听令。

开坛听令四大神将：高刀，牛耳幞头，青袍，金甲，莲子面，三角眼，黑色卷须，合口，皂靴，执雷函；陶嗣，四方面，凤眼，五牙须，赤面，兜鍪金甲，腰带符，手执剑；崔亮，大眼，枣色面，曲脚幞头，黄抹额，金甲，飞带，皂靴，执铁斧；赵公明，面黑色，须胡，穿皂靴，金甲，皂袍，手执铁鞭。

《道法会元》载五方雷将："东方甲乙风雷大将蒋刚轮，字季真，青面红发，黄巾青袍金甲，黄内袍，绿靴，执剑、风袋。南方丙丁火雷大神壁玑，字文灵，面赤，威猛相，黑发，黄巾金甲，红袍，青勒胸，绿靴，执火珠。西方庚辛山雷大神华文通，字子安，面赤，黑发，黄巾金甲，白袍，红内袍，青勒胸，绿靴，执斧。北方壬癸水雷大神雷压，字成琪，面黑，鬼状，披发，跣足，踏三足能，皂袍，金甲，执水轮。中央戊己王雷大神陈石，字己零，面如鳝鱼头，黑发，戴冠黄，道服结起，绿靴，执双剑。"

《高上神霄玉清真王紫书大法》卷4《传度醮筵圣位》中详细讲述了神霄派的神仙谱系："三清，三帝，后土，九灵太妙白玉龟台玉光金真梵炁祖母元君，祖师高上神霄玉清真王长生保命天尊，宗师高上神霄玉清王青华救苦太一定福天尊，真师九天益算司命好生可韩君丈人保福天尊，灵师应元定籍真君注命天尊，玄师保命化生真君保命天尊，圣师节度总监真君保生度化天尊，宝师元华保生真君储祥天尊，天师掌法主籍真君和豫天尊，神师掌令降命真君古集天尊，九天采访使应元保运真君，天中左右四相，天枢左右四相，五老上帝，三十二天帝君，九天天帝，五方帝君，日宫月府帝君，上清九曜星君，南斗六司星君，北斗七元星君，三台华盖星君，二十八宿星君，天地水三官帝君，北极四圣真君，玄中大法师，三天大法师，上古三帅真君，三元九府真君，上清天柜院使主宰，上清五雷院使真宰，神霄玉清王府左右仆射侍中，神霄雷文部二十一员大将军，神霄玉清王府总

监统兵大将军，神霄天雷阵霹雳摧魔部大将军，神霄天雷部捉邪部灵官将吏，神霄玉清真王保仙秘箓中，符使将军、金童、灵官、玉女、功曹、吏兵，天曹司命司禄消灾散祸君，天曹掌仙掌籍君，天曹一切真宰，五岳五帝真君，五岳五天圣帝，水府扶桑大帝，四海龙王，四渎源王九江水帝，水府一切圣众，名山洞府得道真仙，中界一切圣众，北阴酆都大帝，地府十官真君，地府诸司圣众，天下都城隍主者，某属城隍主者，法箓中仙官将吏，监坛、监察、监醮、监斋、直事灵官，直坛土地正神。已上圣位，临时更看醮筵，若干分位，增减用。"这一神仙谱系后来又被南宗吸收，成为南宗神系的基础。

神霄派于道教各种法术中尤重五雷大法。《道法会元》载汪真君言：昔天地分化，万物育成，玉清真王凝神金阙，下悯一切众生漂溺苦海，流浪生死，万劫冤愆，邪妖克害。真王遂礼问元始上帝，得"三光紫文混合之道""五雷御邪斩妖之诀"，于是真王垂休尘世，演施五雷大法，五雷都司这套神真机构亦相应而生。

九天应元雷声普化天尊巡游图
清代　纸本设色　北京白云观藏

不过，在神霄派众多雷部神灵之中，最为著名的是邓伯温、辛汉臣、张元伯，道书称为雷霆三帅。据白玉蟾所言，三帅的渊源甚古，乃上古帝王伏羲、黄帝之后。《道法会元》载："太昊伏牺氏，风姓，母曰华胥，感履大人之迹而生后，蛇首人身，代燧人氏以木德王天下，受龙图之瑞，以龙纪官。观天文，察地理，画八卦，分九州，造书契，制婚礼，作网罟，教佃渔，养牺牲充庖厨。在位百二十年。有子二人，长曰祝融，字伯庸，即今南斗火官也。次曰郁光，字伯温，即今欻火大神也。此邓帅之所自出也。""有帝喾高辛氏，黄帝曾孙，少昊之孙，蟜极之子，继颛顼，以木德王天下。在位七十年。有二子，长曰㚔，生木子八人，曰八元，伯奋、仲堪、叔献、季仲、伯虎、仲熊、叔豹、季狸是也。次曰隆延，娶陈钟氏，生辛、张二帅。辛帅讳汉臣，本高辛氏之后，以祖之字为氏，故辛姓。张帅讳霈，阳从日讳，阴从月讳。《十七史》曰：扶风之子，曰挚收明。明字，即阴阳二讳之义，故号曰曜明。以功封于张地，因以名氏，故张姓。""黑历乃帝喾之孙。帝喾以木德王，取森生火之义。帅本帝喾之后，帝喾继颛顼有天下，故书颛字以制之。由是言之，雷霆三帅，本一家人也。"而今之邓伯温、辛汉臣、张元伯正是黄帝之后裔，"主直雷霆符命之职也"。姚复庄《玉枢经钥》注："前有三将，一雷公相，肉角，红发，青面，兰身，肉翅，手足凤爪，三目，金环，身挂金缕红裙飞仙带，右手雷槌，左手雷钻，九天运令雷王邓也。一铁嘴，银牙，兰身，火带，幞头，绿袍，皂靴，左手雷簿，右手火笔，判官形，九天掌令雷王辛也。一肉头，红发，青面，凤觜，兰身，肉翅，手足凤爪，金环，身挂青缕，红裙飞带，右手雷斧，左手雷钻，或右手执旗，左手执文檄，九天行令雷王张也。"①此三帅本为帝王后裔，又主掌雷霆三部，故应时降世，神威甚大。

邓伯温是《封神演义》中雷震子的原型。《道法会元》卷56曰："雷部有飙火大神，姓邓，名伯温。昔从黄帝战败蚩尤，封河南将军。大神见黄帝登天，遂弃位入武当山修行百载，能随气升降。又见世人不行忠孝，杀害侵欺，以强凌弱，国王辅弱，不能制御。遂日夜发大愿，欲为神雷，代天诛伐此恶逆。念念不绝，怒气冲天，忽一日变凤觜银牙，朱发兰身，左手持雷钻，右手执雷槌，身长百丈，两腋生翅，展开则数百里皆暗，两目放火光二道，照耀百里，手足皆龙爪，飞游太虚，吞啖精怪，斩伐妖龙。蒙上帝封为律令大神，隶属神雷。"同书卷57亦记述了他的生平，事迹大致相同，谓其变形如鬼，状若蝙蝠，"五月五日午时升入南宫火令之宅，威力最大，劫坏之时以两翼鼓动四溟之水，翻浸昆仑之丘，崩倒山河大地。凡行法之士，宜于五月五日祭之，能驱大祟，摇动山岳，应瘟疫鬼魅蛊毒山魈，闻此神名，悉皆恐惧"。《太上说朝天谢雷真经》中亦讲述了雷霆元帅邓伯温的事迹，谓其于玉笥山修行52年，"发大愿灭天下不忠不孝之人，及断鬼魔侵害人物，一勿为祸妖邪，救生度死。忽功行圆满，蒙上帝诏命，

邓伯温　明代　纸本设色
中国国家图书馆藏

① 藏外道书：第4册[M].成都：巴蜀书社，1994：787.

召赴陛前，赐金丹一粒吞服，变成凤觜形翼，封为飚火律令大神，以金槌凿各一付之。身长一丈，赤发兰身，手足皆为凤爪。受令行事，断天下不忠不孝之人，鬼魅一切害人之类"。

《欻火律令邓天君大法》中描述邓天君的形象非常威猛，他有赤红的头发，头戴金冠，三目，青面，凤觜，肉翅，左手执钻，右手执槌，赤体珠缠络，手足皆五爪，上带金环，绿风带，红吊敦裙，两翼下二头，左主风，右主雨，遍体烈火，乘坐赤龙。属下有东方蛮雷、南方蛮雷、西方蛮雷、北方蛮雷、中央蛮雷、雷公江赫冲、电母秀文英、风伯方道彰、雨师陈华夫、云吏李士秀、五方天丁等。《通济誓章》曰："雷霆猛将欻火神，黄帝之时为将军。战死蚩尤立功勋，玉皇敕命主雷霆。羽翅双飞烈火迸，牙如利剑炎燥焚。两目烁火耀天地，一怒海沸山摧倾。火车霹雳震凶逆，木石成粉铁为尘。破窠捣穴击妖怪，焚堂毁庙馘邪神。瘵瘵伏尸并故炁，瘟癀疫毒并区分。解冤释结无牵执，禳官散讼度灾迍。录吾真像声吾号，焚吾符篆化吾形。随吾应声无阻碍，汝亦安心莫惕惊。誓愿救民诸厄难，化形三界济生灵。恶鬼奸神莫敢干，努目一视万邪倾。"①

辛汉臣，或称"雷霆三十三天大都督青帝天君"。《道法会元》卷81记其形象曰："代牛耳幞头，朱发，铁面，银牙如剑，披翠云裘，皂靴，左手执簿，右手执雷笔，上有火光。"此外，辛元帅还有多种变相，以示神威于世人。从辛天君《誓章》中可以看出他的英武及神力："雷霆猛吏神，威震九天霆。出入三界内，忠勤佐帝君。涌身千万丈，号为雷部尊，都督诸雷部，风伯雨师神。霹雳电光母，大力夜叉群。左右承天命，辅弼五雷尊。吾奉玉帝敕，能救世间人。人若受持者，吾当速现形。请吾上天界，朝奏诸帝君。请吾入地府，直至幽境宫。请吾入水府，四海波浪翻。请吾佐阳界，立便救众生。请吾救大旱，滂沛雨霖霖。请吾捉精怪，摧破诸鬼营。请吾救生产，母子速离身。与吾同终始，共为玉帝臣。"②可见他能够出入三界，代天行命，救佐万民。传说农历六月廿五为辛元帅的圣诞，敬奉雷神的人都在这一天食素，名为"雷斋"。清顾禄《清嘉录》曰：六月二十五日为辛天君诞辰，谓天君为雷部中主簿神，凡奉雷斋者，至日皆茹素以祈神佑。

辛汉臣左手执簿，右手执雷笔，此雷簿、雷笔皆有来历。余象斗《北游记》记载：白岩山白石洞有一妖，原是江真人用的一管笔成精，取姓田名乖，手下又带有一十二员小将：一名山妖，二名水怪，三名石妖，四名岩妖，五名金妖，六名木妖，七名土妖，八名火妖，九名泥妖，十名沙妖，十一名人妖，十二名星妖。管理一法宝，乃一个纸簿，约有三十余张，极有神通。若遇见人来展开，人自入簿中，常带入洞食之。一日田乖出洞，正遇见真武祖师，被部下二妖将簿展开，把祖师众人俱装入簿中，带回洞内。田乖大喜，吩

---

① 道藏：第29册[M]．北京：文物出版社，上海：上海书店出版社，天津：天津古籍出版社，1988：304．

② 道藏：第29册[M]．北京：文物出版社，上海：上海书店出版社，天津：天津古籍出版社，1988：315-316．

辛汉臣　明代　纸本设色
李黎鹤藏

咐手下备席，欲取出祖师等众人出来下面。祖师等众将在内，听见大惊。马元帅曰："不妨，此簿乃是纸的，我有火丹在身，你等各执器械等候。"言罢，马帅取出火丹，周帅用动风轮，簿中火仗风威，风仗火势，烧将起来，将簿烧穿，众人各执兵器杀出。田乖拿簿逃走。祖师、邓元帅、高元帅出来未及，被田乖连簿带去。遂请江真人帮助，真人一见，田乖等即时变出真形，三眼青面獠牙，喝一声，那十二员妖精俱变出原形，田乖亦变出本相，却是一支大笔。真武祖师将纸簿、大笔代付辛天君，担任雷部主簿神。①

雷霆飞捷使者张元伯，或称"太乙捷疾直符使者""雷霆六一直符飞捷报应使者"。他的形象因时而变，颇为神奇。《道法会元》载其或为朱发，獬豸冠，青面，三目，出火，绯袍，绿飞天带，金甲，手仗火戟，鬼形，旁出獠牙。赤足，驾火龙，或显另一些法相，肉角，红发，青面，双目，鹰喙，青身，双肉翅，龙爪手足，红裙飞仙带。如遣召雷神，执敕召雷神皂旗，腰悬巨斧，摇撼旗帜。如少刻召雷回坛之时，却插旗于腰间，双手用力挥执长柄巨斧，开通雷路，猛作奋劈之势，引领万万雷神，喧轰如云而至。如召遣赍章奏，则交脚幞头，红抹额，赤面圆目，红袍绿靴，左执章奏，右执斧，如直符状，有破罡、风流、金火铃、开天门诸神，皆从之。

以雷霆三帅为首，再加上庞、陶、刘、苟、毕、秦、赵、董、袁、李、孙、柏、王、姚、张、黄、金、吉、余等天君及闪电神、助风神，一共二十四员催云助雨护法天君，合称雷部二十四天君正神。据明姚宗仪《常熟私志》记载，其郡有致道观雷尊殿，内奉九天应元雷声普化天尊、九天雷祖大帝，前殿列律令大神邓元帅、银牙耀目辛天君、飞捷报应张使者、左伐魔使苟元帅、右伐魔使毕元帅、火犀雷府朱天君、纠伐灵官王天君、黑虎大神刘元帅、魁神灵官马元帅、朗灵上将关元帅、雷公使者江赫冲、电母使者秀文英，这当是宋元以来道观中雷部诸神的基本布局。

《神霄遣瘟送船仪》是记载道教遣瘟送船仪式的珍贵史料，与现代我国台湾西港等地

---

① 余象斗.北游记[M].哈尔滨：北方文艺出版社，1985：343-344.

民间的"送王船仪式"相当接近。仪式中所请神灵皆为神霄派诸真。炷香启告，供养："神霄玉清真王长生大帝，六天洞渊大帝，伏魔天尊，神霄启运诸大祖宗真君，雷霆三省真君，北极四圣真君，三元得道真君，上清十一大曜雷霆威神真君，北斗九皇枢辖真君，南斗六司执法真君，天罡大圣节度真君，三洞四辅经箓神仙真帅，主宰雷霆火师汪真君，金门羽客林王侍宸真人，地司主法金鼎妙化先生皇甫真人，地司演振列位宗师，大变三十六变祖师，小变二十四变祖师，开江造河祖师，遮前断后祖师，阴存阴变祖师，阳存阳变祖师，不存自变祖师，诸阶法振前传后度历代师真，雷霆诸司帅将，助道昭化威神。惟愿降临，受今启告。"

次焚信香，"虔诚关白都天太岁武光至德尊神地司主将殷元帅，赞神侯将军，副帅王蒋二元帅，十二荡凶大将，七十二候二十四气神君，金钟黄钺大神，黄幡豹尾神君，本佩法箓诸司官君帅将"。

次伸焚香，"关白所奉香火福德神真，酆庭岳府王侯，五通七宝，祀典诸神，城隍庙主，土皇司命土地等神，前后把门立禁帅将吏兵，三界四直功曹符使，虚空感降神祇，同赐来临，受今关白。辄以香茶，表诚供养"。

张元伯　清代　纸本设色
李黎鹤藏

焚香重伸，奉请"神霄真王大帝，洞渊三昧太一天尊，法府上圣高真祖师，帅将，本家香火司命六神，降赴船筵，证明辞饯"。

谨焚真香，敬伸拜请"天符天令大帝，雷音电吼不动尊王，圣父妙化天君，圣母善惠夫人，恭望降临船筵，证明拜饯"。

次焚真香，奉请"泗洲普照明觉禅师，和瘟师主匡阜真人，治病赵侯，天符都天正元帅，地符押瘟副元帅，主瘟侍郎，六眼判官，降赴船筵，证明拜饯"。

次焚信香，虔诚奉请"东方青帝乔木圣者，南方赤帝炎火圣者，西方白帝力金圣者，北方黑帝洪水圣者，中央黄帝粪土圣者，降赴华船，受令辞饯"。

次焚信香，虔诚奉请"主年新令魔王，太岁尊神，左右三天符使，押瘟太保，主瘟朗公大伯元帅，行病使臣，天符使者，十二年王，十二月将，降赴华筵，受今拜饯"。

再焚信香，虔诚奉请"天瘟地瘟二十五瘟神君，天蛊地蛊二十四蛊神君，天瘵地瘵三十六瘵神君，降赴华船，受今拜饯"。

次焚信香，虔诚奉请"七十二候使者，二十四炁圣众，行瘟大判官，俵药主事，行猪羊牛马瘟疫使者，疠毒使者，祛灾使者，地分神王后土里令，风火郎君，麻痘娘娘，苦饮婆婆，发汗判官，乍寒乍热神君，箍头缚脑神君，行麻种痘神君，五种咽喉神君，赤眼泻痢神君，呕吐衄血神君，叉心钉腹使者，寒热使者，降赴华船，受今辞钱"。

次焚信香，虔诚奉请"天殃地殃人殃鬼殃神君，天白虎地白虎年白虎月白虎神君，日白虎时白虎六甲旬中白虎神君，五方丧车白虎神君，五方雌雄破射棺椁浴盆神君，三坵五墓神君，日间送怪神，夜间送梦神，依草附叶神，已来灾神，未来灾神，已布毒神，未布毒神，瘟司行化一该王神，降赴华船，受今辞钱"。

次焚信香，虔诚奉请"五方山檀木鬼，四方庙杜神祇，金银铜铁之精灵，台凳床炉之古怪，或为牛羊鹅鸭，或为衣物钱财，假公害私，拖钱负债、远年近日，我里他邦，五方冤诅怨气大神，或自外来，或自内起，或家神勾引，或土地通同、托梦送诸般鬼祟，阵亡枉死连亲客亡血河女鬼为祸神鬼，请上华船，受今辞钱"。

今有某结造茅舟一舫，请迎瘟部众神，出于十字路头，虔以三牲酒礼，敬伸祭送，用保平安。重伸关请本佩法中诸司官将，地司元帅，本家香火六神，一合前来，棹起阳船、阴船五凤仙船，戮力收起五方为祸瘟邪等鬼。或在男人身前，女人身后，房廊屋角，应干去处，尽行收上画船，各各齐赴华筵，受今辞送。上体好生之德，下矜悔过之诚。挽和炁以致祥，转凶殃而作吉。

送瘟船仪　清代　纸本设色
李黎鹤藏

另有神霄遣瘟治病诀法，所请神灵甚多。法师未入患家之先，先须凝定，叩齿，念净天地咒三遍，存太虚寥廓，四炁朗清。以次念金光咒三遍。存天门金光万道，仰面吸金光，吹布一身。存金光洞焕，风伯雨师，雷公电母，狂风骤雨，霹雳交轰，前光后暗，雷神将帅，前后拥护，行如狂风，坐如鼎石。到病家坐了，茶至，接下在手，吹炁一口，心存雷火，烧去鬼毛鬼炁，然后方食。但是一应饮食，皆宜存变，然后食之。先用启告祖师帅将，祝白事意。却抬神盘，赴病房中，放下于患人床前。神盘内用香一炉，灯一盏，法师同信人捻香一炷，毕，叩齿三通，扬声念："信香一爇，云布十方。叩齿三通，流光万里。急准神霄玉清真王长生大帝律令，谨伸关白大符都天总管金容元帅，只今准奉帝命，谨退见患某身前身后今年奉符行病一切威神，三十六候神君，七十二候神王，十二年王，十二月将神王，二十四炁神王，主瘟圣公，监瘟圣母，布炁大神，发汗大神，押瘟太尉，时瘟炁候白虎王神，邪巫枉死，阵亡妖怪，伏尸故炁，像部庙神，云中白虎，丧门吊客，黄泉急脚，为妖作祸一切神祇，隔茶隔饭传梦送怪一切鬼神，春行病神王，夏行病神王，秋行病神王，冬行病神王，蛮喉瘟，鲁子瘟，天中蝗蜞，地中蝗蜞，幽微黯淡蝗蜞，黄长脚，黄阔口，黄老精，黄恨客，黄房室女，黄伯娇男，黄伯娇女，又及泻痢伤寒头疼寒热之鬼，一切为殃造祸神司，府县城隍，本祭神祇，尽皆请上千眼神盘。今有信人某，伏为见患某，自于今月某日感受病苦，饮食少思，医疗罔效，日久未安，切恐命限星辰，舍次岁曜加临，近凭卜课，云是瘟疫流殃，邪神为祸，备以千眼神盘，敬伸礼送。谨就门首，特备粢盛钱马酒礼之仪，普伸酌饯。伏请神威收拾时行瘴疠，卷藏毒药包箱，赦放罪殃，宽疏病证，咸体好生之德，各生欢悦之心。请上神舟，解绳放缆，务俾在患某人刻自今晚回送之后，精神清爽，病患立痊，更勿稽迟，有干玄律。一如帝令，火急奉行。"

  法师存想患家房户，尽为黑气所罩，密令人推闭门户，前光后暗，悉无所见。却就门首祭设，念云："太上立教，利济为先。凡庶投诚，熏香是首。谨运真香，皈命启请洞渊三昧天尊，天符令帝，都天元帅，六臂明王，和瘟教主匡阜静明真人，劝善明觉大师，泗泛大圣，俵药主事，主瘟圣公，监瘟圣母，布疠大神，押瘟太尉，五方行瘟圣者，十二年王，十二月将；三十六神君，七十二候圣众雌雄白虎神王，船头大王，船尾小王，引神土地，后土社令神祇，城隍，本祭庙神，傩部神祇，本境之内，绝户枉死，山川岩穴精灵妖怪，伏尸故疠，依草附木并患人身前身后，传梦送怪，隔茶隔饭，为殃造祸，代形替厄，一切神威，伏望来临香座，歆享凡仪。以令辄备清觞，用陈上献。"

  道教惩治恶鬼邪魔须建立各种牢狱。火师曰："五雷大法，专降玉符御邪斩妖之秘，不同常局。救生灵困重之厄，被群生幽暗之怨，戮庙除邪，诛妖疗瘵，皆有专司。若世间有此种精邪，但以符水给与吞佩，实时安愈。若被有形有质，飞空走地，一切水陆邪神为祸，水妖作孽，不伏符治者，有建狱法。命三司捉缚送狱考治，永灭根源。立狱于后，可按法行之。"

  雷电考治狱，此狱禁捉三界系职官将，典祀下格仙官，诸司不道鬼神。托姓附人，种种作过，侮弄道法，不伏天符，立此狱。

  火光流星狱，此狱收捉蛟龙毒虿，一切水怪成器者，升及水府阴官。无故害人苗稼，涌水涨江翻人舟船，吞啖生灵，不道作祸，用此禁治。

  金精毒害之狱，此狱收禁天下山精木神，五行成器之祟。但是精怪为祟，有形有像，附人形体，或隐或见，并用此狱。

  九泉苦恼之狱，此狱收禁瘟疫传痨，庙貌害人性命种种魔鬼，并天下凶强盗贼，不顺大道，害国伤民鬼神，并皆禁之。

  幽台长夜之狱，此狱收禁不系正祀家先，不道伏尸客鬼，邪神。附形入梦，抛沙打石，盗据人物，奸人妇女，占人屋宇，五道一切不正伪神诈仙，求绝根源。

  阳明之狱，此狱收禁山魈之鬼。大迹不过指，小迹如筋头。或如绿豆，并是家先同情。

歘火五雷符
采自《道法会元》

降魔符
采自《道法会元》

百变雷符
采自《道法会元》

李忠，浅黄衣金甲。庚日太乙将张元，白衣金甲。辛日天罡将王言，素衣金甲。壬日太冲将季评，㿜衣金甲。癸日功曹将祁永仁，浅㿜衣金甲。直坛大吉将邦明，黄衣金甲。直坛神后将李魂，浅黄衣金甲。右十二将，各执斧钺、简、铁鞭、节杖，其神威甚大，能知人间过去未来，吉凶祸福若梵。

五方雷将：

东方甲乙风雷大将蒋刚轮，字季真，青面红发，黄巾青袍，金甲，黄内袍，绿靴，执剑，风袋。

南方丙丁火雷大神壁玑，字文灵，面赤，威猛相，黑发，黄巾金甲，红袍，青勒胸，绿靴，执火珠。

西方庚辛山雷大神华文通，字子安，面赤黑发，黄巾金甲，白袍，红内袍，青勒胸，绿靴，执斧。

北方壬癸水雷大神雷压，字成琪，面黑鬼状，披发跣足，踏三足能，皂袍金甲，执水轮。

中央戊己土雷大神陈石，字已零，面如鳝鱼，头黑发戴冠，黄道服结起，绿靴，执双剑。

总摄枢机七将：

天火雷神程曼卿，面如喷血，绯袍金甲，力士冠，绿靴，执剑。

地火雷神曹柯，面黑眼大，三须，皂袍金甲，皂靴，力士冠，负火袋。

五雷降灵柯述，面青红发，金紫三眼，赤须，左剑，右雷局。

为了求得法术的感应，法师要野祭神诀。火师曰：凡祈求伐庙，除邪去殃，欲得速应者，须得野祭之法，顷刻相应。为雷部下将猛烈，须用血食祭之。应祭之法，在野，即择高山无人到处；在市，须用东南一室，闭而祭之。立坛，用白粉，向巽画坛三层，上阔九尺，中阔一丈二尺，下阔一丈五尺。雄鸡一只，用绯绢缚足。大盏五只，酒一瓶，皂钱五千，皂旗五面，利剑一口，乳香一炉，如法布坛。至时，法师披发跣足，望巽步破地召雷罡，登坛。上香，左手掐役使诀，右手持剑，望巽高声曰："吾奉上帝敕，召五方蛮雷使者，速赴某方，诛斩鬼贼。"或云："天降甘雨，令速风火。吾今依法备到雄鸡血酒，皂钱明香，祭犒尔等。至时莫违吾令。"咒毕，便刺鸡血滴于五方盏中。后斟酒五盏，以剑搅酒盏，一如前咒。便化皂钱，将祭物埋巽方地中三尺。法师再咒一次云："吾在坛前，卓剑相待。"便以剑卓在埋物地上而退。即云兴雨作。不可常祭，害物。祭时有符一道，安坛心。事了，同物埋。

## 二、神霄法派神仙谱系

神霄派兴盛于宋元时期，并发展了许多雷法，各种雷法皆设雷坛，法坛皆有各自的法班，从而构成了不同的神系。这里介绍一些重要的法派神系。

高上神霄玉枢斩勘五雷大法，为神霄派所传。大法将班队伍庞大：

元上玄皇至尊九天雷首欻火律令大仙都天元帅烟都炎云帝君大忠大孝欻火律令大神邓伯温，掌雷霆火光霹雳银牙耀目提点三界铁笔演法大判官辛汉臣，太乙捷疾火雷报应使者张元伯。

总摄大将都雷程曼卿，鬼面，蓝身朱发，形貌猛烈，金甲绯袍绿靴，右手执刀，左手执斧。

雷公江赫冲，朱发蓝身，青衣，手执雷槌。

雷母秀文英，炁发朱衣，两手电光闪烁。

风伯方道彰，青发，炁帻绿衣，两手持一风轮。

雨师陈华夫，炁发，炁帻，手持水轮。

五雷主宰：天雷威雄三郎，神雷望江三郎，龙雷石壁三郎，水雷玉泉三郎，社雷竞渡三郎，蛮雷竹林三郎。

四溟大神：东溟玉雷浩师大神，南溟火光流晶大神，西溟巨乘太华大神，北溟洞阳幽灵大神。

十二功曹：甲日登明将贺庆，青衣金甲。乙日河魁将杨能，碧衣金甲。丙日从魁将朱士恭，赤衣金甲。丁日传送将马定，绛衣金甲。戊日小吉将王质，黄衣金甲。己日胜光将

又有祈晴坛式。火师曰：若国土州邑雨降连月，江河泛涨，若非天命，即是妖龙水怪作孽，伤害人物。如国君，守土长官，欲祈晴明，速退雨水，须申五雷使院，雷霆三司，并奏上帝，具述词旨。如当天灾，即乞原赦生灵罪犯，收雨退水。恐是水妖作过，乞差三司官将，五雷部众，下降收伐。二日不应，第三须择高山或无水处，用黄泥土作坛三层，阔如祈雨坛式。但每层只高一尺二寸。筑坛毕，上层置香案，供养负风猛神风伯大神欻火大神，在两边中供养四司主者。坛中层四角，安空瓮四个，并用朱砂，其内各入欻火真形符一道。坛下四方，环奉雷部。用道士如常祝白法事。主法取寅午，戌三时，仗剑步驱龙吸水罡，从地户登坛。右转四十九匝，诵收水作晴咒。毕，香炉中焚欻火真形符一道。存在口诀。次下坛，应时风作云收雨止。设醮谢恩上表。须是如法事毕，埋坛土并瓮具于午地，不得轻弃。

祈雪法。火师曰：凡人间春温夏热，秋冻冬寒，乃阴阳升降之常理。四时若顺，则邪炁不生，疫疠不作。一时不应，民即受灾。应冬温而无雪，是名阳战，使人春多病。若国王、士人请雪禳灾，录其词，飞奏上帝，申五雷使院，雷霆三司，并申东灵上相瑞光仙师，乞赦生灵之过，早降瑞雪，以压邪气。然后就太岁方上，依祈雨式建坛三层，命道士皆如前法。但于坛中供养香案，上添两位供养东灵上相、瑞光仙师。法师每遇辰、午、酉三时，步作水召雷罡，仗剑登坛。右行六六遍，默念东灵咒六六遍。至香案前，上香启白上帝五雷使院、雷霆三司、东灵上相、瑞光仙师，早降瑞雪因依。方得下坛，不出一伏时，即应也。

为了降伏神鬼精魅，神霄派传有伐庙除精法。火师曰：应人间若有狂神猛鬼，山精怪魅，迷惑生人妇女，现见形象，盗窃民财，因而为祠，种种作过，不惧仙法者，雷霆主察之。许民投词，具奏切害因依，奏闻上帝，飞申诸司，专牒神雷、水雷，克日会合，前去伐之。至期时，左臂佩雷光火文之印，紫光丹天之印，步飞龙斩怪罡，行狂邪伐庙。门首贴欻火大神符一道，后还左右高峻之所。野祭雷神，叱出速往其处，焚毁其庙，收捉鬼贼。应时雷雨俱作，勿要怕怖。事毕，如法祭酬雷霆。却以此法行之，须是公正，不可妄试，恐伤物则，法官返招谴也。

针对江河水怪恶龙，神霄派有斩蛟蜃水怪法。凡江湖湫水之中，阴洞潭源之内，蜃龙水怪，吞啖六畜，吸人血脉，或化为巨蛇当其要道，伤害商贾，或非时攻作，大水倾陷州县。仍仔细具奏上帝，申诸司，牒水府，请降将吏，克日伐之。隔三日前，须牒州县城隍，土地里社，庙祠，各躬亲部领兵将，把扼四方略分，毋令走透龙怪，一切水精。至期日用绯绢七尺，书天关符七道，用玉晨洞灵之印印之。右肘佩印，招雷局，右手仗剑，步连天铁障罡，至蜃龙隐处，投符入水中。去投符时，须教民以锣鼓助之。投符讫，高声召请诸司将兵，五雷部众，速斩水怪。逡巡水中雷震，波浪沸腾，其怪浮在水上。急以洞灵印照之，其怪则两目出血而死。然后令弟子用剑诛之，以尸埋在绝地，以符镇之。事毕，发符遣兵将，各各复还所治，然后别择吉日祭谢之。

幽台长夜之狱，此狱收禁家先幽鬼，蛊毒精怪。

风雷火车狱，此狱收禁坛社野狐，飞精颠狂之鬼。

毒气猛火狱，此狱收禁水怪、龙蛇、木石鱼鸡等精。

普掠狱，大狱二尺八寸，小狱一尺。此狱收禁无道鬼祟。立此狱一座，皆能摄入大狱。

经中指出，凡立狱收邪，应该详酌大小事理，飞申三司，并奏上帝，具述邪源，见在甚处，于东南方建立甚狱，乞降三司五雷，诣地头收捉甚色邪妖，赴狱禁治。依式申毕，仍就有邪人家东南，择净室，用香水洒过，聚香火炉灰，依样建狱。每一狱径九寸。用桃枝一条长三尺，上系红绡，各长五寸，插每狱中央，门上贴狱名。次焚香，请考勘妖魔校正善恶主典五雷，主狱主宰典录拷禁使者，缚魂监送使者，律令使者，传令使者，三十六雷鼓力士，乞降造狱守卫。关上狱门，不久见形也。见形了，量罪轻重，若诛若囚，或送北帝雷霆司、蓬莱司，依法断遣。

凡治大妖，山魈五通，树石之精，狐狸邪鬼，华表飞尸，蛊毒瘠痒，水怪疫疠，流精扬瓦，盗人物色，迷惑美女，后生男子，僧尼孀妇，思虑动念，飞精托附，狂言妄语，叫笑歌唱，持刀执斧，入水奔火，骂詈狂走，此等之祟，不可寻常治之。宜牒本处城隍，申闻东岳，雷霆官将收捉，立狱于乾亥之地禁治。以炉灰细筛，以验形迹。令灰面光细，八九寸阔，四畔关闭作门。向东南巽方，每用竹一茎长六寸，以皂帛系之，钉在狱心。法师持水仗剑，从东丁步，至狱门，咒曰：天丁地丁，玉女真灵。千和万合，统御神兵。收捕桃宾，赴狱梏辛。吾奉北帝敕命律令，雷师火伯，吞鬼食精。急急如火炎令。法师诵咒二七遍，喝神将收捕鬼祟，封押锁闭狱房。差神将守护，无令泄漏狱情。次咒水，遍屋噀洒，立要祟迹上狱，如法看验，是何鬼祟。方作牒状，解赴东岳，或酆都，乞依法律断遣。仍给符水与息人吞带贴镇，门户仍立香火，供养狱中主者，诸将吏兵。次用酒果钱马，犒赏神将狱吏。

神霄派尚传有各种祈晴禳灾的法仪。火师曰：凡国土亢旱日久，州郡缺雨，官司投词，乞行救济者，乃录投词，奏闻上帝，并申五雷使院，雷霆三司，乞特降旨，挥下有司，赦宥一方人民罪犯。然后乞甚雷大降雨泽，以救焦枯。即牒甚雷，速降大雨。如或未应，仍就一方太岁方上，用好黄土筑坛三层，上层阔二丈四尺，中阔二丈八尺，下阔三丈二尺，各高一尺三寸，四角用新瓷四只盛木，用龙潭者，内浸流丹符四道。中央立香案，供养三司枢相，共四位。坛下四方，供养雷部一切官将。用道士七员，在坛上启白关告。然后法师辰、午、酉三时，仗剑从坛地户上，步飞龙致雨罡登坛。登坛左转九次，诵召龙致雨咒九遍。次高声云：某境雨泽愆期，天道久亢，仰五雷下奏事直符使者，速起雷霆三司，指挥甚雷，速降大雨，救济焦枯。吾已奏闻上帝毕，急急速速，莫违吾令。叱吒，复从地户下坛。不过三日，雷霆雨降。仍具奏闻。谢上帝，设醮还雷。坛土并瓷送长江水中。

赤煞雷令符
采自《道法会元》

五星霹雳符
采自《道法会元》

龙雷破伐符
采自《道法会元》

锁鬼关精凤鸣，面青红发，绿袍金甲，手执金槌铁索。

枢台大将项成直，面白清秀，紫袍金带，力士冠，天丁服，执箭。

机台大将任辉，面赤三须，绿袍金甲，带刀，力士冠，如天下衣服，执寮箭。

神机内台楮道原，面白三目，绯衣力士冠，执信旗。

五雷主帅：

天雷柏灵踪，属东方木。神雷弋应辰，属南方火。龙雷素琏琲，属西方金。水雷印地良，属北方水。社雷冯道彰，属中央土。

五雷秘讳：东方魔明使者，南方赫猛使者，西方烈煞使者，北方混电使者，中央恶轰使者。

五方龙王：东方龙王孟元璋，南方龙王季太平，西方龙王师天从，北方龙王尧宿光，中央龙王芮守先。

九龙君：修吉，难陀，父加，达多，多般，跂陀，宫离，花溜。

玉枢斩勘五雷大法，为神霄派所传。将班：

驱风大将朱成真，青衣白袍，跣足披发，面青白色，于持双斧。辅鬼五人，各着青衣，披发跣足，各持虎斑风袋。

驱云大将全真一，着皂襈紫袍，白履，顶铁冠，面黑色。左右辅鬼二人，着皂衣，面目身体并赤，披黄发，跣足，执小旗二面，口中吐云雾。手执金戟，上有皂幢。

驱电大将李正，朱衣，顶金冠，朱履，青发，双手持二物若团镜状，有光。辅鬼二人，朱衣，披黑发，各持朱幢。

驱雷大将童可烈，着绯褖青衣，顶铁冠，面黑发黑，手持二铁锤，背负一铁壶，瓶中常有火光。辅鬼五人，虎头，黄色黑斑，身黄，跣足，各执瓶。

驱雨大将陈宗夫，着皂襈青衣，铁冠，赤发跣足，手执青幢，面青，左右有黑龙二条。

收风大将严以信，着紫袍，披发，白履，面红，白金甲，常有紫云乘足，手执白拂。辅鬼二人，黄衣，披黄发，跣足，各执青匣。

收云大将梅忠信，着青襈皂袍，披发，面青黑色，披黑甲，赤足，左手持帝钟，右手执斧轮，常有黑风轮乘足上，有黑雾。

收电大将留世雄，皂袍大袖，青绿被，黄发，朱履金甲，面赤色，背一火瓢，行即有大黑云乘足，口鼻出火乃光明也。

止雷大将朱至忠，皂襈绯衣，铁冠，面黑色，其形弱，就有四牙出口，常擎双手，有青云乘足，如遇雷声不止，人民惊惧，召之。

收雨大将万接，着青襈皂袍，披发，面青黑色，披黑甲，赤足，左手持帝钟，右手执斧轮，常有黑风轮乘足上，有黑雾。雨不止，执印召之。

三炁雷霆大法，为神霄派所传。言三炁者，即所谓洞真、洞玄、洞神，亦谓之玄、元、始炁。此三天之正炁，号曰雷霆。

三炁雷霆洞真品圣位：

监度五雷十方太一真君，雷神勇猛，昊天命太一分身十极，监度统领其神。玉清洞真判押雷神真君。一炁都大雷王。

玉清天界护国雷，十三坛，四十三员：护国五雷大神，护世五雷大神，护正五雷大神，掌狱五雷大神，掌水五雷大神，掌精五雷大神，掌妖五雷大神，掌怪五雷大神，掌神五雷大神，掌人五雷大神，天火五雷大神，雷电五雷大神，考召五雷大神，各吏兵百万人。

上清飞雷判星府五雷，十三坛，四十五员：判星大将，判春大将，判夏大将，判秋大将，判冬大将，判龙大将，判邪大将，判瘟大将，判魂大将，判疾大将，判神大将，判摄大将，判庙大将，各吏兵万人。

太清监天镇星节要五雷，十一坛，五十三员：监天大神，承天大神，猛吏大神，节要大神，驱神大神，炎神大神，镇天大神，判界大神，提举大神，判神大神，捉神大神，各吏兵万人。

三洞四辅六部功曹将吏，奉符召神：火部阳官功曹，金部大魁功曹，木部伏魔功曹，土部伏兵功曹，水部总摄功曹，五部重真功曹。

镇押十方搜神斩妖破邪五雷，十一坛，三十九员：东方搜神大将，南方搜神大将，西方搜神大将，北方搜神大将，东北搜神大将，东南搜神大将，西南搜神大将，西北搜神大将，阴界搜神大将，阳界搜神大将，各吏兵万人。

八方四大部神，各十万部众：八方行风使者，八方行雨使者，八方电光神母，八方霹雳大神。五雷威猛神将，天地水三官帝君监领雷兵，二十七万众。四海帝君监领龙神，随从雷部。

洞玄品圣位：

上清洞玄霹雳大神，长七十万丈，飞发，肉翅，跣足，执戟，领中界灵神。

上清阳焰召龙行雨五雷，十坛，五十九员：召龙神将，追龙神将，天符神将，天诏神将，天信神将，天鹅神将，天正神将，天元神将，天罡神将，天辅神将，各吏兵万人。

上清太一十天镇火五雷，十一坛，五十五员：飞天镇星大神，炎光火车大神，升天制火大神，炎光断神大神，显真勘神大神，通明斩神大神，集真监神大神，付圣朗明大神，判天镇神大神，九炁摄神大神，武曜射神大神，各吏兵万人。

三洞五雷斩瘟圣师电母，四坛，十九员：上清斩瘟雷将，驱瘟斩精雷将，威明治世雷将，荡妖除瘟雷将，天上五雷猛将，三界五雷猛将，地府五雷猛将，星宫五雷大神，日宫五雷大神，月宫五雷大神，金部五雷猛将，火部五雷猛将，木部五雷猛将，水部五雷猛将，土部五雷猛将，禹步五雷猛将，各吏兵三十万人。

五雷霹雳真君，玄冠皂服朱履，持金瓜槌，口吐火光，变相身长七万八千丈，三头，龙身，带剑出入。

洞神部圣位：

九天飞神破魔真君，身长万丈，领九天雷神，十三坛，五十七员：破魔雷神，斩邪雷神，决邪雷神，决火雷神，镇星雷神，镇天雷神，护正雷神，普追雷神，广摄雷神，通目雷神，通耳雷神，除邪雷神，决龙雷神，各吏兵万人。

阴灵治世通天猛吏辛忠义，领雷神一百九员，吏兵万人。

都统晁日初，部押雷神七百二十员，巡游三界。

歘火演圣雷神，玉都蛮雷大神，绯旗电火大神，飞步肘步大神，九炁阳光大神，三炁火光大神，风雨四正大神，火光飞雷大神，霹雳四正大神，水部飞雷大神，大魁制魔大神，土部飞升大神，当境搜神大神，共十三坛，一百单三员，各吏兵万人。

玉帝五雷追魂神吏，一十万人。阴境普摄追取亡魂大将常全，共十四坛，七十七员：九阴普摄雷神，太阴总摄雷神，九阴摄召雷神，北阴追摄雷神，九阴追摄雷神，普天追摄雷神，五岳摄召雷神，冲天破水雷神，四渎摄召雷神，酆都摄召雷神，三界摄召雷神，玄冥追摄雷神，洞渊摄召雷神，捷疾追摄雷神，各吏兵 万人。

阳灵威明五雷大神许彦恭，长九十丈，领雷神巡游三界内外，共十三坛，四十五员：追圣雷神，勘圣雷神，判圣雷神，主圣雷神，追精雷神，勘精雷神，斩精雷神，断神雷神，摄精雷神，法精雷神，追邪雷神，勘邪雷神，斩邪雷神，各吏兵万人。

统领岳渎地水二司、河源四海雷神周虎，身长五十丈，共九坛，四十九员：五岳十地镇岳雷神，水府洞渊大神，四渎渊明大神，河伯普利大神，名山圣迹大神，道淮圣显大

歘火驱邪符　　　　　辛帅符　　　　　　使者符
采自《道法会元》　　采自《道法会元》　　采自《道法会元》

神，源洞掌世大神，川泽普旺大神，镇海五岳大神，吏兵各九万人。

玉清五雷神吏，十坛，一百五十二员：六天追摄雷神张彦，吞星食月雷神李富，吹风扫地雷神田銮，戴天履地雷神舒诠，安天立地雷神黄希，布立周天雷神杜执中，明灵曜景雷神盖惠，威唱谣显雷神文典，四果通天雷神许羊，玉帝镇景雷神宗忌龄，各吏兵万人。

上清五雷神吏，十一坛，七十四员：三天辅正神吏云显，三天治世神吏任观，三天佐帝神吏蔺仪，元空立世神吏禄宜，显布瑶空神吏张世祖，飞天大魔神吏古中，洪慈应威神吏母且，火领书籍神吏赵真，六天助道神吏武明，玉境镇天神吏吴用，吹魔大威神吏陈宝，各吏兵万人。

太清五雷神吏，六坛，四十二员，各吏兵万人：乾天救化神吏晋胜，阳铃猛火神吏牛恭，天曹管押神吏戈辉，天籁主圣神吏羑杵，天曹巡游神吏程贤，天关管门神吏傅癸。

九天五雷神吏，十一坛，四十四员：主木神吏史元义，主金神吏谭真司，主火神吏荆林春，主水神吏刘永通，主土神吏杨难老，主风神吏薛元正，主雷神吏毛鱼士，主魔神吏鲜成曲，主雨神吏孙显忠，主雷神吏宪青，主雹神吏齐威成。

祈晴阳焰云雨五雷神吏，十一坛，三十三员：东海雷神婆伽元，江渎雷神陈满昧，南海雷神洞玄微，河渎雷神苏哒哂，西海雷神昱伽多，准渎雷神伴托助，北海雷神鲁吽明，济渎雷神丑穹万，中海雷神婆陈竭，九江雷神实和观，五湖雷神妙难侔，各吏兵一万人。

炽盛阳光五雷神吏，十坛，四十四员，吏兵各万人：炎光雷神镇明亡，速现雷神仲宜，炎明雷神尚丙，普照雷神石富，炳曜雷神祖洪，遍通雷神魏坤，普明雷神柳春，曜明雷神施正，炎炽雷神苟庠，镇英雷神卫武。

阳灵威明五雷神吏，十三坛，四十三员，吏兵各万人：显圣雷神巨元美，治世雷神安道间，勘圣雷神柳尧臣，追圣雷神马福生，主圣雷神张士成，斩精雷神胡良佐，驱精雷神杨子玉，捉精雷神高志强，杀精雷神王士宁，治精雷神周延年，破精雷神李道贤，和真雷神马大精，集真雷神朱知言。

阴境追摄五雷神吏，十三坛，九十九员，吏兵各万人：歘火演圣雷神晁日初，玉部蛮雷雷神辛汉臣，飞步肘后雷神玉林，九炁阳精雷神李彦成，南方三炁雷神史寅，金部大魁雷神风世全，五炁驱魔雷神蔡道贤，土部飞升雷神杨锐，四正风雨雷神武道宣，四炁雷电雷神刘辉，火光焰雷雷神常真，通火清雷雷神杨彦，当境摄邪雷神刘泽。

九阴摄召五雷吏，七坛，四十七员，各吏兵万人：阴灵普摄雷神胡彦真，幽显追魂雷神姚概，阴阳通会雷神谢显，收魂都摄雷神高彦庭，冲天破水雷神魏芳，五雷摄召雷神彭师颜，捷疾飞雷雷神邢卜。

大洞三阳神圣灵雷飞捷品圣位：

大洞五雷总领大将敏朔，十头，青鬼面，朱发，绿衣，赤脚，如金刚状，左手执钻，右手执斧，遍身流火，居黑云中。

歘火律令大神统领大帅邓伯温。

狼牙猛吏威光霹雳大帅刘圣光，黄发，血色，鬼面，九头，叶火冠，翠碧云袍，结裾胸前，内金锁甲，黑吊襻，仗剑。

兴云致雨六波卷水大将飞捷使者杜元卿，黑色面，青发，五叶火冠，皂短袍，结裾，金锁甲，皂吊襻，两脚踏二水轮，左手执布囊在肩，右手执金枪。

流金火轮大将邓伯，副将丁辛。

天洞天真大将刘仲，副将滴昔。

天乌天镇大将圣主雄，副将喝嘍。

撼山集云大将崔闵毗，副将曷迦。

八灵八镇大将杨振臣，副将冰轮。

太一元皇大将暖桥洞，副将冰钵。

破庙伏神大将黎应员，副将咬纲。

圣光威猛大将向昌吉，副将雀舌。

年月日时四直六通将军禁师赵侯。

东方第一圣光威灵震动蛮雷使者，南方第二震电哮吼霹雳蛮雷使者，西方第三八灵八猖邵阳蛮雷使者，北方第四六波卷水蛮雷使者，中央第五正真霹雳闪电蛮电使者。

领神雷霆猛吏判官辛汉臣，直符飞捷报应使者张元伯，搜龙使者沃，驱龙使者江袭。

东方蛮雷马郁林，南方蛮雷郭元京，西方蛮雷方仲高，北方蛮雷邓拱辰，中央蛮雷田元宗。

雷公江赫冲，电母秀文英，风伯方道彰，雨师陈华夫。

掌疫厉使者冯正仲，王永年、郑子森、田文郁。

三山太一木郎大神，蓬莱都水使者，聚云使者王。

东南雷师皓翁君丁文广，人首龟身，顶冠。东北洞阳幽灵君丁文惠，人首蛇身，顶冠，盘体坐。西北虚皇太华君丁文达，人首鱼身，披发，肚上一小鬼，蛇身。西南火光幽精君丁文行，人首龙身，绯色巾，横行。这四位神明又被称为四溟神。《五雷经》云："有四神主掌风雨事。一东南之神丁文广，人首龟身，号玉雷浩师。二西南之神丁文行，人首龙身，号火光流精。三西北之神丁文达，人首鱼身，号虚精大华。四东北之神丁文惠，人首蛇身，号洞阳幽灵。此四神，太初混沌之时水之精也。大禹治水，令四神镇四角。又云八卦之精。凡祷此神，不可轻易，触之则至大水漂浸洲渚，沉没山川。宜于五月五日，洒扫净室，画四神真像，列争茶酒果，鲜粽钱马，禹步丁罡，掐本师诀，咒曰：'金阙降圣，玉帝上符。吾受太上乾元之炁，法天像地，救护群生。命卫护之威灵，将防御之吏兵，疾速赴行。急急如上帝律令。'"①

玉枢院圣号：

玉枢院使相真君，雷霆都司元命真君扬雄，蓬莱都水使贞白真君陶弘景，雷伯青帝君，火伯风霆君，雷师皓翁君，电光元圣君，雨师先君丈人。风伯冯夷君，雷令仙师，东灵上相，瑞光仙卿。霹雳大仙，火令大仙，苍牙大仙，谢仙元君，云雷四溟公宾，雷车仙娘，掌雷车判官，江河使者，电光使者，苍龙使者，执幡使者，五雷神兵。

司命府雷霆左院神号：

天狱府监察黑车丈人元若泉，治病伐恶法师，天狱按治魔丑摧邪仙伯周定，天狱府镇摄邪庚定籍仙卿陶伯华，天狱定罪伐恶考谪上律卿金可道，天抓掌狱灵官陈绍高，天剚掌狱灵官叶祖仲，天膊掌狱灵官萧子昌，天標掌狱灵官孙庆和，天刐掌狱灵官苏可明，天剾掌狱灵官吴裕，天捕掌狱灵官李将泰，天劊掌狱灵官牛德安，天怲掌狱灵官井丹华，天刑掌狱灵官杜妙之，天枢掌狱灵官孙永龄，天役掌狱灵官

歘火大神符　采自《道法会元》

---

① 道藏：第29册[M]. 北京：文物出版社，上海：上海书店出版社，天津：天津古籍出版社，1988：157.

贾茂，天治掌狱灵官白天民，天剌掌狱灵官郑才拱，天杀掌狱灵官潘昌裕，天威掌狱灵官苏成章，天禁掌狱灵官陶康美，天震掌狱灵官吴从间，天辩掌狱灵官葛可封，天剪掌狱灵官范隆景，天搦掌狱灵官宋庭俊，天馗掌狱灵官华国渠，天□掌狱灵官董希仲，天剕掌狱灵官耿奉仙，天摎掌狱灵官吴令器，天挂掌狱灵官苏若澄，天诛掌狱灵官金道卿，天鬙掌狱灵官阎壳，天掠掌狱灵官马寿之，天制掌狱灵官严丕，天劀掌狱灵官宋子本，天政掌狱灵官邵彦安，天戮掌狱灵官童觉民，天摄掌狱灵官时庭老，天剥掌狱灵官褚潜，天□掌狱灵官，天狱府问政司吏褚逸，天狱府问难司吏阴道成，天狱府问结司吏甘令霞，天狱府司非校录正吏王仲果，天狱府司刑考谪典吏崔观之，天狱府司禁领摄上吏严威武，天狱府司察访主吏狄列甫，掌皇天下界牢狱上吏郭琼俊，三十六狱掌龙神吏谭伯灏，三十六狱定法下吏安庭元，三十六狱校刑中吏敬惟恭，三十六狱检法吏褚佑福，三十六狱大长通变情罚吏褚文，三十六狱修庭吏吕经常，统魔狱法正吏武玄卿，西台治法阅狱吏郑本，察狱杀吏全道康，直狱正吏郭刚武，掌风雷雪雹电光猛将惠日新，三五邵阳将军阎不惭，邵阳雷公火车将军任运力，建罡将军熊尚修，起罡将军赵守炎，发罡将军田斩妖，黄帝雷公将军黄定平，青帝雷公将军周耿，白帝雷公将军董无敌，黑帝雷公将军苏向前，赤帝雷公将军柳斩祟，天雷晃光将军周寿龄，水雷电光将军彻公用，邀绞扑杀大将军赵护国，霹雳号黑大将军钱斩邪，霹雳杀伐大将军童伯华，移山翻海铁甲使者强威力，动风鼓震天威赤文使者江汉卿，掌风雹金铃火令使者韩无择，三十六鼓雷力士观道光，降雹力士叶仙成，摧邪力士郭横行，玉枢殿下左神将姜迁，玉枢殿下右神将关帅允，北帝殿下左神将章成才，北帝殿下右神将张掩风，蓬莱司殿下左神将蒋世华，蓬莱司殿下右神将韦正一，天狱府直事真官杜啸风。

司命府雷霆右院圣位：

东方青帝考官晋昌年，南方赤帝考官杨炎明，西方白帝考官顾道宜，北方黑帝考官韩世隆，中央黄帝考官蔡秀实。

主雷大神程稀，欻火大神邓伯温，负光大神可道卿，振威大神诸葛新，兴雷大神宋不杰，引领大神贺永年，火目电光大神平克新，众目大神柳公子，执部领兵大神迁太平，负风猛恶神冯猛。

掌龙火云骑震山沸海大神东方器，掌霹雳火光银牙曜目威神辛汉臣，掌霹雳雷电猛吏威雷帅君辛汉卿。

年月日时四直禁师赵侯，雷公火车元帅邵阳公弼，左大判官林萼，右大判官段明，三五邵阳主帅将军郑彻灵，流金火铃大将军刘方天。

霹雳典籍功曹成永宁，霹雳记名书过功曹钱日流，霹雳覆

邓帅符
采自《道法会元》

勘功曹王公彦。

掌善功曹许志远，掌恶功曹向道真，掣电挥斧上命使者安道和，日晃阳光太极吏翁翠景，火铃威光公吏缪可程，玉光金精上吏威伯华，吹海扬波役阵灵华猛吏丰真和，掌苗稼五谷上吏乔洞虚，斩妖伐木开山火令神吏程曼卿，追雹击电猛吏袁处正，神快风量云上吏傅成辉，飞云走电大神吏童化基，掌雷车黑炁神吏董可观。

吞魔啖妖天甲神吏胥光俘，擒龙缚孽撼山大神吏牛发，掌火辖金书上吏邓进丹，丹元掌罪刑部正直吏应元京，部辖灵魔掌律文华吏和正之，勘劾妖魔校正善恶主吏通元发，掌善恶孝逆中和主吏谢晖，掌水旱分野灾沴上吏金铎，掌山林旷野溪谷主吏侯通，雷城主吏林春臣，雷威猛吏周昱昌，执节都吏陆靖，风雷神吏尚幽静，五雷直符使者丘太乙，黑面神荼徐君高，雷阵左领将军时即行，雷阵右领将军宋师元，掌雷鼓鬼帅都部吏彭元汉，掌刚风天汉吏刘若谷，起风兴云吏桂长卿，威剑震灵吏袁含真，掌霹雳火光吏尤勉，掌鬼政龙书吏范应规，西台雷雨吏洞阳褚凤，掌兵器甲卒吏尚丹天，追风布云电吏林运，龙围治水吏安镇卿，天雷掌火令孙穷元，负天担石太微令洞真瑶，掌天书文籍吏王文举。

斗中六通使者文太初，龙队监催使者华可容，霹雳搜龙使者陈宁，雷阵左右车使者李太素，散云历黑使者轰洞虚，缚鬼监送使者吴彦常，典录考禁使者熊可美。

霹雳催风使者黄世昌，霹雳迷魂使者王元宾，霹雳火车腥烟使者向敌，霹雳进火焚炎使者崔宣，霹雳火猪黑犬使者东方彦傅允，霹雳倒提摧拉使者成化成，霹雳四望使者鲦公仪，霹雳听察使者高彦宣，霹雳回车使者泰先师，霹雳喷云使者龙腾明，掌兵甲横身飞空使者乐禹功，驱风雷电雹斤斧使者云汉英。

先天梵炁雷法十将：

三山太一木郎大神，黑发，铁色面，欻火相，风带，左手执圭，右手握拳。

九斗阳芒火铃大将宋无忌，头盔金甲，左手仗剑，右手火铃。

大震霹雳真君刘为昌，白面凤眼，顶冠，白道服，朱履。

玉英巡察左使者母安，蓬头黄发，枣色面，金甲绿袍白面。

玉卫巡察右使者常忠，黄巾，枣色面，金甲绿袍，手仗斧。

兴雷起电使者吒真，青面，金甲绿袍，手仗剑。

兴云致雨使者金利，红面三目，金甲绿靴，手仗剑。

欻火律令元帅邓摄，赤发凤觜，肉翅，三面，飞带，手执针锤，跣足。

猛吏狼牙判官辛灏，牛耳幞头，赤发，青鬼面，绿袍，左捧簿，右笔。

飞捷报应使者张昭，朝天幞头，黄抹额，黄袍，结裙，执旗，直符状。或黄巾，红发青面，尖嘴双翅，红锯，执斧。

东井箕星使者，起雨将邵元君。

上清玉府五雷大法，为神霄派所传。王文卿序曰："雷神五，曰天雷，曰神雷，曰龙雷，曰水雷，曰社令雷。且有雷城。中有五雷都司，应时行令。自有五雷使，专司统摄五

天河取水符　采自《道法会元》

雷，下统北极、玉枢、蓬莱三司。凡世间风雨不时，亢阳为虐，旱蝗作孽，兵戈妄动，饥馑荐臻，皆由请命帝君，行令玉枢，即施号令。其枢自有设官三百员，辅赞生化之治。"雷霆火师曰："斗有神，府有枢，枢有相。故有玉枢院，又名斗枢院。设官分职，近二百员。辅真王之治，领雷霆之职。至于水旱之灾，兵戈饥馑，皆由执正而行。雷霆都司，乃北帝专司之所列官分职，佐玉机之政。凡世间水潦旱魃，悉请玉枢院禀听施行。至于雷霆斧铁，庆赏刑罚，有条不紊，悉有司存。天心有雷，但不专耳。且蓬莱司乃都水使者所统将吏，专司水职，分云布雳，兼江海河渎泉源之事。凡世间亢阳，必申玉枢院请奏，乞降雷泽以救生民。火师曰：前四司，独五雷院专权也。虽皆受制，每司各有猛将吏兵，统摄四院，威灵浩博，岂同他部之兵。学真奉法之士，皆请兵于此。条在传科，亦宜知及。"

大法将班队伍庞大，雷霆神位：

六波天主帝君，玉府上卿五雷使，玉枢院真君，蓬莱都水使者。

中央黄帝雷君，东方青帝雷君，南方赤帝雷君，西方白帝雷君，北方黑帝雷君。

雷伯青帝雷君，上清赤知大法君，上清玉府元命左文君，玉枢院副元君，雨师元君，风火元君，风伯元君，雨师仙君丈人，电光元圣君，火伯风霆君，龙雷君，雷令青君，卷水龙君，东灵上相元君，斗中真人，天雷真宰，神雷真宰，龙雷仙宰，水雷仙宰。

雷令主者，天雷上相，五雷院副使，掌火书金经大仙，霹雳大仙，火铃大仙，仓牙大仙，主雷大神，歘火大神，负光吏，振威大神，典雷大神，引领大神，六目电光神，众目大神，执部领兵大神，掌霹雳火光银牙耀目威神。

上清玉府玄天大法师，瑞光仙师，斗中枢相，雷令大师，玉真耀灵仙师，雷师皓翁，五雷皓翁，禁师赵侯，法令伐恶法师。

上清司命玉府右卿南宫上卿，四明公宾元君，雷公火云元帅，洞阳幽灵之神，火光流精之神，虚皇太华之神，金精青思仙娘，天雷风领之神。

斗中都水左使者，斗中六通使者，左大判官，右大判官，左判官，右判官，伏雷博士，掌善簿判官。

三五铁面火车将军，太岁大将军，三五邵阳主帅将军，流金火铃大将军。

霹雳典籍功曹，霹雳覆勘功曹，霹雳记书过功曹，掌恶簿功曹。

制雷挥钺上命使者，火铃威天公吏，日光阳光太极吏。

掌苗稼五谷上吏，玉光金精上吏，吹海揭波驰役押阵灵华猛吏，斩妖伐木开山火铃神吏，追雷击雷神吏，神诀风云上吏，飞云走电大神吏，掌雷车黑炁神吏，吞魔啖妖六甲神吏，擒龙捉孽撼山大吏，掌火辖金车上吏，丹元掌罪刑部正直吏，部辖灵魔掌律文华上吏，勘会妖魔校正善恶主吏，察善恶孝逆忠和都吏，掌水界分野灾沙上吏，掌山林圹野溪谷主吏，雷城主吏，雷威猛吏，执节都吏，风雷神吏，掌书判官，雷车对官，五雷直符吏，黑面神荼大神，雷车左领将军，雷车右领将军，主籍吏，掌雷鼓主帅都神部吏，掌刚风天汉吏，起雨兴云吏，威剑威灵吏，掌火铃使者，掌四季风雨令，掌霹雳火令，负天担石太微令，掌天书文籍令吏，掌居吏福元将军，掌霹雳火光令，掌鬼政龙书吏，西台雷雨吏，龙圈池水吏，追风布云虎吏，掌兵器甲卒吏，掌雷风雪雹电光吏，龙队监催使者，霹雳搜龙使者，律令使者，传令使者，苍牙使者，五雷使者，南宫火铃使者，雷阵左车使者，雷阵右车使者，散云呖黑使者，缚魂监送使者，典录考禁使者。

霹雳催风使者，霹雳送魂使者，霹雳火车腥烟使者，霹雳送火禁火使者，霹雳火车黑火使者，霹雳倒捉催拉使者，霹雳四望使者，霹雳察听使者，霹雳回车使者，掣电奔云使者，掌兵甲横身飞云使者，驱云雷电雹使者，斤斧使者，云中使者，移山翻海铁甲使者，动风鼓震天威赤文使者，掌风雹金铃火铃使者，掌疫疠使者，江河使者。

三十六雷鼓力士，降雹力士，摧邪力士，左持幢仙人，右持幢仙人，紫光童子，掌录童子，捧剑童子，掷光童子，执幡童子。

三五邵阳将军，邵阳雷公，火车将军，起罡童子，发罡将军，六龙将军；黄帝雷公将军，青帝雷公将军，赤帝雷公将军，白帝雷公将军，黑帝雷公将军；天雷晃光将军，水雷电光将军，邀放扑杀将军，掷火将军，霹雳号黑将军，霹雳戮伐将军；玉枢斗下左神将，玉枢斗下右神将，北帝殿下左神将，北帝殿下右神将，蓬莱司左神将，蓬莱司右神将。

神霄玉府外台斩勘五雷大法，为神霄派所传。

帅班：

雷主欻火律令大神炎帝天君邓燮，字伯温，天冠，王者服相，青衣，金甲，朱履，玉带，执铁钻锤，乘龙。

雷霆都督元帅玉府真君辛忠义，字汉臣，天冠，王者状，绿服，金甲，玉带，朱履，左执簿，右火笔。

雷霆飞捷符使旸谷神君张亚，字元伯，天冠，王者状。皂服，金甲，玉带，朱履，执剑。

东方甲乙九炁木雷使者蒋刚轮，字季真，元冠，青面，赤发，青衣，金甲，朱履，执斧，有清风车在前。

南方丙丁三炁火雷使者壁机，字灵真，天冠，微赤面，发黄，金甲，朱履，仗剑，有朱凤在前。

西方庚辛七炁金雷使者华文通，字子安，天冠，白衣，金甲，朱履，执斧钺，有白泽在前。

北方壬癸五炁水雷使者雷压，字成洪，天冠，面白，黑发，皂衣，金甲，朱履，执铁锤，有玄龟在前。

中央戊己一炁土雷使者陈石，字己灵，天冠，面微黑，黄衣，金甲，朱履，执铁简，有狮子在前。

雷霆疾捷冲元使者程卿，字端式，交脚幞头，红抹额，青面，赤发，红袍，金甲，穿靴，金带，执斧，踏蜃龙上，从雷九千万众。

高上神霄玉府西台斩勘五雷大法，为神霄派所传。

帅班：

神霄保生号令西台霹雳威化帝君赵德元，一名晖披发，赤面，金甲，皂袍，朱履，仗剑。

冲天威令霹雳广烈天君齐应卿，天冠，面微赤，三目，金甲，绛衣，玉带，着靴，执钺。

迴天明令霹雳狂飓天君师匡，金狮子兜鍪，青面，赤发，金甲，碧衣，金带，着靴，仗剑。

东方青炁横冲大神雷方中，天冠，威貌，金甲，青衣，执金钻锤，着靴，背雷车。

南方赤炁横广大神信烈，玄冠，青面，金甲，朱衣，着靴，执戟，遍身流光。

西方白炁横奕大神乌华元，被发，面微黄，金甲，白衣，着靴，仗火剑。

北方玄炁横轰大神膺化，冲天云冠，面微紫色，三目，金甲，皂衣，着靴，执鹰翎刀。

中央黄炁横禁大神卜惠臣，朝天幞头，面白，美貌，金甲，黄衣，着靴，掷火轮。

甲乙九炁烈雷大神木昉，青面，披发，金甲，青衣，执斧。

丙丁三炁烈雷大神龙巨卿，青面，披发，金甲，朱衣，执火轮。

庚辛七炁烈雷大神陈勋，青面，披发，金甲，白衣，执剑。

壬癸五炁烈雷大神金记元，青面，披发，金甲，玄衣，执斧。

戊己一炁烈雷大神马冲，青面，披发，金甲，黄衣，执刀。

摄霆追风使者杨英，执斧。

摄炎追雷使者向凤，执刀。

摄威追屯使者义允中，执枪。

摄明追雪使者王万，执火剑。

摄神追雹使者舒刚，执钻锤。

摄烈追雨使者房胃，执火车。

摄卫追雾使者冯仲，执炁车。

摄令追云使者柴茂，执弓矢。

已上并头戴交脚幞头，青面，三目，金甲。

催追雷光符使管谅光，獬豸冠，青面，三目，金甲，绿衣，执钺。

进火横天符使钟况，符使状，执戟。

先天雷晶隐书大法，王文卿传，以邹铁壁为祖师。邹铁壁为南丰人，与王文卿同乡。先师事王文卿甥上官真人，得授《先天雷晶隐书》。据虞集《灵惠冲虚通妙真君王侍宸记》言，上官真人得王文卿真传，名著当时，"际遇宁宗朝，法亦大显，赐号妙济先生"。《先天雷晶隐书·道妙》亦曰："此法侍宸所秘本，古玉枢三帅，至宣和时内藏所禁，不许妄传，独上官祖师家传得此，以付之先师铁壁邹公、玉蟾白公。"此外，邹铁壁又传《先天一气火雷张使者祈祷大法》于世。其门人追述说本派主法宗师有"祖师火师汪真君，灵惠冲虚通妙侍宸王真君，上官二三真官，铁壁邹真官，月鼎莫真人，宗师无为陈真人，存心李先生，秀峰邓先生，太和黄先生，前传后度诸大师真人"。则其道脉已延续至元代。

先天雷晶隐书大法，主法：高上神霄玉清真王长生大帝。

梵炁法主斗母紫光天后摩利支天大圣，三头八臂，手擎日月、弓矢、金枪、金铃、箭牌、宝剑，着天青衣，驾火辇，辇前有七白猪引车，使者立前听令，现大圆光内。

将班：欻火律令大神炎帝天君邓燮，雷霆都督铁笔注律大神青帝天君辛炘，先天一炁飞捷报应使者旸谷神君张珏，雷霆传音捷疾使者啸命风雷神君张云，雷霆发号都督使者太乙铁甲神君张亚。

阳雷五大蛮雷使者：马郁林，郭元京，方仲高，邓拱辰，田元宗。

阴雷五大蛮雷使者：蒋刚轮，毕机，华文通，雷压，陈石。

雷公江赫冲，雷母秀文英，风伯方道彰，雨师陈华夫，云吏郭士秀。

一炁掌令旸谷神君张珏，字元伯，先天之神，本无形象，乃意神也。以后天言之，其形凤觜环眼，朱发肉角，翅身赤色，遍身金书天篆文，足如龙爪，头戴天丁冠，身着红裙曳绿风带，左手持天皇令，右手执敕召雷神皂旗，跨井木犴。自太极化形，禀北斗廉贞炁而出，飞入斗口，或下海鞭龙。闻召劈面而来。

副将一炁运令啸命风雷使者张云，状如主帅，身青色，左手握雷局，右手拨云杖，乘火云，从主帅左畔至。一炁行令太乙铁甲使者张亚，状如主帅，身黑色，两手俱持铁斧，乘黑云，从主帅右畔至。

雷霆三要一炁火雷使者法，为神霄派所传。

主法：昊天至尊玉皇上帝。

将班：天罡大圣主雷真君马自奴，披红发，红面三目，着月下白道服，右手仗火剑，左手执火印，跣足踏火车。

河魁大圣节度真君董万春，红发，青面獠牙，鬼相，头戴缨络，项悬十二骷髅，左手执戟，红带黄裹肚，虎皮汗袴，跣足踏水轮。

斗母　清代　纸本设色
北京白云观藏

主雷欻火律令大神邓燮，朱发，天丁冠，蓝身，肉角，凤觜银牙，两翅，两脚鹰爪，绿风带黄裙，左手执钻，右手执锤，跨苍龙，身迸烈火。

雷霆猛吏都督辛忠义，青发青面，红眉青须，戴牛耳幞头，红衬衫，左手抱五雷籍，右手执火笔，着皂靴。

先天一炁火雷飞捷使者旸谷神君张珏，欻火相，三目两翅，青身赤体，左手执召雷旗，右手执斧，腰带碧玉牌，一面金字。

雷公电母，风伯雨师，五方蛮雷使者，合部雷神。

九天碧潭雷祷雨大法，为神霄派所传。

主法：浮黎元始天尊，昊天玉皇上帝，后土皇地祇，九天雷祖大帝，九天应元雷声普化天尊。

神将：雷霆飞火掌令大神陶公济，肉角，红发青面，双目，鹤喙，青身，四翅，龙爪，手足左握雷局，右仗剑，红裙仙带。

雷霆欻火律令大神邓伯温，肉角，红发青面，三目，鹰喙，青身，两翅，龙爪，手足左执雷砧，右执雷槌，作挥打之势，红裙仙带。

雷霆猛吏判官辛丰乘，戴牛耳幞头，青面，银牙，绿袍束带，白袴靴，左手执雷簿，右手执火笔。

雷霆飞捷使者张元伯，肉角，红发青面，双目，鹰喙，青身，双肉翅，龙爪，手足红裙飞仙带。如遣召雷神，执敕。召雷神，皂旗。腰悬巨斧，摇撼旗帜。如少刻召雷回坛之时，却插旗于腰间，双手用力挥执长柄巨斧，开通雷路，猛作奋劈之势，引领万万雷神，喧轰如云而至。如召遣赍章奏，则交脚幞头，红抹额，赤面圆目，红袍绿靴，左执章奏，右执斧如直符状。有破罡风、流金火铃开天门，诸神皆从之。

天雷部神雷部，雷神万万众，肉角，鹰喙，金睛，双翅，龙爪，手足风裙仙带，即先天雷公也。祈雨，各黑面，身托水号，黑梵号也。驱水兽，豹猢猿蚍也。万万成群，喷雨行事。祈晴，各赤面赤身，托火号，红梵号也。拒塞天河，驱火兽，虎猪猴蛇也。万万成群。喷火行事也。祈雪，各白面白身，托雪号，白梵号也。驱水兽，豹猢猿蚍也。万万成群，喷雪行事。

龙雷部雷神万万众，人首，龙鳞身，双翅，龙爪，手足，即是西南溟火光流精君也。所托所驱与天雷神雷同。

水雷部雷神万万众，人首龟身，双翅，龟爪，手足，即东南溟玉雷皓师君也。所托所

驱与天雷神雷部同。

社令雷部雷神千百亿万众，鬼面，全身铁甲，铁兜鍪，各执雷器，所托所驱与天雷神雷部同。

水雷神部从万万众，即北方雷使者。黑面黑发，金甲皂袍，左运水轮，右仗剑，跣足乘三足能，喷水万万，水兽成群从之。

火雷神部从万万众，即南方毕使者。赤面红发，金甲红袍，左运火轮，右仗剑，跣足乘火龙，喷火万万，火兽成群从之。

二十四炁神，状如神君。七十二候神，状如城隍。

高上景霄三五混合都天大雷琅书大法，为神霄派所传。

天雷部圣位：

天河箕星使者刘胜，一名孟端，头顶天丁冠，皂衣，骑小虎，手执金钺。

都天大雷火君，头戴天王冠，青法服，袖中握诀，乘龙。

天洞发生神风时，头戴力士冠，白色，三牙须，左手执捧，右手持令，身穿黄袍，金甲，绿靴。

天真启蛰神涂山问，头戴力士冠，赤色，怒容，左手持火铃，右手仗剑，身穿红袍，皂吊鞡。

毕火焚炎神伊育，头戴天王冠，青面，皂袍，金甲，左手持水轮，右手执蛇。

毕真晃光伍仲，头戴黄包巾，赤面，肥满身，穿绿袍，金甲。

天乌震威神申奕，头戴虎头帽，双手执火印，身穿青袍，皂鞡。

天镇呼风神后方，如大将军相，身上金装金甲，左手握诀，右手雷局。

天关霹雳神蔚仲坚，身长数丈，四目四臂，头戴天丁冠，身穿绯衣，皂袍，绿吊鞡，金甲，青面，左手上火铃，下雷匣，右手上金戟，下提剑，侍立坛前听令。

铁甲飞电神邓炳，头戴天丁冠，身穿皂衣，铁甲，手执铁锯。

仙都火雷神毕大行，黑面，身穿绯袍，手执金简，黄袍，青禄，金甲。

地雷部圣位：

天关房宿使者封军，一名许定，头戴天丁冠，身穿青服，手执金钺。

火伯风霆君，头戴天丁冠，身穿红服，左手握诀，骑龙。

火令雷主神阆伯，头戴小力士冠，青面，身穿红袍，双手铁东，脚踏火车。

流金火铃神宋诜，头戴黄包巾，黑面，身穿黄袍，左手火印，右手铁鞭。

雷公火车神邵容，头戴青包巾，鬼面金腮，身穿紫袍，抱大鼓。

散烟历黑神姜衡，头戴力士冠，身穿青袍色，手持长斧，绿鞡。

撼山震海神风暨，欻火相，无翅，双手雷局，赤体，青裙风带。

飞云走电神季公宾，头戴皂包巾，身穿黄袍，左手指火轮飞空中，右手仗剑。

移山翻海神江若冲，披发，面容紫色，身穿皂袍，双手金钺，黄鞡，铁甲。

震电霹雳神伯厖，全身铁甲，手执长斧，怒容，黑面长须。

斩圹变现神薛文英，猪头，雷公相，赤体，双手执斧。

水雷部圣位：

奎宿使者谢升，一名周升，头戴天丁冠，身穿白服，手秉金钺。

电光元圣君，头戴天丁冠，身穿白服，左手握诀，乘龙。

木郎奎光神姒思正，头戴天丁冠，面容青色，身穿红袍，右手仗剑，驾水轮。

玉雷皓师神丁文广，洞阳幽灵神丁文达，四明公宾神丁文惠，光流精神丁文行。

金精清思神姬安，本将服色，雷公相，鱼身。

鼓风卷水神冯夷，孩儿相，头戴道人包巾，执净瓶。

吹海扬波神伍元旦，头戴小天丁冠，托水轮，鱼身。

巨乘大华神祝启，头戴力士冠，身穿皂袍，金甲，乘龙，手执火印。

斗母巡游图　清代　纸本设色
李黎鹤藏

本部从官一人，头戴皂包巾，身穿黄袍，金甲，手执皂幡。

神雷部圣位：

鬼宿使者倪章，一名方刚，头戴天丁冠，身穿红服，秉金钺。

风火元明君，头戴天王冠，身穿皂服，左手握诀，乘龙。

欻火律令神邓伯温，银牙耀目神辛汉臣，威猛丁辛神义清。本将三头六臂，披全身金甲，手执火轮、火铃、雷鼓、风轮、火印、长金戟。

滴昔喝伽神，如大将军相，身穿青袍，三牙须，手执长斧，绿风带，四围皆火。

太乙元皇神，头戴小天丁冠，身穿红抱，铁甲，面容紫色，双手雷匣。

水轮冰钵神，头戴黄包巾，身穿紫雁花袍，金甲，左手火轮，右手仗剑。

山雷火云神，头戴青包巾，身穿黄袍，金甲，面容黑色，长须，左手握诀，右手掷水轮。

苍牙铁面神，披发，三目，身穿皂袍，银甲，左手执风袋，右手持铁鞭。

飞鹰走犬神，鬼面，头戴皂包巾，身穿红袍，左手持斧，右手执凿。

本部有欻火从官一人，交脚幞头，身穿青袍，黄抹额，双手金锤。

辛公从官一人，头戴紫包巾，青面金腮，绿靴，手执铁鞭。

社令部圣位：

娄宿使者唐文，一名张圭，头戴天丁冠，身穿黄服，手秉金钺，獒犬在前。

三山大雷火君，头戴天王冠，身穿黄服，左手握诀，乘龙。

咬网嚼舌神吴都天，披发赤体，身穿青裙，赤脚，执斧。

火猪黑犬神李景元，披发赤体，身穿红裙，赤脚，手执斧。

擒龙捉孽神黄伯钦，披发赤体，身穿白裙，赤脚，手执斧。

散雾织女神哥挺，披发赤体，身穿白裙，赤脚，右手执斧。

呼风四哥神公孙靖，披发赤体，身穿黄裙，赤脚，右手执斧。

布雨勾娄神何文弼，蓬头赤体，身穿红裙，赤脚，手执雷具。

掣电吉利神牟时，蓬头赤体，身穿红裙，赤脚，手执雷具。

震雷登僧神刘激，蓬头赤体，身穿红裙，赤脚，手执雷具。

鞭霆得色神华昭，蓬头赤体，身穿红裙，赤脚，手执雷具。

五方传令催风唐使者，讳彬，黄包巾，身穿红袍，金甲，面黑，仗剑。

催云李使者，讳元旦，交脚幞头，黄抹额，身穿皂袍，手执尖角刀。

催雷张使者，讳元伯，如直符状，手执召雷旗。

催雷纪使者，讳江奴，猪头雷公相，绿搭背，紫裙，手执简。

催雨焦使者，讳公卿，黄包巾，绿袍，白面，仗剑，剑尖上有火光。

气医何使者，讳然，头戴天丁冠，善相，红袍，手执符。

催生贺使者，头戴力士冠，面紫色，手托净瓶。

另一法坛，为王文卿所传，用于招役龙神，祈雨祈晴，故多为水府神将。

将班：

东方霹雳主令大将军瞿亨，黄衣，蛇头人身，两手执斧。

南方霹雳主令大将军孔光，白衣，鸟头鬼手人身，左手铁锥，右手铁锤。

西方霹雳主令大将军卫贞，青衣，猪头人手人身，左手执叉，右手持箭。

北方霹雳主令大将军扈青，赤衣，鸡头鸡手，左手持鼓，右执火轮，张口吐火。

中央霹雳掌四季令大将军任灵，黑衣，羊头鸟手人身，左手托香，右手雷火，张口吐火。

子时黑龙将黄荆，丑时玉龙将钊振宗，寅时青龙将呼风亚，卯时白龙将咄黎遮，辰时飞龙将叉鸠罗，巳时火龙将冰鸠鸱，午时赤龙将暖炎寮，未时巨龙将石阿雄，申时黄龙将旭执圭，酉时金乌将多伯言，戌时白羊将孙贞耳，亥时登龙将吴猛，应十二辟卦，掌十二时辰。

该坛传火铃祈晴符，甚有特色。符书毕，诵飞阳耀灵咒，掐火诀，召五方蛮雷，八卦大神，吸五方雷炁书符石头上，安祈晴坛中。次用新瓦盆里，书火铃符一道，却以盆定八卦龟符。次雷局又腰，上香关召："东方蛮雷使者马郁林，南方蛮雷使者郭元京，西方蛮雷使者方仲高，北方蛮雷使者邓拱辰，中央蛮雷使者田元宗，乾宫大将张宏，坎宫大将黄甫，艮宫大将立志，震宫大将李自明，巽宫大将赵逢，离宫大将徐永，坤宫大将吕清，兑宫大将余通，疾速到坛。"吸五方炁吹盆上，抛雷印在亥上，喝神用火轮，烧灵龟眼，即雨止。右法先奏三天，申五雷院，中天玉枢府，耀灵仙师，赤天大法师，牒欻火君，南方火府雷部，五方蛮雷，河图八卦大神，负风大神，次及城隍社令，具述祈晴事意。次牒差南方火铃，部领神将，疾速烧退阴云，阳光洞照。仍书火铃符于牒内，用绯钱甲马焚之。五方各一道。念火铃咒，存五方火轮满天地，取五方炁布虚空。再以震威符，用绯钱甲马焚于离上。立斗口，左离出午弹诀。呵心中绛炁一口，存火光亘天，欻火飞空，烈出炎焰。念：郁离贞，一炁七遍。想中天廓清，太阳耀明。

又有祈雪飞符法："先奏上帝，申雷霆三司，次东灵上相瑞光仙师，掌雪仙官，负风猛吏。牒本司主师雷神，布云布雪，黑面将军负风猛神催风，黑面将军辰星降雹，力士严风黑面将军同布阴云朔风，下降瑞雪。"

该坛又传祈雨捷法："凡祈雨，要牒蛮雷，默奏上帝，于半夜子时，面正东，备香案，时果五分，酒四十八分，枣汤十二分，乌水一盆，盛小乌龟七个。用青纸三寸朱书，用枫木烈火，念木郎咒八十一遍，烧符，雨便来也。""故我祖师侍宸云：行持之士，不造妙旨，形还坏灭。不积阴功，难达玄境。不炼精华，神不清悦。不济苦厄，道果难成。求仙道，不出为国为民，兴利除害，救危拯难，諴毒灭妖，正直聪明，精勤香火。释九玄七祖之罪尤，消万劫千生之衅结。灵文秘典，皆世上微妙之文，奥旨神方，普救沉疴之厄。明之者固守，得之者夙缘。毋背盟言，飞仙可待。辄犯真科，沉沦苦海，精严之用，响应在斯。"

欻火律令邓天君大法，为神霄派杨耕常传授。

主法：九天雷祖大帝。

主帅：九天欻火律令大神炎帝邓天君燮，伯温。赤发金冠，三目，青面，凤觜，肉翅，左手执钻，右手执槌，赤体珠缠络，手足皆五爪，上带金环，绿风带，红吊缴裙，两翼下二头，左主风，右主雨，遍体烈火，乘赤龙。

副将：东方蛮雷使者蒋刚轮，亚将李乾祐；南方蛮雷使者壁机先，亚将炎火锡；西方蛮雷使者华文通，亚将刘金海，北方蛮雷使者雷压，亚将温大同；中央蛮雷使者陈硕，亚将烟仲景。

雷公江赫冲，电母秀文英，风伯方道彰，雨师陈华夫，云吏李士秀，霹雳天关进烟使者崔宣，霹雳火鹰腥烟使者向敌。

东方大力天丁捉鬼将崔文德，南方大力天丁缚鬼将卢文信，西方大力天丁柳鬼将邓文忠，北方大力天丁拷鬼将窦文权。

先天一炁火雷张使者祈祷大法，为神霄派所传。

主法：南极星主句陈上宫天皇大帝。

将班：先天一炁火雷飞捷报应使者张燔，东方天雷使者蒋刚轮，南方天雷使者毕机光，西方天雷使者华文通，北方天雷使者雷压，中央天雷使者陈石。

东方伐恶蛮雷使者马郁林，南方伐恶蛮雷使者郭元京，西方伐恶蛮雷使者方仲高，北方伐恶蛮雷使者邓拱辰，中央伐恶蛮雷使者田元宗。

岳府五雷使者，王□、张巡、石固、关羽、萧天佑。雷公江赫冲，电母秀文英，风伯方道彰，雨师陈华夫，云吏李士秀，玄初统天雷王昉，玄初运地雷王洙。

祈祷行持，稽首顿首，再拜上言，恭灶真香，虔诚奏启："供养无上大罗昊天至尊金阙玉皇上帝，句陈上宫南极天皇大帝，紫微中天北极太皇大帝，九天雷祖大帝，太阳日宫帝君，太阴月府皇君，北斗九皇上道帝君，天罡大圣星君，普天一切星宰，天地水官三元大帝，北极天蓬天猷翊圣三天上帝，万法教主紫皇玄天元圣仁威上帝，祖师泰玄都省金阙四相真君，本法祖师仙姬白元君，祖师火师汪真君，灵惠冲虚通妙侍宸王真君，上官二三真官，铁壁邹真官，月鼎莫真人，宗师无为陈真人，存心李先生，秀峰邓先生，太和黄先生，前传后度诸大师真，天下名山洞府岳读主宰真灵，当境山川社稷河源潭洞，掌风云雷雨主宰神祇，本郡城隍祀典之神，太岁诸煞神君，玄虚过往感降一切真灵，恭望圣慈，俯垂降鉴，普仗真香，悉同供养。臣今谨为入意。丐行祈祷雨泽，救济旱伤事。"

先天一炁雷法，为神霄派所传。

主法：祖师火师雷霆教主白洞灵安河魁汪真君，宗师太素大夫金门羽客侍宸王真君。

主将：先天一炁飞捷报应使者旸谷张神君珏，肉角肉翅，朱发，赤身，凤爪，天丁冠，风带，左手召雷旗，右手雷斧，跨黑龙。

副将：东方魔朋使者，南方烈煞使者，西方黑猛使者，北方恶轰使者，中央焜电使者。并猪首人身，各随方相。各带本方雷鼓雷火随之，乃先天五雷也。

东方蛮雷蒋刚轮，南方蛮雷毕机，西方蛮雷华文通，北方蛮雷雷压，中央蛮雷陈石，雷公江赫冲，电母秀文英，风伯方道彰，雨师陈华夫。

雷霆飞捷使者大法，为神霄派所传。

教主北极镇天真武玉虚师相玄天上帝，祖师三天扶教大法天师泰玄上相张，祖师高上神霄玉清真王南极长生大帝。

神将：雷霆六一天喜神君飞捷张使者珏，青面鹰觜，通天冠，红袍，肉翅，脚如鹰爪，形如邓天君状，手执雷斧，无龙。

五方蛮雷大神，九州社令神君，雷部官君帅将。

北真水部飞火击雷大法，为神霄派所传。火师曰："雷霆中有张水部者，昔佐大禹平水有功，退隐西蜀，得黄帝广成子辟谷之道，遇夜飞神朝斗，功成道备，上帝召为水部判官，总四渎五湖、十二溪、九江八河、水司之政。凡水府龙神，皆属所隶。昔晋天师郑思远，一日朝真退坐，仿佛见神人美须髯，方颐广颡，圆目庞眉，冠远游之冠，朱衣朱履，诣前稽首云：'某即水部也。昔朝斗功成，虽未得上仙，因主水部，兼中界社令，尽属统摄。凡龙神水吏，天下旱涝之事，皆得领焉。昔北帝遣某隶玄武上真，有符咒文字在终南山石室中。师可往取之。'明旦郑天师入山寻觅，但闻空中有声云：'此去投北登小岭十余步，三松共一根，下有石室，其文在中。'天师得之，祈晴祷雨，请雪禳灾，阐扬应感，不可胜纪。后宣和间王侍宸得之，于是斯文广衍流传，随用随应。其间亦有得道宗师，续奏诸神，补添法中助任驱役之事。凡行祈祷，必先备录事情，奏闻北帝，请降敕命，奏玄天上帝，降赴威光，证明祈祷，申水部判官，牒法部官将，应诸水司社令龙神，限日时报应。设祭行持，无不报应。"

主法：教主北极佑圣真君玄天上帝。

将班：雷霆水部都大判官张渤，即祠山大帝也。

关于祠山大帝张渤的事迹，亦见于《搜神记》《夜航船》。《搜神记》载："大帝姓张，讳渤，字伯奇。武陵龙阳人也。父龙阳君，母曰张媪。龙阳君与媪游于太湖之陂，忽风雨晦冥雷电并起，失媪处，俄顷开霁，媪言见天神赐以金丹，已而有娠。西汉神雀三年二月十一日夜半生，长而奇伟，隆准修髯。有神告以地荒僻，不足建家，命行。有兽前导，遂与李夫人东游吴会，渡浙江至苕云山、白鹤山，山有四水，会流其下，公止而居焉。于白鹤得柳氏，于乌程桑丘得赵氏为侍人。王九弟五子一女八孙，始于吴与郡长兴县顺灵乡，役阴兵，自长兴荆溪，疏凿圣渎，长三十里，志欲通津于广德也。王设鼓坛，为鸟所误，王见夫人，变形未及，遂不与夫人相见，化于广德县西五里横山之顶，居民思之立庙祀焉。夫人亦至县东二里而化，时人亦为立庙。圣之河渎，湮为民田，即浴兵池，为湖灌溉，濒湖之田仅万顷。挂鼓之坛，禽不敢栖，蚁不敢聚。云唐大宝中，祷雨感应。初赠水部员外郎，横山改为祠山。昭宗赠司农少卿，赐金紫。景宗封广德侯，南唐封为司徒，封广德公。后晋封为广德王，宋仁宗封为灵济王，至宁宗朝累加至八字王，至理宗淳祐五年改封正祐圣烈真君，至咸淳二年加封正祐圣烈昭德昌福真君。"①

张岱《夜航船》卷18《祠山大帝》："父张秉，武陵人，一日行山泽间，遇仙女，谓曰：'帝以君功在吴分，故遣相配。长子以木德王其地。'且约逾年再会。秉如期往，果见前女来归，曰：'当世世相承，血食吴楚。'后生子，为祠山神。神始自长兴自疏圣泽，欲通津广德，便化为豨，役使阴兵。"

祠山大帝的属下尚有邓禹、壬真一等。都部押发使者邓禹，水部擒龙大神壬真一，水部搜龙大神吴昌，水部驱龙大神李颐，水部鞭龙大神王禹臣。已上并青面鬼状，铁甲冑，执剑戟。

---

① 道藏：第36册[M]. 北京：文物出版社，上海：上海书店出版社，天津：天津古籍出版社，1988：264.

兴风激浪使者姜雄，鼓风波涛使者屈平，蒸云蒸雾使者赵太平，搏云作水使者乐毅，散云生风使者盖胜之，能雨能晴使者樊世仁，飞霜凝冰使者白起，剪水结雪使者辛元礼，收阳降雨使者孙胜，飞火击雷使者丁炳，掣电迅雷使者吕宜，报事通达使者龙武周。已上并青鬼面，毡笠，皂靴皂袍，执铁槌。

石匣水府起风云致雨法，为神霄派所传。火师曰："久晴不雨，田禾枯槁，宜奏玄帝，丐差降张水部驱龙行雨。或用铁板，或用新瓦一片，书二符，投于川源潭洞龙井有灵异去处。或欲起风，用活鲤鱼一尾，顿二符于腮中，但用小小纸片书之，放于有龙处。却用皂旗，默召丁壬二将，念前咒，向空中扬舞指挥之。狂风即至。或欲祈雨，建坛召将，烧召水部丁壬符，存心火赤精之炁下降，肾水黑精之炁上腾，二炁混合于中黄之位，从夹脊直上十二重楼，透出顶门，在空中。存丁壬二将与空中来者相合，张大判官居中，丁壬诸神，五湖四渎，九江八河，一切水司，翕然会于顶上空中。却存吾身为玄天上帝，面天门白祈雨事因。念水府神咒、天蓬咒、《天童经》《灵书中篇》各七遍，存诸神驱龙役电，奔风行雨。却以双手掐子文，握斗诀，用两袖欻起于空中。如见有鱼鳞云、骨堆云，一至十，白变黑，则雨至也。如欲催促报应，则阳日步阳斗，阴日步阴斗，面天门召将吏、两手雷局，运心肾二炁于中黄冲上，从顶门而出，取赤黑金光三炁吹空中，存见水部领诸神水司，聚集行雨也。若久雨不晴，则当空运心肾二炁交会，于中黄混合，涌从夹脊直上，透顶门，出赤黑金光之炁，兆以双手掐午文，呵散云翳，存诸水府行雨龙神将吏，各还所司。如祈雨则存诸神毕聚，祈晴则存诸神朗散。此乃是其秘也。"

帅将：祠山正祐圣烈真君张渤，左卫大将军丁圣者旷，右卫大将军壬圣者泳，先锋报应大将军方通。

神位：

高上神霄进火焚炎元帅安广，狮子兜鍪，赤面，金甲，着靴，执节，有赤火猪从之。

高上神霄腥烟霹雳元帅杨祈，龙首兜鍪，白面，金甲，着靴，仗剑，有黑火犬从之。

高上神霄烈火冲天符使：何良，青面，执斧。王纪，金面，执火轮。钟熙，白面，执戟。储信，黑面，执冰车。已上并通天幞头，金甲，朱衣，皂靴，佩弓矢。

高上神霄霹雳符使岳崇，冲天幞头，黄抹额，面美貌，金甲，玄衣，着靴，执雁翎

祠山大帝
采自《三教源流搜神大全》

刀，统雷神十万众。

高上神霄九阳玉元五雷大法，为神霄派所传。

帅位：

神霄九阳梵炁玉雷元帅赵阜，王惠，大将军状，专管捧符祈祷。

将班：

玉元冲妙一阳神化天君延仲，执节。

玉元明令二阳神化天君孚育，仗剑。

玉元奕英三阳神化天君端中，玉策。

玉元通明四阳神化天君王方，执斧。

玉元昭炳五阳神化天君由伋，执节。

玉元或和六阳神化天君高阜，执刀。

玉元征完七阳神化天君元平，玉匣。

玉元良茂八阳神化天君杰亮，执剑。

玉元于宏九阳神化天君留昌，小戟。

已上九王，福相，帝服，青衣，金甲，朱履。

玉元雷光符使胡安，冲天幞头，青面，金甲，朱衣，着靴，执雁翎刀。

雷霆祈祷秘诀，为神霄派所传。法中召请诸多神灵，祈祷禾稻丰登，百物滋茂。诀曰："檄请五方传音飞捷报应使者六乙天喜旸谷张神君，火急依时关告主雷欻火邓天君，雷霆副帅辛尚书，驱雷程雍二元帅，主副康刘二元帅，上坛九将，下坛九将，九天啸命一风雷吕使者，雷门苟毕二雷神，太极霹雳雷王，天地人三十六位雷公，三劫列宿灵官，七星雷王，二十八宿雷王，二十四炁雷王，十二时令雷王，太乙天章阳雷霹雳专司上将，左右龙虎魏薛二大元帅，太乙所部三司二院内外两坛诸大雷神，神霄火犀雷府主管。不信道法朱将军，副帅沈使者，号黑历黑、陈钱二大雷神，斩勘蒋、璧、华、雷、陈五大雷王，郭亮、邓元皇、何思全，九子真威天公，雷公江赫冲，电母秀文英，雨师陈华夫，风伯方道彰，使者卫日新，六十甲子出宫风云雷雨电五大雷神，太岁地司雷霆，白虎黄旛豹尾火轮燥霹甘泽流火雷王，五岳下诛邪伐恶雷王，暗天暗地雷王，飞沙走石雷王，火丑将军，火急闭阳使者，婆猛邓兴娘，三千六伯部署邵元君，调发三十六雷鼓力士，摽纤使者，莫赚大神，撼山倒海等使，川源潭洞龙王，酆都行司关元帅，张李牛头狱主，东岳温元帅，东平威烈通天大元帅，张、萧、黄、刘、王五太元帅，今年当季行风布雨龙雷部众，城隍社令山川潭洞龙王，一切雷王所隶社令妖雷，六毒蛮雷，一切神吏，各各承令，遵奉今来祈祷事理，定限某月某日时，各各同心协力，诛剪旱虹，部领风云雷雨电前来，以俟当职登坛。先期驱动阳雷，大轰霹雳，飞沙走石，卷水扬波，移山拔树，蔽日兴云，行风布雨，遍澍人世，普救焦枯。悉得禾稻丰登，百物滋茂，明彰报应，次显神威。檄至，急准真皇号令，奉九天雷祖敕，始祖符命，星火奉行。"

混元六天妙道如意大法，为神霄派所传。

师派：混元开教大慈普惠真人路大安，混元演教一炁妙道真人雷时中，天隐卢真人，九天金阙少宰仙真雷使查真人，天全张真人。

将班：

主坛大都督青帝天君辛汉臣，副坛都总管炎帝天君邓伯温，混元都部辖灵官元帅马胜，雷霆飞捷报应使者张元伯。

东方飞云激电神王蛮雷使马郁林，南方飞云激电神王蛮雷使郭元伯，西方飞云激电神王蛮雷使方仲高，北方飞云激电神王蛮雷使邓拱辰，中央飞云激电神王蛮雷使田元宗，雷公江赫冲，电母秀文英，风伯方道彰，雨师陈华夫。

雷府管打不信道法大将军朱彦明，雷门忠孝左伐魔使苟翌冲，雷门忠孝右伐魔使毕山则。

八卦洞神天魂正将庞灵，八卦洞神地魄副将刘通，混元行神布炁马居仁、耿居一，天医符炁药针灸砭六职治病仙官，大威德神通最上灭魔显法小翻山张贤圣，布炁功曹闾丘释、张大用、祝清、孙达、刘定光、张元毅、田晖、王元、赵钦、张明远，捉缚枷栲四功曹何鼎、何焘、何清、何渊，八卦天医主帅赵邦英，八卦天医副帅许仙定，直日五雷田文伸、崔至文、刘晏、陶公济、高刁，天医百药退病李绅、朱子荣。

混元六天如意大法，为神霄派所传。

主法：祖师混元启教一炁妙道普惠路真君，祖师混元开教一炁妙道普济雷真君。

帅将：主坛三十三天雷霆大都督青帝辛天君，混元主将正一都统辖魁神灵官马元帅，混元攻炁副将耿元帅。

十大功曹众将：闾丘释，张大用，祝清，孙达，刘定光，张明远，田晖，王元，张元毅，赵钦。报事功曹路祥，布炁功曹皇甫正，催召童子柴致兴，百药天医朱子荣、李绅，催生保产天丁高刁，风轮荡鬼将军周巨夫，腾魂倒降伐魔治病小翻山张贤圣元益。拔山栲鬼折指报应大帅雷轰，腾天倒地袞邪缚祟素练白蛇大将马充，捉鬼童子何鼎，缚鬼童子何焘，枷鬼童子何清，栲鬼童子何渊，掌剑印童子朱士登，临坛涤秽运炼十大太保，混元符图云篆百千官将。

天罡生煞大法，为神霄派所传。

主法：祖师北极天罡大圣万真节度紫庭真人威光上帝。相紫堂色，三目，中天目常闭不开，前戴天丁冠，后发蓬松，后面黑炁迸天，光芒贯斗，红发须，身穿素罗袍，右手仗剑，剑尖有火炁，左手垂，跣足，天目气赤，左目炁青，右目炁白，常现杓前。

其启请咒描述了天罡大圣的形象与神威："仰启天罡大圣者，上司天令显威神。化现巍峨万丈身，九目三头分六臂。青面金冠持宝剑，赭袍烈焰耀乾坤。常指雷城十二门，赫奕独操生煞柄。黑白红光前贯斗，时时亲见破军星。六龙驾火烧鬼神，斩灭虹霓绝妖气。志心皈命朝至尊，惟愿分辉降尘世。大圣大慈大悲大愿北极天罡大圣万真节度紫庭真人威光上帝。"

中皇总制飞星活曜天罡大法，为王文卿传。

主法：上清北极天罡大圣奎光节度紫庭星君。

五方五德大神：东方紫微大神王，南方赤体大神王，西方白刃大神王，北方黑雾大神王，中央黄头大神王。

摩尼大力火轮金刚，万丈鸠罗大力火轮神将，乾罗飞天火车元帅，地轴希卢火马猛将。

天罡依时日或科仪而变形，颇为神奇。阴日（乙丁巳辛癸此五日属阴），真形如斗星状，披绀发，赤枣色面，三目，穿素罗仙衣，红长裙，朱履，丁立，足踏烈焰飞天火轮，左手斗印，右手仗三昧火剑，挺身万丈，立冲天烈焰火光中。阳日（甲丙戊庚壬此五日属阳），真形如大力鬼王相，三头九目，赤枣红面，冲天发，金天丁冠，绯袍金甲，黄裙飞带，六臂执斧戟弓箭帝钟印索等物，身长万丈，足踏烈焰火轮，立冲天烈焰大火光中，天上地下六合周回皆飞烈火，如秽迹真像。

天罡形象犹如秽迹金刚，说明道教与密宗的交往密切。斗姆为摩利支天，天罡为秽迹金刚，显然皆取自唐代密宗。道教借秽迹金刚的神威，以增强天罡的法力。

秽迹金刚亦称"除秽金刚"，即"大力威怒金刚"，全称"大力威怒金刚乌刍史么"。身体为黑色，三头九目，赤发上竖，八臂缠龙，头顶坐释迦牟尼，右一手持开山印，右二手执五股金刚杵，三手执八辐火轮，四手执宝戟；左一手持都摄印，左二手持金刚宝铃，三手持绢索，四手执宝剑。秽迹金刚法于《大正藏》中有载，《大正藏》密教部收有北天竺三藏沙门无能胜所译的《秽迹金刚说神通大满陀罗尼法术灵要门经》及三藏沙门阿质达霰译的《秽迹金刚法禁百变法门经》。据《秽迹金刚说神通大满陀罗尼法术灵要门经》载，释迦牟尼佛在临入涅槃之时，天龙八部、诸天大众皆来供养，唯有螺髻梵王独不来觐省，颇为傲慢。诸大众遂遣小咒仙、无量金刚等持咒前往捉取梵王，但无人捉得。于是，释迦牟尼佛遂随左心化出"不坏金刚"。此金刚于大众之中显大神通，且自腾身至梵王所，以指指之，其彼种种秽物，变为大地。梵王屈从于金刚不坏之力，发心至如来所。此金刚遂号曰"秽迹金刚"。白玉蟾指出："释迦化为秽迹金刚，以降螺髻梵王，是故流传此教，降伏诸魔，制诸外道。不过只三十三字金轮秽迹咒也。然其教中，有龙树医王以

秽迹金刚　采自《大正藏》

佐之焉。外此则有香山、雪山二大圣，猪头、象鼻二大圣，雄威、华光二大圣，与夫那文太子、顶输圣王，及深沙神、揭谛神以相其法，故有诸金刚力士以为之佐使，所谓将吏，惟有虎伽罗、马伽罗、牛头罗、金头罗四将而已，其他则无也。"①

洪迈《夷坚志》中收有七条有关秽迹金刚的资料：《夷坚三志》辛卷"古步仙童"，《夷坚甲志》卷第19"秽迹金刚"，《夷坚丙志》卷第6"福州大悲巫"，《夷坚乙志》卷14《全师秽迹》，《夷坚丁志》志卷四《戴世荣》，《夷坚支景志》卷5《圣七娘》，《夷坚甲志》卷第19"秽迹金刚"，《夷坚甲志》卷第19曰："漳泉间人好持秽迹金刚法，治病禳禬神降，则凭童子以言。"②

雷霆三五火车灵官王元帅秘法，萨守坚传。

主法：祖师西河上宰汾阳救苦萨真人守坚。

主帅：雷霆都天豁落三五火车纠罚灵官铁面雷公王善，赤面红须发，双目火睛，红袍绿靴风带，左手火车，右手金鞭，状貌躁恶。

副将：左直轰赫震灵大将军轰天霹雳元帅陈威，右直轰烈飞黑大将军金鞭考鬼元帅丘先。

银牙凤觜官将三千人，虎首貔貅吏兵百万众，监魂毕元帅，捉缚枷拷斩烧冰压八大神将，飞天夜叉精兵三十万众。

豁落灵官秘法，萨守坚传。

主法：祖师神霄通灵西河上宰萨守坚。

将班：都天豁落猛吏赤心忠良制鬼缚神火雷霹雳灵官王善，赤面赤发，黄结巾，金甲红罩袍，左手执索，右手持铁鞭，绿靴，背负虎皮袋，状貌威恶。

南极火雷灵官王元帅秘法，萨守坚传。

师派：祖师汾阳散吏救苦真人萨守坚。

将班：南极火雷赤心忠良猛吏王善，面红紫色，黄巾红袍，金甲，虎须虎睛，绿靴风带，左手雷局，右手执金鞭。

副将：左直大将军陈威，右直大将军丘先。二将并是符使相貌。

白捉五雷大法，李清叔传。

主法：祖师玉帝御前伏魔上相李真君渐，字清叔，号放翁，玉清相，貂蝉冠，执玉圭，紫法服，朱履。

圣位：

雷门左伐魔使知南极天枢院事总辖雷霆都司一府二院三司事元帅苟翌冲，欻火相，无翅，觜不尖，青面，红天衣，紫结巾，欻火脚，执雷锤钻。

---

① 道藏：第33册[M]. 北京：文物出版社，上海：上海书店出版社，天津：天津古籍出版社，1988：114.
② 洪迈. 夷坚志[M]. 北京：中华书局，1981：171.

雷门右伐魔使知北极驱邪院事主管雷霆都司军辖事元帅毕朗，欻火相，青面，皂衣，欻火脚，执斧锤。

四直使者陈安、刘吉、孙德、张京，并功曹服。

三十六雷七十二考召合属官将，紫虚郁秀坛合坛官将，雷霆欻火律令邓天君，雷霆都督猛吏辛天君，雷霆飞捷使者张神君，正一魁神灵官马元帅，东岳地祇上将温元帅，酆都诚魔朗灵关元帅。

混元一气八卦洞神天医五雷大法，张元真传。

主法宗师：祖师中天星主北极紫微大帝，祖师八卦主法妙道自然上帝，祖师玉虚师相紫皇玄天上帝，祖师辅元大法师正一静应真君，祖师三十代天师玄通弘悟真君张继先，宗师青城山紫虚妙道真君张元真，宗师金阙左辖真君刘致清。

神霄金火天丁大法，主法三师：祖师高上神霄玉清真王长生大帝统天圣天尊，玄师高上碧霄上清华王青华大帝寻声救苦天尊，真师高上丹霄太清韩王可韩丈人朱陵度命天尊。

将班：三炁丹天威感昭灵感应火府上宫绣衣天信玉神金火天丁火铃妙帅昭应真君，天丁姓张名忠，翠发，天丁冠，美眉玉色，满月相，赤情，红锦团凤金花袍，红锦抱肚，绿风带，金锁子甲，玉束带，朱履，遍身流火，左执金钟，右仗火剑，乘火鸾火凤，或骑火龙，或飞步太空也。

火铃童子四员，火铃金光童子张道真，火铃玉光童子张道明，火铃瑞光童子张道升，火铃焕光童子张道常。童子绿鬓颒髻，绯衣大袖，绿裳，朱履，左剑右铃，内有六小铃，变相也。

火铃女兵九九八十一万众，女兵皆顶四角花皮笠，绯袍，金甲，汗袴绿吊鞍，长瓮靴，手执戈戟，翊卫天丁也。

在摄召金火天丁仪中，首先赞颂大圣统天元圣天尊、大圣寻声救苦天尊、大圣朱陵度命天尊宝号，普召神霄永乐仙，鸾驭浮空齐降下。伏以香浮玉篆，翠雾轻笼，凤舞鸾翔，金光赫焕。上达虚皇妙境，直冲宝梵仙宫。谨运真香，供养："虚无大道至尊上帝，玉清真王金容玉相天尊，青华大帝太乙救苦天尊，可韩丈人丹霄应化天尊，玄天上帝终劫济苦天尊，南上受炼真人，妙行真人，救苦真人，大慧真人，九华真人，三元三官大帝，北极三圣真君，灵宝五师真君，灵宝教主显佑真君，炼度教主冲应真君，黄箓教主妙济真君，上清黄箓院三佐真人，玉府九司真君，请因教主雷霆火师真君，雷师皓翁真君，玉真教主妙济普化天师林真人，太素太夫侍宸王真人，左元真伯张真人，琼瑶金丽陈真人，左执法君薛真人，六阴洞微仙卿卢真人，虚元统化真卿徐真人，火铃仙卿刘真人，神霄历代传派宗师，金火天丁火铃妙帅，火铃主炼仙官，火铃玉册仙官，神霄解罪救苦度魂仙官，九斗阳芒流金火铃大将，解冤释结大将军，火铃童子、女兵，雷吏霄伯，灵官公孙元帅，神霄功曹、素女，冥司急取亡人案典者温元帅，神虎何乔二大元帅，酆都内台杨元帅，酆都行司关元帅，艮宫摄亡丘天丁，三界召魂使者，地府五道将军，溟冷大神，泰山府沿路土

地，玄都茭龙驿吏，地府赍简童子，九龙符命使者，法院官将，岳府隍司瘟司主宰，三界四直功曹，当境社令土地等神。遥空启奏，恭想鉴观。孝信恭虔，谨陈酌献。"

金火天丁阳芒炼度仪中，道众序立，炼师建坛，知炉请师登座祝香。腾空供养："虚无大道七宝玉帝，神霄真王统天元圣天尊，碧霄华王寻声救苦天尊，丹霄韩王朱陵度命天尊，东华木公上相，西真金母元君，九天生神上帝，十回度人天尊，紫皇教主玄天上帝，灵宝教主显佑真君，炼度教主冲应真君，黄箓教主妙济真君，诸天省院高真，三官三圣四师真君，黄箓院三佐真人，请因说法教主火师白洞灵安汪真君，宗师玉真教主妙济普化天师林真人，左元真伯张真人，琼瑶金阙陈真人，左执法君薛真人，六阴洞微仙卿卢真人，虚元统化真卿徐真人，火铃仙卿刘真人，神霄历代传教宗师，神霄金火天丁火铃妙帅，火铃主炼仙官，火铃玉册仙官，神霄解罪救苦度魂仙官，九斗阳芒流金火铃大将，解冤释结大将军，九霄生化运真玉童，火旺大丹玉童育阳将军，金生太素玉童含阴将军，破秽青腰太和玉女，承差追摄拯济炼度监临侍卫宣通召命诸司帅将，十方三界证监神祇。伏愿三真玉女，九华金娥，列仙仗以奔驰，捧天韶而和奏。流金掷火，来降灵坛。走电奔雷，齐临法席。鉴今虔恳，广运慈悲。"

《混元一气八卦调神天医五雷大法》

将班：

上清八卦洞神主法大元帅庞灵，坐镇中宫，统摄八卦将吏所任之事。凡有行持，先召此将，动报吉凶，然后行事。

上清八卦洞神掌法副元帅刘通，辅佐主帅，运守中宫，统隶八将。凡进遣章表应干事务，先召此将，如意行事。二将并如玄帝相，披发跣足，左红袍，右皂袍，仗剑。

乾宫捉鬼天丁张宏，主管本坛将吏，五雷力士，玉童玉女，功曹符使，应干本坛决断鬼神情罪，纠察将史功过，行移公文，并委此将。

坎宫缚鬼天丁黄甫，主管水府一应事件，水怪妖精，应水府河源，行移追摄，并委此将。

乾卦神　元代　壁画
山西芮城县永乐宫

艮宫枷鬼天丁丘至，主管灵宝院事，天医治病，功曹童子，符药等事，听号令，应召天医治病救苦摄亡，积文委之。

震宫拷鬼天丁李自明，主管鬼部公事，甲乙木部神将，树木妖精等事，祈求雨泽，兴雷诛斩树木精怪，并委此将。

巽宫水鬼天丁赵逢，主管风雷雨雹飞沙走石等事，兼救苗稼，行移公文委之。

离宫烧鬼天丁徐意正，主管火部南陵使者，火轮神将，火铃童子。烧诛鬼神。应召火部将吏，烧灭邪精等事，并委之。

坤宫压鬼天丁吕清，主管住宅太岁禁忌，井灶土地山林等事。太岁以下神祇，住宅禁

坎卦神　元代　壁画
山西芮城县永乐宫

艮卦神　元代　壁画
山西芮城县永乐宫

震卦神　元代　壁画
山西芮城县永乐宫

忌，行移委之。

兑宫斩鬼天丁余逼，主管斩戮鬼祟，及赏给符使钱马，兼祈雨，禁治五金精怪等事，移文委之。

天医主帅许仙定，天医主帅赵邦义，直日五雷大神田文伸、崔至文、刘晏、陶公济、高刀，天医大圣郭都，炁医大圣刘先，符医大圣赵德，九天四直徐、江、赵、崔天丁，南极荡凶元帅苟狻、毕獬，总帅赵元明，六职治官，尚药灵官，治病功曹。

大法中收有陶将军符，用于擒妖捉鬼。书符时凝神聚气，手握雷局，存想陶将军面紫黑色，赤发，跣足，着皂袍，披金甲，左手执斧，右手执刀，现前。取巽炁布笔书符。咒请五雷使者总管将军，朱雀、玄武、青龙、白虎、勾陈、三五将军，上元将军唐宏，中元将军葛雍，下元将军周武，纷纷降临，八卦大神，罗天列地。

高元帅催生符，用于护身保命，保护母亲、婴儿健康降世。符成，取生炁布身，存想婴儿顺生。再念敕咒："太乙之精，太一速行。上帝敕命，疾速催生。卫房圣母，监生大神。注录掌籍，福禄光辉。符命降下，道炁长生。急急如律令。"

高元帅，即九天监生大神，为主管生育之神。道教神系中设监生大神，主掌九天监生司，属下有催生、保产等官将吏兵。《太上洞玄灵宝无量度人上品经法》卷2曰："监生大神，即度生真人也，字扶义。"[1]《上清天心正法》卷3描述监生大神形象说："顶力士冠，金甲，全帔皂履，卓剑而立。"[2]

---

[1] 道藏：第2册[M]. 北京：文物出版社，上海：上海书店出版社，天津：天津古籍出版社，1988：486.
[2] 道藏：第10册[M]. 北京：文物出版社，上海：上海书店出版社，天津：天津古籍出版社，1988：624.

第二十六章｜两宋神霄派神仙谱系

九清太皇府天医八卦洞神五雷大法，张元真传。

主法：雷祖主法妙道上帝。

神将：主师庞灵，青面蓝身，红袍红裙仙带，左手斗印，右手仗剑，乘青龙，云气从之。副帅刘通，黑面黑身，皂袍，青裙，仙带，左手雷局，右手执雷槌，乘白虎，风声从之。

主坛：陶公济，青面青身，皂袍，红裙，仙带，双执雷槌，作奋力挥打之势，火焰从之。

以上三神，俱鹰觜龙爪手足。

八卦大神：乾宫捉鬼天丁张宏，坎宫缚鬼天丁黄甫，艮宫枷鬼天丁丘志，震宫拷鬼天丁李自明，巽宫斩鬼天丁赵逢，离宫烧鬼天丁徐永，坤宫冰鬼天丁吕清，兑宫压鬼天丁余通。天丁冠，随方服色，各执本职器械。

九州社令蛮雷大法，万鼎新传。

主法：

祖师九州都仙大史神功妙济真君许逊。

祖师无上阳光玄虚妙道至感真君万鼎新。

祖师上清三洞法师雷霆大使王宗白。

祖师上清三洞经箓西台雷雨令青阳鼎。

祖师金阙侍宸玉枢使相梁天津。

巽卦神　元代　壁画
山西芮城县永乐宫

离卦神　元代　壁画
山西芮城县永乐宫

坤卦神　元代　壁画
山西芮城县永乐宫

兑卦神　元代　壁画
山西芮城县永乐宫

高元帅　清代　纸本设色
四川原道博物馆藏

祖师神霄执法仙君月鼎萧道淳。

祖师神霄玉府上卿月田刘德清。

宗师高上神霄宝箓王一玄。

宗师上清大洞经箓铁坚雷师王明渭。

将班：

社令阳雷总管康尧，天丁冠，红发怒容，赤面金睛，红袍金甲，白汗衫袴，红靴，右手执铁锤，左手雷锲。

社令阴雷总管刘德，天丁冠，黑发怒容，青面鬼相，皂袍金甲，白汗衫袴，黑靴，右手仗剑，左手按刃。

九州社令击剥使者吕魁，鬼相，金睛肉角白脑，后数根红发，红搭膊，腰系朝带，遍身青色，右手执令字小黄旗，左手执铁符。

东方阳雷天君将吴从，青衣金甲，执戟，鬼形。

南方阳雷天猷将王简，绯衣金甲，执刀。

西方阳雷天休将孟璋，白衣金甲，执斧。

北方阳雷天道将孙亨，黑衣金甲，执剑。

中央聚雷天医将郭贞，黄衣金甲，执棒。

江渎追风使者齐庆，青红衣金甲，执风轮。

河渎追雨使者王霸，黑衣金甲，执水轮。

淮渎追电使者赵元海，红衣金甲，执镜。

济渎追雷使者宋夔，绯衣金甲，执雷斧。

乾雍州社令雷神主者盛秀，黑衣金甲，执火车。

坎冀州社令雷神主者冯迁，青衣金甲，执刀。

艮兖州社令雷神主者费延，青锦衣金甲，执杵。

震青州社令雷神主者韩育，绿衣金甲，执风车。

巽徐州社令雷神主者贾萌，深红衣金甲，执铁瓶，吹火。

离扬州社令雷神主者邹混，绯衣金甲，执斧。

坤荆州社令雷神主者张像，锦衣金甲，执斧。

中央豫州社令雷神主者张杞，白衣金甲，执钻。

兑梁州社令雷神主者张谦，黑衣金甲，执水车。

流火凶星大神阎世冲，朱发，天丁冠，赤面怒容，朱衣朱履，乘九头丹凤，仗剑。

白虎凶星大神丁文仲，黑发，天丁冠，白面怒容，皂绰袍，白汗袴，皂履，骑白虎，右手执铁槌，左手执钻。

九州社令阳雷大法，万鼎新传。

将班：督辖社令雷霆欻火律令炎帝邓伯温，九州社令阳雷都总管康尧，九州社令阴雷副总管刘德，九州社令阳雷都提举激剥检校使者吕魁。

上坛九将：东方阳雷天君将吴从，南方阳雷天猷将王简，西方阳雷天休将孟璋，北方阳雷天道将孙亨，中央阳雷天医将郭贞，江渎追风使者齐庆，河渎追雨使者王霸，淮渎追电使者赵元海，济渎追雷使者宋夔。

下坛九神：冀州社令雷神冯迁，梁州社令雷神范礼，荆州社令雷神张豫，青州社令雷神韩育，徐州社令雷神夏符，豫州社令雷神黄崇，雍州社令雷神杨谦，扬州社令雷神邹混，兖州社令雷神费明。

五方发生号令蛮雷将军，东方摧林倒树将吴琰，南方披炎火车将张信，西文摧林磕石将魏清，北方倾江倒海将孙海，中央蓬头黄烝将李明，地司起煞太岁殷元帅郊，地祇兴风遏云大将关元帅羽。

雷霆六乙天喜使者祈祷大法，汪集灵传。师曰："凡书使者之符，须要形势雄勇，精神聚合，气运生动，体类蝙蝠，翅分八字，脚踏斗罡，笔力劲健。切忌软弱。笔力健则法力健，笔力弱则法力弱。疾如飞集，一笔扫成。朝思夕思，运笔研墨，模写形状，开目如见，默以神会，自然入妙，洋洋左右，不可忖度。古人画龙点睛，风雨飞去，画水通神，夜闻水声，画佛圆光，明照满寺，良由用志不分，乃凝妙于笔墨之所寓，皆能变化。彼岂用咒诀能至是哉。所以祖师莫月鼎书符之时，或不作炁，或不诵咒，随笔扫成，用无不应。叱吒风雨，诚灭妖魔，不知使者之为我，我之为使者。终身行之，何必他求哉。"

师派：火师汪真人，侍宸王真人。

神将：雷霆飞捷报应六乙天喜旸谷张使者珏，后天欻火相，金珠云头冠，焦赤发，面枣色，凤眼凤觜银牙，赤体赤肉翅，手足皆凤爪，金镮；身挂金缕仙飞带，绯红裙，手执斧钻。随事换易。祈雨雪，一手执斧钻，足踏雷车，驾黑云；祈晴，一手执拨云杖，足踏火云；传奏号召，一手执敕字雷神旗，足踏火车，驾黑云。

先天六一天喜使者大法，汪集灵传。

主将：先天一炁雷霆飞捷六一天喜使者张珏。

雷神　元代　壁画
山西芮城县永乐宫

雷神　元代　壁画
山西芮城县永乐宫

副将：东方蛮雷魔明使者，南方蛮雷烈杀使者，西方蛮雷赫猛使者，北方蛮雷恶轰使者，中央蛮雷煜电使者，汪集灵，传方蛮雷马郁林，南方蛮雷郭元京，西方蛮雷方仲高，北方蛮雷邓拱辰，中央蛮雷田元宗。

雷公大神江赫冲，电母大神秀文英，风伯大神方道彰，雨师大神陈华失，蕾买吏大神郭士秀。

括苍鹤溪处默处士、洞微子潘松年，师承无考，亦为神霄派重要人物，传《负风猛吏辛天君大法》《太乙捷疾使者大法》。

负风猛吏辛天君大法，潘松年授。帅班：负风猛吏银牙曜目辛天君汉臣，戴牛耳幞头，朱发铁面，银牙如剑，披翠云裘，皂靴，左手执雷簿，右手执雷笔，上有火光。东方蛮雷使者马郁林，南方蛮雷使者郭元京，西方蛮雷使者方仲高，北方蛮雷使者邓拱辰，中央蛮雷使者田元宗。

太乙捷疾使者大法，潘松年传。帅班：太乙捷疾直符张使者元伯，朱发，獬豸为冠，青面，三目出火，绯袍，绿飞天带，金甲，手仗火戟，鬼形，旁出獠牙，赤脚驾火云。

总结以上所述，可见神霄派的神团体系是一个非常庞大复杂的结构。它与人间社会的组织结构一一对应，几乎包括了人们生活中的所有领域。然后在具体施用道法的时候，又依据不同的目的和特定的对象，道场或法会上所祭供请的神灵亦有所不同，这是需要注意的。如道士设立坛场，依仪行法，钦奉道旨、玉符所至，雷霆奉行。"谨上请雷霆飞捷催督大使旸雷神君张亚，神烈阳雷神君苟留吉，阴雷神君毕宗远，地司猛吏殷郊，地祇阴雷主者温琼，酆都郎灵元帅关羽，一合下降，部领天神龙水社诸部雷神，三山木郎大神，四溟四丁大神，当季行雨龙雷主者，紫堂局中天星地煞，近境各处山源溪谷潭漱行雨龙神，所属城隍祀典，里域社令，诸庙英烈神祇，疾速驱龙卷水，闪电兴云，流布天河，灌通斗极，铁锄旱魃，翦灭妖霓。将带风云电雷雨，前来本境布降霖雨，苏救禾苗，协成大有之年，以慰下民之望。"

神霄派宣称，天界有元始一炁万神雷司，权限甚广，主司三界祸福，治理天气晴雨，庄稼丰歉。有祈晴神班、禳年神班、祈雪神班、驱蝗神班。久雨浸淫，积阴为沴，百川盈溢，民怀昏垫之忧；后土沉泥，物有损伤之患。上奏神霄九帝，"宣告太阳九龙皇君邓某，负风猛吏辛某，旸谷神君张某，神烈阳雷神君苟某，阴雷神君毕某，九斗阳芒流金火铃大将刘某，本佩法箓合干职员，一合下降行坛，监督当境城隍主者，土主社稷里域等神，准奉符信经章，禁龙止雨，锁洞封潭。卷雾兴风，扫除阴翳。开天耀日，发现阳光。当令四气朗清，二仪显焕。万物遂欣荣之乐，群生蒙长养之功"。

如禳年祈福，请灵台宫的汉明君、天田君、五谷君，各领

雷神 元代 壁画
山西芮城县永乐宫

将吏，来降此坛。"为兴道炁，保护禾苗。上消天灾，解水旱凶荒之厄；下禳地祸，祛螟蝥胜蟹之殃。使三阶平而风雨时，庶五谷熟而人民育。物无疵疠，国有升平。里社城隍，成功证道。"

祈雪神班有玉府判府真君，玉府左右侍中，玉府左右仆射，天雷上相真君，玉枢使相真君，斗枢上相真君，上清司命玉府右卿，五雷院使真君，雷霆都司元命真君，雷霆主令大神邓某，正令大神辛某，行令大神张某，阳雷神君苟某，阴雷神君毕某，紫极冰轮洪波鼓舞大元帅单阆，九霄玉清府东灵上相瑞光仙师，六华玉霙使者，散花玉女，主雪将军，回风结云使者，月府太阴神吏等。道教认为冬无霜雪，则疫疠侵人；寒不严凝，则虫蝗蠹物。因此建坛，告行符章，依法祈祷，宣谕雷霆诸神，一合下降，"督勒当处城隍主者，近境潭洞龙神，限三日之内，疾速斡旋造化，燮理阴阳，凝冻结冰，屑云雕雪。即使云同一色，转温盎以布严凝；天散六花，豁凶荒而成祥瑞。俾民安于乐土，庶岁协于丰年。消殄虫蝗，肃清疵疠"①。

道士运行雷法，书符持咒，变神招将，多依法印而施。氐阳云："有雷中五符，天篆宝印，始自九天丈人，受五岳真君，佩负灵文。余受汪君法印，木为之。原其岳神佩者，金为之。天枢相斗辰柄中吏官云，玉为之。受得者，能祛邪斩龙，诛妖灭怪，起雷霆雨雹，治百病痨瘵，危困之疾。可照江河潭源鬼神，石穴洞谷出百怪见形，降魔伏毒兽。昔同弟子吴猛将示大蛇，盘屈伏身而照，两目出血，猛以剑斩之。复照蛇疾死，印微裂小缝。后再祭之，即乃如旧。何神异若此乎。乃知天中之秘宝，非人理得以见闻。昔费长房尝受浮丘老人神印三道，驱邪斩鬼，乃此印也。"②

神霄派所传法印颇多，重要的有以下这些：

紫光丹天之文。可奏上帝诸仙，刊系肘，男左女右，除身中秽毒，令人聪明，可见国王大臣，得之生喜。佩采药物，求仙学道，保命护身，诸患无侵，名系仙籍。若印符，神异无比。非世间印也，乃五天真文篆而成印。佩带印物，理在天心。此符乃上帝赐茅君，佩而升天，后因模传弟子。司命君降言三印之名，乃知灵异。世人得之，惜之秘之，勿示非人。氐阳云：紫光丹天之文，可印符箓牒状，亦可佩带，破庙驱邪。

雷光火文之书。可印箓牒，下五岳城隍社令，及佩带，贴门户。行法之士，宜保盟传度。奏上帝并蓬莱都水使者，岳渎名山，斗下雷神将吏，俟有感应，乃可用耳。氐阳云：可印符箓牒，投江河潭源中，起龙发风雨。印牒请风，能使舟航快急。发雷电，请晴雨雪，照百千殃立出。佩入山林，虎狼奔逃。神异如此。得此文者，神能感灵，位登真仙。

玉神洞灵之篆。可印符箓，去三尸九虫，祭而佩之，身入神仙。但是符文牒状，请雨

---

① 道藏：第29册[M]. 北京：文物出版社，上海：上海书店出版社，天津：天津古籍出版社，1988：102.
② 道藏：第29册[M]. 北京：文物出版社，上海：上海书店出版社，天津：天津古籍出版社，1988：149.

紫光丹天之印
采自《道法会元》

雷光火文之印
采自《道法会元》

祈晴，感动天地神明，此篆最灵。能致风伯雷神。若修养炼丹之士有此印者，百鬼不敢视，毒龙不敢夺。亦可印符贴古木坟冢，鬼精疾走万里。如得此篆者，百鬼灭形。可以炼丹。氐阳曰：昔茅君受此印，仙至司命上卿，功满真官，佩负升天。世人法衍虽无，若能过此而祭用，自佩肘后，或以朱印施人佩负，延年消灾。若久被邪鬼侵欺，印贴门户，殃去福生，百鬼束形。

都天大雷火印。夫治天下山川，仙官鬼神，分野城隍，庙社吏兵，皆可差使。能伏凶恶鬼神。行法之士不得此印，鬼神无以役使。神坛庙社龙虌，用并此印起之。

仙都滋摄印。召蓬莱将吏。

斩邪断瘟印。断瘟疫邪怪。

急催追捉印。发遣将帅，驱捉邪祟，贴符用之。

雷火大将印。镇潭源，祈雨泽印符用之。

雷霆都司印。申发文字，召都司将吏用之。

禹步雷光火云大统印。祭神将用之。

五雷使院印。关札符文，用之立应。

灵风律令印。佩带渡江河，风帆顺息，降照精邪，百魔莫干。

五雷火车印。火车考召用之。所谓"考召"，是指考问招役鬼神。《仙传拾遗》载：

玉神洞灵之篆
采自《道法会元》

都天大雷火印
采自《道法会元》

仙都滋摄印
采自《道法会元》

斩邪断瘟印
采自《道法会元》

急催追捉印
采自《道法会元》

雷火大将印
采自《道法会元》

雷霆都司印铜印　明代　李黎鹤藏

禹步雷光火云大统印
采自《道法会元》

五雷使院印　采自《道法会元》

灵风律令印
采自《道法会元》

五雷火车印
采自《道法会元》

杨通幽，本名什伍，广汉什邡人。幼遇道士，教以檄召之术，受三皇天文，役命鬼神，无不立应。驱毒疠，剪氛邪，禳水旱，致风雨，是皆能之，而木讷疏傲，不拘于俗。其术数变异，远近称之。玄宗幸蜀，自马嵬之后，属念贵妃，往往辍食忘寐。近侍之臣，密令求访方士，冀少安圣虑。或云："杨什伍有考召之法。"征至行朝。上问其事，对曰："虽天上地下，冥寞之中，鬼神之内，皆可历而求之。"上大悦，于内置场，以行其术。是夕奏曰："已于九地之下，鬼神之中，遍加搜访，不知其所。"上曰："妃子当不坠于鬼神之伍矣。"二日夜，又奏曰："九天之上，星辰日月之间，虚空杳冥之际，亦遍寻访而不知其处。"上悄然不怿曰："未归天，复何之矣？"炷香冥烛，弥加恳至。三日夜，又奏曰："于人寰之中，山川岳渎祠庙之内，十洲三岛江海之间，亦遍求访，莫知其所。后于东海之上，蓬莱之顶，南宫西庑。有群仙所居，上元女仙太真者，即贵妃也。谓什伍曰：'我太上侍女，隶上元宫。圣上太阳朱宫真人，偶以宿缘世念，其愿颇重，圣上降居于世，我谪于人间，以为侍卫耳。此后一纪，自当相见，愿善保圣体，无复意念也。'乃取开元中所赐金钗钿合各半，玉龟子一，寄以为信，曰：'圣上见此，自当醒忆矣。'言讫，流涕而别。"什伍以此物进之，上潸然良久。乃曰："师升天入地，通幽达冥，真得道神仙之士也。"手笔赐名通幽，赐物千段，金银各千两，良田五千亩，紫霞帔、白玉简，特加礼异。暇日问其所受之道，曰："臣师乃西城王君青城真人，昔于后城山中，教以召命之术，曰：'可以辅赞太平之君，然后方得飞升之道。'戒以护气希言，目不妄视，绝声利，远嚣尘，则可以凌三界，登太清矣。"①

经中还讲述了其怎样制作法印。选择三元之日，及春分夏至之日，庚申丁卯日，用桃木为上，雷枣亦可。令匠人素食，焚香精虔开之，勿令人见。氐阳云：宜用坚实桃木向东者为上，雷劈枣为次，常枣木又次之。若得墓中桃木，尤为神异。更能依法选吉日，命匠氏斋洁身心，志诚刊刻，仍不令僧尼小兒妇女及六畜猫犬见之。刊毕，乃具香烛素饼酒果志心启告祖师雷神，祭祝外，以木匣乘之，顿于法靖中。如遇施用，灵验无比。

---

① 李昉. 太平广记：卷20：第1册[M]. 北京：中华书局，1981：138-139.

第二十七章

两宋南宗神仙谱系

南宗始兴于两宋时期。其时内丹诸法纷起,丹家辈出。这一时期开始形成以南北二宗为主的内丹派。南宗以"性命双修"、丹道雷法并重的修炼方式著称,因其代表人物多出自长江以南地区,故称南宗。北宗则是以金元王重阳为教祖的全真道,初起时主要流传于长江以北。北宗与南宗皆以修炼内丹而期成仙为要旨。入元以后,有人就将南宗与北宗合并归于全真道,故又称道教南宗为全真道南宗。元袁桷《野月观记》曰:"养生之说有二焉:北祖全真……东南师魏伯阳。"师魏伯阳者即指南宗一派。明宋濂《送许从善学道还闽南序》说:"宋元以来,说者滋炽,南北分为二宗:南则天台张用成,其学先命后性;北则咸阳王中孚,其学先性后命。"①

# 第一节　两宋南宗历史传承

南宗的传承,从老子、黄帝的黄老道,到魏伯阳、钟离权、吕洞宾的金丹道,张伯端、白玉蟾的南宗,其下延及彭耜、萧廷芝、翁葆光、陈致虚、陆潜虚、仇兆鳌、傅金铨等,直至当代海南玉蟾宫陆罗星、浙江天台山桐柏宫张高澄,这是一脉相承的南宗法统,已有三千余年的历史。

## 一、钟、吕祖师与南宗传承

钟离权、吕洞宾是唐宋道教史上两个关键的人物。从宋元的南宗、北宗,到明清的东西二派,他们都自称得钟、吕之真传。为了使钟、吕具有广泛的号召力和影响面,自北宋

---

① 宋濂.宋学士全集:第5册[M].北京:中华书局,1985:270.

以来，道教中人就开始编造故事，神化钟、吕。由此出现了有关钟、吕的大量记载，钟、吕成为神仙，列居唐宋八仙之中。

钟离权，字云房。其生卒、籍贯不详。依唐宋文献所载，钟离权当为晚唐、五代时人。敦煌遗书伯希和P.3810号《湘祖白鹤紫芝遁法》①曰："夫白鹤紫芝遁，乃汉名将中离翁传唐秀士吕纯阳。纯阳、韩湘子阐阳天教，广发慈悲，交后之进道。"这里所言"中离翁"即钟离权。卷中提到的三个人物——钟离权、吕纯阳、韩湘子，皆为唐代道教的重要人物，而所述白鹤紫芝遁法又为仙术，而非丹道。

高道仵达灵曾于乾符乙丙（875）与钟离权同入西蜀修道。他说："余自知命之年，从鸾舆西幸，当天宝丁亥十一月，遇青城丈人授以真元丹诀，旨意百不能晓。属驻跸行在，掌命颇烦。及肃宗至德丁酉岁，衔命禋于嵩岳，复遇丈人，始授神水黄芽之要。洎毕，请告回觐宸扆，乞骸归田。会南曹郎张公去非、左史程公太虚，皆以故庐共制神室，皇天下睒，丹鼎融光，服之浃辰，肌容发爽，凌虚不慑，意愈通神……余自得饵灵丹，自至德丁酉，迄于今上乾符甲午，历春秋一百一十二载，更十二朝，余自念宦身，功行虽勤，及得返童复元，比张、程二公，相去十二载，意方通神。今天子蒙尘，奸臣窃位，余西迈，又值钟离公，得偕行同宿，超越三乘，感迷惑之徒，执往不回，良可悲哉。

钟离权　明代　纸本设色
中国社会科学院历史所图书馆藏

余志辞者，辟下鬼之迷途，开上仙之真境。乾符乙未岁丙子日记。"②这是钟离权所处时代的一条可靠证据。

宋江少虞《事实类苑》曰："邢州开元寺一僧院壁，有五代时隐士钟离权草书诗二绝，笔势遒逸，诗句亦佳。诗曰：'得道真僧不易逢，几时归去愿相从。自言住处连沧海，别是蓬莱第一重。'其二曰：'莫厌追欢语笑频，寻思离乱可伤神，闲来屈指从头数，得见升平有几人？'"③宋释志磐《佛祖统纪》卷42说："钟离权，号云房。自称汉时遇王玄甫，得长生之道，避乱入终南山，于石壁间得《灵宝经》，悟阴中有阳，阳中有阴，为天地升降之宜；气中生水，水中生气，即心肾交合之理。乃静坐内观，遂能身外有

---

① 敦煌遗书《湘祖白鹤紫芝遁法》，据考证应为唐末五代初的写本。
② 道藏：第19册[M].北京：文物出版社，上海：上海书店出版社，天津：天津古籍出版社，1988：184.
③ 江少虞.事实类苑[M]//文渊阁四库全书：第874册.台北：台湾商务印书馆，1983：299.

身。唐吕岩，字洞宾，三举进士不第。于长安酒肆遇云房，将洞宾入终南山，授《灵宝毕法》十二科，曰金诰、玉录、真原之义，比喻真诀道要，其义有六，包罗五仙之旨，以授洞宾。"① 以上所说的"汉"，并非指秦汉之"汉"，而是指五代之"后汉"。对此，明杨慎考辨说："钟离权也，与吕岩同时。韩润泉选《唐诗绝句》卷未有钟离一首，可证也。近世俗人称汉钟离，盖因杜子英《元日诗》有'近闻韦氏妹，远在汉钟离'，流传之误，遂附会以钟离权为汉将钟离眛矣。"②

北宋王常所辑《真一金丹诀》前言载："昔荆湖北路草泽大贤处士钟离权，泊游于云水，至鲁国邹城东南崆峒山玉女峰居之。至大唐显庆五年庚申岁正月一日壬寅朔，遇之仙贤，引入洞中，授之丹诀；至得内全，后天不老。处士西游渭水，货易而隐。自洛阳后，至改麟德元年三月二十五日，举场选试。有鄂州进士吕洞宾，因解名场，访见钟离，问及登科，求之得失，因经数举，不第其名，再谒先生，蒙引道言旨真一金丹炼形之道。"③

能够证实钟离权生活时代的史料还有《宋史·方技传》，王老志"遇异人于丐中，自言吾所谓钟离先生也，予之丹，服之而狂。遂弃妻子，结草庐田间，时为人言休咎"④。王老志在宋徽宗朝以前曾遇钟离权，接受过他所赠的丹药。北宋《宣和书谱》说："钟离权，不知何时人。而间出接物，自谓生于汉。吕洞宾于先生执弟子礼，有问答语及诗成集。状其貌者，作伟岸丈夫，或峨冠绀衣，或虬髯蓬鬓，不冠巾而顶双髻，文身跣足，颀然而立，睥睨物表，真是眼高四海而游方之外者。……元祐七年七月，亦录诗四章赠王定国，多论精勤志学、长生金丹之事，亹亹可读。终自论其书，以谓学龙蛇之状，识者信其不诬，今御府所藏草书一。"⑤

赵道一《历世真仙体道通鉴》载有一段轶事：陈康肃公尧咨既登第，过谒陈抟，坐中有道人，髽髻，意象轩傲。目康肃公，连言曰"南庵"，语已，径去。康肃

陈抟　宋代　石雕
湖北武当山博物馆藏

---

① 苏渊雷，高振农.佛教要籍选刊[M].上海：上海古籍出版社，1994：265.
② 杨慎.升庵全集[M]//文渊阁四库全书：第1270册.台北：台湾商务印书馆，1983：721.
③ 道藏：第4册[M].北京：文物出版社，上海：上海书店出版社，天津：天津古籍出版社，1988：328.
④ 二十五史：第6册[M].杭州：浙江古籍出版社，1998：1338.
⑤ 宣和书谱：卷19[M]//文渊阁四库全书：第813册.台北：台湾商务印书馆，1983：307.

公深异之，问曰："向来何人？"先生曰："钟离子也。"康肃公惘然，欲去追之。先生笑曰："已在数千里外矣。"[1]可知钟离权在北宋初年还曾与陈抟、陈尧咨等交往。

钟离权著有《秘传正阳真人灵宝毕法》，书中自序说："道不可以言传，不可以名纪。历古以来，升仙达道者，不为少矣。仆志慕前贤，心怀大道，不意运起刀兵，时危世乱，始以逃生，寄迹江湖岩谷，退而识性留心，唯在清净希夷。历看丹经，累参道友，止言养命之小端，不说真仙之大道。因于终南山石壁间，获收《灵宝经》三十卷。上部《金诰书》，元始所著。中部《玉录》，元皇所述。下部《真源义》，太上所传。共数千言。予宵衣旰食，远虑深省，乃悟阴中有阳，阳中有阴，本天地升降之宜，日月交合之理。气中生水，水中生气，亦心肾交合之理。比物之象，道不远人。配合甲庚，方验金丹之有准；抽添卯酉，自然火候之无差。红铅黑铅，彻底不成大药；金液玉液，到头方是还丹。从无入有，常怀征战之心；自下升高，渐入希夷之域。抽铅添汞，致二八之阴消；换骨炼形，使九三之阳长。水源清浊，辨于既济之时；内景真虚，识于坐忘之日。玄机奥旨，难以尽形方册；灵宝妙理，可用入圣超凡。总而为三乘之法，名《灵宝毕法》。大道圣言，不敢私入一己用，传洞宾足下，道成勿秘，当请后来之士。"[2]从这段自述来看，他本人生活于乱世，常遇刀兵，长期在江湖岩谷之间逃生，显然不可能生于初唐、盛唐，更不可能生于汉代。

钟离权的主要事迹宋人所记并无神话意味。南宋洪迈所著《夷坚志丁》卷10提到钟离权留下的书法诗词作品："淳熙十一年溧阳仓斗子坐盗官米，黥配而籍其家，得草书二轴，题云'庚申岁'，书其名'权'，花押正如一剑之状，盖钟离翁也。其词云：'露滴红兰玉满畦，闲拖象屐到峰西。但令心似莲花洁，何必身将槁木齐？古堑细香红树老，半峰残雪白猿啼。虽然不是桃花洞，春至桃花亦满溪。'李粹伯跋之曰：'字画放逸，有翔龙舞凤之势，脱去寻常畦径，非得心而应于手者不能尔；飘然神仙风度，固有所本云。'真本藏于建康府治军资库，绢素褾饰处皆断裂，惟字画不动。景裴尝见之。"[3]这些材料说明钟离权当为晚唐五代时人，创金丹大道于世，而传与吕洞宾，从而开启了道教内丹学说盛极社会的功业。

关于钟离权的师承亦模糊不清。据赵道一《历世真仙体道通鉴》言，钟离权在终南山"首遇上仙王玄甫，得长生诀。再遇华阳真人，传太乙刀圭，火符内丹，洞晓玄玄之道。一云：昔轩辕黄帝，得金丹秘诀，以玉匣藏于寿春县东紫金山悬钟洞，真人得遇师传之后，复游云水。至鲁，居邹城，入崆峒，于紫金四皓峰居之。遇仙人引入洞，获玉匣秘

---

① 道藏：第5册[M]. 北京：文物出版社，上海：上海书店出版社，天津：天津古籍出版社，1988：369.
② 道藏：第28册[M]. 北京：文物出版社，上海：上海书店出版社，天津：天津古籍出版社，1988：349.
③ 洪迈. 夷坚志[M]. 北京：中华书局，1981：1043.

第二十七章 | 两宋南宗神仙谱系

诀。至德内全，遂终妙道"①。他的老师应有三位，一位是王玄甫，一位是华阳真人，一位是无名"仙人"。

王玄甫，其人始见于南朝陶弘景所撰《真诰》《真灵位业图》，曰："霍山中有学道者邓伯元、王玄甫，受服青精石饭、吞日丹景之法，用思洞房已来，积三十四年，乃内见五藏，冥中夜书。以今年正月五日太帝遣羽车见迎，伯元、玄甫以其日，遂乘云驾龙，白日登天，今在北玄圃台受书，位为中岳真人。伯元，吴人；玄甫，沛人。"②赵道一《历世真仙体道通鉴》曰："王玄甫，沛人也。同吴人邓伯元学道于赤城、霍山，受服青精石饭、吞日精丹景之法，内思洞房，积三十四年，乃内见五藏，冥夜中能书。晋穆帝永和元年正月十五日，大帝遣羽车迎之，玄甫与邓伯元乘云驾龙，白日升天。今在北玄圃台，受书为中岳真人。"③南宋陈傅良等撰《淳熙三山志》："霍童山，顶平可坐百人。昔吴郡人邓伯元、盐官人褚伯玉、沛国王玄甫于此，授青精饭食、白霞丹景之法，见五脏，夜中能书。"④显然这位南朝时期的高道王玄甫不会是钟离权的老师，于是后来的全真道便将其与东华帝君合一，才算解决了这一难题。

那么，传授太乙刀圭、火符内丹的华阳真人又是谁？据宋代文献记载，他应是华阳真人施肩吾。赵道一《历世真仙体道通鉴》记载："施君名肩吾，字希圣，号华阳。睦之分水人，世家严陵七里濑。少举进士，习《礼记》，有能诗声。趣尚烟霞，慕神仙轻举之学。唐宪宗元和十五年，登进士第。主文太常卿李建，赋大羹，不和。诗早春残雪一榜，如姚康、元晦，后皆颇以诗文显，君独不仕。张司业籍赠之诗云：虽得空名不着身。又送东归诗，有'折得高名到处闲'之句。故希圣诗自谓元和进士，长庆隐沦者，盖登科之明年，改元长庆，希圣遂远引，不复来。文宗太和中，乃自严陵入西山，访道栖静真矣。初，希圣遇旌阳，授以五种内丹诀及外丹神方，后再遇吕洞宾，传授内炼金液还丹大道。于是终隐西山。今观西一里许为芭蕉源，沿山梯级而上，有书堂旧址，石室故在。希圣手植老柏，尚有一二存者。其所为诗文甚多，山中所传，未十之四。有得其告劝于严陵，云：观已刻之石。琼山白玉蟾跋《施华阳文集》云：李真多以太乙刀圭火符之诀，传之钟离权，钟离权传之吕洞宾。吕即施之师也。施有上足李文英，昔施君授李一十六字，世罕知者：'一灵妙有，法界圆通，离种种边，允执厥中。'予偶得之，故并以告胡栖真，使补其遗云。杨无为题石室诗云：'玉京高谢黄金榜，石室归来白鹿车。山后暗通天宝洞，眼前便是地仙家。时闻清夜雪中犬，回视红尘井里蛙。五百

---

① 道藏：第5册[M]. 北京：文物出版社，上海：上海书店出版社，天津：天津古籍出版社，1988：276.
② 道藏：第20册[M]. 北京：文物出版社，上海：上海书店出版社，天津：天津古籍出版社，1988：574.
③ 道藏：第5册[M]. 北京：文物出版社，上海：上海书店出版社，天津：天津古籍出版社，1988：297.
④ 陈傅良等. 淳熙三山志[M]//文渊阁四库全书：第484册. 台北：台湾商务印书馆，1983：573.

年前人未到，芭蕉源上锁烟霞。'"①

《道藏》中收《西山群仙会真记》，卷首华阳真人施肩吾序曰："性非生知，学道者必资于切问；道难言传，立教者不尚于明文。藏机隐意，恐轻泄于圣言；比物嘱辞，乃密传于达士。世有读书而五行俱下，开卷则一览无遗，声名喧世，孰知不死之方？头角摩天，岂悟希夷之理？必也访道寻真，求师择友，览仙经之万卷，不出阴阳；得尊师之一言，自知真伪。水火木金土，五行也，相生而为子母，相克而为夫妇，举世皆知也。明颠倒之法，知抽添之理者，鲜矣。上中下精、炁、神，三田也，精中生炁，炁中生神，举世皆知也。得返复之义，见超脱之功者，鲜矣。知五行颠倒，方可入道，至于抽添，则为有道之人也。得三田返复，方为得道，至于超脱，则为成道之人也。古先达士，无不道成，委成道者，百无一二。今来后学，徒有道名，委入道者，十无八九。欲论得道而超脱者，西山十余人矣。遂从前圣后圣，秘密参同，一集五卷，取五行正体之数。每卷五篇，应一炁纯阳之义。开明至道，演说玄机，因诵短篇，发明钟吕太上至言。庶得将来有悟，勤而行之，继仆以出尘寰，为蓬瀛之倡。"②《修真指玄篇》："华阳真人施肩吾曰：吾闻之正阳真人钟离云房言，玉清、上清、太清、太无、太虚、太空、太质云者，盖大道有无之相生，以立天地之基标者也。以人言之，则三清者父母之精、气、神，聚而为胎，精血为表，精气为里，如天地之清浊者也。"③

至于钟离权与施肩吾的关系，谁是师，谁是徒，应该不是大问题。道门中互为师徒、师友的例子颇多，如吴猛与许逊、崔希范与吕洞宾。因此《钟吕传道集》题为正阳真人钟离权述，纯阳真人吕洞宾集，华阳真人施肩吾传。

师事钟离权的吕洞宾、陈朴、郑文叔、王老志等均为五代宋初时人。《唐仙传》说："长乐郑文叔与回翁，皆师钟离于此郡。"④《陈先生内丹诀序》谓五代时人陈朴"隐居青城大面山，受道于钟离先生也"⑤。这些记载多以钟离权为晚唐、五代时人，可以相信。

吕洞宾的生平事迹最早见载于江少虞《事实类苑》："华阳隐士李奇，自言开元中郎官，年数百岁，人罕见者。开元中吕洞宾有剑术，年百余岁，貌如婴儿，行步轻疾。"⑥

叶梦得《岩下放言》卷中说："世传神仙吕洞宾，名岩，洞宾其字也，唐吕渭之后，五代间从钟离权得道。权，汉人仙者。自宋以来与权更出没人间，权不甚多，而洞宾踪迹

---

① 道藏：第5册[M].北京：文物出版社，上海：上海书店出版社，天津：天津古籍出版社，1988：359.
② 道藏：第4册[M].北京：文物出版社，上海：上海书店出版社，天津：天津古籍出版社，1988：422.
③ 道藏：第20册[M].北京：文物出版社，上海：上海书店出版社，天津：天津古籍出版社，1988：702.
④ 魏了翁.鹤山集[M]//文渊阁四库全书：第1172册.台北：台湾商务印书馆，1983：493.
⑤ 道藏：第24册[M].北京：文物出版社，上海：上海书店出版社，天津：天津古籍出版社，1988：225.
⑥ 江少虞.事实类苑[M]//文渊阁四库全书：第874册.台北：台湾商务印书馆，1983：357-358.

数见，好道者每以为口实。余记童子时，见大父魏公自湖外罢官还道岳州，客有言洞宾事者：近岁尝过城南一居寺，题诗二首壁间而去。一云：'朝游岳鄂暮苍梧，袖有青蛇但气粗。三入岳阳人不识，朗吟飞过洞庭湖。'其二云：'独自行时独自坐，每恨时人不识我。惟有城南老树精，分明知道神仙过。'说者云寺有大古松，吕始至，无能知者。有老人自松巅徐下致恭，故诗云然。先大父使予诵之，后得季观所记洞滨事碑，与少所闻正同。青蛇，世多言吕初由剑侠入，非是。此正道家以气炼剑者，自有成法。神仙事渺茫不可知，疑信者盖相半。然是身本何物，故自有主之者？区区百骸，亦何足言。弃之为佛，存之则为仙，在去留间尔。洞滨虽非予所见，然世要必有此人也哉。"①

罗大经《鹤林玉露》载："世传吕洞宾，唐进士也。诣京师应举，遇钟离翁于岳阳，授以仙诀，遂不复之京师。今岳阳飞吟亭，是其处也。近时有题绝句于亭上云：'觅官千里赴神京，钟老相传盖便倾。未必无心唐事业，金丹一粒误先生。'余酷爱其旨趣，盖夫子告沮溺之意也。"②吴曾《能改斋漫录》："本朝国史称：关中逸人吕洞宾，年百余岁，而状貌如婴儿。世传有剑术，时至陈抟室。或以国史证之，止云百余岁，则非开元人明矣。《雅言系述》有《吕洞宾传》云：关右人，咸通初，举进士不第。值巢贼为梗，携家隐居终南，学《老子》法云。以此知洞宾乃唐末人。""吕洞宾尝自传，岳州有石刻。云：吾乃京兆人，唐末，累举进士不第。因游华山，遇钟离，传授金丹大药之方。复遇苦竹真人，方能驱使鬼神。再遇钟离，尽获希夷之妙旨。吾得道年五十，第一度郭上灶，第二度赵仙姑。郭性顽钝，只与追钱延年之法。赵性通灵，随吾左右。吾惟是风清月白、神仙会聚之时，常游两浙、汴京、谯郡。尝着白襕角带，如人间使者，右眼下有一痣，筋头大。世言吾卖墨，飞剑取人头，吾闻哂之。实有三剑：一断烦恼，二断贪嗔，三断色欲，是吾之剑也。世有传吾之神，不若传吾之法；传吾之法，不若传吾之行。何以故？为人若反是，虽握手接武，终不成道。"③宋周紫芝《竹坡诗话》："大梁景德寺峨眉院，壁间有吕洞宾题字。寺僧相传，以为顷时有蜀僧号峨眉道者，戒律甚严，不下席者二十年。一日，有布衣青裘，昂

吕祖过洞庭　无款　南宋　团扇
绢本设色　美国波士顿美术博物馆藏

---
① 叶梦得.岩下放言[M]//文渊阁四库全书：第863册.台北：台湾商务印书馆，1983：734.
② 罗大经.鹤林玉露[M]//文渊阁四库全书：第865册.台北：台湾商务印书馆，1983：261.
③ 吴曾.能改斋漫录[M]//文渊阁四库全书：第850册.台北：台湾商务印书馆，1983：833-834.

然一伟人来，与语良久，期以明年是日复相见于此，愿少见待也。明年是日，日方午，道者沐浴端坐而逝。至暮，伟人果来，问道者安在，曰亡矣。伟人叹息良久，忽复不见。明日书数语于堂壁间绝高处，其语云：'落日斜，西风冷。幽人今夜来不来，教人立尽梧桐影。'字画飞动，如翔鸾舞凤，非世间笔也。宣和间，余游京师，犹及见之。"① 宋王巩《闻见近录》："岳州唐白鹤寺前有古松，合数围，平顶如龙形。吕洞宾昔尝憩其下，有一翁自松顶而下，前揖甚敬，洞宾诘之，曰：'我，树神也。'洞宾曰：'邪耶正耶？'翁曰：'若其邪也，安得知真人哉。'言讫，升松而去。洞宾即题于寺壁，曰：'独自行时独自坐，无限世人不识我。惟有千年老树精，分明知是神仙过。'"② 宋释志磐《佛祖统纪》卷42说："吕洞宾游华山，遇钟离权授金丹及剑法。后过鄂州黄龙山，值机禅师上堂（清源八世），毅然问曰：'一粒粟中藏世界，半升铛内煮山川。此意何如？'师曰：'守尸鬼。'洞宾曰：'争奈囊中有不死丹。'师曰：'饶经八万劫，终是落空亡。'宾不服，夜飞剑以胁之。师已前知，以法衣蒙头坐方丈，剑绕数匝，师手指之即堕地。宾前谢过。师诘之曰：'半升铛内即不问，如何是一粒粟中藏世界？'宾忽有省，乃述偈以为谢曰：'自从一见黄龙后，始觉从前错用心。'"③ 此外，丹经《龙虎还丹诀颂》④《陈先生内丹诀》中均引有吕洞宾的诗词。如此众多的宋代文献都争先记载吕洞宾的事迹，可见其影响之巨，已成为宋代道教的代表人物。

除了众所周知的钟离权，吕洞宾的老师还有苦竹真人、崔希范。宋吴曾在《能改斋漫录》中称："吕洞宾复遇苦竹真人，方能驱使鬼神。"赵道一《历世真仙体道通鉴》记载："寻遇苦竹真人，传授日月交并之法。""复于禧宗广明元年遇崔公传《入药镜》，即知修行性命，不差毫发。"⑤ 由此推测，吕洞宾师从苦竹真人得剑法和驱鬼神之法。

吕洞宾师从崔希范见于崔希范自述："余少游云水，曾遇至人，论养生之术，修龙虎之要，须知三川福地，异境灵坛，若历烟霞，巡诸圣迹。每将接道之侣，互认必同。余虽未亲鼎炉，略启玄奥，撰天元之秘法，显龙虎之妙道，铅汞之根源。"其篇末云："唐庚子岁望日至一真人崔希范述。"⑥ 又据宋曾慥所言："纯阳子吕洞宾尝闻之于崔公，而叹曰：'吾知修行有据，性命无差，道成其中央。'"⑦ 吕洞宾得崔希范内炼秘旨，曾作诗赞

---

① 文渊阁四库全书：第1480册[M]. 台北：台湾商务印书馆，1983：677-678.
② 文渊阁四库全书：第1037册[M]. 台北：台湾商务印书馆，1983：203-204.
③ 苏渊雷，高振晨. 佛教要籍选刊：第12册[M]. 上海．上海古籍出版社，1994：262.
④ 考此经为真宗大中祥符六年前著作。
⑤ 道藏：第5册[M]. 北京：文物出版社，上海：上海书店出版社，天津：天津古籍出版社，1988：358.
⑥ 道藏：第4册[M]. 北京：文物出版社，上海：上海书店出版社，天津：天津古籍出版社，1988：701-702.
⑦ 道藏：第20册[M]. 北京：文物出版社，上海：上海书店出版社，天津：天津古籍出版社，1988：813.

誉:"因看崔公《入药镜》,令人心地转分明。"[1]吕洞宾为唐末五代人,则崔希范所言唐庚子岁当为唐僖宗广明元年(880)。由此推断,吕洞宾的内丹思想当源于崔希范的《入药镜》。

根据以上材料,可以推定吕洞宾为五代宋初人,历五代战乱,仕途功名无望,于是归隐山林,潜心修道。传世的吕洞宾诗作中有七律一首,表现了他对战乱时期各种政治势力争权夺利、互相残杀的愤懑:"巍巍荡荡下天庭,憔悴风光颇怆情。细柳营深蚊阵密,长江波阔蜃楼横。酒旗翻作征旗动,箫鼓更为战鼓声。无限竞名贪利客,几人能得见清平。"[2]生于乱世,无力回天,于是退身世外,修道求真。

关于吕洞宾的籍贯亦存在多种说法。如南宋曾慥《集仙传》说:"吕岩字洞宾,又字希圣,九江人也。"[3]《金莲正宗记》《金莲正宗仙源像传》《纯阳帝君神化妙通纪》均谓吕祖为永乐人。赵道一《历世真仙体道通鉴续编》则说"世传以为东平人",又说"一云西京河南府蒲坂县永乐镇人,即今河东河中府也"[4]。永乐镇为吕祖故里的说法主要根据之一可能是新旧《唐书》中谓吕渭为河中人之说。河中府治所在河东(今山西省永济市蒲州镇),辖境包括永乐镇,其县治在永乐镇。因此元代的道经多认为永乐镇为吕祖故里,并得到了道教中人的普遍认同。

韩湘子亦为唐代著名道士。其生平事迹始见于唐段成式《酉阳杂俎》:"韩愈侍郎有疏从子侄自江淮来,年甚少,韩令学院中伴子弟,子弟悉为凌辱。韩知之,遂为街西假僧院令读书。经旬,寺主纲复诉其狂率。韩遽令归,且责曰:'市肆贱类营衣食,尚有一事长处。汝所为如此,竟作何物?'侄拜谢,徐曰:'某有一艺,恨叔不知。'因指阶前牡丹曰:'叔要此花青、紫、黄、赤,唯命也。'韩大奇之,遂给所须试之。乃竖箔曲尺遮牡丹丛,不令人窥。掘窠四面,深及其根,宽容人座。唯赍紫矿、轻粉、朱红,旦暮治其根。几七日,乃填坑,白其叔曰:'恨校迟一月。'时冬初也。牡丹本紫,及花发,色白红历绿,每朵有一联诗,字色紫,分明乃是韩出官时诗。一韵曰'云横秦岭家何在,雪拥

吕洞宾　明代　纸本设色
中国社会科学院历史所图书馆藏

---

[1] 道藏:第4册[M].北京:文物出版社,上海:上海书店出版社,天津:天津古籍出版社,1988:653.
[2] 道藏:第23册[M].北京:文物出版社,上海:上海书店出版社,天津:天津古籍出版社,1988:686.
[3] 陶宗仪等.说郛[M].上海:上海古籍出版社,1986:2716.
[4] 道藏:第5册[M].北京:文物出版社,上海:上海书店出版社,天津:天津古籍出版社,1988:358.

韩湘子
采自明洪自存《仙佛奇踪》

蓝关马不前'十四字,韩大惊异。俚且辞归江淮,竟不愿仕。"① 可见韩湘子精通变化之术,能于冬初而开牡丹花。

杜光庭著《仙传拾遗》亦曰:"唐吏部侍郎韩愈外甥,忘其名姓,幼而落拓,不读书,好饮酒。弱冠,往洛下省骨肉,乃慕云水不归。仅二十年,杳绝音信。元和中,忽归长安,知识阆苷,衣服滓敝,行止乖角。吏部以久不相见,容而恕之。一见之后,令于学院中与诸表话论,不近诗书,殊若土偶,唯与小臧赌博。或厩中醉卧三日五日,或出宿于外。吏部惧其犯禁陷法,时或勗之。暇日偶见,问其所长。云:'善卓钱锅子。'试令为之,植一铁条尺余,百步内卓三百六十钱。一一穿之,无差失者。书亦旋有词句,以资笑乐。又于五十步内,双钩草天下太平字,点画极工。又能于炉中累三十斤炭,支三日火,火势常炽,日满乃消。吏部甚奇之,问其修道,则玄机清话,该博真理,神仙中事,无不详究。因说小伎,云能染花,红者可使碧,或一朵具五色,皆可致也。是年秋,与吏部后堂前染白牡丹一丛,云:'来春必作含棱碧色,内合有金含棱红间晕者,四面各合有一朵五色者。'自劚其根下置药,而后栽培之,俟春为验。无何潜去,不知所之。是岁,上迎佛骨于凤翔,御楼观之,一城之人,忘业废食。吏部上表直谏,忤旨,出为潮州刺史。至商山,泥滑雪深,颇怀郁郁。忽见是甥,迎马首而立。拜起劳问,扶镫接辔,意甚殷勤。至翌日雪霁,送至邓州,乃白吏部曰:'某师在此。不得远去,将入玄扈,倚帝峰矣。'吏部惊异其言,问其师,即洪崖先生也。东园公方使柔金水玉,作九华丹,火候精微,难于暂舍。吏部加敬曰:'神仙可致乎?至道可求乎?'曰:'得之在心,失之亦心。校功铨善,黜陟之严,仿王禁也。某他日复当起居,请从此逝。'吏部为五十六字诗,以别之曰:'一封朝奏九重天,夕贬潮阳路八千。本为圣朝除弊事,岂将衰朽惜残年!云横秦岭家何在?雪拥蓝关马不前。知汝远来应有意,好收吾骨瘴江边。'与诗讫,挥涕而别,行入林谷,其速如飞。明年春,牡丹花开,数朵花色,一如其说。但每一叶花中,有楷书十四字,曰:'云横秦岭家何处,雪拥蓝关马不前。'书势精能,人工所不及。非神仙得道,立见先知。何以及于此也?或云,其后吏部复见之,亦得其月华度世之道。而迹未显尔。"② 其中并未言

---

① 段成式.酉阳杂俎[M]//牟吉心.中华野史:第2册.济南:泰山出版社,2000:928-929.
② 李昉.太平广记[M].北京:中华书局,1981:331-332.

及韩湘名字。

至北宋刘斧编撰《青琐高议》一书即明白指出："韩湘字清夫，文公侄也。落魄不羁，尝醉吟曰：'青山云水窟，此地是吾家。后夜流琼液，凌晨咀绛霞。琴弹碧玉调，炉炼白朱砂。宝鼎存金虎，玄田养白鸦。一瓢藏世界，三尺斩妖邪。解造逡巡酒，能开顷刻花。有人能学我，同共看仙葩。'"①之后有关韩湘子的传闻多依以上三书的记载，并未增添新的内容。唯明代《消摇墟经》卷2明言韩湘子落魄不羁，"遇纯阳先生，因从游，登桃树堕死而尸解，来见文公"②。

元彭至中《鸣鹤余音》卷2收有韩湘子题水仙子词一首："药炉经卷作生涯，不恋王侯宰相家。乱纷纷，瑞雪蓝关下，冻伤韩相马。半空中，乱糁长沙。黑腾腾，彤云布，冷飕飕，风又刮。山顶上开花。"③白玉蟾著《韩湘》诗赞誉曰："白雪满空夜，黄芽一朵春。蓝关归去后，问甚世间人。"④

韩湘子生活于唐末五代，故与钟离权、吕洞宾成为师徒，虽未传丹道，却精通仙术。所谓"仙术"，也就是"白鹤紫芝遁法"。敦煌遗书P.3810号《湘祖白鹤紫芝遁法》曰：吕洞宾、韩湘子得所传仙术，阐扬天教，广发慈悲，但功行不完，未超三界。仍在尘世，正值天劫，兵荒马乱。因此，钟离权传仙术于世，希望救劫度人。"有道缘者，起得是诀，虔心艮心，告万法教主，历代仙师。其通意某，设之老祖师牌位，茶果香灯，鹿腫白鸭，供献虔诚，持炼功成，行藏之无，能脱凶灾大难，永不遭刀兵之手。故云老君无世不出，先尘却而行化，后无极而长存，隐显莫测，变化无穷，普度天下。"可见此法是用于救劫辟害、普度天下的。

《湘祖白鹤紫芝遁法》不仅在民间流传，同时亦被道教南宗吸纳，演变成为"追鹤秘法"。"追鹤秘法"派系传承依次为都仙教主青华帝君真玄灵应天尊李喆—灵真教主护国仙王高上元皇应化天尊钟离权—九天上真高元紫虚清真元君魏华存—正真教主纯阳灵宝妙通演正警化真君吕岩洞宾—明真教主海蟾明悟弘道真君刘玄英—玄真教主天台紫阳悟真妙有圆通真君张用成—翠玄演道杏林真人石泰得之—紫贤复命毗陵真人薛道光—翠虚普济泥丸真人陈楠—紫清定慧海琼真人白玉蟾。

据众多道经记载，吕祖成道之后度化了一批人物，著名的有卢生、侯用晦、马善、黄若谷、李德成、孙应期、何仙姑等，并留下许多传奇故事，如"瑞应明本""黄粱梦

---

① 道藏：第32册[M]. 北京：文物出版社，上海：上海书店出版社，天津：天津古籍出版社，1988：252.
② 道藏：第35册[M]. 北京：文物出版社，上海：上海书店出版社，天津：天津古籍出版社，1988：379.
③ 道藏：第24册[M]. 北京：文物出版社，上海：上海书店出版社，天津：天津古籍出版社，1988：302.
④ 修真十书·武夷集[M]//道藏：第4册. 北京：文物出版社，上海：上海书店出版社，天津：天津古籍出版社，1988：817.

瑞应明本　元代　壁画　山西芮城县永乐宫

觉""慈济阴德""历试五魔""神变传经""明玄体道""密印剑法""肥遁华峰""袭明印""神应帝王""石肆求茶""度老松精""再度郭仙""谒钟弱翁""警提丁谓""谶张参政""度曹国舅""度马庭鸾""度曹仙姑""度何仙姑""游金峨寺""道印康节""神化赵相公""神警陈公""探徐神翁""再提惠卿""救滕中病""度陈宣德""神光绘像""灵石求斋""景德度僧""游大庾岭""度忠献公""访蒋晖作""赐药黄觉""度李太医""尼寺留题""赐药马氏""救孝子母""斋大云僧""诱侯用晦""游戏虹桥""访蘖炼师""诱南道士""度侯行首""诱尚书""诱旷若谷""度翟笔师""度黄莺妓""游戏岳阳""救赵监院""诱崔进士""成都施丹""诱陈澹然""诱太守奕""度七子""武昌货墨""秽梳高价""醉冲节仪""度施肩吾""度刘跛仙""度陈进士""诱太公""诱杨柳金""庐山放生""警提刑""度姚道真""题诗天庆""度张珍奴""度刘高尚""宫中勤祟""游戏罗浮""长沙警僧""警娄道明""青城鹤会""度曹三香""宝轮现像""药救傅道人""长溪觅斋""警赵兵马""邵州索饮""救刘氏病""觉章太守""度开先僧""游沈家园""度杨太明""度乔二郎""正君心非""度黄先生""度王祖师""秘授重阳""警钟仲山""游寒山寺""仪真绘像""度关真人""丹度莫敌""度张和尚"，谓之"一百二十化"。

　　这些传奇故事流传甚广，一些甚至被画为壁画呈现在永乐宫中，以艺术的形式来教化民众，宣传吕祖信仰。正如元代全真道人苗时善所说："吾道或以神通诱掖尘俗，或以药物救济善良。委顺曲成，随机方便。大慈大化，会万振咸归一源，至愿至仁，备众德不居一德。悟不空之未始，了元生之有玄。论其微，言辞难尽；悟其的，拟议即遥。不可智识以度思，当在精诚而默会。仆不揣井观管量，于诸经集、唐宋史传，摭收实迹，削去浮华，绩成一百二十化，析为六卷。每章就，和诗词象章直说，目之《神化妙通纪》。使同心志士开卷朗然，得观天象，默会道微，明通元极重玄，了彻纯阳至妙，圆通元上道真，得先天春。不肖诚意集成，高明公心，静鉴自然，不迷异迳，直造天衢矣。"①

苗时善编《纯阳帝君神化妙通纪》几乎将唐宋以来的所有关于吕洞宾的传闻汇于一处，可以作为研究吕洞宾信仰的史料。经中讲述说，帝君姓吕名岩，字洞宾，唐河中府永乐县人氏。曾祖延之，终浙东节度使。祖渭，性赋纯良，文词精妙，乐善好道，多有阴德。累迁礼部侍郎，终潭州刺史，赠陕州大都督。渭生四子，温、恭、俭、让。温治《春秋》，藻翰精富，一时迁户部员外郎，终衡州刺史。恭尚气节，喜纵横，终殿中侍御史。俭多才，进御史里行。让有德，善政，迁太子右庶子，终海州刺史。真人乃让季子。唐德宗贞元十四年（798）四月十四日巳时，众见有一白鹤自天飞下，竟入房帐中不见。母氏正寝，亦梦惊觉。即时真人降生，异香满室，经日不散。童稚时敦重少语，不好戏。长大，身长六尺有余。道骨仙风，凤目入鬓，眉秀鼻耸，面色黄白，左眉角右眼下各一痣如豆大，两足下龟纹隐起。性禀纯厚仁孝聪敏，三教经书圆贯精熟，常诵《周易》《道德》《阴符经》。喜顶华阳巾，衣黄白襕衫大绦，或逍遥服冠带。后不肯姻娶，常慕清虚恬淡，不好华饰富荣，自幼年已有仙道志矣。今考河中府永乐镇九峰山故宅，基址俨然，今建纯阳万寿宫是矣。

今传世题名钟离权、吕洞宾的著作很多。但经考辨，可信的大致有以下这些：《破迷正道歌》《灵宝篇》《秘传正阳真人灵宝毕法》《百问篇》《九真玉书篇》《指玄篇》《肘后三成篇》《传道上篇》《传道中篇》《传道下篇》。另吕洞宾弟子施肩吾编有《钟吕传道集》《修真指玄篇》《会真篇》《西山众仙会真记》《华阳篇》，亦述钟吕丹法。这些著作北宋时期已流传，因此可作为探讨钟吕内炼学说的基本文献。钟离权、吕洞宾的内丹理论独成体系，特别是对内炼中的重要问题以及众多基本范畴的探讨，其精微透彻之处达到了他们所处时代的高峰，从而为宋元内丹派的形成奠定了理论基础。这也是南宗、北宗、东派、西派均奉钟离权、吕洞宾为其始祖的内在原因。

## 二、南宗七祖与南宗传承

张伯端，又名用成，字平叔，号紫阳。天台（今属浙江）人。据翁葆光《悟真直指详说三乘秘要》所载，张伯端卒于神宗元丰五年（1082），享年96岁，则伯端当生于太宗雍熙四年（987）。关于他的生平，最翔实的记载当推孝宗乾道五年（1169）陆思诚所撰的

---

① 道藏：第5册[M]. 北京：文物出版社，上海：上海书店出版社，天津：天津古籍出版社，1988：703.

张伯端 明代 纸本设色
中国社会科学院历史所图书馆藏

《悟真篇记》。翁葆光、陆思诚皆去张伯端不远，所述当较为可靠。此外，张伯端《悟真篇序》亦自述其事迹，赵道一《历世真仙体道通鉴》有《张用成传》。这些是了解张伯端生平的基本材料。

张伯端自幼好学，自谓"仆幼亲善道"，涉猎三教经书，以至刑法、书算、医卜、战阵、天文、地理、吉凶死生之术，靡不留心详究。后为府吏，因触犯"火烧文书"律，遣戍岭南。《临海县志》记载此事始末说："为府吏，性嗜鱼。在官办事，家送膳至，众以其所嗜鱼戏匿之梁间。平叔疑其婢所窃，归扑其婢，婢自经死。一日，虫自梁间下，验之，鱼烂虫出也。平叔乃喟然叹曰：'积牍盈箱，其中类窃鱼事不知凡几。'因赋诗云：'刀笔随身四十年，是是非非万千千。一家温饱千家怨，半世功名百世愆。紫绶金章今已矣，芒鞋竹杖自悠然。有人问我蓬莱路，云在青山月在山。'赋毕，纵火将所置案卷悉焚之，因按火烧文书律遣戍。"①

宋英宗治平（1064—1067）中，陆诜镇桂林，引置帐下，掌管机要。熙宁二年（1069），张伯端随陆诜自桂林至成都。陆思诚《悟真篇记》称龙图公陆诜将张伯端"取置帐下典机事，公移他镇，皆以自随。最后公薨于成都，平叔转徙秦陇。久之，事扶风马默处厚于河东。处厚被召，临行，平叔以此书授之，曰：'平生所学，尽在是矣。愿公流布，当有因书而会意者。'默为司农少卿，南阳张公履坦夫为寺主簿，坦夫曰：'吾龙图公之子壻也。'默意坦夫能知其术，遂以书传之坦夫。坦夫复以传先考宝文公。余时童丱，在傍窃取而读之，不能通也。先公帅秦，阳平王箴袠臣在幕府，因言其兄冲熙先生学道，遇刘海蟾，得金丹之术。冲熙谓举世道人无能达此者，独张平叔知之。成道之难，非巨有力者不能也。冲熙入洛，谒富韩公，赖其力而后就。余时年少气锐，虽闻其说，不甚介意，亦不省所谓平叔者为何人。迩来年运日往，志气日衰，稍以黄老方士之术自治。有以金丹之术见授者，曰：'神者，生之体。形者，神之舍。道以全神，术以固形。神全而形固，则其去留得以自如矣。'因卜吉戒誓，传法既竟，再谓余曰：'九转金液大还丹，上圣秘重，不可轻易泄漏也。异日各见所授，先依盟誓，又须自修，功成方可审择而付之。盖欲亲历其事，然后开谕后学。俾抽添运用之时，得免危殆，则形神俱妙之道，由是著矣。古今相传，皆有斯约，违者必有天谴。岂不知平叔传非其人，三遭祸患者乎。子当勉之，宜无忽焉。'复序其所从来，得之成都异人者，岂非海蟾耶。且冲熙成丹之难，及

---

① 陈梦雷等.古今图书集成[M].成都：巴蜀书社，1985.

于世之所谓道人者，无所许可，唯平叔一人而已。其言与予昔者所闻于衮臣者皆合，因取此书读之，始悟其说。又考世之所传吕公《沁园春》及海蟾诗词，无一语不相契者。是以知渊源所来，盖有自矣"①。

《悟真篇序》自述说："至熙宁己酉岁，因随龙图陆公入成都，以夙志不回，初诚愈恪，遂感真人授金丹药物火诀。其言甚简，其要不繁，可谓指流知源，语一悟百，雾开日莹，尘尽鉴明，校之丹经，若合符契。"后序亦说："伯端向己酉岁，于成都遇师授丹法。"均未明言其师为谁。②翁葆光《悟真篇注疏序》则谓其师为青城丈人，留元长谓张伯端得之刘海蟾，刘得之吕洞宾。③后来道教中人多取后一种说法，即称张系南宗，出自钟吕、刘海蟾之传。这当然有借誉扬名之嫌，但张伯端与刘海蟾同一时代，相遇传授非无可能，且从张伯端所传丹法来看，确与钟吕、刘海蟾同一系统，即使张伯端所遇非刘，也可视为钟吕内丹派传人。

据赵道一《历世真仙体道通鉴》记载，张伯端遇刘海蟾，授金液还丹火候之诀，乃改名用成，字平叔，号紫阳。修炼功成，作《悟真篇》，行于世。尝有一僧，修戒定慧，自以为得最上乘禅旨，能入定出神，数百里间顷刻辄到。一日与紫阳相遇，雅志契合。紫阳曰："禅师今日能与同游远方乎？"僧曰："可也。"紫阳曰："唯命是听。"僧曰："愿同往扬州观琼花。"紫阳曰："诺。"于是紫阳与僧处一净室，相对瞑目跌坐，皆出神游。紫阳才至其地，僧已先至，绕花三匝。紫阳曰："今日与禅师至此，各折一花为记。"僧与紫阳各折一花归。少顷，紫阳与僧欠伸而觉，紫阳云："禅师琼花何在？"僧袖手皆空，紫阳于手中拈出琼花，与僧笑玩。紫阳曰："今世人学禅学仙，如吾二人者，亦间见矣。"紫阳遂与僧为莫逆之交。后弟子问紫阳曰："彼禅师者，与吾师同此神游，何以有折花之异？"紫阳曰："我金丹大道，性命兼修，是故聚则成形，散则成气，所至之地，真神见形，谓之阳神。彼之所修，欲速见功，不复修命，直修性宗，故所至之地，人见无复形影，谓之阴神。"弟子曰："唯。"紫阳常云："道家以命宗立教，故详言命而略言性。释氏以性宗立教，故详言性而略言命。性命本不相离，道释本无二致。彼释迦生于西土，亦得金丹之道，性命兼修，是为最上乘法，故号曰金仙。"元丰五年（1082）三月十五日，张伯端跌坐而逝世。留有《尸解颂》云："四大欲散，浮云已空，一灵妙有，法界圆通。"他的一名好禅弟子烧化其尸，"得舍利千百，大者如芡实焉，色皆绀

---

① 道藏：第2册[M]．北京：文物出版社，上海：上海书店出版社，天津：天津古籍出版社，1988：968-969.
② 道藏：第4册[M]．北京：文物出版社，上海：上海书店出版社，天津：天津古籍出版社，1988：714.
③ 道藏：第33册[M]．北京：文物出版社，上海：上海书店出版社，天津：天津古籍出版社，1988：140.

碧。群弟子至，遂指谓曰："此道书所谓舍利耀金姿也。"①

所谓"舍利"，传为佛祖释迦牟尼遗体火化之后结成的珠状物，后来泛指德行高深的禅师死后火化的遗骨。佛教认为这是依戒、定、慧之熏修所成者。作为道教内丹南宗之祖的张伯端，死后并不是用道教传统的"尸解"之法去了结，而是用佛教"涅槃"的手段去求证，这实际上暗喻了佛道两家的融合已达到水乳不分的程度。张伯端《悟真篇》中的内炼理论即具体地反映了这一事实。

张伯端所传丹法，据文献记载共有四个系统，其中清修一派历来被视为张伯端嫡传。其传法谱系为：张伯端传石泰，石传薛道光，薛传陈楠，陈传白玉蟾，是为南宗五祖。又有双修一派，始于刘永年，刘传翁葆光，翁传若一子。第三系统是北宗宋德方第三代张紫琼的弟子赵缘督，又得石泰真传，再传于陈观吾。此外尚有天台紫阳派。此派自称系北宋太宗雍熙年间由张伯端在台州府天台县流传下来的。道派世系排行留有"陵源觉海静，宝月性天明，随景无华谷，得符瑞黍清"等60字。但考雍熙年间的张伯端尚属幼儿，根本没有创教的可能，且在陆思诚、翁葆光、赵道一等人的记载中，均无张伯端创教天台的记载。因此，这可能是弟子辈私淑教祖，自立门派。此派未见著作传世，其丹法属清修，应属南宗第四系统。

石泰　明代　纸本设色
中国社会科学院历史所图书馆藏

南宗清修一派以石泰开首。二祖石泰（1022—1158），字得之，号杏林，一号翠玄子。常州（今属江苏）人。赵道一《历世真仙体道通鉴》卷49《石泰传》说："初紫阳得道于刘海蟾，海蟾曰：'异日有为汝脱缰解锁者，当以此道授之，余皆不许。'其后紫阳三传非人，三遭祸患，誓不敢妄传。"后来，张伯端因得罪凤州太守，"按以事坐黥窜"，于村肆恰遇石泰，经石泰的努力，郡守予以赦免。张伯端说："此恩不报，岂人也哉！子平生学道，无所得闻，今将丹法用传于子。"遂将所得金丹秘诀倾囊以授石泰。石泰拜谢，苦志修炼。道成，作《还源篇》行世。宋高宗绍兴二十八年（1158）八月十五日逝世，享年137岁。有颂云："雷破泥丸穴，真身驾火龙。不知谁下手，打破太虚空。"

石泰下传薛道光。薛道光一名式，一名道源，字太原。陕府鸡足山人，一云阆州（今四川阆中）人。他本

---

① 道藏：第5册[M]. 北京：文物出版社，上海：上海书店出版社，天津：天津古籍出版社，1988：383.

系僧人，自幼出家，法号紫贤，一号毗陵禅师。《薛道光传》说他云游长安，留开福寺参长老修严、僧如环，习禅观佛法。"因桔槔顿有省悟，有颂曰：'轧轧相从声发时，不从他得豁然知。桔槔说尽无生曲，井里泥蛇舞柘枝。'二老然之。自尔顿悟无上圆明真实法要，机锋迅捷，宗说兼通。"可见，薛道光精通佛学，尤擅禅宗顿悟之机。间时，"且复雅意金丹导养。宋徽宗崇宁五年丙戌冬，寓郿县之青镇，听讲佛寺。适遇凤翔府扶风县杏林驿道人石泰，字得之，年八十五矣。发绿朱颜，神宇非凡，夜事缝纫。紫贤心因异之，偶举张平叔诗曲。石矍然曰：'识斯人乎！吾师也。'备言紫阳传道之由。紫贤乃稽首皈依，诸因受业，卒受还丹，传受口诀真要。且戒令往通邑大都，依有力者即可图之。紫贤遂来京师"。从此薛道光弃僧从道，和光混俗。作《复命篇》《丹髓歌》行世。光宗绍熙二年（1191）九月初九逝世，享年114岁。有颂云："铁马奔入海，泥蛇飞上天。蓬莱三岛路，无不在西边。"

四祖陈楠（？—1213），字南木，号翠虚。惠州博罗县（今广东惠阳）白水岩人。以盘陇箍桶为生业，其慧业悟性无人知晓。曾作《盘陇颂》："终日盘盘圆又圆，中间一位土为尊。磨来磨去知多少，个里全无斧凿痕。"

薛道光　明代　纸本设色
中国社会科学院历史所图书馆藏

又有《箍桶颂》云："有漏教无漏，如何水泄通。既能圆密了，内外一真空。"其言下超悟异常。"后得太乙刀圭金丹法诀于毗陵禅师，得景霄大雷琅书于黎姥山神人。"所谓"景霄大雷琅书"是指雷法著作。南宗从陈楠起即兼传雷法。白玉蟾说："今都天大雷，尽出神霄玉枢之上，谓之景霄大雷。景霄虽在神霄之下，乃元始驻跸之司，向者天真遣狼牙猛吏雷部判官辛汉臣授之先师陈翠虚，翠虚以授于我。"[1]《静余玄问》亦记白玉蟾语云："光师得雷书于黎母山中，不言其人姓氏，恐是神人所授也。"又曰："先帅尝醉语云：'我是雷部辛判官司弟子，干道光和尚甚事！'"[2]

陈楠得丹诀以固命求真，运雷法以济世度人。《历世真仙体道通鉴》曰："每人求符水，翠虚捻土付之，病多辄愈，故人呼为陈泥丸。宋徽宗政和中，擢提举道录院事。后归

---

[1] 道藏：第33册[M]. 北京：文物出版社，上海：上海书店出版社，天津：天津古籍出版社，1988：115.
[2] 道藏：第32册[M]. 北京：文物出版社，上海：上海书店出版社，天津：天津古籍出版社，1988：411.

陈楠　明代　纸本设色
中国社会科学院历史所图书馆藏

罗浮,以道法行于世,所至与人治鬼。潮阳民女苦狐厌,狂易无度,翠虚用雷符熏狐魅杀之。时披发走,日行四五百里,鹑衣百结,尘垢满身,间食犬肉,终日烂醉,莫测所如,而济人利物,效验有不可掩者。"后定居长沙,"湖广中人常问翠虚觅诗。但自口缕缕而出,皆成文理,第不肯亲书,竟未解其故。有《翠虚妙悟全集》行世,及作《罗浮翠虚吟》。以丹法授琼山白玉蟾,其出入白玉蟾常侍左右"。宁宗嘉定六年(1213),陈楠赴漳州参加鹤会,预知将逝,遂留四句,命白玉蟾题曰:"顶上雷声霹雳,混沌落地无踪。今朝得路便行,骑个无角火龙。"①

陈楠弟子之中著名者还有鞠九思、沙道昭、黄天谷。②鞠九思后传丹法与朱桔。朱桔(?—1242),号翠阳。淮西安庆望江(今属安徽省)人。《历世真仙体道通鉴》卷49载其生而聪慧,有志儒业,尤精易数之学,及长,未遂科第之志,乃喜阅道释之书,云游名山治所,寻师访道。孝宗乾道四年(1168)至惠州博罗,遇异人鞠九思点化,并授与九鼎刀圭火符诀、五雷金书玉篆文、九八飞神阳道法,以及修行口诀,一并付之。朱桔遂往皖公山筑室,依法修炼。淳祐二年(1242)十一月逝世。丹法传弟子郑孺子。

郑孺子,名清恺,本名孺,号翠房。南宋时荥阳(今属河南省)人。师事朱桔于罗浮山,得胎息气法秘诀,自此不食亦不饥,气力百倍。后复往三山天庆观,拜谒白玉蟾而师事之,尽得其秘传,而后归冲虚观。白玉蟾赠诗云:"铁作桥梁云作盖,石成楼阁水成帘。归时猿鹤烦传语,记取前回白玉蟾。"③

从四祖陈楠开始,南宗一改只重自我修持、追求个体生命永存与圆满的仙道传统,主张济世利民、安邦护国的大乘思想,从此制定了南宗以内丹为体、雷法为用的道学体系。

陈楠先得太乙刀圭金丹法诀于薛道光,又得《景霄大雷琅书》于海南黎母山神人。所谓《景霄大雷琅书》,即指神霄派所传雷书。对此,白玉蟾追述说:"今都天大雷,尽出

---

① 道藏:第5册[M].北京:文物出版社,上海:上海书店出版社,天津:天津古籍出版社,1988:385.
② 道藏:第4册[M].北京:文物出版社,上海:上海书店出版社,天津:天津古籍出版社,1988:404.
③ 宋广业.罗浮山志会编[M]//藏外道书:第19册.成都:巴蜀书社,1994:156.

神霄玉枢之上，谓之景霄大雷。景霄虽在神霄之下，乃元始驻跸之司，向者天真遣狼牙猛吏雷部判官辛汉臣，授之先师陈翠虚，翠虚以授于我。"①"先师得雷书于黎母山中，不言其人姓氏，恐是神人所授也，丹法却是道光和尚所传。先师尝醉语云：我是雷部辛判官弟子，干道光和尚甚事！"②

《道法会元》卷104至108所收《高上景霄三五混合都天大雷琅书》5卷即为当时陈楠所得。卷首列大雷主法元始法王、玉清真王、景霄变空天尊、雷霆大帝君、五雷判府天尊、翼轸星君、五炁真人、左玄真人、右玄真人，次之则为雷霆火师真君汪康民、传教雷霆都督辛忠义、翠虚真人陈楠、海琼紫清真人白玉蟾。卷尾载白玉蟾《翠虚陈真人得法记》尤其重要，记述了其师访道求仙、修习雷法的过程，这给研究南宗历史提供了一份可靠的史料。

嘉定戊辰（1208），陈楠游海南黎母山，遇一道人，笑曰："子得薛紫贤太乙火符之旨，但未知太乙雷霆之法，亦可惜也。"陈楠回答："某慕道而已，不欲多学，以分其志。"道人又曰："子何其愚也。独善一身，不能功及人物，神仙不取。是故张正一战鬼于西川，许敬之斩蛇施药，古今所传，不可诬也。"陈楠曰："山野一贫如许，安得质信，以传此法。"道人闻言首肯，而言曰："得人即传，又焉用利。子能信奉，施功及众，即吾之功。"遂于一石穴中取《都天大雷法》，传付陈楠，并告诫之："惟五雷不可小用。元始天尊每当劫运，必命五雷君降世保劫。昔阴六为水，尧有九年之灾，预期命三山雷火君降世，生于伯鲧之家，是谓神禹。火伯风霆君降世为稷，播奏五谷。子宜保之，以度异时之劫。"临别之际，又谓陈楠曰："吾非凡人，即雷部都督辛忠义也。吾师汪真人亲授玉清真王付度，今付与汝。"③至嘉定壬申（1212），陈楠又以此雷书传与白玉蟾，白玉蟾再传彭耜。

此外，陈楠又得自称"辛忠义"的道人所传《太上三五邵阳铁面火车五雷大法》及邵阳雷公法印，收录于《道法会元》卷122。其中曰："凡召雷部将吏及邵阳雷公，皆以此印符牒，谓之暗号，大有报应，昔邵阳将军得遇六波天君，密付此符，同雷部辛天君于海南，授与陈泥丸真人，流传至此。"陈楠说："昔邵阳雷公于南岳衡山祝融峰顶，得遇六波天主帝君，授以三阳五雷之道，使之掌风雷之政。凡天下水旱、人民疫疠，皆隶之焉。昔六波天主帝君，乃以都天大雷火印并三阳五雷神火之印，及雷霆都司符玺。悉以付之。自是邵阳雷公颐指神祇，使风雷立至，积久而有大功，闻于上帝，遂诏封为三五邵阳雷公火车将军，以掌中斗大魁五雷之政。"因此，他希望弟子白玉蟾不要保守，应辑刊丹经雷

---

① 道藏：第33册[M]. 北京：文物出版社，上海：上海书店出版社，天津：天津古籍出版社，1988：115.
② 道藏：第32册[M]. 北京：文物出版社，上海：上海书店出版社，天津：天津古籍出版社，1988：411.
③ 道藏：第29册[M]. 北京：文物出版社，上海：上海书店出版社，天津：天津古籍出版社，1988：483.

书,"散行天下,使修仙之士可以寻文揣义,妙理昭然,是乃天授矣。何必乎笔舌之传之哉!""吾将点化天下神仙,苟获罪者,天其不天乎!经云:'我命在我,不在于天。'何谴之有?"①

《道法会元》卷76所载《火师汪真君雷霆奥旨》成书于宋崇宁三年(1104)。后亦为陈楠、白玉蟾所得,并作序以传世。白玉蟾序曰:"去圣逾远,谈道者多,曲学旁门,乱真者众。后之学者,无所参究。非缘后生福浅,亦由恩情爱欲,一念恋著,心境不清,是非之胶扰。亦不知千经万论,以求道要安在,则其去道愈远矣。或有苦心学行,持而不见功者,非道负人,皆奉道之士不从明师,而所受非法。或依法行持,而不见功者,皆奉道之士不遵戒律,而学法不验。有志于此者,苟能清心寡欲,以明道要,以悟玄机,犹当广求师资,勤行修炼,依法行持,何患法之不验哉!故《天坛玉格》云:'不行修炼,将不附身。不漱华池,形还灭坏。'火师又曰:'凡受五雷大法,非上品仙官之职,不能悟此玄机。内则修炼自己还丹,故外则瓶邪治病。至人所述,非可诬也。是知非学法之为难,而澄心修炼之为难,而得遇道之尤难也。"②

## 三、白玉蟾与南宗传承

道教南宗实际创始人为白玉蟾。该派祖述钟离权、吕洞宾,谓其丹法传自钟、吕。南宗弟子王庆升《三极至命筌蹄》载:"七返九还,金液炼形者是也。一时媾精,一日结胎,十月脱胎,三年无阴,是谓纯阳之仙。六年绝粒,鼻无喘息,名曰至真,白玉其骨,黄金其筋,履蹈虚空,洞贯金石,此修仙之极致也。自老子,黄帝而下,凡飞腾变化之俦,皆修此耳。故老子作《道德经》,以诏后世;黄帝著《阴符经》,以彰厥旨;真人魏伯阳因之,作《周易参同契》,以极其底蕴。正阳钟离权由之,作《云房三十九章》,以祛似是之惑;纯阳吕岩缘之,作《沁园春》《霜天晓角》及《窑头脱空》等歌,以广其意;华阳施肩吾修之,作《会真记》,以诱进学之事,虽皆发明道要,显示机缄,然而火候法度,温养指归,并不曾说破。天台怡真先生谪自紫阳真人,宿德不渝,感西华夫人发枢纽,而授之以口诀,道成,授杏林石泰以《悟真篇》。杏林道成,授紫贤薛道光以《还元篇》。紫贤道成,授泥丸真人以《复命篇》。泥丸道成,授紫清真人白玉蟾以《翠虚

---

① 道藏:第4册[M]. 北京:文物出版社,上海:上海书店出版社,天津:天津古籍出版社,1988:618.
② 道藏:第29册[M]. 北京:文物出版社,上海:上海书店出版社,天津:天津古籍出版社,1988:262.

篇》。厥后之闻道者，紫清之徒也。"①

白玉蟾，南宗的实际创立者，在促进南宗与神霄派、净明派、正一派交流、融合及组织建设方面起了极其重要的作用。他思想开阔，才华超群，著述甚丰，无论在道教思想还是在道教法术上都屡有创造，贡献甚大，可谓南宋道教史上最杰出的人物。正如明人林有声所说："尝观古今异人得仙术者，类能修真炼气，颐息养神，乘雾云而羽化，驱雷雨而摄精。然未有娴于文辞，肆笔成章，开口而吐烟云，出吻而唾珠玑者。盖功成九转固难，而该通六籍尤不易也。噫！琼琯白真人者，可不谓兼之乎！真人生于宋之末季，距今四百余载，其时遍游名山，屡遇神人，授以还丹秘诀。真人盖已尽得其术，成九转之功矣。"②

关于白玉蟾的生平事迹，道书史籍言之颇多，但内容似幻非真，令人难以把握。如他的姓氏、籍贯、生卒年月，当时就有许多种说法。首先是他的姓名，一曰葛长庚，一曰白玉蟾。其字号甚多，如海琼子、海南翁、

白玉蟾　明代　彩绘
中国社会科学院历史所图书馆藏

琼山道人、武夷散人、神霄散吏、紫清真人、武夷翁、雷霆散吏、琼山老叟、养素真人、鹤奴等。其次是他的籍贯，一般多认为其祖籍福建闽清，生于琼州（今海南琼山）。彭耜《海琼玉蟾先生事实》曰："先生姓葛，讳长庚，字白叟，先世福之闽清人。母氏梦食一物如蟾蜍，觉而分娩。时大父有兴教琼琯，是生于琼，盖绍熙甲寅三月之十五日也。"③又元人薛师淳《事实》言："宗师白真人，海琼人也。元姓诸葛，名猛。生而聪明，长而奇异，睹石火之无光，叹白驹之过隙，遂舍富贵而志慕神仙，混名曰白玉蟾，盖欲隐其姓名也。"④从以上所言可知，关于白玉蟾的姓氏、籍贯的说法颇为复杂，这与他漂泊一生、浪游江湖的生活有关。

关于他的生卒年月，道书亦记载不一。彭耜谓其生于绍熙甲寅（1194）三月十五日，此说法为学术界所认可。但据清代彭竹林《神仙通鉴白真人事迹三条》考辨，白玉蟾生于绍兴甲寅（1134）三月十五日，并曰白玉蟾绍熙三年（1192）已58岁。这比彭耜的说法将白玉蟾的生年整整提前了60年。那么究竟哪种说法较为可靠呢？今人盖建民、黄凯端两位

---

① 道藏：第4册[M]. 北京：文物出版社，上海：上海书店出版社，天津：天津古籍出版社，1988：938-939.
② 林有声. 白真人文集[M]//道藏辑要：第6册. 成都：巴蜀书社，1995：240.
③ 萧天石. 道藏精华[M]. 台北：自由出版社，1956—1992：29.
④ 道藏：第29册[M]. 北京：文物出版社，上海：上海书店出版社，天津：天津古籍出版社，1988：763.

先生结合白玉蟾卒年及他的一些诗词加以考证,认为白氏当生于绍兴甲寅。① 本人亦赞同此说。

至于白玉蟾的卒年,依彭耜所言,白玉蟾当卒于绍定二年(1229),年36。但事情并非如此简单,从现有史料来看,他的寿龄似乎比推定的要长。如《白玉蟾全集》潘访原序称:"仆顷未识琼山,一日会于鹤林彭徽君座上,时饮半酣,见其掀髯抵掌,伸纸运墨如风。"② 序文作于端平丙申(1236),其时白玉蟾尚健在。《道法会元》卷18载元人虞集《景霄雷书后序》亦曰:"琼琯白玉蟾先生,系接紫阳,隐显莫测,今百数十年,八九十岁人多曾见,江右遣墨尤多。"③ 则白玉蟾很可能宋末元初尚在人世。

据彭竹林《神仙通鉴白真人事迹三条》言:"玉蟾本姓葛,大父有兴,福州闽清县人,董教琼州,父振业,于绍兴甲寅岁三月十五,梦道者以玉蟾蜍授之,是夕产子,母即玉蟾名之以应梦。稍长,又名长庚。祖、父相继亡,母氏他适,因改姓白,号琼琯。"④ 则白玉蟾生于南宋高宗绍兴四年(1134),不久祖、父相继去世,母亲带他改嫁,故从他家姓白。

白玉蟾自幼聪慧,七岁即能诗赋,幼举童子科。《神仙通鉴白真人事迹三条》曰:"韶龄时背诵九经,十岁自海西来广城应童子科。""当时士大夫欲以异科荐之,弗就也。"⑤ 需要说明的是,白玉蟾少年时即经历了战乱。据《续资治通鉴》载,绍兴十一年(1141)由宋金大战引起了一场"淮西之乱",白玉蟾深受其害。他说:"记得兵火起淮西,凄凉数里皆横尸。幸而天与残生活,受此饥渴不堪悲。""又记得淮西兵马起,枯骨排数里,欲餐又无粮,欲渴复无水。"⑥ 如此苦难的经历,无疑给白玉蟾的人生道路造成了重大影响。

绍兴二十年(1150),白玉蟾决定离家求道。"年十六,专思学仙,毅然就道,囊中止有钱三百。初别家山,不知夜宿何处,鸟啼林晚,匆匆投止而已。行数日,至漳城,衣服卖尽,举目无亲,宿江村孤馆,月照苍苔,阶飘黄叶,明朝早膳起程,随身只一柄伞矣。"随后到过兴化军、罗源兴福寺、武夷山、龙虎山、淮西、江东、两浙、武林等地,"回思畏日驱途,严霜卧地,千山万水,碌碌空忙"。先后26年,足迹遍及中国南方。从其自著《云游歌》中可知其一路艰辛,受尽人间凄凉:"云游难,云游难,万里水烟四海宽。说着这般滋味苦,教人怎不鼻头酸。初别家山辞骨肉,腰下有钱三百足。思量寻思访

---

① 盖建民,黄凯端.白玉蟾丹道养生思想发微[M].台北:中华大道出版社,1999:道韵:第五辑.
② 萧天石.道藏精华[M].台北:自由出版社,1956—1992:41.
③ 道藏:第29册[M].北京:文物出版社,上海:上海书店出版社,天津:天津古籍出版社,1988:484.
④ 萧天石.道藏精华[M].台北:自由出版社,1956—1992:41.
⑤ 道藏:第5册[M].北京:文物出版社,上海:上海书店出版社,天津:天津古籍出版社,1988:386.
⑥ 道藏:第4册[M].北京:文物出版社,上海:上海书店出版社,天津:天津古籍出版社,1988:780-781.

道难,今夜不知何处宿。不觉行行三两程,人言此地是漳城,身上衣裳典卖尽,路上何曾见一人。初到江村宿孤馆,鸟啼花落知林晚,明朝早膳又起行,只有随身一柄伞。渐渐来来兴化军,风雨萧萧欲送春,惟有一身赤骷髅,囊中尚有三两文。行得艰辛脚无力,满身瘙痒都生虱。茫茫到此赤条条,思欲归乡归不得。争奈旬余守肚饥,埋名隐姓有谁知。来到罗源兴福寺,遂乃捐身作仆儿。初作仆时未半月,复与主僧时作别。火云飞上支提峰,路上石头如火热。炎炎畏日正烧空,不堪赤脚走途中。一块肉山流出水,岂曾有扇可摇风。且喜过除三伏暑,踪迹于今复剑浦,真个彻骨彻髓贫,荒郊一夜梧桐雨。黄昏四顾泪珠流,无笠无蓑愁不愁,偎傍茅檐待天晓,村翁不许茅檐头。闻说建宁人好善,特来此地求衣饭,耳边且闻惭愧声,阿谁肯具慈悲眼。忆着从前富贵时,低头看鼻皱双眉,家家门前空舒手,那有一人怜乞儿。福建出来到龙虎,上清宫中谒宫主,未相识前求挂搭,知堂嫌我身蓝缕。恰似先来到武夷,黄冠道士叱骂时,些儿馊饭冷热水,道我孤寒玷辱伊。江之东西湖南北,浙之左右接西蜀,广闽淮海数万里,千山万水空碌碌。云游不觉已多年,道友笑我何疯癫。旧游经复再去来,大事匆匆莫怨天。我生果有神仙分,前程有人可师问。"①真可谓为求真道而呕血沥心。

孝宗淳熙三年(1176),白玉蟾已42岁,游至东海滨得遇陈泥丸。白玉蟾回忆说:"贤哉翠虚翁,一见便怜我。说一句痛处针便住,教我行持片晌间。骨毛寒心花,结成一粒红,渠言只此是金丹。"②陈泥丸识其仙质贤才,携归罗浮山,授以道要。即告之曰:"且游历数年,当于此俟子。"白玉蟾遵其师命,"承遣辞行。初至黎母山,即遇神人授上清法箓洞玄雷诀。北游洞庭……复西入蜀之青城山……转至巴陵……如是七年,归罗浮复命。"③时淳熙十年(1183),白玉蟾已49岁。

自此之后,白玉蟾时常伴随其师陈楠,先后又历9年,"泥丸悯其真切恳挚,为之讲明次第火候,令其速炼。玉蟾(年已五十八,绍熙二年)拜辞下山,大隐廛市,急备金丹药材,用尽辛苦三年……用心不谨,不觉汞走铅飞。""紫阳在天台遥知此事,命童以《金丹四百字》授之……方得成丹。(时年六十四,庆元三年)再入武夷,痴坐九年,然后出山。""朝廷知之,遣使至武夷,已为陈翠虚引往霍童,谒紫虚、薛贤二师。"④由此可见,白玉蟾之得道成丹非常艰难,实属不易,整整六十四年,方有正果。诚如其作《大道歌》所言:"年来多被红尘缚,六十四年都是错。刮开尘垢眼豁开,长啸一声归去来。神仙伎俩无多子,只是人间一味呆。忽然也解到蓬莱,武夷散人与君说,见君真个神仙骨。我今也不炼形神,或要放颠或放劣。寒时自有丹田火,饥时只吃琼湖雪。前年仙师寄书

---

① 道藏:第4册[M].北京:文物出版社,上海:上海书店出版社,天津:天津古籍出版社,1988:780-781.
② 道藏:第4册[M].北京:文物出版社,上海:上海书店出版社,天津:天津古籍出版社,1988:781.
③ 萧天石.道藏精华[M].台北:自由出版社,1956—1992:41.
④ 萧天石.道藏精华[M].台北:自由出版社,1956—1992:41.

归,道我有名在金阙。"①

这里所说的"仙师",即指天台张紫阳,因白氏炼丹有误,特"命玉童以《金丹四百字》授之",方得丹成。事后,白玉蟾上《谢张紫阳书》曰:"先师泥丸先生翠虚真人,出于祖师毗陵和尚薛君之门。而毗陵一线,实自祖师杏林先生石君所传也。石君承袭紫阳祖师之道。以今日单传而观,则曩者天台一夜西华之梦,无非后世蒙福,万灵幸甚耶。顷年泥丸师挈至霍童洞天,焚香端拜,杏林祖、毗陵祖极荷呼唤,抚身持耳以还,愈增守雌抱一之意。昨到武夷,见马自然口述谆谕,出示宝翰,凡四百言,字字药石。仰认爱育,甘露洒心,毛骨豁然,比因妙道昭著,久居支提。兹来渠以婴儿离母之故,欲到青城山省觐,偶缘道过石燕洞,遂发一念,附此尺书,但述金丹药之体如此。至于蕉花春风之机,梧枝秋雨之秘,碧潭之夜月,青山之暮云,以此深妙,莫敢显露也,以有天机之故。祖师一点头否,杏林、毗陵、泥丸三师,想参鹤翼,自愧仙凡路隔,何日温养事毕,飞神御气,参陪飞舄之下,以备呼鸾唤鹤之役。临纸不胜依恋,涕落笔端,恍失所措……"②

白玉蟾丹道圆满以后,即立志继承师业,弘扬张紫阳一系的丹法,故又多次得陈楠秘传。如开禧元年(1205),陈楠口授其"炼神还虚"诀。白玉蟾《必竟恁地歌》曰:"我生不信有神仙,亦不知有大罗天。那堪见人说蓬莱,掩面却笑渠风颠。七返还丹多不实,往往将谓人虚传。世传神仙能飞升,又道不死延万年。肉即无翅必坠地,人无百岁安可延。满眼且见生死俱,死生生死相循旋。翠虚真人与我言,他所见识大不然。恐人缘浅赋分薄,自无寿命归黄泉。人身只有三般物,精神与气常保全。其精不是交感精,乃是玉皇口中涎。其气即非呼吸气,乃知却是太素烟。其神即非思虑神,可与元始相比肩。""开禧元年中秋夜,焚香跪地口相传。竭尔行持三两日,天地日月软如绵。忽然嚼得虚空破,始知钟吕皆参玄。吾之少年早留心,必不至此犹尘缘。"③

至开禧元年,白玉蟾已为70老翁,终于尽得钟吕派丹法。从此佯狂江湖,深契道妙。时隐居武夷山,有武夷山冲佑观主管苏森,自号"懒翁",白玉蟾喜与交流,结为至友,作《懒翁斋赋》《初见懒翁诗》《赋诗二首呈懒翁》《六言六首呈懒翁》等以赠。④

苏森作《跋修仙辨惑论》,讲述了白玉蟾的一些事迹。该文成于嘉定丙子(1216)中元日,是迄今我们所见到的有关白氏生平的最早史料。其中曰:"先生姓白,名玉蟾,自号海南翁,或号武夷翁。未详何处人也。人问之,则言十岁时师事陈泥丸,九年,学炼金

---

① 道藏:第4册[M]. 北京:文物出版社,上海:上海书店出版社,天津:天津古籍出版社,1988:785.
② 道藏:第4册[M]. 北京:文物出版社,上海:上海书店出版社,天津:天津古籍出版社,1988:625-626.
③ 道藏:第4册[M]. 北京:文物出版社,上海:上海书店出版社,天津:天津古籍出版社,1988:783.
④ 道藏:第4册[M]. 北京:文物出版社,上海:上海书店出版社,天津:天津古籍出版社,1988:791.

液神丹，九还七返之道，虚坎实离之术。蓬头赤足，其右耳聋，一衲百结，辟谷断荤，经年不浴。终日握拳闭目，或狂走，或兀坐，或镇日酣睡，或长夜独立，或哭或笑，状如疯颠。性喜饮酒，落魄不羁。心通三教，学贯九流，多览佛书，研究禅学，参受大洞法录，奉行诸家大法，独于雷法尤著验焉。尝自称玉府雷霆吏，至于驱邪治疾之间，汲汲焉如拯饿溺。旧有《群仙珠玉集》，乃先生著述丹诀也，广闽诸处多有文集刊行。偶来金华洞，森一见如故人，延归蜗舍，从容叩之，始觉其方丈一点浩然，发为词翰，已无烟火气。一丈草书，龙蛇飞动，诗章立成，文不加点。与森酬唱，仅百余篇，已板行矣。其它处吟咏不可胜数。及在罗浮山、霍童山、武夷山、龙虎山、天台山，多遇异人，颇著符瑞。每所到处，间有异应。人有愿学之者，不可得而与语。独自往来，日行二三百里，人见其踪迹，多疑张虚靖即其前身。森汩没尘俗，徒起敬慕，及见《修仙辨惑论》，披读之余，知先生骨已仙矣。"①

嘉定五年（1212），白玉蟾年寿78。其师陈泥丸预知即将羽化，遂将金丹要籍、雷霆秘书尽传白玉蟾。陈楠《罗浮翠虚吟》曰："嘉定壬申八月秋，翠虚道人在罗浮。眼前万事去如水，天地何处一沙鸥。吾将蜕形归玉阙，遂以金丹火候诀，说与琼山白玉蟾，使之深识造化骨。道光禅师薛紫贤，付我《归根复命篇》，指示铅汞两个字，所谓真的玄中玄。辛苦都来只十月，渐渐采取渐凝结，而今通神是白血，已觉四肢无寒热。后来依旧去参人，勘破多少野狐精，个个不是真一处，都是旁门不是真。恐君虚度此青春，从头一一为君陈。"②

次年（1213）四月十四日，白玉蟾陪同陈楠赴漳州梁山，亲见其师入水而逝。从此，白玉蟾便承其道统，立志光大南宗、神霄门庭，先后收彭耜、留元长、谢显道、林伯谦、潘常吉、周希清、胡士简、罗致大、陈守默、庄致柔等为徒，并创立了以"靖"为名称的教团组织，成为金丹派南宗的实际创始人。据其大弟子彭耜对林伯谦曰："尔祖师（白玉蟾）所治碧芝靖，予今所治鹤林治，尔今所治紫光靖，大凡奉法之士，其所以立香火之地，不可不奏请靖额也。如汉天师二十四治是矣，古三十六靖庐是矣，许旌阳七靖是矣。"③所谓"靖"，是汉晋以来天师道于教民家中设立的静室，为进行祭神祈祷，传道布教的场所。白玉蟾仿之，设立教区组织，且又奏请得额，为官府所承认，说明他们已有相当数量且比较稳定的信教群众。南宗一系从张伯端至陈楠四代，还保持着隋唐以来金丹派秘密传授的特征，传教的范围很窄，既无本宗的祖山、宫观，亦未形成群众性教团，直到白玉蟾时，南宗才有了自己的教团、宫观。

---

① 彭耜等.海琼白真人全集[M]//道藏辑要：第6册.成都：巴蜀书社，1995：236.
② 道藏：第24册[M].北京：文物出版社，上海：上海书店出版社，天津：天津古籍出版社，1988：205.
③ 道藏：第33册[M].北京：文物出版社，上海：上海书店出版社，天津：天津古籍出版社，1988：124.

此后，白玉蟾仍然四处奔波，为弘扬大道而竭尽心血。嘉定八年（1215），于武夷山传道法于陈守默、詹继瑞等。陈、詹等曰："白玉蟾则吾师也，乙亥之秋遇之于武夷山。"①又于武夷山中诛茅伐竹，"经营一庐，目其庐曰'云窝'。后倚大隐屏，前望三教峰，左则仙掌，右则天柱，面丹炉之石，枕铁象之岩，龙之形，虎之状，奇哉！东距仁智堂，西抵仙游馆，皆百举武松之青，竹之翠，草之绿也。寒猿唤晓，碧烟朦朦，栖鸦催暮，紫霞漠漠，云飞白花，鸟放脆声。何况山之苍，水之碧，风又清，月又白，悄无人迹之地。以人间一年，比洞中一日，亦不为过。噫！真乐足矣，宜乎丹枢老者。"时为九月。至十二月二十七日，白玉蟾率众弟子在武夷山冲佑观设立雷坛，先后数日上表雷部都司，自称"上清大洞宝箓弟子五雷三司判官知北极驱邪院事"。

嘉定九年（1216）正月，白玉蟾又上《法曹陈过谢恩奏事朱章》《忏谢朱表》，乞行传度，内曰："同发诚心，谨取今月某日，虔就武夷山升真玄化洞天，修设三界高真谢恩清醮几分，延奉上真，仰酬玄造，更祈景贶，及臣等身。"

其后，白玉蟾于武夷山驻云堂为道众讲经宣道。他说："瞥然于五浊恶世之顶，所视苦趣众生，生生死死，如蚁旋磨，不忍为之鼻酸。于是胎其神于尘胞，范其形于色界，自襁褓以及丫冠不昧。凤昔常生修真养元之念，发猛勇心，办精进力，易服毁形，问津于道家者流，以此可见其慈悯众生之美意。"②

同时，他还主持了重建武夷山止止庵的开工典礼。《武夷重建止止庵记》曰："琼琯白玉蟾自广闽出，而至武夷，适有披榛诛茆之意，盖亦契券詹美中之臆素。从而搜访止止庵之地。辟几百年不践之苔，划三五里延蔓之草，于是得其地焉。岁在嘉定丙子之王春。"③

又据武荣桂隐诸葛琰言："海琼先生人耶仙耶，世不得而知之也。丙子岁余于华阳道院有一笑之适，已而追从乎墨池笔冢间，凡三数月，莫能窥其际。今先生少憩无诸日，偕鹤林、紫元二真士，发挥玄关，朝夕问答，集以寄予，诵之终日，真奇书也……近有携《梦蟾图》一卷惠予……淳熙间周益翁尝刻以遗临江简寿玉，石湖居士赋诗以纪灵，余得此图，始悟先生玉蟾之号似非偶然者。先生灵踪异迹在在声间，其于佛老秘典及人间所未见之书，靡不该贯，非自真人菩萨地位中来。"④于此可见早在孝宗淳熙年间，已有益翁刻《梦蟾图》传世，这亦是白玉蟾当生于绍兴甲寅的一条旁证。

---

① 彭耜等.海琼传道集[M]//道藏：第33册.北京：文物出版社，上海：上海书店出版社，天津：天津古籍出版社，1988：147.
② 修真十书·上清集：卷37：驻云堂记[M]//道藏：第4册.北京：文物出版社，上海：上海书店出版社，天津：天津古籍出版社，1988：773-805.
③ 道藏：第4册[M].北京：文物出版社，上海：上海书店出版社，天津：天津古籍出版社，1988：798.
④ 彭耜等.海琼白真人全集：卷6[M]//道藏辑要：第6册.成都：巴蜀书社，1995：263.

同年七月二十四日，白玉蟾作《谢仙师寄书词》曰："玉蟾素志未回，初诚宿恪，自嗟，蒲柳之质，几近桑榆之年，老颊犹红，如有神仙之分，嫩须再黑，始归道德之源。""玉蟾三代感师恩，千年待真驭，说刀圭于癸酉秋月之夕，尽坎离于乙亥春雨之天，终身怀大宝于杳冥，永劫守玄珠于清静。"①

嘉定十年（1217），传丹道雷法于留元长。留元长自记曰："是年春遭遇真师海琼君，姓白，讳玉蟾，或云海南人，疑其家于襄沔也。时又蓬发赤足，以入廛市。时又青巾野服，以游宫观。浮湛俗间，人莫识也。自云二十有一矣。三教之书，靡所不究。每与客语，觉其典故，若泉涌然，若当世饱学者未能也。真草篆隶，心匠妙明，琴棋书画，间或玩世，所与交者，尽时髦世彦，虽敬慕之者，不可得亲。随身无片纸，落笔满四方，踏遍江湖，名满天下，其之如毛也。时人多见囊中曾不蓄铢铜粒黍以自备，或醉甚辄呼雷，或睡熟能飞章，或喜或怒，或笑或哭，状如不慧，或亦出言与休咎合观，其济世利人之念汲汲也。彻夜烧烛以坐，镇日拍拦以歌，晨亦不沐，昼亦不炊，经年置水火于无用，称其耳聩目眵，或对客以牙宣为辞，未审厥旨也，无酒亦醉，睡醒亦昏，诸方士夫刊其文碑，其言多矣。今多嚬少欢，与世甚相违，故慕之而针芥欤？荷相授以九鼎金铅砂汞之书，太乙刀圭火符金液之诀，紫霄啸命风霆之文。"②

同年九月，白玉蟾离开武夷去泉山，致书彭耜曰："玉蟾九月十四日自螺江泝潮而南，以十八日次泉山，不胜役役，幸形神少宁。又起三山故旧之思，尚须少盘桓，却作漳滨客也。"③

嘉定十一年（1218），白玉蟾在庐山太平兴国宫，为弟子陈守默、陈如约、陈致和、张知常、詹继瑞讲道，并传以丹经。弟子们以"所得吾师《金丹捷经》一篇、《钩锁连环径》一卷及《庐山快活歌》一章，刊行于世，总而名之《传道集》"④。并应邀为太平兴国宫作记，曰："岁在嘉定戊寅清明，福州灵霍童景洞天羽人白玉蟾，袄香趋敬九天御史台下。"⑤

其后移足南昌西山，为道士罗适庵作《玉隆万寿宫会堂记》⑥。时逢朝廷遣使进香，力邀白玉蟾主醮。彭耜《海琼玉蟾先生事实》曰："适降御香，建醮于玉隆宫，先生避之。

---

① 道藏：第4册[M]. 北京：文物出版社，上海：上海书店出版社，天津：天津古籍出版社，1988：626.
② 彭耜等. 海琼问道集·序[M]//道藏：第33册. 北京：文物出版社，上海：上海书店出版社，天津：天津古籍出版社，1988：140.
③ 道藏：第33册[M]. 北京：文物出版社，上海：上海书店出版社，天津：天津古籍出版社，1988：137.
④ 道藏：第33册[M]. 北京：文物出版社，上海：上海书店出版社，天津：天津古籍出版社，1988：148.
⑤ 道藏：第32册[M]. 北京：文物出版社，上海：上海书店出版社，天津：天津古籍出版社，1988：688.
⑥ 彭耜等. 海琼白真人全集：卷4[M]//道藏辑要：第6册. 成都：巴蜀书社，1995：215.

使者督宫门力挽先生回,为国升座,观者如堵。又邀先生诣九宫山瑞庆宫主国醮,神龙见于天,具奏以闻,有旨召见,先生遁而去。"①

是年三月十五日,白玉蟾游寓江州太平兴国宫,作书彭耜,告之近况:"鄙人今春水陆二千余里,寻隐庐山,幸而四大轻爽,凡事亦随顺,但花晨月夕,杯酒炉香,颇为我南中诸友感怀也,而于老友又甚酸心焉。物外人,或凡或圣,不以荣辱为心,毁誉为念,惟木精石怪知其为如何人也。《大道歌》、仙系图,必刊板流广矣,喜甚喜甚,老友更加鞭为祷。兹不多及,珍重珍重。琼山老人白某谨书。"②同时飞书致留元长、周希清等,叮嘱众弟子八月相会于武夷。留元长曰:"吾师海琼君飞锡于康、庐之间,嘉定戊寅春有书,相期于武夷。"③

此外,白玉蟾还至玉隆、武城。他说:"嘉定戊寅,琼山白玉蟾携剑过玉隆,访富川,经武城,双凫凌烟,一龙批月,憩武城之西,望大江之东,抚剑而长呼,顾天而长啸,环武城皆山也。"并著有《玉隆宫会仙阁记》,谓自己"道八桂,航三湘,浮汋江,历庐阜",而至此"天下第一真仙之居"④。至中秋之夕,白玉蟾与众弟子相聚于武夷,并秘授彭耜、留元长以法统衣钵。他说。"向者天真遣狼牙猛吏雷部判官辛汉臣,授之先师陈翠虚,翠虚以授于我,今以付子,子宜秘之。"⑤

同年十月,又率众弟子上《传度谢恩表文》,乞请神霄玉清真王,传度授以雷部神职:"高上神霄玉清府雷霆令统五雷将兵提领雷霆都司鬼神公事臣玉蟾言,以今十五日,伏为上清太华丹景吏神霄玉府西台令行仙都风雷判官臣彭耜,上清大洞玄都三景法师太乙雷霆典者九灵飞步仙官签书诸司法院鬼神公事臣留元长",其下尚有驱邪院判官林伯廉,神霄玉府右侍经潘常吉,周希清,五雷使院事胡士简,雷霆都司事罗致大,驱邪院右判官陈守默,黄箓院事庄致柔等,皆奏准玉格,皈依神霄门下,"赖上真开忏谢之门,使至蠢有披陈之路。既与原已往之咎,复为弭未萌之灾。更昧皈依,实负陶铸。夙缘契道,遇神霄五雷之书。凡质希仙,受太上九灵之旨。故得掌心握印,笔下飞符,役使风霆,区别人鬼,济生度死,辅正除邪。岂堕身于尘垒之间,敢飞步于魁罡之上。古来传授,今故奉行,内炼刀圭,外储功行,体天行化,佐国救民。恭惟高上神霄玉清真王长生大帝陛下,道大难名,德博而溥,群生父母,王界月师,端九虑于万气之先,御八极于太空之表,慈悲济世,方便度人。臣刻牍东台,厕员西府,讲分符破券之典,效歃血饮丹之仪,誓领将

---

① 萧天石.道藏精华[M].台北:自由出版社,1956—1992:30.
② 道藏:第33册[M].北京:文物出版社,上海:上海书店出版社,天津:天津古籍出版社,1988:137.
③ 道藏:第33册[M].北京:文物出版社,上海:上海书店出版社,天津:天津古籍出版社,1988:117.
④ 道藏:第4册[M].北京:文物出版社,上海:上海书店出版社,天津:天津古籍出版社,1988:750.
⑤ 道藏:第33册[M].北京:文物出版社,上海:上海书店出版社,天津:天津古籍出版社,1988:115.

吏，以立殊勋，全赖符图而阐大教。渊衷俯鉴，真荫潜孚，愿清海岳之埃，而锁妖魔之洞，庶辟虚无之阃，再扬正一之风。"①这段记载表明白玉蟾率众弟子正式皈依神霄门下，并一改金丹派南宗偏重自修性命的偏颇，在完善自我的基础上，替天行化，济世度人。

嘉定十二年（1219）正月五日，白玉蟾派杨伯子递书与彭耜，告知天庭已正式予其神职，并嘱其刊雷经传世。他说："今正旦于是申奏诸天祭飨诸神，已于当时悉受九天应元雷声普化天尊门下纠录典者，签押雷霆都司鬼神公事，仍受上清驱役鬼神宝印印文纳上，至可收宜治靖也。今老者过自康、庐，若无所见闻，且莫发书，恐有浮沉，秋末冬初断可再会。《雷霆玉经》想已刊了，可施十本，以传江西之士。"②

之后，白玉蟾离开武夷，又开始了长途云游。他说："己卯之春三月，适闽溪山已夏，草木犹春，琼山白玉蟾游于鼓山之下，饮于蛰仙之庵。前眺后啸，左瞻右盼，崇冈复岫，丰泉茂树，诸友皆贤哲，不减兰亭之集也。"③

随后"到江州，行兴国军，如岳阳，回豫章，过抚州，谒华盖山，下临江军，取道饶信而湖东。以八月一日诣行在，复游绍兴，过庆元府，再归临安。十月十二日偶闲行，忽与肖潜庵遇，乃知了庵已化，如庵已归祥山，紫壶在，蛰仙无恙。宁国屡相昭，更不往见。史揆任枢，各有夤缘，可以谒之。此兴甚懒，亦各休休。每日惟以大饮酣歌饯时光而已，他无所求，亦无所思，惟是吾鹤林，吾爱子，远在二千里处。""今所行之法尚更灵。在偶醉了，失身堕西湖水中，法印乌有矣，亦可发一大笑。欲往天台，临行呼潜庵授之，以此南望。"④此为白玉蟾致彭耜书，作于十月二十日，大致可以了解这一年白氏的行踪。

嘉定十三年（1220）夏七月，白玉蟾赴阁皂山，应崇真宫冲妙大师朱季湘所求，作《阁皂山崇真宫昊天殿记》。嘉定十四年（1221）四月十四日，白玉蟾赴姑苏参加纯阳会，升座演讲吕祖生平事迹，以教谕道众信徒。他说："皇宋嘉定十四年，秀蓂纪月清和天。湖山已还武林债，风月复结姑苏缘。姑苏其月十有四，四众共结纯阳会。纯阳真人此日生，漂滩旧有仙游记。我闻唐代吕纯阳，师是钟离字云房。亲传金液还丹诀，得道之时游荆襄。世人还识纯阳否，鹤颈龟腮身弊垢……要须会得纯阳心，始堪学得纯阳道。"⑤并作《纯阳会》长诗以咏其志。

嘉定十五年（1222）上元，白玉蟾应彭耜致书所请，自浙江而抵福州，为众弟子设坛演道。他说："今日适上元，亟命建靖治，立玉堂，置玉匦司，仍置黄箓所，自辰及申，

---

① 道藏：第33册[M]. 北京：文物出版社，上海：上海书店出版社，天津：天津古籍出版社，1988：116.
② 道藏辑要：第6册[M]. 成都：巴蜀书社，1995：215.
③ 海琼白真人全集[M]//道藏辑要：第6册. 成都：巴蜀书社，1995：176.
④ 道藏：第33册[M]. 北京：文物出版社，上海：上海书店出版社，天津：天津古籍出版社，1988：138.
⑤ 道藏：第33册[M]. 北京：文物出版社，上海：上海书店出版社，天津：天津古籍出版社，1988：130.

文书成，告盟天地，植巨幡于门。命虚夷赵汝浍为高功，紫枢林时中为都讲，紫光林伯谦为监斋，芝房吴景安为侍经，玉灵邓道宁为侍香，玉华陈弥隆为侍灯，紫壶谢显道为直坛，紫琼赵收夫为看班，予（彭耜）摄行上清黄箓使为总监。其以正月晦日补职，二月一日行事，四日成醮乃谢恩，五日祭雷，凡斋醮事用古式九朝科仪如常仪。"① 其后，一一为众弟子解难答疑，开示玄机。

同年四月，白玉蟾到临安，"伏阙言天下事"，结果"沮不得达，因醉执逮京兆尹，一宿乃释。"② 时有臣僚奏他以左道惑众，被逐出京师。《全闽诗话》引彭耜《白玉蟾传》亦云："伏阙言天下事，阻不得达。"十月至临江军之江月亭，饮酣，袖出一诗，与诸从游。"未及展玩，已跃身江流中，诸从游疾呼援溺，先生出水面摇手止之，皆谓已水解矣。是月又见于融州老君洞。由是度桂岭，返三山，复归于罗浮。"绍定己丑（1229）冬，或传先生解化于盱江。"先生尝有诗云：'待我年当三十六，青云白鹤是归期。'以岁计之，似若相符。逾年，人皆见于陇、蜀，又未尝死，竟莫知所终。考耜为玉蟾弟子，所纪当实，蟾生绍兴甲寅，至绍定己丑，计九十六岁。云三十六岁者，除去一甲子也。"③

通过对白玉蟾生平事迹的基本梳理，可以看出他的确超常不凡。正是他毕生不懈的努力，使得南宗及神霄派光大于世。对金丹派南宗一派而言，白玉蟾是将南宗丹法及法派宏扬于世的关键人物。白玉蟾承南宗丹法，又得神霄雷法真传，思想开阔，才华超群，无论在道教思想还是在道教道术方面都屡有创造，贡献甚大。时武夷山冲佑观苏森评述说："心通三教，学贯九流，多览佛书，研究禅学，参受大洞法箓，奉行诸家大法，独于雷法尤著验焉。"④

在促进南宗与神霄派相互交流、完善丹道雷法的理论、组织建设方面，白玉蟾都起了极其重要的作用。明人林有声说："尝观古今异人得仙术者，类能修真炼气，颐息养神，乘雾云而羽化，驱雷雨而摄精，然未有娴于文辞，肆笔成章，开口而吐烟云，出吻而唾珠玑者。盖功成九转固难，而该通六籍尤不易也。噫！琼管白真人者，可不谓兼之乎！真人生于宋之末季，距今四百余载，其时遍游名山，屡遇神人，授以还丹秘决。真人盖已尽得其术，成九转之功矣。"⑤

白玉蟾的弟子很多。著名的除彭耜、留元长外，尚有赵汝渠、叶古熙（烟壶子）、詹继端（紫芝子）、陈守默（刀圭子）、潘常吉、周希清、胡士简、洪知常、陈知白（庐山太平兴国宫道士）；二传弟子有赵牧夫、谢显道、萧廷芝、林伯谦等人，为南宗五祖中门庭最盛者。

---

① 道藏：第33册[M].北京：文物出版社，上海：上海书店出版社，天津：天津古籍出版社，1988：119.
② 萧天石.道藏精华[M].台北：自由出版社，1956—1992：30.
③ 陈琏廷.增补罗浮山志[M]//藏外道书：第32册.成都：巴蜀书社，1994：715.
④ 琼琯白真人集[M]//道藏辑要：第6册.成都：巴蜀书社，1995：236.
⑤ 林有声.白真人文集[M]//道藏辑要：第6册.成都：巴蜀书社，1995：240.

彭耜，字季益，号鹤林，福建长乐（今福建长乐市）人。家世显赫，少有文声。师事白玉蟾，得太乙刀圭火符之传、九鼎金铅砂汞之书、紫霄啸命风霆之文，归作《鹤林赋》，遂杜门绝交游，不理家业。其所居立鹤林靖，终日杜门，以孔子、老子娱其心。凡生产家人之事，曾不经意。与妻潘蕊珠同志，晨夕熏修。耜得兴则赋诗，或亦饮酒，饮必大醉，冥然后止。遇有鬼神加害者，则以丹符疗之，遂愈。其沉酣道法，呼啸风雷，人所敬慕。后尸解于福州。今长乐城东凤丘山有鹤林院遗址。彭耜曾采摭宋代诸家注，编为《道德真经集注》18卷，有《道阃元枢歌》《鹤林赋》《鹤林法语》等传世。

留元长，字子善，自号紫元，为丞相留魏公之孙。原为官吏，任职于岭南，喜游罗浮山，与道士交游密切。留元长原与白玉蟾同师陈楠，但折服于白玉蟾道法，反尊其为师，两人亦师亦友。宋宁宗嘉定十年（1217），白玉蟾传丹道雷法于留元长。留元长记曰："是年春遭遇真师海琼君，姓白讳玉蟾，或云海南人，疑其家于襄沔也。时又蓬发赤足，以入廛市。时又青巾野服，以游宫观。浮湛俗间，人莫识也。自云二十有一矣。三教之书，靡所不究。每与客语，觉其典故，若泉涌然，若当世饱学者未能也。真草篆隶，心匠妙明，琴棋书画，间或玩世，所与交者，尽时髦世彦，虽敬慕之者，不可得亲。随身无片纸，落笔满四方，踏遍江湖，名满天下，其从之如毛也。时人多见囊中曾不蓄铢铜粒黍以自备，或醉甚辄呼雷，或睡熟能飞章，或喜或怒，或笑或哭，状如不慧，或亦出言与休咎合观，其济世利人之念汲汲也。彻夜烧烛以坐，镇日拍拦以歌，晨亦不沐，昼亦不炊，经年置水火于无用，称其耳聩目眊，或对客以牙宣为辞，未审厥旨也，无酒亦醉，睡醒亦昏，诸方士夫刊其文碑，其言多矣。今多嗔少欢，与世甚相违，故慕之而针芥欤？荷相授以九鼎金铅砂汞之书，太乙刀圭火符金液之诀，紫霄啸命风霆之文。"①于是留元长乃撰成《海琼问道集》以传世。又著《金丹世系记》，讲述罗浮金丹的传承，以授邹师正。②

张月窗，一号复斋，一号湛然。为白玉蟾亲传弟子。尝住罗浮山，从白玉蟾游学，白玉蟾传其安乐法，与之诗曰："收敛精神出默然，顶门一路聚云烟。且升阳火烹金鼎，却降灵泉灌玉田。交结只于牛渚外，分明正在鹊桥边。功夫九九数六六，此是人间安乐仙。"又示之金丹诀："大金只是水中金，一物飞浮一物沉。两半一斤同二八，昆仑山顶海波心。"③

孟煦，南宋宁宗、理宗时西蜀（今属四川省）人。寓居峨眉山西峰，宋宁宗嘉定十一年（1218），游福州参访彭耜，得白玉蟾传授《金华冲碧丹经》。嘉定十三年（1220）云游白鹤洞天，遇兰元白真人，授以九转金丹秘要，后修炼功成，撰《金华冲碧丹经秘旨》2卷，述外丹烧炼的要旨。

---

① 道藏：第33册[M]．北京：文物出版社，上海：上海书店出版社，天津：天津古籍出版社，1988：140．
② 陈琏廷．罗浮志：卷5[M]//藏外道书：第19册．成都：巴蜀书社，1994：23．
③ 陈琏廷．罗浮志：卷6[M]//藏外道书：第19册．成都：巴蜀书社，1994：25．

王庆升，南宋人。字果斋，号吟鹤，道号爱清子，师事桃源子，为彭耜再传弟子，著《爱清子至命篇》《三极至命筌蹄》等，阐述内丹法理。分丹法为大、中、小三乘，以羊、鹿、牛三车比喻。认为尽性才能至命，强调性命之理不可分，将炼就内丹以成仙之要归结于逆炼归元之真性。

林自然，南宋人。号回阳子。少读《清静经》而弃家为道士，云游天下，访寻师侣。后遇南宗西蜀陆墅真人于长汀烟霞道院，授以金丹之道，修炼功成。以先天祖气为丹本，具体修炼从合真炁呼吸入手，以两目为机，守玄一为要。撰《长生指要篇》。

方碧虚，为白玉蟾第一代弟子。自称晚年遇到白玉蟾授以大道之要，又遇安然居士赠以诸章，始得玉蟾妙音。著《碧虚子亲传直指》传世。

周希清，南宋时永嘉（今属浙江省）人。师事彭耜徒裔方碧虚、赤城林自然，得金丹之道，为白玉蟾第二代弟子。后又拜谒自然之师李真人，从之得丹法真传。淳祐十年（1250）撰《金丹直指》1卷。以真性为金丹，内炼之道在于抱元守一，并和会内丹与禅法，将内炼实质与要点归结于修心炼性。他说："参禅则制心一处，始扫至于无扫，禅是佛心，心为万法之宗；修养为抱元守一，初修至于无修，道为养神，神为万物之主。神即心，心即道，道即禅也。"①

林伯谦，号紫光，师事彭耜，为白玉蟾第二代弟子，奉师命向官府奏请靖额，使其宫观合法化，任福州天庆观管辖兼都道正，治紫光靖。同其他弟子编《鹤林法语》。

据白玉蟾《传度谢恩表文》记载，南宗弟子皆领有法职称号，白玉蟾为"高上神霄玉清府雷霆令、统五雷将兵、提领雷霆都司鬼神公事"，众弟子中，彭耜为"上清太华丹景吏、神霄玉府西台令、行仙都风雷判官"，留元长为"上清大洞玄都三景法师、太乙雷霆典者、九灵飞步仙官、签书诸司法院鬼神公事"，林伯谦为"太上正一盟威法师、充驱邪院判官、南昌典者、九灵飞步仙官兼管雷霆都司鬼神公事"，胡士简为"太上三五都功法箓弟子、奉行天心正法、驱邪院判官兼干五雷使院事"，罗致大为"太上正一盟威法师、行上清混元天心五雷大法、差充主管驱邪院事、兼雷霆都司事"，陈守默为"太上三五都功紫虚阳光箓弟子、行上清北极天心正法、金阙内台炼度典者、驱邪院右判官"，庄致柔为"太上正一盟威法师、行灵宝天心玉晨五雷大法、九灵飞步仙官、主管驱邪黄箓院事"，潘常吉为"太上三五都功职箓、神霄玉府右侍经、蕊珠侍经"，周希清为"太上三五都功职箓、神霄玉府右侍经、紫华侍经"。仪式用法时，必须写出所受法阶地位，以利行法。上述称号涵盖"正一""上清""灵宝""神霄"诸派，代表领受各派箓名、道阶、法位与仙职等，足见白玉蟾弟子众多，来自各门各派，最后汇聚于南宗旗下，成为教团的骨干。

---

① 道藏：第24册[M]. 北京：文物出版社，上海：上海书店出版社，天津：天津古籍出版社，1988：92.

萧廷芝，南宋道士，字符瑞，号紫虚了真子，师事彭耜，为白玉蟾第二代弟子，继承白玉蟾的内丹学，属南宗清修丹法。著有《金丹大成集》《解注崔公入药镜》《读参同契作》《无极图说》《橐籥歌》《金液还丹论》《金丹问答》《乐道歌》。将"性"解释为心中之神，"命"解释为形中之精气，符合以神气释性命的南宗传统，并提出"道体心用"说，强调心与道的同一性。

夏宗禹，名元鼎，自号云峰散人。浙江永嘉人。夏宗禹自幼聪慧，少由童子郎振策考场，长出入兵间，以功得赏，驱驰于山东、河北，拜朝孔林圣府，以充大其胸中浩然之气，弃官求真，得道于衡山。① 其同乡秘书少监曹叔远言："吾乡诸儒以经学见推、文翰自命者多矣，未有能传张平叔《悟真》诀者。夏君宗禹乃独因秘受，坐进此道，斯亦异矣。君少有奇抱，谓功名抵掌可致，自其二十年间，偏入应、贾、许三师幕，且与苟梦玉同艰难，蹂青齐，跨太行，深入鞑境，极其劳瘁。既而事与愿违，始屏迹绝，口不复道。著为《药镜》《阴符》《悟真》三书。"为时人推重。他推重南宗丹法，力主清修法诀，甚有特色。《四库全书总目》卷146评价说："《阴符经》不言丹，此书引以言丹，亦遂自为一家，递相传授而不能废。"

李简易，号玉溪子，南宋景定年间袁州（今江西宜春）人。幼习儒术，于佛道经典、医卜星算，靡不精研。尤爱金丹大道，参访江湖高人，遇异人授丹道，著有《玉溪子丹经指要》3卷，阐述南宗一派丹法。

余洞真，南宋末人。云游杭州，得师传金丹派南宗道法，以"以阳铸阴，忘形灭念，自然静极阳生，阳长阴消，阴尽阳纯，仙道成矣"为宗旨，撰《悟玄篇》传世。

俞琰，宋末元初道教学者，生卒年不详。字玉吾，号全阳子、林屋山人、石涧道人。吴郡（今江苏苏州）人。幼好博览，闻友人有奇书异传，必求借抄录，以致废寝忘食，劳累成疾。宋亡入元，隐居不仕，著书立说。以词赋见称，尤好鼓琴、作谱。他集汉唐以来丹诀，编成《通玄广见录》百卷。曾作《玄牝之门赋》《易外别传》，以揭先天易学之秘。他引儒家之说以证丹道理论，"凡论天地阴阳，则参以先儒之语，述药火造化，则证以诸仙之言"。著述甚多，现存《周易集注》《易图纂要》《易外别传》《玄牝之门赋》《周易参同契发挥》《阴符经注》《吕纯阳真人沁园春丹词注解》《炉火监戒录》《林屋山人集》《书斋夜话》《月下偶谈》《席上腐谈》等。俞琰的丹法纯正朴实，他以性命双修、神气合炼为中心，以通达任督二脉为养生炼丹的要害，大力提倡清修内炼丹法。

李道纯（1219—1296），宋末元初著名道士。字元素，号清庵，别号莹蟾子。《扬州府志》谓其为仪真人，住长生观。遇异人传授，颇精仙术。后得道飞升，故改其观名为飞仙观。他原出白玉蟾门人王金蟾门下，其内丹学说祖述张伯端、白玉蟾。又得全真要旨，

---

① 夏宗禹.黄帝阴符经讲义[M]//道藏：第2册.北京：文物出版社，上海：上海书店出版社，天津：天津古籍出版社，1988：735.

自称全真道人。亦曾拜师佛门，习禅修之道。其著作皆撰于元初，主要有《三天易髓》《太上大道经注》《太上升玄消灾护命经注》《太上老君说常清静注》《道德会元》《全真集玄秘要》《无上赤文洞古真经注》《中和集》等。其门人集其言论，编成《莹蟾子语录》6卷。

王道渊，元末明初人。据明天师张宇初序《还真集》称："南昌修江混然子，以故姓博学，尝遇异人得秘授，犹勤于论著。予读其言久矣，间会于客邸，匆遽未遑尽究。今春吾徒袁文逸自吴还，持其所述《还真集》请一言。予味之再，信达乎金液还丹之旨，其显微敷畅，可以明体会用矣。使由是而修之，虽上溯紫阳、清庵，亦未知孰后先也。"① 王道渊认为内丹修炼的基本原则就是性命混融。所谓修炼内丹，不过是以神气混合，而复其本来性命面目。混融性命，契合阴阳，其目的都是双修双了。学道者不可偏执单修，否则大道难成。他说："苟有只修性而不修命，身死之后，性为阴灵，不能现神通。只修命而不修性，身虽长生，终住于相，不能超劫运。"故皆为孤阴寡阳，堕于偏枯之学。且引吕洞宾诗证之："只修金丹不修性，此是修行第一病。只明真性不修丹，万劫英灵难入圣。"唯有金丹真性双修，形神俱妙，方证金仙。② 其著作现存六种：《还真集》3卷，《道玄集》1卷，《崔公入药镜注解》1卷，《黄帝阴符经夹颂解说》3卷，《黄帝阴符经注》1卷，《青天歌注释》1卷。

金野庵（1336—？），福建永嘉人，名志阳，号野庵，因蓬首，中作一髻，世呼之曰"蓬头"。张宇初《岘泉集》卷四《金野庵传》曰："甫长，知慕道，弃世虑，遂师全真李月溪。月溪，白紫清徒也。一见器之，命游燕、赵、齐、楚求正焉。及参先德李真常，益有省。行经袁州，遇守城校尉颠军子，状貌伟素，日不与世接，夜宿神祠间，蓬头异而师之。既久，语益有得。时紫山邹廷佐慕道，建长春观礼之。未几，命其徒刘志玄典观事，乃游武夷、龙虎二山。时龙虎主先天观者傅师正，馆于蓬莱庵，庵据征君、圣井、藐姑诸峰之会。蓬头攀陟崖壑，侣鹿豕，藉云雾，视以为常。间夜坐磐石，蛇虎值于前，辄愕而遁去。因得夷旷地，命其徒李全正、赵真纯，筑天瑞庵于峰顶。时四方闻其道著，无远近有疾患辄叩之，以所供果服之，无不验，由是礼者日集。尝天旱叩龙井，召龙出语，龙出听，逾时渐小，跃入袖中，乃警以偈，龙腾奋入水，未顷天雨。元统癸酉，复隐武夷山，居紫清之止止庵……至元正月一日，同辈桂心渊，世称桂风子，坐解于庐山，旋闻之。于四月十日，命徒书偈，坐逝。越十三日，面颊若栗，肢体温软犹生。其徒瘗于庵侧之古梅下。生前至元丙子五月四日。高弟则劳衍素、郭处常、李西来、殷破纳、方方壶，

---

① 道藏：第24册[M].北京：文物出版社，上海：上海书店出版社，天津：天津古籍出版社，1988：97.

② 道藏：第24册[M].北京：文物出版社，上海：上海书店出版社，天津：天津古籍出版社，1988：104.

皆以道法闻世云。"①

赵宜真（？—1382），字符阳，号原阳子，宋燕王德昭十三世孙。江西安福人。宜真自幼颖悟，博通经史百家言，习进士业。例试入京，中途卧病不能赶考，梦神人指示，位证仙班，父遂命从道。初师事清微派曾贵宽，修习清微雷法。据张宇初《赵原阳传》，赵宜真所师多为南宗传人。复师事吉州泰宇观道士张天全，"别号铁玄张，师龙虎山金野庵，得金液内外丹诀。后复师南昌李玄一，玄一荐之师蒲衣冯先生，冯亦师野庵云。尝游白鹤山永兴观，乃西晋匡仙故迹，遂居。间以所授致雷雨、度精爽，皆有异感，闻者越千里走从之会。壬辰兵兴，挟弟子西游吴蜀，暨还游武当，谒龙虎，访汉天师遗迹。时天师冲虚公深嘉礼之，欲留不可，宫之学者多师焉。还至赣之雩都紫阳观，因居焉。凡道门旨奥，皆缀辑成书。或为诗歌以自警，犹以医济人，且绝交处，寡言笑，闻者愿礼不获。其高行伟操，为时所推慕，从游者益众。"② 著有诗词歌论若干篇，以及《灵宝归空诀》1卷、《仙传外科秘方》12卷、《原阳子法语》2卷等。

南宗阴阳一派的传承始于刘永年。刘永年，自号顺理广益子。宋陈达灵《悟真篇注疏》序说："悟真仙翁闻道于青城之上，饵丹于荆湖之间，一传而广益子出焉，再传而无名子出焉。"空玄子注：刘永年于绍兴壬申年（1152）刊行《参同契分章通真义》，其自序云："永年绍兴戊午，尝遇至人亲授口诀，仍训永年，但看《参同契》，与我诀俱同。"③ 可知刘永年乃两宋间人，但并非为张伯端亲传弟子。翁葆光曰，吾师乃广益顺理子刘真人，绍兴戊午（1138）刘遇悟真得其道，乾道戊巳岁成道于虎丘山之下。"叨窃仙恩，误蒙真荫，绍兴中于浉江跨甫桥，承真人之颜陶铸。"④ 刘永年在虎丘山成道，传道于翁葆光。《三乘秘要》称张伯瑞有两个嫡传弟子，一是石泰，二是刘永年。⑤ 原来的"南五祖"加上刘永年、彭耜成为"南七真"。

陈达灵，宋代武夷（今属福建省）人，号紫阳仙翁。他精通南宗阴阳派丹法，修行性命二宗功法。后传《悟真篇》于翁葆光，另有《语录》传世。此外，陈达灵又传法于白云子。白云子叙曰："于兹有幸自天得遇紫阳仙翁陈公，亲传悟真适孙无名真人释义，密以

① 道藏：第33册[M]. 北京：文物出版社，上海：上海书店出版社，天津：天津古籍出版社，1988：231.
② 道藏：第33册[M]. 北京：文物出版社，上海：上海书店出版社，天津：天津古籍出版社，1988：232.
③ 道藏：第2册[M]. 北京：文物出版社，上海：上海书店出版社，天津：天津古籍出版社，1988：911.
④ 道藏：第3册[M]. 北京：文物出版社，上海：上海书店出版社，天津：天津古籍出版社，1988：109.
⑤ 道藏：第2册[M]. 北京：文物出版社，上海：上海书店出版社，天津：天津古籍出版社，1988：1025.

见授，焚盥庄诵，恍然如雾散云收，日明月朗"[1]。这里所说的"悟真适孙无名真人"，即无名子翁葆光。

翁葆光，南宋时象川人。字渊明，号无名子，为刘永年弟子。有《紫阳真人悟真篇注疏》《悟真篇注释》《紫阳真人悟真篇拾遗》《紫阳真人悟真直指详说三乘秘要》等传世。

警悟图　龙眉子传　明代　绢本设色　北京白云观藏

龙眉子，南宋嘉定年间人，翁葆光再传弟子。著有《金液还丹印证图》1卷。王景玄题曰："此图系先师玉蟾亲受，得祖师龙眉子亲笔。"[2]此外，翁葆光、卢公又授法若一子。龙眉子后识曰：余师若一子，因遂授道，实绍熙庚戌岁（1190）也。庚申岁（1200）复遇寺簿卢公于姑苏，始诀其秘。卢公亦刘广益所授也。[3]其后，若一子复授龙眉子。龙眉子曰：余学道三十年矣，于嘉定庚子[4]、载际仙师，始全开诀火候之秘于虎丘之上。[5]

继之者有陈致虚、陆潜虚、孙教鸾、李文烛、彭好古、甄淑、陶素耜、仇兆鳌、傅金铨、汪启贤等。他们皆以阴阳丹法解《悟真篇》，成为南宗的重要传人。

陈致虚（1290—？），字观吾，号上阳子。江右庐陵（今江西吉安市）人。他的丹法属南宗阴阳丹法，而与翁葆光同系。元天历二年（1329）得赵友钦真传[6]；复遇青城老师授以南宗丹法，是元代后期相当有影响的内丹家。其自述师授渊源："致虚夙荷祖宗积善，天地畀矜，游浪人间，年且四十，伏蒙我师授以正道。厥后复遇青城老师，亲传先天一

---

[1] 道藏：第2册[M]. 北京：文物出版社，上海：上海书店出版社，天津：天津古籍出版社，1988：1023.
[2] 道藏：第3册[M]. 北京：文物出版社，上海：上海书店出版社，天津：天津古籍出版社，1988：103.
[3] 道藏：第3册[M]. 北京：文物出版社，上海：上海书店出版社，天津：天津古籍出版社，1988：109.
[4] 原文作庚子，查嘉定无庚子年，疑为"丙子"之说。
[5] 道藏：第3册[M]. 北京：文物出版社，上海：上海书店出版社，天津：天津古籍出版社，1988：109.
[6] 陈致虚《金丹大要列仙志》："己巳之秋寓衡阳，以金丹妙道悉付上阳子。"

气，坎月离日金丹之旨，抽添运用火候之秘，悉授无隐。"①这里所说的"我师"，即指赵友钦。

赵缘督，名友钦，号缘督子。为宋皇宗室。饶州（治所江西波阳）人。"幼遭劫火，早有山林之趣，极聪敏，天文经纬、地理术数，莫不精通。及得紫琼师授以金丹大道，乃搜群书经传，作三教一家之文，名之曰《仙佛同源》。又作《金丹难问》等书，行于世。"②赵缘督又撰有《革象新书》，论天文历学，并收入《四库全书》。赵友钦的丹法上承马丹阳、宋德方、李珏、张紫琼。据陈致虚《金丹大要列仙志》载：宋德方名有道，号黄房公。沔阳府人。精通诸阶雷法，能拨雾披云，故时号披云真人。一日遇马丹阳，亲传金丹火候秘诀。曾随丘处机前往大雪山，朝见成吉思汗。后以其道传授李珏。赵友钦师事张紫琼，受金丹大道之法。后寓居衡阳，以金丹妙道传授上阳子陈致虚。

李珏字双玉，西蜀崇庆府（今四川崇州市）人。既得黄房公金丹之道，改名栖真，号太虚。既往武夷，潜修金丹。道之将成，至真州玉虚庵，结圜而坐。后出圜，以道授张紫琼，入青城而终。

张紫琼名模，字君范，号紫琼真人。饶州德兴人。后闻道，改名道心。初拜李珏于安仁熙春宫，得金丹之道。次年复会真州玉虚庵，李珏方授火候秘诀。紫琼既闻真要，后以至道授于赵友钦。

陈致虚师承两宗，主张南北合流，统一于全真教之下。其著作甚丰，主要有《金丹大要》《金丹大要图》《金丹大要仙派》《度人经注》《周易参同契注》《悟真篇注》《金刚经注》等。这些著作相当广泛而深入地研讨了性命双修的内炼之道，并提出了系统的丹道传授体系，受到道教中人的高度赞誉。如其《金丹大要》10卷："首卷虚无三章，以象三才；二卷上药一章，以体法身；三卷妙用九章，以证九还；四卷须知七章，以验七返；五卷积功诗歌，以分邪正；六卷累行序说，使无著象；七卷发真问答，接引群生；八卷修真图像，示可印证；九卷越格拟古，最上一乘；十卷超宗酌古，见性成佛。卷卷皆备铅汞火候，学道之士首卷不悟，须寻二卷、三卷，不达四卷，须知次第，熟览无一不备。"③其门人明素蟾赞颂此书说："我师上阳真人，驾拯溺之慈航，仗斩邪之慧剑，绍隆丹阳正传之脉，发泄青城至秘之文，明前代所未明，说古人所未说，推赤心于人腹，垂青眼于学徒。所著《金丹大要》十卷，条理敷畅，斗拱星罗，词意昭明，金声玉振，体堂堂说透骨髓，血滴滴吐出肺肝，恨不与法界众生，尽皆作大罗春

---

① 道藏：第24册[M]．北京：文物出版社，上海：上海书店出版社，天津：天津古籍出版社，1988：3.
② 道藏：第24册[M]．北京：文物出版社，上海：上海书店出版社，天津：天津古籍出版社，1988：76.
③ 道藏：第24册[M]．北京：文物出版社，上海：上海书店出版社，天津：天津古籍出版社，1988：6.

属，其慈仁忠厚盛德之至。"①

陈致虚的弟子颇多，著名的有初阳子王冰田、一阳子潘太初、碧阳子车兰谷、宗阳子明素蟾、元阳子欧阳玉渊、心阳子余观古、来阳子李天来、回阳张毅夫、得阳子夏彦文、扶阳子赵仁卿、南阳子邓养浩、致阳子赵伯庸、东阳子陶唐佐，他们多为元代著名道士，尤以擅长金丹之道著称。

入明，有陆西星承南宗丹法，而创东派于世。陆西星（1520—1606），字长庚，号潜虚。扬州兴化县人。据清《重修兴化县志》，他生而颖异，有逸才，于书无所不窥，娴文词，兼工书画，早年事举子业，九试不遇。遂弃儒服，冠黄冠，为方外游。自言于嘉靖丁未（1547）"偶以因缘遭际，得遇法祖吕公，于北海之草堂，弥留款洽，赐以玄醴，慰以甘言，三生之遇，千载希觏。既以上乘之道，勉进我人，首言阴阳合而成道。时则谬举三峰之说，以质于师。师乃斥之。间尝授以结胎之歌，入室之旨。微言奥论，动盈卷帙，笔而藏之。顾旨其言，而未能畅也"②。至嘉靖乙卯（1555），又称得吕祖传授地元丹法。《三藏真诠》谓其年"邑大水，民饥，师降于南村万柳堂中示此，以发授丹之端。是日授丹，有飞剑斩邪之异"。并训示说："浊淮四流，人不再饱，子等安得兀然高坐以待毙耶！"③此后十余年间，陆西星及同道大兴炉火。嘉靖甲子（1564）是陆西星修道史上的重要时期。《金丹就正篇》自序曰："甲子嘉平，予乃遁于荒野，览镜悲生，二毛侵鬓，慨勋业之无成，知时日之不待。复感恩师示梦，去彼挂此，遂大感悟，追忆囊所授语，十得八九。参以契论经歌，反复抽绎，寐寐之间，性灵豁畅，恍若有得，乃作是篇。"④《三藏真诠》亦载其年"法祖纯阳老师降予宅，授予论人元"⑤。

陆西星生平著述甚丰，注疏类有《无上玉皇心印经测疏》《黄帝阴符经测疏》《老子道德经玄览》《周易参同契测疏》《崔公入药镜测疏》《吕公百字碑测疏》《参同契口义》《金丹四百字测疏》《龙眉子金丹印证诗测疏》《丘长春真人青天歌测疏》《悟真篇小序》《周易参同契口义》，撰著类有《玄肤论》《金丹就正篇》《金丹大旨图》《七破论》。以上著述皆收入《方壶外史》。另外还有《三藏真诠》，保存了嘉靖二十六年至隆庆六年（1547—1572）之间陆氏及其道友扶鸾请乩、诸仙降授和炼内外丹的过程。此外，他以玄理解释《庄子》，著有《南华副墨》。晚年参禅，又有《楞严述旨》《楞严经说约》，今日尚存。

陆西星虽自称直接得吕洞宾真传，实际上他的丹法思想来自南宗。他主阴阳同类双修，与翁葆光、陈致虚的双修丹法相比更为显明切要。他说，金丹之道必资阴阳相合而

---

① 道藏：第24册[M].北京：文物出版社，上海：上海书店出版社，天津：天津古籍出版社，1988：1.
② 陆西星.金丹就正篇：自序[M]//藏外道书：第5册.成都：巴蜀书社，1994：368.
③ 陆西星.三藏真诠[M]//肖天石.道藏精华：第12集.台北：自由出版社，1956—1992：12.
④ 藏外道书：第5册[M].成都：巴蜀书社，1994：368.
⑤ 肖天石.道藏精华[M].台北：自由出版社，1956—1992：35.

成。"阴阳者，一男一女也，一离一坎也，一铅一汞也，此大丹之药物也。夫坎之真气谓之铅，离之真精谓之汞，先天之精积于我，先天之气取于彼。何以故？彼坎也，外阴而内阳，于象为水为月，其于人也为女。我离也，外阳对内阴，于象为火为日，其于人也为男。故夫男女阴阳之道，顺之而生人，逆之而成丹，其理一焉者也。"①这就指明必须男女双修，方能成其大丹。

孙汝忠，字以贞。明中叶时人。他得父师孙教鸾之传，倡南宗阴阳丹法。其父孙教鸾，号烟霞散人，髫年好道，历访名山，调息运气。"弱冠，得秦野鹤先生守中采药、结胎出神之法。迄王云谷先生，胎息玄关、抱一无为之旨。因与李若海结为丹友，圜坐岁余，莹彻几先，道未来事，历历如烛。若海以为道在是矣，而父师以为非阳神冲举之道。"于是跋涉访道，历六年又遇石谷子授以金鼎火符、玉液炼己、金液炼形口诀。乃返若海庐，重整圜室，毕力修持，然始终未证大成。后复得异人安先生传授，曰："物无阴阳，安得自孕？牝鸡自卵，其雏不成。我本外阳而内阴，为离为汞，非得彼之真铅，逆来归汞，何以结圣胎，而生佛生仙？彼本外阴而内阳，为坎为铅，非得彼之真铅，顺去投铅，何以结凡胎，而生男生女？故顺则人，逆则丹，有旨哉！丹经中每每言此丹房中得之，非御女采战之事；家家所有，非自身所有；法财鼎器，赤县神州，外护善地，侣伴黄婆等语。"其后亲授阴阳丹诀，实修效果昭然若揭。于68岁始娶妻，70岁生子汝忠，73岁生二子汝孝，88岁又生一女。时年寿106，危坐仙去，"顶有白气，郁郁浮空，异香四彻"。②以九转丹诀传其子汝忠、汝孝，遂成《金丹真传》一书，流传于世，颇受丹家的重视。

《金丹真传》以南派阴阳丹法为大旨，所作丹诗歌论俱能发挥阴阳双修之微言。其中将修命为主之功法，分为九个层次：一筑基，二得药，三结丹，四炼己，五还丹，六温养，七脱胎，八得玄珠，九赴瑶池。指出："精不足者补之以味，形不足者补之以气。精从内守，气从外生，补阴必用阳，补阳必用阴，皆言补气之法。然补气之法理出两端，有清净而补者，有阴阳而补者。夫清净而补者，必须定心端坐，调息归根，候一阳之初生，采先天之正气，聚于丹田，久则丹田气满，充于五脏；五脏气足，散于百骸；百骸气全，自然撞透三关，由前降入黄庭，以身中之坎，填身中之离，结胎脱体，功用固神。但既漏之身，难以速补；已放之心，不能遂收。不若阴阳相补，有所恁借，不大劳神，入门而易也。必用鼎器，先开关窍，然后补气补血。"③明确表示阴阳丹法为速成显效之功，尤适合于年老体衰之人修持。

仇兆鳌（1638—1713），字沧柱，号知几子，清浙江鄞县（今鄞州区）人。少有奇才，深具道根。初从大儒黄宗羲游学，究修性命微旨，举一反三，博学多才。康熙时，以进士入翰林，深孚时誉，官至吏部右侍郎。后急流引退，栖心道林。穷研丹经秘旨，通

---

① 陆西星.金丹就正篇[M]//藏外道书：第5册.成都：巴蜀书社，1994：368.
② 孙汝忠.金丹真传[M]//藏外道书：第25册.成都：巴蜀书社，1994：459.
③ 孙汝忠.金丹真传[M]//藏外道书：第25册.成都：巴蜀书社，1994：462.

《易》之妙理。遍游天下名山洞府，于武夷遇异人指授《参同》真诠，深得南宗秘传。归筑栖云草堂，潜修阴阳丹法，互资印证。多年修持，自然有得，仙风道骨。著作有《四书说约》《杜诗详注》《悟真篇集注》《古本周易参同契集注》。近人萧天石《道家养生学概要》评价其代表作《南宗正脉悟真篇提要》曰："知几子仇兆鳌，乃康熙时博学鸿儒，纯修阴阳二品大丹而证道。集注悟真凡十家，卷首弁此提要，虽曰得诀，要亦不无白璧微瑕之憾耳！"

傅金铨，字鼎云，号济一子，又号醉花道人，江西金溪珊城（今珊城乡）人，生活于清嘉庆、道光年间。民国《巴县志》载："有傅金铨者，字鼎云，别号济一子。江西金溪人。入蜀寄居巴县，大开坛坫。自谓得纯阳符火不传之秘，所著有《道书十七种》。从游者众，门下最知名者，有临川纪大奎，时官合州知州，有《易问》《老子注》行世。"广丰县知事何应麟为傅金铨《杯溪录》作序时也曾叙及他的事迹：道人面赤身瘦，寡髭髯，精光闪灿，澄湛如秋水。与余幕友包君雅善，因得借交，而以琴学为余师焉。"自言受训于纯阳吕祖，应八百之谶，首先忠孝，若尧舜禹文周孔，道统相承。为君止仁，为臣止敬，为父止慈，为子止孝，各止至善，即各证厥修矣。"①

傅金铨早年为儒生，多才多艺，讲易多年，深明性理，妙于写生，为艺林之拱璧也。后潜心学道，至得遇清虚先生于信江（今属江西省）星霁堂，受训吕祖，方得道教阴阳双修丹法全诀。傅金铨晚年主要活动于巴、渝地区，他的大部分著作都在这里完成。曾撰道书多种，先后集结为《济一子道书》《济一子证道秘书》等，有清善成堂刊本存世。民国年间又有《悟真四注篇》石印本，收录傅金铨《顶批上阳子原注参同契》《顶批三注悟真篇》《顶批金丹真传》《顶批试金石》等，力主阴阳双修，是清嘉庆、道光间南宗双修重要的代表人物之一。

# 第二节　两宋南宗神仙谱系

南宗奉三清、四御、神霄九帝为至尊，五祖为宗师。在此核心信仰的基础上，亦构造了一个宏大的神仙谱系。这个谱系融合了正一派、神霄派、净明派的众多神仙，显示了南宗开放包容的胸怀。

---

① 傅金铨. 杯溪录[M]//藏外道书：第11册. 成都：巴蜀书社，1994：1.

# 一、三清九帝神仙谱系

南宗祈祷仪中,法师上表,披云稽首,谨运真香,遥空上启:帝师混沌元阳上帝浮黎元始天尊,祖师玄元铁师上帝,掌教万法天师,金阙至尊玉皇上帝,南极勾陈天皇大帝,北极星主紫微大帝,承天效法后土皇地祇,玉清真王长生大帝,东极慈尊青华大帝,九天应元雷声普化天尊,九天雷祖大帝,上清紫微碧玉宫太乙大天帝,六天洞渊大帝,渌波天主帝君,可韩司丈人真君,九天采访使真君,梵炁法主斗罡天后摩利支天大圣,北斗九皇星君,南斗六司星君,东西中三斗星君,天罡大圣主雷真君,河魁大圣主霆真君,三元三品三官大帝,北极天蓬天猷翊圣三天上帝,万法教主玉虚师相玄天上帝,三天扶教泰玄上相真君,太极仙翁天机使相真君,高明大使天枢内相真君,会书雷霆三省使相真君,雷霆玉府判府真君,玉府左右侍中真君,左右仆射真君,天雷上相真君,玉枢使相真君,斗枢上相真君,上清司命玉府右卿五雷院使真君,雷霆都司元命真君,诸司府院主法高真,玄门传道华阳、正阳、纯阳帝君,海蟾、紫阳、杏林真人、紫贤、泥丸、海琼真人,雷霆启教火师白洞灵安真君,金阙侍宸灵惠冲虚通妙真君,三十代天师虚靖玄通弘悟真君,先天风雷雨部尚书一元无上真人,祖师上官二三弘道先生,祖师高明君洞明大法师,宗师云中散仙颠嵩真人,古今传道授业历代宗祖,经籍度师列位真人,一炁分真主雷炎帝天君,一炁节制主坛青帝天君,一炁掌令雷霆飞捷使者,啸命风雷使者,太乙铁甲使者,神霄驱雷霹雳程元帅,九州烈雷蒋使者,先天五炁雷神,五方蛮雷使者,五方斩勘使者,五方妖雷使者,四圣雷神,神霄三十六司雷神,地祇三十六院雷神,七十二司杀伐官将,直季直节雷神,三五邵阳八灵八狽一切雷神,先天三五火车铁面雷公王元帅,天心地司起煞猛吏太岁殷元帅,雷府管打不信道法伐邪巫朱将军,神霄如意玄坛赵元帅,酆都忠勇诚魔关元帅,地祇昭武温元帅,某靖行坛合坛天雷酆岳诸司官将,助道护法正神吏兵,地水岳渎真宰,山川溪源潭洞龙神,本府本县城隍,本里社令主者,诸宫十庙迎风接雨神祇,卫坛传奏直日香官功曹骑吏,尽虚空

五百灵官(部分) 明代
木雕彩绘 湖北武当山博物馆藏

法界无量圣贤，恭望洪慈，俯垂降鉴。①

清光绪戊子年（1888）黄一渊跋《玉枢宝经》刻本中，收有南宗四十八位神仙的名讳与图像，又录五百灵官的名讳，颇为珍贵，说明南宗神仙谱系一直在充实完善之中。

48位神仙名讳是：万法教主、东华教主、大法天师、神功妙济许真君、弘济丘天师、虚靖张天师、旌阳许真君、海琼白真人、洛阳萨真人、主雷邓天君、判府辛天君、飞捷张天君、月孛朱天君、洞玄教主辛祖师、清微教主祖元君、清微教主魏元君、洞玄传教马元君、混元教主路真君、混元教主葛真君、神霄传教钟离真仙、神霄传教吕真仙、火德谢天君、玉府刘天君、宁大天君、任大天君、雷门苟元帅、雷门毕元帅、灵官马元帅、都督赵元帅、虎丘王元帅、虎丘高元帅、混元庞元帅、仁圣康元帅、太岁殷元帅、考校党元帅、酆都孟元帅、翊灵温元帅、纠察王副帅、先锋李元帅、猛烈铁元帅、风轮周元帅、地祇杨元帅、朗灵关元帅、忠翊张元帅、洞神刘元帅、豁落王元帅、神雷石元帅、监生高元帅。

据《五百灵官爵位姓氏总录》记载，五百灵官是：执法无私王元帅、东岳太保温元帅、飞天神王马元帅、黑虎降魔赵元帅、精忠报国岳元帅、判雷主者邓元帅、运雷主者辛元帅、驾雷主者张元帅、验雷主者陶元帅、雷府都督庞元帅、雷府都督刘元帅、雷府都督苟元帅、雷府都督毕元帅、雷兵统领彭元帅、雷兵统领韩元帅、雷兵统领许元帅、雷兵统领典元帅、斗口执事赵元帅、斗口飞行马元帅、斗口威灵佟元帅、斗口奏事纪元帅、三元主将冯元帅、北极先行程元帅、东岳神威丙元帅、水府主将邱元帅、火府主将青元帅、水宫降魔关元帅、火宫守坛曹元帅、金宫掌阴韩元帅、土宫现生孔元帅、木宫裨将周将军、征辽护国薛元帅、威镇三山薛元帅、西天门下尉迟元帅、降妖荡寇秦元帅、三界急行谢元帅、英锐无私裴元帅、白袍明武罗元帅、除奸护国杨元帅、锦帆耀武甘元帅、忠义配享张天王、虎牢威武吕元帅、常胜将军赵元帅、据江镇国潘元帅、正直果毅鲁元帅、三山定志张元帅、关帝驾下廖元帅、飞行荡寇逢元帅、飞行除崇张元帅、飞行斩妖兰元帅、忠襄威武刘元帅、辅皇定远毛元帅、忠孝双全周元帅、神威不测黄元帅、猛烈进业尤元帅、猛威进德王元帅、英明果敢岳元帅、辅国扬威张元帅、怀仁守义汤元帅、定霸勇烈杨元帅、飞天勇烈徐元帅、敢死先登李元帅、罡班第一守元帅、罡班第二千元帅、罡班第三羊元帅、罡班第四火元帅、罡班第五蚤元帅、罡班第六子元帅、罡班第七罡元帅、罡班第八八元帅、罡班第九土元帅、罡班第十木元帅、天魁首领鸣元帅、天罡首领哈元帅、天智首领巧元帅、天法首领同元帅、天毅首领甫元帅、天威首领斗元帅、天富首领付元帅、天贵首领太元帅、天空首领镇元帅、天孤首领义元帅、天寿首领吉元帅、天禄首领正元帅、天艺首领明元帅、天文首领昌元帅、天驿首领柳元帅、天都首领君元帅、天蓬首领远元帅、天牢首领居元帅、天通首领得元帅、天行首领乔元帅、天急首领邦元帅、天缓首领孙元天厨首

---

① 道藏：第29册[M]. 北京：文物出版社，上海：上海书店出版社，天津：天津古籍出版社，1988：354.

领百元帅、天货首领高元帅、天德首领祥元帅、天喜首领下元帅、天福首领支元帅、天交首领成元帅、天定首领许元帅、天志首领井元帅、天巧首领邱元帅、天恩首领恒元帅、天赦首领佳元帅、天禽首领鱼元帅、天兽首领莫元帅、天幻首领曾元帅、天罡禅将风元帅、天罡禅将雷元帅、天罡禅将水元帅、天罡禅将火元帅，地魁首领姚元帅、地煞首领耿元帅、地智首领氏元帅、地法首领生元帅、地病首领耿元帅、地瘟首领行元帅、地急首领共元帅、地缓首领卜元帅、地长首领元元帅、地短首领分元帅、地行首领领元帅、地走首领升元帅、地亡首领田元帅、地灭首领山元帅、地畜首领薄元帅、地克首领益元帅、地暴首领花元帅、地怪首领因元帅、地毒首领兆元帅、地恶首领乙元帅、地禽首领卓元帅、地兽首领红元帅、地贼首领方元帅、地怪首领阴元帅、地巧首领展元帅、地拙首领安元帅、地刃首领光元帅、地血首领巴元帅、地嚎首领毛元帅、地哭首领宁元帅、地囚首领汤元帅、地狱首领班元帅、地轮首领卜元帅、地滚首领袁元帅、地陌首领自元帅、地困首领烟元帅、地罪首领青元帅、地苦首领伏元帅、地痛首领萧元帅、地危首领更元帅、地破首领曾元帅、地贪首领休元帅、地悭天首领马元帅、地解首领呃元帅、地厄首领秦元帅、地坑首领郑元帅、地贾首领奉元帅、地虚首领坏元帅、地空首领成元帅、地孤首领畜元帅、地幻首领盆元帅、地隐首领可元帅、地非首领本元帅、地否首领公元帅、地良首领二元帅、地柔首领冉元帅、地分首领华元帅、地合首领段元帅、地离首领开元帅、地别首领宣元帅、地天首领真元帅、地击首领斗元帅、地裂首领都元帅、地进首领包元帅、地穷首领酉元帅、地贱首领丁元帅、地冲首领支元帅、地刑首领业元帅、地失首领郎元帅、地遁首领衢元帅、地总首领牢元帅、地翼首领羽元帅、地煞禅将朗元帅、地煞禅将牛元帅、地煞禅将朗元帅、地煞禅将肖元帅、地煞禅将葛元帅、地煞禅将车元帅、地煞禅将曜元帅、地煞禅将朱元帅、早朝明德刘元帅、早朝果义张元帅、早朝仁威徐元帅、早朝怀宁耿元帅、早朝忠智金元帅、早朝威烈许元帅、早朝靖远高元帅、早朝保国呼元帅、早朝奉法丁元帅、早朝强毅刘元帅、早朝盛烈马元帅、早朝表义陈元帅、早朝忠襄郑元帅、早朝武谟尤元帅、早朝通远盛元帅、早朝定辽郭元帅、早朝建威伍元帅、早朝诚意辛元帅、早朝感化马元帅、早朝智孝周元帅、早朝京江王元帅、早朝北同岳元帅、早朝正甫鄂元帅、早朝灵威李元帅、早朝明武韦元帅、早朝奋绩耿元帅、早朝修诚袁元帅、早朝重义卢元帅、早朝保民陶元帅、早朝灵感完元帅，中朝秉义贾元帅、中朝鼓善郎元帅、中朝怀威萧元帅、中朝勇烈丁元帅、中朝果猛郁元帅、中朝正山钱元帅、中朝速报万元帅、中朝检籍宗元帅、中朝护法冯元帅、中朝骠骑周元帅、中朝神鹰邓元帅、中朝屈敌王元帅、中朝义勇屈元帅、中朝明惠王元帅、中朝刚仁嵇元帅、中朝昭远张元帅、中朝贯虹穆元帅、中朝扬武秦元帅、中朝武宁胡元帅、中朝多耳高元帅、中朝三目宠元帅、中朝背剑蒋元帅、中朝横刀曾元帅、中朝百战汉元帅、中朝忠孝吴元帅、中朝逊义温元帅、中朝威灵邱元帅、中朝仁远毛元帅、中朝高华鄢元帅、中朝泰光冉元帅、晚朝总领曜元帅、晚朝佐威鄂元帅、晚朝奏疏萨元帅、晚朝降魔乔元帅、晚朝炼义许元帅、晚朝灵远卜元帅、晚朝彪襄阴元帅、晚朝双鞭邹元帅、晚朝长枪赵元帅、晚朝镇殿王元帅、晚朝奇灵江元帅、晚朝文明班元帅、晚朝全仁宋元帅、晚朝纯忠陆元帅、晚朝监邪花元帅、晚朝奉法马元帅、晚朝护驾赵元帅、晚朝照远蔡元帅、晚朝光仁何元帅、晚朝大量刘元帅、晚朝谨威高元帅、晚朝耀德成元帅、晚朝本忠殷元帅、晚朝太岁郭元帅、晚朝成仁徐元帅、晚朝进烈余元帅、晚朝宝明韩元帅、晚朝远光普元帅、晚朝武惠祖元帅、晚朝知事林元帅、正甲宫荀元帅、正乙宫褚元帅、正丙宫关元帅、正丁宫窦元帅、正戊宫刘元帅、正己宫张元帅、正庚宫余元帅、正辛宫宫元帅、正壬宫韦元帅、正癸宫郑元帅、正子宫竺元帅、正丑宫坡元帅、正寅宫昴元帅、正卯宫房元帅、正辰宫季元帅、正巳宫洒元帅、正午宫进元帅、正未宫邦元帅、正申宫禾元帅、正酉宫监元帅、正戌宫国元帅、正亥宫植元帅、甲子宫丁元帅、乙丑宫马元帅、丙寅宫顺元帅、丁卯宫耳元帅、戊辰宫开元帅、己巳宫木元帅、庚午宫法元帅、辛未宫平元帅、壬申宫正元帅、癸酉宫多元帅、甲戌宫定元帅、乙亥宫分元帅、丙子宫金元帅、丁丑宫舒元帅、戊寅宫廖元帅、己卯宫石元帅、庚辰宫点元帅、辛巳宫莱元帅、壬午宫恭元帅、癸未宫西元帅、甲申宫明元帅、乙酉宫文元帅、丙戌宫张元帅、丁亥宫伯元帅、戊子宫多元帅、己丑宫水元帅、庚寅宫樊元帅、辛卯宫施元帅、壬辰宫秘元帅、癸巳宫梁元帅、甲午宫有元帅、乙未宫斯元帅、丙申宫呼元帅、丁酉宫足元帅、戊戌宫婿元帅、己亥宫苏元帅、庚子宫定元帅、辛丑宫祝元帅、壬寅宫卡元帅、癸卯宫申元帅、甲辰宫袁元帅、乙巳宫太元帅、丙午宫焦元帅、丁未宫叶元帅、戊申宫朱元帅、己酉宫玉元帅、庚戌宫朗元帅、壬子宫逢元帅、癸丑宫肖元帅、甲寅宫午元帅、乙卯宫奠元帅、丙辰宫野元帅、丁巳宫徐元帅、戊午宫屠元帅、己未宫关元帅、庚申宫罡元帅、辛酉宫凉元帅、壬戌宫休元帅、癸亥宫除元帅、乾方主者云元帅、坎方主者基元帅、艮方主者祈元帅、震方主者木元帅、巽方主者来元帅、离方主者真元帅、坤方主者野元帅、兑方主者洛元帅，南斗掌军霹元帅、北斗掌军雳元帅、中斗掌军霳元帅、东斗掌军霖元帅、西斗掌军霪元帅，日游守子宝元帅、日游守丑比元帅、日游守寅器元帅、日游守卯冈元帅、日游守辰庄元帅、日游守巳倪元帅、日游守午始元帅、日游守未攻元帅、日游守申禄元帅、日游守酉羲元帅、日游守戌殷元帅、日游守亥端元帅，子宫正刻勾元帅、丑宫正刻匀元帅、寅宫正刻菊元帅、卯宫正刻均元帅、辰宫正刻埧元帅、巳宫正刻地元帅、午宫正刻堤元帅、未宫正刻熏元帅、申宫正刻涣元帅、酉宫正刻沂元帅、戌宫正刻汤元帅、亥宫正刻浣元帅，夜游赏善耿元帅、夜游赏善王元帅、夜游赏善许元帅、夜游赏善冯元帅、夜游赏善汀元帅、夜游赏善宁元帅、夜游赏善麻元帅、夜游赏善鸠元帅、夜游赏善李元帅、夜游赏善孙元帅、夜游罚恶刁元帅、夜游罚恶鲁元帅、夜游罚恶岑元帅、夜游罚恶锡元帅、夜游罚恶赤元帅、夜游罚恶华元帅、夜游罚恶米元帅、夜游罚恶定元帅、夜游罚恶尔元帅、夜游罚恶闻元帅，贪狼奏事吕元帅、巨门奏事赵元帅、禄存奏事胡元帅、文曲奏事丁元帅、廉贞奏事江元帅、武曲奏事包元帅、破军奏事葛元帅，飞天大刀手三界总管杨元帅、飞天金枪手三界总管罗元帅、飞天双鞭手三界总管鄂元帅、飞大阔斧手三界总管程元帅、飞天

金锤手三界总管梁元帅、飞天铁棒手三界总管宫元帅、飞天神剑手三界总管公孙元帅、飞天神叉手三界总管丁元帅、飞天弓箭手三界总管杨元帅、飞天火炮手三界总管石元帅、飞天马兵手三界总管林元帅、飞天步兵手三界总管施元帅、飞天青面将三界伏魔邵元帅、飞天黄面将三界伏魔朱元帅、飞天赤面将三界伏魔马元帅、飞天白面将三界伏魔孙元帅、飞天黑面将三界伏魔廖元帅、飞天三目将三界伏魔陈元帅、飞天四目将三界伏魔邱元帅、飞天三臂将三界伏魔余元帅、飞天四臂将三界伏魔曾元帅、飞天双头将三界伏魔彪元帅、飞天三头将三界伏魔哈元帅、飞天长须将三界伏魔朱元帅、飞天巡山都总管岳元帅、飞天巡海都总管龙元帅、飞天巡江都总管黄元帅、飞天巡河都总管西门元帅、飞天巡寺都总管杜元帅、飞天巡观都总管薛元帅、飞天急脚都总管亢元帅、飞天慢脚都总管易元帅、飞天凭风都总管石元帅、飞天驾雾都总管奇元帅、飞天唉鬼都总管斤元帅、飞天捉妖都总管梅元帅、飞天斩怪都总管盛元帅、飞天驱魔都总管引元帅、飞天广目都总管李元帅、飞天多耳都总管风元帅、飞天长舌都总管狄元帅、飞天海口都总管焦元帅，掌天下不孝案沈元帅、掌天下不忠案呼元帅、掌天下不悌案丁元帅、掌天下不仁案巴元帅、掌天下不慈案黑元帅、掌天下不廉案介元帅、掌天下杀生案张元帅、掌天下害人案郑元帅、掌天下奸险案杨元帅、掌天下盗窃案梁元帅、掌天下邪谋案袁元帅、掌天下淫乱案千元帅、掌天下毁僧案钟元帅、掌天下谤道案木元帅、掌天下婚娶案邓元帅、掌天下交易案马元帅、掌天下斋醮案陀元帅、掌天下施舍案左元帅、掌天下树木案秦元帅、掌天下花草案主元帅、掌天下禽鸟案夏元帅、掌天下兽畜案运元帅、掌天下鱼鳖案京元帅、掌天下虫蚁案凤元帅，天王殿前无敌王元帅、显圣殿前无敌冯元帅、炳灵殿前无敌许元帅、飞行殿前无敌蒋元帅、文昌阁下无敌韩元帅、大罗境下无敌查元帅。[①]

## 二、南宗雷法神仙谱系

白玉蟾祖师精通雷法，编刊雷经，其弟子多得秘旨，并广泛传播。从南宋伊始，至明清时期，即有众多高道推演南宗雷法，并形成了一些道派。如"先天雷晶法"派，其主法为高上神霄玉清真王长生大帝、梵炁法主斗母紫光天后摩利支天大圣，师派传承为青华帝君李亚、雷霆启教火师白洞灵安真君汪守真、金阙侍宸灵惠冲虚通妙真君王文卿、高明君洞明真人白玉蟾。其后，白玉蟾又下传金志达。金志达，讳达，号颠嵩道者云中散仙。金志达下传陈仲济。陈讳困济，字仲济，号方舟道者。陈仲济下传赵子寅。赵讳玉隆，字子

---

[①] 藏外道书：第18册[M]. 成都：巴蜀书社，1992—1994：826-832.

寅，号寅意先生。赵子寅下传闵子文。闵讳霦，字子文，号铁心子。①

另有洞玄玉枢雷霆大法，传承为辛天君、陈楠、白玉蟾。时白玉蟾云游至广南山路，"遇一人衣服褴缕，问白君曰：'子将何之？'白君曰：'愿见明师，参传道法。'遂与之同宿大慈寺傍旅店。饮酒之余，双目火光照耀上下，褴缕之衣变为皂袍，语白君曰：'吾乃雷霆猛吏辛某也。汝宿有仙骨，心存济利，吾故变相示汝。'击案三声，而刘帅立现。辛君曰：'此将司雷霆风雨之权，掌枢机二台之职，护帝驾出入，能救民疾苦，事无大小，叩之即应。今以授汝。其职则上殿卷帘大将军、九天云路护驾使、枢机二台节制使、神霄玉枢洞玄执律苍牙铁面刘神君，其法则名洞玄玉枢雷法。'后又于海上倚玉阑干，授以洞玄之秘。白君得法于陈泥丸，得法于辛天君，皆神仙聚会，非偶然也"②。

此雷霆大法，白玉蟾传于马真人，马真人传于翁雷室，翁雷室传于薛师淳。马士清，泉州马居士之女，白玉蟾亲传女弟子，道法昭著，法职称号为"紫霄扶风洞玄元明君马真人"，曾于元至元十八年（1281）作法解泉州大旱。"泉州马居士有女，及笄，不愿有家，自幼焚香斋戒，愿遇至人。一日感召白真人至焉，付以洞玄之法。至元十八年，泉州大旱，蒲左丞命僧道祈祷无应。其门人曰：'市舶司马居士有女，道法昭著，可令祈祷。'蒲相带翁君诣坛下请雨。马君曰：'公自回府，但令带行令史伺候符命，前去焚于醮坛，以三日为限。'至三日，催符之际，雷风震响，电掣交横，报应非常。蒲束帛来谢，马君辞曰：'妾以济人利物为心，公之所赐，妾岂敢受。但昨宵将吏与妾梦，谓公之带行令史，前世乃雷部中人，令妾以法授之。'"

翁法建（？—1295），又名雷室，元初建宁人，马真人弟子，法职称号为"洞玄通明中侍卿翁真人"，曾于元至元二十一年（1284）作法解建宁、建阳大旱。"建宁大旱，府判梅庵请命祈祷，十分感应。所管建阳县亦旱，县宰申府，府官令其下县祈祷。县宰史嵩之郊迎，立坛于公廨，报应如前。一时嗣法弟子百有余人。江东则有赵菊存，时为建宁儒学教谕，捐车马竭行囊，北面而师事之。师淳至元己丑浪游闽地，仰慕高风而无汲引。是

马元君
成都青羊宫二仙庵

---

① 道藏：第29册[M]. 北京：文物出版社，上海：上海书店出版社，天津：天津古籍出版社，1988：330.
② 道藏：第29册[M]. 北京：文物出版社，上海：上海书店出版社，天津：天津古籍出版社，1988：262.

年十一月甲子良日，五福万寿宫道士刘璧峰、连乐山保举监度，蒙师付度。师淳侍度师翁君三载有余，凡士夫请命祈祷，必令相行。余见其平日所用，不过九阳、少阳、元阳真炁、熏魔等符，及洞玄九章，以之祈祷治病，如谷应声。观其付与赵菊存、丁松隐文字不同，虽有玄妙处，而无纲绪。何况丁赵二公又从而敷演之，殊失至道不繁之意。余所得洞玄九章，及太一玉笈，太一剑尖，以之参用。岁次壬辰赋式微之时，乙未重游建宁，于后山马铺侍师回北山道院。其年五月十一日，翁君召群嗣法曰：'吾欲暂回雷府。雷声响，吾即往。'俄顷县治之东名曰庵山，峰峦耸峭，雷声隐隐，而翁君羽化矣。群嗣法为请择地，藏剑于北山道院之傍，山水环聚，后之嗣法，必有冲举者焉。师淳坛下嗣法五百余人，今洞玄教之昭著四方，皆翁君主教之灵也。"①

薛师淳，为翁法建真人弟子，法职称号为"洞玄元明崇侍卿"。他传洞玄玉枢雷霆大法于世，有嗣法弟子五百余人，大都集中于福州一带，入元后渐渐并入正一派。

此外，白玉蟾还得"告斗求长生法""追鹤秘法"而传世。"告斗求长生法"为王屋山太极真人传与张果老先生，其派系传承依次为王屋山太极真人王行真—正阳开悟传道真君钟离权—太极内辅真人郑思远—纯阳灵宝真君吕岩洞宾—通玄真人张果老—琼馆先生紫清定慧真人白玉蟾。

法中言修仙者当识三台，《法海遗珠》载："三台六星，在斗柄之上，两两相连。男子识之，免牢狱之池。女人识之，免产难之厄。学仙修真之士，尤宜识之。每见三台六星，即便拱手存拜，密念咒曰：上台虚精，中台六淳，下台曲生。除臣死籍，注臣长生。居位高迁，列居天廷。心意开朗，耳目聪明。三魂永久，延寿千龄。上朝金阙，瞻谒玉清。乘龙驾云，位登仙卿。急急如律令。三台生我来，三台养我来，三台护我来。急急如律令。咒毕，瞻望星躔，求见道恩，随意祷祝，心拜三过，叩齿三通，而退。"

又述"求帝座法"，所谓"帝座"，指斗口帝、尊二星。"尊星在左，帝星在右，如日月照临有道之士，不照不善之人。有见尊星，寿三百岁。见帝星，寿六百岁。每月初三、二十七夜，候见之。须在夜间人静后，勿令人知。侯二星出现，至心求道，勿与人言"。"如有事立可称名密告之。不可向北便涕，解衣散发，裸露星光之下，此为至戒也。每候二星，先步斗，烧香，再拜，想斗口见二星，如日月。次念咒曰：尊帝二星，北极之灵。愿臣早见，见即长生。注臣飞仙，勾臣死名。福庆无穷，与天齐年。速超仙都，飞行上清。急急如律令。又二拜，思二星降紫云炁，从自己泥丸宫，入灌两眼。又念咒曰：尊帝二星，北极之灵。忽显忽现，即得长生。注臣飞仙，落臣死名。福庆无穷，与天齐年。早度三界，游行上清。急急如律令。咒毕，再拜，少立，凝神，注目斗口，默念咒七遍了，少时退。如见，即又拜求，乞长生，愿心祷祝。仍夜夜朝礼，毋令间断。若间断

---

① 道藏：第29册[M]. 北京：文物出版社，上海：上海书店出版社，天津：天津古籍出版社，1988：764.

则前功俱废矣。有戒行修真之士，身能超凡入圣，上侍玉宸。上达之士行之，乃得长生，功满上升。世人行之，延寿长年。"

"追鹤秘法"派系传承依次为都仙教主青华帝君真玄灵应天尊李喆—灵真教主护国仙王高上元皇应化天尊钟离权—九天上真高元紫虚清真元君魏华存—正真教主纯阳灵宝妙通演正警化真君吕岩洞宾—明真教主海蟾明悟弘道真君刘玄英—玄真教主天台紫阳悟真妙有圆通真君张用成—翠玄演道杏林真人石泰得之—紫贤复命毗陵真人薛道光—翠虚普济泥丸真人陈楠—紫清定慧海琼真人白玉蟾。①

李喆　颜辉　元代　绢本设色
日本京都冠恩寺藏

追鹤秘法源出唐代，与韩湘子有关。韩湘子生活于唐末五代，与钟离权、吕洞宾为师徒。其虽未传丹道，却精通仙术。所谓"仙术"，也就是"白鹤紫芝遁法"。此法用于救劫辟害、普度天下。修炼此法者，需先准备一些器物。用白毛七根，自己头发七根，手足指甲共剪三分，用阴阳瓦，焙焦存性，研为粉末，在铜锣面上打糊，表蛤蚌纸为钱厚，剪成一牌，长三寸三分，宽二寸二分，五色纸绳系之。等待鹤神下界之日，一面以鹤涎调朱砂书符，一面以人乳汁磨墨，画鹤一只听用。又采兰花七朵，自己头发七根，手足指甲共分三分，照前焙干为末，一面以兰草花捣汁，调雄黄书符，一面以人乳汁研墨，画紫芝一只。制毕，俱入绛袋盛之。就于本月日起，净室之中，设位供奉师祖，定要虔诚洁净，勿令产妇、孝子、鸡犬犯秽污。投词毋拣草，上放一新镜，念咒各七遍，焚符为一道，咒水吞服，叩礼七拜，将二牌悬于项下衣内，掩之。一日三次，戒忌五荤三厌。炼制七日，念咒吞符，拜毕，将牌出囊，挂在胸前，对镜照之，如见鹤草，不见人形，为止。若有缘者，道心坚固，诚意合志，不过三七日照之，鹤草但见。办三牲祭礼，送神。以后逢凶遇难，先出鹤牌而化鹤，欲出鹤牌而化草，任意而行，此乃助身保命之仙术。"实为性命有德之士，宜当誓授，以为护身之宝。非人切不可轻传，若无德行禄薄之辈，侥幸一时炼成，辄起浮盗之心，上天谴责，殃祸及身也。"

修炼此法的关键在制作鹤牌、草牌，它的制作方法深含寓意。调制造符牌用的黏合剂要用白鹤的羽毛，代表白鹤。头发和指甲是人体的一部分，为人体的象征。阴阳瓦，瓦的凹面为阴，凸面为阳，是取阴阳交合、化生万物之意。铜锣，锣之所以飞，是因为锣音具

---

① 法海遗珠：卷14[M]//道藏：第26册. 北京：文物出版社，上海：上海书店出版社，天津：天津古籍出版社，1988：802-804.

有升空通神的功能。在铜锣面上打糊，意在通过铜锣取得通神的作用，使隐形符具有灵通功能。表符牌所用蛤蚌纸，蛤蚌善于变化隐形，以蛤蚌纸术符，便可获得相同的作用。五色纸绳，指用青、赤、白、黑、黄五色纸搓成的绳子，五色以五行学说为基础，象征交通阴阳和辟兵辟邪。这些都具备丰富的文化内涵。

确定书符的时机，是鹤神下界之日。白鹤被称为神，是因为鹤在道教中被认为是仙人的坐骑。鹤神下界的时间有专门的咒语："鹤神癸巳上天堂，己酉还居东北方。乙卯正东居五日，庚申却入巽内藏。丙寅午地磨金甲，辛未西南往遇乡。丁丑南方骑白兽，壬午寻乾金放光。戊子北方居五日，鹤种依旧到天堂。"

书符画鹤要求以人的乳汁磨墨，道士认为人的乳汁是阴阳化生的催化剂。以上述相同程序制芝草牌一面。兰花是一种香草，古人认为芳香物可以上达天庭。雄黄，矿化物，有点化演变的功能，隐形符要调雄黄书写，其目的是期望获得成仙善变的效应。紫芝，寄生在枯木之上的菌类。道士认为紫芝的生产很神奇，无根、无种，被赋予了隐形功能。

按湘祖白鹤紫芝遁法的要求，修炼此隐形术时，需要念两种咒语。一为《白鹤灵彰咒》："白鹤林离白鹤神，金丹一点得涎龄。大化白鹤升天去，人跨白鹤驾祥云。太上玉旨亲垂盏，留传助道遁真形。走遍天涯莫相见，飞灾横祸不能侵。弟子受持神仙法，逢凶遇难避刀兵。慧眼遥观来害者，须臾变态隐吾身。一化白鹤，二化紫芝。隐显莫测，众神护持。吾奉太上老君如律令救北方帝君速降摄。真言曰：唵啮临多利多利摄。此咒一气念七遍。"二为《紫芝灵舍咒诀》："万化从中一棵草，其色青青香更好。神仙采取在花篮，千般变化用不了。吾今法炼隐吾身，纵横世界无烦恼。行亦无人知，坐亦无人知。遇兵不受惊，逢贼不受拷。护道保长生，相随白鹤草。吾奉太上老君急急如律令救东岳帝君速降摄。真言曰：唵啮临唵哆唎唵哆唎摄。此咒须跟前咒念，左手斗诀，右手剑诀，步前罡法。"两篇咒语的目的都是进一步通神敕降，强化符牌的隐形作用。

与《白鹤灵彰咒》《紫芝灵舍咒诀》相配，有鹤牌符、草牌符、三角印、鹤符、紫芝符，再加上罡步咒语，构成了一套完整的法术。

让人诧异的是，这些文献及符印被明代《万法归宗》全部收录。《万法归宗》一书虽然称为李淳风所著，但宋元以来未见任何记载或征引，似当成书于明代。所请仙师为少阳、正阳、纯阳、崔真人、张紫阳、白玉蟾及八仙、南五祖、北七真等古今往来一切仙众。所集道书，有的出自明《正统道藏》，如《六甲天书》；有的出自明人所撰，如冷启敬《神术秘诀》。冷启敬，字谦，明初道士，生卒年不详，与张三丰相亲近。《明史·乐志》载，元末有冷谦者，知音，善鼓瑟，以黄冠隐吴山，明太祖置太常司，召为协律郎，令协乐章声谱，俾乐生习之。所集《九天玄女耳法》，明言此法为刘伯温所得而传世。以上所述，可证《万法归宗》成书于明代。《万法归宗》收有敦煌遗书三种：《湘祖白鹤紫芝遁法》《太上金锁连环隐遁真诀》《踏魁罡步斗法》（P.3810号）。这些秘藏于敦煌莫高窟中的抄本是怎么传入民间的？传入民间的敦煌遗书有多少？这都是值得重视、研究的问题。

《湘祖白鹤紫芝遁法》亦被道教南宗吸纳,演变为"追鹤秘法"。白玉蟾曰:"此法乃祖师铁拐都仙教主东华帝君,在青城山之巅,会集众仙,就南岳关鹤乘空而至,事毕复还之。其教后传钟离正阳君,及南岳紫虚魏元君。次传之吕公洞宾纯阳君,次授与刘仙海蟾翁,翁授之于天台紫阳张真君。历代自此相承,至第九代嗣教仙师琼琯仙翁,以是流传于世,绵绵不绝。愚于甲辰岁末,忽庆会于宝盖武阳之洞,奉事一心。乙巳天腊日,具状投香礼拜,求师收录,点化金丹火候造化,自是心印默契,俱符证验。因是念师之恩高于须弥,深于大海,虽粉骨碎身,莫能报德也。师不云乎:勤而不遇,必遇至人。遇而不勤,终为下鬼。心常昼夜二六时中,不忘此戒,决志勉进,转加坚固,愿成清净解脱无上正真大道,以度玄祖父母,三师法友,亿劫种亲,普及法界众生,同往仙家之乐,岂敢此生容易蹉过耶!动静忽觉数年,复又所获仙师召鹤之书,岂偶然哉!于是三伏于地,礼谢祖师仙师,得蒙付授,可以行持,钦崇仙化,证果登真。凡召鹤之士,要是修真佩箓,道德及人,累有功积在天,德泽万民,祈祷雨旸,济度幽显,玄功广博,名列仙阶,官极一品二品,乃可行之甚验。"①

所用符四种,为发申状符、关引符、召鹤合同符、催鹤符。用于召请年直须那何,日直勃日监直宿真君,二十八宿直符吏兵、中界功曹、每日直符、甲子功曹,并召鹤、催鹤,"神符即到,万神遵承。六根爽悟,道入玄玄。吉凶预知,达道长生。今召鸾鹤,疾速降临。灵官同至,不得慢违。"午朝事毕,各还本位。

鸾鹤多在湖南衡山,因此需上奏南岳圣帝,阐扬教风,庶得人民敬仰,大道兴行。"敢就贵岳,请借鸾鹤几只,于某日午时分,赴醮坛上下之间,左右回旋飞舞,献顶露身。午朝事毕,即遣回司,不敢久留。仍乞差委蓬莱司掌鹤灵官,同至醮坛,证盟斋事,须至申闻者。右某谨谨具状,上申南岳司天昭圣帝圣前。伏望圣慈,允兹虔恳。特降指挥下掌鸾鹤案主者,立便照依所申事理,疾速放发前来,庶几摄化人天,周圆斋事。"②只今前去,催借鸾鹤十二只,或二十四只,或三十六只,及请灵官一员,同赴齐坛,再发催符。

在道教中,鹤是长寿的象征,洁白纯真,代表吉祥如意,从而被赋予丰富的文化意义。《相鹤经》曰:"鹤者,阳鸟也,而游于阴,因金气依火精以自养。金数九,火数七,故七年小变,十六年大变,百六十年变止,千六百年形定。体尚洁,故其色白;声闻天,故头赤;食于水,故其喙长;轩于前,故后指短;栖于陆,故足高而尾凋;翔于云,故毛丰而肉疏。大喉以吐故,修颈以纳新,故生大寿不可量。所以体无青黄二色者,木土

---

① 道藏:第26册[M]. 北京:文物出版社,上海:上海书店出版社,天津:天津古籍出版社,1988:805.
② 道藏:第26册[M]. 北京:文物出版社,上海:上海书店出版社,天津:天津古籍出版社,1988:804.

之气内养，故不表于外。是以行必依洲屿，止不集林木，盖羽族之宗长，仙人之骐骥也。鹤之上相，瘦头朱顶，露眼玄睛，高鼻短喙，髀颊氄耳，长颈促身，燕膺，凤翼，雀毛，龟背，鳖腹，轩前垂后，高胫粗节，洪髀纤指，此相之备者也。鸣则闻于天，飞则一举千里。鹤二年落子毛，易黑点；三年产伏。复七年羽翮具，复七年飞薄云汉，复七年舞应节，复七年昼夜十二时鸣中律。复百六十年不食生物，复大毛落，茸毛生，雪白或纯黑，泥水不污。复百六十年雄雌相视，目睛不转而孕。千六百年饮而不食，鸾凤同为群。圣人在位，则与凤凰翔于甸。"①

请神降鹤已为宋代道教常用的仪式。《太清金阙玉华仙书八极神章三皇内秘文》卷上："若以灵丘就祭，自亥时启，行至子时，面望天门，肃整衣冠，拜讫，烧请醮表文。少时觉异香入鼻，光彩烁目，虚空流光。倏忽鸾鹤飞空，身寒巨颤，神明怖惧，此是仙君众圣降丘之兆也。仙君降丘，其中茶酒变色，当此之际，整肃衣冠，八方拜丘，不得怖惧，须内正其神，安心定意，以祝上圣，言臣某今受天文秘书，愿赐证盟。"②《太上洞玄灵宝赤书玉诀妙经》卷上："国土南方及夏三月有灾，欲使南乡安镇，当朱书赤石上，镇南方三日，其灾自灭，凶逆自消。一方仁人善瑞显明，凤凰来迎，鸾鹤飞鸣，天人歌咏，欣国太平。书文佩身，万灾不生，禳凶却秽，坐致神灵，福庆无穷，延年长生，家致兴隆，国祚安宁。"③吕太古《道门通教必用集》卷2《白鹤词》："白鹤初生在紫微，且当洞府养毛衣。借问仙人何日至，莫言不解伴云飞。白鹤千年始一归，山川依旧世人非。不因华表分明语，谁识当初丁令威。白鹤飞来下九天，数声嘹唳出祥烟。日月相催人易老，不如修道学神仙。太一真人冰雪容，步虚来往本无踪。蓬莱要去而今去，云在窗前鹤在松。白鹤天生寿命长，翱翔仙境侍虚皇。千春一到华旌上，却归霄汉自然乡。白鹤飞翔在玉京，往来三界现长生。修行若达神仙境，便乘真驭入云庭。"④

依《洞玄玉枢雷霆大法》所载，南宗传度仪所列圣位为：玉清圣境元始天尊，上清真境灵宝天尊，太清仙境道德天尊，金阙至尊昊天玉皇上帝，九霄应元雷声普化天尊，东极青华大帝，南极长生大帝，北极紫微大帝，太极普明大帝，太极耀明皇君，西极皓明素灵元君。⑤这就是三清、六帝、二元君。

南宗主传洞玄玉枢雷霆大法，传法宗师白玉蟾。供奉神牌十三位：洞玄教主妙行真人神霄玉枢青灵雷霆天帝君，主法都天元帅欻火律令邓天君，主帅三五九阳上将苍牙铁面

---

① 徐坚等.初学记[M].北京：中华书局，1980：726.
② 道藏：第18册[M].北京：文物出版社，上海：上海书店出版社，天津：天津古籍出版社，1988：572.
③ 道藏：第6册[M].北京：文物出版社，上海：上海书店出版社，天津：天津古籍出版社，1988：192.
④ 道藏：第32册[M].北京：文物出版社，上海：上海书店出版社，天津：天津古籍出版社，1988：12.
⑤ 道藏：第29册[M].北京：文物出版社，上海：上海书店出版社，天津：天津古籍出版社，1988：777.

刘天君，三五邵阳闾神君，旸谷飞捷张神君，阳光霹雳宁神君，阴精霆烈任神君，马郭方邓田五大天雷使者，某靖诸司官君将吏，太乙火铃大将流金飞火谢神君，太乙玉玄元帅华阴流光朱天君，九州社令近远潭洞龙神，太岁之神，城隍主者。①

法师登坛，行洞玄玉枢雷霆大法，布罡履斗，依法号召。变神掐诀，持咒焚符，再念："功曹使者既已到坛，为吾赍符，奉请洞玄教主随应妙行真人，神霄玉枢青灵雷霆天帝君，宗师白、马、翁三真人，主法都天元师欻火律令邓天君，主帅三五九阳上将苍牙铁面刘天君，三五邵阳闾神君，旸谷飞捷张神君，阳光霹雳宁神君，阴精霆烈任神君，玉枢排难解纷二大神，太一火铃大将军，流金飞火谢神君，太一玉玄元帅华阴流光朱天君，马郭方邓田五大天雷使者，洞玄雷霆至真，诸司官君将吏，急如天命，速赴坛治。"

召合帅将，变神化身为辛帅，"铁面烈须秃发，皂袍金甲，跣足，仗剑"。变神化身为邓帅，"青面狼牙，凤觜朱发，蓝身肉翅，执雷斧，驾火龙"。变神化身为刘君，"存天门有黑云，云内有一团红光，内一匹黑马，马上刘某少老形"。变神化身为少阳神，"黑面少颜，怒容，绯袍，红发撒开，金甲金鞭，跣足，火车从之"。变神化身为闾元复，"面黑色，皂袍金甲，绿靴，虎符冠，两手击水轮"。变神化身为张元伯，"面赤色，红袍金甲，皂靴火冠，两手擎火轮"。变神化身为谢炎，"黑面黑须，怒容，三目，玉冠绛服朱履，手执玉铁斧，其上有一日像，带剑"。变神化身为老阳将，"青黑面。老颜，苍牙金发，冲天冠，红袍金甲朱履，执戟，火车"。变神化身为宁忠慈，"面青色狼牙，火冠绯袍朱履，手执雷斧钻。"变神化身为任居仁，"面火色狼牙，火冠

辛元帅　明代　铁铸鎏金
湖北武当山博物馆藏

皂袍，金甲朱履，雷斧钻"。变神化身为朱光，"玉色女质，三目，皂服朱履玉冠，手执金钺斧，有一月像，带剑"②。向来召请洞玄主帅三五九阳上将苍牙铁面刘天君，邵阳闾神君，旸谷张神君，宁任二神君，玉枢排难解纷二大神，火铃大将军，流金飞火谢神君，太一玉玄元帅华阴流光朱天君，马郭方邓田五大天雷使者，神霄玉枢雷霆三司一行官君帅将

---

① 道藏：第29册[M]. 北京：文物出版社，上海：上海书店出版社，天津：天津古籍出版社，1988：764-765.
② 道藏：第29册[M]. 北京：文物出版社，上海：上海书店出版社，天津：天津古籍出版社，1988：766.

吏兵，疾速赴坛，上明天信。闻呼即至，遇召即临。有求即应，有愿克成。

南宗又传先天雷晶法。其法奉玉清真王长生大帝、摩利支天大圣为圣师。摩利支天又称斗姆，或称斗姥、九天雷祖大帝，即北斗众星之母。这是宋代道教神系中出现的新神，源自唐代佛教密宗对摩利支天的信仰。在佛教特别是密宗中，摩利支天是很受崇信的一位护法神菩萨。据说这是一位肉眼难以见其身形的菩萨。她乘着一架由七头猪或九头猪拉的车跟着太阳奔走。在密宗的《佛说大摩里菩萨经》中，摩利支天菩萨的化身是三头九眼，头发竖立，变化成八臂、六臂、四臂，也现猪头脸相。唐三藏法师所译《佛说摩利支天菩萨陀罗尼经》说摩利支天手下的金猪是她的御士。

道教援引摩利支天的信仰演化为斗姆，称为"梵气法主斗母紫光天后摩利支天大圣""九天雷祖大帝大梵先天乾元巨光斗姆紫光金尊圣后天后圆明道母天尊"。据《太上玄灵斗姆大圣元君本命延生心经》，斗姆"以大药普垂医治之功，燮理五行，升降二气，解滞去室，破暗除邪，愆期者应期，失度者得度，安全胎育，治疗病痾，润益根亥，阳回气候，生成人物，练度鬼神，散禳百节，资补八阳，辅正全真，召和延祚，潜施药力，职重天医，生诸天众月之明，为北斗众星之姆"。

斗姆　清代　纸本设色
北京白云观藏

"尊号曰九灵太妙白玉龟台夜光金精祖母元君，又曰中天梵气斗母元君，紫光明哲慈惠太素元后金真圣德天尊，又化号大圆满月光王，又曰东华慈救皇君天医大圣，应号不一，主治中天宝阁。""祖劫在玄明真净天，修行玄灵妙道，勤奉元始至尊，慧香氤氲，智灯朗曜，每发至愿，愿生圣子，补裨造化，统制乾坤……芒角烁然，是九章生神，应现九皇道体。一曰天皇，二曰紫微，三曰贪狼，四曰巨门，五曰禄存，六曰文曲，七曰廉贞，八曰武曲，九曰破军。天皇紫微，尊帝二星，居斗口娑罗上宫，真光大如车轮，得见之者身得长生，位证真仙，永不轮转，二星分作余晖，为左辅右弼，为擎羊陀罗，神化无方，总领玄黄正气。七元星君，斡运阴阳造化，功沾三界，德润群生，其功德力不可思议。"[①]

---

① 道藏：第11册[M]．北京：文物出版社，上海：上海书店出版社，天津：天津古籍出版社，1988：345．

其形象非常奇特，或显形为二臂："九皇斗姥金轮开泰元君，头挽螺髻，身披霞绡，耳坠金环，足登珠舄，左手执拂，右手执杵，乘五龙之车，跌八宝之座，会三登上真于摩利支天，谈生天生地之道，阐不生不灭之真。"①或显形为八臂："三头八臂，手擎日月、弓矢、金枪、金铃、箭牌、宝剑，着天青衣，驾火辇，辇前有七白猪，引车使者立前听令，现大圆光内。"②"斗母紫光天后摩利支天大圣，化身四头八臂，天神相，左猪，右鬼，后狮相。八臂，两手抵日月，一手执戟，戟上有黄幡，上有金字，云九天雷祖大帝；一手剑，一手印，或曰杵；一手金绳，一手弓，一手箭。坐七猪辇。""法主四首，披天青云锦法服，首上宝髻，有黄金塔九层，顶放曼优钵陀罗尼华，名曰无忧华。""抑斗部与雷部，有表里之义，故斗姥亦弥雷祖大帝，而雷神皆隶之。"③

先天雷晶法祖师共有三位：青华帝君李亚，雷霆启教火师白洞灵安真君汪守真，金阙侍宸灵惠冲虚通妙真君王文卿。青华帝君李亚，也就是"都仙教主东华帝君真玄灵应天尊李铁拐"。汪守真，原神霄派祖师。元人赵道一《历世真仙体道通鉴续编》卷5有"汪真君传"，曰："真君姓汪，名子华，字时美。唐玄宗开元二年生于蔡州汝阳县。年四十而三举不第，叹曰：'年逾不惑，不登仕版，何面目见朋友乎！吾将学黄老之学，而臣于帝乡矣。'遂与颜真卿同师白云先生张约，再师赤城先生司马承祯。遇安禄山之乱，弃家云游，经南岳祝融峰下修道，九年不下山。真卿为卢杞所陷，使淮西，为李希烈缢死。师再遇紫虚元君亲幸南岳，授以至道。再修二十八年，丹成道备，贞元五年庚午正月七日，奉诏白日升天。"④

先天雷晶法将班第一位主帅是欻火律令大神炎帝天君邓燮，《道法会元》卷56曰："欲为神雷，代天诛伐此恶逆。念念不绝，怒气冲天，忽一日变凤觜银牙，朱发兰身，左手持雷钻，右手持雷槌，身长百丈，两腋生翅，展开则数百里皆暗，两目放火光二道，照耀百里，手足皆龙爪，飞游太虚，吞

斗姆　明代　铁铸鎏金
湖北武当山博物馆藏

---

① 九皇斗姥说戒杀延生真经[M]//藏外道书：第4册.成都：巴蜀书社，1994：15.
② 道藏：第29册[M].北京：文物出版社，上海：上海书店出版社，天津：天津古籍出版社，1988：330.
③ 姚复庄.玉枢经钥[M]//藏外道书：第4册.成都：巴蜀书社，1994：787 788.
④ 道藏：第5册[M].北京：文物出版社，上海：上海书店出版社，天津：天津古籍出版社，1988：446.

啖精怪，斩伐妖龙。"①

第二位主帅是雷霆都督铁笔注律大神青帝天君辛汉臣。《道法会元》卷81记其形象曰："代牛耳幞头，朱发，铁面，银牙如剑，披翠云裘，皂靴，左手执簿，右手执雷笔，上有火光。"②

第三位主帅为雷霆飞捷使者张元伯，他的形象颇为神奇："其形凤觜环眼，朱发，肉角，翅身赤色，遍身金书天篆文，足如龙爪，头戴天丁冠，身着红裙，曳绿风带，左手持天皇令，右手执敕召雷神皂旗，跨井木犴。"③

将班所属神灵尚有：雷霆传音捷疾使者啸命风雷神君张云，状如主帅，身青色，左手握雷局，右手拨云杖，乘火云。雷霆发号都督使者太乙铁甲神君张亚，状如主帅，身黑色，两手俱持铁斧，乘黑云。阳雷五大蛮雷使者：马郁林，郭元京，方仲高，邓拱辰，田元宗。阴雷五大蛮雷使者：蒋刚轮，毕机，华文通，雷压，陈石。雷公江赫冲，雷母秀文英，风伯方道彰，雨师陈华夫，云吏郭士秀。

洞玄秘旨大法为南宗所传。据《道法会元》卷147薛师淳所言，此法白玉蟾得自陈泥丸，陈楠得自辛天君，至元年间盛行社会，仅薛氏坛下嗣法弟子就有五百余人，遂使洞玄之教昭著四方。

洞玄流派：

洞玄教主妙行真人神霄玉枢青灵雷霆天君辛忠义。

太微侍宸洞玄高明君白玉蟾。

紫霞扶风洞玄元明君马士清。

洞玄通明中侍卿翁法建。

洞玄元明崇侍卿薛师淳。

将班：

洞玄主帅苍牙铁面九阳上将天君刘矩，黑面，少颜，怒容，绯袍，红发，执金鞭，擎火轮，披金甲，足蹑水车。

副帅间斩，水色面，皂袍，金甲，靴履，戴火冠，擎水轮。

副帅张浩，青面，绯袍，金甲，靴履，戴火冠，擎火轮。

雷神　元代　壁画　山西芮城县永乐宫

---

① 道藏：第29册[M]. 北京：文物出版社，上海：上海书店出版社，天津：天津古籍出版社，1988：139.

② 道藏：第29册[M]. 北京：文物出版社，上海：上海书店出版社，天津：天津古籍出版社，1988：315.

③ 道藏：第29册[M]. 北京：文物出版社，上海：上海书店出版社，天津：天津古籍出版社，1988：330.

副帅刘炬，青面，黑色老颜，狼牙，朱发，冲天冠，绯袍，金甲，朱履，执戟，驾火车。

亚帅阳光胜威轰火大神宁烈，青红色面，狼牙，火冠。朱发，绯袍，金甲，执雷斧钻。

副帅玄精火铃黑律大神任忠，青鬼面，朱发，绯袍，执火剑。又相水色面，狼牙，火冠，皂袍，金甲，朱履，执雷斧钻。①

《高上景霄三五混合都天大雷琅书》为南宗所传。

主法：玉清圣境元始法王，玉清真王一长生大帝，景霄中极至妙变空天尊，景霄妙灵宝华天雷霆大帝君，景霄五雷判府天尊，三五合炁都督翼翰星君，景霄五炁真人葛天叔，太乙左玄真人盘诜，太乙右玄真人盘颖，雷霆火师真君汪康民，传教雷霆都督辛忠义，翠虚真人陈楠南木，海琼紫清真人白玉蟾。

雷部神将：天河箕宿啸命风雷太乙君刘胜，都天大雷火君，天洞发生神风时，天真启垫神涂山问，毕火焚炎神伊育，毕真晃光神伍仲，天乌震威神申奕，天镇呼风神后方，天关霹雳神蔚仲坚，铁甲飞雷神邓炳，仙都火雷神毕大行。

地雷部神将：天关房宿散烟火雷赫精君许定，火伯风霆君，火令雷主神阆伯，流金火铃神宋说，雷公火车神邵容，散烟雾黑神姜衡，撼山震海神风暨，飞云走电神季公宾，移山翻海神江若冲，震电霹雳神伯庞，斩圹变现神薛文英。

水雷部神将：天将奎宿散云激阴大洞神谢升，电光元圣君，木狼奎光神姒思正，玉雷皓师神丁文广，洞阳幽灵神丁文达，四明公宾神丁文惠，火光流精神丁文行，金精清思神姬安，鼓风卷水神冯夷，吹海扬波神伍元旦，巨乘太华神祝启。

神雷部神将：天目鬼宿伐魔哮吼显化君倪章，风伯元明君，欻火律令神邓伯温，银牙耀目神辛汉臣，威猛丁辛神义清，滴昔喝伽神，太乙元皇神，水轮冰钵神，山雷火云神，苍牙铁面神，飞鹰走犬神。

杜雷部神将：天狱娄宿荡凶伐恶赤明君唐文，三山大雷火君，咬网嚼舌神吴都天，火猪黑犬神李景元，擒龙捉孽神黄伯钦，散雾识女神哥挺，呼风四哥神公孙靖，布雨勾娄神何文弼，掣电吉利神牟时，震雷登僧神刘激，鞭霆得色神华昭。

所属杜令：天社元帅伍库，天头冀州冯迁，天胸徐州夏符，天喉梁州范礼，天腹荆州张豫，天心豫州黄崇，天颈青州韩育，天膊衮州费明，天背雍州杨谦，天足扬州邹混。

总司使者：都大直符丘使者，催风使者唐彬，催云使者李元旦，催雷使者张元伯，催雨使者焦公卿，催电使者纪江奴，炁医使者何然，催生使者贺明，治病使者鞠芬，治病使者郝韶。

---

① 道藏：第26册[M]．北京：文物出版社，上海：上海书店出版社，天津：天津古籍出版社，1988：725．

十二年神：子年神多伯言，丑年神孙贞耳，寅年神呼风亚，卯年神咄黎遮，辰年神叉鸠罗，巳年神冰鸠卢，午年神暖炎寮，未年神石阿雄，申年神荣耀灵，酉年神朗圭延，戌年神坦鸠陀，亥年神旭执圭。

十二月将：正月登明沙茗，二月河魁建叉，三月从魁招帝，四月传送飞羽天，五月小吉呵咩，六月胜光喝罗，七月太乙达罗，八月天罡咤啰，九月太冲咺喃，十月功曹部咙，十一月大吉月色，十二月神后轮明。

十二月将，又名十二辰官，它们分别是：寅为功曹，卯为太冲，辰为天罡，巳为太乙，午为胜光，未为小吉，申为传送，酉为从魁，戌为河魁，亥为登明，丑为大吉，子为神后。月亮绕着地球公转，每月转一圈，十二地支分配到十二个月，正好每月占一个地支，古人习惯上称为月将。亥为登明一月将，主田宅、文书、争讼、征召事。戌为河魁二月将，主坟墓、骸骨、僧人、孤寡等。酉为从魁三月将，主妇人钗钏、酒器、阴私之事。申为传送四月将，主行移、道路、音信、为人官贵。未为小吉五月将，主妇人婚姻喜美、酒宴会等。午为胜光六月将，主文书、财帛、信息、车马等。巳为太乙七月将，主梦寐、窑灶、乞索、为妇人主轻薄。辰为天罡八月将，斗讼、官司、文书、医药等。卯为太冲九月将，主盗贼、门户、车船、又主分家。寅为功曹十月将，主官吏、老人、文字、林木等。丑为大吉十一月将，主桥梁、道路、田宅、诅咒等。子为神后十二月将，主贵神、贵人、钱财。

太上三五邵阳铁面火车五雷大法，为南宗所传。陈楠序："昔邵阳雷公于南岳衡山祝融峰顶，得遇六波天主帝君，授以三阳五雷之道，使之掌风雷之政。凡天下水旱人民疫疠，皆隶之焉。昔六波天主帝君，乃以都天大雷火印，并三阳五雷神火之印，及雷霆都司符玺，悉以付之。自是邵阳雷公颐指神祇，使风雷立至。积久而有大功，闻于上帝，遂诏封为三五邵阳雷公火车将军，以掌中斗大魁五雷之政。复命四帅，乃闾、卫、任、郑，降于湖南邵阳之境，与邵阳雷公互相统属，同主雷霆之事。是时黑云蔽天，雄风刮地，雷声遍于山谷，电影现于丘间。如是三日，然后开霁。故此邵阳五帅立为一司，其威厉英猛

十二辰官　清代　绢本设色　北京白云观藏

雄烈，举世莫有知者。昔晋旌阳县令许君逊，隐于豫章之西山，后数年丹成，得九天灵剑之术，飞神驭炁于西山之上，专以伐蛟为心。蛟精知之，遂遁于潭州之境。上帝闻知，乃降诏以此书赐许君，以斗府雷雨判官为职，仍以邵阳五帅为将。诏立邵阳五雷元帅之司，以斗府雷雨判官掌之，以邵阳五帅辅之。因此许君遂得风雷之权，蛟精寻亦剿绝。此事乃吴猛丁义二君当时得其传流，年代更变，流传至今。其有得是书者，亦须秘受。当体旌阳许君所得之意，及邵阳五帅所聚之因。古甚秘之，亦莫有传之者。独吴丁二君振其源矣。故旌阳飞升之后，其事不载于家传，盖无人知此也。但得邵阳之法者，当知之。"①

主法：高上神霄玉清真王长生大帝，雷霆都司元命真人，九州都仙太史高明大使神功妙济真君。

传派师真：传法主教六波天主帝君，雷霆教主玉枢青灵帝君辛忠义。

主将：邵阳雷公五员，各主一方。

三五铁面邵阳雷公火车大将军闰不渐，三头五臂，大眼睛放金光，有髭髯，铁面青黑色，黑帽皂销金袍，脚踏火车、一手雷钻，一手雷槌，一手雷印，一手火球，一手金枪，背负火瓢，瓢中出火飞空。本将主东方。

西兑白殿八灵八猖邵阳将军卫贞，上身如五通相，红袍帽子，下身鱼尾最细之身，左手执钻，右手执斧，身带大火球，红焰中立。主西方。

三五邵阳主帅风火大将军任运力，状如五雷使者，卷云冠，金甲青衣金束带，两手执雷斧。主南方。

三五邵阳雷公火车大将军邵阳公弼，五雷使者相，似唐吴道子所画真武像，黑衣金束带，两手雷钻。主北方。

三五火车雷公邵阳将军郑彻灵，如五雷使者状，黄衣金束带，两手持剑，剑上飞火。主中央。

右元帅五员，召而用之，驱邪治病，剪蛊除瘟，扫灭尸疠，收斩妖精，兴云起雷，封山破庙，祈晴祷雨，随意役使。小事默念小召呼之，急事厉声指名召之，大事则用符牒以差遣任意。

邵阳雷司将校九员：

苍牙霹雳大仙谢仙火，虎头熊耳象牙，鸟喙，龙爪鹿角，额上一小羊头，浑身龙甲，手足上各有一蛇，乃四蛇缠于手足，蛇各吐火。

啸命风雷使者张可烈，猪首相，身披金甲，手执黄旗，旗有雷令字。

霹雳号黑使者陈知常，如五雷使者状，身在黑云中，手执火把。

散云呦黑使者钱雄飞，状如天丁力士，身在黑烟中，手托火球。

---

① 道藏：第29册[M]. 北京：文物出版社，上海：上海书店出版社，天津：天津古籍出版社，1988：582.

黑猪铁狗大将鞠阳奴，人面白容，黄包巾，青抹额，红袍豹皮裩，右手执雷斧，左手雷钻，前后有火，前火中有一黑猪，后火中有一黑铁狗。

火鹰腥烟大将霍天寿，黑面，蓬头赤发，三目，身着黄衣，手系一鹰，鹰觜吐火，前三鹰，踏火轮，在黑烟中立。

紫陵雷令赫奕使者童可烈，龙头象鼻，身着黄衣，足皆虎爪，一手执雷斧，一手提人头。

南陵火铃使者许仙定，头如老鸦，鬼质猪足，踏三脚鳖。

五雷总管使者陈鸾凤，头如老鸦鬼相，两手执斧，红袍黄飞带，猪脚，腿皆鱼鳞，两眼出金光，口吐火。

右将校九员，凡有申奏行持，收捉救治，并皆可以召而用之。初差一员，不验则摧之，以别召一员往也。然将校皆威烈，须至诚存思，召到则严厉而遣之，随手即应，任意差役。凡欲如何，但心存口祝而遣之，必验，不待催促。其去则如风火。将吏姓名不可漏泄。行法之士亦须自秘，轻泄其讳，自有冥考，从微至著，天谴雷嗔。在乎每事严肃，非惟将吏用命，而鬼神闻则亦丧胆矣。

邵阳魁台神吏十二员：

魁台子时直符神吏黄荆，老鸦头，白花马脚，黑袍，豹皮裩，黄飞带，背负火瓢，手执黄旗，上有雷令二字，身在黑云中，部下三十六人皆兵甲黑旗，中有雷电风雨。

魁台丑时直符神吏刘振，牛头，黑花羊脚，黄袍，豹皮裩，背负火瓢，青飞带，手执斧钺，身在黄云中，部下三十六人皆兵甲黄旗，中有雷电风雨。

魁台寅时直符神吏呼风哑，虎头，黄花猴脚，青袍，豹皮裩，背负火瓢，白飞带，手执剑，身在青云中，部下三十六人兵甲青旗，中有风雨雷电。

魁台卯时直符神吏荣耀灵，白泽头，黄花鸡脚，青袍，白飞带，豹皮裩，背负火瓢，手执铁棒，身在青云中，部下三十六人兵甲青旗，中有风雷雨电。

魁台辰时直符神吏咄黎遮，龙头，黑花狗脚，黄袍，豹皮裩，青飞带，背负火瓢，手执雷斧，身在黄云中，部下三十六人兵甲黄旗，中有风雷电雨。

魁台巳时直符神吏冰鸠驴，蛟头，青花猪脚，红袍黑飞带，豹皮裩，背负火瓢，左手雷钻，右执雷斧，身在赤云中，部下三十六人兵甲赤旗，中有雷电风雨。

魁台午时直符神吏暖炎寮，马头，青花鸦脚，红袍黑飞带，豹皮裩，背负火瓢，手执火球，身在赤云中，部下三十六人兵甲赤旗，中有雷电风雨。

魁台未时直符神吏石阿雄，羊头，黑花牛脚，黄袍青飞带，豹皮裩，背负火瓢，两手执大刀，身在黄云中，部下三十六人兵甲黄旗，中有雷电风雨。

魁台申时直符神吏旭执圭，狮子头，红花虎脚，白袍红飞带，豹皮裩，背负火瓢，右手执刀，左手提人头，身在白云中，部下三十六人兵甲白旗，中有风雷电雨。

魁台酉时直符神吏多伯言，鸡头，红花白泽脚，白袍，红飞带，豹皮裩，背负火瓢，手执火把，身在白云中，部下三十六人兵甲白旗，中有雷电风雨。

魁台戌时直符神吏孙贞耳，犬头，黑花龙脚，黄袍，青飞带，豹皮裈，背负火瓢，手执铁山字叉，身在黄云中，部下三十六人兵甲黄旗，中有风雨雷电。

魁台亥时直符神吏吴猛，猪头，白花蛟脚，黑袍，黄飞带，豹皮裈，背负火瓢，手执蛇，身在黑云中，部下三十六人兵甲黑旗帜，中有雷电风雨。

右十二神史，子时则掐子文，向西北方吸北炁一口服之，丁立而召黄荆，其余时辰效此例。其神史乃是五方之精，四象之灵，属邵阳掌之，在雷部之中分为十二司之列，以司十二时，散于分野，以运雷霆，每一时有此一员神吏管押雷兵，驱雷散云，兴风作雨。故凡行此邵阳雷法者，此为最要。子时则差黄荆，其余时点差别名。可以驱雷起风，捉鬼缚神，救民疾苦，伐恶破庙，用去则灵。凡有申奏行移，但遣之赍持，驰往则达，灵应尤速。小事则心存目想，召到遣行。大则符牒，金钱甲马，用魁台总符一道，用印印之，然后步罡召到。子时将吏符牒就子方焚之，则天罡炁随后助之，尤佳速验。此十二神史亦名邵阳直符也，亦曰五方蛮雷也。

五狱神位：雷霆五狱主者，雷霆五狱判官，勘刻妖魔校正善恶主吏柴仙，丹元刑部都吏，雷霆水火二狱狱吏，银牙猛吏辛汉臣，杀鬼大将军马胜，考鬼大将军蒋德元，缚邪大将军陈猛，缚龙大将军应宿元，追魂大将军张广之，对定大将军崔刚中，搜奸大将军丁友忠，检恶大将军卢元化，禁狱大将军吴立，急速大将军应猷，缚贼大将军泉善举，邀后扑杀将军马升，收精大将军孟浩，摄毒大将军卓立，曲录考禁使者龚固，缚魂监送使者丁谨，律令使者谢并，迷魂遁魄使者庞安和，传令使者封元，捉鬼力士张太仲，棚鬼力士邓文行，狱门都监宗彝，典狱鞠勘使者孟锷，狱门封锁使者周士宁，禁狱灵官侯卒，狱门推款功曹裴子骞，记名书过管中立，雷狱监察使者蓟中孚，铜蛇将军，铁犬将军，雷火将军，黑毒将军，天罗将军，地网将军，金晶毒害狱主者，火光流星狱主者，九泉苦恼狱主者，幽台长夜狱主者，云雷考召狱主者，风雷狱吏兵卒，雷霆五狱吏兵等。

需要说明的是，正是这一法派大力推行方便法门"十字天经法"。《法海遗珠》卷1曰："凡欲受持十字天经，下工混炼者，每于子午卯酉四时，面巽跌坐，叩齿集神，称睿号九声，望神霄引青炁一口，舌拄上腭，书天经。存碧英满口。咽下心中，绕心不散。良久，冲开泥丸，而出青炁，化为炁球。口诵睿号不已，忽霹雳一声，自球中出见欻火，合青炁光中。即时心礼祝事，欻火忽化天火青光，从泥丸直下重楼至丹田，坐于丹元之中，三部八景之神，皆来朝谒，齐诵天经。

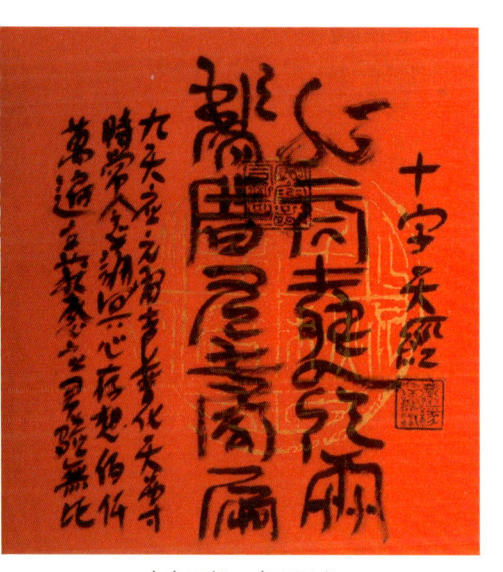

十字天经　李远国书

倏忽之间，寂无遗响。朝夕行之。九年则尸毒消亡，形神俱妙，与道合真矣。""天经符文，焚香静坐，心诵十字天经，不计遍数。书此十字为符，或排书，或叠书。书毕，仍召九天应元捷令灵飞神元符使张束，存符使天丁冠，青面，金甲，玄衣，绿靴，风带，手执玉斧，自巽户降，以祖炁合之。存至密祷，所求事意，或祈祷，或驱治，或吞或熏，或佩或镇，如意行用，无不感应。"①

这种持诵法门称为"十字天经法"，十个字就是雷祖圣号——九天应元雷声普化天尊。按《玉枢宝经》记载：持诵十字天经可得十大功效：（1）静心和脉，人物安宁，身心康泰，延年益寿；（2）解除苦难，免灾消厄，潜消口舌，永息官司；（3）治病祛疾，远离瘟疫，除一切病，解诸种痛；（4）和婚夫妻，护胎保命，送婴卫房，子嗣永延；（5）驱祟辟邪，收魅伏妖，安宁魂魄，清静身心；（6）超亡度魂，七祖九先，脱离阴间，得以生天；（7）水陆通畅，出入平安，招财纳祥，四海聚福；（8）风调雨顺，四季和适，五谷丰收，富饶安宁；（9）真空无染，与道为一，进德无魔，升举有日；（10）消除恶业，成就善根，得见天尊，证验功德。凡好道之士，或有心学道而未遇明师，或身体抱恙魂魄不安，或命运多舛流年多滞，或遇官司口舌，或犯方隅神煞，或求婚合子息，或家有鬼精，或遇邪诅，或有瘟蛊，或出行遁隐，或祈请祷雨，或欲免三灾九横，或忏悔罪孽等，皆可讽诵《玉枢经》及专心持诵十字天经，自有感应，灾害悉得消除。

方便法门以其简洁易行而广为流传，其中最为重要的是持诵法门，即道者虔诚如一，常年持久地诵念天尊圣号，可达功德圆满之境界。《玉枢经》谓普化天尊以此法门，化世人之愚，澄世人之浊，广度天人。他说："若未来世有诸众生，得闻吾名，但冥心默想，作是念言九天应元雷声普化天尊，或一声，或五七声，或千百声，吾即化形十方，运心三界，使称名者咸得如意。十方三界，诸天诸地，日月星辰，山河草木，飞走蠢动，若有知，若无知，天龙鬼神，闻诸众生，一称吾名，如有不顺者，馘首剖心，化为微尘。"即在日常生活中，时常诚心持诵宝经，念诵九天应元雷声普化天尊宝号，则可安魂息灵，静心和脉。凡有刑冲克战，动用行藏皆凶煞者，"归命此经，诵咒焚香告符，则一切厄难，皆能解释。"此外，或沉疴痼疾缠身，或婚合临盆有难，或鬼精妖孽作祟，皆当诵经焚符，则身安而无不吉利。由此可见此经有不可思议之功德，如同经中所言："承天尊力，有此灵通。出入起居，佩带经此，众人所钦，鬼神所畏，遇诸险难，一心称名九天应元雷声普化天尊，悉得解脱。"②

---

① 道藏：第26册[M]. 北京：文物出版社，上海：上海书店出版社，天津：天津古籍出版社，1988：723.
② 道藏：第1册[M]. 北京：文物出版社，上海：上海书店出版社，天津：天津古籍出版社，1988：759-760.

# 第二十八章

# 地祇派神仙谱系

地祇派为北宋张虚靖天师所创，系正一派支脉。该系主传地祇法，故以法名派。其后递传有序，并分化衍生了众多法派，活跃于宋元之际的南方地区，拥有相当的影响力。

# 第一节　地祇派历史传承

刘玉说："地祇一司之法，实起教于虚靖天师，次显化于天宝洞主王宗敬真官、青城吴道显真官、青州柳伯奇仙官、果州威惠钟明真人，相继而为宗师。其后如江浙闽湖广嗣法者，何限姓名昭揭宁几人。其书始则有石碑本，继则有铁林府地祇、原公夫人庙地祇、五雷地祇、五虎地祇、索子地祇、十字地祇、四凶地祇、圣府地祇，后则有苏道济派、温州正派、李蓬头派、过曜卿派、玄灵续派。如此等类，数之不尽，千蹊万径，源析支分。"[①] 可见地祇法流传之广，支派之多。

## 一、张虚靖与地祇派

张虚靖为第三十代天师，道名显重，为时人所敬仰。宣和年间，张虚靖游东岳，炳灵公郊迎虚靖，至岳府问帝曰："岳府诸神，谁冠群灵？"帝曰："近王祀保明，温琼可任。"张虚靖曰："昨者考校仙官过我籍中，有温琼者，不求血食，降雨温州。不以国封为荣，志欲扶持宗教为先。虚靖之来正为是尔，莫非此人乎？"至是岳帝召至，温琼面圣再拜顿首，言："臣经年在职，无由面对天颜，今承呼召，得至丹墀。"虚靖曰："此温

---

① 道藏：第30册[M]. 北京：文物出版社，上海：上海书店出版社，天津：天津古籍出版社，1988：557.

琼乎？"帝曰："是也。"张虚靖曰："向者温州百姓保奏汝于天廷，云有救旱之功，不以庙食国封为荣，而有归依正道，扶持宗师之志。吾面对岳帝，为汝作地祇一司，正法符篆咒诀。"谓琼曰："汝化于三月十五日寅时，此为木老火初之节，故木生火，火旺于丙丁。鬼为万物之灵者，故只此篆为汝真形足矣。"虚靖作其符，为"丙丁生鬼"四字，以应其时，而成真篆。然后又以云篆而书画诸符，地祇一司之法盖始于此。所谓"地祇"之神，乃奉命玉清敕令，是侍卫送迎之官。故《度人经》中有"劫制地祇，侍卫送迎"之语。

其后，张虚靖入川拜访祖庭，至青城山，山背有大溪洞，虚靖以为洞中必有仙境，欲入观看。不知洞中乃汉祖天师灭伐魔鬼之所，余党结连万众，居此立庙，出入洞中，或行瘟疫时气以害民，或飞霆烈风以求血食。国封曰"显济庙"，神曰"灵佑普利广德博济王"，民称"慈利大帝"，四川居民香火毕集。张虚靖不知魔鬼所居，而其妖先知虚靖之来，遂领鬼众欲害虚靖，以报祖天师旧日剿灭之仇。张虚靖携弟子三十人同进，只见怪风迅起，山色昏沉，黑暗无路。张虚靖惊怪间见一人青面皂袍，铁甲持槌，有黑旗黑马，飞走在前，以当其锋，瞬息朗明。张虚静进观，显济庙已成灰烬，洞中鬼众皆死。须臾怪风又作，只见青面下马躬身，至张虚靖前曰："温琼在此为天师法主，灭害人之魔，去乱教之鬼，共数千众。今生捉到拒逆侵凌天师五兵魔王慈利大帝，以听法旨。"张虚靖曰："欲害嗣教人命者，当死，何况领众魔来战。当准酆都严刑黑律，处斩。"于是温琼遵命，斩妖魔于青华观左山。

张虚靖保奏温琼为助法翊灵昭武大使太保，以酆都肃杀马黑马三千人付统领，以听驱使。其三千兵首，则有薛真、徐汴。据黄公瑾《地祇上将温太保传》，薛、徐谓温琼曰："汝前身是人强勇者，我乃冥司之猛将。遇降祸福，则旱鸦乱飞，轻则恶事横生，重则灭门杀戮。游行天下，无敢干犯者，祀典神祇亦皆迎送，汝欲节制我，须有神通出于吾之上者则可。"温琼曰："我就岱山西城一战。"薛、徐于是列兵前陈，温琼登黑马，挺身直奔薛、徐之营，薛、徐开陈当前，万箭俱发，群枪兼举，温琼只疾声一呼，变为黑蛇，长千百丈，以尾束薛、徐二将，更不能变化。草卒皆奔，四围火起，不得出围，呼拜将军，叩首乞命。其黑蛇发声曰："吾受命东岳，管掌汝等，为天下嗣教宗师，护持法门，救度众生，宁解今日为下鬼所苦耳。闻经听旨，受其超炼，具足神通，汝等敢拒逆正直之心，本欲食汝等，但以祖师好生之心，故权恕汝。"薛、徐俯伏，悉归麾下。①

至真宗朝，有道流王宗敬至青城，游天宝洞，见虚靖。虚靖曰："汝之游山为何？"宗敬答曰："投师学法，济物扶妖。"虚靖曰："吾即昔日张虚靖，汝曾闻名乎？"宗敬曰："求师十年，不得一见，今日得见天师。"再拜，愿受秘法。于是分独体地祇温太保

---

① 道藏：第18册[M].北京：文物出版社，上海：上海书店出版社，天津：天津古籍出版社，1988：91-92.

秘法一阶付之。宗敬专志一念，奉祀玄帝，行法立功于世，显应甚多。其在衡门洛水济人，但念太阴化生咒，及丙丁生鬼符，用驱邪院印一颗，无不感应。其潭湖江河之民，来求水者，日以数千计。

一日宗敬夜卧，忽闻人声云："真官可出户来，有事禀闻。"及出，乃见温琼下马躬身而进。宗敬遂与温太保坐法坛中。温琼曰："昨奉虚靖天师差琼护持真官，修奉玄帝香火，济民苦厄。今真官功德甚重，玄帝已书名仙籍，得为玄帝阙下主掌秦境人民香火灵官，而琼准玄帝牒回岳府。虚靖天师以为传人有功，位登真人，吾敬来告君。君即琼之像毋留于世，若后人因而立庙，又累我德。"宗敬如其言，遂授印与玄帝像与吴道显。宗敬又以龙虎箓文，皆列平日所用条式一百九十七件流传于世。故得其正传者，吴道显一人耳。

宗敬又谓吴道显："汝可过福建，乃不奉正道、妖邪魔鬼之所。"道显至福建，路有金茧蛊毒之神，名曰伽罗王，闽人敬仰之。又人家多养金茧，收人魂魄，役使工作，途中商旅受害。妖神闻宗师来，相与告曰："我等仗佛为主，来则杀之，勿令居此。居此则无我也。"道显至泉州，施符水有验，然四方果妖道，崇佛甚众，奈所行正道不振。道显以镜一面，诵丙丁之咒，布气镜中，持炼九年，其镜通神，琼现身出入镜中，而持炼不辍，又加之天蓬咒。

吴道显曰："诵此咒以助威灵炼此镜，愿承此咒力。"如此又三年，其镜愈通神，置之之所，自有白气冲冲。一日太保以镜中奔出，语道显曰："君受宗师正传，承受天帅流教。且君居此，少人饭崇香火。此有闽县僧伽山，是泗洲所建之地。左山有金光洞，有一庙神曰伽喽王。君可亲往伐之。"道显如其言至庙，见殿阁宏丽，四方诵《金刚经》来朝者万数。其容貌如常神，后宫夫人及亲王三百余位，左殿丞相十二员，右殿太尉五十七位，五猖瘟司等众甚多。四顾观望，心内惊怖，不敢作用。出庙登其左山，有亭曰"罗汉行道坛"。四无人声，遂东望叩齿，密奏岳帝，取出所炼之镜，叱云："吾在此，汝急报应！"太保忽自镜中持大武槌先锋而出，雷电风雨从后，四山皆黑，瞬息之间，霹雳一声，庙中火发，四山皆焚。少顷，天气朗清，则见伽喽王已成灰矣，惟存一大柱不曾烧，大书其上云："温琼顺天助法，奉命剪戬妖魔。"道显惊悚，方省悟中，太保至前声喏曰："琼今灭邪讫，琼本不能胜此邪，荷宗师修炼之功，得天蓬大咒之力。琼受炼六通具足，无报宗师咒炼之功。誓立大愿，自今日始，永为嗣法之师，广施大利，普济世人。望君莫居于此，可入川中修炼至真。丙午，君当尸解矣。然此地众生，皆背道向佛之人，天道恶之。幸随琼所请。"道显曰："佛非正道，而太保何不灭之？"

琼曰："佛有大觉之功，一念众生为善。佛有蔽邪之罪，一本慈悲为心。故太上留此教以化愚民。体真师顺天之德，不忍灭之，故不能断其教也。"于是道显坐太保之马，琼把节引导，驾黑云而去。瞬息之间，已至西蜀青城山。太保又惠白金百两，令入川，施符水。道显入城都，营讫，思琼有恩于我，我当保奏，于是奏岳帝神炳灵公。七日之内，奏词达帝。帝曰："琼可谓举世众生，蒙大利益，大振正道宗风。"即下诏，特拜为四海都巡九州检察使。依前助法翊灵昭武大太保，掌地府冥司急取人案大典者。太保自得道，显天蓬咒所炼之功，备足六通，能升天入地，上中下三界神祇，并皆敬畏，不敢干犯。

道显所传度弟子532人，得其传而灵验者百余人，心与行违者100余人，无应无闻，犯天律而为太保击死者200余人。修真奉圣，持炼修，崇香火，蒙太保奏岳帝得道成真，而归玄都右胜院充典吏灵官者53人。合元和迁校府五百灵官中任职位，而升进右胜府灵官，亦53人。自后太保及十地祇之书散流天下，崇其法者甚多。而人人以为地祇为正法之下品，乃人间之神，奉法者必兼他司之法，自此而不闻应矣。且末学亦知其为捷诸司，而不能专心敬崇者十有八九。

太保在岳府，尝谓铁胜曰："吾欲立功，护持宗教，奈今天下修法者甚多，而并无此仙骨，可谓恶毒之世矣。"太保一念护持正道，期天和风流布，而许温郝边兴妖教于世，助三坛僧伽之道，护持佛教金刚神，其妖风甚盛，国立宪章，以严禁制，奈听魔教不能改过，寿皇恶之，命杜真人作大功德，飞奏三天，欲永杜绝。时东岳帝君召炳灵公曰："以妖道兴行，民遵释教，世受其害。国主忍之，汝可遵上帝劫命，急为断绝。"炳灵公即召合岳将吏，出兵翦伐，周满八纮，其奈二妖运其邪力，或为五显灵通，或作洞庭怪异，党从数万，以部瘟司不敢摄捉，于是五岳会于天宝洞天，会议此事。炳灵公奏曰："此非都巡温琼不可。今温琼在青州护佐柳伯期，行持济世。可权差张巡代行，召往伐之。"[①]

## 二、地祇派历史传承

地祇派第二代宗师王宗敬，生平事迹不详，仅知他为真宗朝道士。徽宗年间至青城游天宝洞，拜见张虚靖，于是分独体地祇温太保秘法一阶付之。宗敬专志一念，奉祀玄帝，行法立功于世，显应甚多。后宗敬传法授印，赐玄帝像与吴道显，以示法脉道统。

地祇派第三代宗师吴道显，拜王宗敬为师。王宗敬令吴道显入福建，除不奉正道妖邪魔鬼。道显至泉州，施符水有验，然四方妖道崇佛甚众，奈所行正道不振。道显以镜一面，诵丙丁之咒，布气镜中，持炼九年，其镜通神，琼现身出入镜中，而持炼不辍，又加之天蓬咒。道显曰："诵此咒以助威灵，炼此镜愿承此咒力。"

地祇派第四代宗师钟明，果州（今四川南充）人。修奉地祇之法，最有感应。有辰州寓居朝散郎王卿孺，出任果州知州。一日过辰溪古寺，见右廊门上书"瘟司"二字，登殿

---

[①] 道藏：第18册[M]. 北京：文物出版社，上海：上海书店出版社，天津：天津古籍出版社，1988：90-95.

揭帘而入，忽有一人，如世间院子之状，进揖卿孺曰："大王有命，请安抚相见。"卿孺大惊曰："王为谁？"曰："康王也，敕封威济善利孚惠英烈王。"告者力请，卿孺不能逊，遂行至一殿。康王俛而揖，就座。王曰："应奉都大城隍委掌瘟司，检察善恶。今宿缘会合，得遇安抚判官至此，应偶有事，干渎威严，幸望台慈，曲赐垂允。"卿孺曰："大王有事见谕，可备委令者，幸望条示。"王曰："昨奉大城隍司行下天下符牒委令，于去年内果州行瘟。本州有钟真人，自幼敬奉玄帝香火，蒙玄帝亲授酆都大提举城隍司印，仍下东岳，以温都巡名琼为役使将。奈果州人民过恶甚多，而受病者众。其民凶毒，不遵应之教化。然应初入果州，其地三坛洞王、元皇、洪山等徒，崇奉释教，专事打瘟。一时为应尽灭其党千百人，果州之邪略尽。应初无钟真人，应每行瘟，上奉天命，钟真人符法所至，即为收摄，未尝敢违。而真人以为应苟图祭祀，布瘟果州，收禁应之从兵五千人，欲飞摄应赴天岳。曲望台慈，遇骑从交割果州军州牌印讫日，便为解救，亦阴德也。"卿孺曰："当领王命。所可疑者，王能灭三坛行佛法之人，却不能杀钟真人乎？"王曰："真人有三事，不可与争衡。一姓名书于右胜府，二能炼镜以通神，三有岳府温都巡为役使听令将，天下神庙，无敢犯者。市有谚曰：'能捉西天释迦佛，难当东岳温都巡。'"卿孺曰："不知何以如此？"康王曰："昨吴真人炼镜，诵天蓬咒万万遍，加持修炼，而太保承功德，备足六通，威灵无竞。"卿孺辞退，康王遗金五百两，以为执贽之恭。卿孺到家，则其家已失卿孺三日矣。

其后交割果州牌之后，即问孔目曰："此州钟明真人住在何处？"孔目对曰："钟真人住在城北。"次日，卿孺造其靖，宣告前事。真人恭对判官云："此鬼自去年流毒于此方，若非明所为公直，果州之民，三分死亡二矣。"卿孺恳请恕之。钟真人曰："固当奉台命，但康应见在岳府充太保，当来虚靖天师，亦收入地祇十将之第六人。而掌瘟不平，检察太过，昨令温琼收下。今当以台旨恕之。所收康应吏卒，送温都巡各杖一百放之。"其后王卿孺保奏钟真人，封为威惠真人。朝廷以温都巡不受国封，特赐金钱、沉香一斤。至如灭池州五显香火之根本，剿安庆挂车大王之吏兵，斩通圣小官人，逐洞庭刘小一，破洪山汉阳之庙，烧瘟司牛市之祠，专任都巡，报应甚极，其他灵异，未易枚举。

地祇派第五代宗师刘玉。据黄公瑾《刘清卿事实》所言，刘玉名世仍，字清卿，法讳玉，世代河朔人。为南宋勋臣刘玠之孙，因敕葬临川，其父赘于丰城，迁家居丰，受祖荫承信郎。幼慕清虚，年未弱冠，弃官从事道法，遍历江湖，捐赀无所靳，参礼名师。《道法会元》载其"初行小四直符水，继行灵官、酆都、地祇考附，悉有灵著。后因养浩卢君伯善来江西，以诸法付度于徐洪季，洪季以所得授清卿。清卿得法，方从卢游。伯善殁于洪季家，炁虽绝，体甚温，无敢封殓。三日，忽苏，视诸弟子，惟清卿在焉，语之曰：'我以三事，当入酆都。一母死不奔丧；二邪淫败真，轻慢道法；三改摘咒诀，传授非人。汝法欲何阶，吾于汝当无隐。却须帅诸法友，笺天救我，免入酆都。'清卿以神霄中独体金火天丁一阶为请，卢悉以心章隐讳、内炼秘诀，倾囷付之。笔录才竟，诸弟子辐辇，则卢复瞑目化去。清卿自后，朝斯夕斯，念兹在兹，不过此耳。单符只将，千变万化，所向无前。凡祷祈翦伐，刻日动雷，皆出于十手，目之所指。视其救危难，则多用玉天心章、七十二家冢讼章、三十六家冢讼章、万法不救告急皂章。其保生治病驱邪，则多用神霄告斗；传忱捧表，只一天丁。大意此一身之造化，上参神霄九天之梵炁，中分北斗九皇之真光，下含金生火旺之九变。传之者迨数百人，得其说者未之一见"。可见刘玉广求道法，先师徐必大，再师卢养浩，后又传者数百人。

刘玉尚别有师授，其《地祇法》则得自多位高道。他自述曰："地祇一法，凡数十阶，温将军专司，亦十余本，使学者莫之适。余初得之盛仙官椿，继得之李真君守道，再得之于元阴洞微卢仙卿埜，所授之本已大不同。继而遇时真官，则符篆愈异。晚参之闻判官天祐，及传之吕真官希真，玄奥始全备矣。吕以道法自青城而来江浙，名动一时，凡祈晴祷雨、伐庙翦邪，莫非用此吕之书，悉要而简。其序云：七十二阶附体，无出温琼，耐久而有始终，捷疾而易感应。明是非，辨邪正，千变万化，极为要妙，不过丙丁生鬼一符用之不同耳。不宜兼司，贵乎独用。持炼莫怠，祭醮莫缺，专心一致，无叩不灵。余行之既久，专守吕之言，罔敢或失。乃知万法易动，莫如地祇，地祇勇猛，无越温将。盖尝思之，召天神必自天门而降，召雷神必自中天而来，巽户而至，召酆都则自地户而出，维地祇帅将盼蟹只在眼前，召之则在于阳间，平步而来，略无障碍。末学之士，专务贪高，每卑地祇之法，谓人间之神，不足治强邪荡凶祟。殊不思地祇乃灵宝侍卫之官，受命上清，护玄帝教，神通至大，岂轻易可言耶？盖不知其趣耳。奈其派多而杂，其书久而讹，不得其全，私意妄议，获谴招愆，而不自知也。余自幼至老，备历诸难，颇知地祇之功用，威猛捷疾，莫出琼右，英武灵异，莫如巡应，寻声听察，则去疾也。惟温琼一将，超乎其上者，乃东苍之精，肝腑之真，胆宫之灵，吸九炁于东华，而运之于胆；想五灵真炁于身中，而藏于肾。清炁上腾，浊炁下降，自然和合，龙虎交战，会同而成，胆中之神。胆为一身之雄，肾为一身之根，肝乃青灵九炁之所聚火，则火旺于丙丁，肾主水，水能生金，金水会木，则能生能克，生克全，则能变化，变化无穷，则胆之神全矣。若能运日坎月离之造化，成阳一阴二之真机，则吾身之造化，与温将合为一体。及夫修炼之功，非一言之可尽。鸣天鼓于子午，运一默于坎离，想赤黑二炁，炁合交腾，现虚危五星于两手，吸紫炁，呼玄雾，目视蓬玄空同之天，见铁自银光而出，入藏之青楼玉室，施于云篆金章。久则专于一藏，则显诸用。得其说，特易易耳，岂浅陋者可语是乎？虚靖先生曰：法中至灵，无如温琼。上世宗师不授于人者，恐其易感通，而轻泄怠慢也。温将乃平阳县温家墺人，每见世路不平，常怀切齿。生平皈依大道，辅正除邪，公忠正直，与他将不侔。"[1]出此可见，其《地祇法》得之不易，先后参拜了盛椿、李守道、卢埜、时真官、闻天祐、吕

---

[1] 道藏：第30册[M]. 北京：文物出版社，上海：上海书店出版社，天津：天津古籍出版社，1988：555-556.

希真，才得以了解全部玄奥。盛椿、李守道、卢堃、时真官、闻天祐、吕希真皆为地祇派高道。

刘玉自谓得张继先真传，先后修炼了14年。他说："余生得数最奇。自束发后，颇能操觚习举子业。始冠而失怙，先君徼福于缁黄教。因芝岛祖仁，性宗洞达，过从余家，语及大藏奥旨，虽未能由顿门而觉，然好生一念，三教殊途而同归，因得以管窥天隐显之机，阴阳变化之理，幽明有无相关之脉络，暇时取释氏语录一览，作为文字，几仿佛逃禅。越一二年，为父师所知，悉取其文秉彼炎火。自后又专心场屋之文，奈青冥垂翅，功名竟堕甑矣。丁未冬，鸰原稔疾，二竖子告急，乃从事于道法，一符而顷刻奏功，通真达玄之趣，有开于此。后乎忧患屡见，叩之大则大鸣，小则小应。愤悱一念，研覃七年，方受雷霆符水。又七年谙练，颇熟蹊隧，稍通内外之神炁出入，惯鬼神之变化情态，识行持之要妙，十得其一二。又奏受地祇诸阶之法，而宗派不同，师授各异，咒诀增减，以伪易真，元本倒乱，认本为末，江湖以搬贩苟利，初传以浅陋称师，又岂知求其简捷，不在文繁，要其心传，亦多面受。今世传日下，学者愈多，而得者愈少。姑以地祇一司之法，漫著绪余论，与同志商略之，求其指归焉。《敕制地祇经》云：凡人荣枯贵贱得失，屈伸否泰，善恶吉凶，皆属东岳，并系地祇。巡游世间，混杂往来，中界一念始举，地祇即录，分毫功过，报应即行。法人最要修身处当，事上待下，无一欠缺，操履既正，将帅自然扶持，符水自然灵验，幽冥自然无业累。地祇祸福，报应只在眼前，尤当谨畏。诸行法官指地祇为小酆都，正谓此也。最病于慕高，指地祇一法为下阶。假如灵宝净明，法品虽为上上，然署衔必称忠孝弟子，殊不思能行此两字者，百无一二，有此实行，方可称灵宝法师。以此言之，虽法品乎何有。至如修真十戒，乃本于《业报因缘经》，行法固难责其全戒，然岂可不行其七八，行其三四。如戒邪淫，戒悭贪，最为紧切。一邪淫则气不固，一悭贪则欲火自炎，无所不至矣。经云：奸邪淫伪杀害，悭贪嫉妬，偷盗强取，并属地祇纠记。又云：地祇至灵，毫发无私。岳曹行报，时刻不差。行地祇法者，当倍加警省毋忽。有源斯流，行法须明派。派不真则将不正。何谓不正，假如江湖法友，偶堕穷途，虽有此文，元无拨受，名曰保明奏度，实则无将可传，鬼神因而盗名窃位而为将，其害不可胜言，而招因果，亦不胜其重。"针对当时道法杂乱、真伪并行的混乱状况，刘玉力主正统大道，坚持修真十戒，明辨法派，考其源流，示其传承，后以法授其弟子黄公瑾。

黄公瑾，江西人，生平事迹无考。自称"虚白室养素下士"。其师刘玉谓："余来沈溪多历年数，今以其传授之于巽园黄君景周，书此以冠卷端，秘而宝之，幸也。时宝祐六祀先天节日述。"黄公瑾据其传授，著有《地祇上将温太保传》《温太保传补遗》，详述了地祇派历史与温太保的信仰状况。他说："道无形无名，不可得而言，有言非道也。况以法言乎。老子所谓道可道，非常道，名可名，非常名。今法以道名，岂管窥蠡测之所可知也。紫阳夫子论动静无端，阴阳无始，乃天之道。阳本动，阴本静，流动乃人之道也。人盖未始离乎天，天亦未始离乎人。吾儒之道，老氏之道，一也。散之万有，敛之一身。

自无极而至于太极，由太极入于无极，阴阳互根，变化无穷，知此斯可以语吾儒之道。知吾儒之道，斯可以悟老氏之道。知老氏之道，斯可以悟道中之法。李商隐诗云：'释中称定慧，儒斯著诚明。派分示三教，理诣无三名。'此之谓也。夫自然而然，方谓道法。今之世学之者如牛毛，成之者若麟角。以术眩法，窃道之名，以假售真，失道之妙。因刊温将军传，故著绪余一论，求质于与道合真之士，庶乎千羊之皮，不如一狐之腋，必有赏音羊枣菖歜，得其味同其嗜者，又知善迩而远，至命而宫应矣。"时咸淳十年甲戌岁（1274）天贶节黄公瑾拜书。

# 第二节　地祇派神仙谱系

地祇派奉东岳大帝为主神，其下有以温琼为首的十大太保，以及关羽、张巡等武将英烈，他们施行道法，驱妖灭魔，煞鬼辟邪，从而形成了独有的神仙谱系。

## 一、地祇上将温琼崇拜

地祇的信仰源远流长，殷周时期是指对地神的崇拜。到了宋代，道教将一批英烈武灵封为地祇，以其威猛捷疾之势，治邪荡凶，清除天下妖孽，拔度亡魂。张继先曰："法中至灵，无如温琼。上世宗师不授于人者，恐其易感通而轻泄息慢也。温将乃平阳县温家墺人，每见世路不平，常怀切齿。生平皈依大道，辅正除邪，公忠正直，与他将不侔。"[①] 敕制地祇告文："太上符命，敕制地祇，告下酆都岳渎，冥关主者，一切神司。侍卫送迎，拔度亡过某等魂，出离地户五苦八难，七祖升迁，永离鬼官，魂度朱陵，受炼更生，一如告命。"[②]

地祇法奉三十代天师张继先为祖师，显德上将温琼为主帅。《道法会元》卷254《东岳

---

① 道藏：第30册[M]. 北京：文物出版社，上海：上海书店出版社，天津：天津古籍出版社，1988：556.
② 道藏：第31册[M]. 北京：文物出版社，上海：上海书店出版社，天津：天津古籍出版社，1988：124.

温太保考召秘法》讲述了温琼的事迹："姓温，名琼，温州平阳人也。年方一纪，禀性平直，容貌异常，不治世事，不务营家。诸书一览无遗，阴阳造化，无不洞晓。及长不娶，不破天真。一夕遇神人入，身披金甲，执剑，祝曰：子禀性不凡，东岳奏上天帝，差汝充东岳都统兵太保，子须立生容于岳下，然后必得魂神附归。太保礼谢神人，遂命工塑容于东岳行宫殿下，日夕参帝，愿迁化。后魂归泥身，灵通普济。一日至殿下，忽见泥身变面青色，红发獠牙金眼，自此不离步侧。立化，时人以其身供养，灰布如塑像变形。凡有告求，无不副心。因西蜀叶天师借岳兵收管瘟疫之鬼，太保现身，叙说乃事，愿与擒捉，救病安民，蜀民不经月，皆获痊愈。后复现身曰：愿辅佐天下法官行持，捉祟治病。今有符文秘法，望为阐扬。叶天师乃将此法流传后学，呼吸之顷，响应昭然。"①

《三教源流搜神大全》卷5则谓温琼为后汉东瓯郡人，幼而神明，七岁学习推算星象，十岁通儒经传，十九岁开始参加科举考试，但考了多年不中。一天，忽然叹曰："男子汉生不致君泽民，死当助帝诛奸灭邪，以酬吾志。"抑郁间忽见苍龙坠珠于前，拾而吞之，突然变幻，面青发赤蓝身，英毅威猛。东岳大帝"闻其威猛，召为佐岳之神"。后被玉帝封为"亢金大神"，并赐玉环一只，琼花一朵，刻有"无拘霄汉"的金牌一面，可自由出天门，驱邪伐妖，慈惠民物。②

温元帅　明代　铜铸彩绘
湖北武当山紫霄宫紫霄殿

南宋道士黄公瑾的《地祇上将温太保传》《温太保传补遗》中有关温元帅身世经历的说法虽觉怪异，却与民间传闻更为贴合：温琼，字子玉，乳名卓郎，温州平阳县人。身长九尺二寸，长大有志，勇武敢为。时唐朝群盗蜂起，随汾阳郭子仪出战，身为先锋，白刃未尝伤体。子仪尝梦前军有黑雾，觉而问监军，知夜里前军中校尉温琼大醉，身中酒气散发有如黑雾成龙成蛇，群盗惊走，温琼追杀数千。未几，拜其为帐前都检点。子仪尝与温琼同宿，又梦见其变黑蛇而生一角，知其为异人，然终疑其为患，欲杀之。温琼觉其意，遂逃至泰山下屠牛卖酒为生。后遇泰山炳灵公点化，遂悟而不再杀牛，入东岳当庙祝三年。一日在岳峰遇黄衣道人，道人对温琼曰："今日岳帝书上汝名，若天年终则为岳府太保，汝可立像于殿前，身后当任其职。"琼如其言，立像于岳府。自此诸太保时复来访琼。一日殿前太保灌丘休语琼曰："汝像若变，则归职矣。"琼日至像前观之。有少年孟

---

① 道藏：第30册[M]．北京：文物出版社，上海：上海书店出版社，天津：天津古籍出版社，1988：559．
② 藏外道书：第31册[M]．成都：巴蜀书社，1994：792．

云笑之曰："汝日日来观此像，恐人盗去乎？"琼曰："灌将军报我，像变则为神。我若为神，汝亦为我卒矣。"其后，孟云同韦彦以青色涂其像，口装二猪牙。一日温琼来烧香，只见其像已变，即更青衣，青巾，麻鞋，唯有平时杀牛铁棒头持至殿下，遂立化矣。孟、韦来观，方欲顶礼，亦皆立化。至五月初九日敕下，肉身不倒，亦不变动。① 东岳大帝遂诏为地府冥司急取人案大典者，人之生死，皆由所掌。

《温太保传补遗》中有几则故事，说明温太保忠正好生、剪戡妖魔。温太保既为岳神，护玄帝香火，岳帝嘉之。一日，北帝降下瘟药千丸于东岳大帝，敕令其遣使行瘟，检察世间不忠不孝、杀生害民、损物之人。东岳大帝受诏，命温琼行瘟，温琼寻思：一丸之药可杀千人，千人之死害及千家，况且气候传流，借毒行疫，殃及世人不中计数，甚失太上好生之德。于是仰天面北，将瘟药一口尽吞，欲以己身代千人，而救无数性命。须臾，温琼腹痛身热，不可支持，变作一大猛鬼，至东岳大帝前，俯伏请罪，东岳大帝上奏北帝，北帝欲治温琼渎职之罪，真武大帝嘉其用心，保奏北帝，赦免其罪。北帝遂敕令温琼专奉真武令，由是温琼善名远播，神威愈震。

北宋建隆二年（961），温州大旱，有吴思敬者，诣东岳祠祈祷。是夕，有旗见云端，上有温琼二字。雨迅风飞，民卒免旱。吴思敬欲祠之，有百姓王九二附体曰："吾誓在正直济民，终有宗师，收吾入道法会下为吏，不以庙祀国封为重。汝欲报吾功德，幸勿保奏朝廷，若能为吾奏名于玄帝阙下，则天神地祇俱归敬矣。"② 于是众从其言，设醮谢天，具奏玄帝，保明温琼功行。

地祇法所传《东岳温太保考召秘法》最为重要。因西蜀叶天师借岳兵收管瘟疫之鬼，太保现身，叙说乃事，愿与擒捉，救病安民，蜀民不经月皆获痊愈。叶天师乃将此法流传后学，呼吸之顷，响应昭然。秘法奉温琼元帅为主神，温琼的形象十分威猛，"身长九尺余，青面青手，獠牙唇红，发赤眉须赤，金眼狰狞，裹紫巾方顶，着雁花绿袍，金束带，黑吊鞡，绿靴，豹皮棍，手执金骨朵，捉祟，仗剑出入。左右领四大猛将，统领三千精兵，五百铁骑，乘黑㸚追风骏马，旗仗"③。

温琼元帅亦为玄帝的化身。《太保先天合㸚秘法》："凝神静虑，存北方黑云拥出玄帝，即行礼祝玄帝，特为主坛。却存肾宫黑㸚渐升，吹出，与玄帝㸚合，即吸归下丹田混合，乃化身为玄帝，掐卯文，向东召温太保。存东岳泰山青云隐隐，有一道虹桥，直接坛中。嘘出东南二㸚，冲开青云，见太保部领四将，直入坛前，朝礼玄帝。帝抚谕之曰：'我乃汝之前身，汝乃我之后身。今法官奉行温太保秘法，即是奉行我之法也。所宜尽心

---

① 道藏：第18册[M]. 北京：文物出版社，上海：上海书店出版社，天津：天津古籍出版社，1988：91.
② 道藏：第18册[M]. 北京：文物出版社，上海：上海书店出版社，天津：天津古籍出版社，1988：90.
③ 道藏：第30册[M]. 北京：文物出版社，上海：上海书店出版社，天津：天津古籍出版社，1988：556.

辅助，随事立功，汝当记之。'又谓太保曰：'昔我常记元始天尊之言，我今叮咛嘱付于汝者，亦如元始天尊当时之意。汝无负今日叮咛之语，尔宜钦奉，以谢玄恩。'遂用水一洒，太保即化为婴儿，遂吸归下田，化为玄帝。太保礼谢，一拜方起，玄帝太保混合为一。"

混合元神："跌坐，瞑目凝神，存玄帝在下田，项有圆光。又存元神在上田，项有圆光。元神下至中田，玄帝自下升上黄庭，元神自中田降下黄庭，玄帝与元神渐渐相近，交合圆光。是时黄庭中祥光瑞炁氤氲，玄帝与元神交相混合。须臾，祥光开豁，只见元神坐于黄庭，上中田，直上泥丸宫，朝礼天尊，礼毕而退。"

《温太保考石秘诀》有修炼秘法，包括欣庆受度、旋斗历箕、入生出克、飞腾变化、光映十方，整个修持过程正是温元帅得道证圣的历史。

欣庆受度："静坐，瞑目凝神，存三十二天东青西素南丹北玄中黄，上下分布内景。元神自上田下至中田，从东方八天而出，历关诸天，谒三十二帝，名列太玄，魔王监举，敕制地祇，无拘天门。元神礼谢天尊，复归黄庭。布五炁，混合百神，周回十方，如此分明。元神参玄帝，帝同太保，部领四将，混合元神。念咒：随罡建斗，法炬天星。九真下降，元亨利贞。就步云罡。随罡炁过度三界，万神朝礼，即诵：五帝大魔，万神之宗。飞行鼓从，总领鬼兵。麾幢鼓节，游观太空。自号赫奕，诸天齐功。上天度人，严摄北酆。神公受命，普扫不祥。八威吐毒，猛马四张。天丁前驱，大帅仗幡。掷火万里，流铃八冲。敢有干试，拒遏上真。金钺前戮，巨天后刑。屠割鬼爽，风火无停。千千截首。万万剪形。魔无干犯，鬼无妖精。三官北酆，明检鬼营。不得容隐，金马驿程。普告无穷，万神咸听。三界五帝，列言上清。念毕，朝礼谢诸天尊。"

旋斗历箕："先存二十八宿，分布内景，元神自上田下至中田，以手掐足步，从角亢上历至于箕星上，想见箕风，吹散元神身上尘埃罪秽。又过斗星上，即朝礼玄帝，见祥光紫炁，来照元神之身。又过毕星上，见毕雨洒其身。又身带微雨，步至轸星上，见辰上龙角星动，触得毕雨滂沱，大感天泽之沾濡。元神遂向天尊礼谢。"

入生出克："存元神上田下至中田。乃寻日辰之所属，甲乙日属木，生处是水，从子而入，克处是金，带白炁而出。却从生处入，见此宫云炁缠绕元神之身，其云炁如青黄白炁之类。元神带此云炁，巡历诸宫，直至所克处，带克宫云炁而出，元神过上田礼谢。"

飞腾变化："存元神在绛宫，玄帝在下田。想身中空洞光，是东方九炁，南方三炁，西方七炁，北方五炁，中央一炁，归北是谓天一。又存北方天一生水，得中五来辏，是为

温琼　明代　纸本设色
中国国家图书馆藏

地六，以成北方之水。又存南方地二生火，得中五辏，成天七之数，以成南方之火。又存东方天三生木，得中五辏，成地八之数，以成东方之木。又存西方地四生金，得中五辏，成天九之数，以成西方之金。又存天五生土，以中五合之，为地十之数，以成中央之土也。既存东南西北中五方已定，存十方分布于其间，然后诵咒，存温太保在黄庭中，四将分列于左右前后。存玄帝自下田升上绛宫，元神自绛宫下过下田，然后玄帝之水，一洒滴下，元神之火被水辏，其炁上蒸，变化一太保，分为五太保，四将分为二十将，撒开五方，了却收敛归中。又存玄帝之水，五洒滴下，元神之火被水辏，其炁上蒸，变化五太保，为二十五太保，四将分为百将。撒开五方，合天数二十五，又收敛五个太保归中，四将随之。仍存玄帝之水，六洒滴下，元神之火，其炁上蒸，变化五太保，分为三十太保，四将分为二百四十，撒开五方，合地数三十也。已上二十五太保，又三十太保，合天地五十五之数。掐收敛五十五太保，镇居中五位，镇居中央，五十个作十重，分列围绕在外，四将并各随侍。仍存玄帝之水，十一洒滴下，元神之火，其炁上腾，大为变化。存见外十重五十个太保，分作五百个，撒开十方，每方五十个，四将随太保，飞腾游宴十方。又存中央五位太保，居中不动，自变自化二十位，围绕中央之外重，正合乾坤二象策零头五百二十五之数也。诸太保游宴十方之中，或遇有职任，随力尽忠以立功也。既然散一为万，又当敛万为一。即存打一，收敛归中，只见一太保居中，四将列侍而已。诵五星咒毕，仍祝其上卫仙翁也。"

光映十方："存元神在圆光中，入坛布斗，手掐足步，自魁至魓，上步三台，回身即踢魁过午，上魓星，归子，北斗神光集于我身。复入坛中，过本命星边立，朝礼高真上圣，祗谢玄恩。想高真上圣神炁，集我一身之中，而我身中得诸神炁骈集，阗塞洋溢，由是发为神光冲起，结一大圆光，照映十方，乃是十极高真十方上圣之神光发见，于我圆光交辉相映。元神继行礼谢天尊。"①

从一个地方的民间信仰发展成为全国性的道教信仰，温太保形象日益丰满，反映了道教吸收地方民间神明的历史事实。

## 二、地祇派神仙谱系

东岳十太保的信仰问世颇早，当在北宋之际，肇始于张继先大师。

东岳指东岳大帝。东岳大帝作为幽冥主宰，统治着极其庞大的阴间世界。富察敦崇

---

① 道藏：第30册[M]．北京：文物出版社，上海：上海书店出版社，天津：天津古籍出版社，1988：566-567.

《燕京岁时记》："东岳庙，在朝阳门外二里许。除朔望外，每至三月，自十五日起，开庙半月。士女云集，至二十八日为尤盛，俗谓之掸尘会，其实乃东岳大帝诞辰也。庙有七十二司，司各有神主之。相传速报司之神为岳武穆，最著灵异。凡负屈含冤心迹不明者，率于此处设誓盟心，其报最速。阶前有秦桧跪像，见者莫不唾之，已不辨面目矣。后阁有梓潼帝君，亦著灵异，科举之年，祈祷相属。神座右有铜骡一匹，颇能愈人疾病。病耳者则摩其耳，病目者则拭其目，病足者则抚其足。阁东有甲胄之像数，半身没于地中，俗传为杨家将云云，究不知其为何神也。"①

东岳大帝手下设置了十分庞大的阴府官僚机构，以便处理阴间的各种事务。重要的帮手除了五道将军、判官、城隍以外，还有东岳十太保。因此发牒召神，即可役使太保。"如发东岳文字，亦如前法。只召韦、岳、姚、孟四太保，领兵把守四方。存嘉应侯在上，康王在下，温公捧奏。只召温都巡至坛受事，亦可。"②宋留用光《无上黄箓大斋立成仪》卷52收有"酆都主将杨元帅，巨天力士孟元帅，朗灵义勇关元帅，地祇上将温元帅，急报无佞康元帅，英雄猛烈铁元帅，地祇忠烈王、张二元帅"③，皆为太保之列。

东岳大帝　清代　纸本设色
李黎鹤藏

太保、太傅、太师，都是东宫官职，均负责教习太子。召公是第一个太保，《大戴礼记》说："召公为太保，周公为太傅，太公为太师。"武王去世，成王年少，召公任太保，以长老身份监护。至唐朝末年，节度使李克用的十三位儿子皆被封为太保，合称十三太保。元俞琰《书斋夜话》卷一："今之巫者，言神巫，其体盖犹古之尸。故南方俚俗称巫为太保，又呼为师人。师字即是尸字，师与尸声相近也。"温元帅是玉帝赐封的亢金大神，东岳十太保的第一太保影响最大，故城隍神碰到难办事时，也要派温元帅协助擒拿鞠讯。

据宋吴自牧《梦粱录》记载，南宋杭州有一座广灵庙，与东岳太保有关："广灵庙，在石塘坝，奉东岳温将军。请于朝，赐庙额封爵。自温将军以下九神皆锡侯爵，曰：温封正佑，李封孚佑，钱封灵佑，刘封显佑，杨封顺佑，康封安佑，张封广佑，岳封协佑，孟

---

① 车吉心.中华野史[M].济南：泰山出版社，1999：4083.
② 道藏：第30册[M].北京：文物出版社，上海：上海书店出版社，天津：天津古籍出版社，1988：637.
③ 道藏：第9册[M].北京：文物出版社，上海：上海书店出版社，天津：天津古籍出版社，1988：684.

封昭佑，韦封威佑。"① 此十神即东岳大帝属下十位冥帅：翊灵昭武使温元帅、顺灵昭化使李元帅、协灵昭济使铁元帅、镇灵昭赞使刘元帅、通灵昭佑使杨元帅、宣灵昭庆使张元帅、广灵昭惠使康元帅、安灵昭应使岳元帅、显灵昭利使孟元帅、永灵昭助使韦元帅。这其中既有忠烈将帅如关羽、岳飞、张巡，又有传说中的人物如温琼。

顺灵昭化使李系元帅，东岳十太保之一。据《八闽通志》《福建通志》等记载，李先锋姓李，名系，为唐西平忠武王李晟之曾孙。黄仲昭编《八闽通志·南平县》："灵佑庙，在府城东隅。神姓李名系，唐西平忠武王晟之曾孙也。乾符六年，黄巢乱时，王铎为征南行营征讨都统，系世良将，奏为行营副都统，兼湖南观察使，将精兵五万，屯漳州以拒巢。南唐以闽中绎骚，将屠之，先遣查文徽攻建州，继遣王崇文讨李仁达于福州。仁达乞师吴越，取道延平，抵福州以拒唐师。州民闻之，咸震骇，匿山谷者半。忽闻有李先锋领兵，驻于郡之高桐，以遏其冲，盖系也。吴越师遂从雪峰，径趋福州，郡民赖之以安。及系没，民戴而祠之，号李先锋庙。建炎三年，赐庙额。绍兴四年，封威胜侯，寻复加显应英济之号。国朝洪武初，诏去其号，题其主曰'唐招讨使湖南观察使李公之神'，命有司岁春秋致祭。"②

李元帅
采自《三教源流搜神大全》

南唐李璟保大四年③（946）时为了纪念李系，南平县民建有灵佑庙，专门祭祀李系。清陈新之《重修先锋庙记》：凡生而有功于民，没而为民捍患御灾者，民必尸而祝之，千秋享祀弗替。吾延李先锋之神是也。神讳系，唐西平王晟之曾孙，本升州江宁人。生五代间，英勇绝伦，所向无敌，屡建奇勋。至僖宗时为招讨使，副王铎军，以先锋驻剑州。剑州，闽咽喉地也。南唐保大二年（944），朱文进杀王延羲，自立于福州。羲弟延政自立于建州。交兵累年，闽中大扰。南唐遣大将查文徽攻建州，而先锋始自金陵出，自隶于麾下，师攻建安，所至皆捷。乘胜克邵武、临、汀、西及漳、泉。分延平、剑浦、沙县。初置剑州时，岁在丙午，乃南唐保泰（大）四年，而中朝石晋开运三年（946）也。以陈诲为剑州刺史，而神为先锋大使，实总军政，纪律修明，延赖以安。未几，福州诈传戍兵为

---

① 吴自牧.梦粱录[M]//车吉心.中华野史：第5册.济南：泰山出版社，2000：3078.
② 黄仲昭.八闽通志[M]//四库全书存目丛书：第178册.济南：齐鲁书局，1996：409.
③ 原文为保泰四年，但查中国历史年表并无"保泰"年号，而有"保大"年号，似为讹误。

乱，请援于剑州节度使查文徽、刺史陈诲。文徽以兵应之，遂为所擒。先锋督兵趋战，夺其大将马先进，而文徽得归。继而李仁达窃据福州，宣谕使陈觉发信州兵，攻之不克，达乃送款于吴。有急报言："吴兵三万，取道剑州，以趋福唐，居民惊窜。"先锋知州兵孤弱难守，乃于高桐黯淡山溪，险隘之处，虚立旗帜，大设疑兵。号称十万，张皇声势。吴兵闻之大恐，遂由古田雪峰小路，径下福唐，而延又赖以安。历五代之季，而民无流离播亡之忧，皆神力也。殁后，民怀其德，始立庙于今庙之前。一饮食必祭，凡有祷求靡弗应。宋政和辛卯（1111），诏天下郡邑，各以所在神庙事迹闻。其无功德于民，不在祀典者，一切毁去。福建提举学事齐公，太守方公，以神事迹上闻，诏许存留。宣和庚子（1120），睦寇猖獗，既破三衢，势逼闽境。延无城郭，人心惶惶。郡守少卿谢公，率合郡官僚，虔祷神前，以祈默佑。辛丑（1121）三月朔夜漏四鼓，阴风凛栗，若有兵数万，从庙出。居民皆闻空中兵甲之声，望北而去。旦日有自界首、大丰、高桐而来者，其言皆然。本州先期曾发枪杖手廖仁铨等千余人，屯玉山柳家都拒贼。计江南福建两路官兵，不满五千。而贼众自衢而来者数万，期次日交战，正虑众寡莫敌。仁铨假寐，梦一人披金甲跨骢马，展青旗，领众万余。自言："南剑李先锋助国杀贼。"逮旦言之，军中多有梦如铨者。于是众心踊跃，俄而贼徒遥望，旌旗蔽空，若数十万官军，鼓噪而进，贼众大败。铨守归言大捷之日，正阴兵出庙之次日也。由此官僚将卒，大为鼎建庙宇，以酬神恩。清朝康熙甲寅（1674），耿逆之变，伪都督曾养性兵抵延，太守萧来鸾开城延逆。于是逆党肆行，民不堪命。先是郭公忠孝来镇兴化，舟次剑浦，夜梦神呼将军者三，曰："山城生灵十万，其保全之。"当时不解何谓。丙辰（1676）郭公来驻吾延，登楼瞻拜，俨如梦中所见，不胜骇异！然终不解保全之语也。转八月间，康亲王贝子，统师入关，长驱电扫，关上溃卒，拥众延平，谋欲焚掠而去。郭公设法散饷，以安其众。耿戚有欲闭城坚守者，有欲督兵迎战者，一如其议，则延民无噍类矣。郭公劝其输诚，彻晓乃定。会耆民金德化等，咸梦先锋示曰："大兵下降，行辑宁耳。"于是焚香恭迓，王师入境，秋毫无犯。驻延五日，吏民安堵。此固王生成之恩，郭公胥众善承之。抑非神力，何以得此。延之赖有先锋，真当百世不忘。第庙宇年久，兴废不一。考始庙在前溪者，暴水所冲。神返江宁，现身与判江宁侍郎蔡侯具言始末，云："不久庙成，即当复往剑州。"再立此庙，实有宋宝元二年己卯（1039）。又越七十有八年为政和丙申（1116），郡民复拓其基，而改创之。上舍贡士范浚纪其事于碑。至宣和辛丑（1121），感阴兵助阵之功，益加修饰。建炎三年（1129），赐额"灵佑"。绍兴间加"显应英济"之号。明洪武初（1368），诏去号，题唐官职，命有司春秋祀之。① 李招讨祠，在延平郡治东，祀唐招讨李系，系有捍御功，民庙祀之。②《宋会要辑稿》："李先锋祠，在延平府城东。高宗建炎三年（1129）正月，赐庙

---

① 朱鸑等.南平县志[M]//中国地方志集成·福建府县志辑：第9辑.上海：上海书店出版社，2000：549-550.
② 谢道承等.福建通志[M]//文渊阁四库全书：第527册.台北：台湾商务印书馆，1983：592.

额灵佑。绍兴四年（1134）八月，封威胜侯。三十二年（1162），加封显应二字。孝宗乾道三年（1167）六月，加封威胜显应英济侯。"①《三教源流搜神大全》卷4亦有一位李元帅，名封，锦江口李芳之子，生于隋朝。刚直豪侠，曾为海寇，因与邻居有大冤而杀之，逃于海神庙中。遇五鬼告曰：奉神龙之令，请其除掉水怪。并赐金刀予李。李元帅降妖伏鬼，释放被囚男女，散分金玉珠宝，并令海寇不得劫杀往来商宦，伤害民女，而专击倭寇及害民者。玉帝乃敕为李先锋元帅之职，委二将军为冀帅。②显然，这当为李先锋的另一异闻，可资参考。

协灵昭济使铁元帅，名定。东岳十太保之一。道经中称为英雄猛烈铁元帅③。《三教源流搜神大全》卷5有传，谓铁元帅生于殷末，有母无父，以铁为姓。幼而武勇，气排

铁元帅
采自《三教源流搜神大全》

刘元帅
成都青羊宫二仙庵藏

山岳，胆落天地，力倒九牛，杀乌兔于冰颖之阳，降火马于阴山之北，歼魔鬼于野火庙中，擒妖狐于紫虚楼下。浮江乱河，截灵蛇玄龟于涿混之渚。玄帝方以坎离二业，故辟云于九天之下。正值帅之勇推山海，乃踏龟蛇，邀帅步虚以同升，封为猛烈元帅，分任玄冥之司。④

刘元帅，名俊。余象斗《北游记》中说刘元帅本系天火山中的妖怪，年年都要百姓供祭童男童女给他，否则就发火烧人房屋。有一年，庙会会首李山在贫民家买来一对童男童女，前往刘俊庙祭祀，童男童女放声大哭，被下界降魔的真武祖师遇见。马华光元帅听了童男童女的哭诉，不由心头火起，当即放

---

① 刘琳，刁忠民.宋会要辑稿[M].上海：上海古籍出版社，2014：1067.
② 藏外道书：第31册[M].成都：巴蜀书社，1994：784.
③ 道藏：第9册[M].北京：文物出版社，上海：上海书店出版社，天津：天津古籍出版社，1988：684.
④ 藏外道书：第31册[M].成都：巴蜀书社，1994：795.

了童男童女，手执金枪打入庙中，刘俊正欲享食童男童女，不虞马元帅搅乱其事，心中大怒，手执飞鞭来战马元帅，马元帅抛出金砖，一砖将刘俊打倒在地，押见祖师。祖师收降了刘俊，奏知玉帝，玉帝封其为玉府刘天君。

通灵昭佑使杨元帅，又称地祇杨元帅，东岳十太保之一。道经中称为酆都主将杨元帅①。杨元帅名叫杨彪，因他出生时，"邻惊喊有飞虎至"，故起名为"彪"。据《三教源流搜神大全》称：杨彪本是汉代廷尉，他性情和顺，判案公正。有个盗窃主人玩物的人，皇帝想定他死罪，但杨彪按律条定了他盗窃罪，依法判处。他的一个老朋友触犯了法律，给了杨彪千金"好处费"请他高抬贵手，杨彪面对重金连眼睛也不眨一下，对老朋友说：你这是把我推进脏水坑，让我贪腐枉法。坚决分文不受。他对朝廷中那些受宠大臣犯法的绝不手软，就是皇帝求情也不行。这位以守法著称的杨彪死后，被玉皇大帝封为地祇太保，他"下察五方之凶秽，幽按十二阎君之纵横，阳纠人间囹圄之曲直，阴鉴海岳之魅魉"，责任重大。特别是作为东岳十太保之一的阴帅，"察人鬼，断凶顽，校牛头马首之关，剖岩林水国之藏，无不可者"②。

康元帅，道经中称为"急报无佞康元帅""广灵昭惠使""广灵昭惠使康元帅""灵佑天瘟忠烈元帅康保裔""地祇急报无佞灵佑灭殟忠烈康元帅"③。黄公瑾《地祇上将温太保传》称之为"康王"，敕封威济善利孚惠英烈王。"康应见在岳府充太保，当来虚靖天师，亦收入地祇十将之第六人。而掌瘟不平，检察太过，昨令温琼收下。今当以台旨恕之。所收康应吏卒，送温都巡各杖一百放之。"④《三教源流搜神大全》卷5有传，谓名字不详，父名康衢，母金氏，生于黄河之滨。康元帅慈慧悯生，从不伤害幼小者，照顾孤寡，连虫蚁也怕踩死。当时有一只小鹳被隼所伤，折断了翅膀趴在地上，康元帅收而哺之。此鹳痊愈后"含长生草而报"。恰巧当地瘟疫流行，康元帅自己舍不得服用，用这长生草制汤治愈了许多病人。其慈悯济生事迹被巡值神奏上天庭，玉皇大帝敕封为"仁圣

杨元帅
采自《三教源流搜神大全》

---

① 道藏：第9册[M].北京：文物出版社，上海：上海书店出版社，天津：天津古籍出版社，1988：684.
② 藏外道书：第31册[M].成都：巴蜀书社，1994：790.
③ 道藏：第29册[M].北京：文物出版社，上海：上海书店出版社，天津：天津古籍出版社，1988：11.
④ 道藏：第18册[M].北京：文物出版社，上海：上海书店出版社，天津：天津古籍出版社，1988：95.

元帅",赐爵"广灵昭惠大使安佑侯",掌管各地的城隍和土地神。①

康元帅为一武将模样。浓眉虬髯,威严勇猛,一手执金斧,一手执瓜锤,一副凶猛样子,才能震慑住鬼魂。②

《九州急报康元帅秘旨》所载本身符正是左手持一铁棒、右手捧敕令的康元帅。咒曰:"东岳太山将,奉敕下人间;收捉为邪祟,咸捉不容情;前有天丁随,后有力士卫。一条铁棒重千斤,拷打天下不正神;瘟疫鬼神从此死,乾元享亨利贞;急急如东岳太山天齐仁圣大帝律令。"③

康元帅
采自《三教源流搜神大全》

孟元帅
采自《三教源流搜神大全》

孟元帅,名锷,东岳十太保之一。道经中称为"酆都巨天力士孟元帅""酆都巨天力士追摄行刑元帅""显灵昭利使孟元帅"。《酆都内台考召秘旨》曰:"酆都巨天力士追摄行刑元帅孟锷,赤枣面,团眼,四方口,须胡,紫方巾,掩心铁甲,内青衫,外皂袍,穿靴,短裙,执八角大铁槌。铜蛇使者石盈,铁狗使者刘升,金雕使者鲍冲,九狱主吏王真,太玄肃煞吏兵,七十二考勘官将。"④

据《三教源流搜神大全》称,孟元帅名山,本是个狱官。为人仁义孝慈,敢作敢为。一年,将到年底,监狱里的囚犯都很思念家中的亲人,伤心落泪。孟山看了十分同情,心想:"谁没有父母亲人?犯人也是人,也该让他们见见亲人。"孟山遂与囚犯们约定:腊月二十五日放他们回家与亲人团聚、过年,正月初五按期返回监狱。犯人们感泣而去。到了正月初五,犯人们都按期返回,没有一个误期或逃跑的。以后年年如此,成为惯例。久

---

① 藏外道书:第31册[M].成都:巴蜀书社,1994:796.
② 藏外道书:第31册[M].成都:巴蜀书社,1994:795.
③ 诸阶火雷大法[M]//藏外道书:第29册.成都:巴蜀书社,1994:74.
④ 道藏:第30册[M].北京:文物出版社,上海:上海书店出版社,天津:天津古籍出版社,1988:600.

而久之，孟山思索："因犯们一念思亲，孝也；信而四时，义也。既孝义且信，可感化他们使他们改过自新。"于是，他对犯人们说："假如赦免了你们，能改善吗？"犯人们说："我等已犯了罪，岂可一错再错？谁愿干一辈子坏事？"孟山说："汝等真能改过，我就全放了你们。"因犯们泣曰："这是在阎王殿上得到轮回转世！可我们逃走了，您怎么办？若是您为我们而死，我等活不如死。"孟山说："以一人死而活百人之命，何虑焉！"众囚皆泣曰："君如此宽厚，恩莫大焉。我等碎身难报。"孟山遂将他们放走。不料，上司滕知府得知此事，把孟山抓来鞭打了一顿，并限令他把释放的800名囚徒全部抓回，少一个即处死他。孟山自思难以复命，便在窑中引枪自杀，但连续三次未遂，因为有一只白兔三次撞倒其枪。玉帝闻之，即封其为"酆都元帅，遂后于其帽上加琼花一朵"①。宋初为其塑像建庙，"而加以将军号焉"。孟元帅的诞辰是农历八月十二日。其形象戴百姓帽，插金花一朵，手执黄龙枪一把，脚踏青云一朵。

安灵昭应使岳飞（1103—1142），字鹏举，宋相州汤阴县（今河南汤阴）人，抗金名将，著名军事家。1140年，完颜兀术毁盟攻宋，岳飞挥师北伐，先后收复郑州、洛阳等地，又于郾城、颖昌大败金军，进军朱仙镇。宋高宗、秦桧却一意求和，以十二道"金字牌"下令退兵，岳飞在孤立无援之下被迫班师。在宋金议和过程中，岳飞遭受秦桧、张俊等人的诬陷，被捕入狱。1142年1月，岳飞与长子岳云和部将张宪同被杀害。

据《宋史·岳飞传》载，岳飞死后，宋孝宗赐号为"褒忠"，宁宗嘉定四年（1211）封其为鄂王。《汤阴县志》记载，宋理宗宝庆元年（1225）改谥忠武。人们即祀之为神，岁时奉供。孝宗为岳飞昭雪，即命于栖霞岭下，营造岳王庙宇及诸忠臣祠宇。追赠岳飞为鄂国公，加封武穆王，赐谥忠武，配享太祖庙。妻李氏，封鄂国夫人。长子岳云，连赠左武大夫安边将

都市王殿　清代　纸本设色
李黎鹤藏

---

① 藏外道书：第31册[M].成都：巴蜀书社，1994：798.

军忠烈侯。次子岳雷，封兵马大元帅平北公。三公子岳霆，封智勇将军。四子岳霖，封仁勇将军。五子岳震，封信勇将军。女银瓶，加封为贞节孝义仙姑。张宪加封成义侯，牛皋追封成烈侯，张保加封龙武将军，王横加封虎卫将军，施全封众安桥土地，吉青、梁兴、赵云、周青、欧阳从善，封为五方显圣。其余已故王贵、汤怀、张显、王英、杨再兴、董先、高宠、郑怀、张奎、余化龙、何元庆等，封为各方土地正神，俱加侯爵。旧时道士们设坛驱妖降魔时，总要召请各路有法力的神明，而在所请的诸神中，最常见的神祇就是岳元帅。如今杭州有岳王庙和岳飞墓，其故乡河南汤阴也有宏大的祠庙，香火旺盛。

道教称东岳庙有七十二司，相传速报司之神是岳武穆。清梦笔生《金屋梦》曰："岳飞虽死，即时证位天神，顶了关汉寿之缺，做上帝的四帅。秦桧虽得善终，却堕了地狱，世受阿鼻之苦，至今不得转世。如今泰山酆都城添了速报司，阎君是岳武穆，管此不平的报应。"[①] 凡负

岳元帅　明代　铜铸
上海白云观

屈告冤、心迹不明的，都于此处设誓盟心，颇为灵验。

张巡（709—757），忠翊张元帅，又称"宝山忠靖景佑福德真君""铁纛地雷东平忠靖王张元帅""通天斩邪大将东平忠靖威烈元帅""宣灵昭庆使"，纳入地祇阴帅谱系。祖籍蒲州河东，出生于邓州。《旧唐书·张巡传》载，张巡勇慨，每与贼战，大呼誓师，眦裂血流，齿牙皆碎，城将陷，西向再拜，曰："臣智勇俱竭，不能势遏强寇，保守孤城。臣虽为鬼，誓与贼为厉，以答明恩。"[②] 后获赠扬州大都督、邓国公。唐宣宗大中二年（848），绘张巡像于凌烟阁。明清时得以从祀历代帝王庙。

洪迈《夷坚志》记载：信州威果营节级郑超，为人平直寡过。庆元元年（1195）八月二十一日夜半，梦中见一人自称祝太保，持文引来追取。觉而得疾困笃，饵药弗效。二十五夜五更后，一黄衫吏至云："东岳第八司生死案唤汝。"超

张真君
采自《三教源流搜神大全》

---

① 梦笔生.金屋梦[M].成都：巴蜀书社，1988：509.
② 旧唐书[M]//二十五史：第4册.杭州：浙江古籍出版社，1998：336.

答言:"只愿死,亦不顾妻儿,不生怨恨。"黄衫曰:"我阴司取人不如此,只是引将去,如便与过了性命,是违犯天条也。"遂行,俄抵岳下第八司,入至殿廷上,主者曰:"吾乃东平忠靖王,管人间生死案,直正无私。汝还世,说与人不妨。"超曰:"超到阳间,必不敢说,怕泄漏天机。"主者曰:"但依直说,勿妄言可也。"命押监门疏放。既及门,两官人分居左右,裹幞头,衣绿袍,各书空作字,谓曰:"放汝自此归,便吃得饮食。凡闲野神鬼,皆不敢辄侵犯。"元吏为解索出门,履级道数层,一足踏虚而醒,举体冷如冰。妻子熟睡,呼语之曰:"圣王已放我回。"使妻以麦门冬水来饮一杯,觉芬香透顶,旋索粥,明日即平安。①

关元帅,亦为地祇猛将。昔三十代天师虚靖真君于崇宁年间奉诏旨云:"因盐池被蛟作孽,卿能与朕图之乎?"于是真君即篆符文,行香至东岳廊下,见关羽像,问左右:"此是何神?"有弟子答曰:"是汉将关羽。此神忠义之神。"师曰:"何不就用之。"于是就作用关字,内加六丁,书铁符投之池内。即时风云四起,雷电交轰,斩蛟首于池上。师覆奏曰:"斩蛟已竟。"帝曰:"何神?"师曰:"汉将关羽。"帝曰:"一可见乎?"师曰:"惟恐上惊。"帝命召之,师遂叩令三下,将乃现形于殿下,拽大刀执蛟首,于前不退。帝掷崇宁钱,就封之为崇宁真君。师责之,要君非礼,罚下酆都五百年。故为酆都将。②

地祇大法流行于宋代,影响甚大。黄公瑾《温太保传补遗》记载:"玉隆知宫曹可复,自幼奉地祇秘法。尝于池阳行化,州有五显庙,灵异甚著,宫殿甚都。适有倅车交割以领之,初携累谒庙与,带侧室同入殿观看,暨归闷绝,医药无所措,手足入棺,未殓。吏辈告云:有曹道人在市,行符法甚灵。倅令人召之。曹至,览词云:'惜过一日,不能复生,惟恐要考究,是乃邪祟则可。'倅许之。曹书符作法,焚于棺侧。须臾棺之盖板自起,其死尸自棺中跃出而立,声喏于曹之前。曹云:'此即摄到为祸鬼祟,入附死尸,不须惊骇,待某讯问。'再三刑考,方云:'我是本州五王庙第四位花光藏菩萨。'复问:'因何魇夺阳人魂命?'答曰:'死者入庙观看时,心中自谓,世间安得有一良人,生得如此好。我见其妄念一兴,是以摄其魂魄。'曹令放还。神曰:'法官命令,固不当违,然已过息了,无如之何。'曹怒,声言欲奏上帝灭形。神曰:'我是五岳四渎山川秀气结成,非他神比,法官但绝我池州香火而已。'言讫,死尸入棺如故。曹令封殓,卜日奏帝,差琼斩之。遂禀倅车,悉运泥像,毁伐于教场中,惟斩至第四位,果见血流。池州香火,自此而绝。曹之声名,因此而振。其后领袖琳宫,法不肯妄行,行则必验,扣之只温将耳。又蜀口有一县,有神祠甚灵著,累经国封,能祸福人。而寝殿深秘,未尝容人辄入,欲入者,神必祟之。宰初到官,心已怪疑,因后其眷聚婴疾,咸归咎于此神。一日,

---

① 洪迈.夷坚志[M].北京:中华书局,1981:1104.
② 道藏:第30册[M].北京:文物出版社,上海:上海书店出版社,天津:天津古籍出版社,1988:594.

佯以他事，檄巡尉领弓兵至庙，乃盛服葳祀，作文谕之。彻其寝门，帅众排闼而入，见一猴甚巨，仓卒不能变化，宰叱弓兵射而毙之，遂焚其庙。宰终始三年，善解而去，携累以归。行至中途，少憩旅邸，因如厕，忽睹路上迎神驵，骑从者甚都。及见所迎之神，即向来射死庙中猴神相貌。其神下轿作人语，按剑而坐，呼左右擒宰，叱一鬼使食啖之。宰就执，傍有人为解救，曰：'不须食啖，只请大王去他家做主。'其鬼使遂将宰抛弃于空中，忽失身于旷野，不知何地。寻路数日，方见有人，问之，则去家五千余里。日夕丐寻归路，不得，惟探信州龙虎山，欲投天师。一念所至，真灵护之，得以不死。越四年余，方探到信州，未及入山，见一道人叩之，则曰：'我是虚靖先生。'宰叩头下拜，才欲陈诉，虚靖曰：'我已知之，不烦到山。明公在路，有何生活，可以度日。'答曰：'仅能课命。'虚靖遂授一镜一令，一镜则令悬之于当心，令则令系之于左臂，教之使去。宰急寻路，如有阴护，日行百余里不倦。越仅年，忽然到乡，如有人引领到家，及门一如虚靖之教，仍只以课命为辞，神领长幼俱出观其课算，神宰对语，忽然镜动，以所授令一击，只见温将军自镜跃出，雷电交作，黑雾黑风，不可仰视。良久开雾，则击死向来一巨猴及二猴子于一厅前。宰具言其所以，而家人方能记忆。二猴子皆宰之妻妾所生，惜不能记其名姓也。顷年，卢养浩来江西，至临江军行化，值萧氏家患疠，悬赏慕人救疗。养浩于慧力寺前考附，每附一童，跃入江月亭水中，不复上岸，众皆疑信。养浩再附一人，遂持法官所执之剑，亦直跃入潭中。良久，三人扛至一鲇鱼头上岸，乃知正其为祟，萧之疾由是而愈。卢语人曰：'末差温琼，方得捷疾。'洪一庵行内台鄞都得名，携其徒钟野云到建宁府浦城县牛田黄通钥家，遇其小女患颠邪，验之考附，因仕于闽。有邪名江郎，名戴大婆，为祸，置狱在寺，为人踢破。其祟走逸，借援邪神，变为飞鸦猛虎，围绕寺外，唬吼鸣噪，诸法俱不能收伏，后用十地祇，方悉擒捕。遂缚其祟，过湖右用沉没法，方灭其形。以是知地祇专司温将捷疾，响应如此。"①

清代笔记中也有这类传闻，如袁枚《子不语》卷10载：杭州周云衢，有女嫁盐商吴某之子。吴以住屋颇窄，使居园中书舍。婚三月，忽周女患奇疾，始而心痛，继而腹背痛，继而耳目口鼻无不痛者。哀号跳掷，人不忍见。遍召医士，莫名其病。但见白黑二气缠女身，如绳带捆缚之状。不得已自为牒文，投城隍神及关帝处。一日云衢与其女及婿俱白昼偃卧如死去者，两日而苏。家人问之，云衢云："城隍神得我牒文，即拘此妖。妖抗不到。直至催牒再至关神处，神批发温元帅擒讯。讯得为祟者乃一雌猴，其白黑二气，则黑白二蛇也。"据这个母猴精交代，四百年前，它与一公猴去花园偷果子，被小婢见到，以石掷之。雄猴逃走，正碰见猎户张信，一箭将其射死。母猴慌忙逃跑，修道于括苍山中。后猎户张信辗转托生为吴盐商之子，婢女托生为周云衢之子，等了四百年，故两仇齐报。

---

① 道藏：第18册[M]. 北京：文物出版社，上海：上海书店出版社，天津：天津古籍出版社，1988：95-96.

温元帅大怒，道："婢女掷石驱猴，理所应当；张猎户射杀一猴，亦人间常情。"于是，先斩其妖党二蛇，又对猴妖说："汝罪亦宜斩，但念尔修炼多年，斩汝可惜。速改过悔罪，治好周女之病，我便赦汝，一面详复关帝。"此猴狰狞不服，奋爪向前，欲扑温元帅，此时空中有大声道："伏魔大帝有令，妖猴不服，即斩妖猴。"言毕，瓦上琅琅有刀环声响，猴始惧，叩头服罪。温元帅令猴治病。猴抉周女眼耳口鼻，取出横刺、铁针、竹刺等十余根，又伸手女口，直至胸前，探出小镜一方，犹带血丝缕缕。女病旋愈。温元帅便"命吴氏父子领女回家，遂各苏醒"。此乾隆四十四年（1779）七月间事。据吴翁云，温元帅幞巾纱帽，如唐人服饰，貌温然儒者，白面微须，非若世间所画青面瞪目状。①

温琼的庙宇，有的叫作广灵庙，有的叫作温将军庙，大多分布在江浙一带。其中最为著名的是浙江温州的忠靖王庙，俗称元帅庙，每年的阴历五月初五是温琼的诞辰日，四方信徒纷纷前来祝贺，抬着他的神像在街上游行，以期镇邪祛恶，免除灾祸，此为当地流行的一种民俗。

地祇派《东平张元帅秘法》中说，唐授张巡青州刺史，封忠靖王，青鬼面，白翻檐毡帽，白袍，玉束带，绿靴，手仗剑。副帅许远，紫黑面，圆眼，花帽白袍，吊襒绿靴，玉束带，手执金锤。宣称张巡掌管五雷，主令东岳，专助大神治病祛邪。凡有邪神，五道香火，神坛咒诅，古墓伏尸，传染痨瘵，一切无道妖邪鬼贼，不问亲疏高下远近，为祸邪妖，尽行搜捉，钉锢押赴天狱，研究考勘，依律治罪。

大法驱鬼辟邪，拷祟附身，招役十太保："温李铁刘杨，康张岳孟常。佐我救生灵，有召急速至。展开泥丸宫，放出神光会。汝等听吾令，不得违元誓。入冥祛形魂，出幽捕邪祟。出入呼吸间，无令顷刻滞。如有不依随，缚送酆都罪。功行若圆成，奏上三清帝。彦清文素李文真，祛鬼疾速赴坛庭。铁胜急捉为祸鬼，温琼祛入患人身。康应生擒刘冲缚，孟云拷鬼说元情。岳昊牢缚元神住，有祟身摇长绲绋。急急如律令。"法官存身变神，为东岳大帝，在天罡星中站立，存想元帅张某带十太保，千兵万将，围吾罡。念乾元亨利贞，上用剑诀书訽鍗二字在罡中，法官于此二字中立，面朝天取青炁一口，望巽户呵出，想元帅领兵而出。如祈晴祈雨，用黑旗，上粉书"铁纛敕令"四字。捉鬼不用旗，无旗聚坛。听法官令，用心章符在中心，黄纸大书之，心印在中心。祈求，诸将兵，在坛下听令驱使。散兵，用欻火邓天君总召符，于身上内书，诸法中官君将吏各还本院。如要各庙借兵，须要总召符粘在前。此符专管天下神庙，有敕封者用牒，无敕封者用关。总召符居九州社令之上，诸处神明之所属。此符出祖天师所授，用黄纸朱书，用度师名位。

铁纛心章，阴符策役用。念咒："忠义张巡，赐号铁纛。掌管五雷，东岳主令。专助大神，治病除邪。执符把箓，俱到帝前，违令灭形。玉帝心章，敕付张巡。急急如律令。"若降将，念"忠义张巡"。祈雨，念"掌管雷霆"。行符水，念"治病除邪"。奏

---

① 袁枚.子不语[M].长沙：岳麓书社，1985：222.

申，念"执符把篆，俱到帝前"。法官仰面望虚空中，以天目光虚书一"灵"字，金光耀烁，有火云乘载此字。存想张元帅立此灵字上，即吸取张元帅本体炁三口，复取心炁一口，呵入灵字中央，肾炁一口吹入左边，胆炁一口嘘入右边，再以口鼻吸入，然后虚书"胡"字在上。①

地祇派《东平张元帅专司考召法》，主法祖师为虚靖玄通弘悟真君张继先。

将班主将：通天斩邪大将东平忠靖威烈元帅张巡，青鬼面，朱发蓝身，三须突眼，红袍，绿靴，金甲，蹙金罗帽，簪双头红牡丹，手执狼牙棒，或鸡心槌，或火剑。

副将溟泠五道大将军许远，赤恶面，三须，兜鍪金甲，绿靴，仗剑。

听令郎君小亭侯张应，小孩儿，蹙金罗帽，绿靴，手执弹弓。

统兵先锋大将雷万春，白面三须，头盔金甲，执白旗。

助法显灵大将南霁云，赤面三须，头盔金甲，仗剑。

止哭大将张辽，白面美相，三须笑容，头盔金甲，执铁尺。

飞符捷疾功曹赵果，枣色面，黑髭冲天，交脚幞头，黄抹额，红袍绿束带，绿靴，执小斧。

随司十太保：温玉，李文真，铁胜，刘伸，杨文贵，康应，张蕴，岳昊，孟云，韦彦卿。

法师用法一十八变，是指施行东平考召法中的各个步骤：一、治颠；二、破庙；三、追城隍；四、驱瘟；五、捉山魈；六、捉木客；七、救卒死；八、断伏尸；九、追捞；十、摄魂；十一、收邪巫；十二、通天地；十三、起阴雷；十四、聚坛攒兵；十五、降将；十六、摄邪考附；十七、考勘；十八、断后。

地祇派《地祇馘魔关元帅秘法》：主法神灵为圣师北极紫微大帝。

主将：雷部斩邪使兴风拨云上将馘魔大将护国都统军平章政事崇宁真君关元帅，讳羽，字云长。元帅重枣色面，凤眼，三牙须，长髯一尺八寸，天青结巾，大红朝服，玉束带，皂朝靴，执龙头大刀，有赤兔马随。常风喜容，如馘摄怒容。自雷门而至。

部将有关平、关索，周昌将军，律令张飞，六丁上将，清源妙道真君陈昱，禁将赵昱，"部领雷兵，前驱三千猛将，后从八百神兵"。或有大崇恶者，召酆都魔王冰颤，召魔王韩将军考勘。

又一派，主法祖师第三十代天师虚靖弘悟真君张，讳继先。将班东岳独体地祇义勇武安英济关元帅，讳羽。面红紫色，红袍，金甲，长髯，手执大刀，乘火云自南而来。

地祇派《酆都朗灵关元帅秘法》，主法祖师第三十代天师虚靖张真君。将班主将酆都朗灵馘魔大将关元帅，讳羽。副将，清源真君赵昊。飞天八将：韦锡、刘锄、杨鉴、孟

---

① 道藏：第30册[M].北京：文物出版社，上海：上海书店出版社，天津：天津古籍出版社，1988：579-582.

锷、车镥、夏奎、劣炉、桑铜。

地祇派《地祇温元帅大法》：主法祖师第三十代天师张继先。

主帅玉皇殿前左亢金律令翊灵昭武显德上将温琼，字子玉。青面獠牙，红发赤须眉，金睛，紫方巾，簪琼花，皂袍铁甲，白汗袴，绿风带，手执铁简，部领火鸦蛮雷，寸人寸马吏兵，专职出幽入冥，祛邪辅正。

虚靖天师诗诀："东岳幽阴出地祇，个中玄妙少人知。丁壬癸巽阴阳窍，希帝兰陀神鬼机。无斗对冲山不破，有符勘合令相随。若然遇得明师旨，摄召生童一霎时。天上三十六，地下三十六。若要温帅灵，拆破黄婆屋。"

大法有青灵三素内工，用于内炼：法师蟠足端坐，心目内观，澄心如镜，万缘顿息，心若太虚，一点灵光，弘照十方。舌拄上腭，待华池水满，默念："唵吽吒唎摄。唵咭吒唎摄。唵霪霪霄。唵嚯歘明。唵啐啡嗪婆娑诃。"舌拄上腭，叩齿九通，存见南方一轮红日，自口而入，遍流一体，焚荡一身，五色郁勃，罩诸天地，青色青光，黄色黄光，红色红光，白色白光，黑色黑光，上达三天，下塞九泉。一念大忘之中，默念："丙丁之君，离宫火神。生身东岳，统领吏兵。三千肃煞，五百精兵。随吾左右，听吾令行，金精交媾，水火合形。急急奉玉皇上帝律令。"存见圆光内玄帝祖师领符史，仿佛与太保拥现。再默咒一遍，存见光流法体，洞朗八方，复命归根，真源顿息。默诵青城速地烈雷心章，咒毕，存见太保化为青光雷火，注流丹田，法师以心念目迎，降注先天一窍之中，一炁媒合于中宫，龟蛇交绕，青女传音。仿佛之中，蛇从左目出，龟从右日出，黑红交运，太保拥现于坛前，任意役使。

地祇派《地祇温元帅遣瘟秘旨》：法师入坛，持咒洒净，启告师真，祝白事意，召将祭默毕，变神。剔"子午斗"一座在地，以右手剑诀，目光舌尖同书一"蠹"字注于地。取水，存大水起，以囗字书于空中。即命左队捉鬼铁大将，责令里社司驾船而至。存化船，上为金楼玉室，有歌童舞女。次收瘟，房前以左脚一顿，想天翻地覆，大水泛起，见温帅坐驾画船，逐一收摄瘟鬼，尽入画船之中，温帅一一铃束，俱伫于前。酹奠毕，左手"玉诀"当心，右手"剑诀"叉腰，念昭武章。次天目虚书四号，存为四面金牌，家为雷府，次念咒曰："天瘟皇皇，吾有玉帝琼将。地瘟皇皇，吾有一律天章。王宾奴是汝父，毕杨奴是汝母。吾知汝姓，吾知汝名。汝若不去，雷斧灭形。急急准昊天至尊玉皇上帝律令。"咒毕，涂，出笔向巽，存太保领四将入符。入卓郎二字，念魁连落吉章，取东北煞气入符，存三千肃煞五百精兵金光烜赫入符。入秘号，号用昭武章天蓬咒。

如此众多的道派，使地祇派的影响甚大，从而将温琼与东岳大帝的信仰推上了一个高潮。

# 第二十九章

## 太乙派神仙谱系

唐宋之际，随着道教的兴盛与发展，出现了许多新的道派，如洞渊派、北帝派、神霄派、天心派、太乙派、东华派、净明派等。他们多以雷法为用，济世度人，安邦护国，具有广泛的社会影响力。

# 第一节　太乙派历史传承

（太乙）大法出自西蜀青城，以丹道为基础，以符咒为运用，诀明捷要。"盖西来之法，皆简而要，符无散形，咒无韵丽，与江南之法不同。"凡修持太乙法者，必须告斗卫灵。《太乙火府奏告心文》曰："师至地户，立，躬身端简，望天门默奏所行之事，默诵七真咒，想此处皆为金光世界，中有金楼玉室分明。却纳下简，步三才罡……五斗光芒，辉映一身。又以左手画开闭留塞诀，取中天炁一口，咽下心中及肾府，冲动二炁，须臾二炁混合，运转上冲，自两目出，化为擎羊、陀罗二使者。心炁自口出，化为通事舍人三位，倏忽云中，降下于坛，如法混合。次默召本府官将，祝令在坛，伺候奏告，然后按依科法，逐一宣扬。"[①]

## 一、冯祐与太乙派

太乙派肇始于唐代，创教者为冯祐。冯祐平生好道，为中唐时期绵州（今四川绵阳）太守。唐玄宗天宝元年（742）七月，绵州水旱虫蝗，毒气流行，"妖邪变现，燃烛弄灯，

---

① 道藏：第30册[M]. 北京：文物出版社，上海：上海书店出版社，天津：天津古籍出版社，1988：190-193.

偷财盗物，摄人淫佚，邀求祭祀"。是时冯祐持诚启奏太上，夜梦北阴圣母降言："世有不忠不孝，不义不仁，造诸罪恶，好乐邪神，以致魔精克害，邪鬼萦缠。吾今付汝道法，普济人民。凡有水旱妖孽，立坛呼召，其神即应。"其后惊觉，于次日香案上得秘文一轴，视之乃太乙雷书。冯祐得之，乃依法立坛呼召，雷声大震，是时太乙元君现形于坛中应感。冯祐立即辞禄弃官，广行符咒雷法，济世有功，蒙上帝赐为紫府真人。后隐居青城山丈人观，有道士江元亨以师事之，三年遂授玄文。厥后吕政卿、李巨川、张伸之等皆师事之，冯祐因资授受，区分人鬼，协赞乾坤，不可具纪。至五代战乱，至人多隐，故其道遂隐而无闻焉。

北宋隆兴，道教又得兴盛。自延恩殿九真降御，道法尊而正教行。希夷陈抟先生居于华山，得其法于石室中。陈抟，道教史上一位影响极大的人物，被尊为"陈抟老祖"，享有极高的声誉。他师事邛州天庆观高道何昌一，学"锁鼻息飞精"之术，后隐居华山，以丹法与易学闻名。上承秦汉以来《周易》象数学之绝脉，开辟了易学史上辉煌的一页。其创立的先天易学开创了宋元以来易学研究的先河。他以易证道，融合易学、道学，为道教内丹派的形成奠定了理论基础。

陈抟
采自明洪自存《仙佛奇踪》

其后，太乙雷书传于西蜀，有刘浩然得其法。刘浩然，字仲方，讳晋，为青城大面山丈人观主持。《高上大洞文昌司禄紫阳宝箓》卷下载："建炎末，邛州刘浩然少读书谋进取，梦司禄真君授以文昌之箓，既觉，录以记之，遂诣龙虎山，拜谒于三十代天师，求受此箓，天师取以示之，天师曰：此箓非子成名，子当传之，度及三贵，受讫不能详其言。绍兴中，浩然行三洞法箓，符药灵显，能出神拜章，逆知人未来休咎，为当时士贵所称。"[1]赵道一《历世真仙体道通鉴续编》载："宋高宗绍兴中，虞允文侍其父漕潼川。父病，允文斋戒浃日，命道人刘浩然奏章请命。刘亦素以精恳著名，自子夜登坛，迟明方兴言曰：'适之帝所，见几上书章内两句云："乞减臣之年，增父之算。"帝指示曰："虞允文至孝，可与执政。"'已而其父竟卒。后有十八年，允文果然参人政，以符其言。"[2]

---

[1] 道藏：第28册[M]. 北京：文物出版社，上海：上海书店出版社，天津：天津古籍出版社，1988：520.
[2] 道藏：第5册[M]. 北京：文物出版社，上海：上海书店出版社，天津：天津古籍出版社，1988：437.

时有九天魔女化一妇人,在青城丈人观中烧香作孽,道众尽外散而去。真人遂受太上之命,"收九天魔女,锁之于八角井,籛是大教愈彰。得其雷祖宗派者,孙太初、赵师古、杜昌宗、吕真人。近有刘虚正、王法进、监军赵必渥,其徒甚众,独许志高真人得法大显"。后应高宗诏入内,劾治妖怪,"阐教于青城,赐号通玄。后一百五十岁,天书诏侍太清,飞升而去"。

刘浩然弟子甚众,唯许志高得其真传。许志高讳翔,本阆州(今四川阆中)人氏,自幼喜爱清静。曾官任四川机宜,后弃职入青城山,拜刘浩然为师,先后伴随十三四年。刘浩然羽化之前,曰:"汝急来,吾以法授汝。汝道南行,流传六百弟子。"许志高自得法之后,出游西蜀,南巡江南,至京师内院,"有妖作孽,诸法师不能治之,真人以一符,諴妖精长丈余。蒙上帝赐号伏魔,以此号为伏魔许真人。"其后云游至福建延平,收杨披云为弟子,尽传道妙。迨至理宗宝庆元年(1225)六月六日,于江苏茅山玉宸观天市坛建醮,"就火焰中上升,但留下朱履,在火之如新,今茅山藏为至宝。"许志高羽化前,将道法及雷篆家书秘印、雷霆都司印、都天大雷火印、统天印、天宝家书印尽数传与杨披云。

杨披云,字耕常,讳爕,福建延平人。"其父任教授于蜀江口,见许伏魔。在后回家作纯阳会,许伏魔见其衰老,与杨教授丹药服,于妾处生一男子。在后许伏魔再到延平,带披云至西蜀、建康、茅山等处,后传与披云。"待许志高羽化后,杨披云以其母尚健在,复回故乡延平。"有建宁府浦城县黄止堂,出守延平贰车,见披云真人驱役雷电,开现星斗,祈祷雨阳,倦舒云霓,皆在指呼。有黎君亦川人,而力荐之。以此先君止堂,令云庄拜披云为师。"杨披云遂收黄云庄为徒,传以雷法秘印。淳祐年间,曾于西湖苏堤祷雨有验,朝廷赐以"清隐",却而不受。黄云庄奉其道法三十余年,江湖之士慕名求者甚众,"亦然以伏魔家书付之崇奉,苟能勤恪虔恳,一达家书,亦可治病驱邪,祈晴祷雨,无不应者,而太乙火府之文,例不敢泄,非惟此法不可得遇,而江南之人闻之者亦罕矣。尝受师言,向遇西人则可授之。昨授成都碧源李拱祥,得之西矣。念云庄榆景向暮,志乐林泉,懒于出山,深虞此文湮没,他时后学无传,遂传之邑人祖审斋逢吉、黄澄心、詹山立、陈清溪等,代余之阐教也。"①

从冯祐肇始的太乙宗,传播太乙火府五雷大法,其派先后递传于江元亨、吕政卿、李巨川、张仲之等,再经西蜀刘浩然、阆州许志高、延平杨耕常、浦城黄云庄、成都李拱祥等,此宗以青城山为祖庭,传至南宋末年,门徒颇多,遍布西蜀、江南、福建地区。

---

① 道藏:第30册[M]. 北京:文物出版社,上海:上海书店出版社,天津:天津古籍出版社,1988:189.

## 二、太乙派雷法

太乙火府五雷大法出自西蜀青城,其法以丹道为基础,以符咒为运用,诀明捷要。修道者日常宜静心修持,采服北斗九皇正炁:"第一阳明星君,吐青光之炁。第二阴精星君,吐黑光之炁。第三真人星君,吐黄光之炁。第四玄冥星君,吐赤光之炁。第五丹元星

雷神　元代　壁画
山西芮城县永乐宫

君,吐白光之炁。第六北极星君,吐绿光之炁。第七天关星君,吐绛光之炁。第八辅星,吐碧光之炁。第九弼星,吐玄光之炁。服炁之法,常以四孟之月初九日平旦时,四仲之月十九日中午时,四季之月二十九日夜半时,行之,一年三十六过,应三百六十度之数。以五为盈,炁有余也。行道之时,清斋入室,烧香,精思,瞑目,闭炁,叩齿九通,存见九星端正威严,侍卫肃然,密诵七星咒一遍,但见九炁从星注下,入兆口中,俄而吞之,细细吐故气,纳新炁,勿令耳闻。咽毕,复叩齿九通,倏然俱忘。如此行之九年,则得长生神仙,形神俱妙,与道合真矣。"①

在采服正炁的基础上可修炼太乙内丹法,并与雷法混炼。《太乙火府内旨》曰:"下工须在寅时上四刻,入室,用眼观心,呵出秽气三口,然后鼻引元始清炁,舌拄上腭,搅华池神水,同清炁咽入丹田。后想两肾中间一点明,遂瞑目,想左眼为日,右眼为月,阴阳二炁,互相交媾,下入丹田清炁之中,寂然无为,任炁自然上升于心,后归于肾,少顷二炁相会于黄庭,结成一团金光,如火炼金丹丸相似,似非我有。但见五炁从五脏出,而拥此一团金光,上升泥丸。忽见金光裂开,有一真人,如我本形,合我为一。少顷,方想真人从泥丸出一炁,化分三清八境诸天上帝,及本法中将吏。方随意祝其行事,事毕,寂然无为,只化一团金光,遂吸入黄庭之内。"此即内炼功夫,为役使雷法之基础。

所谓"与雷混炼",即于内修之中,存想雷部诸神,变神化身。经曰:"凝神定息,念大威德咒,见吾身中,皆是雷火丹天世界,一窍中间,元神如自己状。口念唵吽霹雳震动八门咒,见婴儿自下丹田,上冲至心宫斗府,火光豁开,即是火府。仿佛面前见师,师

---

① 道藏:第30册[M]. 北京:文物出版社,上海:上海书店出版社,天津:天津古籍出版社,1988:195.

随我元神至顶，见大赤天帝，心拜跪奏，乞差降主法祝元君及别将，皆可。想得旨，则回神，念唵吽吒腾咒，仍复元室为元神。"

或于静定之中，变神为太乙元君，存肝炁左肩出，肺炁右肩出，心炁顶门出，肾炁腰间出，脾炁脐间出，团聚隐隐，离顶门丈许，五方真炁自空降，混合顶上五炁，浑浑融融，中黄外白，成一山，结一洞，有太乙君，披发仗剑，握诀，左腋一窍曰雷门窍。次黄白二炁下，化成二珠，元神居丹田中。次存二珠随水涌上，至黄庭，水火交媾，合成一珠，光芒如月，太乙祖母坐于珠中。诗云：一点灵光彻太虚，赤天之上始青如。我朝元毕归元始，物我相忘入黍珠。或解厄迁转，法师"请光度厄后，却与行迁星转煞之法。其法存自身为北帝，居斗口金光之间，左手斗印盖头，右手剑诀叉腰"。

这里所谓的"变神""存自身为北帝"，是指在内炼或施法时，道人必须进入一种特异的精神状态，即化去自我的存在，超凡入圣，转变为神真，人神合一，"到此之时，万虑俱寂，元始即我，我即元始，金光灿烂，掣动天地十方"。也就是说，道者就是元始天尊，就是太上老君，就是他所敬奉的尊神。因此，他的所作所为都是替天行道，代神运化。《上清玉枢五雷真文·变神》曰："凡行雷法之士，每遇驱役呼召，并掐变神诀，叩齿五通，存己身冠九梁冠，朱衣，蹑朱履，左右有持幢仙人、执节童子，又有捧印捧剑二仙童。次抹四山，左手剔，阳斗向前，阴斗向后。左手握驱邪院印，右手仗三昧火精剑，存香烟化为云雾，雷电霹雳，星光闪动，六丁六甲，五雷五龙，诸司将吏，周布前后，三台北斗，覆己头上，斗柄指前，勿遮己目，默咒曰：帝思帝思，员门会孙。玉皇太真，护我身命。去病除邪，使我奉真，永保此生。急急如律令。咒毕，任意行持。"非常明显，这种"变神"的道功为汉唐道教中所无。

超凡入圣图　明代　纸本设色
中国国家图书馆藏

传统的道功中有"存神"之术，即存思冥想身神及天地之神，但并未和合为一。"变神"一法乃道教吸收唐代密宗"本尊观法"发展而来的新兴炼神方法。依唐善无畏译《大毗卢遮那成佛神变加持经》所言，密教以大日如来为普门本尊，其他诸佛菩萨则为一门本尊，并依修法之种类与目的的不同而各有不同的本尊。他们认为，佛与自己互相涉入，成为一体之极致。故在修法上，本尊之加持力与行者之功德力互为一体。又于道场观中观想本尊之相好，称为"本尊观法"。所谓"入我我入"，即本尊入我，我入本尊，本尊与我，平等无二。显然，这种密法对道教雷法中的"变神"术影响颇大。

太乙派宣称，天地宇宙之间，日月星斗之下，有蛊毒之气流行，有邪巫魇祷之术，多诸巫觋。邪法流行，阴肆魇祷，取人魂命，或令人骨肉相残，夫妻反目，家道破坏，父子相离，或令人精神恍惚，祸患缠绵，所为不成，百事错乱，以致世道败坏，妖气流行。因此太乙显宣于教法，雷君剪伐于邪魔。如得参太乙之法，当拜太乙月孛元皇大道君圣前。"特赐旨命，君基大神，臣基大神，民基大神，大游大神，小游大神，天乙大神，地乙大神，太乙大神，钺毒大神，飞廉大神，火雾大神，天蓬大将军，天猷大将军，翊圣大将军，佑圣大将军，太乙五雷大神，直狱建狱大神，天丁力士三十万人，天驷甲卒三十万人，北极神兵三十万人，五雷神兵万万人，掷火万里，流铃八冲，轰雷霹雳，收摄邪踪。已上官将神兵，一合齐降，径下邪巫某人家，东西南北，上下十方，普天匝地，布网张罗，先行收擒邪家百二十祖，招回邪家兵马，倒枪停刃，伏地归降，令其邪巫某反火自烧，反刀自斫，一身病起，五脏毒生，天火焚烧，官司竞起，七日之内，特赐报应。谨请镢天大斧，斩鬼五形，炎帝裂血，北斗然骨，四明破骸，天猷灭类，神刀一下，万鬼自溃。即使神风静默，四炁朗清，人鬼斯分，正邪两辨。""洒净焚香，启告之后，想变法坛为太乙离宫，存见月孛雷君俨然在上，左有阳雷马、郭、方、邓、田五使者，右有阴雷张、许、姚、雷、南五使者，共十神侍从。用关引一道，差阴阳某雷神赍捧勘合符命，并所拜章书，刻时上达。就于香炉内烈火丰香焚化，步火水未济罡，发遣而去。后至行事之时，却焚勘合符，看一七日内报应若何。其邪巫或自病，或火灾，或官事，即是报应矣。仍行牒委雷神收上师家兵马，收入兆所奉法院，俾为部属将吏。事毕，祭犒以赏其功。"从而突出了月孛信仰，将其列为太乙派的重要神灵。

太乙月孛信仰流行于民间。凡祈雨祈晴，消灾禳厄，驱邪除疾，皆可运施月孛法。《永乐大典》曰："此法乃月孛法也。盖太一为诸雷之首，万神之尊，斡天地之枢机，运阴阳之变化。一派净明真君，自葛安抚者，主乎碧玉大帝。太一月孛姓梁咏，辅以太一、朱秦二将军，以役四圣三帅、五雷十二功曹者。又有钓台余真人传派者，则主乎月孛雷君，而翼以天罡四圣、阴阳十部雷神者，皆足以轰雷致雨，戡祟阴妖。"

月孛身为女身，故称娘娘。吴元泰《东游记》卷下记载杨宗保破太阴阵，令焦赞探阵，见一妇人，赤身裸体，台上阴风凛凛，黑雾腾腾，不觉头旋脑乱，几致昏迷。黄琼女手执骷髅，将焦赞截住。妖气逼人，尤难攻打。宗保听罢，请来钟道士商议。宗保曰："太阴阵中有妇人赤身裸体，此主何意？"钟曰："彼按为月孛星，手执骷髅，遇交战，哭声一动则敌将昏迷坠马。今破阵，此人。"宗保曰："谁人可往？"钟曰："金头马氏前去必能成功。"乃差金头马氏率兵二万从第九座天门攻入，又差八娘引马军一万，靠大阵而入，接应马氏之兵。① 余象斗《南游记》："大圣有一女，名叫月孛星。但见他生得目大腰宽，口阔手粗，脚长头歪，喊声似打雷，遇了不死亦七八。月孛星出来曰：'我也要去。'众人曰：'你生得这等丑，去了给华光等取笑。'月孛星曰：'我定要去捉华光。'"

明代文人郎瑛《七修类稿》曾记载其友吴可谨言其祖宦游某地，时天旱，太守延请一法师祈雨。师曰："今天久旱，非入龙湫驱龙，则不可得。阖郡官人，当拜俟于湫，慎不可惊惧呼我名也。"师至湫所，焚符躬下，顷之乘龙而起，游泳湫面，时雨如注，诸官莫敢退。久之，太守不得已呼其名令止，则龙轰然掀法师于空中，直逝而下，雨即止也，法师身落如裂帛。期年，其子痛父不得其死，焚符入湫以诛龙。偶见父乃蓝面，卫一宫门，问其子何来，子以意告之。父曰："汝快行，吾术不精，罚至如此，汝切勿习之。"又曰："某处延一道士祈雨，其术名月孛法，用十五六岁女子，共入密室，虽线缝以纸封固。守欲得雨之速，任其所为，惟见黑云密布，雷声隐隐，雨则无之，势将移日矣。守乃令人密开纸缝以瞰之，则道士披发仗剑，足蹑女子阴门，而彼此口舌尽出，势已垂危。时则霹雳一声，大雨如注，道士起步，而女子苏省矣。"

清袁枚《子不语》载：山东施道士善祈晴雨，乾隆十二年山东大旱，抚军逼施道士祈雨。施道士曰："雨非不可得也，但须某日孛星下降，公捐锦被一条，白金百两，某捐阳寿十年，方可得雨。"抚军如其言。至期，道士登坛，呼一童子近前，令其伸手，画三符于掌中，嘱曰："至某处田中，见白衣妇人便掷此符，彼必追汝，汝以次符掷之；彼再追，汝以第三符掷之；速归上坛避匿可也。"童子往，果见白衣妇，如其言，掷一符。妇人怒，弃裙追童。童掷次符，妇人益怒，解上衣露两乳奔前。童掷三符，忽霹雳一声，妇人裹衣全解，赤身狂追。童急趋至坛，而妇人亦至。道人敲令牌喝曰："雨！雨！雨！"妇人仰卧坛下，云气自其阴中出，弥漫蔽天，雨五日不止。道士覆以锦被。妇渐苏，大惹耻，曰："我某家妇，何为赤身卧此？"抚军备衣服令着，遣老妪送归，以百金酬其家。事后问道士，道士曰："孛星女身而性淫，能为云雨，居天上亦赤体，惟朝北斗之期，始着衣裳。是日下降田间，吾以符摄入某妇之身，使替代而来；又激怒之，使雷雨齐下。然用法太恶，必遭阴谴矣。"

由此可见，月孛的形象多变，或为天皇大道君，或为兴雨禳旱的妇人。凡祈雨祈晴，消灾禳龙，太乙派法师皆可运施月孛法，为民驱邪除疾，改运延命。

---

① 吴元泰等.四游记[M].哈尔滨：北方文艺出版社，1985：58.

# 第二节　太乙派神仙谱系

太乙派信仰的对象为太乙祖母、太乙元君、斗母天后等，其秘讳、形象各异，存炼变神者必须牢记。太乙派的神仙谱系相当完整，有主法，有师派，有神将。

太乙雷法的主法有三位：一是至尊妙道大赤天宫混元上德皇帝，即太上老君；二是法主神霄宝炼太乙祖母元君祝存，"乃月孛星君化现，红发獠牙，身出红火光，裸体跣足，手执如意"；三是法主妙通丹华昭烈真君朱旷，"罗睺星君化现，为之副将"。因法主不同，分传月孛、罗睺秘法。

## 一、太乙派的九曜崇拜

据元代神谷子讲述，月孛秘法古已有之，名目纷杂，难以具言。元大德丁未（1307），金华叶玄玄来盱，语其法诀，神谷子得之。后遇括苍王田叶，授予月塘胡真人派月孛法。至大二年（1309）夏孟，又遇金水赵悔隐于玄妙翠微院，受之针灸二诀、剪邪罡诀及兴雷霹雳符，屡用功验。泰定乙丑（1325）次黎川，见西园刘先生，告以合神布罡之妙。丁卯（1327）秋仲，又遇阿里瓦丁回回大师于群东清和堂，蒙传五字合体之用，每获灵应。至顺壬申（1332）秋孟，临汝谢冰壶来，语及三十三字之秘，桃皮竹叶之玄，并言昔祖师龙虎俞真人九入青城，始遇邓天君授以针灸、罡诀，施用之间，百发百中。"予自幼及长，慕道益深，凡清微、灵宝、道德、正一四派之学，靡不究竟，而于太乙之文，犹属意焉。前二十八年之间，九经六师，始悉其要。"[1] 可见得太乙月孛雷君秘法之不易。

太乙月孛雷君秘诀的祖师有四位：歘火律令炎帝邓天君、钓台龙虎俞真人、叔宝左真人、月堂胡真人。宗师有八位：太极董真人、玉田叶真人、中卿徐真人、德章姚先生、太初杜先生、雷谷蒋真官、鹤巢黄真人、明真程先生。他们的生平事迹难以考辨，应多为元代太乙派传人。

另有元皇月孛秘法，亦为该派传授。祖师钓台龙虎俞真人，主法九天飞罡捉祟轰雷掣电太乙月孛雷君。姓朱讳光，天人相，披发裸体，黑云掩脐，红履鞋，左手提旱魃头，右手仗剑，骑玉龙；变相青面獠牙，绯衣，仗剑，驾熊。

---

[1] 太乙月孛雷君秘法[M]//藏外道书：第29册. 成都：巴蜀书社，1994：58.

该法所传针法非常独特：用舌尖书炁字于针上，念七字咒，请炁于针。仍先黄纸墨书一大字，令病人咳嗽三声，法师即三吸其气，吹布大字上。想如病人真身，贴在壁上，随人患处，用法针之。密念魖魖魖魖，仍以剑诀叠书此四字三次，书毕下针，三吸三吹。毕，以炁字封之。

天地宇宙之间，日月星斗之下，有蛊毒之气流行，有邪巫魇祷之术。"焦家邪，豫家邪，耿家邪，鸠里邪，鸠蛇邪，鸠卢邪，五方猕猴邪，五音白衣邪，颠倒龙树邪，阴阳男女邪，倚草附木邪，多诸巫觋，邪法流行，阴肆魇祷，以曲作直，伐庙尖神，监勒其神，取人魂命，或令人骨肉相残，夫妻反目，家道破坏，父子相离，又或令人精神恍惚，祸患缠绵，所为不成，百事错乱，以致世道败坏，妖气流行。"①因此道教设剪邪巫法，先备牒雷神，体察得实，方可具章，并前勘合符，上告雷君，期七日待报。

伐邪巫章表章："臣某质秽气浊，过著功微，诚不足以感格真灵，德不足以制伏邪鬼，为此谨依师旨，建立法坛，拜贡章书，上闻雷府。伏望圣慈，允臣章奏，哀怜下苦，矜鉴中情。特赐旨命君基大神，臣基大神，民基大神，大游大神，小游大神，天乙大神，地乙大神，太乙大神，钺毒大神，飞廉大神，火雾大神，天蓬大将军，天猷大将军，翊圣大将军，佑圣大将军，太乙五雷大神，直狱建狱大神，天丁力士三十万人，天驺甲卒三十万人，北极神兵三十万人，五雷神兵万万人，掷火万里，流铃八冲，轰雷霹雳，收摄邪踪，已上官将神兵，一合齐降，径下邪巫某人家，东西南北，上下十方，普天匝地，布网张罗。先行收擒邪家百二十祖，招回邪家兵马，倒枪停刃，伏地归降。令其邪巫某反火自烧，反刀自斫，一身病起，五脏毒生，天火焚烧，官司竞起，七日之内，特赐报应。"②这是召请太乙神灵，驱邪治病。

拜章之法，先须洁涤身心，注念专致，洒冷焚香，启告之后，想变法坛为太乙离宫，存见月孛雷君俨然在上，左有阳雷马、郭、方、邓、田五使者，右有阴雷张、许、姚、雷、南五使者，共十神侍从。用关引一道，差阴阳某雷神赍捧勘合符命，并所拜章书，刻时上达。就于香炉内烈火丰香焚化，步火水未济罡，发遣而去。后至行事之时，却焚勘合符，看一七日内报应若何。其邪巫或自病，或火灾，或官事，即是报应矣。仍行牒委雷神收上师家兵马，收入兆所奉法院，俾为部属将吏。事毕，祭犒以赏其功。

月孛星君，道教尊为太乙华阴月孛星君，与神首罗睺星君、神尾计都星君、天一紫炁星君合称四余；与太阳星君、太阴星君、火德星君、木德星君、土德星君、金德星君、水德星君等合称七政，为十一大曜星君。其中，罗睺星君、计都星君为逆日月而行；紫炁星君、月孛星君为顺日月而行。古人认为，有妖孽出现时，"月孛"也可以凭视觉观见，其

---

① 道藏：第30册[M]. 北京：文物出版社，上海：上海书店出版社，天津：天津古籍出版社，1988：336.
② 道藏：第30册[M]. 北京：文物出版社，上海：上海书店出版社，天津：天津古籍出版社，1988：337.

月孛星君　元代　壁画　山西芮城县永乐宫

星为彗星之属，但不同的是光芒四出，不同于一般只有一条彗尾的彗星。月孛的功用在于解释月亮迟行的原因，月亮绕行的轨道为椭圆，而古人是按正圆推算，故为了解释月行变慢的缘故，设想了一个会影响月亮运行的星"月孛"，认为在那个时候"月孛"刻意去阻止月亮的运行，因此也算是一种凶星。

罗睺星，一名黄幡。古印度神话中的恶魔，相传为达耶提耶王毗婆罗吉提与达刹之女辛悉迦所生之子，又被称为"行星、流星之王"，是西南方的守护神；他长有四只手，下半身为蛇尾，好为非作歹。唐金俱吒撰《七曜禳灾诀》卷上曰："罗睺遏罗师者，一名黄幡，一名蚀神头，一名复，一名太阳首，常隐行不见，逢日月则蚀，朔望逢之必蚀，与日月相对亦蚀。"《太上洞真五星秘授经》曰："罗睺真君，主九天之下一切诸恶，如世人运厄逢遇，多有灾厄深重，宜弘善以迎之。其真君，戴星冠，蹑朱履，衣纯玄之衣，手执玉简，悬七星金剑，垂白玉环佩。宜图形供养，以异花珍果，净水名香，灯烛清醴，虔心瞻敬。"[①]

中国古代把黄道和白道的降交点叫作罗睺，升交点叫作计都，认为逢罗睺星值年会很不顺利。北宋李思聪《洞渊集》称："罗睺神首星君，主九天之下一切诸恶，星君戴星冠，蹑朱履，衣纯玄霞云之帔，执玉简，垂七星金剑，带白玉环佩。逆行天道，顺之则昌，逆之则祸。"《上清十一大曜灯仪》载："臣众等志心皈命，交初建星罗睺隐曜星君，诸灵官。

罗睺星　江户时代　土佐光芳绘
福岛相马妙见欢乐寺藏

---

① 道藏：第1册[M]. 北京：文物出版社，上海：上海书店出版社，天津：天津古籍出版社，1988：871.

臣闻：允惟神首之星，爰播聿斯之咏。号贵权而操势，循黑道以韬光。冠晨宿之威棱，亦莫余而敢侮；掌日月之薄蚀，其谁曰而不然。身御飞龙，手持宝剑，常占测乎晦朔，庶消弭乎灾殃。今醮士某恪奉威容，辄敢陈乎菲荐；虔宣隐韵，庶上彻于聪闻。稽首归依，虔诚赞咏：神首循黑道，冥冥超至灵。暗明期朔望，阳德晦阴精。高镇黄旛阙，矛戟耀霜铃。志心俟多福，稽首诵真经。"

九曜，有时称九执，在中晚唐时期多见于佛藏密教部经典。一行在《大毗卢遮那成佛经疏》中提到："执有九种，即是日月火水木金土七曜，及与罗睺、计都，合为九执。"这里所说的"九执"是指九种执持之神。如《大孔雀咒王经》卷下中的记载："阿难陀，汝当忆识有九种执持天神名号，此诸天神于二十八宿巡行之时，能令昼夜时有增减，亦令世间丰俭苦乐预表其相。"九执或九曜的概念，很早就已传入中国，《大圣妙吉祥菩萨说除灾教令法轮》曰："于真言外，应画九执大天主，所谓日天、月天、五星、蚀神、彗星。"法成《诸星母陀罗尼经》曰："如是我闻，一时薄伽梵住于旷野大聚落中，诸天及龙、药叉、罗刹、乾闼婆、阿须罗、迦楼罗紧那、罗莫呼落迦诸魔，日、月、荧惑、太白、镇星、余星、岁星、罗睺、长尾星神、二十八宿诸天众等，悉皆诸大金刚誓愿之句。"唐代一行修述《梵天火罗九曜》中注引了一段《聿斯经》，讲的是九曜，提到了《聿斯经》中有罗睺、计都两个暗曜，然而此时计都还占据着月孛后来被赋予的轨道远地点的位置，所以只能说《聿斯经》中有九曜的概念，而不能说经中已经出现了包括紫气和月孛在内的十一曜概念。

计都星君，一名豹尾，九曜中的一个凶星。唐金俱吒《七曜禳灾诀》记载："计都遏罗师一名豹尾，一名蚀神尾，一名月勃力，一名太阴首。常隐行不见，到人本宫则有灾祸，或隐覆不通为厄最重。常顺行于天，行无徐疾。"通过《七曜禳灾诀》中对罗睺、计都的总体描述，可以确定罗睺是白道和黄道的升交点，逆行于天；计都是月球轨道的远地点，顺行于天。它们都与交蚀的推算有关。罗睺和计都并不像日月五星一样具有物理实体并发出光芒，所以它们常被称作隐曜。古人认为遇到计都星值年，有口舌是非，倒霉晦气。

《太上洞真五星秘授经》曰："计都真君，主九地之上一切罪恶，如世人运炁逢遇，多有厄难困苦之灾，宜弘善以迎之。其真君，戴星冠，蹑朱履，衣纯玄之衣，手执玉简，悬七星金剑，垂白玉环佩。宜图形供养，以异花珍果，净水名香，灯烛清醴，虔心瞻敬。"北宋李思聪《洞渊集》称："计都神尾星君，主九天之下一切罪福，多

计都星君　元代　壁画
山西芮城县永乐宫

紫气星君　采自《大正藏》

主疾病困苦之灾。星君戴星冠，蹑朱履，衣纯玄端云霞帔，执玉简，垂七星金剑，带白玉环佩，逆行天道，不显神光。顺之则吉，逆之则凶。"《上清十一大曜灯仪》："臣众等志心皈命，交终神尾坠星计都星君，诸灵官。臣闻：推交终于玉历，想隐曜于珠躔。爰罔克威，瞋目而仗三尺；武且有力，乘能而立九垓。允惟神首神尾之权，共掌修德修刑之变。怒摧山岳，怪出龙蛇。思能动之在诚，必转祸以为福。今醮士某启云凤之韫，只咏灵文；祈景霄之轮，下临法席。稽首归依，虔诚赞咏：处暗表阴德，豹尾镇星宫。怒指摧山岳，权凶瞋太空。龙蛇生怪状，变异忽昏蒙。主人长寿乐，禳应在恪恭。"

紫气星君，九曜中的一星。张商英《三才定位图》曰："紫微垣，天皇大帝紫微帝君，北斗七星君，太阳帝君，太阴帝君，木德星君，火德星君，金德星君，水德星君，土德星君，罗睺星君，计都星君，紫气星君，月孛星君，东方七宿星君，南方七宿星君，西方七宿星君，北方七宿星君。"《太上三十六尊经》："复有天地大谭，天地中谭，天地小谭，皆有示象。如十一曜中，惟有紫炁，不示象，则永不兴灾异。日示赤鸡，月示白兔。日遇春青龙，夏朱雀，秋白虎，冬玄武。月兔中有青桂、臼杵，四时不变。木德星君兔头，猪身，虎尾。火德星君马身，蛇尾。金德星君猴头，鸡身。水德星君黑猿，捧笔墨砚。土德星君羊角，龙头，犬耳，牛身。罗睺星君羊角，犬爪，牛尾，龙身。计都星君，龟。月孛星君，蛇。若示此正象，皆不为灾。若兴变异，昏暗不明，悉无文采，日月木金紫水皆不为灾。若遇失次，则略失明。火失次，赤发露眼；土失次，迟滞；罗、计、孛失次，皆随十二宫变相，则示灾。遇金星吉。若能依度禳之则吉。"

九曜加上紫炁和月孛，组成十一曜。道教有十一曜星神。《元始天尊说十一曜大消灾神咒经》《上清十一大曜灯仪》等中都有利用十一曜进行祈福消灾的方法和仪式的记载。北宋大中祥符八年（1015），王钦若奉宋真宗之命编订《罗天大醮仪》，在"黄箓罗天一千二百分圣位"第十七状中列出了十一曜真君的全部名号，他们是太阳帝君、太阴元君、木德岁星星君、火德荧惑星君、金德太白星君、水德辰星星君、土德镇星星君、神首罗睺星君、神尾计都星君、天一紫炁星君和太一月孛星君。此举可看成十一曜在道教星神体系中确立了正式地位。①此后，道经中整齐地列出十一曜的情况就常见了。如《太上洞玄灵宝天尊说罗天大醮上品妙经》就述及了罗睺星君、计都星君、木德星君、水德星君、金德星君、火德星君、土德星君、紫炁星君、月孛星君、太阳星君、太阴星君十一曜星君名号。

从北宋道经来看，十一曜主要用于消灾祈福，即通过考察十一曜所临之方判断所主灾福，以采取相应的措施。只不过星神从九位增加到十一位。元代马端临《文献通考·经籍考》载："《秤星经》三卷：晁氏曰，不著撰人。以日、月、五星、罗睺、计都、紫气、月孛十一曜，演十二宫宿度，以推人贵贱、寿夭、休咎，不知其术之所起，或云天竺梵学也。"这里的晁公武已经不知道十一曜的起源了，只是推测可能与从印度传来的天文学有关。王应麟在《困学纪闻》卷9《历数》中提到："以《十一星行历》推人命贵贱，始于唐贞元初都利术士李弥乾。"

太阳星君 元代 壁画
山西芮城县永乐宫

太阴星君 元代 壁画
山西芮城县永乐宫

木德星君 元代 壁画
山西芮城县永乐宫

水德星君 元代 壁画
山西芮城县永乐宫

---

① 吕元素.道门定制[M]//道藏：第30册.北京：文物出版社，上海：上海书店出版社，天津：天津古籍出版社，1988：191-192.

金德星君　元代　壁画
山西芮城县永乐宫

十一曜可分为两组：日月五星七曜为显曜，罗睺、计都、紫炁和月孛四曜是隐曜。四个隐曜后来常被叫作"四余"。道经《秤星灵台秘要经》收有火曜、木曜、土曜、暗曜的祈禳之法，"洞微限歌"开头即说："人生贵贱禀星推，限数交宫各有时。若遇罗睺金木曜，太阳紫炁月同随。限逢此曜加官禄，火土二星到便危。夜降土星画火曜，三方不是死无疑。此星若是三方主，虽有灾伤命不离。家宅不宁因孛至，更兼钝闷恰如痴。"① 已出现了九曜之外的"紫气"和"月孛"。

南宋初年李昌龄注《太上感应篇》"恶星灾之"一句时写道："按《十一曜大消灾神咒经》，欲界众生不修正道，不知有五行推运，十一曜照临，主其灾福。至如土火留伏，金木凌犯，罗计孛逆，日月薄蚀，乃至州县播迁，人民灾难，水火虫蝗，刀兵相犯，悉皆由也。又按《七星神咒经》，天地设位，乃建五行，巡历天下，察无道之国，观不祥之人。凡处虚域之内，蠢动含生，命系于天。星辰凌犯，彗孛冲破，遂生兵灾，水旱流离。知而逃形，可全自己。逆之遇害，凶衅微生，黎民死亡，沦沉苦海。然则人之有灾，要当自省，其可但归恶于星欤。大抵恶自人为，星因灾之。非星之恶，而人心自恶耳。"

火德星君　元代　壁画
山西芮城县永乐宫

这里提到的《十一曜大消灾神咒经》即《元始天尊说十一曜大消灾神咒经》。经文假托元始天尊对青罗真人讲道："下观星斗，看其行度，如有五星不顺，凌犯宫宿，照临帝土及诸分野，灾难竞起，疫毒流行，兆民死伤。速令塑绘十一曜形仪，于清净处建立道场，严备香花灯烛，请命道士，或自持念《十一曜大消灾神咒经》，一七日，二七日，或三七日，修斋行道，礼念忏悔，即得上消天灾，保镇帝土，下禳毒害，以度兆民，汝宜听信，转转教人，受持读诵。"并传太阳、太阴、木星、火星、金星、水星、土星、罗睺、计都、紫气、月孛等十一曜真君神咒，其中月孛真君神咒曰："太阴光玉纬，精魄育群生。青桂黄华辅，郁罗保素灵。毛头分怪状，彗尾或潜经。舍次流灾福，斋修洞含冥。"②

---

① 道藏：第5册[M]. 北京：文物出版社，上海：上海书店出版社，天津：天津古籍出版社，1988：31.
② 道藏：第1册[M]. 北京：文物出版社，上海：上海书店出版社，天津：天津古籍出版社，1988：868-869.

《太上三十六部尊经》："诸天日月星宿，周回数度，皆主明灾福因缘，或顺或逆，或留或伏，或明或暗，或升或降，或沉或窒，或躔或度，皆主吉凶。周天二十八宿，皆历诸天。故有下方人民，皆当修崇恭敬，看其行度，祈祷禳谢，即得免离诸厄难。我今为汝演说禳度星辰之法，当严备香花灯烛，于清静堂宇塑绘十一曜仪形，二十八宿、诸金井、银河、紫堂分野、吉祥凶祸、妖孽暗昧星真形仪，看宣经文，修设醮筵，用五谷布灯，取本命年月日时所属，更用五方色彩安镇坛内，皂一尺，赤二尺，青三尺，白四尺，黄五尺，称扬法事，一切星真并皆回曜，转祸为福，变凶为祥。若有男女能依此法，而未闻如是要法，凡能修斋、建立道场之人，各宜转转教人莫生障碍，于其福德亦不可思议。若复有人无力可以修崇，能生敬信，赞叹功德，其于善根亦能增长，一切灾难亦皆消灭。若复一切善士能发大慈悲行，则于境内大施福力，建立坛宇，广崇供养，欲令一切皆承道恩。如是福德无有边际，无有穷尽。能发善心，为人修禳，莫生懈怠，亦复如是。"①

值得注意的是，杜光庭《广成集》中有七处醮词都提到了"月孛"。《李延福为蜀王修罗天醮词》："今复大游四神，方在雍秦之野；小游天一，仍临梁蜀之乡。地一次于坤宫，月孛行于井宿。仰兹纬候，缅彼灾蒙。深虑凤辇鸾辂，百二之关河未复；陵园寝庙，九重之城阙犹虚。惟切祷祈，伫回鉴佑。是用按依玄格，遵炼明科，修黄箓道场，设罗天大醮。九清三界，咸陈忏谢之仪；天真地灵，备展奏祈之礼。普日月星辰之域，遍山川岳渎之司，毕罄斋庄，用期通感。伏冀天尊降命，圣祖贻休，俯借神功，载康国步，鸿图克固，鼎祚中兴。"《罗天中级三皇醮词》："今又大游四神，在雍秦之分；小游天一，次梁蜀之乡。地一镇于坤隅，月孛行于井宿。考遵纬候，伏切忧虞。"此外《罗天醮太一词》《罗天醮岳渎词》《罗天醮众神词》《蜀王本命醮葛仙化词》《孙途司马本命醮词》中均言及"月孛"，宣称"仍恐三途推移，或逢灾数，九曜躔次，或在厄宫。况命年天符临勾绞之方，小运当伏吟之位。十三宿内，月孛所经，大运行年，犹居冲破。以兹疑惧，恐履灾凶。敢因本命之辰，虔申醮谢。伏惟真圣，俯鉴诚祈。赦已往罪尤，和冤释结；锡将来福祉，增禄延年。眷属安宁，公私和泰"②。这就说明唐末五代之际，月孛已经成了道教罗天大醮仪式中的天神之一。

北宋神霄派王文卿指出："太乙之神，威怒性急，人若触之，必获大祸。吉为五福，时多清穆。怒为慧孛，大则雨血，下肉块，地震山倾，所向之国，臣杀其君，子弑其父，小人臣（存），君子亡。太乙炁变，阴专阳政，天道反常，民多饥殍。太乙炁顺，国政昌荣，草木畅茂，百谷用成。"③

---

① 道藏：第1册[M].北京：文物出版社，上海：上海书店出版社，天津：天津古籍出版社，1988：590.
② 道藏：第11册[M].北京：文物出版社，上海：上海书店出版社，天津：天津古籍出版社，1988：272-275.
③ 太乙月孛雷君秘法：序[M]//藏外道书：第29册.成都：巴蜀书社，1994：57.

大约到唐末五代，月孛已经继承了计都的天文本义，而独立成为月球轨道远地点的代称，并进入罗天大醮的天神体系。此时罗睺保持着原来的含义，计都大概因为让位于月孛而成了另一个黄白交点的名称。五代到北宋初年，十一曜星神崇拜应该还没有大范围流行。敦煌卷子宋太平兴国三年（978）应天具注历日中还只用九曜注历，其"九曜歌咏法"的罗睺歌为："罗睺此二字，闻名心胆惊，但虑诸般祸，修禳方始停。"①

十一曜的真正流行要到宋真宗大中祥符元年（1008）大规模崇道之后。这一点从星神画像的构图演变中也可窥一斑。苏州瑞光寺塔内纳藏的真宗景德二年（1005）皮纸印本《大随求陀罗尼》中，围绕佛祖的仍旧是九曜、黄道十二宫和二十八宿。②此后十一曜题材的星神画像明显增多。两宋之际邓椿的《画继》卷8有孙太古《十一曜图》。另外，宋郭若虚在《图画见闻志》卷3中提到一位北宋中期长沙人武洞清"工画佛道人物，特为精妙，有《杂功德》《十一曜》《二十八宿》《十二真人》等像传于世"③。可见在宋代星神画像中，十一曜是很流行的题材。

十一曜信仰广泛流行，并被融入雷法。黄云庄曰："太乙火府雷者，乃玉清内院之秘法，北斗真炁之化身，太乙月孛之主法也。祈祷驱邪，斩妖伏精，极有灵验。"④"九天飞罡捉祟轰雷掣电太乙月孛雷君，姓朱讳光，天人相，披发裸体，黑云掩脐，红履鞋，左手提旱魃头，右手杖剑，骑玉龙，变相青面獠牙，绯衣，杖剑，驾熊。"⑤

## 二、太乙派神仙谱系

太乙派祖师华山处士希夷真人陈抟，头戴上清冠，青法服，足穿朱履。

太极上相通玄真人刘浩然，顶道冠，三须高颊，着褐道衣。

中天枢相伏魔真人许志高，顶七星冠，肥白面长，薄髭须，皂缘，紫道衣，穿履。

披云清隐真人杨耕常，戴道冠，面白微笑，三须，着青衲头。

火府主法都雷总管太乙元君李清夫，女人相，铁冠，青氅衣，皂鞋黄裙，左手雷函，右手仗剑。变相则三目，赤面朱发，扫天碧衣，皂缘红裙，朱履，左手仗剑，右手握雷局。

---

① 邓文宽.敦煌天文历法文献辑校[M].南京：江苏古籍出版社，1996：519.
② 廖旸.炽盛光佛构图中星曜的演变[J].敦煌研究，2004（4）.
③ 车吉心.中华野史：第3册[M].济南：泰山出版社，2000：1018.
④ 道藏：第30册[M].北京：文物出版社，上海：上海书店出版社，天津：天津古籍出版社，1988：188.
⑤ 道藏：第30册[M].北京：文物出版社，上海：上海书店出版社，天津：天津古籍出版社，1988：335.

主将威光掌令总监大神丘青，枣青赤色，颧骨岩，大面，三角眼，三牙须，顶帽，内掩心甲，外皂团凤花袍，开襟看带，左肩有黄结带，两条皂履。

副将震雷霹雳行令大神王成之，戴朝天冠，美貌，凤眼，三牙须，如孙真人状，柘红袍，碧玉带，皂靴。

散云飞雾掌令大神陈一言，顶牛耳唐帽，白面，大耳，目腮边有须，柘红袍带，上有小黄结缨，缠定垂下，叉手统袖，皂履。

运风变化青雷大神李德用，顶皂帽，美貌，似灵官状，红袍，掩心甲，绿靴，手执铁棒铁砖。

诛魔杀鬼馘伐大神孔明辉，顶牛耳唐帽，美貌，腮下有须，紫袍，束带，皂靴，捧玉历。

火雷伐恶大神崔实，顶牛耳唐帽，面圆白，老相，垂角眼，尖鼻，婆子相，青黄色掩心甲，绿袍，上红团花，裹肚垂带，左手托火轮，右手执铁鞭，皂靴。

水雷洞耀诛伐大神周明静，顶无耳唐帽，赤面，天神相，或裹吕仙巾，悬两带，尖鼻，两腮起，无髭须，青袍，肩上有黄飞带，执水火镜，足穿朱履。

雷光普照飞火大神纪茂卿，顶牛耳帽，赤枣色，粗眉大眼，上牙嵌下唇，连腮须胡，紫袍，绿带，又垂黄带，统袖，足穿皂履。

驱雷致雨黑雷大神刘道明，翻顶牛耳帽，赤黑面，三角眼，露两齿，上唇无须，连腮胡，淡红袍，上有团花锦抱肚带四条，在上下中有一条，左手掐巳文，右手仗剑，皂靴。

飞雷急捉主律大神林庆子笑，牛耳帽，面白，眉遮过目，老人相，紫袍，统袖，执铁鞭，皂靴，此将充泰玄都省直符。

玄省直符驱雷大神白伸，短帽，横骨，面红白色，金觜，有须，白袍，掩心甲，鹿皮护膊腿裙，拿铁锤，或叉手，白靴。

三天持奏使者谢祐，交脚幞头，赤面，圆眼，三牙须，掩心甲，红花袍，虎皮腿裙，叉手，佩家书黄袋，足穿皂靴。此元帅后身香火，在南剑州，宋朝封灵惠将军。

雷公　元代　壁画
山西芮城县永乐宫

以上十二帅将分别当值子日、丑日、寅日、卯日、辰日、巳日、午日、未日、申日、酉日、戌日、亥日。

还有主持雷雨晴风的五方雷公、电母风伯。

东方雷公朱靖，鸠头，青丝发，垂耳，黑体，褐青锦花袍，绯袴青裙，叉手，悬铁方杖。

西方雷公刘汉祥，黄牛相，黑袍，掩心甲，绯袴，左手持砧，右手执斧，跣足。又云，人相，黑发，白面，交脚帽，金甲，飞带，白靴。

南方雷公朱德茂，赤马相，红袍，虎皮掩心，绯袴，左手雷斧，右手金锤，赤脚。又云，执瓢，出雷火，穿皂靴。

北方雷公张永公，白赤狗相，白发，垂耳，有须，青袍，绯袴，叉手，悬双斧，跣足。此雷神主煞伐黑霆。

中央雷公杨元升，如神农相，豹皮掩心，鸦皮汗袴，黄袍，叉手当心，披发赤脚。又云，执鞭，花裙，皂靴。

雷公大神孟胜，猪貌，青黑色，顶牛耳帽，皂衣，紫袍，白袴，捧雷簿，皂靴，似判官状。

电母大神黄法彰，颜如四五旬妇人，面无皱，紫包巾，耳环，青道服，两手袖中出电光，似冯夷相。

风伯大神马雀，紫黑色查，皱鬼面，眼大，口开，鼻阔两孔，戴两层冠，青抹额，内黄衣，外紫袍，风袋，右手五指开袋口，青抱肚，黄看带，白袴，褐靴。

雨师大神陈元庆，美貌慈颜，端严，戴冠，披紫服，方符珂佩前结，项上有拥带，左擎青碧壶，右手持杨枝，类紫炁星状。

移云掩日四丁大神：丁文广、丁文义、丁文通、丁文莹，鳖头鳖甲，人身，手足肉甲，进出金光，仗剑乘云，各骑黄龙，立四方听令。

开坛听令四大神将：高刀，牛耳幞头，青袍，金甲，莲子面，三角眼，黑色卷须，合口，皂靴，执雷函。陶嗣，四方面，凤眼，五牙须，赤面，兜鍪金甲，腰带符，手执剑。崔亮，大眼，枣色面，曲脚幞头，黄抹额，金甲，飞带，皂靴，执铁斧。赵公明，面黑色，须胡，穿皂靴，金甲皂袍，手执铁鞭。

直日功曹符使十二人：刘康，章保，吴景，范龙，李保，史兴，焦云，郑敏，陈通，吕宣（一本讳育），张显，孟康。

飞神谒斗法中，法师存想召请的神灵有斗母、九皇、擎羊、陀罗、右弼、左辅、上台虚精星君，中台六淳星君，下台曲生星君、通事舍人及捧章官吏等。其上章曰："右臣恭准道母元降玉符，谨录上告中天北斗九皇延生星君圣前。恭望圣慈，允今恳祷，特颁睿旨，宣告十一列曜星宫，二十八宿度分，行年太岁，运限神君，东岳司命上卿，本境城隍社令，咸赐解释宿生今世冤愆罪业，特与增注福龄。"辅正降邪，摄灭妖精，保禳灾厄，治疗病苦，即获安痊。

太乙火府奏告祈禳仪中详细讲述了太乙派的神仙谱系。

第一阶为三清：玉清圣境元始天尊、上清真境灵宝天尊、太清仙境道德天尊。

第二阶为四御：昊天至尊玉皇上帝、星主北极紫微大帝、太微天皇大帝、承天效法后

土皇地祇。

第三阶为九宸：神霄真王长生大帝、东极青华大帝、九天应元雷声普化天尊、九天雷祖大帝、上清紫微碧玉宫太乙大天帝、六天洞渊大帝、六波天主帝君、可韩司丈人真君、九天采访使真君。

第四阶为十极高真：五方五老天尊、十方灵宝天尊、三十二天帝君、诸天上帝高真、十极十华真宰。

第五阶为诸天星君：斗父北极龙汉天君、斗母紫光金真圣德天后、中天北斗九皇道君、北斗纲极宫太尉贪狼星皇君、北斗灵关宫上帝、巨门星皇君、北斗紫极宫司空禄存星皇君、北斗运天宫游击文曲星皇君、北斗帝席宫斗君、廉贞星皇君、北斗上尊宫大帝、武曲星皇君、北斗关会宫上帝、破军星皇君、洞阳宫大帝、天尊外辅星皇君、隐元宫大帝真人、内弼星皇君、中天大圣北斗九皇延生夫人、斗中帝座星君、北斗九皇夫人内妃、擎羊陀罗二仙使者、斗中神仙灵官将吏、天罡大圣万真节度星君、日宫月府星君、五方五德星君、玄都四曜星君、南斗六司星君、东西中三斗星君、三台华盖星君、二十八宿星君、十二宫分星君、普天玄象星宰、南

擎羊　陀罗　清代　纸本设色
北京白云观藏

极长生注生大帝、南极福禄寿星君、西台金真万炁元君、本命元辰福禄寿星君、大小运限禄马星君、当生流年照临星宰。

第六阶为院省真君：三元三官大帝、北极天蓬苍天上帝、北极天猷丹天上帝、北极翊圣皓天上帝、北极佑圣玄天上帝、天曹太皇万福真君、天曹玉历上生真君、天曹掠剩大夫真君、天曹注福注禄注寿真君、天曹会上无边真宰、九天生神大帝、九天储福定命真君、九天司命上卿真君、九天监生大神、九天卫房圣母元君、九天朝元诸司真宰、星河桥塔生化神祇、五雷院使真君、雷霆都司元命真君、北极驱邪使泰玄都三省真君、金书三省使真君、灵宝五师真君。

第七阶为火府传教祖师：紫府冯真人、希夷陈真人、通玄刘真人、中天枢相伏魔许真人、清隐上仙披云杨真人、云庄黄真人、西台风雨令玉田叶真人、火府演派流芳历代师真。

第八阶为火府主法将帅：都雷总管李元君、显顺大将军丘元帅、灵变大将军王元帅、雷枢大神陈元帅、雷机大神李元帅、雷卫大神孔元帅、雷烈大神崔元帅、雷光大神周元帅、雷令大神纪元帅、雷阵大神刘元帅、雷威大神林元帅、驱督家书白元帅、通奏直符谢元帅。

第九阶为坛场神祇：开坛听令四大雷神、九凤破秽大将军、八方大力威神、乾罗怛那洞罡太玄使者、五方五龙神君、华池文浴夫人、沧水绣衣使者、吞魔食鬼将军、铜头铁面骑吏、本佩法箓仙灵、解秽合干将吏、诸阶法中官将吏兵、水府土司无边真宰、阳间岳渎祀典神祇、名山洞府得道神仙、雷府瘟司列职真宰、行年太岁至德尊神、内廷五祀之神、京都城隍之神、京畿庙貌祀典神祇、坛靖所奉香火明神、日分功曹使者、虚空来往神仙、所启无边真宰。

以上诸神，便为太乙火府五雷大法的神真系统。凡行使太乙雷法者，可依章设坛，依序上表、诵咒、步罡、告斗、飞神、蹑景、书符、祈祷，召役诸神，以消灾解厄，济世度人。

太乙派传有各种道法，拥有不同的神班，以执行不同的任务。如太乙炎明五雷，又名太乙威化火府神元雷。师曰："太乙之法，总一十二门。随方运转，散六十宫，主六十甲子所生灾福。所谓炎明者，辉煌洞明。天地之中，无所不烛，有感必通。昭著其灵，神威莫测云。"

九天监生司　明代　绢本设色
北京白云观藏

神位：

太乙荧令火光震华天君朱朗，又名庄耀，火星，火星状，执剑或执火车。

太乙玄运飞空轰雷真君苟广，又名朱飙，月孛星，天冠，三目，绿面，金甲，黄衣，着履，左执火珠，右仗剑。

太乙五雷主将元帅武翘。

太乙五雷流光上将朱兴。

紫皇太乙神捷五雷法，帅班：

神捷风雷元帅玄储太皇万福真君方权，天冠，面白，金甲，朱衣，朱履，执节，乘黑龙。

神捷上元运雷回光大神宋熙玄，火冠，青面，金甲，紫衣，朱履，仗剑。

神捷中元兴雷捷应大神廖拔，虎文冠，面赤，金甲，碧衣，朱履，执戟。

神捷下元迅雷叱炎大神员举，五云冠，面绿，金甲，白衣，朱履，执戟。

皇曜真君马果，凤翅兜鍪，青面亡二目，须发眉并红色，金甲，紫衣，着靴，执两面斧节。

霹雳符使王烈，通天幞头，黄抹额，美貌，金甲，绿靴，大袖，执斧铁。

轰雷传令符使吕进卿，玄冠，赤面金甲，青衣，皂履，执火轮。

张孚，玄冠，白面，金甲，朱衣，皂履，执斧。

申明，玄冠，青面，金甲，玄衣，皂履，执刀。

郑清，玄冠，紫棠色，金甲，白衣，皂履，仗剑。已上三人，并佩弓矢。

太乙神捷符使韩俊，太乙神捷通元符使荀况，冲天幞头，红抹额，面金色，金甲，朱衣，绿靴，执马翎刀。

太乙神捷飞天功曹郭杰，披发，童颜，天男相，银甲，朱衣，朱履，仗火剑，乘玉龙。

雷霆祈祷秘诀中记载了祈祷晴雨时所召请的神灵，"檄请五方传音飞捷报应使者六乙天喜旸谷张神君，火急依时关告主雷欻火邓天君，雷霆副帅辛尚书，驱雷程雍二元帅，主副康刘二元帅，上坛九将，下坛九将，九天啸命风雷吕使者，雷门苟毕二雷神，太极霹雳雷王，天地人三十六位雷公，三劫列宿灵官，七星雷王，二十八宿雷王，二十四炁雷王，十二时令雷王，太乙天章阳雷霹雳专司上将，左右龙虎魏薛二大元帅，太乙所部三司二院内外两坛诸大雷神，神霄火犀雷府主管。不信道法朱将军，副帅沈使者，号黑、历黑陈钱二大雷神，斩勘蒋、璧、华、雷、陈五大雷王，郭亮、邓元皇、何思全，九子真威天公，雷公江赫冲，电母秀文英，雨师陈华夫，风伯方道彰，使者卫日新，六十甲子出宫风云雷雨电五大雷神，太岁地司雷霆，白虎黄旛豹尾火轮燥霹甘泽流火雷王，五岳下诛邪伐恶雷王，暗天暗地雷王，飞沙走石雷王，火丑将军，火急闭阳使者，婆猛邓兴娘，三千六伯部署邵元君，调发三十六雷鼓力士，摽纤使者，莫赚大神，撼山倒海等使，川源潭洞龙王，酆都行司关元帅，张李牛头狱主，东岳温元帅，东平威烈通天大元帅，张、萧、黄、刘、王五大元帅，今年当季行风布雨龙雷部众，城隍社令山川潭洞龙王，一切雷王所隶社令妖雷，六毒蛮雷，一切神史，各各承令，遵奉今来祈

雷公　元代　壁画
山西芮城县永乐宫

祷事理，定限某月某日时，各各同心协力，诛剪旱虹，部领风云雷雨电前来，以俟当职登坛。先期驱动阳雷，大轰霹雳，飞沙走石，卷水扬波，移山拔树，蔽日兴云，行风布雨，遍澍人世，普救焦枯。悉得禾稻丰登，百物滋茂，明彰报应，大显神威。"①

紫皇炎光飞神太乙五雷法，为太乙派所传。

帅班：

太乙端灵洞曜炎光霹雳风雷元帅许彦昌，天冠，王者服。金甲，青衣，朱履，执节。

紫灵炎光风雷追风使者虞仲，执风轮。

追云使者孔阜臣，仗剑。

追雷使者储烈，执铁钻，佩雷车。

追电使者张巨元，执双斧。

追雨使者师铸，佩水车。

追龙使者汤坚，执大斧。

追催使者方俊，执铁策。

以上使者，并交脚幞头，青面，朱发，金甲，朱衣，皂靴。

太乙月孛流光冲元符使朱兴，金兜鍪，面碧色，三目，金甲，朱衣，红履，执戟。

太乙五雷传令使者丘亮，玄冠，赤面，金甲，绿衣，朱履，执钺。右太乙炎光雷神十万，佐时行令，辅道济人。

紫皇太乙玄初五雷法，为太乙派所传。

将班：

太乙月孛流光上将华阴天君朱兴，金凤翅，兜鍪，绿面，三目，赤发，满月相，金甲，朱衣，朱履，左手执火珠，右手执戟。

紫皇太乙玄初霹雳天君显信元帅武翘，天冠，王者相，金甲，朱衣，朱履，乘玉龙，执节。

东方九炁冲和大神汲昌，龙冠，青面，赤发，全身金甲，青衣，朱履，执斧。

南方三炁妙玄大神汤原，火冠，赤面，黄发，金甲，朱衣，朱履，仗火剑。

西方七炁丹元太神龙钦，天冠，美貌，金甲，白衣，朱履，执雁翎刀。

北方五宏大神松臣卿，天冠，紫棠色，金甲，玄衣，朱履，执戟。

中央一炁运灵大神宋行东，天冠，金容，金甲，黄衣，朱履，执镜。

玄初霹雳雷火兴震符使王烈，鲁芳，雷炎，伍阜，需端，木机。并交脚幞头，威貌，金甲，黄衣，皂履，手执雁翎刀。

太乙法中有几道祈雨符，是用鱼充当符吏。如祈雨鲤鱼符："右鲤鱼符作用，先备活

---

① 道藏：第29册[M]. 北京：文物出版社，上海：上海书店出版社，天津：天津古籍出版社，1988：648.

鲤鱼，大者尤妙。用薄铁板二寸阔，四寸长，上面黄纸黑书贴铁板上，背上书某处龙神准此。背书年月日时发，限某时报应。油单纸包，五色线系，长三尺六寸，闰月年分三尺九寸，挂在鱼背鬣上。如不见回，半时内便差林使者催鱼回，便知何日有雨。未放鱼时，先用编一道，连师衔白事意，黄纸写编，青纸朱书符，编头粘符，同金钱马烧于龙潭边。法师就祈雨坛中作用，安铁札符于鲤鱼上，鲜水养活鱼，差以次法官将鱼并编前后烧放，正法官止于坛中打坐，立等报应。如鱼不回，再用此符，差林使者赍编前去催。若无，以次法官，其正法官必须亲至潭边。须有龙之潭必应，至诚有感。"①

---

① 道藏：第30册[M]. 北京：文物出版社，上海：上海书店出版社，天津：天津古籍出版社，1988：214.

# 第三十章

## 天心派神仙谱系

天心派创始于北宋，道士饶洞天为"天心初祖"。《临川县志》曰："宋饶洞天，临川人，为县掾。淳化中梦神告曰：'汝心公平，名已动天。'遂修道。有羽士告以宜见谭紫霄，访之数年，遇于南丰。一日忽曰：'群仙会绿竹峰，予被召。'遂别，其徒不知所往。"① 至北宋末南宋初，又有路时中以传天心正法名于世。方勺《泊宅编》卷7："朝散侍郎路时中行天心正法，于驱邪尤有功，俗呼路真官。尝治一老孤，亦立案，具载情款，如世之狱吏所为。"受神霄派等的影响，路时中在《无上玄元三天玉堂大法》中汲取新义，强调作法者应以内炼为基础，以道为本、法为末。金允中《上清灵宝大法》云："绍兴之初，路真官再编天心法，则用世法以定之者尤众。路君高才博达之士，撰传度科文，又于其法十卷之首，各作一序，极为精确，超越古今。"②

# 第一节　天心派历史传承

饶洞天远托张陵，近依谭紫霄，传天心正法于世。金允中《上清灵宝大法》曰："自汉天师宏正一之宗，而天心正法出焉。"《上清北极天心正法》序亦云："夫天心法者，自太上降鹤鸣山授天师，指东北极之书，辟斥邪魔，救民是务。昔之流传天心正法，止有三符，一乃天罡大圣符，二曰黑煞符，三名三光符。"③ 实表明该派源自天师道，而以天师三符为重，再经谭、饶推衍成书开宗。

---

① 陈梦雷. 古今图书集成[M]. 成都：巴蜀书社，1985：62332.
② 道藏：第3册[M]. 北京：文物出版社，上海：上海书店出版社，天津：天津古籍出版社，1988：646.
③ 道藏：第10册[M]. 北京：文物出版社，上海：上海书店出版社，天津：天津古籍出版社，1988：645.

## 一、饶洞天与天心派

天心派是出现在宋代的新符箓道派,其法术称为"天心正法"。据《上清天心正法》所言,天心派由北宋初江西道士饶洞天创立,淳化五年(994),饶洞天发现江西华盖山有五色宝光冲上云霄,在宝光冲起之处掘地三尺,得到《天心秘式》一部,但不识其中文字,后经谭紫霄指导才掌握了天心正法的原理。谭紫霄曾在江西庐山居住和传道,跟随他学道者有数百人,可见他的道法在江西很有影响。

有关饶洞天的史料,首见于北宋真宗时人龙衮所撰《江南野史》。南唐先主李昪,时值五代动乱,诸郡皆以兵甲为务,而先主专尚文儒,延纳多士。"未几,会亲信饶洞天,荐南昌人宋齐丘,一见与语终日,馆于门下,朝夕咨访。"同书亦载:宋齐丘,字子嵩,世为庐陵淦阳阁皂山人。"时先主刺升州,其亲友饶洞天出守庐陵。齐丘因刺谒之,与语终日。延于门下,旦夕相为燕饮,因访时务。未几,洞天解郡,遂命载归广陵。未至,而洞天疾病且死,因遗书荐之于先主。"① 南宋姚宽《西溪丛语》卷上亦曰:"先主昪,旧名知诰,为徐温养子,以天祐九年迁升州刺史,饶洞天荐宋齐丘于先主。"②

由上可知饶洞天、宋齐丘都是五代南唐时人。饶洞天乃南唐先祖的亲信,曾经与宋齐丘往来甚密。史料显示,宋齐丘与道教关系密切,善于道教斋醮。但依《江南野史》所载,南唐时期的饶洞天已亡,不可能于北宋"掘地得书",可见前后两位饶洞天显然有别,当为同一姓名的二人。

邓有功《上清天心正法》序曰:"遇宋崇兴大道,淳化五年八月十五日,有肉身大士,夜观山顶之上,有五色宝光冲上霄汉。翌旦寻光起处,即三清虚无瑶坛之上也。遂掘三尺许,得金函一所,开见金板玉篆天心秘式一部,名曰正法。钦哉,正法乃玉帝之心术,太清之真文,太上之妙法,三洞之灵书,共成四阶之经箓,所谓洞玄、洞神、洞真、灵宝,出于道德自然之始也。大士者,饶公处士也,名洞天。虽获秘文,然未识诀目玉格行用之由。复遇神人,指令师于谭先生,名紫霄,授得其道。紫霄又令往见泰山天齐仁圣帝,得尽真妙。王又奏请助以阴兵。大士作天心初祖,号正法功臣曰直元君北极驱邪院使。升天时,以法传弟子朱监观,名仲素。仲素次传游道首,道首次传通直郎邹贲,邹贲传臣本师符法,师名天信,至臣有功传于今矣。"③

《华盖山浮丘王郭三真君事实》卷5《饶处士》亦称饶洞天于南丰见谭紫霄,仍携处士谒见东岳帝君。帝曰:"奉三仙道旨令,授子宝印阴兵。"处士受已,再历诸途,制命阴

---

① 文渊阁四库全书:第464册[M]. 台北:台湾商务印书馆,1983:71-88.
② 文渊阁四库全书:第850册[M]. 台北:台湾商务印书馆,1983:932.
③ 道藏:第10册[M]. 北京:文物出版社,上海:上海书店出版社,天津:天津古籍出版社,1988:607.

魔，戡灭凶妖，祈禳水旱，啸命风雷，役神使灵，救人利物。于是四方慕道者凡数百人从游。一日，率诸弟子登华盖之巅，授以至道而誓曰："护气希言，绝利声色，立功为上，谢过次之。救人疾病、灾荒、水旱为上功。忠孝和顺，仁信为本行。行此者，道合阴骘，虽未拜太上，亦居仙矣。"①

南宋金允中《上清灵宝大法》详细讲述了天心正法的传承："中古以后，科教兴行，而大道隐晦。世降愈下，法术盛行，流之多岐，日以驳杂。三洞之品，自汉天师宏正一之宗，而天心正法出焉。当其受印剑于玉局，荡妖异于寰区，法之济时，厥勋盛矣。天心眷睐，历魏晋之变迁，经南北之分治，散失沦坠，几不可考。五季之后，有谭先生、饶先生，相继祖述而成书。虽曰三符二印为宗，而其名称职位，体格言词，悉非汉制。及其天条鬼律，遂有徒三年杖一百之刑。按徒杖之名，乃定于后周显德之间，亦非汉天师本文。汉之刑曰笞三百、笞二百之类，与今不同也。闻饶君颇通达幽冥之事，恐其欲以俗格，而警励世人，或他有所见。又于传度之时，给仙诰以补职幽冥，世法为之，元妙宗遂因其式而编叙。绍兴之初，路真官再编天心法，则用世法，以定之者尤众。路君高才博达之士，撰传度科文，又于其法十卷之首，各作一叙，极为精确，超越古今。惜其所见有偏，升天师与上帝同列奏告尊崇之比，僭

东岳帝君　清代　绢本设色
北京白云观藏

天尊独跻万真之上，失于碍理，良可恨耳。惟出给仙诰之事，路君却不从旧例，止给补帖而已，大为允当。夫人世官爵受命于君，故出给告身。若大臣便宜，补人以官，亦不过给帖僣补。非得君命，不给告也。蚓传法之规，乃以科教，有此典式，依按而行。初非面觐上帝，显奉天旨，止于备录奏告，依仪传度，皆补职帖而可，虽宗坛亦止于给帖。幽阴之事，安可全用世俗格式，擅作告命，诚不可行。此事独于天心见之。若灵宝大法，自葛仙翁而经典宏敷，至许旌阳而法法大备。虽混元法，亦以许君为宗。而净法秘法，与灵宝分派，终未尝有诸诡怪之状。"②这里不仅讲述了天心正法的沿革，并且还分判诸宗，指出天

---

① 道藏：第18册[M].北京：文物出版社，上海：上海书店出版社，天津：天津古籍出版社，1988：69.
② 道藏：第31册[M].北京：文物出版社，上海：上海书店出版社，天津：天津古籍出版社，1988：645-646.

心法、混元法、净明法与灵宝法各有师承，不容混淆。

在饶洞天"掘地得书"创教的神话中，唐末五代道士谭紫霄是一个重要人物。谭紫霄，名子雷。赵道一《历世真仙体道通鉴》称他生于金陵（今江苏南京），《十国春秋》则称他为福建泉州人。最早记载谭紫霄事迹者，乃南唐诗人孟贯，其诗《赠栖隐洞谭先生》曰："先生双鬓华，深谷卧云霞。不伐有巢树，多移无主花。石泉春酿酒，松火夜煮茶。因问山中事，如君有几家？"① 马令《南唐书》曰："道士谭紫霄，泉州人也，与陈守元相善，事王昶，封正一先生。闽亡，寓庐山栖隐洞，其徒百余人，有道术，醮星宿，事黑煞神君，禹步魁罡，禁沮鬼魅，禳祈灾福，颇知人之寿夭。武昌军节度使何敬洙宠婢，获怒置井中死，人无知者。建隆初，敬洙遘疾，召紫霄，中夜被发，燃灯静室，见女厉自诉为祟之由。紫霄诘旦具言之。敬洙曰：'信然。'乃丹书符送之，敬洙即愈。有僧于溪浒创亭，苦大石横直，累工不能平。紫霄往见，曰斯固易也。因以指捻诀，含水噀之，命锤其石，应手如粉。后主闻之，召至建康，赐之道号，阶以紫金，比蜀之杜光庭。皆让而不受，凡所获醮祭之施，转以给四方宾旅。金陵既下，紫霄无疾卒，人谓之尸解，莫知其寿算。归葬之日，有祥云白鹤，盘绕送之。"陆游《南唐书》不仅记载了谭紫霄受赐"金门羽客""正一先生"之事，而且认为谭紫霄是天心正法的开派祖师。原因在于其从陈守元处获得"木札数十"，"皆汉张道陵符篆，朱墨如新藏，去而不能用，以授紫霄。紫霄尽能通之，遂自言得道陵天心正法，劾鬼魅，治疾病，多效"。北宋陈舜俞《庐山记》载，庐山有简寂馆，为陆修静旧居，旧传梁昭明太子书堂也。保大中（943—957）道士谭紫霄来自闽中，赐号"金门羽客"，始立观于此。谭紫霄在闽中号"洞玄天师"。清吴任臣《十国春秋》云，南闽国亡，谭紫霄寓庐山栖隐洞，学者百余人。紫霄年百余岁，卒于庐山栖隐洞，人谓之尸解，归葬日，有祥云白鹤绕之。

多种史料显示，陈守元为闽中高道，他与谭紫霄并肩，同为天心正法的开派祖师。北宋欧阳修《新五代史》记载，闽王王鏻好鬼神、道家之说，道士陈守元以左道见信，建宝皇宫以居之。守元谓鏻曰："宝皇命王少避其位，后当为六十年天子。"鏻欣然逊位，命其子继鹏权主府事。既而复位，遣守元问宝皇："六十年后将安归？"守元传宝皇语曰："六十年后，当为大罗仙人。"鏻乃即皇帝位，受册于宝皇，以黄龙见真封宅，改元为龙启，国号闽。其子王昶亦好巫，拜道士谭紫霄为正一先生，又拜陈守元为天师，事无大小，兴辄以宝皇语命之而后行。守元教昶起三清台三层，以黄金数千斤，铸宝皇及元始天尊、太上老君像，日焚龙脑、熏陆诸香数斤，作乐于台下，昼夜声不辍，云如此可求大还丹。② 他不仅被闽王赐封为"洞真先生"，尊称为"天师"，而且是八闽地方女神临水夫人陈靖姑的堂兄。

---

① 全唐诗：卷758：第11册[M]. 北京：中华书局，1999：9708.
② 二十五史：第4册[M]. 杭州：浙江古籍出版社，1998：207.

陈靖姑信仰为福建地区的三大信仰之一，源于唐末。在地方女神信仰的记载中，陈靖姑可与在台湾地区拥有鼎盛香火的妈祖媲美。史料记载，陈靖姑（767—792），或名进姑，人们尊称她为临水夫人、大奶夫人。一说她是宁德古田人，一说她是福州下渡人。能降妖伏魔，扶危济难。二十四岁时，因祈雨抗旱、为民除害而牺牲。宋淳祐（1241—1252）间封崇福昭惠慈济夫人，赐额顺懿，八闽多祀之。原是女巫的陈靖姑，借由其传说故事及事迹不断被民间扩大、流传，因而成为一位地方性的女神。

陈靖姑曾学道于陈守元，一说陈守元乃其兄。清吴任臣《十国春秋》云："陈守元，闽县人。已而为道士，以左道见信于惠宗。""靖姑，守元女弟也。常饷守元于山中，遇馁妪，发箪饭饭之，遂授以秘箓符篆。与鬼物交通，驱使五丁，鞭笞百魅。永福有白蛇为孽，数害郡县，或隐迹宫禁，幻为人形。惠宗召靖姑驱之，靖姑率弟子作丹书符，夜围宫，斩蛇为三。蛇化三女子溃围出，飞入古田井中。靖姑围井三匝，乃就擒。惠宗诏曰：'蛇魅行妖术，逆天理，隐沦后宫，诳惑百姓。靖姑亲率神兵，服其余孽，以安元元，功莫大焉。其封靖姑为顺懿夫人，食古田三百户，以一子为舍人。'靖姑辞食邑不受，乃赐宫女三十六人为弟子。后数岁，逃居海上，不知所终。"

闾山法指流传于闽越一带的巫术，此法以南北朝时在闽越一带传播的许逊信仰为依托，尊许逊为教主。到了唐宋时期，闾山法与陈靖姑信仰融合，形成了道教民间教派"闾山派"。陈守元的很多法术都是从陈靖姑那里学到的，而谭紫霄的闾山法很可能就来自陈守元。

谭紫霄的道术虽受闾山法的影响，其主要内容还是属于正一派法术。《太上助救民总真秘要》卷7"辅正除邪考法"中的"考召"法术就来自正一派。所谓"考召"，就是"考鬼召神"，即召来神灵对鬼祟进行考问。具体来讲就是法师在行法时考问作祟者的名字，并对其进行审判，以判定其罪名，如将为祸鬼神关押入狱，并请天兵诛斩。南唐武昌节度使何敬洙宠婢置井中死，人无知者。敬洙遇疾，召谭紫霄。谭紫霄中夜被发仗剑考治，对女鬼进行考问和审判，"见女厉自诉为祟之由"，即考问女鬼的来历和行凶的理由，最后的处置方式是"以符遣之"。① 这就是"考召"法。

"考召"一词，魏晋正一道时期就已出现，《道藏》中有《正一法文经章官品》，系《千二百官仪》的南北朝改编本，这部经书中出现的神灵能够反映汉正一道信奉的神灵体系。其中记载了一些具有"考召"职能的神灵，如"考召考官吏""考召察奸君""二百考吏""主收诸考吏""考召察奸君""考召三师"等。这些与"考召"有关的神灵主要有两个方面的职能：

一是考召神灵，驱邪除魔，收怪利宅，保畜逐贼，度厄录魂，长生医疾，治毒疗疾，

---

① 李淳风. 太玄金锁流珠引[M]//道藏：第20册. 北京：文物出版社，上海：上海书店出版社，天津：天津古籍出版社，1988：370.

五瘟伤寒，收万精魅，收颠痛头痛，收目病耳聋，治虫鼠精怪，治蛇蝗五毒，治久病淋露，治男女百病，治云中闲鬼，收邪师耀鬼，男女解罪，解除咒诅。

收土公：若病肌内消尽，性命垂困，当请天官扬秩君官一百二十人，君吏一百二十人合治之。若久病着家，请须臾君官将二十人令治之，赤天食炁君官将一百二十人，主收家恶鬼为祟害者。若家故殃不宁，梦恶错乱，魂魄不守，请收神土明君官将一百二十人治之，三炁慰愈君五人，官将一百二十人，都星君官将一百二十人，断家鬼伏连。石安君、都星君、诛殃君各一人，官将一百二十人，断外家亡人，复连高都君、朔平君官将一百二十人。

主利宅舍：安炁君官将一百二十人治安丹宫，主隐治宅中鬼炁逆乱，分别功赏令神还。令道明太玄君一人，官将一百二十人，治逆室主民宅不可居，主利收诸殃杀灾怪。赤沙君官将一百二十人，治灵昌室，主收五蛊六魁之鬼，耗害宅舍，上利之道。元炁君官将一百二十人，治室舍，主收天下万民宅舍，及吹解诸横祸之鬼。天玄君一人，官将一百二十人，治安邦室，主收万民不可居，收杀鬼灾怪，主利宅舍。青龙君官将一百二十人，治匮室，主万民虚耗，不宜六畜，主利宅舍。

解首过：三公节，日月九考，即候龙使者，六甲父母，官将一百二十人，主解天下千二百考吏，手书自澄者形。和炁君官将一百二十人，治具寄宫，主收诸祭酒谴考相，及伐者正炁君杀之。天还君白衣兵士千一万众，主收诸考吏察之。天西辰君一人，赤衣裳兵士十万人，主收考召正炁所主天宫，时顿治功曹左右。太清天营兵士百万人众，主收三千六考察止之。四明君官将吏一百二十人，主敕祭酒治舍炁不安稳，主禁考讼鬼之不正，逆炁解讼者，考炁分别清浊。国三老白兔君官将一百二十人，治骆城宫，主治中鬼乱，考召帅罪过不正神，解帅罪祸。国三老白翼君一人，官将一百二十人，治骆威室，主治中恶犯，考召吏罪功过，分别断主解。考召察奸君一人，官将一百二十人，治仙名山室，主祭酒食肉，民子淫盗解之。

五瘟伤寒：计天君官将一百二十人，治六丁室，主收连藉伤寒，思炁历乱。地官督炁君五人，官将一百二十人，治上文室，主收五瘟伤寒，男子疾病。地城伐吏五人，官将一百二十人，治难室，主收治某里五瘟伤寒，女子复连疾病。运炁解厄君兵士十万，辟斥五瘟伤寒，功时破杀之鬼。五瘟都炁兵士四十万人，主收恶炁五瘟伤寒鬼杀之炁。北阙九夷君五人，官将一百二十人，治大苗室，主收里中伤寒狼藉，吏民被狂惑。北里太皇君五人，官将一百二十人，治行室，主收里中伤寒披发。咽喉翁天市大夫君一人，官将一百二十人，治咸室，主治万民复连、伤寒绝音不能语。振大大兵十万人，赤积天冠，主收天下自称五色瘟病之鬼。百神炁君一人，官将一百二十人，治难室，主收天下五瘟伤寒，鬼病人者。北阙九夷君官将一百二十人，治天戴宝，主收市里伤寒病疾，吏民披发，狂足忌骂言错乱。讨天君官将一百二十人，治六丁室，主收疾病时瘟毒之鬼，若在船上得属者伤寒，连病相易五瘟之鬼。北域贼君五人，官将一百二十人，主治热病亡言语之鬼。

北城九夷君官将一百二十人，治满室，主收船车伤寒相连，历疾病狂忽，喉壅身灾。北炁大机君五人，官将一百二十人，治大行室，主收五瘟伤寒时热之病。

二是考校道教徒的功过，当祭酒或信众犯过错时，可以为他们消解罪过，监督道士及信徒改过修真。

录祭酒求录：形和气君官将一百二十人，治旦寄室，收诸祭酒谴考相及代者，正典直杀之。天还室白衣兵十万，众生诸考吏察正之。天西辰君一人，赤衣裳兵士十万人，主收考召正炁所主。顿治功曹左右功曹五人，官将一百二十人，主治田宅吏解考主之。察炁君治名山宫主，收考诸祭酒饮食肉淫佚者，主祭杀之。四明君五人，官将一百二十人，敕祭酒治舍炁不安稳，主禁不正炁解法考，分别清浊正炁。国三考白兔君官将一百二十人，治骆城室，治中鬼乱，考召师罪过。毕女君一人，官将一百二十人，治仙室，主解祭酒犯录上禁，忌饮酒食肉，民间奸淫通之罪，皆使无它。国三考白巽君一人，官将一百二十人，治骆城室，主治中恶犯考吏罪过，分别释玉解考君。察奸君一人，官将一百二十人，治名山室，主祭酒犯录，饮酒食肉，淫盗解之犯。

市买欺诈：驿骆门监市君官将一百二十人，治天市室，主收天下害鬼，考治生殃屠沽酒，开店卖与百姓贫民，私行轻秤少升，诈诞欺人主之。无上万福君吏二十八人，求五利金银，布帛绵绢，谷米钱物，所思者至，所索者皆得，主治招财求利。无上万福君官将一百二十人，主求五利金银布帛，所思者得，所愿者成。天河君官将吏一百二十人，治九江室，主记录河伯敕水，更生为休。

主贾市：天市君官将一百二十人，治佩室，主治天下诸市召考官，称诈小秤小斗，不正入敕市长致理民主之。地面昌上君官将一百二十人，治百水室，主天民乘舟车贩卖，贱交贵货，重金小斗，固不利人，诈诞都市不中之人。无上万福君吏二十八人，主来宜五利，金银钱绢布帛，丝绵谷米，所思皆黄生主之。驿骑门监市君官将一百二十人，治天市室，主天下诸部恶鬼，考治生坐列屠沽，开庐作酒者，百姓贪民侥利，轻秤小斗，诈诳欺人，从民饮食者考之。朱庐君官将一百二十人，治太元堂，主天下金银钢铁钱物不变化，欲求金银铜铁下此神。

主百祸治生：田蚕吏兵营护，收得百业，尽成都市，监察考召君官将吏兵，一合主天下万民百估治生，令得主之。求利百福君，并合属将吏生王道炁一合下，主民人百病求欲皆得。

"考召"一词，虽然早期正一道中就已出现，并流行于魏晋之际，但《道藏》中对考召法术的详细记载则来自李淳风《太玄金锁流珠引》。此经讲到，考召法术有"三元正箓"，道士如果受了这些箓就称为"考召大法师"。《太玄金锁流珠引》曰："初受三五法，前圣老君谓之太一之法箓。本有一千七百九十卷，以太一为名，谓之天教。三者名曰三元箓，五者名曰五行箓，其三五之法，则为上中下三等法也。修真道之部，上部天人所修，中部神仙所修，下部世人所修。故从三元而修，上至天真，中至神仙，下至人仙。世人属居下界，故先真仙下法，所修进中上也。此书上极毕上部，中极中部，下极下部，号曰《太一三五金箓玉箓内典》。"①

考召法是由后圣君传授正一真人，因名三五，正一为号。三者是三元，五者是五行也。《太玄金锁流珠引》载："天地之精，亦人之五灵。能明三五法，即得长生。此正一法箓，本一千七百九十卷，三千六百二十四阶，后圣君以为三元部之。上部名曰上元，主天，置三大将军箓，部领一千三百六十阶箓。中元主人，亦有三大将军，主领一千阶箓。下元主地及水，亦三大将军，主领一千一百五十二阶箓。以为三统部领，立三元将军，防卫于内，治身救人。置三官，主掌于外，驱鬼使神，制约人物。皆是三元五星之所主也，皆秘于上天。正一之箓，都有三千六百二十四阶。下界修行之人，知有其数者，亦得入长生之位人也。何况受得传留，或流世足者，便是仙人。更以修行十年之外，白日上升天真。"

依《太玄金锁流珠引》所说，考召共有六种功德：第一，能与人治邪注疾病，收捉祟妖，诛斩；第二，能与人勘天曹地府，年命长短，贫富贵贱；第三，能与人禁断公私冤对相害；第四，能与人夫妻男女生命相克者，令不相克，永世相宜，出得金木之灾，水火之害，从顺无碍；第五，能与人解除公私咒诅，冤鬼害神，生人死鬼，图谋口舌之害，皆能消之，彼此无害；第六，能除天地灾害，风雨不时，四焉不正，毒龙凶鬼，淫水淫旱，瘟毒鬼炁，若非行天行者，此法能除之。

在《太玄金锁流珠引》中，"考召"既有拷问为祸鬼祟的意思，又有考校道教徒功过的含义，这两层含义也是天心正法的主旨。天心正法尚北极、北斗，它所信奉的神灵主要是以北帝为首的与北极有关的神灵体系，北帝是道教中主管驱邪和考校三界功过的神灵。天心正法称北帝所掌管的天庭机构是"北极驱邪院"，其主要职能也是考校功过和驱邪除魔，"所谓北极驱邪院者，乃三界纠察之司，万邪总摄之所。行其法者，则上通章奏，下达文移，救死度生，殄妖灭怪，考治鬼祟，鞠勘妖邪，是其职也"②。由此可见，北帝和北极驱邪院所具有的职能主要是"考召"。

从天心正法的称谓上亦可看出它与《太玄金锁流珠引》的关系。法师要上奏章给天上神灵，请求神灵派天上神将下凡帮助他收捉鬼怪。法师上奏的内容如下："臣行法依天科，行天心正一之法，愿赐阳师阴师。佐臣身行兵布炁，放水放火放师子，发遣三元九天将军，与臣同心并力，共击破某山某庙某贼凶囚宅恶鬼营侣，悉令砂崩瓦碎，火烧水荡，捉取精祟腰斩，令得疾病差愈，某事即遂，云云。任于此下添，即行考召事。"法师称其所行法术为"天心正一法"，与谭紫霄称自己得到的天心正法非常相似，可见谭紫霄的天

---

① 李淳风. 太玄金锁流珠引[M]//道藏：第20册. 北京：文物出版社，上海：上海书店出版社，天津：天津古籍出版社，1988：364-365.
② 道藏：第30册[M]. 北京：文物出版社，上海：上海书店出版社，天津：天津古籍出版社，1988：144.

心正法与《太玄金锁流珠引》记载的法术是一脉相承的。

《太玄金锁流珠引》记载了法师行考召法术的过程。《正一考召仪》曰:"夫考召法,是考鬼召神也。事大不小,须以清净,安坛立纂,建狱开门,引绳系坛及狱,坛开四门,禁步结界。以青香案明灯,夜一更三点及可。结界劫水禁坛,禹步居心,丁字绕外,噀水坛中。讫即西立,存三元考召正一法师李尊师,紫衣飘飘,冠剑,紫云飞飞,皆从西北而来,绕坛三匝。即与臣禁坛,领阳兵往天曹人间,共臣身中篆兵,同心并力,为某家或收恶鬼,或某事,云云。又周尊师领阴兵,助某身中,入地狱中,及水中,某家墓中,捉祟害某家鬼贼,来到坛中,勘问所由,关启闻奏,追捉。"这里所述的"考召"法分为如下三个步骤:第一,在行考召法术时,先建坛立狱,然后再派李尊师、周尊师带领阳兵和阴兵,上天曹、入人间和阴间收捉为祟鬼怪,将它捉拿至坛中接受考召;第二,在进行考召以前,法师应该先命令三元将军和五德将军带领神将围绕着病人的家门,目的是防止为祸鬼怪逃走;第三,对为祸鬼怪进行考召,拷问作祟鬼怪的名字,并对其进行审判,将其关押入狱,后请天兵诛斩。

《上清天心正法》中有名为"治伏癫邪"的驱邪法术,其中收录了天心法师为癫邪病人驱邪治病的过程:凡治伏症邪狂走,不知人事,赤身露体,狂言不定。经人制伏不下,先令患人家具状投坛。书判讫,法官先下远罩,一一叮咛了。次备本人所患情由,具申岳府,备牒城隍,各乞选差将兵,前往监逐。某住址山林社庙,家先司命,五道土地,内外所事等神,立定时候,勒令尽抵,四散缉捉。患人家,应有为祸三界邪祟鬼神,牢固拘管,伺候当院到来,法官于次日,或当日到患人家,不必带剑。次净身变神,步三台七星罡,至斗口,清净身心,默朝上帝,奏遣前件。因依带领诸大圣众法部合属官将,次第将带,出门而去,勿得返顾。相将及彼,次下近罩。指挥神将,牢固拘管,收捉邪祟是,存想四大神将,掇山闭门,下锁门法咒曰。次法官变神,步罡呼召将帅,念逐院神将本身秘咒,各各存见形仪是。念毕喝云:神将疾速与吾搜出为祸鬼神到来,疾疾。如症狂患人走出,法官以局邪诀一指,即喝云:四直天罡神将,疾速缚起手,疾。次用捉缚枷拷四咒诀,如不伏通吐,用纸丸子问祟法,又名天罡烈脑符。

从这一段经文来看,"治伏癫邪"法术的行持过程颇为复杂,法师行法过程分为几个阶段:第一,法师先下"远罩",罩住为祸鬼神,使他们不能逃散。然后备牒泰山和城隍,并命令病人家所在之处的土地神,使这三方神将共同前去远罩中收捉和监管为祸鬼神。第二,法师要先"默朝上帝,奏遣前件",得到"上帝"的命令以后,才可以带领众神将前去病人家,指挥北极神将收捉鬼神。第三,法师要先"牢固闭门",防止为祸鬼神逃走。第四,法师在进入病人家门以后,命令北极驱邪院神将搜出为祸鬼神。如果为祸鬼神非常凶恶,法师就会命令神将将为祸鬼神缚起用刑,以拷问他们,定其罪名,或关押,或流放,或处以死刑。因此,韩明士先生认为天心正法的法师在行考召法术的时候既是审判鬼神罪行的法官，又是管理犯人的狱吏。①

将天心正法与《太玄金锁流珠引》中的考召法术进行对比，可以看出，两个法术的程序极为相似，都是先对为祸鬼神进行收捕，并请天上神将看管病人家门，防止为祸鬼神逃散，最后再对鬼怪进行审判。

对于谭紫霄所信奉的神灵，《十国春秋》中讲到，谭紫霄"事黑杀神君"。"黑杀"就是黑煞，是"北极四圣"之一，"北极四圣"则是北帝麾下的四员大将。黑煞也是天心派所信奉的最主要的神灵之一，据《上清北极天心正法》所载，天心正法有三符：三光符、天罡大圣符和黑煞符。

## 二、路时中与天心派

继饶洞天之后，至北宋末南宋初，又有道士路时中以传天心正法名于世。他与饶洞天一样，声称有掘地得书的经历，其《无上玄元三天玉堂大法》载："宣和庚子上元夜，星坛奏香回，入室存真。异香降，回首见祖师于金光梵炁中，谓余曰：'余吴之赵升也，今侍阙下焉。吾昔生于天目山中，有秘书，临上升之时，藏于江南句曲山三茅大山之顶，汝其往取。'余后数年被命通守金陵，专谒峰顶，夜半，神光亘天，入深开掘可三丈许，得石函一，帛书一卷，约长六七丈，杂以蓬莱细沙。余得之，因厘为二十四品以传世。靖康丙午冬，余寓止毗陵，遂承玉旨传记，许与龙虎嗣真，均礼阳行，阴报昭格，则过之矣。即知此大教乃玄元与圣师本誓，与他法不同。余学者似非夙有金口紫字，终莫得而佩之。后之嗣教小兆，于自然升举图参悟，则可离诸符法，一呼一吸之内，可以通真达灵，伐妖觋怪，度亡救苦，皆易为事也。"这样一来，路时中便成为天心派的第二代宗师。

为了神化其书，路时中又称："已上七品格言，并大观元年正月十五日至七月七日，屡受大教主天君密降口诀。自后至宣和元年，品书禁书并降笔以传真，在绍兴戊寅也。天君降靖中如婴儿声，惟时中与弟子翟汝文亲闻笔记也。"可以看出此《玉堂大法》大体写作于北宋大观至南宋绍兴年间。其法得自茅山，而非华盖山，说明路时中的天心大法与上清派关系密切，其道法亦多承自上清系，故其署名"上清大洞三景法师路时中"。

史料显示，路时中乃开封人，曾官至朝散侍郎。由于他精通天心正法，驱邪有功，颇为灵验，故世人称之为路真官。南宋王明清《投辖录》载："路时中，字当可，解捕逐鬼物，世人目之曰路真官。"路时中曾云游四方，施法救济民众。洪迈《夷坚志》载，南京

---

① 关于这一点，见鲍菊隐对于天心派法师在救治病人灵魂时所扮演的角色的描述．韩明士．道与庶道：宋代以来的道教、民间信仰和神灵模式[M]．皮庆生，译．南京：江苏人民出版社，2007：37-38．

（今河南商丘）张通判次子患瘵疾累年，危困已极，巫卜者多云有祟。会路时中经过，张通判闻其行法有功，乞垂拯救。路时中召问城隍，提审鬼祟，建黄箓大醮，荐拔冤魂，化解宿仇，病者渐安，已而无恙。陈州六月不雨，遍祷莫应，父老诣郡守，召请路通判致雨。路设厅作法，施青布帘幕，围障四旁，中一巨盆，汲水半之。焚香步印，叱咤良久，严奉三日，曰："今日龙行雨，势必小异而去，幸勿惊惧也。"日亭午，白气如梦丝，自盆出于幕外。俄顷，阴翳晦昧，飞电震霆，大雨翻倾，甘霖盈尺，远近沾足，遂成丰年。[①] 建炎元年，路时中为灵壁县令毕造的仲女治祟驱鬼。建炎中，青田小胥陈某莫明其妙失踪，路时中命具状，诉于驱邪院，依清律施行，仍画玉女于后，令焚于城隍祠。明日渔者收网潭水，声如雷震，一物跃出，乃陈胥之尸，死已旬日而面色如生。类似的事例还有一些，说明路真官的影响颇大。

《夷坚志》载，其时施行天心正法的道士甚多。怀州人杨大同为亡妻所惑，颜色枯悴。呼道士以天心六丁符箓治之。宗室赵子举，壮年时丧其妻，心恋恋不已，于房中饰小室，事之如生，缱绻益久，渐不喜食，行步言气衰劣。有道人过门见之，叹曰："君甘与鬼游，独不为性命计！吾能行天心王法，今以授君，努力为之，鬼不攻自退矣。"子举洒然悟，即再拜传受，绘六甲六丁像，斋戒奉事唯谨，遂绝不至。子举从此奉法愈力，为人治病辄验。亳州蒙城县庄子观玉册殿，扃镝严谨，非时不许开。宣和中道士张冲俊掌观事，夜闻其中杖直决遣声，尽二十乃止。明旦，呼众人启钥视之，盖一道士常持天心法者，缚于梁间，足反居上，两脊杖痕如碗大，已死矣。李士美丞相长子衡老，初学天心正法时，饮食坐起，未尝不持摄。会稽人桂百祥，能役使六甲六丁，以持天心正法著名，称为真官。先是吴松江长桥下，每潮来，多损舟船，相传云龙性恶所致。县人请于桂，桂曰："若用我法，当具章上奏，则此龙必死。事体至大，吾所不忍，姑为其易者。"乃判状授僕，戒曰："汝归，持往寻常覆舟处，语之曰：桂真官问江龙何为辄害人，宜速改过自新。脱或再犯，当飞章上天，捕治行法矣。"此人持归，使伺潮将至，从第四桥出白之。渔者迎投判牒，具告桂语。瞬息间，潮头正及其处，即滔滔而返，自是不复为害。

天心派的第三代宗师廖守真，蜀人。据《道法会元》卷246《天心地司大法》载，南宋末期有蜀人廖守真传行天心法。咸淳十年（1274）彭元泰所作《法序》云："昔宗师廖真人修大洞法，诵《度人经》，殷郊护助真人修炼大丹，所到则瘟疫消灭。后真人得道，遍历江湖。""真人今为南昌仙伯，昔授萧君安国，即余之度师之父也。余昔受度师萧君道一先生，凡十有五年，目击所行。暨终，分付玄奥。外有报犯起土符命，自道一先生指示，无不灵验。是法之玄妙，皆师师口传，实上天之宝，人所罕知。余得此文，灵验莫可尽述。至于降瘟疫，伐坛邪，斩灭妖怪，祈祷雨旸，通幽达冥，委之无俟，用之必应。以感激予情，保奏上帝，以加徽称为北极御前显灵体道助法䄙精灭魔地司至德元帅，已获允

---

① 洪迈.夷坚志：第3册[M].北京：中华书局，1981：1362-1363.

俞。是法也，呼召策役，自有至理，文不盈握，正谓要妙。"

《道法会元》又有延祐三年（1316）陈一中所撰《后序》："前件秘法，仆昔得之于文亨费先生，先生得之于白云史先生，史公得之于彭真人，盖师师口传心授。至于仆则敬谨奉行，已十余年矣。其秘止一符一咒，叩之如鼓应声，随心应感。仆近在思江小轩曾学士第中，会竹窗传道判，谓得之于姑苏张湖山。湖山亦出于冲阳真人之门，犹藏冲阳之文序始末。稽首览观，笔录于书，起敬起爱。然仆之所传，与竹窗契合相同，盖出于一源故也。"

冲阳真人即彭元泰，曾被元朝封为"冲阳普惠诚正真人"。据以上二序文，可整理如下：廖守真—萧安国—萧道—彭元泰—史白云—费文亨—陈一中—张湖山—傅道判。按所署之年甲推之，这是传承于南宋末期至元延祐间的一个天心支派。此后至明清未见天心派的记载，可能元代中后期已融入正一道。

# 第二节　天心派神仙谱系

天心派的神仙谱系颇为庞杂，既有来自正一派、北帝派的鬼神系统，又有取自上清派的身神系统。鬼神身神的融合便构成了天心派的神仙谱系。

## 一、天心地司法的鬼神

北宋元妙宗编《太上助国救民总真秘要》详细列举了各种天心道法以及它们的功用与诀法。道法中多用符咒，每一道符中皆有符使、神灵，这亦是天心派符法的一大特色。下面先讲一些重要的道法，以见其概貌。

祈求禳请法：国家祈求雨泽，或久晴不雨，或螟蝗灾虫为害，人民灾伤，妖星照临分野，或边寇侵境，阵敌临克，蛟龙水怪，漂荡人物，倾覆舟船，如此等类，事无巨细，并用飞奏上天，请天兵诛灭，及申诸天星府，五岳四渎四海九江龙神，牒本属城隍，山川道路合属地分，及六丁六甲，云雷两部。须得当任掌首灵司，或民庶投状，称说某界内为某事，已于某处开建道场，坛席恭俟。感应后，当修设大醮，以谢天恩。具状保奏差来吏

兵，还治进爵加秩，以为效信。务要精诚，克彰灵应，若或懈慢，则四司弹纠，三官考录，有违天科，罪当不赦。

治除法：治癫邪鬼祟，先取本人诣实文状，据其事理，合用申行去处。先札付本家司命、五道土地，次牒所属州县城隍，或奏本部兵将收捉，或用奏上天，建立天狱，收捉鬼祟。凡申发文字，及差兵将，先用赏设讫，方给帖牒关引，等付之案，令奉行。次给符水，与病人吞佩。蒙恩之后，再用赏兵，及修设斋醮谢天，以答灵贶。其斋醮法，信量贫富，丰俭为之。如委实家贫，不能办者，师为代备之。若富者蒙恩之后，鄙吝财物，不修报谢，有昧兵将之功，即反招殃咎，难以禳解。

降伏法：山魈精怪是五行不正之精，诈称贤圣，私通妇女，起水放火，抛掷砖石，引弄六畜，变现光怪，依附生形，昼夜游走，惊惧人口，一切怪异。先详看状词，情理切害者，咸依上条，飞奏上天，申某岳借兵，或牒本处城隍。其所用法，信赏，一如上例。

断绝法：断绝传尸复连，解咒诅等，并先取本人状词，称为某人所患某疾，本家曾于某年月日某人，因此疾亡，或后来又因此疾亡几人，须一一具亡过姓名，或曾作甚功德，追荐未退，即当飞奏上天，及申东岳，乞移牒地府，给假差人，押赴某处生天台，露迹显现，听受经法。当建黄箓道场几昼夜，沐浴化衣，设食受戒，焚龙童子，传太上救苦真符，拜奏章表，立名追荐。斋毕，差四直使者，赍券验坛牒，押亡人下地府，计会功德司，及生天案官吏，与依例受生。后赏兵讫，下匦盖法，永断后患，及付符水，与病人吞佩。若频梦先亡，来为祸害，附着人体，指说事理，若非外鬼，当须功德，荐助生界。凡系同亲尊长，及从房骨肉为祟，亦用追悼。可得存亡共济，患害不兴。事讫谢兵，一如上例。其咒诅，如有因此死者，量力贫富，合作功德。拔赎讫，次行申奏，止绝咒诅之处。干系符庙，不得举行，须管永远断绝。

遣治瘟疫法：发遣瘟部鬼神，伤寒热病，疹豆赤眼，口疮五疟，寒热狂邪，泻痢等病，服药不退，祈禳不应者。先取本人事状，诣实申牒，札付所属，或飞奏上天。令修醮谢罪，忏雪过犯，方给符水吞佩。牒十二年王，收摄先行，毒药毒气，不得传染。家门仍以灵符镇断，及下匦盖法，永远不患瘟病。仍须赏兵，饯送瘟部鬼神远去。事平之日，醮谢上天，以答恩祐。

祈请嗣息法：祈求嗣息，若人婚娶多年，不生男女，或乳产不育，或多女无男，或幼年早夭，盖为六害相刑，或值孤辰寡宿，或先缘积恶，嗣续难成。凡似此类，当具夫妇生年月日时，飞奏上天，及申监生注生案，仍申东岳，特与注一男与某人。仍付符与吞佩，须令预作功德，及修圣像之事，伺候感应。蒙恩之后，当设斋醮，以谢上真所赐之恩。

禳谢灾病法：禳灾悔过，连年灾害，困苦床枕，药食不疗，祈告无验，或值星曜照临，或冤邪克害，或犯土司禁忌，或先缘见世业报所攘，是致上天谴责，下鬼诉诬。若欲祈禳，皆先首悔，修斋设醮，拜表投词，冀圣道哀悯，赦其过咎。

破不正符庙法：破诸不正神庙，谓非国朝祀典之神，依草附木，或盘泊泉池之中，野怪山精，侵人害物，横求血食，兴作疾病，一切不祥之事。若有状词投告，当申东岳，飞奏上天，差天兵收擒诈乱邪神，及焚毁祠宇，按律治罪。若私有香烟之祠，有福德及一方之民者，取众保乡人等文状保明，申奏上天，乞赐遣赏，许令重立祠庙，今人承奉。依治鬼律，应正庙系国家祀典之神，不得曲邀祭享，私受血食厌祷，令人咒诅，枉取生人魂魄禁闭，使人入投水火，自欲残刑性命，不务生理，多生公讼。一切疾病，所作不利，耗失家财。许人陈状详委，是实申奏，候报应施行。若生人误有触犯，牵及神理，鉴证猥事，致生灾难，亦许首谢，不得刑害居民，性命至死。若有干冒，虽系流，仍听求谢也。

解除法：鬼怪杂类，辄行邪气，败坏人酒醋之类。或犯禁忌，家宅不宁。发掘古墓，伏尸为害。六畜作怪，生子自食。虫鼠怪鸣，雌鸡夜啼。蛇蚁流毒，入宅为害。刀抢棒剑，妄作声响。夜行见鬼，心生恐怖。鬼开闭人门户，敲打什物陈设，杯器饮食，使人持刀，投井自缢，使人或哭或歌，忧悲不乐。使耗散家财，借人衣物，放火烧宅。呼人姓名，鬼炁入人心腹，恶梦鬼魅惊魇，寝寐不宁。使人多公事口舌，夫妻不和，产乳难生。使人田蚕荒耗，种莳不丰，经商亏折，万事不遂。或新屋内，鬼神聚集，旋风入宅，狐狸乱鸣，大木无风倒折，釜鸣井溢，家事器物，辄自行动。小儿夜啼，不宜男女。奴婢多走，牛马瘟疫死伤。白日鬼物见形，怪声光影千幻。万妖侵生，蛊物之事，卒述难穷。今略举此数例，庶知法中有律制伏，事无巨细，皆有法度。其或调理无凭，涉于虚诞者，不在行遣之限。其蒙恩之后，所用赏兵醮谢之礼，并须随力供给，不可全阙科仪。①

以上九法中的条例，备此数门，品贯详明，了然可解，标为图像，显于人庶。凡有患请治者，按行而不疑。此则代天济物，不可苟求于货财。

天心派所传符法社会影响颇大。《上清天心正法》指出："凡书符，先斋心定虑，行神布炁。存雷火烧身，变神为天师。头顶朱雀，足踏八卦灵龟，左有青龙，右有白虎。左右有捧印童子，青衣朱裙。前有直符按剑，后有虎贲军伍，各执钺斧侍卫。存讫。次存度师在前，祖师在后，带领天蓬下三十六员大将侍卫。书符，默奏上帝，启白符中将吏，祷祝书符因依毕，次用印诀，勾六丁六甲功曹将吏等，侍卫前后，就念咒曰：六甲阳神，来侍吾左，侍卫书符。六丁阴神，来侍吾右，侍卫书符。四直功曹，来侍吾前，侍卫书符。急急如律令。存诸神既集，怒目视朱盏，咒曰：阳精朗耀，阴鬼当衰。神朱赫赫，元露太微。七炁成灰，五炁成台。百邪皆灭，万鬼皆摧。急急如律令。吸罢炁吹朱盏中，次更执朱于香上度过，念后咒。或执笔，起卓三下，香上度熏。存为神剑，锋芒赫奕。即念敕笔都咒：太阳俱照，阴鬼当衰。神朱耀目，九霞太微。我令所使，万鬼俱摧。七炁成火，三炁成台。二星俱照，符到速追。笔为神剑，墨为戈戟。

---

① 道藏：第32册[M]. 北京：文物出版社，上海：上海书店出版社，天津：天津古籍出版社，1988：54-56.

笔法治病，万鬼伏匿。急急如律令。吸罢吹朱中，次执墨于香上度过。咒曰：神墨灵灵，月中真精。书符禁鬼，邪魔灭形。病人带吞，永保安宁。急急如律令。取罢炁吹墨上，次执笔三卓，香上度过。咒曰：笔为利刀，墨为百药。邪精断却，百魅摧落。神笔灵灵，书符遣精。召官官到，召吏吏行。指人人生，指鬼鬼灭。付吾魁罡之下，入地万丈，无动无作。急急如律令。神墨灵灵，改死注生。神笔一启，万鬼灭形。急急如上帝律令。右咒朱墨笔讫，次左手斗诀，擎砚水香上度过。咒曰：四明开朗，天地为常。三光神水，辟除不祥。双星守镇，七灵通光。书符煞鬼，伏吾魁罡。邪鬼宾伏，万炁混康。太上老君，教我煞鬼，与吾神方。上呼玉女，收摄不祥。登仙契道，佩带印章。急急如上帝敕。次左手握紫微印，右手执墨，自身为天师。右手磨墨四十九转，左转四十二转。右转七转。两次各吸阴阳斗炁，吹入砚中。次执笔香上度过，再念天帝释章咒，取罡炁入笔书符。"

最为著名的有三光符，书符时左手结斗印，右手执笔。咒曰："仰告天罡大圣，北斗尊星，太阳日君，太阴月君。诛灭凶恶，灭迹除形。魔王惧畏，胆碎心倾。救民疾苦，大赐威灵。治病去祸，回死作生。天符到处，永断妖精。降临真炁，圣威奉行。急急如上帝律令敕。"书毕，取三光炁吹符中，结斗诀，面太阳。咒曰："日出东方，赤阿堂堂。某人服符，符卫四方。神符入腹，搜胃荡肠。百病除愈，骨体康强。千鬼万神，无有敢当。知符为神，知道为真。急急如律令摄。"

凡书符玄武黑煞符，道士需要变神为玄武元天翊圣大将军，"身长百尺，散发，丁立，脚踏八卦灵龟，手结伏魔印，眼出电光，按剑而立。化砚为龙蛇，墨为戈戟，笔为七星宝剑。然后咒敕朱墨笔，磨墨如前毕，却书符"。咒曰："玄武符使，大逞威灵。救民疾苦，断绝妖精。收捉凶祸，破灭真形。三魂附体，七魄安宁。护身去病，永保长生。众神凛凛，敕到奉行。急急如上帝律令敕。"

另有九符，乃上清无极隐文。"秘旨深奥，不传于世。自后汉以来，亦有年代相受，出世已久。昔太上授张天师，始为初传，故兴此一教。方有天师之佐，大驱无比，入蜀战鬼，不候天符，擅兴风雨，是此符也……已上九符诀目作用，及后面议论奥文，并无一字外来添撰。并系三十代天师虚静先生亲

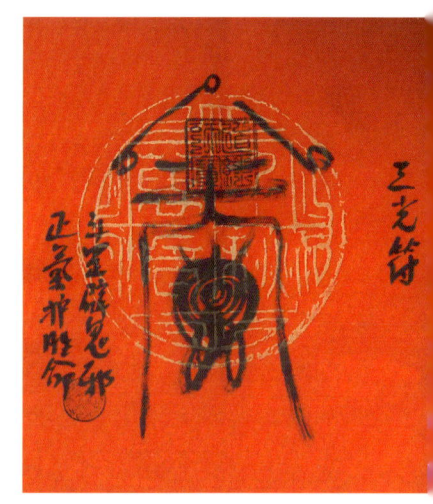

三光符　李远国书

玄武黑煞符
采自《上清天心正法》

编，斯文实为紧要，威禁至重也。"①

书符时须牢记法中列圣形仪："三台形仪，身各长百尺，着紫罗衣，道装，执玉圭，朱履。上台顶出黄炁，中台顶出白炁，下台顶出青炁。写三台时，逐星落笔，取炁灌注笔中。七星形仪，贪狼、巨门二星，各顶出黑炁；禄存、文曲、廉贞三星，各顶出青炁；武曲，顶出赤炁；六星各道装，着紫罗衣，执碧玉圭，身长百尺。破军星君，上帝封为婆罗王，乃七元之领袖也，身长千尺，左手叉腰，右手仗七星宝剑，跌足丁立，着紫罗衣，回头顶出火色毫光之炁。辅星顶出赤炁，身长十丈，展脚幞头，着绯衣，秉笏。天丁力士形仪，天丁力士，姓勾，名民子，着绯衣大袖，弁冠，执戟，专掌印，其余入瘟家。岳将形仪，东岳差来神将二员，着皂绣衣，展脚幞头，绯抹额，带剑而立，形仪勇猛。十二功曹，直日直时，并支干将形仪，并带剑，本日服朱履，仗剑，顶冠，形仪随本日所属。六丁六甲使者，并顶冠，金甲，仗剑。倒海缚龙二符中天丁形仪，与勾力士不同，顶冠，紫服，束带，按剑，朱履。三界直符形仪，并力士冠，紫服，束带，按剑，朱履。直坛土地形仪，身长三尺三寸，裹幞头，着白帔，秉笏。"

法师施法，书火铃骁将飞捷符，必须熟悉飞捷符使的形象，顶冠，骑龙，仗剑，着金甲绯衣。可使入病家，驱遣鬼祸，除去仗尸故炁。

法师书符施法，书太一奔星捉邪符，必须熟悉捉邪符使的形象，披发，仗剑，着黑衣金甲。可入水府泉源，遣祸逐鬼。若贴人本命上，则夜间捉人精神也。右此二符欲书时，先望天罡在何方。并用黄绢，阴日墨书，阳日朱书。步七星罡，取天罡炁，左手紫微印，右手执笔。咒曰："天罡七星，三天神兵，翻地天兵，三天大魔王，玉清侍卫飞符使，从天降下，从吾太上真笔。今日今时，随此神将，赴某处追捉鬼祟。今日直符功曹，北帝斩鬼吏兵等，侍吾左右。"及出引一道，同去。子执符讫后，天门上步罡，指地户到天罡，复身再入魁。一烧符为灰，叩齿七通。又念前咒，左手握符灰，右手仗剑，倒移三步至罡，立喝云："符使功曹，速往某处。"此法可达天门、五岳、四渎江河，无所不通。

法师书符施法，书撼山符，必须熟悉撼山符使的形象，四目八手，骑炁龙，乘火云，从官兵吏三千人，可使穿地，撼震五岳泰山，风雨摧折。

法师书符施法，书大锁龙符，必须熟悉大锁龙符使的形象，三目，披发，银甲，乘金翅马，朱雀炁，可使断水妖，伏蛰龙鱼。右法取炁，当月建上步斗，看天罡所在。取炁闭息，返炁逆行，舌拄上腭。左手手中指中，不得离斗口上书符。此符闲逐三江，遂流五海，地界水界中，或有妖怪，潜越水府，不时作兴，下民残害。吾使丁亥、丁丑、甲戌、甲申神将，统翻地天兵，随此神符，一下乃定，一依吾指挥。

法师书符施法，书上清变神符，必须熟悉捉鬼符使的形象，披发，带金甲，目有火

---

① 邓有功. 上清天心正法：卷3[M]//道藏：第10册. 北京：文物出版社，上海：上海书店出版社，天津：天津古籍出版社，1988：614-621.

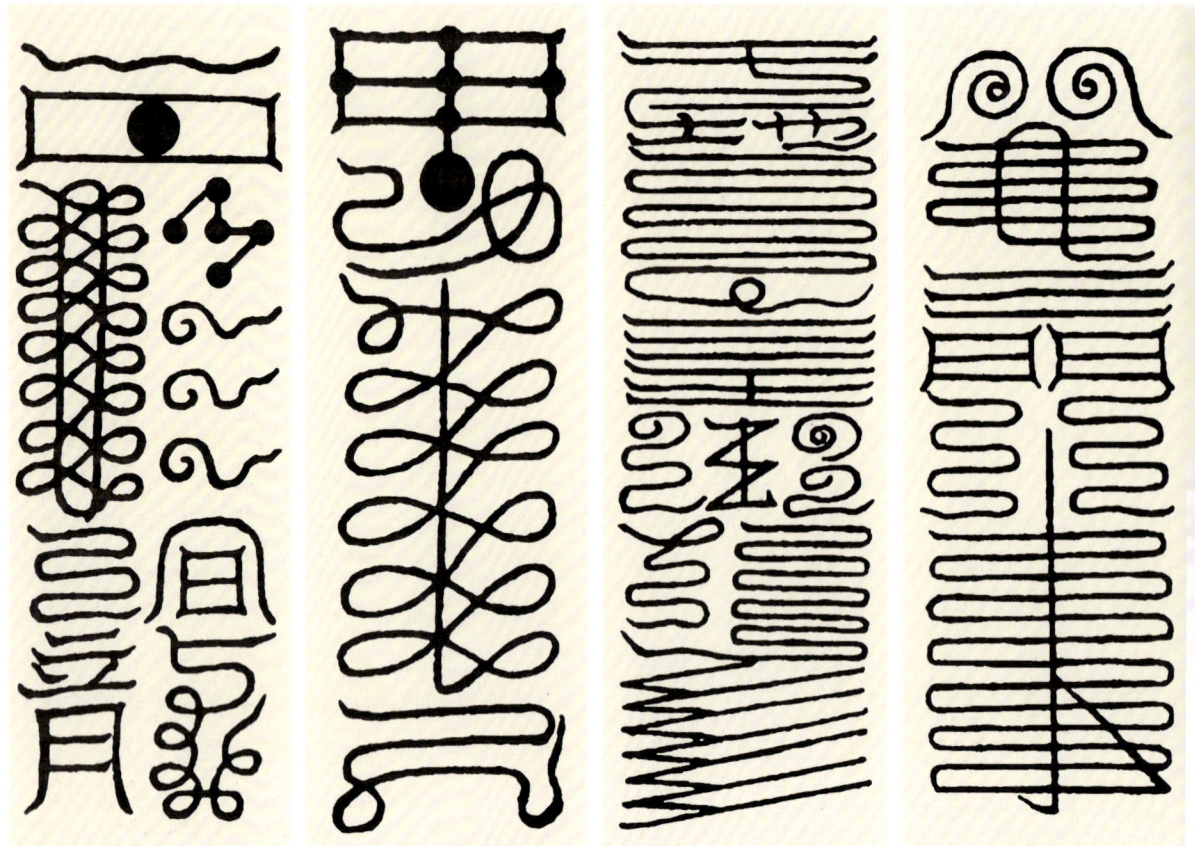

| 火铃骁将飞捷符 | 太一奔星捉邪符 | 撼山符 | 大锁龙符 |
| 采自《上清天心正法》 | 采自《上清天心正法》 | 采自《上清天心正法》 | 采自《上清天心正法》 |

光，手持断邪剑，乘火云，走如雷。可使搜鬼神，铜石山精，莫不碎裂。右符步斗罡，先自本命上起。变神为上清法师，再于斗口内，返步至罡。白绢一尺二寸，朱笔一管。再取罡炁，存吸吹笔上。捻中指第一节，烈火焚香。念咒曰："奉请三天门下三师及狱吏，九天大统兵太一真官，日月真境平天大魔王，天丁力士，六甲布阵使，五雷君，云中飞待捷疾使。速速急急，从天降下，自地涌出。张天罗，布地网，炎雷火车，戬灭鬼精。当现吾前，令无住滞。急急如上帝律令。"书符时，先咒三遍。发符时，一遍。符与火铃飞捷，一法通用。

法师书符施法，必须熟悉照鬼阴符符使的形象。阴符符吏，戴幞头，执剑，着绣衣，乘符魂随逐吏兵，驱断鬼怪，莫不尽灭。阳日朱书，阴日墨书。阳日取日君炁，阴日取月君炁，吹之。咒曰："天道张张，使阴驰阳，直符赴吾斗罡。玉符一着，万鬼潜藏。急急如律令。"发符，阳日日君咒，阴日月君咒。阳日君诀，阴日君诀，各一遍。灌注符，使驱逐鬼炁邪精。符贴镜面上照之，鬼悉灭形。

上清变神符　　　上清照鬼灭形阳符　　上清照鬼灭形阴符　　上清倒海致雨符
采自《上清天心正法》　采自《上清天心正法》　采自《上清天心正法》　采自《上清天心正法》

　　法师书符施法，必须熟悉照鬼阳符符使的形象，戴幞头，着绣衣，仗剑，随符魄兵使等，断诸惊魇鬼魅，立尽消除。

　　上清倒海致雨符。若天时有雨，则自有阴灵报应。若天时无雨，则指射河源潭洞之类。别具事由。飞奏祖师上清大帝、玉皇上帝，伏乞敕旨，指挥某处河源官史，伺候将符，立便兴风作雨，散某处封部，取几尺为足。伏乞允臣祈奏，仍申天地水三官，牒云雷雨部天丁力士行雨，龙王风伯雨师具述奏闻。兼札付指射有水处分明，开坐伺候。投符证验，立便施行。仍须建立道场，限三日五日排备。闻奏了，当放人退后。取朱砂一两，随研细。净笔一管，铁牌一片，长一尺二寸，阔四寸。依法步罡，取炁了。返斗倒行，立月建，下笔便书，不得添喊。书讫，黄绢封之，用都天大法主印之，书本位全衔，押字不书，名方别写引一道。格天丁诀，念变神呢讫，勾天丁力士来。吾为某处湖泽，逐旋指射令下雨。今差汝随符，投落某处，立便计会行部。从某月某日某时，大需甘雨，不得注滞。书讫面渎指挥，罡便落水。莫不雷雨，应时甘霈。

上清大禁缚龙符。此符用柏木板，或铁板，长一尺二寸。法师亦先变神，召符中官君、直符三官，具陈某事。安排朱砂净笔，立在天门。望斗步，返倒两次，入斗口中。下笔便书，仍须闭炁，至讫。分付与天丁力士，掐天丁诀勾。具述某事，江河湖潭之内，勾当某事。或驱或缚，发符了。便奏祖师上清大帝、昊天玉皇上帝。依臣所行，须奏状，开拆分明，不得错误。就便剳付，所行遣河海官吏，及牒九江水帝。具说事体讫，再步罡，呼天丁捧文字发符，弹却诀目。如投符，须投下时，令去人急走，恐雷声水泛而惊人也。

天心派传有治瘟断疫法，如是天瘟，即与和解。如是鬼瘟，即与驱之。凡治瘟疫，先看详审订，投状飞奏三清祖师、玉帝，申东岳，牒城隍，与患人首罪。或只牒当境社祠，及猛烈庙神驱遣。次发札子付行瘟毕主，速令退病。次第躬亲前往，却依治癫邪、伏山魈格式，变神步罡，默奏上帝，变神为北帝，以左手掐玉皇诀，念咒曰："唵吽吽，众神稽首，邪魔皈正。敢有逆者，化作微尘。急急如上帝敕。"次掐变神诀，复为北帝，谢恩。执玉皇敕，带六丁六甲力士、风伯雨师、五雷使者，法官再步罡，呼召诸院将兵，一一皆至。法官左手雷局发罩，右手执剑而行，不须远近，罩闭锁门等法。次至患人门首，令预备香灯酒果，神将功德等。于厅首，法官变神，步豁落斗罡罩身，再三台七星罡，呼召将帅指挥。因依令唤行病鬼王，谛听告言。次献茶酒讫，法官左雷局，右仗剑，誓曰："当职昨膺仙诰，受命玉清。行天心之正法，掌北帝之灵文。佩宝印统将兵，奉天符治妖孽。誓愿代天理物，佐国安民。汝等既为行病鬼王，自合依按玄科，于不忠不孝之处，行斯妖祟。岂得妄乱，遍行毒炁，残害生灵。汝等准吾指挥，只今径离此去，火急收摄原行毒炁，取令荡尽，务要息身立便痊安。"次烧驱遣鬼王牒札钱马之类，未要烧神将纸。次法官念金光咒、都天大雷公咒，双手雷局，吸水一口，次令各抱患人，列坐一凳，法官将三官熏邪符、太阳符及住瘟诸符命，烧于水盏中。次咒法水，令吞三光符之类。次敕患身讫。次将火铃骁将符、太一奔星符、连神符贴及金钱云马，于患人前烧，未堪过时，用大扇一扇，其灰尽飞在各人身上。次法官令各人以被覆盖睡，法官将诸荡瘟符命烧于炭火中，熏四畔房舍，更以醋浇之，熏令遍。次法官绕舍净之，更咒法水放住，令各人随意服符。次将符沉于井中，令服。次将神将功德符，立香火于本人家内，候全安日，祭犒将兵，逐一发回。如此行持，

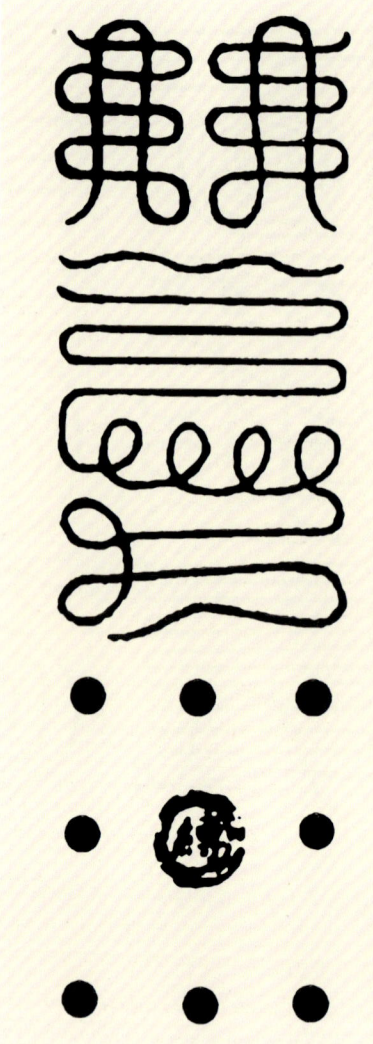

上清大禁缚龙符
采自《上清天心正法》

万不失一。

天心派传有辅正除邪考召法，考召法出于正一之道，有三五考召之箓。官将吏兵，本文备载。所谓考召大法，自有神班：上元将军唐宏，中元将军葛雍，下元将军周武，青龙将军孟章，白虎将军监兵，朱雀将军陵光，玄武将军执明，勾陈将军黄庭，登明神将，河魁神将，从魁神将，传送神将，小吉神将，胜先神将，太一神将，天刚神将，太冲神将，功曹神将，大吉神将，神后神将，天蓬真君，天猷真君，黑杀真君，真武真君，赐福天官，赦罪地官，解厄水官。捉将崔舒宣，缚将卢机权，枷将窦杨摇杨光，黄头将陈镇，蓬头将刘仲，牢头将杨政，五方追鬼将赵公明，左右急捉将姚端，火轮将宋无忌，考鬼将邓行文，斩头沥血将刘炎，药叉将陈守忠，灵官五郎马胜。东方大力天丁追鬼神将温玉，着青衣大袖，戴青帻，赤面，手持双刀。南方大力天丁捉

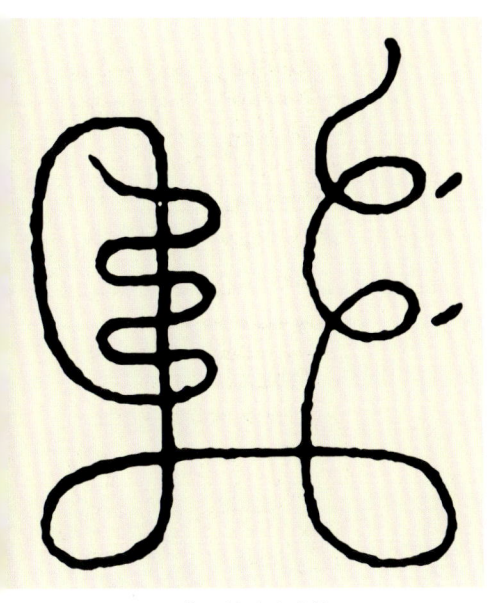

天蓬元帅治瘟疫符
采自《上清天心正法》

鬼神将李公达，披赤文大袖，头戴赤帻，面色赤黄，手执铁棒。西方大力天丁缚鬼神将吴天安，身着金甲，头冠素帻，面色黄白，手把铁索。北方大力天丁考鬼神将刘武真，身着皂衣大袖，头冠黑帻，面目青黑，执戟。①

天心派神系中设有神虎司，主要职能是摄召鬼魂，济度幽冥，迎导亡人形魂，善达坛庭。玄冥内司将吏主要有：神虎倒生玄司玉女蒋仁魁，神虎紫元夫人，玄冥追摄内司玉女韦自然，玄冥追摄内司灵官崔浩，神虎雄左玉曹主吏何昌，神虎雌右武鸾主吏乔荀，神虎内司追魂掌籍灵官郦有俊，玄冥内司天道追魂使高龙，玄冥内司人道追魂使马正，玄冥内司神道追魂使薛彦，玄冥内司地狱道追魂使雷飞，神虎内司饿鬼道追魂使张守和，神虎内司横亡道追魂使赵公明，神虎内司幽隐道追魂使朱信，神虎内司天途恶道追魂使陈从正，神虎内司地途恶道追魂使葛胜，神虎内司水途恶道追魂使杜克，神虎外司上部追魂使张信，神虎外司中部追魂使侯迪，神虎外司下部追魂使魏逮，神虎监狱急现使者陈志，神虎监狱报应使者刘恙，神虎监狱引磨使者徐忠，神虎监狱夜光使者许念。②

---

① 元妙宗. 太上助国救民总真秘要：卷7[M]//道藏：第32册. 北京：文物出版社，上海：上海书店出版社，天津：天津古籍出版社，1988：92-94.
② 道藏：第4册[M]. 北京：文物出版社，上海：上海书店出版社，天津：天津古籍出版社，1988：53.

## 二、天心派身神谱系

天心派传有高奔内景法，法中所载十余幅图，生动形象地展示了道教人神合一的境界。《无上玄元三天玉堂正宗高奔内景玉书》卷上曰："夫学上道，希慕神仙，惟日精月华，乃能炼成仙道，非假玄功，则莫能合真。所谓晶华者，夫岂求之于外，乃吾身自得之真也。道法千门万户，曲径傍蹊，杂说纷冗，故学者多舍真入伪，弃内就外，行之愈久，功必难成。今高奔日月之道，即是太上传祖师之秘旨，古惟口口相授，不假文辞。今特纪之笔端，盖使后世有缘者易以寻究也。且天以日月为精神，人身象之，故能体天而修其身，则回阳换骨，白日登晨，信即此而取效。故《黄庭经》云：'高奔日月吾上道，郁仪结璘善相保。'又云：'日月光华救老残。'枯非虚语。若夫上学之士，心开悟解，触类而长，将舍有为而造无为之地。然下士根器浅狭，非自有为而入道，则不能把握成真。故教主以为道难言论，必在文辞。故以玄妙，尽成于此。若后学勤而行之，坚而守之，则可以乘云炁，履光华，入长生，通仙圣。"

初阳赤辉化生内景法学士于月旦日寅时，清斋静坐，叩齿三十六，服符。存自身为昆仑山，下为大海，日从海底透出，光射我身，坐于峰顶。闭息诵咒九遍，咒曰："阳生元海，自下而升。混混阳阳，逐散群阴。中有大神，郁仪之君。愿降真炁，濯我真形。"咽津九遍而坐，良久而退。

初阳赤辉化生内景图
采自《无上玄元三天玉堂正宗高奔内景玉书》

真阳初升玉虚内景法，每月三日卯时，清斋静坐，叩齿三十六通。存自身为昆仑山神，升其顶上。闭息，诵咒九遍，咒曰："真景上腾，照我天门。炎轮赫辉，开冥散昏。阳神混合，飞出昆仑。乘空策景，拜谒高奔。"服符。存日升照我己身。服炁，一良久而退。

明阳耀光赫真内景法，每月一日，清斋静坐，叩齿三十六通。存自己身从昆仑顶上，望见

真阳初升玉虚内景图
采自《无上玄元三天玉堂正宗高奔内景玉书》

日光晃耀，日中金光射我。闭息，诵咒九遍，咒曰："金输呈瑞，洞焕阳明。炎光奔飞，万里流晶。魔爽灭焰，尘垢荡消。冲虚飞步，驭气高升。"咽津、服符如前。

元阳火云赫赤内景法，每月九日，清斋静坐，叩齿三十六通。存日降火云成桥，我身从昆仑峰顶，骑火云上奔日宫。未升且服其炁，觉暖，方闭息、诵咒如前。咒曰："神迸云衢，运驾灵乌。冲融无碍，升入虚无。真阳梵炁，自然合符。内炼成功，上朝玉都。"

洞阳火龙奔飞内景法，每月十二日，清斋静坐，叩齿二十六通。存自己如前，从峰顶，乘金龙驾火桥，上奔日宫，次山下，瑞炁和暖。闭息，诵咒九过。咒曰："火龙前驱，透顶光飞。神入无何，朝拜郁仪。瞬目上御，混合灵辉。一直逐本，烧灭彭尸。"咽津九过，服火炁，觉通身如春色也。

正阳朝拜灵辉内景法，每月十五日，如前诵咒、服符、叩齿、咽津按数。咒曰："乘阳真光，跃入金门。阴秽烧烬，朝拜高尊。灵炁归我，窈窈光明。神冥内炼，变出仙魂。"

明阳耀光赫真内景图
采自《无上玄元三天玉堂正宗高奔内景玉书》

元阳火云赫赤内景图
采自《无上玄元三天玉堂正宗高奔内景玉书》

洞阳火龙奔飞内景图
采自《无上玄元三天玉堂正宗高奔内景玉书》

第三十章　天心派神仙谱系

正阳朝拜灵辉内景图
采自《无上玄元三天玉堂正宗高奔内景玉书》

正阳灵光通明内景图
采自《无上玄元三天玉堂正宗高奔内景玉书》

存身入日，朝拜帝君，奏所愿学仙之事，良久而退。学士行之至此，身入纯阳，当诵咒八十一遍，咒曰："旸宫炳焰，服御灵光。八窗通明，九户辉煌。形神归源，炁炼光芒。濯炼无漏，谷神飞翔。"服符御炁，叩齿咽津。存身入日官，正坐，服光取炁，灵乌吐光，入兆口中，遍身光明。系每月十七日午时行持此法。

正阳灵光通明内景法，每月二十日，如前行持。次存身在日中，内外混同，和暖自然，九芒散辉，普天大赤。诵咒八十一遍，咒曰："天景混形，神炁合天。离明真火，即我三田。去来自如，飞腾自然。纯阳备体，位得神仙。"叩齿，咽津，服符，良久而退。

纯阳金耀焕明内景法，每月二十日、二十五日晦日，诵咒、服符、叩齿、咽津如前。咒曰："洞阳炁赤，赫赫洗晶。阴散阳会，育我真形。形神俱化，混合离明。冶炼自然，数周飞腾。"存身与太阳混而为一，不见我形，但混光而已。行之一年无病，二年神壮体轻，三年尸魄消荡，五年可以御炁乘光。久久不息，帝君下眄，真仙为友，白日登晨。戒之。

九阳离明真炁郁仪内景法，每遇月朔夜，如前法诵咒九遍。存自己为昆仑，山下为大海，渺渺无际，水底透起月轮黑色，未有光彩。我服其始玄之炁，良久，咽津、叩齿，如诵咒之数。咒曰："溟涬虚玄，混混真源。华景未露，玄轮自圆。会合初基，象帝之先。依时服炼，炁入玄玄。"

素华始玄初元内景法，每月初二日夜，静坐清斋。存自己如昆仑山，身坐山顶，望海边月出如钩，水轮上圆。叩齿、咽津，各三九遍。诵咒，咒曰："真景初生，阴中至阳。

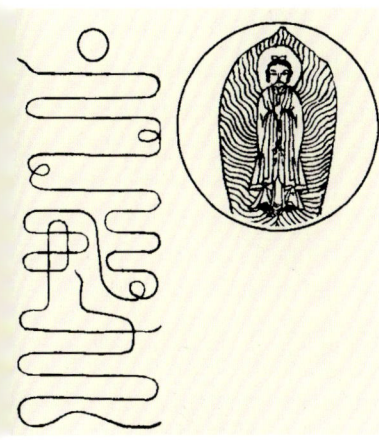
纯阳金耀焕明内景
采自《无上玄元三天玉堂正宗
高奔内景玉书》

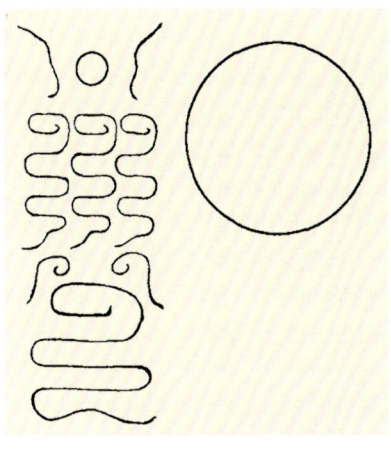
九阳离明真炁郁仪内景图
采自《无上玄元三天玉堂正宗
高奔内景玉书》

素华始玄初元内景图
采自《无上玄元三天玉堂正宗
高奔内景玉书》

水泛玄输，金露微芒。津源畅通，辉映琼房。炁增光盛，服御飞翔。"服符，御炁，良久而退。

清光太初生辉内景法，学士每遇初七日，清齐静坐。存自己登昆仑之顶，仰望月光如半规。诵咒二十四遍，咒曰："景散天池，金水半规。光开幽夜，照我玄珠。饮泛晶浆，香透灵躯。数用真会，乘景冲飞。"服符、咽津，各如诵咒之数。御炁，良久而退。

晶光清明耀华内景法，学士每遇十三日夜，清斋静坐。存自己升昆仑之顶，望月光芒。诵咒三十六遍，咒曰："法轮飞天，玄之又玄。清波湛湛，黄华涓涓。荡涤尸垢，滋养丹田。高奔内景，结璘光圆。叩齿、咽津，亦各三十六。"服符，御炁，良久而退。

玉光澄辉高明内景法，学士每遇月望日，清斋静坐。存身立昆仑顶上，月圆光满，月

纯阳金耀焕明内景
采自《无上玄元三天玉堂正宗
高奔内景玉书》

清光太初生辉内景图
采自《无上玄元三天玉堂正宗
高奔内景玉书》

玉光澄辉高明内景图
采自《无上玄元三天玉堂正宗
高奔内景玉书》

中降水云成桥，光烂如银，我服其炁，未升。诵咒三十六遍，咒曰："琼输光辉，全盈不亏。玄景澄彻，神扃启扉。中有高尊，琼冠羽衣。愿降灵炁，赴我归期。叩齿、咽津、亦如之。"服符，御炁，良久而退。既如前行，再于十六日，存月中真水成桥，下接昆仑，我身乘彩凤入月中。诵咒八十一遍，咒曰："天源周流，光透重楼。霄映十方，五液荡幽。冲虚摄景，真身飞浮。一真上朝，阳九无忧。"叩齿、咽津，亦如之。服符，御炁，良久而退。

圆光灵明洞照内景法，学士再思入月宫，朝拜皇君，所愿学仙之事。服符，诵咒，咒曰："灵辉曈朦，身造玄宫。朝拜结璘，有愿立从。咀嚼玄华，服御灵风。尸魄荡散，神变仙容。"叩齿，咽津，各四十九度，乃十七日夜也。

神光无上虚澄内景法，学士于十八日，存身在月中，内外洞明。服符，诵咒六十遍，咒曰："月是我神，神随月并。内符外合，变化真形。秀结华房，上开金英。功成无漏，上升玉京。"咽津九口，叩齿九通。觉金光四散，普天光明。然后御炁，良久而退。咒曰："圆轮魄回，幽衢夜开。玉虚混景，金光徘徊。津源畅通，照彻灵台。香浮甘露，变我仙胎。"学士至此，

圆光灵明洞照内景图
采自《无上玄元三天玉堂正宗高奔内景玉书》

乘凤入月内景图
采自《无上玄元三天玉堂正宗高奔内景玉书》

金光清虚含真内景图
采自《无上玄元三天玉堂正宗高奔内景玉书》

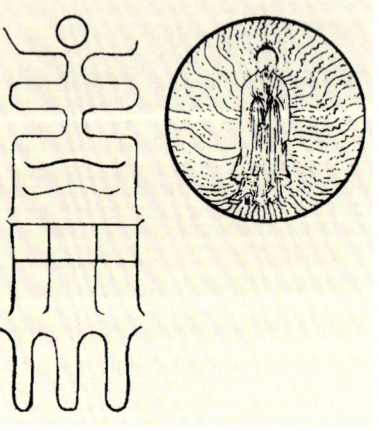

神光无上虚澄内景图
采自《无上玄元三天玉堂正宗高奔内景玉书》

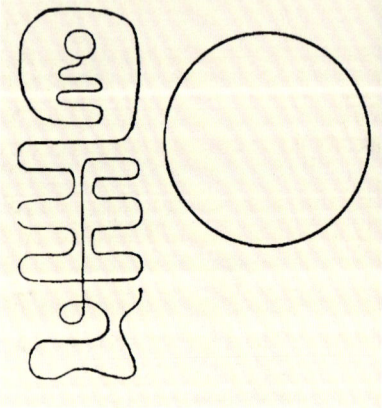

定光清泠玉光结璘内景图
采自《无上玄元三天玉堂正宗高奔内景玉书》

与月混一。当存身与太皇混一而同，不见我形，但清明而已。行之十日，则其功尤倍于太阳矣。但学者戒行未修，立志未专耳，虽然抬起放下，时一存之，尤可延生度世，况专修者乎？

定光清泠玉光结璘内景法，常以月三、七日，夜半入室，按手定炁，闭目内视，乃一身冉冉起上，飞升北斗魁中，背真人星坐。良久为之，觉我形如在斗中也。极念为之，常觉体中热，是真炁合德。存斗中星辰，光下注我身，照映内外。

存斗中星辰法，诀中存思的神真为三元大神。上元大神，名奇剑，字灵刚，着紫宸凤羽紫帔，虎锦丹裳，左佩，右珰，两手握流金火铃。中元大神，名旋度，字素康，项负圆光，扶晨冠，绛羽帔，龙带虎裳。下元大神，名抗萌，字流郁，着扶华绿冠，黄凤羽帔，龙衣虎带，佩流金火铃，手把日芒。三神与我对坐（令背元辰坐）。我心拜之，精思恍惚，存三大神问：何不速来稽首？答曰：畏六天三官众魔。三神共怒，振铃吐气，焕激八方。又忽见一女子，状如婴儿，在三神前向我坐，吐紫烟，直入心中，呼曰：斗中九精阴灵玉清上妃，名密华，字邻倩。仍咽液九过，叩齿九通，左手抚心。凡一日、三日、五日，存泥丸宫，咽液五十过，叩齿九通，左手捻两眉中心，微咒。毕，更按手，咽液九过，叩齿九通。又祝毕起，北向再拜。次西北再拜。常于十五日、十九日、二十二日，存丹田宫，咽液六十过，叩齿九遍，以左

存斗中星辰图
采自《无上玄元三天玉堂正宗高奔内景玉书》

手第二指捻人中，微咒。更按手，咽液二十遍，叩齿九通。又祝乃起，向本命再拜。已上谓之升斗奔辰，能拘魂制魄，益炁延年。招真致灵，皆从此起。

无心卧斗法：凡旦暮卧，先存九皇星在卧席上。身于床前立北向，两手捧心，闭炁瞑目，存天上北斗并帝尊九星，依当时所皆之位，乃见冉冉来下至席，列如图。令天关作月建斗形，长九尺，广六尺，乃绕于真星之外。若时朔日之夕，即并存晨盖之

三元大神图
采自《无上玄元三天玉堂正宗高奔内景玉书》

星俱下，亦列如图。乃从魁下至斗口，于尊星外入魁中，正偃卧，闭目存思其星作圆光之象，星紫色，刚赤色，连绕其星，如步图者。今我头首九极，使真炁入于泥丸，令真星正当顶上，存真炁紫光随身入泥丸，并溢出混头脑之地，光映洞彻，足蹑尊星，心念飞仙，令太微制我三魂。小屈左足以蹑之，足蹑帝星，心念飞仙，令高上拘我七魄。伸右足以蹑之，左手把北台。北台，元星之精也。仰左手小举之，抱元星下纲，使星形在虎口。右手执璇根。璇根，纽星之精也。覆右手，执纽星纲，使星在虎口上。次安身如法讫，闭目存有九星君。第一太星精，存星在左手小指前。第二元星精，存左手把之。第三真星精，存星在头上。第四纽星精，存星右手执之。第五纲星精，存星在纽星右。第六纪星精，存星在纲星右。第七关星精，存星次纪星君。第八帝星精，存星在魁星中，纲连纽星，令对右足心。第九尊星精，存星连太星纲，今对左足前。次都存见九星，叩齿三七遍，咽液三七遍。视毕良久，乃存斗星之精，忽然入洞房，存席上九星并纲，一时分精，作促小之形，后炁户却入洞房中，即是席上颐中两处具有也。洞房魁中，左有黄老君，王色黄绣衣，右是我神与黄老君对坐；口有泥丸赤子帝君，向外坐，光照一身，内外洞彻，三间百节，皆令赤色。①

## 三、天心派神仙谱系

天心派奉三清四御为至尊，以三天扶教大法师正一真人张道陵为教主。《天心正法修真道场设醮仪》载，天心正法醮仪中，道众同诚上启："虚无自然元始天尊，无极大道太上道君，太上老君，上德皇帝太上开天执符御历含真体道昊天至尊玉皇上帝，圣祖上灵高道九天司命保生天尊大帝，紫微天皇大帝，紫微北极大帝，承天效法厚德光大后土皇地祇元天大圣后，三十二天帝，东华、南极、西灵、北真，仙都玉京金关七宝琼台紫微上宫灵宝至真明皇道君，三皇五帝，十一曜星君，南辰北斗尊星，天地水三官，二十八宿星君，玄中大法师，三天大法师，天枢院相公，北极驱邪院众圣，灵宝三师，四圣真君，天曹四司，五岳帝君，斋主法师，建生星斗君，本命元辰真官，岁德尊神，一切真仙，三界官属。臣以宿命因缘，叨行法教。告盟之日，约以行持。祇奉道真，钦崇法会。"②邓有功编《上清骨髓灵文鬼律》卷下："诸应醮奏于三清帝位，傍列采访使者一位，余位不得近帝座。""诸应发三清、玉帝、北斗三光符，行事官变神，上奏具所请事因，称臣今准式

---

① 道藏：第4册[M]. 北京：文物出版社，上海：上海书店出版社，天津：天津古籍出版社，1988：123-130.
② 道藏：第18册[M]. 北京：文物出版社，上海：上海书店出版社，天津：天津古籍出版社，1988：324.

三台星君　清代　纸本设色
北京白云观藏

付发遣，愿如臣言，祝毕即便给直符使，符到奉行。"[①] 恭唯玉清圣境元始天尊，上清真境灵宝天尊，太清仙境道德天尊，其下神仙有四天王，天蓬天猷，黑煞玄武，登明神将，河魁神将，从魁神将，传送神将，小吉神将，胜先神将，太一神将，天刚神将，太冲神将，功曹神将，大吉神将，神后神将，八大金刚，五部大轮王，十方护法神，四天三界众星神仙，十二时神，六丁六甲，风伯雨师，五雷使者，五岳圣帝，江渎广源王，河渎灵源王，淮渎长源王，济渎清源王，洞府名山官庙五道等神，天兵将吏，岳兵将吏等，各依上帝符命，上遵天戒，下尽人情，救苦为心。

在施行北极天心正法时，法师须识法中圣像。据事依法行持，招请所部神灵。主要的神灵有：

北极五灵老君遐明，玄冠羽服，焕然如日轮中帝王。

上台真君虚精，面黄，吐黄气，散发道装，浅黄之衣，手执玉圭，乘三素玄云，顶中有黄炁。

中台真君六淳，面白光，吐白炁满天下，道装白衣，执白圭，乘白云，顶中有白炁。

下台真君曲淳，面青有光芒，气如丝射暗，立青气中，道服青衣，执青圭。

贪狼星君，如旷野鬼帅，披发，面色青赤，左手拄白棒，右手按前。

巨门星君，如美妇人，披缨络，戴五色花冠，执通明宝扇，青衣女子侍从。

禄存星君，如二十美丈夫，花貌，披草衣，执纸笔，正面立。

文曲星君，披发，执文字，骑五色云龙，颜如妇女。

廉贞星君，独髻，骑白龙，戴七宝冠，从者四人，各执戟随从。

武曲星君，象头人面，仗剑，披缨络，从者四人，各执戟随从。

破军星君，猪头人面，手持欢喜团，披白素衣，口吐赤炁，光明夺日，立斗柄头。七元星君，皆道装黄衣，乘黄云，白圭，顶中出玄气。

辅星，冠冕服，执简，如世宰辅之服。

弼星，绯衣，执圭，出五色云气。

天刚大圣，上帝封为婆罗王，乃七元之领袖。身长百尺，着素罗，披发，左手叉腰，右手仗剑，跣足丁立，面紫色，顶中出气两条，一青一白，于青白中，复有赤炁如丝。

---

① 道藏：第6册[M]. 北京：文物出版社，上海：上海书店出版社，天津：天津古籍出版社，1988：915-916.

真武，身长百尺，散发，金镤甲胄。足踏五色灵龟，又名腾蛇八卦之龟。按剑，立，眼如电光。左右执旗戟，共九人，同乘黑云。

天丁力士，绯衣，大袖，弁冠，执戟，姓句名民，于神将皂衣，绯寸未额，如神人，统兵仗，助法执戟，或作将军状。

日直功曹，戴冠，朱履，仗剑。

土地，白襕衫，裹幞头，着靴，身长三尺二寸。

十二直符：子日直符，鼠头人身，黑衣，持镶。丑日直符，牛头人身，黄衣，执镶。寅日直符，虎头人身，着青，持铩。卯日直符，兔头人身，着青，持铩。辰日直符，龙头人身，黄衣，持铩。巳日直符，蛇头人身，赤衣，持戟，有绊。午日直符，马头人身，赤衣，持戟。未日直符，羊头人身，黄衣，持戟。申日直符，猴头人身，白衣，持枪。酉日直符，鸡头人身，白衣，持枪。戌日直符，狗头人身，黄衣，持枪。亥日直符，猪头人身，黑衣持镶。

驱邪院使张天师，披白鱼鳐服，交泰冠，足蹑朱履，左手持都天大法主印，右手仗三昧火铃、北斗神剑。

传教谭先生，松形鹤体，戴华阳巾，衣紫鹤氅。

传教饶先生，眉目疏秀，形仪长五尺余，举止端雅，衣鹤氅，华阳帽。

东岳统兵神将，裹朝天幞头，皂绣金花袍，红罗抹额，碧玉束带，金锁甲，苍龙皱纹靴，执铿钢长剑，乘赤马，拥红绣旗，主统吏兵，护卫正法。

助法神将，持黄钺斧，乘白马，拥黄绣旗，衣冠甲胄，等同统兵神将，并齐心协志，统摄吏兵，卫护法师。

亚将十员，形貌不一，冠带兜鍪，黄金甲，手执弓矢戈剑，各五色旗，乘马。

兵头部伍长二十员，银兜鍪，锁甲，操利器，或乘或步，常佐亚将，驱策部伍，震动威猛，救应勤劳，务功立事。

防御五龙神祇五人，常制御龙神，防护道法。

九狱主九人，各执持器杖枷械，系缚鞭扑之具。

精兵一千众，衣杂彩衣，铜兜鍪，铁甲，各执器仗弓剑，五人为伍，皆以英杰勇锐猛捷，收擒鬼贼，制伏精怪。

直坛规仪，冠古大夫冠，衣古大夫服，佩剑，摺笏，履舄。

随兵从事八人，主随主将，掌职庶事，有职备使，未有蒂伍，随事使令，通传号令。

兵府行司主簿一员，从事四员，掌握兵籍名数。

当直年月日时使者四员，通传号令，奉受文诰，进发表章，关文状牒，明通报应，无辄稽迟。

直坛土地一员，以行司所到处土地，充主管界内鬼神，通传教令，传递关牒。

监兵厨主吏一员，掌本院饮食羞膳，凡宴飨庖馔，务在精洁。职各有任，故莫可阙。①

天心派尚有另一法部将吏，以施行大诀：

都天执邪大将张廷中，披发，大红袍，金甲，杖剑。

横天杀神大将朱子真，披发，青袍，金甲，执索。

冲天摄神大将苏成力，披发，黄袍，金甲，持剑。

金天火轮神将郑天英，披发，皂袍，金甲，持杖。

飞空金圣大将赵天正，披发，白袍，金甲，执枷。

炎空飞轮大将王火光，披发，绯袍，金甲，持火轮。

飞霄灭邪大将刘次神，披发，紫袍，金甲，握刀。丹青圣神大将胡中元，披发，皂袍，金甲，执杖。

安神定魂大将居子镇，披发，绯袍，金甲，杖剑。

追魂归魂大将杜刚志，披发，青袍，金甲，执刀。

禁法神通大将姚尧真，披发，绿袍，金甲，杖剑。

追魑捉魅大将许天信，披发，黄花袍，金甲，持刀。

跳山入海大将袁通灵，披发，青袍，金甲，杖剑。

右大将一十三员，并属北院。②

天心派所传天心正法另有一组统军神班，其中统军二员、副帅三十六员：

通天宝光大将军雷令，役使通目大将军朱烈，都天捉鬼大将陈希，云路追捉大将孙常，天司检会大将王和柔，飞天捷疾大将许逊，驱遣精邪大将赵充，天医治病大将周洪，断除疟痾大将赵刚，解禳睍誓大将王国贤，保护患人大将由夔举，直日捉邪大将元廷臣，治惊安魄大将冯祥夫，驱邪遣祟大将马少信，降魔碱毒大将卜信，解禳神煞大将倪天孙，收邪摄毒大将向忠，除邪荡秽大将黄拱，拘魂制魄大将褚珍，追魂摄魄大将卫进夫，治瘘烁毒大将留邵，解诸厌秽大将赵平，超神续命大将徐纯臣，消灾散祸大将王杰，解除恶丑大将徐国器，摄邪解毒大将方尚文，解除伏连大将符玉，收毒摄邪大将窦延年，解除冢讼大将高仙，珍灭凶妖大将李逸，斩邪灭郭大将马尧臣，除邪治病大将刁汉臣，安慰六神大将朱玄，中界检会大将温高，地界检会大将许伸，诸司检会大将单玺，三界告禳大将丰庆年，解厄救难大将王刚。已上三十六员天将，并毡冠大袖，朱履长裙。凡遇行持，任意呼召。

天心派没有北极驱邪院，审理鬼神幽冥，妖魔祸害之事。北极驱邪院下属众从将帅：

大力天丁都元帅，大力天丁都使者，张李韩三判官，三光符使大将军，大力天丁捉鬼

---

① 元妙宗.太上助国救民总真秘要[M]//道藏：第32册.北京：文物出版社，上海：上海书店出版社，天津：天津古籍出版社，1988：57-59.

② 上清北极天心正法[M]//道藏：第10册.北京：文物出版社，上海：上海书店出版社，天津：天津古籍出版社，1988：646.

将崔舒宣，大力天丁缚鬼将卢机权，大力天丁枷鬼将邓文行，大力天丁拷鬼将窦杨尧，天罡都鬼将赵侯，黄头大将刘元真，蓬头大将钟大有，牢头大将杨政，火轮大将宋无忌，九天云路远捉将徐守中，金山大将余伍，药叉大将陈守净，灵宝五雷将朱隆渊，副将马胜，悬空缚鬼将崔道光，左右急捉将姚端，五方追鬼将赵武，斩头沥血将刘严，副将刘志，无面目拷鬼将赵子景，驱头定发将王福，五方统摄将周公浩，东方青炁真精年直天罡将李文直，南方赤炁真精月直天罡将刘真武，西方白炁真精日直天罡将耿守信，北方黑炁真精时直天罡将温永清，年直使者李文正，月直使者管咤唎，日直使者董大仙，时直使者韩温信，天罡大力将刘永，天童大将陈宥，天冲大将丁公文，天魔大力将丁无之，中天斗狱斩鬼将庄浩方，斩头定发将潘子虚，中天斗狱大将丁存覆，日游神将邓化，大力蓬头力士周元坚，斩头沥血将章日明，缚鬼传送将李仲信，斗中提头沥血张使者，江翟赵陈四大将军，冯使者，三元五德大将军，东方追符搜鬼将潘子虚，南方追符搜鬼将张天威，西方追符搜鬼将李其，北方追符搜鬼将陈光明，掌印天丁力士勾子民，天界直符焦公奴，地界直符郑元喜，水界直符张元伯，考召院三十六员大将，七十二员将吏，三十六员行法童子，直地土地王文公，上清九符将吏。

另有生天台神班：

四天门王，八大金刚，十方护法神王，六丁六甲，天丁力士，五雷使者，北斗七星尊神，九曜星君，二十八宿星君，北极四圣真君，三十六员大将，五岳圣帝，地府十殿真君，三界圣众，四直功曹使者。东岳差来神将二员，着皂绣衣，展脚幞头，绯抹额，带剑而立，形仪勇猛。十二功曹，直日直时，并支干将形仪，并带剑，本日服朱履，仗剑，顶冠，形仪随本日所属。六丁六甲使者，并顶冠，金甲，仗剑。

日月星宿之神：

日中五帝，青帝圆常无，字照韬，形似婴儿，衣青玉锦被，苍华飞羽裙，建翠容扶晨冠。

赤帝丹灵峙，字绿红映，形如婴儿，衣绛玉锦帔，白羽飞华裙，建丹扶灵冠。

七星　采自《无上玄元三天玉堂大法》

帝星尊星　采自《无上玄元三天玉堂大法》

白帝皓郁将，字回金霞，形如婴儿，素衣白玉锦被，白羽飞华裙，建皓灵扶华冠。

黑帝澄溜停，字玄绿炎，形如婴儿，衣黑玉锦帔，黑羽飞华裙，建玄山扶蓉冠。

黄帝寿逸阜，字飚辉，形如婴儿，衣黄玉锦被，黄羽飞华裙，建扶桑素冠。

月中五帝夫人，青帝夫人娥隐珠，字芬艳，形如婴儿，青华绫绵被，翠龙凤文飞裙，头上作頺云三角髻，余发垂至腰。

赤帝夫人翳逸寥，字块延虚，形如婴儿，衣丹药玉锦被，朱华凤络飞裙。

白帝夫人灵素兰，字郁连华，衣白林四出龙绵帔，赤羽鸾章飞华裙。

黑帝夫人结翘，字淳属金，衣玄玉九色灵锦之帔，黑羽龙文飞华裙。

黄帝夫人青莹金，字炅容，黄云山文锦帔，绿羽凤文绣裙。

太星精名玄枢，升天之太尉，司政纠非，上总九天，中监五岳飞仙，下领学仙之人、天地神灵。元星精名北台，斗天之上宰，主禄位，上总天宿，下领万神、学仙之人。真星精名九极上真，斗天之司空，主神仙，上总九天高真，中监五岳灵仙。真星精名九极上真神，曰真人魂，曰天机魂。神斗天之司空，主神仙。上总九天高真，中监五岳灵仙。纽星精名璇根，斗天之游击，主伐逆，上总九天鬼神，中领北帝三官，下监万兆。罡星精名太平，斗天之斗君，主命录籍，上总九天谱箓，中统鬼神簿目，下领学真。纪星精名命机，斗天之太常，主升进，上总九天上真，中监五岳飞仙。关星精名元阳，天之上帝，主天地机运否泰。

帝星精名高上玉皇君，尊星精名太微玉帝君。

北极天心五雷法，为天心派所传。主要用于役使三界，运用五雷，祈祷治病，芟邪摧生。

仙班：

洞阳帝君日罗，帝状，郁仪。

洞阴皇君月罗，后状，结璘。

天罡帝君星罗，王状，面天男相。

天德神君卓，王状。

月德神君显，王状。

帅班：

欻火律令炎帝天君邓燮，伯温，天冠，天官状。微青面，绛服，朱履，执锤钻，乘金龙。

雷霆正令玉府真君辛忠义，汉臣，天冠，地官状。金甲，绿袍，玉带，朱履，捧玉册，乘白獬豸。

雷霆行令旸谷神君张亚，元伯，天冠，水官状。金甲，皂袍，玉带，朱履，执雁翎刀，乘熊。

天罡火雷神烈大神苟獬，留吉，天丁冠，红发，赤面，红袍，金甲，皂履，执钻锤。

天罡水雷神化大神毕玃宗权，王冠，怒相，微黑面，皂袍，金甲，皂履，执斧。

北极统神五雷使者，刘臣卿，严清，祝焘，于惠，胡完朗，并青面，玄冠，金甲，朱衣，皂履，持节，佩剑。

天心地司大法，天心派传。廖真人修大洞法，诵《度人经》，北帝敕主法仙卿下降，特遣侍御殷郊，护助真人修炼大丹。所到则瘟疫消灭，神煞潜藏，行无择日，用不选时，如意指使，悉顺真人之意。

主法圣师：紫微中天北极大帝。

祖师：灵宝先生太清真人廖守真。

主帅：北极御前显灵体道助法馘精灭魔地司猛吏太岁大威力至德元帅殷郊，丫髻，青面，孩儿相，项戴九骷髅，额戴一骷髅，裸体，风带红裙，跣足，右手黄钺，左手执金钟。

殷元帅　清代　纸本设色　李黎鹤藏

副帅：显应通灵急捉使者蒋锐，青面，朱唇獠牙，红锦码花袍，束带，跣足，两耳金环，持索。辖下有七十二候主将，二十四炁主将，金钟黄钺大将，黄旛豹尾大将，十二员荡凶神将，一千二百位官将吏兵。①

如此庞杂的神仙谱系充分显示了天心派融纳道教各个门派的包容精神，也正因为如此，天心派才能拥有广泛的社会影响力。

---

① 道藏：第30册[M]. 北京：文物出版社，上海：上海书店出版社，天津：天津古籍出版社，1988：521.

# 第三十一章

## 东华派神仙谱系

东华派形成于南宋时期,自称其教始于元始上帝和灵宝天尊,祖述灵宝道士徐来勒、葛玄、郑思远、葛洪,尤以南朝宋道士陆修静为其宗祖。该派是从灵宝派分衍出来的一个支派。灵宝派盛于南朝,唐以后衍变为阁皂宗,在两宋时虽与茅山、龙虎二宗并称"三山符箓",但不如其他二宗兴盛。故常有灵宝道士另辟蹊径,企图独树一帜以振宗风,东华派即为从中分衍的支派之一。

# 第一节 东华派历史传承

据《灵宝领教济度金书》所载之《宁全真传》,东华派的肇始者为王古和田灵虚,创建人为宁全真。据称,北宋末,有尚书王古"嗣丹元真人东华嫡传",又有道士田灵虚"遇陆简寂于庐山,玄受三洞经教,与东华丹元玄旨会合"。陆修静逝世后,谥简寂先生,宋徽宗敕封为"丹元真人",故所云"丹元真人""简寂先生"皆指陆修静。陆修静是南朝宋道士,故北宋末田灵虚所谓"遇陆简寂于庐山"纯属依托,以之为创教的准备。但王古和田灵虚并未创立东华派,而是把创教任务交给了他们的弟子宁全真。

## 一、宁全真与东华派

东华派始祖宁全真(1101—1181),名立本,字道立,法名全真。河南开封人。其家世不详,自幼养于裴家。资禀纯异,敏于记忆,"凡诸子百家、医药卜筮之书,无不该贯融合,善察天文躔度,独工于风角鸟占卜术"。后刻意学道,师从田灵虚、王古,得灵宝、东华法诀。尚书王古曾嗣丹元真人东华嫡传,知全真有道,乃檄充史椽。又闻田灵虚遇陆简寂于庐山而得道,遂延请于家,命宁全真典侍抄录。宁全真心与道契,对经箓秘文,一见辄悟。"一日,灵虚言于尚书曰:'裴氏子根器深重,骨相合仙,异日当负大名,然振起吾东华教者,必此人也。欲以上道授之,俾其掌教可乎?'尚书亦欣然曰:'此吾志也。'遂授焉。"

宁全真从此修持不息,"能通真达灵,飞神谒帝,名振京师"。后遭靖康之变,奉其生母,迁居苏州,又从仕子仙处得杨义所遗"灵宝玄范四十九品五府玉册符文一宗印诀",道业大进,门徒甚众,东华法遂行化南方。绍兴中,以斋醮祈祷之功,赐号"洞微高士",继加"赞化"二字。朝廷凡有醮礼,皆命其主典。

孝宗朝遭左街道录刘能真嫉妒陷害,被囚十余日后黥隶军籍。此后,宁全真遂晦迹深遁,益勤修炼。士夫慕而归者如市。浙右诸处士庶,多率请建斋醮,或度幽魂,或弭兵戈,或祈晴雨,动有玄报,不可殚记。晚年住婺州(今浙江金华市)弟子何淳真家,淳熙辛丑(1181)将教务付赵义夫后逝世。诸弟子敛形盖棺,托尸于永康之同山。嗣代赵义夫上章祈度,得都省批降,先生已证位开光救苦真人。其墓迄今林木郁秀,呼为宁仙冢。后有乡宦仕于蜀,见先生冠华阳巾游蜀郡,犹讯及江浙间诸门人弟子云。

宁全真亲传弟子还有宋扶、何德阳、王承之、章友直、宗妙道、胡元鼎、胡次慧、赵怀敏、胡仲造、杜文豫等。可见在宁全真周围已集合起大批弟子,他所创建的东华派已初具规模。再经赵义夫、宋存真、张洞真、孔敬真、庐谌真、恭熙真,传至温州林灵真,更使东华玄风盛极元时。

林灵真(1239—1302),原名伟夫,字君昭,法名灵真,自号水南。家素富贵,自幼聪颖,既长,洞究经史百家,"而于四辅三奇、阴符、异法之旨,独加意焉"。累举不第,弃儒从道,舍宅为观,家赀巨万,如弃弊屣。追感先夫人洪水自南之梦,自号水南,遂榜其门曰"水南福地"。投礼提点复庵先生戴公熤为师,取丹元方诸之义,扁其宅曰"丹元观"。师林虚一、薛熙真,得东华大法。于是大倡玄风,"绍开东华之教,蔚为一代真师,以度生济死为己任,建普度大会者不一"。时三十八代天师张与材亦敬重林氏,命为温州路玄学讲师,继升本路道录。其后,林灵真又亲至龙虎山,朝拜张与材,天师亲授"灵宝通玄弘教法门高士"尊号,住持温州天清观事。以温州为传教中心,受教弟子"在州里不下百人"。天师门下高道董处谦,后为玄教大宗师的吴全节,以及金华谢公、括苍周公、武林王公、吴门周公、庐山于公、赤城赵公、练溪周公、虚舟平公、竹林张公,"此玄门之表尤著者,其从游参妙,肩摩踵接,未可一二记之,亦可谓一时授受之盛。"① 据《道法会元》卷244《灵宝源流》所列各代祖师,继林灵真之后,为龙虎宗的董处谦,再后为第三十九代天师张嗣成。这表明该派在元代中后期已与龙虎宗相渗融,成为正一派的组成部分。

---

① 道藏:第7册[M].北京:文物出版社,上海:上海书店出版社,天津:天津古籍出版社,1999:17-20.

宁全真授、王契真纂《上清灵宝大法》在讲述东华派的历史渊源时，将太上道君、元始天尊、太上老君奉为始祖。《宗旨》曰："灵宝大法师授宗旨，集派五劫开化之后，上圣已成真仙，口口相传，不形文字。恐泄天机，自招谴责。所谓文书易见，宗旨难逢。今世遇者，皆宿有善功，遂令遭遇，故当保爱尊敬。"

《玉清灵宝无量度人上道》讲述了灵宝源流，列出了东华派的宗谱：

祖师虚无自然玉清元始上帝。

玉晨大道太上道君灵宝天尊。

紫宸太华天帝。

东华上相青童道君。

西灵金真梵炁祖母元君。

太玄玄一郁罗翘真人。

太玄玄二真定光真人。

太玄玄三光妙音真人。

洞玄太极太虚灵应徐真人，讳来勒。

太极左仙翁冲应常道葛真君，讳玄，字孝先。

朱阳郑真人，讳思远。

抱朴子葛真人，讳洪，字稚川。

渊洲高真人，讳钦之。

玉清总仙上真简寂先生陆真人，讳修静，字景真。

上清东华太皇道君。

洞灵上卿青玄府下教司命三官保命司主簿丹元姚真人，讳圆，字耀灵。

司命神盖宝惠尚书王真人，讳古，字贤孙。

灵虚诚应紫极田真君，讳思真，字清夫。

洞微高士赞化先生开光救苦宁真人，讳全真，名本立，字道立。

上清宝川王真人，讳𥙿，字光宝坚。

领教真师玉田赵真人，讳德真，字义夫。

云林先生宋真人，讳存真。

玉虚先生张真人，讳洞真。

太玄先生孔真人，讳敬真。

丹霞先生卢真人，讳谌真。

东华先生薛真人，讳熙真。

灵宝通玄弘教法师水南先生林真人，讳灵真。

太极高闲先生董真人，讳处谦，字巽吉。

三十九代天师太玄张真人，讳嗣成。①

## 二、东华派道法与科仪

与传统灵宝派相比较，东华派既继承了晋唐的灵宝古法，又表现出新的时代特点，有取于内丹学说，并广收百家道术，包括升神飞步、存思服气、吞日踏斗、洞观内视、视圣祝咒、开度追摄、炼尸生仙等。但对盛行于宋元的雷法不太重视，亦无禅宗、密教及理学的影响，保持了传统灵宝派普度众生、擅长斋醮的面貌。东华派著述甚丰，分门别类，条理清晰，堪称符咒斋醮、科仪文献的典范。东华派神仙谱系在传统灵宝派神系基础上大大扩展、充实，吸纳了许多地方信仰、民间神祇的内容，展现出一幅新的面貌。

东华派宣称"元始天尊大慈悲悯，广济群生，历劫度人，先天立教，随方应物，不拘于三境九泉，布化流形"。"所以三元品诫，四极明科，三洞四辅之经，隐地藏天之箓。""灵宝召龙之篇，正一救世之章，洞神开山之印，上清八景之诀，玄真曲素之辞，太平左右之图，洞玄智慧之品，乘蹻蹑虚之术，攀魁据斗之罡。或检制身心，或蠲消罪垢，或吞芒饵景，或炼气胎元，或封山召云，或坐忘遗照，开万涂而汲引，垂众法以提携。欲令抱识怀生，皆登道岸。""斯则大道救物，巨细无遗，请福祈真，斋法为大。斋有二十七等，备在三洞经中，则三洞各九品斋也。内黄箓斋者，邀福群有，广救三途，报应之期，影随响答，古今所验，实繁其人。然以精专为先，龙彩为上，香烟处洁，抑又次之。苟有一缺，亦斋之瑕玷也。修奉之士，得不慎哉。且黄箓之法，拯度既多，君臣通修，人天普福，随其所为，理趣多门。又经云：三洞布化，遍满人间，行道修斋，因宜立教，人间天上，久矣流行。若帝王国主，人民土地，一切众生，有诸灾厄，应当消却。召诸道士，及以女官，或多或寡，广立瑶坛，悬诸幡盖，散花烧香，然灯照夜，行道礼忏，昼夜六时，勤勤不息，克获灵应，福德普臻。"②

宁全真授、王契真纂《上清灵宝大法》系宋元东华派道法总集之一。凡27门，66卷。内容丰富，包括开宗明义门、经纬修用门、十玄修用门、修炼吐纳门、修练佩服门、斋戒禁忌门、朝修忏谢门、三界所治门、降真召灵门、济世立功门、制魔伏神门、镇禳摄制门、经句符书门、修斋转诵门、经句分类门、经旨训解门、洞玄仙格门、印篆轨范门、传度仪范门、传度科格门、斋法坛图门、神虎玄范门、斋法符篆门、大炼符篆门、斋法宗旨

---

① 道藏：第30册[M].北京：文物出版社，上海：上海书店出版社，天津：天津古籍出版社，1988：498.
② 道藏：第30册[M].北京：文物出版社，上海：上海书店出版社，天津：天津古籍出版社，1988：649.

门、斋法章奏门、杂用牒割帖关门、文移杂用门等。所谓"灵宝大法者，贯通三洞，总备万法，是无上大罗天元始天尊所说，玉晨道君、五老上帝、高真上圣、妙行真人、十方神王、至真大神所授，后圣玄元金阙李真天帝降世，行教化度，凡间得而闻之"。

东华派吸收内丹学说，强调内修证真的重要。了真可度曰："吾昔遇清微丈人，授以二气吐纳。次遇于玄皇玉帝，赐以金丹诀言。明天地权舆之数，了阴阳生杀之机。众卉百花，尽守根而固蒂；奇禽异兽，咸抱一以含元。故知颠倒五行，翻覆四象，盗元一飞玄之炁，守真精妙体之英，建宝鼎于崆峒，飞金晶于灵洞，媾内外之水火，合上下之刀圭。元炁周流，感元黄而玄珠光耀；包藏宇宙，含金丹而资用无穷。是知天地之独尊，变化之无形无质。乾坤之妙道，生死之无始无终。道勿远求，不出户牖。亲之者鲜，远之者多。弃本妄真，甘乐忘于泉壤；入邪于正，徒度夏以经冬。静以生强，安而思极。七情鼓扇，肠绝阴化而性命危；六欲触耽，精散形离而神气泯。五脏摇荡，九窍开关，靡知性命之端，奇偶相配，何明造化，岂辩玄机。吾启大慈，愿提仙子，将兹神气，集号玄章，故名灵宝之荃蹄，以应真经之内法。付于妙行，出世度人，化现十方，名号非一。编诸经典，遍满恒沙，句句为玄，头头是道。悟兹妙理，则出生入死而与道俱存。了此真机，则离合自然而去来无得。遇之者凤生仙骨，行之者累世庆缘。误谪人天，虑差觉路，指明圆定，证悟法门，行道秘藏，了真可度。"①

东华派精通斋醮科仪，举凡设坛布场，立幡设案，上章奏表，召神遣送，一一详述于下。

举办斋醮，皆需设坛布场。其法若大事，当建灵宝玄坛，小事则建三晨小坛。凡师友命过，则量度诵建，依黄箓格。余皆按此法立坛，陈九鼎，埋三晨之象，汇盖行持，验灾增减，洁清坛场，备列好乐之具，详录五事灾状，启所隶之高真。则丹心合天，五功乃就，克臻升举。立坛法曰："当取生炁方，无秽污石砾净土，择不经生死战阵刑狱屠宰之地，筑坛三层。若三晨坛，每层各高一尺，上层阔二尺，中层阔三尺，下层阔六尺。三层各随事，设所属圣位，上层以符镇之。坛之上层，埋三晨之像，埋深九寸。日居右，月居左，五星各从其方。中层依八方，排九鼎，中宫一鼎附安坤位。造鼎之法，古者以金银铜铁铸成，或用新洁瓮器，如鼎之样烧成，上作一盖。器之外以朱书九鼎之名，却于鼎内，以炁书九州之名，随方分布各方。先以朱书河图数文，文之上却安其鼎，以鼎名向外，平稳安之，无使敧侧。先期奏闻上帝，申牒坛中，合属真灵，移文所在地祇等神，守护坛禁。行事之时，汲九方清泉，贮于九鼎之中。法师口奏事情，以盖覆之，仍别设净筵，各依好乐，备置仪物时花新果，烧香然灯，铺陈如法。次集善行清修同斋之士，不拘人数，共修斋直，禁坛净秽，诚信精笃，悉按古仪，六时行香，十遍

---

① 道藏：第30册[M]. 北京：文物出版社，上海：上海书店出版社，天津：天津古籍出版社，1988：650-651.

转经，使丹衷上格，天贶下临。

解星宿错度日月失昏，当设天皇九曜坛。坛分三层。上层圣位：天皇大帝，太微帝君，北斗星君，五方五帝，十一曜星君，韩君丈人，九天万福真君，妙行真人，青罗真人。中层圣位：三台华盖星君，二十八宿星君，三元三官大帝，北极四圣真君，十方飞天神王。下层圣位：八卦大神，九州社令，五岳大神。十二月将，十二时直。

解四时失度阴阳不调，当设五帝育物坛。坛分三层。上层圣位：虚皇天真，五方五帝，三官大帝，四司真君，扶桑大帝，旸谷神王。中层圣位：五岳大神，九州社令，四海龙君，四渎源王，八卦大神。下层圣位：风雷雨部大神，风伯雨师，河上玉女，湖中玉女，海中玉女，十二月将，十二时直，太岁尊神，直坛土地。

解国主有灾兵革四兴，当设太一圣真坛。坛分三层。上层圣位：昊天上帝，圣祖天尊，天皇大帝，太微天帝，十方灵宝天尊，四圣真君，五师真君，太一十神。中层圣位：三十二天帝，十一曜星君，十方神王，九宫大神，三奇大神，太一神君。下层圣位：九垒土皇君，五岳大神，九州社令，城隍主者，太一八门神君，太岁尊神，十二月将，十二时直，土地正神，直坛神吏。

解疫毒流行兆民死伤，当设长生保命坛。坛分三层。上层圣位：昊天上帝，十方灵宝天尊，长生保命天尊，妙行真人，三官大帝，五师真君，四圣真君，度厄尊神。中层圣位：三元将军，解厄度厄兵吏，收瘟斩瘟大将军，天医大神，甘露童子，清凉玉女。下层圣位：五方天兵骑吏，九州岛社令，太岁尊神，十二月将，十二时直，城隍主者，土地正神。

解禳九土灾祥，预于下元之后，于净所建三天总炁坛，三级。上层法天，中层像人，下层体地。依制度筑立。上层圆，面径九尺，高三尺。中层作八角，面纵横相去限一丈二尺四寸，高二尺四寸。下层方，面阔一丈五尺五寸，高三尺六寸为则。上层用金作日像，圆形，九分。玉作月像，圆形，十分。以五石英作五星，形如弹丸大。却埋日像于卯位，埋月像于酉位，皆傍坛沿极处。五星却按东南西北中，埋于上层日月之里，相去三寸，各深一寸地。次于坛心上立冲天柱，高三尺二寸。每八寸穿一天盘，作三重。第四下一重安斗呈，如曲尺灯架。上层以青色彩泥，如淡碧色。以丹砂周回书二十八宿罡之形。中层坛以黄色彩泥，周回书灵宝五功符，只书四维四道。次书大梵隐语光明玉字，按四方均布之。又书三十二天帝讳于下，却用宝鼎九只，或用瓮石器亦得，分安八方，中宫者寄安坤宫上。取深渊长流之泉，贮于九鼎中。未纳水时，法师九人，各面九方，执笔，存想万里人物，山川城郭，取炁入笔，按九方数取炁存思。且如离宫，当取九口炁之类是也。取炁吹笔了，便于鼎中，黑书九野之名，将九方水煎沸，纳于器中，使平满，以盖覆之。安灯于侧，及置香炉于前。鼎之后立牌，写九炁丈人之位。下层亦以白色新泥填筑，四围开八门，及天门地户。坛画八卦，画四海五岳，以中岳俯坤方，及画九州分野，依式铺置。讫并依三层三轮，排列圣位，悉令合仪。毕。至期行事，于子午时入坛，八方敷几案裀褥，

以八人同志，各典一方，高功却别立高座，在地户上，面天门而统摄九宫之职。如此定了，方可六时行香。每人各诵大经灵书，各一遍，同声讽诵一遍，共周十过。仍各存心映内经法，以意施为，至一昼夜六时毕。于亥时入坛，开器视之，方见九土灾祥，再依前行持。又至亥时视之，若器中水并所书字如常，即罢坛设醮谢恩，除灾度厄祈禳外，并用此行持。

上轮一十三位：三境位，三。左右玄真人，二。太一真人，妙行真人，青罗真人，灵宝真人（四相，四）。

中轮二十一位：昊天，天皇，北极，东华木公，西元金母，三官，三。四圣，四。五帝，五。四帅，四。

下轮一十四位：圣祖，太一救苦天尊，十方灵宝天尊，消灾解厄天尊，九宫解厄天尊，普慈护国天尊，长生保命天尊，大慧真人，救苦真人，真定光真人，郁罗翘真人，光妙音真人，太极真人，三天法师。

曲尺斗灯九位：北斗七元（七），左辅，右弼。

第一层天轮三十五位：十神太一（十），十一曜（十一），度人不死君，南极注生大帝，南极长生大君，度世司马大神，好生韩君丈人，太皇万福真君，扶衰度厄真君，回骸起死真君，南斗六司。

第二层人轮三十七位：法中仙曹，执职灵官，功曹，金童，玉女等众（一位在中央），九州社令（列在外），六丁玉女（列左），六甲神将（列右），五方，五行，五岳佐命。

第三层地轮六十三位：八卦大神，四海龙君，四渎源王，太岁神君（立太岁方），十干大神，十二支大神，风伯，雨师，雷公，电母，霜雪上吏，四直使者，雹霰上吏，云雾上吏，九垒土皇，当处城隍，监醮灵官，直坛土地，十洲三岛大小洞天靖庐福地主者（此一位立中央）。

灵宝法坛庄严神圣，灵幡宝盖高悬通灵。"夫盟天告地，招真召灵，耀景命魔，九光十绝，皆所以按仪立像，具体肖形，杰立虚空，耀灵法界，开通冥漠，化度天人者也。以至裁云飐锦，展绮明霞，策景乘虚，凝神合炁。故得诸天遥唱，万圣临轩，长夜开光，九幽罢对，功赤宏矣。故我灵宝大法，幡节幢盖，具有成仪。尤当运祖炁而合神光，尽精微而致广大，随机变现，应念感通，作生死之津共，具显幽之标准。及其结空成梵，云篆太虚，化形十方，超神八极，普资有识，广度沉沦，实道法之指归，斋修之仪矩也。"

凡立灵幡宝盖，法师当凝神，存想法坛如大海水府，银波湛天，了无翳碍，化所立之幡，为绛节霓旌芝幡幢宝盖。日月星光，焕明其上，祥风鼓舞，影泛金莲，梵炁弥罗，势崇台阁。次存自己元宫一炁，混接内外，玄同天宝，乘百宝光，引照十方，普济诸有。天真大圣，三十二天，上圣高尊，俱来庆会。此乃崇德建功，招真召灵之实效。

灵幡宝盖名目众多，功用各殊。

有四境幡，共四首，黄绢为之，各长四十九尺。于预告时立于郡城四门，或离城一里、十里为则。朱书"玉皇宝号"于幡肚中。

告盟幡，以黄绢四十九尺，造幡一首。顶书"臣谨谨上奏"。幡身书"太上无极大道，至真无上三十六部尊经真文宝符，太上三尊十方众圣，玄中大法师，三界官属，一切威灵，伏望恩光，鉴临斋事"。幡两手足，分书"法师职衔臣姓某，今据乡贯入意，臣领词难抑，谨集道士一坛，依下元黄箓简文真仙品格，建立灵幡，择日修崇无上黄箓大斋几昼夜。某时行道，谨依次第，宣演冲科，拜奏章书，颁行符命，迁拔罪爽，开赦幽况，然灯续明，请光破暗，普施斛食，摄召亡魂，沐浴更衣，朝真听法，传符授戒，炼度起生，满散拜表言功，投龙进简，祗设清醮一座，上谢洪恩，所集善功，总资升度，仰祈睿泽，普济存亡，谨露斋诚，遍申奏告"。

建坛幡，用绯绢四十九尺，制造于建坛之日，标于坛前。故得告盟三界，开度九幽，标纪善功，注名黄箓。至夜于幡竿上，悬彩球灯一碗，使光彻十方，幽冥开泰。依科修举，庶合古仪。

九天宝盖，以九色彩幡九首，各长九尺，肚中篆"九炁符"各一道，背面书"九天帝号"，手足句书各天生神章，八角垂八首，中央悬一首，宝盖中层，间垂九色彩带九条，以像九炁。登斋之始，立于坛左。"九天宝盖者，三天开化，九炁生神，万圣瞻依，百神敬仰。故可慎终追远，崇德建功。关启之初，依科悬立，精诚不怠，感应自然，大斋中不可缺此。"

青玄宝幢，于正奏时高悬空际。故太上慈悲，阐教化形十方，罢对停因，寻声救苦，迁拔亡爽，招真召灵，无间迩遐，同沾妙果。

回耀幡，用绛彩四十九尺制之，以朱砂雄黄合色书篆，于开启时立于坛前。故能回景二曜于重昏，度神魂于霄极。闻见之者，俱沐善恩。幡左手书："茫茫酆都中，重重金刚山。灵宝无量光，洞照炎池烦。七祖诸幽魂，身随香云幡。定慧青莲花，上生神永安。"幡右手书："功德金色光，晖辉开暗幽。华池流真香，莲盖降云浮。千灵重元和，常居十二楼。急宣灵宝旨，自在天堂游。"幡左脚书："元始符命，时刻升迁。北都寒池，部卫形魂。"幡右脚书："制魔保举，度品南宫。死魂受炼，仙化成人。"

太乙救苦灵幡，用青缯四十九尺制之，幡肚中篆金阙梵行玉字："东极宫中大慈仁者寻声赴感太乙救苦天尊青玄上帝。"幡两手书："十方救苦天尊。"幡两足书："大慈大悲救苦真人，大慈大悲救度真人，大慈大悲大惠真人，大慈大悲妙行真人。"此幡乃三天自然内音，金阙梵行玉字，随方救苦，应念垂慈，开化南宫，迁神北府，幡形指处，幽滞俱超，度品之功，莫先于此。

迁神宝幡，用绛彩制造，长四十九尺，以雄黄书篆。两手篆文："符命通溟漠，灵幡飐晓风。迁神超北府，飞舄上南宫。"幡高悬空中，使亡者削名北府，迁神南宫。

回黄宝幡（命灵幡），以黄绢制造，长四十九尺，以朱书篆文，与迁神幡相合。两手

篆文："太微回黄旗，无英命灵幡。摄召长夜府，开度受生魂。"凡建斋当须两首，前后悬挂，不可有彼而无此。别法有以无英命灵幡为标目者。然玉章故有太微回黄旗，无英命灵幡之句。殊不知无英乃神名也。命灵者，召用之义也。灵幡者，乃神灵之幡也。谓无英之神命此幡，以摄召长夜之魂也。却以命灵为幡之名，大失本旨。若以《度人经》云：天丁前驱，大帅仗幡言之，终不有大帅幡也。理宜究之。①

命魔灵幡，告文："元始玉敕，真符命魔。奔火前道，通开合虚，三皇钦从，威制群魔。"用彩制幡，长七尺，立于坛中。遇命魔之时，令一童子执幡，引导法师旋绕行道。或有宝幢相对，以全幡幢导引之义也。

炼度水池幡，背书"天河东井君"。皂绢为幡，长七尺，粉书符，立于水盆侧。

炼度火沼幡，背书"朱陵火府君"。用绯绢为之，立于火沼之侧。

披黄受道幡，幡背书后符。符下书"受度某人成真"。幡用黄绢制造，长七尺。凡于炼度之时，于水炼既济之后，焚去魂幡，易以此幡，即披黄受道也。

火炼变仙幡，用红绢七尺造之。书符于肚中，下半截写"炼度某人，魂神成仙"，两手分书"死魂受炼，仙化成人，生身受度，劫劫长存"。②

血湖灯幡，符九道，敕符咒："梵炁弥罗，散透幽牢。灯光所临，上圣祥华。血湖摧毁，地狱停休。苦魂受庆，脱离冥途。急急如律令。"右幡如常式制之，符下书天尊号："流光救苦天尊，景光普照天尊，慈光洞映天尊，太光常寂天尊。容光广被天尊，晨光启道天尊，含光明湛天尊，慧光通远天尊，瑞光玄应天尊。"

回曜灯幡，符八符，并五诀，祖炁总敕符咒："玉清宝符，元始洞章。隐玄幽象，妙达群阳。变阴作画，廓翳停殃。灭除五累，飞度南昌。"右符下书天尊号，八难灯幡圣号："上尸道，威光宝除天尊。中尸道，虚皇普济天尊。下尸道，普度无边天尊。色累道，慈光弘济天尊。爱累道，法轮开化天尊。贪累道，神光广被天尊。华竞道，慈恩万善天尊。身累道，玄明梵行天尊。"

天轮幡，幡肚内篆文"元始洞玄，灵宝本章，开演至教，十回度人"。黄绢七尺制之。前十六符作一行，篆于幡肚上。初登坛时，诣天灯坛，宣咒悬之。天轮灯幡，用作一圆盖，周围悬三十二幡，中悬天轮幡一首。

三十二天幡，符右符，先诵《灵宝本章》，取祖炁入笔，书符毕，再诵《灵书中篇》祝之。并玉诀祖炁符下，各书三十二天圣号，悬于灯坛之上。

地舆幡，幡肚篆文"太上道君，敕付昆仑。神符一下，拔度死魂"。右用红绢七尺制之。前十六字作一行，篆幡肚上。初登坛时诵咒，悬于狱灯坛中。地舆灯幡，作一方舆，

---

① 灵宝玉鉴：卷4[M]//道藏：第10册.北京：文物出版社，上海：上海书店出版社，天津：天津古籍出版社，1988：159-164.
② 灵宝玉鉴：卷5[M]//道藏：第10册.北京：文物出版社，上海：上海书店出版社，天津：天津古籍出版社，1988：169-170.

周一匝悬二十四狱幡，中悬地舆幡一首。

　　破二十四狱符幡，先念救苦天尊八十一声，取东方青炁入笔，书符，普用玉诀，祖炁。符下书后二十四天尊圣号。总祝前符咒："玉清大化，流布寒庭。青玄太一，分散真形。照烛酆都，牢狴幽精。三天有令，魔王敬听。阴官鬼吏，息猛停刑。冰泉炉炭，皆得清宁。镬汤剑戟，永免凌兢。铁锥巨石，荡荡销平。铜柱铁床，化作云轻。诸狱灭考，万类俱升。超凌三界，逍遥上清。急急如律令。"二十四狱灯幡天尊号："慈光拔度天尊，大明圆极天尊，知炬赫奕天尊，圆鉴洞明天尊，光接万有天尊，舒光拔难天尊，妙智圆明天尊，无量光明天尊，德光常曜天尊，灵光炳曜天尊，神光炜灿天尊，宣化广明天尊，赤明大有天尊，明真光辉天尊，流光返照天尊，光明至人天尊，三光炼度天尊，金光玉华天尊，慈光朱耀天尊，大光广照天尊，日月普明天尊，破暗烛幽天尊，洞明法界天尊，金精定照天尊。"①

## 三、东华派九幽救度仪

　　东华派禀承道教重人贵生、慈悲度人的优良传统，关怀处于地狱的亡魂，关注苦难深重的妇女，举办与之相关的九幽、血湖科仪，设置灾禳度亡的灯仪，力图解救受苦受难的冤魂，让他们早日脱离苦海，走向新生的彼岸。

　　按照道教的说法，地狱分布于各地，有五岳、九幽之分。"九幽曹主罪宪，职任罗酆，东南巳地，是其所也。"九幽地狱按九州分野，各系社令主守。在天为九霄，在地于九宫，化形为九幽狱。其名虽然有九，皆一炁所化，一念所感。凡亡人一念之恶，其狱即现，其报随之。故太上垂慈拯济，立此斋法，超拔幽爽。"东方幽冥风雷地狱，南方幽阴火翳地狱，西方幽夜金刚地狱，北方幽酆溟泠地狱，东北幽都镬汤地狱，东南幽治铜柱地狱，西南幽关屠割地狱，西北幽府火车地狱，中央幽光普掠地狱。"②

　　《九幽地狱论》："九幽狱者，上属北斗所治，即天一北狱也。虽分布九方，各有其名，然后随死魂生平恶念，以见其狱，非直如阳世官府之有一定之图圄也。所谓破狱者，亦非诚实，斧其门户，碎其扭械，以出罪魂。无非假太上敕命，符箓简文之玄化，以开宥之也。凡欲报亲，亦须行普度之道。亲亲、仁民、爱物之道，兼行可也。则阴功自钟于正荐之魂矣。若止为正荐而设，吾恐上帝不私于一二死魂也。其法必请命三天，冥心东极，

---

① 灵宝玉鉴：卷6[M]//道藏：第10册.北京：文物出版社，上海：上海书店出版社，天津：天津古籍出版社，1988：176-184.
② 灵宝玉鉴：卷30[M]//道藏：第10册.北京：文物出版社，上海：上海书店出版社，天津：天津古籍出版社，1988：348.

假天尊慧光照烛，所作符箓简文，以寄吾之运神会道处。所谓诚于彼，则感于此也。"①周思得《上清灵宝济度大成金书》称："九幽者，乃北斗之所化也。东曰幽冥，南曰幽阴，西曰幽夜，北曰幽酆，东北曰幽都，东南曰幽治，西南曰幽关，西北曰幽府，中央曰幽狱。"九狱者，按八卦九宫分配九州，分野在天为九天，在地为九地，化形为九狱。幽冥属震卦，风雷狱；幽阴属离卦，火翳狱；幽夜属兑卦，金刚狱；幽酆属坎卦，溟泠狱；幽都居艮卦，镬汤狱；幽治属巽卦，铜柱狱；幽关属坤封，屠割狱；幽府属乾卦，火车狱；幽狱，中官土皇所掌，普掠狱。②

道教宣称，凡九幽地狱入者皆属大罪，无由超度。南宋绵州道士王希巢撰《洞玄灵宝自然九天生神玉章经解》卷中曰："北都罗酆为天官所治，泉曲河源为水官所治，九幽地狱即地官所治。若九幽乃罪之大者，宜乎无应受开度之人。缘甲申之劫，当行驱除，人之死者，靡有孑遗。于是东华青官又有九龙符命，下辟九幽之狱，拣择功德之魂。"③上帝哀愍下方幽魂，拘逼北方溟海之中，九幽长夜等狱，无由超度，故说经教，推衍科仪，以拔众生。"使九华真人理于南昌上宫，主九幽之下宿对死魂。又有南昌度命君，炼度死魂。中有流火之庭，飞焰焕于八方。流火之膏，炼身则体生玉光，明如眸子。南极真人亦理于宫中，应诸学道仙品未充，皆诣流火庭内，南极真人炼以火膏，及月中黄炁，洗炼荡除尘垢，得与真人为侣。如生人炼度身形，则魂神径上南宫，受炼于流火之庭，随其真修学功之浅深，准计年月之多寡，时限既毕，即得更生……除诬天谤地，为臣不忠，为子不孝，暗损生灵，贼害善良之外，各随功果，速与受生，免致沉滞，则可以上副太上好生之意也。"④

道教告诫世人，生前的所作所为必将造就天堂或地狱。《真人二十四戒经》曰："凡人生前造二十四种罪恶，死后历二十四报，化为二十四狱。三途五苦，八难之场八狱，共二十四狱。按人身中三部八景，二十四神之数，多因在世贪著情欲，设心邪境，结节凝滓，不能开通。"⑤三途，指火途，地狱道猛火所烧之处；血途，畜生道互相啖食之处；刀途，饿鬼道被刀剑逼迫之处。五苦，指刀山地狱之苦，剑树地狱之苦，铜柱地狱之苦，镬汤地狱之苦，溟泠地狱之苦。二十四狱，第一镬汤狱，第二刀山狱，第三铜柱狱，第四铁犁耕舌狱，第五剉身狱，第六毒蛇食身狱，第七镕铜狱，第八炉炭狱，第九铁轮狱，第十运身狱，十一铁床狱，十二剑林狱，十三寒冰狱，十四铁丁钉身狱，十五乱考狱，十六

---

① 灵宝玉鉴：卷1[M]//道藏：第10册.北京：文物出版社，上海：上海书店出版社，天津：天津古籍出版社，1988：144.
② 周思得.上清灵宝济度大成金书：卷24[M]//藏外道书：第17册.成都：巴蜀书社，1994：58.
③ 道藏：第6册[M].北京：文物出版社，上海：上海书店出版社，天津：天津古籍出版社，1988：447.
④ 灵宝无量度人上经大法：卷57：炼度秘诀品[M]//道藏：第3册.北京：文物出版社，上海：上海书店出版社，天津：天津古籍出版社，1988：944.
⑤ 灵宝玉鉴：卷31[M]//道藏：第10册.北京：文物出版社，上海：上海书店出版社，天津：天津古籍出版社，1988：359.

大石压身狱，十七针锥狱，十八铁丸狱，十九食炭狱，二十碓磨碓捣狱，二十一恶汁灌身狱，二十二拔舌狱，二十三铁锁销身狱，二十四锯解狱。

《太上玄一真人说三途五苦劝诫经》中详细描述了二十四狱悲惨恐怖的情景，让人不寒而栗。有百姓男女，"口面脓烂，血臭流出，颈如垂线，腹如悬鼓，身有铁锥，口中衔火，大小相牵，流曳途炭，无复人形，足践刀刃之上，身负铁杖，痛不可负，毒不可忍"。"牛头兽身拔出其舌，以铁锥刺之。巨天力士铁杖乱考，不有限数。身体脓坏，无复人形，足立刀山之上，痛不可堪，毒不可负。""裸身无衣，吞火食炭，为火所烧，头面焦燎，举体烂坏，无复人形，头戴铁镬，足倚火山，痛非可忍，考不可瞻。""裸形赤身，无大无小，相牵流曳，入镬汤之中，身被煮渍，百毒之汁，以灌其上，五体烂坏，非可得忍，然后又入寒泉之池，或入北狱之中，颈脚锁械，身负考掠，幽闭重槛，不睹三光。""裸形赤身，身抱铜柱，柱上火针，针其腹背，太山之兽，啖食其肉，足立铁勒之上，大小流曳，无复人形，楚痛涂炭，非可忍见。""身被髡钳，幽闭重槛，不睹三光，在五岳之中，一日三掠，铁杖乱考，无复数量，罪定方谪，死魂挺诸山土石，填塞河海，大小流曳，五苦备婴，涂炭艰毒，非可忍见。""身被髡截，循上剑树，八达交风，吹树低昂，下则足履刀山，往返无数，手足伤烂，脓血流出，不可得见，痛不可忍。""学与不学，不顾宿命，所行元恶，翻天倒地，无所不作，罪满结竟，死魂充谪三途五苦八难之中，考掠楚挞，痛毒无极，大小流曳，相牵涂炭，历劫不解，哀念悲伤，不能已矣。"因此天尊广开法门，开度劝戒，令自思善，早得更生，还于人中，大作功德，施惠布散，广建福田，奉宗师宝，供养孝心，令功成德满，解拔昔怨，身受福庆，乃入道场，知有宿命，以成至真。"五苦不经，三途解脱，长离八难，见世安康，世世富贵，家门兴隆，思念前生，与善因缘。若能长斋，烧香礼拜，广救万物，功济众生，损身布施，行人所不能行，为人所不能为，怀人所不能怀，忍人所不能忍，众行合法，克得上仙，坐降云龙，飞行太空也。"①

为了超度亡魂，脱离九幽，重生人道，道教多用灯仪。灯，是道教斋醮法事中频繁使用的法器。在斋醮坛场上，燃灯与烧香同样重要。凡举行有关燃灯祭招的仪式，即谓之灯仪，这是道教斋醮的一种常用科仪。杜光庭《太上黄箓斋仪》说："夫礼灯之法，出金箓简文。凡修斋行道，以烧香燃灯最为急务。香者，传心达信，上感真灵；灯者，破暗烛幽，下开泉夜。长夜地狱，苦魂滞魄，乘此光明，方得解脱。"宋朱法满《要修科仪戒律钞》曰："夫就斋入静，灯烛居先，朗耀八门，光辉九夜，续明之功既举，长更之福可修。""燃灯威仪，功德至重，上照诸天，下照诸地，八方九夜，并见光明。侍灯之官，勤为用意，每令灯光，竟夕明真。"宁全真《上清灵宝大法》亦说："大抵烧香燃灯为斋

---

① 道藏：第6册[M]. 北京：文物出版社，上海：上海书店出版社，天津：天津古籍出版社，1988：869-871.

功之首，其余事可增减，却所不论，唯法天象地，于灯烛宜从厚也。"由此可知，道教认为行道礼诵，灯烛为急，灯烛可以续明破暗，上映无极福堂，下通九幽地狱，是最上乘的一种功德。

道教灯仪源于古代祭祀制度。古代祭仪中有火祭的记载，但并无灯仪。秦汉皇宫中有青玉五枝灯、百华树灯等，灯已被用于宫廷祭祀。至汉代有祀太乙之俗，在宫中燃太乙灯，通宵礼祀。两晋南北朝时，灯才进入士大夫和庶民的生活之中。在文学作品中已出现赞咏灯的篇章，西晋傅玄《灯铭》曰："晃晃华灯，含滋炳灵，素膏流液，玄炷亭亭，丹水扬辉，飞景兰亭。"梁江淹有《灯赋》，述及大王之灯："铜华金擎，错质楼形，碧为云气，玉为仙灵，双流为枝，艳帐充兰庭。"[①]并谈及庶人之灯，可见灯之使用已渐普及。

道教灯仪始于刘宋时期。其时陆修静制定斋醮科仪时已有燃灯礼仪。陆修静《燃灯礼祝威仪》中有《明灯赞》三首，其一曰："丹精寄太元，玄阳空中响。舍形灭苦根，幽妙至真想。垂华不现实，因缘示光象。我身亦如之，乘化托流景。"[②]显然，此《明灯赞》与文士的《灯铭》《灯赋》不同，它已融入道教的理论。在后世斋醮法坛上，此赞成为流传千古的礼灯词。杜光庭《明灯颂》："太上散十方，华灯通精诚。诸天悉辉耀，诸地皆朗明。我身亦光彻，五脏生华荣。炎景照太无，超想通玉京。"[③]即据陆修静《明灯赞》第一首改编。

持节拜斗灯图　汉画像石　江苏睢宁县九女墩

在南北朝之际，对斋醮坛场法灯的文化内涵已有了粗略的解释，陆修静《洞玄灵宝斋说光烛戒罚灯祝愿仪》说："法烛：法者，规矩之谓，总称曰法，规圆矩方，万物从之得正者也。烛者，有光之物，佐月辅日，开昏朗暗，用其明得有所见也。邪曲无法则无以自

---

① 陈梦雷等.古今图书集成[M].成都：巴蜀书社，1985：97441.
② 道藏：第9册[M].北京：文物出版社，上海：上海书店出版社，天津：天津古籍出版社，1988：584.
③ 道藏：第9册[M].北京：文物出版社，上海：上海书店出版社，天津：天津古籍出版社，1988：367.

正，用法无明则莫见得失，欲正不可无法，用法不可无明。"并在斋醮坛场法师六职中专设侍灯法师，其职能为景临西方，备办灯具，依法安置，光焰火燃，恒使明朗，负责备办灯具，依法设置灯烛，务必使法灯明朗，照彻斋坛，保证斋醮如仪举行。

北周《无上秘要》述及三皇斋、盟真斋、金箓斋、黄箓斋、下元斋、中元斋、上元斋等时，亦有设灯祭灵的记载，称醮坛之灯使"九幽之中，长徒饿鬼，责役死魂，身受光明，普见命根，于是自悟，一时回心，咸使思善，念还福门，五苦解脱，三途蒙迁，宿对解释，地狱宁闲"。并将礼灯之仪与度亡结合。《洞真天关三图七星移度经》说："子学神真之道，处虚宫之上，琼房之内，不知明灯以自映，通玄光于五脏之内，因得明矣，形体之神因得归也。子若能暮明灯于本命，朝明灯于行年，恒明灯于太岁上，三处愿念，即体澄气正，真光内照，万神朗清，元君奉法，施行三年，即致夜光童子二十四人，玄光自然而明，又不明灯而通光也。得吾此道，行之九年，身体光明，彻视万里。"《上清洞玄明灯上经》亦曰：明灯之仪，上象星辰，次耀七祖，神妙难宣，"修之三年，白日升天"。

从南北朝道经中可知，道教斋醮中已有比较完整的礼灯科仪。《太极真人敷灵宝斋戒威仪诸经要诀》说："灵宝斋法燃十灯火，以法十方，十是数之至，故人十月而生也。""七世父母，燃七灯于堂前。靖舍常燃一灯，夹门燃二灯"，以辟鬼神。日月星宿、病人行年、本命，各燃一灯。"斋时日夕各三时烧香悔过，唯一心听受经法。"① 这是太极真人阐述的燃灯之法。

《洞玄灵宝道学科仪》卷下《燃灯品》说得更清楚：于本命上燃三灯，以照三魂；行年上燃七灯，以照七魄；太岁上燃一灯，以照一身；大墓上燃三灯，小墓上五灯，堂前燃七灯，以照七祖；中庭九灯，以照九幽；夹门二灯，以照宫宅；地户上二十四灯，以照二十四生气；向八方燃八灯，以照八卦；四面中央九灯，以照九宫；四面十方燃十灯，以照十方；二十八灯，以照二十八宿；三十二灯，以照三十二天；五灯分于五方，以照五狱。合一百五十三灯。此是六朝时期燃灯之法最详细的记载。其后，杜光庭述金箓斋礼灯之法，在此基础上又增加了道户上的二灯、天门上的四灯，前者取法于三十二天，后者取法于三十六天，都包含了道教的教义思想。

唐文宗时，道士贺思宝住持茅山崇元观，为礼灯仪式之需，在太元殿敬造长明石灯，永充供养。至元泰定元年（1324），崇寿观主张嗣真重为刻治，并著《唐石灯记》碑文，称："华阳之天，流金之庭，明辉日精，昼夜洞明。"② 五代钱惟演《致斋太乙宫》诗曰：

---

① 道藏：第10册[M]. 北京：文物出版社，上海：上海书店出版社，天津：天津古籍出版社，1988：869.
② 茅山志[M]//道藏：第5册. 北京：文物出版社，上海：上海书店出版社，天津：天津古籍出版社，1988：650.

"斋洁奉惟馨，瑶台独自升。楼迷五里雾，坛烛九枝灯。"[1] 于此可见道教灯仪的华丽与壮观。

由于灯仪的盛行，唐宋时期的道教已造作出一批灯仪经典，这使举行灯仪类法事有章可循。《道藏》收录的灯仪科本主要有《上清洞玄明灯上经》《九天三茅司命仙灯仪》《洪恩灵济真君七政星灯仪》《玉皇十七慈光灯仪》《上清十一大耀灯仪》《三宫灯仪》《玄帝灯仪》《万灵灯仪》《五显灵观大帝灯仪》《北斗七元星灯仪》《南斗延寿灯仪》《北斗本命延寿灯仪》《土司灯仪》《正一瘟司辟毒神灯仪》《东厨司命灯仪》《离明瑞象灯仪》《黄箓破狱灯仪》《黄箓九阳梵气灯仪》《黄箓五苦轮灯仪》。这还不是灯仪的全部，《道门科范大全集》即收有《北斗延生灯仪》《南北二斗同醮宝灯仪》，《上清灵宝济度大成金书》中的灯仪科目有四十四种，其中有破九幽狱灯科等十二种科目，还有二至四种不同的科本。大量灯仪被编撰演习，并使用于各类道场中，从而使道教的灯仪得到了极大的发展，有着非常丰富的文化内涵。

道教灯仪经历了一个逐渐完善的过程。在各种斋醮仪式中都有燃灯的规定，各种灯仪自有其功用。灯烛的功能不仅在于照彻夜晚的坛场，使晚坛斋醮能够如期举行，更主要的是其内在的拯济功能。《无上黄箓大斋立成仪》引太极太虚真人之语论燃灯的功用："阴阳构象，天地分形，昼夜既殊，晦明有异。所以清浮表质，诸天为仙圣之都；浊厚流形，诸地为鬼神之府……我天尊大慈悲悯，弘济多门，垂燃灯之文，以续明照夜，灵光所及，罪恼皆除。更乘忏拔之缘，使遂往生之愿。"就明白指出道教之法烛与百姓之俗灯的根本区别不在于其外在的形式，而在于其内涵意蕴。前者的旨趣在于开明万阴幽暗，拔度鬼魂，后者的功能仅在于驱暗照明。

基于济世度人的原则，不同类型的灯仪中所包含的意义亦有所区别。如三皇斋坛四方各设九灯，称为列四九之灯，法象三十六天。盟真斋在斋主家中设坛，于坛场中庭安一九尺高的长灯，在长灯上燃九盏灯火，九盏灯火表示上照九玄诸天福堂，下照九地无极世界。金箓斋根据春夏秋冬的季节燃灯，春天燃九灯，也可燃九十灯，或者九百灯；夏天燃三灯，也可燃三十灯，或者燃三百灯；秋天燃七灯，也可燃七十灯，或者燃七百灯；冬天燃五灯，也可燃五十灯，或者燃五百灯；四季则燃十二灯，也可燃一百二十灯，或者燃一千二百灯。此外，还要在斋坛中央设一九尺长灯，灯上安置九盏灯火，用以罗列光明，照彻九幽长夜之府，"九幽开明，光入无穷，三景朗照，天地安宁，星宿复位，四时和平，万灾咸消，兵疫不行"，天人欢泰，因运兴隆。

如此看来，道教灯仪的设立的确各有法象，金箓斋灯仪的春九、夏三、秋七、冬五、四季十二，就是根据五行本数而定的。杜光庭述金箓斋礼灯之法，即在道户上燃二灯，"以照斋主住宅，为弟子消灾度厄，安宅镇神"；在本命上燃三灯，"以照三魂，为弟子

---

[1] 全五代诗[M]. 成都：巴蜀书社，1991：1331.

制邪度厄，拘守三魂"；在行年上燃七灯，"以照七魄，为弟子安神却祸，制魄除邪"；在太岁上燃一灯，"以照太岁之辰，为弟子除一年灾害"；在大墓上燃三灯，"以照斋主代世丘陵墓，为弟子拔度先世亡魂，托生净域"；"众官弟子旋绕灯下，依位咒之，每咒毕，从官弟子皆礼。"目的均是祈福度亡，让法烛之光辉照耀诸天诸地，八方九夜，皆见光明。杜光庭黄箓科仪布置的十六种灯，共计一百五十九盏灯，此灯仪设置方法为后世所遵行。宋代几部著名科仪书中，黄箓斋的灯仪设置都是如此。

唐宋道教的灯坛设置是按照二十八宿星图，各依星象燃灯，在每宿点燃一灯。燃灯之法既体现了道教的教义，又有天文历法的依据，灯仪中的星宿图式即源于正史《天文志》及浑天仪。上述一百五十九盏灯是坛外的灯，如果加上坛内设置的灯，则多达三百一十三盏灯。在实际斋醮法事中，灯数的多少可以据斋主财力大小而定，但道教主张灯烛宜尽力而为，斋坛燃灯以丰厚为上。唐宋道教的燃灯之法主要有玉皇灯、三途五苦灯、南斗灯、北斗灯、周天灯、弧矢灯、九宫八卦灯、三十二天灯、诸大地狱灯坛，每种灯法都有相应的礼灯仪式。宁全真《灵宝领教济度金书》就收录了上述灯法的灯仪。

道教灯仪内容丰富，仅供斋醮坛场使用的灯图就有几十种，这意味着斋醮法灯的布置方式丰富多样。《天皇至道太清玉册》收有玉皇灯图、周天灯图、本命灯图、北斗灯图、南斗灯图、九天玉枢灯图、火德灯图、九宫八卦灯图、血湖地狱灯图、炼度灯图等。形形色色的灯仪可以祷告不同的神灵，具有不同的功用。如玉皇灯仪祷告玉皇大帝，玄帝灯仪祷告真武大帝，三官灯仪祷告天、地、水三官。

道教灯仪中以灯作为主要法器。由于灯和光明联系在一起，灯仪就具有"照耀诸天，续明破暗，下通九幽地狱，上映无极福堂"的功能，以灯仪表现道教徒追求光明的教义思想。灯仪又多同光照地狱、拔度幽魂有关，因此又具有"破毁铁围罗酆幽阴"，万神护送幽魂，"径诣人天，随品受化，更生福乡"的功能。在此，道教赋予法灯以道的灵力，可以洞开幽冥世界，照彻漫漫长夜中的罪魂。正如杜光庭所言："燃灯威仪，功德至重，上照诸天，下照诸地。八方九夜，并见光明，见此灯者，皆罪灭福生。"

推究道教灯仪的宗教意蕴，是效法天地日月之光明，以灯破暗，以阳散复明。北宋路时中《无上玄元三天玉堂大法》说："盖幽冥泉壤，鬼爽悲辛，失本来之光明，入无明之黑暗。故我太上垂科，假灯光以通阳气，委真气以寄灵符，凭法炬之光芒，散冥途之盲，重泉劫夜，尽睹阳光，实太上之曲恩，下鬼之曲赦。"灯作为光明的象征，可以照彻幽暗，其功能就是济度亡魂。

概括以上所言，可见灯仪在道教科仪中的重要作用，其可以祈福驱灾，拔亡度灵，显示了道教对民众的诚挚关怀，这种永恒的关爱从人生的初始一直延续到终极，扩展到七祖众灵，最能代表道教慈悲救世的大乘理念，因而千古尤盛，至今仍被用以济世。这里择要介绍一些古制，以见其概貌。

北斗灯仪，道教金箓灯仪的一种，全称"北斗七元星灯仪"。北斗七星，指天枢、

旋、玑、权、衡、开阳和瑶光等星。中国古代就有北斗信仰，称"南斗注生，北斗注死"。相传汉相国霍光家有典衣奴子，因见斗星中一星而"增年六百"，见第三星则"长生成神圣"。道教继承了对北斗的崇拜，其北斗灯仪以灯仪的形式礼拜北斗星君，祈求延年益寿。灯仪由法师主坛，各班首手持明灯，依次礼拜七星，即枢宫大圣贪狼阳明真皇君、旋宫大圣巨门阴精真皇君、玑宫大圣禄存真人真皇君、权宫大圣文曲玄冥真皇君、衡宫大圣廉贞丹元真皇君、开阳宫大圣武曲北极真皇君、瑶光宫大圣破军天关真皇君。对于北斗七星每一星之礼拜都以申意开始，赞颂结束。如赞颂枢宫称"贪狼延生，回真四灵，流光下映，洞涣玄冥"，赞颂旋宫称"巨门度厄，高真灵仙，流光辉映，保命延年"，赞颂开阳宫称"武曲散祸，玄映除凶，三光焕照，万气流通"等。在礼拜七星以后，法师诵念表文，祈愿"腾霄飞翔，与神同龄，保命自然，上升玉庭"。

本命灯仪，道教金箓类灯仪的一种，全称"北斗本命延寿灯仪"。道教以为人各有命星主宰，因此，燃本命之星灯即可洗涤身宫罪过。《无上秘要》称："子若能暮明灯于本命，朝明灯于行年，恒明灯于太岁，上三处愿念，即体澄气正，真光内照，万神朗清。元君奉法，施行三年，即致夜光。""得吾此道，行之九年，身体光明，彻视万里。"本命之神均为北斗七星所主。例如，属鼠的为北斗枢宫大圣贪狼阳明真皇君所主，属牛、猪的为旋宫大圣巨门阴精真皇君所主，属虎、狗的为玑宫大圣禄存真人真皇君所主，属兔、鸡的为权宫大圣文曲玄冥真皇君所主，属龙、猴的为衡宫大圣廉贞丹元真皇君所主，属蛇、羊的为开阳宫大圣武曲北极真皇君所主，属马的为瑶光宫大圣破军天关真皇君所主。本命灯仪的灯坛上通常置有米斗，米中燃点祈愿斋主的本命灯。斗的四方各置四种器具：南方置有剪刀，代表朱雀；北方置有镜子，代表玄武；东方置有秤，代表青龙；西方置有尺，代表白虎。法师依四方之位，召将祈告，聚五方之真气，使延生斋主"散辉流芳，淘溉身形，五气混合，天地长并，一心归命，愿得长生"。

回耀轮灯仪，道教盟真科类灯仪的一种。道教认为人生造二十四种罪，故死后获二十四狱之报，历三途五苦八难之场。因此太上有回耀降光之格，用于拔除五累苦门，开生死之业，破黑暗之罪庭。此灯仪先立回耀灵幡于灯坛之东南，再用梓木作轮如车轴之象，表示人五累不灭，五苦之轮难停。灯分三层：上层安灯十二盏，中层灯十六盏，下层灯二十一盏。三层灯表示三业未除，难逃三途之考，故立三层灯救度。坛中央立五累门，五累是色累、爱累、贪累、华累、身累，各立牌书写诸狱名。按回耀灯仪，造四十九首小幡，黄白之色相间，幡上书诸天尊号，幡首朱书破酆都符。举行灯仪时，侍灯法师宣忏灯仪，高功法师持策杖，至每狱立，

回耀轮灯图
采自周思得《上清灵宝济度大成金书》

卓杖，念大梵隐语，以柳枝净水洒之，在狱灯上焚化小幡。如此广行拯救，就可回三景之光曲，映九泉之户，使万罪消灭，苦魂蒙度。诸狱罪魂得乘阳光，应时解脱诸苦，断除五累烦恼，脱离尘劳之业根。

《灵宝无量度人上经大法》卷50《燃灯破狱品》曰："昔祖师所说三元简文，燃灯科式，最为禁重。而重阴一照，万苦停辛，铁狱无穷，蒙光开爽。黄箓科九幽斋仪，有回耀轮灯、九厄神灯、九狱神灯，破昏暗于长夜，照苦爽于三途，假天象之慧力，分上圣之威光，照彻寒扃，普开冥壤。当于燃灯之初，法师以丹砂书慧光符，先于日正中时，念回耀神咒，以阳燧取太阳正炁，于天尊像前明烛一炬。至夜，大法师与侍灯法师二人立于像前，九拜，叩齿九通，祝黄箓斋意，又九拜。大法师长跪，微祝分灯慧光咒三遍，叩齿三通，执符，取圣像炁吹符，在天尊前分请灯光。进三步，二侍灯法师再于法师前分请灯光，成三炬，方始分序明灯于三所。都毕，执残炬并为一枝，大法师执残炬于像前，再九拜退。如此燃灯光照彻于冥阴，使幽爽立度于开泰。然灯膏油，无犯腥秽，勿致不洁；全须丰满，以自终焉，慎勿吹扑。"

分灯科仪，是在唐宋时从礼灯仪式中衍化出的最具道教思想特色的一种仪式。道教认为荐拔亡灵，照破幽暗之灯，须得慧光之法，故在灯仪中衍化出分灯之法。分灯请光，用阳燧（亦称神光宝镜）取慧光，自一分三，从三至九，九九变化，而生万光，这就是散一为万。分灯科仪先要请光，即在建坛日正午，书请光符二道，用阳燧取火，点燃元始天尊神位前的烛灯。道教认为取日中真火可以下彻九幽，意在以天上之阳光，开地下之幽暗。

请光分灯科仪的方法是：法师向东南或三清前备香案，在正午时焚香设拜，叩齿九通，长跪望天门启奏事意，然后念太阳回耀神咒："明哉太阳辉，神光洞三清。气散玄冥内，灵烟生紫庭。控御乘风烟，飘飘入无形。急急如律令！"法师用阳燧取日中真火，此火象征太阳正气，用慧光符点燃符烛，此烛称为传光烛。法师首先行分灯法，用传光烛点燃玉清前的灯，再逐一点燃上清、太清前的灯。三清灯火在斋期须连续燃点，不可一刻有缺，分灯、破狱、炼度火池都要用此灯火，表示借太阳正气以开朗重阴。[①] 当代香港地区的道教斋醮，在建醮第一天晚上亦要举行分灯仪式。分灯时高功首先向神灵献茶酒奏文，然后当众缘首将小烛插进坛上香炉时念唱赞文："道生一，一生二，二生三，三生万物，普照天地，光明见清。"侍灯法师举灯，高功、都讲、奉经分别将大烛奉献玉清、上清、太清，其余法师举小烛绕行，表演回旋、天轮灯、地轮灯灯法，坛场上众多小烛回旋转递，表现出分灯仪式特有的美景与壮观。道教分灯科仪灯灯相续，焕映万天，照明九地，形象地表现出大道生物之神功，元始开天之妙化。

九狱灯仪，黄箓类灯仪的一种。根据黄箓斋仪破狱科格的需要，首先要在斋坛设立九

---

① 道藏：第8册[M].北京：文物出版社，上海：上海书店出版社，天津：天津古籍出版社，1999：493.

狱，并依法安置九狱灯。选择斋坛东南方地户位置，用土沙砌成九狱，分别象征东、南、西、北、东北、东南、西南、西北、中央九方。九坛长宽都是二尺，狱坛四维总计六平方尺，此表示法地之阴，极二六之象。每狱作四角三曲，宛如地狱之形，每狱各燃三盏灯，九狱共二十七炬。九狱之中心，随方立牌，牌上书写破地狱符，背写狱名，狱牌后立青竹九竿，各长九尺，九根竹竿上各悬挂青色破狱幡；幡上亦依式书符。在幡顶书九狱符，称为九格首符，在幡两侧写破狱符咒、告文。在幡足写某符告下某狱。法师每破一狱，即焚烧一幡，复挂黄色一天幡，最后在九狱中立大幡一首，书青玄宝号，此幡任风飘扬，亡魂万罪皆灭，这样即表示地狱开光，亡灵登真。高功在破狱时，先要在灯火上焚烧毁锁符、张门符，焚符前宣二符告文。

《无上黄箓大斋立成仪》卷24《九狱神灯仪》就是按照灵宝科格，燃九狱神灯。高功化身为太一救苦天尊，手执五帝策杖，逐次于狱前依科行道，按照内炼大旨，存想元始宝光，照破幽狱，黄色云气，覆于一方。在九狱逐一被照破以后，一切罪魂苦魄都皈依于正道，超升渺渺仙源。《灵宝玉鉴》曰："法天象地，方圆为式。九幽阴曹，主罪宪职，罗酆东南是其所也。按太一圣真之科，以土九石，作坛九所，方面二尺。九坛自方六尺，以法地之阴极二六之象。每坛作四图三曲，如狱之形。一坛明灯三炬，九坛共燃二十七灯。于坛正东，立迁神宝幡。又于九坛之中心立牌，并面书玉清破地狱真符，背书狱名，傍立青竹九竿，各长九尺，各挂小幡一首，书十方灵宝天尊圣号，于幡首书酆都符。俟破狱之时，侍灯法师宣破狱仪，逐方用度，法师执灵宝策杖，咏破狱咒。众和：十方救苦天尊。"即就灯烧化符并幡于狱上。法师以策杖，击破地狱八方，都毕，至中央并烧二符二幡，余同诸方破狱法。并掐玉清诀，存黄色之云覆于一方，存自己作天尊之形仪。每狱皆叩齿九通，于咒之前后。如此则地狱开，亡爽登真也。

朱法满《要修科仪戒律钞》卷8《侍灯钞》："夫就斋入静，灯烛居先，朗耀八门，光晖九夜，续明之功既举，长更之福可修。《敷斋威仪》云：侍灯，其职也。兰釭晚映，系明西日，灼烁坛场，照灼清夜。若遇雨权停，值风暂息，宾主参详，与时兴废，幸勿抑断，用亏成典。《登真隐诀》曰：真人摄日晖以通照，役月精以朗幽。"吕太古《道门通教必用集》卷2《明灯颂》："大道满十方，华灯通精诚。诸天悉开曜，九地皆朗明。我身亦光彻，五藏生华荣。炎景照太无，遐想通玉京。"

金箓灯仪。金箓灯仪的程序大致是：入坛，启白（通意），归命和赞颂，讽经，宣疏，回向。各灯仪的主要区别在归命和赞颂部分。例如在《九天三茅司命仙灯仪》中，有归命太玄妙道冲虚圣佑真应真君，赞咏冲虚圣佑真君；归命定录右禁至道冲静德佑妙应真君，赞咏冲靖德佑真君；归命三宫保命微妙冲惠仁佑神应真君，赞咏冲惠仁佑真君。归命文辞是散文体，赞咏文辞是诗体。《玄帝灯仪》则重复三次，归命北极镇天真武玄天上帝，三次赞咏。三次文辞略异。

黄箓灯仪。其程序也是入坛，启白（通意），举天尊之号和赞颂，讽经，宣疏，回向。在举天尊之号和赞颂部分，都同破狱拔亡有关。例如在《黄箓破狱灯仪》中，高功举玉宝皇上尊，破东方风雷地狱；举好生度命尊，破东南方铜柱地狱；举玄真万福尊，破南方火翳地狱；举太灵虚皇尊，破西南屠割地狱；举太妙至极尊，破西方金刚地狱；举无量太华尊，破西北方火车地狱；举玄上玉晨尊，破北方溟泠地狱；举度仙上圣尊，破东北方镬汤地狱；举上下方救苦尊，破中央普掠地狱。《黄箓五苦轮灯仪》以举寻声救苦天尊开始，举转轮圣王天尊结束，中破五轮回之苦，即五轮回之道：色累苦心门，受累苦神门，贪累苦形门，华竞苦精门，身累苦魂门。

黄箓类灯仪，是为了体现光照地狱、拔度亡魂、解脱轮回的愿望而设。《无上黄箓大斋立成仪》称："幽冥之界，无复光明，当昼景之时，犹如重雾，及昏暝之后，更甚阴霾，长夜罪魂，无由开朗。众生或无善业夙有罪根，殁世以来，沉沦地狱，受诸恶报，幽闭酆都，不睹三光，动经亿劫，我天尊大慈悲愍，弘济多门。垂燃灯之文，以续明照夜，灵光所及，罪恼皆除，更乘忏拔之缘，便遂往生之愿。若有善男子、善女人，发无上道心，依按科格，来诣斋所，斋备香油，为国主、帝王、君臣、父子，三途九夜，若幽若明，依法燃灯，照烛内外，上映诸天之上，福堂之中，下照九地之下，地狱之内，使苦魂超度，幽爽开光，九祖升天，三途黑暗，福霑一切，功德无穷，当知此人积劫善缘，必得成道。"

破九幽灯仪。宋元以后，九幽灯仪的演习十分普遍。据《灵宝无量度人上经大法》称："昔祖师所说三元简文，燃灯科式最为禁重，而重阴一照，万苦停辛，铁狱无穷，蒙光开爽。黄箓科九幽斋仪，有回耀轮灯、九厄神灯、九狱神灯，破昏暗于长夜，照苦爽于三途，假天象之慧力，分上圣之威光，照彻寒扃，普开冥壤。"法师于日中时分，以符咒从阳燧取火，点天尊前明烛一炬。入夜，法师与侍灯在天尊前分请灯光于坛，"燃灯光照彻于冥阴，使幽爽立度于开泰"。

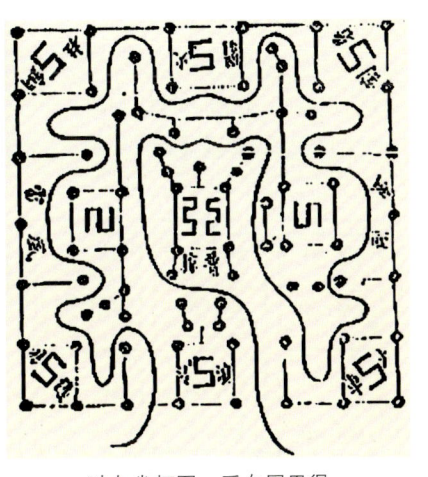

破九幽灯图　采自周思得《上清灵宝济度大成金书》

然后行摄召之法，明九幽之狱而能破其幽暗，可度亡魂。破幽之法就是"左手掐中指中，随方化身，取本方气而吹弹"，心中存自身为破狱各方之高真，同时东方步丁罡九步，南方三步，西方七步，北方五步，四维并五步，中央则丁罡一十二步。①《灵宝无量度人上经大法》卷50《破九幽秘诀》曰："夫九幽者，乃北斗九元之所化幽狱也。分布九维，东曰幽冥，南曰幽阴，西曰幽夜，北曰幽酆，东北曰幽都，东南曰幽治，西南曰幽关，西北曰幽府，中央曰幽狱，是

---

① 道藏：第3册[M]. 北京：文物出版社，上海：上海书店出版社，天津：天津古籍出版社，1988：572.

名九幽。且幽冥者，乃东方震卦九炁之所化，凡发生蠢动，莫不待风雷之所惊，故东号风雷之狱。幽阴者，乃南方离卦三炁之所化，凡火数至于午，为阳极阴生之道，故南号火翳之狱。幽夜者，乃西方兑卦七炁之所化，凡一日之光，没于酉位，为金方杀伐至刚之道，故西号金刚之狱。幽酆者，乃北方坎卦五炁之所化，凡水数至于子，为阴极阳生之道，旺于子，故北号溟泠之狱。幽都者，乃东北艮卦梵炁之所化，凡炁候至于寅艮，为温柔发施之理，木数之所生，故东北号镬汤地狱。幽治者，乃东南巽卦梵炁之所化，凡火气至巳为至旺之乡，而有铄金镕铜之炽，故东南号铜柱地狱。幽关者，乃西南坤卦梵炁之所化，为西方肃杀之侯，故至人门之乡，多生贪杀之心，故西南号屠割之狱。幽府者，乃西北乾卦梵炁之所化，为天轮运转之象，故西北号火车之狱。幽狱者，乃一炁之所化，是中央土皇之所掌，为中央总制之法，故中央号普掠之狱。此九幽之狱分布九州，各一社令主之。凡子、丑生人，皆属北方溟泠之狱。午生人，皆属南方火翳之狱。寅、卯生人，皆属东方风雷之狱。巳生人，皆属东南铜柱之狱。未、申生人，皆属西南屠割之狱。酉生人，皆属西方金刚之狱。亥生人，皆属西北方火车之狱。辰、戌生人，皆属中央普掠地狱。夫行摄召之法，先明九幽之狱，而能破其幽暗，可度亡魂。如或不明其狱，则何以取摄哉？其破幽之法诀，尽总左手掐中指中，随方化身，取本方炁而吹弹，东方则存身为玉宝皇上天尊，南方则存身为玄真万福天尊，其余方各随圣位存想。东方则丁罡九步，南方则丁罡三步，西方则丁罡七步，北方则丁罡五步，四维则丁罡并五步，中央则丁罡一十二步。皆取元始灵宝祖炁三色之光，而照破之。仍须存五帝策杖，化为上帝节杖，有金童玉女，左右各一十二人，手执宝幢，上有金书玉皇赦罪天尊。其逐方狱，各存铁城万丈，罗网交加，黑雾沉沉，秽气蓬渤，铜蛇吐焰，铁狗喷烟，鬼卒夜叉，各守门锁。存兆身在百宝光明中，接元始三炁，径冲其城。见铁城颓毁，刀山断刃，剑化蹇林，火山息焰，冰池静波，吞火食炭，变成甘露，镬汤停沸，金锤铁杖，变成莲花。狱中罪人，随幡所指，光明所照，枷锁自落，罪苦咸原，俱悟本源，冤仇和释，狱卒击拳，并皆称善，仰叹天尊魂识拔度，并随光明，而出幽冥之界也。"

破诸大地狱灯仪。《灵宝玉鉴》曰："斋法中每以燃灯为首，所以法天象地。故每遇建斋，必于宿建之夕，请光分灯，以法日月星斗之悬象。令坛所内外洞明，上下交映，庶乎可以拟大浮黎土之流精玉光，洞焕太空，七宝林中之无极光明，照无极世界。凡所谓上圣高尊，妙行真人，天真大神，无极圣众，皆倾光回驾矣。""然灯破暗之法，盖为死魂一堕重阴，漫漫长夜，非有阳光照烛，超出良难。故必法天象地，然灯告符。夫谓法天象地者，上法日月星辰之悬象，下布八卦九宫之方隅，以交接阳光，开明幽暗，使亡魂乘光得度也。非直借此灯焰焰荧煌，为观美也。存念精专，

诸大地狱灯图　采自周思得
《上清灵宝济度大成金书》

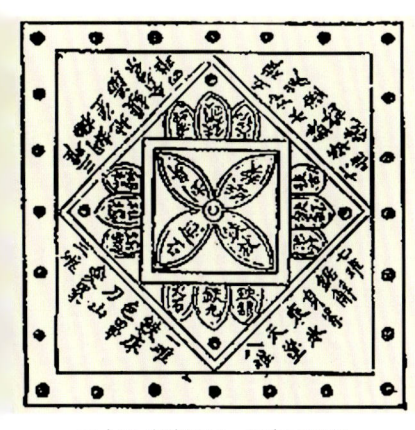

二十四地狱灯图 采自周思得
《上清灵宝济度大成金书》

此作则彼应也。谓之破狱者，全在法师运自己之阳光，以混合灯光，上接九天之阳光，以遍照三界九幽。使亘天彻地，皆有光明，凡堕幽冥，皆得乘光而超出，一时神通变化。凡所谓狱，皆无有矣。"[1]

二十四地狱灯仪。宁全真《灵宝领教济度金书》："用净砂半石，水洗净，日干。至破狱日，以砂作狱九所。每所中安狱牌，上书狱名，如东方风雷狱之类。牌后插破狱幡，燃三灯照之，围以砂城。九狱之外，又总围以大砂城。四方各开一门，每门设二灯。破九幽狱毕，又破酆都狱。酆都天狱二十四狱，三十六狱，只告符敕破，不立狱像也。"据《上清灵宝济度大成金书》载法师"以策杖提起，上接慈光，垂下其光，一线入狱，照破幽暗，击地三下，虚书敕字，划开狱形"。"次法师随手将策杖调整，以符幡垂下，想金光万道，三运幡转，引领幽魂，随幡出狱。放策杖后，执水盂，洒水念咒，狱吏冥官，擎拳欢喜。幽魂一时解脱，皆得甘露沾濡，尽生天堂，狱狱光明，皆如平地。"最后祷以收灯祝文，称"请覆金莲之滔，恭原亡过某千生罪垢，随落烬以俱散；万劫殃缠，逐倾光而书灭。身度光明之界，永离黑暗之乡"。

炼度灯仪。《灵宝玉鉴》卷1《水火炼度说》载："灵宝济度一法，水火炼度，其至要也。人生清明在躬，气完理具，此心真体妙用，与造化者游。生则为圣为贤，死则魄降于地，魂升于天。由其良心善性，不为事物侵乱。故一气之聚散，皆顺乎自然之理。其有至人高士，炼真阳，合冲气，存无守有，体玄入虚，道备功成，则高超物表，奚有于幽冥之沉沦。惟昧者感于情，役于气，梏于有，已肆欲戕真，执而不化，则其死也，业识不免，沉滞幽冥。此炼度之法所以施也。炼度者，以我身中之阴阳造化，混合天地阴阳之造化，为沦于幽冥者，复其一初之阴阳造化也。夫谓我身之阴阳造化者，神与气也。神为气之母，神动则气随也。所设有形之水火者，假天之象，地之形，日精月华之真炁。又假诸符篆，以神其变化，使死魂

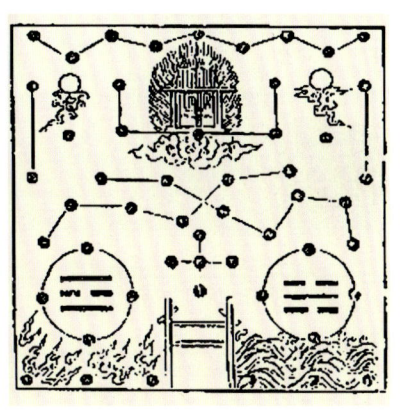

炼度坛灯图 采自周思得
《上清灵宝济度大成金书》

复得真精合凝之妙，而仙化成人也。然后以我之知，觉彼之知，以我之觉，觉彼之觉。则死魂自然一真澄湛，与道合真，天上人间，无往不可，炼之而后度之，故总谓之炼度也。"

---

[1] 道藏：第10册[M]．北京：文物出版社，上海：上海书店出版社，天津：天津古籍出版社，1988：143.

血湖地狱灯仪。《灵宝玉鉴》卷1《专度血湖论》："血湖地狱者，由幽冥之宰物者，随死者之冤结而化见也。人莫不由父生母养，以成幻质。惟妇人自妊娠以至娩乳，苦厄良多。有怀胎而死，有既产而亡，或母死而子存，或母存而子死，或子母俱殒于临蓐之顷，亦有俱丧于既产之余。是皆其前生仇雠，托胎报复。至有以药毒自堕其所孕，亦有以多子而不育其所生。彼安身立命之念既孤，则负屈衔冤之心莫释。死则魂系血湖，以受报对，动经亿劫，无有出期。非建大斋，莫能超度。故灵宝大法中有玉光一品，专一拔度血湖。拜表上章，行符告简，次第有科。既以天将摄其魂，复以天医疗其疾，神水涤其腥秽，法食消其饥渴，然后释其执着之想，开其超度之方，妙用神功，尽在行持之士也。儒家每谓人死则游魂为变，体魄不能生，将与草木同一腐坏，尚奚腥秽饥渴之为害哉。又曰：纵令冥府诚有牢狱枷锁，一如阳世官府，亦将何所设施。殊不知其身虽死，觉性尚昏，故口体之念不能遽忘。又况抱屈衔冤者，每思报复，其不平之气不能自散，必质之于司幽冥造化者，以求直焉。其仇家生前果有其恶，自亦不能释然于怀，其魂气随其念而有其狱焉，故不可谓之无也。"

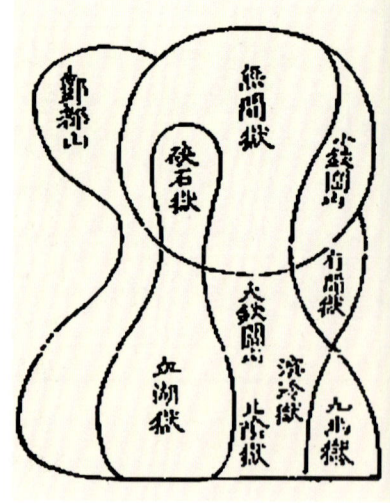

血湖地狱灯图　采自周思得《上清灵宝济度大成金书》

破血湖狱灯仪。宁全真《灵宝领教济度金书》曰："此灯于亡人卧床下，掘地深三尺，方六尺，作狱，染成红沙铺城。中植青幡，朱字书地狱名。无间五灯，血湖七灯，碨石三灯，产魂经由处一灯，溟泠穴一灯，周围用二十八灯铺之。"

破血湖狱灯图　采自周思得《上清灵宝济度大成金书》

世界上几乎所有的宗教都有天堂地狱之说，称现世行善者死后上天堂，作恶者死后入地狱。能否免除地狱之苦呢？道教宣称人生前应皈依道教，从善除恶；临终受三归，忏悔罪孽；亡后立坛诵经超度。不仅如此，道教还构想了一套内蕴丰富的灯仪，要从根本上击破九幽地狱，拔度幽魂出狱，这是其他宗教没有涉及的，反映了道教对人生苦难及精神深处阴暗层面的高度关注与真切关怀。就此而言，透过密布在九幽地狱的重重阴霾，我们看到的是道教济世度人的慈悲心怀与人文理念的光辉。

# 第二节　东华派神仙谱系

东华派的神仙谱系基本上沿袭了魏晋灵宝派的法统，但亦增添了许多唐宋以来的神灵、地方民间崇拜的鬼神，呈现出新的一面。

## 一、东华法印中的神灵

东华派法印颇多，被用于各种不同的科仪之中。宁全真《上清灵宝大法》曰："印者，信也。用者，封物相什，亦执政者所持信也。《汉官仪》云：'王侯曰玺，列侯至中二千石曰章，其余皆曰印。此世印也。'隆古盛时，人鬼各安其所，阴阳不杂其伦，故道之用，惟见于修真炼本，以致轻举飞升。中古以降，慢真日益，正道凋晦，邪伪交驰，上下反覆，于是出法以救其弊，表章以达其忱，付降印篆，以为信志。故用印之义，近同世格，亦道运因时损益者也。但名称近似世之官府者不可用，字画兼取凡篆者不当用，曹治僭及天上真司者不应用，本职之外而繁杂者不必用。灵宝大法，古来止用三天门下南曹印。近世既缺真篆，而'三天门下'四字，不应用于人世，除去此四字，又为不成。故依本法，止用'灵宝大法司'印。今既进品洞玄，佩中盟篆，行灵宝法，则职位已重。除拜章外，上而奏牍，下而关申牒帖，行移告文符箓，三界十方之曹局，九州四海之冥司，九地重阴，洞天仙治，幽显所隶，并用'灵宝大法司'印，实本职执法之信也，其可推以他印耶？应申奏文状方函，并上下一体施用。惟章牍并章函，用通章印而已。若遣章关牒，亦用本职印耳。"

第一印者，总监鬼神印，乃灵宝法之总制也。其文曰"总监众灵"四字。用时掐总监印，取灵宝中炁吹而用之，专印玉札。总监诀，中指中直。印乃五帝大魔王掌之。第二印者，北魁夫人内讳之章，乃玉司之专权也。专印摄召等幡。用之，用斗罡，掐斗诀，取北方玄炁吹而用之。宁全真《上清灵宝大法》曰："夫行持之士，若不得玉札，则亡魂不能聚其魂魄，卒难超度，可谓受罚于罪网，种祸于福田者也。凡告下阴曹，

总监鬼神印
采自《上清灵宝济度大成金书》

可以白缯长三尺六寸，或七尺高一尺二寸。以白纸背过，朱书玉札并檄文于前，以墨书告文于后，仍以墨书正度亡人姓名生死因，依于己者本命所属星符之下。如普度名数至多，止于正度名下添一等字，其余皆具在甲帐，连黏札前。用太章昊回明大帝玉魁司主之印。外使青纸作内外封函，以朱题之。又曰：以总监鬼神印印之，以彩画三使者裹之，同关牒一并发遣，焚于青烟之中。非玄坛普度，不可妄用。则地司径白三官，速奏上玄，削职罚功，可以立待矣。"《太上净明院补奏职局太玄都省须知》："奏上帝表状，用净明院印、上笺词职印。上天行移，用太玄省印。九地行移，用净明法主印。祈禳超度，用道君印。救治差将书符摄召，用总监鬼神印。"

追魂神虎司，亦有自己专用的法印，用于上章书符。宁全真《上清灵宝大法》曰："凡行神虎玉文符札，各有印章，须当祭而用之。若有符而无印，则是有兵无将。若有印而无符，则是有将无兵。符印无诀，步罡召役，阙一不真。故灵宝法中贵于十全，未闻有违戾而行之者应矣。诸印：北魁玄范府印，雄左印，雌右印，神虎玉札印，神虎总摄印，大魁总监印。"《灵宝无量度人上经大法》曰："夫行神虎玉札追魂，自有四印，祭而行之。如有符而无印，则是有兵而无将。如有印而无符，则是有将而无兵。符印无诀，步罡召灵，发役驱驰，阙一不可。是故灵宝法中事有十全，未尝有违戾者也。"

第三神虎雄左玉印。名北魁玄范之印。专佩左肘之上，以召神虎主伯，并印主伯吏真形符上。三印仍供养于阳耀坛中。用毕，以缝袋盛之。

第四印名雌右玉印，佩右肘之上，以召主吏，并印主吏使者、玉女功曹真形符上。三印仍供养于阴精坛中。用毕，以缝袋盛之。

祭印咒法：用茶酒时果九分，吉日于净室供养。法官面北方，掐神虎显应诀，左手大指掐中指根，中指却到大指根。先丁罡三步，念咒，吸炁一十二口吹之。想北魁下有紫玄之炁九道，降注入印中，再拜咒之。咒毕，以酒沃印，覆安于净盆中，化金钱四分在印上。然后收于净处，勿令一切人见之。见之不灵。如后十二年，方再刊，申奏换之。其旧印弃于岩洞无人到处。

祭印咒曰："天一北祚，太一紫元。神虎主伯，斗中大

神虎雄左玉印
采自《上清灵宝济度大成金书》

神虎雌右玉印
采自《上清灵宝济度大成金书》

神虎总印
采自金允中《上清灵宝大法》

圣。玉女追魂，十万精兵，随我降灵，一呼一吸。入我印中，变化亿千。元亨利贞，急急如神虎敕。"持诵十四遍，存圣位随香烟紫玄之炁，俱入印中。祭毕，缝袋盛之。凡遇月旦，师佩印，叩齿，咒曰："神虎之印，威猛通灵。吾今常佩，使我长存。追魂摄魄，立见真形。急急如玉清上帝律令。"

祭印法：用枣汤十二盏，净茶十二盏，明灯十二盏，金钱甲马各十二分，布列于天门之下。至星宿见时，法官具其衣冠，精心上香，掐变神诀，中指中左手同取十方炁吹身，变身为灵宝天尊。丁立南面，步八卦，朝天罡，回身面天门朝礼，三礼起身，默奏上帝，言所传法事。云："今择某日依法醮祭，伏望三尊慈悲，降三炁于印玺之中，差直印金童玉女，各二十四人，以为侍卫。令臣用印通灵，随印感应，十方上圣，皆为证明。"再礼三拜，吸天门三炁吹之。次长跪，将印逐颗，双手大煞文，捧于额上。咒曰："含灵真，丹曜灵。素威玄，天英玄。天姿安，晖音容。太化方，玄枢应。大定卿，久英祯。咒毕，取炁吹三过，弹诀，诵大梵隐语一遍，而收之。"

建坛之后，当安置法印于坛心之中，象征神虎诸神的权威与神圣。"凡建大斋，于艮户卜一室，立神虎之堂，向南设官将几案，香花一一具备。次以净土就堂，中立阳耀通关坛于左畔，立阴灵摄魂坛于右畔，各方圆三尺六寸，打令平正，各立坛牌及左右监狱使者之牌。一室周回，并以白素作幕，使不染尘埃之色。当先如法祭混元玉札，次方立坛。备茶酒果蕨，祭设神虎官将。依式变神步罡，关召次第行持。以剑就土上画之，安雄左印于阳坛之心，雌右印于阴坛之心，中间几案，止燃一炬明灯，并安监引童子符及神虎诸符。又以二器盛水，浸神虎追魂符各一道，亦安坛心牌下，祝官将一面追魂赴坛现形。次以现形符三道，内一道同关牒冥财数分烧之，一道沉水中，一道法师自服之。将符水左手托定，右手仗剑，念天一北祚咒七次，吸鬼门炁入水中，噀洒二坛。讫余水留几案上，即帘幕遮护，密封堂门，禁人来往。至期召魂，方卷帘幕，将幡安于二坛之左右。仍用通现、幽释、通语、通目等符，焚水中，洒之及童子身上。次令童子指其端，良久仿佛窥其踪。若孝子忠孝慈义意切，必睹形神，可交言语，历历可扣。如生人悲泣惊魂，飞扬即远矣。若生人欢喜，尽现其形。尤忌嗔怒。莫私心妄召，余无所戒也。"

《灵宝玉鉴》曰："灵宝之妙化，具乎两仪未判之先。灵宝之经教，阐于三炁既分之后。上天所宝，下世罕闻。汉元封中，武帝得西王母之授，而后其教方传。世远人亡，经残教弛，自非圣哲，无不陷溺其良心。故生则灾害臻身，死则沉沦长夜。其有执而不化者，则未散之气，或依草附木，或为厉为妖，从迷入迷，无有超度。故经教支而为法，所以辅正除邪，济生度死也。此又已得道宗师，不得已而为之也。法之为言正也，正其邪也。亦犹德礼之有政刑，以道之齐之也。故章表奏中关牒符檄，又必假天府之印以示信也。印则各有师传者，欲天地神祇人鬼知所行之法，有所受之也。道法之分门别派，不知几也，独灵宝为万法之枢纽。其为印也，无施而不可也。如上章一事，在灵宝法中虽有通章印，然其印文，本是三天合同契券，专为升度亡魂，不知原于何代。宗师乃于印文中，

除去'召魂升天真子佩法'八字，遂用为通章之印。故祖师紫极田真君辩之详矣。由是观之，不若只有灵宝印，为无可瑕疵也。又如正一教法，上章则有九老仙都印及十二小印，若专行正一天心可也。施之灵宝斋醮中，不为无碍。且如人世诸官府，自一品至五品，皆得而上章表于朝廷，除止用本衙门公印外，不闻别有上章表之印也。据此而论，凡行灵宝之斋，一应文字，止用灵宝一印，为的当也。

道经师宝印
明代　铜印　李黎鹤藏

若必有分司而用，则神虎之印施之追摄可也，南昌之印用之炼度可也。至于随箓之印，却在法官临事审权，宜而用之也。"《道法会元》云："曾受箓者，申奏用职印，关牒用法印。未受箓者，奏申关牒通用道经师宝印，或三天太上印。凡印，当以枫枣木为之，不用桃梓雷击之木，恐有杀气。朱砂入乳香少许代胶。用印时，多念太一睿号，其印自然通真达灵。"

灵宝大法司印。宁全真《上清灵宝大法》载："自周秦至本朝，尺非一等。有周尺、黍尺，有汉尺，有后周尺，至本朝有布帛尺，有省尺，江淮间有淮尺，长短不同。今本职执法之印，合径二寸五分，周尺。往往法书言印径几寸几分，多不辩尺之长短。后有师古之士，并从周尺可也。"蒋叔舆《无上黄箓大斋立成仪》载："方函两头，一同，或用通章印，正面，用灵宝大法司印。中下界申状，用灵宝大法司印。"《灵宝无量度人上经大法》曰："兆择吉日，命工开造灵宝大法司印、三天太上印、通章印、三天合同印、九灵章奏印、灵宝诸印，备香花酒果，各十二分，祭印中仙灵。咒曰：'小兆真人姓某，谨致祭于印中大神：印中神仙，真气真人，掌印灵官，直印玉女，直印玉童，直印仙兵，印中神仙。某受灵宝大法，管摄鬼神，呼召仙兵，通达彻视，与神皆游，永为至人。惟尔印中仙灵，享此诚礼，助某道气，功成同享，不敢负违。'叩齿三通，念摄印咒百遍，掐都监诀。咒曰：'神真气真，气真神真。神分太极，

灵宝大法司印　明代
铜印　李黎鹤藏

气摄高清。玄印变化，妙应妙灵。急急如律令。'"

通章印，亦名"玉清通章印"。宁全真《上清灵宝大法》说："玉晨乃元始之弟子，故以此印通诚祖师也。非此法箓，不得僭用。若行洞玄章法，则章之前后各控纸悉依式书符，却不用正一章十二小印，止于年月日上用通章印而已，其印文只三天合同券。"金允中曰："法箓自正一而至洞玄，皆可拜章，并依本职而已。惟正一法用九老仙都印，灵宝法箓用通章印，古无异说。""通章印专以拜章也，黄神、越章印以备急切奏告也，只四印而已。"宁全真授《灵宝领教济度金书》："木函两头，及蜡池及青黄方函两头，并用玉清通章印章。袱交结束腰套封，合用玉清通章印。"蒋叔舆《无上黄箓大斋立成仪》："外函同奏状式，用印当中用三炁玉章，两头或用三天太上印，或通章印亦可。"

黄神印。宁全真《上清灵宝大法》云：《正一旨要》所载，乃以一印，总名黄神越章，而径阔稍大，用于布气治病之间而已。今按式径一寸八分，周尺，依古文用二印，乃心章紧切，告祈奏启上帝，不拜正章者用之。《正一法文修真旨要》："吾今以黄神越章之印，印心从心出，印腹从腹出，印肝从肝出，印肺从肺出，印肾从肾出，印脾从脾出，印头从头出，印背从背出，印胸从胸出，印腰从腰出，印手从手出，印足从足出，速出速出，急急如律令。印下又诵一遍，然后举印，又把印当心，咒曰：'南方之鬼，北方之鬼，东方之鬼，西方之鬼，中央之鬼，天鬼、地鬼、神鬼、男鬼、女鬼，沉尸毒注之鬼，当印者死，值印者亡，速出速出。'下印又诵两遍，然后举印印，令病人吞三二道符，男服三符，女服二符……用印了，以香汤浴印，用新帛干拭入匣中盛之。此印不得将入丧家、产妇家，及血腥六畜胎乳殰秽之处，并不得将往也。"《道法会元》云："黄神越章有二印，各有天篆背文。

黄神印
采自宁全真《上清灵宝大法》

世人只有黄神背文，便为越章背文，非也。二印默诵其背文，即拜章之始。诸拜章，头出阳神，带式于中，左佩越章，右佩黄神，腰悬天部霆司印，头戴太一真符，怀六神印，佩天童经，指引魂魄，方可拜奏。"

十二小印。宁全真《上清灵宝大法》："再拜、玉陛下、以闻侧、章首、太清上、章尾、臣姓、太清侧、太岁、玄都、以闻、腰封。右十二印，并长一寸二分，阔八分，厚不拘。"蒋叔舆《无上黄箓大斋立成仪》："应牒关札，后并批朱。公牒书名押字。关札只押字。牒皮正面，上书谨字，中印法阶，书名押字，下书封字。用三印。背书司额牒上书上者，用二印。关札正面印法阶，只押字，下书封字，前用　印，后用二印。应奏申状并半年用印合缝者，书臣名后，用一印。可漏下用一印。方函正面上下，通用三印。凡牒关帖榜等，押字并用印。公牒并榜，太岁一行，用四印，前用三印。关札半年用一印，凡用印，并从后起。应符简告文，年月用一印。可漏正面用二印，后用一印。应符文作方函发

者,依方函式用印。"

混洞赤文印,印符篆,吞佩贴镇,并通用之。所谓"混洞赤文",是指天庭显化的一种天书云篆。《度人经》曰:"百魔隐韵,离合自然。混洞赤文,无无上真。"严东注:"混,大也。洞,通也,赤文,赤书。大洞之经,通明龙汉,沦于延康,元始开运,于洞阳之宫,火炼玉字,洞阳气赤,故号赤文,出法度人,玉清治炼其中之真,故曰无无上真也。"薛幽栖注:"混者,混沌之名。洞者,洞阳之气。赤文者,赤书真文也。言赤书真文齐混沌之初,在天地之先,凝化空洞之上,郁结太无之中。太无之无亦无,其无既无,其无是谓无无,故云无无上真也。元始炼之以洞阳之气,治之于流火之庭,洞阳气赤,故曰赤书。"李少微注:"混洞,是高上玉皇九亿万气也。言玉皇之气,混沌通同,成其赤书真文,乃于无无未有之时,分布五方,元始用之度人,皆登上真之位也。"[①] 故此印可用以护身修真,辟邪召灵。

都召鬼魂符印,用于摄召鬼魂。《灵宝无量度人上经大法》曰:"幽幽冥冥,天地清宁。三皇助我,六丁卫我。吾是太上之孙,真人之子,烦呼诸神,急急应灵。敕符咒曰:太上神符,摄尔诸鬼。呼名立至,现形欢喜。青龙在左,白虎在右。天魔在腹,吾头戴天罡,玄武足履,万神速离。使符召鬼,无有不至。"

八威龙文印,印符篆,吞佩贴镇,并通用之。宁全真《上清灵宝大法》:"天皇君召十方神王制魔符,右符红帛白书,庚申日寅时书,用八威龙文印印之,佩兆身,召十方神王,随其方掐诀召之。"《灵宝无量度人上经大法》:"地皇君召三官星宿璇玑符,右文用黄帛朱书,于六丙之日辰时篆,用八威龙文印印之,佩于兆身。如禳度灾厄,召诸天星宿,齐到帝前。"

都召鬼魂符印
采自《灵宝无量度人上经大法》

灵书中篇印,象征着元始天尊所传灵书玉字的威力,故"敷露真文,保镇山川地水用之"。所谓"灵书中篇",是指《度人经》中的一段经文,经中谓其文乃太上大道君所撰,共分四天真文,每天真文各六十四字,总计二百五十六言。道君曰:"此诸天中大梵隐语无量之音,旧文字皆广一丈。天真皇人昔书其文,以为正音。有知其音,能斋而诵之者,诸天皆遣飞天神王,下观其身,书其功勤,上奏诸天,万神朝礼,地祇侍门,大勋魔王,保举上仙,道备克得,游行三界,升入金门。此音无所不辟,无所不禳,无所不度,无所不成,天真自然之音也。故诵之致飞天下观,上帝遥唱,万神朝礼,三界侍轩,群妖束首,鬼精自亡,琳琅振响,

---

[①] 陈景元.元始无量度人上品妙经四注:卷2[M]//道藏:第2册.北京:文物出版社,上海:上海书店出版社,天津:天津古籍出版社,1988:201.

十方肃清，河海静默，山岳吞烟，万灵振伏，召集群仙，天无氛秽，地无妖尘，冥慧洞清，大量玄玄也。"严东注："此篇之文，有二百五十六言，字方一丈，八角垂芒也。一者分置三十三天，天有八字，以消不祥，成济一切。二者将书玄都及天宫门户楼观之上，若有修服其字，则升其处，摄召十方众仙也。此道君自标于题目之下也。元始灵书者，即元始天尊灵书八会之梵音也，在三十二天之中。"[1]青元真人注："灵书中篇，乃三十二天保镇开度之音，诵咏宣扬，功用莫大。而三十二天，又为天人学人修证升进等级之品。三界有三乘之分，种民入上乘之最，性命混融，与道合真，故道言成终总括。又以冥慧洞清表之，且申以大量玄玄者，亦备述大乘与上乘玄觉之妙。"[2]

元始符命印。所谓"元始符命"，是指元始天尊所传的道经符命。《度人经》曰："元始符命，时时升迁。北都寒池，部卫形魂。制魔保举，度品南宫。死魂受炼，仙化成人。生身受度，劫劫长存。随劫轮转，与天齐年。"严东注："元始天尊说经之时，命召十方无极世界、地狱之中，一刻之时，幽夜之中，寒冰夜庭，三官九府，一时各部领鬼神侍卫，将从得出长夜之府，并皆开度，得见光明也。"李少微注："酆都下有寒池，诸鬼神有舒慢者，玉帝即用符命，一时一刻，寒冰夜庭，三官九府，各部领幽魂，移出长夜之府，并承开度，得见光明。"[3]故此印用于超度亡灵，解幽度劫。宁全真《灵宝领教济度金书》载："五行炁造真人陈子章，星冠，青白云霞鹤服，朱履，长裾玉佩，手持元始符命印，上出红白光。"

元始符命印
采自宁全真《上清灵宝大法》

三天太上印，此印乃中盟之合契，灵宝之总章，凡申制章奏文檄，并可通用。亦可印诰佩，治病遣邪，长二寸七分，宽三寸四分。"三天太上"，即太清圣祖太上老君，又称"道德天尊""混元老君""太清大帝"等。此印代表着太上老君至高无上的权威与神力，故被广泛运用于镇邪驱魔，治病救人，上章奏表，通神达灵。祭印法说："印券乃三天灵章，高真符契，动有玉女侍卫，用则有灵官典禁，事随印用，不可超越。"宋陈田夫《南岳总胜集》："开元六年，上帝降赐真君驱邪玉匕一张，其状类剑，长三尺，阔四寸，玉文如云霞，其端微有锋刃。玉册一道，长一尺余，阔六寸，其篆文曰'道君之玉册'。有两印，文曰'三天太上之印'，皆篆文。或曰旧本玉册懹在真君臂间，檀香刻此，以传于世。玉玺一枚，方阔五寸，八角，其文曰'注生真君玉印'，亦

---

[1] 陈景元.元始无量度人上品妙经四注[M]//道藏.第2册.北京：文物出版社，上海：上海书店出版社，天津：天津古籍出版社，1988：240.
[2] 青元真人.元始无量度人上品妙经注[M]//道藏.第2册.北京：文物出版社，上海：上海书店出版社，天津：天津古籍出版社，1988：283.
[3] 陈景元.元始无量度人上品妙经四注[M]//道藏.第2册.北京：文物出版社，上海：上海书店出版社，天津：天津古籍出版社，1988：212.

篆文，今悉存焉。或云是司马天师篆文也。"《金锁流珠引》曰："三天太上之印，六字印也。主六甲。此是考召道士，有功于人神龙鬼，即合行印传法，印牒印佩板，及上清五法用之，亦行大文牒，牒上天曹，即合用此符。"蒋叔舆《无上黄箓大斋立成仪》："外函同奏状式，用印当中用三炁玉章，两头或用三天太上印，或通章印亦可。"

灵宝玄坛印。收载于周思德《上清灵宝济度大成金书》。经中曰："此印建坛之后，坛内一应公牒关帖，皆用以代司印。"①所谓"灵宝玄坛"，是指灵宝大法传度玄坛。宁全真《上清灵宝大法》曰："灵宝大法传度玄坛，本坛今月某日先据某人意，同奏申至永失人伦等因，本坛领词虔切，已于某日誓词，飞奏三天，关盟三界，普告十方，咸使知闻。以今恭按玄科，开坛传度，修崇醮礼，仰谢天恩，恭对道前，遵承师范，付授灵文，裂券分环，受戒领职，结盟立誓，分拨将兵，须至给帖者。一给授：上清灵宝经法一部，上清灵宝符图一部，上清灵宝符诀一部，上清灵宝玉劄一部，上清灵宝仪格一部，灵宝大法司印，泰玄都省印，飞玄三气玉章印，九老仙都印，通章印，黄神印，越章印，北魁玄范府印，神虎总摄印，神虎玉札印，神虎雄左印，神虎雌右印，仙诰一轴，戒牒一道，版符一面，环券一付，誓券一道，十天券一十道，五帝灵符策仗一付。一请降：灵宝大法司十方飞天神王，万司如意大将军，玉童玉女，灵官功曹将吏，北魁玄范府左右二大圣，七真玉女，三部使者，追魂摄魄一行将佐，南昌炼度司丹天左右侍卫大将军，水池火冶神将，受炼合干官将，黄箓院诸司考校合部曹属，发遣章奏运神会道功曹，官将吏兵，天医院灵官仙宰。"宁全真授《灵宝领教济度金书》："若建坛以后，散坛以前，并以上清灵宝玄坛为额，合用灵宝玄坛之印。"

飞玄三气玉章印。所谓"三气"，指玄气、元气、始气。《正一法文天师教戒科经》曰："道授以微气，其气有三，玄、元、始气是也。玄青为天，始黄为地，元白为道也。三气之中制上下，为万物父母，故为至尊至神，自天地以下，无不受此气而生者也。诸长久之物，皆能守道含气有精神，乃能呼

三天太上印
采自宁全真《上清灵宝大法》

灵宝玄坛印　采自周思德
《上清灵宝济度大成金书》

飞玄三气玉章印
采自《道法会元》

---

① 周思真.上清灵宝济度大成金书[M]//藏外道书：第17册.成都：巴蜀书社，1994：95.

吸阴阳。道生天，天生地，地生人，皆三气而生。三三如九，故人有九孔九气。九气通则五脏安，五脏安则六腑定，六腑定则神明，神明则亲道。是故人行善守道，慎无失生道，生道无失德，三三者不离，故能与天地变易。"《道法会元》曰："右印印正阳函上。"可通达三气，飞玄九天，护身保命，辟邪镇魔，获通神达灵、延年益寿之证验。《道法会元》曰："三气至玉府契印，如人间合同符契，得之可登三天。三天有三门，三神将，三神吏，三灵童符吏，引进功曹，呈文进章官君，伏章上章，得候帝旨，还神入躯，报应祸福也。"宁全真《上清灵宝大法》曰："故近世行灵宝法者，多不用本职印奏牍，乃以飞玄三气玉章印发之。""凡祭印之法，用枣汤净茶各二分，明灯十二盏，钱马各十二分，布列于天门之下，至星宿朗时，法师具衣冠，精心上香，双手掐中指中，取十方气吹身，变神为灵宝天尊，顶碧玉七晨交泰冠，青羽飞云之衣，朱履绛裙，佩灵宝三境神剑，负五色圆象，丁立面南，步八卦，朝天罡，回身面天门，礼三拜，兴身，默奏上帝，言所传法印几颗，今择某日，依法醮祭。伏望三尊俯垂洞鉴，特降玄、元、始三气，流布于印玺之中，敕命金童玉女各二十四人，以为侍卫。令臣用印通灵，随所感应，十方至圣皆为证明。具启奏毕，再三礼，吸天门三气，吹于印中。次长跪，将印逐颗双手大煞文，捧上额上，敕之。"敕印咒曰："含灵真丹耀，灵素威玄天。英玄天姿安，晖阴容太化。方玄枢应大，定卿久英祯。"右咒毕，取气三口吹，弹玉清诀，再诵灵书一遍，而收匣中。① 宁全真《灵宝领教济度金书》："其奏状可漏姓名，合用飞玄三炁玉章。"

发遣九灵飞步章奏印。宁全真《灵宝领教济度金书》："方函姓名，合用发遣九灵飞步章奏印。"

泰玄都省印
采自宁全真《上清灵宝大法》

泰玄都省之印。《灵宝无量度人上经大法》载此印"乃玉帝降付天师，掌太玄都省申奏等事，如召功曹符吏，集诸兵马，醮奏星辰，当关牒而用之。此印汉代天师以凡篆而易之，其祖传秘印，随正一升天，正掌太玄都而用焉"。"以七宝金玉为之，或以赤枣心，或桃柏木，命工于阳火日刊成，阴水日露天一宿，而收之。"《太上净明院补奏职局太玄都省须知》曰："太玄都省者，乃玉皇上帝专达之府，府有文林武林二品官，文林掌文章簿书礼仪之事，武林掌诛邪杀伐之事，并以行道法。人依功绩叙迁，生曰遥勋，死为正授，此常格也。如生有奇能异绩，名系玄谱，真圣叙用者，常以正授，或以福履。叙用者魂神寄阶，梦判天法。其有宿在鬼神科籍，阴掌天宪，闻聪见明，心与天齐，神与阴会者，正授委任，各有品第，岁

---

① 道藏：第30册[M]. 北京：文物出版社，上海：上海书店出版社，天津：天津古籍出版社，1988：902-904.

有稽考，一岁则入于洞神文堂。"宁全真授《灵宝领教济度金书》："敕赦，用泰玄都省印。"

大魁总监印，收载于宁全真《上清灵宝大法》。此印用以延年益寿，度劫解厄，群邪禳灾，通灵召神。所谓"大魁"，指天庭中斗之神。《度人经》曰："东斗主算，西斗记名，北斗落死，南斗上生，中斗大魁，总监众灵。"严东注："魁，大也，灵神也。斗中有灵童，字郁馥，常运育轮于太无，回十转以召真，总统十方天关，十转十方大圣，上朝玉宫，万神高真，众灵同到，则郁馥唱焉。"薛幽栖注："魁，首也。中斗者，斗之第七星，四斗之首，总统一身众灵。"①明天师张宇初指出："东斗五星，西斗四星，北斗七星，南斗六星，中斗三星。或以东南西北七宿为四方之斗，以北斗为中斗。盖《天官书》曰：斗为帝车，运于中央，临制四方，以察妖祥。又《真一口诀》云：斗中自有五斗，阳明为东斗，阴精为西斗，丹元为南斗，北极为北斗，天关为中斗。法中谓天以斗为心，故曰天罡。所指昼夜常轮。中斗大魁，即魁星也。则北斗谓之天枢，宜居中也。为万灵之主宰，是以总监众灵也。人以心为斗。心之七窍，象斗数也。心居一身之中，为五官之主宰，神明之宅舍也。天人学士受度之后，则四斗为之注算，记名落死，上生中斗，则总统于中，万灵护体。"②

大魁总监印
采自宁全真《上清灵宝大法》

敕制地祇印。周思德《上清灵宝济度大成金书》曰："本符上用。"③所谓"敕制地祇"，语出《度人经》："此三界之上，飞空之中，魔鬼歌音，音参洞章，诵之百遍，名度南宫；诵之千遍，魔王保迎；万遍道备，飞升太空，过度三界，位登仙公。有闻灵音，魔王敬形，敕制地祇，侍卫送迎，拔出地户五苦八难，七祖升迁，永离鬼官，魂度朱陵，受炼更生，是谓无量，普度无穷。"李默庵注："此灵音赞重魔王之歌音也，有能闻是音而修之不怠者，魔王敬奉其形神矣。故观复曰：闻非耳闻也，必心与经通、行与经合是也。念念不忘，常存敬惧，外遣诸缘，内修定力，久之功深行满，上帝敕制地祇祀典之神，侍卫其居处，送迎其出入，虽道未备，不能度三界位仙公，亦必拔出地户，离死户也，无复五苦八难之厄矣。其功上及七祖，皆获升迁，永离幽关，不属鬼官之所考摄，魂神径度朱陵火府，而更生乐界矣。是以生死皆蒙其无量之功，无穷之度矣。"

流金火铃印。封山召神，檄龙馘妖，镇水渡波，愈瘟消患时使用。宁全真《上清灵宝

---

① 陈景元.元始无量度人上品妙经四注：卷2[M]//道藏：第2册.北京：文物出版社，上海：上海书店出版社，天津：天津古籍出版社，1988：219.
② 张宇初.元始无量度人上品妙经通义：卷2[M]//道藏：第2册.北京：文物出版社，上海：上海书店出版社，天津：天津古籍出版社，1988：311.
③ 藏外道书：第17册[M].成都：巴蜀书社，1992—1994：98.

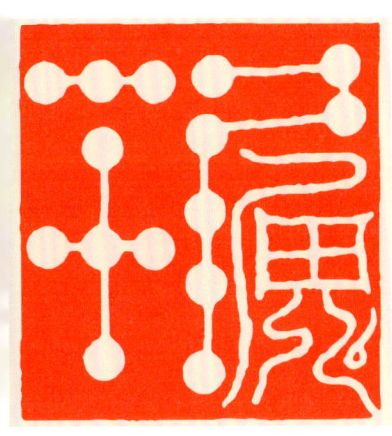

流金火铃印
采自宁全真《上清灵宝大法》

大法》曰:"南宫有韩司火府,中有赤文流火之章,全真神印,结丹霞之秀气,凝三光之玄文,名丹天流金火铃神印。丹华映日,金火腾辉,檄龙召雷,炼魂登真,剪伐水怪,驱荡阴爽,愈灾却疠,度厄辟病,焚烧六丑,降伏五魔。侍印有一气丹华上吏三千人,火铃大将六百人,金光神童一百二十人,请直印请晖,随印节度。乃赤帝之总章,韩君之火铃,秘于丹炎之府,辉耀之台,以绛琼作文,封以元照灵虚之章,三百年以印给付南宫之官,佐化行功于下元者。""凡造印,择丙丁日,取木火纳音者,用灵地神桃向南之枝,命匠刊造。方面二寸一分,厚七分。刊印了,埋于净处东南隅上,入地深七寸许,日用香一柱,焚于所埋地上,三礼无祝言而退。如是七日了,取出以流水洗去土,用香汤浴之,以真丹填齿,如法祭之。常贮于青丹黄锦囊中,勿令染尘犯违正气。犯之则佐吏不降,徒劳精思。"又述用印方法:"大凡封山召神,檄龙瀔妖,镇水渡波,愈瘟消患,并左右手掐火铃印,步火铃罡,面南,存心火如丝入印齿,交穿缠绕九重,如赤光罗映。毕,即叩齿九通,咒曰:'臣某上启南上一气宗神长生大君韩君司马大神,伏望特赐正气,入臣印中,随气召降金真玉光八景大神,火铃大将,开明灵童,三气上吏,文秀舒光,随印节度,焕赫天威,焚荡妖凶,掷火前伐,流铃从奔,风狂火伐,所印利贞,玉帝之命,神公奉行。急急如火铃律令。'咒毕,口引上宫正气布印上,次印之。或印砂石,沉埋水中地中。或印尺素上,吞佩之。或印封泥上,或印痛处,皆不过三作,必愈。须忌秽气干印,干之则印破不神矣。"亦可用于治病:"凡有寒气痛气等疾,左手掐离文,右手执印,当令动止详缓,毋使神气轻浮,范象师巫,取笑世俗矣。"《灵宝无量度人上经大法》曰:"印方面二寸一分,厚七分,用灵地神桃向南枝,以丙丁日取木火日,命工开成,埋于居靖东南隅,深入地七寸,日用香一柱,焚于印地上,三礼,无祝言而退。至第七日取出,以流水洗去土,用香浴讫,以真丹填齿,置丹黄锦囊巾。札于肘后,至丁日丁时,面丁方,丁步火铃罡,存见玉女真形六人。"再诵咒数遍,取气呵印,引上宫正气布印上,即成。

天宝君印。天宝君,亦名"元始天尊""玉清大帝",为道教中的最高尊神,居三宝君之首位。《灵宝无量度人上经大法》曰:"右印乃元始上帝主教之印,可以镇天地,运阴阳,斡旋造化,召役万灵,如行持大法,当以此印镇于治所,万圣钦崇,如朝元始之帝。印光万丈,光烁群魔。亦可印符箓。此印于秦始皇时失之,后至汉代天师,以凡篆而用。"《灵宝无

天宝君印
采自宁全真《上清灵宝大法》

第三十一章 东华派神仙谱系 509

量度人上经大法》:"夫妖魔者,山林多有之。凡入靖修炼,一念不真,多招狐狸山精,石怪妖魅,恐人成道,化作妖艳,以求宿食,或歌艳丽诗词,以现形影。故行大法之士,多忌之。宜须持志金石,灭念停虚,诵魔王三章,轮掐十方飞天神王诀,以天宝君印照之。次焚五帝大魔符于室前,次焚香升座,宣灵宝三洞法语,其魔自退,永不至矣,更以斛食施之。"

青玄救苦印。"青玄",指青玄上帝太乙救苦天尊。据道经说,太乙救苦天尊为天界专门拯救堕入地狱之魂的大神,受苦难者只要祈祷或念诵天尊圣号,就能得到救助。《灵宝无量度人上经大法》曰:"乃上帝降付东极救苦天尊,度三界十方一切苦魂,如遇之,有百宝光明应,狱司睹此印光,皆救放幽爽,径生极乐,可印符箓。"蒋叔舆《无上黄箓大斋立成仪》:"应长生符用元始一炁印,救苦符用青玄救苦印,玉札用玉魁司主印。凡符文属玉清者,并用元始印;属东极者并用救苦印。"

青玄救苦印
采自宁全真《上清灵宝大法》

五帝大魔印。"五帝大魔"指五天魔王。《度人经》曰:"青天魔王,巴元丑伯;赤天魔王,负天担石;白天魔王,反山六目;黑天魔王,监丑朗馥;黄天魔王,横天担力。五帝大魔,万神之宗。飞行鼓从,总领鬼兵。魔幢鼓节,游观太空。自号赫奕,诸天齐功。上天度人,严摄北酆。"此印即五帝大魔神力与权势的象征。《灵宝无量度人上经大法》曰:"乃上帝所赐,行持之士佩受,可制万魔,镇凶治恶,志心佩受,则五帝待卫,群妖束形。"《灵宝无量度人上经大法》:"夫天魔者,修炼居山之士,一念纤尘,而被魔王之所败,而不能成真,何者?正炼火丹,修真养浩,行持入靖,或目见显现形影,幢盖幡花,百种天香,

五帝大魔印
采自宁全真《上清灵宝大法》

异云覆室,或耳闻仙乐之韵,此乃天魔之所试,即非正道之所履行也。可佩三皇内文及五帝消魔玉符,置于座前,左手掐中指中文,右手执五帝大魔之印照之,其魔自退,变神为元始天尊。夫阴魔者,居山之士修习秘文,或思存之际,入室之间,一念差殊,即闻四野歌悲,冷风乱作,心生倒见,妄起贪嗔,谈及杂言,多宣死讳;或行于道路,逢僧遇尸血秽,厌我神光,皆阴魔之所试也。当叩齿七声,掐午文为诀,存玄元之炁灌注身中。次服'五老启涂群仙翼辕'八字,以五帝大魔印印之,及佩童初五元玉册,诵灵书下篇,及焚龙章凤篆之文,其魔自退。夫病魔者,行持之士一念乖殊,四大失理,饮食差时,寒暑失调,多生疾患,缠绵不退,损害行持,此病魔之所试也。当以消魔五符置于室中,用五帝大魔印,诵净明灵书二遍,服'八景冥合炁入玄玄'八字,并净明延生二符,佩元洞玉历

章，叩齿集神，首罪赎愆，仍焚香对圣，宣云笈宝签科品，集阴阳二神以合和，其魔自退。"

炼度司印
采自宁全真《上清灵宝大法》

黄箓院印
采自宁全真《上清灵宝大法》

炼度司印。"炼度司"，是指主持道教水火炼度法仪的神司。《灵宝无量度人上经大法》曰："右印乃上帝降付南昌受炼司真君，主炼死魂，司炼度亡魂，专印水火符箓，炼度司分关申贴牒之属。"宁全真《上清灵宝大法》曰："炼度之仪，古法来立，虽感于近世，然自古经诰之中，修真之士，莫不服符清气，内炼身神，故刘混康先生谓生人服之，可以炼神，而鬼魂得之，亦可度化，是炼度之本意也。"《灵宝无量度人上经大法》曰："昔上帝哀愁下方幽魂，拘迫北方溟海之中，泉曲之府，九幽长夜等狱，无由超度，故说经教以拔众生。使九华真人理于南昌上宫，主九幽之下宿对死魂。又有南昌度命君，炼度死魂。中有流火之庭，飞焰焕于八方，流火之膏炼身则体生玉光，明如眸子。南极真人亦理于宫中，应诸学道仙品末充，皆诣流火庭内，南极真人炼以火膏及月中黄气，洗炼荡除尘垢，得与真人为侣。如生人炼身形，则魂神径上南宫，受炼于流火之庭。随其真修学功之浅深，准计年月之多寡，时既毕，即得更生。虽经日寸积岁，有如睡顷，不觉稽延，从兹已往，便期神仙。"此印为南昌炼度司真君权威与命令的象征，凡行水火炼度法者皆须用之。

黄箓院印。黄箓院，亦称上清黄箓院聚魂五总府，道教科仪法会中主治渡亡破狱的专司。《灵宝无量度人上经大法》曰："右乃上帝降付黄箓院使相，主下元度上世亡魂。如建大斋宝坛，召摄君将使兵符牒用之。"同书卷60《南昌受炼品》谓炼度司有"黄箓院仙宰、黄箓院判官、将吏功曹、神兵土地、飞天大神、妙行真人、炼度真人、八威龙文神君、火池神将、水池神将、摄魄使者、度魂主吏、火府功曹、童子吏兵、火池童子、司命真君、司录真君、延寿益算度厄尊神、回骸起死监生大神、五道大神、溟泠大神、炼度直日功曹、炼度吏兵、一切真宰"。

赤书玉字印。"赤书玉字"是指显现在天际中的一种云篆。《三洞神符记》曰："元始赤书五篇真文，置以五帝，导以阴阳，转轮九天之纽，运明五星之光。""五篇赤书玉字"，指太清九真安化上爱符、交神黄明玉化符、真皋混丹肃玄符、八威禁龙制虎英太白玉化符、明纲玄兆大明九化符。此印即聚合五篇赤书的功德与神威。《灵宝无量度人上经大法》："乃元始上帝专掌诸天玉字真文篆，应醮奏坛埸，敷落真文赤书，当印用之。""以七宝金玉为之，或以赤枣心，或桃柏木，命工于阳火日刊成，阴水日露天一

宿，而收之。"周思德《上清灵宝济度大成金书》亦收载一枚，曰："符箓通用。"

与道合真印，《灵宝无量度人上经大法》谓此印乃上帝降付，"得道之士佩负登天，于三天金阙门下勘同印信也。如度魂爽于地府功德案，内列各书合同符契，以印印之，应阴府冥灵睹之，如上帝亲诏，靡敢稽停也。"

混合百神印。"百神"指人体百关之神。《灵宝无量度人上经大法》："乃上帝所赐，行持之士佩受，可役使万灵。凡印所在之处，万神朝礼，三界侍卫，应于召法中将吏符箓，皆以此印印之，立获感应。"《灵宝无量度人上经大法》："夫人魔者，行持之士皆有之。或居山，或入室，书符步咒，掐诀行持，方欲行用，一念有殊，或被言语喧哗，秽臭腥膻，鸡犬孕妇，师僧尼俗，冲突坛场，以至惑乱法身，思存不正，符水不应，咒诀不灵，皆人魔之所试也。当以混合百神印，安于坛中，书'束缚魔灵'四字，以印印之，焚于香火上，掐左右子亥二诀，持念魔王三品之章，其魔自退。"

灵书中篇印。象征着元始天尊所传灵书玉字的威力。宁全真《上清灵宝大法》："敷露真文，保镇山川地水，用之。"周思德《上清灵宝济度大成金书》卷二五亦收载一枚，并曰："真文上用。"①

金龙驿吏印。宁全真《上清灵宝大法》言，凡建玄坛，当设四驿庭，专门承受传递符檄，如同阳间的邮亭。"金龙吏属阳，若遣役当同黄箓院功曹符吏，可往三官天牢，五斗天一北狱，及罗酆重牢，幽槛铁围，无间地狱等处，救拔亡魂。"道教举行度亡破狱法事，皆须书符投状，以法印召遣驿吏，递送文书。《道法会元》曰："世有救恤贫乏，济度天人，奉戒修斋，供养三宝，或炼真养神，功未克足，命穷灭度，经由太阴者，方曲敕命告救苦真符外，别以柏木简作长生灵符，告下南方丹天世界，使擢简帝堂，炼神火府。罪魂无功于人天者，不可滥授炼真之箓。但得睹神辉，更生阳界，则幸矣。故于大醮之初，乃告长生灵符简，尺寸同救苦真符，上题原始符命，告下南方丹天世界，并年辰等三行，题封如前式，用金龙驿吏印印上、中、下三缝，祝讫，付金龙驿吏告行。玄都金龙驿吏二十五万人，领符命启道驰信。"

金龙驿吏印
采自《道法会元》

东华学真印。周思德《上清灵宝济度大成金书》曰："应系东华嗣派之士，用此印于申状，方函二头。"所谓"东华嗣派之士"，是指宋元年间的东华派道士。《灵宝领教济度金书》："如系东华学真法师，合请东华十真，所谓金阙左真司命上清真公，金阙右真司命上清真卿，东华佐命小方诸上宰仙王，丹元宫保宸玄上真人，丹元宫定箓大霄真人，

---

① 藏外道书：第17册[M].成都：巴蜀书社，1992—1994：98.

东华保宸司圣士,东华典保清逸先生,太极左宫下教保生真人,浮玉洞左官九天救应飞仙玄上宝贞真人,洞灵上卿青玄府下教司命三官保命司主簿丹元真人,共十位。"

历关诸天印。周思德《上清灵宝济度大成金书》曰:"本符上用。"所谓"历关诸天",语出《度人经》:"三十三天,三十三帝。诸天隐讳,诸天隐名。天中空洞,自然灵章。诸天隐讳,天中之音,天中之尊,天中之神,天中大魔,天中之灵。九和十合,变化上清。无量之奥,深不可详。敷落神真,普度天人。今日欣庆受度,历关诸天,请灭三恶,斩绝地根,飞度五户,名列太玄。"严东注:"道君昔于始青天中宝珠之内,受十部妙经。元始尔时引十方大圣,飞天神王,无鞅圣众,俱入宝珠之中。说经都竟,众真监度,以授道君,当尔之时,喜庆难言,三十三天,普遍关盟;十方国土,并皆受度,恶对罪根,一时开赦也。"① 东海青元真人注:"夫人作诸不善,则魂怒而神灵去体,知其同入恶道故也。若作一切善,则魂喜而百灵集,知其同证道故也。修学之士一旦成真受度,则百骸众神欣然而相庆也。今日者,谓成道之日也。人之求仙,须得恶根斩绝,罪垢消泯,使身器清净,乃得仙度。故天尊言今日欣然受度,则必历关于诸天,亲谒大帝,请灭三途之恶难,断绝地司之罪根,不历五苦,纪名字于太玄都司,注定仙籍,于是诸天魔王监真保举,更无拘滞于天门。"②

南昌上宫受炼司印。周思德《上清灵宝济度大成金书》曰:"炼度坛公牒上用。"所谓"炼度坛",是指灵宝斋法中的一种专门用于超度亡灵冤魂的青玄炼度科仪。同书又曰:"焚香关召青玄黄箓左右府仙魂炼魂司官吏,监察司命司官吏,领魂录功司官吏,持符告令飞云雨游移籍司官吏,专度曲度普度司官吏,朱陵火府火炼大将军,火炼灵官,南昌上宫炼度大将军,炼度灵官,火炼童子,火炼玉女,黄华冶炼玉女,黄华荡形玉女,黄华炼质玉女,黄华炼度玉女,光容玉女童子,莹身玉女童子,清神玉女童子,发光玉女童子,水火交光大将军,水火合形大将军,水火聚气大将军,水火聚神大将军,金木炼形玉女,金木合气玉女,金木仙衣玉女,金木仙带玉女,金木仙车玉女,九天普度院火府度亡真人,水宫拔亡

南昌上宫受炼司印
采自周思德《上清灵宝济度大成金书》

真人,火炼丹界真人,水济无边真人,水火交炼真人,守雄抱雌二大将,炼度合属官吏,直日功曹主事。愿遵玉敕,克赴玄坛,应感分辉,宣通役使。切以青玄开度,符经纬以同仁;黄箓设官,统阴阳而宣德。上籍三天之圣泽,下提九地之迷魂。"《灵宝无量度人上

---

① 陈景元. 元始无量度人上品妙经四注: 卷2[M]//道藏: 第2册. 北京: 文物出版社, 上海: 上海书店出版社, 天津: 天津古籍出版社, 1988: 218.
② 青元真人. 元始无量度人上品妙经注: 卷中[M]//道藏: 第2册. 北京: 文物出版社, 上海: 上海书店出版社, 天津: 天津古籍出版社, 1988: 273-274.

品妙经》曰:"五老启途,群仙翼辕,亿乘万骑,浮空而来,倾光回驾,监真度生,诸天丞相,南昌上宫,韩司主篆,监生大神,执箓把籍,齐到帝前,随所应度。"

青玄黄箓左府印。周思德《上清灵宝济度大成金书》曰:"建青玄黄箓斋,用此印,以代灵宝大法司印用。"宁全真《灵宝领教济度金书》:"如建青玄斋,合用青玄黄箓左府印代司印。"所谓"青玄黄箓斋",是指灵宝斋法中的一种专门用于超度亡灵的度亡道场。《太上黄箓斋仪》曰:"黄箓斋,拯救幽灵,迁拔飞爽,开度长夜,升济穷泉,固其大旨也。然去灾致福,谢罪希恩,人天普修,家国兼利,功无不被矣。"《灵宝玉鉴》曰:"下元黄箓,星宿错度,日月失昏,雨旸愆期,寒燠失序,兵戈不息,疫疠盛行,饥馑荐臻,死亡无告,孤魂流落,新鬼烦冤。若能依式修崇,即可消弭灾变,生灵蒙福,幽壤沾恩,自天子至于庶民,皆可建也。其有孝子顺孙,义夫节妇,报亲追远,锡类推恩,倘竭一诚,如谷答响。"蒋叔舆《无上黄箓斋立成仪》亦曰:"开度七祖,救拔三涂,黄箓大斋,最为第一。"

青玄左府太一救苦回骸起死印。周思德《上清灵宝济度大成金书》曰:"此印救苦简用应符,命属东极者通用。"所谓"救苦简",是指灵宝斋法中黄箓斋用于超度亡魂冤鬼的符简。《灵宝玉鉴》曰:"所谓符者,以合其妙。箓者,以记其功。简者,以格其言。诰者,以出其令。是皆法元始之祖气,合灵宝之妙光,以会神著灵,于竹帛金玉朱墨楮札之间,而微显阐幽,开光长夜,执符把箓,监真度生,亦体夫自然神化玄通之妙也。宣行之士,宜静虚守一,注念凝神,洞微幽明,混融内外,则我之法性元神,即是本来真身元始,其一点一画,悉是道气金光。诚如是,则无所不通,无所不度者矣。道法体用,岂有他哉!"

严摄北酆明检鬼营印。召亡公文上用。所谓"严摄北酆明检鬼营",语出《度人经》:"上天度人,严摄北酆。神公受命,普扫不祥。八威吐毒,猛马四张。天丁前驱,大帅仗幡,掷火万里,流铃八冲。敢有干试,巨遏上真。金钺前戮,巨天后刑。屠割鬼爽,风火无停。千千截首,一一万万剪形。魔无干犯,鬼无妖精。三官北酆,明检鬼营。不得容隐,金马驿呈。普告无穷,万神咸听。三界五帝,列言上清。"严东注:"魔王在三界,统乘玄都,常校检府,宿对死魂。"李少微注:"天尊在始青天度人时,乃摄召北帝,使宣告魔王,斩馘鬼神,勿行灾害,每劫度

青玄黄箓左府印
采自周思德《上清灵宝济度大成金书》

青玄左府太一救苦回骸起死印
采自周思德《上清灵宝济度大成金书》

人，法令如此。"①青元真人曰："以度人，故严行检摄三界邪魔也。且北都罗酆有六天洞，一宫各有一大魔王，司之部属甚多，不可数穷，耗人为事，忤恼学人，皆所致之。故天尊摄之，以保学人也。"②《灵宝无量度人上经大法》：夫神魔者，行持之士，或因驱摄，或破庙除精，摄祟召魂，一念恣狂，多为神魔之所试。或现形影，或作言词，抛石旋风，吹号叹泣，变化多端，见其异状，盗法坛之供具，窃丹药之秘文，惑恼法身，无有休息，皆神魔之所试也。当以严摄北酆印，佩于肘上，召玄范众真以摄之，仍书"神公受命普扫不祥"八字，贴于坛四向，次以三十二天帝讳章，焚于室前而遣之，其魔自退。

总括三洞印
采自周思德《上清灵宝济度大成金书》

玄灵璇玑府印
采自周思德《上清灵宝济度大成金书》

自然灵章印。周思德《上清灵宝济度大成金书》曰："符命通用。"所谓"自然灵章"，语出《度人经》："诸天隐讳，诸天隐名。天中空洞，自然灵章。"李少微注："空洞灵章，即八会灵书自然玉字也。本其所出，皆结空洞之气，自然成章，非世上言词，是诸天隐韵也。"成玄英曰："空洞者，谓诸天太空虚无之中也。灵者，即八会灵文自然玉字也。章者，言词合会，荫映成文，谓之为章。八会者，八方之气也。自然者，明此灵章之本迹，皆结空洞之中八方真妙之气，灵风鼓奏，自然成此言章，非因造作而成，故曰自然灵章也。"③

总括三洞印。周思德《上清灵宝济度大成金书》曰："此印谓之三洞箓职，若法师备受三洞箓，可用此印于奏申状上年月处。"所谓"三洞箓"，是指法师中品位很高的三洞戒律。灵宝初级弟子称灵宝初盟弟子，以传授灵宝初盟六戒为律。洞玄法师上升为无上洞玄法师，还要接受大智慧道行本原上品大戒。无上洞玄法师要加授三洞宝箓、二十四阶品、二十四道券契，方可得"三洞法师"称号。

摄召万神中章。宁全真《灵宝领教济度金书》："其黄箓明真开度诸斋摄召，合用摄召万神中章。"

玄灵璇玑府印。周思德《上清灵宝济度大成金书》曰："建玄玑斋，以此印代灵宝大法司印用。"所谓"玄玑斋"，是指灵宝斋法中的一种专门用于济世度人、消灾解厄的斋法。《上清灵宝领教济度金书》曰："玄灵经忏，专为解厄消灾

---

① 陈景元.元始无量度人上品妙经四注：卷2[M]//道藏：第2册.北京：文物出版社，上海：上海书店出版社，天津：天津古籍出版社，1988：221.
② 青元真人.元始无量度人上品妙经注：卷下[M]//道藏：第2册.北京：文物出版社，上海：上海书店出版社，天津：天津古籍出版社，1988：275.
③ 陈景元.元始无量度人上品妙经四注：卷2[M]//道藏：第2册.北京：文物出版社，上海：上海书店出版社，天津：天津古籍出版社，1988：201.

设也。宜于朝日具奏斗中二帝九皇，玄师正一天师，申夫人内妃，道德诸君，六十甲子，斋主本命元辰，九宫星君，牒本靖官将，里域真官，剳本家土地司命，遍告斋意。是日立真师幕，洒净，入夜宿启关北斗灯。次日清旦升坛，诵南方、东北方、西方经，上表宣忏告符。临午升坛，诵西北方、中央、东南方经，上表宣忏告符。落景升坛，诵东方、西南方、北方经，上表宣忏告符。入夜，设北斗醮，解厄消灾，焚烧财马，如仪解厄。"

普告三界印。周思德《上清灵宝济度大成金书》曰："本符上用。"所谓"普告三界"，语出《度人经》："诸天丞相，南昌上宫，韩司主录，监生大神，执录把籍，齐到帝前，随其应度，严校诸天。普告三界，无极神乡，泉曲之府，北都罗酆，三官九署，十二河源。上解祖考，亿劫种亲，疾除罪簿，落灭恶根，不得拘留，迫合鬼群。制魔保举，度品南宫，死魂受炼，仙化成人，生身受度，劫劫长存，随劫轮转，与天齐年，永度三徒，五苦八难，超凌三界，逍遥上清。"李少微注："玉帝，告也。三界者，欲界六天，色界十八天，无色界四天，诸神之乡，无有限极，故曰无极神乡。"①

宁全真《上清灵宝大法》指出："切谓灵宝之道，出于无极之先。灵宝之法，起于中古之后。东吴葛仙翁，受经于徐来勒真人之时，法犹未备。晋许旌阳遇谌母，传月中孝道明王之教，而科品始彰。今称净明院，非也。灵宝无二道。晋宋之末，斋修方盛，文檄渐繁，故印篆尤不可缺也。汉天师止以阳平治一印，而致飞升。许旌阳受《铜符铁券》《金丹宝经》，孝道明王之教，灵宝之道，亦非多印也，以至拔宅升举，位列高穹。修真得道上士高仙，亦有不假印篆而济世康时者，岂在印之多寡，以为法之轻重。后世行法者，玄奥不逮于古人，印篆百倍于前辈……灵宝之外，兼行别法者，自从其科，以其印用。其符奏申文移，亦只用灵宝本职印可也。盖玉清洞真本无章奏仪式，而灵宝为中乘之极品，正一而下诸法，不得跨越灵宝。故也所有杂印，流传既久，又难一旦删去，今并存之，好古精练之士，当自择焉。"

祭印法曰："印券乃三天灵章，高真符契，动有玉女侍卫，用则有灵官典禁，事随印用，不可超越。凡祭印之法，用枣汤净茶各十二分，明灯十二盏，钱马各十二，分布列于天门之下，至星宿朗时，法师具衣冠，精心上香，双手掐中指中，取十方气吹身，变神为灵宝天尊，顶碧玉七晨交泰冠，青羽飞云之衣，朱履绛裙，佩灵宝三境神剑，负五色圆象，丁立面南，步八卦，朝天罡，回身面天门，礼三拜，兴身默奏上帝，言所传法印几颗，今择某日，依法醮祭。仗望三尊，俯垂洞鉴，特降玄元始三气，流布于印玺之中，敕命金童玉女，各二十四人，以为侍卫。令臣用印通灵，随所感应，十方至圣，皆为证明。具启奏毕，再三礼，吸天门三气，吹于印中。次长跪，将印逐颗，双手大煞文，捧上额上敕之。敕印咒：含灵真丹耀，灵素威玄天。英玄天姿安，晖阴容太化。方玄枢应大，定卿

---

① 陈景元.元始无量度人上品妙经四注：卷2[M]//道藏：第2册.北京：文物出版社，上海：上海书店出版社，天津：天津古籍出版社，1988：201.

久英祯。右咒毕，取气三口吹，弹玉清诀，再诵灵书一遍，而收匣中。"①

## 二、东华派神仙谱系

如同传统灵宝派一样，东华派亦奉元始天尊为最高尊神。宁全真授、王契真编《上清灵宝大法》古序："昔我祖师元始天尊，大慈悲悯，广济群生，历劫度人，先天立教，随方应物，不拘于三境九泉布化流形，岂限于人间象外。自龙汉淳古之世，教之以大乘。逮延康朴散之时，授之以中法。大乘则无为无事，任物自然。中法则有息有勤，因机善诱。"宣称自元始天尊演化灵宝大法，生化一切圣人。"命上皇三十九帝、九霄天帝，各纪经咒，而成大洞三十九章，明五劫开化混洞之体，述和合三炁归一之法。付玉晨道君。次于诸天，说三十六部尊经。后自三皇之代，金阙后圣玄元老君下化。于神农时下化为郁默子，说尝百药，分五谷，而说《长生经》。伏羲时下化为田野子，正八方，演阴阳，说《灵宝元阳经》。祝融时下化为郁华子，诀修三纲，齐七政，说《灵宝五星混常经》。黄帝时下化为广成子，说《灵宝道诚经》。少昊时下化为随应子，说《灵宝元藏经》。高辛时号元阳子，说《灵宝微言经》。帝尧时号务成子，说《灵宝政事经》。帝舜时号尹寿子，说《太清经灵宝赤书经》。夏禹时号真育子，说《五篇真文经》《龙蹻经》。周时号郭叔子，说《灵宝赤精经》《道德二篇》《灵宝八威治魔经》。吴时号太极左仙翁，说《灵宝祭鬼经》《业报经》。汉世名赤松子，说《三一经》。至桓帝时永寿元年，正一、太清、洞神之教下降人间。武帝时，名河上公，说《道德篇章》。西王母奉元始之命，说《灵宝三十六部尊经》，成世书。至晋永和十一年，玉清、洞真之教下降人间，方成三洞皆出，因灵宝大法，生化一切圣人也。"

宁全真《上清灵宝大法》将道教神司衙门分为二十四阶玉司，每司各有主治神灵，司掌职能。"太清玉司上院正法，中央黄老君主之，《天童经》为司举治经。高上玉清太极院正司正法，高上老君主之，《消灾经》为司举。长生保命元生府玉司正法，长生保命天尊主之，《护命经》为司举。五帝育物天皇玉司正法，天皇上帝主之，《秘授经》为司举。青罗消灾玉司正法，青罗真人主之，《十一曜消灾经》为司举。上清护命玉司正法，后圣玄元教主主之，《通神护身经》为司举。灵宝延寿益算玉司正法，延寿益等天尊主之，《益算经》为司举。青玄左府玉司正法，太一救苦天尊主之，《救苦经》为司举。三元宝简玉司正法，太一救苦天尊主之，《九幽拔罪经》为司举。太一神局玉司正法，中

---

① 道藏：第30册[M]. 北京：文物出版社，上海：上海书店出版社，天津：天津古籍出版社，1988：904-905.

皇帝君主之，《太元真经》为司举。太清伏魔天宝坛玉司正法，五灵玄老君主之，《伏魔经》为司举。太平护国坛玉司正法，太平护国天尊主之，《五老真文经》为司举。上清洞渊内院玉司正法，洞渊天尊主之，《洞渊龙帝经》为司举。上清天枢院玉司正法，南斗六司真君主之，《南斗经》为司举。上清天机内院玉司正法，北极紫微大帝主之，《北魁玄枢经》为司举治经（《紫微诀金玄羽章》是也）。太清八威治魔玉司正法，中央黄老君主之，《老君伏魔经》为司举治经（乃《化胡经秘诀》，是文始尹先生集次也）。灵宝保运玉司正法，佑圣真武大神主之，《玄武经》为司举。上清九天生神大混玉司正法，飞天神王主之，《九天生神章经》为司举。灵宝度厄天仙内院玉司正法，灵宝天尊主之，《度厄经》为司举。九老仙都府玉司正法，九老仙都君主之，《九真真经》为司举。元始制魔玉司正法，元始天尊主之，《元始制魔经》为司举。灵宝升玄玉司正法，元始天尊主之，《升玄消灾经》为司举。灵宝天仙玉司正法，上清道君主之，《三皇金紫元神经》为司举。太清枕中延寿玉司正法，中央黄老君主之，《枕中经》为司举。"由此可见东华派神仙职司的建构相当完备。

东华派分天地宇宙为三界，宣称元始祖劫，化生诸天。"祖劫者，龙汉劫，延康劫，赤明劫，开皇劫，上皇劫也。大罗天者，虚无居之，包含天地，不可穷极。经云：上无复祖，惟道为身，于五劫之间，化生天地。大罗一炁生三天，三清之境是也。三天降炁而生九重，一曰无景郁单无量天，二曰上上禅善无量寿天，三曰洞虚极上须延天，四曰无极上灵玉空元洞寂然天，五曰洞极无涯不骄乐天，六曰上极元景洞微化应声天，七曰元名至极梵宝天，八曰太极无涯洞幽摩夷天，九曰元洞波黎答恕天。每一重又各生三天，九重总为三十六天，本经所谓上清之天是也。高上虚无，皆谓之上清，非特称一境而已。次分种民三界，三十二天，统治四方，在九天之下，三光之上，宫室分度，各有等序，降连星宿，元炁相接，生化万物，陶成品汇。又有八极八天，外魔一天，在三十二天之下，三光之外。八极八表，自清微天至外梵天，总数八十。自然之炁，结成宫阙。于是虚皇各命之以帝君，辅之以天相，置之以僚佐，分之以民物。与大罗一炁，共为八十一天。道炁下降，乃生九地。一曰色润泽地，名元德，其炁上青中黄，元土卿之所治。二曰刚色泽地，名皇德，其炁通黑，元庭土丞所治。三曰石脂色泽地，名帝德，其炁通苍，龙口之土龙之所治。四曰润泽地，名王德，其炁通黄，元心土大将军之所治。五曰金粟泽地，名人德，其炁通赤，元福土令之所治。六曰金刚铁泽地，名水德，其炁通白，元骨土长之所治。七曰水制泽地，名里德，其炁通紫，甲土父母之所治。八曰大风泽地，名复德，其炁通青，始贤祖土宗政之所治。九曰洞渊无色纲维地，名昌德，其炁通绿，轩始土下二千石之所治。谓之九垒，每垒有土水风各一重，上下相次一地。则虚皇又命四土皇君，同主宫室，辅佐并等降，以法上天。凡三十六土皇，上应九重三十六天之帝也。九垒之下，浩荡顽空，里以风泽。风泽者，元始梵风之炁也。刚于真金，亦名刚风。擎持九垒，乃载诸天，高而洞浮，垂而不落，上接大罗，盖道之炁也。故经云：风泽洞虚，金刚乘天也。"

三界诸天九垒，各有主宰神灵。诸天谓之"玄穹""高真上圣，总录穹玄，妙有妙无，不可窥测"。

元始天尊，乃九圣之尊，万化之源，道之玄炁，虚无自然，不可拟议。散而为气，聚而成形，其中有神，强名天尊，故称云元始天王者。乃上清之道尊，为玉箓上皇，居玉清圣境，治玄都玉京。明朱权《天皇至道太清玉册》曰："正月元日，天中节会之辰，元始天尊登九玄天，太极金书于天帝君，太上老君降现，昊天上帝统天神地祇朝三清，东方七宿星君下降，徐来勒真人于会稽上虞山，传经于葛玄真人。""三月初八日，元始天尊降元阳上宫，集会太罗太梵天帝，演说灵宝要法，度三界五道一切含灵。十五日，元始天尊游玉京元阳上观，集会三界神仙真圣，演说道妙。"

灵宝天尊，九真之祖，上清高圣，道之元炁。以教言之，元始为洞真，至此别为洞玄，所谓玉晨受灵宝上品度人之道，乃元始之弟子，上清之祖师，太清之上皇，即天真高灵尊为宗师，曰太上玄皇玉晨道君者。居上清真境，治金阙寥阳宝殿。明朱权《天皇至道太清玉册》曰："正月初四日，开基节，玉晨大道君登玉霄琳房，四盼天下。""四月初八日，启夏之日，太上玉晨大道君登玉霄琳房，四盼天下，太上老君西入流沙化胡，三天无上尊尹真人诞生，葛孝先真诞生。"九月初九日，延寿之日，太上玉晨大道君登玉霄琳房四盼天下，东斗下降，北极下降，东华帝君降现，太上救苦天尊下降，真武飞升，三天扶教辅玄大法师正一静应真君汉朝第一代天师，并玉府王真人、右侍赵真人、左卿徐真人同升仙。

道德天尊，九仙教主，道之始炁。以教言之，自元始至此为洞神，曰太清金阙后圣玄元道君太清仙王，禀元皇虚皇之诰，宣三洞四辅之文，随方应化，演教传经，今古尊崇，万方钦仰。自三皇以来，宣说灵宝之经，万世度人无量，天人崇位，双皇封尊，为太上老君者，居太清仙境。明朱权《天皇至道太清玉册》曰："二月十五日，真元节，三教宗师太上老君混元道德皇帝诞生。""三月十八日，太上老君下降，太清宫先天元后降现，后土皇地祇降生。""四月二十八日，太上老君集会三界十极群仙。""五月初一日，延生节，太上老君传三天正法付汉天师，天帝游东井，南极冲虚妙道真君下降。"七月初日，先天节，太上老君上登太极，朝元始祖天尊大帝，西方七宿星君下降。

昊天上帝，诸天之帝，仙真之王，圣尊之主，掌万天升降之权司，群品生成之机。三洞四辅，禁经之标格。大梵至妙，无为之神威。乃三界万神三洞仙真之上帝君。自三炁之天胤，三宝之皇胄，高出乾坤之表，生万物而不宰。三才肇立，炁清高澄，积阳成天，万汇之源，岂应无主。故以形象言之，谓之天。以主宰言之，谓之帝，故曰玉真天帝玄穹至圣玉皇大帝。经曰：天帝玉真无色之境，梵行是也。自玄炁而化生，居大罗之下，上清之上，掌四种民梵天，而尊于三界之上，是为天主，亦不得已而强名之。治太微玉清宫。

太一救苦天尊，乃始青一炁，元始分形，九圣九真九仙之师，掌普度生炁之元，曰东极青宫长乐世界青玄上帝太乙元皇救苦天尊。次政十方，亿劫应化，天尊非修证品位真

第三十一章 | 东华派神仙谱系　519

人，益元始上帝之皇裔，玄炁神化之分形，治青玄左府。太乙救苦天尊与朱陵度命天尊、黄华荡形天尊，合称为"三救苦天尊"。三救苦天尊与度人无量天尊葛玄仙翁、玄风永振天尊萨守坚仙翁，并称为"五救苦"。每逢启建各种黄箓科仪、冥阳两利的道场时，都须奉请以太乙救苦天尊为首的圣班降临斋坛，方能正式行法，足见太乙救苦天尊的职司及尊贵。明朱权《天皇至道太清玉册》曰："四月初四日，真武下降，太乙救苦天尊下降，天帝游东井。""五月初一日，延生节，太上老君传三天正法付汉天师，天帝游东井，南极冲虚妙道真君下降。初二日，天曹掠剩下降。初三日，北极北斗下降。初五日，续命之辰，太乙救苦天尊下降，天蓬、翊圣真君下降，真武下降，北斗出游，欻火大神生，叶道元天师降伏婆罗门妖幻救龙尼难。"

北极大帝，位居紫微垣中帝座。天形倚侧，半出地上，半环地中，万星万炁，悉皆左旋，南极北极为之枢纽，惟此不动，故天得以转。世人望之在北，而实居中天，为万星之宗主，三界之亚君，次于昊天，上应元炁，是为北极紫微大帝，治中天紫微宫。明朱权《天皇至道太清玉册》曰："十月二十七日，紫微北极大帝下降，北斗下降。"

天皇大帝，乃北极帝座之左星，其形联缀，微曲如钩，是名勾陈。其下有大星，正居其中，是天皇大帝也。其总万星，为普天星辰宿曜之帝，位同北极。而北极却为枢纽，而天皇亦随天而转，上应始炁。三炁之下，万天之上，三界之中，莫不尊此三帝，治勾陈瑶宫。洞山真人霞映撰《太清玉司左院法》曰："以中央黄老君太清仙主为教主，即太上老君也。又为勾陈六星中，一星最明者，号曰天皇大帝曜魄宝君。其玉司者，谓太清玉帝之司也。有左右院者，盖受法男女官之别局也。治在太清太极宫，以主世间疾病、水火、天灾、人事、鬼神、三元，五岳四渎，八海九州，无不关预者。"

圣祖保生天尊大帝，为大宋皇室始祖。史籍言九天司命真君，于大宋真宗大中祥符元年（1008）十月二十五日，降于延恩殿，时有六真人侍立左右，自称是赵氏之始祖。当时王钦若为宰相，遂下诏上尊号，曰高道上灵九天司命圣祖保生天尊大帝。又尊司命之配为圣祖母，上尊号曰元天大圣后。宋高承《事物纪原》："《御制灵遇记》曰：景德初，王中正遇司命真君传药金法上之。四年十一月，降刘承规之直舍。五年，始奉上徽号曰九天司命天尊。《真宗实录》曰：大中祥符五年十月十七日，上梦景德四年先降神人，传玉皇命云：今汝祖赵有名，此月二十四日降，如唐真元事，至日天尊降延恩殿。闰十月己巳，诏上九天司命保生天尊圣号。曰圣祖上灵高道九天司命保生天尊。""《宋朝会要》曰：天禧元年三月六日，册上圣祖母懿号曰元天大圣后。"[①] 明朱权《天皇至道太清玉册》曰："正月初十日，长生保命天尊下降。十一日，消灾解厄天尊下降。十三日，三元集圣。十四日，三官下降。十五日，上元节，天官赐福之，混元上德皇帝降现，西斗帝君下降，天地水三官朝天，翊圣保德真君降，佑圣司命真君诞生，正一静应真君诞生，金精山

---

① 文渊阁四库全书：第920册[M]. 台北：台湾商务印书馆，1983：44.

张灵源真人飞升，上元十天灵官神人兵马无鞅数众与上圣高真妙行真人同降人间，考定罪福。""四月初十日，长生保命天尊下降，北斗出游。""十月二十四日，降圣节，圣母保生天尊降现。"

东华太君，乃男女真仙授书，下教司命之主也，治东华方诸宫。

西元太妙王母，乃男仙女仙真人录籍之主也，治西灵龟台。

灵宝经师，或授尊经而典禁，应劫出书，以度人者，郁罗翘真人。

灵宝籍师，或掌神文之科格，主录勒籍以升品，授符授仙以度者，真定光真人。

灵宝度师，或遵元格而演教，敷宣玄范以符真，随方应化者，光妙音真人。

后三真共度三职，总掌于三十六部尊经符图，集成中盟宝诰，流演尘凡，载度天人，付之太极真人徐来勒。徐真人以传太极仙翁葛玄。后世未知，真真相继。鲍南海、封青牛虽授符图，非三师限。昔晋时杨掾、许侯得灵宝金书，乃上真魏元君付之，兼许妙济真君受教于谌母及孝道明王，皆玄师限也。后学承师受教，各认宗派而知师也。

玄中大法师，乃元始立教之后，至上皇元年，五劫同启，五行全行，五炁俱备，化生诸真诸仙，应五劫之内，化生玄中之精，精中之玄，皆是上皇，故劫号上皇。五劫之中，化生玄中大法师，乃禀五炁之精英，与天真皇人，集云成章，龙胎石景亿万符书，三部十条悉为正文，玄中大法师方始立教。①

三十六天之中，又分为欲界六天、色界一十八天、无色界四天、种民四天、三清天、大梵天。每一天都有天帝，主治其境。

欲界六天：

太皇黄曾天帝，号郁缊玉明，讳观觉，主长生之箓，居紫微宫，治在西北方亥之西，系奎璧梵炁，炁名元阳，黄色，天民寿数九百万岁。

太明玉完天帝，号须阿那田，讳揽觉，主度魂更生，居紫房宫，治在北方亥之东，系璧宿炁，名上阳，绿色，天民寿数一千八百万岁。

清明何童天帝，号元育齐京，讳大觉，主敷布政教度人，居九晨宫，治在北方壬之西，系室宿炁，名太阳，青色，天民寿数三千六百万岁。

玄胎平育天帝，号刘度内鲜，讳育元，主召魔举仙，居九景宫，治在北方壬之东，系危宿炁，名清阳，赤色，天民寿数七千二百万岁。

元明文举天帝，号丑法轮，讳梵云，主通行元炁，居广寒宫，治在北方癸之西，系虚宿炁，名洞阳，苍色，天民寿数一亿四千四百万岁。

上明七曜摩夷天帝，号恬愉延，讳玉真，主开玄度难，居太阴宫，治在北方癸之东，系女宿炁，名通阳，黑色，天民寿数二亿八千八百万岁。

---

① 宁全真，王契真.上清灵宝大法：卷10[M]//道藏：第30册.北京：文物出版社，上海：上海书店出版社，天津：天津古籍出版社，1988：730-732.

色界一十八天：

虚无越衡天帝，号正定光，讳无上，主明无上道，居太玄宫，治在北方丑之西，系斗宿炁，名建阳，碧色，天民寿数五亿七千六百万岁。

太极蒙翳天帝，号曲育九昌，讳吁员，主炼度朽体，居玄都宫，治在北方丑之东，系牛宿炁，名极阳，紫色，天民寿数十一亿五千二百万岁。

赤明和阳天帝，号理禁上真，讳焕明，主炼仙成真，居长明宫，治在东北寅之北，系斗箕梵炁，炁名始阳，白色，天民寿数二十三亿四百万岁。

玄明恭华天帝，号空谣丑音，讳世元，主应化一切，居东华宫，治在东北方寅之南，系箕宿炁，名阳晖，黄色，天民寿数四十二亿八百万岁。

耀明宗飘天帝，号重光明，讳络觉，主劫终纳学仙之人，居昊天宫，治在东方甲之北。系尾宿炁，名阳洞，绿色，天民寿数九十二亿一千六百万岁。

竺落皇笳天帝，号摩夷妙辩，讳韶，主魔试学仙之人，居青玄宫，治在东方甲之南，系心宿炁，名阳明，青色，天民寿数一百八十四亿三千二百万岁。

虚明堂曜天帝，号阿迦娄生，讳云上，主开度天地人，居重华宫，治在东方乙之北，系房宿炁，名阳演，赤色，天民寿数三百六十八亿六千四百万岁。

观明端靖天帝，号郁密罗千，讳静，主度学者之身，居光华宫，治在东方乙之南，系氐宿炁，名阳玄，苍色，天民寿数七百二十七亿二千八百万岁。

玄明恭庆天帝，号龙罗菩提，讳镜，主度得道之人，居开合宫，治在东方辰之北，系亢宿炁，名阳浩，黑色，天民寿数一千七百七十四亿五千六百万岁。

太焕极瑶天帝，号宛黎无延，讳廓奕，主试学仙之人，居帝康宫，治在东方辰之南，系角宿炁，名阳极，碧色，天民寿数二千九百四十九亿一千二百万岁。

元载孔升天帝，号开真定光，讳猷，主炼度死魂更生，居延命宫，治在南方巳之东，系角轸梵炁，炁名少阳，紫色，天民寿数五千八百九十八亿二千四百万岁。

太安皇崖天帝，号婆娄阿贪，讳宛，主开度善人，居开明宫，治在南方巳之西，系轸宿炁，名太阳，白色，天民寿数一万一千七百九十万亿四千八百万岁。

显定极风天帝，号招真童，讳流，主度有善功之魂，居太赫宫，治在南方丙之东，系翼宿炁，名浩阳，黄色，天民寿数二万三千五百九十二亿九千六百万岁。

始皇孝芒天帝，号萨罗娄王，讳易邈，主拔夜开幽，居太丹宫，治在南方丙之西，系张宿炁，名洞阴，绿色，天民寿数四万七千二百八十五亿九千二百万岁。

太皇翁重浮容天帝，号闵巴狂，讳阿蘁，主召魔集真，居华盖宫，治在南方丁之东，系星宿炁，名开阴，青色，天民寿数九万四千三百七十一亿八千四百万岁。

无思江由天帝，号明梵光，讳阿丘，主开度善魂，居明堂宫，治在南方丁之西，系柳宿炁，名玄阴，赤色，天民寿数十八万八千七百四十三亿六千八百万岁。

上揲阮乐天帝，号勃勃监，讳无量，主品类天人等级，居虚连宫，治在南方未之东，系鬼宿炁，名昊阴，苍色，天民寿数二千七万七千四百八十七亿三千六百万岁。

无极昙誓天帝，号飘弩穹窿，讳昙，主度一切仙人，居中元宫，治在南方未之西，系井宿炁，名极阴，黑色，天民寿数七十五万四千九百七十四亿四千四百万岁。

无色界四天：

皓庭霄度天帝，号惠觉昏，讳育，主拔度学人，居琼瑶宫，治在西方申之南，系井宿梵炁，炁名阴生，碧色，天民寿数一百五十万九千九百四十九亿四千四百万岁。

渊通元洞天帝，号梵行观生，讳上，主度学仙之人，居真元宫，治在西方申之北，系参宿化，名阴化，紫色，天民寿数二百万九千八百九十八亿八千八百万岁。

太文翰宠妙成天帝，号那育丑英，讳陀，主统治魔王，居灵幽宫，治在西方庚之南，系觜宿炁，名阴明，白色，天民寿数六百三万九千七百九十七亿七千六百万岁。

太素秀乐禁上天帝，号龙罗觉长，讳丑，主领录魔王，居化灵宫，治在西方庚之北，系毕宿炁，名阴洞，黄色，天民寿数一千二百十万九千五百九十五亿五千三百万岁。

种民四天：

大虚无上常融天帝，号总监鬼神，讳极，主校学者之功，居万福宫，治在西方辛之南，系昴宿炁，名阴灵，绿色，天民寿数无极。

太释玉隆腾胜天帝，号渺渺行元，讳浮黎，主召集仙真，居白盖宫，治在西方辛之北，系胃宿炁，名阴魂，青色，天民寿数无极。

龙变梵度天帝，号运上玄玄，讳恶奕，主进仙成真，居云保宫，治在西方戌之南，系娄宿炁，名阴结，赤色，天民寿数无极。

太极平育贾奕天帝，号大择法门，讳精上，主学者之身，居天宝宫，治在西方戌之北，系奎宿炁，名阴极，苍色，天民寿数无极。

五帝：

东方青天，青灵始老，姓阎，讳威明，号灵威仰，主护魂。

南方丹天，丹灵真老，姓洞浮，讳柳炎，号赤标奴，主养炁。

西方白天，皓灵皇老，姓上金，讳昌开，号自招拒，主侍魄。

北方炁天，五灵玄老，姓黑节，讳灵会，号叶光纪，主通血。

中央黄天，玄灵元老，姓通班，讳元成，号含枢纽，主领万神。

五斗：

东斗角亢氐房心尾箕，主注算。

南斗井鬼柳星张翼轸，主上生。

西斗奎娄胃昴毕觜参，主纪名。

北斗斗牛女虚危室壁，主落死。

中斗贪巨禄文廉武破，主总鉴众灵。

五天魔王：

青天魔王姓斌，讳齿成巳，主巴元丑伯。

赤天魔王姓弗，讳申肃，主负天担石。

白天魔王姓赭，讳上栢，主反山六目。

炁天魔王姓邓，讳呼倪，主监丑朗馥。

黄天魔王姓枭，讳公孙，主横天担力。

上界仙曹：大有玉清宫，玄都玉京，太清仙境，太微玉清宫，九天大帝，九天上帝，三炁丈人，三宝君，三天门下天枢院，天曹四司，太玄都省，天机省，天机四省，天枢上相，灵宝天仙内院，东方九炁青天，南方三炁丹天，西方七炁素天，北方五炁玄天，东北梵炁天，东南梵炁天，西南梵炁天，西北梵炁天，上方一炁白天，下方一十二炁皇天。已上乃灵宝十天十方天尊所主，应济度存亡，并属所管。

东极青玄左府，长生保命左府，太一元生左府，太一神局。已上乃东极青玄四司，太一天尊所主，凡济度幽明并属之。

太福世界八梵天，南极长生大帝府，北极紫微垣，天市垣，太微垣，东方青灵始老，南方丹灵真老，西方皓灵皇老，北方五灵玄老，中央黄灵元老。已上乃五老天帝官，与十天同。

东华上相宫，西灵龟阙，东华司命府。已上主命籍。

南极司录府，主录籍。

西灵司危府，主危亡。

北真司非府，主罪业。

韩司丈人南昌上宫，流火神庭，黄华东井，流洇西池，朱陵火府，龙圈，雷城。已上乃南昌七司，皆丈人所治，主炼度亡魂，此止雨开晴用之。

上清童初府，上元重明宫，南斗六司，北斗七元宫，北魁玄范府，太阳宫，太阴宫，上元金箓院，中元玉箓院，下元黄箓院，天医六职，阴华五府，十方飞天神王宫，天皇府，太皇万福宫，降圣司，天真皇人官，上界无极神乡，上元天官宫。

中界曹局：

中岳昆仑山，太山府。已上东岳分治。

十大洞天，三十六小洞天，三百六十名山，九州社令，九垒三十六地土，北天帝君宫，刹绝阴天宫，大杀谅事宗天宫，明辰耐犯武成天宫，恬照罪炁天宫，宗灵七非天宫，敢司连宛利天宫，十宫真君，洞阴金阙，北都府，五岳司命府，五道都府，泉曲府，丈人宫，鬼官北斗官，四明真公府，亦生府，十道主者，城隍社令，中界北都罗酆，中元地官宫。

下界主司：

东霞扶桑宫，旸谷神王，蓬莱宫，蓬莱都水司，方诸青童，十洲，九江水府，四海水司，四渎水府，五湖主者，十二河源，下界泉曲府，下元水官宫。

已上三界曹局，各有所主，凡奏申帖牒，量高下用之。

魔王司：三界魔王宫，五帝魔王宫。已上主灭魔召真。

北魔，主比校功德。

非魔，主比校罪业。

灵魔，主都较功德。

太玄魔王，主监举度人。

制魔，主保举度人。

五天大魔，主灭鬼降灵。

酆都内外六洞魔王。

已上魔灵，又曰群魔，专坏人善性，付人恶事，干试学士，无如渠魁。世有禽畜之类，化为鬼魔恼乱者，皆此辈分形随人，任情变现。又有外魔，化作真仙，惑乱善人。须正此念，不得堕入其中，试过立登仙位。

元黄太极左宫所隶：元黄左府，明梵曹，威灵曹，太常曹，太清曹。元黄中府，宣感曹，明都曹，都灵曹，大威曹。元黄右府，明法曹，考正曹，明威曹，元都曹。

上元元阳七宝紫微中宫所隶：青灵左府，明真曹，监天曹，梵行曹，开灵曹。青灵中府，禁神曹，通明曹，正神曹，开明曹。青灵右府，三都曹，南上曹，元功曹，三灵曹。

洞白太极右宫所隶：洞白左府，司天曹，四明曹，监天曹，大明曹。洞白中府，盟天曹，幽都曹，威仪曹，太阴曹。洞白右府，下元曹，监司曹，监灵曹，司杀曹。

中元地官宫：中元三宫者，上帝之离宫，二品地官治于其中。上有三宫，一宫之下有三府，共有九府四十二曹，总主诸地仙官灵祇，及生化品物，结元洞混灵之炁，凝极黄之精，成宫阙也。

南极洞阳左宫所隶：谅事左府，南昌曹，考算曹，太阳曹，都律曹。灵纽中府，九令曹，招灵曹，明都曹，监天曹，宣野曹，监令曹。宗灵右府，兵承曹，九炁曹，中神曹，五炁曹。

中元洞虚青灵中宫所隶：耐犯明晨左府，元灵曹，维正曹，灵威曹，黄神曹。七非恬照中府，明元曹，威仰曹，灵纽曹，九都曹，岳正曹，洞天曹。纣绝阴天右府，五集曹，通明曹，仪范曹，九考曹。

酆都阴天右宫所隶：连宛泉曲左府，开度曹，司非曹，韩司曹，执正曹。罪炁咸池中府，督杀曹，役考曹，摄熙曹，司杀曹，斗加曹，主系曹。泰煞九幽右府，司微曹，九杀曹，九幽曹，寒夜曹。

下元水宫：下元三宫者，亦上帝之离宫，三品水官治于其中。上有三宫，一宫之下有三府，共九府四十二曹，总主八海四渎水帝龙王水仙，及阴阳生化。结风泽之炁，凝晨浩之精，而成宫阙也。

清泠左宫所隶：龄劫左府，明劫曹，机今曹，水梵曹，罪福曹。灵宝劫刃中府，简会

曹，促炁曹，摄灵曹，召龙曹，九河曹，烈女曹。长夜寒庭右府，开明曹，度魂曹，检精曹，清正曹。

下元旸谷洞源中宫所隶：青玄灵渊左府，水明曹，清水曹，烈火曹，三明曹。朔单清灵中府，简对曹，水令曹，明范曹，洞源曹，检会曹，劫掠曹。九府寒夜右府，捉水曹，洞阳曹，龙凤曹，机会曹。

罗酆右宫所隶：开度劫掠左府，北元曹，正考曹，元祖曹，四极曹。通灵大劫中府，幽夜曹，长劫曹，三难曹，芳神曹，五法曹，万掠曹。泉曲鬼神右府，毒刃曹，长苦曹，冥波曹，无极曹。

上元天官三宫，左府主生，太阳火官。右府主死，太阴水官。中府主生死罪，考录官，居治紫微宫。

中元地官三宫，左府主阳罪，火官。右府主阴罪，水官。中府主水火罪，考录官，居治阳台宫。

下元水官三宫，左府主考官，右府主罪官，中府主录官，居治清冷宫。

右三官各有三官九府，一府别有四司，三官总三百六十玄曹，以司万有。北都亦有鬼官之三官，亦别有五道都府，溟泠大神司也。

施用仙曹玄局：

众真监度司，召制十方司，伏御地祇司，束缚魔灵司，神明护门司，诸天书名司，削死上生司，安镇其方司，三界侍卫司，青龙院，白虎院，朱雀院，玄武院，乃四帅司。三五功曹院，十回度人院，罗萧台，三华堂，离便宫，大有宫，上清妙庭宫，金阙寥阳官，上清玉房宫，森罗池，净霭宫，度人不死宫，南极长生官，九天司马府，天相司录府，天梁延寿府，天同益算府，天枢度厄府，天机上生府，天府司命府，监簿宫，文冒炼魂宫，保生宫，保命宫，镇岳宫，镇国宫，天府宫，天目宫，天梁宫，天洞宫，天枢院，天机院，授录诸天司，严校诸天司，疾除罪簿司，十二河源司，上解祖考司，落灭恶根司，不得拘留司，逼合鬼群司，时刻升迁司，北都寒池司，部卫形魂司，制魔保举司，度品南宫司，死魂受炼司，仙化成人司，生身受度司，随劫轮转司，永度三涂司，超度三界司，长辞五苦司，逍遥上清司。

三界所向仙曹：

保制劫运司，回度五常司，玄中太皇司，千和万合司，飞天法轮司，普受开度司，死魂生身司，身得受生司，罪福禁戒司，宿命因缘司，上闻诸天司，诸天生门司，束送妖魔司，斩馘六鬼司，匡御众魔司，名度南宫司，魔王保举司，飞升太空司，过度三界司，魔王敬形司，敕制地祇司，侍卫送迎司，拔出地户司，五苦八难司，七祖升迁司，永离鬼官司，魂度朱陵司，受炼更生司，告盟十天司，消诸不祥司，上消天灾司，下禳地祸司，普度天人司，诸天记名司，万神侍卫司，记录功过司，天真皇人司，上奏诸天司，大勋保举司，无所不辟司，无所不禳司，无所不度司，无所不成司，万灵振伏司，招集群仙司。已上仙曹，并有主宰，并用降真召灵符，随事召用。

诸天赫奕仙曹：

玉清有赫奕天将大神，皆统属玉清神公太玄上相。与三天大元帅高灵齐功，自号玉清灵宝赫奕司。辅翼玉清，劫运改更，灭魔扫灾，度学仙之子，检校三界，驱除妖恶，严摄北酆，制御鬼爽，搜究鬼营，肃清道炁，以备后世种民，见太平圣君，皆扶卫扫荡之神也。神公即地皇之臣马祖，太帝之嗣角龙，辰宿大神之父也，位为玉清神公太玄上相，号马龙氏，讳廓奕。凡欲施用，以赫奕万神符召之，随命即降。

历关诸天灵官，一百二十人。落灭地狱恶道灵官，一百二十人。落灭畜生下鬼恶道灵官，一百二十人。已上召传命符简，释赦罪根，拔度苦魂，出离苦趣。

斩绝胎根灵官，一百二十人。斩绝胞根灵官，一百二十人。斩绝结根灵官，一百二十人。斩绝节根灵官，一百二十人。斩绝欲根灵官，一百二十人。斩绝耳根灵官，一百二十人。斩绝眼根灵官，一百二十人。斩绝口根灵官，一百二十人。斩绝鼻根灵官，一百二十人。斩绝舌根灵官，一百二十人。斩绝身根灵官，一百二十人。已上并修用内行上道，合先召之，随炁吹入身，断胞胎结节死之道。

飞度地根灵官，一百二十人。飞度色累户灵官，一百二十人。飞度爱累户灵官，一百二十人。飞度贪累户灵官，一百二十人。飞度欲累户灵官，一百二十人。飞度形累户灵官，一百二十人。已上召降开五苦户门。

名列太玄灵官，一百二十人。已上召降主后学士生名，于太玄天省。

无拘天门灵官，一百二十人。已上召降赉升天券，令得道人入天门

魔王监举灵官，一百二十人。已上召降主命魔，保举人事。

东斗注算司录真官，一百人。西斗记名司命真官，一百人。北斗落死司非真官，一百人。南斗上生司危真官，一百人。中斗大魁司禁真官，一百人。总监众灵考校真官，一百人。已上召降随事主职。

青帝护魂真人，白帝侍魄真人，赤帝养炁真人，黑帝通血真人，黄帝中主真人，万神无越真人，已上召降各主其事。

青天大魔王，赤天大魔王，白天大魔王，黑天大魔王，黄天大魔王，青帝大魔王，赤帝大魔王，白帝大魔王，黑帝大魔王，黄帝大魔王。已上召降命魔，杀鬼用。

九天尚父执魔左统领神王，总领鬼兵三天大元帅，鼓按后部力士，执幢右统神王，玉清神公太玄上相，执节前引天丁。已上六真，召降主号杀伐用。

青龙大神，白虎大神，朱雀大神，玄武大神，辟邪大神，狮子大神，穷奇大神，麒麟大神，天马大神。已上四兽八威大神，召降卫护坛所。

大力天丁前驱大神，命魔仗幡大帅，玉清掷火大神将，玉清流铃大神将，金钺前戮大将，巨矢后刑大将，玉清屠割使者，玉清风火征伐大将军，剪截鬼杪大神，明检鬼营大神，金马驿程大神，列言上清录事。已上十二大将，召驿诛斩魔精，摧伏妖孽，并用

西北炁。

三天灵司：

侍经五帝玉童玉女，各二十四人，营卫神文，保护受经者身。

东方青灵启道童子，二十四人。

南方丹灵启道童子，二十四人。

西方皓灵启道童子，二十四人。

北方玄灵启道童子，二十四人。

中央黄灵启道童子，二十四人。

东方九炁青灵玉女，二十四人。

南方三炁丹灵玉女，二十四人。

西方七炁皓灵玉女，二十四人。

北方五炁玄灵玉女，二十四人。

中央一炁黄灵玉女，二十四人。

已上各一百二十人。

三天自然更生功曹，三天自然传言功曹，三天自然飞香功曹，三天自然奏事功曹，三天自然玄妙功曹，五帝五等功曹。已上并如前，各三十二人。

左官使者，右官使者。二使者，只阴阳通达之神，五官举意之先。

侍香金童三十二人，传言玉女三十二人。右侍香金童，乃阳初精洁之炁，玉女乃阴本净谨之灵，传言飞香，皆四品之元真。

东方青帝直符，南方赤帝直符，西方白帝直符，北方黑帝直符，中央黄帝直符。已上直符，乃五帝内真炁，符合道德之炁所化。

直日香官三十二人。右香官是六十甲子之日，三皇之子孙。

凡诸百灵，非止三十二人，但召奏止用四方天数，三十二人。是一天有三五功曹二人，左右官使者一人，侍香金童一人，传言玉女一人，五帝直符各一人，直日香官一人。每一天计一十二人，三十二天统有三百六十人。其诸一人，功曹二人，谓三天五帝各一人，上应千二百官君，下合三万六千神炁。

辩魔部：辩魔玉女二人，仙卿之上给四人。八威治魔都领五人，仙卿之上得给十人。神慧杀鬼都伯史，仙卿之上得给十人。

宝章部：诸天符宝真人，扶宝记天文郎二人，译符书真宝记真官二人，扶掌诸天宝记天文玉女二人。

承受部：三天承受玉女一人，十天承受玉女一人，五帝承受玉女一人，三十二天承受玉女各一人，玉清上奏灵官一人，上清上奏灵官一人，太清上奏灵官一人。

主职部：灵虚掌印灵官，灵虚掌法灵官，灵虚对定灵官，灵虚发放灵官，灵虚监狱灵官。已上各十二人。

天医部：天医上药仙官二人，主辩形候。天医上药灵官二人，主随病处药。天医上药神吏二人，主修命制炼。生形博士二人，主生形腹肌。三五治病功曹二人，切脉论病，请药疗病。砭石小吏二人，针砭煮烙。敷药灵官二人。收毒将军使者二人。

仪卫部：护道神王二人，伶华仙官三十二人，伶华玉女三十二人，玉清主职功曹一十二人。①

东华派重视度亡拔幽，他们传播施行各种度亡科仪，常行善心，济度无间，以拯救深陷地狱的亡魂。"凡见鳏寡孤独，疾病饥寒，便当思以济之。若己乏财力，则广行劝化。如凶年饥岁，沟壑死亡，兵戈扰攘，僵尸暴骨，吊祭不至，精魂无依。当依经法，随力拯救。则亦功霈先远，庆及见存。太极仙翁、萨真人、路真官，历代祖师，皆于此用心，以不负经旨也。"②

按照地狱神灵谱系，陪侍太一救苦天尊的左右神灵有十方救苦天尊、九幽拔罪天尊、朱陵度命天尊、火炼丹界天尊、法桥大度天尊、金阙化身天尊、逍遥快乐天尊、宝华圆满天尊等。宋林灵真《灵宝领教济度金书》收有太一救苦天尊符、逍遥快乐天尊符、九幽拔罪天尊符、火炼丹界天尊符、朱陵度命天尊符、无量度人天尊符、长生保命天尊符、转轮圣王天尊符、宝华圆满天尊符，即用于超度地狱亡灵所用。

《太上三洞表文》中称天尊有九，即太一救苦天尊、十方救苦天尊、九幽拔罪天尊、朱陵度命天尊、火炼丹界天尊、法桥大度天尊、金阙化身天尊、逍遥快乐天尊、宝华圆满天尊等。

地狱的救主太一救苦天尊，天尊头戴碧玉冠，衣飞青翠羽离罗之帔，"左手擎碧霞琉璃钟，右手执空青羽枝，坐九头狮子金色莲花之座。狮子口中各吐火焰，围绕慈尊。天尊于光焰中，别有九色圆象，如日。顶出白毫光，光芒外射，如千万枪剑。莲花座上，又有三十六小莲花，乘天尊二足。金容玉相，慈尊慧日。左有救苦真人，右有大惠真人，侍从天尊。八十一位神君，五方太一吏兵，青玄功曹，黄箓童子，玉女金童，神王力士，现于东方五色灵光。天尊光明，遍照天上地下，十方世界，无不洞明。天尊洒甘露，灌注法食，光明瑞炁，流注无穷。天尊同兆真人及官君等，皆诵甘露真言，其斛摄化无碍，香气馥郁，充塞虚空，广大无量。"③《太上三洞表文》："恭惟太一救苦天尊玉陛下至圣至仁，极慈极忧。乘九师之仙驭，散百宝之祥光。接引浮生，不违本誓。伏乞真符告下，惠泽遐沾。洒甘露于火山，化成清署；扇神风于剑树，变作骞林。使兹受炼之魂，升彼洞阳之馆。证真仙品，增福人天。旁资六道之孤魂，尽脱三涂之苦趣。上祈洪造，下副丹衷。

---

① 宁全真，王契真.上清灵宝大法：卷10[M]//道藏：第30册.北京：文物出版社，上海：上海书店出版社，天津：天津古籍出版社，1988：735-744.
② 灵宝玉鉴：卷1[M]//道藏：第10册.北京：文物出版社，上海：上海书店出版社，天津：天津古籍出版社，1988：141.
③ 灵宝玉鉴：卷36[M]//道藏：第10册.北京：文物出版社，上海：上海书店出版社，天津：天津古籍出版社，1988：387.

太一救苦天尊　清代　纸本设色　李黎鹤藏　　九幽拔罪天尊　民国　纸本设色　李黎鹤藏　　朱陵度命天尊　陈万枝绘

臣无任瞻天望圣，激切屏营之至。谨奉表上进以闻。"

九幽拔罪天尊。《太上三洞表文》："恭惟九幽拔罪天尊玉陛下，炼真上景，拔苦下泉。放无碍之神光，照大千之世界。玄恩广覆，昧爽咸苏。伏乞颁降玉符，开铁城而拔罪；焚除黑簿，灭火翳以停酸。即使亡者，万恶俱消，六根清净。影脱九阴之域，魂登三炁之天。永离迷途，咸跻生路。"《灵宝无量度人上经大法》："火炼丹界天尊昭火之明，炼而成胎。九幽拔罪天尊乘木之真，炼而为魂。十方救苦天尊柔金之形，炼而成魄。逍遥快乐天尊合土之英，炼而为脏。朱陵度命天尊致坎之灵，炼而为腑。法桥大度天尊昭离之精，炼而成窍。转轮圣王天尊激震之声，炼而为景。太乙救苦天尊利兑之形，炼而为神。"

朱陵度命天尊。《太上三洞表文》："恭惟朱陵度命天尊玉陛下，尊冠朱宫，道司丹境。阐慈悲而救物，廓仁惠以度人。伏望特轸洪慈，颁宣符命。未度者度，俱乘炼度之功；未生者生，悉获更生之妙。永辞地府，径上天堂。恭惟火炼丹界天尊玉陛下，道冠南宫，主司赤帝。掷流金之妙用，使枯骨以成人。处处应机，方方设化。伏乞神光炜烨，炼尸魄以更生；法力照彰，度幽魂而复命。下脱北都之府，上登南极之天。旁及九泉，永辞五苦。"

法桥大度天尊。《太上三洞表文》："恭惟法桥大度天尊玉陛下，大德好生，至仁接物。布慈航于苦海，度群品于迷津。亘古亘今，挈日挈月。伏乞宝幡旁指，开径路于幽冥；真炁下流，布长虹于空际。引兹亡者，升彼天堂。解生前故误之愆，证今日盟真之果。重泉苦爽，咸得逍遥。恭惟金阙化身天尊玉陛下，以道为身，先天应化。垂亿千之名字，历浩劫之因缘。普育群生，广开常善。伏乞垂恩省察，救三涂万死之魂；赦罪除愆，乘九炼更生之道。从下品而升上品，即脱轮回；自有为而入无为，常居清序。更祈惠泽，普及河沙。"

《太上三洞表文》："恭惟逍遥快乐天尊玉陛下，体道化初，凝神物表。迥出妙中之妙，端居天上之天。功被幽冥，恩覃生死。伏乞光明日月，驾驭风云，度此亡魂，离其恶趣。快乐于长春之境，逍遥于不夜之乡。亿劫种亲，一时解脱。恭惟宝华圆满天尊玉陛下，功圆六度，道证三乘。相好端严，福智具足。惟至诚而有感，实弘济以无边。伏乞曲轸慈仁，大宏方便，天光下烛，地府开通。度魂识以超生，仗斋功而证品。毓质洞阳之馆，高升大有之庭。更冀余休，潜扶后裔。"

十方灵宝天尊，主济度存亡三界苦难，治于十天。分别是：东方玉宝皇上天尊、南方玄真万福天尊、西方太妙至极天尊、北方玄上玉宸天尊、东南方好生度命天尊、东北方度仙上圣天尊、西南方太灵虚皇天尊、西北方无量太华天尊、上方玉虚明皇天尊、下方真皇洞神天尊，此即是济度人鬼的十方救苦天尊。宋谢守灏《混元圣纪》曰："每月十直斋，初一日念无量太华天尊，免火车地狱之苦。初八日念玄上玉晨天尊，免溟泠地狱之苦。十四日念度仙上圣天尊，免镬汤地狱之苦。十五日念玉宝皇上天尊，免

黄华荡形天尊
民国　纸本设色　李黎鹤藏

好生度命天尊
民国　纸本设色　李黎鹤藏

风雷地狱之苦。十八日念好生度命天尊，免铜柱地狱之苦。二十三日念玄真万福天尊，免火翳地狱之苦。二十四日念太灵虚皇天尊，免屠割地狱之苦。二十八日念太妙至极天尊，免金刚地狱之苦。二十九日念真皇洞神天尊，免普掠地狱之苦。三十日念玉虚明皇天尊，免三界冤报之苦。是日，十方诸天下降，观人善恶，当一日一夜素食诵经，可免九狱之苦、三界冤报之罪。"

明朱权《天皇至道太清玉册》亦曰："十直斋日，按《唐书》云：周伯阳父以此斋授烫宾烦陀阿力王，一月之内要持此十斋。初一日，念无量太华天尊，忏杀害物命之愆，免倒悬屠割之报。初八日，念玄上玉宸天尊，忏背理循私之愆，免金槌铁杖之报。十四日，念度仙上圣天尊，忏损人利己之愆，免铁床铜柱之报。十五日，念玉宝皇上天尊，忏恃强凌弱之愆，免飞戈飘戟之报。十八日，念好生度命天尊，忏自欺方寸之愆，免穿肠耕舌之报。二十三日，念玄真万福天尊，忏面谀背毁之愆，免吞火食炭之报。二十四日，念太灵虚皇天尊，忏幻惑愚迷之愆，免镬汤炉炭之报。二十八日，念太妙至极天尊，忏故为不善之愆，免冰戟霜刃之报。二十九日，念真皇洞神天尊，忏误作伤仁之愆，免烧炙焦烂之报。三十日，念玉虚明皇天尊，忏三界冤报之愆，免穿腹塞心之报。高宗曰：车胤谓胡僧皆以梵音译之，天尊为佛，罪报为地狱之名，为之十斋。"

十方灵宝天尊因时降世，开度天人。《灵宝无量度人上经大法》曰："每月一日，东方玉宝皇上天尊并九炁天君下降。八日，南方玄真万福天尊并三炁天君下降。十四日，西方太妙至极天尊并七炁天君下降。十五日，北方玄上玉晨天尊并五炁天君下降。十八日，东北度仙上圣天尊并梵炁天君下降。二十三日，东南好生度命天尊并梵炁天君下降。二十七日，西南太灵虚皇天尊并梵炁天君下降。二十八日，西北无量太华天尊并梵炁天君下降。二十九日，上方玉虚明皇天尊并梵炁天君下降。三十日，下方真皇洞晨天尊并九垒重阴土皇下降……此十天下降之日，宜净斋谢过，祈求恩佑，奏告十天。三会亦宜如之。正月七日举迁上会，七月七日庆生中会，十月五日建生大会。"明朱权《天皇至道太清玉册》曰："立春：东北方度仙上圣天尊，同梵炁始青天君下降。春分：东方玉宝星上天尊，同青帝九炁天君下降。立夏：东南方好生度命天尊，同梵炁始丹天君下降。夏至：南方玄真万福天尊，同赤帝三炁天君下降。立秋：西南方太灵虚皇天尊，同梵炁始素天君下降。秋分：西方太妙至极天尊，同白帝七炁天君下降。立冬：西北方无量太华天尊，同梵炁始玄天君下降。冬至：北方玄上玉宸天尊，同黑帝五炁天君下降。其日八极天尊天君同下人间，录人罪福，观察善恶。""六月二十八日，十方救苦天尊下降。"

十方灵宝天尊为了遂行治理九幽泉曲冥府神鬼之事，又化生为十殿冥王。由清代道士陈仲远辑《十王告简全集》而知，东方天尊化冥府一殿泰素妙广真君即为秦广大王，南方天尊化冥府二殿阴德定休真君即为楚江大王，西方天尊化冥府三殿洞明普静真君即为宋帝大王，北方天尊化冥府四殿玄德五灵真君即为伍官大王，东北方天尊化冥府五殿最胜耀灵真君即为阎罗大王，东南方天尊化冥府六殿宝肃昭成真君即为卞城大王，西南方天尊化冥府七殿等观明理真君即为泰山大王，西北方天尊化冥府八殿飞魔衍庆真君即为都市大王，上方天尊化冥府九殿无上正度真君即为平等大王，下方天尊化冥府十殿五华威灵真君即为轮转大王。按太乙救苦天尊誓愿济度人鬼，其应化之十方救苦天尊、十殿冥王，职属罚恶扶善，而其罚恶之宗旨，即在纠转世人，俾使能祛兽性、返人性、复道性。以上十方救苦天尊的神性职守，已体现出地府冥王之职能。

十方灵宝天尊各居一方，形象亦殊，他们分别主治不同的生人，护其性命。玉宝皇上天尊即为秦广王。《太上洞玄灵宝天关经》曰："子可归命于十方天尊，而延道气。东方玉宝皇上天尊，见曲直之形仪，衣甲乙之冠履，拽龙虎之杖，

玉宝皇上天尊秦广王
民国　纸本设色　李黎鹤藏

玄真万福天尊楚江王
民国　纸本设色　李黎鹤藏

主寅卯之民，子可归之。"陈仲远《十王告简全集》曰：东方玉宝皇上天尊，"位列震宫，尊居卯位，执掌风雷地狱，权衡霹雳之威。行善者作于青篇，作恶者标于黑簿，考察无私"[①]。《地府十王拔度仪》曰："玉宝皇上天尊。茫茫苦海实堪哀，恶业于身手自栽。魂魄已归司命府，幽关锁闭几时开。长蛇吐焰炎如火，铁狗喷烟阵阵来。稽首谛听三宝颂，普令超度出泉台。"

玄真万福天尊即为楚江王。南方玄真万福天尊，主巳午之民。《太上洞玄灵宝天关经》曰："南方玄真万福天尊，见炎上之形仪，衣丙丁之冠履，秉朱雀之笏，主巳午之民，子可归之。"陈仲远《十干告简全集》曰：南方玄真万福天尊，"位列离宫，尊居午位，执掌火翳地狱，威专烈焰之权。杳杳冥途，莫睹破幽之烛。茫茫苦海，难逢济险

---

① 藏外道书：第14册[M]. 成都：巴蜀书社，1992—1994：388.

之舟。生死殊途，轮回不免"①。《地府十王拔度仪》曰："玄真万福天尊。众生成造恶因缘，孰为回心见福田。树刀山屠一体，汤随烈火恣烹煎。无明种种欺方寸，一念思惟祗罪愆。汝等归依无上道，当来速得往生天。"

太妙至极天尊即为宋帝王。西方太妙至极天尊，主申酉之民。《太上洞玄灵宝天关经》曰："西方太妙至极天尊，见从革之形仪，衣庚辛之冠覆，挥雪霜之刃，主申酉之民，子可归之。"陈仲远《十王告简全集》曰，西方太妙至极天尊"位列兑宫，尊居酉位，执掌金刚地狱，威司考掠之权。诠量功德，了无毫发之私。报对冤仇，备极再三之间。善篇有记，罪积无差"。《地府十王拔度仪》曰："太妙至极天尊。冥冥幽府九重

太妙至极天尊宋帝王　　　　玄上玉宸天尊伍官王
民国　纸本设色　李黎鹤藏　　民国　纸本设色　李黎鹤藏

根，长夜唯闻苦毒声。狱卒强教吞毒炭，牛头屠割汝身形。前生业果重重积，殁后悲酸一一经。今日听宣无上道，此身速离广寒庭。"

玄上玉宸天尊即为伍官王。北方玄上玉宸天尊，主亥子之民。《太上洞玄灵宝天关经》曰："北方玄上玉宸天尊，见润下之形仪，衣壬癸之冠覆，秉玄武之简，主亥子之民，子可归之。"陈仲远《十王告简全集》曰：北方玄上玉高天尊，"位居坎宫，尊居子位，执掌溟泠地狱，权衡冰雪之威。城峙四周之铁，欲出无门。剑生万树之傍，实观有惧。众生无赖，五苦难逃"。《地府十王拔度仪》曰："玄上玉晨天尊。酆都六洞大冥乡，窈窕穷魂实可伤。恶业沉魂归地府，善功圆满上天堂。负沙运石无休息，滚滚长河似沸汤。谛听慈悲无上语，今为甘露入饥肠。"

---

① 藏外道书：第14册[M]. 成都：巴蜀书社，1992—1994：389.

好生度命天尊即为阎罗王。东南方好生度命天尊，主巽极之民。《太上洞玄灵宝天关经》曰："东南方好生度命天尊，见木火之形仪，衣青赤之冠履，掌风门之印，主巽极之民，子可归之。"陈仲远《十王告简全集》曰，东南方好生度命天尊，"位列巽宫，尊居幽府，执掌铜柱地狱，威专足履之刑。辨明善恶，如日月之无私。注判姓名，若风雷之莫测。凡有众生，难逃六道"。《地府十王拔度仪》曰："好生度命天尊。刀山剑树铁成林，恶业众生正苦吟。浮世电光来快乐，冥涂千劫永湮沉。阴司报对无容隐，拔舌刳胸痛莫禁。为汝灭除无量业，当来稽首谢三清。"

好生度命天尊阎罗王
民国　纸本设色　李黎鹤藏

度仙上圣天尊卞城王
民国　纸本设色　李黎鹤藏

度仙上圣天尊即为卞城王。东北方度仙上圣天尊，主艮极之民。《太上洞玄灵宝天关经》曰："东北方度仙上圣天尊，见木水之形仪，衣青黑之冠履，仗鬼门之剑，主艮极之民，子可归之。"陈仲远《十王告简全集》曰，东北方度仙上圣天尊，"位列艮宫，尊居丑位，执掌镬汤地狱，威张煮溃之权。七情六欲，难逃业镜之分明。五体四肢，最苦风刀之拷掠。死生判注，善恶攸分"。《地府十王拔度仪》曰："度仙上圣天尊。众生颠倒昧元因，欲海茫茫错用心。金玉如山难济死，临行惟有业随身。三涂渺渺无超度，长夜冥冥正拷魂。地狱须臾皆解脱，一心恭敬大慈尊。"

太灵虚皇天尊即为泰山王。西南方太灵虚皇天尊，主坤极之民。《太上洞玄灵宝天关经》曰："西南方太灵虚皇天尊，见金火之形仪，衣白赤之冠履，掌地户之簿，主坤极之民，子可归之。"陈仲远《十王告简全集》曰，西南方太灵虚皇天尊"位列坤宫，尊居泉曲，执掌屠割地狱，威权刀割之刑。无偏无党，赏刑罚于多劫千生。难理难明，辨枉直于四旬九日。死生展转，功德定分"。《地府十王拔度仪》曰："太灵虚皇天尊。人间祸福本无门，汝等亲栽善恶根。方寸但知藏垢秽，百年数尽作孤魂。业风吹处生还死，万劫悲辛不忍闻。为汝灭除无量业，当来来敬大元君。"

无量太华天尊即为平等王。西北方无量太华天尊，主乾极之民。《太上洞玄灵宝天关经》曰："西北方无量太华天尊，见金水之形仪，衣白黑之冠履，掌天门之镜，主乾极之民，子可归之。"陈仲远《十王告简全集》曰：西北方无量太华天尊，"位列乾宫，尊居阴府，执掌火车地狱，威司运转之权。设衡石而考功过，平等无私。主凤人以判升沉，磨研有当。无私无曲，不顺不逆"。《地府十王拔度仪》曰："无量太华天尊。冥

太灵虚皇天尊泰山王
民国　纸本设色　李黎鹤藏

无量太华天尊平等王
民国　纸本设色　李黎鹤藏

官鼓笔怒威惊，拷掠悲辛不忍闻。人世百年无片善，亡灵过恶似沙尘。阴关未隔阳光界，骨肉为谁救拔人。惟愿脱离幽锁去，得生恭敬大慈尊。"

玉虚明皇天尊即为都市王。上方玉虚明皇天尊，主君臣父子之枯荣。《太上洞玄灵宝天关经》曰："上方玉虚明皇天尊，见轻清之形仪，衣苍穹之冠履，运春夏秋冬之动植，主君臣父子之枯荣，子可归之。"陈仲远《十王告简全集》曰，上方玉虚明皇天尊"敕合乾元，德隆坤域，执掌普掠地狱，威张炽盛之权。三百六旬之黜陵，事事难明。一十八地狱之经由，人人战栗。凡积愆于平日，必定罪于斯时。九地轮回，三途往返"。《地府十王拔度仪》曰："玉虚明皇天尊。冥关一闭永无光，溟漠幽昏去路长。浮世何由通信息，酆都境界隔阴阳。危冠朱吏司刑刹，狱卒牛头掌镬汤。稽首慈尊来救苦，愿乘超度入仙乡。"

洞神天尊即为转轮王。下方真皇洞神天尊，主辰戌丑未之民。《太上洞玄灵宝天关

经》曰："下方真皇洞神天尊，见重浊之形仪，衣戊己之冠履，施东南西北之愿，主辰戌丑未之民，子可归之。凡三十六天，天各立一帝，三十六地，地各置一皇。其天帝、地皇，各有形仪、冠履，所表所主，具列仙班图籍，即七十二天帝地皇。俱尊十方天尊，而统三界仙凡修短，祸福增减。而不归命于十方天尊，而归何所乎。"陈仲远《十王告简全集》曰，下方真皇洞神天尊"位尊幽都，名尊十帝，执掌罗酆之府，权衡宪法之严。有生有死，两分而入之机。无党无偏，三等幽冥之拷。他时所造，此际何逃"。《地府十王拔度仪》曰："真皇洞神天尊。虚皇演教说真诠，普为众生度有缘。行满登高无色界，罪根深重入冥泉。逍遥宴处金华馆，累劫应知见福田。一切幽魂咸解脱，尽披重雾睹青天。"

地府冥界中设有二十四狱，皆为生前作恶多端，诽谤至真，误入邪伪者所设。《太上慈悲九幽拔罪忏》曰："自从无量劫来，至于今日，父母兄弟，己身眷属，舍生受生，曾无惭愧，起瞋怒心。或怒大道，言乏正真，只起浮辞，恒无信意。或怒天地，咒诅寒暑，但积愚顽，不惭覆载。或怒日月，裸露身形，不愧照临，常嫌迟疾。或怒经典，称是虚言，不解披寻，多生讪毁。或怒父母，侍奉乖违，孝养全无，劬劳不报。或怒兄弟，义乏连枝，看若外人，恩同疏友。或怒眷属，不起慈柔，敬上有乖，抚下无节。或怒斋戒，修奉不恭，触犯常多，精虔有阙。或怒国主，

真皇洞神天尊转轮王
清代　纸本设色　李黎鹤藏

不赞升平，杀逆生心，忠良不立。或怒讲说，不听善缘，但起恶言，混杂真理。或怒宫观，敬奉不生，诽谤过多，施舍殊阙。或怒先逝，竟乏追修，不作良善，助其冥路。或怒神理，无有祭祈，却信邪言，便行淫祀。或怒老耄，不生孝心，施惠岂曾，侮慢唯作。或怒六疾，不发慈心，但出恶言，称遭业报。或怒牢狱，不察言情，恒说艰难，助其枷械。或怒贫贱，枉压无申，不念饥寒，每生苦楚。或怒禽兽，不念羽毛，祇纵贪婪，唯求烹宰。""未离爱欲，不逢善友，不遇明师，种习而成，熏莸所染，造诸恶业，恣意杀生。或杀牛羊犬、獐鹿狐兔、六畜等物，曾无悯物，唯务充肠。其或杀戮凫雁鸡鹅之类，或以罗网，笼罩一切飞禽之类。或以罾缴，张捕水陆鳞甲走兽之类。或焚山烧野，伤害含灵。或作堰开池，损动蛰伏。或摧巢破卵，探穴取雏，使子母分离，藏窜无地。或充口腹，或恣无辜，日往月来，结成冤对。或自作，或教他。凡此过尤，不可称说。致使殃延眷属，祸及己身，或减折寿年，或萦缠疾瘵，一沉长夜，永劫难原。如此之徒，皆由积恶，不凭

忏拔，何致蠲除？""如上罪根，秤量最重，死入地狱，无有生全。或入酆都山，二十四地狱。或入监天地狱、虚天地狱、元正地狱、玄沙地狱、北缘地狱、刑正地狱、律令地狱、九天地狱、青冥地狱、天一地狱、河伯地狱、累劫地狱、女青地狱，如是等二十四狱，三宝五灵，三官九府，一百二十曹，千二百掾吏，执罚神兵五万人，考掠罪魂。或足履刀山，或手攀剑树，或抱铜柱，或卧铁床，头顶火山，身负铁杖，饥则食炭，渴饮镕铜。或入镬汤，或经炉炭，碓捣硙磨，倒悬立锯。或碜石逼身，针锋贯体，足下煨烧，臂间杻锁。"① 受尽罪罚酷刑，永无超脱之日。

地狱的主神为二十四狱天尊，他们是慈光拔度天尊，大明圆极天尊，知炬赫奕天尊，圆鉴洞明天尊，光接万有天尊，舒光拔难天尊，妙智圆明天尊，无量光明天尊，德光常曜天尊，灵光炳曜天尊，神光炜灿天尊，宣化广明天尊，赤明大有天尊，明真光辉天尊，流光返照天尊，光明至人天尊，三光炼度天尊，金光玉华天尊，慈光朱耀天尊，大光广照天尊，日月普明天尊，破暗烛幽天尊，洞明法界天尊，金精定照天尊。此外还有三元唐葛周三真君，神虎何乔二主帅，神虎追魂天圣，三部追魂使者，七真玉女仙众，神府七道功曹，追魂摄魄官君，六甲使者，诸司官将，泰山神，城隍司神，沿路土地等神。

地狱神灵谱系之中尚有许多官将。《灵宝玉鉴》载，万司如意大将军温仲宣，"绀发，童颜，金介胄，仙带，左手玉清诀，右手仗剑，朱履，立黑云中。若行灵宝法，用此将后，可檄召诸神"。神霄霹雳摧魔部流金火铃大将军，其司一百二十人，金甲，头兜鍪，绿靴，丹袍，左手仗剑，右手火铃，面赤怒色，圆眼威猛相。杀伐大将军一百二十人，执戟仗剑。"此二将善御魔试大祟等邪，用此防护，即章奏上达也。"

辟非大将军楮飞，禁坛大将军杨福，二神并天丁冠，淡红袍，绿仙衣，如虎龙状。

阳神九和君卢会之，字炎灵，身长八尺，戴三梁冠，服赭红袍。左手仗剑，能净天地秽，驱百木精。

阴神十合君陆永夫，身长八尺，戴三梁冠，服白花袍，右手仗剑，能绝阴府，考掠尘世冤尤。

上仙蔽身大将军唐宏，戴朱阳赤帻通天大冠，绛章丹衣，带龙头玉剑，左手持金符。

上仙隐影大将军葛雍，戴朱阳青帻通天之冠，绛纨丹衣，手持玉戟。

上神藏形大将军周武，戴朱阳赤帻通天之冠，绛章丹衣，手执玉阳之节。

金光童子，朱雀童子，五帝童子。东方青帝度寿功曹，南方赤帝上生功曹，西方白帝纪善功曹，北方黑帝养命功曹，中央黄帝中治功曹。六甲六丁将军，六丁六甲玉女，正一功曹，通天功曹，直使功曹，治病功曹，上部功曹，中部功曹，从忞功曹，上部使者，中部使者，都官使者，狼吏虎贲，察奸勾骑，天丁力士，三官仆射，都官仆射，治正执正

---

① 太上慈悲九幽拔罪忏：卷8[M]//道藏：第10册.北京：文物出版社，上海：上海书店出版社，天津：天津古籍出版社，1988：114-118.

吏，收神食神吏，收鬼食鬼吏，收炁食炁吏，收毒食毒吏，收精食精吏，收邪食邪吏，诛巫破庙吏，左右都平君，左右都平长，六十甲子官君，青龙、白虎、朱雀、玄武神君等等。

东华派师承灵宝法裔，传有大量符箓，用于济度万民，拯救亡灵。各种符箓多配有主管神将，显示了东华派庞杂的神灵谱系。宁全真《灵宝领教济度金书》记载了追摄科仪中所用的灵宝召二十四类伤亡符，并一一详述其主管神将的名讳与形象。

追冤对而死伤亡符，北斗下灵机府大力将尹照，字希忠。长八尺，裹结脚幞头，如直符状。

追冤结不解伤亡符，追冤结不解聚魂摄魄断邪皈真显灵大神张超度，字子用。长八尺，穿皂绣袍，右手执斧，左手执符，乘黑云而下阴府，追取亡魂。

追冤仇执对伤亡符，震雷开黑绝道生光忠德昭义追冤仇执对大神雷胥，字子霞。长八尺，裹绯巾，黄绣袍，左手执符，右手仗剑，乘黑云。

追累劫相缠伤亡符，分释冤对断结除冤升济大神周义从，字云卿。长八尺，裹青巾，皂绣衣，乘黑云，左手执符，右手仗剑。

追奴婢夭恶伤亡符，夜光追现摄魄解结断恨大神卢愈，字得然。招影露形追魂释罪除非大神吴宣，字子玉。长八尺，裹绯巾，着绿袍，左手执斧，右手执戟，俱乘黑云。

追漂沉大海伤亡符，斩尸绝地分水断祆引接寻访摄现大神刘辉，字承善。通天倒海绝地通灵追魂摄魄大神童金广，字薄卿。长八尺，裹青绣巾，着绯绣袍，左手执符，右手执斧，俱乘黑云。

追被系阴狱未解伤亡符，鸣铃收检洞察鬼营摄鬼解形大神周承德，字道隆。长八尺，裹红巾，衣绯绣袍，左手执符，右手执矛，乘黑云。

追末学道浅死亡符，玉籍掌执南宫升降度魂大神孙超，字明夫。长八尺，裹结脚幞头，绯抹额，紫袍大袖，腰悬鱼尾刀，双手持符，乘黑云骑龙。

追僧尼女冠死亡符，截魔聚炁统摄万灵升云冲雾还戒皈真追摄大神杨甫，字拱文。长八尺，裹结脚幞头，绯抹额，皂绣袍，左手执符，右手仗剑，乘黑云而下。

追犯王法死伤亡符，无情断义灭迹除魔追摄大神韩进，字宝中。释冤解对复体生肌全形改貌追摄大神吕马通，字文宝。运转轮回罢对释怨舍恶迁善复影追摄大神马明，字彦。各长八尺，裹青红绣巾，衣青皂绿三色绣袍，手执斧剑戟，持符，乘黑云，有全形将、续头将等，随从而降。

追盗贼杀害伤亡符，解迷聚炁回光大将胥延明，字信仲。长八尺，戴铁兜鍪，披铁甲，外着绯绣袍，腰悬鱼尾刀，左手持符，右手执戟，乘黑云。

追横死伤亡符，通灵有感摄现招明拘籍搜魂追摄大神金琏，字连之。长八尺，裹皂绣巾，着白绣袍，左手执符，右手仗剑，乘黑云。

追庙摄横死伤亡符，飞云走雾诛庙搜魂破邪大神董尧，字先明。轰雷震鼓飞捷封山破

庙搜访急捉追摄大神宋先，字子镇。追捉万神烧庙烈火追摄还魂复肌大神施近，字用卿。长八尺，裹青黄黑三色巾，着绿黄白三色绣衣，各执剑戟火把，乘云。

追虎狼伤亡符，威神雄猛飞摄腾空封山断虎追猖致魄大神阎空，字清卿。雄貌赶逐摄地飞空封山走毒斩猖归魂大神宋起，字汉歆。走驭山林腾捷郊野封山斩狼绝猖还神大神孙异，字公明。长八尺，裹青红黑三色绣巾，手持铁索刀枪，在黑云中。

追水火漂焚伤亡符，德义通幽全体安魂引道开关追摄大神叶跧，字升之。长八尺，裹皂巾，衣青锦袍，左手执符，右手捧印，乘黑云。

追赴官在任死亡符，定名玉历掌算注籍追魂大神黄述，字还夫。解冤释结斩绝地根大神胡明，字执先。执籍罢对解冤升济大神丁玄，字通之。溥救诸苦赍持金简超度大神牛耕，字文中。溥度幽识赍持符命升济大神高迁，字胜常。各身长八尺，裹青皂红黄紫五色巾，衣青袍，五色内赍，持金简，大神左手持符，右手执剑，乘黑云。

追军阵斗战伤亡符，解斗罢敌摄魄大神元德，字志中。执矛忠义威男大神张坚，字明远。敢死撼山绝粮大神陆都，字希文。执戟驰魂却死大神卢扶，字元应。把索追魂摄魄超度大神乔恂，字志远。追召引送招魂大神李越，字建生。各长八尺，裹五色绣巾，衣五色绣袍，手持铁索，执幡赍符，乘黑云。

追饿死伤亡符，救苦拔罪生肌长津全魄还源大神赵宁，字康叔。长八尺，裹青绣巾，衣紫袍，左手持符，右手仗剑，乘黑云。

追咒诅身死伤亡符，斩邪治病解脱除殃消咒诅解冤结大神赵子玉，字明通。长八尺，戴三梁冠，衣绣衣，执符持剑。

追解释自缢伤亡符，断索金刀解释自缢追摄大神宋昭，字建之。长八尺，裹黄绣巾，衣青绣袍，持符仗剑。

追杀死伤亡符，无情断义追召杀伤大神梁告，字吉甫。长八尺，戴三梁冠，着青绣衣，仗剑持符。

追水溺伤亡符，履泉追摄显现灵通大神刘逆接，字公超。长八尺，裹结脚幞头，披半青绣袍，持符。

追复连古痊死魂符，断尸解冤释对追魂大神瞿维先，字云卿。断痊绝染去传大神朱必文，字恭昭。各长八尺，裹红绣巾，衣大袖红绣袍，执戟持符而降。

追毒药伤亡符，正明威武德义忠正全复形体大神刘企，字元夫。长八尺，裹青绣巾，衣绯绣袍，持符仗剑。

追产育伤亡符，无义断恩收魔摄精解释追摄大神王志中，字美甫。持剑。正精火目摄忝聚英解对释愆大神陆茂，字执中。震鼓轰雷闪目生电聚体长肌大神胡敬，字甫之。各持弓箭条索，并裹青绣巾，衣绯袍，各持三色器械，乘黑云直下血湖而去。直性梗灵破秽净浊生清大神徐立，字子元。威灵通感眷义全形洗浣大神周克，字同先。解释冤愆生精致魄全形复体大神李异，字信中。解冤释结正魄生形致影长津复体大神冯道，字连卿。四神并裹青红绣巾，着四色绣袍，各持剑，乘黑云持符而下。

九天普度院摄召三十六类伤亡符：

第一追天嗔雷震死魂符，广度沉沦真人鹿平，太玄冠，云霞五色羽衣，朱履，长裾玉佩，手执玉帝敕印，印出红光。呼魂唤魄将军李元吉，皂帽，红抹额，衣锦文袍，披金甲，吊鞬靴，执七星剑，剑出火光。

第二追剐割分身死魂符，大慈广度真人乔和，俯仰冠，衣青霞五色羽衣，长裾玉佩，朱履，执元始印，印出金光。聚魂集魄将军英布，披发，红抹额，衣皂袍，持刀，足下有黑犬一头，口吐火焰。

第三追官吏检验伤亡符，大悲救苦真人桑仲，俯仰冠，衣红霞羽衣，朱履，长裾玉佩，左手执水盂，右手执杨枝，上出金光。驱魂逐魄将军杨广，凤翅兜鍪，锦袍，金甲，吊鞬靴，手持铁叉，叉上出金光。

第四追绞斩犯刑死魂符，大惠度亡真人陆先，俯仰冠，衣黄霞羽衣，朱履，长裾玉佩，执度亡宝幡，幡上出红光。抱魂守魄将军李广，凤翅兜鍪，衣锦抱，金甲，吊鞬靴，手持弓箭。

第五追军阵杀伤死魂符，随念救苦真人木彬，七星冠，红霞羽衣，朱履，长裾玉佩，手持元始符命，符上出金光。掌魂管魄将军钱恺，裹红包巾，着红袍，吊鞬靴，手执枪。

第六追生产堕胎死魂符，入门开度真人柏子章，七星冠，红霞鹤服，长裾玉佩，执上帝牒，牒上出红光。收魂召魄将军金俊，裹红包巾，衣皂袍，吊鞬靴，执双刀，面黑。

第七追虎豹豺狼伤死符，大慈广化真人徐洞神，星冠，红霞鹤服，朱履，长裾玉佩，手执水盂，盂中出金光。寻魂收魄将军丁羊，卷云冠，绣衣，吊鞬靴，执铁鞭，悬剑于两腰间。

第八追猛火焚烧死魂符，慈悲接引真人杨守光，星冠，青霞鹤服，朱履，长裾玉佩，手执水枝，枝上出雨霞如珠。护魂卫魄将军王亨，裹帽，红抹额，绿袍，鞬靴，一执大斧，足下有黄蛇一条，口吐猛火。

第九追投江落水死魂符，慈悲救难真人童太和，星冠，绿霞鹤服，朱履，长裾玉佩，手执玉印，印上出红光。寻魂讨魄将军陈彦，黄包巾，着青袍，吊鞬靴，手执火轮，火轮上出火光。

第十追悬梁自缢死魂符，水济无边真人任子昌，星冠，乌霞服，朱履，长裾玉佩，手执水枝，枝上有雨露。追魂唤魄将军张穰，赤发，载铁冠，着绯衣，吊鞬靴，手执剑，剑上出火。

第十一追遭逢毒药死魂符，火炼丹界真人陆守一，星冠，红霞鹤服，朱履，长裾玉佩。手执如意宝铃，铃上出火光。安魂定魄将军尹宣，银头铠，锦袍，吊鞬靴，执金槌，腰悬铁索。

第十二追堕坑落堑死魂符，广化幽魂真人郑大文，星冠，黄霞鹤服，朱履，长裾玉

佩，手执玉皇宝幡，幡上出红光。随魂逐魄将军韩亨，烈士冠，绣衣，吊鞭靴，手执铁简，足下有一鹤，口吐白炁。

第十三追树木压损死魂符，金光洞照真人遇安辰，星冠，红霞鹤服，朱履，长裾玉佩，手持宝珠一颗，上出光明。追魂引魄将军胡兴宗，金头铠，绿袍，吊靴，执剑，剑中出火。

第十四追砖石磕死亡魂符，随愿往生真人车大成，星冠，紫霞鹤服，朱履，长裾玉佩，手执元始宝幡，幡上出金光。引魂掌魄将军童椿，裹黄包巾，绿袍，吊鞭靴，手执剑，剑中出火，足下一乌鸡，口吐黑炁。

第十五追蛇犬蝮蝎伤亡符，法桥度魂真人吴计夫，星冠，青霞羽衣，朱履，长裾玉佩，手执元始真符，符上出金光。召魂摄魄将军潘宣，裹红包巾，皂袍，吊鞭靴，手执金刀，足下一黑犬，口吐火。

第十六追牛马践踏死魂符，大慈救苦真人舒清明，星冠，红青霞羽衣，朱履，长裾玉佩，手执素珠，珠上出金光。守魂候魄将军商计，凤翅兜鉴，绯袍，银甲，吊鞭靴，手持剑，剑中出火。

第十七追牢狱囚禁死魂符，九幽拔罪真人桑洞天，星冠，红霞鹤服，朱履，长裾玉佩，执水盂，盂中出青光。追魂摄魄将军吕英，青包巾，绯袍，吊鞭靴，执铁叉，上出火。

第十八追贼盗所伤亡魂符，消除罪业真人章自然，星冠，黄霞鹤服，朱履，长裾玉佩，手执笔，笔上出金光。呼魂取魄将军陶柽，披发，红抹额，面带赤色，须多，绯衣，吊鞭靴，手执火铃，铃中出火光。

第十九追斗殴死魂符，消除业报真人许洞升，星冠，黄霞鹤服，朱履，长裾玉佩，手持宝印，印上出金光。管魂取魄将军扬正，烈士冠，赤发，绯衣，吊鞭靴，执铁杖。

第二十追咽喉生毒死魂符，随品注生真人孙仲文，星冠，青霞鹤服，朱履，长裾玉佩，手执黄幡，幡上出红光。拘魂追魄将运单定，红包巾，锦袍，吊鞭靴，执铁槌，足下有赤蛇一条，口吐猛火。

第二十一追痈疽疔毒死魂符，广度沉沦真人钱守光，星冠，绿霞鹤服，朱履，长裾玉佩，手持玉帝符命，上出红光。取魂管魄将军项光，凤翅兜鉴，锦袍，银甲，吊鞭靴，手执剑，剑上出火。

第二十二追瘟疫寒热死魂符，管魂注生真人美子昌，星冠，紫霞鹤服，朱履，长裾玉佩，手持宝经一轴，上出金光。呼魂召魄将军张澄，烈士冠，发带黄色，着绯袍，吊鞭靴，手执铁叉，足下一白猫，口吐黑炁。

第二十三追脓血臭秽死魂符，普度幽魂真人鹿守己，太玄冠，紫霞鹤服，朱履，长裾玉佩，手执玉简。寻魂追魄将军冯炎，顶银兜鉴，绯衣，吊鞭靴，面带青色，执双剑，足下一黑犬，吐猛火。

第二十四追中风卒暴死魂符，引魂升天真人叶自仙，星冠，绯霞鹤服，朱履，长裾玉佩，执玉帝度亡幡，幡上出红光。引魂领魄将军林那，裹帽，黄抹额，绯衣，吊韅靴，手执弓箭，足下一鹰吐黑炁。

第二十五追痨瘵呕血死魂符，永离长夜真人常益己，星冠，黄霞鹤服，朱履，长裾玉佩，手持玉帝牒，上出红光。保魂固魄将军黄声天，红包巾，花袍，吊韅靴，执大斧。

第二十六追五音咒诅死魂符，引魂度桥真伊光，星冠，紫黄霞鹤服，朱履，长裾玉佩，手执红珠一串，珠上出红光。守魂掌魄将军吕政，披发，红抹额，发青色，吊韅靴，手执铁仗，上出火光。

第二十七追颠仆饥饿死魂符，水火炼度真人富洞彬，星冠，青霞鹤服，朱履，长裾玉佩，手执水枝，上出红光。收魂呼魄将军张角，裹红包巾，绯袍，吊韅靴，手执双剑，足下一斑犬，口吐白炁。

第二十八追蛊毒所侵死魂符，随时应化真人莫可中，星冠，红黄霞鹤服，朱履，长裾玉佩，手持玉帝宝幡，上出金光。收魂纳魄将军卓彬，银头铠，皂袍，吊韅靴，锦衫，手执大刀。

第二十九追鬼神侵损死魂符，五行炁造真人陈子章，星冠，青白云霞鹤服，朱履，长裾玉佩，手持元始符命印，上出红白光。追魂收魄将军陈升，赤发，戴铁冠，绯袍，金甲，吊韅靴，手执铜槌，腰悬宝剑。

第三十追道途抱患死魂符，随机造物真人丁仲良，星冠，红紫云霞鹤服，朱履，长裾玉佩，手持宝镜一面，上出金光。唤魂召魄将军倪张，黄包巾，皂袍，吊韅靴，执铁索，上出火。

第三十一追四肢浮肿死魂符，大悲救苦真人梅洞渊，七星冠，紫霞鹤服，朱履，长裾玉佩，手持元始符命，上出金光。召魂唤魄将军湛青，烈士冠，锦袍，吊韅靴，手持铁棒，有光。

第三十二追官讼懊炁死魂符，慈悲普救真人胡广先，星冠，朱霞鹤服，朱履，长裾玉佩，左手执法水盂，右手捧玉帝印，印出金光。唤魂呼魄将军金明，黄包巾，吊韅靴，手执铁叉。

第三十三追肺破肠断死魂符，大慧定光真人乔仲英，七星冠，青霞鹤服，朱履，长裾玉佩，手执元始符命，上出红光。追魂掌魄将军彭兴，黄包巾，青袍，吊韅靴，手执双刀。

第三十四追炁攻搅刺死魂符，大慈拔亡真人章立光，星冠，紫霞鹤服，朱履，长裾玉佩，手执符命，卜出金光。勾魂追魄将军李务，青包巾，白袍，吊韅靴，仗剑，上出火光。

第三十五追横祸侵害死魂符，火府度亡真人郭平昌，星冠，紫白云霞鹤服，朱履，长裾玉佩，手执元始符命，符上出金光。守魂逐魄将军李坚，皂包巾，绯袍，吊韅靴，手执

剑，出火光。

第三十六追疾患善丧亡魂符，水宫拔亡真人妻陆，星冠，紫霞鹤服，朱履，长裾玉佩，手执明珠一颗，上出红光。驱魂逐魄将军申阳，红包巾，青袍，吊鞯靴，手执枪。

取索亡魂罪籍符，索取亡魂罪籍追摄大神叶明，字子言，身长八尺，持符直下幽狱，须臾抱取文书而至。①

四驿，指斋醮科仪中负责递送文书的神吏。他们的地位不高，但责任重大。《上清灵宝大法》曰："凡建玄坛，当建四驿庭，专一承受传递符檄，亦由阳间邮亭之象也。所谓四驿者，蛟龙驿，金龙驿，风火驿，金马驿是也。每驿各有神吏主之，状如力士，持黄令旗，听候差使。须当依式书符召之，方能感降也。其龙二吏，当用新净茭缚之以像真形。驿吏各左手仗剑，右手持幡，幡上书玉皇赦罪天尊，背负青玄救苦真符，如书筒之状。龙身龙口神吏之身，并依式安符，存用祝赞。所谓蛟龙吏属阴，若遣役当地道功曹，可往五岳九幽，水府雷司瘟司，城隍社令牢槛等处，救拔亡魂。其金龙吏属阳，若遣役当同黄箓院功曹符吏，可往三官天牢，五斗天一北狱，及罗酆重牢，幽槛铁围，无间地狱等处，救拔亡魂，盖阴阳当从其类也。"

《灵宝玉鉴》曰："高功存召玄都官吏，知磬举九幽拔罪天尊，表白宣祝龙咒。师左手掐卯文，鼻引东炁，合自己肝中青炁，布出嘘于茭龙之身。次掐子自亥，回至巳文。又掐至申，复归巳上，剔于龙身，化生甲鳞爪牙，四体具备。次以水洒之，存其龙升腾变化之象。掐午文，取南炁，呵于龙身。存朱光烨烨，见玉女手执符命，乘云驾龙，下开幽壤。祝金龙，知磬举朱陵度命天尊，表白宣祝咒。师左手掐巳午未，归申上剔，东南炁吹龙身，以水洒之。存其龙运动，变化于金光中，有玉女衣丹衣，执红莲，在龙头上，祥云捧拥于下。次存变一亭，如朱陵府，下有金龙负之，四驿神君引龙立于亭之四畔，玉女金童各执本色莲花，列于左右。至炼度毕，连自己桥梁为通天大度法桥，一炁透关，引领亡魂，上升天境。金龙驿神君，茭龙驿，风火驿，金马驿，此为四驿。"

《灵宝无量度人上经大法》曰："三十二天，有飞龙骑吏，玄都有驿龙骑吏。故经云：金龙驿呈，承受信今。或乘天马，或骑天蛟，或驾金龙金马，宣告三界十方，顷刻之间，悉皆周遍。"又曰："泰玄都有金龙驿吏二十五万人，主领符命，魔天道驰信。凡告长生真符，预关一人，丹书青上，掐玉皇诀，鼻引太尊星芒，绕笔而书如前焚召。"《道法会元》曰："照应本司今为某人拜发诸天奏函，诸司申牒，呈印请某事，犹虑云程之上，有诸邪道鬼神魔试遏截，使不得上达，有误本司等守报应，除已各分引差天神功曹吏兵，查持前去所指去处投进外，合依师式，先发雷神前去开通云路，扫荡妖精，关报风火史兵，刚风金龙驿，各差驿吏，护送奏函等文字，直诣三天门下。"金马驿有主者，管下

---

① 道藏：第8册[M]. 北京：文物出版社，上海：上海书店出版社，天津：天津古籍出版社，1988：447-456.

驿吏一百二十人，皆云冠，朱衣，朱履，驰飞马。凡有紧急符命檄文，所经三官五师，九府四司，罗郑北府三界，万神考录，鬼营去处，普告三界，即无容隐，时刻颁命，神通威力，毋有阻遏，符命到处，万神咸听也。① 《元始无量度人上品妙经四注》曰："金马，金龙也。检校善恶，驿马飞驰以呈其事也。"

风火驿有一院，号曰火院。有一判官主之，院辖左右风驿火驿。左者专一传递南院符命敕书文檄，右者专一传递北院符敕文檄。所谓判官，即主管南北二院文书。风火院判官马胜，青面，三目，簇金罗帽，朱袍、金甲、绿靴、赤发、仗剑，或变身三头九目。管下两驿之中，各有判官十员，驿吏三百人，应所告敕书符篆简章，皆经由主者逐一检授，或有讹舛，皆积在此驿，不得上达，各付所属狱罪也。凡建斋，仍以召风火驿吏符差驿吏，即为传达，必获彰感。②

神虎司，为一个专门追魂摄魄、济度幽冥的神司。从东晋灵宝派到南宋东华派都非常重视这一神司，并完善了济度幽冥的神虎科仪。宁全真《上清灵宝大法》曰："夫灵宝至道，皆以济度幽冥为先。积功累行，体元始慈悲无量度人之要。且追摄之门，最为上法。夫阴尸沉沦幽夜，永劫未睹阳光，须修荐拔之斋，行此大法。元始祖炁，混沌赤文，玉札金符，先聚其阴阳，合和四象，以雌雄坎离之媾，以分男女。使清升浊凝，悟明至理。然后以北魁之炁，运转五行。方诣玄坛，澄定本源，了无所着，升度南天，以三天祖炁合炼，以化成人者也。天一北祚太一紫文，有中斗大魁府玄冥夫人七元主之，亦曰玄丹太乙之神主之。位尊九天，总监众灵，为大法摄召冥曹之都司。凡在九地群生魂魄生死，莫不由也。下元浊世命禄将绝之人，玄冥所属，斗中夫人付符岳府，方可追取，是主死枢曹也。下有玉女七人，各主生死，因依生时所定，主其簿书。一切充魂横魄，玉女其总司主令。有神虎雌雄二大圣，主天下王侯官庶魂魄。各有摄魂吏一万二千人，从其所使。内有追魂使者三人，通达太一命令。查持玄冥玉札太一合同，上通诸天，下及三元，一切真司，水火曹局，考治幽狱，追取魂魄。此道不示凡才，自璧鲁洞一出，皆刘真人得上道，叶靖能得中也。故兹宣传，非比中斗大魁大道，追摄魂神，万无一至。内有召役普摄，内诵坐可立至之道。若行神虎之品，当精求大法，毋使误幽冥矣。"

神虎司的崇拜源出对五斗的信仰。师曰："夫东斗注算君者，乃青阳生炁之府，系青灵始老九炁天君主之。西斗记名者，乃皓灵养素之府，系皓灵素老主之。南斗上生者，乃赤炎丹灵太渊府，系丹灵真老主之。北斗落死者，乃郁绝中和之府，系五灵玄老主之。中斗大魁者，乃总监众灵之府，系黄灵皇老主之。且东斗注算者，但人禀一炁而生，取五帝监生司命，定算主录勒籍，大而为寿，少而为算。人生于世，并注一百二十寿。以三日为

---

① 道藏：第31册[M]. 北京：文物出版社，上海：上海书店出版社，天津：天津古籍出版社，1988：49.
② 道藏：第2册[M]. 北京：文物出版社，上海：上海书店出版社，天津：天津古籍出版社，1988：222.

算，算一年计一百二十算，为一寿一纪，一十二年为一千二百算。如司命定察功德高大，则为奏主以增其算，大则三百六十算，少则一百二十算。如司命定察罪恶贯盈，则为夺算。罪恶未除，则为灭算，降年增促年龄，各有等殊，未有差之毫厘者也。东斗注算之君，责狼星之所总。如司马命章，男女分形，善恶功过，皆西斗记名君记其名乎，属巨门星之所总，分神降黑，分定贫富贵贱，化生中国，皆南斗上生君之所掌，属禄存文曲星之所总。主平生坊过罪业，年龄夭促，至命禄永绝，死归长夜，皆北斗落死君主之，属武曲星之所掌总。此生及死，记名注算，上生落死，莫不总监中斗大魁也，属破军天呈星之所主掌。盖五帝玄司，主定十方世界，四生六道魂识。故元始天尊于玄范之府，有七元星君宫，各有神虎将吏，并太一夫人，掌管魂元神虎雌雄之印，主其职焉。下有玉女夫人，掌管簿录，司其生死，统领魂魄之事。或有违慢，其太一夫人奏于斗府，飞奏玉帝，赏罚至公，无有小私。行持之士，不可不明矣。"①

神虎司下所隶神灵颇多。神虎主司：北斗太一玄冥七阴夫人，玄冥内妃夫人，太一紫元夫人，天一北祚夫人，神虎玉札夫人，混元神虎夫人。

神虎大圣二员：雄左主曹统制三魂百节主魂主伯大圣何昌。雌右武鸾部卫七魄血气主魄主吏大圣乔苟。二圣并绯衣，面枣色，执圭，蹑履，如王者状。专管天上星宿及王侯士庶之魂。名神虎者，谓天帝掌魂之司也，即神虎大圣也。具左右有飞符摄魄使者一十五员。

玉女七员：第一提魂摄魄倒生玄司玉女蒋仁贵，第二掌正病身亡之魂玉女蒋仁喜，第三掌瘟疫瘴疠死魂玉女王真卿，第四掌劳瘵风痫癫病业玉女翟普卿，第五掌水火刀兵投河落井自缢王法横亡玉女黄文臣，第六掌堕胎产死伤折血光之魂玉女苌道仁，第七掌阴暗不明雷伐冤枉鬼惑之魂玉女董希卿。已上并鱼袂，凤冠，朱履，羽裙玎佩，手执生死簿书，掌生民死亡顺逆之魂。

追魂使者一十五员：上部使者侯魈，紫绣袍，朝天幞头，红绣抹额，面紫黑色，碧玉束带，腰佩鱼尾刀，一手执金槌，一手执符，绿靴。中部使者魏魅，红绣袍，面赤色，碧玉束带，鱼尾刀，绿靴，一手执铁斧，黄抹额。下部使者张魃，绿绣袍，紫抹额，面紫色，碧玉束带，佩鱼尾刀，绿靴，一手执金槌。余并同上部。此三员主子午生人。丁魁，胡魎，卓申之，此三员主丑亥生人。王浒，王魉，刘子和，此三员主寅戌生人。仔天愍，任魅，曾元真，此三员主卯巳未生人。邵公权，凌飞真，孔魌魃，此三员主辰申酉生人。已上使者，并绯衣，朝天幞头。

七道功曹：天道功曹郜天真，地道功曹冉文魅，人道功曹胡营，仙道功曹索忠，鬼道功曹翟魍，神道功曹祖公弼，业道功曹葛魑。右功曹各有一百二十员，所大法用者，七员

---

① 道藏：第31册[M]. 北京：文物出版社，上海：上海书店出版社，天津：天津古籍出版社，1988：7-8.

主之。

童子二员：玉府监魂童子徐移真，玉府引魂童子孔万卿。右童子各有一百二十员，此二员主之。

监狱使者二员：阳耀通关坛使者刘噫噫，阴灵摄魂坛使者明哑哑。

追摄神将：四门追魂神将宋，杜，张，马。天大收魂将王开，地大摄魂将郑欲，一呼使者张海，一吸使者刘青，监魂使者贺弼，引魂真人王精，追魂大将张记，追魂童子雷震，清清泠泠天洞天真使者彭大年，铁迹台光使者许昌，追魂捷疾使者王精，普现通目大将军袁照，青黑二神王许。

提魂摄魄一司官众，一百二十五人。

霹雳迷魂昏遁使者，一百二十人。

降真召灵符使，一百二十人。

五道大神，六甲开导使者，泰山沿路土地，监守亡魂去来使者，察命灵童，司命童子。①

神虎法仪始见于魏晋，为天师道传统。《灵宝玉鉴》："神虎玄冥玉札者，其法甚秘。札中乃运北斗玉讳，请降瑶光，洞照幽夜，三界十方，无所不摄。其文乃西山刘真人讳根，得于太乙玉女之亲授。真人仙去之日，秘以石匣，藏之龙虎璧鲁洞中，世所罕传。正一教阐，此文亦再出世。历代宗师授受，然后盛行。故追摄之法，必遵用之。诀曰神虎者，乃北斗玄司北魁所制也。其司分三，一曰玄灵，属贪狼星所治，中有雄左雌右二神，即擎羊、陀罗二神所化。二曰玄冥，属巨门星所治，中有三部使者，即斗中河魁、天罡、斗击之神所化。三曰玄范，属破军星所治，中有追魂玉女功曹，各七员，即七元星宫阴阳之神所化。人之死也，阴魄皆属北斗所摄。或存日稔恶，皆禁斗狱。其狱分布九所，故谓之九幽狱。总名曰天一狱。天一者，北方之生数也。生前积善者，斗宫纪名，死则摄魂生于南昌火府，受炼更生。惟积恶者，拘魂此狱，报对满足，异类托生。自非混元玄冥玉札，莫能超脱，此玉札所以不可无也。又当知所谓狱者，皆随死者所积之恶，以有其狱，为之报对也。非直截如阳世官府，有一定之图圄也。"

至唐时，叶靖能天师得而传之。宁全真《上清灵宝大法》曰："混元玉札，乃玉清神虎之合契，三皇召灵之秘旨，是元始亲降札文，有回骸起死度人之道。自汉时三天太玄都主飞玄之后，遗神文于龙虎山璧鲁洞。因唐时叶靖能天师，遇太一元君指曰：北魁玄范在龙虎，得者当寻西璧鲁。致魂召灵升高清，神功可作帝王师。后叶靖能依铭得之。况上真刘真人讳根，及仙人孙登、天师刘刚，皆遇之。"

《灵宝无量度人上经大法》之《神虎追摄品》："神虎九皇夫人，掌管下元八极贵

---

① 道藏：第31册[M]. 北京：文物出版社，上海：上海书店出版社，天津：天津古籍出版社，1988：8-9.

贱，十方王侯百官，兆庶万品生民，魂魄生死，寿限延促，神识去留，禄命长短，皆系主之。凡人世四夷八蛮，九州十道，六戎五狄，十二分野，天盖之下，万国兆民，九垒之上，咸皆隶焉。人生在世，北斗降神一分，生于形内，三万六千真神，魂父魄母主张元命，大限三万六千之日，寿主一百二十年命。遵依三纲五常，保养魂魄精神，不造罪恶，不修善功，寿命限尽，真神还于斗曹。一日收去一神，满三万六千，谓之天寿数终，斗极注死，太微除生，天符降下，告于地司，随其所在，神灵奉行。阳收其魂，阴取其魄，地收其水，天取其炁，火风散尽，还形太阴，神识飞爽，任于造化，随业受报，输回生死，万劫无尽。若生世之日，修善建功，玉历增算，神降善炁于身中。修恶造罪，地司除算，神飞恶炁于身中。还于斗府，大恶除寿，大善益寿，小恶除算，小善益算。一算三日，一寿一年。纪算一十二日，纪寿一十二年，折算除寿，去其真神。若造大恶，寿尽算绝，真去神归，一身卒暴，奄忽命终，魂魄归斗，神识受苦，恶业非大，除寿收神，鬼魔来侵，善神远离，空尸行走，危困疾恶，荣缠其形。小小恶业，减算去神，魂魄不宁，邪炁为病。若能改过悛恶，修善建功，立德行仁，斋戒精修，感动皇极，真神再降，神识灵明，魂魄康乐，万神欢忻。积日累岁，万神备身，神能飞形。大则白日登仙，中则尸解得道，小则延寿长年。所谓皇天辅德，天佑善人，疏而听卑，应如影响。"

《太上秘诰》曰："作善善炁至，作恶恶炁至。盖北祚玄曹斗府星宫，每一宫府皆有亿万九皇灵官，亿万绣衣使者，亿万金童玉女，亿万天将吏兵，下游于世，采录万国人之善恶，毫分无差，其中最尊者有九皇神虎夫人，神虎左右大圣，神虎主生死玉女，次有神虎追魂使者，神虎追摄吏兵。若能修善建功，除邪戒欲，去非辅正，名列天一紫府，位司太一北祚。可以请降众灵，佐助大道，回尸起死，复魂返魄，剪除妖魔，叱咤幽司，统御冥曹，注禄延寿，愈灾捍厄，以招天勋，功成善满，白日登真。"

神虎法仪与五斗崇拜关系甚深。"夫东斗注算君，乃青阳生炁之府，青灵始老九炁天君主之。西斗记名君，乃皓灵养素之府，皓灵素老七炁天君主之。南斗上生君，乃赤炎丹灵太渊之府，丹灵真老三炁天君主之。北斗落死君，乃郁绝中和之府，五灵元老五炁天君主之。中斗大魁君，乃总监众灵之府，黄灵黄老一炁天君主之。且东斗注算君，但人之禀受一炁而生，即五帝监生，司命定算，主录勒籍，大而为寿，小而为算。夫人之生于世者，并注一百二十寿。一纪为十二年，为一千二百算。如司命定察功过高大，则为奏呈以增其算。大则三百六十算，小则一百二十算。如司命定校，罪恶贯盈，则为夺算。罪恶未深，则为减算。除年增促年龄，各分等殊，未有差之毫发者也。其东斗注算之君，捧印持旌，威禁极重。盖人之死亡，阴魄皆属北冥之所摄。如天数未尽，或犯罪皆禁斗狱，名曰天一北祚。阳则生人代罪，分受冥考，令富乏嗣续，贫多子孙，男值凶横而亡身，女值娠妊而伤命，或出入讼庭消磨产业，或遭瘟疫，或生疮痍，累岁迍邅，连年困笃，皆亡灵之受考，致阳世以遭殃。或作善功，正心奉道，纯忠全孝，累积阴功，书名左券，魔王保举，诸天称庆。即魂登南斗，魄炼洞阳，赦阴过之考魂，赎阳愆之责役。其有夭命，或量校有无罪犯，即拘留南岳，差注人间，权摄里域，候年限考终，经北斗文曲之宫。给大梵正音天书合同真文，赍诣南宫，量其福报，受生人间，分其贵贱男女之身。其有寿终，无功可纪，无行可录，罪积丘山，无有善露。即径囚酆幽，受其冥考，动经累劫，不睹光明，受报分形，作诸异类，永失人身，深可悲哀。"①

法师依章循法，先设坛场，安镇天地，上章奏表，恭请神灵降临，以摄召亡灵，济度幽冥。《灵宝无量度人上经大法》："神虎堂主颁行符命，摄召亡灵之职。中立神虎将吏之位，作帐幄设位，供养如怯。此堂常行遮断，非行摄召之人，不可出入于堂内，斋官行香，宜置炉于帘外。"宁全真《灵宝领教济度金书》之《神虎幕神位》："北魁玄范府神虎追魂阳精辉明昭灵大帝，北魁玄范府神虎摄魄阴精辉灵威神大帝，雄左大力统制百节三魂玉曹玄伯何大神，雌右武鸾提魂摄魄飞符玉札主吏乔大神，神虎上部、中部、下部追魂使者，倒生玄司七玉女，玉清天道、地道、神道、人道、仙道、鬼道、业道功曹，灵宝如意万司主，行玉札、显魂、提魂三大神，玉清追魂摄魄七将军，监魂童子，引魂童子，玉清对魂、整魂、寻魂、聚魂功曹将军，阳耀通关阴灵摄魄监狱使者，神虎追魂摄魄三元夫人，四直追摄将军，神虎追魂摄魄一十五员使者，神虎追摄诸部神吏，三界追魂使者，神虎玉司紫微金光郭大将，夜光玉女，八卦大神，大召小召真人，邬屠将军，神虎黑衣内院雷火刘将军，火车严使者，黑衣左右追摄杨、李二大将，大黑北冥受事官吏，玉都玄台内省飞空追摄大使，直使雷将军，内省追摄一呼董使者，一魂韩使者，金阙内台五部摄魂天将，引魂大将，内台聚魂大将，普召河沙大将，追魂大将，青玄左府夜光召魂神司玉女判吏，青玄引魂追魂寻魂司灵官功曹，黄箓院追魂摄魄功曹使者将军，黄箓院统兵助法阐教通灵通天入地大将，北斗下十二时十二月主直玉札神将，太乙玄冥司追摄神将七真玉女，天蓬摄召邓将军，报应刘使者，追魂召魂摄魂黄、李、柳三大将军，普现曹、叶二大神，正一飞火院袁、雷、牛、白、朱五大将，洞神摄召司艮宫天丁丘大神，灵宝如意万司追二十四类幽魂五十七大神，九天普度院追三十六种伤亡诸大将军，本靖主将副将，护道监坛诸司官吏，当境土地，里域真官，本家司命六神。右神虎幕神位三十六，系余所受诸阶追摄秘法，毕陈于此。若他法师不暇广传，只据所有诸部，立牌在幕中供养，不可拘此。"

坛场周围，需要安置五篇真文、大浮黎土图等，以镇定天地，召告万灵。《灵宝无量度人上经大法》之《供养神虎坛范》曰："夫建神虎二坛，须五方用五篇敷落，仍上以大浮黎土之图安于中，以召之立至。如无此文，即神虎将吏无其契合之光，不能至也。仍于行持之日，当诵魔王三章，并焚赤书玉字，八威龙文二章于室前。盖天将符吏，非天元祖炁真文玉字不能召之。夫二章乃玄都至禁，元始天尊召诸大上帝三界万灵，即诵此章，书

---

① 道藏：第3册[M]．北京：文物出版社，上海：上海书店出版社，天津：天津古籍出版社，1988：90-991.

其真文。万圣见之，咸睹玉光而至。夫灵宝上道，非小术，全在思形炼己，守炁存神，炼身如元始天尊之真身，与天尊而同慧，方可同达。如不遵典，精思不全，徒用前功，其效靡见。反招谴谪，徒怨于高真也。"

五篇真文、大浮黎土图等问世甚早，东晋古灵宝经中已见载。宁全真《上清灵宝大法》曰："五篇者，乃元始天尊自然飞英至精，虚元混沌之炁，凝结而成玉章，镇于大罗之上。昔上皇元年，星辰交错，恶曜加临，上犯三天，曾命真梵真人，赍持五篇，付于五帝，镇于天元，以制其天政。又命真如真人，斋持五篇，付于五岳，以镇其地纪，以御其地一祇。又命妙行真人，付于名山主者，以候其成道之士，敷扬教法，下度生死。盖五篇之炁，其功甚博，上消天灾，中镇国祚，下度人民。如召三界五帝，建诸坛陛，当以旺日，常青素朱书，敷露五方，则万灵振伏，以集群仙，可以禳度厄运。如五炼生尸之法，焚而用之。如生人受炼，则佩负在身，宁度世永无灾厄。身过之后，地司奉迎，不经地狱，即得返形，游行太空。如幽魂受炼，得遇斯文，身有宝光，永断执迷，度脱轮回之一道也。若行灵宝之士，居山修炼，常佩斯篇，或镇幽谷，则魔不敢近，邪不敢犯，身有万天敬重，神明护门，内外光明，万灾不干，可谓保制劫运，使天长存者哉。"

《上清灵宝大法》曰："凡立功建德，各有斋法。谓必如天地否终，则修灵宝金箓斋。星宿错度，日月失昏，则修天皇九曜斋。四时失度，阴阳不调，则修五帝育物斋。兵革四兴，则修太一圣真斋。疫毒流行，则修长生保命斋。请雨祈晴，则修洞渊五神斋。师友命过，则修黄斋箓是也。"

以上众多的神灵仙真分布于三界诸天、洞天福地，其天真司于天境，鬼神主于幽冥，形成了一个系统完整的神仙谱系。道教的神仙担负着安宁三界、济世度人的重大责任，他们在斋醮科仪、设坛布场的宗教活动中，因为不同的目的、不同的场所、不同的时空而被请降，成为人们祭祀的对象。

# 第三十二章

## 清微派神仙谱系

清微派产生于南宋，兴盛于金元。清微派从一开始就在合道教各派神系的基础上构想了主神体系与嗣法系统，为自身的存在创造了神学依据，也将自己的传法系统托之古远。在道派宗谱中，清微派往往将其渊源上溯至元始天尊，并将元始、上清、灵宝、道德、正一的信仰谱系合而为一。陈采在《清微仙谱》序中厘清了清微派的传法系统："宣称其道法出自清微天元始天尊，故名清微派。又谓其教在元始天尊传法后衍而为清微、上清、灵宝、道德、正一五派，至十传乃由祖舒会五派而为一，清微派复又传世。"[①] 这表明该派具有融合道教诸派的特点，即"师总五派之奥，统辖雷霆"。

## 第一节　清微派历史传承

清微派奉元始上帝为教主，元始上帝传道于玉宸上帝与老君，这就是三清至真。他们分别开创了元始、上清、灵宝、道德、正一五派，十传至昭凝祖元君，又复合于一。

### 一、清微派传承考辨

清微派产生于南宋，在构建其历史的过程中，清微派的道士创造了太多的奇闻，从而使其传承充满了神奇色彩，难以找到历史依据。

据元黄舜申传、陈采编《清微仙谱》所言，大道之传，始于元始上帝，"至真大道，无形无名，虚无自然，万化之祖，孰得而言？昔浩劫之先，凝炁成象，露至玄至妙之蕴，

---

① 黄舜申传，陈采编. 清微仙谱·序[M]//道藏：第3册. 北京：文物出版社，上海：上海书店出版社，天津：天津古籍出版社，1988：326.

锡玉宸道君。后名妙玄经应化玉册,秘于清玄玉英之馆。道君即太易元炁之应运,高拱上清,敷弘至道,体至极至灵,为玉式符,而授于清微真元妙化天帝,名迹恭应运开图,敷天佐极,高居太漠,洞妙自然,恢张万范,与道长存。秦时,降邾国都洞妙保化宫清微妙化府,一名元始万化宫妙化府。帝状,青衮服。"

这里所言元始上帝即元始天尊,玉宸道君即灵宝天尊,妙化天帝即道德天尊,他们为道教的三清至圣,被清微派奉为圣祖、玄祖、始祖。《清微应运》载:"三尊即三清上帝,传教之祖。由人道而升仙境者,曰道德天尊。由仙道而升真境者,曰灵宝天尊。由真道而升圣境者,曰元始天尊。如泰清道德天尊,即泰清天之主,故曰泰清仙境道德天尊,即是人道而生仙界者。"

清微圣祖,为元始上帝。这位元始上帝又被称为玉清元始妙道上帝,梵炁雷霆之始,曰洞真,万道之祖也。《清微大道秘旨》:"清微始祖元始天尊妙道上帝,乃清微法主也。自先天浮黎传经之后,惟妙行真人得是心传。乃至十方无极至真大神,无鞅数众,俱入宝珠之中,同一段光明受用,是谓普殖神灵,万道之祖。"

清微玄祖,为上清灵宝玉宸大道君,清炁之祖,元炁也,曰洞玄尊神。《道法会元》载,清微始祖,为太清道德五灵玄老君,景炁之祖,玄炁也,曰洞神尊神。或曰:"灵宝天尊即西那国王,道德天尊即老聃,非也。谓老子为道德天尊则可,谓道德天尊即老子,非也。玄元始三炁,老子由玄炁化生,彼灵宝天尊亦由是也。"

九天妙道真运元君杨彻,乃元始一炁之化身,青首被发,龙体,乘流火出入三界,号雷霆枢辖之神。秦时,降河中府都九天长原宫。后敷弘大道,运玄妙经,授九天洞明元君许龄卿。

九天洞明元君许龄卿,秦时降剑州,凤目月眉,鬓髻,如二三十岁人,着绿衣,常执玉册,与道混融,神变莫测,居九天洞清育玄宫。以玄都玉梵发而为章,授玉堂天山真人朱轩。

玉堂天山真人朱轩,秦东京人,美须面白庞眉,因周室将微,世道混乱,入阆州拜许元君,证道登真,居金华山太清宫凤凰阁玄灵宫。后以雷元振光之章,授太玄青惠招化扶桑真君卜翼。

扶桑真君卜翼,顶绿玉之冠,面色莹白如玉,随州人也。因秦乱避患入阆州,拜朱真人,潜虚道妙,位证太玄。真人居角、亢二星之中昭灵府,以大道无量元光玉符,授昭凝神耀保天道化元君广溶。

保天道化元君广溶,秦时鄹州人。于岁乱离入西京城,得玉符之妙,会道凝玄,汉高皇平定后,丁河南府升真,居海上神州神耀府。以玉英宝章,授明清道华元君丘沐。

明清道华元君丘沐,汉初寿州人,得宝章之旨,总万炁而会天昌,居太上左宫,都旷平府,后以道枢授秦明清惠真人师复。

秦明清惠真人师复,汉代人,乃东华大帝化身,神毅特达,体天运道,都龙丘山通

明洞。

清微洞光宝衡紫华元和明道太一神景元君王宏，一名正宏。满月相，一字眉，凤目，披发，仗剑，朱履。太一月孛化身，统理玄枢。都玄都太冲楼右紫辉宫，后以清微隐诀元始万神香，流于人间。

通妙元化太一冲和元君谢晋刚，太极凝真，元始别体，隐化神变，未究始终。常幻质为微眇，人莫能识。默运枢轴，策役万灵，不假符图纸朱有形之物，随寓成形，发挥道妙。有内诀口口相传于世，都旸谷坛左琼瑶玉台冲和府。

清微茂晨保运金明元君彭涵原，双髻，面色如玉，月眉凤目，笑容。素衣，绛裙，仗剑，乘火龙。居井、鬼二星之间丹昭府，领丹昭风火雷霆三万众，自为帅，以清微妙要流传人世。

西华通惠元君庞俏道，掌元始禁书，琼章凤纪，保制劫运，安镇乾坤。云冠，青服。显汉神爵年间，后寓庚除治，治在汉州绵竹县，去邑二十五里，有二处。居西华广真宫，出三道三经，统御三界。后化身为太和伊玄元君宋益诚，领三天演教之任，居茂仪府。

灵妙和澄元君需东，东汉彭州人，仙姿端肃，会道自然，应世为师，名号不一。掌清微之妙道，居琼和府。

高明大使至道玄应神功妙济真君许逊，得先天之妙，扶世济民，不可纪述。故戒文有云：金书玉篆传于世，不可轻泄不可秘。后示净明法于后代，盖内诀幽远，其可拟诸形容。居玉都清庆宫，领天机省，主持清微之妙。

南陵浮光天官朗期，乃南陵尊帝，掌握雷枢，唐降西京，出书度人。帝状，衮服，居南极浮光宫。

护明元妃玄光圣母王说，字决，一名玄光。圣母护明玉隆丹刚清华元妃，紫光元君，清华元妙宫。元君素华金母之玄精，天一玄斗之灵神，统摄河源，制御水阙，四渎大神悉隶，主领出书。降于唐时，主张教法，领清微之奥，居东海景清宫。后化身为清微元机元灵元君龙汲，双鬟，玉女相，面微赤，紫衣，绿裙，仗剑，乘白龙。居洞元府，有清微演运流转。又化身为清微灵和元君管静卿，凤冠，玉相，自然眉，凤目，紫服，碧裙，大带，朱履，执圭。以清微秘旨出书度人，都清微天中灵光宫阙下，居璋元府。又化身为灵光圣母朱燧，龙冠，绿服。唐昭宗时，在桂阳军江渚石上。以清微先天之奥，授金阙昭凝祖元君。

上清启图，开山宗师上清高圣玉宸大道君，阴阳混合回风凝帝一之尊，紫白交驰运道会希夷之表，出书应劫开教度人，授于紫宸太华大天帝。体道凝玄，开明万有。帝状，绛服，都太微华明宫。以道授于金阙帝宸太平后圣玄元上道君。

太平后圣玄元上道君，运玄济物，三界尊崇。帝相，衮服，都金阙紫虚宫，依俯仰之格，授之太华西真万炁祖母元君。

太华西真万炁祖母元君，一炁孕真，群仙教主，生生化化，莫不由之。口口相传，不记文字，都白玉龟台西金太素宫，以道授之金阙上相方诸东华司命木公青童道君。

木公青童道君，符九阳而育物，总万化以朝元。帝相，青服，都方诸宫。

金阙上傅白山宫玉仙清渊太素元君李，咸阳人，神通变化，位三天为上傅，领中岳事，承上清之宗旨。后服有元始一炁玉策及文素经流传，玉仙山在中岳东北九十里。

金阙上宰西城总真真人王远，字方平，绿服，真人相，三牙须，凤目，居金阙成昌宫阙下左府。

小有天王清虚真人王褒，字子登，一名太素抱一真人。眉微黑，凤目赤色，紫服，真人相，居小有博爔宫阙下中府也。

诸真以道枢授之金阙上保高元紫虚元君魏华存，字贤安。元君握符应运，主治雷霆玉字金书，纲维道法。上清冠，绛服，居高元紫虚宫左府治高元宸照宫，即上保太丹宫南极元君。后化身为清微黑枢元皇元君李谦，出书应世。

照灵光惠冲应元君字文汲，内讳清渊。元君主梵清景机，缄治天地人橐钥，有玉策以诏，后来居海上离农山冲华府。

东华上佐司命真人杨羲和，事见《茅山仙传》《大洞谱系》，居紫章丹会宫。

魏华存　元代　泥塑彩绘
湖北武当山南岩宫皇经堂

东华上相上清仙翁许翙，小字玉斧。仙翁事见《茅山仙传》及《大洞谱系》。真人相，绿服，居紫阳晨云宫右府阙下。

上清元君西华圣母，一名灵宝净明黄素天尊，乃黄堂靖谌母也，母名婴。事见《仙传》。得《上清高仙上明玉书》三章，潜修至道，感斗中孝道明王，付之隐文。华冠，紫服，居西华谅光宫，掌元始图书之府。以道授之九州都仙太史高明大使许逊，授之大清泰玄元君文𢡆。元君唐人，得上清神变之道，飞游乾坤，至西京神化溪，以其道妙，授之祖元君。相如美女，寓形不一，居景辉泰和宫。①

在清微上清法统中，最为著名的代表人物是魏华存。魏华存本为上清派的祖师，清微派将她纳入主神系统，宣称她精修至道，领南岳夫人秩上保之位，于是清微、灵宝、道德之法归一而传焉。魏华存的地位甚高，《元始清微应运》将魏华存置于上清系的第六位，居住高元紫虚宫左府，紫章丹会

---

① 黄舜申传，陈采.清微仙谱[M]//道藏：第3册.北京：文物出版社，上海：上海书店出版社，天津：天津古籍出版社，1988：327-329.

宫阙下。①《清微传芳师宝》将魏华存置于祖师中的第四十五位，称为高元紫虚宸照元君魏华存，居住高元宸照宫。②《清微仙谱》将魏华存置于《上清启图》中的第九位。《清微应运师宝》将魏华存置于祖师中的第二十六位，称为高上紫虚魏元君，居上清宸曜宫紫虚右府，传灵宝正派。入室精修至道，感上帝命太极真人安度明、青华扶桑真人旸谷神王卞翼方、诸青童帝君阿罗娄、清虚真人王子登等四真人，降赴丹室，传授道妙，居高元紫虚宫。③《清微斋法》将魏华存置于《灵宝流系》的第十位，称为高元宸照紫虚元君魏华存，主金阙紫章丹会府，居高元宸照宫，又大丹宫。显而易见，在清微派的传法系统中，祖师的构想在于彰显自身道派的渊源传承，进而论证该派存在的合理性。也就是说，魏华存在清微派传法系统中作为主神，只不过是清微派与上清派一脉相承的象征。正是基于这种思想，清微派还将东王公、西王母、王褒、王方平、许翙、谌母、许逊等上清派神真一并纳入传法系统，从而彰显了五派归一的宗旨。

在《道法会元》中，可以发现有多种清微道法直接以"上清"命名，如《上清洞明协神五应大法》《上清镇灵福祥安土大法》《上清司禁兴道大法》《上清武春烈雷大法》《上清紫庭秘法》。不仅如此，一些清微道法还将魏华存列为"主法"的宗师，或是纳入行法的"师派"。《清微妙道雷法》中，魏华存居于"主法"宗师的第二位，主法：清微宗主真元妙化上帝，祖师高元宸照法王清真紫虚元君魏，宗师金阙昭凝妙道保仙元君祖。《霹雳驱蝗大法》中，魏华存居于"主法"宗师的第四位，主法：清微宗主真元妙化天帝，太初天君紫宸太华天帝，三天扶教正一静应显佑真君，高元宸照法王清真紫虚元君。《上清洞明协神五应大法》中，魏华存位于"主法"宗师的第二位，主法：祖师正一老祖天师真君，高元宸照法王紫虚元君，清微元上侍宸保仙元君。《清微灌斗五雷奏告仪》中，魏华存位于"主法"宗师的第三位，主法：清微宗主真元妙化上帝太初天君紫宸太华天帝，祖师三天扶教辅元大法师正一静应显佑真君，金阙上保高元宸照法王清真紫虚元君，太上玉京太极左宫仙公冲应孚佑真君，九州都仙太史高明大使神功妙济真君，清微三炁九霄符章经道雷帝天君，清微元上侍宸金阙昭凝妙道保仙元君，琼室洞清郭元君，福和耀真傅元君，三天侍经龙光道明姚元君，三天侍御紫英玉惠高元君，洞阳上宰清虚华真人，神霄玉枢使青城山通慧朱真人，五雷院使云山保一李真人，斗中六通掌水使者眉山混隐南真人，清微察访使丹山雷困黄真人，洞真大夫清微广明使西山真息熊真人，清微采访使泰智冲和彭真人，清微采访使洞渊尘外曾真人，清微总章上卿浚仪原阳赵先生，清微、灵宝、道德、正一诸法演派度人历代宗师仙众，并愿鸾舆鹤驾，翩翩欵驻于坛场。《玄灵

---

① 清微元降大法：卷1[M]//道藏：第4册.北京：文物出版社，上海：上海书店出版社，天津：天津古籍出版社，1988：153.
② 清微元降大法：卷8[M]//道藏：第4册.北京：文物出版社，上海：上海书店出版社，天津：天津古籍出版社，1988：192.
③ 道法会元：卷2[M]//道藏：第28册.北京：文物出版社，上海：上海书店出版社，天津：天津古籍出版社，1988：681-682.

解厄仪》中，魏华存位于"主法"宗师的第四位，主法：清微宗主真元妙化上帝太初天君，紫宸太华天帝，祖师三天扶教正一静应显佑真君，高元清真紫虚元君，太极仙公孚佑真君，九州都仙太史真君，宗师金阙昭凝妙道保仙元君，琼室洞清郭元君，福和耀真传元君，龙光道明姚元君，紫英王惠高元君，洞阳上宰清虚华真人，青城山通惠朱真人，云由保一李真人，眉山混隐南真人，丹山雷渊黄真人，西山真息熊真人，太智冲和彭真人，洞渊尘外曾真人，浚仪元阳赵真人，清微、灵宝、道德、正一、混元雷霆诸派启教历代师真。《清微祈祷奏告道法》中，魏华存位于"主法"宗师的第一位，主法：金阙上保高元宸照法王清真紫虚魏华存，

金阙昭凝妙道保仙通化一晖元君祖舒。《清微神烈秘法》就将魏华存列为其"师派"之首，并作为"清微教主"来看待。对以上道经的分析，不难发现魏华存在清微法中的"主法"位次有所差别，被列入"师派"时，其名号也不相同，但无论魏华存位于"主法"宗师的哪一个位置，也无论教内人士将之冠以哪种名号，清微派都已经接纳了其作为该派宗师的事实。

清微派灵宝法裔：开山宗师玉晨道君灵宝天尊。三炁会真，元炁化生万有天尊，垂慈利物，普度无穷，故灵宝为万神之宗。玉简琼文，广受开化，敷弘至道。

太玄玄一真人，玉清妙道青阳天君郁罗翘，青服，治玄都应明府龙梵宫，居青阳玄上宫。

太玄玄二真人，上清妙化丹阳天君光妙音，紫服，治玄都宗苍府溥昭宫，居丹阳玄中宫。

太玄玄三真人，太清妙感紫阳天君真定光，白服，治玄都正昌府广清宫，居紫阳玄成宫。

右三真人，并天尊相，位高太极，号应三清，道君授之应化真符，主执黄箓院灵宝大法司，灵宝三十六君，二十四符悉隶焉。

太极真人徐来勒，事见仙传。真人得太极函三之妙契，中盟五法之规。居太极皇耀宫阙下。后授之太极内相上清冲应孚佑真君左宫仙公葛玄，字孝先，东吴时人，得徐君之妙道，遍历名山，感太极三真人，下授三洞宝经，惟务济度，名列帝庭，居太极灵曹宫（出《葛仙起居注》）。治太极省。授太极庆融北灵内辅真人郑思远。真人得师灵宝之宗，位隆上品，居太极元冲府阙下。后授之抱朴小仙翁葛洪。仙爷得太极之心传，遍礼福庭，超登金阙，有文籍传于世。后授太清泰玄元君文慊，而祖元君继之。

清微派道德正宗：开山宗师金阙玄元老君道德天尊。玄元应化，中古出书。上自主皇，下迄炎汉，随时纪号，代为帝师，无为自然，慈俭复性。过关之日，授文始先生关令真人尹喜。真人周康王之大夫，仰观俯察，紫炁西迈。至昭王时，出为关令，戒吏俟问，知而迎之。得道德之旨，升入无形。

太玄真人赵隆，大目，真人相，绛服。天山真人洪宾，美须，真人相，绛服。玄上真

人鲁惠，白相，青服。自周迄唐，已逾千年。三真人师资接踵，得久视之理。隐显应号，道不远人，故太清泰玄元君文慵承流于后，祖元君出而继绳焉。

清微派正一渊源：开山宗师太上玄元老君，正一之旨，出书时号之，异名一道贯之，奚有分别。当汉之末，人心浇薄，莫此为最。太上怜悯群生，初非得已，人能知不倾不二之理，又何待天尊之设教也。至于迁善远罪之诲，授经传箓之式，不过诲人为善。授以至人，一新厥德。

三天圣师泰玄上相正一真君张道陵，汉子房之后，沛人，生而神灵，博究文学，感太上亲授以盟威之道，汉帝征之不起。永寿二年白日上升，治泰玄省，领元辉府，居玉素元都宫。

嗣师太清真人侍中张衡，乃真君长子，事见仙传。

系师太清真人阆中侯张鲁，乃真君次子，事见仙传。

女师君长文姬，陵王妃。次文光三贤，燕王妃。四芝四师，俱飞升隐化，后代出有入无。以道授之太清泰玄元君文慵，而祖元君得以袭庆焉。①

清微派会道传承：清微侍元上宸玄都总真九炁元灵夫人，太皇景明洞阳金阙昭凝妙道保仙元君祖舒。

关于祖舒的生平，《清微仙谱》的记载最为详细：祖舒，一名遂道，字昉仲。她为月孛星的化身。唐昭宗时，降生于广西零陵郡。面枣黑色，大目，身长七尺。幼存节操，生而神灵，父母莫能禁，遂入道。遍历名山，至桂阳军江渚石上，遇护明元妃，化身灵光圣母，授以清微自然先天之奥。或竹钗祖臂，仗剑坐石，啸命风霆，飞行人世。继至西京近地，感太清泰玄文元君，化形美女，濯于溪滨，师执巾侍之，奉迎至岸。凡数夕，变现男女猛兽，异相，历试诸难，殊无怠意，知其诚确，乃召使乘木筏泝流，次复故所，悉以上清、灵宝、道德、正一之旨付之。师总五派之奥，统辖雷霆，变相不一。或乘龙仗剑，策役万灵。或金冠素服，尊居洞府，性烈令肃，虽雷神亦加严励。今治清微洞照府，主持教法，嗣教之士，宜竭忠诚，稍或有违，嗔责立至。《道法会元》曰："金阙昭凝洞清通化元君祖舒，唐广西永州祁阳县零陵人。中年慕道，寻访名山，累遇至人，传授清微、道德、灵宝、正一四派之奥。年一百三十二岁登仙，流芳不绝。居海外东岳广颡山广昌府、洞昭府。为四派总教宗师之始，治通化一辉天宫。"

祖舒
成都青羊宫二仙庵版刻

---

① 黄舜申传，陈采．清微仙谱[M]//道藏：第3册．北京：文物出版社，上海：上海书店出版社，天津：天津古籍出版社，1988：329-330．

以上各种传记都认为祖舒的出生地是广西零陵，也认为祖舒是唐朝人，《清微仙谱》甚至具体到唐昭宗时期。但传世文献中，始终不能找到有关祖舒的记载。祖舒还有种种"变相"，如《清微仙谱》中认为祖舒"面枣黑色，大目，身长七尺"。这里说的显然是祖舒容貌的与众不同，而所谓的"性烈令肃，虽雷神亦加严励"，则是对祖舒作为会道宗师所具有的威严的描绘。在教内人士对祖舒的形象进行大胆发挥的表象之下，不难窥见其编织创教神话的良苦用心。

不仅如此，各传记都将祖舒视为会合四派或五派的"会道"宗师。《清微元降大法》认为所会五派为：元始、上清、灵宝、道德、正一；《清微仙谱》也认为所会为五派：清微、上清、灵宝、道德、正一，即只将《清微元降大法》中的"元始"换为"清微"，其余皆不变。《清微斋法》则认为祖舒所会的派系为四派：清微（道宗）、灵宝、道德、正一，独缺"上清"。虽然所会派系有所差别，但各传记都承认祖舒"会道宗师"的地位。赵宜真对祖舒的功业有公正的评价："清微正宗，自元始上帝授之玉宸道君、玄元老君，由是道君、老君各传二派，乃分清微、灵宝、道德、正一。师师相承，元元荷泽。至唐祖元君，愿重慈深，博学约取，总四派而为一，会万法而归元，部隶三十六部，七十二考召，至于炼度登斋，章法莫不详备。"① 所谓"师师相承，元元荷泽"，显然是清微派作为一支新兴的符箓派认同正统的体现。正如李志鸿先生所指出的，祖舒会道的真正意义就在于"总四派而为一，会万法而归元"，正因为有了祖舒的"会道"，清微派才有了承接正统的理论支持，也才能为构建自身新的嗣法系统埋下伏笔。祖舒"会道"表明清微派乃合诸派而为一的新兴道派。至于是合四派而为一还是合五派而为一并不重要，关键的是清微派在道教高神元始天尊的神圣权威下，有了重新整合道派，获取新的生存空间的可能，为清微派这一新兴道派的存在找到了神学依据，从而确立了本宗派的正统地位。②

继祖舒会五派为一之后，有郭玉隆、傅焴、姚庄、高奭、华英、朱洞元、李少微、南毕道，相继为九代宗师。

郭玉隆，号琼室内应洞清元君，又号清微大霞侍宸上景元君，祖元君门弟子。京师人，仙姿严肃，绍袭师源，位清微太霞侍宸，居紫虚府。

傅焴，字子芳，鄞州人。号紫光曜真福和元君，郭元君弟子。秉纯一之节义，继前代之枢机，位至三天上辅，居西海太华山昌耀府。

姚庄，字淑奇，西京人。号龙光道明元君，又号广昌元君，傅元君弟子。统御雷霆，克符道要，位三天侍经，居隆慧府，又曰广颡冲和府。

高奭，号紫清妙化玉英灵惠元君，姚元君弟子。生于燕地胃山碧涧之间，神光满室，长袭师源，位三天侍御，居洞耀景丰府。

---

① 道藏：第28册[M].北京：文物出版社，上海：上海书店出版社，天津：天津古籍出版社，1988：707-708.
② 李志鸿.试论清微派的"会道"与"归元"[J].世界宗教研究，2005（3）.

华英，号西华清虚真人，凤翔府人。真人圆目，美须，挂冠学道，丰品三天，位清微明元左卿洞阳上宰。后授青城通惠真人朱洞元。

朱洞元，号青城通惠真人，成都人。圆目，美须，官至安抚使。隐居青城，敷宣雷奥，位清微洞卫上卿神霄玉枢使，次授云山保一真人李少微。

李少微，号竹隐，房州保峰一水人。所居故址，人称为李雷公宅。真人先以宦族世家房陵，弃俗悟真，感师授道，号保一真人，位清微都元右卿，后见天吏下降，传宣王劝令，任五雷院使，升飞游三界，隐显莫测，不知所在。后复出，授道于南真人，入青城山。

混隐真人南毕道。真人本复姓东南，名珪。丙辰十一月初三日寅时生于四川眉山，幼擢儒科，登仕版。尝倅湖右，夜梦神人语以师至，达旦郊迎，果肖梦中之相，询其姓名，即保一真人也。迎归待以师礼，数以难事试之，坚心如金石，遂悉付以四派玄奥。后领广漕，临午见朱衣天吏，自天下降云："奉上帝命，子可授斗中六通掌水使者，仍清微保和仙卿。"后佐宋理宗，仕至广西宪司，数谏不从，休官入青城山归隐。不知所在，人以为仙去。①

这些宗师的事迹简略，影响不彰。直至金元时期，清微道派方具一定实力。其后，再经黄舜申的传播，清微派乃大盛行于世。张宇初《道门十规》说："清微自魏、祖二师而下，则有朱、李、南、黄诸师，传衍犹盛，凡符章、经道、斋法、雷法之文，率多黄师所衍。"②

黄舜申名应炎，字晦伯，号雷渊。福建建宁府丹山人，本闽中世家。甲申闰八月初五日未时生，以祖父荫，生而奇异，貌古清绝，性质颖悟，经史百家靡不通贯。年十四岁，随父赴融州教官，患瘠，具词投于南宪求救，南毕道以符法治之，授三符，焚之，"雷震于庭，其疾顿痊。观其骨相合仙，悉以所传付之"。他集清微法之大成，"覃思著述，阐扬宗旨，而其书始大备。凡有祈祷，若持左券，而能不动声色，以取偿报于渺茫冲漠之中，弗爽晷刻，何其神也。一时王公大人争欲罗致，四方来受学者以千数"③。遂以善祈祷精雷法名震宋、元朝野上下，得南宋理宗、元世祖召见。宝祐中，出为检阅，宋皇兄赵孟端节使皆师事之。理皇召见，御书"雷困真人"四字以赐之。至元丙戌，诏赴阙庭，奏对明敏，上礼敬之。未几乞请归山，得旨俞允，仍赐轻车以还。有亲传弟子三十五人，三十人各得一法，仅五人尽得全法，即张道贵、熊道辉、叶云莱、刘道明等。"皆为一代宗

---

① 道藏：第28册[M]. 北京：文物出版社，上海：上海书店出版社，天津：天津古籍出版社，1988：682.
② 道藏：第32册[M]. 北京：文物出版社，上海：上海书店出版社，天津：天津古籍出版社，1988：149.
③ 黄舜申传，陈采. 清微仙谱[M]//道藏：第3册. 北京：文物出版社，上海：上海书店出版社，天津：天津古籍出版社，1988：326-327.

匠，道德冲融，内外光霁焉。"①

黄舜申的出现，使得清微派的教派组织宣告成立，进而道分南北，绵绵不绝。北传一系以湖北武当山为中心，具有兼传全真道与清微法的明显特点，后世往往将之称为"武当清微派"。由张道贵、叶云莱、刘道明主坛，传张守清。张守清曾应诏赴阙祈雨治病，建金箓斋，有功而赐号"体玄妙应太和真人"。其门下甚众，著名者有黄明佑、彭通微、单道安，传衍不绝，直至明清。南传一系，以福建建宁为中心，由熊道辉主法，传安城彭汝砺，彭传安福曾贵宽，曾传浚仪赵宜真，而入于明。

黄舜申、张守清之后的清微派弟子中，以元末明初的赵宜真为著者。作为清微派与净明道的重要宗师，赵宜真师承多途，既有全真、金丹派南宗之学，又于清微法多有创建，并被尊为净明道第五代祖师。在《道法会元》中，赵宜真将内丹之学与雷法理论相结合，对清微法多有阐扬。在雷法上，赵宜真承袭了宋元清微派的观点，也认为内炼为符箓之本，强调作法与"天心"结合。在炼度法上，他认为炼度之法不应依托于烦琐复杂的仪式，而应以炼度者的内炼功夫为行法的基础。

赵宜真（？—1382）为元末明初清微、净明派重要传人。号原阳子。原为宋宗室，其先居浚仪（今河南开封），父仕元为安福令，乃徙安福（今属江西）。幼喜读书，博通经史百家言。长习进士业，因久病不愈乃弃儒入道。初师清微派宗师黄舜申之徒曾贵宽，嗣清微法要。继师金志扬弟子张天全，复师道士李玄一。居江西庐山，四方闻其能致雷雨之术，辄不远千里，云集座下。元至正十二年（1352），携弟子西游，经湘、蜀，历武当，谒龙虎，访汉天师遗迹。四十二代天师张正常深加礼敬，龙虎山道士多师事之。明洪武（1368—1398）初，还居江西雩都（今江西于都）紫阳观，从事著述，弟子益众。封崇文广道纯德法师、教门高士。景泰六年（1455），追赠崇文广道纯德真人。

赵宜真师承多元，既传南宗金丹之学，又传清微雷法，兼及净明忠孝之道，且皆有较深造诣，故被清微派尊为宗师，又被净明道尊为第五祖。他说："近世如洞渊张真人，化行四海，独露孤峰，止以爱将神烈一阶，授之学士。至于诸阶雷奥，与夫炼度奏章等法，虽间有得之者，亦鲜究其旨，良以才难，不其然乎。五师祖真息熊真人，昔受道于雷渊黄真人，在蜀诸门人，立石题名之后，其文虽备，而诀多口传。宜真猥以菲材，叨承正派，暇日讨论道法体用之旨，辄将师传四派归一宗谱，道枢元降秘文，列于篇首。其符章经道，简策语令，取其切于用者，各以类聚。其诸阶雷奥，止取三元神捷神烈天雷，岳酆诸将之法，见于赞化，显于当时者，各存其要。其炼度登斋章法，止以玉宸为主。而行持进止之诀，撮其机要，逐一条陈，仍记诸仙宗旨，参序其间，编校成秩。甚至行移事节，各

---

① 赵道一.历世真仙体道通鉴：卷5[M]//道藏：第5册.北京：文物出版社，上海：上海书店出版社，天津：天津古籍出版社，1988：446.

第三十二章｜清微派神仙谱系　561

立限期，分三十品，著定检文，以便发遣。"①

此后，赵宜真的弟子刘渊然也兼融净明道与清微法。刘渊然在道教史上被净明道尊为第六祖。刘渊然一生修行，不仅尽忠孝之本，还能呼召风雷，役治鬼物，济拔幽显。显然，在刘渊然那里，是混融了忠孝之道与雷法的。刘渊然兼容诸派的气象也为其弟子张宇初所继承。作为第四十三代天师，张宇初不仅承袭了宋元时期新符箓派的义理，在符箓之中引入内丹，将符箓咒术与内丹之学结合起来，而且也成为"内炼为外用符箓之本"理论的有力支持者。他认为行雷法的关键在于要明"心地雷霆"，要有内炼功夫，即所谓："果能抱元守一，御气凝神，六识净消，一真独露，我即雷霆大法王，当何符咒罡诀云乎哉？"张宇初不仅在理论上将符箓与内丹会合为一，更为符箓诸道派的"会归"于"正一"找到了合理的理论解说。张宇初站在正一道的角度，对清微派的"会道"进行了新的解释，将正一派祖师张道陵置于清微派的正宗之列，他认为："吾道玄元之宗，由元始天王于开皇之后，以灵宝大乘之道，紫微飞天十部之书，授玉宸大道君，暨神霄九宸上帝。后降峨眉山，授天真皇人，是出炼度之法，龙汉之初，九阳自然之炁。元始命天真皇人按笔成文，秘之于洞阳之馆，及开朱陵火府，遂以起死回生之文付之，是以黍珠经法，演成炼度之文。又于龙汉劫中，授道君以清微妙玄之道，授老君以玄初应运内法。以是灵宝天尊授妙化天帝，清微通玄至式，太上授之。吾祖汉天师，口口相传，是为清微正宗。及元，上侍宸一辉祖元君，然后合之，是与清微、灵宝、道德、正一是也。太极徐真人修真成道，奉太上命，授灵宝十部妙经。徐真人授之三佐真人，凡济度之事悉隶焉。三佐真人授之太极左官仙公，由是灵宝之派流芳演派。倡其说者，若杜、陆、宁、张，最为大盛。而流之后世者，莫详于林、白二宗师焉，是曰洞真。出书度人，强名元始；洞玄嗣教，易曰灵宝；洞神演教，名曰道德。三者虽殊，其实一致。"②如此，张宇初在法脉的承袭上，将正一道与清微派合二为一，进而以此为理论基点，在大道的统一下，为正一道的存在找到了更具说服力的理论支持。正如第三十代天师张继先《明真破妄章颂》所言："道生于一复何疑，可以无为可有为。万法本来归一处，何分正一与清微。"③

明清时，北京东岳庙亦为该派传播的据点。东岳庙的清微一系创自明代道士禹贵黉，其曾任南京朝天宫道录司右玄义。从他之后依次传授，直至二十一代。其宗派诗说："贵崇应守全真道，正德存诚传尚贤，源沏宜良明化吉，洞中清泰幕红颜。"说明至民国时，该支仍在此庙传承不绝。此外，《诸真宗派总簿》又收有派字各异的另外八个清微支派，表明民国时清微派所衍门庭很多，时至今日，大陆及台湾地区仍有清微道脉流传。

---

① 道藏：第28册[M]. 北京：文物出版社，上海：上海书店出版社，天津：天津古籍出版社，1988：707.
② 张宇初. 岘泉集. 卷7[M]//道藏：第33册. 北京：文物出版社，上海：上海书店出版社，天津：天津古籍出版社，1988：246-247.
③ 道藏：第19册[M]. 北京：文物出版社，上海：上海书店出版社，天津：天津古籍出版社，1988：850.

概而言之，清微派的创教、发展与流变是一个由神话而历史、由民间而正统、再由正统而民间的独特的演变历程。正如李志鸿先生所指出的，清微派宣称自身乃"四派总归"，或"五派总归"，这一"会道"观念，在新兴的道派中极具特色，为清微派由民间而正统提供了理论支持。其一，清微派从一开始，就在会合道教各派神系的基础上构想了道派的主神体系与嗣法系统，为道派的存在创造了神学依据。其二，在法术观念上，清微法不仅是各派符法的综合，还吸纳了弥散于民间的各种方术观念。其三，在"道体法用"的阐述上，将符咒之术与内丹之学融为一体，在传法实践上，清微派的历代高真不拘泥于一家一派，都表现了"诸派兼善"的倾向。随着新兴的符箓派会归于正一道，原本兴于民间的清微派经过"会道"之后，虽然曾上升为道教的正统之列，但最终还是走向了民间。[①]

## 二、道体法用的清微法

道教的法术都有自己的传法系统，而传法系统与道教的主神信仰紧密相连，是道士行法的基础与前提。在建立自身传法系统的前提下，道教总是将其源头上溯至三清四御等道教主神，并将某位道教信仰的尊神定为该法的开山，进而形成自身法术体系的传法观念。刘仲宇先生指出："这种将授法与传法的系统紧扣道教主神信仰的做法，一是说明了道法上的正宗地位，在观念上由主神的权威赋予道法上的神通；同时，又具有保持本宗不受其他体系冲击污染的性质。虽然实际上历代传法也有变化，巫法、佛法融成或侵入道法，但用了这种传承谱系，对其他法术加以改造，然后在大道祖师认可的名义下予以认同。所以它既是抵御外法的壁障，又是整合吸收其他法术成分的容器。"[②]

清微派具有融合道教诸派之学的特色，其法术在形成过程中吸收了道教内丹派、佛教禅宗及儒家理学心性修炼的思想，主张内炼与符法相结合，融符咒法与内丹修炼为一体。

清微派的法术自有一套系统的理论。他们认为，运雷作法能否取得效验的根本在于"正己诚意"。《清微斋法》曰："道家之行持，即儒家格物之学也，盖行持以正心诚意为主，心不正则不足以感物，意不诚则不足以通神。神运于此，物应于彼。故虽万里，可呼吸于咫尺之间，非至诚孰能与于此。呜呼！广大无际者，心也。隔碍潜通者，神也。然心不存，则不明。神不养，则不灵。正以存之久而自明，诚以养之久而自灵。"[③]《清微丹诀》："法中之要，非专于符，非泥于咒。先以我之正炁合将之，灵法之系在乎斗，斗

---

① 李志鸿.试论清微派的"会道"与"归元"[J].世界宗教研究，2005（3）.
② 刘仲宇.道教法术[M].上海：上海文化出版社，2002：138.
③ 道藏：第4册[M].北京：文物出版社，上海：上海书店出版社，天津：天津古籍出版社，1988：286.

之所统，参于正罡，乃四正之炁，中正之谓也。炁罡乃斗之煞也，以天之斗随身之转，罡亦如之。然我之斗、我之罡，在于何处。须明我之罡、我之斗，三合用之，无不验、无不通者也。凝则窍妙可见，动则运默可知，神炁清明朗如秋月。静中之妙，法中之玄，其默能知，将本居天，合之何也？但居二斗之中、定光之内，吾以神炁相贯，合将为将，则万病俱消，万邪宾伏。故德者道之符，诚者法之本，道无德不足为道，法非诚不足言法。守道者正，正法化行，循法无私，将必听役驱役。法乃正己也，道者守己也，如此二事不亏，一心，不易，虽王公大臣，亦可坐伏，此道之所以为法也。今传法时，祖师所以江湖之姓，游天下，为伎能，徒有其名而无其实，皆法以道行法，亦法以法行法也。遂使后学之人，法俱不明，何有于道？心而悖道，何有于法？夫天不言而默运，地不言而发生，道不言而包罗，法不言而灵应，天以炁而降，地以炁而升，道以炁而为主，法以炁而化。天之将即地之神，道之符即法之印。入道从法，先明天地之根，次究神炁。用天之默运，则轰雷雨电，春生秋煞，变化无穷。地之默载，则果荚根苗，发生长养，厚载无量。道之包罗，上而天，下而地，中而人，无所不包。必如是，然后可以明道，可以行法。是必正己诚意，神炁冲和，故道即法也，法即道也。天将守律，地祇卫门，元辰用事，灵光常存。可以驱邪，可以治病，可以达帝，可以啸命风雷，可以斡旋造化。初不必许多枝蔓，惟正一字而已，无所不达。不可以道为门，以法为户，而生诸障，恐神将为邪，所使则无救也。"① 显然这有取于宋代理学的"格物之说"。

在清微派看来，雷法的运用是基于元气的变化。《雷奥秘论》指出，清微肇自混沌溟滓鸿蒙未判之先，大梵大初之境，乃一炁开明祖劫，是谓天根。"且清微法者，即神霄异名也。实道中之妙法。道乃万法之祖，雷乃诸雷之尊，非法中之法也。故禀元始一炁，统御万灵。""下品灵书，则应世宗师，心心相授，口口相传，与天长存，祈天福国，弘道化人，役使雷霆，坐召风雨，斩灭妖邪，救济旱涝，拯度幽显，赞助皇民，即今人间清微雷法妙道是也。实与诸法不同，明达上人，一闻顿悟。盖五行以庚为主，而五炁以一为祖，万法以心为正。其法简易，不若有为，不落无作，不贵存想，无泥虚文，无祭祀，无祷祝，若此比诬诳也。其妙乃以吾神合彼神，吾灵合彼灵，儒书谓致知格物是矣。但于平日行住坐卧四威仪中，必要收敛身心，万缘顿息，存无守有，专一无二。守无所守，存无所存，一念真常。如在太极未判混沌之先，虚空圆光之内，一窍之中。其大无外，其小无内。太极未判，混沌一般，身心俱无，止在太虚一点，灵明自然，宏照十方，心田无秽，性地绝尘，久则寂然不动，感而遂通。到此田地，一举目，一动念，将帅洋洋乎，如在其左右。静则是道，动则是法，口启心存，立彰昭格。即此乃大道之根，万法之本。惟其始

---

① 道藏：第4册[M]. 北京：文物出版社，上海：上海书店出版社，天津：天津古籍出版社，1988：963-964.

终，精一不二，念念相续于四威仪中，入乎无间，是谓达人能事毕矣。"①《清微道法枢纽》亦曰："雷法其来尚矣，未有如是至简至易至验者也。我祖师紫虚元君，敷弘道妙，发露玄微。陈乾坤造化之源，开雷霆机缄之妙。包罗万汇，总统众灵。泄八卦之幽微，显五行之妙用。寂然不动，感而遂通。夫天地以至虚中生神，至静中生炁。人能虚其心则神见，静其念则炁融。如阳燧取火，方诸召水，磁石吸铁，琥珀拾芥。以炁相召，以类相辅，有如声之应响，影之随形，岂力为之哉。不疾而速，不行而至，不机而中，不神而灵者，诚也。凡炁之在彼，感之在我；应之在彼，行之在我。是以雷霆由我作，神明由我召。感召之机，在此不在彼？人皆神其神，惟圣人则不神所以神。故偈云：莫问灵不灵，莫问验不验，信笔扫将去，莫起一切念。"②

在建立其符法咒术的哲学依据时，清微派又仿效佛教心具万法之说。《清微道法枢纽》曰："道者，灵通之至真；法者，变化之玄微。道因法以济人，人因法以会道，则变化无穷矣。当知法本真空，性源澄湛；了一心而通万法，则万法无不具于一心；返万法而照一心，则一心无不定于万法。"可见真空妙有，性源澄湛，乃为雷霆功用的根本。

清微派将符法建立在阴阳学说的基础上，认为符乃阴阳契合、天人感应的产物，书符行法的要领在于"一念不生""自然无为"。《清微道法枢纽》指出："符者，合也，信也，以我之神，合彼之神，以我之气，合彼之气，神气无形，而行于符，此作而彼应，此感而彼灵，果非于符乎？天以龙汉开图，结气成符；人以精神到处，下笔成符，天人孚和，因此理也。"符乃"天地之真信"，是阴阳契合的产物，只有至诚之人方能用之。行法者必须把自己的精神与天地万物之精神合而为一，做到"精精相附，神神相依"，这样"假尺寸之纸号令鬼神，鬼神不得不对"。而书符之法，亦不过是"发先天之妙用，运一气成符"。因此书符者在书符之时应当"一念不生"，虚无恬淡，精神内守，节欲去嗜，"无存想，亦无作用""信笔扫将去，莫起一切念""以此法书符，当无不应"。

《书符笔法》中阐明了书符的要领，其诀曰："先澄澄湛湛，绝虑凝神，使其心识洞然，八荒皆在我闼，则神归气复，元神现前，方可执笔。以眼瞪视笔端，思吾身神光，自两规中出，合乎眉心，为一粒黍珠在面前，即成金线一条，光注毫端。便依法书篆，存如金蛇在纸上飞走。定要笔随眼转，眼书天篆，心悟雷篇，思金光渐渐广大，充塞天地，心念三五讳。如召将符则用本法召咒，或叠书诸号皆随意运用。然虽如是一点灵光辉天朗地，未曾下笔，已自分明，妙于行持者，尤当于朱墨外用工夫。"③同时，批评了一系列抓不住根本而流于形式的错误做法，认为"法无存想，存想非真法。无造作，造作为妖法。

---

① 清微神烈秘法：卷上[M]//道藏：第4册．北京：文物出版社，上海：上海书店出版社，天津：天津古籍出版社，1988：135.
② 道藏：第28册[M]．北京：文物出版社，上海：上海书店出版社，天津：天津古籍出版社，1988：673.
③ 道藏：第28册[M]．北京：文物出版社，上海：上海书店出版社，天津：天津古籍出版社，1988：692.

无叱呵，叱呵为狂法。无祝赞，祝赞为巫"。至于有些行法之辈，故弄玄虚，假外物而作用，以书符涂墨于纸上，以此为用，妄图运阴阳五行以应造化生克，都是不明了道法应"于身中求而不可求于他"的道理。至于师出于同门，符诀相同，却有灵与不灵的情况，也是因为作法时不能专心一致，正心诚意。所以，至诚是作法之关键，即"法法皆心法，心通法亦通"。其次，认为附体、开光、降将、折指、照水、封臂、摄亡、坠幡等都是邪术，不是道法，并非制邪之道。"或问制邪之道如何？师曰：但修己以正，立可制矣。"①正己，方为有道之士，鬼神才会惧怕。

清微派的宇宙生成论基本沿袭老子《道德经》的理论。师曰："阴阳未变，恢漠太虚，无形无象，寂兮寥兮，是曰太易。太易者，未见炁也。太易变而为太初。太初，炁之始也。先天元炁，始见微芒。太初变而为太始。太始者，形之始也。渐有元炁之形矣。太始变而为太素。太素者，质之始也。元炁之形质而具也。太素变而为太极。太极者，混沌也。溟涬洪濛，状如鸡子。其中有精，弥纶无外。元炁凝而清浊未分也。太极既变，则混沌开而洪濛裂。于是清阳之炁，升而为天；阴浊之炁，降而为地。《易》曰：太极生两仪，两仪生三才。即非清非浊，中和之炁，结成人伦也。是谓道生一，一炁之混沌也。一生二，二仪之清浊也。二生三，三才之人伦也。然后三生万物。万物之始于天地，天地不能自有，有天地者，太极也。太极不能自生，生太极者，太素也。太素不能自育，育太素者，太始也。太始不能自孕，孕太始者，太初也。未有太初，先有太易。夫太极者，其本体函三为一，中具五十五数。雷霆得天地之中炁，在人身，则虚无一窍收在内。是以至人穷造化之源，握洪濛之柄，命二炁于无象之先，役万神于已形之后，此所以成变化而行鬼神也。"②认为宇宙的生成，经历了太易、太初、太始、太素、太极五个阶段，也就是道生一，一生二，二生三，三生万物。

清微派主张内修精、气、神，外施符、咒、法，认为学道之人应当修身正己，静心修持，渐至物我合一，方能发为符咒。他们颇重修炼，有清微丹法，分丹法为炼精成气、炼气成神、炼神合道三段功夫。《清微丹诀》："上药三品，神与气精，保精生气，炼气生神。形炼其神，则可以留形住世。而形者，神气宅也。是故身安者，其精固；精固则其气盈；气盈，则其神全；神全故长生。若乃精虚则气竭，气竭则神迁，神迁则死矣。故不死者，炼精成气，炼气成神，炼神合道，能事毕矣。道法云乎哉！全形者，即炼精之谓也。须其六根断绝，一念真纯，以时入室，端坐凝神，定息良久，即鞭赤龙。上击七十二天龙，则离火自降，坎水自升，往来结于黄庭，伏其真气，炼其阴邪，冷汗自出。如此五遍，合周天三百六十五之数，阳光遍体为纯阳，则全形气之道，宿殃自解，万病消除。不

---

① 道藏：第28册[M]. 北京：文物出版社，上海：上海书店出版社，天津：天津古籍出版社，1988：675.
② 道藏：第28册[M]. 北京：文物出版社，上海：上海书店出版社，天津：天津古籍出版社，1988：676.

憎不姤，不欲不淫，然后炼气合神也。夫炼气者，冥心定息，元寂绵绵，神室内守，炁入丹田，脐中动息，绵绵续续，两手抱脐，丹火温温，六根定安，物我两忘，乃炼气之道。行无狂步，言无疾声，然后炼神合道也。夫炼神者，入室端坐，神气既息，不出不入，心无二用，一念无着，视而不见，听而不闻，炁住而为息，神入而成胎，昏昏默默，杳杳冥冥，意游长空，见一景物光如金橘，非内非外，守其物矣。如月之光，如镜之影。操之存之，初不相离，恍惚自然，大如车轮，形见其神，神见其形，形神相杂，心生踊跃，其光自散。如日月照虚空，形神俱妙，与道合真矣。神归体则真神自灵。若守千日之功，离形飞升，百日之功，超凡入圣。不枢不机，其理自然也。"

只有内功深湛，天人合一，方能运化雷霆，招役神将，呼风唤雨。雷困真人曰："耳热生风，眼黑生云，腹中震动即雷鸣，汗流大小皆为雨，目眩之时便火生。入息静定，良久神息，既调，直待内境不出，外境不入，但觉身非我有、天地虚然，入定光中。或见祖师，出令雷霆，万真随行，意欲五事，皆集丁宁，发遣、次复、收敛、运一炁七遍之妙，近视天炁下降、地炁上腾，蒸山煮海，交合混沌于黄中，酿成五事，临坛之际，拨动关捩，随窍而发也。耳热，则双手玉文运起，从腰肾间，上升至耳，一拂而上，即南风，下北风，前东而后西也。眼黑，即如上运升，以目光直视长空，散云沥黑，目动而止。腹霆动，即以局运，从腰间上升至耳，以局提提耳，三按而发，汗流不止。或大小进急，则以身振动，窍穴俱开，大雨如注。目眩之时，即如上运升，以目闪左则左、右则右。已上关捩，在大静定中，所谓无中生有，不可以为无心作，不可以有心求，平日工夫纯熟，至此自然而神。不知其所以神，祈祷芟邪，应如桴鼓，此玄之外，更无玄矣。"①

清微派认为，清微法乃"道中之法"，将外用之"法"紧紧地依托于内炼之"道"，在坚定了对"道"的信仰的同时，为"法"的行使找到了深厚的理论依据。由此，清微法将"道"与"法"的辩证关系进行了重新考量，将作为行法之主体的人置于"道"与"法"的特殊视角中，认为"道因法以济人，人因法以会道"，从而很好地把握了修道与行法之间的微妙关联。清微派提倡"道体法用"思想，强调"道"在行"法"中的重要作用，注重"内炼"功夫，这是清微派将传统符箓之术与内丹之学"会合而为一"的体现。

道为本体，法为致用。《道法枢纽》曰："当知道乃法之体，法乃道之用。雷霆者，彰天之威，发道之用者也。明其体用而究其动静，静也得太极之体，动也得太极之用。寂然不动，即道之体；感而遂通，即法之用。如有按图索骏者，孰若不心其心，不迹其迹，无思无为，泰宇既定，真光自发。是故天不言而善应。生生化化之机运于自然中，实当形体谓之天，主宰谓之帝，功用谓之鬼神。雷霆者，乃天之功用也。且夫人身与天地合其体，太极合其变。天地五雷，人本均有。是性无不备矣。""大道无言，可以神会。妙法

---

① 道藏：第4册[M]. 北京：文物出版社，上海：上海书店出版社，天津：天津古籍出版社，1988：962.

无传,可以心受。善行持者,行道不行法。善求师者,师心不师人。""道贯三才,为一炁耳。天以炁而运行,地以炁而发生,阴阳以炁而惨舒,风雷以炁而动荡,人身以炁而呼吸,道法以炁而感通。善行持者,知神由炁,炁由神,外想不入,内想不出,一炁冲和,归根复命,行住坐卧,绵绵若存。所以养其浩然者,施之于法,则以我之真炁,合天地之造化。故嘘为云雨,嘻为雷霆;用将则元神自灵,制邪则鬼神自伏。通天彻地,出幽入明,千变万化,何者非我。"[①]

在清微派看来,法与道应是相互贯通,圆融入密的。《道法枢纽》:"治病以符,符朱墨耳,岂能自灵,其所以灵者,我之真气也。故曰:符无正形,以气而灵。知此说者,物物可以寓气,泥丸莎草,亦可济人矣。师曰:道贯三才,为一气耳。天以气而运行,地以气而发生,阴阳以气而惨舒,风雷以气而动荡,人身以气而呼吸,道法以气而感道。善行持者,知神由气,气由神。外想不入,内想不出。一气冲和,归根复命,行持坐卧,绵绵若存,所以养其浩然者。施之于法,则以我之真气,合天地之造化。"师曰:"黄帝云:宇宙在乎手,万化生乎心。知此道者,我大天地,天地小我。庄子云:尸居而龙见,渊默而雷声。知此道者,可与言动静之机。"

## 第二节 清微派神仙谱系

清微派具有融合道教诸派的特点,因此其神系亦融五派为一。《清微元降大法》讲述了五派的传承,首言"元始",称呼"元始天尊"为"元始上帝",秦时降生于邦国洞妙保化宫,后传道于泰明清惠真人师复,师复再传道于西华通惠元君庞俏道。其后依次传授,第四代为太和伊玄元君宋益诚,第五代为灵妙和澄元君需东,第六代为高明大使天机内相许逊,第七代为南陵浮光天官朗期,第八代为护明元妃玄光圣母王说,第九代为金阙昭凝元君祖遂道,第十代为琼室内应洞清元君郭玉隆,第十一代为紫光曜真福和元君傅熉,第十二代为龙光道明元君姚庄,第十三代为紫英玉惠元君高奭,第十四代为西华清虚真人华英,第十五代为青城通惠真人朱洞元,第十六代为云山保一真人李少微,第十七代为眉山混隐真人南毕道,至此已传至南宋。

---

[①] 道藏:第28册[M]. 北京:文物出版社,上海:上海书店出版社,天津:天津古籍出版社,1988:674-675.

# 一、清微派神仙谱系

作为新兴的符箓派,清微派在赋予自身源起以神学依据时,也将自己的传法系统托之古远,将渊源上溯至元始天尊,并将上清、灵宝、正一的信仰谱系合而为一。现在可以见到的清微派宗谱共有六个,分别记载于如下经典之中:《清微元降大法》卷1《元始清微应运》、卷8《清微传方师宝》、卷25,《清微斋法》卷上之首,《道法会元》卷2《清微应运师宝》以及《清微仙谱》。《清微仙谱》传为黄舜申的弟子建安陈采所撰。陈采在《清微仙谱》序中厘清了清微派的传法系统,其传始于"元始上帝",二之为玉晨与老君,又再一传衍,而为真元、太华、关令、正一之四派。十传至昭凝祖元君,又复合于一。继是八传,至混隐真人南公。公学极天人,仕宋为显官,遇保一真人授以至道。遂役鬼神,致雷雨,动天使,陟仙曹。晚见雷困黄先生,奇之,悉以其书传焉。这一篇序文作于元世祖至元三十年(1293),是目前所见的有关清微派源流和历史的最早记载。

除此之外,其余的五个宗谱都一致认为清微派源于元始天尊。如《清微斋法》在"道宗统系"中将元始天尊称为"元始天王",《清微元降大法》卷1将元始天尊称为"真元妙化天帝迹恭",卷8则将元始天尊称为"清微真元妙化天迹恭",卷25中元始天尊被称为"玉清元始上帝",《道法会元》卷2中的元始天尊被称为"清微圣祖玉清元始妙道上帝",皆被置于第一位。比清微派历史较前的神霄派也将其源起上溯至元始天尊,认为其主尊玉清真王本是浮黎元始天尊之子。[①] 神霄派与清微派同尊元始天尊为其道派之源,为后来两大雷法道派的融合奠定了信仰基础。同时,清微派将自己的主神渊源上溯至道教的最高神元始天尊,无形中确立了自身道法的正统地位。

从以上可知,清微派以元始天尊信仰为主体,并奉元始天尊、灵宝天尊、道德天尊为三清圣真。这种对三清信仰的认同表明了清微派正统道门的地位。对此,《道法会元》卷2明确指出:"三尊即三清上帝,传教之祖。由人道而升仙境者曰道德天尊,由仙道而升真境者曰灵宝天尊,由真道而升圣境者曰元始天尊。如泰清道德天尊,即泰清天之主,故曰泰清仙境道德天尊,即是人道而生仙界者。"

《道法会元》卷3中将三清圣真称为"道祖",三清加上四御称为"七宝"。四御为昊天至尊金阙玉皇上帝、紫微天皇上帝、北极紫微太皇大帝、承天效法后土皇地祇。其下则为神霄九宸,即高上神霄玉清真王长生大帝、东极青玄上帝寻声救苦天尊、九天应元雷声普化天尊、九天雷祖大帝、上清紫微碧玉宫太乙大天帝、六天洞渊大帝、六波天主帝君、可韩司丈人真君、九天采访使应元保运妙化真君。还有九天生神大帝、五方五灵五老梵炁天尊。这说明清微派亦纳入了神霄派的神真。

---

① 李远国.神霄雷法——道教神霄派沿革与思想[M].成都:四川人民出版社,2003:154-157.

道祖玉清圣境元始天尊妙元上帝，居高上大有玉清宫，又名玉清妙道宫，又名清微天宫。

上清真境灵宝天尊玉宸大道君，居玄都七宝紫微宫，又名禹余天宫。

太清仙境道德天尊太上老君，居三皇洞神太清太极宫，又名大赤天宫。

昊天至尊金阙玉皇上帝，居太微玉清宫，又名浩劫天宫，又名通明天宫。

紫微天皇上帝，居紫微上宫，一名南极绛霄宫，又名勾陈天宫。

北极紫微太皇大帝，居高上紫微垣，一名北极星宫，又名紫微天宫。

承天效法后土皇地祇，居承天效法宫，一名蕊珠宫，又名雌一宫。

高上神霄玉清真王长生大帝统天元圣天尊，居高上神霄玉清府，一名凝神焕照宫，又名神霄玉府。

东极青华大帝，亦名东极青玄上帝寻声救苦天尊，居东极青华宫，又名东极妙严天宫。

九天应元雷声普化天尊，居雷霆上宫，又名九天应元府。

九天雷祖大帝，居九天雷霆中宫，又名雷霆洞渊宫。

上清紫微碧玉宫太一大天帝，居紫微碧玉宫。

六天洞渊大帝，居洞渊中宫。

六波天主帝君，居六波天宫。

可韩司丈人真君，即青城丈人朱陵度命天尊，居青城可韩宫，又名隶元上府。

九天采访使应元保运妙化真君，居九天保运宫，又名紫玄景曜府。

清微派的神仙谱系相当完善，他们仿效人间帝王朝廷制度，设制了三省、九司、四府等各种神司，分别治理三界。

清微派神司系统设有星宫斗府，安置诸天星君：

南斗六司上生真君，居南极炎明宫。中天大圣北斗九皇上道尊帝君，居北斗璇玑宫。紫极昭冲勋令天英太星君，居北斗严琼宫。

紫极英明集华天任元星君，居北斗易琼宫。

紫极通玄须变天柱真星君，居北斗瑶琼宫。

紫极总承符允天心纽星君，居北斗盟琼宫。

紫极执庆刚昱天禽纲星君，居北斗礼琼宫。

紫极宗益枢京天辅纪星君，居北斗应琼宫。

紫极凝华好化天冲关星君，居北斗芳琼宫。

紫极阳综孚庆天内辅星君，居北斗旋琼宫。

紫极阴袭大衍天蓬弼星君，居北斗为琼宫。

斗枢上相真君，居玄灵斗府。斗中上相真君，居璇玑玉府。

北斗天枢上相真君，居北极斗枢玄灵府。

上清玄都十一曜星君，居上清天轮宫：

孝道仙王大丹炎光郁明太阳帝君，居洞明郁仪宫。

孝道明王黄华素曜元精圣后太阴皇君，居洞阴结璘宫。

东方木德岁星始阳青皇上真道君，居青华宫。

南方火德丹天赤皇上真道君，居洞阳宫。

西方金德太素少阴白星上真道君，居广微宫。

北方水德大冥阴元炁星上真道君，居玄元宫。

中央土德祖炁中黄上真道君，居元镇宫。

交初神曜神首建星上真道君，居神曜宫。

交中计都神尾坠星上真道君，居神都宫。

天一紫炁道曜上真星君，居天一道混宫。

太一月孛蚀曜上真星君，居太一掌彗宫。

青华明耀皓灵金玄中黄五星真君，居五方五德宫。

上元天宫紫微大帝，居真都元阳宫，又名上元赐福府。

中元地宫清虚大帝，居太阴洞曜宫，又名中元覃宥府。

下元水宫洞阴大帝，居金阙洞阴宫，又名下元通济宫。

中罗东方八天帝君，居中罗东方八天宫。

中罗南方八天帝君，居中罗南方八天宫。

中罗西方八天帝君，居中罗西方八天宫。

中罗北方八天帝君，居中罗北方八天宫。

东极真王搏桑大帝，居东极扶桑宫。

南极真王丹陵大帝，居南极丹陵宫。

西极真王素灵大帝，居西极素灵宫。

北极真王洞阴大帝，居北极洞阴宫。

始素元华雷霆高上至真，居元华雷霆宫。

紫皇灵华雷霆高上至真，居灵华雷霆宫。

高上宸华雷霆高上至真，居宸华雷霆宫。

混洞空极泰明上真，居混洞空极泰明宫。

玑明镇极泰玄上真，居玑明空极太明宫。

安保滉漭大神高真，居安和空极太明宫。

金阙曜灵真君，居金阙曜宫。

九幽拔罪天尊，居丹明紫照宫。

清微圣师清微宗主真元妙化天帝，居元始万神宫，又居妙化府，又名东华方诸宫，又名洞元妙宝宫。

太初天君紫宸太华天帝，居太初天宫。

灵宝玄中大法师玉虚明皇道君静老天尊，居玉虚明皇宫。

四圣：天蓬玉真寿元真君，居元应太皇府。天猷仁执灵福真君，居元景丹灵府。翊圣保德储庆真君，居元照黑灵府。佑圣真武灵应真君，居元和迁校府。

泰玄都三省：三天圣师泰玄上相正一真君，居玉素元都宫，又名玄都太素宫，又名元素元晖府。太极左宫仙公冲应孚佑真君，居太极灵曹宫。九州都仙太史神功妙济真君，居玉都清庆宫。

三元洞和宫：上元道化明曜妙感真君，居上元洞清宫。中元护正丹辉妙道真君，居中元洞彰宫。下元定志符映妙道真君，居下元洞灵宫。

清微祖师：高元宸照法王清真紫虚魏元君，居高元宸照宫、高元紫虚宫。上清西华通慧庞元君，居西华广真宫。金阙昭凝妙道保仙祖元君，居金阙中灵凝照宫，又名景曜太素宫，又名金阙昭凝宫。龙光道明姚元君，居龙光道明中皇府，又名道明宫。紫英玉惠高元君，居紫英玉慧紫品宫，又名紫明昭应宫。

灵宝三师：灵宝经师清元丹刚青阳妙道天君，居青阳天宫。灵宝籍师丹元妙应丹阳妙化天君，居丹阳天宫。灵宝度师茂元景伟紫阳妙感天君，居紫阳天宫。

三院真君：天枢省思玄院真君，居枢省思玄院。天机省虚真院真君，居机省虚真院。泰玄省道元院真君，居泰玄省道元院。

三宝三省：上清妙景旨玄内相真君，居上清妙化省。上清大梵元玄内相真君，居上清梵清省。上清大梵泰玄内相真君，居上清大冲省。

玉帝三省：太玄上相三天圣师正一静应显佑真君，天枢上相太极左宫仙公冲应孚佑真君，天机上相九州都仙太史高明大使真君。

太微三省：玄都上相星华演化真君，居玄都省。玄枢上相元微泰皇真君，居玄枢省。玄机上相泰神执庆真君，居玄机省。

紫微三省：北极都省玉宸外辅道纪真君，居北极都省。北极枢省天心丞相道化真君，居北极枢省。北极机省正法丞相道统真君，居北极机省。

后土三省：皇妃都府元营真妃元君，居皇妃都府。皇妃上府元皇真妃元君，居皇妃上府。皇妃中府元执真妃元君，居皇妃中府。

神霄三省：琼霄内辅真君，居神霄都省。玉霄内辅真君，居神霄枢省。琅霄内辅真君，居神霄机省。

东极三省：青华梵炁保生内辅真君，居灵阳省。青皇梵炁育生内辅真君，居紫阳省。光妙梵炁化生外辅真君，居青阳省。

雷祖三省：雷霆都省上辅宸灵真君，雷霆枢省内辅天令真君，雷霆机省外辅天化真君。

碧玉三省：紫极冲玄省太一玄昌真君，紫极元微省碧玉太华真君，紫极灵微省紫微丹立真君。

雷霆九司：玉府判府真君，玉府左右侍中，左右仆射，天雷上相，玉枢使相，斗枢上相，上清司命玉府右卿，五雷院使真君，雷霆都司元命真君。

四真：东华木公尊神青童帝君，居东华方诸官，又名诸官童初府。梵炁金真圣母太虚元君，居龟台景灵宫。南极上元天君，居丹天朱陵府。西华圣母元君，居素天西华宫。北极玉宸天君，居玄天元始宫。已上主监真度道，开度学道之士。

五老：玉清昊极元老，玄华宝天真老，露眇太灵祖老，波籍洪京仙老，虚皇灵光始老，居五明通元宫。已上五老，主监度告盟，试观学道之士。

四胁侍宸：中黄太一上帝，常试学者，乃万神之宗也。凡受道，当告盟披宝文也。高上玉帝，唱受道者告盟。凡传受经法，法师南面，弟子北面跪受。九天北帝，太灵万真镇仙玉司。凡授受传度有誓约，皆系北帝玉司中。

上相方诸青童君，居方诸宫。上保太丹南极君，居太丹宫。上傅白石太素君，居白石宫。上宰西城总真君，居西城宫。已上皆传教监度之师。

左曰风考官，主治传授经道无盟，修行贵财鬻法之深罪，及隐真撰伪，不择贤愚，妄传非人之罪。

右曰刀考官，主治立誓告盟，远背师友，灭其无德，彰己无罪，一切偷窃灵文，隐真撰伪，传受不明之罪。

三炁：无极无量梵炁雷霆至真，居始青元华宫。清虚真皇清炁雷霆至真，居清虚清灵宫。虚混玄一景炁雷霆至真，居高虚景曜宫。

九霄：神霄上灵天萧阳清真元一之炁，琅霄素灵天明阳洞真至一之炁，景霄妙灵天景阳真精虚一之炁，太霄玄灵天玉阳明真正一之炁，紫霄生灵天太阳真天一之炁，青霄始灵天元阳天真纯一之炁，碧霄广灵天上阳元真太一之炁，丹霄元灵天洞阳至真玄一之炁，玉霄皓灵天纯阳正真精一之炁，

三师：洞阳帝君，居枢雷机霆宫。洞灵帝君，居东华宫。洞源帝君，居蓬莱宫。

帅将司府，管辖天将地祇：

元始北极天王天雷轰元邓雷君，居丹霄紫英宫。北极安景命王地雷镇玄辛雷君，居清虚耀景宫。旸谷太霞灵王水雷环运张雷君，居蓬莱宫。九斗阳芒流金火铃威雷浮光刘天君，居浮光宫。三山木郎大神皓灵苟神君，居皓灵宫。上清璇天刑令大神枢机窦真君，居枢雷机霆宫。神霄玉部阳雷阴霆西极上将神变留真君，居神变宫。冲天明道执法仁圣应元真君飞捷杨符使，居明耀宫，又名太和宫，又居元明丹华宫，又名明离宫。飞天妙道威化圣仁神烈真君焚炎杨符使，居华阴宫，又居广德玉元宫。妙道冲仪圣仁通华真君雷霆捷疾朱符使，居洞皇宫。景灵通道仁圣元妙真君飞捷杨符使，居保元宫。承天仲和保生圣元明道真君九天冲虚飞雷安符使，灵阳火昌宫，又居隆光紫明宫。

五岳：东岳泰山大生天齐仁圣帝，居蓬玄太空宫。南岳衡山大化司天昭圣帝，居朱陵

太虚宫。西岳华山大利金天顺圣帝,居太极总仙宫。北岳恒山大贞安天元圣帝,居太一总玄宫。中岳嵩山大宁中天崇圣帝,居上帝司真宫。

《宋史·礼五》载,太平兴国八年(983),立春日祀东岳岱山于兖州,东镇沂山于沂州,东海于莱州,淮渎于唐州。立夏日祀南岳衡山于衡州,南镇会稽山于越州,南海于广州,江渎于成都府。立秋日祀西岳华山于华州,西镇吴山于陇州,西海、河渎并于河中府,西海就河渎庙望祭。立冬祀北岳恒山、北镇医巫闾山并于定州,北镇就北岳庙望祭,北海、济渎并于孟州,北海就济渎庙望祭。土王日祀中岳嵩山于河南府,中镇霍山于晋州。大中祥符元年(1008),真宗封禅毕,加号泰山为仁圣天齐王,遣职方郎中沈维宗致告。又封威雄将军为炳灵公,通泉庙为灵派侯,亭山神庙为广禅侯,峄山神庙为灵岩侯,各遣官致告。诏泰山四面七里禁樵采,给近山二十户以奉神祠,社首、徂徕山并禁樵采。车驾次澶州,祭河渎庙,诏进号显圣灵源公,遣右谏议大夫薛映诣河中府,比部员外郎丁顾言诣澶州祭告。诏封江州马当上水府,福善安江王;太平州采石中水府,顺圣平江王;润州金山下水府,昭信泰江王。庚午,亲谒华阴西岳庙,群臣陪位,庙垣内外列黄麾仗,遣官分奠庙内诸神,加号岳神为顺圣金天王。还至河中,亲谒奠河渎庙及西海望祭坛。五月乙未,加上东岳曰天齐仁圣帝,南岳曰司天昭圣帝,西岳曰金天顺圣帝,北岳曰安天元圣帝,中岳曰中天崇圣帝。又加上五岳帝后号:东曰淑明,南曰景明,西曰肃明,北曰靖明,中曰正明。遣官祭告。诏岳、渎、四海诸庙,遇设醮,除青词外,增正神位祝文。又改唐州上源桐柏庙为淮渎长源公,加守护者。[①]

中岳大帝
元代 壁画 山西芮城县永乐宫

三界:南昌朱陵大帝采访炎帝君,居雷霆宫,一名火朱丹陵宫。水府扶桑大帝,居水府太霞宫,又名扶桑丹运青华宫,又名水府扶桑宫。地府北阴酆都玄天大帝,居阴景天宫,又北阴酆都宫。

三水府,并称龙府。马当山上水府福善安江王,庙在江州。采石山中水府顺圣平江王,庙在平州。金山下水府昭信大江王,庙在润州。

五湖,并称龙潭。青草湖大神,丹阳湖大神,太湖大神,彭蠡湖大神,洞庭湖大神。

四海,并称龙宫。东海水府仙官渊圣广德王,庙在莱州,居青华宫。南海水府仙官洪圣广利王,庙在广州,居丹陵宫。西海水府仙官通圣广润王,庙在河中府,居素灵宫。北海水府仙官冲圣广泽王,庙在孟州,居玄冥宫。

---

① 二十五史:第5册[M].杭州:浙江古籍出版社,1998:289.

扶桑大帝
元代　壁画　山西芮城县永乐宫

四渎，并称龙庭：

江渎广源王，出岷山沔池，庙在益州。《新五代史·吴世家第一》：乾贞二年正月，"封东海为广德王，江渎广源王，淮渎长源王，马当上水府宁江王，采石中水府定江王，金山下水府镇江王。"①

河渎灵源王，出昆仑之墟，庙在河中府。《宋史·礼五》载，仁宗康定元年（1040），诏封江渎为广源王，河渎为显圣灵源王，淮渎为长源王，济渎为清源王，加东海为渊圣广德王，南海为洪圣广利王，西海为通圣广润王，北海为冲圣广泽王。皇祐四年（1052），又以灵台郎王大明言，汴口祭河，兼祠箕、斗、奎，与东井、天津、天江、咸池、积水、天渊、天潢、水位、水府、四渎、九坎、天船、王良、罗堰等十七星在天河内者。五年（1053），以侬智高遁，益封南海洪圣广利招顺王。其五镇，沂山旧封东安公，政和三年封王；会稽旧封永兴公，政和封永济王；吴山旧封成德公，元丰八年（1085）封王；医巫闾旧封广宁公，政和封王；霍山旧封应圣公，政和封应灵王。东海，大观四年（1110），加号助顺广德王。②

淮渎长源王，出南阳桐柏山，庙在房州。

济渎青源王，出王屋山，庙在河阳。

十二溪：巫峡溪上真，庙在夔州。五云溪上真，庙在越州。岷山溪上真，庙在嘉州。清远溪上真，庙在广州。桐柏溪上真，庙在韶州。嶓冢溪上真，庙在嘉州。昆仑溪上真，庙在北地。武陵溪上真，在鼎州。苎罗溪上真，庙在越州。涤江溪上真，庙在荆州。浣沙溪上真，庙在越州。沔池溪上真，庙在洛州。

三河，并称水府。洛河伯水府灵官，庙在洛州。黄河伯水府灵官，庙在番界。淮河伯水府灵官，庙在泗州。

九江，并称龙宫。浙江水帝，庙在杭州。扬子江水帝，庙在润州。松江水帝，庙在苏州。吴江水帝，庙在苏州。湘江水帝，庙在潭州。荆江水帝，庙在荆州。南江水帝，庙在

---

① 二十五史：第4册[M].杭州：浙江古籍出版社，1998：1096.
② 二十五史：第5册[M].杭州：浙江古籍出版社，1998：290.

洪州。汉江水帝，庙在襄州。楚江水帝，庙在鄂州。

十宫，总称冥府十宫。冥府十宫，泰素妙广真君，阴德定休真君，洞明普静真君，玄德五灵真君，最圣耀灵真君，宝肃昭成真君，泰山都御真君，无上正度真君，飞魔演庆真君，五化威灵真君。①

## 二、清微法班神仙谱系

随着道派的发展，清微派内部出现了不少支派。各支派在施行雷法时，所役使的神灵也有差别，这就导致了清微神系的多样化。如《道法会元》"玉宸炼度符法"所列的师派除去称谓，其姓名依次为：赵宜真、曾贵宽、彭汝砺、熊道辉、黄舜申、南毕道、李少微、朱洞元、华英、高奭、姚庄、傅烍、郭玉隆。又如《清微神烈秘法》卷上所载师派始于"祖师清微教主高元宸照紫虚太初元君魏华存"，以下依次为：庄旭、张道陵、许逊、祖舒、姚庄、高奭、华英、朱洞元、李少微、南毕道、黄舜申、叶云莱、张道贵、张守清、张守一。

显而易见，不同的清微雷法之间有不同的师派神班，这是清微派道法出现内部衍化的标志，也昭示着清微法已从单一走向复杂，由散漫走向规范与成熟。在清微法日趋成熟的情况下，行法中所召请的雷神也发生了变化。如《道法会元》卷26清微马、赵、温、关四帅大法，分别以马元帅、赵元帅、温元帅、关元帅为主法将帅的清微道法。正一灵官马元帅大法，其"帅班"之首为"都天罡主正一灵官横天马元帅"。神捷勒马玄坛大法其"帅班"之首为"九天云路神捷上将赵公明"。地祇上将阴雷大法，其"帅班"之首为"地祇上将亢金昭武显德元帅温琼"。蓬玄摄正雷法，其"帅班"之首为"轰雷摄正青灵上卫上将关元帅讳羽"。这样一来，清微派的神仙谱系就显得十分庞杂，拥有十几套神班。

清微通玄秘法，用于请神祈禳、役使雷神。法中所请主帅二位：

保运金明元君彭涵原，双环，面如玉，月眉，凤眼，笑容，素衣，绛裙，朱履，仗剑，乘火龙。居井鬼之中丹昭府，领丹昭风火雷霆三万众，独蒙上帝赐号。

上佐平昭元君彭涵，金兜鍪，玉相，绛衣，金甲，朱履，执火印，乘火龙。

副帅五位：

南丹流金火铃大将军刘明，金兜鍪，面赤，金甲，绛衣，朱履，左执火铃，右仗剑。

---

① 道藏：第28册[M]. 北京：文物出版社，上海：上海书店出版社，天津：天津古籍出版社，1988：683-688.

南丹流火雷公大神朱膺，天冠，青面，朱衣，金甲，执斧钻，负雷车。

南丹流火电母元君广循，玉女状，仗剑，青衣，朱履。

南丹飞天风伯神君雷光卿，天冠，面黑，金甲，绿衣，朱履，掷风车。

南丹冲天雨师神君许烈，天冠，面青，金甲，碧衣，朱履，掷雨车。

东方天雷威华神君信枢，南方天雷威和神君赵庚，西方天雷威元神君史和，北方天雷威猷神君吕允，中央天雷威复神君王杰，并王者状，火冠，钻铖，背雷车。

万元通化神卫上灵五雷符使周茂，玄冠，紫面，金甲，玄袍，朱履，执戟。

元君三位：

清微炁枢元皇元君李谦，披发，玉女相，绛衣，黄裙，执雷函，乘青龙。

清微元机元灵元君龙汲，双环，玉女相，面微赤，紫衣，彩裙，执剑，乘白龙。

清微察令昭化元君休端，大髻，面白色，柳眉，杏目，青衣，金甲，持斧，乘黑龙。

右三师统领雷神，检核雷霆。

清微灵和元君管静卿，元妃化璋元府，凤冠，玉相，自然眉，凤目，紫服，碧裙，大带，朱履，执圭，清微天中灵光宫阙下。

九天烟都太乙五雷法，为清微派所传。帅班：

华阳天顺君高元大帝烟台元帅武翘，束木量，天冠，王者状，金甲，青衣，仗剑，朱履，乘金龙。

神光北帝泰玄真一天君灵明副帅罗元札，岳昌昉，王冠，面赤枣色，耸眉，三角目，美须，青服，金甲，朱履，执节。

雷霆律令欻火大神炎帝天君邓伯温，横天霸，帝冠服，朱衣，金甲，朱履，执铖。

烟都号令先锋上将神炳天君蔡元，遏娄义，仗剑，微青面。

保元天君金明，云安天君辛智，昌化天君苏端，霞运天君陈溪，景亮天君张旺，宏明天君蒋霖，洞光天君毕允。已上并天冠，金甲朱履。

冲玄飞真华阴天君流光上将朱兴，兜鍪，面微绿，三目，金甲，朱衣，绿袍，皂靴，左火珠，右戟。

六丁驰传上将：丁卯天雷上将孔昌阿明，丁丑龙雷上将王昭阿高，丁亥神雷上将何泓阿平，丁酉地雷上将崔茂阿申，丁未水雷上将高恒阿隆，丁巳烈雷上将徐向阿虔。已上六将，并冲天幞头，黄抹额，金甲，朱衣，着靴，各执雁翎刀。

阳雷直事母鄂阿辛，交脚幞头，红抹额，面微赤，大目，金甲，朱衣，着靴，执剑。

阴雷直事常全阿庚，交脚幞头，红抹额，面微黑，大凤目，金甲，玄衣，着靴，执斧。

清微天宝演化雷霆上经，为清微派所传。神班：

天宝清元霹雳天君都元帅徐昫，如帝者状，仗剑。

天宝清英雷威天君副元帅周烜，如帝者状，执铁。

天宝震令天君杨希，天宝威电元君徐中，天宝风元天君凤汲方，天宝雨元天君许杰。已上并通天冠，金甲，绿衣，着履。

青阳天令大神严昌，丹阳天炎大神王符，皓阳天乌大神高卿，玄阳天武大神印良，黄阳天威大神孔相。已上并通天冠，青面，着履，执巨斧。

天宝飞驰法令符使陈泰清，通天帻，绿面，全身金甲，执戟着履。

禹余灵宝保运雷霆上经，为清微派所传。神班：

禹余灵宝混清霹雳天君大元帅卢英中，天冠，青面，赤发，金甲，朱衣，着履，执玉符。

禹余灵宝洞清冲真天君副元帅王湜，天冠，赤面，金甲，紫衣，着履，仗剑。

震炎兴威大神许炎，刑电通令元君郑茂，飞扬朗令大神汲昉，神英冲化元君胡伟，九天敕令雷王周亮，七灵妙令雷王苏胄。已上并青面，金甲，皂衣，执大斧，皂履。

雷霆敕令符使杨猷，青面，金甲，着靴，执刀。

大赤神宝元应雷霆上经，为清微派所传。神班：

神宝清丹霹雳天君都元帅蒋旌，神宝卫华雷令天君副元帅鲁俊，已上并帝王状，一执铁，一执小戟。

神宝甲令天元雷君汪昉卿，神宝威华元君朱郁汲，冲神妙扬天君凤祈求，招滋横耀天君饶昂，东方神运雷王严阜，南方神化雷王卓滨，西方神威雷王高辉，北方神伟雷王吴希，中央神捷雷王赵坚。已上并雷王状，全身金甲，执巨鈇。

神宝捷疾升令符使刁昌，符使状，执剑着靴。

西极真梵大觉慧命五雷上经，为清微派所传。主帅：

金咤大圣觉皇上帝能仁智圣天君，即释迦。通天冠，绛纱，方心曲领，玉带，玉佩，蔽膝，朱履，慈容金面，青发须。跌坐青莲，驾九头狮子，手执玉如意。

副帅二位：

圆明威神大元帅通济法海天君摩尼罗法通，即龙树，赤面，赤发，如头陀状。恶貌，三目，绯衣，皂缘，跣足，驾火龙，左手执印，右手仗法刀。

玄元灵应大元帅元和天一天君矗，慈容，披发，皂袍，玉带，跣足，蹑龟蛇，仗剑。

亚帅二位：

阳明丹天大元帅炎光郁仪天君焱，通天冠，面微红，绛纱袍，方心曲领，玉带，玉佩，蔽膝，朱履，项生红光，乘火龙，执天经。

阴曜皓天大元帅素辉结璘天君淼，上清玉芙蓉冠，白销金法服，红缘朱履，白面美相，项生白光，乘玉凤，手执日月扇。

元帅辅将：

梵天答落慈宪天君查宏灵，青包髻巾，青羽衣，皂履，驾青狮子，执八卦雷式盘。

梵天郁馥慈正天君阎明灵，美貌，野人相，披发，白衣，披槲叶，跣足，坐白鹿，执天书。

梵天碧落慈感天君白洞灵，缨络冠，碧法服，朱履，乘白龙，持玉斧。

梵天郁竺慈应天君邬元灵，上清冠，青金云法服，玉佩，朱履，真人相，乘白鹿，执尘拂。

冲天元明上将全天元，貂蝉七梁冠，绯衣皂缘，方心曲领，金带，金佩，皂履，赤面，三牙须，乘白鹿，捧仙籍。

承天元真上将皇圭，幞头，紫袍，金鱼，金带，皂靴，白面，三牙须，骑白马，执宝节。

通天元阳上将欧阳烨，金魁，金甲，红罩袍，绿靴，赤面，三目，驾火轮，执弓矢戟。

宏天元灵上将王昊，皂光纱，短檐帽，影出束发，通天冠，红金龙团领袍，玉束带，绿靴，美丈夫，白面，驾水车，执节。

驰传报应飞天通运使者韦玄朗，直脚幞头，黄抹额，金甲，黄袍，绿靴，美貌，乘黑马，执铁斧，听令。

鸣雷轰天密迹神侯驮罗，青金面，金刚相，左手执铜鼓，右手执铜槌。

掣电明天闪烁神妃魏文圣，缨络冠，红茹衣，朱履，左手明珠，右手仗剑。

施雨运天娑罗神公谭巨泽，龙王相，左手持玉净瓶，右手执杨柳枝。

东方持天好生大将朱钰，南方丹天赫奕大将田海，西方镇天清英大将洪煦，北方真天玄溟大将李垚，中央统天总摄大将金森，五大将并金刚相，执宝杵。

通灵变天捉鬼力士林扆，通圣张天缚鬼力士许纶，通智游天枷鬼力士钱梓，通慧行天拷鬼力士江琰，并黄巾力士状，执杖索枷棒。

西梵碧落五雷法，为清微派所传。神班：

大梵金天碧落慈威妙慧天君白洞灵，头冠宝珠缨络之冠，身披碧襦金纱法衣，玉佩朱履蔽膝，遍体珍珠之络，圣相慈容，金玉满月相，手执玉挂斧，自大海绿波内上升。

大梵碧落传直辩慧大神水通，冠冲天幞头，黄抹额，金甲，黄袍，红妆慈容，美丈夫貌，手执玉节，乘白云。

金刚大力神勇天丁杨炎，金刚大力神猛天丁熊镇，金刚大力神威天丁刘清，金刚大力神烈天丁汴槐。已上天丁，并青面红衣，金刚状貌，手执降魔大力杵，从天君后。

太初五雷法，为清微派所传。神位：

上清璇天刑令大神枢雷机霆真君窦霹初，通天冠，微青面，凤目，朱须，全身金甲，绛袍，玉带，朱履，执钻锤，背霹雳车，遍身流火。

欻火律令大神炎帝天君邓伯温，雷霆都督元帅玉府真君辛汉臣，雷霆飞捷符使旸谷神君张元伯，九斗阳芒流金火铃将军刘明，太乙月孛流光大将朱兴，雷霆木郎大神皓灵神君苟敷演，青阳天冠，微绿面，凤觜，遍身绿色，类邓帅恶相，执钻锤，乘黄龙。

五方兴雷使者：

东方兴雷使者蒋春，云炁冠，面青，赤发，金甲，朱履，青衣，执斧，乘青龙。

南方兴雷使者荀灵，火冠，面赤，黄发，金甲，绯衣，掷火轮，乘巨虬。

西方兴雷使者羊忠，素冠，面白，黑发，金甲，皓衣，朱履，掷风轮，白虎随。

北方兴雷使者汤斌，玄冠，面紫黑色，青发，玄衣，朱履，掷水轮，有玄龟随。

中央兴雷使者朱晖，华阳冠，白发，威貌，金甲，朱履，黄衣，仗剑，有獬豸随。

霹雳追风使者李德刚，背风轮。

霹雳追雨使者西鲜，背水轮。

霹雳追雷使者赵福，执钻锤，背雷车。

霹雳追电使者王遂，背火轮。

霹雳追云使者汪符，背云车。

霹雳追雹使者马夬，执巨斧。

大梵霹雳冲天五雷捷应使者赵宏。

已上使者，并冠半月冠，微青面，三目，全身金甲，皂服，朱履，执龙头宝剑，乘火光出入三界，周游六虚。

霹雳昌阳使者王彬，霹雳闪烁使者吴周，并交脚幞头，面赤，金甲，绛衣，着靴，执戟。

霹雳回车使者岳荣，玄冠，面微赤，三牙须，金甲，紫袍，朱履，仗剑。

催辖倒降使者徐恭，冲天冠，面微赤，金甲，皂袍，朱履，执节。

玉英巡察左使者母鄂，玉卫听察右使者常全，九天雷火法令符使陈荣臣，冲天幞头，青面，朱衣，金甲，着靴，执幢节。

东方追雷使者鄞宇，南方追雷使者官甫，西方追雷使者王迁，北方追雷使者宁用，中宫追雷使者易必。

清微演化天运五雷法，为清微派所传。神位：

雷主律令大神炎帝天君邓燮。

雷元法令大神天玄真应天君尚丹。

雷冲真令大神灵回昭复天君卓无简。

雷华敷令大神回天执法天君赵焱。

雷胃颁令大神华应回彰天君熊安天。

雷威救令大神复亮威邢天君宋行元。

雷光行令大神长生保元天君师阜。

雷佐枢令大神真威雷火天君任光。

雷辖彰令大神明元辅内天君刘宗。

雷霆刑令大神枢雷机霆天君窦霹初。

雷宫急令大神翻海覆岳天君杨伋。

雷火烈令大神阴元阳灵天君郑禹文。

已上雷神，并帝王状，绛衮服或带剑，火冠青面，全身金甲，着履，执钻锤，背雷车，各领雷神百万。

清微龙光内法，为清微派所传。帅班：

清微龙光回天大元帅周广卿，大将军状，乘青龙，执节。

清微龙光横天大元帅赵勋，大将军状，乘赤此，执大斧。

将班：

龙光飞鹰雷火上将朱晖，披发，青面，金甲，红衣，跣足，仗剑，有鹰翔前。

龙光走犬雷火上将严灼，冲天冠，赤面，金甲，玄衣，朱履，执火车，黑犬导前。

龙光广运吐毒神烈黑灵雷火符使曲刚英，交脚幞头，黑面，红抹额，金甲，白袍，着靴，执刀，统神烈飞火吐毒雷神千万众。

玉清枢华五雷法，为清微派所传。大法主要用于芟邪治病，催生镇宅。帅班：

玉清枢华五雷天君神运元帅郁昭，玄色天冠，面白，王者状，朱履，执玉斧。

雷主律令大神炎帝天君邓燮。

雷霆都督元帅玉府真君辛忠义。

雷霆木郎大神皓灵神君荀敷演。

雷霆火铃将军阳芒神君张奕，一名刘明。

雷霆飞捷符使旸谷神君张亚，一名史膺。

雷霆传奏威明使者朱勋。

元始火令飞鹰走犬正文法，为清微派所传。大法主要用于召役山神里社，驱逐野兽怪物。将班：

飞鹰使者管元成，天德化，披发，青面，金甲，红衣，跣足，仗剑，有鹰扬前。

走犬使者惠日新，冲天冠，面赤，金甲，玄衣，朱履，执火车，有火犬导前。

清微仙都策命雷法，为清微派所传。神班：

清微仙都策命符使由仲，绿面，威貌，黑衣，仗剑。

杨衍，青面，碧衣，腰悬鹰翎刀。

易谦，面紫棠色，威貌，碧衣，执斧。

梁衡，天男相，青面，五目，朱衣，执钻锤，背雷车。

杨果，三角目，美髭，女貌，皂衣，执节，乘青龙。

并冲天冠，金甲，朱履，或各仗龙头剑。

九天兴正雷法，为清微派所传。神班：

九天雷火法令符使陈荣臣，青面，执斧变相，火冠，面赤，四目，金甲，朱衣，执戟。

谢隆，美貌，持幢节，变相，面丹色，圆目，金甲，朱衣，着履，执刀。

林玉，微赤面，凤目，三牙须，仗剑，并冲天幞头，金甲，朱衣，玉带，着靴。

紫霄演庆五灵五雷法，为清微派所传。帅班：

紫皇天一五炁冲真大元帅泰玄天君李昶，又名招摇、童光，天官状，金甲，玄袍，朱履，乘白马，仗剑。

紫霄天一圣仁霹雳冲素真君魏恺，顶兜鍪，大将军状，全身金甲，着靴，执大斧。

紫霄天一仁圣霹雳冲和真君董清，火冠，青面，大将军状，全身金甲，着靴，执戟。

紫霄天一演庆部：

雷公明令神君严东卿，猪头冠，面青，金甲，朱衣，皂履，执斧钻，背雷车。

电姥晃耀夫人章敬，玉女状，绿衣，朱履，仗剑。

雨师广映神君方烈，龙冠，面白，三牙须，金甲，青衣，朱履，掷水车。

风伯冲玄神君刘元瑞，火冠，面微赤，青发，金甲，碧衣，朱履，掷风车。

风雷五灵部：

青灵九炁雷王吕忠，青衣执斧。

丹灵三炁雷王高谅，朱衣仗剑。

皓灵七炁雷王何义，白衣执斧。

玄灵五炁雷王郭益，皂袍铁简。

黄灵一炁雷王郑恭，黄衣执戟。

并通天冠，金甲，朱履。

阴阳互灵部：

亦灵阳雷神烈大神苟留吉，金冠，赤发，红面，金甲，朱衣，皂履，执金锤钻。

黑灵阴雷神化大神毕宗远，玉冠，面微赤，无髭，金甲，皂衣，玄履，执斧。

天一丁甲部：

丁卯通玄玉女仁贵，丁丑通明玉女蒋倞，丁亥通和玉女薛惠，丁酉通真玉女居芳，丁未通光玉女克俱，丁巳通英玉女招遥。并玉女状，金甲，朱衣，仗剑。

甲子鸣雷大将军管拱辰，甲戌兴雷大将军康复，甲申烈雷大将军王延，甲午追雷大将军张愿，甲辰策雷大将军许计昌，甲寅运雷大将军区哲。并大将军状，兜鉴，全身银甲，佩弓矢，仗剑。

《秘藏通玄变化六阴洞微遁甲真经》曰："六丁玉女名仪服色：丁卯玉女，名足日之，又名丁文明，字保中，又字仁高，号无极仁福真君。玉女状貌，青朝服，戴兔头冠，黄裙，敛愁眉，左手执如意珠，右手仗剑。子丑日，下降奉事，在人家东厅阁。丁丑玉女，名黑无上，又名丁文公，字太和，又字仁贵，号横天仁实真君。玉女状貌，青碧朝服，戴牛头冠，淡黄裙，手执戟，或袂含笑。寅卯日，下降奉祀人家东北牛栏，或司命之所。丁亥玉女，名陆明集，又名丁文通，字广阳，又字仁和，号都府仁元真君。玉女状貌，黑朝服，头戴猪头冠，淡黄裙，手执仙果，仗剑。辰巳日，下降奉祀人家北角厨、厕左右。丁酉玉女，名救钦灵，又名丁文卿，字正一，又字仁修，号亚夫仁休真君。玉女貌莹色，鸡头冠，白素朝服，淡黄裙，蹙敛黛眉，手执弩箭二枝。戌亥日，下降奉祀人家西厅殿阁。丁未玉女，名乘素灵，又名丁寂通，字玄英，又字仁恭，号无比仁至真君。玉女状貌莹色，戴羊头冠，红粉朝服，黄裙，含笑，手执双戟或剑。午未日，下降奉事人家南厅阁。丁巳玉女，名朱福称，又名丁廷卿，字文广，又字仁敬，号高上仁德真君。玉女状貌，绿色朝服，红裙，顶蛇尾冠，手执长矛，大笑。申酉日，下降奉事人家东南林池馆所。右阴神六丁玉女，亦各有所掌，各戴冠缨，青裳素服朱履，执刀剑弓矢。或于六丁日现于奉事之家，男女倘见其形，勿令惊怖，仍不得叱喷叫唤，恐有所触犯矣。六丁玉女所掌事宜：丁卯玉女掌草木，能呼啸风雨岚雾，障蔽道途。又能驱旱疠，救苗稼。在天主木青气春生，镇人肝魂，应苍石。丁丑玉女掌虫兽，能推运宝货，发泄伏藏。又能增长百药，疗人疾苦。在天主五谷四时之中气，镇人泥丸，应碧石。丁亥玉女掌山河，能运泰岳，掇为小山，填塞道路，疏决河渠。又能使金石，裂地道。在天主水黑气冬藏，镇精肾，应玄石。丁酉玉女掌江海，能鼓风涛，淘沙拆岸，回潮卷日。又能吹一叶成舟楫，浮度载人。在天主金白气秋收，镇肺主魄，应白石。丁未玉女掌岳渎，能化阴兵，助征战。又能救生产、水火刀兵诸厄。在天主土德四时余气黄色，镇脾胃，命应黄石。丁巳玉女掌城社，能次阵解围，取城破寨。又能呵气，决诸寒热不时之病。在天主火赤气夏长，镇人心神，应赤石。"

以上所言六丁六甲，为六丁神和六甲神的合称，其神十二位。道经中说他们最初是真武大帝的部将。《元始天尊说北方真武妙经》曰："仰启玄天大圣者，北方壬癸至灵神。金阙真尊应化身，无上将军号真武。威容赫奕太阴君，列宿虚危分秀炁。双睛掣电伏群魔，万骑如云威九地。紫袍金带佩神锋，苍龟巨蛇捧圣足。六丁玉女左右随，八杀将军前后卫。消灾降福不思议，归命一心今奉礼。"丁甲之名来源于天干地支，丁神六位：丁卯、丁巳、丁未、丁酉、丁亥、丁丑；甲神六位为：甲子、甲戌、甲申、甲午、甲辰、甲寅。丁神六位支为阴，盖为女神，甲神六位支为阳，盖为男神。六丁六甲神位虽小，但在道教中却非常重要，经常被道士役使。

**六丁六甲**
明代　纸本设色　广东浮山博物馆藏

《上清琼宫灵飞六甲箓》曰:"上清六甲灵映之道,当得至真之人,乃可传之,既速致通降,而灵飞易发。久勤修之,坐在立亡,久视变化万端,行厨卒至也。九嶷真人许伟远,昔受此方于中岳宋德玄者,周王时人,服此灵飞六甲符,得道,能一日行三千里,数变形为鸟兽,得真灵之道,本在嵩山。伟远久随之,乃受得此法,行之道成,今处九嶷山。有女子郭勺药、赵爱儿、王鲁连等,并受此法而得道者,复数十人,或游玄洲,或处东华方诸台,今见居之南岳。魏夫人言:此郭勺药者,汉度辽将军阳平郭骞子也,少好精诚,真人因受其六甲。赵爱儿者,幽州刺史刘虞别驾赵该姊子,好道,得尸解后,又受此符。王鲁连者,魏文帝城门校尉范陵王伯罡女也,亦学道,一旦忽委婿李子期。"

甲子太玄玉女,名灵珠,字承翼。乙丑太玄玉女,名兰修,字青萌。丙寅太玄玉女,名定华,字郁陵。丁卯太玄玉女,名须台,字馥猷。戊辰太玄玉女,名爱浮,字众梨。己巳太玄玉女,名四浮,字华宁。庚午太玄玉女,名会容,字流南。辛未太玄玉女,名澄华,字抱珠。壬申太玄玉女,名双皇,字凤文。癸酉太玄玉女,名龙婴,字欢生。右甲子太玄宫左灵飞玉女部,玉女皂帔,红销服,青裙,执红销符。

甲戌黄素玉女,名神光,字非廉。乙亥黄素玉女,名紫春,字飞芝。丙子黄素玉女,名寄风,字参盈。丁丑黄素玉女,名凤镮,字郁娥。戊寅黄素玉女,名叔华,字上容。己卯黄素玉女,名英玄,字羽林。庚辰黄素玉女,名正龄,字香林。辛巳黄素玉女,名蔚腾,字雕罗。壬午黄素玉女,名琬御,字千成。癸未黄素玉女,名良营,字娥昌。右甲戌黄素宫左灵飞玉女部,玉女青绿黄销帔,红销服,紫裙,执白符。

甲申太素玉女,名真元,字琼石。

玉女
采自《上清琼宫灵飞六甲箓》

乙酉太素玉女,名兰萧,字玉英。丙戌太素玉女,名娥玄,字和明。丁亥太素玉女,名兴房,字绿华。戊子太素玉女,名翔峰,字定晖。己丑太素玉女,名烟童,字偃殊。庚寅太素玉女,名七翰,字灵飞。辛卯太素玉女,名肇台,字篇敷。壬辰太素玉女,名蔚金,字丹旗。癸巳太素玉女,名安夫,字沙风。右甲申太素宫左灵飞玉女部,玉女白帔,红销服，红裙，执浅红符。

甲午绛云玉女，名丹淳，字云龄。乙未绛云玉女，名散阳，字灵华。丙申绛云玉女，名遂精，字玄珠。丁酉绛云玉女，名抱云，字绿间。戊戌绛云玉女，名房宾，字石香。己亥绛云玉女，名清婴，字南灵。庚子绛云玉女，名灵群，字曲澄。辛丑绛云玉女，名素姜，字启清。壬寅绛云玉女，名纷华，字蔚芝。癸卯绛云玉女，名曜英，字西安。右甲午绛云宫左灵飞玉女部，玉女绛帔，红销服，青裙，黄销符。

甲辰拜精玉女，名龙源，字灵素。乙巳拜精玉女，名欢庭，字逸台。丙午拜精玉女，名营生，字玉生。丁未拜精玉女，名招风，字娥始。戊申拜精玉女，名夜华，字云婴。己酉拜精玉女，名密明，字胜非。庚戌拜精玉女，名紫虚，字容镮。辛亥拜精玉女，名凤华，字绿安。壬子拜精玉女，名仪房，字上晋。癸丑拜精玉女，名宝华，字壹昭。右甲辰拜精宫右灵飞玉女部，玉女紫帔，皂缘青裙，黄销服，浅红符。

甲寅青要玉女，名启元，字惠精。乙卯青要玉女，名庆翔，字娥生。丙辰青要玉女，名幽昌，字晨晖。丁巳青要玉女，名伏华，字广敷。戊午青要玉女，名绿云，字安昌。己未青要玉女，名金声，字曲台。庚申青要玉女，名飚游，字云飞。辛酉青要玉女，名亲贤，字高英。壬戌青要玉女，名神珠，字贯众。癸亥青要玉女，名云徊，字抱生。右甲寅青要宫右灵飞玉女部，玉女紫帔，皂缘红销服，青裙，黄销符。

《黄帝太一八门入式诀》卷下曰："六丁玉女，常自随，各有知。若欲使之，各呼其名，自可神验。古者鬼谷子、张太玄、唐公弼、费长房、李八伯、陶先生、鲁哀公、珞琭子、伍子胥、张子房、鲁平公、周文隆先生、王子乔、宁先生、宋员、左公房、淮南子、女罗先生、谢自然，皆以此法行持，皆获仙矣。若人不能清净，断房离艳，只得长寿富贵，万岁不失，仙矣。诸师传此法，能救人间万病，知鬼神姓名住处，世间邪魅，耗动鬼神，六丁神女，尽皆知之。生死吉凶，内外高下，大小事务，尽皆入梦。唯慎口言，得遇此法，万事从心。"

《灵宝六丁秘法》曰："一炁既分，阴阳得位，五行配定，六甲生焉。是以一甲，十神，共六丁者。乃六甲旬直神，已与天地各生，自数战蚩尤不胜，乃紊乱纲纪。遂斋洁虔行，敬仰告上玄，感降九天玄女，受此真诀，令却去凶害，济物利人。黄帝修之，有功战蚩尤，即以素白篆符，藏诸名山。""六丁者，天地之正神也，不同寻常。……丁卯玉女名文伯，字仁高。神戴冠着礼衣，手把莲华，上朱衣下青衣，以子丑日下在人间，要知吉凶，召而问之。丁丑玉女名文公，字仁贵。其神两手把莲华，上朱衣下黄衣，以寅卯日下人间，要知吉凶，召而问之。丁亥玉女名文通，字仁和。右手把镜自照揞心，左手把莲华，上朱衣下紫衣，以辰巳日下人间，要知吉凶，召而问之。丁未玉女名叔通，字仁集。左手把镜照，右手执莲华，上朱衣下黄衣，以午未日下人间，要知吉凶，召而问之。丁巳玉女名庭卿，字仁叔。神左手把莲华，右手执白迭布巾，上锦衣下赤衣，以申酉日下人间，要知吉凶，召而问之。丁酉玉女名文卿，字仁通。神领一小儿在仙手，抚头把白迭布

巾，上朱衣下白衣，以戌亥日下人间，要知吉凶，召而问之。"

《上清六甲祈祷秘法》曰："切见未来世中，刀兵凶乱，黎民失业，父子相离，不能相救。令传上士，受持行用，佐国治乱，驱使六甲六丁，天游十二溪女，那延五天女，共为一部。阴阳之神，神通广大，位下三员大将，各管鬼兵百万……佐国治乱，扶危救民疾苦，九祖升仙。此书能使六甲六丁之神，能召天游十二溪女、那延天女，能使鬼兵三大将，能使百万鬼神，能召风云雷雨，能破军寨，能使木牛木马，能使壁上画人走动，能令百草冬月放花，能追地下鬼神及地下伏藏之宝，能令行法人身飞千里万里，能辟水火刀兵，能敌百万之众，善射弓箭万无一失，能摄星月之神使之相见，能召请五方帝君及三官五星降下凡。所欲之物，皆得如意也。"六甲分为阳神阴神。六甲阳神名：甲子神，字青公，名元德。甲戌神，字林齐，名虚逸。甲申神，字权衡，名节略。甲午神，字子卿，名潺仁。甲辰神，字衮昌，名通元。甲寅神，字子靡，名化石。六甲阴神名：丁卯神，甲子旬中。丁丑神，甲戌旬中。丁亥神，甲申旬中。丁酉神，甲午旬中。丁未神，甲辰旬中。丁巳神，甲寅旬中。六甲神像，可千变万化。或独头，或三头，或一头身披金甲，或锦抱来降。其神通不可犯，各装束不同。甲子青公元德真君，身着红锦袍，彩缘吊鞴，金束带，身长二丈有一，面赤色。甲戌林齐逸虚真君，着绿袍，马皮吊鞴，系束带，身长二丈有一，五目，面如傅粉。甲申权衡节略真君，着白葵花战袍，青皮吊鞴，身长二丈有一，三目，面黄色。六丁亦分为阳阴。六丁阴神名：丁卯神，名文伯，字仁高。丁丑神，名文公，字仁贤。丁亥神，名仁通，字仁和。丁酉神，名文卿，字仁修。丁未神，名升通，字仁恭。丁巳神，名芒卿，字仁敬。《黄帝太乙八门入式诀》卷中曰："六丁玉女，能大能小，能长能短，呼名召而使之，万事从心。千里乃知消息。又能取世间万物，任意到来。他处有酒鱼肉，千里立至。及令人宅舍清吉，五毒不敢近，有子聪明长寿富贵，至老无穷，钱财自至，事君得意，常怀惧喜，不畏微细。其神并知，直来下界，在人家知其吉凶，召而问之，有信立验，万金不传，父子勿示。"

《黄帝太乙八门入式诀》卷中曰："第一，丁卯神将门者，徐仪户名公孙齐。神着道服裙，冠中有兔头，右手持戈，有兴云致雨破阵之力。第二，丁丑神将门者，徐可户成子，其神着黄衣裙，冠中有牛头，左右手持钨，名子林，入海取异宝。第三，神将门者，司马光户石载。其神着皂服裙，冠中有猪头，右手持锌，名凌成，陆飞行万里，取世上好物。第四，丁酉神将门者，石众户干可。其神着白衣裙，冠中有鸡头，左手持弩，天女曰驱使鬼神飞走雷电，有兴云致雨之力。第五，神将门者，公孙借户司马胜。其神着黄衣道服裙，冠中有羊头，左手持戟，有变昼为夜之力。第六，丁巳神将门者，公孙光户司马卿。其神冠中有蛇头，着绯衣服裙，左手持镐，有移山覆海之力。"

张万福《传授三洞经戒法箓略说》卷上："甲乙日干，子丑为支，以相配合，数成六焉。干者，日也。阳之精称奇，一、三、五、七、九数也。支者，辰也。阴之灵称偶，二、四、六、八、十数也。阴阳翕辟，万二千物具而有神焉。主之者，六甲也。天不用六

六甲神　明代　铜铸贴金　湖北武当山元和观藏

第三十二章｜清微派神仙谱系　587

甲，三景失伦。地不用六甲，五岳崩摧。天子不用六甲，百官乖绪。学道不用六甲，违其妙理。六甲者，一切之纲纪也。"南宋王契真编《上清灵宝大法》："甲子护我身，甲戌保我形，甲申固我命，甲午守我魂，甲辰镇我灵，甲寅育我真。丁丑延我寿，丁亥拘我魂，丁酉制我魄，丁未却我灾，丁巳度我危，丁卯度我厄。"

六丁六甲不仅有绘画造像问世，并且传有法印，以象征其神威，被道士广泛运用。

天女印，即六甲印。《上清六甲祈祷秘法》曰："此印用雷劈枣木心，方员一尺，于三元日，或五月五日，净室中焚香雕刻，念溪女咒五遍，呼汉女名、天女名。祝罢，于日午前刊毕，放在香案上神女前，供养毕，用植木作匣盛之，用罗锦袋之，放在匣中，当日神女前祭献。如要用，取出用之。此印神通不可思议，能令万事成就。用印摄请五帝君曰。"

六丁玉女印，其印是九天玄女管系玉女之印。《道法会元》曰："此印凡佩带者，兵刃不伤，虎狼避径，精怪不害。"《灵宝六丁秘法》曰："先存东北印。丁卯玉女立于印角，手执青蛇之剑；次丁巳玉女在东南角，手执或黄或白蛇之剑；次存西南印。丁未玉女立在印角，手执或白或黄之剑；次存西北印。丁丑玉女立在印角，手执或黑或黄之剑；次存丁酉丁亥玉女立在左，右手执或青或黄蛇之剑。存想毕，低声念咒一百八十遍讫。却身边丁酉丁亥玉女，从鼻中直入心中，鼻为人门。次存东北角丁卯玉女，从左耳中直入东南角；先次丁卯；次西南角丁未；次西北角丁丑；次丁酉丁亥。在身边，亦在印上，直入心内，左耳为风门。次存印东南角丁巳玉女，右耳直入心内，右耳为鬼门；次存印西南角丁未玉女，从口中直入心内，口为地户；次存印西北角丁丑玉女，从两目直入心内，目为天门。各存思讫。凡行住坐卧，须常带印在左手上，不得离身。或大小二事解下印，安在净处，回来洗手却带印了。如夜梦上山入水，相煞斩人，或见女子在边旁，切勿惊怖，此是玉女降身也。"

天女印
采自《上清六甲祈祷秘法》

六丁玉女印
采自《上清六甲祈祷秘法》

九天玄女印
采自《灵宝六丁秘法》

《灵宝六丁秘法》曰:"用龙惊枣木,安于水盆内,其木自浮动者,为真遇。甲子日,焚香自己克之,勿令人见,切宜慎之。"

天一真庆四值部:

年值雷㯮符使文容,月值雷㯮符使周雍,日值雷㯮符使赵良弼,时值雷㯮符使阙谨昌。并交脚幞头,红抹额,威猛相,金甲,皂衣,着靴,执刀。

年值飞玄使者汪俊,月值飞玄使者龙申,日值飞玄使者卜仅,时值飞玄使者鲁巨伸。并值符幞头,神貌威肃,金甲,绛衣,着靴,执小斧。

四值功曹　明代　绢本设色
北京白云观藏

四值功曹是道教所信奉的四位小神,称为值年、值月、值日、值时。功曹本是人间官吏的称谓。在汉朝是州郡长官的帮手,有功曹、功曹吏等名目。主要的工作是考察记录功劳,掌管功劳薄。四值功曹除了是记功官,还兼作守护神将。《西游记》中,他们和护教伽蓝、六丁六甲、五方揭谛等,奉菩萨法旨暗中保护唐僧。此外,他们又充当传令官,负责传递文书。

天一真庆冲化运道直事杨庚,王者状,金甲,朱衣,皂履,执斧,专任驰传之首。

紫皇太乙神捷五雷法,为清微派所传。帅班:

紫皇昭运太乙神捷风雷元帅玄储太皇万福真君方权,天冠,面白,金甲,朱衣,朱履,执节,乘黑龙。

紫皇太乙神捷上元运雷回光大神宋熙玄,火冠,青面,金甲,紫衣,朱履,仗剑。

紫皇太乙神捷中元兴雷捷应大神廖拔,虎文冠,面赤,金甲,碧衣,朱履,执戟。

紫皇太乙神捷下元迅雷叱炎大神员举,五云冠,面绿,金甲,白衣,朱履,执戟。

紫皇太乙冲令符使皇曜真君马果,凤翅兜鍪,青面,三目,须发眉并红色,金甲,紫衣,着靴,执两面斧节。

紫皇太乙神捷飞空霹雳符使王烈,通天幞头,黄抹额,美貌,金甲,绿靴,大袖,执斧铁。

紫皇太乙神捷轰雷传令符使吕进卿,玄冠,赤面金甲,青衣,皂履,执火轮。

张孚,玄冠,白面,金甲,朱衣,皂履,执斧。申明,玄冠,青面,金甲,玄衣,皂履,执刀。郑清,玄冠,紫棠色,金甲,白衣,皂履,仗剑。以上三人,并佩弓矢。

紫皇太乙神捷符使韩俊,太乙神捷通元符使荀况,冲天幞头,红抹额,面金色,金

第三十二章 | 清微派神仙谱系

甲，朱衣，绿靴，执马翎刀。

紫皇太乙神捷飞天功曹郭杰，披发，童颜，天男相，银甲，朱衣，朱履，仗火剑，乘玉龙。

天罡火雷大法，为清微派所传。帅班：

主法中天运化天罡大圣节度真君魈，披红发，白面，三目，仗剑，白衣，旋斗周游，与天同运，左目青光，中目白光，右目红光。

将班：

天罡雷火冲卫左直大将军母宗鄂，火冠，赤发，青面，三目，金甲，绛衣，执雷锤钻，或乘火龙，领火卫雷兵三万，出入三界。

天罡雷火翼卫右直大将军常全，玄冠，赤面，金甲，皂衣，执斧，或跨巨虬，领水雷骑吏五万，出入三界。

年直使者文容，月直使者周雍，日直使者赵良弼，时直使者阒谨昌。并交脚幞头，直符状，执刀。

长沙神王，东方寅卯之神：长水，长怀，长阳，长经，长头。

长眉神王，南方巳午之神：长心，长目，波耶，波咤，波那。

波婆神王，西方申酉之神：波留，波私，波伽，波毕，波多。

罗陀神王，北方亥子之神：罗地，罗伽，罗江，罗阳，罗头。

长面神王，辰戌魁罡上宫之神：长江，长卿，罗汉，罗门，罗莎。

波罗神王，丑未中宫黄庭之神：波遮，波提，罗星，罗奇，罗呵。

冲天明道执法仁圣应元真君捷疾符使杨显，火德，冲天冠，面赤枣色，三牙须，三角目，金甲，朱履，执斧，乘金龙。又曰太乙演圣风雷妙道广化真君捷疾符使。

飞天妙道威化圣仁神烈真君焚炎符使杨杰，月孛，冲天冠，白面，大凤目，三牙须，金甲，绿衣，朱履，仗剑，或执钺，乘白玉龙。又曰太乙明圣火雷冲道应化真君捷令符使。

清微冲运霹雳大神兴正符使吴烈，天男相，兜鍪，金甲，朱衣，仗剑，朱履，乘巨虬。

冲天神威摧山磕石雷法敕法大神冲令符使王烈，女貌，通天龙冠，金甲，朱衣，朱履，持斧，乘大鹏。

清微冲天霹雳捷令符使周详，青面，三目，朱衣，持斧。

清微飞天霹雳捷威符使王晓，白面，绿衣，仗剑。

清微敕烈威霆捷律符使虞英，威貌，执雁翎多齿刀。

清微信元劫雷捷令符使钟良，赤貌，青衣，执戟。

清微冲真回电捷飞符使张期，面黑色，赤衣，仗剑。

清微神运茂光捷明符使岳谅，福相，柳眉，红衣，执刀。

清微仙都摄令捷炎符使赵仪，面枣色，大目，美须，玄衣，执斧。

以上并冲天幞头，黄抹额，金甲，着靴。

清微招灵霹雳方符使，讳璋。

清微招灵捷疾周符使，讳说。

清微招灵轰天洪符使，讳乔。

仙都上阳飞天赵符使，讳碧。

仙都上阳横冲信符使，讳昌臣。

仙都上阳冲明武符使，讳博。

玄一碧落太育朗神五雷法，为清微派所传。帅位：

碧落玄梵五雷帝君朱清，观音化身，内讳煜灼坛，天冠，天男相，金甲，朱衣，朱履，执节，乘玉龙。

玄梵霹雳大神，四羯帝化身。孔伋，执斧。杨霆卿，仗剑。曾元芳，执弓矢。高遂，执刀。以上火冠，青面，金甲，朱衣，朱履。

碧落飞玄天一符使林仲元，善财化身，冲天幞头，白面，金甲，玄衣，玉带，着靴，执节。

玉清乌阳历黑五雷法，为清微派所传。帅将：

飞天乌阳历黑大神：方庆，葛英，齐允，王亮，师协。甲子洞明大神何迅，甲戌洞清大神张殊，甲申洞英大神吕武，甲午洞昌大神徐恁，甲辰洞慧大神高宜，甲寅洞宏大神王晖。丁卯玉女言宴，丁丑玉女邓守，丁亥玉女午宣，丁酉玉女孔冠，丁未玉女石宰，丁巳玉女雷宬。

紫虚洞耀五雷大法，为清微派所传。师曰："在神霄中，为雷火五将军。在青霄，为运雷神君。在碧霄，为五方斩雷神王。在丹霄，为辖雷符使。在玉霄，为玉部兴雷使者。在琅霄，为五方爕雷大神。在太霄，为五方爕勘五雷使者。在景霄，为五方追雷使者。在紫霄，为五方搜龙使者。在山川水陆之中，为五山蛮雷使者。在游神中，称五猖兴一大神。在日行，为五方游神。在夜行，为五飞神君。在天，为五星。在地，为五岳都使。在垒，为五色土君。此五神，出入杳冥，往还莫测。"

紫虚洞耀五雷大法，神位：

雷霆元帅　清代　纸本设色
北京白云观藏

东方广福山青炁雷神毛茵，南方广幽山赤炁雷神薛弼，西方广寒山白炁雷神张仲，北方广武山黑炁雷神林时可，中央广微山黄炁雷神赵卞。右各领雷神万人。

元始威明神令五雷法，为清微派所传。神位：

雷主律令大神炎帝流赤天君邓燮，雷元法令大神天玄真应天君尚丹，雷冲真令大神灵回昭复天君卓元简，雷华敷令大神回天执法天君赵炎，雷胄颁令大神华膺回彰天君熊安夫，雷威敕令大神复亮威刑天君宋行元，雷火行令大神长生保元天君师阜，雷佐枢令大神真威雷火天君任光，雷辖彰令大神明元辅内天君刘宗，雷霆刑令大神枢雷机霆天君窦霹初，雷宫急令大神翻海覆岳天君杨仮，雷火烈令大神阴元阳灵天君郑禹文。以上并帝王状，绛衮服，皆带宝剑，或火冠，青面，金甲，着履，执钴锤，背雷车。

九天太乙烟都五雷法，为清微派所传。帅班：

天蓬大元帅神光北帝罗元扎，欻火律令大神炎帝君邓伯温。

将班：

琅惠天君蔡元，紫华天君金明，云太天君辛智，青华天君苏元章，碧应天君陈清，丹烈天君张昭，景运天君蒋霖，玉胄天君毕德远，捷疾符使程安夫。

玉清洞明一炁祖法，为清微派所传。神位：

雷风天动真君关华钦，雷风天动将军施晃，雷风天动大将康永惟，雷风天动使者朱坤臣，雷风天动功曹周钺卿。右五神从下而上，用专一起大风。

九霄雷法，为清微派所传。神位：

神霄明烈真君尚孚，琅霄明烈真君邓昭，紫霄明烈真君张元，太霄明烈真君安春，青霄明烈真君龙青，碧霄明烈真君王成，绛霄明烈真君官阜，景霄明烈真君赵，玉霄明烈真君杨芳，九霄冲梵广烈符使岳全，洞阳玄一真君瑷，洞阴明一真君炬。枢惠五雷闪灵使者杨杰（青面，仗剑），朗惠五雷威行使者松光（白面，仗斧），冲灵昭运上将鲁元，冲华洞景上将黄凝，冲高茂灵上将刘方。

高元清虚曜灵五雷法，为清微派所传。神位：

雷霆银牙耀目都督真君辛汉臣，地官状，执玉册，面微青，绿服朱履。

洞华丹仙捷令符使，张世英，葛仲华，王康泽，许直，元忠，各随方服，天冠，金

雷霆元帅　清代　纸本设色
北京白云观藏

甲，皂履，持雷斧钻。

洞华招真明令使者，庚隆，柳华卿，古亮，松崇，汪亨之，并朝天幞头，随方服色，吊襫，直符状，执斧。

清微秘妙五阳符法，为清微派所传。神位：

雷主律令大神炎帝天君邓燮，洞阳。雷霆都督元帅玉府真君辛忠义，洞灵。雷霆飞捷符使旸谷神君张元伯，洞安。雷霆玉胃飞腾传令使者程曼卿，雷公上相江赫仲，电母紫英夫人秀文英，风伯飞扬仙官方道彰，雨师甘露陈华夫，东方九炁马郁休，南方三炁郭元皇，西方七炁田元宗，北方五炁邓拱臣，中央一炁方仲高，王雷皓师丁文广，洞阳幽灵丁文惠，金光流精丁文行，虚皇太华丁文达，雷威敕令大神复亮威刑天君宋行元。

阳雷阴霆大法，为清微派所传。神位：

主帅华阳天君高。

副帅神火北帝天君罗。

亚帅钦火炎帝天君邓。

号令先锋大将蔡元，金明，辛智，苏端，陈汉，张旺，蒋霖，毕元。

阳神阴兵雷阴雷阳兵神。

西方太玄七炁上将阳雷阴霆神变天君留。

雷霆九斗流金火铃浮光天君刘。

雷霆三山木郎太乙青玄天君荀。

中央蓬头黄炁使者方丙，又名文其。

雷霆玉胃天令运雷神捷上将武。

北方倾江倒海使者孙江闸。

西方摧山磕石使者刘彦阎。

南方披焰火车使者严戊闩。

东方摧林倒木使者王林温，又名宗赐。

大震霹雳真君刘德罡。

清微天运五雷大法，为清微派所传。将班：

雷主律令大神炎帝天君邓燮，通天冠，天官相，全身金甲，朱衣，朱履，仗剑，乘金龙。

雷霆都督元帅玉府真君辛忠义，通天冠，地官相，金甲，绿衣，朱履，执笔。

雷公洞阳震玄大神江赫冲，猪头冠，赤发，青面，金甲，朱衣，朱履，双手执小金斧。

电母洞阴明令元君秀文英，凤冠，青发，玉女相，细金甲，青衣，朱履，右手仗剑，左手托明珠。

风伯飞翔天光大神方道彰，五云冠，美貌相，金甲，青衣，朱履，掷风轮。

雨师甘露天灵大神陈华夫，太玄冠，圆目，美须，面赤，金甲，绿衣，朱履，掷火轮。

东方青元雷王马郁林，中冠，披赤发，青面，金甲，青衣，穿靴，执斧。

南方丹元雷王郭元皇，中冠，披黄发，赤面，金甲，朱衣，朱履，掷火轮。

西方皓元雷王方仲高，中冠，披白发，紫色面，金甲，白衣，朱履，掷火轮。

北方玄元雷王邓拱辰，中冠，披青发，黑面，金甲，玄衣，朱履，执铁简。

中宫中理雷王田元宗，中冠，披赤发，赤面，黄衣，执火轮。

霹雳驱蝗大法，清微派所传。运用时需持咒，存神，召将，遣符等。主法：

清微宗主真元妙化天帝。

太初天君紫宸太华天帝。

三天扶教正一静应显佑真君。

高元宸照法王清真紫虚元君。

将班：

雷霆霹雳四望纠非都察昌阳驱蝗使者王彬，交脚幞头，黄抹额，赤面，朱衣，全身金甲，绿靴，执斧。

雷霆霹雳翻雷拥电飞天旋空听察闪烁使者吴周，交脚幞头，红抹额，淡青面，皂衣，全身金甲，绿靴，仗剑。

法师登坛，先密念金光咒，存想兆身并坛场内外悉化光明，"回视规中，静定良久，一念才动，便运神光上冲，自天目而出，向巽方虚书金符宝箓，见金光如电掣金蛇之状，密念前咒，一炁七遍。谨召霹雳驱蝗使者王彬吴周速降。

雷霆元帅　清代　纸本设色
北京白云观藏

存见使者洋洋立于金光之中，次厉声号召：雷霆有令，急如星火。十方三界，顷刻遥闻。急准元始天主敕令。以今焚香飞符，召请雷霆霹雳四望纠非都察昌阳驱蝗王使者（阳日用之）；雷霆霹雳翻雷拥电飞天旋空听察闪烁驱蝗吴使者（阴日用之）。请遵召命，速降坛前，鉴此恳祈，承符宣化。存至分明，任意役遣"。再用总召符、王使者符、吴使者符、遣蝗符、驱蝗符，"以百草霜书于竹片上，以烈火焚之，及埋于一地所亦可。或以太岁土书之"。

玄一碧落大梵五雷秘法，为清微派所传。主法：

玉清圣境大罗元始天尊。

上清真境玉宸灵宝天尊。

太清仙境混元道德天尊。

将班：

碧落玄梵太育明神五雷帝君朱清，内讳焗灼亶，戴天丁冠，天男相，金甲，朱衣朱履，执节，乘玉龙，即观音大士化身。

碧落玄梵大神王孔伋，火冠，青面，朱衣朱履，执斧。

碧落玄梵大神王杨霆卿，火冠，青面，朱衣朱履，仗剑。

碧落玄梵大神王曾元芳，火冠，青面，朱衣朱履，执弓矢。

碧落玄梵大神王高燧，火冠，青面，朱衣朱履，执铁简。

以上四神，并如金刚威福相，即四羯帝化身也。

碧落飞玄天一符使林仲元，冲天幞头，白面，金甲，玄衣玉带，着靴，执节，即善财童子化身。

这一系神系中多援佛教之神，如观音大士、善财童子、四羯帝，为典型的佛道融合神系。

从清微玉宸炼度奏申文检中，可以见到清微派相当完备的神仙谱系。文检中先奏七宝，臣谨具状，端拜上奏玉清上帝元始天尊，上清大帝灵宝天尊，泰清大帝道德天尊，昊天至尊玉皇上帝，南极上宫天皇大帝，紫微中天北极大帝，承天效法后土皇地祇。恭望道慈，允臣所奏，颁降元始符章经箓，付臣奉行。

再奏九宸，臣谨具状端拜上奏高上神霄玉清真王南极长生大帝，东极青华大帝，九天应元雷声普化天尊，九天雷祖大帝，上清紫微碧玉宫太一大天帝，六天洞渊大帝，六波天主帝君，可韩司丈人真君，九天采访真君。恭望道慈，允臣所奏，颁降元始符章经箓，付臣奉行，特赐睿旨，宣告九霄诸天台馆府阁，行下九天三界，阴府冥司、泉曲罗酆、洞天宪治、岳渎隍社，合干真司，咸令照应，开放某所荐某神魂，并系荐宗祖姻亲，及法界孤幽滞爽，来临法会，受炼超生。

谕法中阳雷神君苟留吉，阴雷神君毕宗远，火铃大将刘明，焚炎符使杨杰，太玄摄召左神乌阿，右神涂柯，解冤符使颛恶，阳神何昌，阴神乔荀，三使者，七玉女，荧龙金龙驿吏，三元五道等神，直符王志中、陆茂，玉女濮茂，酆都追摄元帅关羽，地祇上将温琼，天医官将，追摄神员，炼度官君，功曹，符使，金童，玉女，一合下降，协赞行持。

《清微玄枢奏告仪》中先奏告历代祖师，再申奏三界诸神。法师入坛，焚净秽符于水盂中，念天地咒，跪启：祖师清微真元妙化天帝，清微紫宸大华天帝，清微太初天君，祖

师玄天仁威上帝，祖师高元清真紫虚元君，祖师玉华通惠元君，祖师泰玄上相正一真君，祖师天机内相神功妙济真君，祖师金阙昭凝妙道保仙元君，祖师龙光道明元君，祖师紫英玉惠元君，祖师西华清虚真君，祖师青城通惠朱真人，云山保一李真人，眉山混隐南真人，丹山雷渊黄真人，宗师云莱叶真人，古今历代传法授道演教诸大宗师。恭望师慈，俯垂省览。

法众运诚，修斋奉请，重诚上启：宣召玄枢飞捷急奏报应使者方央中，翊辅玄斗太一天君王志，璇玑灵应总真天君龚洪，保元昭烈枢灵天君刘潜。愿闻宣召，速降行坛，有事委请。符命告召：斗中擎羊上仙使者杨汝明，斗中陀罗大仙使者耿妙真，平枢上相真君，斗机通事舍人。闻今召命，速赴坛场，有事委请。飞符催召：斗中玄枢飞捷急奏报使者方元帅，翊辅玄斗太乙天君王元帅，游玑灵应总真天君龚元帅，保元昭烈枢灵天君刘元帅，斗中擎羊上仙杨使者，斗中陀罗大仙耿使者，斗枢上相真君，斗机通事舍人。各各分身，化气下降，灯坛检察，事情昭示，祸福大彰，报应以副。

奏请：北斗九宸上道星君，北斗九皇夫人，斗中诸灵官众，联降星坛，证盟修奉。俾令关告，咸赐如言。今就烦威力攀屈斗中天医，诸大灵官，解厄神吏。仍烦关会本佩，雷霆诸司官将，地祇上将温元帅，正一风火灵官马元帅，玄坛执法赵元帅，地司太岁殷元帅，酆都朗灵关元帅，豁落猛吏王元帅，诸司副帅，传奏功曹，驱邪治病符水仙童将吏，主职威灵报应官将，一合下降灯坛，审实事理，佐助行持，阐扬教法，立俟昭报。

初谢百拜，奏请：中天大圣北斗纲极宫太尉贪狼星皇君，北斗灵关宫上宰巨门星皇君，北斗紫极宫司空禄存星皇君，北斗运天宫游击文曲星皇君，北斗帝席宫斗君廉贞星皇君，北斗上尊宫大常武曲星皇君，北斗关会宫上帝破军星皇君，洞阳宫玉帝外辅星皇君，隐元宫帝真内弼星皇

雷霆元帅　清代　纸本设色
北京白云观藏

君,北斗九皇夫人。臣等恭望道慈,特赐瑶光,降临坛所。鉴臣关告,明示吉凶。

谨谨虔诚,上启:斗极祖师洞真大道元始天尊,斗极玄师洞玄大道太上道君,斗极真师洞神大道太上老君,玉皇大天尊,玄穹高上帝,紫微上宫天皇大帝,紫微中宫北极大帝,北斗高上玉皇尊帝,太微玉帝,玄卿大帝,上清日宫太阳帝君,上清月府太阴皇君,北斗纲极宫太尉贪狼星皇君,北斗灵关宫上宰巨门星皇君,北斗紫极宫司空禄存星皇君,北斗运天宫游击文曲星皇君,北斗帝席宫斗君廉贞星皇君,北斗上尊宫太常武曲星皇君,北斗关会官上帝破军星皇君,洞阳宫玉帝外辅星皇君,隐元宫帝真内弼星皇君,北斗九皇延生夫人,天罡大圣万真节度奎光帝君,东西中三斗星君,三台华盖星君,四方二十八宿星君,十二宫分星君,六十甲子星君,某年某月某日建生本命星君,大小二运星君,大小二限星君,禄马二库星君,胎生八位神将,命运限宫照临真宰,三元三官大帝君,北极三帅真君,北极镇天真武灵应佑圣真君,祖天师泰玄上相正一真君,九州都仙太史真君,太极仙翁真君,华盖山三仙真君,清微玄枢奏告古今历代演教诸大师,真斗中玄枢飞捷急奏报应使者方元帅,斗枢上相真君,斗机通事舍人,斗中擎羊、陀罗使者,雷霆邓、辛、张三大天君,上清神烈苟、毕二大天君,斗中仙灵官众,某靖所隶诸司官将,灯坛格降一切群真。恭望道慈,洞回昭鉴。焚谢恩符,恭望道慈,洞回昭鉴。传臣向来所奏之诚,速达径诣太上无极大道昊天玉皇上帝、北极紫微大帝、中天大圣北斗九皇星君道前。

# 第三十三章

## 净明道神仙谱系

净明道是南宋兴起的一个道教派别，由灵宝派分衍而成，全称"净明忠孝道"。该派尊奉东晋道士许逊为祖师，称其法箓出于许逊之传。以江西南昌西山为中心，其主要弟子有吴猛、时荷、甘战、周广、陈勋、曾亨、盱烈、施岑、彭抗、黄仁览、钟离嘉。世称许逊及其十一弟子为十二真君。

# 第一节　净明道历史传承

净明道奉许逊为祖师，以南昌西山为基地。《净明忠孝全书》说："（许逊）降授《飞仙度人经》《净明忠孝大法》，真公得之，建翼真坛，传度弟子五百余人，消禳厄会，民赖以安。"可见当时净明道的盛况。但之后复衰，其法寝微，被人看作是灵宝旁门。入元，有刘玉重肇新净明道。自称于西山遇胡慧超，宣告"净明大教将兴，当出八百弟子，汝为之师"。于是始建腾胜道院，以善道劝化。经过十余年的努力，刘玉终于重振净明道，由是开阐大教，诱诲后学。后以其学尽传黄元吉，黄传徐慧，徐慧传赵宜真，此五代嗣教为净明道最兴盛时期。赵宜真传刘渊然，刘为第六代嗣师。刘渊然以后，净明道的传承系谱不明，教派渐趋与正一、全真合流。此后，净明派的传授即隐而不明，今大陆及台湾地区尚有净明道传授。

## 一、许逊与净明道

许逊，净明道的始祖。据黄元吉《净明道师旌阳许真君传》所言，许逊字敬之，吴赤乌二年（239）生于南昌。"生而颖悟，姿容秀伟，少小通疏，与物无忤。尝从猎射一麑，鹿中之子堕，鹿母犹顾舐之，未竟而毙。因是恻然感悟，即弃折弓矢学道也。真君刻意为学，博通经史，明天文地理，律历五行，谶纬之书，尤嗜神仙修炼之术，颇臻其妙。闻西安吴猛，得至人丁义神方，乃往师之，悉传其秘。遂与郭璞访名山，求善地，为栖真之所。得逍遥山金氏宅，遂徙居之，日以修炼为事，不求闻达。乡党化其孝友，交游服其德义。"至太康元年（280），朝廷任命其为蜀旌阳县令，时年四十二。"视事之初，诫吏胥去贪鄙，除烦细，脱囚絷，悉开谕以道，教以忠、孝、慈、仁、忍、慎、勤、俭，吏民悦服，咸愿自新。"又曾以神丹点金济民，用符咒之术治疗瘟疫，"符咒所及，登时而愈，至于沉疴，无不痊者"。后问道于丹阳谌母，"母以所受孝道明王之法，并兰公所付孝悌王《铜符铁券》《金丹宝经》授之"。"厥后复遇日月二帝君，授以净明灵宝忠孝之道。"从此诛妖伏魔，济世度人，忠孝仙道双全，飞举成真。后世"凡参学净明弟子，皆尊之曰道师"。①

将许逊说成是净明派的始祖，虽系后人依托，但对许逊的崇拜由来已久。许逊死后，其后代在西山许宅立游帷祠，后改为观，继续传道。隋炀帝时，"焚修中辍，观亦寻废"。至唐永淳（682—683）年间，张蕴、胡慧超等高道重振西山道教，宣扬"净明灵宝忠孝之道"。北宋历代皇帝皆尊崇西山道教。大中祥符三年（1010），将西山游帷观升格为玉隆宫，政和二年（1112）诰封许逊为"神功妙济真君"，吴猛等十一人为"真人"，加赠玉隆宫为玉隆万寿宫。宋王朝敕令：禁名山樵采，免除玉隆宫租赋徭役。黄庭坚等二十六位文官相继担任玉隆万寿宫提点、

许逊　采自《许太史真君图传》

提举、管局、主管等职。

《许太史真君图传》载：初，母夫人梦金凤衔珠，堕于掌中，玩而吞之。及觉腹动，因是有孕，而真君降生。时吴赤乌二年，正月二十八日。真君生而颖悟，伟少小通疏。与物无忤。尝从猎射一鹿，鹿中之子堕，鹿母犹顾舐之，未竟而毙。因是恻然感悟，即弃折弓矢学道也。真君刻意为学，博通经史，明天文地理，律历五行，谶纬之书。尤嗜神仙修炼之术，遍参历考，悉究玄微。真君闻西安吴世云，得至人丁义神方，南海鲍靖秘法，及天降白云符，遂往师之。世云灵感玄会，若契宿因，悉以秘要付授。如今之垂世如意大

---

① 黄元吉.净明忠孝全书：卷1[M]//道藏：第24册.北京：文物出版社，上海：上海书店出版社，天津：天津古籍出版社，1988：626.

丹，乃丁义神方之一。

真君道誉日著，郡举孝廉不就，朝廷累加礼命，不得已，乃以晋太康元年，起为蜀郡旌阳令，时年四十二。视事之初，诫胥吏去贪鄙，除烦苛，脱囚挚，悉开谕以道。吏民悦服，咸愿自新。其教民，忠、孝、慈、仁、忍、慎、勤、钦为先。令秀民有德望者，相与劝率，故争竞日消，至于无讼。时胡、詹二典押，为之掌案听政，今庙食为神。

郡中属岁大疫，民死者十有七八，真君乃以所得神方拯治之。凡符咒所及，皆登时而愈。至于沉疴之疾，亦无不痊者。郡中疫民既活，救济之道传闻他郡，病者相继而至，日以千计，于是标竹郭外十里之江，置符其中，俾就竹下饮水皆瘥。其悼耄羸疾不能自至者，汲归饮之，亦获痊愈。故蜀民谣曰："民无盗窃，吏无奸欺。我君活人，病无能为。"真君任旌阳既久，知晋室将乱，乃弃官东归。蜀民感其德化，无计借留。所在立生祠，家传画像，敬事如神明焉。启行之日，赢粮而送者蔽野，有至千里始还者，有随至其宅，愿服役而不返者，乃于宅东之隙地，结茇以居。其状如营垒，悉改氏族以从真君之姓。

许逊　采自《许太史真君图传》

真君与吴真君游嵩阳，闻金陵丹阳县黄堂靖，有女师谌姆多道术，同往师之。姆曰："昔孝悌王，自上清下降兖州曲阜县兰公家，留下金丹宝经，铜符铁券。谓公曰：'后晋代当有神仙许逊，传吾此道。'命公转以授吾，使掌之以俟子，积有年矣，今当授子。"乃登坛依科盟授，并正一斩邪之法，三五飞步之术，悉以传付焉。二君前受谌姆道法，礼谢讫，辞行。真君方心期每岁必来谒姆。姆觉之曰："子勿来，吾即返帝乡矣。"乃取香茅一根，望南掷之曰："子归，认茅落处立吾祠，岁秋一至足矣。"二君还，首访飞茅之迹。于所居之南，四十余里得之，已丛生矣。遂建祠宇，亦以黄堂名之。今号曰黄堂隆道宫。每岁仲秋之三日，必往朝谒。

真君自嵩阳，回访谌姆飞茅之迹，经过路傍，偶见陂水清澈，为之少憩，今清陂村有憩真靖为观是其处。又见乡民盛烹宰以祀神，且相诧："祭或不腆，则神怒降祸矣。"真君曰："怪祟敢尔耶？"乃夜宿于逆旅，召烈风迅雷伐之，拔其林木。明日告其里人曰："妖社已驱，毋用祭也。"今其地有废社，乡民不复祭祀。真君寻访飞茅，经过之地，见乡民负担远汲者满道。老幼劳苦，乃以杖刺社前涸泽，涌泉以济之，虽旱不竭。今大泽村紫阳靖之石井是也。真君尝登龙城之山巅，指山腰之泉罅曰："是必有异物藏于其中，后

许逊　采自《许太史真君图传》

将为妖孽以害生民。"遂卓剑运法，建立坛靖以镇之。

真君神丹既成，乃祭于幕阜山葛仙公之石室。真君至修川，爱其湍急而味坚，取神剑磨于涧傍之石。即今号梅山旌阳观。真君渡水登秀峰为坛，于峰顶以醮谢上帝，乃服仙丹。今号旌阳山，溪南有吴仙观，即是吴真君故居也。真君造吴君之宅，过西安县，即今宁州。社伯出谒，乃请其地分有妖孽为民害者，其神匿之而不告焉。真君行过一小庙，五神人迎谒而告曰："此地久有蛟孽毒害生民，知仙君来此，故往鄂渚藏避矣。后将复还，愿为斯民除之。庙神姓毛，兄弟五人。今曰协佑庙，在州东四百步地也。"真君如庙神之言，蹑迹追蛟至鄂渚。路逢三老人，询其蛟孽踪穴所在。指曰："见伏于前桥下。"故真君至桥侧，仗剑叱之。蛟惊，奔入大江，匿深渊。乃敕吏兵驱之，蛟从上流奔出，遂诛之。三老人，即普应三王，庙食其地。今有伏龙桥，上下龙口也。真君闻新吴有蛟为孽，因持宝剑捕逐之，经今仙游观之地。蛟惧，窜入溪穴，即今藏溪。真君乃以巨石书符，及作镇蛟文以镇之。文石尚存于今之奉新县西十里，延真观院是也。

海昏之上辽，有一巨蛇。据山为穴，吐气成云，亘四十里吞吸人物，大为生民害。真君闻之，乃登北岭，即今会仙峰。验之，果见毒气涨空。乃集弟子，将往诛之。真君至蛇所，乡民咸鼓噪，趋前听命。蛇出穴，举首十余丈，吐毒冲天。真君啸命风雷，指呼神兵。令吴君飞步引剑劈其首。施岑、甘战等，挥剑裂腹，有小蛇自腹出，长数丈，甘君欲斩之。真君曰："彼未为害，不可妄诛。"小蛇奔七里，闻鼓噪，回顾其母。弟子请追戮之。真君曰："此蛇五百年后，若为民害，吾当复出诛之。以吾坛前松柏拂地为验。"又曰："吾仙去后一千二百四十年间，豫章之境，五陵之内，当出地仙八百人。其师出于豫章，大扬吾教。郡江心生沙洲，掩过沙井口之时，小蛇若为民害，彼八百人自当诛之。若无害于民，亦不可诛也。"蛇子遂得入港。今建昌有蛇子港七里听，新建有吴城庙是也。真君既诛巨蟒，妖血污剑，于是磨洗，日削石以试其锋。今建昌州有冷水台、磨剑池、试剑石存。

真君与甘施二君归郡，周览城邑。适有一少年，美风度，衣冠甚伟。通谒，自称姓慎。礼貌勤恪，应对捷给，遽告去。真君顾谓群弟子曰："适者非人，乃老蛟之精，故来见试。其人体貌虽是，而腥风袭人。吾故愚之，庶尽得其丑类耳。"真君知少年乃老蛟

之精，迹其所之，乃在江浒，化为黄牛，卧于沙迹之上。真君乃剪纸化一黑牛，往斗之。又令施、岑潜持剑往，伺其斗酣，即挥之，果中其左股。牛奔入城南井中，井今在上蓝寺东南角，故世号蛟井。真君遣符吏追蛟精，至长沙贾谊井中，出化为人，入贾玉家。先是玉妻以女，居数岁，生二子。每春夏出舟，秋重载归。是时忽徒还，绐玉云："被劫，伤股。"玉召医，真君为医士谒玉。召之不出，乃上堂叱曰："江湖蛟精物非一，吾寻踪至此，岂容逃避。速出！"乃见形，遂挥兵诛之。噢二子为小蛟，贾女几变。父母告遂免。真君谓贾玉曰："蛟精所居水，今君舍下，深不逾尺，皆洪波，可速徙居，毋自陷溺。玉举家骇惶，移居高原。其地不日陷为渊潭，深不可测。今长沙昭潭是也。"

宁康二年甲戌，真君一百三十六岁。八月朔，有云仗自天，二仙乘辇下降，导从甚都。真君向空迎拜。二仙曰："奉玉皇命，赐子诏，授九州都仙太史，兼高明大使。赐紫彩羽袍，玉膏、金丹各一合。"真君礼拜听受讫。一仙曰："余乃玉真上公崔子文。"一仙曰："余乃元真太卿瑕丘仲。"就告真君冲举之日，复登云车而去。真君召集门弟子，与乡曲耆老，谕以升举之期，大会于真君之庭。日设宴饮，共叙惜别。且教以行善立功，以致神仙之旨。著《灵剑子》等书。又与十一弟子，各为五言二韵，《劝诫诗》十首以遗世。及以大功如意丹方，传家弟子之不与上升者。《劝诫诗》即今之一百二十灵签也；如意丹方亦行于世。每岁尚有黄中斋会云。八月十五日，大营斋会，遍召里人，长少毕集。至日中，祥云弥望，音乐腾空。羽盖龙车，从官兵卫。仙童彩女导，从崔瑕二诏使复降。宣玉皇诏命云："已仰潜山司命官，传金丹于下界。闭债封形，回子身及家口、厨宅、百好，归三天。子急净秽，背土凌空。左大力天丁，与流金火铃，照辟中黄，无或散慢。"真君俯拜钦受。①

许逊　采自《许太史真君图传》

吴猛，字世云，豫章分宁人，祖籍濮阳（今河南濮阳县）。张君房《云笈七签》卷曰："吴猛字世云，豫章人也。性至孝，小儿时在父母膝下，无骄慢色。后得道，海昏上僚，路有大蛇，时或断道，以炁吸吞行人，行旅为绝。猛与弟子往除蛇害，蛇乃入藏深

---

① 道藏：第6册[M]. 北京：文物出版社，上海：上海书店出版社，天津：天津古籍出版社，1988：717-731.

穴，猛敕南昌社公追蛇。蛇头高数丈，猛踏蛇尾，沿背而以足按头，弟子斫杀之。猛云："此蛇是蜀精，蛇死则杜毅灭矣。"果如言。将军王敦迎猛，道过宫亭，庙神具官僚迎猛。猛曰："汝神王已尽，不宜久居非据，我不相问也。"神乃去。至蜀见敦，时多疫病，猛标浦水百步，饮者皆愈，日中请水者将千人。敦恶之，于座收猛，奄然失去，大相检覆。猛恐坐者多，乃徐步于万人之中还船，天地冥合，乘风迅逝，一宿至家。弟子见两龙负船，眼如瓮大。猛云："敦践人君之位，命终此稔。"其年敦死。后太尉庾亮迎猛，至武昌便归，自言算尽，未至家五十里亡。殡后疑化，弟子开棺，不见其尸。"白玉蟾《逍遥山群仙传》曰："年四十，得至人丁义神方，继师南海太守鲍靓，复得秘法。吴黄龙中，天降白云符授之，遂以道术大行于吴晋之间。晋武帝时，真君从世云传法，世云尽以秘要授之。永嘉末，杜弢寇蜀，攻陷州县，真君既诛大蛇，世云曰：蛇是蜀精，蛇死则杜被灭矣……西安令干庆死已三日，世云曰：'令长数未尽，当为讼之于天。'遂卧于尸傍。数日，与庆俱起。庆弟著作郎宝，感其异，遂作《搜神记》行于世也。尝渡豫章江，值风涛泛舟，世云以所执白羽扇画水而渡，观者骇异。宁康二年，真君上升，世云复还西安。是年十月十五日，上帝命真人周广捧诏召世云，遂乘白鹿车，与弟子四人，白昼冲升。宅号紫云府，今分宁县吴仙村西平靖仙观是也。政和二年五月，准诰封为真人。"

兰公，净明派的祖师。白玉蟾《诸仙传》曰："昔有异人，姓兰名期，莫敢呼其名，称之曰兰公。初居于兖州曲阜县高平乡九原里，其家百余口，精修孝行，致斗中真人下降其家，自称孝悌王，讳弘康，字伯仲。语兰公曰：'始气为大道，于日中为孝道仙王。元气为至道，于明中为孝道明王。玄气为孝道，于斗中为孝悌王。夫孝至于天，日月为之明，孝至于地，万物为之生，孝至于民，王道为之成。吾于上清以下，托化人间，示陈孝悌之教。后晋代当有真仙许逊，传吾孝道之宗，是为众仙之长。'因付兰公秘旨，及金丹宝经，铜符铁券，令传甘阳黄道靖女真姆，且戒之曰：'将来有学仙者许逊，汝当以此授之。'"

陈勋，白玉蟾《逍遥山群仙传》曰："勋字孝举，博学洽闻，时魏遣钟会、邓艾伐蜀，刘禅降，孝举时尚少，已有出尘之志。入青城山，师谷元子，求度世之法。继闻真君在旌阳仁政及民，走谒公庭，愿充书吏。真君嘉之，付以吏职。凡表率辈流，说化民俗，抚字之术，裨益为多。遂引为门弟子，而托以腹心，典司经籍，守视药炉。真君冲矞，命执策导前焉。昔玉隆宫西庑有孝举道院，号承仙府，手植巨梧一株，其院面柏而居。政和二年，诰封正特真人。"

周广，白玉蟾《逍遥山群仙传》曰："广字惠常，大将军瑜之后。少好天文、音律之学，长通无为清净之教。尝与同志游巴蜀云台山，得汉天师驱剪精邪之法，救民疾苦。闻真君在旌阳，径诣公庭，愿备下执，真君纳之，令供侍杖屦。夙夜惟勤，遵行道法，始终不息。还居私第，左右无违，乃就宅西百余步间，筑室以居。真君飞举，惠常与曾兴国同骖龙车。宅号宣诏府。唐保大中，州牧周令公绍真人为祖，修营其宅，改曰宣韶府。有碑

刻尚存焉，今曰太虚观。政和二年封元通真人。"

曾亨，白玉蟾《逍遥山群仙传》曰："亨字兴国，参之后也。少为道士，天姿明敏，博学多能，修三天法师之教，逆知来物，名山列岳，有路必通，妙诀灵符，无治不愈。神人孙登见之曰：'子骨秀神惠，砥砺精勤，必作霄外人矣，子勉之。'后隐居豫章之丰城，闻真君道誉，投谒门下，愿侍巾几。真君雅器重之，神方秘诀，无不备传，后骖龙车升天。今丰城县真阳观是其遗迹。政和二年，诰封神惠真人。"

时荷，白玉蟾《逍遥山群仙传》曰："时荷，字道阳，少修道德之教，入四明山，遇神人教以胎息众妙之术。用能却寐绝粒，役使鬼神，驱除邪魅，点化金玉，赒济穷苦，民受其赐，声闻远迩，惠怀之世。闻真君孝道法盛行江左，徒步踵门，愿充弟子，真君纳之，授以秘诀。复遣还山，教导徒众。明帝诏赴阙，师问之，坚不愿留，竟归。依栖真君，侍侧。宁康二年，与陈孝举执册导从升天。有遗迹在豫章城，号紫盖府，今南昌厅是也。东海沭阳县奉仙观，乃其旧隐。政和二年，封洪施真人。"

甘战，白玉蟾《逍遥山群仙传》曰："甘战，字伯武，以孝行见推于乡党。遭时乱离，晦边草泽，喜神仙久视之术。闻真君行孝道法，除害利物，遂造门恳请，愿备驱役，真君异其材器，可其所请。至真君上升，复付以金丹妙诀。伯武后归丰城，布德行惠，至陈太建元年正月十日亭午，天诏下，乃驾麟车，乘云而去。今县中清都观乃昔藏丹之地。其故宅号华阳亭，有飞簧观为之奉礼。政和二年，封精行真人。"

施岑，白玉蟾《逍遥山群仙传》曰："施岑，字太玉，祖朔仕吴，因徙居九江赤乌县。太玉状貌雄杰，勇健多力，弓剑绝伦。真君初领徒诛海昏大蛇，会乡壮三百余人来助力，太玉预焉。致恭恳乞，愿充役者，真君纳之，与甘伯武常执剑侍左右。宁康二年十月二十八日晨，见东方日中，有一童子乘彩云、执素策、驱苍虬，降其所居，宣玉帝诏，遂御苍虬乘云去。真君宅东南二里间，有坛曰紫玉府，即其所栖之地。西岭镇江干石上有观，今额至德，为太玉眺台。南昌之地亦有之，皆所以眺望水妖也。俗称钓台，非也。政和二年，封勇悟真人。"

彭抗，白玉蟾《逍遥山群仙传》曰："抗字武阳，举孝廉，仕晋，累迁尚书左丞，密修仙业，以疾辞朝，师事真君，仍纳爱女为真君子妇。旧以彭女为夫人，非也，故老称为子妇是也。真君怀帝永嘉末，化炭妇诛蛇而彭君在，计其年已七十六七矣，岂复亲匹偶乎？亦屡闻真君夫人周氏，今考《孝道赞》有《周女使答吁母问》一篇绝妙，疑是夫人谦称，故曰女搜新藏经，称圣母非也。真君念其恪诚应，诸秘要纤悉付之，速遣还朝。至穆帝永和二年，致政南游，挈家居豫章城中。再诣门下，朝夕扣问，道益精进。宋高祖永初二年，职方载作义熙二年，八月二十四日，举家二十六口白日升天。今郡城宗华观是也。政和二年，封潜惠真人。"

盱烈，白玉蟾《逍遥山群仙传》曰："盱烈，字道微，少孤，事母以孝闻，母盖真君之姊也。真君凡二姊，盱母为之孟。《遗爱录》云：南昌盱君烈、钟离君嘉，本许君甥，则盱母为真君姊，信矣。真君为其孀居，乃筑室于宅西数十步间，俾居之。故母子日闻道妙，真君每出，则盱母代掌其家事。仙宾隐客，咸获见之。胡天师《石宠词》曰：吾昔尝到此，则客于盱母。母子并受玉皇诏，部分仙眷升天，今墙西道院乃其旧居，号合仪府。政和二年，诰封和靖真人。"

钟离嘉，白玉蟾《逍遥山群仙传》曰："钟离嘉，字公阳，一字超本，真君仲姊之子。少丧父母，植性简淡，真君尝叹其有受道之姿，乃授之神方，能拯救，付之妙诀，能役逐。真君升天，首以金丹之赐。是年十月十五日日中，碧霞宝车自天来迎，公阳拜诏，升车而去。新建象牙山西源是其所也，有观曰丹陵，石药臼尚存，号钟王府。政和二年，诰封普惠真人。"

黄仁览，白玉蟾《逍遥山群仙传》曰："黄仁览，字紫庭，父辅，字万石。举孝廉，仕至御史。紫庭神彩英秀，局量凝远，真君以子妻之，尽得真君之道。任青州从事单骑之官，留妻侍父母，然每夜辄归，人莫得知。一夕，家僮报许氏院中夜有语笑声，姑讯之，许氏曰：'黄郎耳。'姑曰：'吾子从仕数千里，安得至此？'许氏曰：'彼已得仙道，能顷刻千里，戒在漏语，故不敢令姑知。'姑曰：'若然，当使我见之。'是夕紫庭归，许氏告以故。比明，紫庭不得已，出谒父母曰：'仁览虽从宦远乡，夜必潜归膝下，仙道秘密，不可泄言，恐招谴累。'言讫，取竹杖化为青龙，乘之而去。故万石亦知仙道之足慕，执弟子礼以事真君。唯紫庭二弟勇、健不检，日事游畋，虽父兄奉诏飞升，而二人尚在猎所。自言性纵逸，不堪作仙，任兄举族飞腾，容我二弟捕鹿。紫庭叹其赋分，复折草化鹿，以止其妄心，遂与父母三十二口乘云而东，从真君仙驾升天。二弟后隐于西山。今方冈庙，俗呼黄朝四郎五郎是也。仙仗既行，云间坠下石球、药车各一，瑞州高安县祥符观，旧曰析仙观，是其故居也。傍有许氏坠钗洲。政和二年，诰封冲道真人。"

胡慧超在许逊崇拜及净明派的发展中起到了十分关键的作用。有关他的资料主要有《修真十书·玉隆集》《西山许真君八十五化录》《历世真仙体道通鉴》《许太史图传》《净明忠孝全书》。另外，《新唐书·艺文志》载有"冲虚子胡慧超一卷。佚名。慧超，高宗时道士"。由《新唐书》所记，可以断定唐玄宗时确有道士胡慧超，惜其传已佚。从现存史料来看，年代最早，内容也较完整的当属白玉蟾《修真十书·玉隆集》所载。"天师名惠超，字拔俗，不知何许人也。人莫知其年纪。唐高宗上元间，来自庐山，栖于豫章西山之洪井。永淳中，幅巾布褐，负杖徒行，至游帷观，见同辈，手不执板，擎拳而已。美须眉，体貌瑰伟，类四十许岁人。身不甚长，然每处稠人中，其首独出其上，虽至长者止及其肩，故时称胡长仙人。问其年几何？曰：五十二岁。逾数十载问之，亦复云然。至论晋宋以来治乱兴废，纤毫不差。喜谈晋司空张观文《博物》，如其友。或云许、吴二君尝授其延生炼化、超元九纪之道，能檄召神灵，驱奋雷雨。至陶洪景校茅山华阳洞《太清经》七十卷，天师亦与焉；背缝皆朱书其姓名，览者皆见之。又曰：'吾昔到此，客于盱母。'用是不知为何代人物也。每路逢暴骨遗骸，悉埋之。地有古物宝器，掘之如其言。

而获闻邪怪之物，疾之如寇仇，即务剪除之。时豫章西门有樟木精为独足神，大兴怪祟，邀人淫祀。天师一见叱骂，书符禁制，即命斩伐，积薪灌油，以火焚燎，妖祟遂灭，以其地为观……久之，异迹显著，天后以蒲轮记之，天师深隐幽谷，州县搜求之急，不得已而出。至都，引见武成殿，后临问仙事，天师止陈道德帝王治化之源。后大喜，又欲留于都下，委以炼丹之事。天师辞请还山修炼，敕遣使赍金璧送归，行次单父赐书曰：'先生道位高尚，早出尘俗，如轩历之广成，汉朝之河上，遂能不远千里，来赴三川。日御先开，望霓裳之渐远；天津后渡，瞻鹤盖以云遥。空睇风云，惆怅无已。倘蒙九转之余，希遗一丸之药。'天师乃于洪崖先生古坛际炼丹，首尾三年。降诏趣召诣阙，至则馆于禁中。天师辞归，固留不许，天师一朝遁去。上闻，叹恨久之，遣使赍赠甚厚，兼赠诗一篇云：'高人叶高志，山服往山家。迢迢闻风月，去去隔烟履。碧岫窥玄洞，玉灶炼丹砂。今日星津上，延首望灵槎。'天师归西山，居于旴母靖，观有三清中门、真君横堂，皆鬼工所造。平柱眠枋垒至脊，斫削之工，人或可侔，至植立不斜，坚固不朽，非人可及。梁牌亲题大周年号，笔力遒劲。又自写其真于后殿之壁。其居西山，人皆师事之，千里之内，无疫疠水旱之灾，无猛鸷夭柱之苦，远近赖焉。长安三年二月十六日，命弟子于游帷观之西北伏龙岗造砖坟，藏太玄真符二、七星神剑、灵宝策杖各一，三日而讫。天师正衣冠，坐绳床，异香满室，空中云鹤，墙外人马之声，纷纷不绝，视之已解蜕矣。州具以闻，赐钱帛，修斋醮，谥曰洞真先生。姑苏先生司马贞撰碑，具载详悉。"则胡慧超本来自庐山，后长期隐居西山，并于武则天长安三年逝世于山中。其后，净明派将他尊为祖师之一，"凡参学净明弟子，皆尊之曰法师君"。

《修真十书·玉隆集》卷1《净明经师洪崖先生传》谓张氲乃上古神人，号洪崖。又名蕴，字藏真。世代莫详，与赤松子俱为神农之师。先后隐居青城山、姑射山、西山。显然这些皆为神化虚诞之言，不可相信。考其事实，他当为唐人。据《历世真仙体道通鉴》，张氲为晋州神山县人，好黄老方士之说，"仙书秘典，九经百氏，靡所不通"。"常乘青驴，从五童，入灵夏，访昆仑，游终南、泰华，往来青城、王屋、太行之间，与叶（法善）、罗（公远）二天师为侣，每究金丹华池之事，易形炼化之术，人莫能究其妙。圣历中武后召之，不至。"其后，"寓洛阳给事李峤家，凡十三年。词人逸客，争相求见。明皇开元七年屡召辞不获，乃来见于湛露殿上……上嘉之，拜氲太常卿，累迁至司徒，皆不受，曰：'陛下何惜一山一水，不令臣追迹巢由？'是岁八月听还山"。开元十六年（728），洪州大疫，"有狂道人跨驴，从五童，施药市中，病者立愈。州以上闻，上意其氲，驿召之，果氲也，然三召卒不至，乃栖息于洪崖先生之古坛"。天宝四年（745），尸解羽化于洪崖山古坛榻上，年九十三。生前曾注解《老子》《周易》《三礼》《穀梁》，又著《高士传》10卷、《神仙记》20卷、《河东记》30卷、《大周昌言》10卷，惜皆未行世。

张氲在南昌、西山地区先后生活了十八年，故其地遗存了许多旧迹。唐肃宗乾元中

（758—760），"因申泰之言豫章伏龙山有异气，诏立应圣宫，塑肃宗像，以先生配焉，今紫清宫是也。德宗时，继于晋州即其宅立庙。又于洪崖山尸解处立庙祀之，今皆为栖真观"。"今自豫章水西沿回数里，至隋唐西昌县，故此数百武间，为小石头，有石矶曰洪崖钓台，有石池曰洪崖砚池，相传为氤书堂处。"这一地区正是宋元净明派的祖庭。

胡慧超门人高弟甚多，最显者有万天师、黄华姑等。万天师名振，字长生。洪郡南昌人。得长生久视之道，"有符咒济物，治人疾苦立效，当时以为旌阳、栾巴之徒"。高宗显庆二年（657）召见光耀日殿，"帝问治国养生之道。振答曰：'无思无为，清静以为天下正。治国犹治身也。'帝尊待之如师友。赐予无所受。龙朔元年尸解于京师，数日启棺，惟有一剑一杖而已。诏以铜函盛剑杖，葬于西山天宝洞之侧，今洞阳观是也"。

华姑本姓黄，名令微。为抚州临川人，少乃好道，天然绝粒，十二岁度为天宝观女道士。"年八十，发白面红如处子状，时人谓之华姑。蹀履而行，奔马不及。"曾赴南岳访魏华存之遗迹。长寿二年（693）冬十月，"访于洪州西山胡天师。天师名超。见其恳切"，为其演示道法，指点玄机，授以役使鬼神、运呼雷霆之要。华姑还归井山，精洁修持，屡彰灵异，为世人所敬重，"开元九年欲上升之际，忽谓弟子曰：'不须钉吾棺，可以绛纱幂之。'数夕，有雷震电绕，视纱顶孔如鸡卵，屋穿容人，棺中惟覆被木简而已"。① 颜真卿访道井山，听其弟子黎琼仙所言，遂撰《井山华姑仙坛碑铭》以记之。

此外，叶千韶亦为净明宗传人。沈汾《续仙传》卷中曰："叶千韶字鲁聪，洪州建昌人。少事西山道士许、吴二真君道术，辟谷服气。"后得真官授以天书神簿，"自后长啸则风生林壑，嗖水则雨流原野，捺地则雷鸣辘辘，手画空则电光烁人。乃游行天下，若佯狂，常醉腾腾于城市间，忽驱叱似振威，人问之何为如此。应之曰：'我见某处火灾，某处亢旱，使雨救之耳。'人皆覆之，实有其验。或经过郡县逢旱，皆请救之，千韶乃备香案启祝，须臾降雨。人有请致雷者，脚捺地便鸣，从地底发辘辘声。或苦雨祈晴不应，乃请千韶止之，遂作术，使晴霁。冬中或旱祈雪，千韶乃单衣跣足，立于日中啸咏，俄顷风云会合，降雪连宵。又以符救人疾苦，不俟人之求请，见疾者无不悯而救之。有邪魅者，闻千韶之名自愈，得符者终身不复更发"。晚年亦终老于西山。

## 二、刘玉与净明道

南宋初期，民族矛盾尖锐，兵连祸结，生灵涂炭。玉隆万寿宫道士周真公、何守证等利用许逊信仰，致祷许真君救度，感动许逊，"六真降神于渝水，出示灵宝净明秘法，化

---

① 陈垣，陈智超.道家金石略[M].北京：文物出版社，1988：150.

民以忠孝廉谨慎之教。乃命洞神仙卿，为训导学者师"。绍兴元年（1131）八月十五日，许真君"自天而下"，降临玉隆宫，"降授《飞仙度人经》《净明忠孝大法》，肇建翼真坛，传度弟子五百余人，消禳厄会，民赖以安"。何真公假托许逊降授经典，建立了五百人的庞大教团，实为这一道派的形成之始。

由周真公等人开创的西山净明派，之后因后继乏人，"其法寝微"，而被时人视为"灵宝旁门"。入元，遂有刘玉重振旗鼓，后人谓"新净明派"。据《净明忠孝全书》卷1《西山隐士玉真刘先生传》，并参以《逍遥山万寿宫志》，大致可以了解他的生平。刘玉字颐真，号玉真子。生于南宋理宗宝祐丁巳（1257）八月二十日，后随其父迁居新建县忠孝乡。"先生夙有卓识，五岁就学读书，务通大义。"景炎丁丑（1277），"弱冠，父母继亡，居丧尽礼。家贫，力耕而食，视尘世事不足为，笃志于神仙之学"。至元壬辰（1292），是年秋，先生经行西山泻油冈，遇洞真天师胡君，胡告之"龙沙已生，净明大教将兴，当出八百弟子，汝为之师"。至元癸巳（1293），先生于玉隆山复遇胡君，胡传真君之旨："可寻西山中黄堂乌晶原，建玉真坛以栖隐。当知真君即太阳帝君化生。"先生自是益加精进，于孝行里建腾胜道院，"以善道劝化，远近闻之，仰响从游者众"。至元甲午（1294），又遇水府仙伯郭璞，"教以经山纬水之术"。遂游黄堂山乌晶原，果得修真之所，卜筑而定居。至元乙未（1295），先生神游玉真府，遇许逊、胡慧超、郭璞。后与弟子王真定、方公成等往紫清县拍洪楼，"焚香默祷，闻硫气郁烈，倚阑候望，倏有流光，飞坠炉间，俯视则乌晶在焉。大如椰子，非铁非石，而黑润沉重，受而藏之。是夕，胡君授以《大道说》"。元贞丙申（1296），许真君降临先生之舍，"授《玉真灵宝坛记》"。胡慧超复来，"授以道法说及三五飞步、正一斩邪之旨。由是开阐大教，诱诲后学。其法以忠孝为本，敬天崇道，济生度死为事，简而不繁"。元贞丁酉（1297），郭璞授以《坛疏》，许真君又授以中黄大道、八极真诠。并曰："吾八百弟子，汝为首。英名氏悉在华林八百洞天久矣，刻书青琅，高揭丹崖，更当勉励弟子，不昧心君，不伐性命，忠孝存心，方便济物，异日功满，胥会洞中，顾不乐欤！"至大戊申（1308）正月，"投乌晶于洪井。曰：'缘重者得之。'即以传教之任付黄元吉。谓曰：'吾此生为大教初机而来，异时再出，当与八百弟子俱会。'"二月而逝，享年五十二。

从刘玉得道的经历来看，其前后共遇仙人十次，历时七年，方得道妙，大阐净明道宗。关于他与何真公的关系，《玉真刘先生传》中首先肯定了何真公于两宋之际传净明道法的重要作用，谓许逊"降授《飞仙度人经》、净明忠孝大法，真公得之，建翼真坛，传度弟子五百余人，消禳厄会，民赖以安"。然历经一百多年后，何真公所传之法已经衰微，故刘玉得以担当振兴净明道的重任。需要注意的是，净明道的历代祖师都是在战乱中奋起，故对中国文化的保存作出了特殊的贡献。正如黄小石先生所说："一是净明道往往在战乱中衰弱，又在战乱中出现杰出道士，并由他们找到了振兴的机遇；二是净明道主张忠孝，因此具有坚持民族气节的气概，如南宋净明道的初创以及元代净明道的发展等，都与此有关。这一点具有特殊的进步意义。"①

刘玉开创的净明道以许逊为第一代祖师,刘玉为第二代传人。元至大三年(1310)刘玉去世,传法于黄元吉,为旌阳公三传。黄元吉于西山造玉真、隐真、洞真三坛以授弟子,并在至治三年(1323)挟其学游于京师,"公卿士大夫多礼问之,莫不叹异"。②其后有旌阳公四传徐异、五传赵宜真、六传刘渊然等。

清金桂馨、漆逢源撰《逍遥山万寿宫志》卷5《净明嗣教四先生传》有黄元吉、徐异、赵宜真、刘渊然四人的传记。刘渊然以下的传承系谱不明。《净明忠孝全书正讹》附载了许迈、许穆、吕洞宾、白玉蟾、傅大师、朱真人、张真人的传记,前四人显非净明道人物。傅大师为宋代豫章人,其名不详,为铁柱宫道士,小有名气,曾得朱熹赠诗。朱真人是明太祖第十五子朱权,因对封藩不满,转而学习净明道法,后被明成祖封为涵虚真人。据《逍遥山万寿宫志》卷13《人物志》载:明末清初,全真道龙门派丘处机的第八代嗣法弟子徐守诚于顺治九年(1652)入南昌西山研修净明忠孝道,感叹玉隆万寿宫的荒废,曾致力于宫观的修复。康熙三十一年(1692)徐守诚死后,净明道的法统就由其弟子谭太智、张太玄、熊太岸继续维持。

在道教发展史上,自北宋以来,三教合一的思想已成主流,只是和合的程度不同而已。在众多的教派中,净明道为三教合一的典型。该派认为道教之净明,儒家之忠孝,佛教之大乘,三家之旨,殊途同归。他们重视伦理道德的修养,具有十分浓厚的理学特色。如刘玉说:"何谓一,太上之净明,夫子之忠恕,瞿昙之大乘,同此一也。推而论之,帝喾之执中,尧之允执厥中,舜之精一,禹之洪范,汤之圣敬日跻,文王之纯亦不已,伊尹之一德,孟子之养气,子思之中庸,皆之一也。立言虽殊,其道则一。圣人知道之不可言,而因言以显;知道之不可传,而因心以契道。其曰'抱元守一,穷理尽性,明心见性',为未忘心法者言也。唯吾净明大教,先圣后圣,以神合真,以心契道,不堕言诠,不落法尘。"在这一大段文句中,刘玉引用了历代儒家圣人的思想,并对之作了高度的概括,显示了很深的儒学修养。实际上,刘玉本身即为"质行老儒",他说自己"初学净明大道时,不甚诵道经,亦只是将旧记儒书在做工夫"。

正因如此,刘玉在强调忠孝修为之际,始终将"正心"放在最重要的位置,并建立了一套系统的理论。他说:"忠孝者,臣子之良知良能,人人具此天理,非份外事也。"又说:"净明只是正心诚意,忠孝只是扶植纲常。"此与理学(特别是陆学)的观点完全一致。刘玉又曰:"心君为万神之主宰,一念欺心,即不忠也。""人之一性,本自光明,上与天通。但苦多生以来,渐染薰习,纵恣恣欲,曲昧道理,便不得为人之道,则何以配大地而曰三才。……明理只是不昧心,天心中有天者,理即是也。谓如人能敬爱父母,便

---

① 黄小石.净明道研究[M].成都:巴蜀书社,1999:162-163.
② 虞集.道园学古录:卷50:中黄先生碑铭[M]//文渊阁四库全书:第1207册.台北:台湾商务印书馆,1983:700-701.

是不昧此道理，不忘来处，知有本源。"

历史上的净明道历来重视"忠孝"，其理论随着教派的发展而逐渐深入成熟。早在晋代的许逊崇拜阶段，"孝道"就是主要的崇拜内容。这时候的"孝道"思想，既是许逊崇拜的产物，也受到了儒家孔孟孝亲思想的影响。唐代胡慧超又给"孝道"披上了神圣外衣，编造了一系列神化故事。南宋净明道创立，即引进灵宝派度人的思想，并将"孝"与"忠"结合，从而使"忠孝"更具有现实意义。元代净明道教义走向成熟，其"忠孝"教义受到特别重视。这一时期最重要的净明道书已将"净明"与"忠孝"并列，其教派名称也由元以前的"太上灵宝净明道"转变为"净明忠孝道"。

净明道与正一等符箓派一样，道士不一定出家。黄元吉说："道由心悟，玄由密证，得其传者，初不拘在家出家。而吾师玉真先生遇都仙，亦以在俗之身焉。"① 刘玉对西山道教教法进行了更新，改革了符咒、斋醮、告斗等修炼方术，提倡孝道，不重祈祷仪式中的繁文缛节，制定了"日知录""功过格"，作为教徒日常生活的规范。

净明道以忠孝之道立基，因此奉孝道仙王、孝道明王为祖师。孝道仙王、孝道明王信仰由来已久，早在唐代已有记载。杜光庭《墉城集仙录》载：西晋之时有一位谌母，姓谌氏，字曰婴。居住在丹阳郡黄堂观，潜修至道。时人自童幼逮衰老见之，颜状无改，众号为婴母。后收育一个三岁孩子，既长明颖孝敬，异于常人。冠岁以来，风神挺迈，时说蓬莱阆苑之事。母异之，谓曰："吾与汝暂此相因。汝以何为号也？"子曰："昔蒙天真盟授灵章，锡以名品，约为孝道明王。今宜称而呼之矣。"遂告母修真之诀。一旦，孝道明王漠然隐去，母密修道法，积数十年，人莫知也。其后吴猛、许逊自高阳南游，诣母，请传所得之道，因盟而授之，孝道之法，遂行江表。暇日母告二子曰："世云昔为逊师。今玉皇谱之中，猛为御史，而逊为高明大使，总领仙籍位品已迁。"又数年，有云龙之驾，千乘万骑来迎，谌母白日升天。

谌母既受孝道明王付授，遂于黄堂建立坛靖，严奉香火，阐孝道明王之教。至西晋之末，许逊、吴猛远诣丹阳，求授道法。母于是授以孝道明王之教，真仙飞举之宗，及正一斩邪三五飞步之术。晋代在高安县建有谌母祠，每年八月三日信众必往礼谒。施岑编《西山许真君八十五化录》卷上："祖师与吴君礼谢讫，辞行，祖师方心期每岁必来谒姆，姆觉之曰：'子勿来，吾即还帝乡矣。'因取香茅一根，望南掷之，曰：'子归认茅落处立吾祠，岁秋一至足矣。'祖师与吴君还，首访飞茅之迹，寻于所居之南四十里余得之，已从生矣。遂建祠宇，亦以黄堂名之，号曰崇真观，今称黄堂隆道宫者是也。"② 后因避唐宣宗庙讳，改称"净观"。

---

① 道藏：第24册[M].北京：文物出版社，上海：上海书店出版社，天津：天津古籍出版社，1988：621.
② 施岑.西山许真君八十五化录：卷上[M]//道藏：第6册.北京：文物出版社，上海：上海书店出版社，天津：天津古籍出版社，1988：818.

时大中壬申岁（852）夏五月乙未，唐宣宗李忱诏高平守嶓曰："汝在泽以能闻，今辍于袁。宜用前心以为理。"嶓奉诏南之，及仲月既至净观。嶓既升堂谒真人，礼成而退。傍有香水，设位而无像质。北墉有挂缋画为少女者，曰真人之圣母也。嶓谓圣母之严颜华发，不宜为幼妇必矣。询于耆旧，求圣母之遗像，一无可取者。后数月，春光满湖，繁花压枝，会郡之文士于望湖亭。俄假寐于嘉莲阁，恍若有睹，疑非在梦。见老母涉菱波步浮芹，至于阁前云："神母之仪祇尔，不必他求。"嶓遽起，命画工施古依梦中所见画像，并于郡斋轩置座以塑画像，逾月而功就。端严仪表，威容凛然。爰命道门都监易智周与威仪易景诜、道士施契虚等，以香花时果迎圣母归净观。时大中八年（854）三月十五日记。①

据道经所言，谌母得孝道于兰公。唐高宗时道士胡慧超《十二真君传》曰："兖州曲阜县高平乡九原里，有至人兰公。家族百余口，精专孝行，感动乾坤，忽有斗中真人，下降兰公之舍，自称孝悌王。云居日中为仙王，月中为明王，斗中为孝悌王。夫孝至于天，日月为之明；孝至于地，万物为之生；孝至于民，王道为之成。且其三才肇分，始于三气，三气者，玉清三天也。玉清境是元始太圣真王治化也。太清者，玄道流行，虚无自然，玉皇所治也。吾于上清已下，托化人间，示陈孝悌之教。后晋代尝有真仙许逊，传吾孝道之宗，是为众仙之长。因付兰公至道秘旨。于是兰公获斯妙诀，颖悟真机，默辨往由，顾知前事……自尔，吴都十五童子，丹阳三岁灵孩，泊于兰公，并是仙之化现也。所传孝道之秘法，别有宝经一帙，金丹一合，铜符铁券，得之者唯高明大使许真君焉。"② 唐代《孝道吴许二真君传》记载："以兰公孝道之志通于神明，遂降示兰公孝道根本，言先王为日中王，明王为月中王。又云先王玄炁为大道，明王始炁为至道，孝悌王元炁散为孝道，此三者起由玄元始炁也。孝悌王与先王明分作铜符铁券，券中征许氏阳氏。阳则晋时征为氏阳县令，氏阳县蜀郡所管，为孝道之师，传袭孝道，诱进后代，除邪去逆，修心炼行，则去仙道不远于旨。"

谌母为净明忠孝道的重要人物，故受到民众的虔诚信仰。北宋徽宗皇帝曾降"玉册"赞美曰："肆膺谌姆之符，荣启都仙之籍，超升旋极，载祀绵邈，庙像屹崇，风烈如在。"③《续真君传》记唐宋间黄堂观之民俗曰：仲秋，号净月，自朔旦开宫，受四方行香祷赛荐献。先自州府始，州府具香烛、酒币、词疏，遣衙吏驰献，远迩之人扶老携幼，肩舆乘骑，肩摩于路。且有商贾百货之射利，奇能异伎之逞巧，以至茶坊、酒炉、食肆、旅邸，相续于十余里之间，骈于关市，终月乃已。由徽宗皇帝御降"玉册"之赞美，以及当地民众"肩摩于路"之崇奉盛况，可管窥谌母在当时统治集团及民众阶层信仰中的地位及影响。

---

① 董诰.全唐文：卷791[M]//净观圣母记：第8册：8290.
② 李昉.太平广记：第1册[M].北京：中华书局，1981：107.
③ 道藏：第4册[M].北京：文物出版社，上海：上海书店出版社，天津：天津古籍出版社，1988：762.

# 第二节　净明道神仙谱系

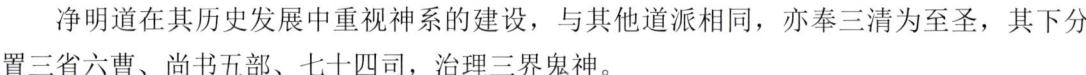

净明道在其历史发展中重视神系的建设，与其他道派相同，亦奉三清为至圣，其下分置三省六曹、尚书五部、七十四司，治理三界鬼神。

## 一、净明道法中的神灵

净明道重视内修，传有灵宝大法、黄素法、净明法、度人法，宣称"上帝悯生灵之夭折，故召日月二宫天尊，为说灵宝大法、黄素法、净明法、度人法各一也。天地纲缊，万物化醇。男女构精，万物化生。莫非阴阳之冲炁也。唯内伤于七精，外贼于六炁，于是阴阳之诊，致生灵有夭折之苦。故上帝召日月二官天尊，谓非阴阳至精之炁，不足以回生起死，兴仆植僵，使之终年，而终寿域焉。然灵宝大法者，道之宗也。黄素法者，命之府也。净明法者，性之本也。度人法者，入道之门也"[①]。

就其诸法的功用而言，灵宝大法、净明法、度人法三法，主要用于济世度人，禳灾解厄，祈福延寿，其社会性甚强。唯独黄素法是道士用于内炼修真，所谓"以五炁朝元，三阳聚顶，或可飞升入圣，或可脱质升仙。少年向慕千日，可以大成。中年修持千日，亦可俯就。晚年加进千日，尚可以立功。诸弟子得法之后，以日月寸阴之借为性命，久长之计，莫先于此也"。

不过，净明道强调"忠孝立本"的思想，要修仙道，必先人道。《太上灵宝净明四规明鉴经》说："道者，性所有，固非外而铄。孝弟，道之本，固非强而为。得孝弟而推之忠，故积而成行，行备而造日充，是以尚士学道，忠孝以立本也，本立而道日生也。"这里将"忠孝"视为"道"的根本，认为只有讲"忠孝"才能"立本"，只有立忠孝之本才能修道有成。

正是基于此点，净明道极其重视"忠孝"，将其视为教义的根本。刘玉解释说："何为净？不染物。何为明？不触物。不染不触，忠孝自得。"又曰："忠者，忠于君也。心君为万神之主宰，一念欺心，即不忠也。"所谓"净明"之道，就是儒家所说的"正心诚

---

[①] 道藏：第10册[M]. 北京：文物出版社，上海：上海书店出版社，天津：天津古籍出版社，1988：499.

意""惩忿窒欲"的修身道理，而非世俗所说的修炼精气之术。刘玉说："正心修身，是教世人整理性天心地工夫。若上古之世，民生太朴未散，何用整理，何用修炼，语言动作，无不合道。只缘后世众生，多是诈诈奸奸，愈趋愈下，一动一作，便昧其心，冥冥罔觉，无所不至。间有慕道者，不就本元心地上用克己工夫，妄认修炼精气以为无上真常之妙。所以太上患斯道之不明也，俯告日月帝君，流行此教。帝君复授之都仙真君，必欲后之学者，由真忠至孝，复归本净元明之境。修炼之妙，无以易此矣。正是复古之学。所以至胡天师复申言曰：贵在忠孝立本，方寸净明，四美俱备，神渐通灵，不用修炼，自然道成。"

与儒家不同的是，净明道虽讲忠孝为本，但忠孝只是"道"的本来表现，仍然从属于道教的最高教义"道"，其所追求的终极境界是"复归本净元明之境"。对此，《太上灵宝净明四规明鉴经》曰："学道以致仙，仙非难也，忠孝者先之。不忠不孝，而求乎道而冀乎仙，未之有也。比干杀身以成忠，生者人之所甚爱，比干不爱其身而舍身以求道，信道有备，知其不误，其为仙也。大舜终身以成孝，劳者人所甚畏，大舜不惮其劳而服劳以求道，信道有备，知其不误，其为信也。忠孝之道，非必长生，而长生之性存，死而不昧，列于仙班，谓之长生。"换而言之，道教修道的目的是成仙，而不仅仅是成为儒家所推崇的圣贤。因此这段话又将"忠孝"与"致仙"相联系，并举了比干和舜的例子，以说明只有讲"忠""孝"才能成仙的道理，从另一个侧面强调了"忠孝立本"的意义。

不仅如此，净明道还论述了"忠孝建功"的重要性，大力强调忠孝的社会作用。《太上灵宝净明四规明鉴经》说："忠孝备而成本，可以立功。立功之道，无阳福，无阴愆，无物累，无人非，无鬼责，所以上合于三元，下合于万物也。下士呼符水治药饵，已人之一疾，救人之一病，而谓之功。非功也，此道家之事，方便法门耳。吾之忠孝净明者，以之为相，举天下之民跻于寿，措四海而归太平，使君上安，民自阜，万物莫不自然。以之将，举三军之众，而神于不战以屈人之兵，则吾之兵，常胜之兵也。以吾之忠，使不忠之人，尽变以为忠；以吾之孝，使不孝之人，尽变以为孝，其功可胜计哉！"

这就明白指出，净明道人除了要以"忠孝立本"之外，还需要"忠孝建功"，从而将"忠孝"从个人修养扩展到社会实践方面，并批判了道教的符水治病等法术，认为符水等只能治人一疾，因此不能算"立功"。而忠孝却能让世人长寿，天下太平，这是符水之术所无法相比的。认为只有将"忠孝"扩展到整个社会，让天下不讲"忠孝"的人都幡然悔悟，其功劳才是不可胜计的。

同书还说："仙学始乎孝，至道而学成。上士以文立忠孝，中士以志立忠孝，下士以力致忠孝，昧道者反此，不有于忠孝。何谓上士以文立忠孝？以言为天下唱。何谓中士以志立忠孝？以行为天下先。何谓下士以力致忠孝？以身为众人率。如此者，南昌上宫著名，升籍入仙，而忠孝之道终矣。"从而将"忠孝建功"者分为上士、中士、下士三类，以此说明不论能力大小，只要将忠孝落实到社会实践中，就都能够升籍入仙，为"忠孝建

功"的思想赋予了具体内容。这些关于忠孝的论述彰显了净明道倡导的忠孝神仙的意旨，表达了道教对社会伦理建设的高度关注。

忠孝的修持是建功立德，内炼修真是累行证功，道教言功修八百，德逾三千，不用飞升，立地金仙。凡学《黄素书》者，要在忠孝。"忠孝之人，持心直谅，秉炁温恭，是非不能摇，淫邪不可入，十善具备，五逆咸消，一心之中，外物不汩，自然成就，毕竟有成。则黄素之士，以忠孝为本也。况忠孝之人，内之事亲，外之事君，既无愧悚，可达幽明。姓名已记，丹台功行，皆存紫籍。兼之学道，可谓良金遇锻，美玉向镌，鲜有不为令器者也。忠孝之名，因君亲而立也，皆责于持心、直谅、秉熙、温恭。然事公以直谅为主，事亲以温恭为主。直谅则生明，故是非不能摇。温恭则生谨，故淫邪不可入。由忠孝而推之，于临财则为康。形之于言，动则为慎。居之以宽裕，终之以容忍。礼以节之，信以诚之。则十善具备矣。君臣有义，勿逆其经。父子有亲，勿逆其分。夫妇有别，勿逆其和睦之情。长幼有序，勿逆其先后之礼。朋友有信，勿逆其交际之心。则五逆咸消矣。一心湛然，如水澄净，外物尘垢，何由汩之？则学道，其有不成乎。"

凡学《黄素书》者，务在调其心性。"心性之用，象于鉴水，如彼应接，无嫌妍丑，不得方圆。可住即住，可行即行，自然而已，则深得其妙也。凡学《黄素书》者，既知立行，必学守持。守持之术，当思一身何所从来？复何所从去？于来去之中，识其所以，自然通神，则仙道成矣。"

凡学《黄素书》者，既得不变之道，而所以成就之者，亦有法。"何谓成就，知天地，知四时，知日月，知五行，辨水火，交龙虎，明丹砂药物，晓铅汞，会抽添、转河车。然后，炼形之术，朝元之方，魔难之试，证验之悟，无不周矣。"

凡学《黄素书》者，知成就者天地，而未知天地之妙。"何谓天地之妙？父母始生是也。天黑下降，如父之精。感地炁上腾，如母血之化。感化之中，以有此身。天地既长且久，则以运动、以静处有法，知静处运动，则知天地矣。"

凡学《黄素书》者，知四时，而未知四时之机。"何谓四时之机？人寿百岁，自幼至壮，乃幼弱之时。自壮至下寿六十，乃老耄至岁，乃衰败之时。则一人之身，乃天地之时也。故一身之时为难得，而日中之时又可惜。知其机，则少年用功，知一身之时也。寸阴不放，知日中之时也。身中有年，年中用月，月中用日，日中用时，然后合于大道也。"

凡学《黄素书》者，既知日月，必晓日月之数。"《清静经》曰：大道无形，生育天地。大道无名，运行日月。默记二仪，阴阳交合，助行昼夜之功。故混沌初分，玄黄辨位。天地之形，如合盂。六合之中，如一卵。日月之宫，随数上下，如人之魂魄。故学者，以魂制魄，不可不知日月生没焉。"

凡学《黄素书》者，于五行之中，知水火矣。"而水火何以辨之？盖人之心、肾，相去八寸四分，乃水火定位之比也。气液太源相合，乃水火交合之比也。心生液，自肺液降于心。液乃妇，有家也。肾生气，自肾气行于心。气乃男，有室也。或自上而下，或自下而上，二炁相合，故曰真火、真水也。"

凡学《黄素书》者，于水火之中，识龙虎之交。"龙者，心也。虎者，肾也。肾炁易耗散，而真虎难得。心液难积聚，而真龙易失。要在知交合之时。采取之法，有自火中出，有自水中生，而颠倒之术在也。"

凡学《黄素书》者，既交合于龙虎，而丹药未易明也。"盖丹有内外，内丹者，其药材出于心肾，是人皆有，而必期于圣胎，就而真炁生。炁中有炁，如龙之珠，如牛之黄，本于黄芽生。内丹既成，则呵呼之间，可贮外药，则铅汞之合砂银之精是也。"

凡学《黄素书》者，既交龙虎，辨药材，而于铅汞必有说焉。"砂中有汞，比于阳龙。铅中之银，比于阴虎。铅乃银之母，汞乃砂之子，铅汞相合，锻炼自成。置之鼎器，配之药饵，温养无亏，则金丹可就矣。"

凡学《黄素书》者，既知铅汞，必有抽添之法。"抽则泻之，添则补之。补泻之说，乃造化之本也。是以天地阴阳升降，而变六炁。日月往复，而变九六。如不达天地之机，则真铅一时飞散矣，当切记之。"

凡学《黄素书》者，既审抽添之诀，必知河车之运。"何谓河车？有大河车，有小河车，有紫河车。盖河车，北方之正炁，运转不已，而包含阴阳始之，匹配奇耦，次也。内则聚精神，然后采自然之药，进真炁之火，添汞抽铅，则小河车之事一也。及夫一撞三关，直超内院，起收后前补炼上下，而黄庭大药渐成者，大河车之事也。大小既运，功既圆就，形炁不亏，道既配合，则所谓紫河车。足此三车，皆取意于运用而矣。如此，则炼形，即元内观之术，皆在我也。"

凡学《黄素书》者，既闻规戒，务在守持。年光易如流，丸炁形消，如焚火流丸。既落焚火，必灭。各宜早下工夫，则便六亲和合，一人升陆，九族蒙恩。凡自炁脉之原，必得亨通之路。

五藏内修法：五藏各有神，神各有形，形各有炁。欲理五藏，先在知其神，知其神者长生。存想肾神，以意想符，则神可见，肾神衣黑衣，冠玄冠，执剑，可使守丹炉而具水。其法以手自左足心，袓循而上，闭炁一口取之。存想肝神，以意想符，则神可见，肝神衣青衣，冠青冠，执斧。可使守丹炉而具炭。其法以两手按耳，闭炁三口，取之。存想心神，以意想符，则神可见，心神衣赤衣，冠朱冠，执锐。可使守丹炉而具火。其法张口，取炁二口吞之。存想脾神，以意想符，则神可见，脾神衣黄衣，冠黄冠，执如意。可使守统四神。其法按腹，取炁五口，吞之。存想肺神，以意想符，其神可见，肺神衣白衣，冠素冠，执刀。可使鼓鞴。其法以两手按鼻梁，左右取炁，各二口，吞之。

黄素导引法：以两手上交，左右努力各三遍。以两手下交，左右努力各七遍。以两手屈耀，左右手各七遍。以两手叉腰，左右努力七遍。以两手抱颈，以两肩左右努力，各七遍。右法时常行之，则气和。气和，则神和。黄素之道何也？黄者，土也。素者，水也。以土和水，甄陶而治，大器可成。人之初生，本有脾、肾荣卫之，道路由之。左右太冲，

气荣血卫，皆以二阴之炁，交生于左右肾。先缠脾交之而入肝，入肝而之心，心而之肺。由肺下降，入于二大母指。由二大母指，回达于鼻。鼻引清炁，入于二目。目回真炁，达于两耳。耳，水之门也。两耳回听，入于大海。大海，口也，脾之吐纳在焉。①

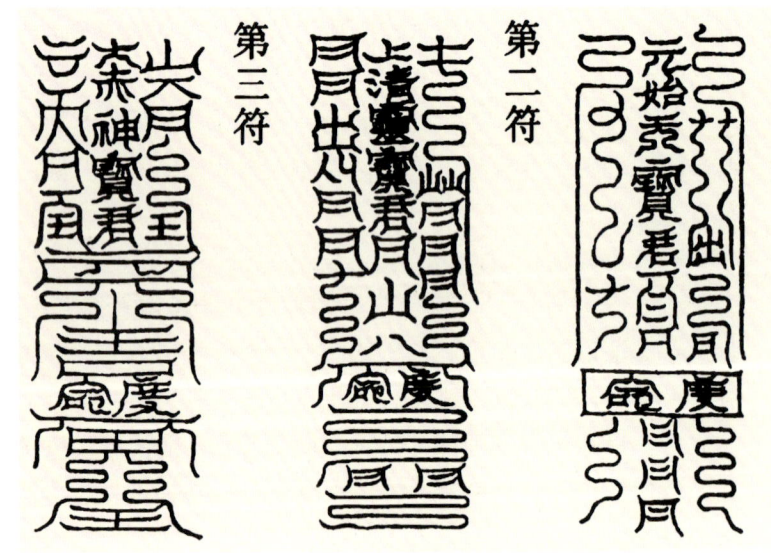

黄素真文　采自《高上月宫太阴元君孝道仙王灵宝净明黄素书》

凡欲学仙，必知真文。真文者，天地梵炁也。元始得之，以先天地；道君得之，以行道法；老君得之，以度人。世人之身，不得《黄素》真文不生。皆天宝、灵宝、神宝之祖炁也。祖炁结而成字，合而成人。司命下，而披黄素。黄素具，而后生。则黄素本内也，非外也。失之者，不可以生。不知者，亦不可以修行。右真文八十一字者，脾、肾中炁也。天地五行，土、水中炁也；得之故能生。如学道之士，能逐日烧香，观之真文，则知脾、肾吐纳之炁形也。自一至八十一，吐之，则见其出；咽之，则见其入。各长三寸，阔三寸也。②

飞仙度人法：行飞仙度人之道者，当以本命太岁，其夜亥时，漏水下七刻，入室朝真。再拜静坐，存思己身丹田下有池，皆金玉砌岸，上有金阙玉房，楼台三层。太上老君在下层，太上道君在中层，元始天尊在上层。其台直向顶门，而三君所坐，正当丹田、绛宫、泥九三处，有三色云炁毫光自泥丸出。叩齿九通，咒曰：天中之天，至森罗净霠止。

三华符　采自《高上月宫太阴元君孝道仙王灵宝净明黄素书》

---

① 道藏：第10册[M]. 北京：文物出版社，上海：上海书店出版社，天津：天津古籍出版社，1988：501–504.
② 道藏：第10册[M]. 北京：文物出版社，上海：上海书店出版社，天津：天津古籍出版社，1988：506.

掐都监诀，书三华符各一道。

右吞一道符，存入丹田，有红气上透泥丸。吞第二道符，存入丹田，有红气上透绛宫。吞第三道符，存入丹田，有红气与前二气升降交合。凡九次，成青、黄、白三气，冲顶门，作祥云，如车盖。乃微祝曰："金房之内有三君，变化大梵生宝璘。正气真精入玄玄，结成琼台体自然。巍巍凌空高三层，流霞丹霄翼琼田。上通棱层九重天，下有万丈幽谷泉。合会洞门造灵根，三华宝耀生明鲜。"咒毕，咽气九口止。①

咒水布炁法：诸咒水布炁，存思面见玄中太皇，身着上清衣，手执青书，坐师子座。左有长生大君，右有太乙司命，亦衣上清衣，执圭侍立。其大如枣，在两眉间，方阔一寸，如亭殿金阙，照耀有光，如青红瑠璃照水中。如布炁，则存照病人念咒，自"玄中太皇"起，至"自然成真"住，凡九遍，存思耳目、鼻中，有仙乐洞章步虚之声。咒水时，吹炁于水中九，布炁吹病人亦九口。布炁未验，再存吹三次而止。

洞房修真法：诸修真洞房者，亦存三守一之要法。每日静坐，不拘时候，存玄中太皇，身着上清衣，手执青圭，坐师子上。长生大君在左，太乙司命在右；无英在左，白元在右；桃康在左，桃孩在右。长生，火也，心也。太乙，命门之神也，故为司命。无英，肝神。白元，肺神。桃康、合延，土神。物入土则分析而生，故其神有二。此神居脐中，脐为命之根，土为五行之根。今以为肾神，则非也。肾，水也，得土而知。故存肾者，亦思二桃也。存之，则次第存，自本宫出，各衣上清金缕霞衣，侍卫中尊。太皇在眉间，分明了然。眉中一寸，广和宫殿。微咒曰："真中有神至，万炁齐仙住。"凡八十一遍，一遍取炁一口。又思已魂衣绛绫衣袍，戴远游之冠，朝见太皇高尊，与太皇高尊相对坐，众真侍立如前。复念前咒九遍，咽津八十一过而止。

服五芽法：九炁青天，三炁丹天，中央黄天，七炁素天，五炁玄天，各有五帝五灵之童。东方青灵之童，典清帝之书，讳开阳，长九寸，青羽衣，执青麾，侍文左。南方赤灵之童，典赤帝之书，讳丹珠，长三寸，赤羽衣，执赤节，侍文前。中央黄灵之童，典黄帝之书，讳红瑛，长一寸二分，黄羽衣，执黄钺，侍文中央。西方白灵之童，典白帝之书，讳明石，长七寸，素羽衣，执白旗，侍文右。北方黑灵之童，典黑帝之书，讳玉滋，长五寸，黑羽衣，执黑幢，侍文后。学者思此五童，降己身百日，及佩真文百日。其神居五藏之中，为致五芽之精。常以立春之日，鸡鸣入室，东向九拜，平坐，叩齿九通，存思青帝字灵威，长九寸，冠青玉冠，衣九炁青羽飞衣，驾苍龙玉舆，建鸦旗，从甲乙始老之官九十万人来降。须臾，化生青炁，如云贯覆己形，从己口直入下肝腑。又思木星焕明在东方，照己身，便开目，念咒九遍，吞东方真文十二字。又常以立夏日，鸡鸣入室，南向三拜，平坐，叩齿三通，存思赤帝字飘弩，长二寸，冠赤玉冠，衣三炁丹羽飞衣，驾丹龙

---

① 道藏：第10册[M]. 北京：文物出版社，上海：上海书店出版社，天津：天津古籍出版社，1988：562-563.

第三十三章｜净明道神仙谱系　619

王舆，建采旗，从丙丁真老之官三十万人来降。须臾，化生赤炁如火，贯覆己形，从己口入，直下心腑。又思火星焕明在南方，照己身，便开目，念咒三遍，吞南方真文十二字。又常以二分二至四日，鸡鸣入室，向王十二拜，平坐，叩齿十二通，存思黄帝字含枢纽，长一尺二寸，冠黄玉冠，衣五色羽衣，驾黄龙玉舆，建黄旗，从戊己元老之官十二万人来降。须臾，化生黄炁如云，覆己身，从己口入，直下脾腑。又思土星在天中，照我身，便开目，念咒十二遍，吞中央真文十六字。常以立秋日，鸡鸣入室，西向七拜，平坐，叩齿七通，存思白帝字曜魄宝，长七寸，冠白玉冠，衣七炁白羽飞衣，驾白龙玉舆，建素旗，从庚辛皇老之官七十万人来降。须臾，化生白炁如云，贯覆己身，从己口入直下肺腑。又思金星焕明在西方照己身，便开目，念咒七遍，吞西方真文十二字。又常以立冬日，鸡鸣入室，北向五拜，平坐，叩齿五通，思炁帝字隐侯局，长五寸，冠玄玉冠，衣五炁玄羽飞衣，驾黑龙玉舆，建皂旗，从壬癸玄老之官五十万人来降。须臾，化生黑炁如流星之光，贯覆己形，从己口入，直下肾腑。又思水星焕明北方，照覆己身，便开目，念咒五遍，吞北方真文十二字。

净明道传有法印，以证其传承有绪。何守澄撰《灵宝净明新修九老神印收魔秘法》："三洞真经，列圣所宝，秘于上宫，约以科禁，自非天地一开，其文不出。有遇之者，皆金名玉字，夙著仙谱之人也。粤惟上清伏魔印章受炼形神秘法，乃九老帝君，龙汉劫初，亲得元尊之旨，下教学仙之士，实为灵宝之枢要。历古以来，成功证为列真者，未易详述。昔高明大使许君，受法于道君谌姆大仙，吏隐东晋，摄邪诛怪，标江咒水，以极生民之灾病，积功累德，而后举全家于霄汉者。逮诸弟子继踵仙去，虽嗣法者代不乏人，然文字传习之久，例多谬误，无以取证。炎宋中兴，岁在作噩，六真降神于渝川，出示灵宝净明秘法，化民以忠孝廉慎之教，乃命洞神仙卿为训导学者师。越二年，秋八月，高明大使觌欸临于游帷故地，即今之江西玉隆万寿宫也。于是肇建仙坛，名曰翼真，以延善知识。凡经典疑难，悉听扣问。时新学九老法弟子，因以其书请益焉。果蒙真慈，发明道要，说《气镜》《神印》二篇，证诸阙误。继委门人，悉以符咒诀法厘正之。"

印释：上清九老帝君，回尸起死治病，伏魔纠察。三界鬼神皈正法事章文，章文三十五字，于背正雕白字，真楷书之。何守澄《灵宝净明新修九老神印收魔秘法》："道弥满太虚，贯该总属，得道之意。而知所谓情，则神印者，可易晓也。上士以印为道，道托印以行之尔。印者，如燧珠之艾炷耳。"右印用金银玉石，或雷震枣木、坚硬之木，皆可。印式，阔二寸四分，以应二十四炁；长二寸八分，以应二十八宿；厚一寸二分，以应一十二辰。以三元八节、甲子庚申，或丁甲纳音水火之日，斋其工匠，面东造之。印成，请度师保奏，呈泰玄都省。自授度之夕，于露天置案设印，以香花净水祭其神印，达旦即收入。勿令鸡犬妇人见之。如是三夜，祭讫，方可用行。

《道法会元》载："诸家炼度，必有朱陵火府印。欲径达章表，须得玉清通章印。发醮牒，用太玄都省印。箓坛，用元始万神印。雷法，用天部霆司印、都管雷公印。玄灵式，北斗玄灵印。太乙法，神机院印。元老法，上清仙都印。天枢法，须得火铃童子印。玉笥法，玉宝都司印。大统兵法，用飞捷使者印。以上诸法无各印，法不成。宜访道求之。法印自裂成文，法官主有大灾。印或作声，主盗贼水火非常之事。宜急避之，则吉。"

《太上净明院补奏职局太玄都省须知》："祈禳超度，用道君印。"凡得净明法者，雕印二颗，各二寸四分，一曰太上净明之印，一曰净明法主之印。法主之印，即遣呼召鬼神。

受持印章法：每日清日一烧香，掐日君诀。视印祝曰：嗣法某，谨以信香，告于天印神灵侍卫官将，曰：元始开图，必自乎震。九炁帝君，获此神印。赤书玉字，天地安镇。隐音内名，鬼神符信。我佩印章，摄行天命。护身济人，伏魔皈正。无往不通，有感皆应。即望东取太阳炁，吹入印中，放诀。

用印诀：凡行救治，先焚香，据来人事意，启白上清九老帝君，法中一切灵神，乞赐救护。次用印时，左手握诀，屈中指掐掌心中也。右手持印，存变为九老帝君身，御上清冠服，左右官将侍卫。方用印，即望东取太阳真炁，吹于所印文字上。若专给印救治，即就印上，再书印到速安四字。又押字讫，再取太阳真炁，吹印上，发诀，想神将随印前去也。

发印诀：如驱邪伐祟，依常式印其来状，令烧付本家司命土地行遣。如辟除妖怪，书事用印，贴本处安镇。如肢体伤折者，贴印于疼痛处。时瘟疟疾者，贴于前后心。疮疡瘫疽者，烧灰，或涂或洗。鬼忤恶梦者，或佩或吞。目疾者，净水浸印，洗之。各获安愈也。

太玄都省印
采自宁全真《上清灵宝大法》

道君玉印
采自《灵宝无量上经大法》

净明法主之印
采自《太上灵宝净明法》

## 二、净明道神仙谱系

与其他道派相同，净明道亦奉三清为至圣。《太上灵宝净明洞神上品经》卷上："太极无上，大罗始青。中有真人，不死不生。天中之尊，是名三清。玉清宫中，元始天尊。上清宫中，灵宝天尊。太清宫中，道德天尊。是为三景，各有真人。为之典丞，左右丞相。玉童玉女，典经典吏。掌籍学士，释文誊籍。法官御史，中丞总领。宇宙主宰之君，是为玉皇。承三清之命，察紫微之庭。侍卫之官，承受三清。紫微之庭，枢纽百灵。小事专掌，大事申呈。玉皇之宫，以定章程。执事之臣，上应三清。外有加员，一一有名。南北二斗，生杀之君。左有太微，右少微君。玄都主判，天枢纪纲。七十四司，喉舌之官。都录录事，纠察善良。名曰会府，尚书五部。太微少微，玄都宰主。是为三省，是为六曹。行坛判官，亦如前数。知其名位，可以觉悟。修吾道者，可应员数。参侍玉宸，三五飞步。"

他们视三清为不死不生、永恒长存的真灵，玉皇大帝为宇宙主宰，紫微大帝枢纽百灵，其下分置三省六曹、尚书五部、七十四司，治理三界鬼神。《太上灵宝净明飞仙度人经法》曰："祖师太阳上帝孝道仙王灵宝净明天尊，祖师太阴元君孝道明王灵宝净明黄素天尊，经师至孝恭顺仙王，籍师玄都御史真君，监度师三天扶教辅元大法天师正一冲玄静应真君，度师九州都仙太史高明大使至道玄应神功妙济真君，灵宝净明玄中传教圣师，灵宝净明下教仙乡，灵宝净明飞天度人大元帅帝君，灵宝净明飞天度人大使者帝君，灵宝净明飞天度人三十六位帝君，灵宝净明飞天度人十方神王，灵宝净明飞天度人三百六十万神王，灵宝净明飞天度人十方长生大神，灵宝净明飞天度人三部秘法羽衣誊籍判官，灵宝净明飞天度人绣衣玉童玉女，灵宝净明飞天度人侍经五帝直符，灵宝净明飞天度人侍经五炁功曹，灵宝净明飞天度人周天传言、传香、传文、典籍使，灵宝净明飞天度人护身、传真、卫真、监真吏，灵宝净明飞天度人前后二十四史吏，灵宝净明飞天度人直事传言飞龙骑吏，灵宝净明飞天度人八万四千灵官寨主将，灵宝净明飞天度人八万四千寨节员甲马，灵宝净明飞天度人八万四千受事，灵宝净明飞天度人三界直符，灵宝净明飞天度人怛他苏伽功曹。"经中宣称，这是灵宝净明一切法中行事之神，宜于每日烧香朝礼。

所谓"玄元始炁"，是指元始混沌之祖气。由这一祖气，化生三炁，三炁化生三清。《洞玄灵宝自然九天生神章经》曰：三清年殊号异，本同一也，分为玄元始三炁而治。"三宝皆三炁之尊神，号生三炁，三号合生九炁。九炁出乎太空之先，隐乎空洞之中，无光无象，无形无名，无色无绪，无音无声，导运御世，开辟玄通，三色混沌，乍存乍亡。运推数极，三炁开光，炁清高澄，积阳成天，炁结凝滓，积滞成地。九炁列正，日月星宿，阴阳五行，人民品物，并受生成。天地万化，自非三元所育，九炁所导，莫能生也。三炁为天地之尊，九炁为万物之根，故三合成德，天地之极也。"[1] 三炁化生孝道仙王、孝道明王、孝悌王，说明孝道就是仙道，就是至道。

赵道一《历世真仙体道通鉴》则谓孝悌王讳弘康，字伯中。他对兰公曰："始气为大道，于日中为孝道仙王。元气为至道，于月中为孝道明王。玄气为孝道，于斗中为孝悌王。夫孝至于天，日月为之明。孝至于地，万物为之生。孝至于民，王道为之成。吾于上清以下，托化人间，示陈孝道之教。后晋代当有真仙许逊，传吾孝道之宗，是为众仙之长。因付兰公秘旨及金丹宝经、铜符铁券，令传授丹阳黄堂靖女真谌姆，且戒之曰：'将来有学仙者许逊，汝当以此授之。'"

道教称日神为"太阳星君"，全称"日宫太丹炎光郁明太阳帝君"，或称"日宫太阳帝君孝道仙王"。唐宋间《太上洞真五星秘授经》称："太阳真君，主照临六合，舒和万汇，如世人运炁逢遇，多有喜庆，宜弘善以迎之。其真君，戴星冠，蹑朱履，衣绛纱之衣，手执玉简，悬七星金剑，垂白玉环佩。宜图形供养，以异花珍果，净水名香，灯烛清醴，虔心瞻敬，至心而咒曰：太阳真君，杲杲高迈。万类仰之，群动是赖。太阴真君，主肃静八荒，明明辉盛，如世人运炁逢遇，多有惨惨之忧，宜弘善以迎之。其真君，戴星冠，蹑朱履，衣素纱之衣，手执玉简，悬七星金剑，垂白玉环佩。宜图形供养，以异花珍果，净水名香，灯烛清醴，虔心瞻敬，至心而咒曰：'太阴真君，常弘正道。阴德不愆，福我亿兆。'"《无上九霄玉清大梵紫微玄都雷霆玉经》曰："日宫太阳帝君，雷霆赖以威。月府太阴皇君，雷霆赖以神。北斗九皇真君，雷霆赖以枢辖。在昔元始天尊敕太清无上元君，令九州都仙太史高明大使判雷霆泰省事，太上玉京太极左宫仙翁判雷霆玄省事，三天扶教辅元大法师判雷霆都省事，复以浮丘大仙会书雷霆三省事，自余以次官曹并领所治。或曰兼司，或曰分司，其所出治，或巡察官司，则曰行司。四官阙员，皆应选人。往昔劫中，曾已选讫，是此四官，复当降世，领户化民，功成复还所治。"

日月星君　元代　壁画　山西芮城县永乐宫

---

[1] 《洞玄灵宝自然九天生神章经》。撰人不详，约出于东晋，系古《灵宝经》之一。道藏：第5册[M]. 北京：文物出版社，上海：上海书店出版社，天津：天津古籍出版社，1988：843.

杜光庭《道门科范大全集》卷48曰："具位上启日宫太阳帝君，宫下仙众。伏以日辉盛大，主太阳宫，居星为众象之尊，主世照万生之命，形魂天地，掌握阴阳，金乌昼夜之巡行，苍旻主司于善恶。每承运照，寔荷生成，谨备香灯，广伸虔奉。伏冀分辉照耀，暗察衰危，希纪算以坚强，望福禄而增广。愿依丹悃，永荷洪恩，爰有祝文，谨当宣奏。次宣符咒。太阳真君咒：东望扶桑宫，稽首朝郁仪。太阳洞明景，寥寥何所思。令我拜金色，候天望英姿。皇华将玉女，临轩降此时。"太阳帝君诰曰："大罗天上，朱景宫中，尊居十极之高，体干出治，位正三才之上，御德行权，寒肃暑火，平六气而咸宁万国，旦明宵晦，驾六龙而统治十华，司善恶予夺之柄，照临赫奕，定功过显微之迹，感应昭彰，号令雷霆，迅除邪祟，大悲大愿，大圣大慈，日宫太阳，郁仪帝君，威光布德如来，慈辉朱日天尊。"

太阴皇君，全称"月宫黄华素曜元精圣后太阴元君"，或称"月宫太阴皇君孝道明王"。朱权《天皇至道太清玉册》曰："日，黄帝称为太阳帝君。月，黄帝称为太阴皇君。"杜光庭《道门科范大全集》曰："具位上启月宫太阴皇君，侍从仙众。伏以月宫至圣紫光上真，主北极之阴关，掌人身之右魄，巡游不住，辉照无穷，明分短长，显示善恶，动静实由于斟酌，舒张全系于行方，致吉凶而有缺有圆，降祸福之无差无忒。今则特伸丹祷，愿赐鉴观，遵太上之真符，赦生灵之罪咎，俾醮主某福如沧海，寿等椿松，灾害不生，尊卑宁谧，愿依凡悃，不负天麻，所有祝文，谨当宣奏。次宣符咒。太阴真君咒：仰望顾八表，惟月孕阴精。中有大素皇，夫人驾绿軿。曜华光二极，混明照三清。殷勤求志道，五色下来迎。"《无上九霄玉清大梵紫微玄都雷霆玉经》曰："九霄玉清府，有东灵上相、瑞光仙师、六华玉震使者、散花玉女、主雪将军、回风结云使者，所以掌雪雹事，分隶月府太阴皇君。"《道法会元》曰："谨端肃再拜，上启素曜结璘月府太阴皇君圣前。恭望圣慈，允臣所启。特赐恩颁合属，赦过民愆。较命神司，斡旋造化。布太阴之正炁，结冻凝冰。散金母之真精，屑云雕雪。即使飞琼花于万亩，为祥瑞于丰年。消殄虫蝗，肃清疵疠。物皆富庶，民乐太平。用副祷祈，式符道化。干冒圣威，臣下情不胜惶惧，俟命之至。谨状。"太阴皇君诰曰："大罗天上，七宝苑中，秉金水之精华，姿容绰约，本坤仪之柔顺，瑞相端严，开玉烛之神光，家沾清泽，炼紫房之灵药，人锡长年，虽朓朒而真体罔亏，任满盈而明辉不溢，考核诸仙之升降，主持司禄之权衡，命玉妃而滋甘露，催开万谷春容，咨青女而降玄霜，收敛千仓秋实，化被人天，恩敷三界，大悲大愿，大圣大慈，月府太阴，结璘皇君，宝光幽照如来，妙果素月天尊。"

道教上清派、灵宝派、清微派亦供奉孝道三王。《大洞玉经》卷上注："孝道成明王者，谓孝感于天，于日中为孝道明王，于月中为孝道仙王，斗中为孝悌王也。"金允中编《上清灵宝大法》列举"黄箓大斋醮谢真灵三百六十位"中有日宫太阳帝君孝道仙王、月宫太阴皇君孝道明王。《道法会元》曰："孝道仙王大丹炎光郁明太阳帝君，居洞明郁仪宫。孝道明王黄华素曜元精圣后太阴皇君，居洞阴结璘宫。"

《太上净明院补奏职局太玄都省须知》中详细列举了净明道的各种神司，有"太玄都省者，乃玉皇上帝专达之府。府有文林、武林二品官。文林掌文章簿书礼仪之事，武林掌诛邪杀伐之事，并以行道法人，依功绩叙迁。生曰遥勋，死为正授，此常格也。如生有奇能异绩，名系玄谱，真圣叙用者，常以正授。或以福履叙用者，魂神寄阶，梦判天法。其有宿在鬼神科籍，阴掌天宪，闻聪见明，心与天齐，神与阴会者，正授委任，各有品第"。

有太玄司局，"在玉清宫内，掌管天下奏事，通呈奏牍诸仙出身文籍，兼都刑掌犯死刑籍事"。下设各种院所，分理三界事务。禄算院，掌人物生死事。延生院，掌人寿算事。治职院，掌天下法官考第事。天道院，掌天下修行人事。阳德院，掌天下德事。阴祸院，掌天下恶事。仙鬼院，掌鬼神升迁事。天兵院，掌三界兵马事。粮料院，掌人物受用事。罚算寿院，掌人枉死事。黑狱院，掌法官罪犯事。仙籍院，掌诸总籍事。通呈院，掌天下奏名事。磨勘院，掌四天磨勘司事。宫庙院，掌天下祭祀事。天雷院，掌天符事。天雨院，掌天下雨泽事。散仙院，掌诸法子出身事。兵局院，掌兵符死亡事。检察院，掌上界神仙功过事。天仙院，掌诸天奏牍事。诸法院，掌十洲三岛事。招文院，掌上降到法律事。刑制院，掌犯死罪刑籍事。延祚院，掌国祚君王名姓事。阳官院，掌阳界人世官事。阴官院，掌阴界地府官事。义成院，掌录天下行孝事。清节院，掌录清节事。照临院，掌五星诸文事。都刑院，掌阳间刑狱事。司命院，掌人物注生事。诸司录事，如七十四司小判官。诸院判官，如驱邪院判官。诸司会书，如同管右判官。押司一百二十阶，如考照押司。

又有天枢都司局，"天门司院上天喉舌之官，总领七十三司、七录事司，谓之七十四司，稽考三界阴阳善恶。文字经法，上下无不关督如缘，合系都录七录事之选者"。七录事司，"管元会管兵一万人，召天摄军。第一录事司，相提真人沈佺。第二录事司，茂全真人汪洋。第三录事司，阳明仙佐传受。第四录事司，明救治续真人封休。第五录事司，守分未有仙职胡注。第六录事司，守分未有仙职孔文。第七录事司，守分未有仙职方整。七录事，掌分书七十四公事外，录算司系节员。"

第一录事司，名会府连录算司，节员二十七司。录算司，掌人物主生死都数，宜枢关键真人蔡援。延生案，掌增崇寿算，玄绛丹霞真人王自。纪功院，掌天下人功德，辉腾真人卢藏用。职事司，掌天下法官放第，休应真人贾益。天道院，掌天下修行人籍，妙德真人吴忱。阴绩寺，掌天下阴德阴祸，无为治道真人朱懿。鬼仙案，掌鬼中升仙籍，纠察崇灵真人萧史。兵马司，掌三界兵马数，日休上元真人欧阳立。粮料司，掌人物受用数，灵辉子华真人欧阳度。司命案，掌人物注而未生，符命保功真人傅元。枉死案，掌人物枉死罚寿罚算，龙光真人白敏中。黑狱簿，掌仙官罪犯，风乐庄重真人匡休。崇真院，详定纪功，院事黄官真人廖立。仙籍院，掌诸仙总籍，丹霞真人吴权。详定司，掌誊录天下奏牍，西华真人吴采。奏事局，掌通呈奏牍，北洞真人王乔年。都刑院，掌人间刑狱，明分

真人皋陶。天枢院，掌阴狱诸处天地狱，申呈幽辟真人葛。磨勘司，掌四天磨勘事，八开真人姜惟。宫庙籍，掌祭祀入典鬼神，衮常真人赵奉侯。雷雨案，掌雷雨仙官，节府朗野真人萧庄。散仙案，掌诸仙出身文籍，宝静真人蹇常。检察院，掌法驾天文及仙女，治具最仙真人傅兴。差兵案，掌三界兵符死亡胜败，灵德真人郭茂先。检察司，掌上界判官功过，清景真人刘真。诸天奏院，掌诸天仙官奏牍，文崇治至真人甄善济。诸天奏案，掌三岛十洲奏牍，妙应无上真人蔡符。

第二录事司，名左八司都局。检察右司，掌中下界判官籍，杜庭真人江真。检察左司，掌五岳奏牍文字，阳华真人梁竦。招文院，掌上天降到法律，等妙真人裴言。刑制院，掌犯罪死刑籍，华阳真人冯垣。延祚司，掌国祚君王名姓，素广真人崔纪。阳官院，掌阳界人世官僚，清说真人殷觉。阴官院，掌阴界地府官僚，赫曦真人伍奇。柢候典，掌酆都罪死文字，瑶康真人黄恍。

第三录事司，名右六司都局。义成院，掌录天下忠孝，广明真人仇览。清节院，掌录清节之士，符会真人黄定。照临寺，掌四夷人物，同僚真人欧阳兔。广照寺，掌四夷运祚，保康真人廖忻。日月司，掌日月奏牍，恭和真人仇香。五星院，掌诸星文，交光真人土曜。

第四、第五、第六、第七录事，掌四方二十八宿行到事，名八同承受。东方第四录事，判官八人，共封清辉真人：羊其、王吉、奉朗、汪觉、张亮、侯甫、牛庆、牛度。南方第五录事，判官八人，共封赫华真人：窦建、万胜、封言、茂中、封真、华简、至相。西方第六录事，判官八人，共封素寂真人：黄文、萧宗、关子明、胡干、胡注、黄万胜、刘知几、刘璋。北方第七录事，判官八人，共封幽灵真人：卢吉光、郭援、王治道、李允中、李黄、曹洪、胡江、胡真。天枢转牒使，掌转送文字付诸司，属都司：总官左控鹤使崔隆，曹司右驭龙使胡德，节员右赤童宝升。

# 第三十四章

# 宋代道教造像中的神仙

道教造像是一个极其丰富的文化宝库，然而由于历史原因与史料缺乏，长期以来道教界忽略了这一研究领域，宗教学视野的观察更是少之又少。面对绮丽多彩的石刻造像与图像资料，人们往往难以解读，以至于张冠李戴，误判对象。典型的两个案例就发生在当代。一是将湖南石门夹山寺墓穴中一通道教用于镇墓的"扩符碑"认为李自成的身份碑，证明夹山寺奉天玉和尚就是李自成。① 二是将一枚明代道教法印"雷霆都司北极驱邪"当作西汉武帝送给夜郎国的"夜郎王印"，宣称价值亿万元。② 类似的学术笑话还有很多，正是学术界对这些领域的忽略与轻视造成的。

道教造像是指造于庙堂、石窟等供道教信徒奉祀的神像。道教造像由于神灵的地位、作用不同，其形象制作要求也不同。与佛教造像比较，道教造像相当稀少。道教造像的遗存主要集中于三个区域：北朝造像主要在陕西关中一带，隋、唐、宋造像主要在四川、重庆，元、明、清造像多在山西。唐、宋之前的遗存主要是石刻造像，元、明、清的遗存则多为彩塑。

王家祐先生指出，四川道教造像与石刻艺术直接来源于广汉三星堆祭祀坑中的铜铸神像，确证早在蜀王杜宇时（相当于商末周初），蜀地已形成高度的神灵信仰。巴蜀人祭祀"三皇""五方龙神"，蜀开明王朝有"五色帝庙"，巴蜀巫师使用着示意"符箓"，一种吉祥图画的"巴蜀图语"。蜀王铜印上有祖妣祭酒图像。约在公元1世纪，张陵用黄老之学改造五斗米道为天师道，道教正式成立。考古遗迹有：简阳岩洞石壁上刻有汉安元年（142）"会仙友"三个大字，芦山县建安十年（205）《樊敏碑》提到了"米巫"，熹平二年（173）的《米巫祭酒张普碑》记载了"道正一气"传教情况。巫山县大溪出土的玉雕人面饰牌距今约五千年，商周两代的广汉玉器已很精美。广汉县和成都市区出土的商代立雕人像是最早的雕像。建宁元年（168）造三神石人中的李冰立雕像高达3米，汉崖墓石刻图像与画像砖已采用神仙西王母、伏牺女娲等题材。最早的道教线刻见于《北周强独乐造像碑》，最早的执拂尘高冠的神仙见于梁普通四年（532）康胜造像背面浮雕。

四川道教石雕现存者约起于隋朝，有四十多处摩崖道教造像。青城山天师洞内的张陵天师石雕像造于隋大业年间，天师像威严，左手掌直伸向外，掌中有"阳平治都功印"六字。广元县有道教神像（皇泽寺8号龛）一列共九躯，渠县化佛岩有道像一列七躯，蒲江县

---

① 王家祐，李远国. 关于湖南石门夹山寺"扩符碑"的说明[J]//中国社科院李自成研究课题组编. 李自成结局研究[M]. 沈阳：辽宁人民出版社，1998.
② 李远国. "夜郎王印"还是"道教法印"：贵州镇宁铜印的考辨[J]. 中华文化论坛，2010（4）.

飞仙阁有道教天尊等像多龛，其44龛造天尊像十躯并列。绵阳市西山观玉女泉崖壁上有25龛道像，广汉县集灵观有天尊真人石像大小万余躯，可见道教之盛。

宋代道教摩崖造像以大足最为著名，既多且佳。安岳县还有五处道教造像属于宋代，即赤云公社华严洞内的夫子像，般若洞内的孔夫子像、李老君像，瑞云公社老君庙的道像，城郊园觉洞的道教女神像龛，石鼓公社的三眼神像。江油天仓山太乙洞内有立雕道像多躯，宋代或明代雕造。夹江县庞婆洞有庞氏夫妇坐像，蒲江县飞仙阁小龛道教神像似为宋造。① 这里就其重要的几处略加介绍，以管窥宋代道教造像所反映的道教神系状况。

# 第一节　重庆大足宋代道教造像

南宋时吴玠、吴璘、虞允文守蜀，由陕西迁来的士族与镌刻匠人创造了中国晚期石窟寺艺术，使川中摩崖大放异彩，道教造像尤为壮丽精美。据王家祐先生调查，大足现存道教摩崖造像多达十九处，时间范围从宋代至民国。这里仅介绍宋代的道教摩崖造像。

石门山位于大足石马镇新胜村，造像开凿于1094—1151年，有造像12龛窟，即药师佛龛、释迦佛龛、水月观音龛、阿弥陀龛、西方三圣龛、孔雀明王龛、诃利帝母龛、三皇洞、玉皇龛、独脚五通龛、炳灵龛、山王地母龛。此外尚存造像记20件，碑碣、题刻8件，培修记8件及文惟一、文居道、塞忠进等工匠师镌名。石门山摩崖造像为佛教、道教合一造像区，尤以道教造像最具特色。

第2号玉皇龛，中壁刻玉皇大帝，面向东北，端坐于双钩云头靠背椅上。椅背上搭有垫帛，云头倒钩处悬有玉环，环下垂有流苏。玉帝坐身高0.70米，肩宽0.22米，脸庞微胖，颌下有一绺长须，头戴冕旒，两侧垂香袋护耳，冠带系于颈下，身着圆领阔袖大袍，外罩对襟衣被，双手捧玉珪，两足着靴，踏于方几上，膝间有宽带，由胸垂于几前。玉帝两侧有二侍者，头戴幞头，双脚于脑后向上交叉，身着圆领窄袖长袍，腰间系带，各举一把长柄日月宝扇，作玉帝仪仗。其形象丰满圆润，犹然保存了唐代造像的风韵。

龛外下部两侧各立一像，左为千里眼，右为顺风耳，皆高1.81米，宽0.49米。这是现存最早的千里眼、顺风耳造像，十分珍贵。千里眼面容清瘦，眼如铜铃，似能目及千里，额上戴束发箍，颈后有二带飘拂，其上身束甲，胸、腰系有勒带，右手在胸前持物，左手反

---

① 王家祐.四川道教摩崖造像概况[J].中国道教，1987（1）.

握一柄双尖长刃矛。顺风耳头顶略残，面貌丑恶，两耳上竖，作细听状，上身赤裸，仅斜围一带，腹前双带交叉勒于腰带之兜，其左手残，右手握一蛇头，蛇身绕颈，蛇尾搭于顺风耳右胸前。二像上身只着短兜，肌肉丰健，筋脉显露，手法夸张，双腿前部裹有护膝及护腿甲，赤足无靴，臂、腕踝上均戴钏。千里眼之左下侧，立一男供养人杨文昕像，面老有须，戴头巾，其左手掐带，右手侧垂。有造像记，文曰："男杨佰高，伏为故先考杨文昕真容一身供养。其故父享年八十岁，于丙寅绍兴十六年十月二十六日辞世，丁卯二月十三日记。"①

玉皇大帝　南宋石刻　李远国摄

千里眼、顺风耳这对鬼神在民间信仰中名气颇大。《太上老君说天妃救苦灵验经》："是时老君闻天妃誓言，乃敕玄妙玉女，锡以无极辅斗助政普济天妃之号，赐珠冠云履，玉佩宝圭，绯衣青绶，龙车凤辇，佩剑持印，前后导从，部卫精严，黄蜂兵帅，白马将军，丁壬使者，柽香大圣，晏公大神，有千里眼之察奸，顺风耳之报事，青衣童子，水部判官，佐助威灵，显扬正化。世间若有男女恭敬信礼，称其名号，或修斋设醮，建置道场，或清净家庭，或江河水上转诵是经一遍，乃至百遍千遍，即得祛除灾难，殄灭邪魔，疾病自痊，官灾永息，行兵临阵，凶恶自离，囚狱之中，自然清泰，贼寇不侵，恶言无害，田蚕百倍，牛畜孳生，财禄盈

千里眼　顺风耳　南宋石刻　李远国摄

余，经营获利，行商坐贾，采宝求珍，海途平善，无诸惊恐，求官作事，遂意称心。"他们皆为妈祖的护卫。余象斗《南游记》记载华光收千里眼、顺风耳之事，土地曰："此山上大王，一个叫做千里眼，能看一千路外，无所不见；那一个叫做顺风耳，听得千里路外言语，无所不知。又名叫做离娄、师旷，叫做聪明二大王，吃人无厌，骨积如山。"②华光听罢，便去离娄山，将其收伏。《封神演义》："今棋盘山有轩辕庙，庙内有泥塑鬼使，名曰千里眼、顺风耳；二怪托其灵气，目能观看千里，耳能详听千里。"③《西游记》则谓千里眼、顺风耳为玉皇大帝的侍从。可知千里眼、顺风耳崇拜盛于明清时期，是家喻户晓的小神灵。

---

① 刘长久，等.大足石刻研究[M].成都：四川省社会科学院出版社，1985：541.
② 吴元泰等.四游记[M].哈尔滨：北方文艺出版社，1985：107.
③ 封神演义[M].广州：广东人民出版社，1981：848-849.

五通大帝　南宋石刻　李远国摄

第7号龛，中壁刻独脚五通大帝。五通大帝身体左侧，面南，缺右腿，左脚作金鸡独立式，立于一风火轮上，其身高1.87米，宽0.50米，风火轮高0.53米，厚0.25米。五通大帝面相威猛，广额深目，狮鼻阔口，头戴束发金冠，外着圆领窄袖大袍，腰系勒甲带，左手举于胸前，右手甩于身后，衣袖飘扬。清乾隆年间妆修的题记中称其为"独脚五通大帝"。① 这是现存最早的五通大帝造像，十分珍贵。

然而，此"独脚五通大帝"为淫邪之神，并非"五显大帝"，这是两个不同的神明。对"五通""五显"的区别，宋人早已辨析。祝允明在《苏州五显神庙记》中指出："宋迪功郎、国史实录院编校文字胡升所作《星源志》，则疑《宋会要》不载姓氏，而推本于五气，亦近雅论。""又佛典则为华光藏菩萨之化，夫自执一者观之，以为神祇鬼判，然不相谋也。"② 胡升所论皂白之文今仍可见："本朝神祠，见《宋会要》，姓氏皆可考；惟此独无姓氏，何邪？升曰：莫之为而为者，鬼神也。《周礼》：小宗伯兆五帝于四郊。《汉仪》：祠五祀。《宋明堂图》：五方帝位于昊天之侧，从之以五人，帝五官神，皆五行真气也。""或者以五圣为五通，非也。盖本朝政和元年正月，诏毁五通及石将军、妲己淫祠。至宣和五年，适有通贶等侯之封。前后十余年间，黜彼之邪，崇此之正，昭然甚明，尚可得而并论之乎？亦缘乡曲前辈，偶傅会佛有六通、弟子五通之说，以启后人之疑耳。"③ 由此可见，"五通"自为"五通"，本与"五显"无关，此正邪必须明辨，以正视听。南宋洪迈《夷坚志》中有关于"五通"的记载，一则曰："大江以南地多山，而俗禨鬼。其神怪甚佹异，多依岩石树木为丛祠，村村有之。二浙江东曰'五通'，江西闽中曰'木下三郎'，又曰'木客'。一足者曰'独脚五通'。名虽不同，其实则一。考之传记，所谓林石之怪夔罔两及山獚是也。李善注《东京赋》云：野仲游光，兄弟八人，常在人间作怪害，皆是物云。变幻妖惑，大抵与北方狐魅相似。或能使人乍富，故小人好迎致奉事，以祈无妄之福。若微忤其意，则又移夺而之他。遇盛夏，多贩易材木于汀湖间。隐见不常，人绝畏惧，至不敢斥言，祀赛惟谨。尤喜淫，或为士大夫美男子，或随人心所喜慕而化形，或止见本形。至者如猴猱、如龙、如虾蟆，体相不一，皆趫捷劲

---

① 刘长久，等.大足石刻研究[M].成都：四川省社会科学院出版社，1985：545.
② 祝允明.怀星堂集[M]//文渊阁四库全书：第1260册.台北：台湾商务印书馆，1983：775-776.
③ 程敏政.新安文献志[M]//文渊阁四库全书：第1375册.台北：台湾商务印书馆，1983：302-303.

健，冷若冰铁。阳道壮伟，妇女遭之者，率厌苦不堪，羸悴无色，精神奄然。有转而为巫者，人指以为仙，谓逢忤而病者为仙病。又有三五日至旬月，僵卧不起，如死而复苏者，自言身在华屋洞户，与贵人欢狎。亦有摄藏挟去，累日方出者。亦有相遇即发狂易，性理乖乱不可疗者。所淫据者非皆好女子，神言宿契当尔，不然不得近也。交际讫事，遗精如墨水，多感孕成胎，怪媚百端。"①一则曰："曰九圣，曰山魈，曰五通，罪皆有状，使徇于庙，相次以驴床钉二男四女及六魈。刽者朱帕首，虎文衣，亦各书其罪。一人乃旧婢华奴，以震死而为厉者。一人非命而为木魅者，男强死而行疫者，魈正神而邪行者，诈称九圣者，窃正神之庙食者，生不守正，死为邪鬼，杀人误国，无所不至。"②清毛祥麟《对山余墨》曰："三吴风俗，信祀淫祠。康熙间，汤文正公抚吴，曾经奏毁。久而禁弛，僧人渐搭房屋，香火复盛，祈祷者又接踵于途矣。道光乙未，江苏按察使裕谦，复毁上方山五通祠，获僧傅德、成镒等，严加惩办，并禁民间如有私奉五通、太母、马公等像者，以左道论，由此始得稍息。闻五通系明祖定鼎分封后，追赠阵亡毅魄，又由将士而思及兵卒，因取五人为伍意，封作五通。以其死无所依，令逢寺庙晏神，必设下筵以享，此五通神之所由也。"③

13号山王、地母龛，北宋绍圣二年（1095）造。本号分上下龛。上龛内左为山王，右为地母，皆面南，并肩而坐。山王面净无须，头戴瓦楞方冠，身着斜襟大翻领宽袖长袍，足着圆头靴，双手笼于袖中，并放于左膝上。地母面貌俊秀，凤冠霞帔，身着圆领宽袖长袍，胸围玉带，足着云头靴，踏在一几上，双手合袖内置于胸部，有结花饰带从胸部垂足下，旁有双饰带垂座前。需要说明的是，原像已毁，现像系清代补修。龛外山王下方及左壁，阴刻有二只猛虎，头刻有"王"字，作咆哮状。下龛内有三像，面南，中坐两侧立，左像双手捧卷，右像右手持斧，均已风化剥蚀。龛外右侧壁有一题记："……镌造山王一龛，用援前陈后誓，诸邪魔鬼，各去他邦，莫为仇执，去离门庭。愿先亡离苦，债主升天，见在子孙，皆蒙吉庆。伏冀弥勒龙花，亲蒙受记。以乙亥岁绍圣二年二月二十四日清明节造。弟子杨才友，女弟子冯氏，长男杨文忻，次男杨文秀，镌作匠人文居道。"在上题记右侧，又有一题记："弟子杨才友一家等，以二月十五日本命之晨，命僧昊庆赞山王、地

东岳大帝　南宋石刻　李远国摄

---

① 洪迈.夷坚志：第2册[M].北京：中华书局，1981：695-696.
② 洪迈.夷坚志：第1册[M].北京：中华书局，1981：368.
③ 车吉心.中华野史：第13册[M].济南：泰山出版社，2000：2767.

母，祈乞一家安乐，大小康安，凡在公私，万民吉庆。"本龛外右壁转角处西壁下方，有一小龛，内刻一男像，坐于双孔座凳上，双手笼袖中置于腹前，其上刻"龙王"二字，像现已风化模糊。①

第11号龛，东岳大帝夫妇龛。主像为东岳大帝夫妇，面西南，端坐于双龙头靠椅上。两足着靴，踏于方形四角几上，二像坐身高0.89米，肩宽0.30米。炳灵在左，面净无须，头戴翘脚幞头，幞头双脚平行上翘，身着圆领朝服，服上饰有螭图，双手拱于膝上。夫人在右，凤冠霞帔，身着命服，外罩对襟宽袖长袍，肩围飘带，双手放在腹前。二像椅后立屏风一扇，屏风两侧前各立一侍童，着斜领长袍，双手于胸前拱揖。

东岳大帝龛　南宋石刻　李远国摄

龛内围绕主像东岳大帝夫妇，在其身后及两侧，共刻有五排七十身男像。上三排十八尊像，全为立像。下二排有十二尊像，为坐像。各像均系文官，头戴高顶方冠，或展脚幞头，身着朝服，双手于胸前奉笏。在龛下部共刻有十八尊像，并肩而立。头上方有一条彩云，横贯全龛。中部是两人双手共捧一长卷，左侧立有一兽头人身恶鬼，弯腰向中作乞求状。右侧为一妇人，双手于胸前持一物（残）。各像大多头戴官帽或软巾，身着朝服，手奉笏、书、经、巾、拂等物，姿态互不相同。龛外正下方壁上浮雕有地狱变相图，内有山、蛇、鬼卒等，及"铁围城"字样，全图现已风化剥蚀。②反映出公元10至13世纪东岳世家在道教神系中的突出地位。

《东岳大生宝忏》载："东岳天齐大生仁圣帝。应乎造化，生于混沌之初；立自阴阳，镇彼幅员之域。与天齐久，大德日生。仁以得仁，体乾元之发育；圣而益圣，居泰岱之岩嵝。五方端处于东方，三界独尊于中界。奉行天令，宰御阴司。阿阁石间，维神居之渊默；金篋玉策，知人寿之短长。设七十五司，以掌权衡；有三十六狱，以惩凶恶。永绥邦社，大庇民区。国家致祭于岁时，率土来朝于春月。聪明正直，有欲必从。炁焰威灵，无远弗届。凡伸祈祷，谅沐慈怜。是以洁蓬荜之尘居，建香花之法会。"

石篆山位于大足区三驱镇佛惠村。据现存石篆山佛惠寺的《宋石篆山佛惠寺记》碑记载：石篆山造像凡十四处，有毗卢释迦弥勒佛龛、炽盛光佛十一活曜龛、观音菩萨龛、长寿王龛、文殊龛、普贤龛、地藏十王龛、太上老君龛、文宣王龛、志公和尚龛、药王孙真

---

① 刘长久，等.大足石刻研究[M].成都：四川省社会科学院出版社，1985：550.
② 刘长久，等.大足石刻研究[M].成都：四川省社会科学院出版社，1985：549.

人龛、圣母龛、土地神龛、山王龛，元祐五年，诸像既就。说明这些造像佛龛皆于北宋元祐五年（1090）之前开凿而成。[①] 石篆山摩崖造像为典型的释、道、儒三教合一造像区，在石窟中十分罕见。

8号老君龛，宋元丰六年（1083）造。主像为老君，面南，盘坐于一束腰四方形台上，台周遍布云彩，中刻一青牛（残），下为一方形台基，前饰云草图案。老君坐高0.80米，肩宽0.40米，全坐高0.68米，宽0.60米，深0.40米。老君

老君　南宋石刻　李远国摄

头戴莲花冠，脸型圆长，满腮长髯，身着翻圆领宽袖长袍，左手抚三脚夹轼，右手执扇于胸前。老君左右两侧各有真人七尊，并肩而立。各真人皆束发戴莲冠，宽袖长袍，腰部有长带垂下，双手于胸前捧笏，端庄站立。各真人像皆身高1.30米，宽0.36米。左壁上刻"大法"，右壁上刻"真人"，共四字。有"元丰六年"题刻。

龛外门柱两侧有二护法神将，身高1.31米，肩宽0.36米。神将皆狮鼻豹眼，头戴束发金冠，身着片状铁甲，腰围勒带，双足蹬靴。左侧神将络腮胡须，双手于胸前持一短棍。右侧神将龇牙咧嘴，双手于胸前举一双头锤。

6号孔夫子及十哲龛，宋元祐三年（1088）造。主像文宣王孔丘，正襟危坐，面方稍长，发向顶拢，头扎束发软巾，脑后有二带向左右飞起，身着圆领斜襟，宽袖长袍，胸部围带。左手抚膝，右手握羽扇于胸前，双足着高云头靴，踏于一双孔四方踏几上，胸前有宽饰带直垂足间。孔子两侧各列五弟子，共为十哲。各像俱面庞方正，头戴方形高冠，着圆领斜襟，宽袖大袍，胸前束带，双足着高云头靴，双手于胸前捧笏侍立。其旁刻有姓名：左为颜回、闵损、冉有、言偃、端木赐，右为仲由、冉耕、宰我、冉求、卜商。窟门柱上各刻半身武士像，宽脸粗脖，戴瓦楞软帽，身着圆领窄袖长袍，腰间束带，皆执一棍。有造像记，分上、中、下三截，上载文曰："元祐岁孟冬设水陆会庆赞讫。"中载文曰："弟子严逊，发心镌造供养，愿世世生生，聪明多

护法神将　南宋石刻
李远国摄

---

① 刘长久，等.大足石刻研究[M].成都：四川省社会科学院出版社，1985：336.

孔子十哲　北宋石刻　李远国摄

淑明皇后　南宋石刻　李远国摄

智。"下载文曰："岳阳处士文惟简。"①

舒成岩，又名云丛岩、半边庙，在县北中鳌乡，距县城二十里。原有庙宇已毁，共有四龛，即淑明皇后龛、东岳大帝龛、紫微大帝龛、玉皇大帝龛。

1号淑明皇后龛，宋绍兴二十三年（1153）造。平顶龛，高1.62米，宽2.50米，深1.09米。主像淑明皇后，端坐双龙头靠背椅上，坐高1.34米，肩宽0.38米。皇后凤冠霞帔，耳垂珠珰，圆领朝服，双手笼袖内，合腕腹前，胸部饰带直垂足间，两足着云靴，踏于一方几上。主像两侧各立一男侍，二侍皆戴软脚幞头，身着圆领窄袖长袍，腰围玉带，足着云靴。左侍双手捧一大宝盒，斜举于右上方，身高0.98米，宽0.23米；右侍双手亦捧一小盒，置于胸前，身高1.05米，宽0.27米。龛左壁为一武将，顶盔贯甲，竖目瞪眼，双手挂剑而立，身高1.01米，宽0.33米。龛右壁立一老年女侍，躯体丰硕，黑衣帕首，穿对襟短袄及裙，双手递送一襁褓包裹婴儿，身高1.06米，宽0.27米。洞口上额题："淑明皇后一龛。"龛内壁左上方有造像刻记一则："大宋昌州大足县若子乡□里，故城□居住奉□弟子米□，意为年前妻室罗氏，七六□或患气疾，眼目不安，遂发诚心，就□云丛岩镌造淑明皇后，求为供养。自启愿后，果蒙□□圣像加□，退散今□不忘前愿，□请处士就龛镌造圣容，已是圆满，□□镌造，去寿年长远，福禄增添，右八日□□□□利常愿安乐。时以癸酉绍兴二十三年三月十二日工毕。□□掌岩道士王因之建祠。"②

此淑明皇后，即为东岳大帝夫人。杜光庭《道门科范大全集》卷79："具位臣某等，谨虔诚上启，虚无自然金阙七宝上帝，东宫教主太乙救苦天尊，传经演教历代师真，东岳泰山天齐仁圣帝，淑明皇后，太子贵妃，殿上炳灵公，西齐灵王，岳下文武考校，一切曹僚，三界应感，一切真灵。咸望洪慈，俯昭丹恳。"③《东岳大生宝忏》："志心朝礼，炁孕岳灵，裔流天派。坤元合德，备仁孝以兼全；帝梦传宗，谓威雄之可爱。为储宫之主

---

① 刘长久，等.大足石刻研究[M].成都：四川省社会科学院出版社，1985：529.
② 刘长久，等.大足石刻研究[M].成都：四川省社会科学院出版社，1985：560.
③ 道藏：第31册[M].北京：文物出版社，上海：上海书店出版社，天津：天津古籍出版社，1988：945.

器，受王爵之疏封。大悲大愿，大圣大慈，上殿至圣威雄炳灵仁惠王。志心朝礼，东岳淑明皇后。"①

2号东岳大帝龛，绍兴二十三年（1153）造。平顶龛，高1.64米，宽2.04米，深1.56米。主像东岳大帝，面北，端坐于双钩云头靠背椅上，坐高1.26米，肩宽0.45米。面容硕丰，颌下有三绺胡须，头戴平顶无旒高冠，两侧垂香袋护耳，下连嵌宝饰带，身着圆领宽袖长袍，双手捧圭于胸前，足着云靴，踏于一方几上，膝间有结花中带垂于座前。主像座椅左侧，紧靠一侍女，发向上梳挽成云状，着对襟窄袖长袍宫装，

东岳大帝　南宋石刻　李远国摄

有飘带过肩从腰部垂于足下，双手于胸前捧一大印，恭肃而立。侍女立高0.94米，宽0.22米。主像两侧，有戴翘足幞头男侍各一，幞头内脚向上直翘，外脚斜向上扬，身着圆领小袍，腰系云带，双手于胸前各执长柄宫扇，扇面斜向主像，以作遮屏，二侍立高皆1.09米。正壁与两侧壁转角处各有三供养人像，从上至下，左男右女。现左侧男供养人像已不存。右侧三女供养人像，均面中而立，束发垂肩，着对襟长衫，胸部有围带垂于足下，身高皆0.44米，宽0.32米。上女像手捧物名不详，中、下女像均捧长帛。龛左壁原有一像，已毁。龛右壁雕一年轻官员坐像，戴方形高冠，着圆领袍服，捧圭于胸前，当为炳灵王，坐高1.09米，宽0.36米。龛正壁上方两侧，各有一摩岩题记。左碑文曰："盖闻铸金造像，利益最多。剖石镌岩，福德尤盛。《竺兰陀经》云：积善福生，积恶祸至。道经云：人身难得，中土杂生，非有无因，而妄招果。故偈云：舒成岩洞建春台，贲使邦人仰上台。小善莫轻无福故，因缘会遇应还来。但举善思念之，幸叨覆载之恩，无毫发之奉，欲报劬劳之力，亏尺寸之功。内乏五常，粗存三畏。每勖门眷，特启家严。"右碑文："金阙之容已兴，虑胜缘之未具，东岳之像复著，庶卑愿之周谐。使历代瞻仰之无涯，后世皈依之有托。偈曰：积善之家庆有余，更符阴骘暗相于。行看驷马钟苗裔，坦炽于门信不虚。是龛也，上期皇祚，齐南山久固之年；下翼慈亲，等北海之寿。举夼一界士，转三教书，愧无华采之文章。直假乌丝之翰墨，庶几好士者，知我者耳。壬申绍兴二十二年九月二十二日，前本县押录王谅记。都作伏元俊，伏元信，小作吴完明书镌龛。紫微殿使日值元君同判囗巴院事王举撰，无极上相判酆都使堂上品道士王。"②此题记说明这些皆为北帝派道士，其龛乃北帝派道场。

---

① 道藏：第10册[M].北京：文物出版社，上海：上海书店出版社，天津：天津古籍出版社，1988：1.
② 刘长久，等.大足石刻研究[M].成都：四川省社会科学院出版社，1985：561-562.

东岳大帝乃道教山岳神灵，主东方之万物兴旺，又掌地狱七十五司生死之期，为冥府之主宰。《搜神记》："泰山者，乃群山之祖，五岳之宗，天地之神，神灵之府也。在兖州秦符县，今太安州是也。以梁父山为储副。东方朔《神异经》曰：昔盘古氏五世之苗裔曰赫天氏，赫天氏曰胥勃氏，胥勃氏曰玄英氏，玄英氏子曰金轮王，金轮王弟曰少海氏，少海氏妻曰弥轮仙女也。弥轮仙女夜梦吞二日，觉而有娠，生二子，长曰金蝉氏，次曰金虹氏。金虹氏者，即东岳帝君也，金蝉氏即东华帝君也。金虹氏有功在长白山中，至伏羲氏封为古岁，为太华真人，掌天仙六籍，遂以岁为姓，讳崇。其古岁者，乃五岳之前无上天尊所都之地，今之奉高是也。其后乃水一天尊之女也。至神农朝赐天符都官，号名府君。至汉明帝封太山元帅，掌人世居民贵贱高下之分，禄科长短之事，十八地狱六案簿籍，七十五司生死之期。圣帝自尧、舜、禹、汤、周、秦、汉、魏之世，只有天都府君之较。按《唐会要》曰：武后垂拱二年七月初一日封东岳为神岳天中王，武后万岁通天元年四月初一日尊为天齐君，玄宗开元十三年加封天齐王，宋真宗大中祥符元年十月十五日诏封东岳天齐仁圣王，至祥符四年五月日尊为帝号：东岳天齐仁圣帝。淑明皇后，圣朝加封大生二字，余封如故。帝五子，宣灵侯，惠灵侯，和惠夫人，至圣炳灵王，永泰夫人，居仁尽鉴尊师，佑灵侯，淑惠夫人。帝一女，玉女大仙，即岱岳太平顶玉女娘娘是也。"[①]

3号紫微大帝龛，南宋造。平顶龛，高1.93米，宽2.80米，深1.51米。主像紫微大帝，面西，端于双龙头靠背椅上，坐身高1.30米，肩宽0.40米。大帝头戴高顶方冠，两侧垂香袋护耳，身着圆领宽袖长袍，双手捧圭于胸前，两足着云靴，踏于方形踏几上，腰正中有结花饰带过膝垂于座前。

紫微大帝左右两侧，各立一天帅，头戴束发金冠，冠侧有绳系于颈下，身着铠甲，横眉怒目，凶狠威猛。其身高1.45米，肩宽0.48米。左神将为三头六臂，甲片呈人字形，肩上飘带垂地，面貌狰狞恐怖，其左上手举法铃（帝钟），右上手握兵器（已残）；中二手捧一印于胸前；

紫微大帝　南宋石刻　李远国摄

---

① 道藏：第36册[M]. 北京：文物出版社，上海：上海书店出版社，天津：天津古籍出版社，1988：257.

左下手按着一龙头双角，右下手握方天画戟，戟尖红缨下垂，是为天蓬元帅。

右神将一头四臂，甲片成金钱形，臂上飘带垂地，面黑如炭，其左上手举法印，后有双带向上飞拂，右上手高举斧钺，左下手提索绳，右下手斜握一剑，右脚傍蹲伏一龙，为天猷元帅。龛左壁刻二像：内侧立一内铠外袍武神，高1.39米，肩宽0.48米。浓眉豹眼，头戴束发扁箍，散发披肩，颈后有双带向上飞飘成环，身外着宽袖长袍，袍服在胸前呈倒

天猷元帅　南宋石刻
李远国摄

天蓬元帅　南宋石刻
李远国摄

人字形大翻领，露出里面穿的铠甲，左手在腹前按右手背，右手斜挂一剑于地，右脚前蹲一龙，其上方绘数朵彩云，为真武元帅。外侧立一捧印侍女，脸颊丰硕，挽发于脑后，着圆领宽袖长袍，双手在胸前抱一印。龛正壁与右壁转角处有一小龛，内有一女供养人，双手合十。龛右壁有一立像，上身已残，现上部移接半身泥塑，面目清秀，头戴儒巾，作微笑状，其右手捧印，左手已残。①

5号玉皇大帝龛。宋绍兴二十三年（1153）造。平顶龛，高1.86米，宽2.30米，深1.40米，龛下沿离地1.63米。主像昊天金阙至尊玉皇大帝，端坐云头靠背椅上，靠背上饰有花纹。像坐高1.25米，肩宽0.41米。玉皇面露笑容，颌生三绺胡须，头戴冕

玉皇大帝　南宋石刻　李远国摄

---

① 刘长久，等.大足石刻研究[M].成都：四川省社会科学院出版社，1985：562.

旒，两侧垂香袋护耳，下连长带，身内着圆领小衫，外着对襟宽袖长袍，两足着云靴，踏于方形几上，双手在胸前捧玉圭，有三条饰珠长巾垂于座前。玉皇两侧各立一宫女，高0.98米，肩宽0.24米，面斜向主像。发后梳垂肩，挽作双辫，着圆领宽袖长袍宫装，腰间有花结飘带垂地，二女各执一长柄宫扇，扇中各有二圆圈，内有"日月"二字。正壁左右角各立一宫装妇人，头戴束发小冠，发于颈后挽髻，着斜领宽袖宫装，胸部系带，下身着裙，双袖角向外微飘，均高1.08米，肩宽0.31米。左宫女双手捧圭，右宫女于胸前捧印。

龛左右两壁各坐一真人，方面大耳，头戴方形高冠，颈下系带，着圆领宽袖长袍，胸围玉带，双手捧圭，端坐凳上，两足着云靴，踏于四脚方形几上，膝间有结花帛带过二条，从胸部直垂几前。左尊者年轻无须，右尊者颔下有长须三绺。龛左壁门柱上方有三供养人，右门柱上方有两供养人，皆供手肃立。龛正壁两上侧各有摩岩碑一块，右侧文曰："玉皇典出□□□大帝，□以祈恩乞福，保寿终年，族聚荣昌，早胜善果。今已周备，龛洞俨然，刻石铭碑，以贻后世云以耳。时以海元癸亥绍兴十三年五月初一日具工，至二十六日乃毕。次以天元启运初春上元，正值王□丁卯本命之日，就龛修醮表庆，王举修撰，朱黎奉命书，伏麟镌龛。"①

真人　南宋石刻　李远国摄

释迦牟尼　南宋石刻　李远国摄

佛耳岩位于北山佛湾西南面，石刻造像始于五代，内容主要是佛教造像，兼有佛道合龛，共有雕像二十六龛。19号即佛道合龛，宋造。正壁凿释迦佛结跏趺坐于束腰莲花座上，身饰火焰桃背光，双手捧珠于胸前。左右侍立二尊者、二菩萨。左右壁各凿道君像一尊，盘膝坐于束腰座上的三脚夹轼内，身后火焰形背光，身着对襟道服，腰束丝带，手持宝扇。左壁道君头残身漫漶，左右侍立二真人。左面真人头残，身穿大袖长服，手捧朝笏；右面真人头残，服饰雷同，拱手侍立。在左壁口上角，刻饰一飞龙于云海中。右壁道君头挽高髻，嘴有髭须，左右侍立二真人，服饰、仪容，手执器物，与左壁像雷同。②

---

① 刘长久，等.大足石刻研究[M].成都：四川省社会科学院出版社，1985：563-564.
② 刘长久，等.大足石刻研究[M].成都：四川省社会科学院出版社，1985：463.

妙高山位于县城西南偏南季家乡，距县城75里处。此处有佛教造像7龛，三教造像1龛。2号三教龛，宋绍兴年间造。平顶窟，高3.14米，宽2.80米，深3.22米。主像释迦牟尼佛，面北结跏趺坐于莲座上，坐身高1.10米，肩宽0.52米，莲座直径1.17米，高0.47米。佛头上螺髻延及耳鬓，身着褒衣博带

老君　南宋石刻　李远国摄

孔子　南宋石刻　李远国摄

式佛袍，胸部内衣结袖出搭于右腕上，其左手抚膝，右手举胸前作说法状（已残），莲座下有一蟠龙，其下为须弥山，佛身后壁上刻有双重圆形火焰背光，火焰尖向前飘忽直到窟顶。佛左右侧立迦叶与阿难二尊者，二像头皆残，均着袈裟，戴腕钏，双手合十。

窟左壁，中坐老君，坐身高1.60米，宽0.48米，老君头戴莲花束发冠，两眉垂吊，络腮长髯，外罩对襟长袍，双足踏云头靴，端坐于方台上，左手置腹间，右手举胸前（已残）。老君左右侧各立一侍者，右侍像束发小冠，圆领宽袖长袍，捧玉简肃立。左侍像仅有粗胚，尚未雕成。

窟右壁孔子，端坐于方台上，坐身高1.62米，肩宽0.45米。孔子头戴冕旒，两侧垂香袋护耳，下有双环吊饰。其身内着荷叶边圆领衣衫，外罩宽袖大袍，胸部有饰带下垂至地，双足着靴，踏于有云形图案装饰的方几上，其双手捧笏，身后有漫云形背光。左右两侧各立一侍者，皆双手捧笏。题刻云："东普攻镌文仲璋、侄文玢、文珠，天元甲子记。"①

---

① 刘长久，等.大足石刻研究[M].成都：四川省社会科学院出版社，1985：554-555.

# 第二节　重庆大足南山道教造像

南山，古名广华山，位于大足区城东南方向五华里处。山顶上原有道观，名玉皇观。南山石刻造像缘起于南宋，此处摩崖造像一共有十五龛，都以道教为主，主要有三清古洞、后土圣母龛、龙洞、真武大帝龛等，是中国道教石窟造像最多、最集中、反映神系最完整的一处。由于遗留下来的仅此一处，它便成为了解道教神系的一把钥匙。

三清古洞，南宋绍兴年间造。这是现知"三清"像的最早考古实物，包括道教三清、四御、二后及360位应感天尊等造像400余躯，是非常珍贵的历史资料。三清古洞为平顶窟，窟内平面呈回字形，高3.91米，宽5.08米，深5.58米。坐上立中心柱，柱高3.40米，宽2.59米，厚1.57米。柱下部内侧与座后面齐，上部与窟顶及后壁相连，在窟后形成一长方形甬道，甬道高2.94米，宽1米，长2.59米。窟门处有二托顶石柱，离两壁均为0.80米。两柱中心距2.92米，柱上段为方形，边宽0.69米，柱中、下段为圆形，直径0.60米，柱身上绕有一龙，龙口相向，柱下为一八角形柱基。

整个洞窟以中心柱为中心展开，柱上正面开有一龛，高2.15米，宽2.03米，深1.25米。全龛造像可分上下两层。

上层主像为三清，皆面南盘膝坐于一束腰矩形台上，束腰部刻有花纹，下为倒莲瓣形矩形基座。三清像坐身均高0.50米，肩宽0.16米，坐高0.35米。三清均身着道袍，内现胸部束带，面有三绺长须，头戴束发莲花冠，项后有火焰身光与头光，头上方悬有圆形珠帘宝盖，下部有袍袖、衣摆垂于座前。中像玉清元始天尊头上宝盖化出四道毫光，外侧两道光

南宋石刻　大足南山　李远国摄

南宋石刻　大足南山　李远国摄

曲飘龛外，内侧两道光在顶壁上各绕三圈，每圈内有一天尊坐像，似为"一炁化三清"之意。左像为上清灵宝天尊太上道君，右像为太清道德天尊太上老君。元始天尊两手平放三脚夹轼上，灵宝天尊双手抱太极图，道德天尊左手抚膝，右手持扇。三清像两侧转角处各有两层飞檐楼阁一座，四檐均挂有铁马。阁前各立侍官一人，头戴束发小冠，身着斜领宽袖大袍，两手捧笏侍立。

　　龛左右两壁中部各有一御，左像当为玉皇大帝，右像当为天皇大帝。二帝皆头戴冕旒，两侧垂香袋护耳，下有垂璎，身着朝服，两手捧笏于胸前，端坐于双龙头靠背椅上，椅背有垫帛，双脚穿云头靴，踏于四足虎脚几上，其坐身均高0.67米，肩宽0.19米。每御上方皆悬有双层珠帘宝盖，盖心似开瓣莲花。

　　二御两侧各有一侍者，手执长柄宝扇，以作遮屏。四侍者皆着圆领便袍，腰有束带，脚穿云头靴。左壁二侍者头戴翘足幞头，为中年。右壁二侍者戴束发冠，面似稚童。左御面有长髯，右御貌颇年轻。两壁外侧各有一飞天，二飞天头向龛外，彩带在颈后飘成环形，高髻戴钗，身饰璎珞，裙带向后飞拂。左壁飞天裸露上身，右手拈带，左手托盘，内盛一宝珠，从珠内冒出毫光一道。右壁飞天头戴束发冠，身着衫裙，单脚跪于彩云之上，两手托盘，内置一香炉，有青烟一道自炉内冒出。

　　下层中部为一供桌，桌后正壁刻牌位，牌位中像、字已毁，只左端题刻"舍地开山造功德何正言同杨氏"，右端题刻"开山化首凿洞张全一同赵氏"。牌位左右两侧各有一侍女，右像头梳双髻，着对襟袍裙，身有飘带，双手拱捧一物（已残）。左像已毁。供桌前面立四供养人，中二人为男，着斜领窄袖袍服，腰有束带，左像已残，右像手捧一盘，内盛鲜花供品物。傍二人为女，头梳双髻，着斜领衫裙，腰有丝带，左像持物不详，右像双手拱捧一瓶。

　　龛左右两壁内各有一御，左像当为紫微大帝，右像当为圣祖天尊大帝。二帝皆头戴平顶高冠，两侧垂香袋护耳，下有垂带，身着圆领宽袖大袍，两手捧笏胸前，端坐于双龙头靠背椅上，双脚穿云头靴，踏于四足虎脚几上，其坐身均高0.66米，肩宽0.21米。

玉皇大帝　南宋石刻　大足南山　李远国摄

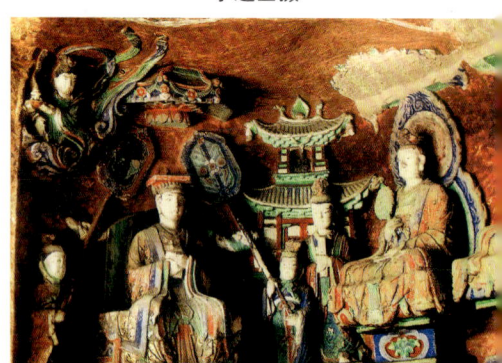

天皇大帝　南宋石刻　大足南山　李远国摄

紫微大帝后土　南宋石刻　大足南山　李远国摄

圣祖天尊大帝元天大圣后　南宋石刻
大足南山　李远国摄

龛左右壁外侧各有一元君，位置比二御略低。显然二元君比天帝低一阶，身高虽同，非并肩坐。元君皆梳高髻，凤冠霞帔，彩带绕身，端坐于双龙头靠背椅，两足踏于四脚几上，两手捧笏，其坐身均高0.66米，肩宽0.18米。她们当为二后，左像当为后土皇地祇，右像当为元天大圣后。两元君外侧各有一立侍小童。二像皆戴束发小冠，身着长袖大袍。左壁侍童捧物已毁，身左后立一帚。右壁侍童两手于胸前，斜持一拂尘。

龛外门楣上中有一匾，内横刻楷书"三清古洞"四字。匾两侧各有一丹顶白鹤，头均向中，左鹤掉头梳羽，右鹤展翅欲飞。龛外两门柱上，各开有四个长形小龛，每龛高0.48米，宽0.23米，深0.05米。龛内是立像，其数目与服饰基本相同。按从上往下顺序：第一龛内为一男像，头戴束发小冠，身着圆领宽袖大袍；左龛像有三绺长须，右龛像净面，手捧玉笏。第二龛内亦为一男像，手持拂尘，头戴方冠，身着圆领大袍，手捧玉笏。第三龛内为一男像，头戴披耳方冠，身着长袍，手捧卷簿。第四龛内为二武士像，头戴幞头，左龛二人背负宝剑，均捧簿册，右龛二人腰侧挂刀，其一亦手执簿册。

第四龛内造像，当为道教四值功曹，即值年、值月、值日、值时神。"功曹"本为古代郡县的书吏，在道教看来，在上天众神下，须设立有此等书吏，凡是人间"上达天庭"的表文，在焚烧之后，即由这四位神负责上递。因南山为道教醮坛，经常在此进行各种道教法事，焚烧各种表章符咒，所以在龛内设立四值功曹像。

四值功曹　南宋石刻　大足南山
李远国摄

以上四御二后的六像难以确认，争议最多。唐末杜光庭《道门科范大全集》已出现"三清"和"六御"："玉虚上帝，玉皇大帝，东华，南极，西灵，北真。"三清、六御的神仙谱系正式形成于宋代。"六御"者，指玉皇大天帝、紫微天皇大帝、紫微北极大帝、后土皇地祇、圣祖天尊大帝、元天大圣后①，或昊天至尊金阙玉皇上帝、紫微

---

① 贾善翔.太上出家传度[M]//道藏：第32册.北京：文物出版社，上海：上海书店出版社，天津：天津古籍出版社，1988：161.

中天北极大帝、紫微上宫天皇大帝、东极救苦青玄上帝、神霄真王长生大帝、承天效法后土皇地祇，或玉皇上帝、紫微中天北极大帝、紫微上宫天皇大帝、东极青华大帝、神霄真王长生大帝、东极青玄上帝。[1]

所谓"御"，是指诸天上帝所居之"御筵"。南宋宁全真授、林灵素编《灵宝领教济度金书》曰："上御筵上层中列，玉清圣境虚无自然元始天尊妙无上帝，上清真境虚皇玉晨灵宝天尊妙有上帝，太清仙境万变混沌道德天尊至真上帝；上层第二列，太上开天执符御历含真体道昊天至尊金阙玉皇上帝，紫微中天北极大帝，紫微上宫天皇大帝，东极救苦青玄上帝，神霄真王长生大帝，承天效法后土皇地祇。以上并奏请，三清称道慈，诸帝称天慈，后土称宸慈。"

同为宋代的神谱为何会出现六御的差异？显然这是历史与空间的差异造成的。就历史原因而言，不同时代信奉不同的神灵，并新造一些神祇。如唐代信奉老子，形成了三清五帝的神系格局。同时道教斋醮科仪所请神灵历来重视随世俗心理供奉当境民间信奉的一切神灵。如吕元素《道门定制》载："三状内皆有蜀中君臣神祇，其或他郡国各有山川群望，随所奉事增减。"可见时间与空间因素对神仙谱系的构成均有一定影响。

贾善翔在《太上出家传度》中介绍出家传度仪时讲："供养三清上圣，十极高真，玉皇大天帝，紫微天皇大帝，紫微北极大帝，后土皇地祇，圣祖天尊大帝，元天大圣后，三十二天帝君，十神太一真君，十一曜星官，天地水三官，南北二斗星官，四方二十八宿星官，四圣真君，三元真君，玄中大法师，经籍度三师，正一真人，五岳圣帝，储副佐命大洞仙官，三十六洞天仙官，七十二福地、三十六靖庐、二十四化仙官等，四渎源王，四海九江水帝龙王，地府酆都北帝，出家弟子本命星官，宫观里域真官，天曹地府、一切威灵。"这里所称的玉皇大天帝、紫微天皇大帝、紫微北极大帝、后土皇地祇、圣祖天尊大帝、元天大圣后正是真宗钦定的六御。由此推断，南山三清洞六坐尊应是贾善翔所说的"六御"，即为玉皇大天帝、紫微天皇大帝、紫微北极大帝、圣祖天尊大帝、后土皇地祇、元天大圣后。这可能是在贾善翔《太上出家传度仪》所列"六御"的基础上，结合巴

天尊巡游图　南宋石刻　大足南山　李远国摄

---

[1] /道藏：第7册[M]. 北京：文物出版社，上海：上海书店出版社，天津：天津古籍出版社，1988：50-63.

蜀地方信仰做出的调整，从而出现了"四御二后"格局。

以下为三清窟其他造像情况。中心柱正面主龛两侧有两立柱，二龙缠绕。中心柱左壁（东）上凿二龛。上龛为天尊巡游图，高1.60米，宽1.75米。主像天尊面侧向南，头戴冕旒，身着宽袖袍服，胸佩玉环，双手捧笏，立于云端。其前后上方有三层立侍共十九尊，或持华盖，罩于天尊头上，或举日月宫扇遮屏其身后，或举灵幡、节旄、宝幢等仪仗，前后护卫，还有捧盘与瓶的童子，执笏的随从侍立，尽皆衣饰华丽，气派壮观，姿态各异，是为群真朝元图。下龛为春龙起蛰图，高1.66米，宽1.19米。雕一龙蜿蜒五曲，龇牙咧嘴，似欲跃起腾空状，尾上卷，头面向北回顾昂起，三足踩于山石之上，前足一爪内捏一珠，珠内冒出火焰。右上角有一男，头戴软巾，身着长袍，捧香炉躬敬礼龙。龛外左壁有题刻："陈及之，具之自郡城省坟莓溪过此，己丑中秋七日。"此己丑或即宋乾道五年（1169）。

全窟之左、右、后三壁，有一高1米方匡形台基。在台上方壁面上共刻360尊应感天尊像。全像列为六层，皆为立式。内中有文有武，文尊多持捧笏，武将拱揖，腕上横放武器。各像立高0.46米，宽0.13米，姿态各异，冠服不一。现存有231尊，已毁129尊。这组宋代造像与道经所载相符。

窟门左、右壁外侧有四处题记。（1）左壁柱上，文曰："申国吕元锡挈家寻仙追凉于此。淳熙戊戌六月十三日。"（2）右壁柱上，文曰："乾道己丑冬至日，知昌州事陈伯疆祀先考朝仪先妣开封恭人钱于南山……"（3）右壁柱下，文曰："谯人曹伟卿公余侍亲游此。时庆元庚申冬至雪后三日。"（4）右壁柱下之下，文曰："妆修玉皇古洞天尊碑记……予父先年妆古洞七十四位天尊，捐银十八两有零。予继其志，又将三元火官并三百六十应感天尊一一金装，又自捐银三十六两有零，匠工告竣，众请勒碑记……"①

应感天尊　南宋石刻　大足南山　李远国摄

三清窟的360尊应感天尊与宁全真《灵宝领教济度金书》所载相符。宁全真《灵宝领教济度金书》卷4《圣真班位品》讲述开度祈禳科仪所请圣真就有这些神祇。坛场上层中列：玉清圣境虚无自然元始天尊妙无上帝，上清真境虚皇玉晨灵宝天尊妙有上帝，太清仙境万变混沌道德天尊至真大帝。上层第二列：太上开天执符御历含真体

---

① 刘长久，等.大足石刻研究[M].成都：四川省社会科学院出版社，1985：520-522.

道昊天至尊金关玉皇上帝，紫微中天北极大帝，紫微上宫天皇大帝，东极救苦青玄上帝，神霄真王长生大帝，承天效法后土皇地祇。以上并奏请，三清称道慈，诸帝称天慈，后土称宸慈。

此外，三清洞左、右壁外侧各有六个小圆龛，直列，龛中有像。每龛外直径0.38米，内直径0.25米，按从上至下顺序，左壁圆龛：（1）已残，（2）一动物（已风化），（3）一牛（模糊），（4）一对夫妇，（5）一蟹，（6）一狮。右壁圆龛：（1）二女像，（2）一秤，（3）一蜥蜴，（4）一人牵一马，（5）一人捧笏立，（6）一宝瓶。

关于这组浮雕的内容，是为天庭十二宫的象征，对此学术界一致认同。但对其与道教的关系，或略而不言，或言之欠当。如胡文和引李叔还《道教大辞典》为据，认为"道家以十二支辰配属天上十二宫，称为十二宫辰"，此论有据。但谓摩羯宫属子，宝瓶宫属丑，双鱼宫属寅，白羊宫属卯，金牛宫属辰，阴阳宫属巳，巨蟹宫属午，狮子宫属未，双女宫属申，天秤宫属酉，天蝎宫属戌，人马宫属亥①，则似不妥。因为如果按此所配排列，三清洞十二宫的次序将混乱无章，毫无条理；且此说于道书亦无佐证。故此处略加考辨，以求正于学人。

三清洞十二宫，就天文学而言，是指黄道十二宫。太阳与月亮沿黄道运行一周，每年会合十二次，每次会合都有一定部位，天文学中分黄道周天三百六十度为十二段，每段三十度，故名十二宫。中国传统天文学中十二宫的名称分别为降娄、大梁、实沈、鹑首、鹑火、鹑尾、寿星、木火、析木、星纪、玄枵、娵訾。西方天文学则名之为白羊、金牛、阴阳（一作双子）、巨蟹、狮子、双女（一作室女）、天秤、天蝎、人马、摩羯、宝瓶、双鱼。两者的融通互用早在唐代道书中已见，并用于房中养生、择吉避凶之中。

唐不空译、杨景风注《文殊师利菩萨及诸仙所说吉凶时日善恶宿曜经·序》曰："天地初建，寒暑之精，化为日月。乌兔抗衡，生成万物。分宿设宫，管标群品。日理阳位，从星宿顺行，取张、翼、轸、角、亢、氐、房、心、尾、箕、斗、牛、女等一十三宿，迄至于虚宿之半，恰当子地之中，分为六宫也。但日月天子，俱以五星为臣佐，而日光炎猛。物类相感，以阳兽师子为宫神也。月光清凉，物类相感，以阴虫巨蟹为宫神也。又日性刚义，月性柔惠，义以济下，惠以及臣。而日月亦各以神宫均赐。五星以速至迟，即辰星、太白、荧惑、岁、镇，排为次第，行度缓急于斯彰焉。凡十二宫，即七曜之躔次。每历示祸福经纬灾祥。又诸宫各有神形，以彰宫之象也。又一宫配管列宿九足，而一切庶类相感。"如狮子宫："其神如师子，故名师子宫，主加得财事。若人生属此宫者，法合足精神，富贵孝顺，合掌握军旅之任也。"双女宫："辰星位焉，其神如女，故名女宫，主妻妾妇人之事。若人生属此宫者，法合难得心腹，多男女、足钱财、高职，故合掌宫房之任。"天蝎宫："荧惑位焉，其神如蝎，故名蝎宫，主多病克禁分身之事。若人生属此宫

---

① 胡文和.四川道教佛教石窟艺术[M].成都：四川人民出版社，1994：198.

者，法合饶病，薄相恶心，事妒忌，合掌病患之任。"摩羯宫："镇星位焉，其神如摩羯，故名摩羯宫，主斗争之事。若人生属此宫者，法合心粗五逆，不敬妻，合掌刑杀之任。"宝瓶宫："镇星位焉，其神如瓶，故名瓶宫，主胜强之事。若人生属此宫者，法合好行忠信，足学问富饶，合掌学馆之任。"双鱼宫："岁星位焉，其神如鱼，故名鱼宫，主加官受职之事。若人生属此宫者，法合作将相无失脱，有学问，富贵忠直，合掌吏相之任。"天秤宫："太白位焉，其神如秤，故名秤宫，主宝库之事。若人生属此宫者，法合心直平政，信敬多财，合掌库藏之任。"白羊宫："荧惑位焉，其神如羊，故名羊宫，主有景行之事。若人生属此宫者，法合多福德长寿，又能忍辱，合掌厨膳之任。"金牛宫："其神如牛，故名金牛宫，主四足畜牧之事。若人生属此宫者，法合有福德足，亲友长寿，得人贵敬，合掌马厩之任。"阴阳宫："辰星位焉，其神如夫妻，故名淫宫，主胎妊子孙之事。若人生属此宫者，法合多妻妾，得人爱敬，合掌户钥之任。"天蝎宫："太阴位焉，其神如蟹，故名蟹宫，主官府口舌之事。若人生属此宫者，法合恶性欺诳，聪明而短命，合掌刑狱讼之任。"①

　　为了进一步将黄道十二宫与人间祸福紧密相连，道教又以十二支辰配十二宫，并谓每一宫中均有主神参将，主宰众生命运。北宋道书《太上说玄天大圣真武本传神咒妙经》载："尔时紫微大帝于龙汉元年中元之日，在太清境上北极宫中向紫微之殿前，列诸天之上圣，南北二斗，东西两曹，泊五方之五星，及六宫之六曜，二十八宿，十二宫神飞天神王，无极仙众，咸亲帝座，肃拱宸威。"陈伀注："周天又列十二宫次，号曰子、丑、寅、卯、辰、巳、午、未、申、酉、戌、亥之位也，司下土男女属相形，名曰鼠、牛、虎、兔、龙、蛇、马、羊、猴、鸡、狗、猪之呼也。每一宫各有一神君，统辖斡伍将军五员，各领阴阳吏士亿万之众，混通参校一十二分野，内产天下含生日用之事也。宝瓶宫子次，玄枵神君，宰齐地青州分野，统甲子、丙子、戊子、庚子、壬子五将，掌鼠属男女禄料。摩羯宫丑次，星纪神君，宰吴越扬州分野，统乙丑、丁丑、己丑、辛丑、癸丑五将，掌牛属男女禄料。人马宫寅次，析木神君，宰燕地幽州分野，统丙寅、戊寅、庚寅、壬寅、甲寅五将，掌虎属男女禄料。天蝎宫卯次，大火神君，宰宋地豫州分野，统丁卯、己卯、辛卯、癸卯、乙卯五将，掌兔属男女禄料。天秤宫辰次，寿星神君，宰郑地兖州分野，统戊辰、庚辰、壬辰、甲辰、丙辰五将，掌龙属男女禄料。双女宫巳次，鹑尾神君，宰楚地荆州分野，统己巳、辛巳、癸巳、乙巳、丁巳五将，掌蛇属男女禄料。狮子宫午次，鹑火神君，宰周地三河分野，统庚午、壬午、甲午、丙午、戊午五将，掌马属男女禄料。巨蟹宫未次，鹑首神君，宰秦地雍州分野，统辛未、癸未、乙未、丁未、己未五将，掌羊属男女禄料。阴阳宫申次，实沉神君，宰魏地益州分野，统壬申、甲申、丙申、戊申、庚申五将，掌猴属男女禄料。金牛宫酉次，大梁神君，宰赵地冀州分野，统癸酉、乙

---

① 陈梦雷，等.古今图书集成：第2册[M].成都：巴蜀书社，1985：1379.

酉、丁酉、己酉、辛酉五将，掌鸡属男女禄料。白羊宫戌次，降娄神君，宰鲁地徐州分野，统甲戌、丙戌、戊戌、庚戌、壬戌五将，掌狗属男女禄料。双鱼宫亥次，摄訾神君，宰卫地并州分野，统乙亥、丁亥、己亥、辛亥、癸亥五将，掌猪属男女禄料。夫宫神参将各各分守，成年合属，月建内三旬日分，颛记世人善恶事，并俟三元校会日，历转紫微令司矣。"

即以子属宝瓶宫，丑属摩羯宫，寅属人马宫，卯属天蝎宫，辰属天秤宫，巳属双女宫、午属狮子宫，未属巨蟹宫，申属阴阳宫，酉属金牛宫，戌属白羊宫，亥属双鱼宫。宁全真《灵宝领教济度金书》亦曰："欲课五星者，宜先识十二宫分名及所属。寅为人马宫，亥为双鱼，属木；子为宝瓶，丑为摩羯，属土；卯为天蝎，戌为白羊，属火；辰为天秤，酉为金牛，属金；巳为双女，申为阴阳，属水；午为狮子，属日；未为巨蟹，属月。以官历日，视其本生日太阳在何宿，度系何宫。以本生时自其宫，顺数至卯，即命宫也。以官历视其时太阴在何宿，度何宫，即身宫也。然后视当生火罗土计孛守照，有干系即课之。"显然这是道教用于祈禳星宿灾祸的科仪，故"宜先识十二宫分名及所属"，才能达到预期的目的。此外，明朱权《天皇至道太清玉册》所言十二宫辰所配亦与以上相同。

依据以上道书所言，我们可以确定三清洞十二宫为：左壁第一为双鱼宫，第二为白羊宫，第三为金牛宫，第四为阴阳宫，第五为巨蟹宫，第六为狮子宫；右壁第一为双女宫，第二为天秤宫，第三为天蝎宫，第四为人马宫，第五为摩羯宫，第六为宝瓶宫。它们的排列与习惯不同，是从右到左、从下至上，但井然有序，即右壁从下至上为：子—宝瓶宫，丑—摩羯宫，寅—人马宫，卯—天蝎宫，辰—天秤宫，巳—双女宫。左壁亦从下至上：午—狮子宫，未—巨蟹宫，申—阴阳宫，酉—金牛宫，戌—白羊宫，亥—双鱼宫。这是专门为道教祈禳星宿灾祸的科仪而刻制。

大足南山石刻第4号圣母龛，高3.15米，宽2.75米，深1.63米，凿造于南宋绍兴二十四年（1154）之前。龛正壁上雕刻主像三圣母，大体呈圆雕。中像坐高1.09米，面向西南端坐于靠背有四龙头装饰的宝座上，头戴凤冠，身着宫妆，双手拱于胸前捧物（已残），其头上方悬有宝盖，盖正面有匾，上刻"注生后土圣母"六字。中像左右侧各雕刻有一圣母，头戴翟冠，着宫妆，双手拱于胸前捧物，头上方也有八角形宝盖（已残）。三尊圣母像气度雍容华贵。在三像之间各立有一侍女，着丫环装束，其像含蓄婉约。圣母龛三尊中的主像"注生后土圣母"，即主宰人间生育的圣

三圣母　南宋石刻　大足石门山　李远国摄

九天送生夫人　南宋石刻　大足石门山
李远国摄

母,所谓"注生"也就是"主生"。其左、右两侧造像应为"卫房圣母"和"保胎成生圣母"。该龛造像的生育神灵相当齐备,从注生、卫房、保胎成生,到监生、送生等均有,对于了解后世道教相关神灵的发展变化,无疑是相当珍贵的图像资料。

三主像两侧各立一侍者,双手执拂尘。窟左壁下内侧刻一神将像,立姿,身高1米,全身着甲胄,双手执兵器(已残),其上左侧壁上有阴刻牌位,上书"九天监生大神",气度凛然。

大神左下方,有二男供养人像。龛右壁下内立有一女像,高1.06米,头戴金钗,身着褚裙,双肩着霞帔,周身披帛飘拂,其上右侧阴刻牌位,上刻"九天送生夫人",该像颇有从云端徐徐落下,送生于人间之感。在夫人下方,有二女供养人像。这是现存最早的道教九天监生司诸神造像。

九天监生大神,为监生司的护法元帅。严东曰:"监生大神主领长夜之宫,校学道簿录,度九幽之魂。大神者,十方飞天神王也。常在飞玄之上,而诵洞玄之经,以自然之炁,拔度学道之人也。"薛幽栖曰:"韩司,即前韩君之司也。主录,即主监长生之录,故云监生大神也。"李少微曰:"韩司主录,门下司录也。主人录籍,故曰主录。监生大神,更生真人也。字扶义,领长夜之府,度九幽之魂。是时诸天帝主,各领丞相,齐到陛下,校度死生。"①后世由之衍变为监生高元帅,他身披金甲,或右手执剑,左手托一童子;或双手托盘,盘中有一婴儿。《虚静冲和先生徐神翁语录》卷下记载,葛光未有子,问徐神翁云:"监生大神像坏,光欲改塑,不知仪容如何?"公曰:"作后生端严相。"光受教,次年得子,如所塑状。可见形象十分端庄。

监生高元帅,即"九天监生大神",为催生、保产之神。《太上洞玄灵宝无量度人上品经法》曰:"监生大神,即度生真人也,字扶义。"《上清天心正法》描述监生大神形像说:"顶力士冠,金甲,全披皂履,卓剑而立。"姚复庄《玉枢经钥》曰:"若欲求男,即诵此经,当有九天监生大神,招神摄风,遂生贤子。"注中言妇女生子临盆,有太一、司命在庭,监生大神、卫房圣母摄卫。太一者为北辰之神,"其神貌高,额赤,大口,黄发,眼目不正"。②

---

① 道藏:第2册[M].北京:文物出版社,上海:上海书店出版社,天津:天津古籍出版社,1988:208.
② 藏外道书:第4册[M].成都:巴蜀书社,1994:766.

道教重人贵生，《度人经》开卷即曰，仙道贵生，无量度人。谓元始天尊于始青天中碧落空歌大浮黎土，演说《保胎护命品》，十方天真大神，九天监生、保胎护命、三元六甲大神无鞅数众，乘云泛霄而至。元始天尊说经一遍，"诸天圣母同时称善，是时一国仙妃神女忆悟往因，见道本元信，知天地未生，元气肇始，神精吸粹，阴阳定胎，九十亿劫，三气混沌；九十大劫，三华始分，五老保胎，三元育魂，七窍洞开，大块乃坼，二仪出胎，始建环海。说经二遍，胎卵湿生，毛鳞介蠃，无不备成。说经三遍，喙鸣口语，呼应调顺，真协天律。说经四遍，肤革坚完，金真散灵，刚风宛转。说经五遍，道出英妙，才韵秀爽。说经六遍，至巧功成，曲遂天德。说经七遍，育婴端就，善慧滋身。说经八遍，妇人怀娠，鸟兽含胎，已生未生，皆得生成。说经九遍，胎藏发泄，内宝露形。说经十遍，道用神化，自然成人。是时一国，是男是女，莫不倾心，保胎护命，咸得长生"[①]。在这里，生命得到了最美好的歌颂与赞美，从天地的诞生，到万物的孕育，经历了亿万年的演化，可见生命是多么的珍贵。

以人为例，其生于胞胎之中，兼天地万物之禀受，所以最灵而独贵，其孕育到诞生的整个过程，都是非常神圣的。宋董思靖《洞玄灵宝自然九天生神章经解义》曰："人之受生于胞胎之中，三元育养，九气结形，故九月神布，炁满能声，声尚神具，九天称庆，太乙执符，帝君品命，主录勒籍，司命定算，五帝监生，圣母卫房，天神地祇，三界备守，九天司马在庭，东向诵《九天生神宝章》九过，男则万神唱恭，女则万神唱奉，男则司命敬诺，女则司命敬顺，于是而生。九天司命不下命章，万神不唱恭诺，终不生也。夫人得还生于人道，濯形太阳，惊天骇地，贵亦难胜；天真地神，三界齐临，亦不轻也。当生之时，亦不为陋也。"正是在万神唱恭、天真拱卫、惊天骇地的庄严而神圣的时刻，一个个新的生命诞生了。

九天监生大神　南宋石刻
大足石门山　李远国摄

这种热爱生命的理念融贯于道教的各个流派，成为道教思想的核心。道教以济世度人为传教宗旨，并将保护生命、监生护胎作为一个重要的使命，从而设立了九天监生司这一神灵机构，主管生育保胎之事。《九天应元雷声普化天尊玉枢宝经集注》卷下曰："世人

---

① 道藏：第1册[M]. 北京：文物出版社，上海：上海书店出版社，天津：天津古籍出版社，1988：286-287.

夫妇其于婚合，或犯咸池，或犯天狗，三刑六害，隔角交加，孤阴寡阳，天罗地网，艰于嗣息，多是孤独。若欲求男，即诵此经，当有九天监生大神，招神摄风，遂生贤子。于其生产之时，太一在门，司命在庭。或有冤怨，或有鬼魅，或有禁忌，或有凶厄，致令难产，请诵此经，即得九天卫房圣母，默与抱送，故能临盆有庆，坐草无虞。"

九天监生司主神有九天大帝、太一帝君、主录、司命、五帝、圣母、司马大神、延寿益算君、回骸起死君、储福定命君、监生大神、送生童子、六甲保胎符吏、九天真宰等。《道门科范大全集》卷27《祈嗣大醮仪》请称法位，在三清、四御、九帝、五老、五斗、三元、三省、四圣、九司等圣尊真君之后，即为"九天注生监生真君、九天司禄梓潼真君、九天卫房圣母元君"及"风雷雨部威烈圣众"，并曰："生生之生，实全系于水火，苟赋形于宇内，总托化于仙乡。唯南斗之六虚，乃太微之都，纠领天枢、天机之二省，有司命、司录之尊神。延寿益算则度厄于长生大君，起死回骸则主录于韩君司马。"

《太上济度章赦》卷上《祈嗣章》曰："臣谨为上请司命君，司录君，南斗降生度化君，东斗度星通炁君，西斗度魂结胎君，北斗通魂通血实骨君，中斗度魂成人音声君，主成就胞胎，结聚魂魄。注生夫人，注生天女，通脉运骨天女，回星度胎天女各五人，从官各一十二人，主和合阴阳，结胎成形。度胎夫人五人，上诣五方五斗阙下，请以五方真炁覆育己身，荣卫调和，凝结胎孕。五行君，素白玄明君，文历君各一人，官将各一百二十人，主降炁结胎，除邪护正，解除夫妻刑害，成就阳男中神。太和真君，阴阳生炁君，三元丹田赤白君各五人，官将各一百二十人，主血炁流通，黄白相裹，多引阳炁，牢结男胎。阳神决吏，男神玉女各二人，甲子神人君吏，主扶助真胎，凝结阳炁，若已孕女，回转为男。即俾某人妻某氏怀胎含孕，起居不伤，全阳成男，饮食无忌，月数满足，必产阳男。日吉时良，速得分娩，母子周圆，以为效信。"

《保胎》曰："谨为上请安胎君，护胎君，扶衰度厄君，万福解厄君，护胎圣母，天医玉女，护胎成生吏，保胎成生圣母，各二人，主保护胎孕，无有疾伤，十月周圆，产蓐快利。天医太产吏，治通乳母，天门中君，天医助生君，催生童子各二人，官将各一百二十人，主调理阴阳，和安胎藏，产蓐无阻，得就阳男。九天好生君，监生大神，卫房圣母，主录勒籍真君，传胎应梦童子，三元保胎大神，六十甲子从官符吏，主保胎护命，定魄安魂，临产之时，毋有厄难。"

《道法会元》卷21《安监生司仪》曰："谨焚信香，虔诚奏请：东霞木公上相青童道君，西汉金真万炁祖母元君，九天玉辅上宰四胁侍宸真君，九天司马大神希夷善应储福定命真君，司马注生真君，执箓把籍定算真君，丹天左右救生真君，黄庭二十四戊巳真人，九天回骸起死君，监生大神，天医大圣，天医助生君，天医六职治官，天医十二功曹，天医符医、炁医功曹，分形博士，化形将军，生形将军，扁鹊仙吏，尚药童子，砭石小吏，圣药仙吏，生脉仙吏，九天卫房三十六圣母，注生君，催生君，乳母君，导生君，生母君，三天都禁司命君，卫房灵妃，天门紫户速生君，卫房夫人，救生玉女，抱送卫房仙女，三师夫

人，门下典者黄阙神君，紫户大神，流光玉女，宝室真人，三十六真，二十四神，狼吏虎贲万二千神，玉箓直符王陆二使者，龟台素握濮玉女，玉部翻解冤结颢使者，荡秽分胎一行官吏，天医监生合干官众。伏愿倾光回驾，布炁分真。羽节霓旌，暂离仙境。云车风马，普降凡筵。施全角返本之功，箸监真度生之德。道香净茶，普同供养。"

《道法会元》卷43《清微保生文检》言："祈旨，命九天注生官属，监生大神，太一司命，卫房圣母，保产催生合干官属，同神烈阴阳苟、毕二雷君，一合下降。主为某氏身中，宣注先天道炁，生旺正炁，消除疾患，保固形神，营护胎元，资扶命蒂。俟当临产之时，分生有喜，坐蓐无虞，母子两全，日时俱吉。""恭望圣慈，允俞所请，即赐保奏天廷，颁恩合属，赦除罪犯，斡运化枢，解释孤刑，消除克害。次祈旨，命九天注生官属，监生大神，六甲将军，卫房圣母，太一司命，保产催生合干官吏，同神烈阴阳苟、毕二雷君，一合下降。主为某氏身中宣注先天道炁，生旺正炁，消除疾患，保固形神，营护胎元，资扶命蒂。俟当临产之时，分生有喜，坐蓐无虞，母子两全，日时俱吉。上广好生之德，下副恳祷之诚。"《道法会元》卷21亦载监生司神灵多达百千，其中即有"九天卫房三十六圣母、注生君、催生君、乳母君、导生君、生母君、三天都禁司命君、卫房灵妃、天门紫户速生君、卫房夫人、救生玉女、抱送卫房仙女"等。

从以上道经中所见，圣母有几十位：诸天圣母，三十六圣母，卫房圣母，护胎圣母，保胎成生圣母，从受孕、怀胎、卫房、护胎、保胎到临盆、出生，这些圣母始终保护着母亲、婴儿的安全。

依据道经所言，妇女在生活中的压力与苦难远远胜于男性，尤其在婚姻、生育方面，她们往往面临着各种各样的威胁甚至死亡，因此监生司设立的主要责任就是帮助那些软弱无助的妇女。宁全真《上清灵宝大法》曰："夫普度大斋，广济沉魂，其中如有生存怀孕，胞胎不解，子母未分，或子存而母亡，或子母俱亡，似此之徒，何缘解脱。当先奏闻九天生神大帝，申闻九天监生司仙宰。正斋之日，立监生司，兆先诣司请召，点酌启祝，俟召亡赴幕，请上圣监生，斯可临坛受度，安监生真文于案上，使亡人见之，自然百骸流光，禳却尸秽之光矣。"凡此种种，显示了道教对处于封建社会最下层的妇女生活状况的深切关怀，他们希望通过大道的慈爱与道法的威力，唤起社会与人们的关心同情，帮助那些挣扎在苦难与死亡之中的妇女儿童。

也正因为如此，九天监生司的诸神既可以超度那些陷沉血湖地狱之中的亡魂，又能引导这些亡魂托胎化人、顺产安平，正如宁全真《上清灵宝大法》所言："谨请九天监生大神、卫房圣母、医治病天医等众，只今引过血湖未分娩产魂等入蓐，以遂分挽，托化人天。"一旦生产顺利，母子平安，这些监生护胎的神真又化为身神，终身护持着新生的一代。

对此，宋代高道董思靖解释说："五帝监生者，即五方之帝也。青帝雕梁际，赤帝长来觉，白帝彭安幸，黑帝保成昌，黄帝林虚夫，同监人之生也。圣母卫房者，即九天圣母，司其生成，故卫其房室也。天神地祇，三界备守，在天曰神，以其阴阳不测故也；在地曰祇，以其聩然示人故也。三界即上中下、天地水三界之神，齐备卫守，谓莫不敬护也。九天司马，即总仙大司马长生法师柏成飚生也。"另一位高道王希巢亦曰："五帝，即东方青帝雕梁际，赤帝长来觉，白帝彭安幸，黑帝保成昌，黄帝含光露，监人之生也。圣母即九天圣母也，盖独阳不生，独阴不成，圣母即至阴之主，喜于成生，卫其房室，拔除不祥也。"林灵真《灵宝领教济度金书》载监生司神灵有："九天监生大神，九天卫房圣母，九天定生大神，九天感化大神，九天定胎大神，九天易胎大神，九天助生君，九天顺生君，九天速生君，九天全生君，六甲符吏，催生童子，保胎童子，速生童子，南昌分胎功曹，南昌主产功曹，南昌主死功曹，南昌起死功曹。"共十八位神真，其中最重要的是九天卫房圣母。姚复庄撰《玉枢经钥》载九天卫房圣母，"东岳所生，化身为观音，即所谓送子观音"[①]。

《大慈好生九天卫房圣母元君灵应宝签》序曰："九天卫房圣母元君，高居九天之上，总职三界之中，宣太上好生之圣德，敕阴阳生成之号令，上自后妃，下及民妇，俱蒙敕命人物生成，录人间之善恶，察女子之贞邪。有德者奏闻玉京，敕神祇而护佑，书名仙籍，益算延年。有过者申告三官，付五雷斩勘之司，照依玉律施行刑，遭疾苦困危，魂系酆都，常沉苦海，永失真道。善者赐其贤子贤孙，不善者世遭苦厄，多诸忧恼。大哉！圣母元君之功不可称量，好生之德，岂只保于一时之生产，恩可佑于终身。善恶二事必书录举行，世人未知，恭侍者少，有负元君恩德者多矣。今幸钦承敕命，颁降宝签九十九道，九则妙理无穷，玄机深奥，昭天省赏善之条，明雷府伐恶之令。怒责邪凶，劝其仁孝，露未萌之灾福，阐大道之慈悲，彰其善恶，示以吉凶。欲化人民，咸行善道，勿堕邪非。自女人及于苦爽，蒙于元君恩命，方始生成。鉴今奉命告下九天监生司，帅将神祇，依上遵行，外人间之，信善至诚，恭奉圣母香灯，以祈福佑。切勿轻慢，自招罪责。帅将威灵不可轻祀，敬之者万灾不干，神明护佑。轻之者生遭疾厄，死受风刀，可不敬欤。"尤其是妇女临产之时，皆须恭请圣母及诸神护佑。《元始天尊说东岳化身济生度死拔罪解冤保命玄范诰咒妙经》载："东岳子孙案，九天监生司，结秀成胎，禀两仪之造化。送生保产，乃二圣之纲维。燮理阴阳，散行痘疹。九天称庆，一视同仁。大悲大愿，大圣大慈。普济普度九天监生明素真君，多男多女九天卫房圣母元君。"

道教传有监生大神催胎符、化生符，用于助产解冤。凡书催胎符，先凝神定虑，叩齿，密祝云："谨请九天玄女，催生局九天监生大神，护形圣母，催生神吏。六甲六丁，下符童子，催生童子等。"述意毕，方下笔书符，无不灵应。书监生大神化生符，咒曰："监生大神，掌生之灵。托为此体，变化为身。监生童子，七魄郎中。催生玉女，降魄之神。上帝有敕，救护众生。邪精斩断，疾速催生。急急如律令。"右符黄素朱书，取南

---

[①] 藏外道书：第4册[M].成都：巴蜀书社，1994：766.

炁，掐辰文，再念前咒，书成。凡所催生，先用此四五道，与解冤符，在产房中，用钱马逐道焚化，符起即生。①

## 第三节 重庆大足圣府洞道教造像

大足石门山第10号窟圣府洞的题材内容十分引人关注，先后有王家祐、胡齐畏、胡若水、刘长久、胡文和等学者撰文探讨这一课题。笔者亦曾数次撰文，反复推敲与其有关的问题。这里旧题再提，以进一步揭示其题材内容以及历史价值。

10号窟石刻凿造于南宋绍兴五年（1178）之前，系平顶窟，窟内底面呈矩形，窟高3.01米，宽1.48米，深1.29米，窟顶壁及右壁在清乾隆时崩坍。对于此窟的名称，今人大多称之为三皇洞，其依据来自清人的记载。据清人李型廉《游石门山记》记述，道光十五年（1835）冬闻友人吴绍异介绍，县东石门山沿岩凿有佛道造像，且多宋人石刻。遂于次年仲春四日，束装游历，搜访窟刻碑碣，依次考察了山王土地龛、玉皇龛、药师龛、释迦龛、圆觉洞、五显大帝龛、孔雀明王洞、三皇洞、炳灵殿等地方。其中与道教有关的共五处：

（1）山王土地龛："旁刻小字十行，甚模糊，拂尘谛视，为'乙亥岁绍圣二年二月二十四日清明节造，弟子杨才友，镌神匠文居道'。"

（2）玉皇龛："由山门进岩，高二丈许，长亦二丈许，上覆以屋，诸佛倚岩而坐者，凡四龛，玉皇位中龛，横悬一匾曰通明殿。外镌二天神，右千里眼，左顺风耳，状甚丑，牛鬼蛇神，仿佛似之。"

（3）五显大帝龛："大帝独足亭亭，甚雄伟。"

（4）三皇洞："豁然开朗，诸像列眉，上镌三皇，垂旒执笏，犹见太古衣冠；左右二力士睁目露牙，阴森可畏。两旁镌立像大小数十，精工妙丽，肃若朝班，惟左班像多断裂。土人云：右班中足踏龟蛇能作孽，国初时，与明王洞孔雀俱遭雷击。盖震撼及之耳。"

（5）炳灵殿："三皇洞外左石壁镌炳灵殿，炳灵太子位居中，旁有七十五司，纱帽笼

---

① 道藏：第28册[M]. 北京：文物出版社，上海：上海书店出版社，天津：天津古籍出版社，1988：818.

头，眼光四射，似欲窥人隐者。下刻地狱变相，鬼怪纷沓，靡不活现。"

在考察完毕之后，"复寻故道出，摸左壁，刻昌南诏从事邓栻纪行诗三十韵，隶书，四百五十字，笔法枯劲中绕清润之概。挑灯读毕，嘱工拓以饷知好。尔时斜阳罩树，刹外春色倍觉宜人。晚出眺之，见岩侧面平如镜，上横镌石山门圣府洞六大字，旁有小楷书数行，为戊戌淳熙五年中元从事佛皇监判官宋以通书。末刻山主文道盛造"①。这大概是三皇洞称谓的最早出处，首见于1836年，并记述了许多与此龛相关的史料，为后人探究其内容提供了非常重要的依据。

陈习删《大足石刻志略校注》中亦有介绍，记载了碑碣一通、雕像十二部、题记一则。碑碣即淳熙九年（1182）南诏从事邓栻纪行诗文，曰："石门居众山最高处，盘数大石，凿为洞府。因石高下，周以屋室，盖黄冠栖息之所。像无定制，或仙或释，或诸鬼神，千百变化，混为一区。"并将11号命名为三皇窟，认为按照其主尊形象而论，"当为儒家造像"。②

1945年杨家骆组团赴大足考察，其《大足龙岗宝顶以外各区石刻记略》是这样记述的："石门山在县东二十五里，石刻所在，名圣府洞，杂造仙佛三皇，山王土地等像，殊为混淆，凡三洞六龛。三洞：一、圆觉，二、孔雀明王，三、三皇。六龛：一、山王土地，二、玉皇，三、药师，四、释迦，五、五显大帝，六、炳灵殿，总计约一千躯。碑记，宋以通题石门山圣府洞六字。"③这里所提到的"三皇""玉皇""五显""炳灵"等皆为宋代造像，相当珍贵。

以上史料虽言今10号龛为"三皇洞"，但亦曰其古称为"圣府洞"。今人大多称为三皇洞，却忽略了圣府洞这一古称及含义。考"圣府"一词，当来自道教。在以三清、四御为核心信仰的道教神系中，有一套相当严密的组织机构，即各种神司、都省及府院。如北帝派神系中就有五府。"五府"，即指元应太皇府、元景丹天府、元照灵虚府、元和迁教府、元素元耀府。《道法会元》载江苏句曲有华阳洞天，乃东华帝君的治所，府内别有五府，"号上清五元素府，有五圣嗣教司之，统摄三界水火刀兵，风雨龙神，魔鬼妖怪，生死祸福，真仙升降，莫不由之予夺也"。所谓"五圣"，即指天蓬大元帅、天猷副元帅、翊圣保德真君、真武佑圣真君及扶教天师张道陵。

元应太皇府系天蓬大元帅、中黄元一太皇帝君治所，并传《元应太皇玉册》于世。《道法会元》载："中黄元一大帝承玄镇景，应化御位，统摄总杀，肃清二仪，静明三元，掌元应之玉册，执职平阿宫，封天蓬大元帅为嗣教外台卿，别有神局，是阴治之有司，号北极驱邪院，如世之殿帅兵府是也。其中皆是阴治主者，乃地界法官是其任也。及至季气雕残，阴印阴治不能治之，山川不息，宣化不行，故仆出是册，以举仙官为任，使

---

① 刘长久，等.大足石刻研究[M].成都：四川省社会科学院出版社，1985：337.
② 刘长久，等.大足石刻研究[M].成都：四川省社会科学院出版社，1985：341.
③ 刘长久，等.大足石刻研究[M].成都：四川省社会科学院出版社，1985：29.

拯治阴魔，禁御万杀，承阳宣化，保宁山川，生育万汇，皆荷道化。"

元景丹天府为天猷副元帅、庆历从明大君的治所，并传《元景丹天玉册》于世。《道法会元》载："右元景玉册，天猷副元帅嗣教也。紫光元景丹天府，庆历从明大君所治。解曰：青元光化左元夫人、青童司命玉历元君，为左右赞教。大君尝戒青童君曰：万汇散分，玄法下降，盖冥罚之不畏也。非故不畏，气使之然。受杂恶之气，物物凶暴，阴罚则冥狱俱满，亿劫无尽。况下元入劫，运当更变，苟不以玄真之气下助，则司罚司杀者亦失善政。"

元照灵虚府为翊圣元帅的治所，并传《元照灵虚玉册》于世。《道法会元》言："右元照玉册，乃翊圣真君嗣教也……太君曰：自延康开劫之后，劫劫败化，至于今日，善恶不分，群妖竞起，地界主者諴奸无暇，上元检历愈繁，使吾教居于中辉上，而未降三光之芒，昏而不珍，亦下元浊气之使然。吾立监度示汝，汝无杀以败吾化，冥掌亦不汝赦。"

元和迁教府为真武元帅、化元太皇帝君的治所，并传《元和迁教玉册》于世。《道法会元》曰："右元和册，乃真武真君嗣教也。昔化元太皇帝君，治广运迁教元和宫。解曰：命明夷法主广玄翊大教君，监度太玄。元帅曰：昔赤明丈人教戒曰：玄黄正气，赤明初劫，开图历今，凡五千余年，而乘教竖师，普度上下八荒内外者。吾始以汝嗣吾之教，兴而降，降而兴，莫不从气之清浊，而于清浊之中，可领上下。故闻教者，善良进，鬼妖灭，魔王伏，又可以登高临深，居处山泽自通，子宜秘之。"

元素元耀府为三天扶教大法师张道陵的治所，并传《元素元耀玉册》于世。《道法会元》载："自汉天师张道陵飞升之后，于三天外馆光华堂，元辉大君敕左右二主降诰，付之一印二符。大君曰：三素已分，之后纯朴散矣，汝可以此符印镇之。凡有未遂者威之，日月终敷，奏上元宫。"以上道教之五府，皆可称为"圣府"。

综览以上所列道书，将其与大足石门山道教造像的题材内容相对应，相当吻合。三皇洞中的四大元帅、玉皇龛中的玉帝，皆与五府诸司的主神及其职司相符。五府诸圣禀承北帝册命，以掌幽显存亡不典之事。如元应太皇府下别设北极驱邪院，是阴治之有司，专职管理地狱阴界之事。在这些龛像中，最为重要的就是三皇洞，因为四府之主帅皆在洞中。据此而论，我们应该依南宋淳熙五年（1178）从事皇佛监判官宋以通所书圣府洞而定名。

圣府洞中主像有三，他们究竟是什么神真，这里暂时不论。首先对洞中的护法及其造像进行考辨，以有利于问题的探讨。

在三尊主像两侧下层的左、右壁前，各立一位护法神将，身高1.94米，宽0.52米，厚0.26米。二神面目狰狞，头戴束发冠，身披胸甲，脚蹬战靴，披帛绕体下垂。左像为三头六臂，其左上手举一法印，右上手握帝钟；左中手在傍执弓，右中手握二箭置胸前；左下手抓住一龙的左角（龙龇牙咧嘴，左爪上举内捏一珠），右下手拄宣花斧于体侧。右像为三头四臂，上部袍袖向上飘如起翼，其左上手于胸前持一物（残），右上手于腹前挂剑（残）；左下手反执一长矛，右下手握拳砸于一龙头上，龙双爪撑地，闭口瞪目。那么，这两尊神像各是谁？依据以上道经考辨，他们当是道教神系中最重要的两大护法——天蓬、天猷元帅，并与翊圣元帅、真武元帅并列，合称北帝四圣。

所谓"北帝"，即指北极紫微大帝。《紫微玄都雷霆玉经》曰："北极紫微大帝统御三界，掌握五雷，天蓬君、天猷君、翊圣君、玄武君分司领治；天罡神、河魁神，是为召雷檄霆之司；九天流金火铃大将军、天丁力士、六丁玉女、六甲将军，是为节度雷霆之使；九天啸命风雨使者、雷令使者、火令大仙、火伯风令、火令风伯、四目皓翁、苍牙霹雳大仙，是为摄辖雷霆之神；火伯风霆君，风火元明君，电光元圣君，雨师丈人君，是为雷霆风雨之主。"这里谓紫微大帝统御三界，掌握五雷，乃主宰雷霆之主尊。依道经所言，紫微大帝下隶九司、三省、四府，四府则专司调兵遣将，制邪破狱，收摄群魔。主掌四府的主帅即为天蓬、天猷、翊圣、玄武四大元帅，合称北帝四圣。

第一是天蓬元帅，他"现三头六臂之威容，运七政八灵之洪造，帝钟才震，万圣齐临；钺斧轻挥，群魔碎灭，神光赫赫，常救护于众生；真性巍巍，誓永兴于正道"①。《道法会元》曰："天蓬元帅三头六臂，赤发，绯衣，赤甲，跣足；左一手结天蓬印，右一手撼帝钟；又左一手执斧钺，右一手结印擎七星；左一手提索，右一手仗剑，领兵吏三十六万骑，雷公电母，风伯雨师，仙童玉女，羽衣赫赫，各持金剑，乘北方太玄煞炁，黑煞炁，气中有五色炁，从空降坛。"俨然为道教第一护法神。以上文献多言天蓬为三头六臂，这当是天蓬造像最鲜明的特征。

依道经记载，圣府洞天蓬像左上手所举法印当为"天蓬印"。天蓬印为施行天蓬大法的重要法器。道教谓此印为邓紫阳亲传，"流传尘世，功验难穷，无所不治"。《上清天蓬伏魔大法》曰："天蓬印，方二寸五分，用神木，刻于甲子，祭于庚申二吉日。阳精封篆，盛以绛囊。右天蓬祖师印，印天蓬牒符篆，应诸公文。"《太上北极伏魔神咒杀鬼经》谓其印可"制伏阴魔，救治疾病"。

天蓬元帅　南宋石刻　大足石门山
　　　　　李远国摄

天蓬右上手所执为帝钟，又名铎、火铃、法铃，乃道教的一种重要法器。《道法会元》载："元帅帝钟，昔皓首仙翁付五岳大神，能驱山镇海，移动宅舍，治岩石之精。以

---

① 道藏：第1册[M]. 北京：文物出版社，上海：上海书店出版社，天津：天津古籍出版社，1988：811.

五月五日及九月九日用铜铸，四面篆文，铸讫撼振九通。"《天皇至道太清玉册》说："黄帝会神灵于昆仑之峰，天帝授以帝钟。道家所谓手把帝钟，掷火万里，流铃八冲是也。天丁之所执者，又谓之火铃。"

至于侧蹲于下的那条龙，则是天蓬元帅之坐骑——夔龙。《道法会元》载："帝敕夔龙，头载魁罡。两眼雷电，闪烁神光。鼻冲五岳，烝布十方。牙如利剑，啖鬼神王。天蓬有令，万鬼灭亡。电光万丈，殄扫凶强。口吐毒火，焚尽鬼殃。""天蓬元帅，有神夔龙，光彻四海，威振十方。天上天下，莫敢前当，神通广大，造化无双。行神布烝，日月失光。吞食妖孽，剪截凶强。迷津苦海，无鬼不降，淫祠妖社，电扫除踪。顺龙者生，逆龙者亡，北帝敕命，风火八冲。"

天蓬之下为天猷元帅，天猷为天蓬副帅。作为天蓬的副帅，他的作用也是驱鬼灭邪。天蓬和天猷，南朝时已结盟，同列北帝麾下战将。陶弘景《真诰》"北帝煞鬼之法"的咒文中有"天猷灭类"的词语。其后出现了"天猷咒""天猷符""天猷法"，成为北帝四圣之一。《法海遗珠》卷32《北帝四圣伏魔秘法》说："天

天猷元帅　南宋石刻　大足石门山
李远国摄

猷副帅，躬亲统率五星五斗，风雷水火，雷电霄云，天丁官将，诸部吏兵，搜捉天魔地妖，龙精虎怪，为祸妖孽冤亲，夭横不法鬼神，兴灾邪祟，变现精灵。"

四圣的第三位是翊圣元帅，亦名黑杀元帅。三皇洞右壁外端的护法神即为此神，惜断为三段，现依壁复立，基本上可见其概貌。黑杀亦名黑煞，本为星神。"盖玄帝之佐命，禺强之官联，真位参于紫微，灵职分于井钺。"[①] 五代时黑煞信仰已有流行，行其道术者多能驱鬼祛邪、预言人的寿夭福祸。太宗奉黑杀为保护神，诏令张守真于终南山修建北帝宫，以祀祭黑杀。宫成之后，太宗下诏，封黑杀为"翊圣将军"。大中祥符七年（1014），真宗下诏，给翊圣加号"翊圣保德真君"，并命王钦若编撰《翊圣保德传》，亲自为其作序。继之太宗、真宗后，徽宗进一步崇奉真君，崇宁（1104）三年四月十八日，徽宗下加号敕诰，褒奖曰："翊圣保德真君降言于建隆之初，显告于开宝之末，大庇下土，卫我家邦。作宫奉祠，昭答如响。顾眇赏之诞育，皇钦慈之密祈。吉事有祥，敢忘

---

① 徐铉. 重刊终南山上清太平宫碑铭并序[M]//陈垣，陈智超. 道家金石略. 北京：文物出版社，1988：217.

翊圣元帅　南宋石刻　大足石门山
李远国摄

美报。夫至诚能感，克应乃孚。所储维何，万世之庆。"可特加号"翊圣应感储庆保德真君"。①

圣府洞左壁第五尊造像，眼瞪目张，额敕束发箍，脑后有双飘帛上拂，身着铠甲，左手牵右袖袍，右手在腹前仗剑，赤足立于一龟背上，龟左侧有一蛇盘曲，这很明显是四圣中的真武元帅。依道经描述，真武的形象是披发黑衣，金甲玉带，仗剑怒目，足踏龟蛇，顶罩圆光，形象非常威猛。《太上洞神天公消魔护国经》卷下曰："真武之神披发皂袍，仗剑穿靴，神兵符吏，雷公电母，四直使者，捧从其身。是时天尊令真武于酆都山，降伏鬼魔。武奉天尊敕，遂令北酆杀鬼天猷副将，领神霄大兵、九气功曹、三天玉女、七气神君、五灵真宰。"

南宋石刻　大足石门山
李远国摄

在宋时，由于皇室对北帝、四圣的大力崇奉，四圣受到社会的普遍崇奉。《玄天上帝启圣录》谓"北极紫微大帝，保扶圣位"，于是太祖专门建造"北极四圣观"以供祭。如"东京四圣观，本是国家天元祖氏之宅。自太祖策宝郊祀，舍为四圣护国建隆观。后因驾赴，特祭天蓬、天猷、黑杀、真武"。真武元帅亦自称"为北极紫微大帝殿前第四被将"。在两宋时期建造的北极四圣殿中，所祭主神即为北极紫微大帝，左右护法则为四圣，这是基本的格局。如瀛州寿先庙内，"正壁画北极紫微大帝，两畔画四圣，皆挂金甲，立身，各带箭箙"②。北极四圣出现于两宋之际，并为紫微大帝的护法，这点尤为重要，它证明圣府洞中三主神的中央者当为紫微大帝。

---

① 道藏：第32册[M]．北京：文物出版社，上海：上海书店出版社，天津：天津古籍出版社，1988：657-661．

② 玄天上帝启圣录：卷3[M]//道藏：第19册．北京：文物出版社，上海：上海书店出版社，天津：天津古籍出版社，1988：593．

在圣府洞窟内，正壁上雕刻主像三尊，均面西南，端坐于双龙头靠背宝椅上。中央主神造像，坐高2.04米，肩宽0.66米，胸厚0.32米，头戴平顶通天冠，冠正面装饰有金博山，侧有香袋护耳，内着圆口荷叶边中单，外罩宽袖大袍，项下系方心曲领，双足着靴，踏于方形几上，双手于胸前捧玉圭，容貌年轻英俊。其两侧造像稍矮，坐高2.01米，肩宽0.61米，胸厚0.30米。均头戴通天冠，冠正面装饰有金博山，两侧垂韑纩护耳，身着圆领宽袖袍服，项下佩方心曲领于胸部，双手在胸前捧玉圭，两足着云头靴，踏于四方形几上。其左像容貌年轻英俊，颔下无须，呈庄严端庄相。右像脸形长方，颔下有须。

三尊　南宋石刻　大足石门山
李远国摄

三尊主像头部上方的岩壁上，一字排列三个小圆龛（其右龛已毁不存），直径43厘米，每龛内有一天尊坐像。二像皆面有须，头戴莲花冠，身着宽袖大袍，胸前置一三脚夹轼，项后有圆形火焰头光。其中者左手举于胸前，右手扶夹轼，此当为元始天尊。左像左手扶夹轼，右手于怀中捧一如意，此当为灵宝天尊。已毁右龛中神像当为道德天尊。

那么，其主尊究竟是什么神真？依胡文和言，其主像"似应为中三皇"，其上方小圆龛中的雕像"似应为上三皇"；并引杨逢时说，谓"上三皇"为元始天尊、灵宝天尊、道德天尊，"中三皇"为天宝君、灵宝君、神宝君。[①] 显然，这些判断均不准确。其一，上方小圆龛中的雕像为元始天尊、灵宝天尊，这是可以肯定的。其二，将元始天尊、灵宝天尊、道德天尊与天宝君、灵宝君、神宝君分为"上三皇""中三皇"，首见于明朱权《天皇至道太清玉册》，因此不宜依而论之。

考所谓"三皇"，《元始上真众仙记》曰："元始君经一劫，乃一施太元母。生天皇，十三头，治三万六千岁。……后生地皇，地皇十一头。地皇生人皇，九头，各治三万六千岁。"道教中有以崇奉天皇、地皇、人皇为特征的三皇派，主要流传于汉唐之际，入宋之后早已融入其他道派，影响甚微。因此，据上引道经可证其主尊并非三皇。

依两宋道经所载，四圣元帅听令于紫微大帝，则圣府洞主尊应为紫微大帝。与圣府洞同时期的大足舒成岩第3号紫微大帝窟，窟正壁上雕刻紫微大帝像。其左右二侧各立一护法神将，其造型与圣府洞护法极为相似，显然亦是天蓬、天猷元帅，说明圣府洞主神当为紫微大帝。

---

① 胡文和. 中国道教石刻艺术史：下册[M]. 北京：高等教育出版社，2004：282.

圣府洞中央主神为北极紫微大帝，左右两侧的神尊又是谁？笔者在《重庆大足圣府洞道教石刻再探》一文中认为应为玉皇、后土。现在觉得不当，应该修改。景安宁指出："假设三像中的中尊是紫微大帝，左右二尊也有可能是大明和夜明，因为在宋代他们同在一龛。大明和夜明有资格与紫微大帝并坐，但大明和夜明的地位不如紫微大帝显赫，所以坐在紫微大帝两边。"①此说有理，自当取之。

清徐松《宋会要辑稿》载：淳熙元年七月十八日，于太史局修建小殿屋三间，安奉御书天、地、圣祖、太祖、太宗、徽宗神位六位。两廊小屋各三间，安奉上十位神位：天皇大帝、青帝、赤帝、白帝、黑帝、黄帝、北极、夜明、神州地祇、大明。"天皇、北极、神州、后土、大明、夜明，与夫五帝、五岳之类，居天地之次，为百神之最尊，而国家之所甚重者。"②《元史》卷72《郊祀志》中对"大明"和"夜明"的祭祀礼仪记载得相当详尽："神位：昊天上帝位天坛之中；少北，皇地祇位；次东少却，皆南向。其从祀圜坛，第一等九位。青帝位寅，赤帝位巳，黄帝位未，白帝位申，黑帝位亥，主皆用柏，素质玄书；大明位卯，夜明位酉，北极位丑，天皇大帝位戌，用神位版，丹质黄书。神席绫褥座各随其方色藉，皆以稿秸。"③

紫微大帝　南宋石刻
大足石门山　李远国摄

太阳帝君　南宋石刻
大足石门山　李远国摄

大明指太阳，道教谓之太阳帝君，全称"日宫太丹炎光郁明太阳帝君"，治洞阳郁仪宫。《灵宝无量度人上经大法》载："太阳帝君，日宫之精。"《太上洞真五星秘授经》载："主照临六合，舒和万彙。"

---

① 景安宁.元代壁画——神仙赴会图[M].北京：北京大学出版社，2002：107.
② 徐松.宋会要辑稿[M].上海：上海古籍出版社，2014：796、803.
③ 二十五史：第7册[M].杭州：浙江古籍出版社，1998：643.

李思聪《洞渊集》曰："日者，太阳之精，人君之象。日中帝君、仙官神吏万众，皆修郁仪奔日之道。日为洞阳之宫，自然化生空青翠玉之林，天官采食花实，身生金光，日之精炁，比生金乌，栖其林，朝出阳谷，夕没崦嵫，一年一周天。日宫太阳帝君，上管周天二十八宿星君、天曹，注禄寿之司，常以三元万灵天官皆诣日宫，检校世人罪福之目，进呈上帝，谓之阳宫生籍。"

夜明指月亮，道教谓之太阴元君，《灵宝无量度人上经大法》谓其全称为"月宫黄华素曜元精圣后太阴元君"，治洞阴结璘宫。《太上洞真五星秘授经》载："太阴皇君，月宫之精。""主肃静八荒，明明辉盛。"李思聪《洞渊集》曰："月宫太阴之精，皇后大臣之象。月中帝君、仙官神吏万众，皆修结璘奔月之道。月为广寒洞阴之宫，自然化生育华紫桂之林，亦曰降林枝叶玉兰，神仙采食华食，寿同日月，升入玉清。魄精之炁，化生玉兔，一月一周天。月宫太阴帝君，下管五岳、四渎、五湖、四海、十二溪水府并酆都罗山百司，常以三元日冥官僚佐皆诣月宫，校定世人生死罪福之目，呈进上帝，谓之阴宫死籍。"

依据以上史籍，笔者认为圣府洞的三尊主像当为紫微大帝、太阳帝君、太阴元君，圣府洞当为宋代奉行雷法的道士所创，故这组神真皆为雷部尊神。从时间上看，这组道教造像至今已有八百余年的历史，造型精美，系统完整，神系清晰，且与众多道经所记一一吻合，十分珍贵。尤其是紫微三帝、北极四圣的造像，是迄今为止所见到的同类题材中的最古者。

《太上说玄天大圣真武本传神咒妙经》所载紫微大帝属下尚有众多神司："大抵紫微垣内中外品官，各有司主，计一百一十八名，积数七百八十二星，皆理璇玑之政，为三界最要之。有司者，乃南北二斗，东西两曹，五方五星，六宫六曜，二十八宿，十二宫神，此六班犹六部尚书之佐。"

所谓"南北二斗，东西两曹"，合称"五斗"。道教谓南斗秉爵秩禄迁之籍，北斗宰生死是非之簿，东斗考绩世人德业善状，西斗校勘群生受度关历之计，中斗则总监万灵。《云笈七签》载："五斗位者，阳明为东斗，丹元为南斗，阴精为西斗，北极为北斗，天关一星为中斗。"《元始无量度人上品妙经通义》载："东斗主算，西斗记名，北斗落死，南斗上生，中斗大魁，总监众灵。"《太上玄灵北斗本命延生真经注》曰："北斗居中天，而旋回四方，主一切人民生死祸福。北斗第一星贪狼星为东斗，主算。第二巨门星

太阴元君　南宋石刻
大足石门山　李远国摄

星君　南宋石刻
大足石门山　李远国摄

为西斗，记名。第三辅第一，第四辅第二、第六。武曲星正居本位为北斗，落死。第五廉贞星为南斗，上生。第七破军星正居中位，为中斗大魁，总监众灵。"

此五斗星君又分管五星及二十八宿星神。其中东斗星君主管太阳真君及室、壁、奎、娄四宿，节候阳明，春生万物，其真形"戴九晨玉冠，青羽飞裳，执斗中玄图"。西斗星君主管太阴星君及胃、昴、毕、觜四宿，节候阴精，秋成万物，其真形"戴玄精玉冠，玄羽飞裳，执五色羽节"。北斗星君主管土星真君及心、尾、斗、箕四宿，节候北极三冬，以收载万物，其真形"戴飞云宝冠，青羽飞裳，执斗中青箓"。南斗星君主管木星真君及角、亢、氐、房四宿，节候丹元夏，以长养万物，其真形"戴七宝飞天之冠，白锦飞裳，执青气箓籍"。中斗星君主管金星真君及牛、女、虚、危四宿，节候天关，其真形"戴九云之冠，九色锦裳，执挥神之策"。①

所谓"五方五星"，即指东方岁星、西方太白、南方荧惑、北方辰星、中央镇星。宋李思聪《洞渊集》载，东方木德星君"戴星冠，蹑朱履，衣青霞寿鹤之衣，执玉简，垂七宝剑，白玉环佩，下管人间山林草木龙蛇鳖水族风雷之事，直行仁和司于有德"。南方火德荧惑星君"戴星冠，蹑朱履，衣朱霞鹤寿之衣，执玉简，垂七星金剑，白玉环佩，下管人间火焰、众虫凤凰、鸡雉乌鹊、百劳群飞鸟雀之类，火德昭彰巡行天下"。西方金德星君"戴星冠，蹑朱履，衣皓鹤白霞之衣，执玉简，垂七星宝剑，垂白玉环佩，管人间金银铜铁玉石、兔牛马牲豕鼠虫、石人石马霜雪之事"。北方水德星君"戴星冠，蹑朱履，衣黑霞鹤寿之衣，执玉简，悬七星宝剑，垂白玉环佩，下管人间水族鲛龙群鱼、雪雹凝寒之事"。中央土德星君"戴星冠，蹑朱履，衣黄霞鹤寿之衣，执玉简，垂七星宝剑，垂白玉环佩。下管人间兆庶形踝虫蚁之类，雾露虹蜺之属，土宿主信，厚万物之事。"

所谓"六宫六曜"，《太上说玄天大圣真武本传神咒妙经》注曰："司太阳、太阴、天一、太一、黄旛、豹尾之六宫，主昼夜晦明风雨之六运，乃日曜、月曜、木曜、水曜、火曜、土曜。六曜右行天次，并准紫微格制，运躔迟速也。"其下又有二十八星宿，

---

① 道藏：第17册[M]. 北京：文物出版社，上海：上海书店出版社，天津：天津古籍出版社，1988：20-22.

第三十四章　宋代道教造像中的神仙

"居四方，列周天，为二百六十五度，余隶七政，日月水火木金木土所躔之舍，曰二十八宿，以正岁月昏旦，立四方"。有十二宫，即宝瓶宫、摩羯宫、人马宫、天蝎宫、天秤宫、双女宫、狮子宫、巨蟹宫、阴阳宫、金牛宫、白羊宫、双鱼宫。司下土男女属相形名，曰鼠、牛、虎、兔、龙、蛇、马、羊、猴、鸡、狗、猪之呼也。每一宫各有一神君，统辖斡伍将军五员，各领阴阳吏士亿万

星君　南宋石刻　大足石门山
李远国摄

星君　南宋石刻　大足石门山
李远国摄

之众，混通参校，一十二分野，内产天下众生日用之事也。

以上诸天星神皆隶属北极紫微大帝，则圣府洞中当有其神位。在圣府洞左壁下层尚有五尊造像，皆着官袍朝服，形容端庄严肃，如上朝面圣之状，似当为五斗真君。

其上层还有二十八尊较小的造像，一字排列，第1像为男性，头戴束发冠，着圆领宽袍，双手抱如意，端座椅上。第2、3像为女性，凤冠霞帔，飘带在颈后成环，两侧垂地，双手捧笏而立。第4、5像为男官员，头戴方冠，着朝服，捧笏而立。第6至14像为女性，道姑打扮，发披于脑后，身着对襟宽袖长袍，双手捧笏而立。第15至28像为男性，官员装束，双手捧笏而立。这组造像之中，男性17位，女性11位，当为二十八宿星神。

依《云笈七签》卷24所载，二十八宿星神即分阳神、阴神。如角星、房星、心星、箕星、鬼星、柳星等为阳神，亢星、氐星、尾星、昴星、张星、翼星、轸星等为阴神。现山西晋城玉皇庙中存有元代二十八宿彩塑像，性别、年龄及形象各殊。如危星为中年男子像，面貌恭谨儒雅，左手抚座，右手举圆月，盘膝而坐，姿态潇洒。斗星为武官像，赤面瞠目，头戴高冠，怒目而视，双手捧獬，褒衣宽带，足着云头履。心星为勇士状，赤面披发，张口瞠目，袒胸赤足，左手高举，勇猛生动。娄星为一少妇，面目俊秀，细眉小嘴，发髻高耸，身穿绣袍帔肩，安闲端坐。虚星为中年妇女，长发披肩，温柔俊美，凝神自若。这些造像虽与圣府洞之星宿神差异颇大，但分二十八宿星神为男、女则是一致的。

圣府洞右壁原雕有七像与左壁对称，其上方亦当有一组造像，可惜全毁，仅存翊圣元帅残像。依以上道书所述，下层似当为五方星君，其上层似当为六曜、十二宫神，以与左

二十八宿星神　南宋石刻　大足石门山
李远国摄

二十八宿星神　南宋石刻　大足石门山
李远国摄

二十八宿星神　南宋石刻　大足石门山
李远国摄

壁诸神相配。《太上三洞神咒》卷3《天蓬启请咒》曰："仰启皈命天蓬将，摧碎群魔大力神，严驾夔龙降道场，赫奕威光动天地。二十八宿明星主，三十六部大神王。手持金剑斩妖精，掌持宝印除凶魅。帝钟摇响震天宫，驱雷掣电走纷纭。巨天甲卒持戈戟，南斗火官除毒害。北斗水神灭灾殃，降伏九天大冤魔。"卷5《召四圣咒》曰："北帝敕命，召吾四真。琼魁正帅，三六将军。明元尧乞，三五将军。二十八宿，十二宫神。天丁将吏，雷电霄云。风雷水火，伯仙泽延。上通北极，下入泉冥。判局都部，部集精兵。酆都阴吏，随吾使行。闻召速至，正顺斜横。"

圣府洞的这些造像当为北帝派道士主持建造，尚有一条旁证。大足舒成岩紫微大帝窟紫微大帝旁壁上有题记："紫微殿使日直元君司□□□院事王□□无极上相判酆都使掌岩道士王□□。"[①] 这里所说的"紫微殿使""无极上相判酆都使"，皆为北帝派道士阶位。

通过对圣府洞所有造像的综合分析，笔者认为其主神应为紫微、大明、夜明，其神灵同属一个以紫微、四圣为主神的北帝派神灵谱系，故对两宋道教的神系及造像进行研究具有相当重要的历史价值。

---

① 刘长久，等.大足石刻研究[M].成都：四川省社会科学院出版社，1985：331.

# 第三十五章

## 金元时期的道教

  金元时期的道教在封建王朝的扶持下仍然继续发展。但由于出现了南宋偏安，形成与金、元南北对峙的局面，民族矛盾异常尖锐。在这种形势下，道教内部宗派纷起，互争领导权，从而形成了与上一阶段显著不同的特点，这是道教史上又一个转折时期。

  金人属女真族，本来居住在长白山和黑龙江流域。以渔猎为生，同时也从事农业。1115年，金太祖阿骨打即皇帝位，正式建立奴隶主国家，国号大金。紧接着，金太宗完颜晟于天会三年（1125）灭辽，天会五年（1127）灭北宋。随着统治区域的扩大，由于政治制度和经济制度的差异，民族矛盾尖锐，广大人民特别是汉族人民反抗奴隶制统治的斗争风起云涌，面对这种形势，金统治者一面进行政治制度和经济制度的改革，一面大力倡导女真族学习汉文化，通用汉语言，允许女真族与汉族通婚，使女真族与汉族在共同的经济生活基础上加强彼此间的文化交流，促进民族融合。金统治者还大力提倡尊孔读经，兴办学校，以科举取士，把大批汉族士人吸收到统治集团，担任重要官职。也有一些汉族士人既不愿在政治上与金统治者合作，也不去参加抗金斗争，而是走上了消极隐遁的道路。

  金人入主中原不久，新道派便相继出现，如萧抱珍创立的太一教、刘德仁创立的真大道、王重阳创立的全真道等，并受到汉族士人的拥护。虞集《真大道教第八代崇玄广化真人岳公之碑》在谈到这一情况时称："昔者金有中原，豪杰奇伟之士，往往不肯婴世故，蹈乱离，辄草木衣食，或佯狂独往，各立名号，以自放于山泽之间。当是时，师友道丧，圣贤之学湮泯澌尽，惟是为道家者，多能自异于流俗，而又以去恶复善之说劝诸人，一时州里田野，各以其所近而从之。受其教戒者，风靡水流，散在郡县，皆能力耕作，治庐舍，联络表树，以相保守，久而未之变也。"[①] 王恽《大元奉圣州新健永昌观碑铭》亦曰："后世所谓道家者流，盖古隐逸清洁之士矣。岩居而涧饮，草衣而木食，节欲以清心，修己而应物，不为轩裳所羁，不为荣利所怵，自放于方之外，其高情远韵，凌烟霞而薄云月，诚有不可企及者。自汉以降，处士素隐，方士诞夸，飞升炼化之术，祭醮禳禁之科，皆属之道家，稽之于古，事亦多矣。徇末以遗其本，凌迟至于宣和，极矣。弊极则变，于是全真之教兴焉，渊静以修己，和易而道行，翕然从之，实繁有徒，其特达者各潜户牖，自名其家，耕田凿井，自食其力，垂慈接物，以期善俗，敦纯朴素，有古逸民之遗风焉。"[②] 由此可见，这些新道派既是一种宗教团体，也是一些汉族士人相互联络的组织，

---

① 虞集.道园学古录[M]//文渊阁四库全书：第1207册.台北：台湾商务印书馆，1983：691.
② 王恽.秋涧集[M]//文渊阁四库全书：第1200册.台北：台湾商务印书馆，1983：763-764.

一经建立便迅速发展。金统治者为了争取汉族士人的支持，便千方百计地笼络道派首要人物，扶植他们所代表的道派。

新道派不断发展，在下层群众中产生了较大的影响力，引起金统治者的猜疑，故章宗曾对这些道派采取一些限制措施。明昌元年（1190）十一月，"以惑众乱民，禁罢全真"，次年十月，又"禁以太一混元受箓私建庵室者"①。元遗山《紫微观记》在谈到全真道的发展时即指出："古之隐君子学道之士，为多居山林，木食涧饮，槁项黄馘，自放于方之外，若涪翁、河上丈人之流。后世或附之黄老家数，以为列仙，陶隐居、谦之以来，此风故在也。杜光庭在蜀，以周灵王太子晋，为王建鼻祖，乃踵开元故事，追崇玉晨君，以配混元上德之号，置阶品，立范仪，号称神仙官府，虚荒诞幻，莫可致诘……贞元正隆以来，又有全真家之教，咸阳人王中孚倡之，谭马丘刘诸人和之，本于渊静之说，而无黄冠襜褕之妄；参以禅定之习，而无头陀缚律之苦。耕田凿井，从身以自养，推余以及之人，视世间扰扰者，差若省便然。故堕窳之人，翕然从之，南际淮，北至朔漠，西向秦，东向海，山林城市，庐舍相望，什百为偶，甲乙授受，牢不可破。上之人亦尝惧，其有张角斗米之变，著令以止绝之，当时将相大臣有为主张者，故已绝而复存，稍微而更炽，五七十年以来，盖不可复动矣。"②陈垣先生认为，所谓"著令绝之，即指明昌禁令"。可实际上不但"禁"而不止，反而发展得更快了。正如姚牧庵《重修玉清万寿宫碑铭并序》所说，"欲锢其说以叛涣其群"，却"势如风火，逾扑愈炽"，以至"羽服琳宫，日新月盛乎金之世"③。金代道教之兴盛可想而知。

卫绍王完颜永济嗣位以后，金朝统治已处于急转直下之势，但敬道之制犹存。如受章宗宠遇的道士李大方，卫绍王执政期间仍然活跃于朝廷，大安（1209—1211）初被召，赐云锦衣，佩金符，加号"通玄大师"。宣宗完颜珣即位不久，燕都便告失守。在这岌岌可危的形势下，他对道教仍十分关心，为一些宫观赐名，以资保护，对道士仍给予礼遇，并赐号封官。但他在征召丘处机、李处静时，丘、李等人眼见金朝统治大势已去，均拒不奉召。哀宗完颜守绪在位仅十年，便被元太宗窝阔台所灭，国破身亡。

元成宗铁穆耳善于守成，继续奉行忽必烈的崇道政策，对江南天师道特别重视。他即位伊始便加封张陵为"三天扶教辅元大法师正一静应显佑真君"，并赐嗣汉三十七代天师张与棣等十三人玉圭各一，以表示他"不忘祖天师之遗烈"。元贞二年（1296）正月，又授张与材为"太素凝神广道真人"，管领江南诸路道教。大德五年（1301），召见张与材于上都幄殿，八年（1304）授正一教主，主领三山符箓，这对江南符箓各派的融合起了促进作用。成宗对张留孙特别尊宠，大德中加号为"玄教大宗师"，同知集贤院道教事，且追封其三代皆为魏国公，官阶品俱第一。大德十一年（1307）又授吴全节为玄教嗣师，赐

---

① 金史：第1册[M]. 北京：中华书局，1975：216-219.
② 元好问. 遗山集[M]//文渊阁四库全书：第1191册. 台北：台湾商务印书馆，1983：410.
③ 陈垣编，陈智超校补. 道家金石略[M]. 北京：文物出版社，1988：722.

银印，视二品。成宗在给天师教徒授封赐物的同时，还于大德七年（1303）加封真武为"元圣仁威玄天上帝"，又加封许逊为"至道玄应神功妙济真君"。此外，与道教有关的一些民俗神也受到了他的加封。

总之，元代统治者对道教十分尊崇，所尊崇的重点前后略有不同。在灭南宋之前，主要是对北方的全真道、真大道和太一教等道派的大力争取和利用，尤以争取利用全真道最为突出。这是由于全真道的影响远在真大道和太一教之上，特别是在山东地区，成为蒙、金、宋三方争夺的对象。在灭南宋以后，其重点转为争取南宋统治区内最有影响的天师道。这种前后重点的不同是从建立和巩固其统治出发的。而道教在元代统治者的崇奉下也获得了很大的发展。在元统一全国之后，天师道在北方迅速传播，全真道则在江南有较大发展。其他力量较为薄弱的各派道教则逐渐与天师道和全真道融合，符箓各派融入天师道之后统称正一派，从而形成正一道与全真道两大派别，在明以后继续流传。在南宋与金、元对峙及元统治的历史背景下，当时文士入道者较多，形成汉族士人与道士的结合，许多道教领袖人物均具有较高的文化修养，与名士交往密切，为道教的发展提供了有利的条件。道教的教理、教义在各派相互融合以及道、儒、释融合的基础上，以内丹学说为主流，呈现蓬勃发展的趋势。

## 第一节　金元天师世家谱系

金元时期，天师道仍是江南地区最有影响的道派。天师道与元朝皇室关系密切，因而在元代颇受尊崇，愈加兴盛。据说早在灭南宋之先，元世祖便于1259年派密使潜入龙虎山，访问第三十五代天师张可大，向他询问统一天下之事。张可大回答说："后二十年天下当混一。"南宋灭亡后，忽必烈于至元十三年（1276）四月召见第三十六代天师张宗演，特赐玉芙蓉冠、织金无缝服，赐号为"演道灵应冲和真人"，命其领江南诸路道教，仍赐银印。次年，张宗演还江南，以其弟子张留孙留京师。至元十五年（1278）五月，制授张留孙江南诸路道教都提点，并建汉祖天师正一祠于京城，诏张留孙居之。至元十六年（1279）诏谕张留孙悉主淮东、淮西、荆襄等处道教，从而使天师道的势力发展到华北和华中广大地区。此后又多次召张宗演赴阙。至元二十四年（1287）二月，又遣使持香币诣龙虎、阁皂、三茅设醮，表示对三山符箓派的顶礼。[1]

## 一、天师道世家谱系

继唐宋传承以来，天师道脉一贯从未中断，其法裔延续至明清，成为道教历史上的唯一世袭家族。下面略述之，以见天师世家的历史传承：

第三十七代天师：张与棣（？—1295），元人，字国华。张正常《汉天师世家》卷三曰：三十七代天师张与棣，字国华，号希微子。渊默寡言，洞明三教，为诗文，立成数千言。甫冠，侍父入觐，仪表温莹，敏于应对，上屡叹异之。至元辛卯（1291），嗣教。应召，上赐坐，慰劳甚至，授体玄弘道广教真人，管领江南诸路道教事。成宗登极，复召，命醮于圜殿，又醮于长春宫，命天下行其醮典，改天下诸路天庆观为玄妙观。一日，忽谓弟子曰：吾世味素薄，今留京师且久，非吾愿也。恳乞归山，未允。越月，示化于崇真宫，遣使护枢还山，敕廷臣祖祭于都门，后葬于玉田。元世祖皇帝制曰："汉天师三十七代孙张与棣，卿庆源有自，化应无方。宜颁紫诰之荣，以作玄门之表。特赐体玄弘道广教真人，管领江南诸路道教事。"[2]

第三十八代天师：张与材（1264—1316），元人，字国梁。张正常《汉天师世家》卷三曰：十八代天师张与材，字国梁，号广微子。宗演次子，天资仁厚，为诗文，可立就，书翰精奇。至元三十一年（1294）嗣教，上遣使赐冠服玉佩，俾掌教事，及召见。明年，改元元贞，入见大明殿。又明年，制授太素凝神广道真人，兼管道教。仍封母为玄真妙应仙姑，俾自给牒度道士，免宫观差役，护法箓，免远输之役。大德二年（1298），海盐官奏，州潮大溢，百里沙岸啮，将及城下，奉诏治之。至杭州，醮于祐圣观，投铁符河坻处，符跃出者三，雷电昼晦，杀死水怪，鱼首龟身，长丈余，堤障复故。大德五年（1301），复召至京，丞相答剌罕请祷雨。天师曰：诚可格天，天必有感。明日果雨。上召问：冬暖不雪，民间得无

张天师　明代　铜铸
上海白云观

---

[1] 元史·世祖本纪[M]//二十五史.杭州：浙江古籍出版社，1998：440.
[2] 道藏：第34册[M].北京：文物出版社，上海：上海书店出版社，天津：天津古籍出版社，1988：830.

有灾乎？命为坛祷之。是夜，雪下盈尺。大德六年（1302）辞归，上御柳林，诏天师侍祠，致嘉既甚著。且使祷所过名山宫观，归醮于上清正一宫，给银印，视一品，加金紫光禄大夫留国公正一教主，兼主领三山符箓。加封二代嗣师，三代系师，皆为真君。母周氏，为玄真妙应渊德慈济元君。时皇太后在兴圣宫，仁宗在东宫，皆宠赐特厚。是岁，夏多雨，宰臣合散公留守大都，遣礼部尚书王公约请祷。越三日，天霁。仁宗即位，复入朝赐见嘉禧殿，赐宝冠金服。皇庆二年（1313）四月，遣使至山，谕曰：去冬不雪，今复不雨，田弗就种，朕甚不忍民之伤。祷于上清宫，随应远近周洽。每岁参授法箓，及以水旱妖疠来告者无虚日，皆济之。捐粟为义仓，以周贫乏。艺术之士，日集于门，各如其望。延祐二年（1315）秋，与弟子遍游岩洞，或为诗绘物，皆寓意有警，人莫能测。除日，复自赞寿像，有东风吹雪之句。越明年（1316），正月一日，口占遗颂而化，敕葬于金溪之乌阳，建祠曰玄都观。

第三十九代天师：张嗣成（？—1344），元人，字次望。张正常《汉天师世家》卷三曰：三十九代天师张嗣成，字次望，号太玄子。神清高远，端毅寡言。至大（1310）三年，侍父入觐，至杭，寓宗阳宫。俄杭城火发，众往求救，张嗣成望火起处，以水噀之，火遂灭。延祐三年（1316），留国仙逝，以印剑授之，命袭教开府张宗，师闻于朝。仁宗遣使至山，命主教事，且召之。十月入觐，上顾问甚至，喜曰：克肖而父。命建金箓大醮于长春宫，礼成，赐冠服。明年（1317）正月，告归。制授太玄辅化体仁应道大真人，主领三山符箓，掌江南道教事。推恩，封母易氏为妙明慧应常静真人。降玺书，命掌道教，给度牒，行法箓，免远输之役，遣使护送还山。七年（1320），盐官州海潮复作，诏即行省，建大醮祷之，投铁符岸圮处，雷电大作，水息复故。英宗即位，诏入觐见于上都，降玺书给驿护还。泰定二年（1325）正月壬午日，有食之，大臣求祷雪以禳之，天大雪。复命建黄箓大醮于长春宫，时有天花云鹤之瑞，国子司业虞集承诏记之，制加栩元崇德正一教主知集贤院道教事。泰定四年（1327），盐官州潮复失，岸崩及城，诏召至行省，醮于祐圣宫。有三足龟见殿上，潮退。杭民以旱告，即雨。至顺元年（1330），入朝，降玺书申护有加。元统三年（1335），再召入，见上于明仁殿。时京畿旱，诏祷雨崇真宫，大应。秋，苦雨，祷而霁。冬不雪，祈即应。上大悦，赐以上尊，且语近臣曰：朕烦天师多矣，可录前后勋绩备载制词。至元三年（1337）三月，颁制加知集贤院事。留京已久，乞还山，诏百官宴饯之。既还，弃绝人事，逍遥自娱。至元四年（1338）甲申，将游五岳、青城，先登泰山。九月，舟次吕梁，薄暮，有一老人求见，密语，移刻而去。明日，遽命返舟，庚子抵宝应，化于舟中。弟子奉冠剑还，后葬于南山。

第四十代天师：张嗣德（1305—1352），元人，号太乙。张正常《汉天师世家》卷三曰：四十代天师张嗣德，号太乙，与材第二子。性宽厚，善文好诗。至正四年（1344）嗣教，至正九年（1349）壬辰，天下兵兴，命弟子舒惟寅募义保障，凡邻郡间，兵不敢犯，民赖以安。是年十月，微疾而化。明年（1350），制授太乙明教广玄体道大真人，主领三山符箓，掌江南道教事，制下已化矣，藏蜕排衙石。

第四十一代天师：张正言（1325—1359），元人，号东华。张正常《汉天师世家》卷三曰：四十一代天师张正言，号东华，嗣德长子。貌古神清，沉静寡言。时京道不通，且二年余矣。江浙行省遣问使，传制授天师明诚凝道弘文户教大真人，主领三山符箓，掌江南道教事。逾年，集诸弟子曰：吾家世代以福国忠君化民为本，今天下兵争日久，朝廷去远，安危未可知。况吾诸弟子总玄教于北者，荣遇特隆，可无一言以致征兆之吉乎。于是介弟子程天翼，奉命言于玄教大宗师于有兴，入陈于朝。上曰：天师，方外士也。曩以川途梗塞，无以致抚安之道，朕甚慊焉。天命此幸，有以旋之宗师奉旨。俾天翼还报，岁己亥（1359）中元日，升座演道，语若有警，人鲜能测。未几，示微疾，召弟子曰：吾自袭教以来，遭时多难，今逝期至矣。越二日，书颂而化。

第四十二代天师：张正常（1335—1377），元人，字仲纪，号冲虚子。张正常《汉天师世家》卷三曰：四十二代天师张正常，字仲纪，号冲虚子，三十九代天师太玄公长子。生有异征，太玄公假寐，梦神人飞空而至，曰：余自华盖山来，游君家，愿见容。及觉而生。幼颖，特宽厚，双目烛人，性嗜老庄言，于仙道秘法尤笃志。太玄游五岳，指相印剑曰：龙星再集于亥，吾儿当持此，大振玄风。至正己亥（1359）袭教，太玄之悬记始听。时兵乱，经箓久秘，至是愿授者川至。阐三元醮修于玄坛，尝炼度幽爽，辄有异感。辛丑（1361），大明太祖高皇帝发御榜，命有司访求招聘，而天师始游。遣使者上笺，陈"天运有归"之符，上以手书赐答，有勉澄心定性，以凝道功之语。乙巳（1365），朝京师，上召见，悦曰：瞳枢电转，法貌昂然，真汉天师苗裔。命坐赐燕，下诏褒美之。再召宴，及锡以金币，还山。丙午（1366），复入觐京城，士庶求符者，日以千百计，侍史不能给，闭关拒之不止。上谕俾施符水，乃篆巨符，投朝天宫井中，人争汲之，须臾水竭，见土弗已，疫者饮之，皆愈。上闻而嘉之，令作亭井上，号曰太乙泉。命传太上延禧诸阶法箓。及辞还山，复诏中贵人，赍赐织文金衣，特敕中书给驿券畀之，以便朝觐。丁未（1367），诣上劝进笺。洪武戊申（1368），上登大宝位，建号改元。入贺，赐宴于便殿，谕曰：兹授卿以大真人称号，诰命议给俸禄，面奏恳辞议俸，止乞如故，事优免及，专出符箓之事。上嘉而可之，准赐蠲通户，及大上清宫各色得役。宴毕，内降制书国朝制词，具载皇明恩命世录。授正一教主，嗣汉四十二代天师护国阐祖通诚崇道弘德大真人，领道教事，仍给银印，视正二品。出白金十五锭赐之，俾新其宅第。己酉（1369）二月，特召入朝，上御奉天殿赐见，预命设宴待之。是月，承顾问者四，锡宴者二。三月十三日，上将通诚于天帝，致斋三日，上御冕服，亲署御名于章，敕太常设乐，手授于真人，俾祝而焚之。礼成，锡金币，宴十文楼，群弟子馔于别馆，仍赏赉有差。庚戌（1370）夏，上特敕吏部，改赠父三十九代天师太玄辅化体仁应道大真人，嗣成为正一教主太玄弘化明成崇道大真人，改封母明慧慈顺仙姑，胡氏为恭顺慈惠淑静玄君。是年秋，上复召见，问以鬼神情状，更给掌天下道教银印。壬子（1372）秋，特召入觐，复加赐永掌天下

道教事之诰以宠之。丙辰（1376）秋，上遣使召，忽先期而至，入见，上喜曰：卿来何符朕意耶，明年秋，朕将遣使祠海岳诸神，卿当妙柬弟子之清修者，与其偕来，锡燕及金法衣玉圭，佩法器之属。丁巳（1377）夏，率群弟子入觐，宴于午门城楼上，举爵谓曰：卿宜馨此一觞。敕内侍出御制历代天师赞示，曰：他日当书以赐卿。明日，敕遣代祠嵩山，分遣重臣与群弟子代祠岳，仍赐衣各二袭，楮币有差。及归山，志趣颇异常。一日，置酒，与昆弟酬饮。慨然叹曰：五岳名山，先子欲游而弗遂。嵩山中峰，乃吾祖得《太清丹经》之所。今借圣天子威灵，幸一至焉。咽曦景于层霄，邈浮埃于浩劫，吾志将有在矣。未几，示以徵疾，端坐榻上，属弟子方从义曰：吾无以报国家宠恩，尔等宜左右我子孙，以赞宁谧之化命。取印剑授其子，曰：我家千五百年之传在是，汝其勉之。语已，举手作一圆象，嘿然而化。

## 二、张留孙与正一玄教

玄教是从正一派分衍而来的，创始于元初，流传至元末。其创始人为元初龙虎山道士张留孙。他在至元十三年（1276），随第三十六代天师张宗演赵阙觐元世祖，留侍阙下。此后以祈祷术"有验"，为元世祖所信任，十四年（1277），赐号上卿，铸宝剑与之。此后历成宗、武宗、仁宗等朝，宠遇不衰，屡蒙加封，并加开府仪同三司，领诸路道教事。张留孙从至元十五年做玄教宗师以后，即陆续从龙虎山征调道士到两都崇真宫，或委以京师道职，或派至江南各地管理教务，以这批人为骨干，逐渐发展组织，最后形成一个规模较大、辖域较广的道派，时人称为"玄教"。

张留孙（1248—1321）字师汉，信州贵溪人。幼年入江西龙虎山，为正一道掌教天师张宗演弟子。至元十三年（1276）随师入朝，对答称旨，遂留侍阙下。元世祖忽必烈常向他询问修身治国之道，又曾为皇太子、皇后请祷治病有验，因而得到宠信，被封为上卿，赐给宝剑，并敕命两京各建崇真宫，让张留孙居之以掌祀事。至元二十五年（1278），加封为"玄教宗师道教都提点管领江北淮西荆襄道教事"，佩银印。此后元世祖对张"宠遇日隆，比于亲臣"，张留孙或奉命出祠名山大川，或去江南访求遗贤，又受命为武宗、仁宗取名，参与任命宰相决策等。元成宗、武宗、仁宗等对张的宠信亦始终不衰，"朝廷有大谋议，必见咨问"。他被加封的头衔愈来愈显耀，官阶也从三品进至一品。元成宗时被封为"玄教大宗师同知事集贤院道教事"，追赠三代魏国公。元武宗加封"大真人知集贤院大学士"，仁宗又加封"开府仪同三司特进上卿辅成赞化保运玄教大宗师志道弘教冲玄仁靖大真人知集贤院事领诸路道教事"，封号长达四十三个字，可谓显赫无比。至治元年（1321）张留孙去世，又被元英宗封赠"真君"之号。

在玄教掌教的嬗递过程中，逐渐形成了一套掌教传承制度。主要有：第一，除第一代掌教张留孙由元世祖直接任命外，其后的几代掌教皆由前任掌教选定，推荐给皇帝，由皇帝降"玺书"加以任命。第二，继任掌教在接任时，除必须有皇帝正式任命的"玺书"外，还须以张留孙遗下的大宗师印和宝剑相承传，以为内部凭证。据袁桷《玄教大宗师张公家传》记载，宝剑为至元十四年（1277）由元世祖所赐，上刻"大元赐张上卿"；印则是皇庆二年（1313）仁宗所赐，上刻"玄教大宗师"，手授曰"以是传教俾永远"。这种以印、剑象征教权的传承办法，是模仿历代天师以阳平治都功印和佩剑相传承的制度而来。玄教掌教所受的玺书和印、剑，明确表明其教权直接来自皇帝，他们可以凭借这些象征教权、皇权之物，独立自主地行使对该教派的管理权，不必再听命于天师。因此，该教派所辖区域道官的任命、宫观的建立，以及道士的吸收等都是由玄教历任掌教独自处理。

玄教又有独立的组织领导体制。其首脑机关在大都崇真万寿宫，最高首领是玄教大宗师。下设玄教嗣师、崇真万寿宫提点、江淮荆襄道教都提点等职，以辅助大宗师工作。其下根据元朝的行政区划设立各级地方组织。路设道录司，职其事者为道录、道判；州设道正司，职其事者为道正、道判；县设威仪司，职其事者为威仪；最基层的是宫观，设住持、提点、提举。可见其组织体系已经相当完备，这是多年经验积累的结果。

玄教随元世祖统一江南而兴，随元亡而亡，历世既不长，对道教的建树也不多，但在促成江南诸道派在元后期合并为正一道中发挥了巨大的作用。一方面，历代天师虽然受命掌管江南道教，但他们却长期住在远离京城的江西龙虎山天师府，而把联系皇室和联络各派的在京据点崇真万寿宫交给玄教历代掌教居住，因而历代玄教首领实际成了天师在京的常住代表和代理人，由他们担当联系皇室和联络各派的责任。

玄教的传承有序可考，组织有相当的规模。单就其领导骨干而言即有百余人。赵孟頫《玄教大宗师张公碑铭》谓张留孙有弟子七十五人。袁桷《玄教大宗师张公家传》中即载其主要弟子五十四人；首为继任玄教大宗师吴全节；其次，以真人佩银印者三人：夏文泳、毛颖达、王寿衍；以真人制书命者三人：余以诚、孙益谦、陈日新；以玺书命者九人：何恩荣、李奕芳、张嗣房、薛廷凤、舒致祥、张德隆、薛玄曦、徐天麟、丁应松；其他弟子三十八人：上官与龄、何斯可等。显然这是玄教最主要的骨干。元明善《大元敕赐上清正一万寿宫碑》谓张留孙弟子中"制授主名宫观者百许人"。由此可以推知其规模之大。

据玄教宫观的分布情况看，其传播范围也很大。现存资料记载，除张留孙坐镇京师崇真万寿宫外，又选派大批弟子主持各地宫观。如余以诚领镇江路诸宫观，孙益谦领杭州佑圣观、延祥观，陈日新除提点大都崇真万寿宫外，又领龙兴路玉隆万寿宫，还领杭州宗阳宫。何恩荣提点信州真庆宫，李奕芳提点南岳庙，兼领潭州路衡山昭圣宫、寿宁宫住持提点。张嗣房提点潭州岳麓宫，徐懋昭主常州路宜兴州通真观，并在信州龙虎山建仙源观、神翁观。上官与龄任常州路通真观住持提点，王寿衍提举杭州开元宫，兼领杭州路道教诸

宫观。薛玄曦住持镇江乾元宫,又住持杭州佑圣观,兼领杭州诸宫观。薛廷凤领镇江马迹山紫府观,后领杭州四圣延祥观,再后兼领镇江道教。徐天麟、冯志广住持龙虎山仙源观,何斯可主信州仙岩元禧观等。以上这些仅是现存资料中的部分记录,分别见于有关传记、碑刻。实际上玄教弟子所领主要宫观遍布今江苏、浙江、江西、湖南、广东等省,可见传播地域较广,组织规模、社会影响都超过当时南方诸符箓派和北方的真大道、太一教,较之北方的全真道也毫不逊色。

玄教之所以能在短期内发展至如此大的规模,主要是得到了当时统治者的大力支持。一方面是蒙古族世奉萨满教,在思想上较易接受龙虎宗和玄教奉行的符箓道术;另一方面,元前期全真道势力发展过快,对群众影响过大,引起了统治者的猜忌,从统治利益着想,必须对其加以制约,而把扶植道教的重点转到张陵正一派这方面来。

延祐四年(1317),张留孙年满七十时,仁宗为之大举祝寿,"赐宴崇真宫,内外有司各以其职供具,宰相百官咸与焉"。元惠宗至元四年(1338),吴全节年满七十,庆典一如张留孙。张留孙死后,送回龙虎山安葬,"自京师至其乡,水陆数千里,所过郡县,迎送设奠,不约而集。比葬,四方吊问之使交至","自王公以下,治丧致客,未有若此盛者"①。张留孙辈利用元室对玄教首领的尊宠和优越的政治地位,使玄教获得了很大的发展。

玄教是从正一派分化出来的,张留孙和他的许多弟子都出身于龙虎山,其基本信仰和主要方术亦与正一派无异,但是有自己的传承系统,有独立的组织体制,因而是一个独立的道派,与原正一派有别,其传承系统共历五代。第一代掌教张留孙,掌教四十四年,其生前所受封号,除开府仪同三司以外,其余各项皆为历代继任者所承袭。

吴全节(1269—1346),元代著名玄教道士,字成季,号闲闲,又号看云道人。《元史》记载其为饶州安仁人,出身于书香门第,祖父、父亲皆是闻名乡里的儒士,其自幼从祖父、父亲学四书五经。吴全节家乡青山吴家距道教圣地龙虎山不到二十里,深受道教文化影响,以尊道习道为尚。至元十八年(1282),十三岁的吴全节被其父送到龙虎山上清正一宫之达观堂,师从正一教大师李宗老。当时江西临川县人空山先生雷思齐被第三十六代天师张宗演礼请至龙虎山担任玄学讲师,吴

吴全节观泉像　陈芝田　元代　绢本设色
美国波士顿美术博物馆藏

---

① 虞集.道园学古录[M]//文渊阁四库全书:第1207册.台北:台湾商务印书馆,1983:701-702.

吴全节存咒像　陈芝田　元代
绢本设色　美国波士顿美术博物馆藏

全节听说雷思齐深明《周易》《老子》，于是师从他学习玄学。至元二十一年（1285），十六岁的吴全节拜天师张宗演的弟子张留孙为师，正式出家为道士。

至元十三年（1277），张留孙从天师张宗演入朝，深受元世祖忽必烈器重，被留大都侍阙下多年。至元二十四年（1287），吴全节被张留孙征之至京师崇真宫，成为倚侍张留孙左右的大弟子，并随张留孙谒见元世祖忽必烈，遂留不归。三十一年（1294），成宗至自朔方召见，赐古雕玉蟠螭环一，敕每岁侍从行幸，所司给庐帐、车马、衣服、廪饩，著为令。大德十一年（1307），授玄教嗣师，锡银印，视二品。至大元年（1308），赐七宝金冠、织金文之服。三年（1310），赠其祖昭文馆大学士，封其父司徒、饶国公，母饶国太夫人，名其所居之乡曰荣禄，里曰具庆。至治元年（1321），留孙卒，二年（1322），制授特进、上卿、玄教大宗师、崇文弘道玄德真人、总摄江淮荆襄等处道教、知集贤院道教事，玉印一、银印二并授之。自此后五十年多间，吴全节历元世祖、元成宗、元武宗、元仁宗、元英宗、元泰定帝、元天顺帝、元文宗共八朝。

吴全节才气横溢，为人聪颖达悟，贞静文雅，善识为政大体，故受知于朝廷，成为元朝八位皇帝的重要心腹和政治谋臣。他儒道兼修，其师张留孙在向皇帝奏对或与廷臣议论时必曰："臣留孙之弟子全节深知儒学，可备顾问。"张留孙每于朝廷论事及上奏多由吴全节出面解答。元代大儒吴澄称："吴真人全节寄迹道家，游意儒术，明粹开豁，超出流俗。"元代文学家许有壬曾奉敕给吴全节的画像写赞语，其中有两句："人以为仙，我以为儒。"成宗"敕每岁侍从行幸"，以备顾问。学问典故，从容裨补，有人所不能知；何荣祖、张思立、王公毅、王士熙等大臣皆以咨询。吴全节屡次"以天子之命，祀名山大川"，巡察人物道里、风俗民情、岁事丰歉、州县得失，"东南西北，辙迹咸至"。至元二十六年（1289），奉诏祠南岳；二十八年（1291），奉诏从张留孙遍祠岳渎山川；二十九年（1292），奉诏祠中岳、淮渎、南岳、南海；泰定二年（1325），奉旨代祠江南三山。

吴全节虽多次辞以不堪担当人事，而皇帝却称"敬慎通敏，谁知卿者？"屡予褒奖拔用。元贞元年（1295），成宗制授"冲素崇道法师，南岳提点"；大德二年（1298），授"冲素崇道玄德法师，大都崇真万寿提点"；大德十年（1306），赐授"江淮荆襄等处道教都提点"；大德十一年（1307），授"玄教嗣师，赐银印，视二品"，不久后又"赐七

宝金冠，织锦文之服"。英宗至治二年（1322），吴全节继其师张留孙任上卿玄教大宗师，敕封"崇文弘道元德真人"，命总摄江淮荆襄等处道教，知集贤院道教事，赐玉印一、银印二。

吴全节在掌教前后，一如其师张留孙，参与宫廷政事，举荐贤能，疏解朝臣之间的矛盾。他才高德重，亲敬长者，"推毂善类，唯恐不尽其力"。至元二十九年（1292），全节代祀岳渎还，成宗问他："卿所过郡县，有善治民者乎？"他回答说："臣过洛阳，太守卢挚平易无为，而民以安靖。"成宗即日召卢挚拜集贤学士。抚州崇仁（今江西崇仁县）人吴澄，20岁应乡试中选，少年才俊，学识渊博，由宋入元，拒绝出仕。因吴全节举荐，于英宗至治末年超拜翰林学士，泰定帝泰定初年任经筵讲官，成为闻名天下的一代大儒。成宗驾崩，仁宗刚继位，有狂士以危言攻讦翰林学士阎复，事因不可推测。吴全节为阎复竭力向中书平章政事李孟申述，李孟把这件事告诉了仁宗，仁宗了解了其中原委，没有处置阎复，让他告老还乡，颐养天年。时人认为朝廷之所以能敬重大臣，而不以口语中伤贤者，是因为吴全节在其中出了大力。他参与政治活动，既得元室之信任，又广交大臣显贵，为玄教的发展提供了良好的政治环境。

吴全节卫身像　陈芝田元代　绢本设色
美国波士顿美术博物馆藏

吴全节雅相友善，交游文贤，数不胜数，长者尤见亲而敬，推毂善类，唯恐不尽其力。至于振穷周急，又未尝以恩怨异其心，当时以为颇有侠气云。如赵孟𫖯、吴澄、黄公望、阎复等著名人士皆为其友。至于周人穷急，"又未尝以恩怨异其心"，时人称赞他颇有侠气。其才学胆识、道行修为，实在令人景仰。身居达观堂，其位尊显，隆于道门；弟子夏文泳、毛颖达等受赐封"真人"者数十人。

吴全节多才多艺，长于著诗，善草书。有诗文集《看云录》若干卷，《代祠稿》诗二百余篇。而据吴澄《吴文正公集·吴特进诗序》载，吴全节旧有诗稿，不啻千篇，凡所至之处，无不吟咏。《书史会要》说他善草书，传世作品有草书《白云观歌》等。《江西通志》载吴全节"所著有《仙坛记》"。元朝第一画家陈鉴如之子陈芝田曾为吴全节绘有十四幅画像并赞图，可惜流落海外。

吴全节对道教各种方术兼收并蓄。他出身于正一教龙虎宗，得其师张留孙秘法，祈祷辄应，熟知符箓斋醮。在京师崇真宫期间，向南宗道士陈可复学雷法，向东华派首领林灵真学道法，又向南宗道士赵淇学内丹。他的师父张留孙被元成宗封为玄教大宗师后，深感当时全国各地都有祭祀东岳大帝的东岳庙,而大都却没有,于是便出资在京师齐化门外购置了土地准备兴建庙宇,但未及开工,张留孙即已去世。吴全节继任大宗师后,继续推动建庙事宜,在至治二年(1322)正式开工,到第二年(1323)东岳庙落成,朝廷赐名为"东岳仁圣宫"。

孙承泽《春明梦余录》卷六六:"元东岳庙,旧称仁圣宫,在朝阳门外,真人张留孙买地大都齐化门外,拟为宫以祀东岳大帝,未成。至治壬戌,其徒吴全节始毕工,赐名仁圣宫,泰定乙丑鲁国大长公主出资钜万,更为寝宫,又赐名昭德殿,其像乃昭文馆学士刘元手制,两傍侍臣仿唐开国功臣像为之,故赫赫有生气。"① 励宗万《京城古迹考》载:"今查庙在齐化门外,圣祖仁皇帝赐额曰灵昭发育。前后共六层。大殿供东岳神像,后寝官,再后巡楼。其别殿所设则俗所谓财神、子孙神及七十二司诸像。其寝官后殿所设,则称东西太子。考道家书颇多荒诞,其名称位号,盖相沿旧矣。院内竖碑甚多,自明洪武以来,约计百余通,而元代虞赵三碑,已不可得。圣祖御书碑二座,环以小亭,一国书,一汉文,穹然双峙。入门有二神将、十太保像。门外钟鼓楼二。其巡楼之旁有文昌祠,祠有铜驴,高三尺许,鞍背铸康熙戊子年制。"

玄教在修习方术上杂采兼收。如夏文泳对"道法斋科,悉加考订折衷,下至医药卜筮,莫不精究"②。陈日新"道书丹经,大洞玉诀,灵宝黄箓斋科等书,皆极精诣","又能论人生甲子,推之以言其祸福寿夭,奇中"。陈义高"旁通百家,用于致雷雨,役鬼神,于卜筮、推步,俱有大过人者"③。吴全节作为玄教第二代掌教,既向南宗道士陈可复学雷法,向南宗道士赵淇学内丹,又向东华派首领林灵真学灵宝道法。明周召编《龙虎山志续编》载,吴全节集诸家灵宝所传斋法,"手为删定,类为二十四门,总为十卷,题曰《灵宝玉鉴》,以惠后学"④。今《道藏》所收《灵宝玉鉴》四十四卷,即此书而又经门人增补者。这是玄教道士仅有的一部道教著作,也是吴全节对玄教的重大贡献。

吴全节继任掌教二十五年,使玄教成

吴全节说法像 陈芝田 元代 绢本设色
美国波士顿美术博物馆藏

---

① 文渊阁四库全书:第869册[M].台北:台湾商务印书馆,1983:235.
② 黄溍.夏公神道碑[M]//陈垣编,陈智超校补.道家金石略.北京:文物出版社,1988:982.
③ 张伯淳.养蒙文集[M]//文渊阁四库全书:第1194册.台北:台湾商务印书馆,1983:464.
④ 周召.龙虎山志续编[M]//龚鹏程,陈廖安主编.中华续道藏:第3册.台北:新文丰出版公司,1999:92.

为道教中最显赫的一个派别，对元代道教的复兴和发展起到了很大作用。就道教之功而言，吴全节助师扶教，阐补道旨，弥缝其阙，建龙虎山崇文宫、仁静观、明成观等，对江南天师道在元代的兴起，使其位升三山之首，宫观林立，遍布江南各地，甚至在京师传播，有着突出的贡献。

第三代掌教夏文泳（1277—1349），字明适，号紫清，龙虎山道士。延祐七年（1320），张留孙预将教事付吴全节时，命夏文泳继吴之后嗣教。至正六年（1346），吴全节逝世后，正式继任掌教，但至正九年即逝世。

吴全节上清像　陈芝田　元代　绢本设色
美国波士顿美术博物馆藏

第四代掌教张德隆，生卒年不详，字符杰，自号环溪。张留孙从子，早年学道龙虎山。至正九年（1349）继夏文泳任掌教，时已至元代末期，天下大乱，元统治处于风雨飘摇中。

第五代掌教于有兴，生卒年不详。据《汉天师世家》卷三《张正言传》记载，于有兴先后拜师何恩荣、薛廷凤、薛玄曦，为张留孙之再传。至正十四年（1353），于有兴已任掌教，至正十八年（1337）仍在掌教任上。此时离元亡已不到十年，他可能是玄教最末一代掌教。

## 三、天师道神仙谱系

金元时期的天师道不仅分化出玄教这一重要的支派，同时又融合传统的上清派、灵宝派，吸收新兴的神霄派、东华派、净明道以及内丹派南宗符法丹诀，从而使其道法与神仙谱系呈现了一些新的面貌。

依据《灵宝玉鉴》所载，金元时期天师道神仙谱系基本上沿袭了宋代天师道的法统，但在科仪斋戒活动中，亦增添了许多金元以来的神灵，从而显得面貌一新。

金元时期的天师道奉元始天尊为最高尊神，灵宝天尊为亚圣，道德天尊为九仙教主。其下有四御，即玉皇大帝、太一救苦天尊、北极大帝、天皇大帝。部属诸神官将符吏则依科仪斋戒活动而设，显示了神仙谱系在宗教科仪活动中的重要作用。

追摄魂魄神虎司拥有以下官将：主将神虎，乃北斗玄司北魁所制也。《灵宝玉鉴》

载:"其司分三,一曰玄灵,属贪狼星所治,中有雄左雌右二神,即擎羊、陀罗二神所化。二曰玄冥,属巨门星所治,中有三部使者,即斗中河魁、天罡、斗击之神所化。三曰玄范,属破军星所治,中有追魂玉女功曹,各七员,即七元星宫阴阳之神所化。人之死也,阴魄皆属北斗所摄。或存日稔恶,皆禁斗狱。其狱分布九所,故谓之九幽狱。总名曰天一狱。天一者,北方之生数也。生前积善者,斗宫纪名,死则摄魂生于南昌火府,受炼更生。惟积恶者,拘魂此狱,报对满足,异类托生。自非混元玄冥玉札,莫能超脱,此玉札所以不可无也。又当知所谓狱者,皆随死者所积之恶,以有其狱,为之报对也。"

《斋修节次门》:"蒙师允从,克日修建。宜先飞奏三天,告盟十极,次第请立章奏符线等局,及内外与盟之士,斋戒沐浴,严洁衣冠,秉志同诚,整仪备物。一月以前,预奏天省,关告攸司,点检奏章,作用符箓。此后轮集道众,接济幽冥,设像敷坛,诵经礼忏。或十回经法,或九转生神,正发奏申,启闻穹昊,随其功力,次第举行。"讲述了斋修中所祈祷的神灵,主尊有清微天宝天君、禹余灵宝天君、大赤神宝天君、九天生神上帝、三十二天帝君、东极青玄上帝、东岳天齐仁圣、酆都玄天大帝、冥府十王真君。

酆都大帝诸神 元代 壁画
山西芮城县永乐宫

《施法食祭炼孤魂资次》讲述了祭炼孤魂中所祈祷的神灵,共有九位:广度沉沦天尊,日月普明天尊,北极紫微大帝,南极长生大帝君,度人无量天尊,九光炼度天尊,火炼丹界天尊,玉眸炼质天尊,金阙化身天尊。

《申牒头连门》载玉清总召万灵符:法师凝虚守一,目篆三天讳于空中,倏见灵霭三字分明,以鼻引归三宫,为青黄白三炁,内外混合为一,至下丹田,上透泥丸,化为婴儿,左有日光,径九分。右有月光,径一寸。洞焕六合之中。内诵:"结空成梵,真炁自生。赤书玉字,八威龙文。保制劫运,使天长存。金符玉篆,普召万灵。唵吽唎吽,唎吽唎咤。"诵毕,存想婴儿化为元始天尊,悬一宝珠,三十二天诸天诸帝,俱会宝珠之中。次存二神自两目出,如龙虎君之状。默咒:"谨请元始殿前招真召灵大夫武卿崔文子,发放三界功曹所金阙上佐史珪璋,急奉元始上帝敕,臣身中官童将吏,星飞电转,风激火驰,金龙驿传,不得稽迟,违令者斩,疾速奉行。"忽见宝珠化金符,金光灿烂,洞照十方,帝降此符,吸入归元宫,合炁书符。凡召役诸神,崔君捧此金符,史君执节,普召万灵,无所不至。如坐召策役,止用宝珠妙光。行持发遣,用金符玉字,金光梵

炁，交映无穷。一念所通，万天感应矣。

《灵宝玉鉴》所载神符多为神霄派传统，故神将有万司如意大将军温仲宣，绀发，童颜，金介胄，仙带，左手玉清诀，右手仗剑，朱履，立黑云中。神霄霹雳摧魔部流金火铃大将军，其司一百二十人，金甲，头兜鍪，绿靴，丹袍，左手仗剑，右手火铃，面赤怒色，圆眼威猛相。又有杀伐大将军一百二十人，服相一同，执戟仗剑。此二将善御魔试大祟等邪，用此防护，即章奏上达。六丁大将，六甲大将，六甲六丁，神霄总监大将军，神霄总兵大将军，神霄发放大将军，火猪黑犬，四圣四神，九灵玉女，天界直符焦公奴，地界直符郑元喜，水界直符张元伯，年直功曹飞天将李焕，月直功曹震天将郭炬，日直功曹驱雷将赵蒙，时直功曹炎搯将张炳，风神威毒天君，云神猛烈天君，炁神变化天君，雨神迅速天君，欻火律令开道邓天君，流金火铃宋元帅，通真使者，玉女灵官。流金火铃大将，赤发，天丁冠，金甲，绯衣，手执流金火铃。

《神虎追摄门》："凡建神虎坛，须用敷落五篇镇五方，乃上帝大浮黎土之图，立于中，召之立至。如无此文，则神真无合契之光，不能到矣。行持时当诵魔王三章，并焚赤书玉字，八威龙文二章于内。其神非天元祖炁真文玉字，不能召之。其章乃玄都至禁文也。元始召诸天上界，三界真灵，亦用此章。万圣见之，咸睹玉光而至。夫行灵宝上道，贵在炼炁存神，一如元始天尊真身法性，同此慧力，方遂感应。或昧此理，则徒劳己形，返遭冥谴。凡召役时，叩齿一十二通，吸混元祖炁一十二口，闭息少时，存天门降紫云，入灌我顶中，中宫有青黄白之炁，缠绕而出，与紫云交接，想为元始。又存太乙自空中来，再吸青玄之炁，混浃祖炁，化百宝光，罩覆身形。天门上有紫云碧霞而至，其炁到处，见神吏虎贲童子符吏，并执节捧符，来列左右。方弹诀，通炁，叩齿，步罡，丁步十二步，旋身面北。两手小指、二指相叉，二大指并搯中文。"净坛，变神，召役神虎官君，啸命灵罡。

神虎司有玉曹玄伯、玉札主吏，二大圣古帝王相，一员有髭髯，一员美貌，并服淡红朝服，朱履，佩剑锦袖，执簿录。三部追魂使者，上部使者曲脚，朝天幞头，紫绣衣，红抹额，绿靴，碧玉束带，腰悬鱼尾刀。中部使者绿绣衣，红抹额，束带，腰悬鱼尾刀。下部使者绿绣衣，黄抹额，绿靴，碧玉束带，腰悬鱼尾刀。其属十五人。神虎七真玉女，上元玉女，中元玉女，下元玉女，神虎玉女，龟直素裙玉女，元灵阴台玉女，六甲隐天玉女。右七真玉女，并紫衣鱼袂，环髻凤冠，朱履，羽裙珮，手执生死簿。神府七道功曹，天道功曹，地道功曹，神道功曹，仙道功曹，人道功曹，鬼道功曹，业道功曹。

《分灯制器门》："取太阳正炁燃一灯，于元始上帝之前。登坛时，师存此灯金光，如日流金之色，混合兆身光，结作日轮，透明内外。次运一炁，自泥丸出，上接元始宝光，混同一体。次以符炬，自中灯分明，自一生二，由二生三，三化万光，普明八极。天真上圣，三界众圣，皆合宝光，同登坛陛。阳庭幽治，悉变天堂。分灯毕，以余炬纳于主炉中。默咒曰：太上降慧光，华灯通精神。诸天悉开耀，地府皆朗明。兆身亦光彻，五藏

青龙　白虎　清代　纸本设色　李黎鹤藏

生华荣。炎景照太元,遐想通玉京。急急如三天道主律令。"关召役使神将吏兵有:辟非大将军楮飞,禁坛大将军杨福,二神并天丁冠,淡红袍,绿仙衣,如虎龙状。阳神九和君卢会之,字炎灵,身长八尺,戴三梁冠,服楮红袍,左手仗剑,能净天地秽,驱百木精。阴神十合君陆同,字永夫,身长八尺,戴三梁冠,服白花袍,右手仗剑,能绝阴府,考掠尘世冤尤。

《敕坛思存章》:"夫敕坛之法,先以水剑安地户上,选有威仪道士,具坛简,诣剑水处地户者。天地之炁所以初生,凡物之类所出入也。是以东南为极阳而生阴,故东南为地户。西北为极阴而生阳,故西北为天门,故修行朝真之法,皆去阴而就阳者矣,先瞑目,存经籍度三师在西面。次存上仙蔽身大将军,姓唐,名宏,字文明,戴朱阳赤帻通天大冠,绛章丹衣,带龙头玉剑,左手持金符。次存上仙隐影大将军,姓葛,名雍,字文度,戴朱阳青帻通天之冠,绛执丹衣,手持玉戟。次存上神藏形大将军,姓周,名武,字文刚,戴朱阳赤帻通天之冠,绛章丹衣,手执玉阳之节。次存有真官,绛衣,乘九凤。次步破秽斗,存北斗七星覆已头上,斗柄指前,不得遮耳目。次方称法位,关白斋意。毕,三礼,收坛简,垂手握固,召四灵。四灵者,青龙,白虎,朱雀,玄武,四灵神也。左手掐十二诀,存肝心二炁化形,出立于前左。次右手掐酉子二诀,肺肾二炁化形,出立于后右。次两手捧心,足履丁字立,诵召三官咒。次步三官丁罡三步,向剑水所,后掐五方诀,召五龙。毕,执剑水,相向持咒。次临坛,洒净。毕,即于人门,步禹步罡,至鬼户,煞剑退。次三拜,却掐中指中。存诸神复化,真炁再还兆身中。"

《茭郭龙吏门》:"凡建大斋,必当建立茭郭,广度亡魂。或以茭草,或以净茅为

第三十五章｜金元时期的道教　683

之，如城郭之义。分列八门，各门有额，列八门幡，各按分野，标九州社令旗，中建大斛。或列四十九小斛，左右列甘露、宝浆二幡，前立水盆，用铁迹台章符，沉于水中。又设台章大牌，并二篆幡。建立之时，师化为救苦天尊，化形十方，接引诸有。每日轮道众判施，接济法食，正斋之时，行香诵经，皆济度幽冥之急务也，不可缺焉。"召请十方救苦天尊，玉宝皇上天尊，玄真万福天尊，太妙至极天尊，玄上玉晨天尊，度仙上圣天尊，好生度命天尊，太灵虚皇天尊，无量太华天尊，玉虚明皇天尊，真皇洞神天尊，九幽拔罪天尊，知磬举朱陵度命天尊。玄都交龙驿吏，一十二万人，传命泉曲，开光赦罪。玄都金龙驿吏，二十五万人，颁符度魂，驰信天道。

《飞神谒帝门》："其六甲九灵飞步之法，当于本日甲时所在方位，起步青龙，即活天门也。次历蒿星，过明堂，登太阴，召六丁玉女。次升天门，召本直门神之名，至地户，飞遁天藏，回步六庚，呼召玉女，入内天门。自杓至魁，谒文昌，履三台，转拜天皇，回步横列五星。次蹑九灵，拜伏驰神，朝元谒帝，庶合生旺之吉，隐景遁形，径升黄道。其坛之名曰九灵飞步章奏玉坛，其主宰之神曰丹元君，即自己元神也。其灵有九，曰游光，曰天路，曰玉堂，曰虚梵，曰元黄，曰紫光，曰荣神，曰天幽，曰神全。九者法天气之纯阳，灵者妙神明之变化。始于运神会道，终于忘形养虚，性道混同，随机通感。其或未造深妙，切在治心。心法兼明，自然合道。"

四驿吏者　清代　纸本设色
李黎鹤藏

法门章中官吏甚多，有：灵飞六甲玉女，甲子太玄玉女，甲戌黄素玉女，甲申太素玉女，甲午绛宫玉女，甲辰拜精玉女，甲寅青腰玉女，各二人，有神位于靖中，遇六甲祭之。传章有童子，金光童子，朱雀童子，五帝童子，随六丁玉女传章，即得上达。章中有从事，书章从事，按章从事，赍章从事，校章从事，拜章从事，捧章从事，赍章从事，呈章从事。右从事临坛，置笔砚墨于从事之前，密祝从事审今章文，毋令差互。

五帝功曹，东方青帝度寿功曹，南方赤帝上生功曹，西方白帝纪善功曹，北方黑帝养命功曹，中央黄帝中治功曹。六道功曹，天道功曹，地道功曹，神道功曹，人道功曹，鬼道功曹，业道功曹。并列于拜章所祭之使，召集五方正炁，卫护章文，然后道达，毋令侵污。

三天帝君，日有万天章奏进达天曹，常时治中，并拜章之所，并列于天曹四相。上章词表灵官，引进真君唐葛周三将军，斗中太乙灵妃，内妃玄姥，少女中女大女，左右高皇夫人，轮日直符，宪章五告，书写表文，申牒关引，毋致违庆道旨，当列位置于坛内供养。

太清官吏二十四人：太清上奏灵官，飞天传奏灵官，三天承受玉女，侍香金童，传言玉女，四直玉文功曹，三官直使，正一功曹，太清天童君，甲子诸官君，阴阳神决吏，三五功曹，左右官使者。

上清官吏三十二人：上清上奏灵官，三十二天传奏灵官，十天承受玉女，侍香金童，传言玉女，四直玉文功曹，五帝直符，飞天神吏，五帝玉童玉女，三五功曹，左右官使者。

玉清官吏：玉清上奏灵官，左右奏章太灵玉女，运神会道功曹，侍香金童，传言玉女，左右官使者。

奏章上章吏：进章驿马凤凰骑，上章云龙骑，言章风火骑，奏章飞龙飞虎骑，御章神龙骑，呈风骑，置吏灵妃，六甲玉女，骑白上章吏，左右龙虎君。

祭章官圣位：周天游奕北极四圣元师真君，三天门下唐葛周三真君，通章左侍中，覆章右侍真，审章中侍真，太一真人，无英公子，白元尊神，太一尊神，司命丈人，桃康大君，合延大神，丹元真人，五官直符，功曹神吏，执法开化阴阳功曹，度道消灾解除厄君吏，运神会道功曹，运神飞元使者，左右建节监功大将军，典治真官，驿亭令，驿亭丞，四部监功谒者，上章灵官，天门将吏，引进童子，传言捧香书佐侍香金童，传言玉女，直日直符官吏，直日直事玉女，主章书章从事，定章校章从事，进章飞章从事，审章覆章从事，通章奏章从事，赍章授章从事，呈章录章从事，按章考章从事，金光童子，云中童子，元始小童，玄都力士，九光玉相，云中督吏，三天十天承受玉女，三十二天传言奏事吏，三清上奏灵官，五帝承受玉女，辨魔玉女，四大童子，五帝飞天神王，金童玉女，五帝直符，通天符使，开天符使，通章符使，六甲六丁将军，六丁六甲玉女，上仙上灵二官直使，正一功曹，通天功曹，直使功曹，治病功曹，上部功曹，中部功曹，从氞功曹，上部使者，中部使者，都官使者，狼吏虎贲，察奸勾骑，天驺甲卒，天丁力士，三官仆射，都官仆射，左右官使者，阴阳神决吏，科车赤符吏，刚风骑置史，驿马上章飞龙骑吏，治正执正吏，收神食神吏，收鬼食鬼吏，收氞食氞吏，收毒食毒吏，收精食精吏，收邪食邪吏，诛巫破庙吏，左右都平君，左右都平长，千二百官君，六十甲子官君，真元正氞三万六千

唐葛周三真君　元代　壁画　山西芮城县永乐宫

神,青龙,白虎,朱雀,玄武神君,章坛,土地,里域,真官正神。

《开明幽暗门》述九幽拔度科仪所用符命,招请诸圣:色欲门元灵隐耀天尊,上尸道威光宝际天尊,天涂门普照幽明天尊,受欲门随机赴感天尊,中尸道虚皇普济天尊,人涂界大慈救苦天尊,贪欲门慈悲救苦天尊,下尸道无边普度天尊,地涂界法力超升天尊,人道元洞玉晨天尊,色累苦心门普光弘济天尊,神道通光普济天尊,爱累苦神门法轮开化天尊,风刀地狱苦灵源普润天尊,鬼道慈悲惠爱天尊,贪累苦形门神光广被天尊,拽山负石苦道玄上玉华天尊,地狱道宝光通昭天尊,华竞苦精门玉清玄上天尊,作江河苦道慈恩万善天尊,旁生道金华慈惠天尊,身累苦魂门玄明梵行天尊,吞火食炭道玉真隐韵天尊,监天地狱广常慈爱天尊,玄天地狱普垂妙泽天尊,元上地狱开度无量天尊,太真地狱光华宝华天尊,虚天地狱随劫救苦天尊,火庭地狱寻声救苦天尊,毒刃地狱无边普济天尊,寒夜地狱九幽拔罪天尊,律令地狱妙化无边天尊,风刀地狱广常覆护天尊,九幽地狱金华广耀天尊,刑正地狱圣力无边天尊,太平地狱广大慈悲天尊,清沼地狱无极快乐天尊,玄阴地狱轮转万变天尊,天玄地狱广度沉沦天尊,天一北狱高皇玉晨天尊,三十六天狱高灵最妙天尊,无正地狱慈教广度天尊,河伯地狱普垂惠泽天尊,禁罚地狱广大无边天尊,黄天地狱大弘普济天尊,累劫地狱随念往生天尊,女青地狱开度宿障天尊。

《玉元追度门》曰:"是以灵宝大法,玉元追度之科,专度血尸产魂。况其宿业既萦,报缘随至,爱河欲海,汩丧元真。乃至堕孕落胎,伤身殒命,血腥污秽,可胜言哉。形体虽亡,宿念未灭,则必以森罗净霭之源,濯其旧染之污,以真阳至善之光,以觉其本然之性,紫英以明其道,玉符以迁其神。俾其妄缘幻影,如落地之花。妙体真身,若当天之月,了无滓碍,等一虚空,何不利有哉。""硖石之狱,在铁围东南,有一大石,上大下尖,石之中间开一眼缝,其鬼入之自然,百乐毒汁灌其身心。狱之北号血湖大狱,秽污第一。其狱中产死妇人,动经亿劫,受苦难胜,深可悲哀。凡度血尸产魂,须当先下符命,专产将史荡涤秽恶,变化血湖,始可专赦。赦须三日前奏行,赦了方可行持摄召。既至道场,法师先与荡除垢秽,申请天医医疗,毕方可次第受食受戒。"

追度法门科仪要恭请元始上帝,虚皇天尊,太上老君,"告下十方无极世界,九幽地狱,大小铁围,有间无间,溟泠北阴之府。符命所到,摧破幽扃,火山息焰,寒池消冰,刃为宝树,剑化骞林",拔度产亡灵魂,乘兹符命,时刻升迁。告下翻体大神,掷尸神王,食心啖脑鬼王,牛头狱卒,牢槛大神。"仰体元皇上帝好生之德,下副拯救幽冥之诚。承慈

虚皇天尊 清代 纸本设色
李黎鹤藏

敕命，不得拘留。拔度亡过某，及在会因产身死女魂，出离地狱"。

血湖将吏服色：蓬丁面蓝，靛发，青状，似金刚，黄衣白带，腰下青色，手执戈戟，部领兵将一百人。黄确面，深朱色，状似天丁，披白袍，脚赤，白带，手执降魔杵，举步指，呼高声，部领百万人。凡建产室沐浴之处，申天枢院及牒二将军，具说因依行遣，存二将叱出死胎。

无义断恩收鬼摄精解释追摄大神王志中，震鼓喧雷闪目生灵聚体长肌大神胡敬，正精火目摄黑聚英解对释愆大神陆茂，以上三将，青绣头巾，绯袍，各持三色器械，黑云中降。

追未产母子俱亡神将：直性梗灵净秽浊破秽生精大神徐立，威灵感通眷义全形洗浣大神周免，解释冤愆致魂全形复体大神李兴，解释冤对正魂生形致影长津复体大神冯遵，以上四将，并裹红绣巾，着四色袍，各持符而下。

《建天医院》："臣谨虔诚，上启圣祖神农皇帝天医大圣，九天高赐大使神功妙济真君，胗脉真师，尚药灵童，治病功曹，握针童子，卢扁神王，五官医吏，六职治官，五行典吏，验疾博士，审疾真人，九天司马，卫房圣母，监生大神，胎生君，护生君，分生君，速生君，加保之母，浣濯夫人，灵宝局中主产功曹，下死胎功曹，天医合属仙吏。臣闻二炁运行，尚有否终之理。群生处世，宁无故误之愆。疾恙既缠，死生难愈。臣今摄召六道四生，孤魂滞魄等众。切虑生前妄想，夙世贪求，智巧纷纭，利名缠缚，神亏精散，气耗形凋。生时为病苦所侵，死后乃随魂受疾。复有一切伤亡，及诸横夭，虽为鬼爽，昼夜呻吟。杳杳沉魂，滔滔滞魄，若非经由于拯济，亦难临于法筵，仰体道慈，依科拯疗。谨请天医列职官君，尚药治病仙吏。于凤凰宫中取太清五色神药，散布亡魂，拯疗生前一切疾病，分头拯治。木官散药，火官主灸，金官持针，水官主汤，土官和剂，五官医吏，协力同心，全心复性。如有拳挛跛蹩病者，请针灸神将治之。或有疮疖脓血病者，请外科使者治之。或瘖哑末疾死者，请活人天医治之。或证候不明而死者，请拯候功曹治之。或胎产横死者，请玉仙圣母治之。或惊悸霍乱而死者，请安魂定魄童子治之。或饮药食毒而死者，请续命放生真人治之。或患伤寒时气而死者，请发汗神将治之。或首体不完而死者，请续头功曹治之。或身状不完而死者，请聚形功曹治之。或肢体不具而死者，请返魂功曹治之。或丧乱真炁而死者，请全形聚炁功曹治之。其余该说不尽者，请列职仙真，察证候

天医院天医　清代　纸本设色
李黎鹤藏

而治之。俾令首断为续，筋断为联，骨伤为补，身碎为全，水腹为去，缢缚为释，枷锁为脱，泥沙为除，虫癞为剥，脓血为净，胎孕为下，蓐损为育，仇雠为解，执对为和，盲者开视，聋者发聪，哑者能言，跛者能履，挛者能伸，悲辛恼乱者应时解释，饮渴焦劳者即得清凉，胞胎散滞者结节疏通，形体平安，形神整具，克期超化，受炼更生。"讲述了天医院的诸多神灵以及他们所司所掌的功能。

《变化法食门》讲述救苦天尊变食救度之法，法师存想为救苦天尊，坛众为诸大真人，法筵为三层宝坛，斛中红光紫炁，上冲天际，三宝上帝，太一慈尊，十方救苦真人，日月星斗，三界真宰，在空玄之中，为作证明。天门金光道炁，百千万重，绵绵而降，灌注己身，及斛食水盂之中，内外映彻。次存五色光明，现于东方圆象，如月晕之状，遍照天上地下，十方世界，无不洞明。"中有太一天尊俯仰，碧玉冠，衣飞青翠羽离罗之帔，左手擎碧霞琉璃钟，右手执空青羽枝，坐九头狮子金色莲花之座。狮子口中各吐火焰，围绕慈尊。天尊于光焰中，别有九色圆象，如日。顶出白毫光，光芒外射，如千万枪剑。莲花座上，又有三十六小莲花，乘天尊二足。金容玉相，慈尊慧日。左有救苦真人，右有大惠真人，侍从天尊。八十一位神君，五方太一吏兵，青玄功曹，黄箓童子，玉女金童，神王力士，现于东方五色灵光。天尊光明，遍照天上地下，十方世界，无不洞明。天尊洒甘露，灌注法食，光明瑞炁，流注无穷。天尊同兆真人及官君等，皆诵甘露真言，其斛摄化无碍，香气馥郁，充塞虚空，广大无量。"

## 第二节　金元时期的太一教

太一教，或称太一道，为金初中国北方兴起的三道派之一。流传至元代，后并入正一道。创始于金熙宗天眷初，创始人为卫州萧抱珍。该教"以老氏之学修身"，"以巫祝之术御世"，重视符咒秘箓，祈禳诃禁，为人祛厄求福，属于符箓道教。之所以称"太一"，说法有二：一云"盖取元气浑沦，太极剖判，至理纯一之义"，一云"传太一三元法箓之术，因名其教曰太一"。

# 一、太一教历史传承

萧抱珍（？—1166），又名元升，为太一教创始人。卫辉路卫州（今河南省卫辉市）人。《元史·释老志》："太一教者，始金天眷中道士萧抱珍，传太一三元法箓之术，因名其教曰太一。四传而至萧辅道。世祖在潜邸闻其名，命史天泽召至和林，赐对称旨，留居宫邸。以老，请授弟子李居寿掌其教事。至元十一年，建太一宫于两京，命居寿居之，领祠事，且禋祀六丁，以继太保刘秉忠之术。十三年，赐太一掌教宗师印。十六年十月辛丑，月直元辰，敕居寿祠醮，奏赤章于天，凡五昼夜。事毕，居寿请间曰：皇太子春秋鼎盛，宜参预国政。且又因典瑞董文忠以为言，世祖喜曰：行将及之。其后诏太子参决朝政，庶事皆先启后闻者，盖居寿为之先也。"①王鹗《国朝重修太一广福万寿宫碑》谓："初，真人既得道，即以仙圣所授秘箓济人，祈禳诃禁，罔不立验。天眷初，其法遂大行，因名之曰太一教。盖取元气浑沦，太极剖判，至理纯一之义也。"②王若虚云："太一之教兴于金朝天眷间，卫郡萧真人，其始祖也。灵异之迹，上动至尊，敕赐观名，曰太一万寿。"③

全真道和真大道皆不太注重符箓法术，而太一教独以此出名，颇与天师道接近，主张以老子之学修身，以符箓之术御世。金熙宗皇统八年（1148），熙宗闻萧抱珍之名，诏萧抱珍赴阙，颇加礼敬，敕所居观额以"太一万寿"四字。萧抱珍行教达三十年，卒于金大定六年（1166）。逝世前留下遗嘱，其后非萧姓嗣教者，必改姓萧。元宪宗二年（1252），元世祖忽必烈尚未正式登帝位，曾封萧抱珍为"太一一悟真人"。

其后，赵州人侯元仙闻萧真人立太一教，因往参为门弟子。王若虚曰：清虚太师侯公，讳元仙，字子真，赵州人。大父澄以胥史起身，至河北西路漕司掾，才干既优，而行已无玷，尤以孝友著称，议者谓不见用于时，则必有得于道。母殁，慨然曰：所以区区尘土间者，为亲故也。今不侍养，复何为哉。闻淇上萧真人，立太一大教，因往参为门弟子，真人一见，爱之，授名道净，传太一三元法，得以便宜行化。乃即本州及真定之第，各建太一堂，奉持香火，以符药济人。大定二年（1162），凡释道之居，无名额者许进输赐之，公遂投牒，以在州道院为太清观，而在府者为迎祥观。真人每批经箓，必先授公而后传，前后千品。公曰："天宝下降，要当永劫流行，一日去世，谁其保之。"密祷上真，愿于私属生继嗣。其后男琳得子，相貌殊常，即师也。生不茹荤，始学语，能辨三官之像，少长嬉戏，则教群儿礼北斗。澄大喜，以为祈祷有征，而得所托矣。会朝廷鬻祠

---

① 二十五史：第7册[M].杭州：浙江古籍出版社，1998：965.
② 陈垣编，陈智超校补[M].道家金石略.北京：文物出版社，1988：845.
③ 王若虚.滹南集[M]//文渊阁四库全书：第1190册.台北：台湾商务印书馆，1983：492.

牒，由是度为道士。年十四，已克主大醮，词音清亮，敻出一时，侪辈翕然称服。明昌初（1190），以高德应诏，入住中都天长观。自泰和改元（1201），国家事祈禳，连设大醮，羽流极天下之选，而师皆与焉。仍常居要职，出诸人右，功完赏赉甚渥，赐紫衣德，号曰观妙。寻佩符驰传，降御香于岱岳、常白等山。顷之，以亲老辞归乡里。崇庆间，召住太极宫，用进补军储恩，改授今号。宣宗南巡，被命入汴，提控上清宫。逾年而退，未几太清宫请为宗主，三返益勤，不得已应之。正大庚寅（1230）正月，为喜士左崇等作醮于钧台，法事胜绝，举坛忻幸，以为未始遇也。既毕将还，忽示微疾，口占一颂，举首端坐，顶中戛然有声，两手握子文而逝，时年六十九。①

太一教二祖萧道熙，字光远，本姓韩氏，其先汴州（今河南开封）人，五代祖徙居卫州。金正隆间，萧抱珍以神道设教，韩氏举族修太一教，师母阎尤极信心，深入法海，既孕若病，父请祷于真人。真人曰："汝韩氏素植善根，当产异人，且昭阳报，然将来必佐吾法门。可服吾丹书，以安胎息。"久之，母感异梦，既寤，师生，果禀奇相，为人英伟，眉目疏秀。三岁识字，六岁能书，栖心教法。留养道宫，受度为道士，再命而受清虚大德之号。大定六年（1166）十一月，萧抱珍羽化于万寿丈室，萧道熙"乃陈宝箓、法物，具香火升堂，以二代嗣事谕众"。

萧道熙掌教后，深得金世宗宠信。大定九年（1169），朝廷歆其行异，金世宗敕在观内建立"万寿"额碑。此后，太一道"声教大振，门徒增盛"，达数万人之多，其流布区域，"东渐于海"，遍布山东、河北等地。初真人谓灵章宝箓，率天神持，遗命起台中央，上为坛屋，铁作户窗，庶几神灵游居，有以妥安之。师乃扩充尊训，尊光图箓，缔构层阁，制极壮丽，揭以灵章宝蕴之名，岁时醮祭，为众生进阶之地。复建朝元观，为祖师坟，原道场仍植丰碑，表彰景行，不数寒暑，内外修治，轮奂中度。师直以德教感化，曾声色不动。门人子来，如趋父事。已而，世宗诏求海内名德，主持天长观事，师幡然应诏。大定十一年（1171），门人巨鹿李悟真者，造请"何为仙道"。师曰："做仙佛不难，只依一弱字便是尔，曰弱者道之用也。"大定十四年（1174），应金世宗诏，居中都天长观，大定十五年（1175）春，辞还乡里。十九年（1179），复往赵州太清观，适境内大旱，众祷雨无应。师乃书"飞雷救旱符"一道，张净几上，复咒法水数石，令州将已下人酌水沃符，毕，雨即来矣，行未竟，雷电雨且尺，岁赖以熟。大定二十一年（1181），又被征至内殿，问以摄生之道，对曰："嘘噏精气，以清虚自守，此野人之事，今朝廷清明，陛下当允执中道，恭己无为而已。"大定二十六年（1186）秋，忽思栖真岩壑，因密谓萧道宗曰：吾门众万数，试经具戒者完颜志宁、王志冲而已。然志冲特纯精廉洁，可属后事。遂设大醮，告祢庙界之传代秘箓，曰君太一第三祖也。及铭所付法具，云有德辅德，天孰可欺。慎之敬之，永保教基。居无何，弃几席谢去。或问安所之，曰吾将遍礼

---

① 王若虚.滹南集[M]//文渊阁四库全书：第1190册.台北：台湾商务印书馆，1983：494-495.

名山，与心君作天游耳。遂去，后不知所终。乃将教事付王志冲，曰："君太一第三祖也。"遂去游历名山，不知所终。① 元宪宗三年（1253），追赠嗣教重明真人。

第三祖萧志冲（1151—1216）。本姓王，讳志冲，字用道，博州堂邑（今山东聊城）人。王恽则称其讳守谦，字受益。世以播种为业，致资产丰阜田，以井而计者九，桑以株而会者盖万数焉，遂为里中巨家。然阖门善良，薄于世味，奉道之心，极若饥渴。闻太一教，以符箓济度世厄，所在奔走，惟恐其后。君乃与其配李氏，钦挹真风，不远千里，求为门弟子。量家岁费外，悉以赢余，为本宫香火供。有子曰志冲，即今太一三代度师也。幼颖悟，诵书日千言，而沉静寡言，不好戏弄。年十六，父兄议婚。师曰：性喜出家，不愿娶也。强之不可，因而逃去，隐于元氏李守奇家，遂与守奇诣卫州，参萧道熙为弟子。大定十六年（1176），朝廷普试僧道，中选。十七年（1177）授度牒，保充卫州管内威仪领教门事。大定二十六年（1186），萧道熙将退席，密语萧道宗曰："吾门徒数万，而试经具戒者，完颜志宁及王某而已。志宁资虽明敏，而颇轻肆，非主教之才，不如王某纯粹廉法为可属。"乃付以教事，为三代祖，改姓萧。师素不为辞章，及升堂谕众，随意而言，悉成文理，劝戒深切，听者耸然，内外相庆，以为宗门得人矣。不久，有司选奏四方高德住天长观，以萧志冲应之。既而河犯郡城，居人往往他徙，汲县太一观殿宇亦颇毁俱尽，萧志冲闻而还汲县。次年河复，次第缮完，四方"求教者接迹而至，岁所传无虑数千人"。

承安（1196）改元，日食正旦，父老惧灾，请师作醮于神霄宫，士庶毕集，师少时白皙而癯，至是色如紫玉，目光炯然，冠佩整肃，若自天而下，观者叹仰，以为真人复生也，少长贵贱，悉归礼之。金泰和初（1201），皇嗣未立，设普天大醮于亳州太清宫，师皆参与。泰和五年（1205），再设醮祈皇嗣，师赴亳州主持。

泰和七年（1207），大蝗成灾，上遣中官问提点郭元长禳治法，元长敕其徒阅《道藏》求之。师曰："《道藏》如海，岂易讨寻，就使有之，亦未敢必其应。吾祖真人尝留经箓三百余阶，内有秘章，今可用也。"遂取以进。上喜曰："天垂此教，以利生民。"即命师依科作醮。比行礼，大雨，师咒信香一粒，祷于真人，其雨立止。翌日，有旨问蝗绝之期，对以三日。据法有洒坛符，而洒时当留一面，使蝗有所归。师则留其西，西乃大山也，及期，则群飞入山而死。郭元长告免提点职，诏师继之，仍赐号"玄通大师"。

大安二年（1210）自京师归。一日集众，令弟子萧辅道嗣教，己则退处西堂，高拱渊默，不复以世务关意。贞祐四年（1216）逝世，享年六十六。② 王若虚曰：师学识精湛，除老庄之外，兼通诸史诸书，而尤长于《左氏春秋》，其智识有大过人者。③

以上三祖皆当金代。至四祖萧辅道，始由金入元。萧辅道，字公弼，号东瀛子，卫州

---

① 王恽.秋涧集[M]//文渊阁四库全书：第1200册.台北：台湾商务印书馆，1983：792-793.
② 王恽.秋涧集[M]//文渊阁四库全书：第1200册.台北：台湾商务印书馆，1983：792-793.
③ 王若虚.滹南集[M]//文渊阁四库全书：第1190册.台北：台湾商务印书馆，1983：494.

人。太一教初祖萧抱珍之再从孙，于金大安二年（1210）间嗣教。不久，元兵攻占燕京，金都南迁开封。贞祐二年（1214）春，因避兵乱，"当危急际，以智逸去"，而赴河南鹿邑太清宫。据王恽所言，他在太清宫住了不到一年，又返回卫州。"是年冬十一月，师自河南来归，睨其城郭为墟，恭骨如莽，师恻然哀之，遂括衣盂所有，募人力敛遗骸，至断沟智井，攓蓬披塞，掇拾罔漏。乃卜州西北二里许，故陈城内地，凿三坎，瘗而丘之。仍设醮祭，以妥厥灵，游魂褫魄，薙露焄蒿，同归一灶。其深林暮夜之号，阴壁枯血之火，荧沉啾寂，无复光怪。盖因冥荐而脱异滞之幽，依道荫而复坤灵之厚，幽明虽殊存，殁雨有慰焉。而师之掩覆仁心，于乡梓之义，极矣。"因元兵屠卫州城时，太一教的祖庭太一观同时被毁，萧辅道在掩埋好尸骨后，又去河南柘城延祥观主持十余年。至金开兴元年（1232）元兵又攻柘城，"大兵至城下，师惩前日河朔兵凶之惨，复以一言活万家于锋镝之下"，即劝民众离开柘城，避免了过多的牺牲。因此王恽感慨说："古称泽及枯朽，矧生人乎，师之谓也。向使师遭时得位，其仁民爱物之功，岂如是而已耶。"表示了对萧辅道的赞许。

元兵攻占柘城后，萧辅道北渡返河北，先后主持新卫昭顺圣后祠和赵州太清宫，曾收张居祐为徒。王恽说萧辅道自柘城北渡，应大将萨济苏请，主新卫昭顺圣后祠。有张居仁举家崇奉，并命其弟张居祐师为门弟子。居无几何，度师北迁，住赵州太清宫，以师童侍有年，谨敬不怠，遂度为道士。时卫州祖观，兵后毁废扫地，度师遣提点张善渊诣卫兴复，且请师以佐葺理允焉。师为戮力从事，小大之役，率以身先之。既而张善渊侍鹤驭北觐营建事，师独任之，不十年坛殿斋室下暨庖湢库厩，井井一新。

丁巳（1257）冬，以事召赴行殿，劳归沾衣币，有加还贞常真人。以师贞干有节，命知宫事，继升充提举。中统三年（1263），上遣使植碑寿宫，师复趣办，不逾其素，于国事有光。至元十九年（1282），六代纯一真人嗣主法席，以师道行纯粹，勤恪有功，言于朝，宣授凝寂大师卫辉路道教都提点。七年间，道流推服，教门增重焉。廿六年（1289）二月五日，得寒疾，再宿谈笑而逝，享年七十二。

1234年后，萧辅道在其弟子张善渊、张居佑等的辅助下，费时将近十载，修复被战火焚毁的祖庭汲县太一万寿观。张善渊，字几道，赵郡平棘人。生有异相，长言洒洒有序。父溥尝任卫真县酒坊使，时萧祖提点亳州太清宫，溥素挹真风，日侍师于几席间，沾沾然而喜，遂礼为弟子。开兴元年（1232）河南大兵，张善渊与萧辅道隔离者久之，既而闻师北渡，回奔奉焉。师忻甚曰：奔走疏附，吾宗门有人矣。丙午（1246）夏四月，赴太后幄殿，及见亦沾宠眷奏，受真定路教门提点，仍赐白锦法服，命颁锦幡宝香于嵩高、太华二岳，以祈福。时卫之祖观，兵烬后鞠为草棘，萧祖畀之，经理不三，数年神庭燕处，顿还旧观。癸丑（1253）冬，诏天下名师赴燕长春宫，修罗天清醮，公奏五代贞常真人与会。壬子（1252）六月，复从萧祖北觐忽必烈，加号真靖大师，改提点卫辉路道教事。甲寅（1254）岁，复奉旨致礼岳渎。己未（1259）春，忽必烈南巡临幸寿宫，时公以疾不克朝谒。忽必烈言念旧眷，命近侍存问，仍赐御药葡萄酒服之。至元三年（1275）正月廿五日委蜕于太一顺事斋室，寿七十。

元世祖忽必烈即位前，重视网罗人才，闻萧辅道名，于1246年以安车征之。既至，雍容问答，誉之如梁之陶弘景和唐之司马承祯，赐号"太一中和仁靖真人"。这次召见，说明太一教已获元室的承认，为其在元代的发展开辟了道路。至宪宗二年（1252），忽必烈再次召见萧辅道，并下诏追封"太一道初祖萧抱珍真人"，赐号"太一一悟传教真人"，升太一万寿观为太一广福万寿宫。同年，萧辅道逝世。

五祖萧居寿（1221—1280），本姓李氏，讳居寿，字伯仁，道号淳然子。卫州汲县（今卫辉）人。生有淑质，沉默寡言，自幼喜道家之学。年十三，拜萧辅道为师，受戒为道士，命典符箓科式等事，箓文部帙，灵章宝篆，仙阶显职，称号广博。师装缮严整，铨次详明，大称所委。传嗣为五代祖，仍从誓约，易姓为萧。时卫大旱，守官致祷于师，即书太一灵符，浸巨盎中，持咒未毕，澍雨沾足，致德誉日广，上闻于朝。中统建元（1260）正月，命师即本宫，设黄箓醮，冥荐江淮战殁一切非命者，迎奏际阴风凄凄，若有趋赴惨泣之状。秋九月诏赴阙下，忽必烈亲谕，修祈被金箓醮筳，翼日特赐号"太一演化贞常真人"。二年（1261）冬，忽必烈命禜斗于厚载门，亲诣祝香，仍赉锦纹绫帔。四年（1264）秋，遣近侍护师颁香岳渎等祠，仍赈济贫乏。至元三年（1275），以京师刘氏宅赐师，为斋洁待问之所。六年（1278）春，皇嗣请师祷祀上真，用介繁祉受之余，遂赉师金冠锦服玉佩符焉。八年（1271），螟蝗为灾，命师即岱宗、汾睢，设驱屏法，其秋乃大熟。十年（1273）正月，就上都大安阁演金箓科仪，时春寒，赐黑狐裘貂帽各一。冬十月，奉安真武神位于昭应新宫，礼毕中官衣以异制绫道服。大内青宫肇造之初，皆诏师，按太一符禳镇方所。十一年（1274）特旨，于奉先坊创太一广福万寿宫，中建斋坛，继太保刘秉忠禋六十神将，岁给道众粟帛有差。十五年（1278），奉旨祭七元星君于西府钟室。启告之初期，以风动所树幡标，为神君格思之验。既而储皇亲临炷香，冷飕飓至，幡影飘扬，从官剑佩铿锵，肃然为起敬。明日具陈其事，上甚喜。越明年，以事辞结遁坛，命易七元斗位。圣上、储皇以师积年祭祷精诚，多获灵应前后，赐与如玉尊像、宝妆剑、安车、龙杖、金银器皿等物，不可殚记。师爰自传嗣以来，奏言始祖曰一一悟传教真人，二代祖曰太嗣教重明真人，三代祖曰太一体道虚寂真人，四代祖曰太一中和仁靖真人，焚黄昭告典礼……复奏授保举师张善渊真靖大师，教门提点监度师高昌龄保真崇德大师，高弟李全祐观妙大师，范全定希真大师，及钦承玺书，护持玄门，其弘阐宗教，殊为光显。师以至元十七年（1280）七月二十六日羽化于西堂方丈，享年六十。

萧居寿掌教期间，所受元室的尊宠超过萧辅道。宪宗九年（1259），忽必烈南巡，曾亲临汲县太一万寿宫，周历殿庑，询慰者久之。中统元年（1260）秋特赐"太一演化贞常

真人"号。<sup>①</sup> 元世祖至元十三年（1276），赐太一掌教宗师印。至元十一年（1274）还在两京为建太一广福万寿宫，岁给道众粟帛。两京太一万寿宫的兴建，标志着太一教的首脑机关由汲县迁至京城，对太一教的发展十分有利。元世祖又在萧居寿的请求下，封赠其先祖及若干徒众。

萧全祐为第六祖。原姓李，父名守通，洺水（今属河北）人。其先中山人，五世祖从因宦游至洺水，爱其风土衍沃而迁居，遂为洺水人。祖德迁读书有志，动止以礼，年五十即断家事，就太一翁受道箓，开别第以居。又以全祐幼有羸疾，不任婚宦，乃命弃家，拜萧辅道为师。至元三年（1266），萧全祐受封观妙大师。至元十七年（1280），萧居寿临终时，受命嗣主法席。后加封"承化纯一真人"，深受皇上及太子眷顾。<sup>②</sup>

至元末、元贞初（1294—1295），有司奏请赐顺州（今河北顺义）地四千余亩和宛平县京西乡栗林给萧全祐，以作太一道恒产。王恽《大都宛平县京西乡创建太一集仙观记》曰："一悟真人萧公以仙圣所授秘箓，创太一教法于汲郡，悼后命之驱逐鬼物，愈疗疾苦，皆获应验，事迹惝恍，惊动当世。一悟传之重明，大定间召住天长观，尝入禁中，论道称旨，宠赐甚渥。三代虚寂师，以道价凝重一时。泰和四年，太极宫初建，命师主焉。其四代东瀛子，即祖房孙，讳辅道。师人品峻洁，博学富才智，士论有山中宰相之目。大元壬子岁，应世祖皇帝潜邸之聘，召对称旨，上以有道之士，特隆礼眷，赐号中和仁靖真人，宝冠锦披副焉。及登大位，中

七元星君　清代　纸本设色
李黎鹤藏

和已仙去，玄谈粹宇，有不能忘者。诏五代度师居寿至京师，特建琳宇，敕额太一广福万寿宫，命主秘祀，其香火衣粮之给，一出内府。逮今承化纯一真人全祐继奉祀事，十载间以受业者众，国之经费日广，坚辞廪料，至于再三，有司上议，祷祠重事，供给所需，不可阙也。全祐谦抑之请，亦不可违也。良田果植，隶大司农者，量宜颁赐。置为恒产。遂赐顺之坎上故营屯地四千余亩……宛平县京西乡冯家里，隶农司籍栗林，丛茂川谷间，以

---

① 陈垣编，陈智超校补.道家金石略[M].北京：文物出版社，1988：841.
② 陈垣编，陈智超校补.道家金石略[M].北京：文物出版社，1988：854.

株而计者约五千数,若尽畀全祐,庶几资广道荫,永昭祀事。"元贞二年(1296),全祐于其地建太一集仙观一所,"构正殿三楹,像事玄元九师;祖师、真官二堂,位其左右;前翼两庑,下至寮舍厨库,莫不备具,四周缭以石垣,前启玄门,榜曰太乙集仙观。"① 据陈垣先生考证,萧全祐延祐三年(1316)尚在世,卒于泰定元年(1324)。

萧天祐为第七祖。原姓蔡。延祐二年(1315)与张留孙、孙德彧等参加大都长春宫所建金箓大醮时,未明著嗣教,但被称为"太一崇玄体素演道真人"。泰定元年(1324)与吴全节等人参加崇真万寿宫所建金箓大醮时,即明称太一教嗣教七祖蔡天祐。据有关资料记载,他与玄教大宗师吴全节相友善,而且年岁相若。太一教传至七祖萧天眆,其后不见嗣教者,也不见太一教之活动。陈垣先生根据危素《送郭真人还玉笥山序》所记,惠宗至元四年(1338),顺帝敕玉笥山道士郭宗纯为第八代祭遁真人,主六丁神之祠事,推测"其时太一之法虽存,恐亦合并于正一矣"②。

由正一道士主六丁之祠祀,并不始于第八代郭宗纯。在此之前的就是正一道士毛颖达。该序云:"至顺初,第六代真人毛君退休于龙虎山。"元袁桷《清容居士集》:"道,万物之奥,非虚不能以通微;诚百行之源,惟静斯足以制动。聿求佐理,爰慕希夷,兹得有恒之人,以赞无为之化。崇真宫提防毛颖达,澄心止水,植节贞松,礼为翼,知为时,澹然无竟,巧若拙,辩若讷,休乎有容,藏名琳馆之珍,养粹玄门之望。维昔世祖动遵轩辕,占瑶光以探五行之精,通紫烟以严六子之用,山林肃洁,星斗烂明,苟非其人灵弗顾矣。"③ 袁桷《玄教大宗师张公家传》所列留孙弟子五十四人,和赵孟頫《玄教大宗师张公碑铭》所列留孙弟子七十五人中皆有其名。虞集《河图仙坛之碑》则明确记载,延祐元年(1314),"制授公弟子毛颖达正德弘仁静一真人,嗣掌遁甲之祠事,赚银印,视二品"。可知毛颖达在延祐元年受命主祭遁甲六丁之神。《元史·文宗本纪》又载天历二年(1329)八月庚子,"遣道士苗道一、吴全节修醮事于京师,毛颖达祭遁甲神于上都南屏山、大都西山。"④ 证明毛颖达在天历二年仍任此职,直到至顺元年(1330)始退隐于龙虎山。

由上可见,从延祐元年(1314)起,主六丁神祠事即由正一道士担任,时当太一六祖萧全祐掌教末期。由此看来,自六祖萧全祐之末,至七祖萧天祐掌教期间,太 教和正一道的关系十分密切,萧全祐和萧天祐虽仍掌太一教教务,而六丁之祠却交由正一天师统一安排了。经过这两代与正一道的进一步交融,在萧天祐之后不另设掌教,在组织上最后似也并入正一道。

---

① 陈垣编,陈智超校补.道家金石略[M].北京:文物出版社,1988:856-857.
② 陈垣.南宋初河北新道教考[M].北京:中华书局,1989:132.
③ 袁桷.清容居士集[M]//文渊阁四库全书:第1203册.台北:台湾商务印书馆,1983:500.
④ 二十五史:第7册[M].杭州:浙江古籍出版社,1998:527.

## 二、太一教神仙谱系

太一教的得名，主要是由该派所崇奉的太一神而设。《元史·释老志》谓萧抱珍传"太一三元法箓之术，故名其教为太一"①。"太一三元法箓"本系南朝正一派所传，可见太一道与正一派的渊源甚深。《正一修真略仪》收有《太上三五正一盟威三元将军箓》，宣称"唐、葛、周三将军，是太上三元宫三气正神，水火之元精也，下应人身心宫、两肾，在天主治北斗中图形数，及符玺灵文盟券具箓，令人知道保真，佩服宝箓。言功醮请以时，则三将军见形，功业既图，于是三神与己俱升也"。所谓"三元"，指上元、中元、下元，故有《三元玉检箓》《上元检天大箓》《下元检地玉箓》《中元检仙真书箓》。

太一，为上古时期人们信仰的神灵。据清顾炎武《日知录》考证："太一之名，不知始于何时。《史记·天官书》：中宫天极星，其一明者为太一常居。《封禅书》：亳人谬忌奏祠太一方，曰天神贵者太一，太一佐曰五帝。古者天子以春秋祭太一东南郊，用太牢七日为坛，开八通之鬼道。于是天子令太祝立其祠长安东南郊，常奉祠如忌方。其后人有上书，言古者天子三年一用太牢，祠神三一，天一、地一、太一。天子许之，令太祝领祠之于忌太一坛上，如其方。此太一之祠所自起。《易·乾凿度》曰：太一取其数，以行九宫。郑玄注曰：太一者，北辰神名也。下行八卦之宫，每四乃还于中央。中央者地神之所居，故谓之九宫。天数以阳出，以阴入。阳起于子，阴起于午，是乙太一下行。"②

马王堆汉墓帛画《太一将行图》上部正中绘一个头戴鹿角的神祇，为太一神，下方每边有两个神祇随从，还有一黄首青龙为座骑，青、黄二龙为左右护翼，雷公雨师为左右前驱。整个画面表现了太一神出行的景象。宋洪兴祖《楚辞补注》曰："太一，星名，天之尊神。祠在楚

太一将行图　西汉　帛画彩绘
湖南省博物院藏

---
① 二十五史：第7册[M].杭州：浙江古籍出版社，1998：965.
② 顾炎武撰，黄汝成集释，栾保群，吕宗力校点.日知录集释[M].上海：上海古籍出版社，2013：1705.

东，以配东帝。故云东皇。"①丁山指出，汉以后所说的"太一"，先秦时多称为"天一""天乙""大乙"，亦即楚人所说的"东皇"。他说："汤号大乙即东皇太一。汤号大乙，乙，于五行方位属东方。《明堂月令》：孟春，其日甲乙，其帝太暤，其神句芒。高诱注《吕氏春秋》曰：甲乙，木日也。太暤，伏羲氏，以木德王天下之号，死，祀于东方，为木德之帝。郑玄注《礼记》则曰……日行东道，名为甲乙，则商人自可尊大乙为东方大神。可是，东方的大神太乙，汉以后人颇多写作泰一或太一了。"②

太一，亦是宇宙的本原。《庄子·天下篇》曰："以本为精，以物为粗，以有积为不足，澹然独与神明居，古之道术有在于是者，关尹、老聃闻其风而悦之，建之以常、无、有，主之以太一。"《吕氏春秋·大乐》曰："太一出两仪，两仪出阴阳，阴阳变化，一上一下，合而成章。浑浑沌沌，离则复合，合则复离，是谓天常。天地车轮，终则复始，极则复反，莫不咸当。日月星辰，或疾或徐，日月不同，以尽其行。四时代兴，或暑或寒，或短或长，或柔或刚。万物所出，造于太一，化于阴阳。""道也者，视之不见，听之不闻，不可为状，有知不见之见，不闻之闻，无状之状者，则几于知之矣。道也者，至精也，不可为形，不可为名，强为之谓之太乙。"《淮南子·本经训》曰："帝者体太一，王者法阴阳，霸者则四时，君者用六律。秉太一者，牢笼天地，弹压山川，含吐阴阳，伸曳四时，纪纲八极，经纬六合，覆露照导，普汜无私。""是故体太一者，明于天地之情，通于道德之伦，聪明耀于日月，精神通于万物，动静调于阴阳，喜怒和于四时，德泽施于方外，名声传于后世。"由此可见，在道家看来，所谓"太一"，就是大道。

战国以来，太一即宇宙之大原，亦是北辰大帝的名号。《史记·天官书》曰："中宫天极星，其一明者，太一常居之。"《春秋元命包》曰："中宫天极星，星下一明者，太一常居。《文耀钩》曰：中宫大帝，其北极星下一明者，为太一之光，含元气以斗布，当是天皇大帝之号也。"《天文大象赋注》曰："天皇大帝，一星在紫微宫内、勾陈口中，其神曰曜魄宝，主御群灵，秉万机神图也。其星隐而不见。其占以见则为灾也。又曰：太一，一星。次天一，南天帝之臣也。主使十六龙，知风雨水旱兵革饥馑疾疫，占不明，反移为灾。"③丁山先生总结说："这颗天空中心的明星，他的名号，由天一而天极，由天极而北极、北辰，即由东皇太一而转移为北极天一，以北辰代替了东宫苍龙，不但是泰皇神格的极大变化，也是宇宙中心论的极大变化。"④

太一，为秦汉以来传统信仰中统御五方五帝的至上天神，中原地区对太一的信仰可谓根深蒂固。东晋上清经《太一帝君太丹隐书洞真玄经》曰："是以三元为道之始，帝君为道之根，太一为道之变，九天为道之神，九宫为道之宅，玄田为道之圃，玄液为道之

---

① 洪兴祖.楚辞补注[M]//文渊阁四库全书：第1062册.台北：台湾商务印书馆，1983：148.
② 丁山.中国古代宗教与神话考[M].上海：上海文艺出版社，1988：369、370.
③ 洪兴祖.楚辞补注[M]//文渊阁四库全书：第1062册.台北：台湾商务印书馆，1983：148.
④ 丁山.中国古代宗教与神话考[M].上海：上海文艺出版社，1988：463.

津。"太一之神为化生之主。起于太清，形影为灵，摄御百神，拘制三阳，内安精炁，外禳灾殃，却除死籍，延命永长，变易无常，常治六合。真人修太一之道，皆得三天之举，举身登晨，白日升天。南朝上清派经典《上清河图内玄经》卷上曰："太一者，道之子也。道应物之感，现神生一，一神接导，生成一切，无穷无极。为学之先，先觉习此，以成至真，真圣相传，以引后学。后学后觉顺从，与先为一，与先为一，乃与道同。三才五德，九皇尊灵，变化之所起，救群品所资，此太一、三五及九神，道之源极也。"

郑所南编《太极祭炼内法议略》卷下概括说："《礼记·礼运》曰：礼本于太一，变而为阴阳，转而为四时。《家语》曰：太一者，元气也，是推造化之源也。《史记·天官书》曰：中宫天极星，其一明者太一，常居也，以其北极中一星不动，故乃为众星之主也。《庄子》曰：主之以太一。""《楚辞》：东皇太一。亦福神也。《淮南子》云：太微者，太一之庭；紫宫者，太一之居。皆星主也。数有太一数，谓数始于一，而一原于太一。故曰：太一数其神，则五福十神。太一星君，即汉所祠太一也。"

东皇太一（局部） 南宋 绢本设色
美国波士顿美术博物馆藏

从西汉武帝开始，朝庭即专设有太一祠，以祀其神。《汉书·郊祀志》曰："天子令太祝立其祠，长安城东南郊，常奉祠如忌方。""或曰五帝，太一之佐也。宜立太一，而上亲郊之。"其后，历代帝王多有祀太一者。如晋成帝咸和八年祀太一于北郊；南朝之梁、陈，乙太牢祠太一；唐制祀昊天上帝于圆丘，太一从祠。

唐代的太一神为九宫贵神之首，并列入国家祀典。《旧唐书·礼仪志》曰："九宫所称之神，即太一、摄提、轩辕、招摇、天符、青龙、咸池、太阴、天一者也。""天宝三载有术士苏嘉庆，上言请于东京朝日坛东，置九宫贵神坛。其坛三层，层三尺，四阶。其上依位置九坛，坛尺五寸。东面曰招摇，正东曰轩辕，东北曰太阴，正南曰天一，中央曰天符，正北曰太一，西南曰摄提，正西曰咸池，西北曰青龙。五为中，戴九履一，左三右七，二四为上，六八为下，符于遁甲。四孟月祭尊，为九宫贵神。礼次昊天上帝，而在太清宫太庙上。用牲牢璧币，类于天地神祇。玄宗亲祀之，如有司行事，即宰相为之。"①

---

① 二十五史：第4册[M].杭州：浙江古籍出版社，1998：70.

十神太一之说亦起于唐代，王希明《太乙金镜式经》序："太乙，天帝之神也。下司九宫，中建皇极，钦若则彝伦攸叙，怠弃三正，错乱五常。黄帝以惠迪吉，而为五帝之圣。大禹戒从逆凶，而衍九畴之文。炎汉高祖受命，张良秘金刀之录。吴主争权，刘悖演炎，旌之祥神，用于不言之载睿，化于无为之间，闭户而休咎自征，拂鉴而毫发皆极，非主精妙物，执契于混沌之始者，又何足以知之。"经中收有推君基太乙法、臣基太乙法、民基太乙法、五福太乙法、大游太乙法、小游太乙法、四神太乙法、天以太乙法、地以太乙法、直符太乙法。又云：五福太乙所临之分，无兵革、疾疫、饥荒、水旱之灾。行宫有五，四十五年移一宫，二百二十五年一周。①

宋代开始祭祀十神太一。宋叶梦得《石林燕语》卷三曰："太平兴国中司天言，太一式有五福、大游、小游、四神、天一、地一、真符、君基、臣基、民基，凡十神，皆天之贵神。而五福所临，无兵疫。凡行五宫，四十五年一易。"②《星经》曰："太一一星，在紫宫门右，天一之南，号曰天之贵神，其佐曰五帝，飞行诸方，蹑三能以上下，以天极星其一明者为常居，主使十六神，知风雨水旱兵革饥馑疫疾灾害之事。《唐书》曰：九宫贵神，实司水旱，太一掌十六神之法度，以辅人极。《国朝会要》亦云，天之尊神，及十精十六度，并主风雨。由是观之，十神太一，九宫太一，与汉所祀太一，共是一神。"③

从北宋太宗朝起，便在京城内外先后建东、西、中三大太一宫，以祀太一。《宋史·礼志》曰：五福太一，自国朝雍熙元年甲申岁（984）入东南巽宫，时修东太一宫。天圣七年，五福太一入西南坤宫，时修西太一宫。请稽详故事，崇建祠宇，迎之京师。诏建中太一宫，于集禧观，十太一神，并用通天冠，绛纱袍。雍熙元年所建东太一宫，八年始成。"合千一百区，凡十殿、四廊，图三皇五帝、九曜七元、天地水三官、南斗三台、二十八宿天曹、四司十精太一、五岳储副佐命、十二山神、八卦天丁、五行四渎、本命等神，及四直灵官，三十六神将，五百二十四躯天圣。""十神太一，皆服通天冠，绛服，执圭，从臣梁冠，绛服，执笏，童子执红丝拂。请如其饰，及名诸殿。十八年正月癸未，又请上书其榜，太一殿曰灵休，殿门曰崇真，挟殿曰琼章宝室，三清殿曰金阙寥阳，火德殿曰明离，本命殿曰介福，斋殿曰斋明。三月宫成，凡百七十有四区，十太一位于殿上。""宫之真室殿，五福太一在中，君基太一在东，大游太一在西，俱南向。延休殿，四神太一。承厘殿，臣基太一，在东西向北上。凝佑殿，直符太一。臻福殿，民基太一，在西东向北上。膺庆殿，小游太一在中，天一太一在东，地一太一在西。"④这些当是宋代皇室崇祀太一之神盛况的真实写照。

在十神太一当中，以"五福太一"的地位最高，"五福太一移入中都，可以消异为

---
① 王希明.太乙金镜式经[M]//文渊阁四库全书：第810册.台北：台湾商务印书馆，1983：857.
② 车吉心.中华野史[M].济南：泰山出版社，1999：1795.
③ 宋史·礼志六[M]//二十五史：第5册.杭州：浙江古籍出版社，1998：292.
④ 二十五史：第5册[M].杭州：浙江古籍出版社，1998：292.

祥"。扈蒙《东太一宫碑铭》云："五福太乙，上循五宫，下视九土，所至则民皆富寿，所临则岁必丰穰。"①魏泰《东轩笔录》卷五曰："熙宁初，百官奏太一临中国，主天下康阜，诏作宫于京城之东南隅，谓之中太一。"②由于北宋王朝的历代崇祀，太一尤其是五福太一成为人们心目中的至上神。

道教诸宗普遍供奉十神太一。《道法会元》卷四五《奏十神》曰："臣谨谨端拜上启，五福太一真君，天一太一真君，地一太一真君，四神太一真君，大游太一真君，小游太一真君，君基太一真君，臣基太一真君，民基太一真君，直符太一真君圣前。恭望圣慈，原臣冒渎，允俞愚诚，即赐恩命，行下天曹当劫运真司，三界十方，九州分野，岱狱宪治，城隍里社，合干去处，咸希遵奉，并体天恩，哀矜民瘼，开赦下民疾苦，抽回行劫神祇，各复攸司，潜消劫运。端祈摄循地纪，正顺天文，上消天灾，解日月星辰勃蚀飞变之厄；下禳地祸，消刀兵水火旱蝗疾疫之灾。抽回行劫神祇，刻日各安元治。"

十太一神　元代　壁画　山西芮城县永乐宫

那么什么叫"法箓"呢？李淳风《金锁流珠引》注："法是经，无史兵将军神人形名。箓是天符，书天之文，管天之神，符书赫弈，形影零零，上则正于天，中则正人制神，下则检约地水龙鬼精妖之怎，令归正道也。"所谓"箓"，又称"道箓""经箓""法箓""宝箓"，是一种记载神吏神将名箓的文书。道教认为法箓记录了天官功曹、十方神真的名属，无论修身保命、救治人物、召神通灵，都要借助法箓。

太上正一三将军箓，又称正一盟威三元将军箓，属于正一法箓第四阶品。在该箓由神像、云篆和星雷图形组成的符箓图像中，箓上有太上老君座下左、右、中三将军，共携兵士九千万众。三将军中最左边一位，指散身大将军唐宏，经中称其身长七二丈，有从兵三千万，从五炁浮云中降下，入受箓者左肾中，可以生百脉，进益其身；中间一位将军，

---

① 陈垣编，陈智超校补.道家金石略[M].北京：文物出版社，1988：222.
② 车吉心.中华野史[M].济南：泰山出版社，1999：602.

指藏形大将军周武，身长九二丈，从兵三千万众，乘三五赤炁浮云下入受箓者身中，进益其身；右边一位将军，指隐影大将军葛雍，从兵三千万，乘赤炁浮云下入受箓者右肾中，生百脉，进益其身。[①]这组法箓图像暗含了修生养炁、增延寿禄的概念。修炼过程中，只有聪明才智秀异、功德超群的人，才能禀受延生保命箓，并被认为已接近功德圆满，故可持箓以升入仙界。

各种各样的符箓被人们使用，并屡显灵异。如唐德宗时，姚炜力学能文，壮志未谐。一日得遇方士贺达，授以文昌箓。未授间，炜寝枕中有白猫，及授箓开阅，果有玉猫应之征，是年登第，后至侍从。唐昭宗时，士人朱涣者，文学俊秀，"受此箓于宗人朱道元，寝斩五虎，次年登第"。宋太宗景德中，周良辅受文昌箓于莱州道士刘若拙，"寝逐群鹿，为鹿所践，毙路中，寝惊，其年登科，官至帅臣。"神宗时，眉州苏轼，得此箓于乡东墓颐山处士黄若水，其父洵，"寝见书笋中有大鬼头，惊而觉，其年轼兄弟俱登科名。"洪州黄庶字亚夫，"寝黑犬护其足，盖庶受此箓于齐先生坐下，以为吉兆，当年登第，官至太中大夫、大理寺丞"。建炎末，邛州刘浩然，少读书谋进取，寝司禄真君授以文昌之箓，遂诣龙虎山拜谒于三十代天师，求受此箓，天师取以示之，天师曰：此箓非子成名，子当传之，度及三贵，受讫不能详其言。绍兴中，刘浩然行三洞法箓，符药灵显，能出神拜章，逆知人未来休咎，为当时士贵所称。隆州虞允文闻其名而扣之，浩然谓允文曰：君中年荣贵，必至执政，可以受箓，扶文进业。允文曰：何箓可受？浩然乃以此箓授之。次年果策名在三元之魁，后为宰相。"凡贤士名儒受箓之前，先得寝征，便当拜师求受此箓，则以迎合天意，必获功名之报。若犹豫生疑，不能信奉，则予夺司之神，伐人之灵鉴，削人寿禄，终无成也。若受箓之后，有此寝征，皆当成名，寝应于受箓之前为上寝，应于受箓之后者次之。若敬奉此箓，则辅文进业，生九道文昌之炁，使宿昔冤讼自雪，祖宗殃注不胤，神不能夺其鉴，魔不能障其才，猷命运之，凶蹇不能加既，恶煞不能肆其威，定志开心，有神益慧，科名显达，禄及子孙。若轻慢灵文，妄示非人，则三官鼓笔，罪报不轻。"[②]

唐代道教的法箓，自最基层的正一箓起，以上清箓为最高，凡一百二十阶，形成严密规范的系统。宋以后，仍有新的法箓出现，比如神霄、清微、净明、太一等都是新出的比较重要的符箓道派，各有自己的法箓授受方法。南宋历元到明初，各符箓派多归于正一派，授箓便成为正一派传承的主要方式。自东汉至宋代，先后出现过许多种法箓，其中最有影响的是龙虎山、茅山、阁皂山三家，合称三山符箓。

关于三元法箓的传授，据李淳风《金锁流珠引》序曰：太上三元太玄金箓为元始天尊

---

① 道藏：第28册[M]. 北京：文物出版社，上海：上海书店出版社，天津：天津古籍出版社，1988：429.
② 道藏：第28册[M]. 北京：文物出版社，上海：上海书店出版社，天津：天津古籍出版社，1988：519.

所制立，初传太上玉晨大道君。玉晨大道君传太上老君，太上老君又传张道陵，是为正一法箓。玉晨大道君又传紫元太微三元玄晨元君，三元玄晨元君传紫微元灵龟台九灵太真元君，太真元君传太元东霞搏桑丹林大帝上道君，是为上清法箓。之后，上清派又得太上老君传授。上清派称太上老君为后圣，乃万道之君。"君姓李，名聃，字伯阳。改《金箓》名之曰《太玄三五金锁流珠经箓》，正论履斗步纲之要。箓有八十六篇四十三卷。""以自撰略为一十五卷正经，及掌诀图书，论步纲蹑纪之事，总号之金锁大名，次流珠，次飞步天纲，次即禹步地纪。传二十卷与尹君，君号后圣大法师左上卿。卿传方诸大真人，皆佐后圣。"[①]又传后圣太师、司南极太丹元君紫元夫人、西极总真王君、右弼桐栢真人王君、玄洲二十九真人。又授紫微左夫人，又下教授二十四真人。又使王君总真下校，授茅盈、李仲甫等，为司命君。可见上清派亦得太上老君的传授，这说明正一、上清同一渊源，故其祖师、道法互有交融。

正一法箓本一千七百九十卷，三千六百二十四阶，太上老君以为三元部之。上部名曰上元，主天，置三大将军箓，部领一千三百六十阶箓。中元主人，亦有三大将军，主领一千阶箓。下元主地及水，亦三大将军，主领一千一百五十二阶箓。以为三统部领，立三元将军，防卫于内，治身救人。置三官，主掌于外，驱鬼使神，制约人物。李淳风《金锁流珠引》载："上部言上清，中部言正一，下部言五法。是后圣君传授之时，有三部分付大王君方平，二百五十六，号曰三元，置三元斋。分为三元法箓，谓之天地人。上元约天，通箓上清。中元制神助人，逮通治病助国。下元摄箓地水神鬼精妖之炁，役使神灵鬼精等，祐人除斥灾害之法，用下元之法也。"[②]

显然，太一教初祖萧抱珍所师事的道士李天竞正是一位正一派高道，所以符水应治，随用辄验。"有祈雪、伏龙、退星、禳火、平瘿、开哑之异"。其弟子侯元仙又在赵州及真定的家中各建太一堂，奉持香火，以符药济人。太一教直承正一派法脉，以符箓之术御世，远迩向风，受箓为门徒者，岁无虑千数。

三元法箓各有用场，上元通箓上清，中元制神助人，治病助国，下元役使神灵鬼精，祐人除害。上元主天，中元主人，下元主地，谓之三元将军。每元各有三位将军，共九位将军。

上元上部将军唐短，神力勇猛，化身长九千万丈，领兵带剑执简，兵士九千万众，主大罗三清之上。上元中部将军李拒，身长七千万丈，领兵带剑，右手持戟，兵士七千万众，上极三清，中入人身，上除天罗，中除五行之灾，下消地祸。上元下部将军徐康，身长五千万丈，领兵带剑，右手持玉阳之节，兵士五千万众，上极上清，中入人身，善能治

---

① 道藏：第20册[M]. 北京：文物出版社，上海：上海书店出版社，天津：天津古籍出版社，1988：354.
② 道藏：第20册[M]. 北京：文物出版社，上海：上海书店出版社，天津：天津古籍出版社，1988：366.

病，消除诸天十方、九地始生之处灾厄刑祸，五行相灭克之害，能以道力消除。又有三元功曹三人，上部功曹姜毒，身长九百九十丈，领兵百千万重人，朱衣赤帻，手把金符，带剑，在大罗之上。中部功曹张季，身长七百七十丈，领兵百千万重人，赤积，右手持戟，腰带剑，在太极之中。下部功曹温舒，身长五百五十丈，领兵百千万重人，赤帻，右手持玉阳之节，腰带剑。

中元三将军，人皇之时大臣，随人皇修行道成，得中元三将军，他们的姓名是风安、罗强、天生。能上天入地，入水入火，大能包天地之极，细能入人身之中，护正破邪，保身助国，随箓言功，定志取仙，同力度人。《神仙太玄正经》云：上古人皇以前，虚皇元始天尊赐授太一，下为主将，领主太一之府。后圣玉皇奏请下界合得道人，替前三人，名箓正一，以佐护受道之身，并诸结心，用印掌诀，随符箓驱使，今人授箓者，能使结法步纲，存之立验。

下元三将军，后周穆王大臣唐宏、葛雍、周武，随穆王修六甲三元九宫之法。穆王得洞府之仙，隐游王屋山，托解尸而去。遂各精修胎息服炁，烧炼金丹而成，服三服未得升仙，但得不死，五百余年，在峨眉、太白等山中。三人结盟，共寻至人，愿得至道，白日上升云天。秦更始二年七月七日，后圣玉皇降于太白山，授唐宏等人《三元金锁流珠经》，给兵三千万众，随正一三将军箓及禹步箓等，步纲禁法之事，立能救济之术，功满拔宅升天，如在洞府之间。得箓使之，如手应心，神力立验。故能上可飞升，得在太平金阙圣君左右，中部道将，助卫宫殿，追伏魔王，摄录三官之用。①

三元将军的崇拜流行于宋元，并被朝廷认同，为其建庙祭祀。华阳复《洞玄灵宝自然九天生神章经注》卷上："凡诸仙得道科教上章，皆此于朝谒，宫中官僚真人仙卿，济济有序。大洞法中有三元官，天尊尝命唐、葛、周三将军，镇肃官门，其神上合三炁，下主人身三部，在天辅赞北斗枢机，及主治符箓、灵文、盟券等书。若人修大洞功满，此三神导己飞升，上朝帝宫，即混合之道也。宋致和间，仁宗不豫，梦行荆棘中，周章失路，见神人被金甲，谓帝曰：天以陛下有仁心，锡一纪之寿。帝曰：吾何路可归。神人曰：以臣之车相送。帝登车，问神何人。对曰：臣葛将军也。帝寤即安，令检《道藏》，果有葛将军主天门事，因加其位，立庙京师。惜是时无人上奏此神，应自身神炁，以加保养之功。"②

从太一教所建宫观设置中，亦可见其神仙谱系的概况。元朝重修太一广福万寿宫，为大殿三座，以奉三清上圣；建繁禧殿，以奉太一天尊；建灵昌殿，以奉九师天尊。"为坛殿一，曰延恩。中设二坛，曰应化、北阴。翼两庑东西，复置动察、纠察二坛，为□者

---

① 道藏：第20册[M]. 北京：文物出版社，上海：上海书店出版社，天津：天津古籍出版社，1988：376-377.
② 道藏：第6册[M]. 北京：文物出版社，上海：上海书店出版社，天津：天津古籍出版社，1988：465.

六,左曰枢神、吉祥、革神,右曰枢鬼、普济、生成。为司二,曰日磨,曰磨照。"① 根据以上所述,太一道祭祀太一,供奉三清上圣、太一天尊、九师天尊、三元三将军、六丁六甲等神灵。

六丁六甲,道教的护法神将,经常在禳灾科仪中被道士召请,厉行风雷,制伏鬼神。六丁为丁卯、丁巳、丁未、丁酉、丁亥、丁丑,是为阴神。六甲为甲子、甲戌、甲申、甲午、甲辰、甲寅,是为阳神。据说六丁六甲为天帝役使,能"行风雷,制鬼神"。《后汉书·梁节王传》记载,汉代方士已经有役使六丁六甲的方法,先行斋醮,然后召六丁神,"可使致远方物,乃知吉凶也"。张君房《云笈七签》卷十四称:"若辟除恶神者,书六甲、六丁等持行,并呼甲寅,神鬼皆散走。"

《灵宝六丁秘法》曰:"一炁既分,阴阳得位,五行配定,六甲生焉。是以一甲,十神,共六丁者。乃六甲旬直神,已与天地各生,自数战蚩尤不胜,乃紊乱纲纪。遂斋洁虔行,敬仰告上玄,感降九天玄女,受此真诀,令却去凶害,济物利人。黄帝修之,有功战蚩尤,即以素白篆符,藏诸名山。后世人数数有之。此法即有神功,不具说。若人轻传慢易,冒触真灵,两具受殃。此道法门度世奇诀,古者名将,皆受此诀。是以逆知胜负,预晓吉凶,明是非圣贤,皆有神助。"

六丁者,天地之正神也,不同寻常。丁卯玉女名文伯,字仁高。神戴冠着礼衣,手把莲华,上朱衣下青衣,以子丑日下在人间,要知吉凶,召而问之。丁丑玉女一名文件字仁鸯其神两手把莲华、上朱衣下黄衣,以寅卯日下人间,要知吉凶,召而问之。丁亥玉女名文通,字仁和。右手把镜自照揽心,左手把莲华,上朱衣下紫衣,以辰巳日下人间,要知吉凶,召而问之。丁未玉女名叔通,字仁集。左手把镜照,右手执莲华,上朱衣下黄衣,以午未日下人间,要知吉凶,召而问之。丁巳玉女名庭卿,字仁叔。神左手把莲华,右手执白迭布巾,上锦衣下赤衣,以申酉日下人间,要知吉凶,召而问之。丁酉玉女名文卿,字仁通。神领一小儿在仙手,抚头把白迭布巾,上朱衣下白衣,以戌亥日下人间,要知吉凶,召而问之。"六丁神各有名,字不同。若欲使之,各呼名字,皆神验也。仙经曰:六丁玉女神名,能小耳呼名字而使之,万愿从矣。"

《上清六甲祈祷秘法》曰:"东华大帝上朝元始上帝,太上道君老君、玉帝紫微大帝,皆聚会于丙寅宿胃天宫。时东华帝君起立于众圣之前,曰:臣有六甲天书三卷,意欲流传阎浮提世界,受持行用。切见未来世中,刀兵凶乱,黎民失业,父子相离,不能相救。令传上士,受持行用,佐国治乱,驱使六甲六丁,天游十二溪女,那延五天女,共为一部。阴阳之神,神通广大,位下三员大将,各管鬼兵百万。"六甲阳神名:甲子神字青公,名元德。甲戌神字林齐,名虚逸。甲申神字权衡,名潺仁。甲午神,字子卿,名潺仁。甲辰神,字衮昌,名通元。甲寅神,字子麈,名化石。六丁阴神名:丁卯神名文伯,字仁高。

---

① 陈垣编,陈智超校补.道家金石略[M].北京:文物出版社,1988:845.

丁丑神名文公，字仁贤。丁亥神名仁通，字仁和。丁酉神名文卿，字仁修。丁未神名升通，字仁恭。丁巳神名潇洌，字仁敬。"六甲神像，可千变万化。或独头，或三头，或一头身披金甲，或锦抱来降。其神通不可犯，各装束不同。"

《金锁流珠引》卷十六曰："六甲者，五行之子也。有三等。上等符书入上元，谓之老君内秘，三符六甲箓。世人遇之者，志心修行有功，去百病，来六神。《老君六甲符》序云：天地万神，皆六甲之部使也。上古修道之人，无不从六甲得道。中等六甲，号曰灵飞，管一千三百六十玉童，二千四百四十玉女。其老君秘符六甲，有大将军十一人，从官千二百人，玉童玉女符吏等九百七十人，兵兽使等，足可一十二万人为上等。太上老君置为天地六甲，军有六营，营有四处。一在人身，灵飞为中等，五行六甲为下等，此名三等六甲也。其三等六甲，学道之人皆须修奉。"欲修身长生者，先修服六甲神符。服法，每诵直官名，呼符吏旬将，及玉女名字。呼之必诵长生咒两遍，即吞符。吞符三年，即服灵飞六甲符，吞老君六甲符。符皆记神直官符吏玉女等名，一一呼之。应急驱使，如手应心，如心制口。

师曰："六甲神多有重名重姓，不能一一记得。以竹木为小牌子，书其神名将吏玉女名，一一记之。记带行住坐，皆记神名。防急疾事呼吹驱使，救人制鬼，收邪去兵，唇齿厄出牌子，便呼之，立应验也。唯夜卧若入女室，即挂之安静处壁上柱上，即得。莫挂安门户上，门户神恐畏，使彼不安。须以心记之。呼唤立到。须以记名姓，及闲时长存之。急呼唤时，即征验也。并及吃食饮酒之处，先须心呼，存直日旬将玉女等，同臣则玄甘飨，吃某食某饮酒果等。常以日日存思之，同甘食饮之。后存用，大验。善摄兵害，伏天魔。"

老君曰："此法有六通神力。一能通入大道之门，善假道威，伏神使鬼，制灭精妖，斩断凶祟。二能通天，感使天神天龙，诛魔伏袄。收云摄雨，逆横袄恶之氛，甚能摄除之。三则通地，感使地神地龙，风云雷公电师，雨师风师，五岳四镇九州，千邦万国，土地山川神灵，社庙城隍，左社右稷神官。使令助国，护身家，济人物。四则通水，感使水神水龙，水中君官，将军灵吏，鱼鳞兽等。令佐道护身，助家国，济人物。五则通感卫于人，人能久修服，使身家出于五行，永除五苦八难九厄，百病自消。超出三界，得入长生，驱使天地水三官神灵，立到分明。八则能逦感使七星北斗君，神妃后女等，以主世人之死簿。"①

《金锁流珠引》卷十一："申上神是猴头人身，白衣，左手捉箭，右手持弩，名监兵，守天西南角，将兵百万众。酉上神鸡头人身，白衣，左手捉箭，右手持弩，名子恩，守天正西，酉上将兵百万众。戌上神狗头人身，白衣，左手捉箭，右手持弩，名弓隆，守

---

① 道藏：第20册[M]. 北京：文物出版社，上海：上海书店出版社，天津：天津古籍出版社，1988：433.

天西北角，将兵百万众。西北至东北，亥上神猪头人身，黑衣，左手持钩镶，名不临，守天西北角上，将兵百万众。子上神鼠头人身，黑衣，左手持钩镶，名执明。守天正北上，将兵百万。丑上神牛头人身，黑衣，左手持钩镶，名阿君，守天东北角，将兵百万众。东北至东南，寅上神虎头人身，青衣，左手执矛，名孟章，守天东北角，将兵百万众。卯上神兔头人身，青衣，左手执矛、名门之，守天正东，将兵百万众。辰上神龙头人身，青衣，左手持矛，名天禽，守天东南角，将兵百万众。东南至西南，巳上神蛇头人身，赤衣，左手持戟，名寄房，守天东南角，将兵百万众。午上神马头人身，赤衣，左手持戟，名陵光，守天正南。将兵百万众。未上神羊头人身，赤衣，左手持戟，名除君，守天西南角，将兵百万众。"

六丁　采自明王圻《三才图会》

《太上除三尸九虫保生经》："谨请甲申神扈文卿，从官一十六人，降下缠吾笔。谨请甲午神卫上卿，从官一十八人，降下缠吾笔。谨请甲申神扈文卿，从官一十六人，降下缠吾笔。谨请甲午神卫上卿，从官一十八人，降下缠吾笔。谨请甲辰神孟非卿，从官一十四人，降下缠吾笔。谨请甲寅神明文章，从官一十六人，降下缠吾笔。"《老子六甲三部符》云："甲子神王文卿，甲戌神辰子江，甲申神扈文长，甲午神卫上卿，甲辰神孟非卿，甲寅神明文章。存六甲神名，则七窍开通，无诸疾病。"《黄庭遁甲缘身经》："入疾病家、死生家，置符于怀中，遇阴日右畔，阳日左边。若入山林避难者，三叩齿，直呼之神名字。并呼甲申神，山中鬼魅、狼虎之类，尽皆迸走。若辟除恶神鬼者，书六甲六乙符持行，并呼甲寅神，鬼皆散走。若入军阵辟兵，即书六丙六丁符，并呼其神姓名，仍呼甲午神名，兵刃不伤。若欲辟火者，书六壬六癸符，并呼其神，又呼甲子神姓名字云：与我同行！即不被烧热。若欲避水难者，书六戊六己符，并呼甲戌神，即免水溺。若县官口舌,书六庚六辛符,并呼其神姓名,又呼甲辰神,官符口舌悉皆解散。"《上清黄庭养神经》:"若入山林避难者,三叩齿,呼直日神,并呼甲申神,山中鬼魅狼虎之类,尽皆迸走。若辟除恶神鬼者,书六甲六乙符持行,并呼甲寅神,鬼皆散走。若入军阵辟兵,即书六丙六丁符,并呼其神姓名,仍呼甲午神名,兵刃不伤。若欲辟火者,书六壬六癸符,并呼其神,又呼甲子神姓名字,云与我同行,即不被烧燕。若欲避水难者,书六戊六己符,并呼甲戌神,即免水溺。若官司口舌,书六庚六辛符,并呼其神姓名,又呼甲辰神官符,口舌相向,悉皆和解。"

六甲　采自明王圻《三才图会》

太一教的主神除三清至尊之外,尚有太一天尊、九师天尊等。郑所南《太极祭炼内法》卷下曰:"《楚辞》:东皇太一,亦福神也。《淮南子》云:太微者,太一之庭;紫宫者,太一之居,皆星主也。数有太一数,谓数始于一,而一原于太一,故曰:太一数其神,则五福十神。太一星君,即汉所祠太一也。雷有太一雷,乃月孛也。水之余炁,水属一神,其名曰太一。诸经诸法诸书,太一二字极多,不暇尽议,惟太一天尊,太一两字尤为微妙……此圣在天,呼为太一福神,在世呼为大慈仁者,在地狱呼为洞渊帝君。"《太上洞真经洞章符》:"太一天尊,把持斗柄。所指者破,所临者状。佑善罚恶,降接清真。五灵侍卫,神官罗陈。受者存之,谛忆勿忘。三年之后,亲睹尊神也。"《正一经》云:"大道布化,含养一切,生成万物,安天置地,设日月星辰、山川岳渎,各立灵官、主司、真人、道士,摄化统理。天地相合,生化万物,太一天尊主之。一切曹府,布化生育,总系北极太一天尊也。即《太平经》云北极天君也。"

当设坛施食济度亡灵之时,法师宜存想变神,化为救苦天尊。《灵宝玉鉴》卷三六:"变食之法,师存为救苦天尊,坛众为诸大真人,法筵为三层宝坛,斛中红光紫炁,上冲天际，三宝上帝，太一慈尊，十方救苦真人，日月星斗，三界真宰，在空玄之中，为作证明。天门金光道炁，百千万重，绵绵而降，灌注己身，及斛食水盂之中，内外映彻。次存五色光明，现于东方圆象，如月晕之状，遍照天上地下，十方世界，无不洞明。中有太一天尊俯仰，碧玉冠，衣飞青翠羽离罗之帔，左手擎碧霞琉璃钟，右手执空青羽枝，坐九头狮子金色莲花之座。狮子口中各吐火焰，围绕慈尊。天尊于光焰中，别有九色圆象，如日。顶出白毫光，光芒外射，如千万枪剑。莲花座上，又有三十六小莲花，乘天尊二足。金容玉相，慈尊慧日。左有救苦真人，右有大惠真人，侍从天尊。八十一位神君，五方太一吏兵，青玄功曹，黄箓童子，玉女金童，神王力士，现于东方五色灵光。天尊光明，遍照天上地下，十方世界，无不洞明。天尊洒甘露，灌注法食，光明瑞炁，流注无穷。天尊同兆真人及官君等，皆诵甘露真言，其斛摄化无碍，香气馥郁，充塞虚空，广大无量。"

太一天尊　清代　纸本设色
李黎鹤藏

救苦天尊　清代　纸本设色
四川原道博物馆藏

# 第三十六章

## 全真道神仙谱系

全真道，是金代兴起于北方三大新道派中最重要的派别。总体来说，全真道的教义在炼养上祖述黄老，继承了老庄、钟吕的思想，以全老庄之真，苦己利人为宗旨。该教受时代思潮影响，力主三教平等，以《道德经》《般若心经》《孝经》为经典。主张性命双修，先修性，后修命。认为修真养性是道士修炼的唯一正道，除情去欲，明性见道，使心地清静，才能返朴归真，证道成仙。规定道士须出家住观，严守戒律，苦己利人。金元之际丘处机嗣教时，全真道得到大发展。

# 第一节　全真道历史传承

北宗一派创自王重阳。因其创始人王重阳在山东宁海（今山东牟平）自题所居庵为全真堂，凡入道者皆称全真道士，故此派亦称全真教或全真道。元代以后，内丹南宗一派合并加入全真道，全真道便以南北二宗的合称流传全国各地，成为与正一道并峙而传、延续至今的道教两大派别之一。

## 一、王重阳与全真道

全真道创建于金大定年间，创立者王喆（1112—1169），原名中孚，字允卿，后改名德威，字世雄。入道后始改名为喆，字知明。据其门人李道谦《七真年谱》载，其家本咸阳著姓，后迁终南县刘蒋村。宋徽宗政和二年（1112），王喆生于刘蒋村。他幼好读书，自稚不群，不拘小节。弱冠，修进士业，善属文，才思敏捷。

秦志安编《金莲正宗记》卷二《重阳王真人》详细记载了王重阳的生平事迹：其为人骨木雄壮，气象浑厚，眼大于口，髯过于腹，声如钟，面如玉，清风飘飘，紫气郁郁，有湖海之相焉。膂力倍人，才名拔俗，早通经史，晚习弓刀。然生不逢时，曾经应礼部试而不第。未几齐国被废，关中沦入金人的统治之下。王喆亦曾怀乘时而起、兴汉复宋的希望。商挺撰《题甘河遇仙宫》："子房志亡秦，曾进桥下屦。佐汉开鸿基，屹然天一柱。要伴赤松游，功成拂衣去。异人与异书，造物不轻付。重阳起全真，商视仍阔步。娇娇英雄姿，乘时或割据。妄迹复知非，收心活死墓。人传入道初，二仙此相遇。于今终南下，殿阁凌烟雾。我经大患余，一洗尘世虑。巾车傥西归，拟借茅庵住。明月清风前，曳杖甘河路。"[①]将王喆比作秦汉时期的张良，意谓王喆曾有反金割据的壮图，并且是由这种壮图的破灭而走向道教的。

金熙宗天眷元年（1138）下诏开科取士，王喆易名德威，参加应试，中武举甲科，但仕途坎坷。直至四十七岁，只做过小吏，郁郁不得志。喟然叹曰：孔子四十而不惑，孟子四十而不动心，吾今已过之矣，尚且吞腥啄腐，纡紫怀金，不亦太愚之甚乎。遂辞官解印，黜妻屏子，拂衣尘外，类楚狂之放荡焉。

金正隆四年（1159），48岁的王重阳于户县甘河镇遇异人得内炼真诀，悟道出家，这是他一生最大的转机。其所遇二道各披白毡，忽从南方倏然而来，烟霞态度，霄汉精神，观阙眉宇，大抵相类。先生不觉惊起趋进，倪首前揖，相与语言，皆出世语，涤尘渐垢，镯膏剔盲，如醉而醒，如疮而鸣，密授真诀，更名曰嚞，字知明，号重阳子。即毕，指东方曰："汝何不观之？"先生回首而望。道者曰："何见？"曰："见七朵金莲结子。"道者笑曰："岂止如是而已，将有万朵玉莲芳矣。"言讫，忽失所在。由是之后，落魄不羁，乞食于市，短簑破瓢，眠冰卧雪。金源涛撰《终南山神仙重阳真人全真教祖碑》曰："正隆己卯季夏既望，于甘河镇醉中啖肉，有两衣毡者，继至屠肆中。其二人形质一同，真人惊异，从至僻处虔祷作礼。其二仙徐而言曰：此子可教矣。遂授以口诀。其后愈狂，咏诗曰：四旬八上始遭逢，口诀传来便有功。明年，再遇于醴泉，邀饮肆中酒家，问之乡贯年姓。答曰：濮人，年二十有二，姓则不知也。其异欤。留歌颂五，命真人读余火之，文载《全真集》中。"至于传授丹法的异人是谁，王喆并末明言，唯其门人认为就是吕洞宾。

吕洞宾　明代　纸本设色
中国社会科学院历史所图书馆藏

---

[①] 李道谦撰.甘水仙源录[M]//道藏：第19册.北京：文物出版社，上海：上海书店出版社，天津：天津古籍出版社，1988：813.

明年庚辰（1160），有一道者同宿，月中乃言曰：吾居西北大山之中，彼间有人善于谈演，《阴符》《道德》尤所精通。闻君平昔好此二经，胡不相从，试往观听。先生踌躇，未之能次，道者忽起，抛拄杖，乘风而去。左右求之，杳无音耗，茫然如有所失。比及中秋，过醴泉县，再遇道者，趋而拜之，忻然相邀入于酒馆，共饮之次，问其乡里，答曰："蒲坂永乐是所居也。"又问年甲几何，答曰："春秋二十有二。"复问其族，默而不言，遂索毫楮书秘语五篇，使之详读。先生读之数过，方悟妙理，戒之曰：天机不可轻泄。即令投之火中。道者曰："速往东海，丘刘谭中有一俊马，可以擒之。"言毕不知所在。其一篇曰："蓦临秦地，泛游长安，或货丹于市邑，或隐迹于山林，因循数载，观见满目苍生，尽是凶顽下鬼。今逢吾弟子，何不顿抛俗海，猛悟浮嚣，好餐霞于碧峤之前，堪炼气于松峰之下，斡旋造化，反覆阴阳，灿列宿于九鼎之中，聚万化于一壶之内，千朝功满，名挂仙都，三载殷勤，永镇万劫。恐尔来迟，身沉泉下。"其二曰："莫将樽酒恋浮嚣，每向尘中作系腰。龙虎动时抛雪浪，水声澄处碧尘消。自从有悟途中色，述意蹉跎不计聊。一朝九转神丹就，同伴蓬莱去一遭。"其三曰："蛟龙炼在火烽亭，猛虎擒来因水精。强意莫言胡论道，乱说纵横与事情。"其四曰："铅是汞药，汞是铅精，识铅识汞，性住命停。"其五曰："九转成，入南京，得知友，赴蓬瀛。"这位传授丹法的人宣称"蒲坂永乐是所居也"，进一步说明了他是吕洞宾。赵道一《历世真仙体道通鉴续编》记载此事始末说："《遇师诗》云：四旬八上始遭逢，口诀传来便有功。盖唐纯阳子吕仙翁之化身也。"[1] 所谓"化身"，并非一定指吕洞宾，无非假托得吕洞宾的亲传，以宏扬其教而已。

王重阳得吕祖丹法之后，遂归故乡刘蒋村，自构一庵，题其榜曰"活死人墓"，又以纸牌立于墓上，曰"王害风"灵位。所谓"害风"，就是疯子的意思。自作诗曰："活死人兮王喆乖，水云别是一般谐，道名唤作重阳子，谵号称为没地埋。来者路，不忘怀，行瓒须是挂灵牌。"与他同时于终南山修炼的还有和德瑾、李凝阳二人。

和德瑾，号玉蟾子，秦州甘泉人。尝为州吏，未尝取非义财。日与一道者谈玄笑饮，后道者臂枭而来，曰：此禽怪哉，眼大而不识人。玉蟾子不悟其旨。忽道者以恶疾而殂，玉蟾子备礼葬之。不数旬，有老妪踵门而谒曰：昔亡道者，吾子也。奈老无依何？玉蟾子赠之金帛。妪曰：但得发圹，一视吾子，诚无憾矣。玉蟾子率邻里与妪发圹开棺，失尸所在，惟存赠妪金帛。回视妪，亦失焉。由是感悟，弃家入山。后遇至人，得九还金液之妙。游终南山，行其所传，日益精进，以至冲和周密，妙用通神，逮重阳王君遇真，遂结为仙林之友，莫知所终。

灵阳子姓李，名字俱不闻，京兆人。为人沉默寡欲，学问赅博，而乐仙道。遇道者授

---

[1] 道藏：第5册[M]．北京：文物出版社，上海：上海书店出版社，天津：天津古籍出版社，1988：415．

神仙抱一符火大丹之诀,顿抛尘俗,朝修暮炼。积之岁年,至乎大妙。与玉蟾、重阳二子为终南林泉之友。尝谓重阳子曰:子他日道化九围,教行四海,非吾辈之可及。金世宗大定己丑(1169),重阳携四真人入汴,有诗寄云:和公与李公,首先一志三人同。逮重阳登真,丹阳挈丘刘谭三子来谒。一日,二君预留钱于终南食肆,曰:今日有仙客丘刘谭马者至,则待之。四师至食,人道姓以邀之。丹阳笑曰:公何知予等姓氏?曰:和李二仙君预有付嘱,故知之。时二君泊太平宫,四子食毕,就宫参谒,自此真门之下,咸以师叔称之。①

他日,王喆又携酒一壶立于路次,有道人呼曰:"害风害风,将汝酒来。"先生应声,与之一饮而竭。却遣先生以空壶,就甘河中取水,令自饮之,其味极佳,真仙醖也。道人告曰:"吾海蟾公也。"这是讲王重阳又得刘海蟾的传承。

自是以来,王喆不复饮酒,但饮水而已,常有醉容,因述《虞美人》:"害风饮水知多少,因此通玄妙。白麻纳袄布青巾,好模好样真个好精神。不须镜子前来照,事事心头了。梦中识破梦中身,便是逍遥达彼岸头人。"忽一日,自焚其庵,邻家争来救火,先生但婆娑而舞,人问其故,答曰:三年之后别有人修。乃题诗曰:"茅庵烧了事休休,次有人人却要修。便做惺惺成猛烈,怎生学得我风流。"

大定七年(1167)四月二十六日,王喆逶迤东迈,经过咸阳,自画一幅,作三髻道者,青松郁栖,白云缭绕,仙鹤婆娑,有出尘之格。见史风仙,欣然赠之,曰:"待我他日擒得马,来以为勘同。"又过洛阳,谒上清宫,题诗于壁间曰:"丘谭王风捉马刘,昆仑顶上打玉球。你还搬在寰海内,赢得三千八百筹。"东海卫州见萧真人,颇有仙风道骨,深欲提掖,盘桓数日,话

刘海蟾　明代　纸本设色
中国社会科学院历史所图书馆藏

不相投,赠之葛山溪口:"真人已悟,四海名先到。只为有声闻,却隔了玄元妙道。可怜仙骨,落入鬼形骸,一般衰,一般老,空凭一般了。岂知玄妙,刚把身心傲。度日若聋盲消,不识丹砂炉灶。好将二物,鼎内结成丹,服饵了,得长生,携手归蓬岛。"真人读之,终不能悟其妙旨,但点头而已。

祖师遂东归海边,到达山东,在宁海一带活动,徜徉数载,接诱训化,很快便赢得信

---

① 道藏:第5册[M].北京:文物出版社,上海:上海书店出版社,天津:天津古籍出版社,1988:432.

众，收了七大弟子。既得丘、刘、谭、马、郝、孙、王，以足满七朵金莲之数，普化三州，同归五会，一曰平等，二曰金莲，三曰玉华，四曰三光，五曰七宝。其榜曰："窃以平等者，为道德之祖，清净之源，乃金莲玉华之本，三光七宝之宗，普济群生，遍超庶俗，银焰充盈于八极，彩霞蒸满于十方，人人愿吐于黄芽，比比不游于黑路。玉华者气之宗，金莲者神之祖，气神相结，谓之神仙。"

其后王喆引丘、刘、谭、马，南赴汴京，逆旅中依泊岁余，多所指明。因书竹杖歌，以示之曰："一条挂杖名无著，节节辉辉光灼灼。伟矣虚心直又端，裹头都是灵丹药。不摇不动自清闲，应物随机能做作。海上专寻知友来，兀谁堪可为依托。昨宵梦里见诸虬，内有四虬能跳跃。杖一引，移一脚，顶中迸断银丝索，攒眉露目震精神，吐出灵珠光闪烁。明焰挑来共乐然，白云不负红霞灼。"书毕，语之曰："昔日披毡师真秘，语云九转成，入南京，得知友，赴蓬瀛。

七真祖师　明代　纸本设色
中国社会科学院历史所图书馆藏

吾今将赴其约。"门人惶恐，乞遗世语，祖师曰：我三年前已题于壁矣。曰："地肺重阳子，强呼王害风。来时随日月，去后任西东。作伴云和水，为邻虚与空。一灵真性在，不与众人同。"又云："害风害风旧病发，寿命不过五十八。两个先生次定来，一灵真性诚搜刷。"谓众人曰：吾归之后，慎勿举哀。言讫而委蜕焉。丹阳不觉泣下，甚恸，众皆劝之曰：不可违仙师之语。丹阳曰："入道区区，尚无所得，吾师弃我，遑遑何归。"诉之未终，忽开目曰："汝辈憾恨，奚为若此，昔日甘河所得秘语五篇，今付于汝。"丹阳再拜，跪而授之。复谓谭公曰："汝等性命，皆在丹阳手中矣。"遂言物外亲眷曰："一侄二子一山侗，连予五个一心雄。六明齐伴天边月，七爽俱邀海上风。真妙里头拈密妙，晴空上面蹑虚空。东西南北皆圆转，到此方知处处通。"又曰："一弟一侄两个儿，连予五逸做修持。结为物外真亲眷，摆脱人间假合尸。周匝种成清净境，递相传授紫灵枝。山头进出灵华会，我趁蓬莱先礼师。"诗毕，奄然返真，异香馥郁，瑞气弥漫，白鹤翔空，青鸾拂地，仙仪冉冉，高出云端。士庶官寮，号呼瞻拜，如丧考妣，靡不赞叹，真千古异事。于是备棺椁衣衾，礼而葬之，时大定庚寅（1170）正月初四日也。

丘、刘、谭、马四子相拥仙柩，西入长安，见史风先生，献以松鹤图，史风笑曰："当时留下勘同，正与此图相合。"两相比较，毫发无差。于是历终南，访刘蒋，住持祖庵。修葺稍完，却返梁园，共移仙骨，发棺视之，形神尚有生意。四人交待，负以西行。程途所到，将酬馆谷之资，逆旅主人必曰：先有道者偿价已讫。竭力追之，终不能见。问

王重阳　明代　纸本设色
中国社会科学院历史所图书馆藏

其状貌，乃祖师之化身也。既至终南，遂卜地而葬焉。

祖师初游登州，望仙门外，见画桥太险，遂言曰："此桥异日逢何必坏。"众皆莫晓其意。后经一纪，太守何公恶其险极，遂毁其险而平之，今改遇仙桥者是也。继有文登县作醮，于五色云中，见白龟甚大，背有莲花，祖师端坐于莲花之上，须臾侧外而归。县宰尼庞窟亲见其事，拈香恭礼，命画师对写真容，三州之人皆仰观焉。丹阳闻之，作《满庭芳》以赞之，曰："古郡登州，望仙门外，画桥车马难通。重阳圣迹，对众显家风。预说逢何必坏。经一纪，太守何公嫌巇险，令人拆毁，命匠别兴工。文登重出现，白龟莲上，端坐空中。宰公缘底事，得遇真容。忽睹回身侧卧，祥云动，复返仙宫。分明见，丹青邈出，何处不钦崇。可谓死而不亡者矣，宜乎其为七真之祖也。"所有神变无穷，不能备录，海西秦东，劝化道俗，长歌短咏，殆千余首，目之曰《全真前后集》并《云中录》，明铅汞坎离之说，盛行于世。又答登州道众书诗及十九枝图。①

从以上史料可知，王重阳离开陕西，四处传教。金世宗大定七年（1167），云游至山东宁海，遇马钰、孙不二拜以为师。后又收谭处端、刘处玄、丘处机、王处一、郝大通为弟子，并在文登、莱州、登州等地，建立三教七宝会、三教三光会、三教玉华会、三教金莲会、三教平等会。"自是远近风动，与会者千余人"。

其五会之榜略云："平等者，道德之祖，清静之元，为玉华、金莲之根本，作三光、七宝之宗源，普济群生，遍拔黎庶，入人愿吐于黄芽，个个不游于黑路。玉华者乃气之宗，金莲者乃神之祖。神是气之子，气是神之母，子母相见，得为神仙。然则有真功、真行，澄心定意，抱元守一，存神固气，真功也；修仁蕴德，济贫拔苦，先人后己，与物无私，真行也。"真功真行双修双全，即为全真。

同年九月，王重阳挈马、谭、丘三人，西迈过登州，达至掖城，"又得刘公者。始随其母来说，帅一见辄契，谕以出家，母欣诺之。名以处玄，号长生子，遂行。至是所谓'马谭刘丘，举集席下'矣。故《竹杖歌》云：'海上专寻知友来，死谁堪可教依托。昨宵夜里见诸虬，内有四虬能跳跃。'"从此四人常侍王重阳左右，返回陕西传道。

大定十年（1170）到达南京（今开封）。正月初四，王重阳召马丹阳、谭长真、丘处

---

① 道藏：第3册[M]．北京：文物出版社，上海：上海书店出版社，天津：天津古籍出版社，1988：348-350．

机于榻下,说:"丹阳已得道,长真已知道,吾无虑矣。处机所学,一听丹阳、处玄、长真当管领之。又顾处机曰:此子界日地位非常,必大开教门者也。"又曰:"汝辈前程,皆在马公手。"遂书《物外亲眷诗》一首,书毕溘然而逝。尔后,马丹阳嗣其教,谭、刘、丘继为宗盛。

马丹阳等返回陕西即建立了一批全真道观。如长安有丹阳观,在城南四十里杜曲镇,金大定间扶风马真人结茅于此,其后弟子魏道冲辈建立堂殿,遂以师号名观。明天顺丁丑(1457)中,贵官赵安等重修,长安游邦贞记。玉虚宫,在城内柳巷坊,创始于元至正年。鄠屋县,有遇仙观,在县甘河镇,王重阳于此监酒税,有二人时来饮酒,一日二人亦邀重阳饮于甘河,以瓢酌甘水,即良酒也,遂醉饮而别,重阳由是弃家,而学老子之道,门人于此建观,曰遇仙。重阳宫,在县东六十里。地名旧为刘蒋村,今为祖庵镇。元翰林刘祖谦记云:成道时门人建殿,号祖师庵。元季门徒道众会葬祖师重阳真人,兴建殿阁,名重阳宫。又有敕藏御服碑,王重阳手书如梦令碑,明知县郑达所书苏武慢词碑。①

全真诸师　明代　纸本设色
中国社会科学院历史所图书馆藏

《重阳成道宫记》记载:京兆西终南有南时里,建有重阳成道宫。盖大定初(1161),全真祖师重阳真人始悟道时,自掘一穴,起封数尺,如马鬣之状,以活死人墓名之。手植四梨八海棠于四周,人问其故,乃曰:"吾真风将来大阐,四维八弦,无所不至之日,要使人知从此一墓而始之也。"居二年,迁刘蒋,后常有三五众葺庵而守之。正大初(1224),全阳真人周全道自幽州来,致祭于刘蒋祖师之茔,忽念及祖师修炼变化成道之地,不可使之芜没,胸中慨然起修葺之心,弗克自己,若有神使之然者。四方道众思其所以报本反始者,规运木植,开垦地土。岁乙未(1235),清和大宗师尹真人并掌教真常李真人法旨,本府总管田侯疏,委渊虚真人李公志源率道众,于此盛行营造事。所为殿者三:曰无极,曰袭明,曰开化。为堂者五:曰三师,曰灵官,曰瞻明,曰朝彻,曰虚白,斋厨库厩,方丈散室,檐雷户窗,金碧丹腰,集然一新。下院蛇留全阳观,王郭村修真观,及常住物业,别刻之石。或有偏而未举之处,周全阳门徒张志古等,思及先师正大初赴斋之时,我以后当居此之一言,谓是天意默定,不可以违,乃斛得千余指,

---

① 刘于义,等.陕西通志[M]//文渊阁四库全书:第552册.台北:台湾商务印书馆,1983:458-483.

王重阳　明代　纸本设色
中国社会科学院历史所图书馆藏

同诚勠力，日增月续，以为国家祝寿祈福之所。辛亥（1251），元宪宗皇帝即位之元年，诏征掌教大宗师真常李真人，上亲受金盒香，白金五千两，佩金符，代礼巡祀岳渎，凡在祀典者，靡所不举。明年（1252）春二月吉日，以御香来致上命。礼成，以恩例改观为宫，今之宫名，自壬子始也。渊虚李公乃全阳之弟子，丹阳马真人之玄孙。全阳高弟五人，公其长也。次曰洞虚子张志渊，主东平鄹城白云观，度弟子千余人，庵观称是。三曰明元子梁守一，主古豳之玉峰，实全阳旧居之观也。四曰云外子贾守真，五曰纯和子张志古，今嗣公主持本宫事。今年春二月，知宫王志远持状就燕京大长春宫，禀掌教真常真人，欲具始末之实，归而刻之石。宗师以润文见命，予年近八十矣，倦于笔砚久矣，度其不可违，因按其实而编次之。且祖师可见之迹，玉峰胡子金既已有赞，平水毛收达有引，北平王子正有传，活死人墓四字，又有赵翰林闲闲亲笔，掌教真常真人跋语，并刻之石。全阳周真人，渊虚李公，洞虚张公生前行事，亦各在秦樗栎彦容《金莲记》《烟霞录》中，与祖师以下众师真同载《玄都宝藏》，俱不烦赘述。①

从此，王重阳和他的弟子开创了全真道的规模。李道谦《甘水仙源录》序："夫道家之学，以祖述黄老，而宪章庄列者也。后之学者去圣逾远，所谓微妙玄通，大本大宗，闳衍博大之理，枝分派别，莫得其传，盖已数千余岁。于今矣，道不终否，待时而行。我重阳祖师挺天人之姿，奋乎百世之下，乃于金正隆己卯夏遇真仙于终南山甘河镇，饮之神水，付以真诀，自是尽断诸缘，同尘万有，即养浩于刘蒋、南时等处者三年，故得心符至道。东游海滨，度高弟弟子丹阳、长真、长生、长春、玉阳、太古诸君，递相阐化。于是高人达士应运而出，大则京都小则郡邑，建立名宫杰观比比皆是，遂使真风遐布于世间，圣泽丕敷于海内，开辟以来，而道门弘阐，未有如斯时之盛。"②

元好问《紫微观记》综述了金元全真道的概况："又有全真家之教。咸阳人王中孚倡之，谭、马、丘、刘诸人和之。本于清静之说，而无黄冠襕褴之妄；参以禅定之说，而无头陀缚律之苦。耕田凿井，从身自养，推有余以及之人，视世间扰扰者若省便然。故堕

---

① 道藏：第19册[M]. 北京：文物出版社，上海：上海书店出版社，天津：天津古籍出版社，1988：711-712.
② 道藏：第19册[M]. 北京：文物出版社，上海：上海书店出版社，天津：天津古籍出版社，1988：722.

窳之人，翕然从之。南际淮，北至朔漠，西向秦，东向海，山林城市，庐舍相望，什百为偶，甲乙接受，牢不可破。上之亦尝惧其有张角斗米之变，著令以止绝之。当时将相大臣有为主张者，故已绝而复存。稍微而更炽，五十七年以来，盖不可复动矣。"① 元高鸣《清虚宫重显子返真碑记》也说："十庐之邑，必有香火一席之奉。"②《金史·章宗纪》记载，明昌二年（1191），朝廷确曾以"惑众乱民"的罪名"禁罢全真"，但不久复起，在民间"势如风火，愈扑愈炽"。

## 二、全真道历史传承

秦志安编《金莲正宗记》卷二称，王重阳临终之时，将昔日所得《秘语》五篇传于丹阳，复谓谭长真曰："汝等性命，皆在丹阳手中矣。"③ 故王重阳死后，马丹阳把教团的兴废集于一身，尽力促进全真道的发展。后世道教中人称他为全真绍二祖，或谓之师叔。

马丹阳（1123—1183），本名从义，是第一位皈依王重阳的弟子，他潜心修炼，堪当大任。王利用撰《马宗师道行碑》记载：马宗师讳从义，字宜甫，世业儒，系出京兆扶风汉伏波将军援之后，世居宁海州，富甲一方，人称马半州。马从义将育，母唐氏梦麻姑赐丹一粒，吞之，觉而分瑞，生于金天会元年癸卯（1123）五月二十日。昆季五人，以仁、义、礼、智、信命之，故号五常马氏，师次子。童时常诵乘云驾鹤之语，及长，善文学，不喜进取。适李无梦炼大丹于昆嵛山，几三载矣，曰仙至则丹可成。一日师游其侧，无梦见而异之，曰：是子额有三山，手垂过膝，真大仙之才。因为之赞曰："身体堂堂，面圆耳长，眉修目俊，准直口方。相好具足，顶有神光，宜甫受记，同步蓬庄。"则马从义早年曾师事李无梦，修炼大丹于昆嵛山。时有孙忠翊爱惜师才德，以其女孙不二妻之，凡育三子，曰庭珍、庭瑞、庭珪。

大定七年（1167）七月，遇王喆于州之怡老亭酒席上，马从义曰：布袍竹笠，冒暑而来，何勤如焉？王喆曰：宿缘仙契，径来访谒。与之瓜，即从蒂食，询其故，曰：甘向苦中来。又问何为"道"。王喆曰："五行不到处，父母未生时。"席间谈道，多与师合，乃邀居私第，出示所述《罗汉颂》一十六首，祖师赓和，宛若宿成，遂心服而师事之。先是马从义梦南园地中一鹤涌出，今兹欲为祖师结庵，祖师即指鹤出之地。庵既构，字之曰全真，是为全真教之始。是岁十月朔，王喆令师锁庵斋居百日，日止一餐，虽隆冬祁寒，

---

① 元好问.遗山集[M]//文渊阁四库全书：第1191册.台北：台湾商务印书馆，1983：410.
② 陈垣编，陈智超校补.道家金石略[M].北京：文物出版社，1988：476.
③ 道藏：第3册[M].北京：文物出版社，上海：上海书店出版社，天津：天津古籍出版社，1988：350.

唯笔砚几席布衣草屦而已。形神和畅，若寒谷回春者焉。

大定八年（1168）春正月十有一日，庵始启钥，祖师谓师曰："将谓汝三数日，从我西游，直锁害风百日，仍作一场奇怪。"师悟，以资产付庭珍辈，以离书付孙氏，遂易服而道焉。祖师命师更名钰，字玄宝，号丹阳子。居昆嵛山烟霞洞，师忽患头痛，祖师令医于家。一日，谓门弟子曰：昨日马公饮酒，其破道乎。使候之师，盖药用酒引不觉过量，疾甚。人复曰：马公将死矣。祖师拊掌叹曰：吾远寻知友，缘信道不笃，而至此耶。乃以炼心语疗之，曰："凡人入道，必戒酒色财气，攀缘爱念，忧愁思虑，此外更无良药矣。"疾遂愈。其年十月朔，令师焚誓状于文登苏氏庵。师从祖师至汴，寓王氏之旅邸，饮食起居，悉以仙机示之，锻炼既久，遂承秘印。

大定十年（1170）春正月四日，祖师将化逝，曰：可赴终南刘蒋之故居。嘱以后事而逝。师暨谭、刘、丘三道友，入关谒和、李二真人，诣刘蒋村祖庵居之。大定十二年（1172）春，复护仙柩，自汴之秦，归葬刘蒋村祖庵。

大定十八年（1178），就化华亭刘昭信、李大乘，不果，乃赋诗曰："锦麟不得空潦漉，收拾纶竿归去来。"大乘即悟，遂执弟子礼，赐以灵阳子之号。大定十九年（1179）春二月，师筑环华亭，大乘亦与焉。墙外来禽一株，枯已久矣。四月十四日，移植环内，以水沃之，曰：今日纯阳降世辰也，予生于五月二十日，至日此树生叶矣。仍作颂曰："天上三十六，地下三十六，天地入宝瓶，七十二候足。"大乘请释其旨，曰："此隐语也，其应有日矣。"及期，绿叶敷荣，始知移植之日，至五月二十，相去三十有六，是天地昼夜合为七十二候也。大乘因作《异木记》以志之。秋八月，迁居陇州佑德观，解元李子和辈愿执几杖以从，继而弃俗归道者，不啻百余人。

大定二十年（1180）春东还祖庭，适长安，居蓬莱庵，从善友赵恩请也。秋八月旱，师祈雨，诗云："一犁沾足待何时，五五不过二十五。"至日果雨。

大定二十一年（1181）冬，师谓门人来灵玉，曰："世所称衣服旧弊，重修洁者何名？"曰："拆洗。"师曰："东方教法年深弊坏，吾当往拆洗之。"这是讲马钰要去处理法务，整顿教团。未浃旬，官中有牒发事，遂以关中教事付丘长春，仙仗东归。过济南，有韩淘清甫者，慕康节之为人，所居号安乐园，礼师兮垂开发。师曰："大道以无心为体，忘言为用，柔弱为本，清净为基。节饮食，绝思虑，静坐以调息，安寝以养气。心不驰则性定，形不劳则精全，神不扰则丹结。然后灭情于虚，宁神于极，不出户庭，而妙道得矣。"淘谢曰："大道鸿蒙，无所扣请。今闻至言，得其门而入矣。"师尝说四体用，云：行则措足于坦途，住则凝神于太虚，坐则匀鼻端之息，卧则抱脐下之珠。类此甚多，盖言道人分内事也。

大定二十二年（1183）夏四月至宁海，未几行化于文登七宝庵。门人穿井九尺而大石障之，师乃云："穿凿须加二尺深，甘泉自有应清吟。"及疏凿尺有八寸，泉乃涌出。

大定二十三年（1184）春正月，报者云，仙姑孙不二返真于洛阳。冬十月下元日，文

登令尼厖古武节,请师作九幽醮,师谓姚铉、来灵玉曰:空中报祖师至。青巾白袍,坐白龟于碧莲叶上,龟曳其尾,见于云表。道俗惧呼,焚香致拜。居无何,回首侧卧,东南而去。十二月,师赴莱阳游仙观,忽肆笔书委形赞,其略云:"大哉登真,路入青冥,麟随绛节、凤纤朱饼,鸣銮佩玉,履虚步云,超受真诰,上登玉辰。"特寓其归真之意耳。是月二十二日祖师诞辰,师仰瞻天表,曹瑱问其故,曰:祖师偕和师叔至,当赴仙会矣。时将二鼓,师东首枕肱而蜕。王利用赞颂曰:"所过者化,狂恣革其非心。所存者神,耆稚为之云集。果行西秦,飞鳥东海,凡五道场,弘师教也。故曹瑱、雷大通、刘真一、于洞真等数十人,实修真达道扶宗栩教之士,悉出师陶铸之手。谭长真、刘长生、丘长春皆祖师之高弟,尊师曰叔师,处之裕如也。生平所作歌诗,皆出尘绝俗之语,而沾溉后人者亦多矣。"① 张子翼撰《丹阳真人马公登真记》亦曰:"真人间世之异人也,禀天仙之姿,应期运之数,明哲聪敏,冲粹夷旷,学穷六艺,行包九德。夫其器量弘深,襟宇豁达,邈乎人不可及已。然栖迟衡门,不苟禄仕,常喜诗酒,陶陶自乐,而不屑世务。一日重阳真人西来,授以秘诀,则顿然而悟,视妻子如脱屣,于是捐千金之产,偕为水云之游。迎洛入关,结庐于太一之下,修真功,积真行,服纸麻之服,食蛎粮之食。隆冬祁寒,露体跣足,恬然不之顾,惟一志于道。且手不接人一钱,积有年矣。至于出口成章,咳唾珠玑,多至数千百篇,无非发挥玄奥,冥合于希夷之趣者,布于四方,人人传诵。其安心定性,则清虚澹泊;其接物导人,则慈爱恺悌。由是远近趋风,士大夫争钦慕而师友之。及抵山东,凡在三州五会之众,倾赴云集,惧喜踊跃,不啻如见慈父。乃起黄箓,争虔恳延致,以为济度师焉。有诗词千余篇,分为全真前后集传于世。玉峰老人胡光谦为之传。及丹阳嗣教,从之者益众,其徒遂满天下。"

马丹阳励行苦节,纵横阐化十三年,《金莲正宗记》载其"服不农绢,手不拈钱,夜则露宿,人怜其寒。答曰:'莫讶三冬不益被,曾留一点在丹田。'"他每日仅食一钵面,誓死赤脚,夏不饮水,冬不向火。曾题词一首咏其大志:"我今誓死环墙内,夏绝凉泉,冬鄙红烟,认正丹炉水火缘。师思欲报勤修养,炼汞烹铅,行满功圆珠笔,做个蓬瀛赤脚

马丹阳　明代　纸本设色
中国社会科学院历史所图书馆藏

---

① 道藏:第19册[M]. 北京:文物出版社,上海:上海书店出版社,天津:天津古籍出版社,1988:728-730.

仙。"其亲随弟子曹莱记述说:"师父冬夏披一布,懒衣食粗取足,隆冬雪寒,庵中无火,兼时用冷水,其神气和畅,殊无来意,如此十年,非腹中有道气,则不能枝捂矣。"所谓"道气",即指内炼修成的"真气""内丹"。可见,马丹阳之所以能过一般人无法忍受的生活,表现了超常的功能,这是基于他深厚的内养功夫。

这种内丹功夫可使枯树复荣,久病康复。秦志安《金莲正宗记》记载,金玉底小松憔瘁将死,"先生乃以真气三时布之","其松更不改柯易叶,青翠可爱"。有芝阳贫士,"两足俱废,哀声甚切。先生咒水与之饮,讫,其行如飞。栾武功者,久患风痹,百药无功。先生咒果服之,一日顿愈"。又有仲冬移柏树二株,"高可数寻,植于七宝庵中,逐成桔槁。先生以真气呼之,以水沃之,旬日之间翠色如初"。

大定十三年(1173)十二月二十二日,马丹阳逝世于莱阳游仙宫,寿六十一。秦志安《金莲正宗记》赞曰:"首遇重阳,先明九转。十度分梨,暗传消息。六回赐芋,别有机关。通一气未生之前,指五行不到之处。斡开玉户,透入金关,灿日月于壶中,聚云霞于鼎内。屣脱半州之产,顶分三髻之髽,数十年卧雪眠霜,几万里游山涉水。七朵金莲最先放彻,五篇秘语独自传来。霹雳一声,不负红霞之约。因逢万劫,还归碧落之游。启迪全真,发挥玄教者也。"从教内中人的立场给予马丹阳高度评价。

孙不二,宁海孙忠翊之幼女。母梦七鹤积毯舞于庭中,良久六鹤飞去,独一鹤入于怀中,觉而有娠,乃生是女。性甚聪慧,在闺房中礼法严谨,素善翰墨,尤工吟咏。既嫁马丹阳后,生三子,皆教之以义。大定七年(1167),马丹阳迎王重阳入宅,待之甚厚。然孙不二并不纯信,"乃锁先生于庵中,百有余日,不与饮食。开关视之,颜采胜常。方始信奉"。马丹阳遂从师入道,孙不二尚且爱心未尽,犹豫不决。至大定九年(1169),始抛三子,竹冠布袍,诣本州金莲堂礼重阳而求度。王重阳赐诗曰:"分梨十化是前年,天与佳期本自然。为甚当时不出离,元来只待结金莲。"仍赐法名曰不二,道号清静散人,授以天符云篆秘诀。重阳乃南归汴梁,而委蜕焉,丘、刘、谭、马负其仙骨,归葬终南。仙姑闻之,迤逦西迈,穿云度月,外雪眠霜,毁败容色,而不以为苦。

大定十二年(1172)春,抵京兆赵蓬莱宅中,与马丹阳相见,"参同妙旨,转涉理窟"。丹阳乃赠诗曰:"奉报富春姑,休要随予,而今非妇亦非夫,各自修完真面目,脱免三涂。炼气莫教粗,上下宽舒,绵绵似有却如无,个里灵童调引动,得赴仙都。"孙不二谢而受之,相别东西,各处一方。她"炼心环堵,七年之后,三田返复,百窍周流。遂起而东行,游历洛阳,劝化接引,度人甚多"。大定二十二年(1182)十二月二十九日逝世于洛阳,寿六十四。临终书《卜算子》:"握固披衣,候水火频交媾,万道霞光海底生。一撞三关透,仙乐频频奏。常饮醍醐酒,妙药都无,顷刻间,九转丹砂就。"书毕告门人曰:师真有约,各赴瑶池,仙期至矣。沐浴更衣,问左右曰:天气早晚。皆对曰:卓午矣。遂结跏趺,奄然端坐而处顺焉,颜色如生,香风满室,瑞气缭绕,低覆原野,终日不散。当此之际,丹阳方居宁海环堵之中,仰而视之,见仙姑乘五色祥云飘飘然在空悬之

中，笑而言曰：吾先归蓬阆矣。丹阳闻之，拂衣而起舞，因作《醉仙令》以自庆。

秦志安《金莲正宗记》赞曰："不二名高，守一功大。降自富春之族，生从忠翊之家，配丹阳超世之才，殖宁海半州之产。割爱顿抛于三子，投玄往拜于重阳。毁光容而西度终南，冒风霜而离东海上。七年环堵，炼成九转丹砂，一句真诠，撞透三关正路。六回赐芋，十化分梨，栽培劫外之因缘，反复壶中之造化。养胎仙而心游汗漫，委蜕壳而身到蓬莱。大矣哉，懋矣哉，独分一朵之金莲，得预七真之仙列者也。张神童诗云：洗尽胭脂两脸霞，十年辛苦种黄芽。功成稳跨青鸾背，开到金莲第七华。"

谭处端（1123—1185），师初名玉，字伯玉。后名处端，字通正，号长真子，盖祖师授之也。世为宁海人，金太宗天会元年（1123）三月一日生。骨相不凡，六岁偶堕井，家人急救之，则安坐水上。出之，无所伤。又所居遗火，巨栋折于外榻前，师方熟寝，呼而起之，神情自若，人已知其为异。既入学，记诵敏给，同辈罕及。十岁学诗，一日其所亲指木架葡萄，令作诗，有云："一朝行上青龙架，见者人人仰面看。"长而偶傥，不事边幅，以孝义见称。其于经史，靡不涉践，尤工诸草隶。因醉外雪中，即感风痹之疾，自知非药石可疗，乃暗诵《北斗经》以求济急。梦大帝横空，师飞起取之，则诸星君坐其上，师拜其下。恍然而觉，自是归道之心遂决。

世宗大定七年（1167），闻祖师在马丹阳家，径往，乞备门弟子列。祖师留宿庵中，时严冬在候，借以海藻而不任其寒。祖师展足令抱之，少顷汗出，如置身甑中。黎明以盥手余水涤其面，宿疾顿愈。由是愿推诚心，终身事之。他日，妻严氏怪师不归，就请其所以，师遽离之。祖师复嘉其勇断，遂授以秘诀，立今名号。

大定八年（1168），从祖师隐昆嵛山烟霞洞。大定九年（1169），从至黄县卢山延真观。观有卢真君出世之迹，师于玉皇殿西壁题诗，有"杳杳飚轮去不回，鸾骖鹤驭破云堆"之句。是岁冬，从祖师游梁。大定十年（1170）春，祖师蝉蜕于王氏旅邸，同丹阳辈负仙骨葬于终南刘蒋村，治丧三年。大定十四年（1174），复关东，至洛阳朝元宫，题诗云：紫诏师真归去后，未知孰继大罗仙。朝元宫实朗然子登真之所，故迤迤至怀之。修武有张八哥者，如狂如痴，识者以为有道。一日唱言于市，曰：来者谭先生，神仙之总管也。后居新乡府君庙之庵，因往获嘉县，寻复寓卫州北关邸中。新乡之庙官温六，忽夜见庵中灯火荧

谭处端　明代　纸本设色
中国社会科学院历史所图书馆藏

然，窃视之，则师面火独坐。温拜于前，师微答，不言而出。温待久不至，迹之而不知所在，急呼道众，白其事。众令朱四者诣卫质之，主人曰：先生自至，未尝出也。朱回，告其众，乃知其出阳神也。

大定十五年（1175），乞食于磁州二祖镇，一狂徒问：尔从何来？遽以拳击师之口，致血流齿折，而容色不变，吐齿于手，舞跃而归于邸中。见者咸怒，欲使讼于官。师但云：谢他慈悲教诲。时丹阳在关中，闻而赞之曰：一拳消尽平生业。师家所见，其有如此。大定十六年（1176），至洺州白家滩，一农夫病累月，治疗无方，梦中遇一道者，躯干魁伟，与之红药，服之立愈。次日见师，愕然曰：此梦中赐药之师也。欲以物酬，师不领而去。

尝与浚州王四郎者同合寸金丸，师之所分，治无不效，王之所分，效十四五。互易之，其效与否如前。始知非独药之神，亦道气法力之神也。大定十七年（1177），过高唐县，以茶肆吴六者奉待往来，道侣甚勤，乃遗龟蛇二字悬其肆，初不知其为谭师真也。一日，邻舍失火，多所延及，而吴肆独存。人以二字同纯阳真人辟火符，盖纯阳尝留题于博兴县之酒馆，县被火，其馆不灾。辟火符，时人谓之耳。又乞食宜村，过渡新船就功，将寘诸水，聚人而挽之，力不能动。师因助之，应手而去。是后凡僧道渡者，水工愿设手焉。

东游抵阳武县北，夜起，见北斗交换，星如车轮。亟呼道众观之，其星尚如鹦卵，动摇未定，久之复故。自后，师念圣号甚谨。卫州淇门镇石孔目问师持念之故，师云：众亦宜念，今岁当有大水之灾。众莫之省，是年河决王洪堤。

大定二十年（1180），复西游至同州西里庵，门人求亲笔，辄书龟蛇二字，笔力遒劲，有龙蛇盘屈之状。凡求书者，亦多以二字与之。盖预指归期，人初不悟，至乙巳四月一日仙蜕，始应焉。

大定二十一年（1181），师在华阴纯阳洞，疮生于首，曰：其将死乎。众莫知所对。良久曰：今我未死，逮生于足则死矣。因示众云："六年炼尽无明火，十载修成换骨丹。湛湛虚堂无挂碍，已知跳出死生关。"又云："恰十年来学得痴，腾腾兀兀任东西。欲询风子修行事，垢面鬅头火灭时。"复至洛阳朝元宫之东，得隙地数亩，筑庵居之。

大定二十五年（1185），梦遇重阳、丹阳，报以仙飞之期。即令门人预营葬事，适足生疮，遂书长短句云："交泰一声雷，迸出灵光万道辉。龙遇迅雷重脱壳，幽微射出，金光透顶飞。一性赴瑶池，得与丹阳相从随。显见长真真妙理，无为涌出，阳神独自归。"四月一日，谭处端逝世于洛阳朝元宫。大元至元六年（1278）正月，褒赠长真云水蕴德真人。所作应世唱咏近数千百首，辑而成书，名《水云集》。其中深明铅汞沂流、金丹逆修之道，大行于世。秦志安赞曰："长真老仙，宁海豪士，与三髻同学，拜重阳而受盟。一夕之清谈未终，数年之瘤疾顿愈。抵千金而不顾，挂百袖以甘贫。炼气调神，几载长游于洛下；归根复命，半生不返于山东。镇百怪以潜形，龟蛇两字；握二仪在手，龙虎九

还。正遂丹桂之芬芳，又值金莲之烂漫。铅汞注水云之集，烟霞为蓬阆之游。若非骨肉同飞，形神共妙者，其孰能与于此乎！"①形象地概括了谭处端弃家求道的一生。

刘处玄（1147—1203），字通妙，号长生。金熙宗皇统七年（1147）七月十二日生于东莱武官庄。其先九世，孝友相继。宋太宗太平兴国间，朝廷旌其门闾，特免本郡诸役。其存恤亲旧，赈赡贫乏，祖父皆有先世之风。母王氏，夜梦白衣翁呼出西南，指之，有玉树而四枝，枝各有一金叶，令取其一。曰：他日必生异人。意将取之，其叶自坠于手。视之，则金蝉飞起，而复投于口中。十有三月，师乃生，是夜紫气二道从太基山横贯其家。师自幼而孤，事母以孝闻。母亦有归隐之志。弱冠，母欲议娶，师以素有学道之志，竟弗许。

金世宗大定九年（1169）春，于邻居壁间人所不及处得二颂，其墨尚濡，末句云：武官养性真仙地，须作长生不死人。是岁九月，祖师与其徒丹阳、长真曰东而来，师与母俱往参谒。祖师一见，问之曰：汝解壁间语否？师不言，四人相视而笑，正所谓目击道存之妙也。祖师遗之诗云："钓罢归来又见鳌，已知有分列仙曹。鸣桹相唤知子意，跃出洪波万丈高。"乃赐号子名，收归门下，时年刘处玄二十三岁。从此，他伴随王重阳，"游汴梁，寓夷门，乞食炼形，隐姓埋名，朝叩暮请，行嚣坐尘，委曲而桃幹玄机，丁宁而启迪丹经，扫惑云，拌迷冰，祖师既尽付其四象五行，乃遗物离人，而迟藏于天"。

大定十年（1170），祖师羽化，师与三人同负柩归葬终南，庐于墓侧三年，各听所之。因与长真东入洛阳，长真居朝元，师居市中土地庙，不语者三年。俄迁城东北云溪洞，徒众日集，忽指地云：中有井三。凿之二丈余，得知下贯泉源。人问何以知之，曰：曩世所居也。

至重阳死后，刘处玄独遁于洛京，炼性于尘埃之中。"管弦不足以滑其和，花柳不足以挠其精，心灰为之益寒，形木为之不春。人馈则食，不馈则殊无愠容。人问则对之以手，不问则终日纯纯。定力圆满，天光发明，乃迁居于云溪之滨门。"

大定二十年（1180），师指庵右冯氏园曰：此我身后之缘。四十年，园之松相死，擅

刘处玄　明代　纸本设色
中国社会科学院历史所图书馆藏

---

① 道藏：第3册[M]. 北京：文物出版社，上海：上海书店出版社，天津：天津古籍出版社，1988：357.

水西流，其地当不售而得。乃磨一碑埋于中，云：此缘兴而碑立。明年，东之莱。迨长春真人西游，道出云溪，门人陈其遗言。其后东海郡侯大安二年（1210）运粟，有司得长生观额。至宣宗兴定三年（1219），四十年矣。冯氏卖其园圃，蔡清臣以白金百两得之。请师之门人于离峰住持，官伐松梧为楼橹之用。又架云桥，取缠水，经观西流以护城。师之言，于斯皆验。师既至莱，筑庵居之。

大定二十二年（1182），复居武官。于是玄风大振，四方受教者日众。师遂注《道德》《黄庭》《清静》等经。是年，丹阳自关中来，师盛服见之。丹阳责其侈，师辩之曰：予闻修行之人，日消万两黄金。丹阳曰：日消万两黄金，正好粗衣淡饭。终荐证明莱州醮事。

大定二十四年（1184）正月，姜守静请师主醮于昌阳。十八日巳午间，胡璋、徐绍祖等忽见瑞鹤盘绕空际，祖师云冠绛服，丹阳三髻，现于彩云之上。四月十五日，登州醮，海市见于竹岛。丹阳既殁，师与玉阳同主葬事，守坟百日，方使门人张顺真等持书诣洛，请长真主教。一日谓顺真曰："教门之事，不在于我。丹阳得游仙，吾得朝元。"后寄书中有归逝之语，兼委掌教事。是年五月旱，登郡守请师祈雨，海市复见于竹岛。明日，丹阳现于应仙桥之西北，是日雨足。

大定二十九年（1189），师嗣长真主教。章宗明昌二年（1191），驸马都尉出镇莱州，见归向者甚众，而不见有异于人，疑之，命尉司乐武节追捕下狱。俄顷，市人见师于城南，与道友接谈如平日。郑押狱王受事亦见之，意师逃出。往视狱中，师方熟睡。二人惊骇，具所见以白，极令出之。

承安二年（1197）冬，召赴阙，敕寓天长观。章宗问以玄旨，所对皆合上意。臣庶见者，无不敬焉。就礼部给观额五，曰灵虚，曰太微，曰龙翔，曰集仙，曰妙真。明年（1198）三月，得旨还山，大兴灵虚之缘。吴六先、高明远，惮师严厉，密谋他日。师令郝命清谕之曰：我不了道，而且性急，请别寻师友。二人相视而语曰：我辈在心之事，师能知之。遂谢罪。赤脚刘先生得疾，一月不愈，来乞早逝。师振杖言曰："汝向时有一年背道之愆，世则以功准过，阴理则功过各受其报。前日之愆，一年可准。今既相遇，一月亦可也。"刘因自誓，而疾顿愈。承安四年（1199）三月，乞请还山。章宗赐铭"灵虚"，光跃祖庭。

泰和二年（1202），主滨州醮。正月中旬，小雪初霁，古城壕水复冰，上现琼葩玉树，不啻千数，若珊瑚之状尤多，又杏花约及二千。其小枝横卧者，殆不可胜计。观之者皆曰：常人至诚，尚可动天地，感鬼神，况有道之士乎，有此感应也宜矣。同知东京留守事刘昭毅、定海军节度使刘师鲁，致政之后，与师往来甚相得。泰和三年（1203）正月，二公请讲师弟礼，师谢曰：公等皆当代名臣，深荷顾遇，吾将逝矣，不足为公等友。辄示颂云："正到峥嵘处，何如拂袖归。我今须继踵，回首反希夷。"二公览之怆然。是月二十八日，大师淄王请主醮，禀师所赴之期，师云：越八日。二月六日，师羽化，逝于武

官灵虚观。师鲁哭之以诗云："与君晚岁得相亲，相对忘形略主宾。日望师来虚正寝，忽惊仙去泣同人。闻溪声忆广长舌，见山色思清静身。从此谁为林下客，灵虚寂寞锁深春。"时春秋五十有六。所留著作有《仙乐集》，又"注《道德》，演《阴符》，述《黄庭》，奥涉理窟，条达圣宜，足以为万世之规绳"。大元至元六年己巳正月，褒赠长生辅化明德真人。[①]

秦志安赞曰："长生老仙，主张化权，吞虚无，吐自然，乘紫云而下游。碧海之边，遇甲子天元之会，契重阳多劫之缘。撞百关，通九泉，驱四兽，耕三田，坐洛阳之市井，凿云溪之洞天。融白雪以成粉，熟玄霜而不烟。声名簧鼓于凤州，光华照耀于金莲。构灵卢之绀宇，拜朝廷之紫宣，还断东莱之宿债，然后骨肉都融，游宴八骞也。张神童诗曰：蓬莱深处了天真，一点灵明迥出尘。高外东风归去后，灵虚闲锁碧堂春。"

王处一（1142—1217），宁海东牟人，玉阳其号也。金熙宗皇统二年（1142）壬戌三月十八日，母周氏夜梦红霞绕身，惊寤，是日乃生。甫七岁，尝气绝仆地，移时方苏。母惊问曰：汝何为而若是？曰：但知熟寐，不知其他。师因悟生死之理。一日偶至山中，遇一老人坐大石，谓之曰："子异日扬名帝阙，为道教宗主。"遂摩顶令去。又尝闻空中人问云：汝识我否？对曰：未识也。曰：我玄庭宫主也。是后狂歌谩舞，冬寒铣足单衣，颜色不变。忽作颂自歌云："争甚名，竞甚利，不如闻早修心地。自家修证自前程，自家不作为群类。"弱冠，或告以婚事，笑而不应。

世宗大定八年（1168），师在文登牛仙山庵居，人告以祖师至，即诣全真庵，请为门弟子。祖师知其为玄门大器，遂从其请。二月晦，从祖师至昆嵛烟霞洞，乃授以正法及今名。其母拜祖师，亦愿学道，师知其贞洁，以德清名之，号玄靖散人。大定九年（1169）四月，师在铁查山，祖师与丹阳辈数人，自文登将归宁海，取道龙泉。时日方炽，祖师执伞而行，丹阳辈从之。其伞忽腾空而去，自辰及晡，堕于师庵之前。龙泉距查山几二百里，柄内得今号，又曰伞阳子，此字祖师撰之也。暨有七人之名，师在马谭刘丘之次。故祖师有云：伞竹通为七个人。以应金莲之七数也。又云："结竹金丹出顶上，五光射透彩云棚。"

王处一　明代　纸本设色
中国社会科学院历史所图书馆藏

---

[①] 道藏：第5册[M]. 北京：文物出版社，上海：上海书店出版社，天津：天津古籍出版社，1988：423-425.

九月，祖师西迈，祖师呼而告之曰：文登县铁查山云光洞是汝登真之所，可以往居，幸无怠懈汝之名号，他日吾与汝送去。先生于是拜辞，而归隐于洞中。后又得王重阳赐诗曰："修行事理记丁宁，只要心中静里明。眼界不生龙自住，鼻门无闭虎常停，舌根退昧心神爽，耳内除声肾水消，南北混融归一处，东西交媾灭三彭，木金厮权盘桓住，婴姹相随自在行，结成金丹出顶上，五光射透彩云棚。"从此他往来登州、宁海之间，夜则归于云光洞，偏翘一足，独立者九年。东临大海，未尝昏睡。人呼为铁脚先生。丘真人赞曰："九夏迎阳立，三冬抱雪眠。如此炼形九年，而入于大妙。顺行逆行，或歌或舞，出神入梦，接物利生。"

大定二十二年（1182）秋，居宁海，丹阳真人自关中来，同宿于金莲堂，从容谓师曰：重阳祖师不远数千里，提挈吾侪，吾侪殊无以报，不愧于心欤。且得道之士苟利其身，功不及物，恐非弘济之旨，诚欲光昭先师之德，莫若彰玄应而福生灵。公今抱道藏器，而独善其身，无乃不可乎？师曰：且道无同异，有缘行否，先生道备一身，德光四海，使天下之人望风而敬服者，无他，是道兴而缘行也。今贫子缘之未行，姑猖狂以混世耳。丹阳然之。

大定二十七年（1187），世宗征赴阙，凡所应对，大副宸衷。馆于天长观者久之，上闻有以鸩酒害师者，遣使询其酒之所自来。虽至再三，终不之告，但托疾而已。上闻，益探嘉叹。乞还山侍亲，从之。

大定二十八年（1188）二月，复诏至阙，建修真观，赐金书篆额，俾居焉。二月，主万春节醮事。八月，得旨归，仍赐金帛巨万，辞不受。十二月，上弗豫，遣使召师，师谓使者曰：何来之晚，恐不及重睹圣颜矣。明年春，逢哀诏于涿郡，固辞东还。

章宗承安二年（1197）七月，征见于便殿，问以养生之道。师以无为清静，少私寡欲为对。又问性命之理，师言：内丹之说，以心运气，是皆无为自然，斡旋造化，玄元至道，不为而成者也。上曰：非朕所得而议。乃问以治国及边境事，所对莫不允合上心。又谓曰：先生凡有所问而必知之，何也？师曰：偶然尔。上曰：毋让朕，愿闻之。师曰：镜明犹能鉴万物，而况天地之鉴，无幽不烛，何物可得而逃，所谓天地之鉴，自己灵明之妙也。上叹曰：清明在躬，气志如神。嗜欲将至，其兆必先。先生之谓也。明年春，奏母氏寿垂九袠，乞还侍养，上赐观额及体玄大师号，物礼甚厚。

承安三年（1198）癸亥，上命亳州太清宫两主普天醮事，具戒度为道士者千余人。得遇师之降日，门人毕集。师之母曰：我今年耄，如何得归。师言寿期或在今秋之七月也。母因有不贪生、不惧死之语，及期得疾，师乃速营葬事。凡二十有五日而逝。逝之日，人皆闻异香馥郁，莞弦清雅，移时方止。

北京按察使前参政孛木鲁公久佩师旨，训名尊道，凡与师遇，或预言雨降之期，或告以后会之处，历历皆应。一日诣圣水致恳而言曰：尊道于神仙但闻其名，自遇师之后，凡伸祈祷，必垂嘉应。行止会遇，示以预知，深愧尘凡不能从云水之游，事与愿违，徒增怅

然也。

承安七年（1202），元妃施道经一藏，驿送圣水玉虚观。观之水洞前有大石，斜出数丈俯其下，过者惧慑。一日，集众谓之曰：大石今宜去之。锤錾具举攻之数日，师问云：几何？对曰：百分之一尔。师笑曰：汝等安能去此。遂躬诣其傍，运锤三击，声若雷霆，响震岩谷，其石乃堕，见者莫不悚然。

贞祐四年（1216），文登令温迪罕龟寿，迎师归县之天宝观。明年（1217）四月二十三日，师语门人曰：群仙已约我矣。言讫，沐浴冠带，烫香朝礼十方，乃辞世。师之歌诗，有《云光集》《清真集》行于世。大元至元六年己巳正月，褒赠玉阳体玄广度真人。①

郝大通（1140—1212），字太古，宁海人，广宁其号也。金熙宗天眷三年（1140）正且初三日生，世为宦族，郝朝列之从弟。少孤，事母甚孝。尝梦神人示以《周易秘义》，由是洞晓阴阳律历，卜筮之术。厌纷华而乐淡薄，隐德于卜筮中。

世宗大定七年（1167），祖师至宁海，见其资禀高古，所习不凡，遂以背坐之机感发之，翌日晚，于朝元观付以二词，言下领悟，如走万里迷途，一呼知返，盖其根本知觉分上，夙有熏染之力故耳。既接言论，其相与固结，日深一日。

大定八年（1168）三月，从祖师至昆嵛烟霞洞，请列门弟中而求法焉。祖师乃名之曰璘，道号恬然子，仍以弊袖去其袖。畀之曰：勿患无袖，汝当自成。盖传法之意也。今之名号，自言游凤翔路中偶得之。师在文登，常携瓦罐乞食。经半载，误触之碎。祖师别赐之题，颂于其上云："扑碎真灰罐，却得害风观。真待悟残余，有个人人唤。"

郝大通　明代　纸本设色
中国社会科学院历史所图书馆藏

大定九年（1169）秋，马、谭、刘、丘四师从祖师西去，留师与玉阳居查山。后玉阳以师不立苦志，忠告而劝激之，师遂西访四师。四师方庐于祖师墓，丧礼终，师欲与同处。闻谭长真激以随人脚跟转之语，明日遂行至岐山，遇神人，复授以易之大义。

大定十五年（1175），坐于沃州桥下而不语，常为小儿辈戏，累砖石为塔于顶，嘱以勿坏，头竟不侧。河水泛溢而不动，而亦不伤。如是者六年，其所守盖如此。真定少尹郭

---

① 道藏：第5册[M]. 北京：文物出版社，上海：上海书店出版社，天津：天津古籍出版社，1988：431-432.

长倩过之,下车致拜礼,所赠甚厚。觊师一顾,终不能得,嗟异而去。

大定二十二年(112),居真定,每升堂讲演,远近来听者常数百人。有问答歌诗、周易参同演说图象,总三万余言,目曰《太古集》。后至咸平,与高士王绘贤佐游。贤佐相从亦常十数人,占筮之应十得八九,师则无不应者,由是贤佐辈皆神之,请当师席,而受其秘义,贤佐因之名动阙庭。师尝欲作易图,遽然索笔。其徒范圆曦以粥熟告,师曰:速持来,我方得意。笔入手,一朝挥三十图。至于天长预告侯子真之火,恩州夜入王镇国之梦,人休咎,道之行否,兵革所临之期,凡有言之于其前,莫不验之于其后。崇庆元年(1212)十二月三十日仙蜕于宁海先天观,春秋七十有三,前此三年,令顶修葬事,及期果然。大元至元六年己巳正月,褒赠广宁通玄太古真人云。

秦志安赞曰:"广宁道人,穷探《易》象。憎俗态而顿抛妻子,慕玄风而喜受簪冠。归隐于烟霞洞中,恭礼于重阳席下。工夫展转,手段施呈,茂扬太古之精华,吸尽全真之骨髓。按龟蛇而交结,运龙虎以盘旋。宁海市中暗得传衣之妙,沃州桥下坚持炼气之功。身外观身,口中安口,三彭灭而水火颠倒,四气流而铅汞调和,自然九转丹成,三华果结。卒赴蓬壶之旧约,预占腊月之尽期。若非迹寄人间,心通象外者,其孰能与于此乎。张神童诗云:处市居山任自然,静中参透易中玄。而今醉外蓬莱上,万古人传太古仙。"

丘处机(1148—1227),字通密,号曰长春子,登州栖霞人,世为显族名姓。他敏而强记,博而高才,眉宇闲旷,举措详雅,善相者言足下有龟文,必为帝王师。年未弱冠,酷慕玄风,非长生久视之说不道,非缪鸾跨凤之语不咏。

丘处机 明代 纸本设色
中国社会科学院历史所图书馆藏

金熙宗大定六年(1166),丘处机年甫十九,递居昆嵛山。大定七年(1167)春,闻重阳祖师于宁海全真庵,即往师焉。重阳以诗赠之,云:"细密金鳞戏碧流,能寻香饵会吞钩。被予缓缓收纶栈,拽入蓬莱永自由。"大定八年(1168)春,从祖师住烟霞,秋冬居文登。大定九年(1169),与丹阳、长真、长生从祖师游梁。祖师日夕训诱,比之余人,尤加切至。未几,祖师羽化,四人护丧葬之终南。庐墓三年,各任所适。

大葬礼毕,丘处机西游凤翔,乞食于陕西宝鸡磻溪姜太公垂钓之所,战睡魔,除杂念,前后七载,胁不占席,一蓑一笠,虽寒暑不变也,人呼为蓑衣先生。隐居甘肃陇县龙门山七年,妙合虚无,理通玄奥,由是声名藉甚。因京兆统军夹谷公礼请,遂复终南,载

第三十六章 全真道神仙谱系

扬祖教。

大定二十八年（1188）春二月，金世宗闻其名，遣使召赴阙，所赐甚厚，待诏于天长观。久之，奉敕主行万春醮事。逮四月朔，以中旨住持全真堂，仍御书篆额。五月初一日召见于长松岛，秋七月十日再召见，剖析天人之理，演明道德之宗，甚惬上意。应制献《瑶台第一层》曰："宝运龙飞，当四海群仙降迹时。万机多暇，三灵协赞，不动枪旗。玉楼金殿，广间月台，风榭临池。静无为，泛彩舟，鸣桹凉簟枰棋深。惟前王创业，太平难遇，道难期会。逢天祐，遐荒入贡，玄教开参。坐朝垂听，暇伴赤松，谈论希夷。胜驱驰，向人间一度，天外空归。"上览之大悦，薄暮言归。翌日遣中使赐桃一盘，先生不食茶果已十有余年，以其圣恩过厚，强餐一枚。至中秋得旨还山，仍赐钱十万，表而辞之。大定二十九年（1189），世宗崩，道逢哀诏下，先生叹曰："呜呼，生死之大，贵为万乘，富有四海，不能终于百年，若之何哉。"遂浩然有西归之志。度函谷，历终南，随方阐化，玄风为之或然。

章宗明昌元年（1190），东归栖霞，大建琳宫，章宗敕赐其额曰"太虚"。明昌三年（1192）十月，芝阳醮，忽尘中数骑西来。众惊，以为驿传。俄顷，尘数骑无音迹。三夜，圣前之杯酒醮者十余，始悟尘中之骑，神人也。明昌五年（1194）九月，主醮于福山。方请圣，闻天关震响，北辰下红霄烛地，可辨纤悉。泰和七年（1207），元妃施《玄都宝藏》一部，驿送栖霞太虚观。贞祐二年（1214）请命招安山东杨安儿义军获得成功，名噪一时。兴定三年（1219），居莱州（今山东掖县）昊天观，时齐鲁陷于宋。南宋及金先后遣使来召，丘处机皆不应诏。师曰："吾之出处，非若辈所可知。他日恐不能留耳。"

同年五月，元太祖成吉思汗遣使召请，其制略曰："七载之中成大业，六合之内为一统。是以南连蛮宋，北接回纥，东夏西戎，悉称臣佐。任大守重，惧有阙政。且夫剖舟刻楫，将以济江河也。聘贤选佐，将以安天下也。朕践祚以来，勤心庶政，三九之位，未见其人。伏闻先生体真履规，博物洽闻，探迹穷理，道冲德著，有古君子之遗风，抱真上人之雅操。今知犹隐山东旧境，朕心仰怀无已。山川悬阔，有失躬迎之礼。朕但避位侧身，斋戒沐浴，选差近臣，备轻素车，不远数千里，谨邀先生暂屈仙步，不以沙漠远行为念。或忧民当世之务，或恤朕保身之术，令朕得亲仙座。惟先生将咳嗽之余，但授一言，斯可矣。"

丘处机应诏，慨然许行。兴定四年（1220）正月，丘处机偕弟子一十八人，同宣差刘仲禄西行。过蓟，至德兴府，寓于龙阳观，以诗寄燕京诸友云："十年兵火万民愁，千万中无一二留。去岁幸逢慈诏下，今春须索冒寒游。不辞岭北三千里，仍念山东二百州。穷急漏诛残喘在，早教身命得消忧。"从莱州出发，行程万里，"不辞暴露于风霜，自愿跋涉于沙碛"，历时二年，于兴定六年（1222）春到达西域，觐见成吉思汗。

成吉思汗问以至道。师曰："夫道生天育地，日月星辰，鬼神人物，皆从道生。人止知天大，不知道之大也。轻清者为天。天，阳也，属火。重浊者为地。地，阴也，属水。人居其中，负阴而抱阳，故学道之人，知修炼之术，去奢屏欲，固精守神，惟炼乎阳。是致阴消而阳全，则升乎天而为仙，如火之炎上也。其愚昧者，以酒为浆，以妄为常，恣情逐欲，耗精损神，是致阳衰而阴盛，则沉于地而为鬼，如水之流下也。修真者如转石上山，山愈高而进愈难，跬步颠沛，前功俱废。以其难为，举世莫之为也。道人修真炼心，一物不思，如太虚止水。水之风息也，静而清，万物照之，灿然悉见。水之风来也，动而浊，曷能鉴万物乎？本来真性静如止水，眼悦乎色，耳好乎声，舌嗜乎味，意着乎事。此数者续来而迭举，若飘风之鼓浪也。道人治心之初甚难，岁久功深，损之又损，至于无为。道人一身尔，治心犹难蚓。夫天子富有四海，日览万机，治心岂易哉。但能节色欲，减思虑，亦获天祐，况复能全戒者乎。古之人以立嗣而娶，嗣立而戒欲，则孔子四十而不惑，孟子四十而不动心。盖人生四十以上，血气渐衰。陛下春秋已高，宜修德保身，以介眉寿。谕以服药独卧之理，药为草，精为髓。去髓添草，譬如囊中贮金。以金易铁，久之金尽，囊之所存者铁尔，夫何益哉？服药者何以异此。饮食居处，珍玩货财，亦当依分，不宜稍过。四海之外，所有国土诚众，奇珍异宝，其产虽多，然不如中原，天垂经教，治国治身之术，为之大备，屡有异人成道升天者。山东河北，天下美地，多出良香美蔬，鱼盐丝枲，以给四方之用，自古得之为大，所以历代有国者，惟重此地尔。今尽为陛下所有，奈何兵火相继，流散未集。宜选清干官为之规画，量免税赋，使军国足布帛之用，黔黎复苏息之期，一举两得，兹亦祈福之一端尔。苟授非其才，不徒无益，反为害也。初，金国之得天下，以创起东土，中原人情尚未谙悉，封刘豫于东平，使经营八年，然后取之，亦开创之良策也。"上悦，令左右书之于策，此其大略也。《元史·释老传》称："太祖时方西征，日事攻战。处机每言天下者，必在乎不嗜杀人。及问为治之方，则对以敬天爱民为本。问长生久视之道，则告之清心寡欲为要。太祖深契其言，命左右书之，且以训诸子焉。"①随行弟子李志常作《长春真人西游记》，记述其事颇详。

翌日，上问以震雷事，对曰："山野闻国俗，夏不浴于河，不浣衣，不造毡，野有菌，则禁其采，畏天威也。然非奉天之至道。尝闻三千之罪，莫大于不孝，今闻国俗，于父母未知孝道，帝宜教戒之。"上集太子诸王大臣，谕以师前后之语，且云：天俾神仙为朕言此，汝辈各铭于心。神仙之名始于此矣。

元光二年（1223）二月七日，因入见而辞。上曰："少俟三五日，前日道语有所未解者，朕悟即行。上猎东山，射一大豕，马踏失驭。豕傍立不敢前。左右进马，遂罢猎。"师闻之，入谏曰："天道好生，今圣寿已高，宜少出猎。坠马，天戒也。豕不敢前，天护之也。"上曰："朕已深省，以骑射少所习，虽未能遽已，神仙之言，在我衷焉。"自是乃简出。三月七日，又入辞，制可。而所赐备极丰腆，皆辞之。授尊重安慰之旨，以宠其

---

① 二十五史：第7册[M]. 杭州：浙江古籍出版社，1998：964.

归。因命阿里鲜护师东行，送者皆泣别。至阿不罕山，过栖霞观。至五月中，师不食，但饮汤而已。众谂之曰：师奚疾？师曰：予疾非尔辈所可测，圣贤琢磨故尔。是夕，尹清和梦人谓之曰：师之疾，公辈勿忧，至汉地当自愈。六月晦抵丰州，宣差俞公请止其家，奉以汤药，辄饱食，是后如故。众相谓曰：清和之梦验矣。

正大元年（1224）春，丘处机返归燕京，元太祖赐以虎符、玺玺，命其掌天下道教。《七真年谱》说："三月七日得旨东还，赐号神灿，俾掌管天下道门大小事务，一听冲仙处置，他人无得干预。宫观差役尽行蠲免，所在官司常切卫护。"[①] 其后道侣云集，玄教日兴。丘处机遂在燕京先后建立了八个教会，"曰平等，曰长春，曰灵宝，曰长生，曰明真，曰平安，曰消灾，曰万莲。求法名者益众"，并于各地建立宫观，设坛作醮。一时教门四辟，从而为全真道的大发展打开了新的局面。

丘处机　明代　纸本设色
中国社会科学院历史所图书馆藏

正大二年（1225）春，师折梨花一枝，持赐宁玄居士张去华。公重其赐，瓶以养之。至秋结实二十有四，无异其树之生者，时以为祥。延祥观枯槐一株，师以杖达而击之，云：此槐生矣，及今荣茂，他槐莫及。九月初，宣抚王楫以荧惑犯尾宿，主燕境灾，将醮以禳之，问所费，师曰："一物失所，犹怀不忍，况阖境乎。比年民苦征役，公私交困，我当以常住物给之。但令众官斋戒，以俟行礼。"醮竟之夕，宣抚喜而贺曰：荧惑已退数舍，我辈无复忧矣。师之德感，何其速哉。师曰：予何德，祈祷之事，自古有之，但恐其不诚尔。

正大三年（1226）五月，京师大旱，行省请师主醮。雨乃足，会日神仙雨也，名公硕儒皆以诗贺。正大四年（1227）五月，复旱，在京奉道会众请作醮。师徐谓曰："我方留意醮事，公等亦建此议，所谓好事不约而同也。"仍云："一日为祈雨醮，二日为贺雨醮，三日中有雨，是右醮家瑞应雨。过三日，非醮家雨也。"后皆如师言。是月，门人王志明至自秦州，奉旨改太极宫为长春宫，琼华岛为万安宫，仍赐以虎符。凡道家事，一委神仙处置。六月，师不出，明日雷雨大作。人报云：太液之南岸崩裂，水入东湖，声闻数十里，鼋鼍鱼鳖尽去，池遂枯涸，北口山亦摧。师初无言，良久笑曰："山摧池枯，吾将与之俱乎。"七月四日，师谓门人曰："昔丹阳尝授记于予，云吾殁之后，教门大兴，四

---

① 道藏：第3册[M]. 北京：文物出版社，上海：上海书店出版社，天津：天津古籍出版社，1988：386.

方往往化为道乡，道院皆敕赐名额。又当住持大宫观，仍有使者佩符乘传干教门事。此乃功成名遂，归休之时也。丹阳之言，一一皆验，吾归无遗恨矣。"

元太祖二十二年（1227）七月九日，登宝玄堂，留颂云："生死朝昏事一般，幻泡出没水长闲。微光见处跳乌兔，玄量闲时纳海山。挥斥八弦如咫尺，吹嘘万有似机关。狂辞落笔成尘垢，寄在时人妄听间。"书毕而逝，春秋八十。二十三年（1228）三月朔，尹清和建议为师构堂于白云观，期以七月九日大葬。六月霖雨，皆虑有妨。七月初，廓然晴霁。及启棺，容色如生，观者如堵。三日，藏仙蜕于堂，异香芬馥者移时。既宁神，大雨。宣抚王楫会葬，自为主盟，亲榜其堂曰处顺。至元六年己巳正月，褒赠长春演道主教真人。师之歌文，有《磻溪鸣道集》行于世。①

秦志安赞曰："仆尝游燕台，见三人相与论丘仙翁之功德，其一人曰：我以为磻水溪边七年苦志，宝玄堂上数载流光，炼金丹大药之基，种火枣交梨之树，出神入梦，斡地回天，此功德之最大者也。其一人曰：非也，我以为修宫立观，传教度人，开全真七朵之莲，种无影三花之树，受簪冠者半天下，谈道德者匝世间，无人不饮于重玄，有物尽沾于至化，此功德之最大者也。其一人曰：乃二公之所说，见其小不见其大，得其粗不得其精，取太山之半拳，拾邓林之一叶也。我则以为当蒙古之锐兵南来也，饮马则黄河欲竭，鸣镝而华岳将崩，玉石俱焚，贤愚并戮，尸山积而依稀犯斗，血海涨而仿佛弥天，赫威若雷，无赦如虎。幸我长春丘仙翁应诏而起，一见而龙颜稍霁，再奏而天意渐回，诏顺命者不诛，许降城而免死，宥驱丁而得赎，放房口以从良，四百州半获安生，数万里率皆受赐，所谓展臂拒摧峰之岳，横身遮溃岸之河，救生灵于鼎镬之中，夺性命于刀锯之下，不啻乎百千万亿，将逾于秭穰京垓。如此阴功，上通天意，固可以碧霄往返，白日飞升，又何用于九转丹砂，七还玉液者也。张神童诗云：磻溪炼就九还砂，道德文章第一家。三岛有期应去也，至今鸾鹤唳栖霞。"

丘处机奔波一生，竭力于全真道传播发展的事业，于其教功劳甚大。人们往往把他和王重阳相提并论，誉之云："重阳再弘法教，专以性命之说普化三州，同归五会，以金莲居其首；东游海上，度者七人，以柔弱谦下为表，以清静虚无为内，以九还七返为实，以千变万化为权，更其名曰全真，易其衣而衲中。逮我长春了丘神仙，受皇帝之宣，应阳山之聘，功之以减酒色，戒之以少杀戮，一言恺切，万国生春，救亿兆于鼎镬刀锯之间，人心归向者如百川赴海而莫之能御也。牧竖荛童，咸知稽首；东夷西戎，皆咏步虚。家家谈道德之风，处处讲希夷之说。褴衣鬅髽，云连乎道路之间；琳宇瑶坛，星布乎山泽之下，自轩辕以来，数门弘盛，未有如今日者。是教也源于东华，流于重阳，派于长春，而今而后，滔滔溢溢。未可得而知其盛也。"

---

① 道藏：第5册[M]. 北京：文物出版社，上海：上海书店出版社，天津：天津古籍出版社，1988：425-429.

在制止元代统治者的野蛮杀戮上，丘处机的确作出了突出的贡献。他一方面劝阻成吉思汗少杀少诛，一方面自己广发"度牒"，其数达二三万之多。《重阳成道宫记》记载："姑以长春仙翁一事言之，昔颜渊将之卫，化卫君辄，孔子虑德厚信矼，未达人气，名闻不争，未达人心，遂教以心斋，则所过者无有不化。卫在春秋之世，一侯服之国耳。按王制，公侯田方百里，以数推而上之，而方千里者为方百里者百，方万里者则是方千里者百，国家疆土方十里者万，其视卫尊严大小之相去，为可见矣。皇帝又在数万里沙漠之北，诏书既至，长春国师即起而应之，如水之流湿，火之就燥，自相感召，无一毫预谋之私。及其到也，而于应对之际，欢欣交通，大惬上意，由是就其善端发现之地，以行仁行孝，寡欲修身，用贤爱民，布德施惠，好生恶杀，奉承天心之数语而开导之，上亦听之不疑。想四五十年间，而天下之人赖以存活者，与脱俘囚者，可胜计耶？况真风大阐，又皆众所共见者。"①元姚牧庵《长春宫碑铭》："其年己卯，长春承命，绝宋金使币，从其徒十八人者以行。明年驰表谢之，犹宿留山北。辛巳会趣使再至，始发轫抚州，经数十国，为地万有余里，蹀血于战场，避寇乎叛城，绝粮于莽圐之沙漠，自昆仑四年而至雪山，马上举策，试之未及，积雪之半，触寒溧，裹靸瘃，宁其身之不恤，以忧轸斯世。计是劳勋，有不在开国之勋之下。故帝锡之虎符，副以玺书，不斥其名，惟曰神仙，凡为是学，复其田租，蠲其征商。癸未至燕，年七十六矣。而河之南北已残，目鼠未平，鼎鱼方急，乃大辟玄门，遣人招求于战伐之际，或一戴黄冠，而持其署牒，奴者必民，死赖以生者，无虑二、三巨万人。其推厚德，植深仁，致吾君于羲轩者，历古外臣，当受命之初，能为是乎。"②《元史·释老传》亦说："时国兵践蹂中原，河南北尤甚，民罹俘戮，无所逃命，处机还燕，使其徒持牒招求于战伐之余，由是为人奴者得复为良，与濒死而得更生者，毋虑二、三万人，中州至今称道。"③这种独特的"保民"措施颇为当时陷于战乱之中的群众所欢迎，后人给予了高度评价。

全真七真承王重阳之教旨，四方传道，活跃于山东、河南、河北、陕西等地，并创派立宗。马丹阳创立全真遇仙派。据《道统源流》所载，马丹阳又传宋披云、孙碧云等，后即为武当本山派。谭处端创全真南无派，刘处玄创全真随山派，王处一创全真嵛山派，郝大通创全真华山派，孙不二创全真清静派，丘处机创全真龙门派。道教中人统称之为"全真派北七真派"。自元以来，又以丘处机龙门派最为盛，累代不衰。明清以来的道教流派大多出自龙门派法统，如伍冲虚、柳华阳、陈清觉、刘一明、付金铨等。

---

① 道藏：第19册[M].北京：文物出版社，上海：上海书店出版社，天津：天津古籍出版社，1988：712.
② 苏天爵.元文类.卷22[M]//文渊阁四库全书：第1367册.台北：台湾商务印书馆，1983：258.
③ 二十五史：第7册[M].杭州：浙江古籍出版社，1998：964.

# 第二节　全真道神仙谱系

全真道神仙谱系中有两位重要人物，一是东华帝君，二是吕洞宾。关于他们的生平事迹，传闻甚多，颇难辨析，对全真道的研究带来了一定的难度。

## 一、全真道的东华帝君

在全真道神仙谱系的构建过程中，宋德方起到了重要作用，他在《全真列祖赋》中将东华帝君尊为全真道第一祖，宣称："三清，全真之主也。不全其真，曷为三清？四帝，全真之师，不全其真，曷为四帝？由是言之，龙汉以前，赤明之上，全真之教固已行矣。但圣者不言而天下未之知耳！逮我东华帝君王公者，分明直指曰，此全真之道也，然后天下惊骇倾向而知所归依矣。帝君乃结庵于青海之滨，受诀于白云之叟，种黄芽于岱阜，煅绛雪于昆崙，阴功普被于生民，密行远沾于后裔。然后授其道于正阳子钟离公者……然后授其道于纯阳子吕公者……然后授其道于海蟾子刘公者……然后授其道于重阳王公者，发扬秘语之五篇，煅炼还丹之九转，谭中捉马，丘上寻刘，餐霞于碧峤之前，养气向青松之下，饮甘河之一滴，观沧海之万莲，普化三州，同修五会。"① 至此，全真道有关始祖东华帝君的形象基本定型，后来陈致虚《上阳子金丹大要列仙志》，刘天素、谢西蟾《金莲正宗仙源像传》及赵道一《历世真仙体道通鉴》中的东华帝君事迹基本上都取材于《金莲正宗记》。

考"东华帝君"一名，至迟在唐朝即已出现。对此，赵卫东《东华帝君与金元全真道》、尹志华《全真教主东华帝君的来历略考》都已有详尽的考辨。唐末杜光庭《墉城集仙录》卷一曰："老君与真人尹喜游观

东华帝君　明代　纸本设色
中国社会科学院历史所图书馆藏

---

① 崇道诏书碑[M]//陈垣编，陈智超校补.道家金石略.北京：文物出版社，1988：593-594.

八弦之外，西游龟台，为西王母说《常清静经》。故太极左宫仙公葛玄序曰：吾昔受之于东华帝君，东华帝君受之于金阙帝君，金阙帝君受之于西王母，皆口口相传不记文字，吾今于世，书而录之。"①杜光庭注："东华者，按《上清经》云，东方有飘云世界，碧霞之国，翠羽城中苍龙宫，其中宫阙并是龙凤宝珠合就，上有五色苍云覆盖其上，故号苍龙宫也。乃是东华小童所居之处。"②杜光庭认为东华帝君即东华小童。北宋李思聪《洞渊集》卷一亦征引其说，谓《清静经》乃西王母传予金阙帝君，金阙帝君传予东华帝君，皆秘语相传不死之文。南宋周无所住述《金丹真指》曰："道教自东华帝君传之金阙帝君，金阙帝君传之西王母，西王母皆以口口相传。"③《庚道集》卷八曰："昔元始天尊授老君，体天地之造化，炼水火之成形，使金木而并一，普万化而通道，故立一切造化，致成大药秘法。次传东华帝君，帝君继传西王母，之后自是神仙，口口相传，不记文字，但口传心授者曰三，成功品有九。"④

同其他教派一样，全真道亦把其历史推至龙汉以前。所谓"龙汉以前"，是指天地未判之时。道教宣称天地始分，渺渺亿劫，混沌之中，元始天尊于祖劫化生诸天。《灵宝无量度人上经大法》卷四《训释经义品》："祖劫者，龙汉，延康，赤明，开皇，上皇也。大罗天者，虚皇居之，包含天地，不可穷极。经云；上无复祖，唯道为身。于五劫之间，化生天地。"闾丘方远述《太上洞玄灵宝大纲钞》："大道既分，离为五行，流为五劫。每至劫终劫初，大圣出世，垂教说经，以度天人。所谓五劫者，龙汉木劫，赤明火劫，延康金劫，开皇水劫，上皇土劫。皆周而复始，衍为日月星辰，阴阳历数。下为岳渎川源河海，人民鸟兽，各有主宰，皆遵禀天尊大圣，分气受生。天尊于龙汉劫初，从碧落天降大浮黎国，在大地东方说法，演灵宝自然天书五篇真文。至轩辕黄帝时，天真皇人是前劫成真，于峨眉山洞中，授黄帝守三一法，及黄帝赤书一篇，灵宝部中皆天书古篆。黄帝道成，封此法于钟山，在西北，然后于仙都山升天。至尧时，禹父鲧理水，功用不就，尧举舜执政，殛鲧于羽山，在东沂州，用禹理水。禹伤先人理水，功不成见诛，日夜号泣，感神人绣衣使者，告禹曰：黄帝得道，封灵宝五符于钟山之阿，授汝而理水功就。禹遂诣钟山，斋心祈祝，感钟山真公授灵宝五法，皆备足。理水功成，会群臣于会稽山，更演五符，及出五帝姓讳，共成三通。一通藏于洞庭包山，今林屋洞是也，在吴县。吴王令龙威丈人取出后，火化归天。一通藏东海劳盛山，亦被吴王取出。一通藏于石碛山，万年方

---

① 道藏：第18册[M]. 北京：文物出版社，上海：上海书店出版社，天津：天津古籍出版社，1988：168.
② 道藏：第17册[M]. 北京：文物出版社，上海：上海书店出版社，天津：天津古籍出版社，1988：190.
③ 道藏：第24册[M]. 北京：文物出版社，上海：上海书店出版社，天津：天津古籍出版社，1988：91.
④ 《庚道集》，道教外丹术著作，九卷。卷一说"蒙轩居士书于绍兴甲子（1144）中元"，陈国符考证是书为宋人集。

出，将授伯长，依前理水灾，会稽山龙瑞观前，有石碛山是也。属会稽。至吴太极左仙公，年十三，于会稽山阳石岩下精思，年十八感通。后于天台山精思，太极三真及太极法师徐来勒，重授灵宝诸法，仙公因合成七部科戒威仪斋法。仙公以吴赤乌二年八月十五日，于天台山白日升天。吴大帝孙权撰传。至宋文、明二帝时，简寂陆先生修静，更加增修，立成仪轨。于是灵宝之教，大行于世。始于轩辕、终于简寂，法教圆通，使后世得睹天仪，传习者悉无疑虑。于此教而成真者，不知几极。承袭此教，为帝师者，代有其人。仙人韩众，传乐子长灵宝法，是此源流。子长修行，得道者九人。海陵县乐真观即是旧宅。吴王使赍五符，问仲尼。仲尼不发函，托童谣：龙威丈人名隐居，独入包山窃禹书，是也。开元中，玄宗皇帝于桃林县所得石符，是尹真人旧宅，后改为灵宝县，城南置灵宝观，内庭置灵符殿，皆是灵宝法遗迹。"①这里虽然是在讲灵宝派的历史，却是多数道派的共识，因此全真道也用"龙汉木劫"说。这种神异的说法当然只是一种宗教的臆想，并非历史事实，不过是想表明道教历史的悠久，表明道教是中国原始宗教、古代宗教的直接继承者。

南宋董思靖进一步解释说："以开始青天元祖炁，明东方始青之元，应九阳木王之初，故东方得九炁，以分天境，劫号龙汉。"②东方始青元炁，正是化生东华帝君之本。《仙传拾遗》云："帝君盖青阳之元气，万神之先也。居太晨之宫，紫云为盖，青云为城，仙僚万亿，校录仙籍，以禀命于老君。所谓王姓者，乃尊高贵上之称，非其氏族也，斯言盖得之欤！元世祖皇帝封号东华紫府少阳帝君，武帝皇帝加封东华紫府辅元立极大帝君。"③

东华帝君的信仰似与楚文化的"东君"信仰有关。楚文化发祥于湖北，形成和成熟于先秦时期，是中国传统文化的主体——华夏文化的重要来源，具有鲜明的地域特色。其中独具特色的巫道内容和神仙观念是道教信仰的直接渊源。从《楚辞·九歌》中的"东君"，到马王堆汉墓出土的帛画《太一出行图》，都反映了楚文化中崇拜东君、太一等神灵的巫道风俗。所谓"东君"，亦即后来道教神系中的东王父、东华帝君。正是在楚文化的基础上，道教信仰中的诸多神真得以塑造、完善。据史籍记载，楚人信鬼好巫，楚地巫风盛行，人们崇拜多神，信仰万物皆有灵性。《汉书·地理志》曰："楚人信巫鬼，重淫祀。"④王逸《楚辞章句·九歌序》云："昔楚国南郢之邑，沅湘之间，其俗信鬼而好祠，

---

① 道藏：第6册[M]．北京：文物出版社，上海：上海书店出版社，天津：天津古籍出版社，1988：376．
② 道藏：第6册[M]．北京：文物出版社，上海：上海书店出版社，天津：天津古籍出版社，1988：390．
③ 道藏：第3册[M]．北京：文物出版社，上海：上海书店出版社，天津：天津古籍出版社，1988：370．
④ 二十五史：第1册[M]．杭州：浙江古籍出版社，1998：403．

其祠必作歌乐鼓舞以乐诸神。"①在众多的神灵中，东皇太一当为楚人信仰的最高神。屈原《九歌》中涉及楚地信仰的神祇有东皇太一、东君、云中君、大司命、少司命、湘君、湘夫人、河伯、山鬼及国殇十种，而东君正是楚人崇拜的太阳神。

关于这位东君，自东汉王逸以来，历代注家皆认为是东方之天帝，即太阳之神。陈梦家认为，殷墟中已有关于崇拜日月之神的卜辞。他们被称为"东母""西母"，后世演变为东王公、西王母。他说："《山海经》及《穆天子传》并记事，其地在西土昆仑之虚。东母未见载籍，惟《史记·封禅书》《楚辞·九歌·东君》并有东君之神，《广雅·释天》曰：东君，日也。疑即东母，殷人尊母系，祀典与男系等，故称日神为东母，殷以后男系专权，遂锡日神以君名。"②丁山亦指出："东母即日母羲和。由于月生于西，两周的王公，都是祭月于西，而称月神为西皇或西王母。日出于东，《礼记·礼器》则说大明生于东，因此春朝，天子拜日于东门之外，或祭日于东，而号日神为东皇，或曰东君。月神之为女性，从西王母的母字，可以确定；那么，甲骨文所常见的东母，当然是日神的别名。"③

商周时期奉祀的日月天神，在《山海经》、楚帛书等文献里都有记载。在商周时期人们的观念里，日月之神就是上帝明神，也是人君的象征。《国语·周语上》载："古者先王既有天下，又崇立上帝明神而敬视之，于是乎有朝日、夕月以教民事君。"韦昭注："上帝，天也。明神，日月也。"④这就是古人把日神视为上帝神明的原因。

自战国以来，即奉东君为日神，其祀颇隆。屈原《九歌·东君》中生动地描述了迎降太阳神的欢乐场景。洪兴祖曰："天狼星名以喻贪残，日为王者，王者受命，必诛贪残，故曰举长矢射天狼。《博雅》曰：朱明耀灵，东君日也。""《春秋命历序》曰：皇伯登扶桑，日之阳，驾六龙以上下。言日以龙为车辕，乘雷而行，以云为旌旗。"⑤这段对东君的文字描写，成为后来东王公人形化的一个形象依据。⑥

关于东王公最早的描述首见于《神异经》。此书模仿《山海经》体例，分《东荒经》《东南荒经》《南荒经》《中荒经》等九个篇目，其《东荒经》曰："东荒山中有大石室，东王公居焉。长一丈，头发皓白，人形鸟面而虎尾，载一黑熊，左右顾望。恒与一玉女投壶，每投千二百矫，设有入不出者，天为之呼嘘；矫出而脱误不接者，天为之笑。"《中荒经》曰："昆仑之山，有铜柱焉，其高入天，所谓天柱也。围三千里，周围如削。下有石室，方百丈，仙人九府治之。上有大鸟，名曰希有，南向，张左翼覆东王公，右

---

① 王逸.楚辞章句[M]//文渊阁四库全书：第1062册.台北：台湾商务印书馆，1983：16-17.
② 陈梦家.古文字中之商周祭祀[J].燕京学报，1936（19）.
③ 丁山.中国古代宗教与神话考[M].上海：上海文艺出版社，1988：72.
④ 韦昭注.国语[M]//文渊阁四库全书：第406册.台北：台湾商务印书馆，1983：14.
⑤ 洪兴祖.楚辞补注[M]//文渊阁四库全书：第1062册.台北：台湾商务印书馆，1983：157.
⑥ 《宋书·乐志三》载曹操《陌上桑》曰："济天汉，至昆仑，见西王母，谒东君。"东君与西王母对举，则东君亦谓东王公。

东王公　采自《三教搜神大全》

翼覆西王母。背上小处无羽,一万九千里。西王母岁登翼,上之东王公也。故其柱铭曰:有鸟希有,碌赤煌煌,不鸣不食,东覆东王公,西覆西王母。王母欲东,登之自通。阴阳相须,唯会益工。"①在这些描述中,东王公还不是一个完整的人的形象,他兼有"人形""鸟首""虎尾",类似于西王母早期半兽半人的形象,这是东王公从图腾形象向人形过渡的一个中间阶段,其"鸟面"形象显然与殷商的宗神"玄鸟"有关。"玄鸟"的人格化就是"帝俊","俊"与"夋"古音相假。甲骨文中的"夋"就是鸟首的形状。可以看出位处东方的太阳神亦是"鸟首"。

据汉桓骥《西王母传》:"在昔道气凝寂,湛体无为,将欲启迪功,化生万物,先以东华至真之气,化而生木公,木公生于碧海之上,芬灵之墟,以主阳和之气,理于东方,亦号曰东王公焉。"②陶弘景《真诰》卷五曰:"昔汉初有四五小儿,路上画地戏,一儿歌曰:着青裙,入天门,揖金母,拜木公,到复是隐言也。时人莫知之,唯张子房知之,乃往拜之,此乃东王公之玉童也。所谓金母者,西王母也,木公者,东王公也,仙人拜王公,揖王母。"③这位知晓东王公由来的子房,就是辅佐刘邦成就一世霸业的张良。

这个时期的东王公开始与西王母并列,成为人们祷福求寿的神灵。赵晔《吴越春秋·越王阴谋外传》曰:"立东郊以祭阳,名曰东皇公;立西郊以祭阴,名曰西王母。"④出土铜镜、墓室壁画、汉画砖等大量器物充分说明了这一历史情景。

类似题材的铜镜共有23枚,多出土于荆楚地区,充分说明了东王公信仰曾盛行于湖北地区。此外,四川(广汉郡)、江浙(吴郡和会稽郡)、河南等地区亦出土了一批相同题材的铜镜,说明东王公信仰在汉代已相当流行。学界多将这类铜镜称为"三段式神仙镜",这类铜镜出现于东汉中期章帝、和帝之间。东王公的形象开始出现,并与西王母对置或并置,较多地出现在石刻、壁画和铜镜上,其典型特征是头戴山字冠、下颌长须,容

---

① 说库:上册[M].杭州:浙江古籍出版社,1968.
② 陶宗仪.说郛[M].上海:上海古籍出版社,1990:5212.
③ 道藏:第20册[M].北京:文物出版社,上海:上海书店出版社,天津:天津古籍出版社,1988:518.
④ 赵晔.吴越春秋[M]//车吉心.中华野史:第1册.济南:泰山出版社,1999:246.

易识别。况且有镜铭"西母东王"与之呼应，因而可以肯定中段镜钮两边的画像为东王公与西王母。但是，对于铜镜上段与下段图像的认识尚存分歧。上段中央为一龟趺，其上立一伞状"华盖"。巫鸿先生认为，以伞盖和龟座二图像组成老子的"华盖之座"，是为老子所设的在祭祀时受供品和礼拜的"位"，是老子"真形"的视觉象征或隐喻表达。① 华盖右侧显要位置跽坐有一肩生双翼的仙人。林巳奈夫认为伞旁那个有翼神人是以北极星为其象征的天皇大帝。② 霍巍先生则将何家山三段式神仙镜上的图像与铭文联系起来解释，认为"原发掘简报推测，此镜上段中央华盖右侧正坐之神仙，当为帝尧，有一定道理，我认为表现的是尧或者舜均有可能，而以舜的可能性更大"③。下段中央为枝干呈"8"字形相互缠绕的神树，由于其形象与《山海经》所记载的一类神树

东王公　东汉　铜镜

有相似之处，因此学界基本一致认为它就是古代神话传说中位于大地中心具有通天功能的"建木"。对于树下两侧的主要人物，林巳奈夫先生认为应当是与天皇大帝有关系的神农和仓颉二神。④ 霍巍先生结合何家山三段式神仙镜的铭文观察，认为有可能考虑为帝尧赐舜之"二女"及其随从之类地位又低一级的神仙。⑤ 正如帛画、壁画、画像石中那些并非纯艺术而有实用意味的象征性图像里则包含了某些真实的想法。其中，最显著的是人们对于未知世界的想象。同样，有着上、中、下三层图案的"三段式神仙镜"更多的是表现神仙体系。左侧的揭拜人群向右侧的端坐之神作鞠躬礼拜状，表现的应当是"天界"。中段凸显了东王公与西王母，表现的应当是"仙界"。下段中央为"连理树"或"建木"，右侧为端坐的两羽人作交谈状，左侧为揭拜图，表现的应当是"人界"。无论是天界还是人界，

---

① 巫鸿.地域考古与对"五斗米道"美术传统的重构[M]//巫鸿编.汉唐之间的宗教艺术和考古.文物出版社，2000；巫鸿.无形之神——中国古代视觉文化中的"位"与对老子的非偶像表现[M]//巫鸿.礼仪中的美术.生活·读书·新知三联书店，2005.
② 林巳奈夫.漢鏡の圖柄二、三について[J].东方学报，1973（第44册）.
③ 霍巍.四川何家山崖墓出土神兽镜及相关问题研究[J].考古，2000（5）.
④ 林巳奈夫.漢鏡の圖柄二、三について[J].东方学报，1973（第44册）.
⑤ 霍巍.四川何家山崖墓出土神兽镜及相关问题研究[J].考古，2000（5）.

东王公　东汉　画像石

都有羽翼仙人在场，与中段的东王公与西王母一起构建了一个完整的神仙体系：人界的信徒祈求普通仙人，希望通过仙界的西王母，上升至天界并拜见天神。①

学界普遍认为西王母在战国时期已经出现，东王公的形象是在东汉为了和西王母对应而创造出来的。②但是，海昏侯刘贺墓出土的孔子衣镜却将东王公的出现由1世纪提前到了公元前1世纪前叶，以刘贺去世的神爵三年（前59）为下限。③

早期东王公的文献与图像十分稀缺。现存较早的关于东王公的记录见于《吴越春秋》以及托名东方朔的《神异经》《海内十洲记》等志怪著作。《吴越春秋·勾践阴谋外传》载："乃行第一术，立东郊以祭阳，名曰东皇公。立西郊以祭阴，名曰西王母。"④"东皇公"即东王公。这条记载说明东王公和西王母在汉代分别代表东、西两个方向，并且是主司阳和阴的男性"阳仙"和女性"阴仙"，两者已存在明确的对应平衡关系。《神异经》以西王母在《山海经》中的记载为模本，将东王公塑造为一位"长一丈，头发皓白，人形鸟面而虎尾"的半神半兽的形象，说明

---

① 苏奎.三段式神仙镜的图像研究[J].四川文物，2008（4）.
② 茅盾.中国神话研究初探[M].上海：上海古籍出版社，2011：24-29；程憬著，顾颉刚整理，陈泳超编订.中国古代神话研究[M].北京：北京大学出版社，2011：264；袁珂.中国神话史[M].北京：北京联合出版公司，2015：110-115；宗力，刘群编.中国民间诸神[M].石家庄：河北人民出版社，1986：439-440；巫鸿著，孙妮译."阴阳理论"与汉代西王母东王公形象的塑造——山东武梁祠山墙画像研究[J].西北美术，1997（3）；信立祥.汉代画像石综合研究[M].北京：文物出版社，2000：156；李淞.从"永元模式"到"永和模式"——陕北汉代画像石中的西王母图像分期研究[J].考古与文物，2000（5）.另一种观点认为东王公和西王母的原型可以追溯到先秦时期，如丁山.中国古代宗教与神话考[M].上海：上海文艺出版社，1988：72-80；萧登福.先秦两汉史料中的日神神话与东王公信仰探述[J].世界宗教学刊，2007（10）.
③ 王意乐.海昏侯刘贺墓出土孔子衣镜[J].南方文物，2016（3）；江西省文物考古研究院：江西南昌西汉海昏侯刘贺墓出土漆木器[J].文物，2016（3）.
④ 赵晔.吴越春秋[M]//文渊阁四库全书：第463册.台北：台湾商务印书馆，1983：55.

东王公形象的生成和西王母有紧密的联系。而《海内十洲记》中，东王公的形象则被宫廷化，成为东方治理众仙官的王公，"扶桑在东海之东岸……上有太帝宫，太真东王父所治处……真仙灵官，变化万端，盖无常形，亦有能分形为百身十丈者也"①。通过文献可以看到东王公和西王母在汉代不仅是宇宙观中东西方阴阳两种力量对应平衡的象征，也是仙界宫廷官僚体系的男女主仙。

文献中描述的东王公形象及其与西王母的对应关系在目前已发现的汉代图像资料中也得到了印证。东汉桓帝元嘉元年（151），在山东嘉祥武氏祠堂中，东王公的图像刻在东壁上部。图中东王公正坐于宝榻之上，背生羽翼，头戴通天冠，周围围绕着众多羽人侍者与神兽，反映了其在仙界处于高位。同时，东壁东王公的图像和西壁上部的西王母图像在空间上形成了两者各居东西、相互呼应的关系。②此外，在建初八年（83）的"朱师"铜镜中，东王公和西王母相对而坐，两旁站立侍女，两神之间饰有青龙和白虎，其阴阳属性和对应关系明确。③由此可见，东王公作为仙界统帅的形象及其与西王母对应平衡的图像组合模式在东汉已经定型并且普遍分布。

画像石中也有希有与东王公、西王母同时出现的例子，例如出土于南阳的东王公西王母画像石描绘了二仙共同坐在"周圆如削"的倒锥形的昆仑山上，而其上立希有神鸟。④画像石中还可以看到东王公正在接受一个人物的跪拜，西王母旁也有正在用杵臼捣药的玉兔。⑤陶弘景《真诰·甄命授》中记载东王公和西王母的传说："昔汉初有四五小儿，路上画地戏，一儿歌曰：着青裙，入天门，揖金母，拜木公。到复是隐言也。时人莫知之，唯张子房知之，乃往拜之，此乃东王公之玉童也。所谓金母者，西王母也。木公者，东王公也。仙人拜王公，揖王母。"姜生指出，西汉晚期至东汉早期画像石中常见的"风伯与西王母"以及"子路与西王母"的图像对应模式，是在东王公出现的东汉以前与西王母形成阴阳对应平衡的"过渡型"组合。⑥

然而西汉海昏侯刘贺墓出土的"东王公西王母图"，将东王公的出现时间由东汉早期提前到了公元前1世纪前叶，证明以东王公作为男性的"阳仙"与女性的"阴仙"西王母相对应的图像组合模式在西汉宣帝时期已经成型。"东王公西王母图"的图像与《神异经》等文献的契合，验证了"东王公会西王母"等传说在汉代便已存在，为研究汉代神仙图像提供了新线索。《神异经·中荒经》记载："昆仑之山有铜柱焉，其高入天，所谓天柱也。

---

① 道藏：第11册[M]. 北京：文物出版社，上海：上海书店出版社，天津：天津古籍出版社，1988：53-54.
② 中国画像石全集编辑委员会. 中国画像石全集·山东汉画像石[M]. 济南：山东美术出版社，2000：29-30.
③ 冈村秀典. 后汉镜铭的研究[J]. 东方学报，2011（86）. 这是目前已知最早的带有"东王公"题记和图像的铜镜.
④ 萧登福. 先秦两汉史料中的日神神话与东王公信仰探述[J]. 世界宗教学刊，2007（10）.
⑤ 榆林地区文管会等. 陕西绥德四十里铺画像石墓调查简报[J]. 考古与文物，2002（3）.
⑥ 姜生、种法义. 汉画像石所见的子路与西王母组合模式[J]. 考古，2014（2）.

围三千里，周圆如削。下有回屋，方百丈，仙人九府治之。上有大鸟，名曰希有，南向，张左翼覆东王公，右翼覆西王母。背上小处无羽，一万九千里。西王母岁登翼上，会东王公也。"用这段文献比照孔子衣镜上的"东王公西王母图"，可以发现两个值得注意的地方。首先是画在东王公和西王母之间的凤鸟图像。虽然《衣镜赋》将其称为"凤凰"，但在此图中该凤鸟似乎应可视作大鸟希有。凤鸟立于东王公和西王母之间，张开的双翼指向二仙。与《神异经》中对希有"张左翼覆东王公，右翼覆西王母"的描写相似。①至道教兴起之后，遂将东王公纳入神系，称其主阳和之气。理于东方，亦号王公焉。与金母皆挺质太直，流神玄奥，于东方漠滨之中，分大道醇精之气而形成，与王母共理二气而育养天地，陶钧万物，凡天上天下三界十方，男子登仙得道者悉所掌焉。

在楚辞《九歌·东君》的描述中，太阳神将出于东方，他依据扶桑为舍槛。洪兴祖曰："言东方有扶桑之木，其高万仞，日出下浴于汤谷，上拂其扶桑，爰始而登，照曜四方，日以扶桑为舍槛，故曰照吾槛兮扶桑也。"②所谓"扶桑"，亦称为榑桑、扶木等。《山海经·海外东经》："汤谷上有扶桑，十日所浴，在黑齿北。居水中，有大木，九日居下枝，一日居上枝。"③这里的"扶桑"亦是《山海经·大荒东经》所说"汤谷上"的"扶木"，枝上站立的"鸟"即三足乌。《淮南子·天文训》说："日出于汤谷，浴于咸池，拂于扶桑，是谓晨明。"④《精神训》中说"日中有踆乌"，郭璞注说"中有三足乌"⑤，则是对太阳为金乌化身的说明和解释。远古神话传说中的十日，每天早晨由三足乌驮着轮流从东方扶桑上升起，每当一个太阳升起，其他九个就在神树上休息。扶桑位处东方，是太阳休息的场所。

另一本托名东方朔的《海内十洲记》亦说："扶桑，在东海之东岸。岸直陆行，登岸一万里，东复有碧海，海广狭浩瀚，与东海等。水既不咸苦，正作碧色，甘香味美。扶桑在碧海之中，地方万里，上有大帝宫，太真东王父所治处。地多林木，叶皆如桑。又有椹树，长者数千丈，大二千余围，树两两同根偶生，更相依倚，是以名为扶桑。仙人食其椹，而一体皆做金光色，飞翔空玄。其树虽大，其叶故如中夏之桑也，但稀而色赤，九千岁一生实耳，味绝甘美。地生紫金丸玉，如中夏之瓦状。真仙灵官，变化万端，盖无常形，亦有能分形为百、身十丈者也。"⑥在这里，"扶桑"即一棵神树，亦是东海岸边的一个国度。在这个国度居住的都是真仙灵官，属于海上的蓬莱仙境，这正是东王公的治所。

---

① 刘子亮，杨军，徐长青.汉代东王公传说与图像新探——以西汉海昏侯刘贺墓出土"孔子衣镜"为线索[J].文物，2018（11）.
② 洪兴祖.楚辞补注[M]//文渊阁四库全书：第1062册.台北：台湾商务印书馆，1983：157.
③ 袁珂.山海经校注[M].上海：上海古籍出版社，1980：260.
④ 诸子集成：第8册[M].长沙：岳麓书社，1996：47.
⑤ 诸子集成：第8册[M].长沙：岳麓书社，1996：105.
⑥ 道藏：第11册[M].北京：文物出版社，上海：上海书店出版社，天津：天津古籍出版社，1988：53-54.

正如同"昆仑"与西王母相联系一样,"蓬莱"亦成为东王公的仙境,"扶桑大帝"便成为东王公的帝号。南朝道经《元始上真众仙记》说:在二仪未分,天地混沌之时,已有元始天王。二仪始分以后,元始天王与太元圣母通气结精,生出"扶桑大帝东王公,号曰元阳父;又生九光玄女,号曰太真西王母。""众仙或有日三朝扶桑公,或三朝西王母。"又说:"扶桑大帝,元始阳之气,治东方,故世间帝王之子应东宫也。"①陶弘景《真灵位业图》将其排在上清左位第六位,号"太微东霞扶桑丹林大帝上道君",表明其由日神演变而来。

作为上清派重要的经师东华帝君,有着众多的名称,如扶桑大帝东王公、上相青童君、东宫九微真人金阙上相青童大君、东海青童君东海小童、东华方诸宫高晨师玉保王青童君,又称东华青童、东华大神方诸青童君。《汉武帝内传》有"青真小童",又称"青童小君",乃"太上中黄道君之师,元始天王入室弟子也。姓延陵,名阳,字庇华。形有婴孩之貌,故仙官以青真小童之号"。张商英《三才定位图》谓禹余上清天中,有"东华方诸宫高晨师玉保王青童道君"。张君房《云笈七签》卷八《三洞经教部经释》曰:"青童君东华者,仙真之州也,在始晖之间,高晨玉保王所治也。东华真人呼日为紫曜明,或曰圆珠。青童君乘雕玉之辇,御圆珠之气,登云波之山,入东华之堂。"《上清天关三图经》载上相青童君曰:"吾往学经历七百年,涉峻登巅,越东跨西,殊南经北,逍遥中原,经师三十二人,凡受三百余事,未得上登金阙,诣圣君受灵书紫文,服日月黄华,拘魂制魄之道,结璘郁仪,九真八道,解形遁变,紫度炎光,流金火铃,吐纳飞霞,腾空步云,蹑行七元宝经。圣君以七星移度,太帝所宝,告盟见授,使断落六宫死名,填塞东北鬼户,上闻天关,移度我身,然后可得上登,三元奉行,遂得上相之司,总领群仙,七星焕落于天,回转九元之精,上乘三元之气,下统六天之名,生死离合,莫不由于七星。"司马承祯《天地宫府图并序》:"第二委羽山洞,周回万里,号曰大有空明之天。在台州黄岩县,去县三十里,青童君治之。"

扶桑大帝及五岳四渎诸神　元代　壁画
山西芮城县永乐宫

---

① 道藏:第3册[M].北京:文物出版社,上海:上海书店出版社,天津:天津古籍出版社,1988:269-270.

东晋时期的《上清神宝洞房真讳上经》，一名《青童道君列纪》，一名《太保玉经》，专门讲述了青童道君的生平，宣称青童道君讳龙光玄，字幽无，为木真一气青霞流光化生，生于东玉那国玄珞之山，"玉仪九尺，洞观十方，天女捧衣，玉帝稽颡，吟声朗彻，林谷骇震。天宝神仙王，授青元上真秘箓一百五十五书，真目周悉。化庶兆门，以启梵运，开道之本。"金阙帝君告青童曰："子体有玉骨，心有九皇，日窗高下，紫志颐下，碧睛深映，自宜位登高真，至道秘讳，今得开晓，而一形寓于天和，亦应炼冷，使有无合化，上升玄宫。"青童道君退斋郁林，闭目习视，持之百日，夜视而光通。行之千日，身佩豁落，驾凤乘云，以造日宫。日中赤炁凝精，盘流千折，日根之神结玉之粹，其名郁仪赤章龙文。青童揖之，以采日精。

据南朝道经所载，扶桑大帝曾传上清经书于世。五代梁丘子说："有《黄庭经》者，东华之所秘也。诚学仙之要妙，羽化之根本矣……扶桑大帝君，命旸谷神王传授南岳魏夫人《黄庭内景经》。""心居身内，存观一体之象色，故曰内景也。一名《琴心》，又琴者和也，诵之可以和六腑，宁心神，使得仙矣。一名《大帝金书》，扶桑大帝君宫中于诵此经，以金简刻书之，故曰《金书》。一名《东华玉篇》，东华者，东方诸宫名也。东海青童君所居其中，玉女仙人皆诵咏之，刻玉书之，以名玉篇。"在上清派道经《上清七圣玄纪经》《太真玉帝四极明科经》《洞真上清神州七转七变舞天经》中，又谓扶桑大帝是《上清大洞真经》《太上玉佩金珰太极金书上经》等上清经的主要传授神灵："扶桑大帝传，右五纪篇，曰《太霄隐书》，或曰《玉佩金珰经》，有之者长生，使神行之者成真人。""太帝君命扶桑大帝阳谷神王，所撰三十一卷独立之诀，皆备天地之运。"

上清派经书、道法、符图大多是由上相青童君传到人间。如《上清三元玉检三元布经》说，该经乃"太上大道君受之于玄古先生，以传玄都仙王，西王母受之于九天王，以传扶桑大帝君，大帝君以传后圣金阙帝君，金阙帝君以传上相青童君。今藏一通于东华宫，依科七千年当传以成真之人。"《皇天上清金阙帝君灵书紫文上经》题："五老上真仙都君受，圣君命授青童君，青童君以传王远游，使下教骨相玄名有仙籍之人，应得此文者。"《洞真上清神州七转七变舞天经》说："七转七变之道，上皇紫晨君受之于九天父母，修行道成，以传玄感清天上皇君，皇君以传三天玉童，三天玉童以传紫极真元君，紫极真元君传天帝君，天帝君传南极上元君，南极上元君传太微天帝君，太微天帝君传后圣金阙君，后圣金阙君传上相青童君，承真相系，皆经万劫一传。"《洞真上清开天三图七星移度经》说："豁落七元内符，帝君以授天帝君，天帝君以传南极上元君，南极上元君以传太微天帝君，太微天帝君以传金阙君，金阙君以付上相青童君，使授应仙之人。"① 《上清外国放品青童内文》卷上："上清太真玉保王上相大司马，命高晨师东海玉门青华小童君，受高上玉帝外国放品隐元内文。其道高妙，乃生于九玄之先，结飞玄紫炁自然之

---

① 《洞真太上道君元丹上经》，撰人不详，约出于东晋南朝。

第三十六章｜全真道神仙谱系 745

章,灵文表异,焕明上清,经九万之劫,刻书绿那之国灵鸟之山,着东华之岫玄圃之上积石之阴,流光洞曜,映落太空,日月侠照,五晨翼灵,八素交带,四会结烟,飞霄翳气,蓊郁虚庭,金华之女、玉晨之童,各三百人,侍卫神文。天妃扬香,灵风散真,飞龙走兽,备罗玉关,朱凤抚翾,神鸾荫玄,西华宴礼,万圣朝轩。"《洞真太上道君元丹上经》:"太帝君、太上天帝君、太微天帝君,三尊君。三君昔之奉受玄丹上经于太上道君,施行奉修道成,上补帝王之真,临升霄之日,太帝君以真经传授西王母,太上天帝君以经传授南极上元君,太微天帝君以真经传授金阙圣君,金阙圣君以真经传授上相青童君,上相青童君以真经传涓子。此经是素灵上篇,此道高妙,非中仙所可得闻。自非名书绛简,绿字太极者,玄丹上经不相遭遇睹闻也。"①《上清丹景道精隐地八术经》:"此乃上清金台玉室秘房妙术,藏之玉笈,封以金章,侍以玉童,卫以玉女,各八百人。太上玉晨高圣君,受之于九玄,七千年乃传太极真人、东华大神方诸青童、扶桑旸谷神王、清虚真人,告盟于上清,裂金以誓。"《上清金书玉字上经》亦上相青童君传授,内言存思北斗九星及洞房神君之法。青童君有言:"作洞房,面有三阳,两巳纵横,鼻为天山,仰望明堂,神关紫户,遂见洞房,方圆璧立,一寸正方,静存斗精,来安其中,照荫赤子,无英三王,乃成飞仙,乘玄驾龙,上造华辰,驱使玉女玉童,要道毕矣,密奉密行。"②《皇天上清金阙帝君灵书紫文上经》:"五老上真仙都君受,圣君命授青童君,青童君以传王远游,使下教骨相玄名有仙籍之人,应得此文者。"③《洞真太上八素真经占候入定妙诀》曰:"玄师青童君,总领一切经书,宝文妙图,皆悉由之。"④《上清高上金元羽章玉清隐书经》曰:"上相青童君以此文传西城王君,位登四极真人,今封一通于西城山中。"《上清太上开天龙蹻经》卷一宁君曰:"言中真传德者,太易时传授太帝君,太始时传授天帝君灵阳子,太初时传授太微帝君,太极时传授太微天帝君,太素时传授金阙后圣太平李真君、上相素童君、上相青童君、九玄帝君。"陶弘景《登真隐诀》卷上曰:"华阳隐居太极帝君宝章,东海青童君授涓子,以封掌名山也。"《金根经》云:太上大道君以《大洞真经》付上相青童君,掌箓于东华

东华上相青童道君诸神 元代 壁画
山西芮城县永乐宫

---

① 《洞真太上道君元丹上经》,撰人不详,约出于东晋南朝。
② 《上清金书玉字上经》,又名《金书玉字洞房上经》。撰人不详,约出于东晋南朝。
③ 《皇天上清金阙帝君灵书紫文上经》,简称《灵书紫文》。撰人不详,约出于东晋。
④ 《洞真太上八素真经占候入定妙诀》,撰人不详,约出于东晋南朝。

青宫，使传后圣应为真人者。此金简玉札，出自太上灵都之宫，刻玉为之。甚至还有的经书直接题为"上相青童君撰"，如《洞真八景玉箓晨图隐符》《上清金真玉光八景飞经》《洞真上清青要紫书金根众经》等。

按《上清经》的说法，青童君掌学仙簿录。东华方诸青宫"北殿上有玉格，格上有学仙簿，录玄名年月，金简玉札有十万篇，领仙郎典之"[①]。"至冬至之日日中，天真众仙皆诣方诸东华大宫，诣东海青童君，刻定众仙籍。"[②]所有得道成仙之人，都要先在东华方诸青宫拜谒青童君。《洞真上清青要紫书金根众经》说："凡学道，道成应真人，皆先诣东华方诸青宫，投简谒青童君也。"青童君校定金名后，便可受仙号，再清斋三月，书玉札一枚，诣金阙谒金阙帝君，更受真仙之号。《洞真太上八道命籍经》卷上东海青童君告方诸真人曰："子之应感，行化群生，凡有志向，宜须奖成，传付此诀，密重丁宁。前代已过，今不具陈，即日自改，准此为科。斋谢之后，小灾即消，大灾未释，当急避之。避之所往，依案浑仪，仰观俯察，精密勿宣。"

成仙之人由东华青童君掌管，在道教中流传甚广。南唐沈汾《续仙传》卷下载仙人谢通修对聂师道说："我适为东华君命，主玉笥山林地仙，兼掌清虚观境土社令。"道教根据成仙的等级，将仙人分为天仙、地仙等。由《续仙传》的故事可以类推，不同等级的仙人由东华青童君委派不同的仙官管理。《洞真太上太霄琅书》卷九青童君谓西城真人王君曰："范幼冲上学精专，故能洞达，知其寄尸墓有四相，自言之者，微显功德，招致有由，奖厉后之至人也。凡身神即令俱举入道，并名神仙，舍形托死鬼中，立功进学得道，皆号灵人。"唐卢道元编《太上肘后玉经方》："昔巢居子奉事东海青童君，以节苦心寂奉师礼，冒暑雨祁寒，无懈无息，仅二十年，乃口授玄法，手录方。曰若求跨鹤升九霄，未易致也。优游乾坤之内，守灏然之气，容色不改，心目清朗，寿数百年，不归得矣。"

此外，东海青童君还传正一法箓、神丹经诀于世。《太上正一盟威法箓》曰："紫微玉皇道君招财镇宝者，盖东海青童君之秘诀也，灵文隐秘，凡无所观，昔黄帝于太白山，亲承西王母玄女奉受，乃获富贵而登仙，有玉釜仙人传流于世，自无宿福，不可闻见斯文。宝箓招金召银，钱帛日增，五谷充盈，奴婢保宜，田蚕倍收，商估有利，买卖倍还，财去复来，保护家门，贼寇无伤，凶徒恶倡，慈心相向，奉受修行，家门富贵，男忠女贞，年长命远，福荫后伦，官禄日增，仕君得意，人所爱敬，出入远近，四路开通，官私敬仰，万恶不忓，龙蛇虎兽，永自潜伏，五瘟疫鬼，远进千里，斯箓宝秘，非真勿传，子能持之，深宜慎焉。"《上清六甲祈祷秘法》："东华大帝上朝元始上帝，太上道君老君、玉帝紫微大帝皆聚会于丙寅宿胃天宫。时东华帝君起立于众圣之前，

---

① 道藏：第33册[M]. 北京：文物出版社，上海：上海书店出版社，天津：天津古籍出版社，1988：476.
② 道藏：第6册[M]. 北京：文物出版社，上海：上海书店出版社，天津：天津古籍出版社，1988：633.

曰："臣有六甲天书三卷，意欲流传阎浮提世界，受持行用。切见未来世中，刀兵凶乱，黎民失业，父子相离，不能相救。令传上士，受持行用，佐国治乱，驱使六甲六丁，天游十二溪女，那延五天女，共为一部。阴阳之神，神通广大，位下三员大将，各管鬼兵百万。今分为三卷上呈，按法以传。"《黄帝九鼎神丹经诀》卷八："昔太极真人以此神经，及水石法，授东海青童君，君授金楼先生，先生授八公，八公授淮南王刘安，安升天之日，授左吴。"

宋代东华派亦尊东华帝君为祖师，称为"东华太君"，宣称他乃男女真仙授书，下教司命之主也，治东华方诸宫。清微派称为"东华木公上相青童道君"，乃阳炁自然之神，男仙之主，居方诸青宫童初之府，青天童华宫童都府。

从西汉兴起的东王公崇拜，到魏晋南北朝隋唐的扶桑大帝、上相青童君、东海青童君、东华青童君、东华青童、东华大神方诸青童君等的崇拜，客观反映了东王公崇拜的演变过程。这个过程说明道教神仙谱系是在不断的调整、融合、重构之中，并赋予这些神灵更多的责任与神性，这也是道教在塑造崇拜对象时的普遍做法，然而后世辨认与分析其有关神祇带来了相当的困难，比如扶桑大帝、青童道君为什么会并列于山西芮城县永乐宫壁画中，至今还无法回答。

金元时期，全真一宗兴盛于世，更加推崇东华帝君。秦志安说："全真之道，酝酿久矣！自太上传之金母，金母传之白云，白云传之于帝君，天其意者，将此一枝大教，付于若人，岂草草学者之所能负荷哉！必自红霞丹景中精选其可以为群仙领袖者，然后挺于下方。"此"帝君"指东华帝君："帝君姓王氏，字玄甫，道号东华子。生有奇表，幼慕真风，白云上真见而爱之，曰：天上谪仙人也。乃引入山，授之以青符玉箓、金科灵文、大丹秘诀、周天火候、青龙剑法。先生得之，拳拳服膺，三年精心，尽得其妙，遂退居于昆崙山烟霞洞，颐神养浩，久之结草庵以自居，篆其额曰东华观。韬光晦迹，百有余年，而人未之知也。后徙居代州五台之阳山，今有紫府洞天，山下有道人县。在人间数百岁，殊无衰老之容。开阐玄宗，发挥妙蕴，阴功济物，玄德动天，故天真赐号曰东华帝君，又曰紫府少阳君。授度门人正阳真人钟离云房，嗣弘法教，所有圣远，不能其述。全真之道，由此滥觞，故立之以为全真第一祖也。"后出的《金莲正宗仙源像传》曰："帝君姓王，不知其名，世代、地理皆莫详。得太上之道，隐昆崙山，号东华帝君；复居五台山紫府洞天，或称紫府少阳君。后示现于终南山凝阳洞，以道授钟离子。"

唐代的道教已开始供奉东华帝君，故道观中已塑有东华帝君像。杜光庭《道教灵验记》卷九记成都乾元观三门之下"旧有东华、南极、西灵、北真四天神王，依华清宫朝元阁样，塑于外门之下，并金甲天衣"。谓"东华"为"神王"。早在唐代即有东华、南极、西灵、北真四方天帝之说。《无上黄箓大斋立成仪》卷十五载有《唐武宗皇帝九天生神保命斋词》，斋词中上启的神灵就有东华、南极、西灵、北真四天君。五代杜光庭撰《太上黄箓斋仪》卷一所载上启的神灵，也有东华、南极、西灵、北真四位天帝。《灵宝半景斋仪》曰:"具法位臣某等谨同诚上启,虚无自然金阙天尊无极大道太上大道君、太上老君、高上玉皇,十方已得道大圣众,至真灵宝天尊、三十二天帝君,玉虚上帝,玉帝大帝,东华、南极、西灵、北真,玄都玉京金阙七宝玄台紫微上宫灵宝至真明皇道君,玄中大法师,北极帝君,天地水三官,九天司命真君,九天使者真君,三界官属一切真灵。"则东华、南极、西灵、北真四帝,位列三清、玉皇等之后,神格颇高。北宋末年《宣和画谱》卷二载有唐代左蜀人陈若愚,师张素卿,得丹青之妙。于成都精思观作青龙、白虎、朱雀、玄武四君像,声誉益著,画东华帝君像尤工。"盖东华帝君应位乎震,自乾再索而得震。震,帝出以应物之地。若愚非道家者流,何以知此?宜前此未有写之者也。今御府所藏一东华帝君像。"①陈若愚画东华帝君像,可证其时道教中人已将东华帝君纳入神仙谱系。

至宋代,东华帝君信仰已十分流行。北宋兴起的道教神霄派,其所崇奉的主神之一青华帝君即为东华帝君。《宋史·林灵素传》载林灵素对宋徽宗说:天有九霄,而神霄为最高,其治曰府。神霄玉清王者,上帝之长子,主南方,号长生大帝君,陛下是也。既下降于世,其弟号青华帝君者,主东方,摄领之。南宋赵与时《宾退录》卷一《林灵素传》中,言政和三年(1113)林灵素至京师,寓东太乙宫。徽宗梦赴东华帝君召,游神霄宫,觉而异之,敕道录徐知常访神霄事迹。时宫禁多怪,命灵素治之。埋铁简长九尺于地,是怪遂绝,因建宝箓宫、太乙西宫,建仁济亭,施符水,开神霄宝箓坛;诏天下宫观改为神霄玉清万寿宫,无观者以寺充,仍设长生大帝君、青华大帝君像。

全真道尊东华帝君为第一祖,并得到了教内的普遍认同。陈致虚《金丹大要列仙志》曰:"东华帝君,姓王,不知其世代名号,或云名玄甫。得老子之道,后隐昆仑山,复居五台山紫府洞天,自称少阳君。于终南山凝阳洞,以道授钟离正阳。六月十五日生,十月十六日上升。"成书于元代而经明人增纂的《三教源流搜神大全》卷一《东华帝君传》是记载东王公事迹最详细的传记,综合了诸家传说,塑造了东王公完满的形象。如说"在道气凝寂,湛体无为"时,"先以东华至真之气,化而生木公于碧海之上,苍灵之墟,以主阳和之气理于东方,亦号王公焉……与王母共理二气,而育养天地,陶钧万物。凡天上天下,二界十方男女之登仙得道者,悉所掌焉"。"紫府者,帝君校功行之所。大海内有三岛,而十洲列其中。上岛三洲,谓蓬莱、方丈、瀛洲也。中岛三洲,谓芙蓉、阆苑、瑶池也。下岛三洲,谓赤城、玄关、桃源也。三岛九洲,鼎峙洪蒙之中。又有洲曰紫府,踞三岛之间,乃帝君之别理,统转灵官职位,较量群仙功行,自地仙而神仙,神仙而天仙,天仙而转真圣,入虚无洞天,凡三迁也,皆帝君主之,释之名也。紫府者,职居紫府,统三十五司命,迁转洞虚,官校品真仙也。阳者,主东方少阳九气,化成万汇也。帝君者,位东方诸天之尊,君牧众圣,为生物之主。或号东王公,或号青童君,或号方诸君,或号

---

① 文渊阁四库全书:第813册[M]. 台北:台湾商务印书馆,1983:81.

青提君，名号虽殊，即一东华也。"①

不过，东华帝君是谁？道教中说法有二：一说为王玄甫，一说为李亚。前者出自全真道，后者出自金丹派南宗。白玉蟾《题张紫阳薛紫贤真人像》说："昔李亚以金汞刀圭火符之诀传之钟离权，权以是传吕岩叟，岩叟传刘海蟾，刘传之张伯端。"②白玉蟾三传弟子邓锜在《道德真经三解》中，载其师萧廷芝所列"大道正统"，说了大致相同的话，称元始天尊下授老子，经安期生九传而至华阳真人李亚，再递传正阳真人钟离权，纯阳真人吕岩，海蟾真人刘玄英，以后刘玄英分别传重阳真人王嚞、紫阳真人张伯端，再分二支传南北二宗。③

从白玉蟾一系的金丹派南宗传人所述来看，其师派亦上溯至东华帝君，或称作青华帝君，而其姓名或作李亚，或作李嚞。《追鹤秘法》认为李嚞就是八仙之一的铁拐李。从该文所述钟离权、吕洞宾、刘玄英诸人的名号中有元世宗于至元六年（1269）加封的内容，可知该文作于至元六年以后。因而，以铁拐李为东华帝君的说法可能兴起较晚，但到了明清时期，此一说法却颇流行。

明彭大翼《山堂肆考》说："按拐仙姓李，名孔目，有足疾，西王母点化升仙，封东华教主，授以铁拐一根。前往京师，度汉大将军钟离权，有功，加封紫府少阳帝君。"④闵一得著《金盖心灯》卷首载吕守璞所撰《道谱源流图》，也认为李亚是东华帝君，而将王玄甫称为西华帝君，似乎是要调和全真道与南宗的争论。原图在"东华帝君"旁注曰："姓李，名亚，字元阳，号小童君，春秋时人，元朝敕封全真大教主东华紫府辅元立极少阳帝君，法录称铁师元阳上帝，世称铁拐李祖师。"又列"西华帝君"，注曰："姓王名骀，字玄甫，春秋时人，元朝敕封帝君。"⑤当然，闵一得的调和做法并未得到全真道信徒的广泛认可，直至今日，绝大多数全真道信徒仍然认为王玄甫是东华帝君。

全真道与南宗关于东华帝君的不同说法客观反映了

铁拐李　勝野范古　江户时代
绢本设色　日本长崎历史博物馆藏

---

① 藏外道书：第31册[M].成都：巴蜀书社，1992—1994：743.
② 藏外道书：第5册[M].成都：巴蜀书社，1992—1994：105.
③ 道藏：第12册[M].北京：文物出版社，上海：上海书店出版社，天津：天津古籍出版社，1988：186.
④ 彭大翼.山堂肆考[M]//文渊阁四库全书：第977册.台北：台湾商务印书馆，1983：87.
⑤ 藏外道书：第31册[M].成都：巴蜀书社，1992—1994：162-163.

南宗与全真道本为两个不同法脉的道派,他们拥有各自崇拜的神灵、历代传承的祖师、风格迥异的道法、不同套路的丹诀。再则道门授受之事,乃教团内部的传说,用历史考据方法难以厘清,故对其名号、传说亦不必执着。

## 二、全真道神仙谱系

全真道神谱的形成在两宋道教神谱的基础上做了必要的调整,一些旧有的神灵祖师被替换,而全真道的东华帝君、五祖、七真、玄门十子等得以增补入列。正是依循全真道这一新的神谱,元代画工们精心绘制永乐宫壁画,生动形象地展示了全真道的神灵仙真。

金、元时期,道教得到统治者的利用和支持,道观的兴建也具有相当的规模。据法国高万桑教授分析,元代仅全真教的道观就多达5000余处。他说:"如果十三世纪末像李志柔一系大小的八个主要宗门尚能拥有250座宫观,像王志祐一系的30个较小的宗门每一系拥有100座宫观,那么以此推算,当时全国全真宫观的总数就达到了5000座之多。"①正是在道教兴旺发达的社会背景下,永乐宫得以建造。

永乐宫原为吕祖祠,是在宋祠基础上重新修建而成的。据金代末年归隐的进士袁以义撰写的碑文:"永乐镇东北隅,行百步许,曰招贤里,通道之北,即有唐得道吕君之故居也。乡人慕其德,因旧址而庙貌之,岁时亨祀甚谨严。真人自成道以来,有重名于天下,凡谭及神仙者,必曰钟吕也。""真人讳岩,字洞宾,道号纯阳子,世为河中永乐人。礼部侍郎渭即其祖也。"②

在吕祖传说流行以前,盛唐时期当地已建有道观和天尊堂。据金维诺先生言,永济永乐宫旧址遗存有一石灯台,上有铭记称:"先代因官徙居,遂家河曲。今奉为开元天宝圣文神武皇帝陛下、法界苍生、并合邑人、先代亡父母、见在家口,建立台灯一所于村观中天尊堂前……天宝五载岁次丙戌正月癸丑朔卅日壬午建。"文中所述村观所在地"河曲"在河东蒲阪县南,也就是黄河边的永乐镇。村观除天尊堂外,尚有其他殿堂或屋宇。石灯台造于天宝五年,天尊堂当建于此前,说明卅元、天宝年间永乐镇早有道观。这一建观史实对于当地崇尚道教、建置吕祖祠等都会有直接影响。唐代的天尊堂也正是永乐宫三清殿建置的先声,这也意味着永乐镇建置道观的历史向前推了近千年。而蒲州在唐景云二年也早有丹崖观和灵仙观等著名道观,并屡受敕设斋醮修功德,这也会促进这一带道教活动的

---

① 高万桑.教团的创立:十三世纪全真教的集体认同[M]//张广保.多重视野下的西方全真教研究.济南:齐鲁书社,2013:20.
② 袁以义.有唐纯阳吕真人祠堂记[M]//陈垣编,陈智超校补.道家金石略.北京:文物出版社,1988:448.

开展。正因为在盛唐时期当地已有李氏崇祀天尊的家庙，以后蒲州又出现了像王拙这样一些道教壁画能手，在思想和技艺上长时期为永乐宫的建置准备了条件。①

吕祖祠的建造是什么时间？今天无法确定，似当建于北宋中期。至元时全真教披云真人宋德方在山西大建道观，"自燕齐及秦晋，接汉沔，星分棋布，凡百余区"。其时于平阳玄都观校刻道藏时，庚子自甘棠来永乐，拜谒于纯阳祠下，见其荒残狭隘，无人葺之，遂召诸道侣而谓之曰：兹中条之南，洪流之北，名山大川，阳明交会之地，气盛必变，实生纯阳吕祖，是气流行，曾不间断，他日亦当有继而出者。予年运而往，将以其宫易祠，不惟光大纯阳之遗迹，抑亦为后来继出者张本尔。"② 李道谦编《终南山祖庭仙真内传》卷下亦载：宋德方于癸卯年（1243）自甘棠来永乐镇，"拜谒于纯阳祠下，见其荒芜狭隘，师乃招集道众住持。后虽掌教真常李君奏请朝命大行兴建者，师实为之张本"③。

1245年，当宋德方退居终南时，全真教派了一位叫潘德冲的人专门负责永乐宫修建事宜。潘德冲，字仲和，号冲和，淄之齐东人，也是随丘处机西觐成吉思汗的十八弟子之一。1245年他被任命为河东南北路道门提点，"主领河东永乐纯阳宫之法席，以事建立"。不过，由于某种原因，潘德冲直到一年后还是没有走马上任。于是，从1246年十月至十二月，宣差河中府长次官等人先后六次上疏"敦请潘公（德冲）大师住持永乐镇纯阳宫"，期望加快工程进度。

需要说明的是，此时的纯阳祠是存在的，尽管"荒芜狭隘"，但仍有住持的道众。但一年后纯阳祠却被大火焚毁。单公履撰《冲和真人潘公神道之碑》记载："甲辰河东永乐祠堂灾。祠盖吕纯阳之仙迹也，朝议以为纯阳之显道如此，祠而祀之，事涉简陋，可改为纯阳万寿宫。"于是经尹志平、李志常等推荐，朝庭乃署命燕京都道录潘德冲为"河东南北两路道教都提点命"，主持建造。1252年，潘德冲率其徒至永乐，"百工劝缘，源源而来，如子之趋父事。陶瓦伐木，云集川流。于是略基址，度远迩，程功能，平拔干，合事疪徒，百堵皆作，不数稔，新宫告成，殿廊庑斋，厨厩库下，至于寮舍湢浴之属，各有位置，莫不焕然一新"④。也是在这一年的四月，全真教新掌门李真常奉敕祭祀岳渎时曾四驻永乐，关注宫观的修建，先后经营了十八年，到元中统三年（1262）全部完成。当然，其后又多有增饰，如大德五年（1301）重修三门："大堂殿已成砌堧，其三门犹是土基，不赖英豪，难成胜事，须资众力，可建福缘。"⑤

纯阳宫分上宫、下宫。下宫即今永乐宫，包括无极门、三清殿、纯阳殿、重阳殿、丘

---

① 金维诺.永乐宫壁画全集[M].天津，天津人民美术出版社，1997：1.
② 李鼎.玄都至道披云真人宋天师祠堂碑铭并引[M]//陈垣编，陈智超校补.道家金石略.北京：文物出版社，1988：547.
③ 道藏：第19册[M].北京：文物出版社，上海：上海书店出版社，天津：天津古籍出版社，1988：540.
④ 陈陈垣编，陈智超校补.道家金石略[M].北京：文物出版社，1988：555.
⑤ 大纯阳万寿宫化功缘记[M]//陈垣编，陈智超校补.道家金石略.北京：文物出版社，1988：708.

祖殿。后潘德冲逝世宫中，遂于宫西北处建一别祠以奉香火。纯阳宫上宫位于九峰山，"土人云此纯阳得道处也。遣其徒刘若水起纯阳上宫，及于宫侧创下院十余区，市良田竹苇及蔬圃果园、舟车碾磑，岁充常住百色之费。至于四方宾侣，过谒宫下者，周爰四顾，见其严饬壮盛，俨敬之心油然而生。夫撤祠宇而为宫庭，其崇卑相去奚啻万万。"①潘德冲尝居九峰纯阳上宫，又号九峰老人。门人三宫提点渊静大师刘若水，乃于师诵经处筑台，题记九峰老人诵经台。

建造好后的纯阳宫规模宏大，不但拥有"无极殿以奉三清，混成殿以奉纯阳，袭明殿以奉七真"的三大殿正式建筑，而且"徒众之所居，宾旅之所寓"的福利设施，"斋厨库厩、园圃井湢"的配套设施也都一应俱全。此外，潘德冲还利用多余资金，扩充道宫产业，在永乐宫一侧建立"下院十余区"，进行农林牧副等多种产业开发，甚至包括"舟车、碾磑"这样的服务产业。纯阳宫建成后，朝廷即请潘德冲为主持，并赐号"冲和微妙真人"。《纯阳宫令旨碑及请潘公主持疏》曰："敦请潘公大师主持永乐纯阳宫、平阳府长春观，为国焚修，祝延圣寿无疆者。"②并免去所有赋税，不得侵占宫观的土地、园林、产业。③

以永乐宫为宗坛，其下隶众多宫观，从而形成了一个庞大的组织。重要的宫观有平阳府长春观、河渎灵源宫、河中府云台观、主脑沟长春观、解州路村化卞庵、道靖观、重真观、焦山玄真观、西里庄孙老庵、牛角川静乐观、岳村刘姑道院、芮城翠微谷长生观、招贤村清微观、崇仙观、河神庙、九峰重玄观、相公庙、西庄清和观、姚村纯阳庵、力山种德庵、灵仙观等，其住持道众数百人。④

永乐宫前后营建了近百年才最后完工，宏伟的规模、周密的筹划，使它具有极其丰富的道教艺术遗产，其中宏伟精丽的壁画更使人惊叹。壁画共分三铺：《朝元图》《纯阳帝君神游显化图》《王重阳事迹图》。

永乐宫纯阳殿有《纯阳帝君神游显化图》壁画共五十二幅，于至正十八年（1358）完工，记有端应永乐、黄粱梦记、慈济阴德、历试五魔、衡州肃妖、神应帝王、石肆求茶、度老松精、再度郭仙、度何仙姑、诱侯用晦、金陵鹤会、度陈七子、武昌货墨、度孙卖鱼、仪真绘像、游寒山寺、度马庭鸾、救苟婆眼疾、婺州举塔、成都施月、救刘氏病、临晋瓜皮诗、度赵相公、鼎州货墨、赐药狄青、赴千道会、赐雍宝枣、度刘高尚、钟离权度吕洞宾、钟离权、道观斋供、道观醮乐、八仙度海、柳仙、松仙等壁画，表现了吕纯阳由出生至羽化升仙的故事，分作上下两层，以山水、树石、房屋、流云串联各个故事情景，

---

① 陈垣编，陈智超校补.道家金石略[M].北京：文物出版社，1988：555.
② 陈垣编，陈智超校补.道家金石略[M].北京：文物出版社，1988：491.
③ 纯阳万寿宫圣旨碑[M]//陈垣编，陈智超校补.道家金石略.北京：文物出版社，1988：780.
④ 纯阳万寿宫提点下院田地常住户记[M]//陈垣编，陈智超校补.道家金石略.北京：文物出版社，1988：792.

画面注重细节的生动描写，宛若社会生活的缩影。

七真殿《王重阳事迹图》壁画的创作晚于纯阳殿十年，叙述了全真教创始人王重阳诞生、得道、成仙和历次度化马丹阳、孙不二、邱处机等北七真事迹，共四十二幅。主要有诞生咸阳、传授秘语、摒弃妻孥、躬植海棠、甘河易酌、留颂邙山、会真宁海、沃雪朝元、擎芝草、叹骷髅、叱昆嵛石、散神光、却介官人、会纥石烈等。

三清殿是永乐宫主殿，又称无极殿，面阔七间，深四间，八架椽，单檐五脊顶。前檐中央五间和后檐明间均为隔扇门，其余为墙。北中三间设神坛，其上供奉道教最高神元始天尊、灵宝天尊、太上老君，合称三清。三清塑像今已不存，而壁画保存尚好，只有很少部分经过修补。这一铺壁画是有名的《朝元图》，高4.26米，全长94.68米，总面积为403.34平方米。

关于三清殿壁画的作者，在三清殿内原来三清塑像背后的扇面墙内侧的云气壁画上，有"河南府洛京勾山马君祥、长男马七待诏把作正殿前面七间、东山四间、殿内斗心东面一半、正尊云气五间。泰定二年六月工笔（毕）。门人王秀先、王二待诏、赵待诏、马十一待诏、马十二待

道观醮乐　元代　壁画　山西芮城县永乐宫

诞生咸阳　元代　壁画　山西芮城县永乐宫

叹骷髅　元代　壁画　山西芮城县永乐宫

诏、马十三待诏、范待诏、说待诏、方待诏、赵待诏""河南府勾山马七待诏正尊五间，六月日工毕云气"的铭记。从书写字迹考察，实为建筑彩画工题记，故未记壁画其他内容。说明这只是彩画作者，而不是从事整个殿中所有壁画的画家。

从现有铭记可知这一堂壁画和建筑藻绘可能均完成于元泰定二年（1325）左右。壁画的作者应与制作纯阳殿的作者属同一流派或师承。纯阳殿壁画完成于至正十八年（1358），是朱好古的门人张遵礼、李弘宜、王椿带领人完成的，则三清殿极有可能是朱好古亲自参与制作的。关于朱好古，清觉罗石麟等修《山西通志》记："朱好古，元时襄陵人，善画山水，于人物尤工，宛然有生态。与同邑张茂卿、杨云瑞俱以画名家。人有得者若拱璧。当时号襄陵三画。"①元大德十八年，朱好古曾在稷山县兴化寺画《药师变》与《弥勒变》，也曾在太平县修真观画壁，兴化寺后殿北墙上有"襄陵绘画待诏朱好古、门人张伯渊，时大元国岁次庚申仲秋蓂生十四叶工毕"题记。庚申为元仁宗延祐七年（1320），朱好古可能是完成兴化寺壁画后，转至永济从事三清殿的壁画制作。这从兴化寺壁画风格与之相近也可以得到印证。张钟秀等修《太平县志》称："修真观在县南关西高阜处。殿壁间绘画人物，元朱好古笔。精妙入神，有龙点睛飞去。"而且倡导永乐宫兴建的宋德方一直在平阳府玄都观校刻道藏，对平阳府内的绘画名家朱好古应有所知，不会不邀来从事这一宏伟工程。同时出现在朱好古家乡的壁画也可以证实是朱氏领导了两地的壁画创作。

道教《朝元图》的形成有着悠久的历史。所谓"朝元"，就是朝谒道教的最高尊神元始天尊。唐高宗时道书《道门经法相承次序》卷上解说诸天神尊名号阶位，说天有三十二天，三十二天之上有三清天，又有大罗天弥覆三清之上，合三清、大罗、三界等为三十六天。其大罗天中有玉京山，山上有七宝城，城周旋二十四万里，高二万四千里。城中有七宝玄台，九万层台，出城上三百六十里。"其间微风动条，枝叶粲丽，赞咏洞章，玄焕曜目，四灵邕邕，宫殿楼观，难可称焉。诸天帝王，大圣天尊，妙行真人，仙童玉女，皆各奉功朝修，洒扫、烧香、散花。师子辟邪，神龙朱凤，悉皆飞翔。灵兽侍卫，百千万种。此山出五色流泉，又有九色光明，彻照大罗众天之上，虚皇大道元始天尊之所都。""常至三元八节诸是斋日，十方上圣，诸天帝皇，妙行真人，无鞅数众，并严天威羽服，各从十千万人，驾云乘龙，作天大乐，啸歌邕邕，十绝灵幡，飘流浮空而上，大会玄都，朝宗玉京元始天尊。"元始天尊为天界主宰，每当节庆斋日，所有的仙尊真圣都会各乘羽仗神兽，浮空而至大罗天玉京山金阙聚会，朝礼元始天尊。规模宏大，人物众多，朝元也就成为神仙大聚合的象征和代称。

《朝元图》不仅是一组非常珍贵的艺术品，还具有宗教意义，是道教用于存想思神、斋醮科仪活动的道场画。杜光庭《太上老君说常清静经注》云："聪明正直谓之神，阴阳

---

① 觉罗石麟等.山西通志[M]//文渊阁四库全书：第547册.台北：台湾商务印书馆，1983：559.

不测谓之圣。故云心灵则道降，道降则神灵，神灵则圣也。神明既圣，即可升也。升者，登也，升登于上界。上界者，则三界之上三清之境大罗天也。人能保精、养炁、爱神，调和于元炁，填补于脑，烹炼神水，变化精神，神炁若全，即得上升三界，朝礼太上高尊。凡学仙之士，所说朝元，即有二种：一论天地，二论人身。即明三丹田。且三界朝元者，即上中下是三元也。上元者，上应玉清，始炁所化，号天宝君，理玉清圣境清微天，总一十二部圣行之经，为洞真教主，下于人身中为上丹田脑工，亦号泥丸工帝君，以主于炁。中元者，上应上清，元炁所化，号灵宝君，理上清境禹余天，总一十二部真行之经，为洞玄教主，下于人身中为中丹田心府绛宫帝君，主于神。下元者，上应太清，玄炁所化，号神宝君，理太清仙境大赤天，总一十二部仙行之经，为洞神教主，下于人身中为下丹田炁海肾宫帝君，主于命。此三元三宫三宝者，天地得之以成，失之以倾，人身得之以生，失之以死。"这是讲存神朝元，以登三清圣境。

《玉箓资度早朝仪》曰："臣等皈身皈神皈命，首体投地，仰依太上三尊十方众圣。愿以是香功德，端为某灵，增崇天福，登进仙阶。恭愿凝神空碧，高步始青。拥环佩以朝元，庆延圣祚；被藻蕤而问道，祥衍神游。"宁全真《上清灵宝大法》卷三曰：朝元之时，面东，整肃衣冠，端坐靖中，以镜照之，存思己形。如此七日，形存照己，明爽无别。夜半即思己形在泥九，日中存居心中，哺时存居下丹田，七昼夜上下分明。即至其夜，关告天门，及奏三天玉帝，东西二炁，王母青君，方始朝元。"至星界，有日月黄道，光明如长虹之状，两边多有琪花宝树，如松杉青叶，黄赤之花，碧枝绛实，风动自然成金玉之音。远望四方金楼玉阙，在宝云之中，皆星官仙府也。时有乘轩乘车，乘凤乘鹤，驾龙麟乘云，皆仙真之子也。须掩面避道。半时觉车登尽万里长虹之路，见紫云隐隐中有天门，侍卫天人，止是门内威神守卫甚威。天门相对，乃欲界魔王之境，乃太清欲界天也。自此后分大券，付守卫之神，入进天门，适意而朝。"这是讲飞神谒灵，渐登仙阶，高步始青天中，拥环佩以朝三元，被藻蕤而问道。正如金王处一《云光集》卷二曰："入得天长正位宫，交参殿宇映重重。金坛玉壁朝元像，七宝玲珑显圣容。"

唐宋以来出现了一批非常著名的《朝元图》。如洛阳北邙山老君庙《五圣朝元图》，这是画圣吴道子最有影响的道教作品。《五圣朝元图》原来画在洛阳北邙山老君庙东西壁，东壁上画东华天帝君、南极天帝君、扶桑大帝及其部从，西壁上画西灵天帝君、北真天帝君及其部从。

在《五圣朝元图》之后，还相继出现了类似的图像，如《朝真图》《朝会图》等。五代王建修青城山丈人观，请张素卿画希夷真君殿的《五岳朝真图》。从所记内容可知这时创作的朝真图虽是朝见希夷真君，但与中原《朝元图》粉本仍有一定关系。作品一方面吸收《朝元图》千官列雁行的浩浩荡荡场面，一方面表现了五岳、四渎、十二溪女、山林溪沼、树木诸神和岳渎曹吏等众多人物，创造了各具特色的下界诸神形象。

从同一时期出现的《紫微朝会图》《玉皇朝会图》也可以看出其中的传承关系。《朝元图》《朝会图》都是类似的结构，如宋李廌在《德隅斋画品》中记载二图粉本称："《紫微朝会图》，朱梁时将军张图所作。帝被衮执圭，五星、七曜、七元、四圣左右执侍，十二宫神、二十八舍星，各居其次，乘云来下。其容色皆端敬，其服章皆严谨。道家谓玉皇大帝为众仙天子，紫微大天帝为众星天子……图作衣纹，不思吴带当风、曹衣出水之例，用浓墨粗笔如草书，颤掣飞动，势极豪放，至于作面与手，及诸服饰仪物，则用细笔轻色，详缓端慎，无一欹仄，亦一家之妙用。""《玉皇朝会图》，蜀石恪所作，天仙、灵官、金童、玉女、三官、大乙、七元、四圣、经纬、星宿、风雨雷电诸神、岳渎君长、地上地下主者，皆集于帝所。玉皇大天帝南面端宸坐，众真仰首，承望清光。见之者神爽，超然如在乎通明殿中也。"[1] 元代《大元一统志》谓均州明道观系唐代道观，贞观十八年（644）改濮王泰宫为龙飞观，在郧乡县西。宋天圣八年赐《朝元图》有圣祖、天宁六御坐傍，有太祖太宗御容。可见湖北武当明道观亦有北宋初期绘制的《朝元图》。

紫微北极大帝及星宿诸神　元代　壁画　山西芮城县永乐宫

类似的壁画还有一些。如陕西临潼华清宫唐代朝元阁遗址宋初犹有部分保存。南宋宝祐三年（1255）刘克庄《饶州天庆观新建朝元阁记》记载：淳熙年间道士程闻一、李师古捐资"建朝元阁五间，高百尺，横经二十余丈……中列仙圣"[2]。甚至一些本来不是朝元

---

[1] 李廌. 德隅斋画品[M]//文渊阁四库全书：第812册. 台北：台湾商务印书馆，1983：941.
[2] 陈垣编，陈智超校补. 道家金石略[M]. 北京：文物出版社，1988：413.

内容的材料，亦因其仙真人物场面壮观而以"朝元"名之。如北宋大中祥符二年（1009）《承天观碑》称："若乃金床玉几，俨若三尊之御；玄冠翠绶，穆然众圣之容。既从以灵官，复位其列宿，等威斯辨，若朝元之会，仪仗卫列。"[①]扈蒙《东太乙宫碑铭》称，该宫像设"宛似朝元之处"[②]。

与永乐宫壁画有关的宋代武宗元的《朝元仙仗图》实为道教壁画的先声，对永乐宫壁画有巨大影响。《朝元仙仗图》原来就是壁画粉本，描绘南极天帝和东华天帝君率领仙官、侍从和仪仗朝谒玄元皇帝的场面，共有神仙人物八十七名，其中男仙十一名，神将八名，余皆为手捧供品、仙果、乐器的仙女。画幅以手持宝剑的护法神开道，以甲卒、神将殿后，其中二天帝君都略高大于其他神仙，其处理手法与唐阎文本历代帝王图、周昉簪花仕女图相类，以人物的比例大小来突出主要人物，此手法在道释画，以及宋元以降的文人画中也常有运用，如《韩熙载夜宴图》等。各神仙头上或身旁都有一个长形墨线描绘的

勾陈天皇大帝及诸神　元代　壁画　山西芮城县永乐宫

题名牌框，并标上该神仙的尊号，如"东华天帝君""扶桑大帝"等。全图主次分明，各具神态，具有线描艺术的韵律感。

永乐宫三清殿壁画的内容前人已有记载。明天启四年（1624）郡人孟绾祚说："吾中

---

① 陆耀遹.金石续编[M].北京，中国书店，1985.
② 陈垣编，陈智超校补.道家金石略[M].北京：文物出版社，1988：222.

蒲条山以南永乐镇，有纯阳万寿宫。宫内有无极、混成、重阳三大殿，创自胜国，规模宏巨，广庑翼翼，邃靓轩豁，金碧辉煌，壁绘天神像三百六十，计牌有四百余座，供棹有数十余张。明神赫奕，灿然昭列，禋祀岁举，聿成盛曲。历至于今，越数百年。"[①] 这一谱系当主要取自宁全真《灵宝领教济度金书》卷四《圣真班位品》，其中保存了宣和神祇系统的三百六十分位名目，用于开度祈禳科仪。永乐宫壁画绘天神像三百六十，显然是为举办开度祈禳斋醮设立的，因此神祇数目相同。

当然具体的神祇应有调整，减少了一些旧有神祇，增添了许多全真道所崇拜的神祇。如主尊除描绘金阙玉皇上帝、紫微中天北极大帝、紫微勾陈天皇大帝、东极救苦天尊青玄上帝、神霄真王长生大帝、承天效法后土皇地祇外，又增加了青童君、西王母等。

永乐宫三清殿的整铺壁画正是六天帝、二帝后率所属诸神来朝拜三清。环绕三清塑像的斗心扇面墙上，东西面分别是南极长生大帝、东极青华太乙救苦天尊和玄元十子等；扇

昊天玉皇上帝及诸神　元代　壁画　山西芮城县永乐宫

面墙背面为三十二天帝君，正面北壁东部是中宫紫微北极大帝、天罡大圣及北斗七星、十一曜、二十八宿及历代传经法师，北壁西部是勾陈星宫天皇大帝、南斗六星、二十八宿和天、地、水三官以及历代传经法师等。

---

① 孟继祚. 永乐宫重修诸神牌位记[M]//陈垣编，陈智超校补. 道家金石略. 北京：文物出版社，1988：1304.

东壁是昊天玉皇上帝、后土皇地祇和扶桑大帝、十二元神、五岳、四渎、地府诸神，西壁是东华上相木公青童道君、白玉龟台九灵太真金母元君和十太乙、八卦、雷雨诸神，南壁两侧是青龙君、白虎君。

朝元图左班有：南极长生大帝、尹喜、庚桑楚、南荣䞓、尹文、辛铃、太皇黄曾天帝、太明玉完天帝、清明何童天帝、玄胎平育天帝、元明文举天帝、上明七曜摩夷天帝、虚无越衡天帝、太极蒙翳天帝、赤明和阳天帝、元明恭华天帝、耀明宗飘天帝、竺落皇笳天帝、虚明堂曜天帝、观明端靖天帝、玄明恭庆天帝、太焕极瑶天帝、天罡大圣、神荼、郁垒、三台星君、历代传经法师、北斗七星、二十八宿、中宫紫微北极大帝、太阳帝君、

后土皇地祇及诸神　元代　壁画　山西芮城县永乐宫

太阴元君、木德岁星星君、火德荧惑星星君、金德太白星星君、水德辰星星君、土德镇星星君、罗睺星君、计都星君、紫炁星君、月孛星君、功曹元辰、太冲元辰、天罡元辰、太乙元辰、胜光元辰、小吉元辰、传送元辰、从魁元辰、河魁元辰、登明元辰、神后元辰、大吉元辰、天蓬元帅、翊圣元帅、四目老翁、太上昊天玉皇上帝、后土皇地祇、扶桑大帝、四渎、寿星、福星、禄星、五岳、后土皇地祇、酆都大帝、冥府十王、茅盈、圣祖赵玄朗、梓潼文昌帝君、三元将军、太极仙侯、明星大神、九嶷仙侯、青龙君及仙曹玉女、

飞天神王、天丁力士等。

朝元图右班有：东极青华太乙救苦天尊、崔瞿、柏矩、列御寇、士成绮、庄周、太安皇崖天帝、显定极风天帝、始皇孝芒天帝、太皇翁重浮容天帝、无思江由天帝、上揲阮乐天帝、无极昙誓天帝、渊通元洞天帝、太文翰宠妙成天帝、太素秀乐禁上天帝、太虚无上常融天帝、太释玉隆腾胜天帝、龙变梵度天帝、太极平育贾奕天帝、南斗六星星君、二十八宿星君、勾陈星宫天皇大帝、天地水三官、紫光夫人、天猷元帅、真武元帅、仓颉、孔子、东华上相木公青童道君、五福太乙、君基太乙、大游太乙、小游太乙、天一太乙、臣基太乙、直符太乙、民基太乙、四神太乙、地一太乙、白玉龟台九灵太真金母元

金母元君及诸神　元代　壁画　山西芮城县永乐宫

君、雷雨诸神、八卦、雷公、电母、雨师、白虎君及仙曹玉女、飞天神王、天丁力士等。

在这些神灵中，南极长生大帝、中宫紫微北极大帝、太上昊天玉皇上帝、东极青华太乙救苦天尊、勾陈星宫天皇大帝、东华上相木公青童道君为"六御"，后土皇地祇、白玉龟台九灵太真金母元君为"二后"，这显然与两宋道教神谱中"六御"的组成不同。北宋贾善翔《太上出家传度》中的六御指玉皇大天帝、紫微天皇大帝、紫微北极大帝、后土皇

南极长生大帝及诸神　元代　壁画　山西芮城县永乐宫

地祇、圣祖天尊大帝、元天大圣后。①

南宋宁全真《灵宝领教济度金书》中的六御指昊天至尊金阙玉皇上帝、紫微中天北极大帝、紫微上宫天皇大帝、东极救苦青玄上帝、神霄真王长生大帝、承天效法后土皇地祇，或玉皇上帝、紫微中天北极大帝、紫微上宫天皇大帝、东极青华大帝、神霄真王长生

---

① 道藏：第32册[M]. 北京：文物出版社，上海：上海书店出版社，天津：天津古籍出版社，1988：161.

东极青华太乙救苦天尊及诸神　元代　壁画
山西芮城县永乐宫

大帝、东极青玄上帝。① 究其原因，当与全真道重新构造的神灵谱系有关。

值得注意的是永乐宫许多神灵的造型与唐宋神灵造型差异相当大。如二十八宿星君的形象均为男性，这与唐宋二十八宿星君的造型是不同的。其中二十三位星君形象头冠上有圆形饰件或动物饰物，以标示各宿的身份；另外五位形象则是通过脸部的夸张变形，以凸显所配动物的特征。土星作老人形，杖锡持印；水星作女人状，头戴猿冠，手持纸笔；金星形如女人，头戴西冠，白练衣，抱琵琶；火星头戴驴冠，手持弓剑；木星形若卿相，着青衣，戴亥冠，手执花果。

今加拿大多伦多皇家安大略博物馆所藏山西平阳府《神仙赴会图》，东壁高3.17米，长10.26米；西壁高3.20米，长10.37米，集中表现了道教神仙赴会朝元的主要神祇与部属。东壁以中宫紫微北极大帝、太上昊天玉皇上帝、后土皇地祇为中心，向北行进。前导者为天蓬大元帅、翊圣黑煞元帅、北斗七星，后随者为五星、五行。西壁以勾陈星官天皇大帝、东华上相木公青童道君和白玉龟台九灵太真金母元君为中心。前导者为天猷副元帅、佑圣真武元帅、九宫太乙，后随十二元神。两壁主神均为立像，并聚集在画面中部，这就减少了侍从部属以及仪仗等的描绘，而可以利用有限的画面主要刻画朝元诸神的形象。紫微、玉皇、勾陈、木公都是帝王装束，但是人物的颜面、须眉、气宇、神态各不相同。后土、金母都是后妃服饰，而在相同的端严华贵中，年龄、仪容、气质、神情各不相同。十二元辰、九宫太乙与北斗七星在行进中各具神仪，人物细微的转侧、俯仰的动态变化增加了形象神情的多样性。五星由于各有来历，形象各有所本，画家几乎是按道经轨范刻画的。两壁仙班形形色色，正是世间朝廷景象。画家把假想的神话人物活灵活现地呈现在观众的眼前。②

荷兰·莱顿大学的葛思康（Tenner Gamester）在《朝元图与道教科仪》一文中说：

---

① 道藏：第7册[M]. 北京：文物出版社，上海：上海书店出版社，天津：天津古籍出版社，1988：50、63.
② 景安宁. 元代壁画——神仙赴会图[M]. 北京：北京大学出版社，2002.

"在道教科仪中，上章在露天道坛上或在道观殿堂内进行。传统上，在这些场所用绘画或雕塑进行装饰，在视觉上再现朝觐，但这种装饰也并非必要。道教进表的仪式序列称为'朝'，装饰在仪式区域内的绘画就是通常所说的《朝元图》。"葛思康发现《朝元图》与道教科仪的密切联系，并找到了观念结构的切入点，他命名为"图像实践学"（iconography）[1]。这种图像学的研究方法无疑在处理神真图像学和作品断代的问题上丰富了道教图像的内涵，尤其是当代道教研究"关注道教绘画和科仪这一推测性关系的研究不多。此类研究中，有一些仅仅暗示到仪式性的关系，或否认，或简单脱离这一未提及的论点"[2]。葛思康的研究主要针对宋元时期的道教神真绘画，包括《朝元图》《朝真图》《朝会图》等，因为元代永乐宫《朝元图》的完整性为研究者提供了很大的助益。

随着宋代道教理论的完善和大量神真图像的肇制实践，元代继承了中国传统绘画和雕刻艺术的内容和形式，同时在汲取和借鉴佛教艺术的基础上，迎来了道教壁画图像的全盛时期，而这一时期最为精美的大型作品就是永乐宫壁画。虽然宫观大殿所展示的神仙有限，但是为了创造出强大的图像威慑力，创作者们呕心沥血，绘制了近1000平方米、容含天神地祇数百尊的壁画。这不仅是我国绘画史上的杰作，在世界绘画史上也是罕见的巨制。

---

[1] 葛思康. The Heaven Court: A Study on the Iconography of Banjoist Temple Painting[M]. PhD Dissertation Leiden University.

[2] 李凇. 道教美术新论[M]. 济南：山东美术出版社，2008：246.

# 主要参考文献

## 一、著作（包括典籍文集）

《笔记小说大观》，江苏广陵古籍刻印社，1983年版。

《藏外道书》，巴蜀书社，1992—1994年版。

《道藏》，文物出版社、上海书店出版社、天津古籍出版社，1988年版。

《道藏辑要》，巴蜀书社，1995年版。

《敦煌吐鲁番研究》，北京大学出版社，2001年版。

《二十五史》（百衲本），浙江古籍出版社，1998年版。

《封神演义》，广东人民出版社，1981年版。

《古本小说集成》，上海古籍出版社，1991—1995年版。

《古代西南丝绸之路研究》，四川大学出版社，1995年版。

《全唐诗》，中华书局，1999年版。

《全唐文》，中华书局，1982年版。

《全五代诗》，巴蜀书社，1991年版。

《石刻史料新编》，新文丰出版公司，1982年版。

《说库》，浙江古籍出版社，1968年版。

《四库全书存目丛书》，齐鲁书社，1996年版。

《唐研究》，北京大学出版社，1998年版。

《天一阁藏明代方志选刊》，上海古籍书店，1964年版。

《吐鲁番出土文书》，文物出版社，1981年版。

《文渊阁四库全书》，台湾商务印书馆，1983年版。

《续修四库全书》，上海古籍出版社，2002年版。

《益州名画录》，人民美术出版社，1964年版。

《永乐大典》，中华书局，1986年版。

《斋藤先生古稀祝贺纪念论文集》，刀江书院，1937年版。

《中国画像石全集》，山东美术出版社，2000年版。

《诸子集成》，岳麓书社，1996年版。

曹学佺撰，刘知渐点校：《蜀中名胜记》，重庆出版社，1984年版。

常明、杨芳灿等：《四川通志》，巴蜀书社，1984年版。

车吉心：《中华野史》，泰山出版社，2000年版。

陈梦雷等：《古今图书集成》，中华书局、巴蜀书社，1985年版。

陈寅恪：《金明馆丛稿二编》，上海古籍出版社，1980年版。

陈垣：《南宋初河北新道教考》，中华书局，1989年版。

陈垣编，陈智超校补：《道家金石略》，文物出版社，1988年版。

程憬著，顾颉刚整理，陈泳超编订：《中国古代神话研究》，北京大学出版社，2011年版。

邓文宽：《敦煌天文历法文献辑校》，江苏古籍出版社，1996年版。

丁山：《中国古代宗教与神话考》，上海文艺出版社，1988年版。

杜斗城：《敦煌本佛说十王经校录研究》，甘肃教育出版社，1989年版。

段成式：《寺塔记》，人民美术出版社，1964年版。

段成式：《酉阳杂俎》，中华书局，1981年版。

龚鹏程、陈廖安：《中华续道藏》，新文丰出版公司，1999年版。

顾炎武撰，黄汝成集释，栾保群、吕宗力校点：《日知录集释》，上海古籍出版社，2013年版。

顾祖禹撰，贺次君、施和君点校：《读史方舆纪要》，中华书局，2018年版。

韩明士：《道与庶道：宋代以来的道教、民间信仰和神灵模式》，皮庆生译，江苏人民出版社，2007年版。

洪迈：《夷坚志》，中华书局，1981年版。

胡文和：《四川道教佛教石窟艺术》，四川人民出版社，1994年版。

胡文和：《中国道教石刻艺术史》，高等教育出版社，2004年版。

户田瑞穗：《地狱变：中国的冥界说》，法藏馆，1968年版。

黄伯禄：《集学诠真》，上海慈母堂，清光绪本。

黄小石：《净明道研究》，巴蜀书社，1999年版。

贾二强：《唐宋民间信仰》，福建人民出版社，2002年版。

金维诺：《永乐宫壁画全集》，天津人民美术出版社，1997年版。

景安宁：《元代壁画——神仙赴会图》，北京大学出版社，2002年版。

郎瑛：《七修类稿》，上海书店出版社，2009年版。

李昉：《太平广记》，中华书局，1981年版。
李淞：《道教美术新论》，山东美术出版社，2008年版。
李勇先：《宋元地理史料汇编》，四川大学出版社，2007年版。
李远国：《神霄雷法——道教神霄派沿革与思想》，四川人民出版社，2003年版。
林荣华：《石刻史料新编》，新文丰出版公司，1986年版。
刘长久等：《大足石刻研究》，四川省社会科学院出版社，1985年版。
刘仲宇：《道教法术》，上海文化出版社，2002年版。
陆耀遹：《金石续编》，中国书店，1985年版。
马端临：《文献通考》，中华书局，1986年版。
茅盾：《中国神话研究初探》，上海古籍出版社，2011年版。
蒙文通：《蒙文通文集》，巴蜀书社，1987年版。
梦笔生：《金屋梦》，巴蜀书社，1988年版。
牧田谛亮、福井文雅：《讲座敦煌》，大东出版社，1984年版。
钱彩：《说岳全传》，上海古籍出版社，1979年版。
卿希泰：《中国道教史》，四川人民出版社，1992年版。
任继愈：《中国道教史》，上海人民出版社，1990年版。
阮元：《十三经注疏》，中华书局，1980年版。
舒太刚：《宋会要辑稿》，上海古籍出版社，2014年版。
宋濂：《宋学士全集》，中华书局，1985年版。
苏渊雷、高振晨：《佛教要籍选刊》，上海古籍出版社，1994年版。
孙祥星、刘一曼：《中国铜镜图典》，文物出版社，1992年版。
汤用彤：《汉魏两晋南北朝佛教史》，中华书局，1983年版。
陶宗仪：《说郛》，上海古籍出版社，1990年版。
陶宗仪等：《说郛》，上海古籍出版社，1986年版。
田茂雄：《简明中国佛教史》，上海译文出版社，1986年版。
脱脱等：《金史》，中华书局，1975年版。
脱脱等：《宋史》，中华书局，1977年版。
王家祐：《道教论稿》，巴蜀书社，1987年版。
王明：《抱朴子内篇校释》，中华书局，1980年版。
王云五：《丛书集成初编》，中华书局，1983年版。
巫鸿：《汉唐之间的宗教艺术和考古》，文物出版社，2000年版。
巫鸿：《礼仪中的美术》，生活·读书·新知三联书店，2005年版。
吴承恩：《西游记》，人民出版社，1980年版。
吴元泰等：《四游记》，北方文艺出版社，1985年版。

西域文化研究会：《西域文化研究》，法藏馆，1963年版。
萧登福：《敦煌俗文学论丛》，台湾商务印书馆，1988年版。
小野玄妙等：《大正藏》，佛陀教育基金会，2015年版。
信立祥：《汉代画像石综合研究》，文物出版社，2000年版。
徐坚等：《初学记》，中华书局，1980年版。
严可均：《全上古三代秦汉三国六朝文》，河北教育出版社，1997年版。
于敏中等：《四库全书荟要》，世界书局，1985年版。
袁珂：《中国神话史》，北京联合出版公司，2015年版。
袁枚：《子不语》，岳麓书社，1985年版。
张广保：《多重视野下的西方全真教研究》，齐鲁书社，2013年版。
张继禹：《中华道藏》，华夏出版社，2004年版。
张彦远：《历代名画记》，人民美术出版社，1983年版。
张钟秀等：《太平县志》，乾隆四十年刻本。
周绍良：《全唐文新编》，吉林文史出版社，1999年版。
朱夔等：《南平县志》，《中国地方志集成·福建府县志辑》，上海书店出版社，2000年版。
宗力、刘群：《中国民间诸神》，河北人民出版社，1986年版。

## 二、论文

陈梦家：《古文字中之商周祭祀》，《燕京学报》，1936年第19期。
冈村秀典：《后汉镜铭の研究》，《东方学报》，2011年第86期。
林巳奈夫：《漢鏡の圖柄二、三について》，《东方学报》，1973年第44册。
王家祐、丁祖春：《四川道教摩崖石刻造像》，《四川文物》，1986年《石刻研究专辑》。
梶谷亮治：《日本十王信仰以及十王图的成立与展开》，《佛教艺术》，1974年第97卷。
萧登福：《先秦两汉史料中的日神神话与东王公信仰探述》，《世界宗教学刊》，2007年第10期。
王家祐：《四川道教摩崖造像概况》，《中国道教》，1987年第1期。
罗华庆：《敦煌地藏图像和"地藏十王厅"研究》，《敦煌研究》，1993年第2期。
刘再聪、陈正桃：《胡适与敦煌学》，《敦煌学辑刊》，1996年第1期。
巫鸿：《"阴阳理论"与汉代西王母东王公形象的塑造——山东武梁祠山墙画像研究》，孙妮译，《西北美术》，1997年第3期。
曾召南：《明清茅山宗寻踪》，《宗教学研究》，1997年第4期。

霍巍：《四川何家山崖墓出土神兽镜及相关问题研究》，《考古》，2000年第5期。

李淞：《从"永元模式"到"永和模式"——陕北汉代画像石中的西王母图像分期研究》，《考古与文物》，2000年第5期。

刘佳丽：《绵阳北山院摩崖造像述略》，《四川文物》，2000年第6期。

榆林地区文管会等：《陕西绥德四十里铺画像石墓调查简报》，《考古与文物》，2002年第3期。

廖旸：《炽盛光佛构图中星曜的演变》，《敦煌研究》，2004年第4期。

李志鸿：《试论清微派的"会道"与"归元"》，《世界宗教研究》，2005年第3期。

苏奎：《三段式神仙镜的图像研究》，《四川文物》，2008年第4期。

张总、廖顺勇：《四川绵阳北山院地藏十王龛像》，《敦煌学辑刊》，2008年第4期。

李淞：《四川隋唐道教石刻造像》，《雕塑》，2009年第6期。

李远国：《"夜郎王印"还是"道教法印"：贵州镇宁铜印的考辨》，《中华文化论坛》，2010年第4期。

张总：《风帽地藏像的由来与演进》，《世界文化宗教》，2012年第1期。

姜生、种法义：《汉画像石所见的子路与西王母组合模式》，《考古》，2014年第2期。

江西省文物考古研究院：《江西南昌西汉海昏侯刘贺墓出土漆木器》，《文物》，2016年第3期。

王意乐等：《海昏侯刘贺墓出土孔子衣镜》，《南方文物》，2016年第3期。

刘子亮、杨军、徐长青：《汉代东王公传说与图像新探——以西汉海昏侯刘贺墓出土"孔子衣镜"为线索》，《文物》，2018年11期。

# 后记

恰逢新中国成立七十周年，以此成果，献给伟大的祖国。祝愿伟大的祖国，日益强大富足，人民幸福安康。

从2000年发表《三清玉皇信仰略考：兼及道教的神学思想》一文算起，到今天《中国道教神仙谱系史》脱稿，整整二十年的光阴，我埋头在浩荡的书海中，难以自拔。

1950年，我出生在成都一个贫困的家庭。一岁时父亲因病逝世，母亲用她孱弱的肩膀撑起了整个家。母亲虽一字不识，但勤劳善良，温厚仁慈。她嘱咐我们要自食其力，勤奋好学，踏踏实实走好人生每一步。在她的谆谆教导下，我努力学习，希望通过学习改变命运。

从中学开始，我就很喜欢中国历史、中国哲学，尽可能找书自学。作为一名"逍遥派"，我阅读了大量的著作，如范文澜《中国通史》、冯友兰《中国哲学史》、侯外庐《中国思想通史》、王力《古代汉语》等。后来，我又开始学习经典古籍，如《诸子集成》《十三经注疏》。晦涩难懂的古文对既无老师指导，又无词典帮助的我来说是极大的挑战。好在后来我得到了进入四川省图书馆古籍室学习的机会，可以随心所欲地查阅文献资料。在四川省图书馆古籍室，我通读了郭沫若《甲骨文全集》、丁福保《说文解字诂林》、周法高《周法高上古音韵学》，自学了文字学、训诂学、音韵学、文献学、版本学、诸子学，为日后的研究打下了基础。在此，我要感谢在这期间为我提供指导和帮助的老先生们，他们是王家祐先生、田宜超先生、蒙默先生、龙晦先生、杜道生先生、沙铭璞先生、温少峰先生等。诸位老先生饱学经史，他们无私无求的教导，促使我走上了学术研究的道路。

　　学习是终身的功课，尤其对我而言。1981年，我考入四川省社会科学院。当我真正开始从事科研工作时，我才深深感到自己的基础理论之差之缺。没有办法，我只有咬紧牙关，拼命学习。我自学了哲学、宗教学、人类学、民族学、社会学、历史学、考古学，凡是在科研工作中遇到的问题关系到某门学科，我都自学解决。为了自学，我每天早上七点起床，凌晨一点入睡，整整50年的时间都是这样度过的，至今依然。

　　从一名在深井坑道工作的煤矿工人，到专门从事道教研究的研究员，整整50年的光阴，我的收获如此丰富，这不禁让我感到欣喜，感到安慰。感谢生我养我的母亲，感谢伟大的祖国，感谢包容的社会。

　　在从事道教研究的50年中，我得到了四川省社会科学院历届领导的培养、鼓励、帮助。刘茂才院长慧眼识人，尽心尽力地培养我这个初中学历、没有文凭、没有资历、没有背景的"三无"青年。这种知遇之恩是我终生难忘的。此外还有侯水平院长、向宝云院长、徐文滨书记、贾松青书记、李后强书记，没有他们的培养和帮助，我将一事不成。尤其重要的是，四川省社会科学院给我提供了一个自由宽松的学术环境，让我能够在道教养生学、道教生态学、道教神仙学、道教图像学等多个领域自由地做研究，并发表了300多篇论文，出版了30多种专著，总字数已达1800多万，这一切，没有一个自由宽松的学术环境是不可能办到的。

　　我还要感谢的是我的爱人刘杰，她在人生最美的年华，心甘情愿地嫁给我这个穷书生，四十年如一日地照顾我的日常生活，支持我购买上万册书籍，助我抢救几千件道教文物画卷，如此巨大的支持与鼓励，是推动我事业发展的最大动力。

　　感谢我的女儿李黎鹤，她从小就乖巧懂事，吃苦耐劳，热爱中国文化艺术，学习绘画制图，早在四川美术学院读书时，她即设计绘制了大量的道教神灵图，其中的《文昌帝君》《天地水三官》《八大元帅》等作品被成都大邑鹤山鸣道源圣城采用。2009年，她主持规划了"都江堰市青城山古建筑群落恢复重建项目文化策划设计"，并独立设计制作完成了老君阁内大型青铜老君造像，得到了学界的高度评价。本书所用的插图全部都由她制作处理，她已成为我研究工作中的一个好助手。

　　感谢我的恩师王家祐先生，是他指引我走上了道教研究的学术之路。感谢学界前辈任继愈先生、卿希泰先生、熊铁基先生、马西沙先生，他们的大家风范与学术修为，令我敬佩不已，是我终生治学的榜样。感谢海外道教学界的诸位教授，法国的施博尔、傅飞岚、范华等教授，德国的常志静教授，美国的柏夷、祁泰履教授，日本的蜂屋邦夫、麦谷邦夫、三浦国雄、土屋昌明等教授及莫尼卡教授，每当回忆起与他们的交流，心中总是充满了感谢之情。感谢同辈的陈耀庭、朱越利、刘仲宇、蔡方鹿、王卡、李刚、詹石窗、盖健民、姜生、舒大刚诸位教授，感谢台湾及香港地区的李丰楙、萧登福、郑志民、黎志添诸位教授，你们的鼓励与支持亦是我努力奋斗的动力。感谢中国道教协会的黎遇航、谢宗信、傅元天、闵智亭、任法融、李光富诸位大师，感谢青城山道教协会的张明心大师，感谢全国各地道教协会的大师、道友，使我能够亲近道教，热爱道教，信仰道教，找到了安顿心灵的精神家园。感谢四川省社会科学院、中国社会科学院世界宗教研究所、四川大学道教与宗教研究所、四川大学中华文化研究院、四川大学出版社、成都时代出版社，感谢海内外道教学界的所有学人朋友。你们的关心与支持，使我能够在道教研究这一领域披荆斩棘，取得一项又一项的理论成果。

2019年9月30日李远国记于三元堂